DIVISION TERRITORIALE

DE LA FRANCE.

DIVISION TERRITORIALE

DE LA FRANCE,

OU

CLASSIFICATION

DE TOUTES LES COMMUNES DU ROYAUME,

PAR DÉPARTEMENTS, ARRONDISSEMENTS ET CANTONS,

AVEC INDICATION,

1° DE LA POPULATION;

2° DES BUREAUX DE POSTE AUX LETTRES QUI EXISTENT DANS LES COMMUNES OU QUI LES DESSERVENT,

AINSI QUE DES RELAIS DE POSTE AUX CHEVAUX QUI Y SONT ÉTABLIS;

OUVRAGE FAISANT SUITE

AU DICTIONNAIRE DES POSTES AUX LETTRES

PUBLIÉ

PAR L'ADMINISTRATION GÉNÉRALE DES POSTES.

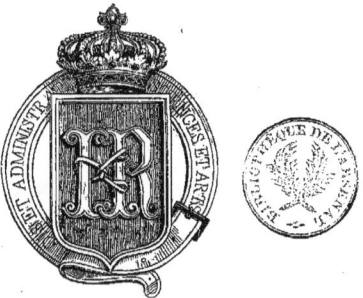

PARIS.

IMPRIMERIE ROYALE.

M DCCC XXXVII.

DIVISION TERRITORIALE
DE LA FRANCE.

DÉPARTEMENT DE L'AIN. — Chef-lieu, BOURG-EN-BRESSE.

ARRONDISSEMENT DE BOURG-EN-BRESSE.

CANTON DE BOURG-EN-BRESSE.

NOMS DES COMMUNES.	BUREAUX DE POSTE qui les desservent.	POPULATION. (A)	TOTAL de la POPULATION par canton
Bourg-en-Bresse 🐎	✉	8,996	
Buellas	Bourg-en-Bresse....	564	
Lent	Idem	1,068	
Montagnat	Idem	492	
Montcet	Idem	407	
Montracol	Idem	442	
Péronnas	Idem	344	
Polliat	Idem	1,452	18,481
Servas	Idem	364	
Saint-André-le-Panoux	Idem	699	
Saint-Denis-le-Ceyzériat	Idem	706	
Saint-Just	Idem	293	
Saint-Remi	Idem	260	
Viriat	Idem	2,394	

CANTON DE BAGÉ ou BAGÉ-LE-CHATEL.

NOMS DES COMMUNES.	BUREAUX DE POSTE qui les desservent.	POPULATION. (A)	TOTAL de la POPULATION par canton
Aisne	Mâcon	205	
Asnière	Pont-de-Vaux	230	
Bagé-le-Chatel	Mâcon	740	
Bagé-la-Ville	Idem	2,017	
Dommartin	Idem	897	
Feillens	Idem	2,526	11,618
Manziat	Idem	1,541	
Replonges	Idem	1,794	
Saint-André-de-Bagé	Idem	177	
Saint-Laurent-de-l'Ain	Idem	1,300	
Saint-Sulpice	Idem	191	

CANTON DE CEYZÉRIAT.

NOMS DES COMMUNES.	BUREAUX DE POSTE qui les desservent.	POPULATION. (A)	TOTAL de la POPULATION par canton
Bohas	Bourg-en-Bresse....	409	
Ceyzériat	Idem	1,041	
Cize	Idem	168	
Drom	Idem	455	
Grandcorent	Idem	243	
Hautecour	Idem	1,055	
Jasseron	Idem	803	8,576
Meyriat	Idem	677	
Ramasse	Idem	588	
Revonnas	Idem	540	
Romanèche-la-Montagne	Idem	496	
Simandre	Idem	908	
Villéreversure	Idem	1,193	

A reporter.................. 38,675

Suite de l'ARRONDISSEMENT DE BOURG-EN-BRESSE.

Report.. 38,675

CANTON DE COLIGNY.

NOMS DES COMMUNES.	BUREAUX DE POSTE qui les desservent.	POPULATION.	TOTAL de la POPULATION par canton
Beaupont	Saint-Amour	810	
Bény	Coligny	1,075	
Coligny	✉ (Distribution.)	1,764	
Domsure	Saint-Amour	941	
Marboz	Coligny	2,330	9,815
Pirajoux	Idem	754	
Salavre	Idem	920	
Verjon	Idem	482	
Villemoutier	Idem	739	

CANTON DE MONTREVEL.

NOMS DES COMMUNES.	BUREAUX DE POSTE qui les desservent.	POPULATION.	TOTAL de la POPULATION par canton
Attignat	Montrevel	1,265	
Bereyziat	Idem	704	
Confrançon	Idem	1,324	
(B) (🐎 au Logis-neuf.)			
Cras	Idem	1,251	
Curtafond	Idem	635	
Étrez	Idem	533	
Foissiat	Idem	2,262	14,353
Jayat	Idem	1,218	
Malafretaz	Idem	483	
Marsonnas	Idem	1,312	
Montrevel 🐎	✉ (Distribution:)	1,408	
Saint-Didier-d'Aussiat	Montrevel	1,091	
Saint-Martin-le-Chatel	Idem	867	

CANTON DE PONT-D'AIN.

NOMS DES COMMUNES.	BUREAUX DE POSTE qui les desservent.	POPULATION.	TOTAL de la POPULATION par canton
Certines	Pont-d'Ain	383	
Dompierre	Idem	746	
Druillat	Idem	919	
Journans	Bourg-en-Bresse	431	
Neuville-sur-Ain	Pont-d'Ain	1,414	
Pont-d'Ain 🐎	✉	1,192	
Priay	Pont-d'Ain	895	9,452
Rignat	Bourg-en-Bresse	425	
Saint-Martin-du-Mont	Pont-d'Ain	1,686	
Tossiat	Bourg-en-Bresse	663	
Tranclière (la)	Pont-d'Ain	257	
Varambon	Idem	441	

A reporter....................... 72,295

(A) On trouvera, dans quelques départements, un petit nombre de communes dont la population particulière n'est pas indiquée. Ces communes sont de création récente, et il n'a pas encore été fait de recensement officiel du nombre de leurs habitants. Mais cette omission ne détruit point l'exactitude du chiffre total de la population de chaque canton, attendu que la population des nouvelles mairies doit généralement être déduite de celle d'autres communes du même canton.

(B) Un certain nombre de bureaux et de relais de poste se trouvent situés dans de simples hameaux ou écarts, et ils en portent les noms. On a indiqué ces hameaux ou écarts, entre parenthèses, au-dessous du nom de la commune dont ils dépendent.

II.

NOMS DES COMMUNES.	BUREAUX DE POSTE qui les desservent.	POPULATION.	TOTAL de la POPULATION par canton	NOMS DES COMMUNES.	BUREAUX DE POSTE qui les desservent.	POPULATION.	TOTAL de la POPULATION par canton
Suite de l'ARRONDISSEMENT DE BOURG-EN-BRESSE.		Report ..	72,295	**Suite de l'ARRONDISSEMENT DE BELLEY.**			
CANTON DE PONT-DE-VAUX.				**Suite du CANTON DE BELLEY.**			
Arbigny	Pont-de-Vaux	911				Report..	5,766
Boissey	Idem	461		Brégnier-Cordon	Belley	706	
Boz	Idem	866		Brens	Idem	344	
Chavannes-sur-Reyssouse	Idem	1,191		Chazey-Bons-Cressieu	Idem	671	
Chevroux	Idem	964		Colomieu	Idem	264	
Gorrevod	Idem	1,756	13,236	Conzieu	Idem	403	
Ozan	Idem	590		Isieu	Idem	325	
Pont-de-Vaux	✉	3,189		Lavours	Idem	346	
Sermoyer	Pont-de-Vaux	1,204		Magnieu	Idem	622	
Saint-Bénigne	Idem	1,224		Massignieu-de-Rives	Idem	579	16,405
Saint-Étienne-sur-Reyssouse	Idem	880		Murs	Idem	377	
CANTON DE PONT-DE-VEYLE.				Parves	Idem	1,175	
Bey	Mâcon	320		Peyrieux	Idem	921	
Cormaranche	Idem	975		Polliieu	Idem	307	
Crottet	Idem	815		Premeysel	Idem	372	
Cruzilles	Idem	559		Rochefort	Idem	559	
Grièges	Idem	1,214		Saint-Bois	Idem	422	
Laiz	Idem	522		Saint-Champ	Idem	401	
Mépillat	Idem	236	9,952	Saint-Germain-les-Paroisses	Idem	961	
Perrex	Idem	688		Virignin	Idem	884	
Pont-de-Veyle	Idem	1,329		**CANTON D'AMBÉRIEUX.**			
Saint-André-d'Huiriat	Idem	454		Abergement-de-Varey (l')	Pont-d'Ain	552	
Saint-Cyr-sur-Menthon	Idem	1,232		Ambérieux	✉	2,647	
Saint-Genis-sur-Menthon	Idem	565		Ambronay	Ambérieux	1,798	
Saint-Jean-sur-Veyle	Idem	1,043		Bettan	Idem	000	
CANTON DE TREFFORT.				Château-Gaillard	Idem	628	7,900
Arnans	Bourg-en-Bresse	394		Douvres	Idem	665	
Chavannes	Idem	1,259		Saint-Denis-le-Chausson	Idem	1,032	
Corveissiat	Idem	575		Saint-Maurice-de-Réman	Idem	578	
Courmangoux	Coligny	1,000		**CANTON DE CHAMPAGNE.**			
Cuisiat	Bourg-en-Bresse	784		Ameyzieu	Culoz	527	
Germagnat	Idem	368		Béon	Idem	527	
Meillonnas	Idem	1,265	10,127	Brénaz	Idem	351	
Pouilliat	Idem	266		Champagne	Idem	470	
Pressiat	Idem	404		Charancin	Idem	310	
Saint-Étienne-du-Bois	Idem	1,605		Chavornay	Idem	536	
Saint-Maurice-d'Éschazaux	Idem	197		Fitignieu	Idem	236	
Treffort	Idem	2,010		Lilignod	Idem	129	
CANTON DE SAINT-TRIVIER-DE-COURTES.				Lochieu	Idem	310	
Cormoz	Saint-Amour	1,061		Lompnieu	Idem	422	7,910
Courtes	St-Trivier-de-Courtes	429		Luthézieu	Idem	304	
Curciat	Idem	1,640		Passin	Idem	464	
Lescheroux	Idem	1,054		Ruffieu	Idem	549	
Mantenay-Montlin	Idem	705		Songieu	Idem	586	
Servignat	Idem	410		Sutrieu	Idem	270	
Saint-Jean-sur-Reyssouse	Idem	1,410	11,679	Talissieu	Idem	349	
Saint-Julien-sur-Reyssouse	Idem	908		Vieux	Idem	567	
Saint-Nizier-le-Bouchoux	Idem	1,544		Virieux-le-Petit	Idem	683	
Saint-Trivier-de-Courtes	✉ (Distribution.)	1,453		Yon	Idem	320	
Vernoux	St-Trivier-de-Courtes	486		**CANTON DE HAUTEVILLE.**			
Vescours	Pont-de-Vaux	579		Aranc	Saint-Rambert	1,232	
Total de la population de l'Arrondissement			117,289	Corlier	Idem	272	
ARRONDISSEMENT DE BELLEY.				Cormaranche	Idem	714	
				Hauteville	Idem	770	
CANTON DE BELLEY.				Lacoux	Idem	363	5,590
Ambléon	Belley	309		Lompnes	Idem	458	
Andert	Idem	310		Longecombe	Idem	709	
Arbignieu	Idem	861		Prémillieu	Idem	301	
Belley	✉	4,286		Trézillieu	Idem	771	
		À reporter..	5,766			À reporter	37,805

NOMS DES COMMUNES.	BUREAUX DE POSTE qui les desservent.	POPULA-TION.	TOTAL de la POPULA-TION par canton	NOMS DES COMMUNES.	BUREAUX DE POSTE qui les desservent.	POPULA-TION.	TOTAL de la POPULA-TION par canton
Suite de l'ARRONDISSEMENT DE BELLEY.		Report..	37,805	ARRONDISSEMENT DE NANTUA.			
CANTON DE LHUIS.				CANTON DE NANTUA.			
BENONCES	Belley	599		APREMONT	Nantua	418	
BRIORD	Idem	766		CHANIX	Idem	693	
GROSLÉE	Idem	622		GÉOVREISSIAT	Idem	629	
INIMOND	Idem	380		LALLEYRIAT	Idem	588	
LHUIS	Idem	1,356		MAILLAT	Idem	408	
LOMPNAS	Idem	387		MONTRÉAL	Idem	773	9,492
MARCHAMP	Idem	573	7,854	NANTUA	⊠	3,701	
MONTAGNIEU	Idem	487		NEYROLLES	Nantua	380	
ORDONNAZ	Idem	607		POYZAT (le)	Idem	664	
SEILLONNAZ	Idem	1,221		PORT	Idem	241	
SAINT-BENOIT	Idem	334		SAINT-MARTIN-DU-FRESNE	Idem	997	
SERRIÈRES	Idem	522					
CANTON DE LAGNIEU.				CANTON DE BRENOD.			
AMBUTRIX	Ambérieux	402		ABERGEMENT-LE-GRAND	Nantua	791	
CHARRY-SUR-AIN	Idem	1,120		ABERGEMENT-LE-PETIT	Idem	638	
LAGNIEU	Idem	2,285		BRENOD	Idem	1,001	
LEYMENT	Idem	610		CHAMPDOR	Idem	717	
LOYETTES	Idem	908		CHEVILLARD	Idem	273	
PROULIEU	Idem	408	11,563	CONDAMINE	Idem	298	7,195
SOUCLIN	Idem	681		CORCELLES	Idem	621	
SAINTE-JULIE	Idem	444		HOTONNES	Idem	958	
SAINT-SORLIN	Idem	1,310		IZENAVE	Idem	451	
SAINT-VULBAS	Idem	625		LANTENAY	Idem	613	
VAUX	Idem	1,057		VIEUX-D'IZENAVE	Idem	834	
VILLEBOIS	Idem	1,713					
CANTON DE SAINT-RAMBERT.				CANTON DE CHATILLON-DE-MICHAILLE.			
ARANDAS	Saint-Rambert	1,176		ARLOD	Châtillon-de-Michail- le	302	
ARCIS	Idem	593		BILLIAT	Idem	595	
CHALEY	Idem	281		CHAMPFROMIER	Idem	1,397	
CLÉRIEU	Idem	468		CHATILLON-DE-MICHAILLE	⊠	1,453	
ÉVOGES	Idem	502		CRAZ	Châtillon-de-Michail- le	413	
HOSTIAS	Idem	464	8,912	FORENS	Idem	601	
MONTGRIFFON	Idem	592		GIRON	Oyonnax	383	
ONCIEU	Idem	294		HOPITAL (l')	Châtillon-de-Michail- le	157	9,793
SAINT-RAMBERT	⊠	2,420		INJOUX	Idem	623	
TENAY	Saint-Rambert	1,130		MONTANGES	Idem	771	
TORCIEU	Idem	992		MUSINENS	Idem	360	
CANTON DE SEYSSEL.				OCHIAZ	Idem	380	
ANGLEFORT	Seyssel	1,107		SURJOUX	Idem	182	
CHANAY	Idem	716		SAINT-GERMAIN-DE-JOUX	Nantua	1,193	
CORBONOD	Idem	1,382	5,842	VILLES	Châtillon-de-Michail- le	417	
CULOZ	⊠ (Distribution.)	1,301		VOUVRAY	Idem	566	
SEYSSEL	⊠	1,336					
CANTON DE VIRIEUX-LE-GRAND.				CANTON D'IZERNORE.			
ARMIX	Belley	218		BOLOZON	Nantua	364	
BELMONT	Idem	665		CHALLES	Cerdon	570	
BURBANCHE (la)	Idem	509		ÉTABLES	Idem	402	
CEYZÉRIEU	Culoz	1,831		GRANGES	Nantua	202	
CONTREVOZ	Belley	1,295		IZERNORE	Idem	1,005	
CUZIEUX	Idem	384		LEISSARD	Idem	565	
FLAXIEU	Culoz	134	7,748	MATAFELON	Idem	719	6,706
MARIGNIEU	Idem	247		MORNAY	Idem	463	
POUGIEU	Belley	317		NAPT	Idem	229	
ROSSILLON	Idem	561		PEYRIAT	Idem	528	
SAINT-MARTIN-DE-BAVEL	Idem	598		SAMOGNAT	Idem	388	
VIRIEUX-LE-GRAND	Idem	794		SERRIÈRES-SUR-AIN	Idem	447	
VONGNES	Culoz	195		SONTHONNAX	Idem	450	
				VOLOGNAT	Idem	383	
TOTAL de la population de l'Arrondissement		79,724		A reporter		33,186	

II.

1.

NOMS DES COMMUNES.	BUREAUX DE POSTE qui les desservent.	POPULA-TION.	TOTAL de la POPULA-TION par canton	NOMS DES COMMUNES.	BUREAUX DE POSTE qui les desservent.	POPULA-TION.	TOTAL de la POPULA-TION par canton
Suite de l'ARRONDISSEMENT DE NANTUA.		Report..	33,186	**Suite de l'ARRONDISSEMENT DE TRÉVOUX.**		Report..	25,263
CANTON D'OYONNAX.				**CANTON DE THOISSEY.**			
ARBENT	Dortan	1,048		DOMPIERRE-DE-CHALARONNE	Thoissey	306	
BÉLIGNAT	Oyonnax	304		GARNERANS	Idem	946	
BELLYDOUX	Idem	856		GENOUILLEUX	Idem	522	
BOUVENT	Dortan	164		GUÉREINS	Idem	747	
DORTAN	✉ (Distribution.)	1,321		ILLIAT	Idem	671	
ÉCHALLON	Oyonnax	1,425	8,777	MOGNENEINS	Montmerle	1,275	
GÉOVREISSET	Idem	159		MONTCEAUX	Idem	542	13,283
GROISSIAT	Idem	265		MONTMERLE	✉	1,801	
MARTIGNAT	Idem	614		PÉZIEUX	Thoissey	456	
OYONNAX	✉ (Distribution.)	1,974		SAINT-DIDIER-DE-CHALARONNE	Idem	2,859	
VEYZIAT	Oyonnax	647		SAINT-ÉTIENNE-DE-CHALARONNE	Idem	1,484	
CANTON DE PONCIN.				THOISSEY	✉	1,545	
BALME (la)	Cerdon	434		VALEINS	Châtillon-les-Dombes	130	
CERDON 🏇	✉	1,745		**CANTON DE SAINT-TRIVIER-SUR-MOIGNANS.**			
JUJURIEUX	Cerdon	1,512					
MÉRIGNAT	Idem	364	9,279	AMAREINS	Montmerle	250	
PONCIN	Idem	2,121		AMBÉRIEUX	Châtillon-les-Dombes	644	
SAINT-ALBAN	Idem	522		BANEINS	Idem	388	
SAINT-JEAN-LE-VIEUX	Pont-d'Ain	1,579		BOULIGNEUX	Montmerle	394	
SAINT-JÉROME	Cerdon	1,002		CESSEINS	Idem	190	
TOTAL de la population de l'Arrondissement			51,242	CHALEINS	Idem	847	
				CHANEINS	Châtillon-les-Dombes	720	
ARRONDISSEMENT DE TRÉVOUX.				FAREINS	Montmerle	1,188	
				FRANCHELEINS	Idem	207	
CANTON DE TRÉVOUX.				LURCY	Idem	372	10,539
				MESSIMY	Idem	791	
ARS	Trévoux	304		MONTHIEU	Trévoux	300	
BEAUREGARD	Idem	346		PEYROUZE (la)	Châtillon-les-Dombes	301	
CIVRIEUX	Idem	342		SAVIGNEUX	Trévoux	660	
FRANS	Idem	312		SAINT-CYR	Châtillon-les-Dombes	161	
GENAY	Idem	1,271		SAINTE-OLIVE	Trévoux	193	
JASSANS	Idem	332		SAINT-TRIVIER-SUR-MOIGNANS	Châtillon-les-Dombes	1,536	
MASSIEUX	Idem	317		VILLARS	Idem	588	
MIONNAT	Miribel	284		VILLENEUVE	Montmerle	809	
MIZÉRIEUX	Trévoux	570		**CANTON DE CHALAMONT.**			
MONTANAY	Idem	691	12,436				
PARCIEUX	Idem	484		CHALAMONT	Meximieux	1,422	
REYRIEU	Idem	1,480		CHATENAY	Idem	353	
SATONAY	Trévoux	417		CHATILLON-LA-PALUD	Idem	673	
SAINT-ANDRÉ-DE-CORCY	Montluel	379		(🏇 à Bublanne.)			
SAINT-BERNARD	Trévoux	279		CRANS	Idem	239	
SAINT-DIDIER-DE-FORMANS	Idem	560		MARLIEUX	Châtillon-les-Dombes	391	
SAINTE-EUPHÉMIE	Idem	411		PLANTAY (le)	Meximieux	352	5,565
SAINT-JEAN-DE-THURIGNEUX	Idem	522		SAINT-GERMAIN-DE-RENOM	Châtillon-les-Dombes	233	
SAINT-MARCEL	Montluel	289		SAINT-NIZIER-LE-DÉSERT	Meximieux	484	
TRAMOYE	Miribel	290		SAINT-PAUL-DE-VARAX	Châtillon-les-Dombes	453	
TRÉVOUX	✉	2,556		VERSAILLIEUX	Meximieux	363	
CANTON DE CHATILLON-LES-DOMBES.				VILLETTE	Idem	602	
BIZIAT	Châtillon-les-Dombes	1,101		**CANTON DE MEXIMIEUX.**			
CHANOZ	Idem	575					
CHAPELLE-DU-CHATELARD (la)	Idem	283		BIRIEUX	Montluel	245	
CHATILLON-LES-DOMBES	✉	2,636		BOURG-SAINT-CHRISTOPHE	Meximieux	755	
CHAVEYRIAT	Châtillon-les-Dombes	908		CHABNOZ	Idem	285	
CODESSIAT	Idem	506		FARAMANS	Idem	316	
MÉZÉRIAT	Bourg-en-Bresse	1,208	12,827	JOYEUX	Idem	287	
NEUVILLE-SUR-RENOM	Châtillon-les-Dombes	1,304		LOYES	Idem	1,071	
ROMANS	Idem	498		MEXIMIEUX 🏇	✉	1,997	8,829
SANDRANS	Idem	554		MOLLON	Meximieux	350	
SULIGNAT	Idem	441		MONTILLIER (le)	Montluel	260	
SAINT-ANDRÉ-LE-BOUCHOUX	Idem	158		PÉROUGES	Meximieux	843	
SAINT-GEORGES-DE-RENOM	Idem	120		RIGNIEUX-LE-FRANC	Idem	448	
SAINT-JULIEN-SUR-VEYLE	Idem	798		SAINT-ÉLOI	Idem	339	
VANDEINS	Bourg-en-Bresse	482		SAINT-JEAN-DE-NIOST	Idem	489	
VONNAS	Châtillon-les-Dombes	1,255		SAINT-MAURICE-DE-GOURDAN	Idem	1,144	
A reporter			25,263	A reporter			63,479

NOMS DES COMMUNES.	BUREAUX DE POSTE qui les desservent.	POPULA-TION.	TOTAL de la POPULA-TION par canton	NOMS DES COMMUNES.	BUREAUX DE POSTE qui les desservent.	POPULA-TION.	TOTAL de la POPULA-TION par canton
Suite de l'ARRONDISSEMENT DE TRÉVOUX.				**Suite de l'ARRONDISSEMENT DE GEX.**			
	Report..		63,479				
CANTON DE MONTLUEL.				**Suite du CANTON DE GEX.**			
Balan	Montluel	368			Report..	6,318	
Béligneux	Idem	495		Grilly	Gex	453	
Beynost	Idem	870		Lélex	Idem	578	8,351
Boisse (la)	Idem	886		Segny	Idem	311	
Bressolles	Idem	520		Vesancy	Idem	419	
Cordieux	Idem	181		Vesenex	Idem	272	
Dagneux	Idem	902		**CANTON DE COLLONGES.**			
Miribel	⊠ (Distribution.)	2,400	12,655				
Montluel	⊠	2,927		Challex	Collonges	535	
Neyron	Miribel	584		Chezery	Châtillon-de-Michail-le	1,205	
Niévroz	Montluel	461					
Pizay	Idem	225		Collonges	⊠	1,256	
Rillieux	Miribel	958		Farges	Collonges	732	8,539
Sainte-Croix	Montluel	280		Lancrans	Châtillon-de-Michail-le	1,772	
Saint-Maurice-de-Beynost	Miribel	322		Léaz	Collonges	775	
Thil	Montluel	276		Peron	Idem	1,292	
				Pougny	Idem	298	
Total de la population de l'Arrondissement			76,134	Saint-Jean-de-Gonville	Idem	674	
				CANTON DE FERNEX.			
ARRONDISSEMENT DE GEX.				Fernex	⊠	935	
				Moëns	Fernex	202	
CANTON DE GEX.				Ornex	Idem	284	
Cessy	Gex	980		Pouilly-Saint-Genis	Saint-Genis-Pouilly	836	
Chevry	Idem	482		(⊠ Distribution. à Saint-Genis-Pouilly.)			4,761
Croset	Idem	667		Prévessin	Fernex	312	
Divonne	Idem	1,355		Sauverny	Gex	268	
Échenevex	Idem	000		Sergy	Saint-Genis-Pouilly	359	
Gex	⊠	2,834		Thoiry	Idem	1,290	
(à Lavatay.)				Versonnex	Gex	275	
	A reporter..	6,318		Total de la population de l'Arrondissement			21,651

RÉCAPITULATION.

	NOMBRE de		POPULATION.
	CANTONS.	COMMUNES.	
Arrondissement de BOURG-EN-BRESSE	10	120	117,289
———— de BELLEY	9	112	79,724
———— de NANTUA	6	70	51,342
———— de TRÉVOUX	7	111	76,134
———— de GEX	3	29	21,651
Totaux	35	442	346,040

NOMS DES COMMUNES.	BUREAUX DE POSTE qui les desservent.	POPULA-TION.	TOTAL de la POPULA-TION par canton	NOMS DES COMMUNES.	BUREAUX DE POSTE qui les desservent.	POPULA-TION.	TOTAL de la POPULA-TION par canton

ARRONDISSEMENT DE LAON.

Suite de l'ARRONDISSEMENT DE LAON.

Report... 29,824

CANTON DE LAON.

Suite du CANTON DE CHAUNY.

Report.. 12,867

ARRANCY	Laon	272		NEUVILLE-EN-BEINE (la)	Chauny	389	
ATHIES	Idem.	931		OGNES	Idem.	369	
AULNOIS	Idem.	218		SINCENY	Idem.	1,474	18,025
BESNY	Idem.	108		UGNY-LE-GAY	Idem.	478	
BIÈVRE	Idem.	308		VILLEQUIER-AU-MONT	Idem.	1,000	
BRUYÈRES	Idem.	1,205		VIRY-NOUREUIL	Idem.	1,448	
BUCY-LÈS-CERNY	Idem.	221					
CERNY-LÈS-BUCY	Idem.	123		**CANTON DE COUCY-LE-CHATEAU.**			
CHAMBRY	Idem.	243					
CHÉRÉT	Idem.	189		AUDIGNICOURT	Blérancourt	270	
CRÉCY-LÈS-ÉTOUVELLES	Idem.	270		AUFFRIQUE	Coucy-le-Château	403	
CLACY	Idem.	137		BARISIS	Idem.	1,207	
CRÉPY	Idem.	1,463		BESMÉ	Blérancourt	216	
EPPES	Idem.	406	19,033	BICHANCOURT	Chauny	978	
ÉTOUVELLES	Idem.	216		BLÉRANCOURDELLE	Blérancourt	149	
FESTIEUX	Idem.	849		BLÉRANCOURT	✉ (Distribution.)	1,185	
LAON 🐎	✉	8,400		BOURGUIGNON	Blérancourt	96	
MOLINCHART	Laon	320		CAMELIN	Idem.	722	
MONTCHALONS	Idem.	210		CHAMPS	Coucy-le-Château	491	
NOUVION-LE-VINEUX	Idem.	271		COUCY-LE-CHATEAU	✉	839	
ORGEVAL	Idem.	145		COUCY-LA-VILLE	Coucy-le-Château	278	
PARFONDRU	Idem.	473		CRÉCY-AU-MONT	Idem.	587	
PLOYART	Idem.	249		FOLEMBRAY	Idem.	901	
PRESLES	Idem.	520		FRESNE	Idem.	515	
VESLUD	Idem.	525		GUNY	Idem.	668	
VIVAISE	Idem.	257		JUMENCOURT	Idem.	348	17,569
VORGES	Idem.	504		LANDRICOURT	Idem.	304	
				LEUILLY	Idem.	644	
CANTON D'ANIZY-LE-CHATEAU.				LOMBRAY	Blérancourt	62	
				MANICAMP	Idem.	1,080	
ANIZY-LE-CHATEAU	✉ (Distribution.)	1,001		PIERREMANDE	Chauny	292	
BASSOLES-AULERS	Coucy-le-Château	318		PONT-SAINT-MARD	Coucy-le-Château	512	
BOURGUIGNON-SOUS-MONTBAVIN	Chavignon	215		PRÉMONTRÉ	Idem.	423	
BRANCOURT	Anizy-le-Château	892		QUIERZY	Blérancourt	738	
CESSIÈRES	Idem.	599		QUINCY-BASSE	Coucy-le-Château	216	
GRAILLEVOIS	Chavignon	231		SELENS	Blérancourt	337	
CHEVREGNY	Idem.	746		SEPTVAUX	Coucy-le-Château	259	
FAUCOUCOURT	Anizy-le-Château	702		SAINT-AUBIN	Blérancourt	455	
LANISCOURT	Laon	215		SAINT-PAUL-AU-BOIS	Idem.	743	
LAVAL	Idem.	448		TROSLY-LOIRE	Coucy-le-Château	921	
LIZY	Anizy-le-Château	343		VASSENS	Idem.	505	
MERLIEUX	Chavignon	313	10,791	VERNEUIL-SOUS-COUCY	Idem.	225	
MONAMPTEUIL	Idem.	501					
MONS-EN-LAONNOIS	Laon	601		**CANTON DE CRAONNE.**			
MONTBAVIN	Chavignon	154					
PINON	Anizy-le-Château	713		AILLES	Corbeny	253	
ROYAUCOURT	Chavignon	219		AIZELLES	Idem.	329	
SUZY	Anizy-le-Château	752		AUBIGNY	Idem.	415	
URCEL	Chavignon	625		BEAURINE	Fismes	235	
VAUCELLES	Laon	183		BEAURIEUX	Idem.	884	
VAUXAILLON	Anizy-le-Château	665		BERRIEUX	Corbeny	529	
WISSIGNICOURT	Idem.	355		BOUCONVILLE	Idem.	614	
				BOURG	Fismes	327	
CANTON DE CHAUNY.				BRAYE-EN-LAONNOIS	Idem.	629	
				CERNY-EN-LAONNOIS	Idem.	202	
ABBECOURT	Chauny	685		CHAMOUILLE	Chavignon	218	
AMIGNY-ROUY	Idem.	1,498		CHERMIZY	Idem.	461	
AUTREVILLE	Idem.	300		COLLIGIS	Idem.	232	
BEAUMONT-EN-BEINE	Idem.	642		CORBENY 🐎	✉ (Distribution.)	925	
BÉTHANCOURT	Idem.	620		COURTÇON	Chavignon	145	
CAILLOUEL-CRÉPIGNY	Idem.	581		CRANDELAIN	Idem.	242	
CAUMONT	Idem.	610		CRAONNE	Corbeny	1,058	
CHAUNY 🐎	✉	4,290		CRAONNELLE	Idem.	485	
COMMENCHON	Chauny	307		CUIRY-LÈS-CHAUDARDES	Fismes	92	
CONDREN	Idem.	403					
FRIÈRES-FAILLOUEL	Idem.	1,648					
GUIVRY	Idem.	482				A reporter..	8,275
MAREST-DAMPCOURT	Idem.	679					
NEUF-LIEUX	Idem.	122					
		A reporter..	12,867				

A reporter.................... 29,824

A reporter.................... 65,418

NOMS DES COMMUNES.	BUREAUX DE POSTE qui les desservent.	POPULA-TION.	TOTAL de la POPULA-TION par canton	NOMS DES COMMUNES.	BUREAUX DE POSTE qui les desservent.	POPULA-TION.	TOTAL de la POPULA-TION par canton
Suite de l'ARRONDISSEMENT DE LAON.				**Suite de l'ARRONDISSEMENT DE LAON.**			
	Report..		65,418		Report..		92,063
Suite du Canton de CRAONNE.				**Suite du Canton de LA FÈRE.**			
	Report..	8,275			Report..	10,057	
Cuissy-Gény	Fismes	259		Monceau-les-Leups	La Fère	1,056	
Goudelancourt-lès-Berrieux	Corbeny	202		Quessy	Idem	399	
Jumigny	Fismes	326		Rogécourt	Idem	153	
Lierval	Chavignon	344		Servais	Idem	542	
Martigny	Laon	342		Saint-Gobain	Idem	2,338	17,106
Monthenault	Idem	209		Saint-Nicolas-au-Bois	Idem	257	
Moulins	Fismes	246		Tergnier	Idem	269	
Moussy-sur-Aisne	Idem	148		Travecy	Idem	1,031	
Neuville	Corbeny	184		Versigny	Idem	656	
Œuilly	Fismes	254		Vouël	Idem	348	
Oulches	Corbeny	298	13,756	**Canton de MARLE.**			
Paissy	Fismes	278		Agnicourt	Montcornet	674	
Pancy	Chavignon	152		Autremencourt	Marle	387	
Pargnan	Fismes	258		Bosmont	Idem	749	
Sainte-Croix	Corbeny	406		Chatillon-lès-Sons	Idem	571	
Saint-Thomas	Idem	247		Cilly	Idem	568	
Trucy	Chavignon	338		Cobartille	Idem	472	
Vassogne	Corbeny	246		Cuirieux	Idem	375	
Vauclère	Idem	134		Erlon	Idem	604	
Vendresse	Fismes	276		Grandlup	Idem	506	
Verneuil-Courtonne	Idem	334		Marcy	Idem	428	
Canton de CRÉCY-SUR-SERRE.				Marle	⊠	1,433	12,496
Assis-sur-Serre	Laon	534		Montceau-le-Wast	Laon	283	
Barenton-Bugny	Idem	618		Montigny-le-Franc	Montcornet	470	
Barenton-Cel	Idem	170		Montigny-sous-Marle	Marle	219	
Barenton-sur-Serre	Idem	312		Neuville-Bosmont (la)	Idem	315	
Bois-lès-Pargny	Idem	875		Pierrepont	Idem	645	
Catillon-du-Temple	Idem	16		Sons	Idem	960	
Chalandry	Idem	540		Saint-Pierremont	Idem	000	
Chéry-les-Pouilly	Idem	670		Tavaux	Idem	1,323	
Couvron	Idem	772		Thiernu	Idem	244	
Crécy-sur-Serre	Idem	2,085		Toulis	Idem	307	
Dercy	Idem	954	12,889	Vesles	Idem	403	
Mesbrecourt	Idem	509		Voyenne	Idem	560	
Mortigny-sur-Crécy	Idem	583		**Canton de NEUFCHATEL.**			
Mortiers	Idem	425		Aguilcourt	Berry-au-Bac	231	
Nouvion-l'Abbesse	La Fère	969		Amifontaine	Idem	441	
Nouvion-le-Comte	Idem	692		Berry-au-Bac	⊠	484	
Pargny-lès-Bois	Laon	338		Bertricourt	Berry-au-Bac	133	
Pont-a-Bocy	La Fère	157		Bouffignereux	Idem	196	
Pouilly	Laon	683		Chaudardes	Fismes	159	
Rémies	Idem	584		Concevreux	Idem	345	
Richecourt	Idem	42		Condé-sur-Suippe	Berry-au-Bac	206	
Verneuil-sur-Serre	Idem	361		Evergnicourt	Idem	402	
Canton de LA FÈRE.				Gernicourt	Idem	126	
Achery	La Fère	1,046		Guignicourt	Idem	477	
Andelain	Idem	184		Guyencourt	Idem	499	
Anguilcourt	Idem	706		Juvincourt	Idem	786	
Beauton	Idem	654		Lor	Berry-au-Bac	254	10,103
Bertaucourt-Épourdon	Idem	572		Maizy	Fismes	386	
Brie	Idem	198		Malmaison (la)	Berry-au-Bac	683	
Charmes	Idem	626		Menneville	Idem	393	
Courbes	Idem	82		Meurival	Fismes	166	
Danizy	Idem	371		Muscourt	Idem	84	
Deuillet	Idem	255		Neufchatel	Berry-au-Bac	706	
Fargniers	Idem	634		Orainville	Idem	354	
Fère (la)	⊠	2,792		Pignicourt	Idem	280	
Fourdrain	La Fère	755		Pontavert	Idem	585	
Fressancourt	Idem	235		Prouvais	Idem	476	
Liez	Idem	278		Proviseux	Idem	220	
Mayot	Idem	474		Rougy	Idem	706	
Mennessis	Idem	195		Variscourt	Idem	113	
	A reporter..	10,057		Ville-aux-Bois (la)	Idem	212	
	A reporter..		92,063		A reporter..		131,768

NOMS DES COMMUNES.	BUREAUX DE POSTE qui les desservent.	POPULA- TION.	TOTAL de la POPULA- TION par canton	NOMS DES COMMUNES.	BUREAUX DE POSTE qui les desservent.	POPULA- TION.	TOTAL de la POPULA- TION par canton
Suite de l'ARRONDISSEMENT DE LAON.				**Suite de l'ARRONDISSEMENT DE CHATEAU-THIERRY.**			
	Report..		131,768				
CANTON DE ROZOY-SUR-SERRE.				**Suite du CANTON DE CHATEAU-THIERRY.**			
					Report..	2,152	
ARCHON	Rozoy-sur-Serre....	388		BRASLES	Château-Thierry....	609	
AUTELS (les)	Brunhamel	517		CHATEAU-THIERRY 🐎	⊠	4,697	
BERLISE	Montcornet	356		CHIERRY	Château-Thierry ...	229	
BRUNHAMEL	⊠ (Distribution.)..	872		ÉPAUX	Idem	668	
CRAOURSE	Montcornet	961		ÉPIEDS	Idem	418	
CUÉRY-LÈS-ROZOY	Rozoy-sur-Serre...	443		ESSOMMES	Idem	2,049	
CLERMONT	Montcornet	105		ÉTAMPES	Idem	276	
CUIRY-LÈS-IVIERS	Brunhamel	332		ÉTREPILLY	Idem	118	14,491
DAGNY-LAMBERCY	Rozoy-sur-Serre...	458		FOSSOY	Idem	294	
DIZY-LE-GROS	Montcornet	1,544		GLAND	Idem	429	
DOHIS	Brunhamel	629		MARIGNY-EN-ORXOIS	Idem	742	
DOLIGNON	Rozoy-sur-Serre...	212		MONT-SAINT-PÈRE	Idem	540	
GRANDRIEUX	Idem	243		NESLES	Idem	381	
LISLET	Montcornet	230		NOGENTEL	Idem	482	
MONTCORNET	⊠	1,535	17,445	VERDILLY	Idem	407	
MONTLOUÉ	Montcornet	563					
MORGNY-EN-THIÉRACHE	Idem	469		**CANTON DE CHARLY.**			
NOIRCOURT	Idem	646					
PARFONDEVAL	Idem	803		BÉZU-LE-GUÉRY	Charly	349	
RENNEVAL	Idem	490		CHAPELLE-SUR-CHÉZY (la)	Idem	280	
RÉSIGNY	Idem	863		CHARLY	⊠	1,603	
ROUVROY-SUR-SERRE	Idem	516		CHÉZY-L'ABBAYE	Charly	1,314	
ROZOY-SUR-SERRE	⊠	1,633		COUPRU	Idem	190	
SOIZE	Rozoy-sur-Serre..	353		(🐎 à la Ferme-de-Paris.)			
SAINTE-GENEVIÈVE	Idem	228		CROUTTES	Idem	594	
VIGNEUX	Montcornet	1,026		DOMPTIN	Idem	513	
VILLE-AUX-BOIS (la)	Idem	665		EPINE-AUX-BOIS (l')	Viels-Maisons	423	
VINCY-REUIL	Idem	365		ESSISES	Château-Thierry	369	12,220
				LUCY-LE-BOCAGE	Idem	329	
CANTON DE SISSONNE.				MONTFAUCON	Idem	298	
				MONTREUIL-AUX-LIONS	Charly	1,059	
BONCOURT	Montcornet	496		NOGENT-L'ARTAUD	Idem	1,209	
BUCY-LÈS-PIERREPONT	Idem	736		PAVANT	Idem	744	
CHIVRES	Laon	784		ROMENY	Idem	319	
COUCY-LÈS-EPPES	Idem	487		SAULCHERY	Idem	710	
COURTRIZY	Corbeny	245		VENDIÈRES	Viels-Maisons	409	
ÉBOULEAU	Montcornet	354		VIELS-MAISONS	⊠ (Distribution.)..	884	
GIZY	Laon	593		VILLERS-SUR-MARNE	Charly	624	
GOUDELANCOURT-LÈS-PIERRE-							
PONT	Montcornet	315		**CANTON DE CONDÉ-EN-BRIE.**			
LAPPION	Idem	667					
LIESSE (notre-dame-de)	Laon	1,242	12,518	ARTONGES	Montmirail	256	
MARCHAIS	Idem	554		BARZY	Dormans	590	
MAUREGNY-EN-HAYE	Corbeny	667		BAULNE	Château-Thierry	637	
MISSY	Laon	157		CELLE (la)	Montmirail	239	
MONTAIGU	Corbeny	881		CELLE-LÈS-CONDÉ	Château-Thierry	170	
NIZY	Montcornet	366		CHAPELLE-MONTHODON (la)	Dormans	436	
SAMOUSSY	Laon	119		CHARTÈVES	Château-Thierry	362	
SELVE (la)	Montcornet	430		CONDÉ-EN-BRIE	Idem	692	
SISSONNE	Laon	1,315		CONNIGIS	Idem	272	
SAINT-ERME-OUTRE	Corbeny	1,876		COURBOIN	Idem	402	
SAINTE-PREUVE	Montcornet	234		COURTEMONT-VARENNES	Dormans	284	
				CRÉZANCY 🐎	Château-Thierry	605	
TOTAL de la population de l'Arrondissement........			161,731	FONTENELLE	Montmirail	284	
				JAULGONNE	Château-Thierry	605	10,991
ARRONDISSEMENT DE CHATEAU-THIERRY.				MARCHAIS	Montmirail	408	
				MÉZY-MOULINS	Château-Thierry	342	
				MONTHUREL	Idem	207	
CANTON DE CHATEAU-THIERRY.				MONTIGNY-LÈS-CONDÉ	Idem	231	
				MONTLEVON	Idem	550	
AZY-BONNEIL	Château-Thierry	259		PARGNY	Idem	260	
BELLEAU	Idem	250		PASSY-SUR-MARNE	Dormans	252	
BÉZU-LES-FÈVES	Idem	28		REUILLY-SAUVIGNY	Idem	358	
BÉZU-SAINT-GERMAIN	Idem	589		ROZOY-GATEBLED	Viels-Maisons	185	
BLESMES	Idem	259		SAINT-AGNAN	Château-Thierry	364	
BONNEIL	Idem	519		SAINT-EUGÈNE	Idem	256	
BOURESCHES	Idem	248		TRELOUP	Dormans	1,362	
				VIFPORT	Château-Thierry	382	
	A reporter..	2,152			A reporter		37,702

NOMS DES COMMUNES.	BUREAUX DE POSTE qui les desservent.	POPULATION.	TOTAL de la POPULATION par canton	NOMS DES COMMUNES.	BUREAUX DE POSTE qui les desservent.	POPULATION.	TOTAL de la POPULATION par canton
Suite de l'ARROND.ᵗ DE CHATEAU-THIERRY.				**ARRONDISSEMENT DE SOISSONS.**			
	Report..		37,702				
CANTON DE FÈRE-EN-TARDENOIS.				**CANTON DE SOISSONS.**			
BEUVARDES	Fère-en-Tardenois..	955		BELLEU	Soissons..	384	
BRÉCY	Coincy	490		BERZY	Idem	400	
BRUYÈRES-VAL-CHRÉTIEN	Fère-en-Tardenois..	310		BILLY-SUR-AISNE	Idem	499	
CHARMEL (le)	Idem	348		CHAVIGNY	Idem	315	
CIERGES	Idem	321		COURMELLES	Idem	579	
CONAN	Idem	238		CROUY	Idem	1,124	
COINCY	⊠ (Distribution.)	1,078		CUFFIES	Idem	704	
COULONGES	Fère-en-Tardenois..	637		JUVIGNY	Idem	362	
COURMONT	Idem	200		LEURY	Idem	156	
DRAVEGNY	Idem	349		MERCIN	Idem	396	15,744
FÈRE-EN-TARDENOIS	⊠	2,313	11,337	NOYANT	Idem	196	
FRESNES	Fère-en-Tardenois..	341		PASLY	Idem	248	
GOUSSANCOURT	Idem	418		PLOISY	Idem	76	
MAREUIL-EN-DÔLE	Idem	492		POMMIERS	Idem	348	
NANTEUIL-NOTRE-DAME	Idem	155		SEPTMONTS	Idem	428	
RONCHÈRES	Idem	316		SOISSONS	⊠	8,149	
SAPONAY	Idem	252		VAUXBUIN	Soissons	408	
SERGY	Idem	192		VAUREZIS	Idem	416	
SERINGES	Idem	341		VENIZEL	Idem	201	
VÉZILY	Idem	469		VILLENEUVE-SAINT-GERMAIN	Idem	355	
VILLENEUVE-SUR-FÈRE	Idem	405					
VILLERS-AGRON-AIGUIZY	Idem	181		**CANTON DE BRAISNE.**			
VILLERS-SUR-FÈRE	Idem	536		ACY	Soissons	715	
				AUGY	Braisne	201	
CANTON DE NEUILLY-SAINT-FRONT.				BARBONVAL	Fismes	78	
				BAZOCHES	Idem	345	
ARMENTIÈRES	Oulchy	207		BLANZY-LÈS-FISMES	Idem	108	
BONNES	Neuilly-Saint-Front..	317		BRAISNE	⊠	1,352	
BRUMETZ	Gandelu	292		BRENELLE	Braisne	258	
BUSSIARES	Idem	278		BRUYS	Idem	119	
CHÉZY-EN-ORXOIS	La Ferté-Milon	762		CERSEUIL	Idem	237	
CHOUY	Neuilly-Saint-Front	643		CHASSEMY	Idem	639	
COINTICOURT	Idem	150		CHÉRY-CHARTREUVE	Fismes	560	
COURCHAMPS	Gandelu	149		CIRY-SALSOGNE	Braisne	566	
CROIX (la)	Oulchy	152		COURCELLES	Idem	488	
DAMMARD	La Ferté-Milon	343		COUVRELLES	Idem	258	
FERTÉ-MILON (la)	⊠	1,716		CYS-LA-COMMUNE	Idem	204	
GANDELU	⊠	551		DHUIZEL	Idem	261	
GRISOLLES	Neuilly-Saint-Front	298		GLENNES	Fismes	369	
HAUTEVESNES	Gandelu	216		JOUAIGNES	Braisne	311	
LATILLY	Neuilly-Saint-Front	260		LESGES	Idem	186	
LIGY-LÈS-MOINES	Gandelu	180		LHUYS	Idem	273	
MARIZY-SAINTE-GENEVIÈVE	La Ferté-Milon	245	11,732	LIMÉ	Idem	326	12,685
MARIZY-SAINT-MARD	Neuilly-Saint-Front	113		LONGUEVAL	Fismes	462	
MONTDIERS	Idem	346		MERVAL	Idem	91	
MONTIGNY-L'ALLIER	Gandelu	451		MONT-NOTRE-DAME	Braisne	600	
MONTRON	Neuilly-Saint-Front	123		MONT-SAINT-MARTIN	Fismes	59	
NANTEUIL-SUR-OURCQ	Idem	305		PAARS	Braisne	267	
NEUILLY-SAINT-FRONT	⊠	1,748		PERLES	Fismes	79	
PASSY-EN-VALLOIS	La Ferté-Milon	107		PRESLE	Braisne	381	
PRIEZ	Neuilly-Saint-Front	121		QUINCY-SOUS-LE-MONT	Idem	103	
ROCOURT	Coincy	294		REVILLON	Fismes	72	
ROZET-SAINT-ALBIN	Neuilly-Saint-Front	375		SERCHES	Braisne	382	
SILLY-LA-POTERIE	La Ferté-Milon	270		SERMOISE	Idem	366	
SOMMELANS	Neuilly-Saint-Front	60		SERVAL	Fismes	129	
SAINT-GENGOULPH	Gandelu	138		SAINT-MARD	Braisne	282	
SAINT-QUENTIN	La Ferté-Milon	94		SAINT-THIBAUT	Idem	135	
TORCY	Gandelu	130		TANNIÈRES	Idem	103	
TROËSNES	La Ferté-Milon	254		VASSENY	Idem	264	
VEUILLY-LA-POTERIE	Gandelu	144		VAUXCERÉ	Fismes	217	
				VAUXTIN	Braisne	121	
				VIEIL-ARCIS	Idem	374	
				VILLESAVOYE	Fismes	147	
				VILLERS-EN-PRAYÈRES	Idem	217	
TOTAL de la population de l'Arrondissement			60,771	A reporter			28,429

II.

2

NOMS DES COMMUNES.	BUREAUX DE POSTE qui les desservent.	POPULA-TION.	TOTAL de la POPULA-TION par canton	NOMS DES COMMUNES.	BUREAUX DE POSTE qui les desservent.	POPULA-TION.	TOTAL de la POPULA-TION par canton
Suite de l'ARRONDISSEMENT DE SOISSONS.				**Suite de l'ARRONDISSEMENT DE SOISSONS.**			
	Report..	28,479			Report..		47,166
CANTON D'OULCHY ou OULCHY-LE-CHATEAU.				Suite du CANTON DE VIC-SUR-AISNE.			
					Report..	1,798	
AMBRIEF	Soissons.	110		BREUIL	Soissons.	64	
ARCY-SAINTE-RESTITUE	Fère-en-Tardenois.	487		CŒUVRES	Vic-sur-Aisne.	693	
BEUGNEUX	Oulchy	221		COISY-EN-ALMONT	Idem.	384	
BILLY-SUR-OURCQ	Idem.	342		CUTRY	Idem.	186	
BRANGES	Fère-en-Tardenois.	76		DOMMIERS	Soissons.	471	
BRENY	Oulchy.	264		ÉPAGNY	Vic-sur-Aisne.	432	
BEZANCY	Soissons.	159		FONTENOY	Idem.	514	
CHACRISE	Idem.	424		LAVERSINE	Idem.	169	
CHAUDUN	Idem.	202		MISSY-AUX-BOIS	Soissons.	178	
CRAMAILLE	Fère-en-Tardenois.	182		MONTIGNY-LENGRAIN	Vic-sur-Aisne.	622	
CUGNY	Oulchy.	122		MORSAIN	Idem.	815	
CUIRY-HOUSSE	Braisne.	162		MORTEFONTAINE	Villers-Cotterets.	216	11,382
DROIZY	Oulchy.	126		NOUVRON	Vic-sur-Aisne.	425	
HARTENNES	Idem.	215		OSLY-COURTIL	Idem.	253	
LAUNOY	Idem.	244		PERNANT	Soissons.	415	
LOUPEIGNE	Fère-en-Tardenois.	242	7,597	RESSONS-LE-LONG	Vic-sur-Aisne.	708	
MAAST	Braisne.	330		SACONIN	Soissons.	203	
MONTGRU-SAINT-HILAIRE	Oulchy	110		SAINT-BANDRY	Vic-sur-Aisne.	421	
MURET	Idem.	352		SAINT-CHRISTOPHE-A-BERRY	Idem.	457	
NAMPTEUIL-SOUS-MURET	Braisne.	174		SAINT-PIERRE-AIGLE.	Villers-Cotterets.	671	
OUCHY-LA-VILLE	Oulchy.	219		(& à Vertefeuille.)			
OULCHY	☒	684		TARTIERS	Vic-sur-Aisne.	390	
PARCY	Oulchy.	263		VEZAPONIN	Idem.	243	
PLESSIER-HULEU (le)	Idem.	284		VIC-SUR-AISNE	☒	654	
ROZIÈRES	Soissons.	198					
ROZOY (grand)	Oulchy.	460		CANTON DE VILLERS-COTTERETS.			
SAINT-REMY-BLANZY	Idem.	366		ANCIENVILLE	Villers-Cotterets.	185	
TAUX	Idem.	49		CORCY	Idem.	356	
VIERZY	Soissons.	327		COYOLLES	Idem.	204	
VILLEMONTOIRE	Idem.	203		DAMPLEUX	Idem.	256	
				FAVEROLLES	Idem.	467	
CANTON DE VAILLY.				FLEURY	Idem.	178	
AIZY	Chavignon.	377		HARAMONT	Idem.	505	
ALLEMANT	Idem.	307		LARGNY	Idem.	389	
BRAYE	Soissons.	153		LONGPONT	Idem.	225	
BUCY-LE-LONG	Idem.	1,167		LOUATRE	Idem.	429	
CELLES-SUR-AISNE	Vailly.	328		MONT-GOBERT	Idem.	312	9,488
CHAVIGNON	☒	966		NOROY	Idem.	210	
CHAVONNE	Vailly.	358		OIGNY	Idem.	350	
CHIVRES	Soissons.	394		PISSELEUX	Idem.	102	
CLAMECY	Idem.	410		PUISEUX	Idem.	350	
CONDÉ-SUR-AISNE	Vailly.	417		RETHEUIL	Idem.	472	
FILAIN	Chavignon.	270		SOUCY	Idem.	192	
JOUY	Idem.	238		TAILLEFONTAINE	Idem.	591	
LAFFAUX	Soissons.	272		VILLERS-COTTERETS	☒	2,682	
MARGIVAL	Idem.	295	11,140	VILLERS-HÉLON	Villers-Cotterets.	397	
MISSY-SUR-AISNE	Idem.	478		VIVIÈRES	Idem.	636	
NANTEUIL-LA-FOSSE	Vailly.	397					
NEUVILLE-SUR-MARGIVAL	Soissons.	189		TOTAL de la population de l'Arrondissement			68,036
OSTEL	Vailly.	297					
PARGNY-FILAIN	Idem.	359		**ARRONDISSEMENT DE SAINT-QUENTIN.**			
PONT-ARCY	Braisne.	212					
SANCY	Vailly.	315		CANTON DE SAINT-QUENTIN.			
SOUPIR	Idem.	445		ESSIGNY-LE-PETIT	Saint-Quentin	370	
TERNY	Soissons.	408		FIEULAINE	Idem.	655	
VAILLY	☒	1,473		FONSOMME	Idem.	577	
VAUDESSON	Chavignon.	385		FONTAINE-NOTRE-DAME	Idem.	652	
(& à Vauxains.)				HARLY	Idem.	135	
VREGNY	Soissons.	154		HOMBLIÈRES	Idem.	928	
VUILLERY	Idem.	76		LESDINS	Idem.	389	
				MARCY	Idem.	338	
CANTON DE VIC-SUR-AISNE.							
AMBLENY	Vic-sur-Aisne.	1,111					
BAGNEUX	Idem.	120					
BERNY-RIVIÈRE	Idem.	509					
BIEUXY	Idem.	58					
	A reporter..	1,798					
	A reporter		47,166		A reporter..	4,044	

NOMS DES COMMUNES.	BUREAUX DE POSTE qui les desservent.	POPULA- TION.	TOTAL de la POPULA- TION par canton	NOMS DES COMMUNES.	BUREAUX DE POSTE qui les desservent.	POPULA- TION.	TOTAL de la POPULA- TION par canton
Suite de l'ARRONDISSEMENT DE SAINT-QUENTIN.				**Suite de l'ARRONDISSEMENT DE SAINT-QUENTIN.**			
					Report..		68,777
Suite du Canton de SAINT-QUENTIN.				**CANTON DE RIBEMONT.**			
	Report..	4,044		Chevresis-Monceau.........	Origny-S¹ᵉ.-Benoîte..	416	
Mesnil-Saint-Laurent......	Saint-Quentin......	253		Ferté-sur-Péron (la).....	Laon........	1,244	
Morcourt.................	Idem........	425		Mont-d'Origny...........	Origny-S¹ᵗ.-Benoîte..	1,052	
Omissy...................	Idem........	245	23,137	Neuvillette.............	Idem........	480	
Remaucourt..............	Idem........	322		Origny-Sainte-Benoîte. 🐎	✉	1,755.	
Rouvroy.................	Idem........	160		Parfeville..............	Origny-S¹ᵗ.-Benoîte..	1,066	
Saint-Quentin 🐎........	✉	17,686		Pleine-Selve............	Idem........	591	
				Regny..................	Idem........	432	14,719
CANTON DE BOHAIN.				Renansart..............	Origny-S¹ᵗ.-Benoîte..	635	
Becquigny..............	Bohain.......	307		Ribemont...............	Idem........	2,726	
Bohain.................	✉	3,024		Sery-lès-Mézières......	Idem........	1,173	
Brancourt.............	Bohain.......	1,588		Sissy..................	Idem........	918	
Croix-Fonsomme.......	Idem........	369		Surfontaine...........	Idem........	618	
Escaufourt............	Idem........	394		Thenelles.............	Idem........	1,004	
Étaves................	Idem........	1,381		Villers-le-sec........	Idem........	609	
Fontaine-Uterte.......	Idem........	239	18,185				
Fresnoy-le-Grand......	Idem........	3,379		**CANTON DE SAINT-SIMON.**			
Montbrehain..........	Idem........	1,795		Aubois................	Ham.........	561	
Montigny-Carotte.....	Idem........	974		Artemps...............	Saint-Quentin	453	
Prémont..............	Idem........	1,632		Bray-Saint-Christophe..	Ham.........	304	
Ramicourt............	Idem........	360		Castres...............	Saint-Quentin	422	
Seboncourt...........	Idem........	1,812		Clastres..............	Idem........	746	
Serain...............	Idem........	931		Contescourt..........	Idem........	198	
				Cugny.................	Ham.........	1,028	
CANTON DU CATELET.				Dallon................	Saint-Quentin	276	
Aubencheul-aux-Bois....	Le Catelet......	661		Dury..................	Ham.........	524	
Beaurevoir............	Idem........	1,390		Flavy-le-Martel.......	Idem........	2,366	
Bellenglise...........	Idem........	518		Fontaines-lès-Clercs..	Saint-Quentin	393	
Bellicourt 🐎.........	Idem........	1,119		Gauchy................	Idem........	348	13,894
Bony.................	Idem........	253		Grugis................	Idem........	411	
Catelet (le)..........	✉	610		Happencourt..........	Idem........	480	
Estrées..............	Le Catelet......	1,116		Jussy.................	Idem........	1,202	
Gouy.................	Idem........	889		Montescourt-Lizerolles..	Idem........	431	
Hargicourt...........	Idem........	1,215		Ollezy................	Ham.........	300	
Haucourt (le)........	Idem........	612	14,714	Pithon................	Idem........	167	
Joncourt.............	Idem........	808		Seraucourt (grand)....	Saint-Quentin	897	
Lempire..............	Idem........	526		Sommette..............	Ham.........	188	
Levergies............	Idem........	1,099		Saint-Simon...........	Idem........	540	
Magny-la-Fosse.......	Idem........	252		Tugny.................	Idem........	742	
Nauroy...............	Idem........	1,171		Villers-Saint-Christophe...	Idem........	917	
Sequehart............	Idem........	514					
Vendhuile............	Idem........	1,262		**CANTON DE VERMAND.**			
Villeret.............	Idem........	699		Auroir................	Ham.........	312	
				Beauvois 🐎...........	Idem........	694	
CANTON DE MOY.				Caulaincourt.........	Idem........	458	
Alaincourt...........	Saint-Quentin....	754		Douchy................	Idem........	339	
Benay................	Idem........	338		Étreillers............	Saint-Quentin	1,237	
Berthenicourt.......	Idem........	300		Fayet.................	Idem........	850	
Brissay-Choigny.....	La Fère......	727		Fluquières............	Ham.........	408	
Brissy...............	Idem........	956		Germaine..............	Idem........	190	
Cerizy 🐎............	Saint-Quentin....	83		Gricourt..............	Saint-Quentin	708	
Chatillon-sur-Oise....	Idem........	291		Héroué................	Ham.........	242	
Essigny-le-Grand.....	Idem........	881		Holnon................	Saint-Quentin	902	
Gibercourt...........	Idem........	145		Jeancourt.............	Idem........	708	13,380
Flamégicourt.........	La Fère......	811	12,741	Lanchy................	Ham.........	200	
Hinacourt............	Saint-Quentin..	172		Maissemy..............	Saint-Quentin	530	
Itancourt............	Idem........	932		Marteville............	Idem........	719	
Ly-Fontaine..........	Idem........	328		Pontru................	Idem........	361	
Mézières-sur-Oise....	Idem........	588		Pontruet..............	Idem........	388	
Moy..................	Idem........	1,322		Roupy 🐎..............	Idem........	669	
Neuville-Saint-Amand..	Idem........	483		Savy..................	Idem........	876	
Remigny..............	Idem........	1,294		Trefcon...............	Ham.........	214	
Urvillers............	Idem........	817		Vaux..................	Saint-Quentin	202	
Vendeuil.............	✉ (Distribution.)....	1,519		Vendelles.............	Idem........	323	
				Verguier (le).........	Idem........	650	
				Vermand...............	Idem........	1,200	
	A reporter......		68,777	Total de la population de l'Arrondissement........			110,770

ARRONDISSEMENT DE VERVINS.

CANTON DE VERVINS.

NOMS DES COMMUNES.	BUREAUX DE POSTE qui les desservent.	POPULATION.	TOTAL de la POPULATION par canton
Autreppes	Vervins	715	
Bancigny	Idem	177	
Bouteille (la)	Idem	1,044	
Braye-en-Thiérache	Idem	638	
Burelles	Idem	514	
Fontaine	Idem	901	
Gercy	Idem	747	
Grosard	Idem	243	
Harcigny	Idem	843	
Hary	Idem	517	
Haution	Idem	461	
Houry	Idem	152	
Laigny	Idem	1,282	17,198
Landouzy-la-Cour	Idem	487	
Lugny	Idem	226	
Nampcelle-la-Cour	Idem	509	
Plomion	Idem	1,494	
Prisces	Idem	460	
Rogny	Idem	270	
Saint-Algis	Idem	537	
Therailles	Idem	887	
Vallée-aux-Bleds (la)	Idem	547	
Vervins	✉	2,563	
Voulpaix	Vervins	982	

CANTON D'AUBENTON.

Any-Martin-Rieux	Aubenton	986	
Aubenton	✉	1,623	
Beaumé	Aubenton	449	
Besmont	Idem	779	
Coingt	Brunhamel	610	
Iviers	Idem	1,062	
Jeantes	Vervins	1,086	10,309
Landouzy-la-Ville	Idem	1,537	
Leuze	Aubenton	282	
Logny-lès-Aubenton	Idem	226	
Martigny	Idem	1,040	
Mont-Saint-Jean	Brunhamel	433	
Saint-Clément	Idem	196	

CANTON DE LA CAPELLE.

Buironfosse	La Capelle	2,221	
Capelle (la)	✉	1,341	
Chigny	Guise	666	
Clairfontaine	La Capelle	1,426	
Crupilly	Guise	266	
Englancourt	La Capelle	783	
Erloy	Idem	742	
Étréaupont	Idem	1,409	
Flamengerie (la)	Idem	1,744	15,726
Fontenelle	Idem	775	
Froidestrées	Idem	380	
Gergny	Idem	404	
Larzy	Idem	767	
Luzoir	Idem	677	
Papleux	Idem	325	
Roquigny	Idem	625	
Sommeron	Idem	327	
Sorbais	Idem	848	

CANTON DE GUISE.

Aisonville	Guise	723	
Audigny	Idem	541	
Bernot	Origny-Ste-Benoîte	1,202	
Flavigny-le-Grand	Guise	856	
	À reporter	3,322	
	À reporter		43,233

Suite de l'ARRONDISSEMENT DE VERVINS.

Report.. 43,233

Suite du CANTON DE GUISE.

NOMS DES COMMUNES.	BUREAUX DE POSTE qui les desservent.	POPULATION.	TOTAL de la POPULATION par canton
	Report..	3,322	
Flavigny-le-Petit	Guise	109	
Guise	✉	3,072	
Hauteville	Guise	478	
Iron	Idem	768	
Lavaqueresse	Leschelle	836	
Lesquielles-Saint-Germain	Guise	1,551	
Longchamps	Idem	341	
Macquigny	Idem	800	16,094
Malzy	Idem	607	
Mably	Idem	1,022	
Monceau-sur-Oise	Idem	337	
Noyal	Idem	463	
Proisy	Idem	708	
Proix	Idem	339	
Romery	Idem	228	
Vadencourt	Idem	628	
Villers-lès-Guise	Idem	485	

CANTON DE HIRSON.

Bucilly	Hirson	380	
Buire	Idem	304	
Effry	Idem	264	
Éparcy	Idem	86	
Hérie (la)	Idem	384	
Hirson	✉	2,718	
Mondrepuis	Hirson	1,781	14,042
Neuve-Maison	Idem	891	
Ohis	Idem	554	
Origny	Idem	2,001	
Saint-Michel-en-Thiérache	Idem	3,162	
Watigny	Idem	821	
Wimy	Idem	696	

CANTON DE NOUVION.

Barzy	Étreux	494	
Bergues	Idem	331	
Boué	Idem	1,434	
Dorengt	Idem	705	
Esquéhéries	Leschelle	2,448	
Fesmy	Étreux	673	11,674
Leschelle	✉ (Distribution.)	1,308	
Neuville-lès-Dorengt (la)	Étreux	671	
Nouvion (le)	Leschelle	3,106	
Sart (le)	Étreux	504	

CANTON DE SAINS.

Berlancourt	Marle	247	
Chevennes	Idem	573	
Colonfay	Guise	265	
Franqueville	Vervins	337	
Hérie-la-Viéville (la)	Guise	933	
Housset	Marle	722	
Landifay	Guise	962	
Lemé	Vervins	1,363	
Marfontaine	Marle	319	
Monceau-le-Neuf	Idem	641	13,187
Neuville-Housset (la)	Idem	361	
Puisieux	Guise	990	
Rougeries	Marle	375	
Sains	Idem	2,215	
Sourd (le)	Guise	000	
Saint-Gobert	Vervins	596	
Saint-Pierre	Marle	424	
Voharies	Idem	217	
Wiège-Faty	Guise	1,647	
	À reporter		98,230

NOMS DES COMMUNES.	BUREAUX DE POSTE qui les desservent.	POPULA-TION.	TOTAL de la POPULA-TION par canton	NOMS DES COMMUNES.	BUREAUX DE POSTE qui les desservent.	POPULA-TION.	TOTAL de la POPULA-TION par canton
Suite de l'ARRONDISSEMENT DE VERVINS.		Report..	98,230	Suite de l'ARRONDISSEMENT DE VERVINS.		Report..	98,230
CANTON DE WASSIGNY.				Suite du CANTON DE WASSIGNY.			
						Report..	7,293
ÉTREUX	(Distribution.)	1,503		SAINT-MARTIN-RIVIÈRE	Étreux	885	
GROUGIS	Guise	888		TUPIGNY	Guise	1,112	
HANNAPE	Étreux	843		VAUX	Étreux	1,621	13,462
MENNEVRET	Idem	1,901		VÉNÉROLLES	Idem	570	
MOLAIN	Idem	696		VERLY	Guise	826	
OISY	Idem	1,032		WASSIGNY	Étreux	1,155	
RIBEAUVILLE	Idem	430					
	A reporter..	7,293					
	A reporter		98,230	Total de la population de l'Arrondissement			111,692

RÉCAPITULATION.

	NOMBRE de		POPULATION.
	CANTONS.	COMMUNES.	
ARRONDISSEMENT DE LAON	11	290	161,731
— DE CHATEAU-THIERRY	5	125	60,771
— DE SOISSONS	6	167	68,036
— DE SAINT-QUENTIN	7	127	110,770
— DE VERVINS	8	131	111,692
TOTAUX	37	840	513,000

NOMS DES COMMUNES.	BUREAUX DE POSTE qui les desservent.	POPULA-TION.	TOTAL de la POPULA-TION par canton

ARRONDISSEMENT DE MOULINS-SUR-ALLIER.

CANTON DE BOURBON-L'ARCHAMBAULT.

Bourbon-l'Archambault 🐎..	✉	2,902	
Buxière-la-Grue	Bourbon - l'Archam-bault.	1,707	
Franchesse...............	Idem...	1,183	
Saint-Aubin.............	Idem...	725	10,874
Saint-Hilaire...........	Idem...	718	
Saint-Plaisir...........	Idem...	1,187	
Vieure	Idem...	789	
Ygrande	Idem...	1,663	

CANTON DE CHEVAGNES.

Beaulon...............	Chevagnes........	1,472	
Chapelle-aux-Chasses (la)...	Idem....	282	
Chevagnes. 🐎...........	✉ (Distribution.)...	833	
Chezy	Chevagnes........	396	
Gannay-sur-Loire...........	Idem....	640	
Garnat	Idem....	625	7,133
Lusigny...............	Idem....	795	
Paray-le-Frésil............	Idem....	600	
Saint-Martin-des-Lais......	Idem....	316	
Thiel...............	Idem....	1,174	

CANTON DE DOMPIERRE.

Coulanges...............	Digoin...	801	
Diou...............	Dompierre........	1,492	
Dompierre............	✉	1,512	
Molinet............	Digoin........	766	
Monetay-sur-Loire	Dompierre........	702	9,210
Pierrefitte............	Idem....	1,015	
Saligny...............	Idem....	1,452	
Saint-Pourçain-sur-Besbre..	Idem....	636	
Vaumas...............	Idem....	834	

CANTON DE LURCY-LE-SAUVAGE ou LURCY-LÉVY.

Aubigny...............	Le Veurdre......	317	
Augy...............	Idem...	637	
Chateau-sur-Allier.......	Idem...	562	
Couleuvre	Lurcy-le-Sauvage...	1,479	
Couzon...............	Le Veurdre......	563	
Limoise...............	Idem...	369	9,635
Lurcy-le-Sauvage.........	✉ (Distribution.)...	2,966	
Neure...............	Le Veurdre......	362	
Pouzy...............	Idem...	1,063	
Saint-Léopardin...........	Idem...	268	
Veurdre (le)	✉ (Distribution.)	1,049	

CANTON DE MONTET.

Chatel-de-Neuvre 🐎......	Saint-Pourçain.....	820	
Chatillon.............	Souvigny......	582	
(🐎 à la Pierre-Percée.)			
Contigny...............	Saint-Pourçain.....	944	
Cressanges............	Montet...	1,196	
Deux-Chaises............	Idem...	1,146	
Meillard	Idem...	672	10,299
Monetay-sur-Allier.......	Saint-Pourçain.....	618	
Montet 🐎............	✉	472	
Rocles	Montet...	503	
Saint-Sornin............	Idem...	564	
Thiel...............	Idem...	974	
Tréban...............	Idem...	720	
Trongeret	Idem...	1,088	

A reporter.................			47,151

Suite de l'ARROND^t DE MOULINS-SUR-ALLIER.

		Report..	47,151

CANTON DE MOULINS-SUR-ALLIER (est).

Bressolles...............	Moulins-sur-Allier..	678	
Gennetines............	Idem...	389	
Moulins-sur-Allier (est) 🐎..	✉	6,720	
Saint-Ennemond...........	Moulins-sur-Allier..	601	11,082
Toulon...............	Idem...	808	
Yzeure	Idem...	1,886	

CANTON DE MOULINS-SUR-ALLIER (ouest).

Aubouër...............	Moulins-sur-Allier..	439	
Avermes	Idem...	505	
Bagneux	Idem...	429	
Coulandon............	Idem...	564	
Montilly...............	Idem...	583	12,720
Moulins-sur-Allier (ouest)..	✉	7,952	
Neuvy...............	Moulins-sur-Allier..	725	
Trevol...............	Idem...	852	
Villeneuve 🐎............	Idem...	671	

CANTON DE NEUILLY-LE-RÉAL.

Bessay 🐎...............	Moulins-sur-Allier..	879	
Chapeau...............	Idem...	504	
Ferté-Hauterive (la)......	Varennes-sur-Allier.	448	
Gouize...............	Moulins-sur-Allier..	310	
Mercy...............	Idem...	395	5,859
Mont-Beugny...........	Idem...	359	
Neuilly-le-Réal	Idem...	1,139	
Saint-Gérand-de-Vaux....	Varennes-sur-Allier.	956	
Saint-Loup...........	Idem...	396	
Saint-Voir...........	Moulins-sur-Allier..	473	

CANTON DE SOUVIGNY.

Agonges	Souvigny...	709	
Autry-Issards...........	Idem...	639	
Besson...............	Moulins-sur-Allier..	1,370	
Bresnay...............	Idem...	778	
Chemilly...............	Idem...	600	
Gipcy...............	Souvigny...	678	10,025
Marigny...............	Idem...	312	
Meillers...............	Idem...	450	
Noyant...............	Idem...	780	
Saint-Menoux............	Idem...	1,018	
Souvigny...............	✉	3,691	

TOTAL de la population de l'Arrondissement.......			86,837

ARRONDISSEMENT DE LA PALISSE.

CANTON DE CUSSET.

Abrest...............	Cusset......	826	
Bost...............	Idem...	331	
Busset...............	Idem...	1,689	
Chapelle (la)............	Idem...	950	
Creuzier-le-Neuf...........	Idem...	778	
Crezier-le-Vieux.........	Idem...	1,402	14,687
Cusset...............	✉	4,910	
Mariol...............	Cusset...	615	
Molles...............	Idem...	881	
Saint-Yorre............	Idem...	248	
Vernet...............	Idem...	1,072	
Vichy 🐎............	✉ (Distribution.)...	985	

A reporter.................			14,687

NOMS DES COMMUNES.	BUREAUX DE POSTE qui les desservent.	POPULA-TION.	TOTAL de la POPULA-TION par canton	NOMS DES COMMUNES.	BUREAUX DE POSTE qui les desservent.	POPULA-TION.	TOTAL de la POPULA-TION par canton
Suite de l'ARRONDISSEMENT DE LA PALISSE.				Suite de l'ARRONDISSEMENT DE LA PALISSE.			
	Report..		14,687		Report..		60,313
CANTON DU DONJON.				Suite du CANTON DE VARENNES-SUR-ALLIER.			
					Report..	2,640	
AYBILLY	Le Donjon	424		MAGNET	Saint-Gérand-le-Puy.	677	
BORCHAUD	Idem	485		MONTAIGU-LE-BLIN	Idem	760	
CHASSENARD	Oigoin	663		MONTOLDRE	Varennes-sur-Allier.	645	
DONJON (le)	✉	1,695		RONGÈRES	Idem	570	
LENAX	Le Donjon	978		SANSAT	Saint-Gérand-le-Puy.	410	11,261
LODDES	Idem	564		SEUILLET	Idem	554	
LUNEAU	Idem	723	9,036	SAINT-FÉLIX	Idem	315	
MONCOMBROUX	Idem	429		SAINT-GÉRAND-LE-PUY 🏇	✉	1,727	
MONTAIGUET	Idem	998		SAINT-GERMAIN-DES-FOSSÉS	Saint-Gérand-le-Puy.	966	
NEUILLY-EN-DONJON	Idem	508		VARENNES-SUR-ALLIER 🏇	✉	1,997	
PIN	Idem	500					
SAINT-DIDIER-EN-DONJON	Idem	646					
SAINT-LÉGER-DES-BRUYÈRES	Idem	423		TOTAL de la population de l'Arrondissement			71,574
CANTON DE JALIGNY.							
BERT	Le Donjon	767		ARRONDISSEMENT DE GANNAT.			
CHATELPERRON	La Palisse	422					
CHAVROCHE	Idem	739		CANTON DE CHANTELLE.			
CINDRÉ	Saint-Gérand-le-Puy.	823					
JALIGNY	La Palisse	643		BARBERIER	Chantelle	411	
LIERNOLLES	Le Donjon	657	8,511	CHANTELLE	✉ (Distribution.)	1,635	
SORBIER	La Palisse	921		CHAREIL-CINTRAT	Chantelle	839	
SAINT-LÉON	Idem	420		CHARROUX	Gannat	1,739	
THIONNE	Idem	804		CUEXRLLES	Chantelle	436	
TRÉTEAU	Idem	806		DENEUILLE	Idem	392	
TRÉZELLE	Idem	776		ÉTROUSSAT	Idem	1,289	12,823
VARENNES-SUR-TESCHE	Idem	703		FLEURIEL	Idem	741	
				FOURILLES	Idem	514	
CANTON DE LA PALISSE.				MONESTIER	Idem	809	
ARFEUILLES	St-Martin-d'Estréaux	3,370		SAINT-GERMAIN-DE-SALLES	Gannat	764	
ANDELAROCHE	La Palisse	592		TARGET	Chantelle	551	
BARRAIS	Idem	682		TAXAT-SENAT	Idem	709	
BILLEZOIS	Idem	563		USSEL	Idem	775	
BREUIL	Idem	1,340		VOUSSAC	Idem	1,219	
CHATELUS	Idem	320					
DROITURIER 🏇	Idem	812	15,016	CANTON D'ÉBREUIL.			
ISSERPENT	Idem	955					
PALISSE (la) 🏇	✉	2,345		BELLENAVES	Chantelle	2,237	
PERMIGNY	La Palisse	608		CHIRAT-L'ÉGLISE	Idem	499	
SENTILLY	Idem	514		CHOUVIGNY	Gannat	693	
SAINT-CHRISTOPHE	Idem	574		COUTANSOUZE	Chantelle	521	
SAINT-ÉTIENNE-DE-VICQ	Idem	691		ÉBREUIL	Gannat	2,269	
SAINT-PIERRE-LAVAL	St-Martin-d'Estréaux	1,020		ÉCHASSIÈRES	Idem	805	
SAINT-PRIX	La Palisse	730		LALIZOLLE	Idem	701	
				LOUROUX-DE-BOUBLE	Chantelle	685	13,548
CANTON DE MAYET-DE-MONTAGNE.				NADES	Gannat	709	
ARRONNES	Mayet-de-Montagne	1,062		NAVES	Chantelle	881	
CHATEL-MONTAGNE	Idem	1,768		SUSSAT	Gannat	456	
FERRIÈRES	Idem	3,107		SAINT-BONNET-TISON	Chantelle	437	
MAYET-DE-MONTAGNE	✉ (Distribution.)	1,811		VALIGNAT	Idem	239	
NIZEROLLES	Mayet-de-Montagne	729	13,063	VEAUCE	Gannat	177	
PEUGRE (la)	Idem	1,752		VERNUSSE	Chantelle	837	
SAINT-CLÉMENT	Idem	1,612		VICQ	Gannat	1,182	
SAINT-NICOLAS-DES-BIEFS	Idem	1,222					
				CANTON D'ESCUROLLES.			
CANTON DE VARENNES-SUR-ALLIER.							
BILLY	Varennes-sur-Allier	952		BROUT-VERNET	Gannat	1,569	
BOUCÉ	Idem	819		BRUGHEAS	Idem	1,828	
CERCHY	Idem	449		CHARMEIL	Idem	347	
LANGY	Saint-Gérand-le-Puy.	420		COGNAT	Idem	923	
	A reporter..	2,640			A reporter..	4,667	
	A reporter		60,313		A reporter		26,371

NOMS DES COMMUNES.	BUREAUX DE POSTE qui les desservent.	POPULA-TION.	TOTAL de la POPULA-TION par canton
Suite de l'ARRONDISSEMENT DE GANNAT.		Report..	26,371
Suite du CANTON D'ESCUROLLES.		Report..	4,667
Escurolles	Gannat	1,100	
Espinasse-Vozelles	Idem	823	
Hauterive	Idem	321	
Serbannes	Idem	645	
Saint-Didier	Idem	593	12,047
Saint-Pont	Idem	1,032	
Saint-Remy-en-Rolla	Idem	931	
Vendat	Idem	1,122	
Vesse	Idem	813	
CANTON DE GANNAT.			
Bègues	Gannat	435	
Biozat	Idem	1,539	
Charmes	Idem	728	
Gannat 🐎	⊠	5,246	
Jenzat	Gannat	1,180	
Mayet-d'École 🐎	Idem	764	13,760
Mazerier	Idem	457	
Monteignet	Idem	565	
Poëzat	Idem	254	
Saulzet	Idem	911	
Saint-Bonnet-de-Rochefort	Idem	1,333	
Saint-Priest-d'Andelot	Idem	348	
CANTON DE SAINT-POURÇAIN.			
Bayet	Saint-Pourçain	1,069	
Bransat	Idem	1,164	
Cesset	Idem	555	
Féline (la)	Idem	492	
Loriges	Idem	389	
Louchy-Montrand	Idem	639	
Marcenat-sur-Allier	Idem	537	11,965
Montord	Idem	380	
Paray-sous-Briaille	Idem	692	
Saulcet	Idem	978	
Saint-Pourçain 🐎	⊠	4,376	
Verneuil	Saint-Pourçain	694	
TOTAL de la population de l'Arrondissement			64,143
ARRONDISSEMENT DE MONTLUÇON.			
CANTON DE CÉRILLY.			
Ainay-le-Château	Meaulne	1,147	
Bardais	Cérilly	277	
Braize	Meaulne	411	
Cérilly	⊠	2,329	
Ételon (1)	Meaulne	404	
Isle-sur-Marmande	Cérilly	391	
Meaulne	⊠ (Distribution.)	792	10,423
Saint-Bénin	Cérilly	330	
Saint-Bonnet-le-Désert	Meaulne	890	
Theneuille	Cérilly	1,083	
Urçay	Meaulne	552	
Valigny	Cérilly	850	
Villain (le)	Idem	645	
Vitray	Meaulne	322	
A reporter			10,423

NOMS DES COMMUNES.	BUREAUX DE POSTE qui les desservent.	POPULA-TION.	TOTAL de la POPULA-TION par canton
Suite de l'ARRONDISSEMENT DE MONTLUÇON.		Report..	10,423
CANTON DE HÉRISSON.			
Audes	Hérisson	732	
Bizeneuille	Idem	714	
Brethon (le)	Idem	1,032	
Cosne	Idem	1,075	
Estivareilles	Montluçon	648	
Givarlais	Hérisson	534	
Hérisson	⊠	1,407	
Louroux-Bourbonnais	Hérisson	762	
Louroux-Hodement	Idem	601	
Maillet	Idem	640	11,855
Nassigny	Idem	373	
Neuville	Idem	195	
Reugny	Idem	287	
Sauvagny	Idem	321	
Saint-Caprais	Idem	360	
Tortezais	Idem	499	
Vallon	Idem	993	
(🐎 à la Grave.)			
Venas	Idem	682	
CANTON DE HURIEL.			
Archignat	Montluçon	471	
Chapelaude (la)	Idem	1,232	
Chaprlette (la)	Idem	254	
Chazemais	Idem	760	
Courçais	Idem	607	
Huriel	Idem	2,407	
Mesples	Idem	369	11,898
Nocq	Idem	708	
Saint-Désiré	Idem	881	
Saint-Martinien	Idem	731	
Saint-Palais	Idem	652	
Saint-Sauvier	Idem	1,087	
Treignat	Idem	855	
Viplaix	Idem	884	
CANTON DE MARCILLAT.			
Arpheuille	Néris	498	
Celle (la)	Idem	1,011	
Durdat	Idem	1,134	
Marcillat	Idem	1,592	
Mazirat	Idem	730	
Petite-Marche (la)	Idem	807	
Ronnet	Idem	470	9,921
Saint-Fargeol	Idem	817	
Saint-Genest	Idem	493	
Saint-Marcel-en-Marcillat	Idem	550	
Saint-Priest-en-Marcillat	Idem	271	
Sainte-Thérence	Idem	502	
Terjat	Idem	513	
Villebret	Idem	533	
CANTON DE MONTLUÇON.			
Chamblet	Montluçon	625	
Deneuille	Montmarault	723	
Désertines	Montluçon	1,137	
Domérat	Idem	2,812	
Lamaids 🐎	Idem	270	
Lavaux	Idem	454	
Lignerolles	Idem	751	
Montluçon 🐎	⊠	4,991	
Néris 🐎	⊠	1,592	
Prémillat	Montluçon	606	
A reporter..		13,761	
A reporter			44,097

NOMS DES COMMUNES.	BUREAUX DE POSTE qui les desservent.	POPULA-TION.	TOTAL de la POPULA-TION par canton	NOMS DES COMMUNES.	BUREAUX DE POSTE qui les desservent.	POPULA-TION.	TOTAL de la POPULA-TION par canton
Suite de l'ARRONDISSEMENT DE MONTLUÇON.				Suite de l'ARRONDISSEMENT DE MONTLUÇON.			
	Report..		44,097		Report..		62,081
Suite du Canton de MONTLUÇON.				Suite du Canton de MONTMARAULT.			
	Report..	13,761			Report..	2,947	
Quinsaines	Montluçon	696		Colombier	Montmarault	645	
Saint-Angel	Idem	619		Commentry	Idem	1,277	
Saint-Victor	Idem	843	17,984	Doyet	Idem	862	
Teillet	Idem	755		Hyds	Idem	837	
Vaux	Idem	572		Louroux-de-Beaune	Idem	421	
Verneix	Idem	738		Malicorne	Idem	515	
				Montmarault		1,419	13,622
Canton de MONTMARAULT.				Montvicq	Montmarault	815	
				Murat	Idem	648	
Beaune	Montmarault	1,171		Sazeret	Idem	448	
Blomard	Idem	531		Saint-Bonnet-de-Four	Idem	583	
Chappes	Idem	759		Saint-Marcel-en-Murat	Idem	993	
Chavenon	Idem	486		Saint-Priest-en-Murat	Idem	315	
				Villefranche	Idem	897	
	A reporter..	2,947					
	A reporter..................		62,081	Total de la population de l'Arrondissement........			75,703

RÉCAPITULATION.

	NOMBRE de		POPULATION.
	CANTONS.	COMMUNES.	
Arrondissement de MOULINS-SUR-ALLIER........	9	86	86,837
———————— de GANNAT....................	6	74	64,143
———————— de MONTLUÇON................	5	67	75,703
———————— de LA PALISSE................	6	95	71,574
Totaux..................	26	322	298,257

NOMS DES COMMUNES.	BUREAUX DE POSTE qui les desservent.	POPULA-TION.	TOTAL de la POPULA-TION par canton	NOMS DES COMMUNES.	BUREAUX DE POSTE qui les desservent.	POPULA-TION.	TOTAL de la POPULA-TION par canton
ARRONDISSEMENT DE DIGNE.				**Suite de l'ARRONDISSEMENT DE DIGNE.**			
				Report..			27,196
CANTON DE BARRÊME.				**CANTON DE MOUSTIERS.**			
Barrême	✉ (Distribution.)	997		Chateauneuf-lès-Moustiers..	Moustiers	584	
Bedejun	Digne	106		Levens	Idem	157	
Chaudon	Barrême	600		Moustiers	✉ (Distribution.)	1,725	3,771
Clumanc	Idem	1,013	3,921	Palud (la)	Moustiers	809	
Lambruisse	Idem	306		Rougon	Idem	496	
Saint-Jacques	Idem	206					
Saint-Lions	Idem	181		**CANTON DE RIEZ.**			
Tartonne	Idem	512		Albiosc	Riez	91	
				Allemagne	Idem	724	
CANTON DE DIGNE.				Esparron-de-Verdon	Idem	509	
Aiglun	Digne	374		Montagnac	Idem	713	
Ainac	Idem	104		Montpezat	Idem	151	
Auribeau	Idem	160		Puymoisson	Idem	1,357	9,484
Barras	Idem	282		Quinson	Idem	949	
Castellard (le)	Idem	175		Riez	✉	3,115	
Chaffaut (le)	Idem	231		Roumoules	Riez	584	
Champtercier	Idem	406		Sainte-Croix	Idem	521	
Courbons	Idem	443		Saint-Jurs	Idem	564	
Digne	✉	3,932		Saint-Laurent	Idem	206	
Dourbes (les)	Digne	310					
Entrages	Idem	298		**CANTON DE SEYNE.**			
Gaubert	Idem	428	9,640	Auzet	Seyne	300	
Gremuse (la)	Idem	72		Barles	Idem	448	
Lambert	Idem	128		Montclar	Idem	591	
Mallemoisson	Idem	250		Selonnet	Idem	616	5,461
Marcoux	Idem	319		Seyne	✉	2,795	
Melan	Idem	150		Saint-Martin-lès-Seyne	Seyne	136	
Pérusse (la)	Idem	42		Verdaches	Idem	261	
Robine (la)	Idem	175		Vernet (le)	Idem	314	
Sieyes (les)	Idem	338					
Saint-Estève	Idem	117		**CANTON DE VALENSOLLE.**			
Thoard	Idem	906		Brunet	Valensolle	509	
				Gréoux	✉	1,432	6,003
CANTON DE LA JAVIE.				Saint-Martin-de-Bromès	Gréoux	541	
Archail	Digne	101		Valensolle	✉ (Distribution.)	3,521	
Beaujeu	Idem	450					
Blégiers	Idem	512		Total de la population de l'Arrondissement			51,915
Brosquet	Idem	621					
Draix	Idem	176	3,281	**ARRONDISSEMENT DE BARCELONNETTE.**			
Esclangon	Idem	101					
Javie (la)	Idem	428		**CANTON D'ALLOS.**			
Mariaud	Idem	165		Allos	Colmars	1,513	1,513
Prads	Idem	486					
Tanaron	Idem	241		**CANTON DE BARCELONNETTE.**			
				Barcelonnette	✉	2,144	
CANTON DES MÉES.				Chatelard	✉ (Distribution.)	586	
Castellet (le)	Les Mées	338		Enchastrayes	Barcelonnette	681	
Chenerilles	Idem	102		Faucon	Idem	504	
Entrevennes	Idem	624		Fours	Idem	547	8,601
Malijai	Idem	529	6,734	Jausiers	Idem	1,903	
Mées (les)	✉ (Distribution.)	2,129		Saint-Pons	Idem	658	
Mirabeau	Les Mées	515		Thuiles	Idem	572	
Oraison	Idem	1,736		Uvernet	Idem	806	
Puimichel	Idem	761					
				CANTON DU LAUZET.			
CANTON DE MEZEL.				Bréole (la)	Le Lauzet	932	
Beynes	Mezel	417		Lauzet (le)	✉ (Distribution.)	1,020	
Bras-d'Asse	Idem	436		Méolans	Le Lauzet	1,364	
Chateauredon	Idem	142		Pontis	Savines	356	5,473
Creisset	Idem	146		Revel	Le Lauzet	973	
Espinouse	Les Mées	185		Saint-Vincent	Idem	626	
Estoublon	Mezel	602	3,620	Ubaye	Idem	202	
Mezel	✉ (Distribution.)	875					
Saint-Jeannet	Mezel	316					
Saint-Julien-d'Asse	Idem	280					
Saint-Jurson	Idem	61					
Trevans	Idem	160					
	A reporter		27,196		A reporter		15,587

NOMS DES COMMUNES.	BUREAUX DE POSTE qui les desservent.	POPULA-TION.	TOTAL de la POPULA-TION par canton

Suite de l'ARRONDISSEMENT DE BARCELONNETTE.

Report.. 15,587

CANTON DE SAINT-PAUL.

Arche (l')	Châtelard	789	
Meyronnes	Idem	665	3,196
Saint-Paul	Idem	1,802	

Total de la population de l'Arrondissement....... 18,783

ARRONDISSEMENT DE CASTELLANNE.

CANTON DE SAINT-ANDRÉ.

Allons	Annot	488	
Angles	Idem	347	
Argens	Entrevaux	243	
Colle-Saint-Michel (la)	Annot	80	
Courchons	Castellanne	142	3,395
Méouilles	Idem	48	
Moriès	Idem	723	
More (la)	Idem	301	
Peyresq	Annot	238	
Saint-André	Castellanne	785	

CANTON D'ANNOT.

Annot	✉ (Distribution.)	1,292	
Braux	Entrevaux	454	
Fugeret	Annot	619	
Méailles	Idem	587	4,688
Montblanc	Entrevaux	178	
Saint-Benoît	Annot	512	
Ubraye	Idem	566	
Vergons	Idem	480	

CANTON DE CASTELLANNE.

Castellanne	✉	2,106	
Castillon	Castellanne	177	
Chasteuil	Idem	166	
Demandolx	Idem	330	
Foulx	Idem	281	
Garde (la)	Idem	266	
Peyroules	Idem	620	5,292
Robion	Idem	132	
Soleilhas	Idem	625	
Saint-Julien	Idem	175	
Taloire	Idem	122	
Taulanne	Idem	152	
Vilars-Brandis	Idem	140	

CANTON DE COLMARS.

Beauvezer	Colmars	742	
Colmars	✉	927	
Thorame (basse)	Colmars	894	4,023
Thorame (haute)	Idem	775	
Villars-Colmars	Idem	685	

CANTON D'ENTREVAUX.

Aubres	Entrevaux	96	
Castellet-Saint-Cassien	Idem	139	
Castellet-les-Sausses	Idem	405	
Entrevaux	✉	1,485	
Rochette (la)	Entrevaux	365	3,269
Sausses	Idem	344	
Saint-Pierre	Idem	199	
Ville-Vieille	Idem	236	

A reporter...................... 20,667

Suite de l'ARRONDISSEMENT DE CASTELLANNE.

Report.. 20,667

CANTON DE SENEZ.

Blieux	Castellanne	907	
Majastres	Barrême	270	2,434
Poil (le)	Idem	344	
Senez	Castellanne	913	

Total de la population de l'Arrondissement....... 23,101

ARRONDISSEMENT DE FORCALQUIER.

CANTON DE BANON.

Banon	Forcalquier	1,337	
Carniol	Idem	94	
Hospitalet (l')	Idem	269	
Montsalier	Idem	441	
Redortiers	Idem	519	
Revest-des-Brousses	Idem	640	6,171
Revest-du-Bion	Idem	685	
Rochegiron (la)	Idem	412	
Saumane	Idem	335	
Simiane	Idem	1,345	
Valsaintes	Idem	94	

CANTON DE SAINT-ÉTIENNE-LES-ORGUES.

Cruis	Forcalquier	576	
Fontienne	Idem	206	
Lardiers	Idem	393	
Mallefougasse	Idem	217	3,825
Montlaux	Idem	198	
Ongles	Idem	827	
Revest-en-Fangat	Idem	239	
Saint-Étienne-les-Orgues	Idem	1,169	

CANTON DE FORCALQUIER.

Dauphin	Manosque	628	
Forcalquier	✉	3,036	
Limans	Forcalquier	450	
Mane	Idem	1,542	
Niozelles	Idem	334	9,256
Pierrerue	Idem	621	
Sigonce	Idem	489	
Saint-Maime	Manosque	311	
Saint-Michel	Forcalquier	973	
Villeneuve	Manosque	872	

CANTON DE MANOSQUE.

Corbières	Manosque	585	
Manosque ⚘	✉	5,543	
Montfuron	Manosque	414	9,476
Pierrevert	Idem	852	
Sainte-Tulle	Idem	1,164	
Volx	Idem	918	

CANTON DE PEYRUIS.

Augès	Forcalquier	96	
Brillanne (la) ⚘	Idem	252	
Ganagobie	Idem	92	2,544
Lurs	Idem	1,236	
Peyruis ⚘	Idem	868	

A reporter...................... 31,272

NOMS DES COMMUNES.	BUREAUX DE POSTE qui les desservent.	POPULA-TION.	TOTAL de la POPULA-TION par canton	NOMS DES COMMUNES.	BUREAUX DU POSTE qui les desservent.	POPULA-TION.	TOTAL de la POPULA-TION par canton
Suite de l'ARRONDISSEMENT DE FORCALQUIER.				Suite de l'ARRONDISSEMENT DE SISTERON.			
	Report..		31,272		*Report..*		9,856
CANTON DE REILLANNE.				CANTON DE SISTERON.			
AUBENAS..............	Forcalquier.......	165		AUTHON..............	Sisteron..........	355	
BOURGET (le)...........	Idem..............	56		CHARDAVON...........	Idem.............	43	
CEREST E..............	Idem..............	1,147		ENTREPIERRES.........	Idem.............	473	
LINCEL...............	Idem..............	144		FEISSAL..............	Idem.............	96	
MONTJUSTIN..........	Idem..............	217	4,577	MISON...............	Idem.............	1,411	7,757
OPPEDETTE..........	Idem..............	221		SISTERON............	✉..............	4,329	
REILLANNE..........	Idem..............	1,421		SAINT-GENIÉS.........	Sisteron..........	482	
SAINTE-CROIX-A-LAUZE......	Idem..............	174		SAINT-SYMPHORIEN.....	Idem.............	213	
SAINT-MARTIN-DE-RENACAS....	Manosque.........	147		VILHOSC............	Idem.............	255	
VACHÈRES...........	Forcalquier........	599					
VILLEMUS...........	Manosque........	286					
				CANTON DE TURRIERS.			
TOTAL de la population de l'Arrondissement........			35,849	ASTOIN..............	La Motte-du-Caire..	126	
				BAYONS..............	Idem.............	804	
ARRONDISSEMENT DE SISTERON.				BELLAFAIRE..........	Idem.............	325	
CANTON DE LA MOTTE-DU-CAIRE.				ESPARRON-LA-BATIE....	Idem.............	252	
CAIRE (le).............	La Motte-du-Caire..	244		FAUCON.............	Idem.............	199	
CHATEAUFORT..........	Sisteron..........	230		GIGORS.............	Idem.............	209	3,548
CLAMENSANE..........	La Motte-du-Caire..	375		PIÉGUT.............	Idem.............	219	
CLARET..............	Idem..............	499		REYNIER............	Idem.............	312	
CURBANS............	Idem..............	618		TURRIERS...........	Idem.............	613	
MELVE..............	Idem..............	290		URTIS..............	Idem.............	112	
MOTTE-DU-CAIRE (la).....	✉ (Distribution.)....	692	5,144	VENTEROL...........	Idem.............	377	
NIBLES..............	Sisteron..........	149					
SIGOYER............	La Motte-du-Caire..	242					
THÈZE..............	Idem..............	404		CANTON DE VOLONNE.			
VALAVOIRE..........	Sisteron..........	234					
VALERNES...........	Idem..............	687		AUBIGNOSC..........	Sisteron..........	339	
VAUMEILH..........	Idem..............	480		BAUDUMENT.........	Idem.............	123	
				CHATEAU-ARNOUX......	Idem.............	632	
CANTON DE NOYERS.				CHATEAUNEUF-VAL-Sᵗᵉᵗ-DONAT.	Idem.............	399	
				ESCALE (l').........	Idem.............	651	5,087
BOVONS............	Sisteron..........	218		MONTFORT...........	Idem.............	278	
CHATEAUNEUF-MIRAVAIL.....	Idem..............	626		PEIPIN.............	Idem.............	466	
CUREL..............	Idem..............	298		SALIGNAC...........	Idem.............	655	
NOYERS............	Idem..............	1,366	4,712	SOURRIBES..........	Idem.............	266	
OMERGUES (les)........	Idem..............	797		VOLONNE...........	Idem.............	1,278	
SAINT-VINCENT.........	Idem..............	733					
VALBELLE...........	Idem..............	674					
	A reporter......		9,856	TOTAL de la population de l'Arrondissement......			26,248

RÉCAPITULATION.

	NOMBRE de		POPULATION.
	CANTONS.	COMMUNES.	
ARRONDISSEMENT DE DIGNE...........	9	88	51,915
— DE BARCELONNETTE...........	4	20	18,783
— DE CASTELLANNE............	6	48	23,101
— DE FORCALQUIER...........	6	51	35,849
— DE SISTERON............	5	50	26,248
TOTAUX................	30	257	155,896

NOMS DES COMMUNES.	BUREAUX DE POSTE qui les desservent.	POPULA-TION.	TOTAL de la POPULA-TION par canton.	NOMS DES COMMUNES.	BUREAUX DE POSTE qui les desservent.	POPULA-TION.	TOTAL de la POPULA-TION par canton.
ARRONDISSEMENT DE GAP.				**Suite de l'ARRONDISSEMENT DE GAP.**			
						Report..	28,554
CANTON DE LA BATIE-NEUVE.				**Suite du CANTON DE GAP.**			
Avançon..............	Chorges.........	656				Report..	7,755
Batie-Neuve (la)......	Gap.............	855		Menteyer.............	Gap...........	662	
Batie-Vieille (la)......	Idem............	157		Pelleautier...........	Idem..........	493	
Montgardin...........	Chorges.........	346		Rabou...............	Idem..........	422	10,825
Rambaud.............	Gap.............	248	3,347	Roche (la)...........	Idem..........	1,008	
Rochette (la).........	Idem............	312		Romette.............	Idem..........	485	
Saint-Étienne-d'Avançon.	Remollon........	298		**CANTON DE LARAGNE.**			
Valserres............	Idem............	475		Eyguians............	Serres.........	141	
CANTON D'ASPRES-LES-VEYNES.				Laragne.............	Ventavon.......	859	
Agnielles............	Veynes.........	261		Lazer...............	Idem..........	359	
Aspremont...........	Idem............	619		Monestier-Allemont....	Idem..........	222	
Aspres-les-Veynes.....	Idem............	744		Montclin............	Idem..........	106	4,075
Beaumdes-Annadds (la).	Idem............	720		Poët (le)............	Idem..........	538	
Beaume-Haute (la)....	Idem............	117	4,886	Upaix...............	Idem..........	747	
Fauríe (la)..........	Idem............	769		(à Heurebeau.)			
Montbran...........	Idem............	453		Ventavon............	(Distribution.)....	1,103	
Saint-Julien-en-Beauchêne.	Idem............	738		**CANTON D'ORPIERRE.**			
Saint-Pierre-d'Argençon.	Idem............	465		Étoile (l')...........	Serres.........	190	
CANTON DE BARCILLONNETTE.				Lagrand.............	Idem..........	243	
Barcillonnette........	Ventavon.......	361		Nossage.............	Idem..........	83	
Esparrons...........	Idem............	286	1,074	Orpierre............	Idem..........	932	2,718
Vitrolles...........	La Saulce......	427		Saléon.............	Idem..........	267	
CANTON DE SAINT-BONNET.				Sainte-Colombe.......	Idem..........	446	
Ancelle.............	Saint-Bonnet.....	1,104		Saint-Cyrice.........	Idem..........	79	
Bénévent...........	Idem............	596		Trescléoux..........	Idem..........	478	
Boissard............	Idem............	212		**CANTON DE RIBIERS.**			
Chabottes...........	Idem............	707		Antonaves...........	Sisteron.......	286	
Chabottonnes........	Idem............	184		Barret-le-Bas........	Idem..........	520	
Costes (les).........	Idem............	291		Barret-le-Haut.......	Idem..........	112	
Fare (la)...........	Idem............	365		Chateauneuf-de-Chadre.	Idem..........	232	
Forest-Saint-Julien....	Idem............	441		Fourres.............	Idem..........	591	4,142
Infournas (les).......	Idem............	192		Pomet..............	Idem..........	265	
Laye...............	Idem............	387		Ribiers.............	Idem..........	1,215	
(à Bruttinel.)				Salérans............	Idem..........	462	
Molines............	Idem............	161	11,612	Saint-Pierre-Avez.....	Idem..........	259	
Motte-en-Champsaur (la).	Idem............	409		**CANTON DE ROSANS.**			
Noyer (le)..........	Idem............	915		Bruis...............	Serres.........	452	
(à la Guinguette-de-Boyer.)				Cuanousse...........	Idem..........	293	
Poligny............	Idem............	781		Montjai............	Idem..........	410	
Saint-Bonnet.........	(Distribution.)...	1,800		Moydans............	Idem..........	189	
Saint-Eusèbe........	Saint-Bonnet.....	562		Ribeyret............	Idem..........	486	3,647
Saint-Julien-en-Champsaur.	Idem............	678		Rosans..............	Idem..........	818	
Saint-Laurent.......	Idem............	962		Sorbiers............	Idem..........	168	
Saint-Léger.........	Idem............	261		Saint-André-de-Rosans..	Idem..........	672	
Saint-Michel-de-Chaillot..	Idem............	604		Sainte-Marie.........	Idem..........	159	
CANTON DE SAINT-ÉTIENNE-EN-DEVOLUY.				**CANTON DE SERRES.**			
Agnières............	Corps...........	425		Batie-Montsaléon (la)....	Serres.........	410	
Cluse (la)..........	Veynes.........	374		Bersac (le)..........	Idem..........	212	
Saint-Didier........	Corps...........	575	2,139	Épine (l')...........	Idem..........	684	
Saint-Étienne-en-Dévoluy..	Idem............	765		Méreuil............	Idem..........	241	
CANTON DE SAINT-FIRMIN-EN-VALGODEMARD.				Montclus...........	Idem..........	261	
Aspres-les-Corps.....	Corps...........	653		Montmorin..........	Idem..........	709	5,606
Aubessagne.........	Idem............	828		Montrond...........	Idem..........	112	
Clémence-d'Ambel....	Idem............	385		Piarre (la)..........	Idem..........	453	
Glaizil (le).........	Idem............	613		Savournon..........	Idem..........	762	
Guillaume-Peyrouze...	Idem............	502	5,496	Serres..............		1,155	
Saint-Firmin-en-Valgodemard.	Idem............	1,280		Sigottier...........	Serres.........	353	
Saint-Jacques-en-Valgodemard.	Idem............	560		Saint-Genis.........	Idem..........	254	
Saint-Maurice.......	Idem............	417		**CANTON DE TALLARD.**			
Villar-Loubière......	Idem............	258		Chateauvieux-sur-Tallard..	Gap...........	267	
CANTON DE GAP.				Fouillouze...........	La Saulce......	239	
Chaudun............	Gap...........	167		Jarjayes............	Remollon.......	574	
Freissinouze (la).....	Idem............	373		Lardiers............	La Saulce......	559	
Gap................		7,215		Lettret.............	Gap...........	128	4,899
				Neffes..............	Idem..........	414	
				Saulce (la)..........	(Distribution.)....	795	
				(à Vitrac.)			
	A reporter..	7,755		Sigoyer.............	La Saulce......	783	
				Tallard.............	Gap...........	1,140	
A reporter............			28,554	A reporter............			64,466

NOMS DES COMMUNES.	BUREAUX DE POSTE. qui les desservent.	POPULA-TION.	TOTAL de la POPULA-TION par canton	NOMS DES COMMUNES.	BUREAUX DE POSTE. qui les desservent.	POPULA-TION.	TOTAL de la POPULA-TION par canton
Suite de l'ARRONDISSEMENT DE GAP.				**Suite de l'ARRONDISSEMENT DE BRIANÇON.**			
	Report..		64,466		Report..		24,398
CANTON DE VEYNES.				**CANTON DU MONÊTIER.**			
Chabestan	Veynes	273		Monêtier (le)	Briançon	2,594	
Chateauneuf-d'Oze	Idem	150		Salle (la)	Idem	1,328	5,238
Chatillon-le-Désert	Idem	114		Saint-Chaffrey	Idem	1,316	
Clausonne	Idem	73					
Furmeyer	Idem	275		Total de la population de l'Arrondissement			29,636
Montmaur	Idem	679	4,172				
Oze	Idem	169		**ARRONDISSEMENT D'EMBRUN.**			
Saix (le)	Idem	387		**CANTON DE CHORGES.**			
Saint-Auban-d'Oze	Idem	197		Breziers	Remollon	564	
Veynes	✉	1,855		Chorges 🐎	✉ (Distribution.)	2,009	
				Espinasses	Remollon	501	
Total de la population de l'Arrondissement			68,638	Prunières	Chorges	423	
				Remollon	✉ (Distribution.)	583	5,076
ARRONDISSEMENT DE BRIANÇON.				Roche-brune	Remollon	287	
				Rousset	Idem	178	
CANTON D'AIGUILLES.				Theus	Idem	531	
Abriès	✉ (Distribution.)	1,838		**CANTON D'EMBRUN.**			
Aiguilles	Abriès	983		Baratier	Embrun	271	
Arvieux	Queyras	965		Chateauroux	Idem	1,726	
Chateau-ville-vieille	Idem	1,378	7,637	Crevoux	Idem	543	
(✉ à Queyras.)				Crottes (les)	Idem	1,496	
Molines	Idem	1,030		Embrun 🐎	✉	3,062	10,146
Ristolas	Abriès	643		Orres (les)	Embrun	1,119	
Saint-Véran	Queyras	800		Saint-André	Idem	1,051	
				Saint-Sauveur	Idem	878	
CANTON DE L'ARGENTIÈRE.				**CANTON DE GUILLESTRE.**			
Argentière (l')	La Bessée	1,196		Ceillac	Mont-Dauphin	921	
(✉ Distribution. 🐎 à la Bessée.)				Champcella	Idem	682	
Pisse (la)	Idem	800		Eygliers	Idem	750	
Puy-Saint-Vincent	Idem	809	6,621	Freyssinières	Idem	892	
Roche (la)	Idem	777		Guillestre	Idem	1,672	
Saint-Martin-de-Queyrières	Idem	1,447		Mont-Dauphin	✉	378	9,567
Vallouise	Idem	1,135		(🐎 à Saint-Guillaume.)			
Vigneaux (les)	Idem	457		Réotier	Mont-Dauphin	493	
				Risoul	Idem	952	
CANTON DE BRIANÇON.				Saint-Clément	Idem	611	
Briançon 🐎	✉	2,939		Saint-Crépin	Idem	1,210	
Cervières	Briançon	895		Vars	Idem	1,006	
Montgenèvre	Idem	383		**CANTON D'ORCIÈRES.**			
Nevache	Idem	877	7,777	Champoléon	Saint-Bonnet	691	
Puy-Saint-André	Idem	506		Orcières	Idem	1,459	2,911
Puy-Saint-Pierre	Idem	432		Saint-Jean-Saint-Nicolas	Idem	761	
Val-des-Prés	Idem	700		**CANTON DE SAVINES.**			
Villard-Saint-Pancrace	Idem	1,045		Puy-Saint-Eusèbe	Embrun	371	
				Puy-Sanières	Idem	257	
CANTON DE LA GRAVE.				Réalon	Idem	996	3,128
Grave (la) 🐎	✉	1,886		Sauze (le)	Savines	280	
Villard-d'Arènes	La Grave	477	2,363	Savines	✉ (Distribution.)	1,052	
				Saint-Apollinaire	Savines	172	
A reporter			24,398	Total de la population de l'Arrondissement			30,828

RÉCAPITULATION.

	NOMBRE de		POPULATION.
	CANTONS.	COMMUNES.	
Arrondissement DE GAP	14	126	68,638
———— DE BRIANÇON	5	27	29,636
———— D'EMBRUN	5	36	30,828
Totaux	24	189	129,102

NOMS DES COMMUNES.	BUREAUX DE POSTE qui les desservent.	POPULA-TION.	TOTAL de la POPULA-TION par canton	NOMS DES COMMUNES.	BUREAUX DE POSTE qui les desservent.	POPULA-TION.	TOTAL de la POPULA-TION par canton
ARRONDISSEMENT DE PRIVAS.				Suite de l'**ARRONDISSEMENT DE PRIVAS.**			
					Report..		57,517
CANTON D'ANTRAIGUES.				**Suite du CANTON DE PRIVAS.**			
Aizac	Aubenas	627			Report..	3,198	
Antraigues	1,908			Flaviac	Privas	802	
Asperjoc	Idem	671		Freyssenet	Idem	234	
Genestelle	Aubenas	1,975		Gourdon	Idem	760	
Juvinas	Montpezat	1,438	9,702	Lyas	Idem	376	
Lachamp-Raphaël	Le Chaylard	666		Ollières (les)	Idem	1,138	14,792
Mezilhac	Le Chaylard	903		Pourchères	Idem	424	
Saint-Andéol-de-Bourlenc	Aubenas	1,514		Pranles	Idem	1,500	
				Privas	⊠	4,342	
CANTON D'AUBENAS.				Saint-Priest	Privas	734	
Ailhon	Aubenas	646		Saint-Vincent-de-Durfort	Idem	695	
Aubenas	⊠	4,759		Veyras	Idem	649	
Bégude (la)	Aubenas	400					
Chapelle (la)	Idem	646		**CANTON DE ROCHEMAURE.**			
Fons (les)	Idem	365		Cruas	Privas	739	
Lentillères	Idem	291		Meysse	Montélimart	1,099	
Mercure	Idem	1,006		Rochemaure	Idem	1,354	
Saint-Didier	Idem	266		Sceautres	Villeneuve-de-Berg	472	5,803
Saint-Étienne-de-Boulogne	Idem	947	17,855	Saint-Martin-le-Supérieur	Privas	648	
Saint-Étienne-de-Fontbellon	Idem	1,286		Saint-Martin-l'Inférieur	Idem	457	
Saint-Julien-du-Serre	Idem	789		Saint-Pierre-la-Roche	Idem	210	
Saint-Michel-de-Boulogne	Idem	422		Saint-Vincent-des-Barres	Idem	824	
Saint-Privat	Idem	844					
Saint-Sernin	Idem	478		**CANTON DE VILLENEUVE-DE-BERG.**			
Ucel	Idem	876		Berzème	Villeneuve-de-Berg	335	
Vals	Idem	2,355		Darbres	Idem	456	
Vessaux	Idem	1,479		Lussas	Idem	782	
				Mirabel	Idem	763	
CANTON DU BOURG-SAINT-ANDÉOL.				Rochecolombe	Idem	436	
Bidon	Le Bourg-St-Andéol	184		Saint-Andéol-de-Berg	Idem	303	
Bourg-Saint-Andéol (le)	⊠	4,268		Saint-Germain	Idem	256	
Gras	Le Bourg-St-Andéol	932		Saint-Gineis-en-Coiron	Idem	204	
Larnas	Idem	120		Saint-Jean-le-Centenier	Idem	697	10,781
Saint-Just	Idem	961	11,570	Saint-Laurent-sous-Coiron	Idem	483	
Saint-Marcel-d'Ardèche	Idem	2,088		Saint-Maurice-d'Ibie	Idem	592	
Saint-Martin-d'Ardèche	Idem	521		Saint-Maurice	Idem	695	
Saint-Montant	Idem	1,580		Saint-Pons	Idem	672	
Saint-Remèze	Idem	916		Villedieu (la)	Idem	920	
				Villeneuve-de-Berg	⊠	2,549	
CANTON DE CHOMÉRAC.				Vogüé	Villeneuve-de-Berg	718	
Baix	Privas	1,314					
Chomérac	Idem	2,687		**CANTON DE VIVIERS.**			
Poulin (le)	La Voulte	1,627		Aps	Viviers	1,152	
Rochessauve	Privas	899	8,278	Aubignas	Villeneuve-de-Berg	488	
Saint-Julien-en-Saint-Alban	Idem	620		Saint-Thomé	Viviers	592	7,746
Saint-Lager	Idem	585		Teil (le)	Montélimart	2,091	
Saint-Symphorien	Idem	546		Valvignères	Viviers	887	
				Viviers		2,536	
CANTON DE SAINT-PIERREVILLE.							
Gluiras	Saint-Pierreville	3,011		**CANTON DE LA VOULTE.**			
Issamoulenc	Idem	808		Beauchastel	La Voulte	817	
Marcols	Idem	1,773		Charmes	Idem	793	
Saint-Étienne-de-Serres	Idem	953	10,112	Gilhac	Idem	884	
Saint-Julien-du-Gua	Idem	922		Rompon	Idem	1,011	
Saint-Pierreville	⊠ (Distribution.)	1,890		Saint-Cierge-la-Serre	Idem	699	
Saint-Sauveur-de-Montagut	Saint-Pierreville	755		Saint-Fortunat	Idem	1,523	10,670
				Saint-Laurent-du-Pape	Idem	1,230	
CANTON DE PRIVAS.				Saint-Marcel-de-Crussols	Idem	816	
Ajoux	Privas	561		Saint-Michel-de-Chabrilla-			
Alissas	Idem	842		noux	Vernoux	977	
Coux	Idem	1,265		Voulte (la)	⊠	1,920	
Creysselles	Idem	530					
	A reporter..	3,198		Total de la population de l'Arrondissement......			107,309
	A reporter........................		57,517				

NOMS DES COMMUNES.	BUREAUX DE POSTE qui les desservent.	POPULA-TION.	TOTAL de la POPULA-TION par canton	NOMS DES COMMUNES.	BUREAUX DE POSTE qui les desservent.	POPULA-TION.	TOTAL de la POPULA-TION par canton
ARRONDISSEMENT DE LARGENTIÈRE.				**Suite de l'ARRONDISSEMENT DE LARGENTIÈRE.**			
						Report..	47,043
CANTON DE BURZET.				**Suite du CANTON DE MONTPEZAT.**			
						Report..	5,436
BURZET	Montpezat	3,516		MONTPEZAT	☒.	5,436	
SAGNES	Idem.	947	5,878	ROUX (le)	Montpezat	2,612	
SAINTE-EULALIE	Idem.	601		SAINT-CIRGUES-EN-MONTAGNE	Idem.	600	9,900
SAINT-PIERRE-LE-COLOMBIER	Idem.	814		USCLADES	Idem.	716	
						536	
CANTON DE COUCOURON.							
CHAPELLE-GRAILLOUSE (la)	Langogne	946		**CANTON DE THUEYTS.**			
COUCOURON	Idem.	1,045		FABRAS	Thueyts	501	
ISSABLES	Idem.	1,422	5,387	JAUJAC	Idem.	2,208	
LESPERON	Idem.	751		MAYRES	Idem.	2,558	
NARGE (la)	Idem.	791		MEYRAS	Idem.	2,193	
VILAYTE (la)	Idem.	432		NUIGLES	Idem.	1,157	14,220
				PRADES	Idem.	982	
CANTON DE SAINT-ÉTIENNE-DE-LUGDARÈS.				SOUCHE (la)	Idem.	1,479	
BORNE	Largentière	365		SAINT-CIRGUES-DE-PRADES	Idem.	486	
CELLIER-LE-DUC	Langogne	312		THUEYTS	☒ (Distribution.)	2,656	
LAVAL-D'AURELLE	Idem.	264					
SAINT-ALBAN-EN-MONTAGNE	Idem.	311	4,508	**CANTON DE VALLON.**			
SAINT-ÉTIENNE-DE-LUGDARÈS	Idem.	2,001		BALAZUC	Vallon	787	
SAINT-LAURENT-LES-BAINS	Idem.	806		BASTIDE-DE-VIRAC (la)	Barjac	364	
VEYRUNE (la)	Idem.	449		BESSAS	Idem.	470	
				LAGORCE	Idem.	1,525	
CANTON DE JOYEUSE.				ORGNAC	Idem.	390	
AURIOLLES	Joyeuse	312		PRADONS	Largentière	279	8,579
BEAUME (la)	Idem.	938		RUOMS	Joyeuse	839	
BEAULIEU	Les Vans	668		SALAVAS	Barjac	571	
BLACHÈRE (la)	Joyeuse	2,865		SAMPZON	Idem.	285	
CHANDOLAS	Idem.	951		VAGNAS	Idem.	639	
FAUGÈRES	Idem.	440		VALLON	☒ (Distribution.)	2,430	
GROSPIERRES	Idem.	1,070					
JOYEUSE	☒.	1,850		**CANTON DE VALGORGE.**			
PAYZAC	Joyeuse	1,396	17,589	BEAUMONT	Joyeuse	1,340	
PLANZOLLES	Idem.	449		BOULE (la)	Largentière	947	
RIBES	Idem.	629		DOMPNAC	Joyeuse	582	
ROZIÈRES	Idem.	1,618		LOUBARESSE	Largentière	290	6,093
SABLIÈRES	Idem.	1,585		MONTSELGUES	Les Vans	797	
SAINT-ALBAN-SOUS-SAMPZON	Idem.	840		SAINT-MÉLANY	Joyeuse	790	
SAINT-ANDRÉ-LA-CHAMP	Idem.	691		VALGORGE	Largentière	1,347	
SAINT-GENEST-DE-BAUZON	Idem.	785					
VERNON	Idem.	502		**CANTON DES VANS.**			
				ASSIONS (les)	Les Vans	1,177	
CANTON DE LARGENTIÈRE.				BANNE	Idem.	1,755	
CHASSIERS	Largentière	1,369		BERRIAS	Idem.	1,033	
CHAUZON	Idem.	553		BRAHIC	Idem.	455	
CHAZEAUX	Idem.	554		CASTELJAU	Idem.	355	
JOANNAS	Idem.	916		CHAMBONAS	Idem.	1,286	
LARGENTIÈRE	☒.	2,919		CHASSAGNES	Idem.	418	
LAURAC	Largentière	1,479		FIGÈRE (la)	Idem.	267	
MONTREAL	Idem.	659	13,681	GRAVIÈRES	Idem.	1,034	
PRUNET	Idem.	590		MALARCE	Idem.	406	
ROCHER	Idem.	436		MALBOSC	Idem.	1,036	17,643
ROCLES	Idem.	955		NAVES	Idem.	509	
SANILHAC	Idem.	1,440		SALELLES (les)	Idem.	582	
THAURIERS	Idem.	280		SAINT-ANDRÉ-DE-CRUZIÈRES	Saint-Ambroix	965	
VINEZAC	Idem.	1,117		SAINT-JEAN-DE-POURCHARESSE	Les Vans	454	
UZER	Idem.	414		SAINTE-MARGUERITTE-LA-FIGÈRE	Idem.	506	
				SAINT-PIERRE-DÉCHAUSSELAT	Idem.	449	
CANTON DE MONTPEZAT.				SAINT-PAUL-LE-JEUNE	Idem.	200	
BÉAGE (le)	Montpezat	2,406		SAINT-SAUVEUR-DE-CRUZIÈRES	Saint-Ambroix	792	
CROS-DE-GEORAND (le)	Idem.	1,520		THINES	Les Vans	795	
MAZAN	Idem.	1,510		VANS (les)	☒.	2,169	
		A reporter..	5,436				
				TOTAL de la population de l'Arrondissement			103,478
		A reporter	47,043				

NOMS DES COMMUNES.	BUREAUX DE POSTE qui les desservent.	POPULA-TION.	TOTAL de la POPULA-TION par canton	NOMS DES COMMUNES.	BUREAUX DE POSTE qui les desservent.	POPULA-TION.	TOTAL de la POPULA-TION par canton
ARRONDISSEMENT DE TOURNON.				**Suite de l'ARRONDISSEMENT DE TOURNON.**			
						Report..	63,329
CANTON DE SAINT-AGRÈVE.				**CANTON DE SAINT-MARTIN-DE-VALAMAS.**			
Batie-d'Andaure (la)	Saint-Agrève	882		Arcens	Le Chaylard	1,276	
Devesset	Idem	1,157		Borée	Idem	1,848	
Pouzat (le)	Le Chaylard	219		Chanéac	Idem	980	
Rochepaule	Saint-Agrève	1,543	8,733	Chapelle (la)	Idem	530	11,328
Saint-Agrève	✉ (Distribution.)	2,494		Saint-Clément	Idem	679	
Saint-André-des-Effangeas	Saint-Agrève	778		Saint-Jean-Roure	Idem	772	
Saint-Jeure-d'Andaure	Idem	751		Saint-Julien-Boutières	Saint-Agrève	1,517	
Saint-Romain-le-Désert	Idem	909		Saint-Martial	Le Chaylard	1,833	
				Saint-Martin-de-Valamas	Idem	1,893	
CANTON D'ANNONAY.							
Annonay	✉	8,277		**CANTON DE SAINT-PÉRAY.**			
Boulieu	Annonay	1,225		Champis	Saint-Péray	800	
Davézieux	Idem	859		Chateaubourg	Idem	397	
Monestier-en-Vocance	Idem	393		Cornas	Idem	923	
Roiffieux	Idem	714		Guilherand	Idem	470	
Saint-Clair	Idem	353		Soyons	Idem	695	9,625
Saint-Cyr	Idem	449	19,383	Saint-Didier	Idem	1,059	
Saint-Julien-Vocance	Idem	1,247		Saint-Péray	✉	2,321	
Saint-Marcel-les-Annonay	Idem	932		Saint-Romain-de-Lerp	Saint-Péray	502	
Talencieux	Andance	419		Saint-Silvestre	Idem	662	
Vanosc	Annonay	1,660		Toulaud	Idem	1,796	
Vernosc	Idem	1,023					
Villevocance	Idem	965		**CANTON DE SATILLIEU.**			
Vocance	Idem	867		Ardoix	Annonay	800	
				Louvesc (la)	Idem	690	
CANTON DU CHAYLARD.				Préaux	Idem	1,134	
Accons	Le Chaylard	1,151		Quintenas	Idem	1,057	
Chaylard (le)	✉	2,252		Satillieu	Idem	1,870	9,450
Dornas	Le Chaylard	877		Saint-Alban-d'Ay	Idem	1,182	
Jaunac	Idem	381		Saint-Jeure-d'Ay	Idem	431	
Mariac	Idem	1,260		Saint-Pierre-de-Macchabée	Idem	869	
Nonnières (les)	Idem	630		Saint-Romain-d'Ay	Idem	544	
Saint-Andéol-de-Fourchades	Idem	1,086	11,837	Saint-Simphorien	Idem	873	
Saint-Barthelemy-le-Meil	Idem	500					
Saint-Christol	Idem	834		**CANTON DE SERRIÈRES.**			
Saint-Cierge	Idem	321		Andance	✉ (Distribution.)	1,381	
Saint-Geneyst-la-Champ	Idem	933		Bogy	Le Péage	410	
Saint-Julien-la-Brousse	Idem	1,115		Brossaine	Idem	324	
Saint-Michel-le-Range	Idem	497		Champagne	Andance	524	
				Charnas	Le Péage	543	
CANTON DE SAINT-FÉLICIEN.				Colombier-le-Cardinal	Annonay	336	
Arlebosc	Tournon	926		Félines	Le Péage	829	
Bouvieux-le-Roi	Idem	518		Limony	Idem	708	
Bosas	Idem	720		Peaugres	Idem	931	10,894
Colombier-le-vieux	Idem	988		Peyraud	Idem	412	
Farre (la)	Idem	549	9,427	Savas	Annonay	560	
Pailharès	Idem	970		Serrières	Le Péage	1,987	
Saint-Félicien	Idem	2,200		Saint-Désirat	Andance	818	
Saint-Victor	Idem	1,777		Saint-Étienne-de-Valoux	Idem	312	
Vaudevant	Idem	779		Saint-Jacques-d'Atticieux	Annonay	233	
				Thorrenc	Andance	210	
CANTON DE LA MASTRE.				Vinzieux	Le Péage	396	
Crestet (le)	La Mastre	579					
Desaignes	Idem	3,598		**CANTON DE TOURNON.**			
Empurany	Idem	1,495					
Gilhoc	Idem	1,461		Arras	Saint-Vallier	481	
Mastre (la)	✉ (Distribution.)	2,218	13,949	Cheminas	Tournon	415	
Nozières	La Mastre	1,279		Colombier-le-jeune	Idem	845	
Saint-Barthelemy-le-Pin	Idem	1,214		Éclassan	Saint-Vallier	918	
Saint-Bazile	Idem	1,138					
Saint-Prix	Idem	967				A reporter..	2,659
		A reporter	63,329			A reporter..	104,626

NOMS DES COMMUNES.	BUREAUX DE POSTE qui les desservent.	POPULA- TION.	TOTAL de la POPULA- TION par canton	NOMS DES COMMUNES.	BUREAUX DE POSTE qui les desservent.	POPULA- TION.	TOTAL de la POPULA- TION par canton
Suite de l'ARRONDISSEMENT DE TOURNON.				Suite de l'ARRONDISSEMENT DE TOURNON.			
	Report..		104,626		Report..		118,936
Suite du CANTON DE TOURNON.				CANTON DE VERNOUX.			
	Report..	2,659		BOFFRES...............	Vernoux........	1,618	
ÉTABLES................	Tournon........	748		CHALANÇON...........	Idem...........	1,043	
GILON................	Idem...........	607		SILHAC...............	Idem...........	1,671	
LEMPS................	Idem...........	467		SAINT-APOLINAIRE-DE-RIAS....	Idem...........	587	
MAUVES................	Idem...........	929		SAINT-FÉLIX-DE-CHATEAUNEUF.	Idem...........	495	10,624
OZON.................	Saint-Vallier.....	440		SAINT-JEAN-CHAMBRE.......	Idem...........	1,151	
PLATS.................	Tournon........	684	14,310	SAINT-JULIEN-LE-ROUX.......	Idem...........	437	
SARRAS................	Saint-Vallier.....	1,151		SAINT-MAURICE.........	Idem...........	616	
SOCHERAS..............	Tournon........	492		VERNOUX..............	⊠...........	3,006	
SAINT-BARTHÉLEMY-LE-PLEIN..	Idem...........	863					
SAINT-JEAN-DE-MUZOLS.......	Idem...........	676					
TOURNON................	⊠...........	3,971					
VION.................	Tournon........	623					
				TOTAL de la population de l'Arrondissement.......			129,560
A reporter......................			118,936				

RECAPITULATION.

	NOMBRE de		POPULATION.
	CANTONS.	COMMUNES.	
ARRONDISSEMENT DE PRIVAS...................	10	103	107,309
———————— DE LARGENTIÈRE.............	10	103	103,478
———————— DE TOURNON..................	11	124	129,560
TOTAUX......................	31	330	340,347

NOMS DES COMMUNES.	BUREAUX DE POSTE qui les desservent.	POPULA-TION.	TOTAL de la POPULA-TION par canton	NOMS DES COMMUNES.	BUREAUX DE POSTE qui les desservent.	POPULA-TION.	TOTAL de la POPULA-TION par canton
ARRONDISSEMENT DE MÉZIÈRES.				Suite de l'**ARRONDISSEMENT DE MÉZIÈRES.**			
						Report..	40,811
CANTON DE CHARLEVILLE.				CANTON D'OMONT.			
Aiglemont	Charleville	742		Baalons	Flize	925	
Charleville	✉	7,773		Bouvellemont	Idem	411	
Damouzy	Charleville	454		Cassine (la)	Idem	231	
Étion	Idem	291		Chagny	Idem	783	
Gespunsart	Idem	1,618		Horgne (la)	Idem	224	
Houldizy	Idem	335	15,571	Malmy	Idem	82	
Joigny	Idem	488		Mazerny	Launoy	387	6,817
Montcy-Notre-Dame	Idem	675		Montigny-sur-Vence	Idem	364	
Montcy-Saint-Pierre	Idem	336		Omont	Flize	581	
Neufmanil	Idem	1,056		Poix	Launoy	823	
Nouzon	Idem	1,803		Singly	Flize	294	
				Terron-les-Vendresse	Idem	487	
CANTON DE FLIZE.				Touligny	Launoy	107	
Aybelles (les)	Mézières	315		Vendresse	Flize	1,118	
Balaives	Flize	402					
Boulicourt	Mézières	709					
Boutancourt	Flize	291		CANTON DE RENWEZ.			
Chalandry-Élaire	Mézières	201		Arreux	Renwez	303	
Champigneul	Idem	551		Cliron	Idem	267	
Dom-le-Mesnil	Flize	559		Ham-les-Moines (le)	Idem	256	
Élan	Idem	182		Hargy	Idem	530	
Étrépigny	Idem	238		Haudrecy	Idem	286	
Flize	✉	136	6,677	Lonny	Idem	333	
Guignicourt	Launoy	307		Mazures (les)	Idem	1,171	8,000
Hannogne-Saint-Martin	Flize	455		Montcornet	Idem	341	
Nouvion-sur-Meuse	Idem	302		Murtin	Idem	425	
Omicourt	Idem	231		Remilly-les-Pottés	Idem	571	
Sapogne	Idem	739		Renwez	✉ (Distribution.)	1,532	
Saint-Marceau	Mézières	277		Sécheval	Renwez	566	
Vrignemeuse	Flize	132		Surmonne	Idem	454	
Villers-le-Tilleul	Idem	368		Saint-Marcel	Idem	477	
Villers-sur-le-Mont	Idem	156		Tournes	Idem	488	
Yvernaumont	Launoy	126					
				CANTON DE SIGNY-L'ABBAYE.			
CANTON DE MÉZIÈRES.				Barbaise	Launoy	345	
Belval	Charleville	372		Clavy-Warby	Signy-l'Abbaye	531	
Cons-la-Grandville	Mézières	678		Dommery	Launoy	393	
Évigny	Idem	245		Gruyères	Idem	128	
Fagnon	Idem	297		Hocmont	Idem	83	
Francheville (la)	Idem	302		Jandun	Idem	820	
Gernelle	Idem	312		Launoy	✉	1,009	8,109
Issancourt-Rumel	Idem	435		Maranwez	Signy-l'Abbaye	357	
Lumes	Idem	274		Neufmaisons	Idem	206	
Mézières	✉	3,759	10,464	Raillicourt	Launoy	353	
Mohon	Mézières	407		Signy-l'Abbaye	✉ (Distribution).	2,547	
Neuville	Idem	598		Thin-le-Moutier	Signy-l'Abbaye	1,337	
Prix	Idem	335					
Saint-Laurent	Idem	815					
Villers	Idem	345		TOTAL de la population de l'Arrondissement			63,737
Viviers-au-Court	Idem	421					
Warcq	Charleville	588					
Warnécourt	Mézières	281		**ARRONDISSEMENT DE RÉTHEL.**			
CANTON DE MONTHERMÉ.				CANTON D'ASFELD.			
Braux	Charleville	1,299		Aire	Tagnon	477	
Château-Regnault	Idem	610		Asfeld	Idem	1,248	
Détille	Idem	738		Avaux	Réthel	705	
Haclné	Idem	308		Balham	Idem	314	
Hautes-Rivières	Idem	1,594	8,099	Bergnicourt	Tagnon	270	
Laifour	Idem	204		Blanzy	Idem	731	
Levrezy	Idem	333		Brienne	Idem	326	
Mellier-Fontaine	Idem	105		Écaille (l')	Idem	284	
Monthermé	Idem	1,660					
Thilay	Idem	1,248					
	A reporter		40,811		A reporter		4,365

Suite de l'ARRONDISSEMENT DE RÉTHEL.

Suite du Canton d'ASFELD.

NOMS DES COMMUNES.	BUREAUX DE POSTE qui les desservent.	POPULA-TION.	TOTAL de la POPULATION par canton
	Report..	4,365	
GOMONT	Réthel	599	
HOUDILCOURT	Tagnon	536	
JUZANCOURT	Réthel	286	
ROIZY	Tagnon	389	
SAULX-SAINT-REMY	Idem.	364	9,332
SAINT-GERMAINMONT	Réthel	927	
SAINT-REMY-LE-PETIT	Tagnon	115	
THOUR (le)	Réthel	659	
VIEUX-LES-ASFELD	Tagnon	391	
VILLERS-DEVANT-LE-THOUR	Réthel	701	

CANTON DE CHATEAU-PORCIEN.

AVANÇON	Tagnon	461	
BANOGNE	Réthel	690	
CHATEAU-PORCIEN	Idem.	2,267	
CONDÉ-LES-HERPY	Idem.	321	
ECLY	Idem.	419	
HANNOGNE	Idem.	482	
HAUTEVILLE	Idem.	290	
HERPY	Idem.	535	
INAUMONT	Idem.	392	9,494
SERAINCOURT	Chaumont-Porcien.	730	
SEVIGNY	Réthel	798	
SON	Idem.	337	
SAINT-FERGEUX	Idem.	560	
SAINT-LOUP	Tagnon	510	
SAINT-QUENTIN-LE-PETIT	Réthel	491	
TAIZY	Idem.	221	

CANTON DE CHAUMONT-PORCIEN.

ADON	Chaumont-Porcien.	230	
CHAPPES	Idem.	359	
CHAUMONT-PORCIEN	⊠ (Distribution.)	1,091	
DOMMELY	Chaumont-Porcien.	423	
DRAIZE	Idem.	394	
FRAILLICOURT	Idem.	698	
GIVRON	Idem.	413	
HARDOYE	Idem.	457	
LOGNY	Idem.	165	
MAIMBRESSON	Idem.	309	
MAIMBRESSY	Idem.	694	10,067
MONTMEILLANT	Idem.	447	
REMAUCOURT	Idem.	425	
RENNEVILLE	Idem.	464	
ROQUIGNY	Idem.	1,418	
ROMAGNE (le)	Idem.	451	
RUBIGNY	Idem.	263	
SAINT-JEAN-AUX-BOIS	Idem.	831	
VAUX-LES-RUBIGNY	Idem.	230	
WADIMONT	Idem.	305	

CANTON DE JUNIVILLE.

ALINCOURT	Tagnon	316	
ANNELLES	Réthel	306	
AUSSONCE	Tagnon	481	
BIGNICOURT	Idem.	455	
CHATELET (le)	Idem.	389	
JUNIVILLE	Idem.	1,475	
MENIL-ANNELLES	Réthel	273	7,765
MÉNIL-LÉPINOIS	Tagnon	264	
NEUFLIZE	Idem.	830	
NEUVILLE-EN-TOURNE-A-FUY (la)	Idem.	1,109	
PERTHES	Réthel	574	
TAGNON	⊠ (Distribution.)	1,293	

A reporter			36.658

Suite de l'ARRONDISSEMENT DE RÉTHEL.

NOMS DES COMMUNES.	BUREAUX DE POSTE qui les desservent.	POPULA-TION.	TOTAL de la POPULATION par canton
	Report..		36,658

CANTON DE NOVION.

AUBONCOURT	Réthel	267	
CHESNOIS	Launoy	644	
CORNY	Réthel	516	
FAISSAULT	Launoy	482	
FAUX	Réthel	375	
GRAND-CHAMP	Idem.	361	
HAGNICOURT	Launoy	210	
HERBIGNY	Réthel	301	
JUSTINE	Idem.	417	
LALOBBE	Chaumont-Porcien.	933	
MESMONT	Réthel	466	
NEUVILLE-LES-WASIGNY (la)	Idem.	344	14,021
NEUVIZY	Launoy	307	
NOVION	Réthel	1,273	
PUISEUX	Launoy	157	
SAULCES-AUX-BOIS 🖃	Réthel	982	
SERY	Idem.	1,164	
SORCY	Idem.	664	
VAUX-MONTREUIL	Launoy	750	
VIEL-SAINT-REMY	Idem.	1,291	
VILLERS-LE-TOURNEUR	Idem.	463	
WAGNON	Réthel	702	
WASIGNY	Idem.	952	

CANTON DE RÉTHEL.

ACY	Réthel	511	
AMAGNE	Idem.	773	
AMBLY	Attigny.	522	
ARNICOURT	Réthel	399	
BARBY	Idem.	546	
BERTONCOURT	Idem.	338	
BIERMES	Idem.	484	
COUCY	Idem.	365	
DOUX	Idem.	223	
GIVRY	Attigny	627	15,166
MONT-LAURENT	Réthel	262	
NANTEUIL	Idem.	254	
NOVY	Idem.	821	
PARGNY	Idem.	338	
RÉTHEL 🖃	⊠	6,585	
SAULT-LES-RÉTHEL	Réthel	249	
SEUIL	Idem.	733	
SORBON	Idem.	393	
THUGNY	Idem.	743	

TOTAL de la population de l'Arrondissement			65,845

ARRONDISSEMENT DE ROCROI.

CANTON DE FUMAY.

ANCHAMPS	Fumay	171	
FEPIN	Idem.	367	
FUMAY 🖃	⊠	2,421	
HAGNIES	Fumay	1,355	7,684
HAYBES	Idem.	1,102	
MONTIGNY-SUR-MEUSE	Idem.	145	
REVIN	Idem.	2,123	

A reporter			7,684

NOMS DES COMMUNES.	BUREAUX DE POSTE qui les desservent.	POPULA-TION.	TOTAL de la POPULA-TION par canton	NOMS DES COMMUNES.	BUREAUX DE POSTE qui les desservent.	POPULA-TION.	TOTAL de la POPULA-TION par canton

Suite de l'ARRONDISSEMENT DE ROCROI.

Report.. 7,684

CANTON DE GIVET.

AUBRIVES	Givet	252	
CHARNOIS	Idem	128	
CHOOZ	Idem	570	
FOISCHES	Idem	160	
FROMELENNES	Idem	361	
GIVET	⊠	4,221	7,819
HAN	Givet	245	
HIERGES	Idem	203	
LANDRICHAMPS	Idem	146	
RANCENNES	Idem	190	
VIREUX-MOLHAIN	Idem	570	
VIREUX-WALLERAND	Idem	773	

CANTON DE ROCROI.

BLOMBAY	Maubert-Fontaine	444	
BOURG-FIDÈLE	Rocroi	885	
CHATELET (le)	Idem	422	
CHILLY	Maubert-Fontaine	347	
ÉTALLES	Idem	215	
GUÉ-D'HOSSUS	Rocroi	885	
LAVAL-MORENCY	Maubert-Fontaine	492	10,891
MAUBERT-FONTAINE	⊠ (Distribution)	1,312	
RIGNICOURT	Rocroi	711	
RIMOGNE	Idem	1,147	
ROCROI	⊠	3,623	
SEVIGNY-LA-FORÊT	Rocroi	408	

CANTON DE RUMIGNY.

ANTHENY	Maubert-Fontaine	311	
AOUSTE	Aubenton	684	
AUBIGNY	Rocroi	417	
BAY	Brunhamel	397	
BLANCHEFOSSE	Idem	720	
BOSSUS-LES-RUMIGNY	Aubenton	251	
CERLEAU (la)	Idem	176	
CERNION	Maubert-Fontaine	207	
CHAMPLIN	Idem	155	
ÉCHELLE (l')	Rocroi	445	
ESTREBAY	Maubert-Fontaine	365	
FERÉE (la)	Brunhamel	505	
FLAIGNES-LES-OLIVIERS	Maubert-Fontaine	324	
FOULZY	Idem	243	10,264
FRETY (le)	Brunhamel	560	
GIRONDELLE	Maubert-Fontaine	287	
HANNAPES	Aubenton	536	
HAVYS	Maubert-Fontaine	128	
LIART	Aubenton	553	
LOGNY-BOGNY	Idem	408	
MARBY	Maubert-Fontaine	283	
MARLEMONT	Aubenton	406	
PREZ	Idem	189	
ROUVROI	Rocroi	246	
RUMIGNY	Aubenton	783	
SERVION	Rocroi	204	
VILLAINE-VAUX-LÉPRON	Idem	510	

CANTON DE SIGNY-LE-PETIT.

AUGE	Aubenton	158	
AUVILLERS-LES-FORGES	Maubert-Fontaine	661	
BEADLIEU	Idem	283	
BROGNON	Aubenton	609	

A reporter.. 1,711

A reporter.................... 36,658

Suite de l'ARRONDISSEMENT DE ROCROI.

Report.. 36,658

Suite du CANTON DE SIGNY-LE-PETIT.

Report.. 1,711

ÉTEIGNÈRES	Maubert-Fontaine	757	
FLIGNY	Aubenton	190	
NEUVILLE-AUX-JOUTES	Idem	1,465	7,149
NEUVILLE-AUX-TOURNEURS	Maubert-Fontaine	663	
SIGNY-LE-PETIT	Aubenton	1,949	
TARZY	Maubert-Fontaine	414	

TOTAL de la population de l'Arrondissement....... 43,807

ARRONDISSEMENT DE SEDAN.

CANTON DE CARIGNAN.

AUFLANCE	Carignan	276	
BIÈVRES	Idem	396	
BLAGNY	Idem	304	
CARIGNAN	⊠	1,382	
DEUX-VILLES (les)	Carignan	435	
FERTÉ (la)	Idem	456	
HERBEUVALLE	Idem	361	
LINAY	Idem	226	
MALANDRY	Idem	310	
MARGNY	Idem	343	
MARGUT	Idem	429	
MATHON-CLEMENCY	Idem	859	
MESSINCOURT	Idem	712	10,529
MOGUES	Idem	376	
MOIRY	Idem	223	
OSNES	Idem	290	
PUILLY	Idem	666	
PURE	Idem	417	
SACHY	Idem	190	
SAILLY	Idem	423	
SAPOGNE	Idem	403	
SIGNY-MONT-LIBERT	Idem	301	
TREMBLOIS	Idem	154	
VILLY	Idem	421	
WILLIERS	Idem	176	

CANTON DE MOUZON.

AMBLIMONT	Mouzon	361	
AUTRECOURT	Idem	907	
BEAUMONT	Idem	1,337	
BREVILLY	Idem	351	
DOUZY	Sedan	923	
EUILLY	Mouzon	371	
LÉTANNE	Idem	262	8,588
MAIRY	Idem	291	
MOUZON	⊠	2,320	
TÉTAIGNE	Mouzon	201	
VAUX	Idem	479	
VILLEMONTRY	Idem	179	
VILLERS-DEVANT-MOUZON	Idem	226	
YONCQ	Idem	380	

CANTON DE RAUCOURT.

ANGECOURT	Sedan	481	
ARTAISE-LE-VIVIER	Idem	360	
BESACE (la)	Idem	467	

A reporter.. 1,308

A reporter.................... 19,117

Suite de l'ARRONDISSEMENT DE SEDAN.

NOMS DES COMMUNES.	BUREAUX DE POSTE qui les desservent.	POPULATION.	TOTAL de la POPULATION par canton
		Report..	19,117

Suite du Canton de RAUCOURT.

NOMS DES COMMUNES.	BUREAUX DE POSTE	POPULATION.	TOTAL par canton
	Report..	1,308	
BULSON	Sedan	259	
CHEMERY	Idem	656	
CONNAGE	Idem	240	
HARAUCOURT	Idem	703	
MAISONCELLE	Idem	147	6,826
MONT-DIEU	Idem	63	
NEUVILLE-A-MAIRE (la)	Idem	500	
RAUCOURT	Idem	1,453	
REMILLY	Idem	1,228	
STONNE	Idem	269	

Canton de SEDAN (nord).

BOSSÉVAL	Sedan	412	
CHAPELLE (la)	Idem	274	
FLEIGNEUX	Idem	399	
FLOING	Idem	1,312	
GIVONNE	Idem	1,174	
GLAIRE	Idem	256	14,630
IGES	Idem	162	
ILLY	Idem	659	
SEDAN (nord)	⊠	7,561	
SAINT-MENGES	Sedan	1,406	
VRIGNE-AUX-BOIS	Idem	1,115	

Canton de SEDAN (sud).

BALAN	Sedan	1,068	
BAZEILLES	Idem	1,380	
CHÉHÉRY	Idem	207	
CHEVENGES	Idem	664	
DAIGNY	Idem	429	
DONCHERY	Idem	1,537	
ESCOMBRES	Carignan	591	
FRANCHEVAL	Sedan	923	
FRÉNOIS	Idem	217	
MONCELLE (la)	Idem	273	17,346
NOYERS-TUÉLONNE	Idem	562	
POURU-AUX-BOIS	Idem	409	
POURU-SAINT-REMY	Idem	692	
RUBÉCOURT	Idem	110	
SEDAN (sud)	⊠	6,100	
SAINT-AIGNAN	Sedan	310	
TORCY	Idem	591	
VILLERS-CERNAY	Idem	652	
VILLERS-SUR-BAR	Idem	256	
WADELINCOURT	Idem	375	

Total de la population de l'Arrondissement........ 57,919

ARRONDISSEMENT DE VOUZIERS.

Canton d'ATTIGNY.

ALLANDHUY	Attigny	612	
ATTIGNY	⊠	1,162	
CHARBOGNE	Attigny	496	
CHUFFILLY	Idem	271	
COULOMMES	Idem	386	
RILLY-AUX-OIES	Idem	312	6,597
SAULSES-CHAMPENOISES	Idem	630	
SEMUY	Idem	411	
SAINT-LAMBERT	Idem	647	
SAINT-VAUXBOURG	Idem	248	
VAUX-CHAMPAGNE	Idem	322	
VONCQ	Idem	1,100	

A reporter............ 6,597

Suite de l'ARRONDISSEMENT DE VOUZIERS.

NOMS DES COMMUNES.	BUREAUX DE POSTE qui les desservent.	POPULATION.	TOTAL par canton
		Report..	6,597

Canton de BUZANCY.

ANDEVANNE	Buzancy	123	
BAR	Idem	458	
BARRICOURT	Idem	340	
BAYONVILLE	Idem	545	
BELVAL-BOIS-DES-DAMES	Idem	258	
BERLIÈRE (la)	Le Chêne	268	
BRIQUENAY	Buzancy	482	
BUZANCY	⊠	925	
FOSSÉ	Buzancy	305	
IMÉCOURT	Idem	261	
LANDRES	Idem	528	8,998
NOUART	Idem	816	
OCHES	Idem	316	
RÉMONVILLE	Idem	262	
SIVRY-LES-BUZANCY	Idem	147	
SOMMAUTHE	Idem	481	
SAINT-PIERREMONT	Idem	642	
TAILLY	Idem	641	
THENORGUES	Idem	308	
VAUX-EN-DIEULET	Idem	377	
VERPEL	Idem	515	

Canton du CHÊNE.

ALLEUX (les)	Vouziers	408	
ARMOISES (grandes)	Le Chêne	394	
ARMOISES (petites)	Idem	228	
ACHE	Buzancy	400	
AUTRUCHE	Idem	239	
BELLEVILLE-SUR-BAR	Vouziers	268	
BOUX-AUX-BOIS	Idem	565	
BRIEULLES-SUR-BAR	Le Chêne	550	
CHATILLON	Idem	375	8,033
CHÊNE (le)	⊠	1,308	
GERMONT	Buzancy	157	
LOUVERGNY	Le Chêne	415	
MONTGON	Idem	413	
NOIRVAL	Vouziers	179	
SAUVILLE	Le Chêne	1,069	
SY	Idem	363	
TANNAY	Idem	520	
VERRIÈRES	Idem	182	

Canton de GRAND-PRÉ.

APREMONT	Grand-Pré	550	
BEFU	Idem	283	
CHAMPIGNEULLE	Idem	312	
CHATEL	Idem	720	
CORNAY	Idem	510	
EXERMONT	Idem	314	
FLÉVILLE	Idem	408	
GRAND-HAM	Idem	211	
GRAND-PRÉ	⊠	1,215	8,636
LANÇON	Grand-Pré	306	
MARCQ	Idem	615	
MOURON	Idem	336	
OLIZY	Idem	607	
SENUC	Idem	706	
SOMMERANCE	Idem	293	
SAINT-JUVIN	Idem	505	
TERMES	Idem	765	

Canton de MACHAULT.

CAUROY	Vouziers	285	
HAUVINÉ	Idem	680	
LEFFINCOURT	Idem	367	
	A reporter..	1,332	

A reporter........................ 32,264

NOMS DES COMMUNES.	BUREAUX DE POSTE qui les desservent.	POPULA-TION.	TOTAL de la POPULA-TION par canton	NOMS DES COMMUNES.	BUREAUX DE POSTE qui les desservent.	POPULA-TION.	TOTAL de la POPULA-TION par canton
Suite de l'ARRONDISSEMENT DE VOUZIERS.				Suite de l'ARRONDISSEMENT DE VOUZIERS.			
	Report..		32,264		Report..		43,969
Suite du CANTON DE MACHAULT.				CANTON DE TOURTERON.			
	Report..	1,332		ÉCORDAL................	Attigny...........	930	
MACHAULT...............	Vouziers..........	682		GUINCOURT.............	Idem...........	479	
PAUVRES...............	Idem...........	509		JONVAL................	Idem...........	512	
SEMIDE................	Idem...........	523	4,750	LAMETZ................	Idem...........	446	
SAINT-CLÉMENT.........	Idem...........	480		MARQUIGNY.............	Le Chêne.....	314	5,551
SAINT-ÉTIENNE-A-ARNE...	Idem...........	734		NEUVILLE..............	Attigny.......	893	
TOURCELLE.............	Idem...........	500		SABOTTERIE (la)........	Idem...........	333	
				SUZANNE...............	Idem...........	591	
CANTON DE MONTHOIS.				SAINT-LOUP...........	Idem...........	594	
				TOURTERON............	Idem...........	659	
ARDEUIL...............	Vouziers..........	213					
AURE.................	Idem...........	162		CANTON DE VOUZIERS.			
AUTRY................	Grand-Pré......	641		BALLAY...............	Vouziers..........	461	
BODCONVILLE..........	Vouziers..........	394		BOURCQ...............	Idem...........	460	
BRÉCY................	Idem...........	344		CHESTRES.............	Idem...........	345	
CHALLERANGE..........	Idem...........	406		CONDÉ-LES-VOUZIERS....	Idem...........	316	
CONDÉ-LES-AUTRY......	Grand-Pré......	361		CONTREUVE............	Idem...........	340	
LIRY.................	Vouziers..........	457		CROIX-AUX-BOIS (la).....	Idem...........	466	
MARRE................	Idem...........	427	6,955	FALAISE..............	Idem...........	511	
MARVAUX.............	Idem...........	334		GIVRY-LOZZY..........	Idem...........	435	9,744
MONCHENTIN..........	Idem...........	263		LONGWÉ...............	Idem...........	494	
MONTHOIS............	Idem...........	673		QUATRE-CHAMPS........	Idem...........	540	
MONT-SAINT-MARTIN....	Idem...........	750		SAINTE-MARIE.........	Idem...........	484	
SAVIGNY-SUR-AISNE....	Idem...........	340		TERRON...............	Idem...........	694	
SÉCHAULT............	Idem...........	232		TOGES................	Idem...........	482	
SUGNY................	Idem...........	302		VANDY................	Idem...........	862	
SAINT-MOREL..........	Idem...........	415		VOUZIERS.............	☒	2,003	
VAUX-LES-MOURON......	Idem...........	243		VRIZY................	Vouziers..........	851	
	A reporter..................		43,969		TOTAL de la population de l'Arrondissement........		59,264

RÉCAPITULATION.

	NOMBRE de		POPULATION.
	CANTONS.	COMMUNES.	
ARRONDISSEMENT DE MÉZIÈRES..................	7	99	63,737
———————— DE RÉTHEL...............	6	108	65,845
———————— DE ROCROI..............	5	68	43,807
———————— DE SEDAN...............	5	82	57,919
———————— DE VOUZIERS............	8	121	59,264
TOTAUX..................	31	478	290,572

NOMS DES COMMUNES.	BUREAUX DE POSTE qui les desservent.	POPULA-TION.	TOTAL de la POPULA-TION par canton	NOMS DES COMMUNES.	BUREAUX DE POSTE qui les desservent.	POPULA-TION.	TOTAL de la POPULA-TION par canton
ARRONDISSEMENT DE FOIX.				**Suite de l'ARRONDISSEMENT DE FOIX.**			
						Report..	24,974
CANTON D'AX.				**Suite du CANTON DE FOIX.**			
Ascou.................	Ax.............	925				Report..	11,551
Ax 🐎...............	✉...........	1,927		Ganac...............	Foix...	1,388	
Hospitalet (l')..............	Ax............	145		Herm (l')............	Idem........	487	
Ignaux.................	Idem........	218		Loubières.........	Idem.......	135	
Merens.................	Idem....	870		Montgaillard........	Idem.......	754	
Montaillou.............	Idem.....	319		Montoulieu.........	Idem.......	687	
Orgeix.................	Idem....	266	8,380	Pradières..........	Idem.......	357	
Orlu.................	Idem....	534		Prayols...........	Idem.......	356	
Perles..............	Idem....	522		Serres............	Idem.......	1,529	21,363
Prades..............	Idem....	827		Soula............	Idem.......	623	
Savignac............	Idem....	513		Saint-Jean-de-Verges....	Idem.......	541	
Sorgeat............	Idem....	757		Saint-Martin-de-Caralp....	Idem.......	638	
Tignac............	Idem....	222		Saint-Paul-de-Jarrat.......	Idem.......	1,305	
Vaichis............	Idem....	335		Saint-Pierre-de-Rivière....	Idem.......	371	
CANTON DE LA BASTIDE-DE-SEROU.				Vernajoul.........	Idem.......	455	
Aigues-Jointes......	La Bastide-de-Serou.	312		Villeneuve-du-Bosc...	Idem.......	186	
Allières...........	Idem........	289		**CANTON DE LAVELANET.**			
Alzen.............	Idem........	934		Bélesta............	Lavelanet....	2,293	
Bastide-de-Serou (la) 🐎...	✉ (Distribution.)...	2,911		Benaix............	Idem....	565	
Cadarcet..........	La Bastide-de-Serou.	859		Carlat-de-Roquefort (le)...	Idem....	404	
Durban............	Idem........	1,140	8,375	Dreuille...........	Idem....	174	
Larbont...........	Idem........	209		Fougax............	Idem....	1,756	
Montagagne........	Idem........	318		Illat..............	Idem....	470	
Montels...........	Idem........	466		Lavelanet.........	✉	1,852	
Nescus............	Idem........	390		Leichert..........	Foix...	418	
Sentenac..........	Idem........	495		Lieurac...........	Lavelanet....	335	
Suzan............	Idem........	52		Merviel...........	Varilles....	203	
CANTON DES CABANNES.				Montferrier........	Lavelanet....	1,751	15,349
Aleiès...........	Les Cabannes......	475		Montségur.........	Idem....	788	
Appi.............	Idem........	236		Nalzen...........	Idem....	502	
Aston...........	Idem........	529		Peréille..........	Idem....	245	
Aulos...........	Idem........	100		Raissac..........	Idem....	96	
Axiat...........	Idem........	333		Roquefixade.......	Idem....	706	
Bestiac...........	Idem........	123		Roquefort.........	Idem....	411	
Bouan...........	Idem........	234		Sautel (le)........	Idem....	355	
Cabannes (les)....	✉ (Distribution.)	663		Saint-Jean-d'Aigues-Vives....	Idem....	165	
Caychax.........	Les Cabannes......	161		Ventenac.........	Varilles....	497	
Caussou.........	Idem........	502		Villac...........	Sainte-Colombe....	719	
Château-Verdun.....	Idem........	223		Villeneuve-d'Olmes....	Lavelanet....	644	
Garanou.........	Idem........	262		**CANTON DE QUÉRIGUT.**			
Larcat...........	Idem........	624	8,219	Artigues..........	Ax...	307	
Larnat...........	Idem........	352		Carcanières........	Idem....	243	
Lassur...........	Idem........	211		Mijanès..........	Idem....	554	
Lordat...........	Idem........	255		Pla (le)..........	Idem....	282	2,590
Luzenac.........	Idem........	384		Puch (le).........	Idem....	139	
Pech (le).........	Idem........	240		Quérigut..........	Idem....	578	
Sinsat...........	Idem........	200		Rouze...........	Idem....	487	
Saint-Conac......	Idem........	179		**CANTON DE TARASCON-SUR-ARIÈGE.**			
Unac...........	Idem........	322		Alliat...........	Tarascon-sur-Ariège.	124	
Urs.............	Idem........	231		Amplaing.........	Idem....	250	
Vèbre...........	Idem........	515		Arignac..........	Idem....	789	
Verdun..........	Idem........	704		Arnave..........	Idem....	339	
Vernaux.........	Idem........	151		Banat...........	Idem....	199	
CANTON DE FOIX.				Bedeillac........	Idem....	551	
Arabaux..........	Foix....	154		Bonpas..........	Idem....	323	
Baulou..........	Idem....	447		Capoulet.........	Idem....	177	
Benac...........	Idem....	302		Cazenave........	Idem....	277	
Bosc (le)........	Idem....	1,890		Genat..........	Idem....	368	
Brassac.........	Idem....	1,435		Gourbit.........	Idem....	799	
Burret..........	Idem....	000		Junac..........	Idem....	252	
Celles..........	Idem....	893		Lapège.........	Idem....	468	
Cos............	Idem....	166		Mercus..........	Idem....	877	
Ferrières........	Idem....	206		Miglos..........	Idem....	1,188	
Foix 🐎..........	✉	4,857		Niaux..........	Idem....	351	
Freichenet.......	Foix...	1,201					
		A reporter..	11,551			A reporter..	7,333
	A reporter..............		24,974		A reporter...............		64,276

NOMS DES COMMUNES.	BUREAUX DE POSTE qui les desservent.	POPULATION.	TOTAL de la POPULATION par canton	NOMS DES COMMUNES.	BUREAUX DE POSTE qui les desservent.	POPULATION.	TOTAL de la POPULATION par canton
Suite de l'ARRONDISSEMENT DE FOIX.				Suite de l'ARRONDISSEMENT DE PAMIERS.			
	Report..		64,276		Report..		23,137
Suite du CANTON DE TARASCON-SUR-ARIÈGE.				Suite du CANTON DE MIREPOIX.			
	Report..	7,333			Report..	3,287	
ORNOLAC	Tarascon-sur-Ariège.	407		DUN	Mirepoix.	1,015	
QUIÉ	Idem.	262		ENCHAVIÉS	Idem.	243	
RABAT	Idem.	1,264		ESCLAGNE	Idem.	216	
SAURAT	Idem.	5,014	16,487	GARDE (la)	Idem.	708	
SERRES	Idem.	178		LAPENNE	Idem.	691	
SURBA	Idem.	262		LERAN	Idem.	1,113	
TARASCON-SUR-ARIÈGE		1,551		LIMBRASSAC	Idem.	343	
USSAT	Tarascon-sur-Ariège.	216		MALEGOUDE	Idem.	115	
CANTON DE VIC-DESSOS.				MIREPOIX		3,633	
ARTEL	Tarascon-sur-Ariège.	1,875		MONTBEL	Mirepoix.	360	
GESTIÉS	Idem.	534		PEYRAT (le)	Idem.	302	
GOULIER	Idem.	1,324		PORTES	Idem.	515	
ILLIER	Idem.	422		PRADETTES	Idem.	93	17,105
LERCOUL	Idem.	312		REGAT	Idem.	105	
ORUS	Idem.	462	9,129	RIEUCROS	Idem.	403	
SALEIX	Idem.	487		ROQUE (la)	Idem.	984	
SEM	Idem.	439		ROUMENGOUX	Idem.	314	
SIGUER	Idem.	966		SENESSE-DE-SANABUGUE	Idem.	103	
SUC	Idem.	1,200		SAINT-FÉLIX-DE-TOURNEGAT	Idem.	489	
VIC-DESSOS	Idem.	1,108		SAINTE-FOI	Idem.	71	
TOTAL de la population de l'Arrondissement			89,892	SAINT-JULIEN-DE-GRAS-CAPOU	Idem.	189	
				SAINT-QUINTIN	Idem.	806	
ARRONDISSEMENT DE PAMIERS.				TABRE	Idem.	75	
				TEILLET	Idem.	403	
CANTON DU FOSSAT.				TOURTROL	Idem.	256	
ARTIGAT	Le Mas-d'Azil	1,204		VALS	Idem.	141	
CARLA-LE-COMTE	Idem.	1,842		VIVIÉS	Idem.	132	
CASTÉRAS	Idem.	137		CANTON DE PAMIERS.			
FOSSAT (le)	Idem.	915					
LANOUX	Idem.	115		ALLEMANDS (les)	Pamiers.	796	
LEZAT	Saverdun.	2,752	12,026	ARVIGNA	Idem.	404	
MONESPLE	Le Mas-d'Azil	138		BÉNAGUES	Varilles.	244	
PAILLÈS	Idem.	1,200		BEZAC	Pamiers.	189	
SIEURAS	Idem.	273		BONNAC	Idem.	647	
SAINT-YBARS	Saverdun.	2,474		CARLARET (le)	Idem.	213	
VILLENEUVE-DE-DURFORT	Idem.	976		ESCOSSE	Idem.	595	
CANTON DU MAS-D'AZIL.				ISSARDS (les)	Idem.	226	
BASTIDE-DE-BESPLAS (la)	Le Mas-d'Azil	675		LESCOUSSE	Idem.	212	
BORDES (les)	Idem.	1,299		LUDIÉS	Idem.	107	
CAMARADE	Idem.	1,252		MADIÈRE	Idem.	405	13,945
CAMPAGNE	Idem.	801		PAMIERS		6,048	
CASTEX	Idem.	368		PUJOLS (les)	Pamiers.	516	
DAUMAZAN	Idem.	1,367		ROUZAUD	Idem.	111	
FORNEX	Idem.	401	11,111	SAINT-AMADOU	Idem.	486	
GABRE	Idem.	653		SAINT-AMANS	Idem.	193	
LOUBAUT	Idem.	100		SAINT-JEAN-DU-FALGA	Idem.	535	
MAS-D'AZIL (le)		2,908		SAINT-MARTIN-D'OYDES	Idem.	584	
MÉRAS	Le Mas-d'Azil	158		SAINT-MICHEL	Idem.	241	
MONTFA	Idem.	330		SAINT-VICTOR	Idem.	298	
SABARAT	Idem.	699		UNZENT	Idem.	341	
THOUARS	Idem.	100		VILLENEUVE-DU-PARÉAGE	Idem.	554	
CANTON DE MIREPOIX.				CANTON DE SAVERDUN.			
AIGUES-VIVES	Mirepoix.	410		BASTIDE-DE-LORDAT (la)	Pamiers.	400	
BASTIDE-DE-BOUSIGNAC (la)	Idem.	504		BRIE	Saverdun.	349	
BASTIDE-SUR-L'HERS (la)	Idem.	620		CANTE	Idem.	344	
BELLOC	Idem.	307		ESPLAS	Idem.	301	
BESSET	Idem.	222		GAUDIÉS	Pamiers.	508	
CAMON	Idem.	628		JUSTINIAC	Saverdun.	254	
CAZAL-DES-BAILLES	Idem.	167		LABATUT	Idem.	196	11,426
CAZAL-DE-F'ACRÈS	Idem.	168		LISSAC	Idem.	374	
COUTENS	Idem.	261		MAZÈRES	Idem.	3,170	
				MONTAUT	Idem.	1,072	
	A reporter..	3,287		SAVERDUN		3,327	
				SAINT-QUIRC	Saverdun.	430	
				TREMOULET	Pamiers.	199	
				VERNET (le)	Saverdun.	502	
	A reporter..		23,137		A reporter..		65,613

NOMS DES COMMUNES.	BUREAUX DE POSTE qui les desservent.	POPULA- TION.	TOTAL de la POPULA- TION par canton	NOMS DES COMMUNES.	BUREAUX DE POSTE qui les desservent.	POPULA- TION.	TOTAL de la POPULA- TION par canton
Suite de l'ARRONDISSEMENT DE PAMIERS.		*Report* ..	65,613	Suite de l'ARRONDISSEMENT DE SAINT-GIRONS.		*Report* ..	16,589
CANTON DE VARILLES.				Suite du **CANTON DE SAINTE-CROIX.**			
ARTIX	Varilles	226				*Report* ..	3,370
CALZAN	Idem	110		MACVAISIN	Saint-Girons	245	
CAZAUX	Idem	183		MÉRIGON	Idem	381	
COUSSA	Pamiers	254		MONTARDIT	Idem	822	8,124
CRAMPAGNAC	Varilles	624		SAINTE-CROIX	Idem	1,761	
DALOU	Idem	615		TOURTOUSE	Idem	1,545	
GUDAS	Idem	251		**CANTON DE SAINT-GIRONS.**			
LOUBENS	Idem	424		ALOS	Saint-Girons	1,005	
MALLÉOU	Idem	221	8,140	CASTELNAU-DURBAN	La Bastide-de-Serou	1,602	
MONTÉGUT-DE-VARILLES	Idem	873		CLERMONT	Idem	355	
RIEUX-DE-PELLEFORT	Idem	678		EICHEL	Saint-Girons	390	
SÉGURA	Idem	301		L'ENCOURTIECH	Idem	336	
SAINT-BAUZEIL	Idem	130		ERP	Idem	679	
SAINT-FÉLIX-DE-RIEUTORT	Idem	205		ESPLAS	La Bastide-de-Serou	1,545	
VARILLES	⊠ (*Distribution.*)	1,556		LACOURT	Saint-Girons	1,250	20,382
VERNIOLLE	Pamiers	1,279		LESCURE	Idem	1,675	
VIRA	Varilles	260		MONTÉGUT-DU-SAINT-GIRONNAIS	Idem	342	
TOTAL de la population de l'Arrondissement			73,753	MOULIS	Idem	2,703	
				RIMONT	Idem	2,421	
ARRONDISSEMENT DE SAINT-GIRONS.				RIVERENERT	Idem	1,398	
CANTON DE CASTILLON.				SAINT-GIRONS-ARIÈGE	⊠	4,381	
ANTRAS	Castillon	377		**CANTON DE SAINT-LIZIER.**			
ARGEIN	Idem	674		BASTIDE-DU-SALAT (la)	Saint-Girons	511	
ARROUT	Idem	245		BETCHAT	Idem	1,394	
AUCCAZEIN	Idem	399		CAUMONT	Idem	501	
AUDRESSEIN	Idem	446		CAZAVET	Idem	733	
AUGIREIN	Idem	639		GAJAN	Idem	517	
BALACET	Idem	125		LACAVE	Idem	412	
BALAGUÈRES	Idem	1,289		MAUVESIN	Idem	206	
BETHMALE	Idem	1,694		MERCENAC	Idem	650	
BONAC	Idem	969		MONTESQUIEU-AVANTÈS	Idem	815	12,270
BORDES	Idem	1,028		MONTGAUCH	Idem	507	
BUZAN	Idem	419		MONTJOYE	Idem	1,889	
CASTILLON	⊠ (*Distribution.*)	1,000		PRAT	Idem	1,439	
CESCAU	Castillon	627	16,589	SAINT-ARAILLE	Idem	638	
ENGOMER	Idem	869		SAINT-LIZIER	Idem	1,160	
GALEY	Idem	724		TAURIGNAN-CASTET	Idem	402	
ILLARTEIN	Idem	398		TAURIGNAN-VIEUX	Idem	496	
IRAZEIN	Idem	163		**CANTON DE MASSAT.**			
ORGIBET	Idem	908		ALBU	Massat	1,175	
SALSEIN	Idem	362		BOUSSENAC	Idem	2,682	
SENTEIN	Idem	661		MASSAT	⊠ (*Distribution.*)	9,322	15,602
SOR	Idem	107		SOULAN	Massat	2,423	
SAINT-JEAN-DU-CASTILLONNAIS	Idem	218		**CANTON D'OUST.**			
SAINT-LARY	Idem	1,460		AULUS	Saint-Girons	897	
UCHENTEIN	Idem	418		COUFLENS	Idem	1,267	
VILLENEUVE-DU-CASTILLONNAIS	Idem	370		ERCE	Idem	3,256	
CANTON DE SAINTE-CROIX.				OUST	Idem	1,621	
BAGERT	Saint-Girons	272		RODALLE	Idem	468	
BARJAC	Idem	301		SEIX	Idem	3,822	16,509
BÉDEILLE	Idem	545		SENTENAC	Idem	1,208	
CÉRIZOLS	Idem	890		SOUEIX	Idem	755	
CONTRAZY	Idem	508		USTOU	Idem	2,897	
FABAS	Idem	854		VIC	Idem	318	
		A reporter ..	3,370	TOTAL de la population de l'Arrondissement			89,476
	A reporter		16,589				

RÉCAPITULATION.

	NOMBRE de		POPULATION.
	CANTONS.	COMMUNES.	
ARRONDISSEMENT DE FOIX	8	141	89,892
—— DE PAMIERS	6	114	73,753
—— DE SAINT-GIRONS	6	81	89,476
TOTAUX	20	336	253,121

NOMS DES COMMUNES.	BUREAUX DE POSTE qui les desservent.	POPULA-TION.	TOTAL de la POPULA-TION par canton	NOMS DES COMMUNES.	BUREAUX DE POSTE qui les desservent.	POPULA-TION.	TOTAL de la POPULA-TION par canton
ARRONDISSEMENT DE TROYES.				**Suite de l'ARRONDISSEMENT DE TROYES.**			
				Report. .			35,036
CANTON D'AIX-EN-OTHE.				*CANTON DE LUSIGNY.*			
Aix-en-Othe.	Estissac.	1,734		Bouranton.	Troyes.	290	
Berulle.	Villeneuve - l'Arche-			Cléney.	S¹-Parres-les-Vaudes.	785	
	vêque.	782		Courteranges.	Lusigny. . . .	277	
Courmononcle	Idem. . .	92		Fresnoy.	S¹-Parres-les-Vaudes.	445	
Maraye-en-Othe.	Saint-Mards-en-Othe.	1,188		Laubressel.	Lusigny. . . .	497	
Nogent-en-Othe.	Idem. . .	211	8,326	Lusigny.	✉ (Distribution.) . .	1,068	6,893
Paisy-Cosdon.	Estissac.	451		Mesnil-Saint-Père. . . .	Lusigny. . . .	450	
Rigny-le-Ferron.	Villeneuve - l'Arche-			Montaulin.	Idem. . .	548	
	vêque.	1,226		Montiéramey 🐎.	Idem. . .	697	
Saint-Benoît-sur-Vanne. .	Idem. . .	310		Montreuil.	Idem. .	477	
Saint-Mards-en-Othe. . .	✉ (Distribution.) . .	1,595		Rouilly-Saint-Loup. . .	Troyes. . .	457	
Villemoiron.	Saint-Mards-en-Othe.	484		Ruvigny.	Idem. .	178	
Vulaines-sur-Vanne. . . .	Villeneuve - l'Arche-			Thennelières.	Idem. .	150	
	vêque.	253		Verrières.	Idem. .	574	
CANTON DE BOUILLY.							
Assenay.	Bouilly.	151		*CANTON DE PINEY.*			
Bordes (les).	Troyes.	231		Assencières.	Piney. . . .	138	
Bouilly.	✉ (Distribution.) . .	826		Auzon.	Idem. .	309	
Bucheres.	Troyes. . .	556		Bouy-Luxembourg. . .	Idem. .	325	
Cormot.	Idem. . . .	310		Brevonne.	Idem. .	810	
Cressantignes.	Bouilly. . . .	495		Dosches.	Idem. .	416	
Fays.	Idem. .	281		Géraudot.	Idem. .	596	
Isle-Aumont.	Troyes. . .	165		Luyères.	Idem. .	306	6,359
Javernant.	Bouilly. . .	276		Mesnil-Sellières. . . .	Idem. .	405	
Jeugny.	Idem. .	497		Montangon.	Idem. .	239	
Lirey.	Idem. .	258		Onjon.	Idem. .	425	
Longeville.	Idem. .	187		Piney 🐎.	✉ (Distribution.) . .	1,564	
Machy.	Idem. .	184		Rouilly-les-Saceys. . .	Piney. .	415	
Maupas.	Troyes. .	156		Ville-Hardouin. . . .	Idem. .	411	
Montceaux	S¹-Parres-les-Vaudes.	344	8,818				
Moussey	Troyes. .	355		*CANTON DE TROYES (1ᵉʳ).*			
Prunay-Saint-Jean	Bouilly. .	75		Creney.	Troyes. .	475	
Roncenay	Idem. .	103		Lavau.	Idem. .	209	
Sommeval.	Idem. .	343		Mergey.	Les Grés. .	579	
Souligny.	Idem. .	399		Pont-Sainte-Marie. . .	Troyes. .	660	
Saint-Jean-de-Bonneval. .	Idem. .	398		Saint-Benoît-sur-Seine.	Idem. .	268	
Saint-Léger.	Troyes. .	438		Sainte-Maure.	Idem. .	691	11,956
Saint-Pouange.	Idem. .	213		Saint-Parres-aux-Tertres.	Idem. .	584	
Saint-Thibault.	S¹-Parres-les-Vaudes.	386		Troyes (1ᵉʳ canton) 🐎.	✉. .	7,344	
Vendue-Mignot (la)	Troyes. .	315		Vailly.	Troyes. .	292	
Villemereuil.	Idem. .	295		Villacerf.	Les Grés. .	418	
Villery.	Bouilly. .	269		Villechétif	Troyes. .	386	
Villy-le-Bois.	Troyes. .	96					
Villy-le-Maréchal. . . .	Bouilly. .	216		*CANTON DE TROYES (2ᵉ).*			
CANTON D'ERVY.				Barberey-Saint-Sulpice.	Troyes. .	328	
Auvon 🐎.	✉ (Distribution.) . .	2,400		Chapelle-Saint-Luc. . .	Idem. .	348	
Chamoy.	Auxon. . . .	1,007		Macey.	Idem. .	421	
Chessy.	Ervy . . .	1,212		Montgueux.	Idem. .	354	
Coursan.	Auxon. . .	375		Noés (les).	Idem. .	279	
Courtaoult.	Ervy . . .	348		Pavillon.	Les Grés. .	256	
Croutes (les).	Idem. .	287		Payns.	Troyes. .	573	
Davrey.	Idem. .	439	11,491	Rivière-de-Corps. . . .	Idem. .	331	14,598
Ervy.	✉. .	1,821		Saint-Lyé.	Idem. .	908	
Montfey.	Ervy. .	570		Saint-Martin-ès-Vignes.	Idem. .	2,148	
Montigny.	Auxon. .	570		Sainte-Savine.	Idem. .	739	
Racines.	Idem. .	577		Torvilliers.	Idem. .	439	
Saint-Phal.	Idem. .	714		Troyes (2ᵉ canton) . . .	✉. .	7,185	
Villeneuve-au-Chemin. . .	Idem. .	397		Villeloup.	Les Grés. .	289	
Vosnon.	Idem. .	774					
CANTON D'ESTISSAC.				*CANTON DE TROYES (3ᵉ).*			
Bercenay-en-Othe.	Estissac. . .	538		Breviande.	Troyes. .	583	
Becry-en-Othe.	Idem. .	484		Laine-aux-Bois. . . .	Idem. .	672	
Chennegy.	Idem. .	934		Rosières.	Idem. .	311	
Estissac 🐎.	✉. .	1,537		Saint-André.	Idem. .	784	12,589
Fontvannes.	Estissac. .	360	6,401	Saint-Germain.	Idem. .	609	
Masson.	Idem. .	407		Saint-Julien.	Idem. .	410	
Neuville-sur-Vanne. . . .	Idem. .	469		Troyes (3ᵉ canton) . . .	✉. .	9,220	
Prugny.	Idem. .	225					
Vauchassis.	Idem. .	796					
Villemaur-en-Othe. . . .	Idem. .	651		Total de la population de l'Arrondissement			87,431
A reporter.			35,036				

II.

5.

ARRONDISSEMENT D'ARCIS-SUR-AUBE.

CANTON D'ARCIS-SUR-AUBE.

NOMS DES COMMUNES.	BUREAUX DE POSTE qui les desservent.	POPULATION.	TOTAL de la POPULATION par canton
Allibaudières	Arcis-sur-Aube	408	
Arcis-sur-Aube	⊠	2,673	
Aubeterre	Arcis-sur-Aube	262	
Champfleury-sur-Aube	Idem	232	
Charmont	Idem	729	
Chêne (le)	Idem	472	
Feuges	Idem	144	
Herbisse	Mailly	422	
Mailly	⊠ (Distribution.)	684	
Montsuzain	Arcis-sur-Aube	334	
Nosai	Idem	148	10,193
Ormes	Idem	391	
Poivan	Idem	865	
Semoine	Mailly	548	
Saint-Étienne-sous-Barbuise	Arcis-sur-Aube	137	
Saint-Remy-sous-Barbuise	Idem	265	
Torcy-le-Grand	Idem	332	
Torcy-le-Petit	Idem	242	
Villette	Idem	179	
Villiers-Herbisse	Mailly	298	
Voué	Arcis-sur-Aube	428	

CANTON DE CHAVANGES.

Arrembécourt	Chavanges	157	
Aulnay	Ramerupt	148	
Bailly-le-Franc	Chavanges	158	
Balignicourt	Idem	225	
Braux	Idem	366	
Chalette	Brienne	350	
Chasséricourt	Chavanges	220	
Chavanges	⊠ (Distribution.)	1,081	4,220
Donnement	Chavanges	191	
Jasseines	Ramerupt	387	
Joncreuil	Chavanges	260	
Magnicourt	Brienne	277	
Pars	Chavanges	164	
Saint-Léger-sous-Margerie	Idem	236	

CANTON DE MÉRY-SUR-SEINE.

Abbaye-sous-Plancy	Méry-sur-Seine	158	
Bessy	Idem	256	
Boulages	Idem	479	
Champfleury	Idem	287	
Chapelle-Vallon	Idem	459	
Charny-le-Bachot	Idem	305	
Chatres	Idem	500	
Chauchigny	Les Grés	425	
Droupt-St-Basle	Méry-sur-Seine	578	
Droupt-Ste-Marie	Idem	350	
Étrelles	Idem	281	
Grandes-Chapelles	Idem	758	
Longueville	Idem	303	
Méry-sur-Seine	⊠	1,362	11,572
Mesgrigny	Méry-sur-Seine	74	
Plancy	Idem	1,164	
Prémier-Fait	Arcis-sur-Aube	198	
Ruèges	Méry-sur-Seine	423	
Salon	Idem	377	
Savières	Les Grés	674	
Sainte-Cyre	Méry-sur-Seine	439	
Saint-Mémin	Les Grés	567	
Saint-Oulph	Méry-sur-Seine	324	
Vallant-Saint-George	Idem	437	
Viapre-le-Grand	Idem	145	
Viapre-le-Petit	Idem	250	

A reporter 25,985

Suite de l'ARRONDISSEMENT D'ARCIS-SUR-AUBE.

Report . . 25,985

CANTON DE RAMERUPT.

NOMS DES COMMUNES.	BUREAUX DE POSTE qui les desservent.	POPULATION.	TOTAL de la POPULATION par canton
Aubigny-sur-Aube	Ramerupt	209	
Avant	Coclois	270	
Brillecourt	Ramerupt	145	
Chaudrey	Coclois	364	
Coclois	⊠ (Distribution.)	325	
Dampierre	Idem	802	
Dommartin-le-Coq	Ramerupt	177	
Dosnon	Arcis-sur-Aube	299	
Fontaines-Luyères	Idem	138	
Grandville	Idem	266	
Isles-sous-Ramerupt	Ramerupt	372	
Lhuitre	Arcis-sur-Aube	648	
Longsols	Coclois	245	
Ménil-la-Comtesse	Arcis-sur-Aube	94	
Ménil-Lettre	Coclois	158	9,143
Morembert	Ramerupt	130	
Nogent-sur-Aube	Coclois	661	
Ortillon	Arcis-sur-Aube	94	
Poivre-Sainte-Suzanne	Mailly	463	
Pougy	Coclois	632	
Ramerupt	⊠ (Distribution.)	613	
Roumaines	Ramerupt	88	
Saint-Nabord	Arcis-sur-Aube	380	
Trouan-le-Grand	Mailly	353	
Trouan-le-Petit	Idem	130	
Vaucogne	Dampierre	207	
Vaupoissons	Arcis-sur-Aube	342	
Véricourt	Coclois	149	
Vignets	Ramerupt	389	

TOTAL de la population de l'Arrondissement 35,128

ARRONDISSEMENT DE BAR-SUR-SEINE.

CANTON DE BAR-SUR-SEINE.

Bar-sur-Seine	⊠	2,269	
Bourguignons	Bar-sur-Seine	470	
Briel	Vendeuvre	379	
Buxeuil	Gyé-sur-Seine	361	
Chappes	St-Parres-les-Vaudes	443	
Chaufour	Bar-sur-Seine	239	
Courtenot	Idem	303	
Fouchères	St-Parres-les-Vaudes	539	
Fralignes	Bar-sur-Seine	202	
Jully-sur-Sarce	Idem	632	
Marolles-les-Bailly	Idem	327	11,502
Merrey	Idem	508	
Poligny	Idem	150	
Rumilly-les-Vaudes	St-Parres-les-Vaudes	681	
Saint-Parres-les-Vaudes	⊠ (Distribution.)	367	
Vaudes	St-Parres-les-Vaudes	514	
Villemorien	Bar-sur-Seine	303	
Villemoyenne	St-Parres-les-Vaudes	626	
Ville-sur-Arce	Bar-sur-Seine	869	
Villiers-sous-Praslin	Chaource	330	
Villy-en-Trodes	Vendeuvre	570	
Virey-sous-Bar	Bar-sur-Seine	420	

CANTON DE CHAOURCE.

Avreuil	Chaource	428	
Balnot-la-Grange	Idem	506	
Bernon	Ervy	426	
Chaource	⊠	1,534	
Chaserey	Chaource	168	
Chesley	Idem	848	
Coussegrey	Idem	517	

A reporter 4,427

A reporter 11,502

NOMS DES COMMUNES.	BUREAUX DE POSTE qui les desservent.	POPULA- TION.	TOTAL de la POPULA- TION par canton	NOMS DES COMMUNES.	BUREAUX DE POSTE qui les desservent.	POPULA- TION.	TOTAL de la POPULA- TION par canton
Suite de l'ARRONDISSEMENT DE BAR-SUR-SEINE.		Report..	11,502	**ARRONDISSEMENT DE BAR-SUR-AUBE.**			
Suite du CANTON DE CHAOURCE.		Report..	4,427	*CANTON DE BAR-SUR-AUBE.*			
Cossangy	Chaource	682		Ailleville	Bar-sur-Aube	220	
Étourvy	Idem	622		Arconville	Idem	364	
Granges (les)	Idem	163		Arrentières	Idem	631	
Lajesse	Idem	535		Arsonval	Idem	388	
Lantages	Idem	640		Baroville	Idem	684	
Lignières	Ervy	677		Bar-sur-Aube	⊠	3,890	
Loge-Plomblin (la)	Chaource	170		Bayel	Bar-sur-Aube	619	
Loges-Margueron (les)	Idem	350		Bergères	Idem	276	
Maisons (les)	Idem	392		Champignol	Idem	1,185	
Marolles-sous-Lignières	Ervy	502	12,075	Colombé-le-sec	Idem	401	
Metz-Robert	Chaource	113		Couvignon	Idem	604	
Pargues	Idem	567		Engente	Idem	148	
Praslin	Idem	267		Fontaine	Idem	380	14,539
Prusy	Idem	182		Jaucourt	Idem	356	
Turgy	Idem	152		Juvancourt	Clairvaux	358	
Vallières	Idem	392		Lignol	Colombey-les-deux-Églises	387	
Vanlay	Idem	743		Longchamp	Clairvaux	699	
Villiers-le-Bois	Idem	382		Montier-en-Lisle	Bar-sur-Aube	405	
Vougrey	Idem	117		Proverville	Idem	326	
				Rouvre	Colombey-les-deux-Églises	373	
CANTON D'ESSOYES.				Urville	Bar-sur-Aube	606	
				Ville-sous-la-Ferté {⊠ à Clairvaux.)	Clairvaux	798	
Bertignolle	Bar-sur-Seine	302		Voigny	Bar-sur-Aube	441	
Brurbey	Vendeuvre	553		*CANTON DE BRIENNE ou BRIENNE-LE-CHATEAU.*			
Buxières	Bar-sur-Seine	467		Béfignicourt	Brienne	120	
Chassenay	Idem	314		Blaincourt	Idem	274	
Chervey	Idem	825		Blignicourt	Idem	106	
Confin	Idem	1,119		Brienne	⊠	1,930	
Eguilly	Bar-sur-Seine	348		Brienne-la-Vieille	Brienne	709	
Essoyes	⊠ (Distribution.)	1,719		Courcelles	Chavanges	78	
Fontette	Essoyes	602		Dienville	Brienne	1,264	
Landreville	Idem	1,369		Épagne	*Idem	292	
Loches	Idem	1,039	13,297	Hampigny	Idem	465	
Longprey	Vendeuvre	310		Lassicourt	Idem	139	
Magnan	Bar-sur-Seine	484		Lentilles	Chavanges	515	
Montmartin	Vendeuvre	160		Lesmont	Brienne	526	
Noé-les-Mallets	Essoyes	483		Maizières	Idem	320	
Puits	Vendeuvre	349		Mathaux	Idem	544	11,724
Saint-Usage	Essoyes	332		Moslins	Idem	214	
Thieffrain	Vendeuvre	339		Montmorency	Chavanges	489	
Verpillières	Essoyes	555		Pel-et-Der	Brienne	512	
Vitry-le-Croisé	Bar-sur-Seine	1,068		Perthes-en-Rothière	Idem	142	
Viviers	Essoyes	360		Précy-Notre-Dame	Idem	140	
				Précy-Saint-Martin	Idem	577	
CANTON DE MUSSY-SUR-SEINE.				Radonvilliers	Idem	607	
				Rances	Chavanges	154	
Celles	Bar-sur-Seine	1,030		Rosnay-l'Hôpital	Brienne	561	
Courteron	Gyé-sur-Seine	525		Saint-Christophe	Idem	70	
Gyé-sur-Seine	⊠ (Distribution.)	1,324		Saint-Léger-sous-Brienne	Idem	397	
Mussy-sur-Seine	⊠	1,730		Valantigny	Idem	223	
Neuville-sur-Seine	Gyé-sur-Seine	981	7,191	Villeret	Chavanges	190	
Plaines	Mussy-sur-Seine	559		Yèvres	Idem	166	
Polisot	Gyé-sur-Seine	508		*CANTON DE SOULAINES.*			
Polisy	Idem	534		Chaise (la)	Ville-sur-Terre	96	
				Chaumesnil	Brienne	191	
CANTON DES RICEYS.				Colombé-la-Fosse	Bar-sur-Aube	538	
				Crespy	Brienne	233	
Arelles	Les Riceys	531		Éclance	Ville-sur-Terre	242	
Atirey-Lingey	Idem	895		Épothémont	Brienne	300	
Bagneux-la-Fosse	Idem	788		Frecnay	Ville-sur-Terre	161	
Balnot-sur-Laigne	Idem	530		Fuligny	Idem	216	
Beauvoir	Idem	234	7,613	Juzanvigny	Brienne	162	
Bragelogne	Idem	600		Levigny	Ville-sur-Terre	288	
Charnes	Idem	471		Maisons	Idem	87	
Riceys (les)	⊠	3,564			A reporter..	2,514	
TOTAL de la population de l'Arrondissement			51,478				
					A reporter		26,263

NOMS DES COMMUNES.	BUREAUX DE POSTE qui les desservent.	POPULA-TION.	TOTAL de la POPULA-TION par canton
Suite de l'ARRONDISSEMENT DE BAR-SUR-AUBE.			
Report..			26,263
Suite du Canton de SOULAINES.			
Report..		2,514	
MORVILLIERS.	Brienne	649	
PETIT-MESNIL	Idem	320	
ROTHIÈRE (la)	Idem	145	
SAULCY	Ville-sur-Terre	168	
SOULAINES	Idem	827	5,860
THIL	Idem	320	
THORS	Idem	177	
VERNONVILLIERS	Idem	191	
VILLE-AUX-BOIS (la)	Idem	96	
VILLE-SUR-TERRE	✉ (Distribution.)	453	
Canton de VENDEUVRE.			
AMANCE	Vendeuvre	529	
ARGANÇON	Bar-sur-Aube	322	
BAUSSANCOURT	Vendeuvre	366	
BLIGNY	Bar-sur-Aube	824	
CHAMP-SUR-BARSE	Vendeuvre	92	
DOLANCOURT	Bar-sur-Aube	288	
FRAVAUX	Idem	163	
JESSAINS	Vendeuvre	313	
JUVANZÉ	Idem	95	
LOGE-AUX-CHÈVRES (la)	Idem	212	7,989
MAGNI-FOUCHARD	Idem	282	
MAISON-DES-CHAMPS	Idem	102	
MEURVILLE	Bar-sur-Aube	358	
SPOIX	Idem	837	
TRANNES	Vendeuvre	256	
UNIENVILLE	Idem	426	
VENDEUVRE 🐎	✉	1,669	
VANCHONVILLIERS	Vendeuvre	391	
VILLENEUVE-AUX-CHÊNES (la)	Idem	464	
TOTAL de la population de l'Arrondissement			40,112
ARRONDISSEMENT DE NOGENT-SUR-SEINE.			
Canton de MARCILLY-LE-HAYER.			
AVANT	Marcilly-le-Hayer	477	
AVON-LA-PÈZE	Idem	313	
BERCENAY-LE-HAYER	Idem	298	
BOURDENAY	Idem	243	
CHARMOY	Idem	96	
DIERREY-SAINT-JULIEN	Estissac	388	
DIERREY-SAINT-PIERRE	Idem	359	
ÉCHEMINES	Les Grés	171	
FAUX-VILLECERF	Marcilly-le-Hayer	318	
FAY	Idem	249	
MARCILLY-LE-HAYER	✉ (Distribution.)	627	
MARIGNY-LE-CHATEL	Marcilly-le-Hayer	459	
MESNIL-SAINT-LOUP	Estissac	292	
PASLIS	Marcilly-le-Hayer	865	
PLANTY	Idem	535	
A reporter		5,690	

NOMS DES COMMUNES.	BUREAUX DE POSTE qui les desservent.	POPULA-TION.	TOTAL de la POPULA-TION par canton
Suite de l'ARRONDISSEMENT DE NOGENT-SUR-SEINE.			
Suite du Canton de MARCILLY-LE-HAYER.			
Report..		5,690	
POUY-SUR-VANNES	Villeneuve-l'Archevêque	415	
PRUNAY-LE-SEC	Marcilly-le-Hayer	146	
RIGNY-LA-NONNEUSE	Nogent-sur-Seine	357	8,032
SOMME-FONTAINE	Marcilly-le-Hayer	259	
SAINT-FLAVY	Idem	388	
TRANCAULT	Idem	311	
VILLADIN	Idem	466	
Canton de NOGENT-SUR-SEINE.			
BOUY-SUR-ORVIN	Nogent-sur-Seine	110	
COURCEROY	Idem	223	
FONTENAY-BOSSERY	Idem	78	
GUMERY	Idem	345	
LOUPTIÈRE (la)	Idem	355	
MACON	Idem	581	
MARNAY-SUR-SEINE	Pont-le-Roi	426	
MÉRIOT (le)	Nogent-sur-Seine	615	9,879
MOTTE-TILLY (la)	Idem	512	
NOGENT-SUR-SEINE 🐎	✉	3,277	
PLESSIS-GATE-BLED	Nogent-sur-Seine	147	
PONT-LE-ROI 🐎	✉	872	
SOLIGNY-LES-ÉTANGS	Nogent-sur-Seine	328	
SAINT-AUBIN	Idem	566	
SAINT-NICOLAS	Idem	237	
TRAINEL	Idem	1,207	
Canton de ROMILLY-SUR-SEINE.			
CRANCEY	Pont-le-Roi	406	
FERREUX	Nogent-sur-Seine	315	
FONTAINE-SAINT-GEORGES	Les Grés	425	
	✉ Distribution. 🐎 aux Grés.)		
FOSSE-CORDOUAN (la)	Nogent-sur-Seine	312	
GÉLANNES	Pont-le-Roi	449	
MAIZIÈRES-LA-GRANDE-PAROISSE.	Romilly-sur-Seine	1,382	
(🐎 aux Granges.)			
ORIGNY-LE-SEC	Idem	730	9,302
ORVILLIERS	Méry-sur-Seine	541	
OSSEY-LES-TROIS-MAISONS	Romilly-sur-Seine	312	
PARS	Idem	233	
QUINCEY	Nogent-sur-Seine	211	
ROMILLY-SUR-SEINE	✉	3,117	
SAINT-HILAIRE	Pont-le-Roi	365	
SAINT-LOUP-DE-BUFFIGNY	Nogent-sur-Seine	279	
SAINT-MARTIN-LA-FOSSE	Idem	225	
Canton de VILLENAUXE.			
BARBUISE	Villenauxe	565	
MONT-POTHIER	Idem	318	
PÉRIGNY-LA-ROSE	Idem	182	
PLESSIS-BARBUISE	Idem	231	5,000
SAULSOTTE (la)	Nogent-sur-Seine	868	
VILLENAUXE	Idem	2,430	
VILLENEUVE-AU-CHATELOT (la)	Villenauxe	206	
TOTAL de la population de l'Arrondissement			32,213

RÉCAPITULATION.

	NOMBRE de		POPULATION.
	CANTONS.	COMMUNES.	
ARRONDISSEMENT DE TROYES	9	121	87,431
—————— D'ARCIS-SUR-AUBE	4	90	35,128
—————— DE BAR-SUR-SEINE	5	85	51,478
—————— DE BAR-SUR-AUBE	4	91	40,112
—————— DE NOGENT-SUR-SEINE	4	60	32,213
TOTAUX	26	447	246,362

NOMS DES COMMUNES.	BUREAUX DE POSTE qui les desservent.	POPULA-TION.	TOTAL de la POPULA-TION par canton	NOMS DES COMMUNES.	BUREAUX DE POSTE qui les desservent.	POPULA-TION.	TOTAL de la POPULA-TION par canton
ARRONDISSEMENT DE CARCASSONNE.				Suite de l'ARRONDISSEMENT DE CARCASSONNE.			
					Report..		40,828
CANTON D'ALZONNE.				Suite du CANTON DE LAGRASSE.			
ALZONNE 🖂	🖂	1,629			Report..	3,797	
ARAGON	Carcassonne.	707		SERVIÉS-EN-VAL	Lagrasse	175	
CAUX	Alzonne	465		SAINT-MARTIN-DES-PUITS	Idem.	127	
MONTOLIEU	Idem.	1,727		SAINT-PIERRE-DES-CHAMPS	Idem.	403	
MOUSSOULENS	Idem.	539		TALAIRAN	Idem.	557	5,711
PEZENS	Idem.	1,019	8,165	TAURIZE	Idem.	182	
RAISSAC-SUR-LAMPY	Idem.	411		TOURNISSAN	Idem.	253	
SAINTE-EULALIE	Idem.	462		VILLAR-EN-VAL	Idem.	117	
SAINT-MARTIN-LE-VIEIL	Idem.	418		VILLETRITOULS	Idem.	100	
VENTENAC-CABARDÈS	Idem.	378		CANTON DE MAS-CABARDÈS.			
VILLESÈQUE-LANDE	Idem.	410		BASTIDE-ESPARBAIRENQUE (la)	Cuxac-Cabardès.	503	
CANTON DE CAPENDU.				CAUDEBRONDE	Idem.	567	
BADENS	Carcassonne.	296		FOURNES	Idem.	263	
BARBAIRA 🐎	Capendu	403		ILHES (les)	Idem.	288	
BOUILHONAC	Carcassonne.	195		LABRADE	Idem.	486	
CAPENDU	🖂 (Distribution.)	739		LASTOURS	Idem.	248	
GOMIGNE	Capendu	191		MARTYS (les) 🐎	Idem.	752	
DOUZENS	Idem.	477		MAS-CABARDÈS	Idem.	748	7,229
FLOORE	Idem.	168		MIRAVAL-CABARDÈS	Idem.	430	
FONTIÈRS-D'AUDE	Idem.	219	5,890	PRADELLES-CABARDÈS	Idem.	705	
MAS-DES-COURS	Carcassonne.	109		ROQUEFÈRE	Idem.	279	
MONTIRAT	Idem.	61		SALSIGNE	Idem.	590	
MONZE	Idem.	211		TOURETTE (la)	Idem.	222	
MODA 🐎	Capendu	504		TRASSANEL	Idem.	168	
ROQUECOURBE	Idem.	113		VILLANIÈRE	Idem.	277	
RUSTIQUES	Carcassonne	228		VILLARDONNEL 🐎	Idem.	703	
SAINT-COUAT-D'AUDE	Idem.	278		CANTON DE MONTRÉAL.			
TRÈBES	Idem.	1,607		ALAIRAC	Alzonne.	580	
VILLEDUBERT	Idem.	89		ARZENS	Idem.	932	
CANTON DE CARCASSONNE (est).				MONTCLAR	Carcassonne.	339	
BERRIAC	Carcassonne.	130		MONTRÉAL	Alzonne.	3,383	
CARCASSONNE (est) 🐎	🖂	4,740		PREIXAN	Carcassonne.	457	7,022
CAVANAC	Carcassonne.	575		ROUFFIAC-D'AUDE	Idem.	331	
CAZILHAC	Idem.	205	7,189	ROULLENS	Idem.	332	
COUFFOULENS	Idem.	612		VALETTE (la)	Idem.	360	
LEUC	Idem.	655		VILLENEUVE-LES-MONTRÉAL	Idem.	308	
PALAJA	Idem.	272		CANTON DE MOUTHOUMET.			
CANTON DE CARCASSONNE (ouest).				ALBIÈRES	Davejean.	303	
CARCASSONNE (ouest) 🖂	🖂	12,654	13,868	AUBIAC	Idem.	277	
PENNAUTIER	Carcassonne.	1,214		BOUISSE	Idem.	717	
CANTON DE CONQUES.				DAVEJEAN	🖂 (Distribution.)	273	
BAGNOLES	Carcassonne.	234		DERNACUILLETTE	Davejean.	182	
CONQUES	Idem.	1,625		FELINES	Idem.	190	
LIMOUZIS	Cuxac-Cabardès.	324		LAIRIÈRE	Idem.	336	
MALVES	Carcassonne.	314		LANET	Idem.	292	
SALLÈLES	Cuxac-Cabardès.	207	5,716	MASSAC	Idem.	139	5,313
VILLALIER	Carcassonne.	600		MONTJOI	Idem.	253	
VILLARZEL	Idem.	122		MOUTHOUMET	Idem.	380	
VILLEGAILHENC	Idem.	871		PALAIRAC	Idem.	179	
VILLEGLY	Idem.	565		ROQUE-DE-FA (la)	Idem.	351	
VILLEMOUSTAUSSOU	Idem.	854		SALZA	Idem.	169	
CANTON DE LAGRASSE.				SOULATGE	Idem.	365	
ARQUETTES	Lagrasse	178		TERMES	Idem.	242	
BASTIDE-EN-VAL (la)	Idem.	299		VIGNEVIEILLE	Idem.	372	
CAUNETTES-EN-VAL	Idem.	195		VILLEROUGE	Idem.	292	
FAJAC	Idem.	163		CANTON DE PEYRIAC-MINERVOIS.			
LAGRASSE	🖂	1,327		AIGUES-VIVES	Carcassonne.	337	
MAYRONNES	Lagrasse	175		AZILLE	🖂	1,498	
MONTLAUR	Idem.	923		BLOMAC	Peyriac-Minervois.	213	
PRADELLES-EN-VAL	Idem.	213		CABRESPINE	Idem.	871	
RIBAUTE	Idem.	172		CASTANS	Idem.	818	
RIEUX-EN-VAL	Idem.	153		CAUNES	Idem.	2,245	
				CITOU	Idem.	669	
	A reporter..	3,797			A reporter..	6,651	
	A reporter............		40,828		A reporter............		66,103

NOMS DES COMMUNES.	BUREAUX DE POSTE qui les desservent.	POPULA-TION.	TOTAL de la POPULA-TION par canton	NOMS DES COMMUNES.	BUREAUX DE POSTE qui les desservent.	POPULA-TION.	TOTAL de la POPULA-TION par canton
Suite de l'ARRONDISSEMENT DE CARCASSONNE.				**Suite de l'ARRONDISSEMENT DE CASTELNAUDARY.**			
Report..			66,103	Report..			21,833
Suite du CANTON DE PEYRIAC-MINERVOIS.				CANTON DE CASTELNAUDARY (sud).			
Report..		6,651		BASTIDE-D'ANJOU (la)	Castelnaudary	943	
LADRE	Peyriac-Minervois..	1,264		CASTELNAUDARY (sud)	⊠	5,673	
LESPINASSIÈRE	Idem	1,047		FENDEILLE	Castelnaudary	624	
MARSEILLETTE	Idem	405		LASBORDES	Idem	719	
MÉRINVILLE	Idem	1,562		LAURABUC	Idem	637	
PEPIEUX	Azille	590		MAS-SAINTES-PUELLES (le)	Idem	1,254	
PEYRIAC-MINERVOIS	⊠ (*Distribution.*)	1,349	15,837	MIREVAL-LAURAGAIS	Idem	595	15,896
POICHÉRIC	Azille	548		MONTFERRAND	Idem	889	
REDORTE (la)	Idem	754		PEXIORA	Idem	1,326	
SAINT-FRICHOUX	Carcassonne	142		RICAUD	Idem	571	
TRAUSSE	Peyriac-Minervois	787		SAINT-MARTIN-LA-LANDE	Idem	894	
VILLENEUVE-LES-CHANOINES	Idem	838		VILLENEUVE-LA-COMPTAL	Idem	570	
CANTON DE SAISSAC.				VILLEPINTE	Idem	1,195	
BROUSSES	Alzonne	316		CANTON DE FANJEAUX.			
CUXAC-CABARDÈS	⊠ (*Distribution.*)	1,099		BRAM	Castelnaudary	1,425	
FONTIERS-CABARDÈS	Alzonne	1,148		CASSAIGNE (la)	Idem	729	
FRAISSE-CABARDÈS	Idem	372	5,459	CAZALRENOUX	Idem	261	
SAISSAC	Idem	1,814		FANJEAUX	Idem	1,853	
SAINT-DENIS	Idem	710		FONTERS-DU-RAZÈS	Idem	171	
CANTON DE TUCHAN.				FORCE (la)	Idem	361	
CUCUGNAN	Davejean	267		GAJA-LA-SELVE	Idem	450	
DUILHAC	Idem	351		GENERVILLE	Idem	117	
MAISONS	Idem	300		LAURAC	Idem	583	9,537
MONTGAILLARD	Idem	207		ORSANS	Idem	346	
PADERN	Idem	409	3,259	PLAVILLA	Idem	208	
PAZIOLS	Idem	535		RIBOUISSE	Idem	331	
ROUFFIAC-DES-CORBIÈRES	Idem	207		SAINT-CAUDERIC	Idem	262	
TUCHAN	Idem	983		SAINT-JULIEN-DE-BRIOLA	Idem	386	
				VILLASAVARY	Idem	1,788	
TOTAL de la population de l'Arrondissement			90,658	VILLESISCLE	Idem	266	
ARRONDISSEMENT DE CASTELNAUDARY.				CANTON DE SALLES-SUR-L'HERS.			
				BARAIGNE	Salles-sur-l'Hers	212	
CANTON DE BELPECH.				BELFLOU	Idem	372	
BELPECH	Salles-sur-l'Hers	2,452		CUMIÈS	Idem	112	
CAHUZAC	Idem	166		FAJAC-LA-RELENQUE	Idem	263	
FAGE (la)	Idem	434		GOURVIEILLE	Idem	160	
MAYREVILLE	Idem	324		LOUVIÈRE (la)	Idem	366	
MOLANDIER	Idem	629		MARQUEIN	Idem	325	
PÉCHARIC	Idem	175		MEZERVILLE	Idem	329	5,399
PECHLUNA	Idem	443	6,101	MOLLEVILLE	Idem	165	
PEYREFITTE-SUR-L'HERS	Idem	182		MONTAURIOL	Idem	288	
PLAIGNE	Idem	535		PAYRA	Idem	538	
SAINT-AMANS	Idem	432		SALLES-SUR-L'HERS	⊠ (*Distribution.*)	1,083	
SAINT-SERNIN	Idem	142		SAINTE-CAMELLE	Salles-sur-l'Hers	311	
VILLAUTOU	Idem	207		SAINT-MICHEL-DE-LANÈS	Idem	895	
CANTON DE CASTELNAUDARY (nord).							
AIROUX	Castelnaudary	339		TOTAL de la population de l'Arrondissement			52,659
CARLIPA	Idem	635					
CASSÈS (les)	Idem	412		**ARRONDISSEMENT DE LIMOUX.**			
CASTELNAUDARY (nord)	⊠	4,210					
CENNE-MONESTIÉS	Castelnaudary	896		CANTON D'ALAIGNE.			
ISSEL	Idem	786					
LABECÈDE-LAURAGAIS	Idem	1,144		ALAIGNE	⊠ (*Distribution.*)	480	
MONTMAUR	Idem	701		BELLEGARDE	Alaigne	460	
PEYRENS	Idem	385		BELVÈZE	Idem	378	
POMARÈDE (la)	Idem	481		BRÉZILHAC	Idem	309	
PUGINIER	Idem	430	15,732	BRUGAIROLLES	Idem	463	
SOUILHANELS	Idem	243		CAILHAU	Idem	520	
SOUILHE	Idem	348		CAILHAVEL	Idem	292	
SOUPEX	Idem	397		CAMBIEURE	Idem	270	
SAINT-PAPOUL	Idem	1,396		COURTÈTE (la)	Idem	210	
SAINT-PAULET	Idem	572		DONAZAC	Idem	254	
TRÉVILLE	Idem	266		ESCUEILLENS	Idem	265	
VERDUN	Idem	742					
VILLEMAGNE	Idem	519					
VILLESPY	Idem	830					
A reporter			21,833	A reporter..			3,901

NOMS DES COMMUNES.	BUREAUX DE POSTE qui les desservent.	POPULA-TION.	TOTAL de la POPULA-TION par canton	NOMS DES COMMUNES.	BUREAUX DE POSTE qui les desservent.	POPULA-TION.	TOTAL de la POPULA-TION par canton
Suite de l'ARRONDISSEMENT DE LIMOUX.				Suite de l'ARRONDISSEMENT DE LIMOUX.			
					Report..		28,030
Suite du CANTON D'ALAIGNE.				Suite du CANTON DE COUIZA.			
	Report..	3,901			Report..	4,971	
FENOUILLET	Alaigne	306		LUC-SUR-AUDE	Couiza	261	
FERRAN	Idem	241		MISSÈGRE	Idem	352	
GRAMAZIE	Idem	131		MONTAZELS	Idem	289	
HOUNOUX	Idem	245		PEYROLLES	Idem	289	
LASSERRE	Idem	405		RENNES	Idem	439	
LACASSEL	Limoux	394		ROQUETAILLADE	Limoux	505	8,608
LIGNAIROLLES	Alaigne	262		SERPENT (la)	Couiza	329	
MALVIÈS	Limoux	395		SERRES	Idem	152	
MAZEROLLES	Alaigne	354	8,099	SOUGRAIGNE	Idem	335	
MONTGRADAIL	Idem	145		TERROLLES	Idem	143	
MONTHAUT	Idem	186		VALMIGÈRE	Idem	117	
POMY	Idem	150		VILLARDEBELLE	Idem	426	
ROUTIER	Idem	313					
SEIGNALENS	Idem	178		CANTON DE LIMOUX.			
SAINT-JUST-BELENGARD	Idem	127		AJAC	Limoux	212	
VILLARZEL-DU-RAZÈS	Limoux	366		ALET	Idem	1,119	
				BESOLE (la)	Idem	94	
CANTON DE BELCAIRE.				BOURIÈGE	Idem	465	
AUNAT	Quillan	507		BOURIGEOLE	Idem	276	
BELCAIRE	Idem	1,042		CASTELRENG	Idem	507	
BELFORT	Idem	153		CÉPIE	Idem	495	
BELVIS	Idem	832		COURNANEL	Idem	420	
CAMPAGNA	Idem	371		DIGNE-D'AMONT (la)	Idem	294	
CAMURAC	Idem	470		DIGNE-D'AVAL (la)	Idem	232	
COMUS	Idem	643		FESTES	Idem	659	
ESPEZEL	Idem	695		GAJA	Idem	297	15,219
FAJOLLE (la)	Idem	372	8,583	LIMOUX	⊠	6,518	
FONTANÈS	Idem	254		LOUPIA	Limoux	278	
GALINAGUES	Idem	180		MAGRIE	Idem	467	
JOUCOU	Idem	188		MALRAS	Idem	389	
MAZUC	Idem	363		PAULIGNE	Idem	446	
MÉRIAL	Idem	280		PIEUSSE	Idem	754	
NIORT	Idem	638		SAINT-MARTIN-DE-VILLEREGLANS	Idem	280	
RODOME	Idem	534		TOURREILLES	Idem	256	
ROQUEFEUILLE	Idem	1,061		VENDEMIES	Idem	170	
				VILLELONGUES	Idem	591	
CANTON DE CHALABRE.							
CAUDEVAL	Chalabre	348		CANTON DE QUILLAN.			
CHALABRE	⊠	3,435		BELVIANES	Quillan	423	
COURRIÈRES	Chalabre	159		BRENAC	Idem	655	
COURTAULY	Idem	327		CAMPAGNE-SUR-AUDE	Couiza	410	
GUEYTES	Idem	138		COUDONS	Quillan	330	
MONTJARDIN	Idem	370		ESPERAZA	Couiza	1,403	
PEYREFITE-DU-RAZÈS	Idem	202		FA	Idem	626	
PUIVERT	Idem	1,954		GINOLES	Quillan	401	
RIVEL	Idem	1,124	11,348	GRANÈS	Idem	162	
SONAC	Idem	340		MARSA	Idem	464	
SAINT-BENOIT	Idem	405		NÉBIAS	Idem	704	9,693
SAINTE-COLOMBE-SUR-L'HERS	⊠	1,233		QUILLAN	⊠	1,472	
SAINT-COUAT-DU-RAZÈS	Limoux	285		(au Pont-du-Charle.)			
SAINT-JEAN-DE-PARAGOL	Chalabre	448		QUIRBAJOU	Quillan	230	
TRÉZIERS	Idem	266		ROUVENAC	Couiza	649	
VILLEFORT	Idem	314		SAINT-FERRIOL	Quillan	326	
				SAINT-JULIA-DE-BEC	Idem	445	
CANTON DE COUIZA.				SAINT-JUST	Idem	323	
ANTUGNAC	Couiza	304		SAINT-LOUIS	Idem	435	
ARQUES	Idem	549		SAINT-MARTIN-DE-TAISSAC	Idem	235	
BAINS-DE-RENNES (les)	Idem	493					
BUGARACH	Idem	1,027		CANTON DE ROQUEFORT-DE-SAULT.			
CAMPS	St-Paul-de-Fenouillet	492		ARTIGUES	Quillan	198	
CASSAIGNES	Couiza	173		AXAT	Idem	546	
CAUNETTE (la)	Idem	77		BESSEDE-DE-SAULT	Idem	371	
COMILHAC-DE-LA-MONTAGNE	Idem	118		BOUSQUET (le)	Idem	459	
COUIZA	⊠ (Distribution.)	843		CAILLA	Idem	208	
COUSTAUSSA	Couiza	205		CLAT (le)	Idem	308	
CUBIÈRES	St-Paul-de-Fenouillet	283		COUNOZOULS	Idem	415	
FOURTOU	Couiza	407		ESCOULOUBRE	Idem	749	
	A reporter..	4,971			A reporter..	3,254	
	A reporter..		28,030		A reporter..		61,550

NOMS DES COMMUNES.	BUREAUX DE POSTE qui les desservent.	POPULATION.	TOTAL de la POPULATION par canton	NOMS DES COMMUNES.	BUREAUX DE POSTE qui les desservent.	POPULATION.	TOTAL de la POPULATION par canton
Suite de l'ARRONDISSEMENT DE LIMOUX.	Report..		61,550	**Suite de l'ARRONDISSEMENT DE NARBONNE.**	Report..		12,831
Suite du CANTON DE ROQUEFORT-DE-SAULT.	Report..	3,254		**Suite de CANTON DE GINESTAS.**	Report..	2,618	
Cincla	Quillan	181		Mailhac	Azille	447	
Montfort	Idem	902	6,486	Mirepeisset	Narbonne	353	
Puilaurens	Idem	1,024		Ouveillan	Idem	1,194	
Roquefort-de-Sault	Idem	784		Paraza	Idem	384	
Sainte-Colombe-sur-Guette	Idem	341		Pouzols	Azille	423	8,515
CANTON DE SAINT-HILAIRE.				Roubia	Idem	349	
Belcastel	Limoux	245		Sallèles-d'Aude	Narbonne	908	
Clermont	Idem	273		Saint-Marcel	Idem	551	
Gardie	Idem	238		Saint-Nazaire	Idem	669	
Greffeil	Idem	303		Sainte-Valière	Idem	363	
Ladern	Idem	511		Ventenac-d'Aude	Idem	256	
Molières	Idem	83		**CANTON DE LÉZIGNAN.**			
Pomas	Idem	605	4,671	Boutenac	Lézignan	394	
Saint-Hilaire	Idem	983		Camplong	Idem	265	
Saint-Polycarpe	Idem	300		Castelnau-d'Aude	Idem	322	
Verzeille	Idem	368		Conilhac-du-Plat-Pays	Idem	475	
Villar-Saint-Anselme	Idem	221		Cruscades	Idem	309	
Villebazy	Idem	312		Escales	Idem	356	
Villefloure	Idem	229		Fabrezan	Idem	1,170	
				Ferrals	Idem	679	
TOTAL de la population de l'Arrondissement.......			72,707	Foncouverte	Idem	352	8,863
ARRONDISSEMENT DE NARBONNE.				Homps	Azille	255	
				Lézignan	✉	1,792	
CANTON DE COURSAN.				Luc-sur-Orbien	Lézignan	533	
Armissan	Narbonne	439		Montbrun	Idem	305	
Coursan	Idem	1,761		Montséret	Idem	181	
Cuxac-sur-Aude	Idem	1,363		Ornaisons	Idem	553	
Fleury	Idem	1,305	8,344	Saint-André-de-Roquelongue	Idem	368	
Gruissan	Idem	2,329		Tourouzelle	Idem	554	
Salles-d'Aude	Idem	850		**CANTON DE NARBONNE.**			
Vinassan	Idem	297		Bages	Narbonne	875	
CANTON DE DURBAN.				Bizanet	Idem	753	
Albas	Sijean	346		Canet	Idem	617	
Cascastel	Idem	698		Marcorignan	Idem	508	
Coustouge	Idem	231		Montredon	Idem	423	14,934
Durban	Idem	556		Moussan	Idem	707	
Embres	Idem	340		Narbonne	✉	10,246	
Fontjoncouse	Idem	289	4,487	Névian	Narbonne	492	
Fraisse-des-Corbières	Idem	290		Raissac-d'Aude	Idem	313	
Jonquières	Idem	202		**CANTON DE SIJEAN.**			
Quintillan	Idem	201		Feuilla	Sijean	205	
Saint-Jean-de-Barrou	Idem	275		Fitou	Idem	970	
Saint-Laurent-de-la-Cabrerisse	Lagrasse	560		Leucate	Idem	1,104	
Thézan	Lézignan	499		Palme (la)	Idem	645	
CANTON DE GINESTAS.				Peyriac-de-Mer	Idem	706	8,958
Argeliers	Narbonne	760		Portel	Idem	731	
Argens	Azille	178		Roquefort-des-Corbières	Idem	471	
Bize	Narbonne	1,065		Sijean	✉	3,296	
Ginestas	Idem	615		Treilles	Sijean	309	
	A reporter..	2,618		Villesèque-des-Corbières	Idem	521	
	A reporter..............		12,831	TOTAL de la population de l'Arrondissement.......			54,101

RÉCAPITULATION.

	NOMBRE de		POPULATION.
	CANTONS.	COMMUNES.	
Arrondissement de CARCASSONNE...........	12	139	90,658
———————— de CASTELNAUDARY............	5	75	52,659
———————— de LIMOUX.................	8	150	72,707
———————— de NARBONNE................	6	70	54,101
TOTAUX................	31	434	270,125

NOMS DES COMMUNES.	BUREAUX DE POSTE qui les desservent.	POPULA-TION.	TOTAL de la POPULA-TION par canton

ARRONDISSEMENT DE RODEZ.

CANTON DE BOZOULS.

Bozouls................	Espalion.........	2,876	
Concourès............	Rodez.......	748	
Loubière (la).........	Idem.......	586	7,149
Montrozier...........	Laissac.....	1,218	
Rodelle..............	Villecomtal......	1,721	

CANTON DE CASSAGNES-BÉGONHES.

Artieu...............	Cassagnes-Bégonhès.	1,480	
Auriac...............	Idem........	000	
Calmont..............	Idem........	000	
Cassagnes-Bégonhès...	⊠ (Distribution.)....	1,545	7,248
Comps-la-Grandville....	Cassagnes-Bégonhès.	000	
Salmiech............	Idem........	000	
Sainte-Juliette.......	Idem........	000	

CANTON DE CONQUES.

Conques..............	Entraygues........	1,309	
Grand-Vabre..........	Idem........	1,087	
Nauviale.............	Villecomtal......	1,955	
Noailhac.............	Entraygues........	000	8,891
Senergues............	Idem.........	1,441	
Saint-Cyprien........	Villecomtal......	2,000	
Saint-Félix-de-Lunel..	Idem........	715	

CANTON DE MARCILLAC.

Clairvaux............	Villecomtal......	2,266	
Marcillac............	Idem........	1,603	
Mouret...............	Idem........	1,221	
Muret...............	Idem........	642	9,167
Salles-Comtaux.......	Rodez.......	2,210	
Valady...............	Villecomtal......	1,225	

CANTON DE NAUCELLE.

Camboulazet..........	Sauveterre......	710	
Camjac..............	Idem........	934	
Centrès.............	Idem........	1,502	
Naucelle............	Idem........	1,043	8,224
(⊠ à la Motte.)			
Quins...............	Idem........	1,587	
Saint-Just...........	Idem........	1,560	
Tauriac.............	Idem........	888	

CANTON DE RÉQUISTA.

Durenques............	Cassagnes-Bégonhès.	000	
Garde (la)...........	Idem........	000	
Ledergues............	Idem........	2,250	
Réquista............	Idem........	3,547	8,632
Selve (la)...........	Idem........	2,835	
Saint-Cirq...........	Idem........	000	

CANTON DE RIGNAC.

Anglars.............	Rignac.......	1,324	
Auzits..............	Idem........	1,346	
Belcastel............	Idem........	812	
Bournazel............	Idem........	947	
Cassagnes-Comtaux....	Idem........	1,287	9,012
Escandoulières.......	Idem........	741	
Rignac 🐎............	⊠.......	1,719	
Saint-Christophe.....	Villecomtal......	836	

CANTON DE RODEZ.

Luc.................	Rodez.......	1,023	
Monastère (le)........	Idem........	618	
Moyrazès............	Idem........	2,118	
Olet-le-Chateau.......	Idem........	1,398	15,748
Rodez 🐎............	⊠.......	8,240	
Sainte-Radegonde.....	Rodez.......	1,201	
Vors-de-Rodez........	Idem........	1,150	

A reporter....................			74,071

II.

Suite de l'ARRONDISSEMENT DE RODEZ.

Report. . 74,071

CANTON DE PONT-DE-SALARS.

Agen................	Rodez.......	702	
Arques..............	Pont-de-Salars.....	266	
Canet...............	Idem........	576	
Flavin..............	Rodez.......	1,255	
Pont-de-Salars 🐎.....	⊠ (Distribution.)....	1,258	6,274
Prades..............	Pont-de-Salars.....	469	
Tremouilles..........	Idem........	1,010	
Vibal (le)...........	Idem........	738	

CANTON DE LA SALVETAT.

Castelmary..........	Sauveterre......	1,088	
Crespin.............	Idem........	1,122	
Lescure.............	Idem........	000	3,246
Salvetat (la)........	Idem........	1,036	

CANTON DE SAUVETERRE.

Cabanès.............	Sauveterre......	806	
Carcenac-Peyralès....	Idem........	000	
Castelnau-Peyralès....	Idem........	3,500	
Colombiès............	Rignac.......	1,830	8,795
Gramond.............	Sauveterre......	918	
Manhac..............	Idem........	814	
Sauveterre...........	⊠.......	927	

TOTAL de la population de l'Arrondissement......			92,386

ARRONDISSEMENT D'ESPALION.

CANTON DE SAINT-AMANS.

Campouriez...........	Entraygues........	000	
Florentin-la-Capelle...	Idem........	1,157	
Huparlac............	Idem........	498	6,006
Montézic............	Idem........	1,214	
Saint-Amans..........	Idem........	1,098	
Saint-Simphorien.....	Idem........	1,041	

CANTON DE SAINT-CHÉLY-D'AUBRAC.

Saint-Chély-d'Aubrac..	Espalion......	3,289	3,289

CANTON D'ENTRAYGUES.

Entraygues...........	⊠ (Distribution.)....	2,885	
Espeyrac............	Entraygues........	2,132	
Golinhac............	Idem........	000	7,051
Saint-Hyppolite......	Montsalvy.......	2,034	

CANTON D'ESPALION.

Bessuéjouls..........	Espalion......	591	
Castelnau-de-Rive-d'Olt.	Idem........	1,741	
Espalion 🐎..........	⊠.......	3,545	10,046
Gabriac.............	Espalion......	2,336	
Saint-Come...........	Idem........	1,833	

CANTON D'ESTAING.

Coubison............	Espalion......	2,911	
Estaing.............	Idem........	1,375	
Nayrac (le)..........	Idem........	1,098	8,389
Verrières...........	Idem........	1,247	
Villecomtal..........	⊠ (Distribution.)....	1,758	

CANTON DE SAINTE-GENEVIÈVE.

Calm (la)...........	Laguiole.....	1,498	
Cantoin.............	Idem........	1,524	
Graissac............	Idem........	1,050	6,830
Sainte-Geneviève.....	Idem........	1,839	
Terisse (la).........	Idem........	819	

A reporter....................			41,611

6.

NOMS DES COMMUNES.	BUREAUX DE POSTE qui les desservent.	POPULATION.	TOTAL de la POPULATION par canton.
Suite de l'ARRONDISSEMENT D'ESPALION.			
Report..			41,611
CANTON DE SAINT-GENIEZ.			
PIERREFICHE	Saint-Geniez	1,765	
POMAYROLS	Idem	3,586	9,182
SAINT-GENIEZ	✉	3,831	
CANTON DE LAGUIOLE.			
CASSUEJOULS	Laguiole	734	
CURIÈRES	Idem	1,291	
LAGUIOLE 🐎	✉ (Distribution.)	2,128	6,185
MONTPEYROUX	Laguiole	2,032	
CANTON DE MUR-DE-BARREZ.			
BROMMAT	Mur-de-Barrez	1,688	
CROIX (la)	Idem	1,771	
MUR-DE-BARREZ	✉	1,687	8,108
TAUSSAC	Mur-de-Barrez	1,303	
THERONDELS	Idem	1,659	
TOTAL de la population de l'Arrondissement			65,086
ARRONDISSEMENT DE MILLAU.			
CANTON DE SAINT-BEAUZELY.			
CASTELNAU-PÉGAYROLS	Millau	000	
MONTJAUX	Idem	1,511	
SAINT-BEAUZELY	Idem	1,911	6,023
VERIÈRES	Idem	862	
VIALA-DU-TARN	Idem	1,739	
CANTON DE CAMPAGNAC.			
CAMPAGNAC	Saint-Geniez	1,267	
SAINT-LAURENT-D'OLT	La Canourgue	2,067	5,545
SAINT-SATURNIN	Saint-Geniez	2,211	
CANTON DE LAISSAC.			
BERTHOLÈNE	Laissac	1,452	
CRUÉJOULS	Idem	1,589	
GAILLAC	Idem	1,243	
LAISSAC	✉ (Distribution.)	1,702	7,912
PALMAS	Laissac	726	
SÉVERAC-L'ÉGLISE	Idem	000	
VIMENET	Idem	1,200	
CANTON DE MILLAU.			
AGUESSAC	Millau	748	
COMPEYRE	Idem	787	
COMPRÉGNAC	Idem	496	
CREISSELS	Idem	654	14,469
MILLAU 🐎	✉	9,806	
PAULHE	Millau	325	
SAINT-GEORGE-DE-LUSENÇON	Idem	1,653	
CANTON DE NANT.			
CAVALERIE (la) 🐎	Nant	1,749	
COUVERTURADE (la)	Idem	000	
HOSPITALET (l')	Idem	000	
NANT	✉	3,203	9,737
SAUCLIÈRES	Nant	1,876	
SAINT-JEAN-DU-BRUEL	✉ (Distribution)	2,909	
CANTON DE PEYRELEAU.			
CRESSE (la)	Millau	000	
MOSTUÉJOULS	Idem	908	
PEYRELEAU	Idem	385	5,033
RIVIÈRE	Idem	1,721	
ROQUE-SAINTE-MARGUERITE (la)	Idem	000	
SAINT-ANDRÉ-DE-VÉSINES	Idem	2,019	
CANTON DE SALLES-CURAN.			
SALLES-CURAN	Pont-de-Salars	2,375	3,888
VILLEFRANCHE-DE-PANAT	Cassagues-Bégonhès	1,513	
A reporter			52,607

NOMS DES COMMUNES.	BUREAUX DE POSTE qui les desservent.	POPULATION.	TOTAL de la POPULATION par canton.
Suite de l'ARRONDISSEMENT DE MILLAU.			
Report..			52,607
CANTON DE SÉVERAC ou SÉVERAC-LE-CHATEAU.			
BUSEINS	Séverac	646	
LAPANOUSE	Idem	972	
LAVERNHE	Idem	794	6,503
PRÉVINQUIÈRES	Idem	1,112	
SÉVERAC	✉	2,979	
CANTON DE VESINS.			
SÉGUR	Pont-de-Salars	1,369	
SAINT-LÉONS	Millau	1,503	4,493
{ 🐎 à Bois-du-four. }			
VESINS	Séverac	1,721	
TOTAL de la population de l'Arrondissement			63,603
ARRONDISSEMENT DE SAINT-AFFRIQUE.			
CANTON DE SAINT-AFFRIQUE.			
ROQUEFORT	Saint-Affrique	1,315	
SAINT-AFFRIQUE 🐎	✉	6,336	11,171
SAINT-ROME-DE-SERNON	Saint-Affrique	1,853	
VABRES	Idem	1,667	
CANTON DE BELMONT.			
BELMONT	Camarès	2,151	
MONTLAUR	Idem	1,324	
MURASSON	Idem	2,631	6,106
PROHENCOUX	Idem	000	
REBOURGUIL	Idem	000	
SAINT-SEVER	Idem	000	
CANTON DE CAMARÈS.			
BRUSQUE	Camarès	1,151	
CAMARÈS	✉	2,679	
FAYET	Camarès	1,123	
GISSAC	Idem	809	
MÉLAGUES	Idem	1,565	10,118
MONTAGNOL	Idem	900	
SILVANÈS	Idem	1,891	
SAINT-FÉLIX-DE-SORGUES	Saint-Affrique	000	
VERSOLS	Idem	000	
CANTON DE CORNUS.			
CORNUS	Saint-Affrique	1,813	
MONTPAON	Idem	2,102	7,157
SAINTE-EULALIE	Idem	1,800	
SAINT-JEAN-ET-SAINT-PAUL	Idem	1,442	
CANTON DE SAINT-ROME-DE-TARN.			
BROQUIÈS	Saint-Affrique	3,676	
SAINT-ROME-DE-TARN	Idem	3,154	8,952
TRUEL (le)	Idem	2,122	
CANTON DE SAINT-SERNIN.			
COMBRET	Saint-Sernin	000	
COUPIAC	Idem	2,763	
JAVAL-ROQUECÉZIÈRE	Idem	2,831	
MARTRIN	Idem	1,309	
MONTCLAR	Idem	000	
PLAISANCE	Idem	1,663	14,305
POUSTHOMY	Idem	1,330	
SAINT-IZAIRE	Saint-Affrique	1,905	
SAINT-JUÉRY	Idem	000	
SAINT-SERNIN 🐎	✉	2,574	
TOTAL de la population de l'Arrondissement			57,809

NOMS DES COMMUNES.	BUREAUX DE POSTE qui les desservent.	POPULATION.	TOTAL de la POPULATION par canton	NOMS DES COMMUNES.	BUREAUX DE POSTE qui les desservent.	POPULATION.	TOTAL de la POPULATION par canton
ARROND^t DE VILLEFRANCHE-DE-ROUERGUE.				**Suite de l'ARRONDISSEMENT DE VILLEFRANCHE-DE-ROUERGUE.**			
CANTON D'ASPRIÈRES.					Report..		33,722
Asprières..............	Villefranche-de-Rouergue........	1,443		*CANTON DE NAJAC.*			
Bouillac..............	Aubin...........	873		Bors.................	Villefranche-de-Rouergue..........	000	
Foissac..............	Villefranche-de-Rouergue........	1,899		Fouillade (la)...........	Idem.............	1,593	
Loupiac..............	Idem...........	1,296	9,924	Lunac...............	Idem.............	952	
Naussac..............	Idem...........	852		Montels..............	Idem.............	826	10,601
Salles-Courbatiez.........	Idem...........	1,141		Najac...............	Idem.............	2,417	
Salvagnac..............	Idem...........	000		Sauveussa.............	Idem.............	2,157	
Sonnac..............	Idem...........	916		Saint-André...........	Idem.............	2,000	
Saint-Julien-d'Empare.......	Idem...........	1,504		Villevayre............	Idem.............	656	
CANTON D'AUBIN.				*CANTON DE RIEUPEYROUX.*			
				Bastide-l'Évêque...........	Villefranche-de-Rouergue..........	2,899	
Aubin...............	⊠...........	3,392		Prévinquières............	Rignac...........	822	8,540
Cransac..............	Aubin...........	590		Rieupeyroux...........	Villefranche-de-Rouergue..........	2,663	
Decazeville...........	Idem...........	000		Vabre...............	Idem.............	2,156	
Firmi...............	Idem...........	1,524		*CANTON DE VILLEFRANCHE-DE-ROUERGUE.*			
Flakhac..............	Idem...........	1,938	12,275	Martiel...............	Villefranche-de-Rouergue..........	1,613	
Livinhac-le-Haut.........	Idem...........	1,937		Morlhon..............	Idem.............	000	
Saint-Parthem.........	Idem...........	1,052		Roquette (la)...........	Idem.............	1,400	15,581
Saint-Santin...........	Maurs...........	1,088		Tocloujac.............	Idem.............	1,292	
Viviez...............	Aubin...........	754		Vailhourles............	Idem.............	1,736	
CANTON DE MONTBAZENS.				Villefranche-de-Rouergue 🐎	⊠	9,540	
				CANTON DE VILLENEUVE.			
Compolibat............	Rignac...........	740		Capelle-Balaguier (la).....	Villefranche-de-Rouergue..........	651	
Drulhe..............	Villefranche-de-Rouergue........	000		Montsalès.............	Idem.............	1,406	
Galgan..............	Idem...........	2,222		Ols.................	Idem.............	345	
Maleville............	Idem...........	2,341	11,523	Salvagnac-Cajarc........	Cajarc.............	1,432	9,646
Montbazens...........	Rignac...........	2,717		Sainte-Croix...........	Villefranche-de-Rouergue..........	1,363	
Peyrusse.............	Villefranche-de-Rouergue........	1,007		Saint-Igest...........		550	
Privezac.............	Rignac...........	1,528		Saint-Remi............	Idem.............	397	
Vaubeilles...........	Idem...........	968		Villeneuve............	Idem.............	3,372	
				(🐎 à la Remise.)			
	A reporter.....................		33,722	Total de la population de l'Arrondissement.......			77,990

RÉCAPITULATION.

	NOMBRE de		POPULATION.
	CANTONS.	COMMUNES.	
Arrondissement DE RODEZ....................	11	72	92,386
———————— D'ESPALION....................	9	38	65,086
———————— DE MILLAU....................	9	44	63,603
———————— DE SAINT-AFFRIQUE.............	6	36	57,809
———————— DE VILLEFRANCHE-DE-ROUERGUE..	7	52	77,990
TOTAUX.................	42	242	356,874

NOMS DES COMMUNES.	BUREAUX DE POSTE qui les desservent.	POPULA-TION.	TOTAL de la POPULA-TION par canton	NOMS DES COMMUNES.	BUREAUX DE POSTE qui les desservent.	POPULA-TION.	TOTAL de la POPULA-TION par canton
ARRONDISSEMENT DE MARSEILLE.				Suite de l'ARRONDISSEMENT D'AIX.			
						Report..	35,056
CANTON D'AUBAGNE.				CANTON DE GARDANNE.			
AUBAGNE	✉	6,349		BOUC	Aix	1,404	
CUGES	✉ (Distribution.)	1,855	10,751	(au Pin.)			
GEMENOS	Aubagne	1,832		CABRIÈS	Idem	1,058	
PENNE (la)	Idem	715		GARDANNE	Idem	3,234	9,764
				MIMET	Idem	641	
CANTON DE LA CIOTAT.				PENNES (les)	Marignane	1,580	
				SEPTÈMES	Aix	852	
CASSIS	✉ (Distribution.)	2,050		SIMIANE	Idem	995	
CEYRESTE	La Ciotat	700	8,572				
CIOTAT (la)	✉	5,427		CANTON D'ISTRES.			
ROQUEFORT	La Ciotat	395					
				FOS	Martigues	916	
CANTON DE MARSEILLE.				ISTRES	Salon	3,023	7,716
				SAINT-CHAMAS	Idem	2,632	
ALLAUCH	Marseille	3,711		SAINT-MITRE	Martigues	1,145	
(nord) intra muros	✉	38,721					
(midi) intra muros	Marseille	37,863		CANTON DE LAMBESC.			
(centre) intra muros	Idem	39,573	148,826				
(nord) extra muros	Idem	12,616		CHARLEVAL	Lambesc	909	
(midi) extra muros	Idem	9,225		LAMBESC	✉	3,898	
(centre) extra muros	Idem	7,117		ROGNES	Lambesc	1,641	9,715
				ROQUE-D'ANTHERON (la)	Idem	1,506	
CANTON DE ROQUEVAIRE.				SAINT-CANNAT	Idem	1,655	
				SAINT-ESTÈVE-JANSON	Idem	106	
AURIOL	Roquevaire	5,320					
BELCODÈNE	Idem	174		CANTON DE MARTIGUES.			
GRÉASQUE	Idem	310	10,717				
PEIPIN	Idem	960		CARRI-LE-ROUET	Martigues	356	
ROQUEVAIRE	✉	3,218		CHATEAUNEUF-LES-MARTIGUES	Idem	714	
SAINT-SAVOURNIN	Roquevaire	735		GIGNAC	Marignane	1,109	
				MARIGNANE	✉ (Distribution.)	1,633	11,855
TOTAL de la population de l'Arrondissement			178,866	MARTIGUES	✉	7,379	
				ROVE (le)	Marignane	400	
				SAINT-VICTORET	Idem	264	
ARRONDISSEMENT D'AIX.							
				CANTON DE PEYROLLES.			
CANTON D'AIX (nord).							
				JOUQUES	Peyrolles	1,832	
AIX (nord)	✉	12,225		MEYRARGUES	Idem	1,009	
SAINT-MARC	Aix	268		PEYROLLES	✉ (Distribution.)	1,171	5,986
THOLONET	Idem	501	14,334	PUY-SAINTE-RÉPARADE (le)	Peyrolles	1,462	
VAUVENARGUES	Idem	512		SAINT-PAUL-LEZ-DURANCE	Idem	512	
VENELLES	Idem	828					
				CANTON DE SALON.			
CANTON D'AIX (sud).							
				AURONS	Lambesc	215	
AIX (sud)	✉	10,350		BARBEN (la)	Idem	330	
ÉGUILLES	Aix	2,280	13,544	CORNILLON	Salon	614	
MEYREUIL	Idem	914		GRANS	Idem	1,634	
				LANÇON	Idem	2,060	13,887
CANTON DE BERRE.				MIRAMAS	Idem	547	
				PÉLISSANNE	Lambesc	2,500	
BERRE	Aix	1,871		SALON	✉	5,987	
FARE (la)	Idem	909					
ROGNAC	Idem	555	7,178	CANTON DE TRETS.			
VELAUX	Idem	1,242					
VENTABREN	Idem	1,357		BEAURECUEIL	Aix	221	
VITROLLES	Marignane	1,244		CHATEAUNEUF-LE-ROUGE	Idem	401	
				FUVEAU	Idem	2,004	
				PEYNIER	Idem	1,027	
				PEYPLOUBIER	Idem	1,036	8,695
				ROUSSET	Idem	874	
				SAINT-ANTONIN	Idem	118	
				TRETS	Idem	3,014	
				(à Fugère-la-grande.)			
A reporter			35,056	TOTAL de la population de l'Arrondissement			102,674

NOMS DES COMMUNES.	BUREAUX DE POSTE qui les desservent.	POPULA-TION.	TOTAL de la POPULA-TION par canton	NOMS DES COMMUNES.	BUREAUX DE POSTE qui les desservent.	POPULA-TION.	TOTAL de la POPULA-TION par canton
ARRONDISSEMENT D'ARLES-SUR-RHONE				Suite de l'ARRONDISSEMENT D'ARLES-SUR-RHONE.			
						Report..	44,932
Canton d'ARLES-SUR-RHONE (est).				*Canton d'ORGON.*			
Arles-sur-Rhone (est)	✉	11,101		Cabannes	Orgon	1,523	
(à Saint-Martin-de-Crau.)			13,157	Eygalières	Saint-Remy	1,414	
Fontvieille	Arles-sur-Rhône	2,056		Mollèges	Idem	643	
				Orgon	✉	2,584	8,845
Canton d'ARLES-SUR-RHONE (ouest).				Sénas	Orgon	1,491	
				Saint-Andiol	Idem	1,080	
Arles-sur-Rhone (ouest)	✉	9,135	9,135	Verquières	Idem	110	
Canton de CHATEAU-RENARD.				*Canton de SAINTES-MARIES.*			
Barbentanne	Tarascon-sur-Rhône	2,800		Saintes-Maries	Arles-sur-Rhône	543	543
Chateau-Renard	Saint-Remy	4,152					
Etragues	Idem	2,227	14,573	*Canton de SAINT-REMY.*			
Graveson	Tarascon-sur-Rhône	1,528		Baux (les)	Saint-Remy	510	
Noves	Saint-Remy	2,950		Maillane	Idem	1,505	
Rognonas	Tarascon-sur-Rhône	916		Maussanne	Idem	1,402	11,287
				Mouriès	Idem	1,789	
Canton d'EYGUIÈRES.				Paradou	Idem	617	
				Saint-Remy	✉	5,464	
Alleins	Lambesc	1,348					
Aureille	Saint-Remy	699		*Canton de TARASCON-SUR-RHONE.*			
Eyguières	Orgon	2,987		Boulbon	Tarascon-sur-Rhône	1,041	
Lamanon	Idem	392	8,067	Masblanc	Saint-Remy	118	
Mallemort	Lambesc	2,126		Mezoargues	Idem	200	12,326
(au Pont-royal.)				Tarascon-sur-Rhône	✉	10,967	
Verrègues	Idem	515					
A reporter			44,932	Total de la population de l'Arrondissement			77,933

RÉCAPITULATION.

	NOMBRE de		POPULATION.
	CANTONS.	COMMUNES.	
Arrondissement de MARSEILLE	4	16	178,866
———————— d'AIX	10	58	102,674
———————— d'ARLES-SUR-RHONE	9	32	77,933
Totaux	23	106	359,473

NOMS DES COMMUNES.	BUREAUX DE POSTE qui les desservent.	POPULA-TION.	TOTAL de la POPULA-TION par canton
ARRONDISSEMENT DE CAEN,			
CANTON DE BOURGUÉBUS.			
AIRAN	May-sur-Orne	631	
BELLENGREVILLE	Idem	497	
BILLY	Vimont	308	
BOURGUÉBUS	Vimont	280	
CESNY-AUX-VIGNES	Croissanville	204	
CHICHEBOUVILLE	Vimont	456	
CINQ-AUTELS	Idem	80	
CLINCHAMPS-SUR-ORNE	May-sur-Orne	912	
CONTEVILLE	Vimont	128	
FONTENAY-LE-MARMION	May-sur-Orne	691	
FRÉNOUVILLE	Vimont	418	
GARCELLE-SECQUEVILLE	May-sur-Orne	377	8,962
GRENTEVILLE	Vimont	124	
HUBERT-FOLIE	May-sur-Orne	101	
LAIZE-LA-VILLE	Idem	212	
MAY-SUR-ORNE	⊠ (Distribution.)	536	
MOULT	Vimont	623	
OUEZY-SUR-LAISON	Croissanville	324	
POUSSY	Vimont	138	
ROCQUANCOURT	May-sur-Orne	202	
SOLIERS	Idem	353	
SAINT-AIGNAN-DE-CRAMESNIL	Idem	353	
SAINT-ANDRÉ-DE-FONTENAY	Idem	440	
SAINT-MARTIN-DE-FONTENAY	Idem	451	
TILLY-LA-CAMPAGNE	Idem	123	
CANTON DE CAEN (est).			
ALLEMAGNE	Caen	890	
CAEN (est)	⊠	20,620	
CORMELLES	Caen	229	
ÉPRON	Idem	199	25,026
HÉROUVILLE	Idem	591	
IFS	Idem	719	
MONDEVILLE	Idem	881	
SAINT-CONTEST	Idem	897	
CANTON DE CAEN (ouest).			
BRETTEVILLE-SUR-ODON	Caen	756	
CAEN (ouest)	⊠	18,520	
LOUVIGNY	Caen	608	20,594
VENOIX	Idem	424	
SAINT-GERMAIN-LA-BLANCHE-HERBE	Idem	286	
CANTON DE CREULLY.			
AMBLIE	Creully	625	
ANISY	La Délivrande	500	
AUGERNY	Idem	568	
BASLY	Idem	444	
BÉNY-SUR-MER	Idem	633	
BRÉCY	Creully	87	
CAIRON	Bretteville-l'Orgueil-leuse	737	
CAMBES	Caen	273	
COLOMBY-SUR-THAN	La Délivrande	263	
COULOMBS	Creully	374	
COURSEULLES-SUR-MER	La Délivrande	445	
CREULLY	⊠ (Distribution.)	1,023	
CULLY	Creully	1,487	
FONTAINE-HENRY	Idem	518	
FRESNE-CAMILLY (le)	Idem	733	
LANTHEUIL	Idem	566	
	A reporter	9,276	
	A reporter		54,582

NOMS DES COMMUNES.	BUREAUX DE POSTE qui les desservent.	POPULA-TION.	TOTAL de la POPULA-TION par canton
Suite de l'**ARRONDISSEMENT DE CAEN.**			
	Report		54,582
Suite du **CANTON DE CREULLY.**			
	Report	9,276	
LASSON	Bretteville-l'Orgueil-leuse	479	
MARTRAGNY	Saint-Léger	471	
REVIERS	La Délivrande	746	
ROSEL	Bretteville-l'Orgueil-leuse	432	13,940
RUCQUEVILLE	Creully	97	
SECQUEVILLE-EN-BESSIN	Bretteville-l'Orgueil-leuse	347	
SAINT-GABRIEL	Idem	942	
THAON	Creully	379	
VAUX-SUR-SEULLES	Saint-Léger	315	
VILLONS-LES-BUISSONS	Caen	256	
CANTON DE DOUVRES.			
BENOUVILLE	Caen	351	
BERNIÈRES-SUR-MER	La Délivrande	1,482	
BEUVILLE	Caen	435	
BIÉVILLE	Idem	422	
BLAINVILLE	Idem	351	
COLLEVILLE-SUR-ORNE	La Délivrande	709	
CRESSERONS	Idem	641	
DOUVRES	Idem	1,652	
HERMANVILLE	Idem	847	15,354
LANGRUNE-SUR-MER	Idem	2,275	
LION-SUR-MER	Idem	1,063	
LUC-SUR-MER (⊠ à la Délivrande.)	Idem	1,969	
MATHIEU	Idem	827	
OUISTREHAM	Idem	1,162	
PÉRIERS	Caen	265	
PLUMETOT	La Délivrande	424	
SAINT-AUBIN-D'ARQUENAY	Idem	365	
TAILLEVILLE	Idem	114	
CANTON D'ÉVRECY.			
AMAYÉ-SUR-ORNE	Évrecy	405	
AVENAY	Idem	435	
BARON	Idem	468	
BOUGY	Idem	158	
BULLY	Idem	179	
CAINE (la)	Idem	120	
CURCY	Harcourt-Thury	769	
ESQUAY-NOTRE-DAME	Évrecy	343	
ÉTREVILLE	Caen	245	
ÉVRECY	⊠ (Distribution.)	839	
FEUGROLLES-SUR-ORNE	Évrecy	375	
FONTAINE-ÉTOUPEFOUR	Caen	662	
GAVRUS	Évrecy	175	
GOUPILLIÈRES	Idem	201	
HAMARS	Harcourt-Thury	841	12,928
MAIZET	Évrecy	295	
MALTOT	Caen	347	
MONTIGNY	Évrecy	204	
NEUILLY-LE-MALHERBE	Idem	261	
OUFFIÈRES	Harcourt-Thury	374	
PRÉAUX	Évrecy	280	
SAINTE-HONORINE-DU-FAY	Idem	728	
SAINT-MARTIN-DE-SALLEN	Harcourt-Thury	1,226	
TOURVILLE	Évrecy	314	
TROIS-MONTS	Idem	576	
VACOGNES	Idem	253	
VERSON	Caen	1,280	
VIEUX	Évrecy	575	
	A reporter		96,804

NOMS DES COMMUNES.	BUREAUX DE POSTE qui les desservent.	POPULA- TION.	TOTAL de la POPULA- TION par canton	NOMS DES COMMUNES.	BUREAUX DE POSTE qui les desservent.	POPULA- TION.	TOTAL de la POPULA- TION par canton

Suite de l'ARRONDISSEMENT DE CAEN.

Report .. 96,804

Suite de l'ARRONDISSEMENT DE CAEN.

Report .. 123,895

CANTON DE TILLY-SUR-SEULLES.

Commune	Bureau	Pop.
Audrieu	Tilly-sur-Seulles	794
Authie	Caen	475
Bretteville-l'Orgueilleuse.	⊠ (Distribution.)	944
Brocay	Bretteville-l'Orgueilleuse	407
Carcagny (⊠ Distribution à Saint-Léger.)	Saint-Léger	557
Carpiquet	Caen	863
Cheux	Tilly-sur-Seulles	1,009
Cristot	Idem	464
Ducy-Sainte-Marguerite	Saint-Léger	276
Fontenay-le-Pesnel	Tilly-sur-Seulles	833
Grainville-sur-Odon	Évrecy	454
Juvigny	Tilly-sur-Seulles	127
Loucelles	Saint-Léger	237
Mesnil-Patry (le)	Caen	296
Mondrainville	Évrecy	235
Mouen	Idem	496
Norrey	Bretteville-l'Orgueilleuse	345
Putot	Idem	1,454
Rots	Idem	389
Sainte-Croix-Grand-Tonne	Idem	540
Saint-Mauvieu	Idem	869
Saint-Vaast	Tilly-sur-Seulles	254
Tessel-Bretteville	Idem	318
Tilly-sur-Seulles	⊠	1,030
Vendes	Tilly-sur-Seulles	342

14,008

CANTON DE TROARN.

Commune	Bureau	Pop.
Amfréville	Bavent	564
Argences	Vimont	1,574
Banneville-la-Campagne	Troarn	167
Bavent	⊠ (Distribution.)	968
Bréville	Bavent	319
Bures	Troarn	312
Cabourg	Dives	276
Cagny	Vimont	484
Canteloup	Croissanville	152
Cléville	Idem	583
Collombelles	Caen	297
Cuverville	Troarn	150
Démouville	Idem	463
Émiéville	Idem	196
Escoville	Bavent	332
Grebeville	Troarn	301
Gonneville-sur-Merville	Bavent	507
Hérouvillette	Idem	497
Janville	Troarn	319
Merville	Bavent	310
Perville	Idem	212
Ranville	Idem	682
Robehomme	Idem	314
Sallenelles	Idem	357
Sannerville	Troarn	525
Saint-Ouen-du-Mesnil-Oger	Bavent	280
Saint-Pair	Troarn	142
Saint-Pierre-du-Jonquet	Bavent	195
Touffréville	Troarn	247
Troarn	Troarn	892
Varaville	⊠	254
Vimont	⊠ (Distribution.)	212

13,083

À reporter 123,895

CANTON DE VILLERS-BOCAGE.

Commune	Bureau	Pop.
Amayé-sur-Seulles	Villers-Bocage	447
Banneville-sur-Ajon	Idem	441
Bonnemaison	Aulnay-sur-Odon	639
Campandré-Valcongrain	Idem	326
Courvaudon	Villers-Bocage	622
Épinay-sur-Odon	Idem	972
Landes	Idem	449
Locheur (le)	Idem	373
Longvillers	Idem	533
Maisoncelles-Pelvey	Idem	431
Maisoncelles-sur-Ajon	Évrecy	250
Mesnil-au-Grain	Villers-Bocage	221
Missy	Idem	562
Monts-en-Bessin	Idem	628
Noyers	Idem	945
Parfouru-sur-Odon	Idem	162
Saint-Agnan-le-Malherbe	Idem	234
Saint-Louet-sur-Seulles	Idem	271
Tournay	Idem	635
Tracy-Bocage	Idem	509
Villers-Bocage	⊠	1,178
Villy-Bocage	Villers-Bocage	779

11,607

Total de la population de l'Arrondissement 135,502

ARRONDISSEMENT DE BAYEUX.

CANTON DE BALLEROY.

Commune	Bureau	Pop.
Balleroy	⊠	1,267
Baynes	Littry	251
Bazoque (la)	Balleroy	495
Bernières	Tilly-sur-Seulles	216
Buckels	Idem	398
Cahagnoles	Balleroy	477
Campigny	Idem	303
Castillon	Idem	775
Chouain	Tilly-sur-Seulles	312
Condé-sur-Seulles	Bayeux	278
Couvert	Tilly-sur-Seulles	364
Ellon	Bayeux	435
Haye-Piquenot (la)	Littry	160
Juaye	Bayeux	683
Lingèvres	Tilly-sur-Seulles	874
Litteau	Balleroy	589
Littry	⊠ (Distribution.)	2,128
Mollay (le)	Littry	673
Monfiquet	Balleroy	527
Noron	Idem	365
Planquery	Idem	510
Saint-Laurent-du-Rieu	Littry	51
Saint-Martin-de-Blagny	Idem	288
Saint-Paul-du-Vernay	Balleroy	1,130
Tournières	Littry	279
Tronquay (le)	Balleroy	1,197
Trungy	Idem	412
Vaubadon	Idem	643

16,080

CANTON DE BAYEUX.

Commune	Bureau	Pop.
Agy	Bayeux	341
Arganchy	Idem	325
Barbeville	Idem	217

À reporter .. 883

À reporter 16,080

H.

7

NOMS DES COMMUNES.	BUREAUX DE POSTE qui les desservent.	POPULA-TION.	TOTAL de la POPULA-TION par canton	NOMS DES COMMUNES.	BUREAUX DE POSTE qui les desservent.	POPULA-TION.	TOTAL de la POPULA-TION par canton
Suite de l'ARRONDISSEMENT DE BAYEUX.				**Suite de l'ARRONDISSEMENT DE BAYEUX,**			
		Report..	16,080			Report..	57,329
Suite du Canton de BAYEUX.				**Canton de RYES.**			
		Report..	883	Arromanches	Bayeux	520	
Bayeux (ville)		10,303		Asnelles-sur-Mer	Creully	423	
Cottun	Bayeux	190		Banville	Idem	624	
Cussy	Idem	177		Bazenville	Idem	371	
Guéron	Idem	322		Colombiers-sur-Seulles	Idem	432	
Monceaux	Idem	268		Commes	Bayeux	448	
Nonant	Idem	661		Crépon	Creully	470	
Ranchy	Idem	310	15,381	Esquay	Bayeux	332	
Sobles	Idem	334		Fontenailles	Idem	172	
Sully	Idem	173		Graye	Creully	496	
Saint-Loup-Hors	Idem	318		Longues	Bayeux	400	
Saint-Martin-des-Entrées	Idem	392		Magny	Idem	163	
Saint-Sulpice	Idem	140		Manoir (le)	Idem	249	11,003
Saint-Vigor-le-Grand	Idem	668		Manvieux	Idem	188	
Vaucelles	Idem	242		Marigny	Idem	357	
				Meuvaines	Creully	361	
Canton de CAUMONT.				Port-en-Bessin	Bayeux	630	
				Ryes	Idem	531	
Anctoville	Villers-Bocage	1,173		Sommervieu	Idem	427	
Caumont	(Distribution.)	841		Saint-Come-de-Frêné	Idem	250	
Cormolain	Balleroy	1,002		Sainte-Croix-sur-Mer	Creully	264	
Feuguerolles-sur-Seulles	Villers-Bocage	247		Tierceville	Idem	164	
Foulognes	Balleroy	368		Tracy-sur-Mer	Bayeux	430	
Hottot	Tilly-sur-Seulles	633		Vaux-sur-Aure	Idem	392	
Lande-sur-Drôme (la)	Caumont	125		Ver	Creully	1,330	
Livry-le-Vieux	Idem	1,317		Vienne	Bayeux	329	
Longraye	Tilly-sur-Seulles	310		Villiers-le-Sec	Creully	250	
Orbois	Idem	275	11,177	**Canton de TRÉVIÈRES.**			
Parfouru-l'Eclin	Caumont	372					
Quesnay-Guesnon	Balleroy	172		Aignerville	Bayeux	421	
Sallen	Caumont	921		Bernesq	Littry	553	
Sept-Vents	Idem	293		Blay	Idem	520	
Sermentot	Tilly-sur-Seulles	887		Breuil (le)	Idem	397	
Saint-Germain-d'Ectot	Caumont	442		Briqueville	Isigny	420	
Sainte-Honorine-de-Ducy	Balleroy	331		Colleville	Bayeux	352	
Torteval	Caumont	663		Coulombières	Isigny	568	
Vaquerie (la)	Idem	805		Crouay	Bayeux	596	
				Ecrammeville	Idem	455	
Canton d'ISIGNY.				Engranville	Idem	258	
				Etreham	Idem	260	
Asnières	Bayeux	244		Formigny	Idem	500	
Cambe (la)	Isigny	785		Huppain	Idem	229	
Canchy	Idem	515		Louvières	Idem	240	12,082
Cardonville	Idem	160		Maisons	Idem	443	
Cartigny-Lépinay	Idem	447		Mandeville	Idem	475	
Cartigny-Tesson	Idem	720		Mosles	Idem	519	
Castilly	Idem	615		Russy	Idem	318	
Criqueville	Idem	481		Rubercy	Littry	283	
Deux-Jumeaux	Idem	227		Saon	Idem	377	
Englesqueville	Idem	460		Saonnet	Idem	373	
Folie (la)	Idem	307		Surrain	Bayeux	382	
Fontenay	Idem	177		Sainte-Honorine-des-Pertes	Idem	553	
Géfosses	Idem	214		Saint-Laurent-sur-Mer	Idem	306	
Grand-Camp	Idem	1,258	14,691	Tessy	Idem	169	
Isigny		2,192		Tour	Idem	745	
Lison	Isigny	628		Trévières	Idem	1,019	
Longueville	Idem	622		Vierville	Idem	351	
Maisy	Idem	524					
Mestry	Idem	224		Total de la population de l'Arrondissement			80,414
Monfréville	Idem	317					
Neuilly	Idem	992		**ARRONDISSEMENT DE FALAISE.**			
Osmanville	Idem	497					
Ourbeaux (les)	Idem	571		**Canton de BRETTEVILLE-SUR-LAIZE.**			
Saint-Clément	Idem	187					
Saint-Germain-du-Pert	Idem	324		Barbery	Langannerie	647	
Saint-Marcouf	Idem	278		Boulon	May-sur-Orne	593	
Saint-Pierre-du-Mont	Idem	245		Bray-la-Campagne	Vimont	135	
Vouilly	Idem	480					
A reporter			57,329	A reporter			1,375

NOMS DES COMMUNES.	BUREAUX DE POSTE qui les desservent.	POPULATION.	TOTAL de la POPULATION par canton	NOMS DES COMMUNES.	BUREAUX DE POSTE qui les desservent.	POPULATION.	TOTAL de la POPULATION par canton
Suite de l'ARRONDISSEMENT DE FALAISE.				**Suite de l'ARRONDISSEMENT DE FALAISE.**			
					Report..		23,574
Suite du Canton de BRETTEVILLE-SUR-LAIZE.				**Suite du Canton de FALAISE (1re section).**			
	Report..	1,375			Report..	793	
BRETTEVILLE-LE-RABET	Langannerie	220		FALAISE (1re section)	✉ ⚬	6,081	
BRETTEVILLE-SUR-LAIZE	Idem	876		FRESNÉ-LA-MÈRE	Falaise	732	
BUT-SUR-ROUVRES (le)	Idem	133		HOGUETTE (la)	Idem	641	9,700
CAUVICOURT	Idem	416		NERS	Idem	135	
CINTHEAUX	Idem	193		PERTHEVILLE	Idem	320	
CONDÉ-SUR-LAISON	Saint-Pierre-sur-Dives	423		VERSAINVILLE	Idem	501	
ESTRÉES-LA-CAMPAGNE	Langannerie	418		VILLY	Idem	497	
FIERVILLE-LA-CAMPAGNE	Vimont	229		**CANTON DE FALAISE (2e section).**			
FONTAINE-LE-PIN	Langannerie	415		AUBIGNY	Falaise	367	
FRESNEY-LE-PUCEUX	May-sur-Orne	1,027		BONNŒUIL	Pont-d'Ouilly	305	
FRESNEY-LE-VIEUX	Langannerie	303		BONS	Falaise	254	
GOUVIX	Idem	495		CORDEY	Idem	203	
GRAINVILLE-LA-CAMPAGNE	Idem	174		DÉTROIT (le)	Pont-d'Ouilly	282	
GRIMBOSCQ	Harcourt-Thury	410		FALAISE (2e section)	✉	3,500	
IFS-SUR-LAISON	Saint-Pierre-sur-Dives	153	13,969	FOURNEAUX	Falaise	277	
MAGNY-LA-CAMPAGNE	Croissanville	561		ISLES-BARDEL (les)	Pont-d'Ouilly	345	
MAIZIÈRES	Langannerie	623		LEFFART	Falaise	264	
MESNIL-TOUFFREY (le)	Idem	117		LOGES-SAULCES (les)	Idem	399	
MOULINES	Idem	334		MARTIGNY	Idem	391	
MOUTIERS-EN-CINGLAIS (les)	Harcourt-Thury	439		MESNIL-VILLEMENT	Pont-d'Ouilly	545	
MUTRECY	May-sur-Orne	404		NORON	Falaise	398	
OUILLY-LE-TESSON	Langannerie	761		OUILLY-LE-BASSET	Pont-d'Ouilly	809	
QUILLY	Idem	171		(✉ *Distribution.* ⚬ à Pont-d'Ouilly.)			14,109
ROUVRES	Idem	333		PIERREPITTE	Idem	637	
SOIGNOLLES	Idem	131		PIERREPONT	Idem	218	
SAINT-GERMAIN-LE-VASSON	Idem	441		POTIGNY	Falaise	380	
SAINT-LAURENT-DE-CONDEL	Idem	518		RAPILLY	Pont-d'Ouilly	203	
SAINT-SILVAIN	May-sur-Orne	877		SOULANGY	Falaise	301	
URVILLE	Langannerie	680		SOUMONT	Langannerie	351	
(✉ ⚬ à Langannerie.)				SAINT-GERMAIN-LANGOT	Falaise	591	
VIEUX-FUMÉ	Croissanville	319		SAINT-MARTIN-DU-BOT	Idem	429	
CANTON DE COULIBŒUF.				SAINT-PIERRE-CANIVET	Idem	300	
AILLY	Falaise	154		SAINT-PIERRE-DU-BUT	Idem	434	
BAROU	Idem	212		SAINT-VIGOR-DE-MIEUX	Idem	165	
BEAUMAIS	Idem	682		TRÉPEREL	Pont-d'Ouilly	287	
BERNIÈRES-SUR-DIVES	Idem	223		USSY	Falaise	753	
COULIBŒUF	Idem	142		VILLERS-CANIVET	Idem	721	
CORDCY	Idem	369		**CANTON DE HARCOURT-THURY.**			
CROCY	Idem	782		ACQUEVILLE	Harcourt-Thury	466	
ÉPANNEY	Idem	685		ANGOVILLE	Idem	154	
ERNES	Saint-Pierre-sur-Dives	560		BO (le)	Pont-d'Ouilly	394	
ESCORES	Idem	157		CAUMONT	Harcourt-Thury	132	
FAVIÈRES	Idem	155		CAUVILLE	Idem	483	
FOURCHES	Falaise	427		CESNY-EN-CINGLAIS	Idem	641	
GRISY	Idem	147		CLÉCY	Idem	2,130	
JORT	Idem	430	9,605	COMBRAY	Idem	402	
LOUVAGNY	Idem	131		COSSESSEVILLE	Pont-d'Ouilly	328	
MARAIS (le)	Idem	305		CROISILLES	Harcourt-Thury	700	
MOUTIERS-EN-AUGE (les)	Idem	386		CULEY-LE-PATRY	Idem	655	
MORIÈRES	Idem	133		DONNAY	Idem	332	
MORTEAUX	Idem	536		ESPINS	Idem	293	
NORREY	Idem	319		ESSON	Idem	489	14,966
OLENDON	Idem	259		HARCOURT-THURY	✉	1,005	
PERRIÈRES	Idem	403		MARTAINVILLE	Harcourt-Thury	204	
SASSY	Idem	508		MESLAY	Idem	385	
TASSILLY	Idem	293		PLACY	Idem	244	
VENDEUVRES	Idem	293		POMMERAYE (la)	Pont-d'Ouilly	153	
VICQUES	Idem	342		SAINT-BENIN	Harcourt-Thury	188	
VIGNATS	Idem	681		SAINT-DENIS-DE-MÉRÉ	Condé-sur-Noireau	960	
CANTON DE FALAISE (1re section).				SAINT-LAMBERT	Harcourt-Thury	807	
DAMBLAINVILLE	Falaise	464		SAINT-MARC-D'OUILLY	Pont-d'Ouilly	883	
ERAINES	Idem	329		SAINT-OMER	Harcourt-Thury	510	
				SAINT-REMY	Idem	671	
	A reporter..	793		TOURNEBU	Idem	514	
				VEY (le)	Idem	236	
	A reporter..............		23,574	VILLETTE (la)	Idem	607	
				TOTAL de la population de l'Arrondissement.......			62,349

II.

7.

NOMS DES COMMUNES.	BUREAUX DE POSTE qui les desservent.	POPULA-TION.	TOTAL de la POPULA-TION par canton	NOMS DES COMMUNES.	BUREAUX DE POSTE qui les desservent.	POPULA-TION.	TOTAL de la POPULA-TION par canton
ARRONDISSEMENT DE LISIEUX.				**Suite de l'ARRONDISSEMENT DE LISIEUX.**			
				Report..			37,437
CANTON DE LISIEUX (1re section).				**Suite du CANTON DE MEZIDON.**			
BEUVILLERS	Lisieux	262		*Report..*		605	
COURTONNE-LA-MEURDAC	Idem	902		BREUIL (le)	Croissanville	236	
FAUGUERNON	Idem	367		CAXON	Idem	191	
FIRFOL	Idem	243		CASTILLON	Livarot	355	
FUMICHON	Idem	433		COUPESARTE	Idem	114	
GLOS	Idem	779		CRÈVECOEUR	Cambremer	324	
HERMIVAL-LES-VAUX	Idem	724		CROISSANVILLE	⊠	243	
HOTELLERIE (l') ⚏	Thiberville	281		DOUX-MARAIS	Saint-Pierre-sur-Dives	71	
LISIEUX (1re section) ⚏	⊠	4,914	14,135	ECAJEUL	Croissanville	354	
MAROLLES	Lisieux	903		GRANDCHAMP	Cambremer	185	
MESNIL-GUILLAUME (le)	Idem	436		LÉCAUDE	Idem	377	
MOYAUX	Idem	1,369		MAGNY-LE-FREULE	Croissanville	471	
OUILLYE-LA-RIBAUDE	Idem	538		MÉRY-CORBON	Idem	879	8,202
OUILLYE-LE-VICOMTE	Idem	405		MESNIL-MANGER (le)	Cambremer	433	
PIN (le)	Idem	923		MEZIDON	Croissanville	490	
ROQUES	Idem	350		MOUTEILLE	Cambremer	170	
SAINT-HYPPOLITE-DE-CANTELOUP	Idem	306		NOTRE-DAME-DE-LIVAYE	Idem	174	
				PERCY-EN-AUGÉ	Saint-Pierre-sur-Dives	277	
CANTON DE LISIEUX (2e section).				QUERVILLE	Cambremer	88	
BOISSIÈRE (la)	Lisieux	84		QUETTIÉVILLE	Croissanville	352	
HOUBLONNIÈRE (la)	Idem	315		SAINT-AUBIN-SUR-ALGOT	Cambremer	503	
LESSARD	Livarot	322		SAINT-CRESPIN	Idem	146	
LISIEUX (2e section)	⊠	5,343		SAINT-JULIEN-LE-FAUCON	Livarot	335	
MESNIL-EUDES (le)	Lisieux	346		SAINT-LAURENT-DU-MONT	Cambremer	221	
MESNIL-SIMON (le)	Cambremer	300		SAINT-LOUP-DE-FRIBOIS	Idem	164	
MONCEAUX (les)	Lisieux	117		SAINT-MACLOU	Saint-Pierre-sur-Dives	70	
MOTTE (la)	Idem	140	13,062	SAINTE-MARIE-AUX-ANGLAIS	Idem	119	
PRÉ-D'AUGE (le)	Idem	841		SAINT-PATR-DU-MONT	Cambremer	255	
PRÉTREVILLE	Fervacques	672					
SAINT-DÉSIR	Lisieux	1,350		**CANTON D'ORBEC.**			
SAINT-GERMAIN-DE-LIVET	Idem	697					
SAINT-JACQUES	Idem	1,709		CERNAY	Orbec	259	
SAINT-JEAN-DE-LIVET	Idem	256		CERQUEUX	Idem	263	
SAINT-MARTIN-DE-LA-LIEUE	Idem	389		CHAPELLE-IVON (la)	Idem	535	
SAINT-PIERRE-DES-IFS	Idem	181		CORDEBUGLE	Lisieux	343	
				COURTONNE-LA-VILLE	Orbec	987	
CANTON DE LIVAROT.				CRESSONNIÈRE (la)	Idem	253	
ADQUAINVILLE	Fervacques	456		CROUPTE (la)	Fervacques	307	
AUTELS-EN-AUGE (les)	Vimoutier	89		FAMILLY	Orbec	350	
BELLON	Fervacques	488		FOLLETIÈRE (la)	Idem	408	
BREVIÈRE (la)	Livarot	216		FRIARDEL	Idem	361	
CHAPELLE-HAUTEGRUE (la)	Idem	109		MEULLES	Idem	1,180	
CHEFFREVILLE	Fervacques	370		ORBEC ⚏	⊠	3,209	13,963
FERVACQUES	⊠	1,146		PRÉAUX	Orbec	132	
HEURTEVENT	Livarot	362		SAINT-CYR-DU-RONCERAY	Fervacques	443	
LISORES	Vimoutier	672		SAINT-DENIS-DE-MAILLOC	Lisieux	228	
LIVAROT ⚏	⊠	1,162		SAINT-JULIEN-DE-MAILLOC	Idem	607	
MESNIL-BACLEY (le)	Livarot	201		SAINT-MARTIN-DE-BIENFAITE	Orbec	634	
MESNIL-DURAND (le)	Idem	501		SAINT-MARTIN-DE-MAILLOC	Lisieux	795	
MESNIL-GERMAIN (le)	Fervacques	429	10,240	SAINT-PAUL-DE-COURTONNE	Orbec	395	
MESNIL-OURY (le)	Livarot	169		SAINT-PIERRE-DE-MAILLOC	Lisieux	747	
MOUTIERS-HUBERT (les)	Fervacques	252		TORDOUET	Orbec	1,142	
NOTRE-DAME-DE-COURSON	Idem	1,016		VESPIERRE (la)	Idem	385	
SAINT-AUBIN-SUR-ADQUAINVILLE	Idem	91					
SAINT-BAZILE	Vimoutier	86		**CANTON DE SAINT-PIERRE-SUR-DIVES.**			
SAINTE-FOY-DE-MONTGOMMERY	Idem	210					
SAINT-GERMAIN-DE-MONTGOMMERY				AMMEVILLE	Livarot	313	
	Idem	432		BERVILLE	Saint-Pierre-sur-Dives	202	
SAINTE-MARGUERITE-DES-LOGES	Fervacques	488		BOISSEY	Idem	445	
SAINT-MICHEL-DE-LIVET	Idem	309		BRETTEVILLE-SUR-DIVES	Idem	178	
SAINT-OUEN-LE-HOUX	Fervacques	315		CAREL	Idem	131	
SAINT-PIERRE-DE-COURSON	Idem	180		DOUVILLE	Idem	260	
TONNENCOURT	Livarot	172		ÉCOTS	Idem	284	
TORTISAMBERT	Idem	319		GARNETOT	Livarot	173	
				GRAND-MESNIL	Idem	275	
CANTON DE MEZIDON.				HIÉVILLE	Saint-Pierre-sur-Dives	250	
AUTHIEUX-PAPILLON (les)	Saint-Pierre-sur-Dives	178					
BIÉVILLE-EN-AUGE	Croissanville	224					
BISSIÈRE	Idem	203					
				A reporter..		2,511	
A reporter..		605					
A reporter			37,437	*A reporter*			59,602

NOMS DES COMMUNES.	BUREAUX DE POSTE qui les desservent.	POPULA-TION.	TOTAL de la POPULA-TION par canton
Suite de l'ARRONDISSEMENT DE LISIEUX.		Report..	59,602
Suite du Canton de SAINT-PIERRE-SUR-DIVES.		Report..	2,511
LIEUREY	Saint-Pierre-sur-Dives	279	
MITTOIS	Idem.	209	
MONTPINÇON	Livarot	400	
MONTVIETTE	Idem.	528	
NOTRE-DAME-DE-FRESNAY	Idem.	394	
OUVILLE-LA-BIEN-TOURNÉE	Saint-Pierre-sur-Dives	306	
SAINT-GEORGES-EN-AUGE	Idem.	335	9,114
SAINTE-MARGUERITE-DE-VIETTE	Livarot	828	
SAINT-MARTIN-DE-FRESNAY	Saint-Pierre-sur-Dives	372	
SAINT-PIERRE-SUR-DIVES	⊠	1,711	
THIÉVILLE	Saint-Pierre-sur-Dives	196	
TOTES	Saint-Pierre-sur-Dives	185	
VAUDELOGES	Idem.	456	
VIEUX-PONT-EN-AUGE	Idem.	494	
TOTAL de la population de l'Arrondissement			68,716

ARRONDISSEMENT DE PONT-L'ÉVÊQUE.

Canton de BLANGY.

NOMS DES COMMUNES.	BUREAUX DE POSTE	POPULA-TION.	TOTAL par canton
AUTHIEUX-SUR-CALONNE (les)	Pont-l'Évêque	574	
BLANGY	Idem.	947	
BONNEVILLE-LA-LOUVET	Idem.	1,370	
BREUIL (le)	Idem.	545	
BRÉVEDENT (le)	Idem.	247	
COCQUAINVILLIERS	Lisieux	605	
FAULQ (le)	Pont-l'Évêque	346	
FIERVILLE	Idem.	133	
HÉBERTOT-SAINT-ANDRÉ	Idem.	902	
HÉBERTOT-SAINT-BENOIT	Idem.	496	
LAUNAY	Idem.	306	10,443
MANERBE	Lisieux	905	
MANNEVILLE-LA-PIPARD	Pont-l'Évêque	401	
MESNIL-SUR-BLANGY (le)	Idem.	412	
NOROLLES	Lisieux	303	
PARCS-FONTAINES (les)	Pont-l'Évêque	132	
PIERREFITTE	Idem.	313	
SAINT-JULIEN-SUR-CALONNE	Idem.	313	
SAINT-PHILIBERT-DES-CHAMPS	Lisieux	680	
TORQUESNE (le)	Pont-l'Évêque	317	
VIEUX-BOURG (le)	Idem.	196	

Canton de CAMBREMER.

NOMS DES COMMUNES.	BUREAUX DE POSTE	POPULA-TION.
AUTHIEUX-SUR-CORBON (les)	Cambremer	86
AUVILLARS	Idem.	434
BEAUFOUR	Dozulé	271
BEUVRON-EN-AUGE	Idem.	478
BONNEBOSQ	Cambremer	974
BROCOTTE	Dozulé	126
CAMBREMER	⊠ (Distribution.)	1,252
CHAPELLE-HAINFRAY (la)	Pont-l'Évêque	118
CLERMONT-EN-AUGE	Dozulé	87
CORBON	Cambremer	125
DROTAL	Dozulé	211
ESTRÉES-NOTRE-DAME	Cambremer	372
FORMENTIN	Pont-l'Évêque	307
FOURNET (le)	Cambremer	123
A reporter...		4,964
A reporter...			10,443

NOMS DES COMMUNES.	BUREAUX DE POSTE qui les desservent.	POPULA-TION.	TOTAL de la POPULA-TION par canton
Suite de l'ARRONDISSEMENT DE PONT-L'ÉVÊQUE.		Report..	10,443
Suite du Canton de CAMBREMER.		Report..	4,964
GERROTS	Dozulé	96	
GRANDOUET	Cambremer	174	
GROISILLIERS (les)	Dozulé	33	
HAM (le)	Idem.	138	
HOTOT-EN-AUGE	Idem.	454	
LÉAUPARTIE	Cambremer	213	
MONTREUIL	Idem.	139	
PONT-FOL	Idem.	166	8,214
REPENTIGNY	Idem.	147	
ROQUE-BAIGNARD (la)	Idem.	322	
RUMESNIL	Idem.	139	
SAINT-AUBIN-LE-BISAY	Dozulé	309	
SAINT-EUGÈNE	Pont-l'Évêque	153	
SAINT-GILLES-DE-LIVET	Cambremer	58	
SAINT-OUEN-LE-PIN	Idem.	322	
VALSEMÉ	Pont-l'Évêque	259	
VIGIOT	Dozulé	128	

Canton de DOZULÉ.

NOMS DES COMMUNES.	BUREAUX DE POSTE	POPULA-TION.	TOTAL par canton
ANGERVILLE	Dozulé	252	
ANNEBAULT	Idem.	454	
AUBERVILLE	Dives	221	
BASSENEVILLE	Troarn	425	
BECZEVAL	Dives	310	
BLONVILLE	Touques	320	
BOURGEAUVILLE	Pont-l'Évêque	362	
BRANVILLE	Dozulé	221	
BRUCOURT	Dives	156	
CRESSEVEULLE	Dozulé	359	
CRICQUEVILLE	Idem.	256	
DANESTAL	Idem.	458	
DIVES	⊠	589	
DOUVILLE	Dives	350	
DOZULÉ	⊠	729	9,903
GLANVILLE	Pont-l'Évêque	367	
GONNEVILLE-SUR-DIVES	Dives	581	
GOUSTRANVILLE-SAINT-CLAIR	Dozulé	336	
GRANGUES	Dives	360	
HEULAND	Dozulé	244	
PÉRIERS	Dives	121	
PUTOT-EN-AUGE	Dozulé	273	
SAINT-JOUIN	Idem.	358	
SAINT-LÉGER-DU-BOSQ	Idem.	335	
SAINT-PIERRE-AZIF	Pont-l'Évêque	424	
SAINT-SAMSON	Troarn	206	
SAINT-VAAST	Dives	146	
VAUVILLE-LA-HAUTE	Touques	233	
VILLERS-SUR-MER	Dives	457	

Canton de HONFLEUR.

NOMS DES COMMUNES.	BUREAUX DE POSTE	POPULA-TION.	TOTAL par canton
ABLON	Honfleur	901	
BARNEVILLE	Idem.	303	
CRICQUEBOEUF	Idem.	121	
EQUEMAUVILLE	Idem.	527	
FOURNEVILLE	Idem.	500	
GENNEVILLE	Idem.	813	
GONNEVILLE-SUR-HONFLEUR	Idem.	775	16,071
HONFLEUR	⊠	8,888	
PENNEDEPIE	Honfleur	372	
QUETTEVILLE	Idem.	655	
RIVIÈRE-SAINT-SAUVEUR (la)	Idem.	684	
SAINT-GATIEN	Idem.	1052	
THEIL (le)	Idem.	278	
VASOUY	Idem.	202	
A reporter...			44,631

NOMS DES COMMUNES.	BUREAUX DE POSTE qui les desservent.	POPULATION.	TOTAL de la POPULATION par canton
Suite de l'ARRONDISSEMENT DE PONT-L'ÉVÊQUE.		*Report..*	44,631
CANTON DE PONT-L'ÉVÊQUE.			
BEAUMONT-EN-AUGE	Pont-l'Évêque	892	
BÉNERVILLE	Touques	136	
BONNEVILLE-SUR-TOUQUES	Idem	433	
CANAPVILLE-SUR-TOUQUES	Idem	232	
CLARBEC	Pont-l'Évêque	661	
COUDRAY	Idem	262	
DEAUVILLE	Touques	107	
DROBEC	Pont-l'Évêque	263	
ENGLESQUEVILLE	Touques	226	
HENNEQUEVILLE	Idem	585	
PONT-L'ÉVÊQUE	⊠	2,118	
REUX	Pont-l'Évêque	373	12,695
SURVILLE	Idem	259	
SAINT-ARNOULT	Touques	121	
SAINT-ÉTIENNE-LA-THILLAYE	Pont-l'Évêque	585	
SAINT-HYMER	Idem	728	
SAINT-MARTIN-AUX-CHARTRAINS	Idem	276	
SAINT-MELAINE	Idem	273	
TOUQUES	⊠	1,122	
TOURGÉVILLE	Touques	394	
TOURVILLE	Pont-l'Évêque	305	
TROUVILLE	Touques	1,464	
VILLERVILLE	Honfleur	890	
TOTAL de la population de l'Arrondissement			57,326
ARRONDISSEMENT DE VIRE.			
CANTON D'AULNAY-SUR-ODON.			
AULNAY-SUR-ODON	⊠	1,984	
BAUQUAY	Aulnay-sur-Odon	334	
BIGNE (la)	Mesnil-Auzouf	327	
BRÉMOY	Idem	548	
CAHAGNES	Villers-Bocage	1,904	
COULVAIN	Idem	505	
DAMPIERRE	Mesnil-Auzouf	557	
DANVOU	Aulnay-sur-Odon	378	
FERRIÈRE-AU-DOYEN (la)	Mesnil-Auzouf	200	
FERRIÈRE-DUVAL (la)	Aulnay-sur-Odon	180	13,379
JURQUES	Idem	905	
LOGES (lès)	Idem	341	
MESNIL-AUZOUF	⊠ (Distribution.)	670	
ONDE-FONTAINE	Aulnay-sur-Odon	778	
PLESSIS-GRIMOULT (le)	Idem	875	
ROUCAMP	Idem	402	
SAINT-GEORGES-D'AULNAY	Idem	1,625	
SAINT-JEAN-DES-ESSARTIERS	Mesnil-Auzouf	503	
SAINT-PIERRE-DU-FRESNE	Villers-Bocage	363	
CANTON DE BÉNY-BOCAGE.			
ARCLAIS	Mesnil-Auzouf	133	
BEAULIEU	Vire	226	
BÉNY-BOCAGE	Idem	830	
BURES	Idem	406	
CAMPEAUX	Idem	827	
CARVILLE	Idem	712	
ÉTOUVY	Idem	189	
FERRIÈRE-HARANG (la)	Idem	894	
GRAVERIE (la)	Idem	924	
	A reporter	5,141	
	A reporter		13,379

NOMS DES COMMUNES.	BUREAUX DE POSTE qui les desservent.	POPULATION.	TOTAL de la POPULATION par canton
Suite de l'ARRONDISSEMENT DE VIRE.		*Report..*	13,379
Suite du CANTON DE BÉNY-BOCAGE.		*Report..*	5,141
MALLOUÉ	Vire	106	
MONTAMY	Mesnil-Auzouf	242	
MONT-BERTRAND	Vire	536	
MONTCHAUVET	Mesnil-Auzouf	1,037	
RECULEY (le)	Vire	325	
SAINT-DENIS-MAISONCELLES	Mesnil-Auzouf	289	14,375
SAINTE-MARIE-LAUMONT	Vire	1,320	
SAINT-MARTIN-DES-BESACES	Mesnil-Auzouf	1,530	
SAINT-MARTIN-DON	Vire	578	
SAINT-OUEN-DES-BESACES	Mesnil-Auzouf	731	
SAINT-PIERRE-TARENTAIGNE	Idem	708	
TOURNEUR (le)	Idem	1,832	
CANTON DE CONDÉ-SUR-NOIREAU.			
CHAPELLE-ENGERBOLD (la)	Condé-sur-Noireau	402	
CONDÉ-SUR-NOIREAU	⊠	5,562	
LASSY	Vassy	1,264	
LÉNAULT	Idem	522	
PÉRIGNY	Condé-sur-Noireau	208	
PONTÉCOULANT	Idem	154	13,713
PROUSSY	Idem	916	
SAINT-GERMAIN-DU-CRIOULT	Condé-sur-Noireau	1,521	
SAINT-JEAN-LE-BLANC	Vassy	1,311	
SAINT-PIERRE-LA-VIEILLE	Condé-sur-Noireau	1,019	
SAINT-VIGOR-DES-MESSERETS	Vassy	834	
CANTON DE SAINT-SEVER.			
ANNEBECQ	Saint-Sever	421	
BEAUMESNIL	Idem	378	
BOIS-BENATRE	Idem	187	
CAMPAGNOLLES	Vire	875	
CHAMP-DU-BOULT	Saint-Sever	1,719	
CLINCHAMPS	Idem	1,654	
COURSON	Idem	1,502	
FONTENERMONT	Idem	359	
GAST (le)	Idem	979	
LANDELLES	Idem	1,641	
MESNIL-BENOIST	Idem	128	16,592
MESNIL-CAUSSOIS	Idem	459	
MESNIL-ROBERT	Vire	279	
PLEINES-ŒUVRES	Saint-Sever	469	
PONT-BELLANGER	Idem	267	
PONT-FARCY	Idem	909	
SEPT-FRÈRES	Idem	784	
SAINT-AUBIN-DES-BOIS	Idem	594	
SAINT-MANVIEU	Idem	931	
SAINTE-MARIE-OUTRE-L'EAU	Saint-Sever	414	
SAINT-SEVER	⊠	1,653	
CANTON DE VASSY.			
BERNIÈRES-LE-PATRY	Vassy	1,423	
BURCY	Idem	668	
CHESNEDOLLÉ	Idem	452	
DÉSERT (le)	Vire	252	
ESTRY	Vassy	916	
MONTCHAMP-LE-GRAND	Vire	1,047	
MONTCHAMP-LE-PETIT	Idem	469	
PIERRES	Vassy	720	13,198
PRESLES	Idem	664	
ROQUE (la)	Idem	309	
RULLY	Idem	863	
THEIL (le)	Idem	860	
VASSY	⊠ (Distribution.)	3,243	
VIESSOIX	Vire	1,302	
	A reporter		71,257

NOMS DES COMMUNES.	BUREAUX DE POSTE qui les desservent.	POPULA-TION.	TOTAL de la POPULA-TION par canton	NOMS DES COMMUNES.	BUREAUX DE POSTE qui les desservent.	POPULA-TION.	TOTAL de la POPULA-TION par canton
Suite de l'ARRONDISSEMENT DE VIRE.				Suite de l'ARRONDISSEMENT DE VIRE.			
		Report..	71,257			Report..	71,257
CANTON DE VIRE.				Suite du CANTON DE VIRE.			
						Report..	4,116
COULONCES................	Vire.............	1,145		TALLEVENDE-LE-GRAND........	Vire........	3,294	
LANDE-VAUMONT (la).........	Idem....	268		TALLEVENDE-LE-PETIT.........	Idem..........	573	
MAISONCELLES-LA-JOURDAN....	Idem........	837		TRUTEMER-LE-GRAND.........	Idem..........	1,178	19,138
NEUVILLE................	Idem........	930		TRUTEMER-LE-PETIT.........	Idem..........	442	
ROULLOURS................	Idem........	936		VAUDRY.................	Idem..........	1,492	
				VIRE 🐎..............	✉	8,043	
	A reporter..	4,116					
A reporter..................			71,257	Total de la population de l'Arrondissement.......			90,395

RÉCAPITULATION.

	NOMBRE de		POPULATION.
	CANTONS.	COMMUNES.	
ARRONDISSEMENT DE CAEN......................	9	188	135,502
———————— DE BAYEUX................	6	147	80,414
———————— DE FALAISE...............	5	125	62,349
———————— DE LISIEUX...............	6	134	68,716
———————— DE PONT-L'ÉVÊQUE..........	5	118	57,326
———————— DE VIRE.................	6	97	90,395
TOTAUX..................	37	809	494,702

NOMS DES COMMUNES.	BUREAUX DE POSTE qui les desservent.	POPULA-TION.	TOTAL de la POPULA-TION par canton	NOMS DES COMMUNES.	BUREAUX DE POSTE qui les desservent.	POPULA-TION.	TOTAL de la POPULA-TION par canton
ARRONDISSEMENT D'AURILLAC.				**Suite de l'ARRONDISSEMENT D'AURILLAC.**			
						Report..	61,427
CANTON D'AURILLAC (nord).				**Suite du CANTON DE MONTSALVY.**			
						Report..	2,817
AURILLAC (nord)	✉..........	4,677		JUNHAC.............	Montsalvy.......	1,115	
GIOU-DE-MAMOU............	Aurillac..........	656		LABESSERETTE........	Idem...........	1,379	
LASCELLE................	Idem..........	2,043		LADINHAC...........	Idem...........	1,118	
MANDAILLES.............	Idem..........	824		LEUCAM............	Idem...........	662	
MARMANHAC.............	Idem..........	2,050	14,827	MONTSALVY..........	✉...........	1,172	11,131
ROQUEVIEILLE (la).......	Idem..........	1,177		ROUSSY............	Mur-de-Barrez....	675	
SAINT-CIRGUES-DE-JORDANNE...	Idem..........	1,236		SENEZERGUES.........	Montsalvy.......	862	
SAINT-SIMON............	Idem..........	1,563		TEISSIÈRES-LES-BOULIÉS......	Mur-de-Barrez....	847	
YOLET...............	Idem..........	601		VIEILLEVIE..........	Montsalvy.......	484	
CANTON D'AURILLAC (sud).				**CANTON DE LA ROQUEBROU.**			
ARPAJON............	Aurillac..........	2,234		ARNAC............	Montvert........	399	
AURILLAC (sud)........	✉...........	5,089		AVERNS............	Idem...........	1,191	
GRANDELLES..........	Aurillac..........	875		CAPELLE-VIESCAMP (la).....	Idem...........	813	
JUSSAC.............	Idem..........	1,535		GLENAT............	Idem...........	659	
LABROUSSE...........	Mur-de-Barrez...	939		GROS-DE-MONTVERT......	Idem...........	582	
NAUCELLES...........	Aurillac..........	645		MONTVERT	✉ (Distribution)...	455	
PRUNET.............	Idem..........	772	16,682	NIEUDAN...........	Montvert........	285	10,884
REILHAC............	Idem..........	737		ROQUEBROU (la).......	Idem...........	1,361	
SANSAC-DE-MARMIESSE.......	Saint-Mamet......	591		ROUFFIAC..........	Idem...........	1,175	
SAINT-PAUL-DES-LANDES.....	Aurillac..........	655		SIRAN............	Idem...........	1,370	
TRISSIÈRES-DE-CORNET......	Idem..........	423		SAINT-GERONS........	Idem...........	750	
VEZAC.............	Idem..........	645		SAINT-SANTIN-CANTALÈS.....	Idem...........	1,375	
YTRAC.............	Idem..........	1,742		SAINT-VICTOR........	Idem...........	469	
CANTON DE SAINT-CERNIN.				**CANTON DE VIC-SUR-CÈRE.**			
GIRGOLS............	Saint-Martin-Valme-			BADAILHAC..........	Vic-sur-Cère.....	635	
	roux..........	453		CARLAT............	Idem...........	932	
SAINT-CERNIN..........	Idem..........	3,180		CROS-DE-MONTAMAT......	Idem...........	592	
SAINT-CIRGUES-DE-MALBERT...	Idem..........	1,471	7,625	JOU-SOUS-MONJOU.......	Idem...........	512	
SAINT-ILLIDE..........	Idem..........	1,830		PAILHEROLS.........	Idem...........	713	
TOURNEMIRE..........	Idem..........	691		POLMINHAC.........	Idem...........	1,574	11,842
				RAULHAC...........	Idem...........	867	
CANTON DE SAINT-MAMET.				SAINT-CLÉMENT........	Idem...........	672	
CAYROLS............	Saint-Mamet......	497		SAINT-ÉTIENNE-DE-CARLAY....	Idem...........	408	
MARCOLÈS...........	Idem..........	1,533		SAINT-JACQUES-DES-BLATS....	Idem...........	900	
OMPS.............	Idem..........	525		THIEZAC...........	Idem...........	2,058	
PARLAN............	Idem..........	1,025		VIC-SUR-CÈRE........	✉...........	1,979	
PERS..............	Idem..........	790					
ROANNES...........	Idem..........	1,237					
ROUMEGOUX..........	Idem..........	424	9,671	TOTAL de la population de l'Arrondissement.......			95,284
SÉGALASSIÈRE (la).......	Idem..........	229					
SAINT-MAMET	✉ (Distribution.)....	2,009		**ARRONDISSEMENT DE MAURIAC.**			
SAINT-SAURY..........	Saint-Mamet......	609					
VITRAC............	Idem..........	793		**CANTON DE CHAMPS.**			
CANTON DE MAURS.				BEAULIEU..........	Bort...........	338	
BOISSET............	Maurs..........	1,866		CHAMPS...........	Idem...........	1,756	
LEINHAC............	Idem..........	1,545		LANOBRE..........	Idem...........	1,718	5,165
MAURS	✉...........	2,892		MARCHAL...........	Idem...........	479	
MONTMURAT..........	Maurs..........	423		TREMOUILLE-MARCHAL.....	Idem...........	874	
MOURJOU...........	Idem..........	1,137	12,422				
QUÉZAC............	Idem..........	529		**CANTON DE MAURIAC.**			
ROUZIERS...........	Idem..........	837		ARCHES...........	Mauriac........	345	
SAINT-CONSTANT........	Idem..........	1,822		AUZERS...........	Idem...........	1,050	
SAINT-ÉTIENNE-DE-MAURS....	Idem..........	690		CHALVIGNAC.........	Idem...........	1,276	
SAINT-SANTIN-DE-MAURS.....	Idem..........	681		DRUGEAC..........	Idem...........	1,602	
				JALEYRAC..........	Idem...........	1,147	
CANTON DE MONTSALVY.				MAURIAC...........	✉...........	3,530	12,892
CALVINET...........	Montsalvy.......	352		MEALLET...........	Mauriac........	1,056	
CAPELLE-DEL-FRAISSE (la)...	Idem..........	606		MOUSSAGES.........	Idem...........	1,151	
CAPELLE-EN-VÈZIE (la)......	Idem..........	44		SALINS............	Idem...........	267	
CASSANIOUSE..........	Idem..........	1,815		SOURNIAC..........	Idem...........	200	
				VIGEAN...........	Idem...........	1,268	
	A reporter..	2,817					
	A reporter....................		61,427		A reporter..		18,057

NOMS DES COMMUNES.	BUREAUX DE POSTE qui les desservent.	POPULATION.	TOTAL de la POPULATION par canton	NOMS DES COMMUNES.	BUREAUX DE POSTE qui les desservent.	POPULATION.	TOTAL de la POPULATION par canton
Suite de l'ARRONDISSEMENT DE MAURIAC.				**Suite de l'ARRONDISSEMENT DE MURAT.**			
	Report..		18,057		*Report*..		10,809
CANTON DE PLÉAUX.				**CANTON DE MURAT.**			
ALLY	Mauriac	1,190		BREDON	Murat	2,524	
BARRIAC	Idem	491		CELLES	Idem	815	
BRAGEAC	Idem	483		CHALINARGUES	Idem	1,499	
CHAUSSENAC	Idem	970		CHAPELLE-D'ALAGNON (la)	Idem	434	
DRIGNAC	Idem	263		CHASTEL-SUR-MURAT	Idem	461	
ESCORAILLES	Idem	219		CHAVAGNAC	Idem	495	
LOUPIAC	Saint-Martin-Valmeroux	500	11,252	CHEYLADE	Idem	2,127	14,742
PLÉAUX	(Distribution.)	3,123		CLAUX (le)	Idem	000	
SAINT-CHRISTOPHE	Saint-Martin-Valmeroux	1,067		DIENNE	Idem	1,984	
SAINTE-EULALIE	Idem	867		LAVEISSIÈRE	Idem	000	
SAINT-MARTIN-CANTALEIX	Idem	1,175		MOISSAC	Idem	630	
TOURNIAC	Mauriac	904		MURAT		2,941	
				VEISSENET (la)	Murat	354	
CANTON DE RIOM-ÈS-MONTAGNE.				VIRARGUES	Idem	478	
APCHON	Bort	901		**CANTON DE MARCENAT.**			
COLANDRE	Idem	986		CONDAT-EN-FENIERS	Allanche	3,270	
MENET	Idem	2,317		LUGARDE	Idem	755	
RIOM-ÈS-MONTAGNE	Idem	2,063	9,780	MARCENAT	Idem	2,256	
SAINT-ÉTIENNE-CHOMEIL	Idem	1,133		MARCHASTEL	Idem	1,073	9,813
SAINT-HYPPOLITE	Idem	700		MONTGRELEIX	Idem	460	
TRIZAC	Mauriac	1,680		SAINT-AMANDIN	Idem	1,308	
				SAINT-BONNET	Idem	691	
CANTON DE SAIGNES.							
ARTIGNAC	Bort	1,828		TOTAL de la population de l'Arrondissement			35,364
BASSIGNAC	Idem	525					
CHAMPAGNAC	Idem	1,737		**ARRONDISSEMENT DE SAINT-FLOUR.**			
CHASTEL	Idem	1,269					
MADIC	Idem	344		**CANTON DE CHAUDESAIGUES.**			
SAIGNES	Idem	571	10,147	ANTERRIEUX	Chaudesaigues	339	
SAUVAT	Idem	818		CHAUDESAIGUES		2,351	
VEBRET	Idem	1,440		DEUX-VERGES	Chaudesaigues	178	
VEYRIÈRES	Idem	548		ESPINASSE	Idem	580	
YDES	Idem	1,067		JABRUN	Idem	513	
				LIEUTADÈS	Idem	1,315	
CANTON DE SALERS.				MALLET	Idem	189	9,074
ANGLARDS	Mauriac	2,402		MAURINES	Idem	495	
FALGOUX	Salers	908		SARRUS	Idem	546	
FONTANGES	Idem	1,918		SAINT-MARTIAL	Idem	163	
SALERS	(Distribution.)	1,286		SAINT-REMY	Idem	520	
SAINT-BONNET-DE-SALERS	Salers	948		SAINT-URCIZE	Idem	1,565	
SAINT-CHAMANT	Saint-Martin-Valmeroux	987	13,767	TRINITAT (la)	Idem	320	
SAINT-MARTIN-VALMEROUX		1,446		**CANTON DE SAINT-FLOUR (nord).**			
SAINT-PAUL	Salers	1,021		ANDELAT	Saint-Flour	692	
SAINT-PROJET	Idem	1,106		AUGLARDS	Idem	487	
SAINT-REMY	Saint-Martin-Valmeroux	309		COLTINES	Idem	776	
SAINT-VINCENT	Mauriac	1,436		COREN	Idem	590	
				FOURNOLS	Murat	354	
TOTAL de la population de l'Arrondissement			63,003	LASTIC	Saint-Flour	369	
				MENTIÈRES	Idem	294	
ARRONDISSEMENT DE MURAT.				MONTCHAMP	Idem	332	11,414
				ROFFIAC	Idem	936	
CANTON D'ALLANCHE.				SAINT-FLOUR (nord)		2,507	
ALLANCHE		2,502		SAINT-GEORGE	Saint-Flour	954	
CHANET	Allanche	282		TALIZAT	Idem	1,621	
CHARMENSAC	Idem	552		TIVIERS	Idem	332	
JOURSAC	Idem	1,104		VABRES	Idem	458	
LANDEYRAT	Idem	394		VIEILLESPESSE	Idem	712	
PEYRUSSE	Idem	1,142	10,809				
PRADIER	Idem	518		**CANTON DE SAINT-FLOUR (sud).**			
SÉGUR	Idem	1,150		ALLEUZE	Saint-Flour	602	
SAINTE-ANASTASIE	Idem	773		CUSSAC	Idem	727	
SAINT-SATURNIN	Idem	1,271		LAVASTRIE	Idem	901	
VERNOLS	Idem	414					
VÈZE	Idem	707			*A reporter*..	2,230	
	A reporter		10,809		*A reporter*		20,488

II.

8

NOMS DES COMMUNES.	BUREAUX DE POSTE qui les desservent.	POPULA-TION.	TOTAL de la POPULA-TION par canton	NOMS DES COMMUNES.	BUREAUX DE POSTE qui les desservent.	POPULA-TION.	TOTAL de la POPULA-TION par canton
Suite de l'ARRONDISSEMENT DE SAINT-FLOUR.				Suite de l'ARRONDISSEMENT DE SAINT-FLOUR.			
	Report..		20,488		Report..		47,094
Suite du Canton de SAINT-FLOUR (sud).				Canton de PIERREFORT.			
	Report......	2,230		Brezons..............	Pierrefort.........	1,470	
Neuve-Église............	Saint-Flour......	2,942		Capelle-Barrez (la).........	Idem..........	245	
Paulhac.................	Idem...........	1,756		Cezens................	Idem.,........	1,066	
Seriers................	Idem.	542		Gourdièges.............	Idem..........	269	
Saint-Flour (sud)......	✉........	3,957	16,178	Maldo.................	Idem..........	787	9,579
Tanavelle.............	Saint-Flour......	674		Narniac................	Idem.........	510	
Ternes (les)..........	Idem...........	1,043		Oradour..............	Idem..........	1,240	
Ussel.................	Idem...........	616		Paulhenc..............	Idem..........	1,040	
Valuéjols..............	Idem...........	1,834		Pierrefort.............	✉ (Distribution)....	1,375	
Villedieu.............	Idem..........	584		Sainte-Marie...........	Pierrefort........	679	
				Saint-Martin-sous-Vigouroux..	Idem..........	898	
Canton de MASSIAC.				Canton de RUINES.			
Auriac..............	Massiac.......	1,007		Bournoncles............	Saint-Flour......	299	
Bonnac.............	Idem..........	810		Celoux	Massiac	241	
Chapelle-Laurent (la)......	Idem..........	725		Chaliers.............	Saint-Flour	1,489	
Laurie.............	Idem..........	587		(☞ à la Ressière-de-l'Air.)			
Leyvaux.............	Idem..........	324		Chazelles.............	Idem..........	157	
Massiac.............	✉...........	1,905		Clavières.............	Idem..........	950	
Molèdes	Massiac	990		Faverolles............	Idem..........	1,090	
Molompize...........	Idem..........	945	10,428	Lorcières.............	Idem..........	748	8,270
Saint-Étienne-sur-Massiac....	Idem..........	76		Morle (le)............	Idem..........	186	
Saint-Mary-le-Gros...	Idem..........	829		Rageade..............	Idem..........	345	
Saint-Mary-le-Plein........	Idem..........	689		Ruines.............	Idem..........	597	
(☞ à la Barraque-de-Baptiste.)				Soulages.............	Idem..........	282	
Saint-Poncy..........	Idem..........	1,196		Saint-Gal.............	Idem..........	225	
Saint-Victor...........	Idem:........	217		Saint-Just.............	Idem..........	592	
Valjouze.............	Idem..........	128		Saint-Marc............	Idem..........	421	
				Vedrines-Saint-Loup.......	Idem..........	648	
A reporter.....................			47,094	Total de la population de l'Arrondissement.......			64,943

RÉCAPITULATION.

	NOMBRE de		POPULATION.
	CANTONS.	COMMUNES.	
Arrondissement d'AURILLAC....................	8	85	95,284
——————— de MAURIAC....................	6	56	63,003
——————— de MURAT....................	3	33	35,364
——————— de SAINT-FLOUR	6	79	64,943
Totaux.....................	23	253	258,594

NOMS DES COMMUNES.	BUREAUX DE POSTE qui les desservent.	POPULA- TION.	TOTAL de la POPULA- TION par canton
ARRONDISSEMENT D'ANGOULÊME.			
CANTON D'ANGOULÊME (1ʳᵉ partie).			
ANGOULÊME 🖂 🐎	🖂	15,186	
COURONNE (la)	Angoulême	2,007	
DIRAC	Idem	951	
NERSAC	Idem	1,033	
POYMOYEN	Idem	421	22,683
ROULLET 🐎	Idem	1,350	
SAINT-ESTÈPHE	Idem	872	
SAINT-MICHEL	Idem	491	
VŒUIL	Idem	372	
CANTON D'ANGOULÊME (2ᵉ partie).			
BALZAC	Angoulême	1,000	
BOUEX	Idem	872	
CHAMPNIERS	Idem	4,554	
FLÉAC	Idem	882	
GARAT	Idem	856	
HOUMEAU-PONTROUVRE (l')	Idem	1,258	
ISLE-D'ESPAGNAC (l')	Idem	530	14,569
MAGNAC-SUR-TROUVRES	Idem	602	
MORNAC	Idem	1,146	
RUELLE	Idem	1,215	
SOYAUX	Idem	568	
SAINT-YRIEIX	Idem	812	
TOUVRES	Idem	274	
CANTON DE SAINT-AMANT-DE-BOIXE.			
AMBÉRAC	Aigre	832	
ANAIS	Mansle	660	
[🐎 à Charet.]			
AUSSAC	Idem	874	
CHAPELLE-DE-SAINT-AMANT-DE-BOIXE (la)	Idem	350	
CHEBRAC	Angoulême	150	
COULONGES	Mansle	335	
MAINE-DE-BOIXE (le)	Idem	471	
MARSAC	Angoulême	822	12,078
MONTIGNAC-CHARENTE	Mansle	693	
NANCLARS	Idem	583	
SAINT-AMANT-DE-BOIXE	Idem	1,545	
TOURRIERS	Idem	819	
VARS	Angoulême	1,987	
VERVAN	Mansle	348	
VILLEJOUBERT	Idem	367	
VOUHARTE	Idem	621	
XAMBES	Idem	621	
CANTON DE BLANZAC.			
AIGNES	Blanzac	633	
AUBEVILLE	Idem	464	
BÉCHERESSE	Idem	640	
BLANZAC	🖂	643	
CHADURIE	Blanzac	809	
CHAMPAGNE-DE-BLANZAC	Idem	317	
CLAIX	Idem	565	
CRESSAC	Idem	269	
ÉTRIAC	Idem	409	
JURIGNAC	Idem	811	
[🐎 à Pétignac.]			
MAINFONDS	Idem	344	
MOUTHIERS	Idem	1,485	
PÉRUIL	Idem	890	
	A reporter ..	8,279	
	A reporter		49,330

NOMS DES COMMUNES.	BUREAUX DE POSTE qui les desservent.	POPULA- TION.	TOTAL de la POPULA- TION par canton
Suite de l'ARRONDISSEMENT D'ANGOULÊME.			
	Report ..		49,330
Suite du CANTON DE BLANZAC.			
	Report ..	8,279	
PÉRIGNAC	Blanzac	1,013	
PLASSAC	Idem	474	
PORCHERESSE	Idem	329	
ROUFFIAC-DE-BLANZAC	Idem	194	11,220
SAINT-GENIS-DE-BLANZAC	Idem	195	
SAINT-LÉGER	Idem	215	
VOULGÉZAC	Idem	521	
CANTON DE HIERSAC.			
ASNIÈRES	Angoulême	1,264	
CHAMPMILLON	Idem	578	
DOUZAT	Idem	489	
ÉCHALLAT	Rouillac	816	
HIERSAC 🐎	Angoulême	621	
LINARS	Idem	590	
MOULIDARS	Idem	978	10,237
SAINT-AMANT-DE-NOUÈRE	Rouillac	1,761	
SAINT-GENIS-D'HIERSAC	Idem	410	
SAINT-SATURNIN	Angoulême	890	
SIREUIL	Idem	639	
TROIS-PALIS	Idem	295	
VINDELLE	Idem	906	
CANTON DE MONTBRON.			
CHARRAS	Montbron	823	
ÉCURAS	Idem	1,650	
EYMOUTIERS	Idem	648	
FEUILLADE	Idem	870	
GRASSAC	Idem	726	
MAINZAC	Idem	445	
MARTHON	Idem	627	
MONTBRON	🖂 (Distribution.)	3,172	12,591
ORGEDEUIL	Montbron	565	
ROUZÈDE	Idem	725	
SOUFFRIGNAC	Idem	391	
SAINT-GERMAIN-DE-MONTBRON	Idem	720	
SAINT-SORNIN	Idem	750	
VOUTHON	Idem	539	
CANTON DE LA ROCHEFOUCAULD.			
AGRIS	La Rochefoucauld	1,389	
BRIE-DE-LA-ROCHEFOUCAULD	Idem	2,054	
BUNZAC	Idem	568	
CHAZELLE	Idem	1,025	
COULGENS	Idem	844	
JAULDES	Idem	1,412	
MARILLAC	Idem	797	16,409
PRANZAC	Idem	760	
RANCOGNE	Idem	468	
RIVIÈRES	Idem	1,325	
ROCHEFOUCAULD (la) 🐎	🖂	2,706	
ROCHETTE (la)	La Rochefoucauld	864	
SAINT-CONSTANY	Idem	182	
SAINT-PAUL-DE-LA-ROCHEFOUCAULD	Idem	230	
SAINT-PROJET	Idem	496	
VILHONNEUR	Idem	407	
YVRAC	Idem	952	
CANTON DE ROUILLAC.			
ANVILLE	Rouillac	478	
AUGÉ	Aigre	730	
BIGNAC	Rouillac	503	
	A reporter ..	1,711	
	A reporter		99,787

Suite de l'ARRONDISSEMENT D'ANGOULÊME.

Report.. 99,787

Suite du CANTON DE ROUILLAC.

NOMS DES COMMUNES.	BUREAUX DE POSTE qui les desservent.	POPULATION.	TOTAL de la POPULATION par canton
	Report..	1,711	
BONNEVILLE,	Aigre	507	
COURBILLAC,	Rouillac	680	
GENAC	Idem	1,563	
GOURVILLE	Aigre	1,179	
HERPES	Rouillac	264	
MARCILLAC-LANVILLE	Aigre	1,518	
MAREUIL-DE-ROUILLAC	Rouillac	782	
MONS	Aigre	692	14,529
MONTIGNÉ	Rouillac	350	
PLAIZAC	Idem	272	
ROUILLAC	⊠ (Distribution.)	1,470	
SONNEVILLE-DE-ROUILLAC	Rouillac	505	
SAINT-CYBARDEAUX	Idem	1,501	
SAINT-MÉDARD-DE-ROUILLAC	Idem	505	
TEMPLE (le)	Idem	288	
VAUX-ROUILLAC	Idem	802	

CANTON DE LA VALETTE.

NOMS DES COMMUNES.	BUREAUX DE POSTE qui les desservent.	POPULATION.	TOTAL
BEAULIEU-CLOULAS	La Valette	345	
BLANZAGUET	Idem	341	
CHARMANT	Idem	401	
CHAVENAT	Idem	676	
COMBIERS	Mareuil	638	
DIGNAC	La Valette	1,145	
ÉDON	Idem	815	
FOUQUEBRUNE	Idem	1,024	
GARDES	Idem	674	
GURAT	Idem	705	
JUILLAGUET	Idem	286	14,075
MAGNAC-LA-VALETTE	Idem	714	
RONSENAC	Idem	1,156	
ROUGNAC	Idem	1,064	
SERS	Angoulême	620	
SAINT-CYBAR-LE-PEYRAT	La Valette	240	
TORSAC	Idem	878	
VALETTE (la)	⊠ (Distribution.)	915	
VAUX-LA-VALETTE	La Valette	333	
VILLARS	Idem	236	
VOUZAN	Angoulême	869	

TOTAL de la population de l'Arrondissement 128,391

ARRONDISSEMENT DE BARBEZIEUX.

CANTON D'AUBETERRE.

NOMS DES COMMUNES.	BUREAUX DE POSTE qui les desservent.	POPULATION.	TOTAL
AUBETERRE	Chalais	763	
BELLON	Idem	572	
BONNES	Idem	1,065	
ESSARDS	Idem	792	
LAMÉRÈCLE,	Idem	128	
MONTIGNAC-LE-COQ	Idem	552	
NABINAUT	Idem	341	8,836
PILLAC	Idem	1,021	
PRADE (la)	Idem	647	
ROUFFIAC	Idem	225	
SAINT-MARTIAL-D'AUBETERRE	Idem	158	
SAINT-ROMAIN	Idem	1,279	
SAINT-SEVERIN	Idem	1,293	

CANTON DE BAIGNES.

NOMS DES COMMUNES.	BUREAUX DE POSTE qui les desservent.	POPULATION.	TOTAL
BAIGNES	Touvérac	200	
BORS-DE-BAIGNES	Idem	263	
CHANTILLAC	Idem	812	

A reporter.. 1,275

A reporter 8,836

Suite de l'ARRONDISSEMENT DE BARBEZIEUX.

Report.. 8,836

Suite du CANTON DE BAIGNES.

NOMS DES COMMUNES.	BUREAUX DE POSTE qui les desservent.	POPULATION.	TOTAL de la POPULATION par canton
	Report..	1,275	
CONDÉON	Touvérac	1,369	
LAMÉRAC	Idem	525	
REIGNAC 🐎	Idem	1,214	7,991
SAINTE-RADÉGONDE	Idem	2,124	
TATRE (le)	Idem	718	
TOUVÉRAC	⊠ (Distribution.)	766	
(🐎 à la Graulle.)			

CANTON DE BARBEZIEUX.

NOMS DES COMMUNES.	BUREAUX DE POSTE qui les desservent.	POPULATION.	TOTAL
ANGEDUC	Barbezieux	235	
BARBEZIEUX 🐎	⊠	2,756	
BARRET	Barbezieux	1,286	
BERNEUIL	Idem	1,045	
BRIE	Idem	362	
CHAISE (la)	Idem	743	
CHALLIGNAC	Idem	741	
CHAPELLE-DE-BARBEZIEUX (la)	Idem	269	
CONZAC	Idem	157	
GARDE-SUR-LE-NÉ (la)	Idem	331	
GUIMPS	Idem	1,143	14,063
LADIVILLE	Idem	383	
MONTCHAUDE	Idem	933	
SALLES-DE-BARBEZIEUX	Idem	610	
SAINT-AULAIS	Idem	199	
SAINT-BONNET	Idem	846	
SAINT-HILLAIRE	Idem	414	
SAINT-MÉDARD-DE-BARBEZIEUX	Idem	540	
SAINT-PALAIS-DU-NÉ	Idem	665	
SAINT-PAUL-DE-BARBEZIEUX	Idem	100	
VIGNOLLES	Idem	305	

CANTON DE BROSSAC.

NOMS DES COMMUNES.	BUREAUX DE POSTE qui les desservent.	POPULATION.	TOTAL
BOIS-BRETEAU	Touvérac	322	
BROSSAC	Chalais	1,277	
CHATIGNAC	Idem	498	
CHILLAC	Idem	674	
GUIZENGEARD	Idem	445	
ORIOLLES	Touvérac	475	6,355
PASSIRAC	Chalais	654	
SAUVIGNAC	Idem	228	
SAINT-FÉLIX	Idem	455	
SAINT-LAURENT-DE-BROSSAC	Idem	400	
SAINTE-SOULINE	Idem	365	
SAINT-VALLIER	Idem	562	

CANTON DE CHALAIS.

NOMS DES COMMUNES.	BUREAUX DE POSTE qui les desservent.	POPULATION.	TOTAL
BARDENAC	Chalais	468	
BAZAC	Idem	395	
BRIE-SOUS-CHALAIS	Idem	1,551	
CHALAIS	⊠	549	
COURLAC	Chalais	334	
CURAC	Idem	367	
MÉDILLAC	Idem	348	
MONTBOYER	Idem	1,551	10,234
ORIVAL	Idem	350	
RIOUX-MARTIN	Idem	800	
SÉRIGNAC	Idem	291	
SAINT-AVIT	Idem	374	
SAINT-CHRISTOPHE-DE-CHALAIS	Idem	418	
SAINTE-MARIE	Idem	522	
SAINT-QUENTIN-DE-CHALAIS	Idem	865	
YVIERS	Idem	1,051	

A reporter 47,479

NOMS DES COMMUNES.	BUREAUX DE POSTE qui les desservent.	POPULA-TION.	TOTAL de la POPULA-TION par canton	NOMS DES COMMUNES.	BUREAUX DE POSTE qui les desservent.	POPULA-TION.	TOTAL de la POPULA-TION par canton
Suite de l'ARRONDISSEMENT DE BARBEZIEUX.		Report..	47,479	Suite de l'ARRONDISSEMENT DE COGNAC.		Report..	25,405
CANTON DE MONTMOREAU.				**CANTON DE JARNAC.**			
Bessac............	Montmoreau....	441		Bassac............	Jarnac....	806	
Bors-de-Montmoreau.......	Idem............	660		Chassors............	Idem....	1,019	
Courgeac............	Idem............	696		Fleurac............	Idem....	392	
Deviat............	Idem............	474		Foussignac............	Idem....	650	
Juignac............	Idem............	1,369		Houllette............	Idem....	397	
Montmoreau............	✉ (Distribution.)....	456		Jarnac 🐎............	✉....	2,282	
Nonac............	Montmoreau....	1,134	10,563	Julienne............	Jarnac....	439	11,611
Palluaud............	Idem............	719		Mérignac............	Idem....	1,302	
Peudry............	Idem............	93		Métairies (les)............	Idem....	496	
Poullignac............	Idem............	327		Nercillac............	Idem....	743	
Salles-de-Montmoreau.....	Idem............	1,215		Réparsac............	Idem....	457	
Saint-Amant-de-Montmoreau..	Idem............	1,151		Sigogne............	Idem....	1,371	
Saint-Cybard-de-Montmoreau.	Idem............	474		Sainte-Sévère............	Idem....	739	
Saint-Eutrope............	Idem............	297		Triac............	Idem....	518	
Saint-Laurent-de-Montmoreau	Idem............	554					
Saint-Martial-de-Montmoreau	Idem............	503		**CANTON DE SÉGONZAC.**			
				Ambleville............	Barbezieux....	426	
Total de la population de l'Arrondissement......			58,042	Angeac-Champagne.........	Cognac....	300	
				Angles............	Idem....	194	
ARRONDISSEMENT DE COGNAC.				Bourg-Charente............	Jarnac....	907	
				Criteuil............	Barbezieux....	649	
CANTON DE CHATEAUNEUF-SUR-CHARENTE.				Gensac............	Jarnac....	837	
Angeac-Charente..........	Châteauneuf-sur-Charente........	727		Genté............	Cognac....	605	
Birac............	Idem............	311		Gondeville............	Jarnac....	463	
Bonneuil............	Idem............	631		Juillac-le-Coq............	Idem....	897	
Bouteville............	Idem............	819		Lignières............	Barbezieux....	611	13,115
Châteauneuf-sur-Charente..	✉............	2,346		Magdeleine-de-Ségonzac (la)..	Idem....	179	
Éraville............	Châteauneuf-sur-Charente........	283		Mainxe............	Jarnac....	624	
Graves............	Idem............	252		Pallue (la)............	Idem,....	443	
Malaville............	Idem............	697		Salles-de-Ségonzac............	Cognac....	742	
Mosnac............	Idem............	481	11,079	Ségonzac............	Jarnac....	2,602	
Nonaville............	Idem............	366		Sonneville-de-Ségonzac.....	Idem....	272	
Saint-Amant-de-Graves	Idem............	347		Saint-Fort............	Cognac....	461	
Saint-Preuil............	Idem............	660		Saint-Même............	Jarnac....	1,050	
Saint-Simeux............	Idem............	633		Verrières............	Idem....	853	
Saint-Simon............	Idem............	757					
Saint-Sorin............	Idem............	243		Total de la population de l'Arrondissement......			50,133
Touzac............	Barbezieux....	874					
Vibrac............	Châteauneuf-sur-Charente........	458		**ARRONDISSEMENT DE CONFOLENS.**			
Viville............	Barbezieux....	194		**CANTON DE CHABANAIS.**			
				Chabanais 🐎............	✉............	1,774	
CANTON DE COGNAC.				Chabrac............	Chabanais....	807	
Ars............	Cognac............	735		Chassenon............	Idem............	1,025	
Boutiers............	Idem............	340		Chirat............	Idem............	1,042	
Bréville............	Jarnac............	760		Étagnat............	Idem............	1,471	12,558
Chateau-Bernard............	Cognac............	305		Exideuil............	Idem............	1,615	
Cherves-de-Cognac............	Idem............	1,424		Péruse (la)............	Idem............	540	
Cognac 🐎............	✉............	3,409		Pressignac............	Idem............	1,277	
Crouin............	Cognac............	283		Roumazières............	Idem............	442	
Gimeux............	Idem............	449		Saulgond............	Idem............	1,307	
Javresac............	Idem............	562		Suris............	Idem............	723	
Louzac............	Idem............	406	14,326	Saint-Quentin............	Idem............	535	
Merpins............	Idem............	542					
Mesnac............	Idem............	566		**CANTON DE CHAMPAGNE-MOUTON.**			
Juchemont............	Idem............	222		Alloue............	Confolens....	1,659	
Saint-André-des-Combes.....	Idem............	298		Benest............	Idem............	1,480	
Saint-Brice............	Idem............	608		Bouchage (le)............	Saint-Claud....	428	
Saint-Laurent-de-Cognac.....	Idem............	706		Champagne-Mouton.........	Idem............	1,135	6,908
Saint-Martin-de-Cognac.....	Idem............	781		Chassiecq............	Idem............	544	
Saint-Sulpice	Idem............	1,724		Saint-Coutant............	Idem............	622	
Saint-Trojean............	Idem............	206		Turgon............	Idem............	340	
				Vieux-Cérier............	Idem............	600	
A reporter............			25,405	A reporter............			19,466

NOMS DES COMMUNES.	BUREAUX DE POSTE qui les desservent.	POPULATION.	TOTAL de la POPULATION par canton

Suite de l'ARRONDISSEMENT DE CONFOLENS.

Report.. | 19,466

CANTON DE SAINT-CLAUD.

NOMS DES COMMUNES.	BUREAUX DE POSTE	POPULATION	TOTAL
BEAULIEU	Saint-Claud	800	
CHANTREZAC	Idem.	809	
CHASSENEUIL	Idem.	1,821	
GENOUILLAC	Idem.	850	
LAPLAUD	Idem.	243	
LOUBERT	Idem.	141	
LUSSAC	Idem.	467	
MADIEU-LE-GRAND	Idem.	432	
MADIEU-LE-PETIT	Idem.	212	14,440
MAZIÈRES	Idem.	358	
NIEUIL	Idem.	1,412	
(☒ à Fontaﬁe.)			
PARZAC	Idem.	804	
PINS (les)	Idem.	1,115	
SUAUX	Idem.	900	
SAINT-CLAUD	☒	1,995	
SAINT-LAURENT-DE-CÉBIS	Saint-Claud	1,183	
SAINT-MARY	Idem.	898	

CANTON DE CONFOLENS (nord).

AMBERNAC	Confolens	1,087	
ANSAC	Idem.	900	
CONFOLENS	☒	2,687	
ÉPENÈDE	Confolens.	526	8,802
HIESSE	Idem.	572	
LESSAC (petit)	Idem.	890	
MANOT	Idem.	1,298	
PLEUVILLE	Idem.	842	

CANTON DE CONFOLENS (sud).

ABZAC	Confolens	1,204	
BRIGUEUIL	Saint-Junien	2,200	
BRILLAC	Confolens	1,598	
ESSE	Idem.	838	
LESTERPS	Idem.	1,426	12,296
MONTROLLET	Idem.	805	
ORADOUR FANAIS	Idem.	887	
SAINT-CHRISTOPHE-DE-CONFOLENS	Idem.	1,212	
SAINT-GERMAIN-DE-CONFOLENS	Idem.	391	
SAINT-MAURICE	Idem.	1,735	

CANTON DE MONTEMBŒUF.

CHATELARS-LA-RIVIÈRE	La Rochefoucauld	213	
CHERVES-DE-MONTEMBŒUF	Idem.	1,228	
FLEURIGNAC	Idem.	194	
LÉSIGNAT-DURAND	Idem.	1,000	
LINDOIS (le)	Idem.	994	
MASSIGNAC	Idem.	1,110	
MAZEROLLES	Idem.	999	
MONTEMBŒUF	Idem.	1,257	12,218
MOUZON	Idem.	602	
ROUSSINES	Idem.	1,164	
SAUVAGNAT	Idem.	178	
SAINT-ADJUTORY	Idem.	791	
TAPONNAT	Idem.	702	
VERNEUIL	Idem.	343	
VITRAC	Idem.	1,443	

TOTAL de la population de l'Arrondissement ...... | 67,222

ARRONDISSEMENT DE RUFFEC.

CANTON D'AIGRE.

AIGRE	☒	1,564	
BARBEZIÈRES	Aigre	479	
BESSÉ	Idem.	420	
BREUILLAUD	Idem.	199	

A reporter.. | 2,662

Suite de l'ARRONDISSEMENT DE RUFFEC.

Suite du CANTON D'AIGRE.

Report.. | 2,662

NOMS DES COMMUNES.	BUREAUX DE POSTE	POPULATION	TOTAL
CHARMÉ	Aigre	1,175	
ÉBRÉON	Idem.	544	
FOUQUEURE	Idem.	1,045	
GOURS (les)	Idem.	308	
LIGNÉ	Idem.	621	
LUPSAULT	Idem.	383	
LUXÉ	Idem.	913	13,316
ORADOUR	Idem.	803	
RANVILLE	Idem.	453	
SAINT-FRAIGNE	Idem.	1,092	
TUSSON	Idem.	1,094	
VERDILLE	Idem.	934	
VILLEJÉSUS	Idem.	1,289	

CANTON DE MANSLE.

AUNAC	Mansle	446	
BAYERS	Idem.	481	
CELLEFROUIN	Idem.	2,043	
CELETTES	Idem.	482	
CHENOMMET	Idem.	470	
CHENON	Idem.	591	
FONTCLAIREAU	Idem.	590	
FONTENILLE	Idem.	129	
JUILLÉ	Idem.	843	
LICHERES	Idem.	298	
LONNES	Idem.	488	
MANSLE	☒	1,785	
MOUTON	Mansle	654	16,412
MOUTONNEAU	Idem.	294	
PUYRÉAUX	Idem.	488	
SAINT-AMANT-DE-BONNIEURE	Idem.	870	
SAINT-ANGEAU	Idem.	770	
SAINT-CIERS	Idem.	675	
SAINTE-COLOMBE	Idem.	507	
SAINT-FRONT	Idem.	791	
SAINT-GROUX	Idem.	830	
TACHE (la)	Idem.	328	
VALENCE	Idem.	456	
VENTOUSE	Idem.	436	
VILLOGNON	Idem.	667	

CANTON DE RUFFEC.

ADJOTS (les)	Ruffec	896	
AIZECQ	Idem.	538	
BARRO	Idem.	523	
BIOUSSAC	Idem.	634	
CONDAC	Idem.	453	
COUTURE	Idem.	700	
MESSEUX	Idem.	549	
MOUTARDON	Idem.	750	
NANTEUIL	Idem.	1,314	
POUGNÉ	Idem.	505	15,421
POURSAC	Idem.	668	
RUFFEC	☒	3,004	
SAINT-GEORGES	Ruffec	133	
SAINT-GERVAIS	Idem.	788	
SAINT-GOURSON	Idem.	562	
SAINT-SULPICE-DE-RUFFEC	Idem.	252	
TAIZÉ-AIZIE	Idem.	845	
VERTEUIL	Idem.	1,336	
(☒ aux Nègres.)			
VIEUX-RUFFEC	Idem.	421	
VILLEGATS	Idem.	550	

A reporter .... | 45,149

NOMS DES COMMUNES.	BUREAUX DE POSTE qui les desservent.	POPULA-TION.	TOTAL de la POPULA-TION par canton	NOMS DES COMMUNES.	BUREAUX DE POSTE qui les desservent.	POPULA-TION.	TOTAL de la POPULA-TION par canton
Suite de l'ARRONDISSEMENT DE RUFFEC.		*Report..*	45,149	Suite de l'ARRONDISSEMENT DE RUFFEC.		*Report..*	45,149
CANTON DE VILLEFAGNAN.				Suite du CANTON DE VILLEFAGNAN.			
						Report..	6,299
BERNAC...............	Ruffec..........	548		MAGDELEINE (la)...........	Ruffec....	450	
BRETTES...............	Idem...........	563		MONTJEAN...............	Idem.........	660	
CHÈVRERIE (la)........	Idem...........	347		PAIZAY-NAUDOUIN.........	Idem.........	932	
COURCÔME............	Idem...........	1,004		RAIX...................	Idem.........	432	
EMBOURIE.............	Idem...........	347		SALLES-DE-VILLEFAGNAN.....	Idem.........	928	13,596
EMPURÉ..............	Idem...........	358		SOUVIGNÉ...............	Aigre.......	675	
FAYE (la).............	Idem...........	921		SAINT-MARTIN-DU-CLOCHER....	Ruffec....	341	
FORÊT-DE-TESSÉ (la).......	Idem...........	904		THEIL-RABIER.............	Idem.........	518	
LOKDIGNY.............	Idem...........	587		TUZIE.................	Idem.........	348	
LONGRÉ..............	Idem...........	720		VILLEFAGNAN...........	Idem.........	1,604	
				VILLIERS-LE-ROUX..........	Idem.........	409	
		A reporter..	6,299				
	A reporter................		45,149	TOTAL de la population de l'Arrondissement.......			58,745

RÉCAPITULATION.

	NOMBRE de		POPULATION.
	CANTONS.	COMMUNES.	
ARRONDISSEMENT D'ANGOULÊME.................	9	143	128,391
———————— DE BARBEZIEUX...............	6	87	58,042
———————— DE COGNAC...................	4	70	50,131
———————— DE CONFOLENS..............	6	70	67,222
———————— DE RUFFEC...................	4	83	58,745
TOTAUX................	29	453	362,531

NOMS DES COMMUNES.	BUREAUX DE POSTE qui les desservent.	POPULA-TION.	TOTAL de la POPULA-TION par canton	NOMS DES COMMUNES.	BUREAUX DE POSTE qui les desservent.	POPULA-TION.	TOTAL de la POPULA-TION par canton
ARRONDISSEMENT DE LA ROCHELLE.				**Suite de l'ARRONDISSEMENT DE LA ROCHELLE.**			
						Report..	63,029
CANTON D'ARS-EN-RÉ.				*CANTON DE LA ROCHELLE (ouest).*			
Ars-en-Ré	✉ (Distribution.)	3,875		Esnandes	La Rochelle	770	
Couarde (la)	Saint-Martin-de-Ré.	1,947	8,194	Houmeau (l')	Idem.	380	
Loix	Idem.	1,266		Laleu	Idem.	910	
Portes (les)	Ars-en-Ré.	1,106		Marsilly	Idem.	850	14,560
				Nieul	Idem.	1,317	
CANTON DE COURÇON.				Rochelle (la) (ouest)	✉	8,803	
				Saint-Maurice	La Rochelle	404	
Angliers	Nuaillé	405		Saint-Xandre	Idem.	1,126	
Benon	Idem.	963					
Courçon	Idem.	1,049		Total de la population de l'Arrondissement			77,589
Cram-Chaban	Mauzé	751					
Ferrières	Nuaillé.	457					
Gué-d'Alleré (le)	Idem.	889		**ARRONDISSEMENT DE JONZAC.**			
Laigne (la)	Mauzé	546	12,578				
Nuaillé	✉	704		*CANTON D'ARCHIAC.*			
Saint-Cyr-du-Doret	Nuaillé	403					
Saint-Jean-de-Liversay	Idem.	2,289		Allas-Champagne	Jonzac.	513	
Saint-Martin-de-Villeneuve.	Mauzé	536		Archiac	✉ (Distribution.)	1,704	
Saint-Sauveur-de-Nuaillé.	Nuaillé	1,378		Arthenac	Archiac	000	
Tangon-la-Ronde	Idem.	2,208		Brie-sous-Archiac	Jonzac.	536	
				Celles	Archiac	462	
CANTON DE LA JARRIE.				Cierzac	Idem.	265	
				Germignac	Idem.	676	
Anais	Nuaillé	281		Jarnac-Champagné	Idem.	1,108	11,510
Bourgneuf	Idem.	497		Lonzac	Idem.	440	
Clavette	Croix-Chapeau	519		Neuillac	Jonzac.	519	
Croix-Chapeau	✉ (Distribution.)	734		Neulles	Idem.	265	
Jarne (la)	La Rochelle.	645		Saint-Cyers-Champagne.	Idem.	1,007	
Jarrie (la)	Croix-Chapeau.	1,067		Saint-Eugène	Archiac	631	
Montroy	Idem.	303	11,570	Saint-Germain-de-Vibrac	Jonzac.	502	
Salles	Idem.	963		Sainte-l'Heurine	Idem.	885	
Saint-Christophe	Idem.	1,028		Saint-Martial-de-Coculet	Archiac	728	
Saint-Médard	Idem.	1,531		Saint-Maigrin	Jonzac.	1,269	
Saint-Rogatien	La Rochelle.	448					
Sainte-Soulle	Nuaillé	2,019		*CANTON DE SAINT-GENIS.*			
Saint-Vivien	Croix-Chapeau	271					
Vérines	Nuaillé	1,264		Antignac	Jonzac.	174	
				Bois	Saint-Genis	954	
CANTON DE MARANS.				Champagnolles	Idem.	1,058	
				Clam	Jonzac.	411	
Andilly-le-Marais	Marans	1,337		Clion	Saint-Genis	1,085	
Charron	Idem.	958		Givrezac	Pons	165	
Longèves	Nuaillé.	618	7,752	Lorignac	Saint-Fort	1,296	
Marans	✉	4,041		Mosnac	Saint-Genis	773	
Saint-Ouen	Nuaillé.	406		Plassac	Idem.	797	13,571
Villedoux	Marans	392		Saint-Disant-du-Gua	Saint-Fort	1,453	
				Saint-Fort	✉ (Distribution.)	1,975	
CANTON DE SAINT-MARTIN-DE-RÉ.				Saint-Genis	✉	963	
				Saint-Georges-de-Cubillac	Saint-Genis	527	
Bois (le)	Saint-Martin-de-Ré.	2,088		Saint-Germain-du-Xeudre	Idem.	790	
Flotte (la)	✉	2,557	9,782	Saint-Grégoire-d'Ardennes	Idem.	294	
Sainte-Marie	La Flotte.	2,556		Saint-Palais-de-Phiolin	Idem.	601	
Saint-Martin-de-Ré	✉	2,581		Saint-Sigismond-de-Clermont.	Idem.	255	
CANTON DE LA ROCHELLE (est).				*CANTON DE JONZAC.*			
Angoulin	La Rochelle.	751		Agudelle	Jonzac.	257	
Aytré	Idem.	1,320		Champagnac	Idem.	704	
Cognehors	Idem.	795		Chaunac	Idem.	147	
Dompierre	Idem.	2,685	13,153	Fontaine-d'Ozillac	Idem.	907	
(✉ à Groland.)				Gritinières	Idem.	507	
Lagord	Idem.	963		Jonzac	✉.	2,618	
Périgny	Idem.	810		Léoville	Jonzac.	780	
Rochelle (la) (est)	✉	5,829				A reporter..	5,920
A reporter			63,029	*A reporter*			25,081

NOMS DES COMMUNES.	BUREAUX DE POSTE qui les desservent.	POPULA-TION.	TOTAL de la POPULA-TION par canton	NOMS DES COMMUNES.	BUREAUX DE POSTE qui les desservent.	POPULA-TION.	TOTAL de la POPULA-TION par canton

Suite de l'ARRONDISSEMENT DE JONZAC.

Report.. 25,081

Suite du Canton DE JONZAC.

Report.. 5,920

Lussac	Jonzac	117	
Meux-Saint-Martin	Idem	504	
Moings	Idem	451	
Mortiers	Idem	676	
Ozillac	Idem	963	
Réaux	Idem	623	
Saint-Germain-de-Lusignan	Idem	858	12,676
Saint-Martial-de-Vitaterne	Idem	201	
Saint-Maurice-de-Tavernolle	Idem	309	
Saint-Médard	Idem	188	
Saint-Simon-de-Bordes	Idem	898	
Vibrac	Idem	420	
Villexavier	Idem	548	

Canton DE MIRAMBEAU.

Allas-Bocage	Mirambeau	411	
Boisredon	Idem	1,411	
Conlac	Idem	620	
Courpignac	Idem	516	
Mirambeau	⊠	2,395	
Nieul-le-Virouil	Mirambeau	1,255	
Salignac	Idem	427	
Sémillac	Idem	176	
Sémoussac	Idem	684	
Soubran	Idem	640	15,876
Saint-Bonnet	Idem	1,555	
Saint-Ciers-du-Taillon	Idem	1,378	
Saint-Disant-du-Bois	Idem	340	
Saint-Georges-des-Agouts	Idem	639	
Saint-Hilaire-du-Bois	Jonzac	247	
Saint-Martial-de-Mirambeau	Mirambeau	644	
Sainte-Ramée	Idem	384	
Saint-Sorlin-de-Conac	Idem	556	
Saint-Thomas-de-Conac	Idem	1,598	

Canton DE MONTENDRE.

Brac	Montendre	432	
Chamouillac	Idem	477	
Chardes	Idem	216	
Chartuzac	Idem	309	
Corignac	Idem	154	
Coux	Idem	838	
Expiremont	Idem	309	
Jussas	Idem	343	
Messac	Idem	357	
Montendre	⊠	1,023	8,885
Moulons	Montendre	300	
Pommiers	Idem	410	
Rouffignac	Idem	1,166	
Sousmeras	Idem	155	
Sous-Molin	Idem	652	
Saint-Maurice-de-Laurençanne	Idem	211	
Tugeras	Idem	563	
Vallet	Idem	398	
Vanzac	Idem	672	

Canton DE MONTGUYON.

Barde (la)	Montlieu	695	
Boaesse	Idem	364	
Boscamenant	Idem	359	
Cercoux	Idem	1,824	
Clérac	Idem	1,434	
Clotte (la)	Idem	755	
Fouilloux (le)	Idem	987	

A reporter.. 6,418

A reporter................. 62,518

Suite de l'ARRONDISSEMENT DE JONZAC.

Report.. 62,518

Suite du Canton DE MONTGUYON.

Report.. 6,418

Genétouze (la)	Montlieu	595	
Montguyon	Idem	1,471	
Neuvicq	Idem	739	
Saint-Aigulin	Idem	1,479	12,152
Saint-Martin-d'Ary	Idem	281	
Saint-Martin-de-Coux	Idem	648	
Saint-Pierre-du-Palais	Idem	521	

Canton DE MONTLIEU.

Bédenac	Montlieu	689	
(🐾 à Chierzac.)			
Bussac	Montendre	549	
Chatenet	Montlieu	697	
Chepniers	Idem	932	
Chevanceaux	Idem	1,346	
Garde-Montlieu (la) 🐾	Idem	951	
Mérignac	Idem	576	9,892
Montlieu	⊠	843	
Orignolles	Montlieu	907	
Pin (le)	Idem	255	
Polignac	Idem	347	
Pouillac	Idem	452	
Sainte-Colombe	Idem	329	
Saint-Palais-de-Négrignac	Idem	1,019	

Total de la population de l'Arrondissement...... 84,562

ARRONDISSEMENT DE MARENNES.

Canton DE SAINT-AGNANT.

Beaugeais	Rochefort-sur-Mer	314	
Champagne	Idem	500	
Echillais	Idem	523	
Moëze	Idem	581	
Soubize	Idem	633	6,718
Saint-Agnant	Idem	1,113	
Saint-Froult	Idem	393	
Saint-Jean-d'Angle	Idem	524	
Saint-Nazaire	Idem	1,581	
Saint-Symphorien	Idem	556	

Canton DU CHÂTEAU-D'OLERON.

Chateau-d'Oleron (le)	⊠	2,527	
Dolus	Le Château-d'Oleron	2,182	5,544
Saint-Trojan	Idem	835	

Canton DE MARENNES.

Gua (le)	Saujon	1,764	
Hiers-Brouage	Brouage	815	
(⊠ Distribution à Brouage.)			
Marennes	⊠	4,605	10,807
Saint-Just	Marennes	2,021	
Saint-Sornin	Idem	1,602	

Canton DE SAINT-PIERRE-D'OLERON.

Saint-Denis	Saint-Pierre-d'Oleron	1,550	
Saint-Georges-d'Oleron	Idem	4,500	10,680
Saint-Pierre-d'Oleron	⊠ (Distribution.)	4,630	

A reporter..................... 33,749

11.

9

NOMS DES COMMUNES.	BUREAUX DE POSTE qui les desservent.	POPULA-TION.	TOTAL de la POPULA-TION par canton	NOMS DES COMMUNES.	BUREAUX DE POSTE qui les desservent.	POPULA-TION.	TOTAL de la POPULA-TION par canton
Suite de l'ARRONDISSEMENT DE MARENNES.				**Suite de l'ARROND.ᵗ DE ROCHEFORT-SUR-MER.**			
	Report..		33,749		*Report..*		39,122
CANTON DE ROYAN.				**CANTON DE TONNAY-CHARENTE.**			
Breuiller	Royan	1,342		Genouillé	Tonnay-Charente	1,003	
Éguille (l')	Saujon	685		Lussant	Idem	602	
Mornac	Royan	688		Moragne	Idem	463	
Royan	✉	2,589	7,427	Muron	Idem	1,094	
Saint-Palais-sur-Mer	Royan	760		Puy-du-Lac	Idem	574	9,714
Saint-Sulpice-de-Royan	Idem	989		Saint-Clément	Idem	801	
Vaux-sur-Mer	Idem	374		Saint-Coutant-le-Grand	Idem	592	
				Saint-Crépin	Idem	478	
CANTON DE LA TREMBLADE.				Saint-Hypolite-de-Biard	Idem	901	
Arvert	La Tremblade	2,402		Tonnay-Charente	✉	3,206	
Chaillevette	Idem	1,053					
Étaules	Idem	864	7,980	**Total de la population de l'Arrondissement**			48,836
Mathes (les)	Idem	616					
Saint-Augustin-sur-Mer	Idem	541		**ARRONDISSEMENT DE SAINTES.**			
Tremblade (la)	✉	2,504					
				CANTON DE BURIE.			
Total de la population de l'Arrondissement			49,156	Burie	✉ (Distribution.)	1,541	
				Chérac	Cognac	1,822	
ARRONDISSEMENT DE ROCHEFORT-SUR-MER.				Dompierre-sur-Charente	Saintes	812	
				(🐎 à Fontran.)			
CANTON D'AIGREFEUILLE.				Écoyeux	Idem	1,529	10,611
Aigrefeuille	Croix-Chapeau	1,638		Migron	Burie	504	
Ardillières	Idem	684		Seurre (le)	Idem	1,458	
Ballon	Surgères	669		Saint-Bris-des-Bois	Idem	518	
Bodhet	Idem	469		Sainte-Cézaire	Idem	1,022	
Chambon	Idem	750		Saint-Sauvant	Idem	782	
Ciré	Croix-Chapeau	871	9,162	Villars-les-Bois	Idem	623	
Forges	Idem	926					
(🐎 à Puy-Drouard.)				**CANTON DE COZES.**			
Landrais	Surgères	680		Arces	Cozes	1,117	
Thairé	Croix-Chapeau	1,302		Barzan	Idem	606	
Trou (le)	Idem	796		Boutenac	Idem	344	
Virson	Idem	377		Brie-sous-Mortagne	Idem	348	
				Chenac	Idem	901	
CANTON DE ROCHEFORT-SUR-MER.				Cozes	✉	1,871	
Breuilmagné	Rochefort-sur-Mer	860		Épargnes	Cozes	1,525	
Fouras	Idem	256		Floirac	Saint-Fort	763	13,049
Isle-d'Aix (l')	✉ (Distribution.)	519		Grézac	Cozes	1,052	
Loire	Rochefort-sur-Mer	242	17,311	Méchers	Royan	1,104	
Rochefort-sur-Mer 🐎	✉	14,040		Mortagne-sur-Gironde	Cozes	1,436	
Saint-Laurent-de-la-Prée	Rochefort-sur-Mer	863		Sémussac	Idem	923	
Vergeroux	Idem	237		Saint-Romain-de-Beaumont	Saint-Fort	156	
Yves	Idem	294		Saint-Seurin-d'Uzet	Cozes	515	
(🐎 au Passage.)				Talmont	Idem	388	
CANTON DE SURGÈRES.				**CANTON DE GÉMOZAC.**			
Breuil-la-Réorte	Surgères	566		Berneuil	Pons	1,413	
Marsais	Mauzé	1,575		Chavans	Cozes	945	
Péré	Surgères	410		Gémozac	Pons	2,590	
Puyravault	Idem	705		Jazennes	Idem	624	
Surgères 🐎	✉	1,979		Meursac	Saujon	1,590	
Saint-Georges-de-Bois	Surgères	1,304		Montpellier-de-Médillan	Cozes	817	
Saint-Germain-de-Marencennes	Idem	580	12,649	Rétaux	Saintes	1,139	
Saint-Marc	Idem	1,418		Rioux	Pons	1,068	15,376
Saint-Pierre-d'Amilly	Mauzé	589		Saint-André-de-Lidon	Idem	1,380	
Saint-Pierre-de-Surgères	Surgères	1,105		Saint-Quentin-de-Ransanne	Pons	580	
Saint-Saturnin-du-Bois	Idem	1,148		Saint-Simon-de-Pellouaille	Cozes	495	
Vandré	Idem	758		Tanzac	Pons	553	
Vouhé	Idem	512		Tesson	Idem	638	
				Thaims	Cozes	466	
				Villard	Pons	602	
				Virollet	Idem	476	
A reporter			39,122	*A reporter*			39,036

NOMS DES COMMUNES.	BUREAUX DE POSTE qui les desservent.	POPULA-TION.	TOTAL de la POPULA-TION par canton	NOMS DES COMMUNES.	BUREAUX DE POSTE qui les desservent.	POPULA-TION.	TOTAL de la POPULA-TION par canton

Suite de l'ARRONDISSEMENT DE SAINTES.

Suite de l'ARRONDISSEMENT DE SAINTES.

	Report..		39,036		Report..		93,227

CANTON DE PONS.

Suite du CANTON DE SAUJON.

					Report..	2,485	
Avy	Pons	514		CORME-ROYAL	Saujon	1,217	
BELLUIRE	Idem.	260		LUCHAT	Saintes	230	
BIRON	Idem.	477		MÉDIS	Saujon	1,005	
BOUGNEAU	Idem.	668		NANCRAS	Idem.	380	
BRIVES-SUR-CHARENTE	Idem.	362		PISANY	Idem.	648	11,706
CHADENAC	Idem.	860		SABLONCEAUX	Idem.	722	
COULONGES	Idem.	526		SAINT-GEORGES-DE-DIDONNE	Royan	808	
ÉCHEBRUNE	Idem.	853		SAINT-ROMAIN-DE-BENET	Saujon	1,584	
FLÉAC	Idem.	634		SAUJON	✉	2,122	
MARIGNAC	Idem.	616	15,995	THÉZAC	Saujon	505	
MAZEROLLE	Idem.	365					
MONTILS	Idem.	1,232					
PÉRIGNAC	Idem.	2,693					
PONS 🐎	✉	3,726		TOTAL de la population de l'Arrondissement			104,933
ROUFFIAC	Pons	629					
SAINT-LÉGER-EN-PONS	Idem.	758					
SAINT-SEURIN-DE-PALENNE	Idem.	266					
SAINT-SÉVER	Idem.	556		ARRONDISSEMENT DE SAINT-JEAN-D'ANGELY.			

CANTON DE SAINT-PORCHAIRE.

CANTON D'AULNAY.

BEURLAIS	Saint-Porchaire	510		AULNAY 🐎	✉	1,525	
CRAZANNES	Idem.	556		BLANZAY	Aulnay	217	
ESSARDS (les)	Idem.	713		CHERBONNIÈRES	Idem.	712	
GEAY	Idem.	764		CHIVES	Idem.	1,128	
MUNG (le)	Idem.	385		CONTRÉ	Idem.	345	
PLASSAY	Idem.	771		DAMPIERRE-SUR-BOUTONNE	Idem.	625	
PONT-L'ABBÉ	Idem.	1,186		ÉCOTS (les)	Idem.	172	
ROMEGOUX	Idem.	691	11,915	FONTAINE-CHALENDRAY	Idem.	954	
SOULIGNONNE	Idem.	735		GICQ (le)	Idem.	388	
SAINTE-GEMME	Idem.	1,112		LOIRÉ	Idem.	572	
SAINT-PORCHAIRE 🐎	✉ (Distribution.)	949		NÉRÉ	Idem.	1,197	
SAINTE-RADÉGONDE	Saint-Porchaire	216		NUAILLÉ	Idem.	446	
SAINT-SATURNIN-DE-SÉCHAUD	Idem.	1,482		PAILLÉ	Idem.	806	
SAINT-SULPICE-D'ARNOULT	Idem.	481		ROMAZIÈRES	Idem.	296	14,223
TRIZAY	Idem.	410		SALEIGNE	Idem.	267	
VALLÉE (la)	Idem.	954		SALLES-LES-AULNAY	Idem.	270	
				SEIGNÉ	Idem.	256	
CANTON DE SAINTES (nord).				SAINT-GEORGES-DE-LONGUE-PIERRE	Idem.	451	
BUSSAC	Saintes	538		SAINT-MANDÉ	Idem.	809	
CRANIERS	Idem.	2,719		SAINT-MARTIN-DE-JUILLERS	Idem.	353	
CHAPELLE-DES-POTS (la)	Idem.	880		SAINT-PIERRE-DE-JUILLERS	Idem.	805	
DOUNET (le)	Idem.	1,058	12,443	VILLEDIEU (la)	Idem.	568	
FONTCOUVERTE	Idem.	637		VILLEMORIN	Idem.	333	
SAINTES (nord) 🐎	✉	5,431		VILLIERS-COUTURE	Idem.	480	
SAINT-VAIZE	Saintes	452		VINAX	Idem.	248	
VÉNÉRAND	Idem.	728					
				CANTON DE SAINT-HILAIRE-DE-VILLEFRANCHE.			
CANTON DE SAINTES (sud).				AUJAC	Matha	1,029	
CHERMIGNAC	Saintes	788		AUMAGNE	Idem.	1,284	
COLOMBIERS	Idem.	613		AUTHON	Saint-Jean-d'Angely	877	
COURCOURY	Idem.	1,055		BERCLOUX	Idem.	706	
ÉCURAT	Idem.	417		BRISAMBOURG	Idem.	1,502	
GONDS (les)	Idem.	735		ÉBÉON	Idem.	113	
JARD (la) 🐎	Idem.	454	13,838	FRÉNIÈRE (la)	Idem.	150	8,365
NICOL-LES-SAINTES	Idem.	1,008		JUIC	Idem.	422	
PESSINES	Idem.	372		NANTILLY	Idem.	97	
PRÉGUILLAC	Idem.	554		SAINT-HILAIRE-DE-VILLEFRANCHE	Idem.	1,321	
SAINTES (sud)	✉	5,006		SAINT-MÊME	Idem.	318	
SAINT-GEORGES-DES-COTEAUX	Saintes	1,284		VILLEPOUGE	Idem.	546	
TRÉNAC	Idem.	815					
VARZAY	Idem.	737		**CANTON DE SAINT-JEAN-D'ANGELY.**			
				ANTÉZANT	Saint-Jean-d'Angely	366	
CANTON DE SAUJON.				ASNIÈRES	Idem.	1,294	
BALANZAC	Saujon	634		BENATE (la)	Idem.	501	
CHAY (le)	Idem.	549					
CLISSE (la)	Saintes	310			A reporter...	2,161	
CORME-ÉCLUSE	Saujon	992					
	A reporter...	2,485					
	A reporter		93,227		A reporter		22,388

NOMS DES COMMUNES.	BUREAUX DE POSTE qui les desservent.	POPULA-TION.	TOTAL de la POPULA-TION par canton	NOMS DES COMMUNES.	BUREAUX DE POSTE qui les desservent.	POPULA-TION.	TOTAL de la POPULA-TION par canton
Suite de l'ARROND^t DE SAINT-JEAN-D'ANGELY.				Suite de l'ARROND^t DE SAINT-JEAN-D'ANGELY.			
	Report..		22,588		Report..		47,978
Suite du CANTON DE SAINT-JEAN-D'ANGELY.				Suite du CANTON DE MATHA.			
	Report..	2,161			Report..	2,725	
BIGNAY	Saint-Jean-d'Angely	517		BRÉDON	Matha	757	
CHAPELLE-BATON (la)	Idem	146		BRIE-SOUS-MATHA	Idem	568	
COURCELLES	Idem	432		BROUSSE (la)	Idem	838	
ÉGLISES-D'ARGENTEUIL (les)	Idem	801		COURCERAC	Idem	541	
FONTENET	Idem	736		CRESSÉ	Idem	716	
LANDES	Idem	717		GIBOURNE	Idem	326	
MAZERAY	Idem	727		GOURVILLETTE	Idem	420	
PIN (le)	Idem	874	16,434	HAIMPS	Idem	845	
POURSAY-GARNAUD	Idem	249		LOUZIGNAC	Idem	361	
SAINT-JEAN-D'ANGELY	⊠	6,031		MACQUEVILLE	Idem	728	17,162
SAINT-JULIEN-DE-LESCAP	Saint-Jean-d'Angely	522		MASSAC	Idem	450	
SAINT-PARDOULT	Idem	391		MATHA	⊠	1,781	
TERNANT	Idem	175		MONS	Matha	1,615	
VARAIZE	Idem	950		NEUVIC	Idem	1,032	
VERGNE (la)	Idem	595		PRIGNAC	Idem	452	
VERVANT	Idem	196		SIECQ	Idem	380	
VOISSAY	Idem	214		SONNAC	Idem	1,226	
				SAINT-OUEN	Idem	542	
CANTON DE LOULAY.				THORS	Idem	407	
BERNAY	Loulay	829		TOUCHES-DE-PÉRIGNY (les)	Idem	1,062	
COIVERT	Idem	594					
COURANT	Idem	652		CANTON DE SAINT-SAVINIEN.			
CROIX-COMTESSE (la)	Idem	377		AGONNAY	Saint-Savinien	252	
DŒUIL	Idem	875		ANNEPONT	Idem	423	
JARRIE-AUDOUIN (la)	Idem	502		ARCHINGEAY	Idem	1,085	
LOULAY	⊠ (Distribution.)	485		BORDS	Idem	1,083	
LOZAY	Loulay	518		CHAMPDOLENT	Idem	536	
MIGRÉ	Idem	674	8,956	COULONGES	Idem	277	10,577
SAINT-FÉLIX	Idem	537		FÉNIOUX	Idem	385	
SAINT-MARTIAL-LÈS-COIVERT	Idem	307		GRANDJEAN	Idem	496	
SAINT-MARTIN-DE-LA-COUDRE	Idem	360		NOUILLERS (les)	Idem	1,017	
SAINT-PIERRE-DE-L'ILE	Idem	560		SAINT-SAVINIEN	⊠	3,559	
SAINT-SÉVERIN	Idem	528		TAILLANT	Saint-Savinien	358	
VERGNÉ	Idem	242		TAILLEBOURG	Idem	1,106	
VILLENEUVE-LA-COMTESSE	Idem	750					
VILLENOUVELLE	Idem	166		CANTON DE TONNAY-BOUTONNE.			
				ANEZAY	Tonnay-Boutonne	395	
CANTON DE MATHA.				CHANTEMERLE	Idem	331	
BAGNIZEAU	Matha	318		CHERVETTES	Idem	250	
BALLANS	Idem	563		NACHAMPS	Idem	434	
BAZAUGES	Idem	245		PUYROLLAND	Idem	517	4,456
BEAUVAIS-SUR-MATHA	Idem	1,042		SAINT-LAURENT-DE-LA-BARRIÈRE	Idem	175	
BLANZAC	Idem	557		SAINT-LOUP	Idem	694	
				TONNAY-BOUTONNE	⊠ (Distribution.)	1,142	
	A reporter..	2,725		TORXÉ	Tonnay-Boutonne	518	
	A reporter		47,978		Total de la population de l'Arrondissement		80,173

RÉCAPITULATION.

	NOMBRE de		POPULATION.
	CANTONS.	COMMUNES.	
Arrondissement DE LA ROCHELLE	7	55	77,589
— DE JONZAC	7	130	84,562
— DE MARENNES	6	34	49,156
— DE ROCHEFORT-SUR-MER	4	42	48,836
— DE SAINTES	8	110	104,933
— DE SAINT-JEAN-D'ANGELY	7	120	80,173
TOTAUX	39	481	445,249

NOMS DES COMMUNES.	BUREAUX DE POSTE qui les desservent.	POPULATION.	TOTAL de la POPULATION par canton	NOMS DES COMMUNES.	BUREAUX DE POSTE qui les desservent.	POPULATION.	TOTAL de la POPULATION par canton
ARRONDISSEMENT DE BOURGES.				**Suite de l'ARRONDISSEMENT DE BOURGES.**			
					Report..		53,051
CANTON DES AIX-D'ANGILLON.				**Suite du CANTON DE LEVET.**			
Aix-d'Angillon (les)	✉ (Distribution.)	1,380			Report..	1,229	
Aubinges	Les Aix-d'Angillon..	697		Levet	Châteauneuf-sur-Cher	760	
Brécy	Idem.	700		Lissay	Bourges	394	
Morogues	Idem.	1,440		Osmoy	Idem.	320	
Parassy	Idem.	683		Plaimpied	Idem.	424	
Rians	Idem.	759	8,051	Senneçay	Dun-le-Roi.	437	5,733
Soulangis	Idem.	535		Soye	Bourges	215	
Saint-Céols.	Idem.	125		Saint-Caprais	Saint-Florent.	357	
Saint-Germain-du-Puits	Bourges	455		Saint-Just	Bourges	515	
Saint-Michel-de-Vaulangis..	Les Aix-d'Angillon..	334		Sainte-Lunaise	Châteauneuf-sur-Cher	135	
Sainte-Solange	Idem.	943		Trouy	Saint-Florent.	556	
				Vorly.	Dun-le-Roi.	391	
CANTON DE BAUGY.				**CANTON DE LURY.**			
Avord	Bourges	253		Brinay.	Vierzon	531	
Baugy	Villequiers.	887		Cerbois.	Idem.	503	
Bengy-sur-Craon.	Idem.	862		Cheby	Idem.	307	
Chassy	Idem.	565		Lazenay.	Idem.	862	
Crosses	Bourges	439		Limeux	Idem.	373	5,001
Farges	Villequiers.	668		Lury.	Idem.	560	
Gron	Idem.	858		Mereau.	Idem.	617	
(à Couplis.)			8,991	Preuilly-sur-Cher.	Méhun-sur-Yèvre..	387	
Jussy-Champagne.	Bourges	525		Quincy.	Idem.	861	
Laverdine.	Villequiers.	216					
Moulins-sur-Yèvre.	Bourges	453		**CANTON DE SAINT-MARTIN-D'AUXIGNY.**			
Nohan-en-Gout	Idem.	165		Allogny	Méhun-sur-Yèvre..	709	
Saligny-le-Vif	Villequiers.	413		Fussy	Bourges	409	
Savigny-en-Septaine	Bourges	521		Menetou-Salon.	Les Aix-d'Angillon..	2,497	
Villabon	Villequiers.	644		Pigny.	Bourges	487	
Villequiers.	✉	966		Quantilly.	Les Aix-d'Angillon..	782	
Vornay.	Dun-le-Roi.	536		Saint-Éloy-de-Gy.	Bourges	1,008	10,807
				Saint-Georges-sur-Moulon.	Idem.	445	
CANTON DE BOURGES.				Saint-Martin-d'Auxigny.	Idem.	2,161	
Bourges	✉	19,730	19,730	Saint-Palais	Les Aix-d'Angillon..	812	
				(à Grange-neuve.)			
CANTON DE CHAROST.				Vasselay	Bourges	980	
Charost.	✉ (Distribution.)	1,239		Vignoux-sur-les-Aix.	Les Aix-d'Angillon..	517	
Civray.	Charost	1,557					
Dame-Sainte.	Idem.	156		**CANTON DE MÉHUN-SUR-YÈVRE.**			
Lunery.	Châteauneuf-sur-Cher	727		Allouis	Méhun-sur-Yèvre..	745	
Marceil.	Issoudun	1,509		Berry-Marmagne.	Idem.	574	
Morthomier.	Saint-Florent.	153		Bouy.	Idem.	233	
Ploux	Charost	880	10,222	Chapelle-Saint-Ursin (la)	Bourges	299	
Poiseux	Idem.	513		Foëcy	Méhun-sur-Yèvre..	771	8,132
Primelle.	Châteauneuf-sur-Cher	435		Marmagne.	Idem.	754	
Subray (le)	Saint-Florent.	334		Méhun-sur-Yèvre	✉	3,310	
Saint-Ambroix.	Charost	901		Saint-Doulchard.	Bourges	506	
Saint-Florent	✉ (Distribution.)	1,195		Saint-Laurent.	Vierzon	503	
Villeneuve-sur-Cher	Saint-Florent.	623		Sainte-Thorette.	Méhun-sur-Yèvre..	437	
CANTON DE GRAÇAY.				**CANTON DE VIERZON ou VIERZON-VILLE.**			
Dampierre.	Vierzon	307		Massay	Vierzon	1,851	
Genouilly.	Idem.	1,204		Méry-sur-Cher.	Idem.	496	
Graçay.	Vatan	2,787	6,057	Nançay	Idem.	1,052.	
Nohant-en-Graçay.	Idem.	485		Neuvy-sur-Baranjon.	Idem.	841	
Saint-Georges-sur-la-Prée.	Vierzon	830		Saint-Hilaire-sur-Court.	Idem.	291	14,813
Saint-Outrille.	Vatan	444		Thénioux.	Idem.	517	
				Vierzon-Village.	Idem.	3,261	
CANTON DE LEVET.				Vierzon	✉	4,706	
Annois.	Dun-le-Roi.	200		Vignoux-sur-Baranjon.	Vierzon	1,075.	
Arçay.	Châteauneuf-sur-Cher	545		Vouzeron.	Idem.	723	
Givaudins.	Bourges	159					
Lapan.	Châteauneuf-sur-Cher	325					
	A reporter..	1,229					
	A reporter		53,051	TOTAL de la population de l'Arrondissement			97,537

NOMS DES COMMUNES.	BUREAUX DE POSTE qui les desservent.	POPULA-TION.	TOTAL de la POPULA-TION par canton
ARRONDISSEMENT DE SANCERRE.			
Canton d'ARGENT.			
Argent..............	⊠ (*Distribution.*)....	1,262	
Blancafort............	Aubigny-ville......	1,219	4,322
Brinon..............	Idem......	1,126	
Clémont.............	Idem......	715	
Canton d'AUBIGNY-VILLE.			
Aubigny-ville	⊠	2,169	
Aubigny-village.........	Aubigny-ville......	553	
Ménétréol-sur-Sauldre.....	Idem......	456	4,537
Oizon..............	Idem......	867	
Sainte-Montaine........	Idem......	492	
Canton de la CHAPELLE-D'ANGILLON.			
Chapelle-d'Angillon (la).....	⊠ (*Distribution.*)....	706	
Ennordre.............	Aubigny-ville......	755	
Ivoy-le-Pré...........	La Chapelle-d'Angillon....	2,666	5,707
Méry-ès-Bois..........	Idem......	1,114	
Prély-le-Chétif........	Idem......	466	
Canton de HENRICHEMONT.			
Achères.............	Henrichemont......	543	
Chapelotte (la)........	Idem......	718	
Henrichemont.........	⊠	2,973	
Humbligny...........	Henrichemont......	665	7,700
Montigny............	Idem......	1,087	
Neuilly-en-Sancerre......	Idem......	833	
Neuvy-deux-Clochers.....	Idem......	881	
Canton de LÉRÉ.			
Belleville............	Léré......	562	
Boulleret............	Idem......	1,437	
Léré...............	⊠ (*Distribution.*)....	1,373	
Sainte-Gemme.........	Sancerre......	726	7,196
Santranges...........	Léré......	907	
Savigny.............	Idem......	1,604	
Sury-près-Léré........	Cosne......	587	
Canton de SANCERRE.			
Bannay.............	Sancerre......	644	
Bué...............	Idem......	981	
Couargues...........	Idem......	441	
Crézancy............	Idem......	1,449	
Feux...............	Idem......	936	
Gardefort...........	Idem......	291	
Jalognes............	Idem......	533	
Ménetou-Rastel........	Idem......	1,004	
Ménétréol-sous-Sancerre...	Idem......	894	17,309
Sancerre............	⊠	3,032	
Sens-Beaujeu.........	Sancerre......	1,113	
Sury-en-Vaux.........	Idem......	1,335	
Saint-Bouise.........	Idem......	450	
Saint-Satur..........	Idem......	1,808	
Thauvenay..........	Idem......	418	
Veaugues...........	Idem......	1,002	
Verdigny............	Idem......	498	
Vinon..............	Idem......	480	
Canton de SANCERGUES.			
Argenvières..........	La Charité......	327	
Azy...............	Sancergues......	1,081	
Beffes.............	La Charité......	209	
Chapelle-Montlinard......	Idem......	361	
Charentonnay........	Sancergues......	656	
Couy..............	Idem......	764	
Étréchy............	Idem......	895	
Garigny............	Idem......	603	
Groises............	Idem......	436	
Herry..............	Idem......	2,124	
	A reporter	7,456	
	A reporter..................		46,771

NOMS DES COMMUNES.	BUREAUX DE POSTE qui les desservent.	POPULA-TION.	TOTAL de la POPULA-TION par canton
Suite de l'ARRONDISSEMENT DE SANCERRE.		*Report.*..	46,771
Suite du Canton de SANCERGUES.		*Report.*..	7,456
Jussy-le-Chaudrier........	Sancergues......	929	
Lugny-Champagne........	Idem......	430	
Marcilly............	Idem......	298	
Marseille-les-Aubigny....	La Charité......	307	
Précy..............	Sancergues......	554	12,004
Sancergues..........	⊠ (*Distribution.*)....	821	
Sevry..............	Sancergues......	185	
Saint-Léger-le-Petit......	La Charité......	366	
Saint-Martin-des-Champs....	Sancergues......	658	
Canton de VAILLY.			
Assigny.............	Vailly......	544	
Barlieu.............	Idem......	942	
Boucard............	Sancerre......	725	
Concressault.........	Vailly......	410	
Dampierre-au-Crot......	Idem......	545	
Jars...............	Sancerre......	1,490	8,015
Subligny............	Idem......	790	
Sury-ès-Bois.........	Vailly......	1,025	
Thou..............	Idem......	219	
Vailly.............	⊠ (*Distribution.*)....	599	
Villegenon..........	Vailly......	726	
Total de la population de l'Arrondissement........			66,790
ARRONDISSEMENT DE SAINT-AMAND-MONT-ROND.			
Canton de SAINT-AMAND-MONT-ROND.			
Bouzais............	St-Amand-Mont-Rond	209	
Celle-Bruère (la)........	Idem......	850	
Colombiers..........	Idem......	408	
Drevant............	Idem......	204	
Fargus.............	Idem......	295	
Groute (la)..........	Idem......	187	12,028
Marçais............	Idem......	595	
Meillaut............	Idem......	1,360	
Nozières............	Idem......	231	
Orcenais...........	Idem......	447	
Orval.............	Idem......	315	
Saint-Amand-Mont-Rond ..	⊠	6,936	
Canton de CHARENTON.			
Ardenais............	St-Amand-Mont-Rond	527	
Bannegon...........	Dun-le-Roi......	737	
Bessais............	St-Amand-Mont-Rond	764	
Charenton..........	Idem......	1,305	
Chaumont...........	Dun-le-Roi......	124	6,913
Coust.............	St-Amand-Mont-Rond	615	
Saint-Pierre-les-Etieux....	Idem......	1,189	
Thaumiers..........	Dun-le-Roi......	1,219	
Vernais............	St-Amand-Mont-Rond	413	
Canton de CHATEAUMEILLANT.			
Beddes.............	Châteaumeillant....	342	
Chateaumeillant.......	⊠	2,453	
Culan.............	Châteaumeillant....	1,169	
Préveranges.........	Idem......	1,963	
Reigny.............	Idem......	565	
Sidiailles...........	Idem......	770	10,287
Saint-Christophe-le-Chateau..	Idem......	319	
Saint-Jeanvrin........	Idem......	421	
Saint-Maur..........	Idem......	535	
Saint-Priest.........	Idem......	565	
Saint-Saturnin........	Idem......	1,185	
	A reporter..................		29,228

NOMS DES COMMUNES.	BUREAUX DE POSTE qui les desservent.	POPULA- TION.	TOTAL de la POPULA- TION par canton	NOMS DES COMMUNES.	BUREAUX DE POSTE qui les desservent.	POPULA- TION.	TOTAL de la POPULA- TION par canton
Suite de l'ARROND^t DE SAINT-AMAND-MONT-ROND.		*Report..*	29,228	Suite de l'ARROND^t DE SAINT-AMAND-MONT-ROND.		*Report..*	59,000
CANTON DE CHATEAUNEUF-SUR-CHER.				CANTON DE LIGNIÈRES.			
ALLICHAMP	Châteauneuf-sur-Cher	3o1		CELLE-CONDÉ (la)	Lignières	6o1	
CHAMBON	Idem	523		CHEZAL-BENOIT	Idem	275	
CHATEAUNEUF-SUR-CHER	⊠	2,019		CONDÉ	Idem	218	
CHAVANNES	Châteauneuf-sur-Cher	326		DAMPIERRE-EN-LIGNIÈRES	Idem	107	
CORQUOY	Idem	483		INEUIL	Châteauneuf-sur-Cher	524	
CRÉSANÇAY	Idem	152	7,510	LIGNIÈRES 🖂	⊠	1,987	7,899
SERRUELLES	Idem	171		MONT-LOUIS	Châteauneuf-sur-Cher	379	
SAINT-LOUP-LES-CHAUMES	Idem	365		SAINT-BAUDEL	Idem	837	
SAINT-SIMPHORIEN	Idem	324		SAINT-HILAIRE-DE-COURS	Lignières	1,730	
ULAY	Idem	993		TOUCHAY	Idem	842	
VALLENAY	Idem	840		VILLECELIN	Châteauneuf-sur-Cher	399	
VENESMES	Idem	1,013					
CANTON DU CHATELET.				CANTON DE NÉRONDES.			
				BLET	Dun-le-Roi	1,063	
ARDENAIS	Le Châtelet	457		CHARLY	Idem	785	
CHATELET (le)	⊠ (Distribution.)	1,368		CORNUSSE	Villequiers	56o	
IDS-SAINT-ROCH	Lignières	1,079		CROISY	Dun-le-Roi	458	
MAISONNAIS	Châteaumeillant	718	6,348	FLAVIGNY	Villequiers	49o	
MONTGENOUX	Idem	169		IGNOL	Idem	569	9,436
MORLAC	Lignières	812		LUGNY	Dun-le-Roi	126	
REZAY	Idem	977		MENETOU-COUTURE	Villequiers	974	
SAINT-PIERRE-DES-BOIS	Le Châtelet	768		MORNAY-BERRY	Idem	431	
				NÉRONDES	Idem	1,680	
CANTON DE DUN-LE-ROI.				OUROUER	Idem	1,480	
				SAINT-HILAIRE-DE-GONDILLY	Idem	483	
BUSSY	Dun-le-Roi	773		TENDRON	Idem	337	
CHALIVOY-MILON	Idem	701					
COGNY	Idem	236		CANTON DE SANCOINS.			
CONTRES	Idem	110					
DUN-LE-ROI	⊠	3,874		AUGY-SUR-AUBOIS	Sancoins	978	
LANTAN	Dun-le-Roi	335	8,760	GIVARDON	Idem	1,004	
OSMERY	Idem	597		JOUY	Idem	186	
PARNAY	Idem	90		MORNAY-SUR-ALLIER	Idem	847	
RAIMOND	Idem	306		NEUILLY-SUR-DUN	Idem	720	8,415
SAINT-DENIS-DE-PALIN	Idem	578		NECVY-LE-BARROIS	Idem	842	
SAINT-GERMAIN-DES-BOIS	Idem	1,048		SAGONNE	Idem	665	
VERNEUIL	Idem	112		SANCOINS	⊠	2,021	
				SAINT-AIGNANT	Sancoins	240	
CANTON DE LA GUERCHE-SUR-L'AUBOIS.				VERAUX	Idem	912	
				CANTON DE SAULZAIS-LE-POTIER.			
APRÉMONT	La Guerche-sur-l'Au-bois	467		AINAY-LE-VIEUX	St-Amand-Mont-Rond	420	
CHAPELLE-HUGON (la)	Idem	751		ARCOMPS	Idem	563	
CHANTAY (le)	Idem	374		CELETTE-EN-BERRY (la)	Idem	570	
COURS-LES-BARRES	Pougues	568		ÉPINEUIL-LE-FLEURIEL	Meaulne	1,074	
COFFY	La Guerche-sur-l'Au-bois	1,088	7,154	FAVERDINES	St-Amand-Mont-Rond	398	
GERMIGNY	Idem	785		LOYE	Idem	720	6,982
GUERCHE-SUR-L'AUBOIS (la)	⊠ (Distribution)	1,754		PERCHE (la)	Idem	462	
PATINGES	La Guerche-sur-l'Au-bois	427		SAULZAIS-LE-POTIER	Idem	691	
SAINT-GERMAIN-SUR-L'AUBOIS	Pougues	940		SOYE-L'ÉGLISE	Idem	86	
				SAINT-GEORGES-DE-POISIEUX	Idem	311	
				SAINT-VITTE	Meaulne	447	
				VESDUN	St-Amand-Mont-Rond	1,240	
A reporter			59,000	TOTAL de la population de l'Arrondissement			91,732

RÉCAPITULATION.

	NOMBRE de		POPULATION.
	CANTONS.	COMMUNES.	
ARRONDISSEMENT DE BOURGES	10	102	97,537
DE SANCERRE	8	76	66,790
DE SAINT-AMAND-MONT-ROND	11	119	91,732
TOTAUX	29	297	256,059

ARRONDISSEMENT DE TULLE.

CANTON D'ARGENTAT.

NOMS DES COMMUNES.	BUREAUX DE POSTE qui les desservent.	POPULATION.	TOTAL de la POPULATION par canton
Albussac	Argentat	1,294	
Argentat 🐎	✉	3,121	
Forgès	Argentat	808	
Ménoire	Idem	203	
Monceaux	Idem	1,602	
Neuville	Idem	449	11,294
Saint-Bonnet-Elvert	Idem	1,252	
Saint-Chamant	Idem	1,237	
Saint-Hilaire-Taurieux	Idem	260	
Saint-Martial-Entraigues	Idem	516	
Saint-Silvain	Idem	552	

CANTON DE CORRÈZE.

Bar	Tulle	1,228	
Chaumeil	Treignac	716	
Corrèze	Tulle	1,684	
Eyrein	Égletons	702	
(🐎 aux Champs-de-Brach.)			
Meyrignac	Tulle	310	7,828
Orliac-de-Bar	Idem	701	
Sarran	Égletons	752	
Saint-Augustin	Tulle	1,125	
Vitrac	Égletons	608	

CANTON D'ÉGLETONS.

Champagnac-la-Noailles	Égletons	863	
Égletons	✉	1,253	
Jardin (le)	Égletons	222	
Moustier-Ventadour (le)	Idem	912	6,147
Rosiers	Idem	1,058	
Saint-Hippolyte	Idem	838	
Saint-Yrieix-le-Dejalat	Idem	1,001	

CANTON DE LAPLEAU.

Fage (la)	Égletons	527	
Lapleau	Idem	853	
Laval	Idem	658	
Soursac	Idem	1,956	
Saint-Hilaire-Foissac	Idem	1,145	6,917
Saint-Merd	Idem	840	
Saint-Pantaléon	Idem	293	
Tronche (la)	Idem	645	

CANTON DE LA ROCHE-CANILLAC.

Champagnac-la-Prune	Argentat	317	
Clergoux	Égletons	308	
Espagnac	Tulle	890	
Gros-Chastang	Argentat	700	
Gumont	Idem	606	
Marcillac	Égletons	1,794	8,690
Roche-Canillac (la)	Argentat	450	
Saint-Bazile-de-la-Roche	Idem	550	
Saint-Martin-Laméane	Idem	1,560	
Saint-Pardoux-Lacroisille	Idem	701	
Saint-Paul	Tulle	814	

CANTON DE MERCŒUR.

Altillac	Argentat	1,794	
Bassignac-le-bas	Idem	635	
Camps	Idem	827	
Chapelle-Saint-Géraud (la)	Idem	538	
Goulles	Idem	1,398	
Léobazel	Idem	303	8,921
Mercœur	Idem	1,035	
Reygades	Idem	434	
Sexcles	Idem	1,129	
Saint-Bonnet-le-Pauvre	Idem	276	
Saint-Julien-le-Pélerin	Idem	552	

A reporter 49,797

Suite de l'ARRONDISSEMENT DE TULLE.

Report .. 49,797

CANTON DE SEILHAC.

NOMS DES COMMUNES.	BUREAUX DE POSTE qui les desservent.	POPULATION.	TOTAL de la POPULATION par canton
Beaumont	Tulle	589	
Chamboulive	Uzerche	3,036	
Chanteix	Tulle	1,192	
Lagraulière	Idem	2,009	
Pierrefitte	Idem	542	13,404
Seilhac	Idem	1,610	
Saint-Clément	Idem	1,600	
Saint-Jal	Idem	1,644	
Saint-Salvadour	Idem	1,182	

CANTON DE SERVIÈRES.

Auriac	Argentat	1,287	
Bassignac-le-haut	Idem	801	
Darazac	Idem	703	
Hautefage	Idem	1,102	
Servières	Idem	1,156	10,715
Saint-Cirgues	Idem	1,051	
Saint-Geniez-o-Merle	Idem	685	
Saint-Julien-aux-Bois	Idem	1,606	
Saint-Privat	Idem	1,004	
Rilhac-Xaintrie	Idem	1,320	

CANTON DE TREIGNAC.

Affieux	Treignac	990	
Celle (la)	Idem	428	
Chamberet	Idem	2,656	
Église-aux-Bois (l')	Idem	320	
Lonzac (le)	Idem	2,356	
Peyrissac	Idem	285	12,276
Rilhac-Treignac	Idem	396	
Soudaine-Lavinadière	Idem	858	
Saint-Hilaire-les-Courbes	Idem	775	
Treignac	✉	2,704	
Veix	Treignac	508	

CANTON DE TULLE (nord).

Chameyrat	Tulle	1,338	
Favars	Idem	664	
Naves	Idem	2,312	
Saint-Germain-les-Vergnes	Idem	1,331	14,707
(🐎 à la Borde.)			
Saint-Hilaire-Peyroux	Idem	1,619	
Saint-Mexant	Idem	874	
Tulle (nord) 🐎	✉	6,569	

CANTON DE TULLE (sud).

Angles (les)	Tulle	200	
Chanac	Idem	626	
Chastang (le)	Idem	322	
Cornil	Idem	1,203	
Garde (la)	Idem	1,007	
Gimel	Idem	886	
Ladignac	Idem	616	
Laguenne	Idem	821	12,293
Marc-la-Tour	Idem	263	
Pandrignes	Idem	482	
Saint-Bonnet-Avalouse	Idem	335	
Sainte-Fortunade	Idem	1,961	
Saint-Martial-de-Gimel	Idem	1,050	
Saint-Priest	Idem	401	
Tulle (sud)	✉	2,120	

CANTON D'UZERCHE.

Condat	Uzerche	1,675	
Espartignac	Idem	682	
Eyburie	Idem	1,381	

A reporter .. 3,738

A reporter 113,192

NOMS DES COMMUNES.	BUREAUX DE POSTE qui les desservent.	POPULA-TION.	TOTAL de la POPULA-TION par canton	NOMS DES COMMUNES.	BUREAUX DE POSTE qui les desservent.	POPULA-TION.	TOTAL de la POPULA-TION par canton
Suite de l'ARRONDISSEMENT DE TULLE.				**Suite de l'ARRONDISSEMENT DE BRIVES.**			
	Report..		113,192		Report..		46,520
Suite du Canton D'UZERCHE.				**Canton de DONZENAC.**			
	Report..	3,738		Allassac	Donzenac	4,049	
Lamongerie	Masseret	393		Donzenac	⊠	3,219	
Masseret	⊠ (Distribution.)	848		Sadroc	Donzenac	1,075	
Meilhard	Masseret	1,676	13,340	Sainte-Féréolle	Idem	2,826	13,513
Salons	Idem	1,914		Saint-Pardoux-Lortigier	Idem	767	
Saint-Ybart	Uzerche	1,557		Saint-Viance	Idem	1,224	
Uzerche	⊠	3,214		Venarsal	Idem	353	
Total de la population de l'Arrondissement			126,532	**Canton de JUILLAC.**			
				Chabrignac	Objat	691	
ARRONDISSEMENT DE BRIVES.				Concèze	Idem	725	
				Juillac	Idem	2,519	
Canton D'AYEN.				Lascaux	Idem	445	
				Rosiers	Idem	562	10,957
Ayen	Objat	974		Saint-Bonnet-la-Rivière	Idem	1,018	
Brignac	Idem	1,127		Saint-Cyr-la-Roche	Idem	659	
Louignac	Idem	827		Saint-Solve	Idem	815	
Objat	⊠ (Distribution.)	1,333		Vignols	Idem	983	
Perpezac-le-blanc	Objat	1,019		Voutezac	Idem	2,540	
Segonzac	Idem	841	10,478	**Canton de LARCHE.**			
Saint-Aulaire	Idem	1,198		Chartier	Noailles	570	
Saint-Cyprien	Idem	523		Chasteaux	Idem	871	
Saint-Robert	Idem	624		Cublac	Terrasson	1,084	
Temple-d'Ayen (le)	Idem	192		Ferrières	Noailles	194	
Vars	Idem	566		Larche	Brives	806	7,379
Yssandon	Idem	1,254		Lissac	Idem	787	
Canton de BEAULIEU.				Mansac	Idem	1,199	
				Saint-Cernin-de-Larche	Idem	602	
Astaillac	Beaulieu	723		Saint-Pantaléon	Idem	1,266	
Beaulieu	⊠ (Distribution.)	2,415		**Canton de LUBERSAC.**			
Billac	Beaulieu	581		Arnac-Pompadour	Lubersac	1,196	
Brivezac	Idem	848		Benayes	Masseret	909	
Chapelle-aux-Saints (la)	Idem	507		Beyssac	Lubersac	965	
Chenaillers	Idem	526		Beyssenac	Idem	940	
Liourdes	Idem	573		Lubersac	⊠ (Distribution.)	3,502	
Machrix	Idem	159	11,916	Mongibaud	Masseret	447	12,360
Nonards	Idem	1,362		Ségur	Lubersac	751	
Puydarnac	Idem	1,358		Saint-Éloy	Idem	503	
Queyssac	Idem	758		Saint-Julien-le-Vendonnois	Idem	672	
Sionniac	Idem	679		Saint-Martin	Idem	935	
Thudeils	Idem	701		Saint-Pardoux	Idem	918	
Vegennes	Idem	726		Saint-Sornin	Idem	622	
Canton de BEYNAC.				**Canton de MEYSSAC.**			
				Brancelles	Meyssac	805	
Albignac	Brives	629		Chauffour	Idem	565	
Aubazine	Idem	921		Collonges	Idem	1,250	
Beynac	Idem	1,790		Curemonte	Idem	1,227	
Lanteuil	Idem	1,211	6,847	Lignerac	Idem	845	
Palazinges	Idem	220		Lostanges	Idem	520	
Sérilhac	Idem	2,076		Marcillac-la-Crosse	Idem	654	12,533
Canton de BRIVES.				Meyssac	⊠	2,447	
				Noaillac	Meyssac	1,010	
Brives		8,031		Saillac	Idem	415	
Chapelle-aux-Brots (la)	Brives	278		Saint-Bazile-de-Meyssac	Idem	445	
Cosnac	Idem	952		Saint-Julien-Maumont	Idem	362	
Dampniac	Idem	1,004		Torenne	Idem	1,988	
Estivals	Noailles	288		**Canton de VIGEOIS.**			
Jugeals	Idem	432	17,279				
Mallemort	Brives	1,068		Estivaux	Donzenac	798	
Nespouls	Noailles	1,018		Orgnac	Uzerche	1,254	
Noailles	⊠ (Distribution.)	704		Perpezac-le-Noir	Idem	1,449	7,762
Ussac	Donzenac	2,098		Saint-Bonnet-l'Enfantier	Donzenac	618	
Varets	Brives	1,406		Troche	Lubersac	1,139	
				Vigeois	Uzerche	2,504	
	A reporter		46,520	**Total de la population de l'Arrondissement**			111,074

NOMS DES COMMUNES.	BUREAUX DE POSTE qui les desservent.	POPULA-TION.	TOTAL de la POPULA-TION par canton	NOMS DES COMMUNES.	BUREAUX DE POSTE qui les desservent.	POPULA-TION.	TOTAL de la POPULA-TION par canton
ARRONDISSEMENT D'USSEL.				**Suite de l'ARRONDISSEMENT D'USSEL.**			
				Report..			21,121
CANTON DE BORT.				**Suite du CANTON DE MEYMAC.**			
				Report..		4,233	
Bort	⊠	2,291		Meymac	⊠ (Distribution.)	3,130	
Margerides	Bort	816		Peret	Égletons	330	
Monestier-Port-Dieu	Idem	706		Soudeilles	Meymac	582	9,259
Pont-Dieu	Idem	464		Saint-Germain-le-Lièvre	Égletons	263	
Sarroux	Idem	1,186	8,675	Saint-Sulpice-les-Bois	Meymac	701	
Saint-Bonnet-le-Port-Dieu	Idem	400					
Saint-Julien-près-Bort	Idem	1,513		**CANTON DE NEUVIC.**			
Saint-Victour	Idem	678		Chirac	Ussel	761	
Thalamy	Idem	352		Liginiac	Idem	1,293	
Veyrières	Idem	269		Mazière-basse (la)	Idem	1,549	
				Neuvic	Idem	2,619	
CANTON DE BUGEAT.				Palisse	Idem	889	9,694
Barsanges	Meymac	236		Roche-le-Peyroux	Idem	416	
Bonnefond	Idem	697		Serandon	Idem	1,273	
Bugeat	Idem	825		Saint-Étienne-la-Geneste	Idem	282	
Gransaigne	Idem	432		Saint-Hilaire-Luc	Idem	383	
Lestards	Idem	342		Sainte-Marie-la-Panouse	Idem	229	
Murat	Idem	307	7,014				
Pérols	Idem	618		**CANTON DE SORNAC.**			
Pradines	Idem	484		Bellechassagne	Ussel	311	
Saint-Merd-les-Oussines	Idem	603		Chavanac	Meymac	208	
Tarnac	Idem	1,582		Millevache	Idem	260	
Toy-Viam	Idem	217		Peybelevade	Idem	1,513	6,294
Viam	Idem	671		Sornac	Meymac	1,408	
				Saint-Germain-Lavops	Ussel	518	
CANTON D'EYGURANDE.				Saint-Remy	Idem	798	
Aix	Ussel	1,090		Saint-Sestiers	Idem	1,278	
Couffy	Idem	544					
Courteix	Idem	402		**CANTON D'USSEL.**			
Eygurande	Idem	921		Chaveroche	Ussel	344	
Feyt	Idem	511	5,432	Lignareix	Idem	249	
Mazière-haute (la)	Idem	501		Mestes	Idem	473	
Merlines	Idem	364		Saint-Angel	Idem	1,499	
Monestier-Merlines	Idem	384		Saint-Dézéry	Idem	195	
Roche-près-Feyt (la)	Idem	426		Saint-Étienne-aux-Clos	Idem	846	
Saint-Pardoux-le-Neuf	Idem	289		Saint-Exupéry	Idem	1,425	10,910
				Saint-Fréjoux-le-Majeur	Idem	765	
CANTON DE MEYMAC.				Saint-Pardoux-le-Vieux	Idem	398	
Alleyrat	Ussel	405		Tourette (la)	Idem	258	
Ambrugeat	Meymac	793		Ussel	⊠	3,953	
Combressol	Idem	1,022		Valiergues	Ussel	357	
(⌂ à la Chapelle.)				Ventejeols	Idem	118	
Darnets	Égletons	900					
Davignac	Meymac	682					
Maussac	Idem	441					
	A reporter..	4,233					
	À reporter		21,121	TOTAL de la population de l'Arrondissement			57,278

RÉCAPITULATION.

	NOMBRE de		POPULATION.
	CANTONS.	COMMUNES.	
ARRONDISSEMENT DE TULLE	12	117	126,532
— DE BRIVES	10	100	111,024
— D'USSEL	7	74	57,278
TOTAUX	29	291	294,834

NOMS DES COMMUNES.	BUREAUX DE POSTE qui les desservent.	POPULA- TION.	TOTAL de la POPULA- TION par canton
ARRONDISSEMENT D'AJACCIO.			
Canton d'AJACCIO.			
Ajaccio	✉	8,920	8,920
Canton de BASTELICA.			
Bastelica	Bocognano	2,314	
Cauro	Ajaccio	512	
Eccica	Idem	527	4,317
Occana	Bocoguagno	444	
Tolla	Idem	520	
Canton de BOCOGNANO.			
Bocognano	✉ (Distribution.)	1,992	
Carbuccia	Bocoguano	348	
Tavera	Idem	742	4,359
Ucciani	Idem	932	
Vero	Idem	345	
Canton d'EVISA.			
Cristinacce	Vico	249	
Evisa	Idem	994	1,906
Marignana	Idem	663	
Canton de SAINTE-MARIE-et-SICCHE.			
Albitreccia	Ajaccio	500	
Azilone	Idem	320	
Campo	Idem	259	
Cognocoli	Idem	209	
Forciolo	Idem	237	
Frasseto	Idem	528	
Grosseto	Idem	384	
Guabocale	Idem	368	5,071
Pila	Idem	589	
Quasquara	Idem	369	
Sainte-Marie-et-Sicche	Idem	520	
Tolgia	Idem	89	
Urbalacone	Idem	201	
Zigliara	Idem	498	
Canton de LA PIANA.			
Cargese	Vico	697	
Otta	Idem	650	2,307
Piana (la)	Idem	960	
Canton de SALICE.			
Azzana	Vico	243	
Pastriccciola	Idem	408	
Rosazia	Idem	323	1,466
Salice	Idem	263	
Scanafaghiaccia	Idem	229	
Canton de SARI ou SARI-D'ORCINO.			
Alata	Ajaccio	366	
Ambiegna	Idem	119	
Appietto	Idem	513	
Arro	Idem	160	
Calcatoggio	Idem	440	
Cannelle	Idem	107	3,355
Casaglione	Idem	318	
Lopigna	Idem	424	
Sari-d'Orcino	Idem	739	
Santo-Andrea-d'Orcino	Idem	169	
A reporter			31,701

NOMS DES COMMUNES.	BUREAUX DE POSTE qui les desservent.	POPULA- TION.	TOTAL de la POPULA- TION par canton
Suite de l'ARRONDISSEMENT D'AJACCIO.			
Report			31,701
Canton de SARROLA-et-CARCOPINO.			
Cuttoli	Bocognano	588	
Peri	Idem	482	
Sarrola-et-Carcopino	Ajaccio	550	2,012
Tavaco	Idem	137	
Valle-de-Mezzana	Idem	255	
Canton de SOCCIA.			
Guagno	Vico	721	
Orto	Idem	350	
Poggiolo	Idem	189	1,853
Soccia	Idem	593	
Canton de VICO.			
Appricciani	Vico	206	
Arbori	Idem	397	
Balogna	Idem	374	
Coggia	Idem	590	
Lætia	Idem	843	4,744
Murzo	Idem	160	
Renno	Idem	810	
Vico	✉ (Distribution.)	1,364	
Canton de ZICAVO.			
Ciammanage	Ajaccio	852	
Cobra	Idem	290	
Cozzano	Idem	784	
Guitera	Idem	298	
Palneca	Idem	502	4,925
Sampolo	Idem	210	
Tasso	Idem	338	
Zecavo	Idem	402	
Zivaco	Idem	1,249	
Total de la population de l'Arrondissement			45,235
ARRONDISSEMENT DE BASTIA.			
Cantons de BASTIA.			
Bastia { Terra-nova (1er canton)	✉		5,082
Bastia { Terra-vecchia (2e cm)	✉		4,449
Canton de BORGO.			
Biguglia	Bastia	264	
Borgo	Idem	589	
Furiani	Idem	408	2,138
Lucciana	Idem	598	
Vignale	Idem	279	
Canton de BRANDO.			
Brando	Bastia	1,189	
Pietracorbara	Idem	721	2,833
Sisco	Idem	923	
Canton de CAMPILE.			
Campile	La Porta	712	
Crocicchia	Idem	360	
Monte	Idem	936	
Olmi	Idem	437	3,520
Ortiporio	Idem	476	
Penta-Acquatella	Idem	181	
Prunelli-de-Casacconi	Idem	418	
A reporter			18,022

11.

10.

NOMS DES COMMUNES.	BUREAUX DE POSTE qui les desservent.	POPULA-TION.	TOTAL de la POPULA-TION par canton	NOMS DES COMMUNES.	BUREAUX DE POSTE qui les desservent.	POPULA-TION.	TOTAL de la POPULA-TION par canton
Suite de l'ARRONDISSEMENT DE BASTIA.				**Suite de l'ARRONDISSEMENT DE BASTIA.**			
Report..		18,022		*Report..*		42,256	
CANTON DE CAMPITELLO.				**CANTON DE SANTO-PIETRO.**			
Bigorno	Bastia	239		Sorio	Saint-Florent	490	
Campitello	Idem	233		San-Gavino-di-Tenda	Idem	228	1,618
Lento	Idem	534	1,834	Santo-Pietro-di-Tenda	Idem	900	
Scolca	Idem	394		**CANTON DE LA PORTA.**			
Volpajola	Idem	434		Casabianca	La Porta	238	
CANTON DE CERVIONE.				Casalta	Idem	163	
Cervione	✉ (*Distribution.*)	1,467		Croce	Idem	514	
Saint-André-de-Cotone	Cervione	643	2,884	Ficaja	Idem	370	
San-Giuliano	Idem	434		Giocatojo	Idem	236	
Valle-de-Campoloro	Idem	340		Piano	Idem	155	
CANTON DE SAINT-FLORENT.				Poggio-Marinaccio	Idem	147	4,540
Barbaggio	Saint-Florent	304		Polveroso	Idem	203	
Farinole	Idem	538		Porta (la)	✉ (*Distribution.*)	285	
Patrimonio	Idem	464	1,697	Pruno	La Porta	617	
Saint-Florent	✉	391		Quercitello	Idem	304	
CANTON DE LAMA.				Scata	Idem	191	
Lama	Saint-Florent	387		Silvareccio	Idem	457	
Pietralba	Idem	745	1,429	Saint-Damiano	Idem	318	
Urtaca	Idem	297		San-Gavino	Idem	342	
CANTON DE LURI.				**CANTON DE ROGLIANO.**			
Barettali	Rogliano	627		Centuri	Rogliano	615	
Cagnano	Idem	784		Ersa	Idem	846	
Luri	Idem	1,335	3,704	Morsiglia	Idem	691	4,211
Meria	Idem	540		Rogliano	✉	1,397	
Pino	Idem	418		Tomino	Rogliano	662	
CANTON DE SAN-MARTINO-DI-LOTA.				**CANTON DE VESCOVATO.**			
Cardo	Bastia	201		Castellard-de-Casinca	La Porta	337	
Santa-Maria-di-Lota	Idem	342		Loreto-de-Casinca	Idem	824	
San-Martino-di-Lota	Idem	680	1,673	Penta-de-Casinca	Idem	859	
Ville-de-Pietrabugno	Idem	450		Porri	Idem	247	5,024
CANTON DE MURATO.				Sorbo	Idem	580	
Murato	Saint-Florent	673		Venzolasca	Idem	1,172	
Pieve	Idem	284		Vescovato	Idem	1,005	
Rapale	Idem	437	1,653	TOTAL de la population de l'Arrondissement.......			57,649
Rutali	Idem	259		**ARRONDISSEMENT DE CALVI.**			
CANTON DE SAN-NICOLAO.				**CANTON D'ALGAJOLA.**			
San-Giovanni	Cervione	586		Algajola	L'Isle-Rousse	209	
Santa-Lucia-di-Moriani	Idem	284		Aregno	Idem	696	
Sainte-Marie	Idem	373	2,308	Avapessa	Calvi	263	
San-Nicolao	Idem	618		Catteri	Idem	510	
Santa-Reparata-di-Moriani	Idem	447		Feliceto	L'Isle-Rousse	509	4,924
CANTON DE NONZA.				Lavatoggio	Calvi	384	
Canari	Saint-Florent	994		Muro	Idem	1,163	
Nonza	Idem	325		Nessa	L'Isle-Rousse	345	
Olcani	Idem	171	2,136	Speloncato	Idem	845	
Ogliastro	Idem	192		**CANTON DE BELGODÈRE.**			
Olmeta-di-Capo-Corso	Idem	454		Belgodère	L'Isle-Rousse	752	
CANTON D'OLETTA.				Costa	Idem	186	
Oletta	Saint-Florent	1,004		Novella	Idem	332	2,979
Olmeta-di-Tuda	Idem	504		Occhiatana	Idem	548	
Poggio-d'Oletta	Idem	460	2,293	Palasca	Idem	478	
Vellecalle	Idem	325		Ville-de-Pabaso	Idem	683	
CANTON DE PERO.				**CANTON DE CALENZANA.**			
Pero	Cervione	500		Calenzana	Calvi	1,974	
Poggio	Idem	555		Cassano	Idem	465	
Taglio	Idem	583	2,623	Lumio	Idem	813	
Talasani	Idem	440		Lunghignano	Idem	207	
Velone	Idem	545		Moncale	Idem	357	4,988
				Montemaggiore	Idem	506	
				Occi	Idem	55	
				Zilia	Idem	611	
A reporter....................		42,256		*A reporter....................*		12,891	

Suite de l'ARRONDISSEMENT DE CALVI.

NOMS DES COMMUNES.	BUREAUX DE POSTE qui les desservent.	POPULATION.	TOTAL de la POPULATION par canton
		Report..	12,891
CANTON DE CALVI.			
Calvi	⊠	1,382	1,382
CANTON DE L'ISLE ROUSSE.			
Corbara	L'Isle-Rousse	1,144	
Isle-Rousse (†)	⊠	1,046	
Monticello	L'Isle-Rousse	753	4,639
Pigna	Idem	192	
Santo-Antonio	Idem	418	
Santa-Reparata	Idem	1,086	
CANTON D'OLMI-ET-CAPELLA.			
Mausoleo	L'Isle-Rousse	152	
Olmi-et-Capella	Idem	708	1,529
Poggiola	Idem	415	
Vallica	Idem	254	
TOTAL de la population de l'Arrondissement			20,441

ARRONDISSEMENT DE CORTE.

NOMS DES COMMUNES.	BUREAUX DE POSTE qui les desservent.	POPULATION.	TOTAL de la POPULATION par canton
CANTON DE CALACUCCIA.			
Albertacce	Corte	940	
Calacuccia	Idem	629	
Casamaccioli	Idem	436	3,330
Corscia	Idem	571	
Lozzi	Idem	754	
CANTON DE CASTIFAO.			
Asco	Corte	701	
Canavaggia	Idem	457	2,583
Castifao	Idem	600	
Moltifao	Idem	825	
CANTON DE CORTE.			
Corte	⊠	3,282	3,282
CANTON DE SAINT-LAURENT.			
Aiti	Corte	356	
Cambia	Idem	475	
Carticasi	Idem	285	
Erone	Idem	90	2,187
Lano	Idem	173	
Rusio	Idem	285	
Saint-Laurent	Idem	523	
CANTON DE MOITA.			
Aleria	Corte	97	
Ampriani	Idem	160	
Matra	Idem	265	
Moita	Idem	620	2,761
Pianello	Idem	452	
Tallonne	Idem	268	
Zalana	Idem	605	
Zuani	Idem	294	
CANTON DE MOROSAGLIA.			
Bisinchi	Corte	657	
Castineta	Idem	307	
Frasso	Idem	152	
Gavignano	Idem	449	3,656
Morosaglia	Idem	820	
Pastoreccia-di-Rostino	Idem	443	
Saliceto	Idem	286	
Valle-de-Rostino	Idem	542	
A reporter			17,799

Suite de l'ARRONDISSEMENT DE CORTE.

NOMS DES COMMUNES.	BUREAUX DE POSTE qui les desservent.	POPULATION.	TOTAL de la POPULATION par canton
		Report..	17,799
CANTON D'OMESSA.			
Castiglione	Corte	327	
Castirla	Idem	220	
Omessa	Idem	889	
Piedigriggio	Idem	147	2,483
Prato	Idem	368	
Popolasca	Idem	231	
Soveria	Idem	301	
CANTON DE PIEDICORTE-DE-GAGGIO.			
Altiani	Corte	437	
Erbajolo	Idem	429	
Focicchia	Idem	209	
Giuncaggio	Idem	310	2,737
Pancheraccia	Idem	310	
Piedicorte-de-Gaggio	Idem	702	
Pietraserena	Idem	340	
CANTON DE PIEDICROCE.			
Brustico	Corte	162	
Campana	Idem	168	
Carcheto	Idem	317	
Carpineto	Idem	321	
Monacia	Idem	404	
Nocario	Idem	472	
Parata	Idem	146	
Pastoreccia-d'Orezza	Idem	148	4,299
Piazzole	Idem	307	
Piedicroce	Idem	418	
Piedipartino	Idem	133	
Pied'Orezza	Idem	316	
Rapaggio	Idem	193	
Stazzona	Idem	188	
Valle-d'Orezza	Idem	307	
Verdese	Idem	299	
CANTON DE PIETRA-DE-VERDE.			
Campi	Corte	257	
Canale-de-Verde	Idem	421	
Chiatra	Idem	433	2,620
Linguizetta	Idem	348	
Pietra-de-Verde	Idem	827	
Tox	Idem	334	
CANTON DE PRUNELLI-DI-FIUMORBO.			
Isolaccio	Corte	1,207	
Prunelli-di-Fiumorbo	Idem	480	
Serra	Vezzani	380	3,264
Solaro	Idem	364	
Ventiseri	Idem	833	
CANTON DE SERMANO.			
Alando	Corte	126	
Alzi	Idem	141	
Arbitro	Idem	147	
Bustanico	Idem	282	
Castellare-de-Mercurio	Idem	263	
Favalello	Idem	66	2,767
Mazzola	Idem	236	
Piedicorte-de-Bozio	Idem	208	
Rebbia	Idem	232	
Sermano	Idem	224	
Sainte-Lucie	Idem	544	
Tralonca	Idem	298	
A reporter			35,969

NOMS DES COMMUNES.	BUREAUX DE POSTE qui les desservent.	POPULA-TION.	TOTAL de la POPULA-TION par canton	NOMS DES COMMUNES.	BUREAUX DE POSTE qui les desservent.	POPULA-TION.	TOTAL de la POPULA-TION par canton
Suite de l'ARRONDISSEMEMT DE CORTE.				Suite de l'ARRONDISSEMENT DE SARTENE.			
	Report..		35,969		Report..		5,761
CANTON DE SERRAGGIO.				CANTON DE SAINTE-LUCIE ou SAINTE-LUCIE-DI-TALLANO.			
CAMPOVECCHIO	Corte	80		ALTAGÈNE	Sartene	263	
CASANOVA	Idem	231		CARBIACA	Idem	247	
GATTI-DE-VIVARIO	Idem	784		LORETO	Idem	160	
LUGO-DI-VECCHIO	Idem	354		MELA	Idem	152	
MURACCIOLE	Idem	330	3,638	OLMICCIA	Idem	335	2,435
POGGIO-DE-VECCHIO	Idem	414		POGGIO-DI-TALLANO	Idem	201	
RIVENTOSA	Idem	276		SAINT-ANDRÉ-DI-TALLANO	Idem	212	
SERRAGGIO	Idem	915		SAINTE-LUCIE-DI-TALLANO	Idem	664	
SAN-PIETRO-DE-VENACO	Idem	254		ZOZA	Idem	201	
CANTON DE VALLE ou VALLE-D'ALESANI.				CANTON D'OLMETO.			
FELCE	Corte	384		ABBELLARA	Olmeto	311	
NOVALE	Idem	324		FOZZANO	Idem	633	
ORTALE	Idem	314		OLMETO	(Distribution.)	207	2,871
PERELLI	Idem	377	3,057	SAINTE-MARIE	Olmeto	1,379	
PIAZZALI	Idem	55		VIGGIANELLO	Idem	341	
PIETRICAGGIO	Idem	366		CANTON DE PETRETO-ET-BICCHISANO.			
PIOBBETA	Idem	246		ARGIUSTA	Olmeto	265	
TARRANO	Idem	375		CALVESE	Idem	243	
VALLE-D'ALESANI	Idem	616		CASALABRIVA	Idem	270	
CANTON DE VEZZANI.				MOCA	Idem	591	3,156
ANTISANTI	Vezzani	575		OLIVESE	Idem	439	
GHISONI	Idem	1,535		PETRETO-ET-BICCHISANO	Idem	741	
LUGO-DI-NAZZA	Idem	464		SOLLACARO	Idem	607	
NOCETA	Idem	452		CANTON DE PORTO-VECCHIO.			
PIETROSO	Idem	537	5,174	CONCA	Bonifacio	424	
POGGIO-DI-NAZZA	Idem	589		LECCI	Idem	137	2,508
ROSPIGLIANI	Idem	203		PORTO-VECCHIO	Idem	1,738	
VEZZANI	(Distribution.)	819		SARI-DE-PORTO-VECCHIO	Idem	209	
TOTAL de la population de l'Arrondissement			47,838	CANTON DE SARTENE.			
				BELVÉDÈRE	Sartene	125	
ARRONDISSEMENT DE SARTENE.				BILIA	Idem	208	
				FOCE	Idem	231	
CANTON DE BONIFACIO.				GIUNCHETO	Idem	481	4,551
BONIFACIO	⊠	2,944	2,944	GRANACE	Idem	435	
CANTON DE LEVIE.				GROSSA	Idem	261	
FIGARI	Bonifacio	589		SARTENE	⊠	2,715	
LEVIE	Sartene	1,416		TIVOLAGGIO	Sartene	95	
SAN-GAVINO-DI-CARBINI	Idem	332	2,817	CANTON DE SERRA.			
ZONZA	Idem	480		AULLENE	Sartene	1,033	
				QUENZA	Idem	201	
A reporter			5,761	SERRA-DE-SCOPAMENE	Idem	724	2,962
				SORBOLLANO	Idem	538	
				ZÉRUBIA	Idem	466	
				TOTAL de la population de l'Arrondissement			24,244

RÉCAPITULATION.

	NOMBRE de		POPULATION.
	CANTONS.	COMMUNES.	
ARRONDISSEMENT D'AJACCIO	12	72	45,235
—————— DE BASTIA	20	94	57,649
—————— DE CALVI	6	34	20,441
—————— DE CORTE	15	112	47,838
—————— DE SARTENE	8	43	24,244
TOTAUX	61	355	195,407

NOMS DES COMMUNES.	BUREAUX DE POSTE qui les desservent.	POPULA-TION.	TOTAL de la POPULA-TION par canton	NOMS DES COMMUNES.	BUREAUX DE POSTE qui les desservent.	POPULA-TION.	TOTAL de la POPULA-TION par canton
ARRONDISSEMENT DE DIJON.				**Suite de l'ARRONDISSEMENT DE DIJON.**		Report..	41,173
CANTON D'AUXONNE.				**Suite du CANTON DE DIJON (nord).**			
Abergement-les-Auxonne (l')	Auxonne	407				Report..	9,866
Athée	Idem	538		Messigny	Dijon	711	
Auxonne	✉	5,287		Norges-la-Ville	Idem	200	
Billey	Auxonne	259		(à Norges-le-Pont.)			12,882
Champdôtre	Idem	716		Plombières	Idem	1,163	
Flacey-les-Auxonne	Idem	171		Savigny-le-Sec	Idem	206	
Flammerans	Idem	809		Talant	Idem	618	
Magny-les-Auxonne	Idem	259		Vantoux	Idem	119	
Mailly-le-Mont	Idem	1,385	12,279				
Montarlot	Idem	91		**CANTON DE FONTAINE-FRANÇAISE.**			
Poncey-les-Athée	Idem	499		Bourberain	Fontaine-Française	649	
Pont	Idem	285		Courchamps	Champlitte	162	
Soirans-Fouffrans	Idem	239		Dampierre-sur-Vingeanne	Fontaine-Française	223	
Tillenay	Idem	288		Fontaine-Française	✉ (Distribution.)	1,073	
Théclun	Idem	330		Fontenelle	Fontaine-Française	364	
Villers-les-Poys	Idem	475		Licey-sur-Vingeanne	Idem	182	5,758
Villers-Rotin	Idem	241		Montigny-sur-Vingeanne	Idem	505	
				Mornay-sur-Vingeanne	Idem	250	
CANTON DE DIJON (ouest).				Orain	Champlitte	460	
Chenove	Dijon	771		Pouilly-sur-Vingeanne	Fontaine-Française	336	
Corcelles-les-Monts	Idem	420		Saint-Maurice-sur-Vingeanne	Champlitte	506	
Dijon (ouest)	✉	9,339		Saint-Seine-sur-Vingeanne	Fontaine-Française	870	
Flavignerot	Dijon	148		Villeneuve-sur-Vingeanne (la)	Idem	178	
Fleurey-sur-Ouche	Idem	845					
Lantenay	Idem	432		**CANTON DE GENLIS.**			
Longvic	Idem	275	14,848	Abergement-Foigny (l')	Genlis	371	
Marsannay-la-Côte	Idem	703		Aiserey	Idem	575	
Neuilly-les-Dijon	Idem	197		Bessey-les-Citeaux	Idem	576	
Ouges	Idem	386		Beire-le-Fort	Idem	141	
Pasques	Idem	261		Bretenières	Idem	194	
Perrigny-les-Dijon	Idem	268		Cessey-sur-Tille	Idem	670	
Prénois	Idem	417		Chambeire	Idem	265	
Velars-sur-Ouche	Idem	386		Collonges-lès-Premières	Idem	181	
				Échigey	Idem	170	
CANTON DE DIJON (est).				Fauverney	Idem	325	
Arc-sur-Tille	Dijon	1,081		Genlis	✉	969	
Bressey-sur-Tille	Idem	162		Izeure	Genlis	428	
Bretigny-les-Norges	Idem	279		Izier	Idem	278	16,188
Brognon	Idem	205		Longchamp	Idem	526	
Chevigny-Saint-Sauveur	Idem	340		Longecourt	Idem	546	
Clénay	Idem	177		Magny-sur-Tille	Idem	320	
Couternon	Idem	397		Marliens	Idem	221	
Crimolois	Idem	187		Pluvault-Longeault	Idem	648	
Dijon (est)	✉	8,544	14,046	Pluvet	Idem	431	
Orgeux	Dijon	286		Premières	Idem	159	
Quétigny	Idem	273		Rouvres	Idem	504	
Remilly-sur-Tille	Idem	439		Tart-l'Abbaye	Idem	205	
Ruffey-les-Échirey	Idem	550		Tart-le-Bas	Idem	255	
Sennecey	Idem	124		Tart-le-Haut	Idem	455	
Saint-Apollinaire	Idem	224		Thorey-les-Époisses	Idem	150	
Saint-Julien	Idem	495		Varanges	Idem	425	
Varois	Idem	283					
				CANTON DE GEVREY.			
CANTON DE DIJON (nord).				Barges	Gevrey	184	
Ahuy	Dijon	445		Bevy	Idem	229	
Asnières	Idem	150		Brochon	Idem	444	
Bellefond	Idem	238		Broindon	Idem	97	
Daix	Idem	248		Chambeuf	Idem	321	
Darois	Idem	120		Chambolle	Idem	493	
Dijon (nord)	✉	7,669		Chevanne	Idem	292	
Étaules	Dijon	303		Clémencey	Idem	244	
Fontaine-les-Dijon	Idem	469		Collonges-les-Bévy	Idem	242	
Hauteville	Idem	224		Corcelles-les-Citeaux	Idem	65	
	A reporter..	9,866			A reporter..	2,911	
	A reporter..............		41,173		A reporter..........		70,001

NOMS DES COMMUNES.	BUREAUX DE POSTE qui les desservent.	POPULA-TION.	TOTAL de la POPULA-TION par canton	NOMS DES COMMUNES.	BUREAUX DE POSTE qui les desservent.	POPULA-TION.	TOTAL de la POPULA-TION par canton
Suite de l'ARRONDISSEMENT DE DIJON.				**Suite de l'ARRONDISSEMENT DE DIJON.**			
Report..			70,001	Report..			93,888
Suite du CANTON DE GEVREY.				**CANTON DE MIREBEAU-SUR-BÈZE.**			
Report..		2,911		ARCEAU	Mirebeau-sur-Bèze..	662	
COUCHEY	Gevrey	680		ARÇON	Idem	83	
CURLEY	Idem	125		BEAUMONT-SUR-VINGEANNE	Idem	400	
CURTIL-VERGY	Idem	147		BEIRE-LE-CHATEL	Idem	637	
DÉTAIN	Idem	345		BELLENEUVE	Idem	305	
ÉPERNAY	Idem	168		BÈZE	Idem	1,031	
ÉTANG-VERGY (¹)	Idem	245		BEZONOTTE	Idem	248	
FÉNAY	Idem	312		BLAGNY-SUR-VINGEANNE	Idem	190	
FIXEY	Idem	107		CHAMPAGNE-SUR-VINGEANNE	Idem	478	
FIXIN	Idem	414		CHARMES	Idem	205	
GEVREY	✉	1,388		CHEUGE	Idem	236	
(à la Baraque.)				CUISEREY	Idem	201	8,935
MESSANGES	Gevrey	256	10,534	JANCIGNY	Idem	231	
MOREY	Idem	660		MAGNY-SAINT-MÉDARD	Idem	341	
NOIRON-LES-CITEAUX	Idem	312		MIREBEAU-SUR-BÈZE	✉	1,227	
QUÉMIGNY	Idem	316		NOIRON-SOUS-BÈZE	Mirebeau-sur-Bèze	440	
REULLE	Idem	249		OISILLY	Idem	203	
SAULON-LA-CHAPELLE	Idem	447		RENÈVE	Idem	849	
SAULON-LA-RUE	Idem	247		SAVOLLES	Idem	67	
SAVOUGE	Idem	103		TANAY	Idem	327	
SEGROIS	Idem	106		TROCHÈRES	Idem	226	
SEMESSANGE	Idem	282		VIÉVIGNE	Idem	348	
SAINT-PHILIBERT-SOUS-GEVREY	Idem	184					
TERNANT	Idem	302		**CANTON DE PONTAILLER-SUR-SAONE.**			
UREY	Idem	228		BINGES	Pontailler-sur-Saône	544	
				CIREY	Idem	295	
CANTON DE GRANCEY ou GRANCEY-EN-MONTAGNE ou GRANCEY-LE-CHATEAU.				CLÉRY	Idem	264	
				DRAMBON	Idem	381	
AVOT	Grancey	287		ÉTEVAUX	Idem	355	
BARJON	Idem	208		HEUILLEY-SUR-SAONE	Idem	839	
BUSSIÈRES	Idem	120		MARANDEUIL	Idem	184	
BUXEROTTE	Idem	131		MARCHE-SUR-SAONE (la)	Idem	1,148	
COURLON	Idem	265		MAXILLY-SUR-SAONE	Idem	405	
CUSSEY-LES-FORGES	Idem	460	3,307	MONTMANÇON	Idem	320	10,823
FRAIGNOT	Idem	179		PERRIGNY-SUR-L'OGNON	Idem	931	
GRANCEY		609		PONTAILLER-SUR-SAONE	✉	1,238	
MEIX (le)	Grancey	213		SOISSONS	Pontailler-sur-Saône	515	
NEUVELLE	Idem	127		SAINT-LÉGER	Idem	142	
SALIVES		706		SAINT-SAUVEUR	Idem	376	
				TALMAY	Idem	1,230	
CANTON D'IS-SUR-TILLE.				TELLECEY	Idem	190	
				TRIEY	Idem	102	
AVELANGES	Is-sur-Tille	118		VIELVERGE	Idem	1,033	
CHAIGNAY	Idem	631		VONGES	Idem	331	
COURTIVRON	Idem	304					
CRÉCEY	Idem	259		**CANTON DE SAINT-SEINE.**			
DIÉNAY	Idem	282		BLIGNY-LE-SEC	Saint-Seine	595	
ÉCHEVANNES	Idem	178		CHAMPAGNY	Idem	203	
ÉPAGNY	Idem	221		CURTIL	Idem	199	
FLACEY	Idem	117		FRANCHEVILLE	Idem	566	
GEMEAUX	Idem	1,051		FRENOIS	Idem	194	
IS-SUR-TILLE	✉	1,436		LAMARGELLE	Idem	562	
LUX	Is-sur-Tille	656	10,046	LERY	Idem	345	
MARCILLY	Idem	143		PANGES	Idem	296	7,876
MARSANNAY-LE-BOIS	Idem	616		PELLEREY-SUR-LIGNON	Idem	326	
MOLOY	Idem	486		POISEUL-LA-GRANGE	Idem	309	
PICHANGE	Idem	300		PONCEY-SUR-LIGNON	Idem	344	
POISEUL-LES-SAULX	Idem	177		SAUSSY	Idem	104	
SAULX-LE-DUC	Idem	508		SAINT-MARTIN-DU-MONT	Idem	905	
SVOIX	Idem	292		SAINT-SEINE	✉	1,006	
TARSUL	Idem	300		TROUHAUT	Saint-Seine	303	
THIL-CHATEL	Idem	916		TURCEY	Idem	411	
VERNOT	Idem	260		VAL-SUZON	Idem	341	
VILLECOMTE	Idem	420		VAUX-SAULES	Idem	569	
VILLEY-SUR-TILLE	Idem	375		VILLOTTE-LES-SAINT-SEINE	Idem	298	
A reporter..................			93,888	A reporter..................			121,522

NOMS DES COMMUNES.	BUREAUX DE POSTE qui les desservent.	POPULA-TION.	TOTAL de la POPULA-TION par canton

Suite de l'ARRONDISSEMENT DE DIJON.

Report.. 121,522

CANTON DE SELONGEY.

Boussenois................	Selongey........	471	
Chacme.................	Idem...........	185	
Chaxecil...............	Idem...........	429	
Foncegrive.............	Idem...........	231	
Marey-sur-Tille........	Is-sur-Tille.......	580	
Orville................	Selongey........	371	5,656
Sacquenay.............	Idem...........	857	
Selongey..............	✉.............	1,687	
Vernois-les-Vesvres....	Selongey........	235	
Veronnes (les grandes)...	Idem...........	380	
Veronnes (les petites)...	Idem...........	230	

CANTON DE SOMBERNON.

Agey..................	Sombernon.......	441	
Arcey.................	Idem...........	452	
Arcey.................	Idem...........	108	
Aubigny-les-Sombernon....	Idem...........	327	
Barbirey-sur-Ouche........	Idem...........	373	
Bablme-la-Roche.........	Idem...........	300	
Blaisy-bas.............	Idem...........	470	
Blaisy-haut............	Idem...........	254	
Bussy-la-Pelle.........	Idem...........	288	
Drée.................	Idem...........	190	
Échannay.............	Idem...........	237	
Gergueil..............	Idem...........	296	
Gissey-sur-Ouche.......	Idem...........	310	
Grenand..............	Idem...........	215	
Lachaleur 🐎...........	Idem...........	216	8,966
Malain................	Idem...........	683	
Mismont..............	Idem...........	253	
Montoillot............	Idem...........	226	
Pralon...............	Idem...........	184	
Remilly-en-Montagne....	Idem...........	475	
Savigny-sur-Malain.....	Idem...........	350	
Sombernon............	✉.............	860	
Saint-Anthot..........	Sombernon.......	178	
Saint-Jean-de-Bœuf.....	Idem...........	420	
Sainte-Marie-Ouche.....	Idem...........	460	
(🐎 à Pont-de-Pany.)			
Saint-Victor-sur-Ouche...	Idem...........	220	
Verrey-sous-Drée........	Idem...........	180	

TOTAL de la population de l'Arrondissement....... 136,144

ARRONDISSEMENT DE BEAUNE.

CANTON D'ARNAY-LE-DUC.

Allerey...............	Arnay-le-Duc......	845	
Antigny-la-Ville.......	Idem...........	265	
Arnay-le-Duc 🐎.......	✉.............	2,563	
Champignolles........	Arnay-le-Duc.....	289	
Clomot...............	Idem...........	236	
Culêtre..............	Idem...........	217	
Cussy-sur-Arroux......	Idem...........	314	
Fête (le).............	Idem...........	97	
Foissy...............	Idem...........	395	
Jouey...............	Idem...........	758	
Lacanche.............	Idem...........	516	
Longecourt-les-Culêtre...	Idem...........	222	
Magnien.............	Idem...........	710	
Maligny.............	Idem...........	595	

A reporter.. 8,022

Suite de l'ARRONDISSEMENT DE BEAUNE.

Suite du CANTON D'ARNAY-LE-DUC.

		Report..	8,022
Mimeure.............	Arnay-le-Duc.....	437	
Musigny..............	Idem...........	161	
Saint-Pierre-en-Vaux...	Idem...........	473	11,743
Saint-Prix-lès-Arnay...	Idem...........	417	
Viévy...............	Idem...........	1,450	
Voudenay............	Idem...........	783	

CANTON DE BEAUNE (nord).

Aloxe................	Beaune..........	264	
Auxey-le-Grand........	Idem...........	897	
Beaune (nord).........	✉.............	4,689	
Bouze...............	Beaune..........	253	
Mavilly..............	Idem...........	389	
Meloisey.............	Idem...........	597	
Meursault............	Idem...........	2,066	13,535
Monthelie............	Idem...........	305	
Nantoux.............	Idem...........	306	
Pernand.............	Idem...........	374	
Pommard.............	Idem...........	1,212	
Savigny-sous-Beaune....	Idem...........	1,575	
Volnay..............	Idem...........	608	

CANTON DE BEAUNE (sud).

Beaune (sud).........	✉.............	5,219	
Bligny-sous-Beaune.....	Beaune..........	800	
Chevigny-en-Valière....	Idem...........	439	
Chorey..............	Idem...........	366	
Combertault..........	Idem...........	227	
Corcelles-les-Arts.....	Idem...........	410	
Ébaty...............	Chagny.........	105	
Marigny-lès-Reullée....	Beaune..........	229	
(🐎 à Moisey.)			
Mercueil.............	Idem...........	690	12,671
Montagny............	Idem...........	447	
Mursanges...........	Idem...........	620	
Ruffey-lès-Beaune......	Idem...........	642	
Serrigny.............	Idem...........	1,240	
Sainte-Marie-la-Blanche..	Idem...........	492	
Tailly...............	Idem...........	155	
Vernois (le)..........	Idem...........	328	
Vignolles............	Idem...........	262	

CANTON DE BLIGNY-SUR-OUCHE.

Antheuil.............	Bligny-sur-Ouche...	247	
Aubaine..............	Idem...........	413	
Auxan...............	Idem...........	248	
Bessey-en-Chaume.....	Idem...........	390	
Bessey-la-Cour........	Idem...........	223	
Bligny-sur-Ouche 🐎....	✉ (Distribution.)....	1,254	
Bouiland.............	Bligny-sur-Ouche...	624	
Chaudenay-le-Chateau...	Idem...........	231	
Chaudenay-la-Ville.....	Idem...........	148	
Colombier............	Idem...........	165	
Crugey..............	Idem...........	272	
Cussy-la-Colonne......	Idem...........	220	8,046
Éckarnant............	Idem...........	79	
Écutigny.............	Idem...........	253	
Lusigny-sur-Ouche.....	Idem...........	404	
Monceau.............	Idem...........	447	
Painblanc...........	Idem...........	639	
Saussey.............	Idem...........	325	
Tromirey............	Idem...........	181	
Thorey-sur-Ouche.....	Idem...........	399	
Veilly...............	Idem...........	162	
Veuvey-sur-Ouche.....	Idem...........	375	
Vic-des-Prés.........	Idem...........	347	

A reporter.................... 45,995

11

NOMS DES COMMUNES.	BUREAUX DE POSTE qui les desservent.	POPULA-TION.	TOTAL de la POPULA-TION par canton	NOMS DES COMMUNES.	BUREAUX DE POSTE qui les desservent.	POPULA-TION.	TOTAL de la POPULA-TION par canton
Suite de l'ARRONDISSEMENT DE BEAUNE.				Suite de l'ARRONDISSEMENT DE BEAUNE.			
	Report..	45,995			Report..	78,250	
CANTON DE SAINT-JEAN-DE-LOSNE.				Suite du CANTON DE NUITS.			
					Report...	1,974	
AUBIGNY-EN-PLAINE.........	Saint-Jean-de-Losne.	457		COMBLANCHIEN..........	Nuits.....	252	
BRAZEY-EN-PLAINE..........	Idem.............	1,618		CONCŒUR..............	Idem.....	239	
CHARREY..............	Idem.............	451		CORGOLOIN............	Idem.....	610	
ÉCHENON..............	Idem.............	617		ÉCHEVRONNE...........	Idem.....	383	
ESBARRES.............	Idem.............	1,125		FLAGEY-LES-GILLY.......	Idem.....	268	
FRANXAULT............	Idem.............	645		FUSSEY..............	Idem.....	212	
LONE................	Idem.............	1,041		GERLAND.............	Idem.....	388	
MAGNY-LES-AUBIGNY......	Idem.............	369	11,618	GILLY-LES-CITEAUX......	Idem.....	531	
MONTAGNY-LÈS-SEURRE.....	Seurre............	367		MAGNY-LES-VILLERS.....	Idem.....	276	
MONTOT..............	Saint-Jean-de-Losne.	249		MAREY-LES-FUSSEY......	Idem.....	119	
PERRIÈRE (la)..........	Idem.............	594		MEUILLEY............	Idem.....	510	12,739
SAMEREY.............	Idem.............	236		NUITS ⚒............	✉	3,120	
SAINT-JEAN-DE-LOSNE ⚒....	✉	1,744		PRÉMEAUX............	Nuits....	336	
SAINT-SEINE-EN-BACHE.....	Saint-Jean-de-Losne.	502		PRISSEY.............	Idem.....	82	
SAINT-SYMPHORIEN.......	Idem.............	313		QUINCEY.............	Idem.....	340	
SAINT-USAGE...........	Idem.............	584		SAINT-BERNARD........	Idem.....	135	
TROUHANS.............	Idem.............	706		SAINT-NICOLAS........	Idem.....	608	
				VILLARS-FONTAINE......	Idem.....	190	
CANTON DE LIERNAIS.				VILLEBICHOT..........	Idem.....	445	
				VILLERS-LA-FAYE.......	Idem.....	279	
BARD-LE-RÉGULIER.......	Arnay-le-Duc.....	268		VILLY-LE-MOUTIER......	Idem.....	698	
BLANOT..............	Saulieu..........	590		VOSNE..............	Idem.....	501	
BRAZEY-EN-MONTAGNE.....	Idem.............	569		VOUGEOT.............	Idem.....	263	
CENSEREY............	Arnay-le-Duc.....	556					
DIANCEY.............	Idem.............	400		CANTON DE POUILLY-EN-MONTAGNE.			
LIERNAIS.............	Saulieu..........	1,184					
MANLAY.............	Arnay-le-Duc.....	659		ARCONCEY............	Pouilly-en-Montagne.	651	
MARCHESEUIL..........	Idem.............	618	8,600	BELLENOT-SUR-POUILLY...	Idem.....	409	
MENESSAIRE..........	Lucenay..........	783		BEUREY-BAUGNAY.......	Idem.....	336	
OGNY..............	Saulieu..........	357		BLANCEY.............	Idem.....	243	
SAVILLY.............	Lucenay..........	343		BOUHEY.............	Idem.....	183	
SUSSEY..............	Saulieu..........	1,079		CHAILLY.............	Idem.....	690	
(⚒ à Maupas.)				CHATEAUNEUF.........	Idem.....	460	
SAINT-MARTIN-DE-LA-MER....	Idem.............	751		CHATELLENOT.........	Idem.....	498	
VIANGES.............	Arnay-le-Duc.....	235		CHAZILLY-LE-HAUT......	Idem.....	290	
VILLIERS.............	Lucenay..........	208		CIVRY-EN-MONTAGNE....	Idem.....	332	
				COMMARIN ⚒.........	Sombernon.....	343	
CANTON DE NOLAY.				CRÉANCEY............	Pouilly-en-Montagne.	727	
				ÉGUILLY.............	Idem.....	227	13,030
AUBIGNY-LA-RONCE.......	Nolay...........	417		ESSEY..............	Idem.....	387	
BEAUBIGNY...........	Idem.............	645		GROSBOIS-EN-MONTAGNE..	Vitteaux.....	519	
CHASSAGNE...........	Chagny..........	964		LABUSSIÈRE-SUR-OUCHE...	Sombernon.....	704	
CIREY..............	Nolay...........	372		MACONGE............	Pouilly-en-Montagne.	287	
CORMOT-LE-GRAND.......	Idem.............	390		MARCILLY-SOUS-MONT-SAINT-JEAN	Idem.....	350	
CORPEAU.............	Chagny..........	353		MARTROIS...........	Idem.....	237	
IVRY ⚒.............	Nolay...........	511		MEILLY-SUR-ROUVRE.....	Idem.....	473	
JOURS-EN-VAUX........	Idem.............	482		MISSERY.............	Saulieu.....	399	
MOLINOT.............	Idem.............	613	12,037	MONT-SAINT-JEAN......	Pouilly-en-Montagne.	1,261	
NOLAY..............	✉	1,319		POUILLY-EN-MONTAGNE ⚒.	✉	1,162	
PELIGNY.............	Chagny..........	1,122		ROUVRE-SUR-MEILLY.....	Pouilly-en-Montagne.	242	
ROCHEPOT (la) ⚒.......	Nolay...........	499		SEMAREY............	Idem.....	217	
SANTENAY............	Chagny..........	1,505		SAINTE-SABINE........	Idem.....	365	
SANTOSSE............	Nolay...........	180		THOISY-LE-DÉSERT......	Idem.....	600	
SAINT-AUBIN..........	Chagny..........	766		VANDENESSE..........	Idem.....	438	
SAINT-ROMAIN.........	Nolay...........	906					
THURY..............	Idem.............	759		CANTON DE SEURRE.			
VAUCHIGNON..........	Idem.............	234					
				ABERGEMENT-LES-SEURRE (l')...	Seurre..........	1,104	
CANTON DE NUITS.				AUVILLARS-SUR-SAONE....	Idem.....	555	
				BAGNOT.............	Idem.....	365	
AGENCOURT...........	Nuits...........	154		BONNENCONTRE........	Idem.....	595	
ARCENANT...........	Idem.............	404		BOUSSELANGE.........	Idem.....	215	
ARGILLY.............	Idem.............	822		BROIN..............	Idem.....	533	
BONCOURT-LE-BOIS......	Idem.............	212		CHAMBLANC..........	Idem.....	636	
CHAUX..............	Idem.............	295		CHATELET (le)........	Idem.....	446	
CHEVREY............	Idem.............	87					
	A reporter.	1,974			A reporter..	4,449	
	A reporter.............	78,250			A reporter.............	104,019	

NOMS DES COMMUNES.	BUREAUX DE POSTE qui les desservent.	POPULATION.	TOTAL de la POPULATION par canton	NOMS DES COMMUNES.	BUREAUX DE POSTE qui les desservent.	POPULATION.	TOTAL de la POPULATION par canton
Suite de l'ARRONDISSEMENT DE BEAUNE.		Report..	104,019	Suite de l'ARROND.T DE CHATILLON-SUR-SEINE.		Report..	11,072
Suite du CANTON DE SEURRE.				Suite du CANTON DE CHATILLON-SUR-SEINE.			
		Report.. 4,449				Report.. 1,797	
CHIVRES	Seurre	488		CHAMESSON	Châtillon-sur-Seine	326	
CORBERON	Idem	450		CHARREY	Mussy-sur-Seine	445	
CORGENGOUX	Idem	501		CHATILLON-SUR-SEINE	⊠	4,175	
GLANON	Idem	280		CHAUMONT-LE-BOIS	Châtillon-sur-Seine	479	
GROSBOIS-LES-TICHEY	Idem	156		CHEMIN-D'AISEY	Idem	180	
JALLANGES	Idem	537		COULMIER-LE-SEC	Idem	637	
LABOUILLE	Idem	373	13,977	ETROCHEY	Idem	197	
LANTHES	Idem	189		GOMMEVILLE	Mussy-sur-Seine	450	
MONTMAIN	Idem	243		MAISEY-SUR-OURCE	Châtillon-sur-Seine	240	
PAGNY-LE-CHATEAU	Idem	600		MASSINGY	Idem	387	
PAGNY-LA-VILLE	Idem	832		MONTLIOT	Idem	394	14,654
POUILLY-SUR-SAONE	Idem	649		MOSSON	Idem	246	
SEURRE	⊠	3,591		NOD-SUR-SEINE	Idem	379	
TICHEY	Seurre	469		NOIRON	Mussy-sur-Seine	336	
TROGNY	Idem	170		OBTRÉE	Châtillon-sur-Seine	231	
				POTHIÈRES	Idem	636	
TOTAL de la population de l'Arrondissement......			117,996	PRUSLY-SUR-OURCE	Idem	370	
				SAINTE-COLOMBE-SUR-SEINE	Idem	549	
				VANNAIRE	Idem	146	
ARRONDISSEMENT DE CHATILLON-SUR-SEINE.				VANVEY	Idem	807	
				VILLIERS-PATRAS	Idem	238	
CANTON D'AIGNAY-LE-DUC.				VILLIERS-LE-DUC	Idem	488	
				VILLOTTE-SUR-OURCE	Idem	301	
AIGNAY-LE-DUC	⊠	881		VIX	Idem	220	
BEAULIEU	Aignay-le-Duc	242					
BEAUNOTTE	Idem	168		CANTON DE LAIGNES.			
BELLENOT-SUR-SEINE	Idem	319					
BUSSEAUT	Idem	191		ARRANS	Laignes	172	
DUESME	Idem	236		ASNIÈRES-EN-MONTAGNE	Idem	457	
ECHALOT	Idem	445		BALOT	Idem	413	
ETALANTE	Idem	589	5,582	BISSEY-LA-PIERRE	Idem	273	
MAUVILLY	Idem	242		BOUIX	Idem	441	
MEULSON	Idem	195		CÉRILLY	Idem	476	
MINOT	Idem	699		CHANNAY	Idem	363	
MOITRON	Idem	191		ETAIS	Idem	308	
ORIGNY	Idem	167		FONTAINES-LES-SÈCHES	Idem	214	
QUEMIGNY-SUR-SEINE	Idem	439		GRISELLES	Idem	319	
ROCHEFORT	Idem	301		LAIGNES	⊠	1,476	
SAINT-GERMAIN-LES-ROCHEUX	Idem	277		LARREY	Laignes	500	10,956
				MARCENAY	Idem	321	
CANTON DE BAIGNEUX-LES-JUIFS.				MOLESME	Idem	890	
				NESLE	Idem	473	
AMPILLY-LES-BORDES	Baigneux-les-Juifs	237		NICEY	Idem	678	
BAIGNEUX-LES-JUIFS	⊠	483		PLANAY	Idem	212	
BILLY-LES-CHAMEAUX	Baigneux-les-Juifs	366		POINÇON-LES-LARREY	Idem	630	
CHAUME	Idem	304		PUITS	Idem	506	
ETORMAY	Idem	186		SAVOISY	Idem	646	
FONTAINE-EN-DUESMOIS	Idem	412		VERDONNET	Idem	429	
JOURS	Idem	223		VERTAULT	Idem	525	
MAGNY-LAMBERT	Idem	337	5,490	VILLEDIEU	Idem	304	
OIGNY	Idem	201					
ORRET	Idem	111		CANTON DE MONTIGNY-SUR-AUBE.			
POISEUL-LA-VILLE	Idem	524					
SEMOND	Idem	134		AUTRICOURT	Mussy-sur-Seine	960	
SAINT-MARC-SUR-SEINE	Idem	392		BELAN-SUR-OURCE	Châtillon-sur-Seine	806	
TOUILLON	Montbart	725		BISSEY-LA-COTE	Montigny-sur-Aube	415	
VILLAINES-EN-DUESMOIS	Baigneux-les-Juifs	671		BOUDREVILLE	Idem	300	
VILLENEUVE-LES-CONVERS (la)	Idem	184		BRION-SUR-OURCE	Châtillon-sur-Seine	581	
				CHAUME (la)	Montigny-sur-Aube	442	
CANTON DE CHATILLON-SUR-SEINE.				COURBAN	Idem	470	
AISEY-SUR-SEINE	Châtillon-sur-Seine	512		GEVROLLES	Idem	578	
AMPILLY-LE-SEC	Idem	535		GOULLES (les)	Idem	150	
BREMUR	Idem	239		GRANCEY-SUR-OURCE	Mussy-sur-Seine	1,012	
BUNCEY	Idem	511		LIGNEROLLES	Montigny-sur-Aube	306	
		A reporter..	1,797			A reporter..	6,020
		A reporter..................	11,072			A reporter..................	36,682

NOMS DES COMMUNES.	BUREAUX DE POSTE qui les desservent.	POPULA-TION.	TOTAL de la POPULA-TION par canton
Suite de l'ARROND.^T DE CHATILLON-SUR-SEINE.			
Report..			36,682
Suite du CANTON DE MONTIGNY-SUR-AUBE.			
Report..		6,020	
LOUESME	Montigny-sur-Aube..	340	
MONTIGNY-SUR-AUBE	✉ (*Distribution*)...	840	8,674
RIEL-LES-EAUX	Montigny-sur-Aube..	565	
THOIRES	*Idem.*	303	
VEUXAULLES	*Idem.*	616	
CANTON DE RECEY-SUR-OURCE.			
BENECVRE	Recey-sur-Ource...	335	
BURE	*Idem.*	691	
BUXEROLLES	*Idem.*	273	
CHAMBAIN	*Idem.*	265	
CHANGEY	*Idem.*	113	
ESSAROIS	*Idem.*	396	
FAVEROLLES-LES-LUCEY	*Idem.*	181	
GURGY-LE-CHATEAU	*Idem.*	485	
GURGY-LA-PIERRE	*Idem.*	249	6,870
LEUGLAY	*Idem.*	512	
LUCEY	*Idem.*	361	
MENÉDLE	*Idem.*	141	
MONTMOYEN	*Idem.*	437	
RECEY-SUR-OURCE	✉ (*Distribution.*)	983	
SAINT-BROIN-LES-ROCHES	Recey-sur-Ource...	469	
TERRE-FONDRÉE	*Idem.*	344	
VOULAINE	*Idem.*	635	
TOTAL de la population de l'Arrondissement			52,226
ARRONDISSEMENT DE SEMUR.			
CANTON DE FLAVIGNY.			
ALISE-SAINTE-REINE	Flavigny	581	
BLESSEY	*Idem.*	146	
BOUX-SOUS-SALMAISE	*Idem.*	628	
BUSSY-LE-GRAND	*Idem.*	850	
CHANCEAUX 🐾	✉ (*Distribution.*)	559	
CORPOYER-LA-CHAPELLE	Flavigny	165	
DARCEY	*Idem.*	653	
FLAVIGNY	✉	1,219	
FROLOIS	Flavigny	1,009	
GISSEY-SOUS-FLAVIGNY	*Idem.*	460	
GRÉSIGNY-SUR-ALISE	*Idem.*	354	
HAUTE-ROCHE	*Idem.*	539	11,759
JAILLY-LES-MOULINS	*Idem.*	453	
MARIGNY-LE-CAHOUET	*Idem.*	663	
MÉRÉTREUX-L-E-PITOIS	*Idem.*	311	
MUSSY-LA-FOSSE	*Idem.*	166	
POUILLENAY	*Idem.*	672	
ROCHE-VANNEAU (la)	*Idem.*	522	
SALMAISE	*Idem.*	449	
SAINT-GERMAIN-LA-FEUILLÉ	*Idem.*	148	
THENISSEY	*Idem.*	570	
VÉNAREY	*Idem.*	506	
VERREY-SOUS-SALMAISE	*Idem.*	336	
CANTON DE MONTBARD.			
ATHIE-SOUS-MOUTIERS-SAINT-JEAN	Semur	253	
BENOISEY	Montbard	221	
BUFFON	*Idem.*	347	
CHAMP-D'OISEAU	*Idem.*	168	
A reporter..		989	
A reporter			11,759

NOMS DES COMMUNES.	BUREAUX DE POSTE qui les desservent.	POPULA-TION.	TOTAL de la POPULA-TION par canton
Suite de l'ARRONDISSEMENT DE SEMUR.			
Report..			11,759
Suite du CANTON DE MONTBARD.			
Report..		989	
COURCELLES-SOUS-GRIGNON	Montbard	197	
CRÉPAN	*Idem.*	265	
ÉRINGES	*Idem.*	271	
FAIN-LES-MONTBARD	*Idem.*	204	
FAIN-LES-MOUTIERS	*Idem.*	384	
FRESNE	*Idem.*	464	
GRIGNON	*Idem.*	521	
LUGENAY-LE-DUC	*Idem.*	542	
MARMAGNE	*Idem.*	248	
MONT-SUR-SAINT-GERMAIN	*Idem.*	211	
MONTBARD 🐾	✉	2,074	10,834
MONTIGNY-MONTFORT	Montbard	548	
MOUTIERS-SAINT-JEAN	Semur	546	
NOGENT-LES-MONTBARD	Montbard	216	
QUINCY-SUR-ARMANÇON	*Idem.*	398	
QUINCEROT-LES-MONTBARD	*Idem.*	163	
ROUGEMONT	*Idem.*	391	
SEIGNY	*Idem.*	330	
SENAILLY	*Idem.*	276	
SAINT-REMY	*Idem.*	696	
VILLAINES-LES-PRÉVOTÉS	*Idem.*	390	
VISERNY	*Idem.*	510	
CANTON DE PRÉCY-SOUS-THIL.			
AISY-SOUS-THIL	La Maison-Neuve...	383	
ARSENAY	*Idem.*	118	
BIERRE-LES-SEMUR	*Idem.*	349	
BRAUX	*Idem.*	589	
BRIANNY	*Idem.*	289	
CLAMEREY	*Idem.*	532	
COUR-D'ARCENAY (la)	*Idem.*	296	
DOMPIERRE-EN-MORVANT	*Idem.*	618	
FONTENANGIS	*Idem.*	700	
MARCIGNY-SOUS-THIL	*Idem.*	179	
MONTIGNY-SAINT-BARTHÉLEMY	*Idem.*	207	8,656
NAN-SOUS-THIL	*Idem.*	640	
NOIDAN	*Idem.*	419	
NORMIER	*Idem.*	201	
PRÉCY-SOUS-THIL	*Idem.*	566	
(🐾 à la Maison-Neuve.)			
ROILLY	*Idem.*	144	
ROUVRAY 🐾	✉	1,086	
SIXCEY-LES-ROUVRAY	Rouvray	230	
THOSTE	La Maison-Neuve..	404	
VIC-SOUS-THIL	*Idem.*	706	
CANTON DE SAULIEU.			
CHARNY	La Maison-Neuve...	274	
JUILLENAY	Saulieu	207	
MOLPHEY	*Idem.*	256	
MONTLAY	*Idem.*	275	
MOTTE-TERNANT (la)	*Idem.*	690	
PLAT-PAYS-DE-SAULIEU	*Idem.*	1,176	
ROCHE-EN-BRENIL (la) 🐾	Rouvray	2,170	
SAULIEU 🐾	✉	3,050	13,194
SAINT-ANDEUX	Rouvray	464	
SAINT-DIDIER	Saulieu	809	
SAINT-GERMAIN-DE-MODÉON	Rouvray	594	
SAINT-LÉGER-DE-FOURCHES	Saulieu	772	
THOISY-LA-BERCHÈRE	*Idem.*	1,071	
THOREY-SOUS-CHARNY	Vitteaux	670	
VILLARGOIX	Saulieu	716	
A reporter			44,443

NOMS DES COMMUNES.	BUREAUX DE POSTE qui les desservent.	POPULA- TION.	TOTAL de la POPULA- TION par canton	NOMS DES COMMUNES.	BUREAUX DE POSTE qui les desservent.	POPULA- TION.	TOTAL de la POPULA- TION par canton
Suite de l'ARRONDISSEMENT DE SEMUR.		Report..	44,443	Suite de l'ARRONDISSEMENT DE SEMUR.		Report..	58,959
CANTON DE SEMUR.				CANTON DE VITTEAUX.			
BARD-LES-ÉPOISSES..........	Époisses..........	208		ARNAY-SOUS-VITTEAUX........	Vitteaux..........	411	
CHARIGNY.................	Semur........	161		AVOSNE...................	Idem............	368	
CHASSEY..................	Idem............	293		BOUSSEY.................	Idem............	198	
COROMELLS...............	Époisses..........	584		BRAIN...................	Idem............	162	
CORSAINT.................	Idem............	633		CESSEY-LES-VITTEAUX.......	Idem............	84	
COURCELLES-FRÉMOY.......	Idem............	537		CHAMPRENAULT............	Idem............	191	
COURCELLES-LES-SEMUR......	Semur........	398		CHARENCEY..............	Idem............	161	
ÉPOISSES 🐎.............	☒ (Distribution.)...	1,006		CHEVANNAY..............	Idem............	209	
FLÉE....................	Semur........	365		CORCELOTTE-EN-MONTAGNE....	Idem............	104	
FORLÉANS...............	Époisses..........	218		DAMPIERRE-EN-MONTAGNE....	Idem............	254	
GENAY..................	Semur........	614		DRACY-LES-VITTEAUX.......	Idem............	121	
JEUX-LES-BARD..........	Idem............	129		GISSEY-LE-VIEIL.........	Idem............	281	
JUILLY.................	Idem............	165		MARCELLOIS.............	Idem............	206	
LANTILLY..............	Idem............	326		MARCILLY-LES-VITTEAUX....	Idem............	184	
MAGNY-LA-VILLE........	Idem............	170		MASSINGY-LES-VITTEAUX.....	Idem............	300	
MASSINGY-LES-SEMUR......	Idem............	331	14,516	POSANGES................	Idem............	237	10,552
MILLERY................	Idem............	639		SAFFRES................	Idem............	747	
MONTBERTHAULT.........	Époisses..........	588		SOUSSEY................	Idem............	494	
MONTIGNY-SUR-ARMANÇON....	Semur........	330		SAINT-BEURY............	Idem............	512	
PONT..................	Idem............	146		SAINTE-COLOMBE.........	Idem............	246	
SAINT-EUPHRONE........	Idem............	301		SAINT-HELLIER..........	Idem............	143	
SEMUR 🐎..............	☒............	4,088		SAINT-MESMIN...........	Idem............	368	
SOUBEY................	Semur........	164		SAINT-THIBAULT 🐎.......	Idem............	499	
TORCY.................	Époisses..........	395		UNCEY-LE-FRANC........	Idem............	254	
TOUTRY...............	Idem............	463		VELOGNY...............	Idem............	249	
VIC-DE-CHASSENAY.......	Semur........	634		VESVRES...............	Idem............	136	
VIEUX-CHATEAU.........	Époisses..........	344		VILLEBERNY............	Idem............	530	
VILLARS-PAUTRAS.......	Semur........	154		VILLEFERRY............	Idem............	165	
VILLENEUVE-SOUS-CHARIGNY (la).................	Idem............	132		VILLY.................	Idem............	820	
				VITTEAUX 🐎............	☒............	1,919	
A reporter..................			58,959	TOTAL de la population de l'Arrondissement........			69,511

RÉCAPITULATION.

	NOMBRE de		POPULATION.
	CANTONS.	COMMUNES.	
ARRONDISSEMENT DE DIJON......................	14	266	136,144
—————— DE BEAUNE....................	10	202	117,996
—————— DE CHATILLON-SUR-SEINE........	6	116	52,226
—————— DE SEMUR.....................	6	143	69,511
TOTAUX...............	36	727	375,877

NOMS DES COMMUNES.	BUREAUX DE POSTE qui les desservent.	POPULA-TION.	TOTAL de la POPULA-TION par canton
ARRONDISSEMENT DE SAINT-BRIEUC.			
CANTON DE SAINT-BRIEUC (midi).			
HILLION	Saint-Brieuc	2,518	
LANGUEUX	Idem	2,000	
PLÉDRAN	Idem	3,578	
SAINT-BRIEUC (midi)	Idem	6,077	20,735
SAINT-DONAN	Saint-Brieuc	2,553	
SAINT-JULIEN	Idem	817	
TRÉGUEUX	Idem	1,230	
YFFINIAC	Idem	1,962	
CANTON DE SAINT-BRIEUC (nord).			
MÉAUGON (la)	Saint-Brieuc	1,001	
PLÉRIN	Idem	4,896	
PLOUFRAGAN	Idem	2,581	18,112
PORDIC	Idem	4,430	
SAINT-BRIEUC (nord)	Idem	4,343	
TRÉMUSON	Saint-Brieuc	861	
CANTON DE CHATELAUDREN.			
BOCQUEHO	Chatelaudren	1,780	
CHATELAUDREN	Idem	964	
COHINIAC	Chatelaudren	929	
PLÉLO	Idem	5,015	13,075
PLERNEUF	Idem	977	
PLOUVARA	Idem	1,860	
TRÉGOMEUR	Idem	940	
TRÉMÉLOIR	Idem	610	
CANTON D'ÉTABLES.			
BINIC	Idem *(Distribution.)*	1,828	
ÉTABLES	Binic	3,004	
LANTIC	Idem	1,242	10,839
PLOURHAN	Idem	1,911	
SAINT-QUAY	Idem	2,164	
TRÉVÉNEUC	Idem	690	
CANTON DE LAMBALLE.			
ANDEL	Lamballe	526	
COËTMIEUX	Idem	563	
LAMBALLE	Idem	4,390	
LANDEHEN	Lamballe	959	
MARGUÉ	Idem	2,162	
MESLIN	Idem	830	
MORIEUX	Idem	618	14,118
NOYAL	Idem	578	
POMMERET	Idem	1,125	
POTERIE (la)	Idem	738	
SAINT-AARON	Idem	717	
SAINT-RIEUL	Idem	359	
TRÉGOMAR	Idem	553	
CANTON DE LANVOLLON.			
FAOUËT (le)	Pontrieux	838	
GOMMENECH	Guingamp	1,261	
JANNEBERT	Chatelaudren	863	
LANVOLLON	Idem	1,462	
MERZER (le)	Guingamp	1,222	
PLÉGUIEN	Chatelaudren	1,653	13,058
POMMERIT-LE-VICOMTE	Guingamp	2,855	
TRÉGUIDEL	Chatelaudren	813	
TRÉMÉVEN	Idem	770	
TRESSIGNAUX	Idem	808	
TRÉVÉREC	Pontrieux	513	
CANTON DE MONCONTOUR.			
BRÉHAND	Moncontour	1,811	
HÉNON	Idem	2,948	
MALHOURE (la)	Lamballe	404	
A reporter		5,163	
A reporter			89,937

NOMS DES COMMUNES.	BUREAUX DE POSTE qui les desservent.	POPULA-TION.	TOTAL de la POPULA-TION par canton
Suite de l'**ARRONDISSEMENT DE SAINT-BRIEUC.**			
Report			89,937
Suite du CANTON DE MONCONTOUR.			
MONCONTOUR	*Report*	5,163	
MONCONTOUR	Idem	1,670	
PENGUILLY	Moncontour	405	
QUESSOY	Idem	2,674	
SAINT-CARREUC	Idem	1,144	14,849
SAINT-GLEN	Idem	745	
SAINT-TRIMOEL	Idem	651	
TRÉBRY	Idem	1,400	
TRÉDANIEL	Idem	997	
CANTON DE PAIMPOL.			
BRÉHAT	Paimpol	1,550	
KÉRITY	Idem	1,614	
PAIMPOL	Idem	2,108	
PLOUBAZLANEC	Paimpol	3,074	19,155
PLOUÉZEC	Idem	4,138	
PLOUNEZ	Idem	2,190	
PLOURIVO	Idem	2,305	
YVIAS	Idem	2,176	
CANTON DE PLENEUF.			
ERGUY	Lamballe	1,951	
PLANGUENOUAL	Idem	1,543	
PLENEUF	Idem	1,759	7,900
PLURIEN	Idem	1,206	
SAINT-ALBAN	Idem	1,441	
CANTON DE PLOEUC.			
BODÉO (le)	Quintin	910	
HARMOY (la)	Idem	1,365	
HERMITAGE (l')	Idem	1,190	
LANFAINS	Idem	2,216	15,319
PLAINTEL	Idem	4,185	
PLOEUC	Moncontour	5,453	
CANTON DE PLOUHA.			
LANLEFF	Paimpol	501	
LANLOUP	Idem	552	
PLÉHÉDEL	Idem	1,725	9,011
PLOUHA	Chatelaudren	5,041	
PLUDUAL	Idem	1,192	
CANTON DE QUINTIN.			
FOEIL (le)	Quintin	2,485	
LESLAY (le)	Idem	409	
PLAINE-HAUTE	Idem	2,169	
QUINTIN	Idem	4,293	15,559
SAINT-BIHY	Quintin	491	
SAINT-BRANDAN	Idem	3,342	
SAINT-GILDAS	Idem	796	
VIEUX-BOURG (le)	Idem	1,574	
Total de la population de l'Arrondissement			171,730
ARRONDISSEMENT DE DINAN.			
CANTON DE BROONS.			
BROONS	Idem	2,455	
ERÉAC	Broons	1,369	
LANRELAS	Idem	1,799	
MÉGRIT	Idem	1,623	
RODILLAC	Idem	814	14,060
SÉVIGNAC	Idem	2,634	
TRÉDIAS	Idem	717	
TRÉMEUR	Idem	965	
YVIGNAC	Idem	1,784	
A reporter			14,060

NOMS DES COMMUNES.	BUREAUX DE POSTE qui les desservent.	POPULA-TION.	TOTAL de la POPULA-TION par canton	NOMS DES COMMUNES.	BUREAUX DE POSTE qui les desservent.	POPULA-TION.	TOTAL de la POPULA-TION par canton
Suite de l'ARRONDISSEMENT DE DINAN.				Suite de l'ARRONDISSEMENT DE DINAN.			
	Report..		14,060		Report..		86,026
CANTON DE DINAN (est).				**CANTON DE PLANCOËT.**			
Dinan (est) 🖃	🖃	5,092		Bourseul	Plancoët	1,368	
Lanvallay	Dinan	1,193		Corseul	Idem	4,180	
Léhon	Idem	552	13,975	Créhen	Idem	1,594	
Pleudihen	Idem	4,869		Landebia	Idem	170	
Saint-Hélen	Idem	1,445		Languenan	Idem	1,052	
Saint-Solain	Idem	385		Plancoët	🖃	785	12,889
Tressaint	Idem	439		Plessix-Balisson	Plancoët	207	
				Pleven	Idem	517	
CANTON DE DINAN (ouest).				Pluduno	Idem	2,160	
Aucaleuc	Dinan	396		Quintenic	Lamballe	372	
Bobital	Idem	238		Saint-Lormel	Plancoët	434	
Brusvily	Idem	667					
Calorguen	Idem	853		**CANTON DE PLÉLAN.**			
Dinan (ouest)	🖃	2,952		Lalandec	Dinan	400	
Hinglé (le)	Dinan	193	14,332	Languedias	Idem	160	
Plouër	Idem	3,801		Plélan	Plancoët	1,050	
Quévert	Idem	1,136		Plorec	Idem	860	
Saint-Carné	Idem	771		Saint-Mandé	Dinan	345	4,466
Saint-Samson	Idem	523		Saint-Méloir	Plancoët	298	
Taden	Idem	1,375		Saint-Michel-de-Plélan	Idem	360	
Trélivan	Idem	563		Trébédan	Dinan	475	
Tréfyon	Idem	864		Vildé-Guingalan	Idem	518	
CANTON D'ÉVRAN.				**CANTON DE PLOUBALAY.**			
Évran	🖃 (Distribution.)	4,056		Lancieux	Ploncoët	829	
Plouasne	Bécherel	3,033		Langrolay	Dinan	760	
Quiou (le)	Évran	492		Pleslin	Idem	1,315	
Saint-André-des-Eaux	Idem	443	10,701	Ploubalay	Plancoët	2,409	8,408
Saint-Judoce	Idem	817		Saint-Jacut	Idem	1,050	
Saint-Juvat	Idem	1,397		Trégon	Idem	322	
Tréfumel	Idem	463		Trémérenc	Dinan	527	
				Trigavou	Idem	1,196	
CANTON DE SAINT-JOUAN-DE-L'ISLE.							
Chapelle-Blanche (la)	Broons	475		TOTAL de la population de l'Arrondissement			111,730
Cadlnes	Idem	1,897					
Guenroc	Idem	570		**ARRONDISSEMENT DE GUINGAMP.**			
Guitté	Idem	1,044	8,785	**CANTON DE BÉGARD.**			
Plumaugat	Idem	2,377		Bégard	Guingamp	3,768	
Plumaudan	Idem	1,320		Kermoroch	Idem	530	
Saint-Jouan-de-l'Isle	Idem	650		Landebaëron	Idem	663	
Saint-Maden	Idem	452		Pédernec	Idem	2,980	10,428
				Squiffiec	Idem	980	
CANTON DE JUGON.				Saint-Laurent	Idem	801	
Dolo	Jugon	840		Trégonneau	Idem	706	
Jugon 🖃	🖃 (Distribution.)	508					
Lescouët	Jugon	834		**CANTON DE BELLE-ISLE-EN-TERRE.**			
Plédéliac	Idem	2,007		Belle-Isle-en-Terre 🖃	🖃	1,079	
Plénée-Jugon	Idem	4,537	12,007	Gurunhuel	Belle-Isle-en-Terre	1,185	
(🖃 à Langouédre.)				Locquenvel	Idem	412	
Plestan	Lamballe	1,935		Louarguat	Idem	5,004	12,499
Saint-Igneuc	Jugon	644		Plougouver	Idem	3,326	
Tramain	Idem	702		Tréglamus	Idem	1,493	
CANTON DE MATIGNON.				**CANTON DE SAINT-NICOLAS-DU-PELEM.**			
Bouillie (la)	Lamballe	697		Canihuel	Plésidy	1,526	
Hénansal	Idem	1,154		Kerpert	Idem	1,034	
Hénan-Bihen	Matignon	1,608		Lanrivain	Idem	1,416	
Matignon	🖃 (Distribution.)	1,172		Peumerit-Quintin	Callac	363	
Pléboulle	Matignon	1,049		Saint-Connan	Plésidy	872	9,742
Pléhérel	Idem	1,034	12,166	Saint-Gilles-Pligeaux	Idem	1,142	
Plévenon	Idem	1,122		Saint-Nicolas-du-Pelem	Idem	2,538	
Ruca	Idem	728		Sainte-Tréphine	Rostrenen	851	
Saint-Cast	Idem	1,481					
Saint-Denoual	Idem	446					
Saint-Potan	Idem	1,675					
	A reporter		86,026		A reporter		32,669

NOMS DES COMMUNES.	BUREAUX DE POSTE qui les desservent.	POPULA-TION.	TOTAL de la POPULA-TION par canton	NOMS DES COMMUNES.	BUREAUX DE POSTE qui les desservent.	POPULA-TION.	TOTAL de la POPULA-TION par canton
Suite de l'ARRONDISSEMENT DE GUINGAMP.		_Report.._	32,669	**ARRONDISSEMENT DE LANNION.**			
CANTON DE BOURBRIAC.				**CANTON DE LANNION.**			
BOURBRIAC	Guingamp	3,613		BRÉLÉVENEZ	Lannion	1,544	
KERIEN	Plésidy	857		BUHULIEN	Idem	1,024	
MAGOAR	Idem	435		CAOUENNEC	Idem	583	
PLÉSIDY	✉ (Distribution.)	1,452	9,199	LANNION 🐎	✉	5,371	16,529
PONT-MELVEZ	Callac	1,279		LOGUIVY-LEZ-LANNION	Lannion	342	
SENVEN-LÉHART	Plésidy	792		PLOUBEZRE	Idem	3,582	
SAINT-ADRIEN	Idem	771		PLOULECH	Idem	982	
				ROSPEZ	Idem	1,425	
CANTON DE CALLAC.				SERVEL	Idem	1,676	
CALANHEL	Callac	722					
CALLAC	✉ (Distribution.)	2,616		**CANTON DE LA ROCHE-DERRIEN.**			
CARNOËT	Callac	1,841		BERHET	Lannion	507	
DUAULT	Idem	2,341	13,922	CAVAN	Idem	1,831	
LOHUEC	Idem	910		COATASCORN	Pontrieux	887	
MAËL-PESTIVIEN	Idem	1,595		HENGOAT	Tréguier	753	
PESTIVIEN	Idem	1,358		LANVÉZÉAC	Lannion	150	
PLOURACH	Idem	1,265		MANTALLOT	Idem	362	12,258
PLUSQUELLEC	Idem	1,274		POMMERIT-JAUDY	Tréguier	2,524	
				POULDOURAN	Idem	340	
CANTON DE GUINGAMP.				PRAT	Lannion	2,122	
COADOUT	Guingamp	554		QUEMPERVEN	Idem	875	
GRACES	Idem	1,240		ROCHE-DERRIEN (la)	Tréguier	1,344	
GUINGAMP 🐎	✉	6,100		TROGUÉRY	Idem	563	
MOUSTERU	Guingamp	1,074	15,338				
PABU	Idem	1,204		**CANTON DE LEZARDRIEUX.**			
PLOUISY	Idem	2,183		LEZARDRIEUX	Paimpol	2,192	
PLOUMAGOAR	Idem	2,055		LANMODEZ	Tréguier	675	
SAINT-AGATHON	Idem	928		PLEUBIAN	Idem	4,323	13,485
				PLEUDANIEL	Paimpol	2,268	
CANTON DE MAËL-CARHAIX.				PLEUMEUR-GAUTIER	Tréguier	2,420	
LOCARN	Callac	1,377		TRÉDARZEC	Idem	1,607	
MAËL-CARHAIX	Rostrenen	2,013					
MOUSTOIR (le)	Carhaix	797		**CANTON DE PERROS-GUIREC.**			
PAULE	Rostrenen	1,686	8,599	KERMARIA-SULARD	Lannion	870	
PLÉVIN	Carhaix	1,192		LOUANNEC	Idem	1,599	
TREBRIVAN	Idem	963		PERROS-GUIREC	Idem	2,251	
TREFFRIN	Idem	285		PLEUMEUR-BODOU	Idem	2,360	
TRÉOGAN	Idem	286		SAINT-QUAY	Idem	505	11,588
				TREBEURDEN	Idem	1,449	
CANTON DE PLOUAGAT.				TRÉGASTEL	Idem	944	
BRINGOLO	Chatelaudren	856		TRÉLÉVERN	Idem	903	
GONDELIN	Idem	2,367		TRÉVOU-TRÉGUIGNEC	Idem	707	
LANRODEC	Idem	1,607					
PLOUAGAT	Idem	2,241	8,946	**CANTON DE PLESTIN.**			
SAINT-FIACRE	Plésidy	514		LANVELLEC	Lannion	1,767	
SAINT-JEAN-KERDANIEL	Chatelaudren	755		PLESTIN	Idem	5,040	
SAINT-PÉVER	Plésidy	606		PLOUMILLIAU	Idem	3,100	
				PLOUZÉLAMBRE	Idem	736	13,932
CANTON DE PONTRIEUX.				PLUFUR	Idem	1,513	
BRÉLIDY	Pontrieux	776		SAINT-MICHEL-EN-GRÈVE	Idem	432	
PLOEZAL	Idem	3,153		TRÉDRÈZ	Idem	935	
PLOUEC	Idem	2,116		TRÉLUDER	Idem	409	
PONTRIEUX	✉	1,647	13,650				
QUEMPER-GUÉZENNEC	Pontrieux	2,952		**CANTON DE PLOUARET.**			
RUNAN	Idem	682		LOGUIVY-PLOUGRAS	Belle-Isle-en-Terre	2,540	
SAINT-CLET	Idem	1,520		PLOUGRAS	Idem	1,151	
SAINT-GILLES-LES-BOIS	Idem	1,004		PLOUNÉRIN	Idem	1,516	
				PLOUNEVEZ-MOËDEC	Idem	2,877	18,558
CANTON DE ROSTRENEN.				PLOUARET	Lannion	4,915	
GLOMEL	Rostrenen	3,971		PLUZUNET	Idem	2,219	
KERGRIST-MOËLOU	Idem	2,143		TONQUÉDEC	Idem	1,954	
PLOUGUERNEVEL	Idem	3,043	13,156	TRÉGROM	Belle-Isle-en-Terre	1,385	
PLOUNEVEZ-QUINTIN	Idem	2,858					
ROSTRENEN	✉	1,141					
TOTAL de la population de l'Arrondissement			113,679	_A reporter_			86,350

NOMS DES COMMUNES.	BUREAUX DE POSTE qui les desservent.	POPULA-TION.	TOTAL de la POPULATION par canton
Suite de l'ARRONDISSEMENT DE LANNION.			
	Report..		86,350
CANTON DE TRÉGUIER.			
Camlez.................	Tréguier........	1,108	
Coatréven..............	Idem...........	938	
Langoat................	Idem...........	2,140	
Lanmérin..............	Lannion........	528	
Minihy-Tréguier........	Tréguier........	1,449	
Penténan..............	Idem...........	2,318	16,770
Plouguescant..........	Idem...........	2,020	
Plouguiel.............	Idem...........	2,772	
Tréguier..............	⊠..........	3,178	
Trésény...............	Lannion........	319	
TOTAL de la population de l'Arrondissement........			103,120
ARRONDISSEMENT DE LOUDÉAC.			
CANTON DE LA CHÈZE.			
Chèze (la).............	Loudéac........	405	
Ferrière (la)..........	Idem...........	755	
Plémet................	Idem...........	3,013	
Prénessaye (la)........	Idem...........	1,771	11,240
Plumieux..............	Idem...........	3,584	
Saint-Barnabé........	Idem...........	1,047	
Saint-Étienne-du-Gué..	Idem...........	665	
CANTON DE COLINÉE.			
Colinée...............	Moncontour......	551	
Gouray (le)..........	Idem...........	2,301	
Langourla............	Merdrignac.....	1,302	
Saint-Gilles-du-Méné..	Moncontour......	666	6,812
Saint-Gouéno........	Idem...........	1,361	
Saint-Jacut-du-Méné..	Idem...........	631	
CANTON DE CORLAY.			
Corlay...............	Quintin.........	1,389	
Corlay (le haut)......	Idem...........	1,608	
Plussulien...........	Idem...........	1,502	7,771
Saint-Martin-des-Prés.	Idem...........	1,445	
Saint-Mayeux........	Idem...........	1,827	
A reporter......................			25,823

NOMS DES COMMUNES.	BUREAUX DE POSTE qui les desservent.	POPULA-TION.	TOTAL de la POPULATION par canton
Suite de l'ARRONDISSEMENT DE LOUDÉAC.			
	Report..		25,823
CANTON DE GOAREC.			
Goarec...............	Rostrenen........	806	
Laniscat.............	Idem...........	3,080	
Lescouët.............	Idem...........	1,108	
Mellionnec...........	Idem...........	1,403	8,588
Perret...............	Idem...........	829	
Plélauff.............	Idem...........	1,362	
CANTON DE LOUDÉAC.			
Hémonstoir...........	Loudéac........	617	
Loudéac ⚔.............	⊠..........	6,736	
Motte (la)............	Loudéac........	3,198	16,164
Saint-Caradec........	Idem...........	2,169	
Saint-Maudan........	Idem...........	403	
Trévé................	Idem...........	3,041	
CANTON DE MERDRIGNAC.			
Gommené..............	Merdrignac......	1,058	
Illifaut..............	Idem...........	1,082	
Laurenan.............	Idem...........	1,150	
Loscouët (le).........	Idem...........	1,082	
Merdrignac...........	⊠ (Distribution.)....	2,855	11,218
Mérillac.............	Merdrignac......	742	
Saint-Launeuc........	Idem...........	489	
Saint-Véran..........	Idem...........	1,350	
Trémorel.............	Idem...........	1,410	
CANTON DE MUR.			
Caurel...............	Uzel...........	705	
Mur..................	Idem...........	2,354	
Saint-Connec.........	Idem...........	580	5,797
Saint-Gilles-du-vieux-Marché.	Idem...........	895	
Saint-Guen..........	Idem...........	1,263	
CANTON DE PLOUGUENAST.			
Gausson..............	Uzel...........	2,323	
Langast..............	Moncontour......	1,458	
Plémy................	Idem...........	3,680	14,809
Plessala.............	Idem...........	3,300	
Plouguenast..........	Idem...........	4,048	
(⚔ à Pontgand.)			
CANTON D'UZEL.			
Allineuc.............	Uzel...........	2,533	
Grace................	Idem...........	1,480	
Merléac..............	Idem...........	2,826	
Quillio (le).........	Idem...........	1,964	14,205
Saint-Hervé..........	Idem...........	1,301	
Saint-Trélo..........	Idem...........	2,057	
Uzel.................	⊠..........	2,044	
TOTAL de la population de l'Arrondissement.......			96,604

RÉCAPITULATION.

	NOMBRE de		POPULATION.
	CANTONS.	COMMUNES.	
Arrondissement de SAINT-BRIEUC.............	12	94	171,730
—————— de DINAN....................	10	90	111,739
—————— de GUINGAMP................	10	73	115,679
—————— de LANNION................	7	62	103,120
—————— de LOUDÉAC................	9	56	96,604
TOTAUX.....................	48	375	598,872

NOMS DES COMMUNES.	BUREAUX DE POSTE qui les desservent.	POPULATION.	TOTAL de la POPULATION par canton
ARRONDISSEMENT DE GUÉRET.			
CANTON D'AHUN.			
AHUN	✉	2,212	
CRESSAT	Jarnages	1,691	
LÉPINAS	Ahun	891	
MAISONNISSES	Idem	577	
MAZEIRAT	Idem	278	
MOUTIER-D'AHUN	Idem	476	10,829
PEYRABOUT	Idem	519	
PIONNAT	Jarnages	2,329	
(🐎 à Feu es.)			
SAINT-HILAIRE-LA-PLAINE	Ahun	446	
SAINT-YRIEIX-LES-BOIS	Idem	1,109	
VIGEVILLE	Jarnages	301	
CANTON DE BONNAT.			
BONNAT	Genouillat	2,702	
BOURG-D'HEM	Idem	1,023	
CHAMBON-SAINTE-CROIX	Aigurande	302	
CHAMPSANGLARD	Genouillat	845	
CHENIERS	Aigurande	1,717	
LINARD	Genouillat	679	
LOURDOUEIX-SAINT-PIERRE	Aigurande	1,975	13,890
MALVAL	Genouillat	188	
MÉASNES	Aigurande	1,300	
MORTROUX	Genouillat	1,021	
MOUTIER-MALCARD	Idem	1,797	
NOUZEROLLES	Aigurande	341	
CANTON DE DUN-LE-PALLETEAU.			
CELLE-DUNOISE (la)	Dun-le-Palleteau	1,858	
CHAPELLE-BALOUE (la)	Idem	393	
COLONDANNES	Idem	617	
CROZANT	Idem	1,214	
DUN-LE-PALLETEAU	✉ (Distribution.)	1,386	
FRESSELINES	Dun-le-Palleteau	1,883	
LAFAT	Idem	1,020	15,520
MAISONFEINE	Idem	589	
NAILLAT	Idem	1,881	
SAGNAT	Idem	716	
SAINT-SÉBASTIEN	St-Benoist-du-Sault	1,382	
SAINT-SULPICE-LE-DUNOIS	Dun-le-Palleteau	1,769	
VILLARD	Idem	812	
CANTON DE GRAND-BOURG.			
CHAMBORAND	Bénévent	592	
FLEURAT	Saint-Vaury	738	
GRAND-BOURG	Bénévent	2,646	
LIZIÈRES	La Souterraine	598	8,679
SAINT-ÉTIENNE-DE-FURSAC	Bénévent	1,843	
SAINT-PIERRE-DE-FURSAC	Idem	1,337	
SAINT-PRIEST-LA-PLAINE	Idem	925	
CANTON DE GUÉRET.			
AJAIN	Guéret	1,838	
CHAPELLE-TAILLEFER (la)	Idem	800	
GLÉNIE	Idem	1,241	
GUÉRET	✉	3,921	
JOUILLAC	Guéret	1,455	
LADAPEYRE	Jarnages	1,502	
SAUNIÈRE (la)	Guéret	298	15,634
SAVENNES	Idem	1,508	
SAINT-CHRISTOPHE	Idem	606	
SAINTE-FEYRE	Idem	619	
SAINT-FIEL	Idem	910	
SAINT-LAURENT	Idem	526	
SAINT-VICTOR	Idem	400	
A reporter			64,552

NOMS DES COMMUNES.	BUREAUX DE POSTE qui les desservent.	POPULATION.	TOTAL de la POPULATION par canton
Suite de l'ARRONDISSEMENT DE GUÉRET.		Report ..	64,552
CANTON DE LA SOUTERRAINE.			
AZERABLES	La Souterraine	1,964	
BAZELAT	Idem	747	
NOTH	Idem	872	
SOUTERRAINE (la)	✉	2,921	
SAINT-AIGNANT-DE-VERSILLAT	La Souterraine	2,217	13,982
SAINT-GERMAIN-DE-BEAUPRÉ	Idem	731	
SAINT-LÉGER-BRIDEREIX	Dun-le-Palleteau	388	
SAINT-MAURICE	La Souterraine	1,903	
SAINT-PRIEST-LA-FEUILLE	Idem	1,366	
VAREILLES	Idem	873	
CANTON DE SAINT-VAURY.			
ANZÊME	Saint-Vaury	1,535	
BRIONNE (la)	Idem	276	
BUSSIÈRE-DUNOISE	Idem	2,811	
GARTEMPE	Idem	458	
MONTAIGUT	Idem	698	11,192
SAINT-LÉGER-GUÉRÉTOIS	Idem	680	
SAINT-SILVAIN-MONTAIGUT	Idem	678	
SAINT-SULPICE-LE-GUÉRÉTOIS	Idem	1,750	
SAINT-VAURY	✉ (Distribution.)	2,306	
TOTAL de la population de l'Arrondissement			89,726
ARRONDISSEMENT D'AUBUSSON.			
CANTON D'AUBUSSON.			
ALLEYRAT	Aubusson	441	
AUBUSSON 🐎	✉	4,847	
BLESSAC	Aubusson	432	
BORNE (la)	Idem	247	
NÉOUX	Idem	1,177	
ROCHETTE (la)	Idem	956	
SAINT-ALPINIEN	Idem	864	12,361
SAINT-AMAND	Idem	364	
SAINT-AVIT-DE-TARDES	Idem	902	
(🐎 aux Foux.)			
SAINT-MAIXANT	Idem	640	
SAINT-MARC-A-FRONGIER	Idem	1,045	
SAINT-PARDOUX-LE-NEUF	Idem	436	
CANTON D'AUZANCES.			
AUZANCES	✉	1,251	
BLAVEPEYRE	Auzances	148	
BROUSSE	Idem	97	
BUSSIÈRE-NOUVELLE	Idem	278	
CHARD	Idem	799	
CHATELLARD	Idem	145	
COMPAS (le)	Idem	880	9,749
DONTREIX	Idem	2,306	
LIOUX-LES-MONGES	Idem	328	
MARS (les)	Idem	698	
ROUGNAT	Idem	2,033	
SERMUR	Idem	786	
CANTON DE BELLEGARDE.			
BELLEGARDE	Aubusson	868	
BOSROGER	Idem	432	
CHAMPAGNAT	Idem	1,980	
CHAUSSADE (la)	Idem	430	
LUPERSAC	Idem	2,320	11,405
MAINSAC	Auzances	1,668	
MAUTES	Aubusson	1,318	
PORTES (les)	Auzances	379	
SAINT-DOMET	Aubusson	730	
SAINT-SILVAIN-BELLEGARDE	Idem	1,280	
A reporter			33,515

NOMS DES COMMUNES.	BUREAUX DE POSTE qui les desservent.	POPULATION.	TOTAL de la POPULATION par canton

Suite de l'ARRONDISSEMENT D'AUBUSSON.

Report.. 33,515

CANTON DE CHÉNÉRAILLES.

Chauchet (le)	Chambon	552	
Chénérailles 🐎	⊠	1,028	
Croix-aux-Bost (la)	Chénérailles	203	
Issoudun	Idem.	1,243	
Peyrat-la-Nonière	Idem.	1,635	
Serre-Bussière-Vieille (la)	Idem.	654	10,083
Saint-Chabrais	Idem.	1,186	
Saint-Dizier	Idem.	583	
Saint-Médard	Idem.	1,586	
Saint-Pardoux-les-Cards	Idem.	1,274	
Tour-Saint-Austrille (la)	Idem.	139	

CANTON DE LA COURTINE.

Beissat	Felletin	501	
Clairavaud	Idem.	825	
Courtine (la)	Idem.	842	
Magnat	Idem.	1,373	
Malleret	Idem.	335	
Mas-d'Artige (le)	Idem.	480	7,493
Saint-Martial-le-Vieux	Idem.	709	
Saint-Merd-la-Breuille	Idem.	1,235	
Saint-Oradoux-de-Chirouse	Idem.	777	
Tbocq (le)	Idem.	416	

CANTON DE CROCQ.

Basville	La Villeneuve	957	
(⊠ Distribution 🐎 à la Villeneuve.)			
Celle-Barmontoise (la)	Idem.	801	
Crocq	Idem.	946	
Flayat	Idem.	1,010	
Mazière (la)	Idem.	403	
Mérinchal	Idem.	1,945	
Saint-Agnant	Idem.	1,180	11,816
Saint-Alvard	Idem.	188	
Saint-Bard	La Villeneuve	499	
Saint-George-Nigremont	Felletin	1,707	
Saint-Maurice	La Villeneuve	843	
Saint-Oradoux	Idem.	488	
Saint-Pardoux-d'Arnet	Idem.	849	

CANTON D'ÉVAUX.

Arfeuille-Chatain	Auzances	1,004	
Chambonchard	Évaux	451	
Charron	Auzances	1,346	
Évaux	⊠ (Distribution.)	2,445	
Fontanière	Évaux	370	9,747
Reterre	Idem.	1,287	
Sannat	Chambon	1,445	
Saint-Julien-de-Genête	Évaux	503	
Saint-Priest	Chambon	896	

CANTON DE FELLETIN.

Crose	Felletin	1,009	
Felletin	⊠	3,228	
Moutier-Rozeille	Aubusson	1,133	
Poussanges	Felletin	908	
Sainte-Feyre-la-Montagne	Idem.	347	12,779
Saint-Frion	Idem.	956	
Saint-Quentin	Idem.	1,415	
Saint-Yrieix	Idem.	1,322	
Vallières	Idem.	2,461	

A reporter.. 85,433

Suite de l'ARRONDISSEMENT D'AUBUSSON.

Report.. 85,433

CANTON DE GENTIOUX.

Faux-la-Montagne	Felletin	1,366	
Féniers	Idem.	453	
Gentioux	Idem.	1,235	
Gioux	Idem.	1,346	
Nouaille (la)	Idem.	1,697	7,373
Pigerolles	Idem.	352	
Saint-Marc-a-Loubaud	Idem.	623	
Ville-Dieu (la)	Idem.	301	

CANTON DE SAINT-SULPICE-LES-CHAMPS.

Ars	Aubusson	1,255	
Banize	Idem.	689	
Chamberaud	Idem.	420	
Chavanat	Idem.	646	
(🐎 à Charbonnier.)			
Fransèches	Idem.	1,182	
Mareilles-au-Prieur	Ahun	177	8,362
Sous-Parsat	Idem.	366	
Saint-Avit-le-Pauvre	Aubusson	328	
Saint-Martial-le-Mont	Idem.	706	
Saint-Michel-de-Vesse	Idem.	648	
Saint-Sulpice-le-Donzeil	Idem.	800	
Saint-Sulpice-les-Champs	Idem.	1,145	

Total de la population de l'Arrondissement.. 101,168

ARRONDISSEMENT DE BOURGANEUF.

CANTON DE BÉNÉVENT.

Arrènes	Bénévent	1,037	
Augères	Idem.	528	
Aulon	Idem.	506	
Azat-Chatenet	Idem.	513	
Bénévent	⊠ (Distribution.)	1,422	
Ceyroux	Bénévent	626	9,365
Champroy	Bourganeuf	200	
Chatelus-le-Marcheix	Idem.	1,495	
Marsac	Bénévent	860	
Mourioux	Idem.	1,162	
Saint-Goussaud	Idem.	1,026	

CANTON DE BOURGANEUF.

Auriat	Bourganeuf	890	
Bourganeuf 🐎	⊠	2,849	
Bosmoreau	Bourganeuf	416	
Faux-Mazuras	Idem.	552	
Mansat	Idem.	325	
Mérignat	Idem.	516	
Montboucher	Idem.	686	11,681
Soubrebost	Idem.	672	
Saint-Amand-Jartoudeix	Idem.	788	
Saint-Dizier	Idem.	1,754	
Saint-Martin-Sainte-Catherine	Idem.	1,332	
Saint-Pierre-Chérignat	Idem.	638	
Saint-Priest-Palus	Idem.	263	

CANTON DE PONTARION.

Chapelle-Saint-Martial (la)	Bourganeuf	363	
Janaillat	Idem.	1,287	
Pontarion	Idem.	304	
Pouge (la)	Idem.	330	
Sardent	Idem.	1,896	
Saint-Éloy	Idem.	835	8,701
(🐎 à Drouille.)			
Saint-George-la-Pouge	Idem.	1,220	
Saint-Hilaire-le-Château	Idem.	818	
Trauron	Idem.	777	
Vidaillat	Idem.	871	

A reporter.. 29,747

NOMS DES COMMUNES.	BUREAUX DE POSTE qui les desservent.	POPULATION.	TOTAL de la POPULATION par canton	NOMS DES COMMUNES.	BUREAUX DE POSTE qui les desservent.	POPULATION.	TOTAL de la POPULATION par canton
Suite de l'ARRONDISSEMENT DE BOURGANEUF.				**Suite de l'ARRONDISSEMENT DE BOUSSAC.**			
	Report ..		29,747		*Report* ..		10,185
CANTON DE ROYÈRE.				Suite du CANTON DE CHAMBON.			
MONTEIL-AU-VICOMTE (le)	Bourganeuf	584			*Report* ..	3,419	
MORTEROLLE	Idem	407		LUSSAT	Gouzon	1,152	
ROYÈRE	Idem	2,306		NOUHANT	Chambon	696	
SAINT-JUNIEN-LA-BRUGÈRES	Idem	790	8,218	SAINT-JULIEN-LE-CHATEL	Gouzon	480	
SAINT-MARTIN-CHATEAU	Idem	1,196		SAINT-LOUP	Idem	776	8,417
SAINT-MOREIL	Idem	1,025		TARDES	Chambon	678	
SAINT-PARDOUX-LAVAUD	Idem	897		VERNEIGES	Boussac	243	
SAINT-PIERRE-LE-BOST	Idem	1,013		VIERSAT	Chambon	973	
TOTAL de la population de l'Arrondissement			37,965	CANTON DE CHATELUS.			
ARRONDISSEMENT DE BOUSSAC.				BÉTÈTE	Boussac	1,003	
				CELLETTE (la)	Idem	654	
CANTON DE BOUSSAC.				CHATELUS	Idem	1,094	
				CLUGNAT	Idem	1,996	
BORD	Boussac	1,250		GENOUILLAT	(Distribution.)	1,493	10,231
BOUSSAC	Idem	879		JALÈCHES	Boussac	463	
BOUSSAC-BOURG	Boussac	1,075		NOUZIERS	Genouillat	880	
BUSSIÈRE-SAINT-GEORGES	Idem	763		ROCHES	Boussac	1,344	
LEYRAT	Idem	319		SAINT-DIZIER-LES-DOMAINES	Idem	780	
MALLERET	Idem	752		TERCILLAC	Idem	524	
NOUZERINE	Idem	802	10,185	CANTON DE JARNAGES.			
SOUMANS	Idem	1,028					
SAINT-MARIEN	Idem	394		BLAUDEIX	Jarnages	430	
SAINT-PIERRE-LE-BOST	Idem	400		CELLE-SOUS-GOUZON (la)	Gouzon	348	
SAINT-SILVAIN-BAS-LE-ROC	Idem	668		DOMÉROT	Idem	1,105	
TOULX-SAINTE-CROIX	Idem	1,335		FORGES (les)	Idem	144	
VACFRANCHE	Idem	520		GOUZON		1,415	
				GOUZOUGNAT	Gouzon	378	7,692
CANTON DE CHAMBON.				JARNAGES	(Distribution.)	845	
				PARSAC	Gouzon	1,648	
AUGE	Chambon	207		PIERREFITTE	Idem	311	
CHAMBON-VILLE		2,014		RIMONDEIX	Jarnages	420	
CHATELET	Chambon	402		SAINT-SILVAIN-SOUS-TOULX	Gouzon	520	
LÉPAUD	Idem	796		TROIS-FONDS	Idem	128	
	A reporter ..	3,419					
	A reporter		10,185	TOTAL de la population de l'Arrondissement			36,525

RÉCAPITULATION.

	NOMBRE de		POPULATION.
	CANTONS.	COMMUNES.	
ARRONDISSEMENT DE GUÉRET	7	75	89,726
— DE AUBUSSON	10	106	101,168
— DE BOURGANEUF	4	42	37,965
— DE BOUSSAC	4	46	36,525
TOTAUX	25	269	265,384

NOMS DES COMMUNES.	BUREAUX DE POSTE qui les desservent.	POPULA-TION.	TOTAL de la POPULA-TION par canton	NOMS DES COMMUNES.	BUREAUX DE POSTE qui les desservent.	POPULA-TION.	TOTAL de la POPULA-TION par canton
ARRONDISSEMENT DE PÉRIGUEUX.				Suite de l'ARRONDISSEMENT DE PÉRIGUEUX.			
						Report..	59,741
CANTON DE SAINT-ASTIER.				**CANTON DE SAINT-PIERRE-DE-CHIGNAC.**			
ANNESSE.	Saint-Astier	666		ATUR	Périgueux	832	
CHAPELLE-GONAGUET (la)	Périgueux	689		BASSILLAC	Idem	732	
COURSAC	Idem	1,215		BLIS	Idem	635	
GRIGNOLS	Saint-Astier	1,015		BOULAZAC	Idem	630	
JAURE	Idem	447		EYLIAC	Idem	1,068	
LÉGUILLAC-DE-L'AUCHE	Idem	650		LADOUZE	Idem	920	
MANZAC	Idem	981	12,630	MARSANEIX	Idem	984	
MENSIGNAC	Idem	1,381		MILLAC-D'AUBEROCHE	Idem	1,028	10,827
MONTREM	Idem	1,113		NOTRE-DAME-DE-SANILHAC	Idem	1,037	
RAZAC-SUR-LISLE	Périgueux	869		SAINT-ANTOINE	Idem	320	
SAINT-ASTIER	⊠	2,546		SAINT-CRÉPIN-D'AUBEROCHE 🐎	Idem	284	
(🐎 à la Massoulie.)				SAINT-GEYRAC	Idem	696	
SAINT-LÉON-SUR-L'ISLE	Saint-Astier	1,058		SAINT-LAURENT-DU-MANOIRE	Idem	466	
				SAINTE-MARIE-DE-CHIGNAC	Idem	435	
CANTON DE BRANTOME.				SAINT-PIERRE-DE-CHIGNAC	Idem	760	
AGONAC	Périgueux	1,739					
BIRAS	Bourdeilles	890		**CANTON DE SAVIGNAC.**			
BOURDEILLES	⊠ (Distribution.)	1,638		ANTONNE	Périgueux	903	
BRANTOME	⊠	2,722		CHANGÉ	Idem	682	
BUSSAC	Bourdeilles	734		CORNILLE	Idem	543	
EYVIRAT	Brantôme	629	11,734	COULAURES	Excideuil	2,419	
LISLE	Bourdeilles	1,272		CUBJAC	Périgueux	1,085	
SENCENAC	Brantôme	499		ESCOIRE	Idem	201	
SAINT-FRONT-D'ALEMPS	Bourdeilles	593		LIGUEUX	Idem	544	10,719
SAINT-JULIEN-DE-BOURDEILLES	Brantôme	290		MAYAC	Idem	574	
VALEUIL	Bourdeilles	728		NÉGRONDES	Thiviers	912	
				SARLIAC	Périgueux	374	
CANTON D'EXCIDEUIL.				SAVIGNAC	Idem	995	
ANLHIAC	Excideuil	829		SORGES	Idem	1,764	
CLERMONT	Idem	650		(🐎 aux Palissons.)			
EXCIDEUIL	⊠	1,709		SAINT-PANTALY-D'ANS	Idem	412	
GÉNIS	Excideuil	1,393		SAINT-VINCENT-D'EXCIDEUIL	Idem	311	
PREYSSAC-D'EXCIDEUIL	Idem	226					
SALAGNAC	Idem	264		**CANTON DE THENON.**			
SAINT-GERMAIN-DES-PRÉS	Idem	1,040	10,435	AJAT	Azerac	902	
SAINT-JORY-LASBLOUX	Idem	569		AZERAC 🐎	⊠ (Distribution.)	1,364	
SAINT-MARTIAL-D'ALBARÈDE	Idem	763		BARS	Azerac	977	
SAINT-MÉDARD-D'EXCIDEUIL	Idem	674		BOISSIÈRE-D'ANS (la)	Périgueux	305	
SAINT-MÉMIN	Idem	1,007		BROUCHAUD	Azerac	537	
SAINT-PANTALY-D'EXCIDEUIL	Idem	521		FOSSEMAGNE	Idem	1,083	9,151
SAINT-RAPHAEL	Idem	364		GABILLOU	Idem	315	
SAINTE-TRIE	Idem	426		LIMEYRAT	Idem	554	
				MONTAGNAC-D'AUBEROCHE	Idem	379	
CANTON DE HAUTEFORT.				SAINT-ORSE	Idem	1,236	
BADEFOL-D'ANS	Excideuil	1,157		THENON	Idem	1,499	
BOISSEUILH	Idem	429					
CHERVEIX	Idem	1,190		**CANTON DE VERGT.**			
CHAPELLE-SAINT-JEAN (la)	Azerac	149		BOURROU	Saint-Astier	399	
CHOURGNAC-D'ANS	Excideuil	412		BREUILH	Périgueux	399	
COUJOURS	Idem	489		CENDRIEUX	Idem	1,058	
GRANGES-D'ANS (les)	Idem	655	9,972	CHALAGNAC	Idem	628	
HAUTEFORT	Idem	1,500		(🐎 à Rossignol.)			
NAILHAC	Idem	910		CROPTE (la)	Idem	1,051	
SAINTE-EULALIE-D'ANS	Idem	1,077		CREYSSENSAC	Idem	405	
TEILLOTS	Idem	418		ÉGLISE-NEUVE	Idem	308	
TEMPLE-LAGUYON (le)	Idem	180		FOULEIX	Idem	556	11,089
TOURTOIRAC	Idem	1,406		GRUN	Saint-Astier	547	
				SALON	Périgueux	745	
CANTON DE PÉRIGUEUX.				SAINT-AMAND-DE-VERGT	Idem	765	
CHAMPCEVINEL	Périgueux	681		SAINT-MAIME	Idem	656	
CHANCELLADE	Idem	1,093		SAINT-MICHEL-DE-VILLADEIX	Idem	683	
CHATEAU-L'ÉVÊQUE	Idem	1,590		SAINT-PAUL-DE-SERRE	Idem	555	
COULOUNIEIX	Idem	980	14,970	VERGT	Idem	1,641	
MARSAC	Idem	453		VEYRINES	Idem	693	
PÉRIGUEUX 🐎	⊠	8,956					
TRÉLISSAC	Périgueux	1,217		TOTAL de la population de l'Arrondissement			101,527
		A reporter	59,741				

NOMS DES COMMUNES.	BUREAUX DE POSTE qui les desservent.	POPULA- TION.	TOTAL de la POPULA- TION par canton	NOMS DES COMMUNES.	BUREAUX DE POSTE qui les desservent.	POPULA- TION.	TOTAL de la POPULA- TION par canton
ARRONDISSEMENT DE BERGERAC.				**Suite de l'ARRONDISSEMENT DE BERGERAC.**			
						Report..	43,389
CANTON DE SAINT-ALVERE.				CANTON D'ISSIGEAC.			
Grand-Castang	Lalinde	205		Bardou	Issigeac	196	
Limeuil	Le Bugue	929		Boisse	Idem	670	
Paunat	Idem	1,002		Bouniagues	Idem	522	
Pézul	Idem	517	6,801	Colombier	Idem	432	
Saint-Alvère	Idem	1,807		Conne-de-Labarde	Idem	521	
Sainte-Foy-de-Longas	Lalinde	710		Eyrenville	Idem	583	
Saint-Laurent-des-Batons	Douville	713		Falgueyrat	Idem	119	
Trémolat	Le Bugue	918		Faurille	Idem	208	
				Faux	Idem	920	
CANTON DE BEAUMONT.				Issigeac	✉ (Distribution.)	977	9,110
Bayac	Beaumont	622		Mandacou	Issigeac	474	
Beaumont	✉ (Distribution.)	1,850		Monmadalès	Idem	236	
Born-de-Champs	Beaumont	237		Monmarveix	Idem	143	
Bourniquel	Lalinde	354		Monsaguel	Idem	353	
Labouquerie	Idem	335		Montaut-d Issigeac	Idem	298	
Montferrand	Idem	717		Saint-Aubin-de-Lanquais	Idem	586	
Monsac	Idem	544	8,422	Saint-Léon	Idem	430	
Naussanes	Idem	510		Saint-Perdoux	Idem	453	
Nojals	Idem	125		Sainte-Radegonde	Idem	388	
Rampieux	Idem	566		Saint-Sarnin-de-Labarde	Idem	601	
Saint-Avit-Sénieur	Beaumont	1,207					
Sainte-Croix-de-Mont-Ferrand	Lalinde	513		CANTON DE LAFORCE.			
Sainte-Sabine	Idem	842		Bosset	Bergerac	565	
				Fleix	Sainte-Foy	1,600	
CANTON DE BERGERAC.				Fraysse	Bergerac	546	
Bergerac 🏛	✉	8,557		Genestet	Idem	515	
Cours-de-Pille	Mouleydier	640		Laforce	Idem	957	
Creysse	Idem	874		Lèches	Mussidan	620	9,411
Lamonzie-Montastruc	Idem	982		Lunas	Bergerac	549	
Lembras	Bergerac	623		Monfaucon	Sainte-Foy	545	
Mouleydier	✉ (Distribution.)	1,115	15,098	Prigonrieux	Bergerac	1,195	
Queyssac	Bergerac	573		Saint-Georges-de-Blancaneix	Idem	377	
Saint-Germain-de-Pontrou- mieu	Mouleydier	497		Saint-Gérit	Mussidan	450	
Saint-Laurent-des-Vignes	Bergerac	361		Saint-Pierre-d'Eyraud	Bergerac	1,492	
Saint-Nexans	Mouleydier	483					
Saint-Sauveur	Idem	393		CANTON DE LALINDE.			
				Baneuil	Lalinde	210	
CANTON DE CADOUIN.				Cause-de-Clérans	Idem	698	
Alles	Lalinde	526		Couze-Saint-Front	Idem	1,010	
Badefol	Idem	356		Lalinde	✉	1,882	
Bouillac	Idem	344		Languais	Mouleydier	1,055	
Cabans	Idem	1,154		Liorac	Lalinde	622	
Cadouin	Idem	695		Mauzac	Idem	550	
Calès	Idem	665	6,441	Pressignac	Idem	555	9,201
Cussac	Idem	425		Saint-Aigné	Mouleydier	278	
Molières	Idem	943		Saint-Capraise-de-Lalinde	Lalinde	371	
Paleyrac	Idem	558		Saint-Félix-de-Villadeix	Idem	645	
Pontours	Idem	350		Saint-Marcel-de-Villadeix	Idem	550	
Urval	Idem	425		Varennes	Mouleydier	320	
				Verdon	Idem	218	
CANTON D'EYMET.				Vicq	Lalinde	237	
Cogulot	Eymet	246					
Eymet	✉	1,706		CANTON DE MONPAZIER.			
Fonroque	Eymet	411		Biron	Monpazier	1,124	
Razac-d'Eymet	Idem	600		Capdrot	Idem	1,162	
Rouquette	Idem	468		Gaugeac	Idem	355	
Sadillac	Idem	230		Lavalade	Idem	191	
Serre	Idem	381		Lolme	Idem	307	
Singleyrac	Idem	267	6,627	Marsalès	Idem	269	
Saint-Aubin-de-Cadelech	Idem	730		Monpazier	✉	1,061	6,047
Saint-Capraise-d'Eymet	Idem	474		Soulaures	Monpazier	358	
Sainte-Eulalie-de-Puyguilhem	Idem	265		Saint-Avit-Rivière	Idem	497	
Sainte-Innocence	Idem	385		Saint-Cassien	Idem	194	
Saint-Julien-d'Eymet	Idem	280		Saint-Marcory	Idem	206	
Saint-Sulpice-d'Eymet	Idem	184		Saint-Romain	Idem	323	
A reporter		43,389		A reporter		77,158	

NOMS DES COMMUNES.	BUREAUX DE POSTE qui les desservent.	POPULA-TION.	TOTAL de la POPULA-TION par canton	NOMS DES COMMUNES.	BUREAUX DE POSTE qui les desservent.	POPULA-TION.	TOTAL de la POPULA-TION par canton
Suite de l'ARRONDISSEMENT DE BERGERAC.				**ARRONDISSEMENT DE NONTRON.**			
	Report..		77,158				
CANTON DE SIGOULÈS				**CANTON DE BUSSIÈRE-BADIL.**			
Cunèges	Bergerac	453		Busserolles	Nontron	2,187	
Flaugeac	Idem	415		Bussière-Badil	Idem	1,191	
Gageac	Idem	798		Étouars	Idem	484	
Gardonne	Idem	708		Pluviers	Idem	1,037	8,199
Lamonzie-Saint-Martin	Idem	1,214		Reillac	Idem	1,064	
Mescoules	Idem	269		Soudat	Idem	463	
Monbazillac	Idem	1,204		Saint-Barthélemy	Idem	814	
Monbos	Idem	227		Varaignes	Idem	959	
Monestier	Idem	842	10,873	**CANTON DE CHAMPAGNAC-DE-BÉLAIR.**			
Pomport	Idem	1,235		Boulouneix	Brantôme	618	
Puyguilhem	Idem	303		Cantillac	Idem	367	
Razac	Idem	230		Champagnac-de-Bélair	Idem	1,150	
Ribagnac	Idem	516		Chapelle-Faucher (la)	Idem	900	
Rouffignac	Idem	307		Chapelle-Montmorbau (la)	Idem	323	7,326
Saussignac	Idem	880		Condat	Brantôme	657	
Sigoulès	Idem	834		Quinsac	Nontron	927	
Thenac	Idem	438		Saint-Angel	Idem	526	
				Saint-Pancrace	Idem	348	
CANTON DE VÉLINES.				Villars	Brantôme	1,710	
Bonneville	Sainte-Foy	394					
Canet	Idem	225		**CANTON DE JUMILLAC-LE-GRAND.**			
Fougueyrolles	Idem	529		Chalais	Thiviers	813	
Lamothe-Montravel	Castillon	994		Jumillac-le-Grand	(Distribution.)	3,188	
Rouquette (la)	Sainte-Foy	530		Saint-Jory-de-Chalais	Thiviers	1,314	
Moncaret	Castillon	1,264		Sainte-Marie-de-Frugie	Jumillac-le-Grand	1,081	9,936
Montazeau	Sainte-Foy	625		(à la Coquille.)			
Nastringues	Idem	272	9,548	Saint-Paul-la-Roche	Idem	1,761	
Ponchapt	Idem	296		Saint-Pierre-de-Frugie	Idem	895	
Saint-Antoine	Idem	1,518		Saint-Priest-les-Fougères	Idem	984	
Saint-Avit-de-Tizac	Sainte-Foy	304					
Saint-Michel-Montagne	Castillon	541		**CANTON DE LANOUAILLE.**			
Saint-Seurin-de-Prats	Idem	735		Angoisse	Excideuil	1,308	
Saint-Vivien	Sainte-Foy	517		Dussac	Idem	1,005	
Vélines	Idem	804		Lanouaille	Idem	1,225	
				Nanthiat	Thiviers	732	
CANTON DE VILLAMBLARD.				Payzac	Excideuil	2,278	12,149
Beauregard	Douville	635		Sarlande	Idem	1,100	
Beleymas	Idem	593		Sarrazac	Thiviers	1,484	
Champsegret	Idem	744		Savignac-Lédrier	Excideuil	1,229	
Clermont-de-Beauregard	Idem	330		Saint-Cyr-les-Champagnes	Idem	672	
Douville	(Distribution.)	995		Saint-Sulpice-d'Excideuil	Thiviers	1,116	
(à Saint-Mamest.)							
Église-Neuve-d'Issac	Mussidan	461		**CANTON DE MAREUIL.**			
Issac-de-Montréal	Idem	1,043		Beaussac	Mareuil	573	
Lavessière	Bergerac	236		Champeau	Idem	780	
Maurens	Idem	1,157	12,081	Graulges (les)	Idem	305	
Montagnac-la-Crempse	Douville	1,400		Ladosse	Idem	407	
Saint-Georges-de-Monclard	Idem	738		Léguillac	Idem	1,142	
Saint-Hilaire-d'Estissac	Mussidan	422		Mareuil		1,624	
Saint-Jean-d'Estissac	Idem	440		Monsec	Mareuil	615	10,086
Saint-Jean-d'Eyraud	Bergerac	441		Poyrenier	Idem	306	
Saint-Julien-de-Crempse	Douville	510		Rochebeaucourt (la)	Idem	1,039	
Saint-Martin-des-Combes	Idem	627		Saint-Crépin-de-Richemont	Brantôme	879	
Villamblard	Idem	1,309		Sainte-Croix-de-Mareuil	Mareuil	477	
				Saint-Félix-de-Bourdeille	Idem	364	
CANTON DE VILLEFRANCHE-DE-LONCHAPT.				Saint-Sulpice-de-Mareuil	Idem	563	
Carsac	Monpont	380		Vieux-Mareuil	Idem	1,012	
Minzac	Idem	978					
Montpeyroux	Castillon	779		**CANTON DE NONTRON.**			
Saint-Géraud-de-Corps	Monpont	500	7,237	Abjat	Nontron	1,642	
Saint-Martin-de-Gurçon	Idem	972		Augignac	Idem	1,143	
Saint-Médard-de-Gurçon	Sainte-Foy	1,801		Bourdeix	Idem	552	
Saint-Rémy	Monpont	707		Connezac	Idem	356	
Villefranche-de-Lonchapt	Idem	1,120					
					A reporter..	3,693	
Total de la population de l'Arrondissement			116,897		A reporter..		47,896

Suite de l'ARRONDISSEMENT DE NONTRON.

NOMS DES COMMUNES.	BUREAUX DE POSTE qui les desservent.	POPULA-TION.	TOTAL de la POPULA-TION par canton
		Report..	47,896
Suite du CANTON DE NONTRON.			
	Report..	3,693	
HAUTEFAYE	Nontron	436	
JAVERLHAC	Idem	1,454	
LUSSAS	Idem	1,149	
NONTRON	✉	3,246	
SAVIGNAC	Nontron	391	14,350
SAINT-ESTÈPHE	Idem	1,094	
SAINT-FRONT-DE-CHAMPNIERS	Idem	366	
SAINT-MARTIAL	Idem	1,004	
SAINT-MARTIN-LE-PIN	Idem	634	
TEYJAC	Idem	883	
CANTON DE SAINT-PARDOUX.			
FIRBEIX	Chalus	932	
MIALLET	Nontron	1,863	
MILLAC	Idem	1,626	
ROMAIN	Idem	777	10,049
SAINT-FRONT-LA-RIVIÈRE	Idem	997	
SAINT-PARDOUX	Idem	1,557	
SAINT-SAUD	Idem	2,297	
CANTON DE THIVIERS.			
CORGNAC	Thiviers	1,268	
EYZERAC	Idem	556	
LEMPZOURS	Idem	344	
NANTEUIL	Idem	1,051	
SAINT-CLÉMENT	Idem	646	9,827
SAINT-JEAN-DE-COLE	Idem	894	
SAINT-MARTIN-DE-FRESSENGEAS	Idem	1,004	
SAINT-PIERRE-DE-COLE	Idem	1,048	
THIVIERS 🏰	✉	2,308	
VAUNAC	Thiviers	708	
TOTAL de la population de l'Arrondissement			82,122

ARRONDISSEMENT DE RIBÉRAC.

CANTON DE SAINT-AULAYE.

NOMS DES COMMUNES.	BUREAUX DE POSTE qui les desservent.	POPULA-TION.	TOTAL de la POPULA-TION par canton
CHENAUD	Saint-Aulaye	793	
CUMOND	Ribérac	649	
FESTALEMS	Idem	1,068	
LAJEMAYE	Ribérac	412	
PARCOUL	Saint-Aulaye	790	
PONTEYRAUD	Idem	204	
PUYMANGOU	Idem	186	11,033
ROCHE-CHALAIS	✉ (Distribution.)	2,065	
SERVANCHES	Roche-Chalais	282	
SAINT-AULAYE	✉ (Distribution.)	1,437	
SAINT-MICHEL-L'ÉCLUSE	Roche-Chalais	1,274	
SAINT-PRIVAT	Ribérac	1,509	
SAINT-VINCENT-JALMOUTIER	Saint-Aulaye	364	
CANTON DE MONPONT.			
ÉCHOURGNAC	Monpont	649	
EYGURANDE	Idem	570	
MENESPLET	Idem	656	
MENESTEROL-MONTIGNAC	Idem	1,153	
MONPONT 🏰	✉	1,325	
PIZOU (le)	Monpont	670	7,309
SAINT-BARTHÉLEMY-DE-BELLE-GARDE	Idem	928	
SANT-MARTIAL-D'ARTENSET	Idem	1,131	
SAINT-SAUVEUR-DE-LA-LANDE	Idem	227	
A reporter			18,342

Suite de l'ARRONDISSEMENT DE RIBÉRAC.

NOMS DES COMMUNES.	BUREAUX DE POSTE qui les desservent.	POPULA-TION.	TOTAL de la POPULA-TION par canton
		Report..	18,342
CANTON DE MONTAGRIER.			
BRASSAC	Bourdeilles	1,910	
CELLES	Verteillac	1,651	
CHAPDEUIL-SAINT-JUST	Bourdeilles	872	
CREYSSAC	Idem	326	
DOUCHAPT	Ribérac	650	
MONTAGRIER	Bourdeilles	842	9,718
PAUSSAC	Idem	950	
SEGONZAC	Ribérac	303	
SAINT-APRE	Idem	725	
SAINT-VICTOR	Idem	331	
TOCANE	Idem	1,158	
CANTON DE MUSSIDAN.			
BEAUPOUYET	Mussidan	803	
BOURGNAC	Idem	271	
MUSSIDAN 🏰	✉	1,700	
SOURZAC	Mussidan	1,587	
SAINT-ÉTIENNE-DE-PUYCOURBIER	Idem	339	8,902
SAINT-FRONT-DE-PRADOUX	Idem	512	
SAINT-LAURENT-DES-HOMMES	Idem	1,285	
SAINT-LOUIS	Idem	315	
SAINT-MARTIN-LASTIER	Idem	386	
SAINT-MÉDARD-DE-MUSSIDAN	Idem	840	
SAINT-MICHEL-DE-DOUBLE	Idem	864	
CANTON DE NEUVIC.			
BEAURONNE	Neuvic	836	
CHANTÉRAC	Idem	1,051	
DOUZILLAC	Idem	1,232	
NEUVIC	Idem	2,318	
SAINT-ANDRÉ-DE-DOUBLE	✉ (Distribution.)	654	
SAINT-AQUILIN	Neuvic	1,042	9,832
SAINT-GERMAIN-DU-SALEMBRE	Idem	901	
SAINT-JEAN-D'ATAUX	Idem	283	
SAINT-SÉVRIN-D'ESTISSAC	Idem	175	
SAINT-VINCENT-DE-CONNAZAC	Idem	871	
VALLEREUIL	Idem	469	
CANTON DE RIBÉRAC.			
ALLEMANS	Ribérac	1,423	
BERSAC (petit)	Idem	747	
BOURG-DU-BOST	Idem	452	
CHASSAGNES	Idem	375	
COMBERANCHE	Idem	367	
RIBÉRAC	✉	3,954	13,019
SIORAC	Ribérac	845	
SAINT-MÉDARD-DE-DRONE	Idem	616	
SAINT-PARDOUX-DE-DRONE	Idem	537	
SAINT-SULPICE-DE-ROUMAGNAC	Idem	693	
VAUXAINS	Idem	2,010	
VILLETOUREIX	Idem	1,000	
CANTON DE VERTEILLAC.			
AUBIAC-DE-BOURSAC	Verteillac	438	
BERTRIC-BURÉE	Ribérac	798	
BOURG-DES-MAISONS	Verteillac	284	
BOUTEILLES	Idem	913	
CERCLES	Idem	1,364	
CHAMPAGNE	Idem	2,434	
CHERVAL	Idem	542	
COUTURES	Idem	301	
A reporter			7,074
A reporter			59,813

NOMS DES COMMUNES.	BUREAUX DE POSTE qui les desservent.	POPULA- TION.	TOTAL de la POPULA- TION par canton	NOMS DES COMMUNES.	BUREAUX DE POSTE qui les desservent.	POPULA- TION.	TOTAL de la POPULA- TION par canton
Suite de l'ARRONDISSEMENT DE RIBÉRAC.				Suite de l'ARRONDISSEMENT DE SARLAT.			
	Report..		59,813		Report..		24,773
Suite du CANTON DE VERTEILLAC.				Suite du CANTON DE DOMME.			
	Report..	7,074			Report..	2,745	
GOUTS	Verteillac	438		CHAPELLE-PÉCHAUD (la)	Domme	439	
LUSIGNAC	Idem	848		DAGLAND	Idem	1,355	
NANTEUIL-DE-BOURSAC	Idem	870		DOMME	⊠ (Distribution.)	2,075	
SAINT-MARTIAL-DE-VIVEYROL	Idem	812	12,961	FLORIMONT	Domme	660	
SAINT-PAUL-LIZONNE	Idem	557		GROSLEJAC	Sarlat	583	
TOUR-BLANCHE (la)	Idem	589		NABIRAT	Domme	769	13,256
VENDOIRE	Idem	733		SAINT-AUBIN-DE-NABIRAT	Idem	539	
VERTEILLAC	⊠ (Distribution.)	1,040		SAINT-CIBRANET	Idem	525	
				SAINT-LAURENT-DE-CASTELNAUD	Belvès	850	
TOTAL de la population de l'Arrondissement			72,774	SAINT-MARTIAL	Domme	1,162	
				SAINT-POMPON	Idem	1,180	
ARRONDISSEMENT DE SARLAT.				VEYRINES	Idem	374	
CANTON DE BELVÈS.				CANTON DE MONTIGNAC.			
BELVÈS	⊠	2,363		AUBAS	Montignac	663	
CARVÈS	Belvès	635		ADRIAC	Idem	1,145	
CLADECH	Idem	270		CHAPELLE-AUBAREIL (la)	Idem	900	
DOISSAC	Idem	572		FANLAC	Idem	508	
FONGALOP	Idem	313		FARGES	Idem	308	
GRIVES	Idem	500		MONTIGNAC	⊠	3,922	
LARZAC	Idem	274		PEYZAC	Montignac	420	
MONPLAISANT	Idem	357	8,898	PLAZAC	Idem	1,621	15,356
SAGELAT	Idem	533		ROUFFIGNAC	Idem	2,430	
SALLES-DE-BELVÈS	Idem	334		SERGEAC	Idem	517	
SIORAC-DE-BELVÈS	Idem	1,163		SAINT-AMAND-DE-COLY	Idem	814	
SAINT-AMAND-DE-BELVÈS	Idem	330		SAINT-LÉON-SUR-VÉZÈRE	Idem	1,015	
SAINTE-FOY-DE-BELVÈS	Idem	308		THONAC	Idem	577	
SAINT-GERMAIN-DE-BELVÈS	Idem	503		VALOJOUX	Idem	516	
SAINT-PARDOUX-DE-BELVÈS	Idem	443					
CANTON DU BUGUE.				CANTON DE SAINT-CYPRIEN.			
BUGUE (le)	⊠	2,661		ALLAS-DE-BERBIGUIÈRES	Sarlat	466	
CAMPAGNE	Le Bugue	711		AUDRIX	Le Bugue	424	
FLEURAC	Idem	938		BERBIGUIÈRES	Sarlat	397	
JOUENIAC	Idem	936		BEZENAC	Idem	352	
MAURADIE	Idem	447		CASTELS	Idem	789	
MAUZENS	Idem	1,157	8,906	COUX	Le Bugue	1,583	
SAVIGNAC	Idem	432		MARNAC	Sarlat	365	
SAINT-AVIT-DE-VIALARD	Idem	217		MEYRALS	Idem	844	12,017
SAINT-CERNIN-DE-REILLAC	Idem	419		MOUZENS	Idem	517	
SAINT-CIRQ	Idem	298		SIREUIL	Idem	536	
SAINT-FÉLIX-DE-REILLAC	Idem	690		SAINT-CHAMASSY	Le Bugue	1,025	
				SAINT-CYPRIEN	Sarlat	2,375	
CANTON DE CARLUX.				SAINT-VINCENT-DE-COSSE	Idem	473	
AILLAC	Sarlat	380		TAYAC	Le Bugue	1,162	
CALVIAT	Idem	672		TURSAC	Idem	709	
CARLUX	Idem	918					
CARSAC	Idem	971		CANTON DE SALIGNAC.			
CAZOULÈS	Souillac	391		ARCHIGNAC	Sarlat	915	
ORLIAGUET	Sarlat	293	6,969	BORRÈZE	Idem	1,049	
PEYRILLAC	Souillac	409		EYVIGNES	Idem	707	
PRATS-DE-CARLUX	Sarlat	688		JAYAC	Idem	736	
SIMEYROLS	Idem	350		NADAILLAC-LE-SEC	Idem	874	8,191
SAINT-JULIEN-DE-LAMPON	Idem	729		PAULIN	Idem	665	
SAINTE-MONDANE	Idem	691		SAINT-CRÉPIN	Idem	677	
VEYRIGNAC	Idem	477		SAINT-GENIÈS	Idem	1,457	
				SALIGNAC	Idem	1,111	
CANTON DE DOMME.				CANTON DE SARLAT.			
BOUZIC	Domme	732		BEYNAC	Sarlat	739	
CASTELNAUD	Idem	807		LACANEDA	Idem	167	
CÉNAC	Idem	1,206		MARCILLAC	Idem	575	
	A reporter..	2,745		MARQUAY	Idem	991	
					A reporter..	2,472	
	A reporter		24,773		A reporter		73,593

NOMS DES COMMUNES.	BUREAUX DE POSTE qui les desservent.	POPULATION.	TOTAL de la POPULATION par canton.
Suite de l'ARRONDISSEMENT DE SARLAT.		Report..	73,593
Suite du CANTON DE SARLAT.		Report..	2,472
Proissans..................	Sarlat............	918	
Roque-Gajeac (la).........	Idem.............	739	
Sarlat....................	⊠...............	6,056	
Saint-André..............	Sarlat............	817	
Sainte-Nathalène.........	Idem.............	653	14,042
Saint-Vincent-les-Paluels.	Idem.............	321	
Tamniès..................	Idem.............	718	
Vézac....................	Idem.............	558	
Vitrac...................	Idem.............	790	
CANTON DE TERRASSON.			
Bachellerie (la)..........	Azerac...........	1,446	
Beauregard...............	Terrasson........	1,315	
Chatres.................	Azerac...........	481	
Chavagnac...............	Terrasson........	640	
Coly....................	Idem.............	287	
Condat-sur-Vézère.......	Idem.............	759	
Feuillade (la)..........	Idem.............	266	
Grèzes..................	Terrasson........	413	
Lacassagne..............	Idem.............	560	
	A reporter..	6,866	
	A reporter.......		87,635

NOMS DES COMMUNES.	BUREAUX DE POSTE qui les desservent.	POPULATION.	TOTAL de la POPULATION par canton.
Suite de l'ARRONDISSEMENT DE SARLAT.		Report..	87,635
Suite du CANTON DE TERRASSON.		Report..	6,866
Ladornac.................	Terrasson........	965	
Pazayac.................	Idem.............	639	
Peyrignac...............	Azerac...........	601	
Saint-Lazare............	Terrasson........	504	
Saint-Rabier............	Azerac...........	1,157	14,607
Terrasson...............	⊠...............	2,935	
Villac..................	Terrasson........	1,170	
Villedieu (la)..........	Idem.............	469	
CANTON DE VILLEFRANCHE-DE-BELVÈS.			
Besse...................	Villefranche-de-Belvès	638	
Campagnac-les-Quercy....	Idem.............	1,166	
Fontenilles.............	Idem.............	377	
Lavaur..................	Idem.............	413	
Loubejac................	Idem.............	751	
Mazeyrolles.............	Idem.............	505	7,198
Orliac..................	Belvès...........	376	
Prats-d'Orliac..........	Villefranche-de-Belvès	424	
Saint-Cernin-de-l'Herm..	Idem.............	666	
Saint-Étienne-des-Landes	Idem.............	73	
Trape (la)..............	Idem.............	97	
Villefranche-de-Belvès..	⊠ (Distribution.)	1,712	
TOTAL de la population de l'Arrondissement......			109,440

RÉCAPITULATION.

	NOMBRE de		POPULATION.
	CANTONS.	COMMUNES.	
Arrondissement de PÉRIGUEUX............	9	113	101,527
de BERGERAC.............	13	173	116,897
de NONTRON.............	8	80	82,122
de RIBÉRAC.............	7	83	72,774
de SARLAT.............	10	133	109,440
TOTAUX..................	47	582	482,760

NOMS DES COMMUNES.	BUREAUX DE POSTE qui les desservent.	POPULA-TION.	TOTAL de la POPULA-TION par canton	NOMS DES COMMUNES.	BUREAUX DE POSTE qui les desservent.	POPULA-TION.	TOTAL de la POPULA-TION par canton
ARRONDISSEMENT DE BESANÇON.				**Suite de l'ARRONDISSEMENT DE BESANÇON.**			
					Report..		19,315
CANTON D'AMANCEY.				**CANTON DE BESANÇON (nord).**			
ABERGEMENT-DU-NAVOIS (l')	Ornans	185		ARCIER	Besançon	65	
ALAISE	Idem	179		BESANÇON (nord)	✉	12,283	12,870
AMANCEY	Idem	626		CHALÈZE	Besançon	282	
AMONDANS	Idem	221		CHALEZEULE	Idem	240	
BOLANDOZ	Idem	537					
CLÉRON	Idem	522		**CANTON DE BESANÇON (sud).**			
COULANS	Quingey	60		ARGUEL	Besançon	175	
CROUZET (le)	Salins	291		BESANÇON (sud)	✉	16,379	
DÉSERVILLERS	Ornans	700		BEURE	Besançon	990	
DOULAIZE	Idem	111		CHEVILLOTTE (la)	Idem	72	
ÉTERNOZ	Idem	418		FONTAIN	Idem	672	
FERTANS	Idem	394	6,874	GENNES	Idem	297	21,141
FLAGEY	Idem	180		GRATERIS (le)	Idem	95	
GEVRESIN	Idem	266		MAMIROLLE	Idem	492	
LIZINE	Idem	288		MONTFAUCON	Idem	247	
MALANS	Idem	342		MORRE	Idem	398	
MONTMAHOUX	Idem	287		SAONE	Idem	819	
NANS-SOUS-SAINTE-ANNE	Salins	358		VÈZE (la)	Idem	505	
REPRANCHE	Ornans	162					
REUGNEY	Idem	315		**CANTON DE BOUSSIÈRES.**			
SARAZ	Idem	106		ABBANS-DESSOUS	Quingey	219	
SILLEY	Idem	182		ABBANS-DESSUS	Idem	217	
SAINTE-AGNÈS	Salins	141		AVANNE	Besançon	617	
				AVENEY	Idem	230	
CANTON D'AUDEUX.				BOUSSIÈRES	Quingey	302	
AUDEUX	Besançon	160		BUSY	Besançon	382	
AUXON-DESSOUS	Idem	303		BYANS	Quingey	733	
AUXON-DESSUS	Idem	233		GRAND FONTAINE	Besançon	374	
BERTHELANGE	Saint-Wit	193		LARNOD	Idem	156	
BOISMOREE	Idem	60		MONTFERRANT	Idem	469	
BURGILLE	Marnay	273		OSSELLE	Saint-Wit	447	7,709
CHAMPAGNEY	Besançon	150		PUGEY	Besançon	288	
CHAMPVANS	Idem	104		RANCENAY	Idem	126	
CHAUCENNE	Idem	269		ROSET-FLUANS	Saint-Wit	520	
CHABOY	Marnay	84		ROUTELLE	Idem	218	
CHEMAUDIN	Besançon	543		SAINT-WIT	✉	1,037	
CHEVIGNEY	Marnay	175		THORAISE	Quingey	201	
CORCELLE-FERRIÈRE	Saint-Wit	141		TORPES	Saint-Wit	346	
CORCONDRAY	Idem	219		VELESMES	Idem	184	
CORDIROD	Marnay	129		VILLARS-SAINT-GEORGES	Quingey	370	
COTTIER	Saint-Wit	109		VORGES	Idem	273	
COURCHAPON	Marnay	330					
DANNEMARIE	Saint-Wit	270		**CANTON DE MARCHAUX.**			
ÉCOLE	Besançon	90		AMAGNEY	Besançon	663	
ÉMAGNY	Idem	247		BATTENANS	Baume-les-Dames	150	
ÉTRABONNE	Saint-Wit	301		BLARIANS	Idem	47	
FERRIÈRES	Idem	245	12,441	BONNAY	Besançon	562	
FRASNY	Marnay	150		BRAILLANS	Idem	94	
FRANOIS	Besançon	551		BRETENIÈRE (la)	Baume-les-Dames	184	
JALLERANGE	Marnay	384		CENDREY	Idem	457	
LANTENNE-VERTIÈRE	Saint-Wit	550		CHAMPOUX	Besançon	106	
LAVERNAY	Marnay	399		CHATILLON-LE-DUC	Idem	276	
MAZEROLLE	Besançon	237		CHAUDE-FONTAINE	Idem	257	
MERCEY (le grand)	Saint-Wit	391		CHEVROZ	Idem	103	
MISEREY	Besançon	273		CORCELLE	Idem	186	
MONCLEY	Idem	460		CESSEY-SUR-L'OGNON	Idem	370	
MOUTHEROT (le)	Marnay	117		DEVECEY	Idem	205	
NOIRONTE	Besançon	291		FLAGEY-RIGNEY	Baume-les-Dames	149	
PELOUSEY	Idem	416		GENEUILLE	Besançon	323	
PIREY	Idem	436		GERMONDANS	Baume-les-Dames	120	
PLACEY	Idem	142		MARCHAUX	Besançon	450	
POUILLEY-FRANÇAIS	Saint-Wit	451		MÉREY-VIEILLEY	Idem	119	
POUILLEY-LES-VIGNES	Besançon	676		MONCEY	Idem	158	
RECOLOGNE	Marnay	596		NOVILLARS	Idem	80	
RUFFEY	Idem	260					
SAUVAGNEY	Besançon	221			A reporter..		5,059
SERRE	Idem	371					
VAUX	Idem	241					
VILLERS-BUZON	Saint-Wit	200					
	A reporter		19,315		A reporter		61,035

II.

13.

Suite de l'ARRONDISSEMENT DE BESANÇON.
Report.. 61,035

Suite du Canton de MARCHAUX.

NOMS DES COMMUNES.	BUREAUX DE POSTE qui les desservent.	POPULA-TION.	TOTAL de la POPULATION par canton
	Report..	5,059	
OLLANS	Baume-les-Dames..	146	
PALISE	Besançon..	96	
RIGNEY	Baume-les-Dames..	492	
RIGNOSOT	Idem..	215	
ROCHE	Besançon..	301	
ROUGEMONTOT	Baume-les-Dames..	334	
SÇAY (la tour de)	Idem..	426	
TALLENAY	Besançon..	76	9,241
THISE	Idem..	414	
THUREY	Idem..	262	
VAIRE (le grand)	Idem..	353	
VAIRE (le petit)	Idem..	75	
VALENTIN	Idem..	51	
VALLEROY	Idem..	121	
VENISE	Idem..	361	
VIEILLEY	Idem..	459	

Canton d'ORNANS.

NOMS DES COMMUNES.	BUREAUX DE POSTE	POPULA-TION.	TOTAL
AMATHAY-VÉSIGNEUX	Ornans..	370	
BONNEVAUX	Idem..	261	
CHANTRANS	Idem..	563	
CHARBONNIÈRES	Idem..	212	
CHASSAGNE	Idem..	284	
CHATEAUVIEUX	Idem..	150	
DURNES	Idem..	225	
ÉCHEVANNES	Idem..	162	
FOUCHERANS	Idem..	347	
GUYANS-DURNES	Idem..	310	
HOPITAL-DU-GROSBOIS (1)	Idem..	272	
LAVANS	Idem..	362	
LODS	Idem..	912	
LONGEVILLE	Idem..	357	
MAILLOT (granges)	Idem..	67	13,314
MAISIÈRES	Idem..	125	
MALBRANS	Idem..	222	
MÉREY-MONTROND	Besançon..	314	
MONTGESOYE	Ornans..	612	
MOUTHIER	Idem..	975	
ORNANS	[bureau]..	2,982	
SAULES	Ornans..	314	
SCEY-EN-VARAIS	Idem..	427	
TARCENAY	Idem..	576	
THÉPOT	Idem..	507	
VILLERS-SOUS-MONTROND	Besançon..	338	
VOIRES	Ornans..	182	
VUILLAFANS	Idem..	996	

Canton de QUINGEY.

NOMS DES COMMUNES.	BUREAUX DE POSTE	POPULA-TION.	TOTAL
ARC-SENANS	Quingey..	1,594	
BARTHERANS	Idem..	196	
BRÈRES	Idem..	85	
BUFFARD	Idem..	600	
BY	Idem..	248	
CADEMÈNE	Ornans..	146	
CESSEY	Quingey..	361	
CHARNAY	Idem..	213	
CHATILLON-SUR-LIZON	Idem..	358	
CHAY	Idem..	300	
CHENECEY	Idem..	870	
CHOUZELOT	Idem..	311	
COURCELLES	Idem..	100	
	À reporter..	5,382	

À reporter.................... 83,590

Suite de l'ARRONDISSEMENT DE BESANÇON.
Report.. 83,590

Suite du Canton de QUINGEY.

NOMS DES COMMUNES.	BUREAUX DE POSTE qui les desservent.	POPULA-TION.	TOTAL de la POPULATION par canton
	Report..	5,382	
CUSSEY-SUR-LIZON	Quingey..	177	
ÉCHAY	Idem..	199	
ÉPEUGNEY	Ornans..	365	
FOURG	Quingey..	748	
GOUX	Idem..	154	
LAVANS	Idem..	230	
LIESLE	Idem..	1,037	
LOMBARD	Idem..	313	
MESMAY	Idem..	228	
MONTFORT	Idem..	183	
MONTROND	Besançon..	338	12,442
MYON	Quingey..	369	
PALANTINE	Idem..	73	
PARROY	Idem..	201	
PESSANS	Idem..	145	
POINTVILLERS	Idem..	226	
QUINGEY	[bureau]..	801	
RENNES	Quingey..	280	
RONCHAUX	Idem..	157	
ROUHE	Idem..	194	
RUREY	Ornans..	550	
SAMSON	Quingey..	93	

TOTAL de la population de l'Arrondissement...... 96,032

ARRONDISSEMENT DE BAUME-LES-DAMES.

Canton de BAUME-LES-DAMES.

NOMS DES COMMUNES.	BUREAUX DE POSTE	POPULA-TION.	TOTAL
ADAM-LE-PASSAVANT	Baume-les-Dames...	246	
AISSEY	Idem..	376	
AUTECHAUX	Idem..	243	
BAUME-LES-DAMES	[bureau]..	2,467	
BOIS-LA-VILLE	Baume-les-Dames..	94	
BRÉTIGNY	Idem..	360	
CHAMPVANS	Idem..	63	
COTE-BRUNE	Idem..	176	
COUR	Idem..	226	
CUISANCE	Idem..	123	
ESNANS	Idem..	152	
FONTENOTTE	Idem..	115	
FOURBANNE	Idem..	122	
GROSBOIS	Idem..	132	
GUILLON	Idem..	234	
HYÈVRE-MAGNY	Idem..	101	9,943
HYÈVRE-PAROISSE	Idem..	244	
LANANS	Idem..	353	
LOMONT	Idem..	341	
LUXIOL	Idem..	272	
MONTIVERNAGE	Idem..	130	
PASSAVANT	Idem..	590	
PONT-LES-MOULINS	Idem..	293	
SERVIN	Idem..	347	
SILLEY	Idem..	206	
SAINT-JUAN	Idem..	522	
VAUDRIVILLERS	Idem..	147	
VERGRANNE	Idem..	205	
VERNE	Idem..	287	
VILLERS-LE-SEC	Idem..	251	
VOILLANS	Idem..	556	

À reporter.................... 9,943

NOMS DES COMMUNES.	BUREAUX DE POSTE qui les desservent.	POPULA-TION.	TOTAL de la POPULA-TION par canton	NOMS DES COMMUNES.	BUREAUX DE POSTE qui les desservent.	POPULA-TION.	TOTAL de la POPULA-TION par canton
Suite de l'ARRONDISSEMENT DE BAUME-LES-DAMES.				**Suite de l'ARRONDISSEMENT DE BAUME-LÈS-DAMES.**			
	Report..		9,943		*Report..*		28,391
CANTON DE CLERVAL.				**Suite du CANTON DE PIERRE-FONTAINE-LES-VARANS.**			
ANTÉFIL	Clerval	526			*Report..*	6,219	
BELVOIR	Idem	387		PIERRE-FONTAINE-LES-VARANS.	Landresse	1,111	
BRANNE	Idem	347		PLAIMBOIS	Idem	222	
CHASOT	Idem	245		SOMMETTE (la)	Idem	202	8,576
CUADX-LES-CLERVAL	Idem	291		VELLEROT-LES-VERCEL	Idem	185	
CLERVAL	✉ (Distribution.)	1,097		VENNES	Morteau	190	
CROSEY-LE-GRAND	Clerval	403		VILLERS-CHIEF	Landresse	216	
CROSEY-LE-PETIT	Idem	284		VILLERS-LA-COMBE	Idem	231	
FONTAINE	Idem	622					
GLAINANS	Idem	200		**CANTON DE ROUGEMONT.**			
HOPITAL-SAINT-JEOFFROY (1)	Idem	118		ABBENANS	Rougemont	943	
ORVE	Idem	215		AVILLEY	Baume-les-Dames	470	
PONFIERRE	Idem	399	8,969	BONNAL	Rougemont	128	
RAHON	Idem	200		CHAZELOT	Idem	156	
RENDEVILLERS	Idem	264		CUBRIAL	Idem	416	
ROCHE-LES-CLERVAL	Idem	274		CUBRY	Idem	377	
SANCEY-LE-GRAND	Idem	1,001		CUSE	Idem	588	
SANCEY-LE-LONG	Idem	453		FONTENELLE-MONTBY	Idem	178	
SARVOCHE	Idem	53		GONDENANS-MONTBY	Idem	502	
SURMONT	Idem	268		GONDENANS-LES-MOULINS	Idem	306	
SAINT-GEORGES	Idem	210		GOUBELANS	Idem	530	
TOURNEDOZ	Idem	102		HUANNE	Baume-les-Dames	253	
VILLEROT-LES-BELVOIR	Idem	260		MÉSANDANS	Idem	388	
VELLEVANS	Idem	446		MONDON	Rougemont	405	
VIT-LES-BELVOIR	Idem	304		MONTAGNEY	Idem	85	
CANTON DE L'ISLE-SUR-LE-DOUBS.				MONTFERNEY	Idem	116	10,786
ACCOLANS	L'Isle-sur-le-Doubs	269		MONTUSSAINT	Idem	219	
APPENANS	Idem	215		MORCHAMPS	Idem	51	
ARCEY	Idem	820		NANS	Idem	300	
BLUSSANGEAUX	Idem	202		PUESSANS	Baume-les-Dames	242	
BLUSSANS	Idem	297		RILLANS	Idem	129	
BOURNOIS	Idem	675		ROGNON	Idem	231	
COLOMBIER-CHATELOT	Idem	362		ROMAIN	Idem	377	
ÉTRAPPE	Idem	144		ROUGEMONT	✉ (Distribution.)	1,453	
FAIMBE	Idem	102		SERVIGNEY	Rougemont	170	
GEMONVAL	Idem	257		TALLANS	Baume-les-Dames	90	
GENEY	Idem	280		TOURNANS	Idem	322	
HYÉMONDANS	Idem	295		TRESSANDANS	Rougemont	129	
ISLE-SUR-LE-DOUBS (1)	✉	1,101	9,479	TROUVANS	Baume-les-Dames	150	
LANTENANS	L'Isle-sur-le-Doubs	195		UZELLE	Rougemont	671	
LONGEVELLE	Idem	369		VIÉTHOREY	Idem	421	
MANCENANS	Idem	586					
MARVELISE	Idem	255		**CANTON DE ROULANS.**			
MÉDIÈRE	Idem	351		BOUCLANS	Baume-les-Dames	462	
MONTENOIS	Idem	489		BREGONCHAUX	Idem	114	
ONANS	Idem	559		CHAMPLIVE	Idem	298	
PRETIÈRE (la)	Idem	163		CHATILLON-GUYOTTE	Besançon	191	
RANG	Idem	563		DAMMARTIN	Baume-les-Dames	430	
SOURANS	Idem	167		DELUZ	Idem	404	
SOYE	Idem	763		ÉCOUVOTTE (l')	Idem	81	
CANTON DE PIERRE-FONTAINE ou PIERRE-FONTAINE-LES-VARANS.				GLAMONDANS	Idem	386	
				GONSANS	Idem	605	
DOMPREL	Landresse	325		LAISSEY	Idem	183	
FLANGEBOUCHE	Le Valdahon	771		LUSANS	Idem	130	
FUANS	Morteau	405		NAISEY	Idem	696	
GERMÉ-FONTAINE	Landresse	451		NANCRAY	Idem	506	7,070
GRAND-FONTAINE-SUR-CREUSE	Idem	137		OSSE	Idem	274	
GRAND-FONTAINE	Morteau	482		OUGNEY-DOUVOT (les)	Idem	291	
GUYANS-VENNES	Idem	633		POULIGNY	Idem	361	
LANDRESSE	✉ (Distribution.)	400		PUY (le)	Idem	97	
LAVIRON	Landresse	712		ROULANS	Idem	627	
LOBAY	Le Valdahon	418		SÉCHIN	Idem	71	
LOISANS	Morteau	332		SAINT-HILAIRE	Idem	164	
MAISONNETTES (les)	Idem	101		VAL-DE-ROULANS	Idem	159	
ORCHAMPS-VENNES	Idem	851		VAUCRAMPS	Idem	92	
OUVANS	Landresse	201		VENNANS	Idem	60	
				VIENNEY (granges)	Idem	107	
				VILLERS-GRELOT	Idem	281	
	A reporter..	6,219					
	A reporter......		28,391		*A reporter......*		54,823

NOMS DES COMMUNES.	BUREAUX DE POSTE qui les desservent.	POPULATION.	TOTAL de la POPULATION par canton
Suite de l'ARRONDISSEMENT DE BAUME-LES-DAMES.		*Report..*	54,823
CANTON DE VERCEL.			
Adam-les-Vercel..........	Le Valdahon.....	79	
Athose.................	*Idem.*..........	239	
Avoudrey..............	*Idem.*..........	434	
Belmont...............	Landresse........	137	
Bremondans............	*Idem.*..........	212	
Chanans...............	Le Valdahon.....	272	
Chatelet (le)..........	Ornans..........	65	
Chaux-les-Passavant......	Landresse........	390	
Chevigney.............	Le Valdahon.....	124	
Courtetain............	Landresse........	227	
Epenouse.............	*Idem.*..........	193	
Epenoy...............	Le Valdahon.....	398	
Etalans...............	*Idem.*..........	761	
Etray................	*Idem.*..........	172	
Eysson...............	*Idem.*..........	162	10,061
Fallerans..............	*Idem.*..........	313	
Hautepierre............	Ornans..........	214	
Longechaux............	Le Valdahon.....	156	
Longemaison...........	*Idem.*..........	155	
Magny-Chatelard........	Landresse........	77	
Nods.................	Le Valdahon.....	705	
Obsans...............	Landresse........	315	
Passonfontaine.........	Le Valdahon.....	662	
Rantechaux...........	*Idem.*..........	260	
Valdahon (le).........	✉ (*Distribution.*)..	985	
Vanclans..............	Le Valdahon.....	386	
Vercel...............	*Idem.*..........	1,210	
Vernier-Fontaine.......	*Idem.*..........	540	
Verrières-du-Grosbois.....	*Idem.*..........	91	
Villedieu (la)........	*Idem.*..........	227	
Total de la population de l'Arrondissement.......			64,884
ARRONDISSEMENT DE MONTBÉLIARD.			
CANTON D'AUDINCOURT.			
Abbevillers...........	Montbéliard......	436	
Allenjoie.............	*Idem.*..........	438	
Arbouans.............	*Idem.*..........	129	
Audincourt...........	*Idem.*..........	1,265	
Badevel..............	*Idem.*..........	363	
Bethoncourt...........	*Idem.*..........	580	
Brognard.............	*Idem.*..........	192	
Courcelles-les-Montbéliard.	*Idem.*..........	268	
Dasle................	*Idem.*..........	494	
Dambenois............	*Idem.*..........	191	
Dampierre-outre-Bois....	*Idem.*..........	488	
Étouvans.............	*Idem.*..........	220	9,659
Étupes...............	*Idem.*..........	646	
Exincourt............	*Idem.*..........	327	
Fesches..............	*Idem.*..........	278	
Grand-Charmont........	*Idem.*..........	321	
Mandeure.............	*Idem.*..........	711	
Nommay..............	*Idem.*..........	323	
Sochaux..............	*Idem.*..........	156	
Taillecourt...........	*Idem.*..........	167	
Valentigney...........	*Idem.*..........	808	
Vieux-Charmont........	*Idem.*..........	333	
Voujaucourt..........	*Idem.*..........	525	
CANTON DE BLAMONT.			
Autechaux-lès-Blamont.....	Pont-de-Roide...	293	
Blamont..............	*Idem.*..........	679	
Bondeval.............	Montbéliard......	270	
Dannemarie...........	Pont-de-Roide...	227	
	A reporter..	1,469	
	A reporter.................		9,659

NOMS DES COMMUNES.	BUREAUX DE POSTE qui les desservent.	POPULATION.	TOTAL de la POPULATION par canton
Suite de l'ARRONDISSEMENT DE MONTBÉLIARD.		*Report..*	9,659
Suite du **CANTON DE BLAMONT.**			
	Report..	1,469	
Écurcey...............	Pont-de-Roide.....	273	
Glay.................	*Idem.*..........	337	
Hérimoncourt..........	Montbéliard.......	542	
Meslières.............	Pont-de-Roide.....	300	
Pierre-Fontaine-en-Montagne.	*Idem.*..........	351	5,356
Roches...............	*Idem.*..........	374	
Seloncourt............	Montbéliard.......	579	
Thulay...............	Pont-de-Roide.....	84	
Vaudoncourt...........	Montbéliard.......	560	
Villars-lès-Blamont.......	Pont-de-Roide.....	487	
CANTON DE SAINT-HIPPOLYTE.			
Bief.................	St-Hippolyte (Doubs).	121	
Burnevillers...........	*Idem.*..........	156	
Chamesol.............	*Idem.*..........	577	
Chatillon-sur-Meiche.....	*Idem.*..........	126	
Chaux...............	*Idem.*..........	76	
Courcelles............	*Idem.*..........	109	
Courtefontaine........	*Idem.*..........	359	
Dampjoux............	*Idem.*..........	121	
Fleurey..............	*Idem.*..........	228	
Froidevaux...........	*Idem.*..........	127	
Glère................	*Idem.*..........	191	
Indevillers...........	*Idem.*..........	704	
Liebvillers............	*Idem.*..........	160	7,233
Montancy.............	*Idem.*..........	281	
Montandon............	*Idem.*..........	443	
Montécheroux..........	*Idem.*..........	882	
Montjoie.............	*Idem.*..........	131	
Montursin............	*Idem.*..........	65	
Mouillevillers.........	*Idem.*..........	61	
Neuvier..............	*Idem.*..........	156	
Plains-Grand-Essart (les)....	*Idem.*..........	395	
Soulce-Sebnot.........	*Idem.*..........	206	
Saint-Hippolyte........	✉	862	
Valoreille............	St-Hippolyte (Doubs).	270	
Vaufrey..............	*Idem.*..........	275	
Vernois..............	*Idem.*..........	151	
CANTON DE MAICHE.			
Battenans.............	St-Hippolyte (Doubs).	265	
Belfays..............	*Idem.*..........	64	
Belleherbe............	*Idem.*..........	580	
Blanchefontaine........	*Idem.*..........	25	
Bouclois (le)..........	*Idem.*..........	132	
Bresux (les)..........	*Idem.*..........	303	
Cernay...............	*Idem.*..........	172	
Charmauvillers.........	*Idem.*..........	295	
Charmoille...........	*Idem.*..........	402	
Charquemont..........	*Idem.*..........	1,029	
Cour-Saint-Maurice......	*Idem.*..........	198	
Damprichand..........	*Idem.*..........	1,066	
Droitfontaine.........	*Idem.*..........	121	
Écorces (les).........	*Idem.*..........	303	
Essarts-Cuenot (les).....	*Idem.*..........	89	
Ferrières............	*Idem.*..........	173	
Fessevillers...........	*Idem.*..........	234	
Frambouhans..........	*Idem.*..........	352	
Friolais (le)..........	*Idem.*..........	82	
Goumois.............	*Idem.*..........	253	
Grange (la)...........	*Idem.*..........	270	
Maiche..............	*Idem.*..........	873	
Mancenans...........	*Idem.*..........	200	
	A reporter..	7,481	
	A reporter.................		22,248

NOMS DES COMMUNES.	BUREAUX DE POSTE qui les desservent.	POPULA- TION.	TOTAL de la POPULA- TION par canton	NOMS DES COMMUNES.	BUREAUX DE POSTE qui les desservent.	POPULA- TION.	TOTAL de la POPULA- TION par canton
Suite de l'ARRONDISSEMENT DE MONTBÉLIARD.				**Suite de l'ARRONDISSEMENT DE MONTBÉLIARD,**			
	Report..		22,248		Report.		49,121
Suite du CANTON DE MAICHE.				**Suite du CANTON DE RUSSEY.**			
	Report..	7,481			Report..	1,716	
MONT-DE-VOUGNEY	S¹-Hippolyte (Doubs).	200		BOSSE (la)	Russey	121	
ORGEANS	Idem.	65		BREVONVILLERS	Idem.	458	
PROVENCHÈRE	Idem.	291		CHAMÉSEY	Idem.	245	
THIÉBOUHANS	Idem.	202	9,535	CHENALOTTE (la)	Idem.	160	
TREVILLERS	Idem.	619		FONTENELLES	Idem.	302	
URTIÈRE	Idem.	95		GRAND-COMBES-DES-BOIS	Idem.	251	
VAUCLUSE	Idem.	293		LAVAL	Idem.	188	
VAUCLUSOTTE	Idem.	289		LONGEVELLE	Idem.	90	
				LUHIER	Idem.	173	6,521
CANTON DE MONTBÉLIARD.				MÉMONT	Idem.	119	
				MONTBÉLIARDOT	Idem.	159	
ABBE	Montbéliard	344		MONT-DE-LAVAL	Idem.	301	
ALLONDANS	Idem.	323		NARBIER	Idem.	124	
BART	Idem.	355		NOEL-CERNEUX	Idem.	228	
BAVANS	Idem.	746		PLAIMBOIS	Idem.	295	
BENTAL	L'Isle-sur-le-Doubs.	277		ROSUREUX	Idem.	308	
BRETIGNEY	Idem.	133		RUSSEY	(Distribution.)	1,019	
DESANDANS	Montbéliard	484		SAINT-JULIEN	Russey	164	
DUNG	Idem.	296					
ÉCHENANS	Idem.	86		TOTAL de la population de l'Arrondissement			55,642
ISSANS	Idem.	139	10,131				
LAIRE	Héricourt	194		**ARRONDISSEMENT DE PONTARLIER.**			
LOUGRES	Montbéliard	302					
MONTBÉLIARD	⊠	4,767		**CANTON DE LEVIER.**			
PRÉSENTEVILLERS	Montbéliard	309		ARC-SOUS-MONTENOT	Levier	316	
RAYNANS	Idem.	205		BIANS	Pontarlier	475	
SEMONDANS	Idem.	182		BOUJAILLES	Levier	1,060	
SAINT-JULIEN	Idem.	262		BÉLLE	Pontarlier	506	
SAINTE-MARIE	Idem.	364		CHAPELLE-D'HUIN	Levier	748	
SAINTE-SUZANNE	Idem.	299		COURVIÈRES	Pontarlier	457	
VERNOIS (le)	Idem.	164		DOMPIERRE	Idem.	446	
				ÉVILLERS	Levier	487	
CANTON DE PONT-DE-ROIDE.				FRASNE	Pontarlier	947	9,522
				GOUX	Idem.	553	
BERCHE	Montbéliard	122		LEVIER	⊠ (Distribution.)	1,430	
BOURGUIGNON	Pont-de-Roide	429		SEPT-FONTAINES	Levier	515	
COLOMBIER-FONTAINE	Montbéliard	414		{ à la Grange-d'Aleine. }			
DAMBELIN	Pont-de-Roide	507		SOMBACOUR	Pontarlier	580	
DAMPIERRE	Montbéliard	230		VILLENEUVE-D'AMONT	Levier	498	
ÉCOT	Pont-de-Roide	431		VILLENEUVE-SOUS-CHALAMONT	Idem.	504	
FEULE	S¹-Hippolyte(Doubs)	123					
GOUX	Pont-de-Roide	395		**CANTON DE MONTBENOIT.**			
LUGELANS	Idem.	46		ALLEMANDS (les)	Pontarlier	267	
MAMBOUHANS	Idem.	117		ANÇON	Idem.	697	
MATHAY	Montbéliard	697		ARC-SOUS-CICON	Idem.	1,087	
NEUCHATEL	Pont-de-Roide	123		AUBONNE	Idem.	626	
NOIRE-FONTAINE	S¹-Hippolyte(Doubs).	109		BUGNY	Idem.	162	
PESEUX	Idem.	225	7,207	CHAUX (la)	Idem.	502	
PONT-DE-ROIDE	⊠ (Distribution.)	621		GILLEY	Idem.	861	
REMONDANS	Pont-de-Roide	154		HAUTERIVE	Idem.	330	
ROSIÈRES	S¹-Hippolyte(Doubs)	257		LIÈVREMONT	Idem.	430	8,059
SOLEMONT	Idem.	265		LONGEVILLE (la)	Idem.	828	
SAINT-MAURICE	L'Isle-sur-le-Doubs.	494		MAISONS-DU-BOIS	Idem.	238	
VAIVRE	Pont-de-Roide	42		MONTBENOIT	Idem.	121	
VALONNE	S¹-Hippolyte(Doubs)	327		MONTFLOVIN	Idem.	130	
VERMONDANS	Pont-de-Roide	307		OUHANS	Idem.	685	
VERNOIS	S¹-Hippolyte(Doubs)	229		RENÉDALE	Idem.	47	
VILLARS-SOUS-DAMPJOUX	Idem.	136		SAINT-GORGON	Idem.	313	
VILLARS-SOUS-ÉCOT	Pont-de-Roide	404		VILLE-DU-PONT (la)	Idem.	735	
CANTON DE RUSSEY.				**CANTON DE MORTEAU.**			
BARBOUX (le)	Russey	355		COMBES (les)	Morteau	551	
BÉLIEU (le)	Idem.	471		FINS (les)	Idem.	625	
BIZOT (le)	Idem.	320		GRAND-COMBE (la)	Idem.	897	
BONNETAGE	Idem.	570		GRAS (les)	Idem.	831	7,048
				LAC (le)	Idem.	1,494	
				MONT-LE-BON	Idem.	1,174	
	A reporter..	1,716		MORTEAU	⊠	1,476	
	A reporter		49,121		A reporter		24,629

NOMS DES COMMUNES.	BUREAUX DE POSTE qui les desservent.	POPULA- TION.	TOTAL de la POPULA- TION par canton	NOMS DES COMMUNES.	BUREAUX DE POSTE qui les desservent.	POPULA- TION.	TOTAL de la POPULA- TION par canton
Suite de l'ARRONDISSEMENT DE PONTARLIER.				Suite de l'ARRONDISSEMENT DE PONTARLIER.			
	Report..		24,629		Report..		34,192
CANTON DE MOUTHE.				CANTON DE PONTARLIER.			
Abergement-Sainte-Marie (l').	Jougne..........	450		Bannans...............	Pontarlier........	5o8	
Bonnevaux.............	Pontarlier......	424		Bouverans.............	Idem........	525	
Boujeons..............	Mouthe.........	241		Chaffois..............	Idem........	711	
Brey.................	Idem.....	208		Chaudron.............	Jougne.........	133	
Chapelle-des-Bois (la).......	Morez..........	905		Cluse (la)..............	Pontarlier......	951	
Chatelblanc............	Mouthe.........	547		Dommartin.............	Idem........	316	
Chauxneuve (la)..........	Idem.....	709		Doubs................	Idem........	332	
Crouzet (le).............	Idem.....	74		Fourgs (les)............	Idem........	1,375	
Fourcatier.............	Jougne..........	136		Granges-Narbod (les).......	Idem........	315	
Gellin................	Mouthe.........	196		Granges-Sainte-Marie (les)...	Jougne.........	142	
Jougne ☒............	☒ (Distribution.)....	1,114		Grangettes (les).........	Pontarlier......	205	
Longevilles (les)..........	Jougne..........	624	9,563	Hopitaux-neufs (les).......	Jougne.........	189	14,785
Métabief..............	Idem.....	235		Hopitaux-vieux (les).......	Idem........	354	
Mouthe...............	☒ (Distribution.)....	1,034		Houtaud..............	Pontarlier......	252	
Petite-Chaux (la).........	Mouthe.........	258		Malbuisson............	Jougne.........	143	
Pontets (les)............	Idem.....	168		Malpas...............	Pontarlier......	215	
Reculfoz..............	Idem.....	54		Montperreux...........	Jougne.........	308	
Remoray..............	Idem.....	311		Oye.................	Pontarlier......	433	
Rochejean.............	Jougne..........	512		Planée (la).............	Idem........	324	
Ronde-Fontaine	Mouthe.........	69		Pontarlier ☒..........	☒........	4,707	
Sarrageois.............	Idem.....	247		Rivière (la).............	Pontarlier......	666	
Saint-Antoine...........	Jougne..........	256		Sainte-Colombe.........	Idem........	367	
Vaux ☒..............	Pontarlier......	5o6		Saint-Point............	Idem........	147	
Villedieu (la)	Mouthe.........	285		Tocillon..............	Jougne.........	213	
				Verrières-de-Joux (les)......	Pontarlier......	645	
				Vuillecin.............	Idem........	309	
A reporter.......................			34,192	TOTAL de la population de l'Arrondissement.......			48,977

RÉCAPITULATION.

	NOMBRE de		POPULATION
	CANTONS.	COMMUNES.	
Arrondissement de BESANÇON...................	8	203	96,032
———————— de BAUME-LES-DAMES...........	7	187	64,884
———————— de MONTBÉLIARD.	7	161	55,642
———————— de PONTARLIER.................	5	89	48,977
TOTAUX....................	27	640	265,535

ARRONDISSEMENT DE VALENCE.

NOMS DES COMMUNES.	BUREAUX DE POSTE qui les desservent.	POPULATION.	TOTAL de la POPULATION par canton
CANTON DE BOURG-DU-PÉAGE.			
Alixan	Romans	2,429	
Barbières	Idem	653	
Baume-d'Hostun (la)	Saint-Lattier	403	
Beauregard	Romans	1,651	
Bourg-du-Péage	Idem	3,577	
Charpey	Idem	2,770	
Chateauneuf-d'Isère	Idem	2,264	20,057
Chatuzange	Idem	1,737	
Eymeux	Saint-Lattier	808	
Hostun	Idem	1,044	
Marches	Romans	610	
Rocheport-Samson	Idem	1,089	
Saint-Nazaire	Saint-Lattier	1,022	
CANTON DE CHABEUIL.			
Barcelonne	Chabeuil	337	
Baume-Cornillane (la)	Idem	560	
Baume-sur-Véore (la)	Idem	64	
Chabeuil	☒ (Distribution.)	4,452	
Chaffal (le)	Crest	284	
Chateaudouble	Chabeuil	732	
Combovin	Idem	840	13,862
Montélier	Idem	1,373	
Montmeyran	Idem	1,842	
Montvendre	Idem	1,015	
Peyrus	Idem	1,040	
Upie	Idem	1,323	
CANTON DE SAINT-DONAT.			
Arthemonay	Romans	368	
Bathernay	Idem	244	
Bren	Tain	486	
Charmes	Romans	878	
Chavannes	Tain	302	6,358
Margès	Romans	308	
Marsas	Tain	730	
Montchenu	Romans	958	
Saint-Donat	Idem	2,084	
CANTON DU GRAND-SERRE.			
Grand-Serre (le)	Moras	1,771	
Hauterives	Idem	2,284	
Lens-Lestang	Idem	1,532	
Montrigaud	Idem	1,689	12,152
Moras	☒ (Distribution.)	4,053	
Saint-Bonnet-de-Valclérieux	Moras	584	
Saint-Christophe	Idem	239	
CANTON DE SAINT-JEAN-EN-ROYANS.			
Bouvante	Saint-Jean-en-Royans	955	
Échevis	Idem	195	
Motte-Faujas (la)	Idem	281	
Oriol-en-Royans	Idem	820	
Rochechinard	Idem	424	
Sainte-Eulalie-en-Royans	Idem	385	7,604
Saint-Jean-en-Royans	☒ (Distribution.)	2,710	
Saint-Laurent-en-Royans	Saint-Jean-en-Royans	1,175	
Saint-Martin-le-Colonel	Idem	313	
Saint-Thomas-en-Royans	Idem	346	
CANTON DE LORIOL.			
Arponil	Loriol	86	
Cliou-Usclat	Idem	775	
Livron	Idem	3,275	9,350
Loriol 🚂	☒	3,048	
Mirmande	Loriol	2,166	
A reporter			69,383

Suite de l'ARRONDISSEMENT DE VALENCE.

NOMS DES COMMUNES.	BUREAUX DE POSTE qui les desservent.	POPULATION.	TOTAL de la POPULATION par canton
Report			69,383
CANTON DE ROMANS.			
Chatillon-Saint-Jean	Romans	762	
Clérieux	Idem	1,678	
Crépol	Idem	983	
Geyssans	Idem	482	
Miribel	Idem	431	
Montmiral	Idem	1,958	20,753
Onay	Idem	315	
Parnans	Idem	583	
Peyrins	Idem	2,785	
Romans 🚂	☒	9,285	
Saint-Paul-les-Romans	Romans	1,118	
Triors	Idem	373	
CANTON DE TAIN.			
Beaumont-Monteux	Tain	890	
Chanos-Curson	Idem	970	
Chantemerle	Idem	622	
Croze	Idem	363	
Érome	Idem	1,923	11,008
Larnage	Idem	645	
Mercurol	Idem	1,104	
Roche-de-Glun (la)	Idem	1,849	
Tain 🚂	☒	2,340	
Veaunes	Tain	302	
CANTON DE VALENCE.			
Beaumont	Valence	1,200	
Bourg-lès-Valence (le)	Idem	2,820	
Étoile	Idem	2,289	
(🚂 à la Paillasse.)			
Fiancey	Idem	435	18,263
Montélégier	Idem	714	
Vache (la)	Idem	399	
Valence 🚂	☒	10,406	
CANTON DE SAINT-VALLIER.			
Albon	Saint-Vallier	2,663	
(🚂 à Saint-Rambert.)			
Anneyron	Idem	2,527	
Beausemblant	Idem	727	
Chateauneuf-de-Galaure	Idem	1,203	
Claveyson	Idem	825	
Fay-d'Albon	Idem	233	
Laveyron	Idem	380	
Molard (le)	Idem	117	15,086
Motte-Galaure (la)	Idem	583	
Mureil	Idem	286	
Ponsas	Idem	381	
Ratières	Idem	692	
Saint-Barthelemy-de-Vals	Idem	1,043	
Saint-Martin-d'Aoust	Idem	408	
Saint-Uze	Idem	609	
Saint-Vallier 🚂	☒	2,409	
Total de la population de l'Arrondissement			134,493

ARRONDISSEMENT DE DIE.

NOMS DES COMMUNES.	BUREAUX DE POSTE qui les desservent.	POPULATION.	TOTAL de la POPULATION par canton
CANTON DE BOURDEAUX.			
Bezaudun	Bourdeaux	375	
Bourdeaux	☒ (Distribution.)	1,281	
Bouvières	Bourdeaux	789	
Crupies	Idem	451	
Felines	Idem	283	4,219
Mornans	Idem	191	
Poët-Cellard	Idem	345	
Tonils (les)	Idem	227	
Truinas	Idem	277	
A reporter			4,219

NOMS DES COMMUNES.	BUREAUX DE POSTE qui les desservent.	POPULA-TION.	TOTAL de la POPULA-TION par canton	NOMS DES COMMUNES.	BUREAUX DE POSTE qui les desservent.	POPULA-TION.	TOTAL de la POPULA-TION par canton
Suite de l'ARRONDISSEMENT DE DIE.				Suite de l'ARRONDISSEMENT DE DIE.			
		Report..	4,219			Report.	46,696
CANTON DE LA CHAPELLE-EN-VERCORS.				CANTON DE LUC-EN-DIOIS.			
CHAPELLE-EN-VERCORS (la)	Die	1,300		AUCELLOU	Luc-en-Diois	449	
SAINT-AGNAN-EN-VERCORS	Idem	1,254		BARNAVE	Idem	319	
SAINT-JULIEN-EN-VERCORS	Idem	532	5,111	BATIE-CRAMEZIN (la)	Idem	71	
SAINT-MARTIN-EN-VERCORS	Idem	1,022		BATIE-DES-FONDS (la)	La Motte-Chalançon	237	
VASSIEUX	Idem	1,003		BAURIÈRES	Luc-en-Diois	300	
CANTON DE CHATILLON.				BEAUMONT	Idem	386	
BONNEVAL	Die	240		CHARENS	Idem	234	
BOULE	Idem	566		FOURCINET	Idem	189	
CHATILLON	Idem	1,195		JAUSAC	Idem	170	
CREYERS	Idem	227		JONCHÈRES-EN-DIOIS	Idem	328	5,393
GLANDAGE	Idem	778	6,840	LECHES	Idem	485	
LUS-LA-CROIX-HAUTE	Idem	1,745		LUC-EN-DIOIS	(Distribution.)	697	
MENGLON	Idem	867		MISCOU	Luc-en-Diois	202	
RAVEL	Idem	157		MONTLAUR	Idem	273	
SAINT-ROMAN	Idem	218		PENNES	Idem	124	
TRESCHENU	Idem	847		PILHON (le)	Idem	170	
CANTON DE CREST (nord).				POYOLS	Idem	369	
ALLEX	Crest	1,142		PRÉS (les)	La Motte-Chalançon	221	
AOUSTE	Idem	1,148		RECOURBEAU	Luc-en-Diois	169	
BEAUFORT	Idem	407		CANTON DE LA MOTTE-CHALANÇON.			
COBONNE	Idem	244		ARNAYON	La Motte-Chalançon	290	
CREST (nord)		4,347		BELLEGARDE	Idem	673	
ECRRE	Crest	989		BRETTES	Idem	194	
GIGORS	Idem	671		CHALANÇON	Idem	557	
MIRABEL	Idem	349		CHAUDEBONNE	Idem	452	
MONTCLARD	Idem	564	13,696	ESTABLET	Idem	291	
MONTOISON	Idem	1,267		GUMIANE	Idem	174	
OMBLÈZE	Idem	465		MOTTE-CHALANÇON (la)	(Distribution.)	1,247	8,266
OURCHES	Idem	309		PETIT-PARIS	La Motte-Chalançon	105	
PLAUDEBAIX	Idem	512		PRADELLES	Idem	219	
ROCHETTE (la)	Idem	292		ROCREFOURCHA	Idem	159	
SUER	Idem	470		ROTTIER	Idem	221	
VAUNAVEZ	Idem	520		SAINT-DIZIER	Idem	392	
CANTON DE CREST (sud).				SAINT-NAZAIRE-LE-DÉSERT	Idem	1,100	
AURIPLES	Crest	127		VALDROME	Idem	1,178	
AUTICHAMP	Idem	347		VILLEPERDRIX	Idem	594	
CHABRILLAN	Idem	930		VOLVENT	Idem	421	
CREST (sud)		554		CANTON DE SAILLANS.			
DIVAJEU	Crest	499		AUDENASSON	Saillans	112	
GRANNE	Idem	1,684		ACREL	Idem	734	
PIÉGROS	Idem	622	9,181	CHATEL-ARNAUD	Idem	204	
PUY-SAINT-MARTIN	Idem	935		CRAUDIÈRE (la)	Idem	143	
REPARAS (la)	Idem	105		CHEYLARD (le)	Crest	143	
ROCHE-SUR-GRANE	Idem	362		ECLUY	Idem	278	4,899
ROINAC	Idem	666		ESPENEL	Saillans	336	
SAOU	Idem	1,570		RIMONY	Idem	233	
SOYANS	Idem	780		SAILLANS		1,658	
CANTON DE DIE.				SAINT-BENOIT	Saillans	218	
AIX	Die	230		SAINT-SAUVEUR	Idem	164	
BARSAC	Idem	190		VERCHENY	Idem	428	
CHAMALOC	Idem	249		VERRONNE	Idem	248	
DIE		3,555					
LAVAL-D'AIX	Die	202		TOTAL de la population de l'Arrondissement			65,254
MARIGNAC	Idem	354					
MOLIÈRES	Idem	101		ARRONDISSEMENT DE MONTÉLIMART.			
MONTMAUR	Idem	237	7,649				
PONNET	Idem	274		CANTON DE DIEULEFIT.			
PONTAIX	Idem	490		ALEYRAC	Taulignan	103	
ROMEYER	Idem	436		BÉCONNE	Dieulefit	235	
SAINT-ANDÉOL	Idem	273		CHATEAUNEUF-DE-MAZENC	Montélimart	1,698	
SAINTE-CROIX	Idem	293		COMPS	Dieulefit	317	
SAINT-JULIEN-EN-QUINT	Idem	661		DIEULEFIT		3,952	
VACHÈRES	Idem	104					
A reporter			46,696	A reporter..			6,305

NOMS DES COMMUNES.	BUREAUX DE POSTE qui les desservent.	POPULA- TION.	TOTAL de la POPULA- TION par canton	NOMS DES COMMUNES.	BUREAUX DE POSTE qui les desservent.	POPULA- TION.	TOTAL de la POPULA- TION par canton
Suite de l'ARRONDISSEMENT DE MONTÉLIMART.				**Suite de l'ARRONDISSEMENT DE MONTÉLIMART.**			
					Report..		45,085
Suite du Canton de DIEULEFIT.				**Suite du Canton de PIERRELATTE.**			
	Report..	6,305			Report..	5,573	
Eyzahut	Montélimart	223		Montségur	Pierrelatte	960	
Montjoux	Dieulefit	514		Pierrelatte	⊠	3,447	
Orginas	Idem.	123		Rochegude	Pierrelatte	1,077	
Poët-Laval	Idem.	1,102		Solérieux	Idem.	295	17,445
Pont-de-Barret	Montélimart	676		Suze-la-Rousse	Idem.	1,668	
Roche-Baudin	Dieulefit	403	11,749	Saint-Paul-trois-Chateaux.	Idem.	1,982	
Roche-Saint-Secret	Dieulefit	593		Saint-Restitut	Idem.	887	
Salette	Montélimart	99		Tulettes	Idem.	1,556	
Souspierres	Idem.	188					
Teyssières	Dieulefit	426		Total de la population de l'Arrondissement			62,530
Vssо	Idem.	1,097					
Canton de GRIGNAN.				**ARRONDISSEMENT DE NYONS.**			
Chamaret	Taulignan	587					
Chantemerle	Idem.	457		**Canton du BUIS.**			
Colonzelles	Idem.	494		Beauvoisin	Le Buis	118	
Grignan	Idem.	2,025		Bellecombe	Idem.	271	
Monterison	Idem.	349		Bénivai	Idem.	123	
Pègue	Idem.	339		Bésignan	Idem.	183	
Réauville	Donzère	923	10,012	Buis (le)	⊠	2,120	
Roussas	Idem.	471		Eygaliers	Le Buis	151	
Rousset	Taulignan	739		Mérindol	Idem.	387	
Salles	Idem.	560		Mollans	Idem.	1,178	
Saint-Pantaléon	Idem.	371		Ollon	Idem.	66	
Taulignan	⊠	2,145		Penne (la)	Idem.	136	
Valaurie	Donzère	552		Pierrelongue	Idem.	267	
				Plaisians	Idem.	773	10,011
Canton de MARSANNE.				Poët-en-Percip	Idem.	164	
Batie-Rolande (la)	Montélimart	685		Propiac	Idem.	98	
Bonlieu	Idem.	202		Rioms	Séderon	127	
Chabols	Idem.	462		Roche-Brune	Le Buis	403	
Gléon-d'Andran	Idem.	676		Roche-sur-le-Buis (la)	Idem.	678	
Condillac	Idem.	195		Rochette (la)	Idem.	286	
Lachamp	Idem.	428		Saint-Auban	Idem.	506	
Lalaupie	Idem.	485		Sainte-Euphémie	Idem.	378	
Manas	Idem.	345	9,395	Sainte-Jalle	Idem.	652	
Marsanne	Idem.	1,379		Saint-Sauveur	Idem.	449	
Saulet	Idem.	1,337		Vercoiran	Idem.	497	
Savasse	Idem.	1,335					
(⌂ à Dorbières.)				**Canton de NYONS.**			
Saint-Gervais	Idem.	1,024		Arpavon	Nyons	328	
Saint-Marcel	Idem.	479		Aubres	Idem.	347	
Tourettes	Idem.	363		Chateauneuf-de-Bordette	Idem.	250	
				Condorcet	Idem.	748	
Canton de MONTÉLIMART.				Currier	Idem.	264	
Allan	Montélimart	1,124		Eyrolles	Idem.	81	
Ancone	Idem.	531		Mirabel	Idem.	1,816	
Chateauneuf-du-Rhone	Idem.	1,333		Montaulieu	Idem.	218	
Espeluche	Idem.	585		Nyons	⊠	3,397	12,261
Montboucher	Idem.	677		Piégon	Nyons	498	
Montélimart ⌂	⊠	7,560		Pilles (les)	Idem.	617	
Portes	Montélimart	511	13,929	Saint-Ferréol	Idem.	424	
Puigiron	Idem.	354		Saint-Maurice	Idem.	577	
Rac	Idem.	556		Valouze	Idem.	78	
Rochefort	Idem.	352		Venterol	Idem.	1,042	
Touche (la)	Idem.	346		Vinsobres	Idem.	1,576	
Canton de PIERRELATTE.				**Canton de REMUZAT.**			
Baume-de-Transit	Pierrelatte	908		Charce (la)	Nyons	251	
Bouchet	Idem.	841		Chauvac	Séderon	274	
Classayes	Idem.	383		Cornillac	Nyons	410	
Donzère ⌂	⊠	1,707		Cornillon	Idem.	326	
Garde-Adhemar (la)	Pierrelatte	1,154		Fare (la)	Idem.	41	
Grangers-Gontardes	Donzère	580		Laux-Montaud	Séderon	92	
	A reporter..	5,573			A reporter..	1,394	
	A reporter		45,085		A reporter		22,272

11.

14.

NOMS DES COMMUNES.	BUREAUX DE POSTE qui les desservent.	POPULA-TION.	TOTAL de la POPULA-TION par canton	NOMS DES COMMUNES.	BUREAUX DE POSTE qui les desservent.	POPULA-TION.	TOTAL de la POPULA-TION par canton
Suite de l'ARRONDISSEMENT DE NYONS.				Suite de l'ARRONDISSEMENT DE NYONS.			
	Report..		22,272		Report..		27,173
Suite du CANTON DE REMUZAT.				Suite du CANTON DE SÉDERON.			
	Report..	1,394			Report..	668	
LEMPS	Nyons	350		BARRET-DE-LIOURE	Séderon	588	
MONFERRAND	Idem	172		EYGALAYES	Idem	467	
MONTBRÉAL	Idem	230		FERRASSIÈRES	Idem	480	
PÉLONNE	Idem	72		ISON	Idem	141	
POËT-SIGILLA	Idem	392	4,901	LABOREL	Idem	630	
POMEROL	Idem	142		LACHAU	Idem	645	
REMUZAT	Idem	688		MEVOUILLON	Idem	790	
ROUSSIEUX	Idem	135		MONTAUBAN	Idem	535	8,997
SAHUNE	Idem	672		MONTBRUN	Idem	1,446	
SAINT-MAI	Idem	283		MONTFROC	Idem	538	
VERCLAUSE	Idem	371		MONTGUERS	Idem	295	
				REILHANETTE	Idem	513	
CANTON DE SÉDERON.				SÉDERON	✉ (Distribution.)	763	
AULAN	Séderon	168		VERS	Séderon	260	
BALLONS	Idem	500		VILLEBOIS	Idem	126	
				VILLEFRANCHE	Idem	112	
	A reporter..	668					
	A reporter..........		27,173		TOTAL de la population de l'Arrondissement......		36,170

RÉCAPITULATION.

	NOMBRE de		POPULATION.
	CANTONS.	COMMUNES.	
ARRONDISSEMENT DE VALENCE..................	10	101	134,493
———————— DE DIE...................	9	116	65,254
———————— DE MONTÉLIMART..........	5	68	62,530
———————— DE NYONS.................	4	74	36,170
TOTAUX.................	28	359	298,447

NOMS DES COMMUNES.	BUREAUX DE POSTE qui les desservent.	POPULA-TION.	TOTAL de la POPULA-TION par canton	NOMS DES COMMUNES.	BUREAUX DE POSTE qui les desservent.	POPULA-TION.	TOTAL de la POPULA-TION par canton
ARRONDISSEMENT D'ÉVREUX.				**Suite de l'ARRONDISSEMENT D'ÉVREUX.**			
						Report..	25,211
CANTON DE SAINT-ANDRÉ.				**Suite du CANTON DE CONCHES.**			
Actieux (les)	Saint-André	156				Report..	4,395
Bailleul	Idem	175		Faverolles	Conches	222	
Bois-le-Roy (le)	Idem	575		Ferrière-Haut-Clocher	Idem	437	
Boissière (la)	Idem	249		Ferrière-sur-Rille	La Neuve-Lyre	604	
Bocssey	Idem	152		Fidelaire (le)	Idem	1,650	
Bretagnolles	Idem	221		Fresne (le)	Conches	374	
Champigny	Idem	295		Gaudreville-la-Rivière	Idem	263	
Chavigny	Idem	361		Glisolles	Idem	297	
Cissey	Idem	168		Goubergue (la)	La Commanderie	34	
Coudres	Idem	607		Louversey	Conches	347	
Couture (la)	Ivry-la-Bataille	396		Mesnil-Hardray	Idem	207	12,089
Croth	Saint-André	384		Nagel	Idem	154	
Épieds	Idem	412		Nogent-le-Sec	Idem	387	
Éry	Ivry-la-Bataille	860		Ormes	La Commanderie	436	
Foret-du-Parc (la)	Saint-André	272		Orvaux	Conches	193	
Foucrainville	Idem	108		Portes	Idem	282	
Fresney	Idem	262		Quincarnon	Idem	150	
Futelaye (la)	Idem	139		Sébécourt	Idem	648	
Garencières	Idem	306		Sréz-Mesnil	Idem	329	
Garennes	Ivry-la-Bataille	690	12,976	Saint-Élier	Idem	118	
Gratreuil	Saint-André	87		Sainte-Marthe	Idem	562	
Grossoeuvre	Idem	332					
Habit (le)	Idem	266		**CANTON DE DAMVILLE.**			
Ivry-la-Bataille	✉ (Distribution.)	914		Authenay	Damville	159	
Jumelles	Saint-André	191		Avrilly	Idem	171	
Lignerolles	Idem	213		Blandey	Idem	142	
Marcilly-sur-Eure	Idem	796		Boissy-sur-Damville	Idem	416	
Mouettes	Idem	455		Champ-Dominel	Idem	76	
Mousseaux	Idem	237		Chanteloup	Idem	122	
Neuville	Idem	206		Corneuil	Idem	372	
Nedvillette (la)	Idem	61		Coulonges	Idem	319	
Prey	Idem	274		Créton	Idem	430	
Quessigny	Idem	138		Damville	✉	894	
Serez	Idem	170		Essarts (les)	Damville	477	
Saint-André	✉	1,202		Gouville	Idem	314	
Saint-Germain-de-Fresney	Saint-André	232		Grandvilliers	Tillières-sur-Avre	327	
Saint-Laurent-des-Bois	Idem	208		Hellenvilliers	Nonancourt	272	6,630
Val-David	Idem	206		Hosmes (l')	Tillières-sur-Avre	198	
				Manthelon	Damville	394	
CANTON DE BRETEUIL.				Minières (les)	Idem	166	
Baux-de-Breteuil	Breteuil (Eure)	1,621		Morainville-sur-Damville	Idem	252	
Bémécourt	Idem	838		Neisement (le)	Idem	58	
Breteuil	✉	2,049		Roman	Idem	230	
Chesne (le)	Breteuil (Eure)	702		Roncenay (le)	Idem	45	
Cintray	Idem	618		Sacq (le)	Idem	227	
Condé-sur-Iton	Idem	1,133		Sogne (la)	Idem	94	
Dame-Marie	Idem	191		Thomer	Idem	336	
Francheville	Idem	1,693	12,235	Villalet	Idem	187	
Cornanville	Idem	302		Villez-sur-Damville	Idem	142	
Gueroulde (la)	Idem	1,202					
Saint-Denis-du-Béhélan	Idem	206		**CANTON D'ÉVREUX (nord).**			
Sainte-Marguerite-de-l'Autel	Idem	1,097		Aviron	Évreux	192	
Saint-Nicolas-d'Athez	Idem	232		Bacquepuis	La Commanderie	197	
Saint-Ouen-d'Athez	Idem	351		Bernienville	Idem	190	
				Bois-Hubert (le)	Idem	67	
CANTON DE CONCHES.				Bois-Normand (le)	Idem	34	
Beaubray	Conches	649		Boulay-Morin (le)	Évreux	286	
Bonneville	Idem	439		Brosville	Idem	438	
Burey	Idem	107		Dardez	Idem	87	
Champdolent	Idem	75		Émalleville	Idem	156	
Collandres	Idem	227		Évreux	✉	9,963	
Conches	✉	2,056		Gauville-la-Campagne	Évreux	167	
Croisille (la)	Conches	178		Graveron	La Commanderie	39	
Émanville	La Commanderie	664					
		A reporter..	4,395			*A reporter..*	11,816
	A reporter..		25,211		*A reporter..*		43,930

NOMS DES COMMUNES.	BUREAUX DE POSTE qui les desservent.	POPULA-TION.	TOTAL de la POPULATION par canton.
Suite de l'ARRONDISSEMENT D'ÉVREUX.		Report..	43,930
Suite du CANTON D'ÉVREUX (nord).			
		Report.. 11,816	
GRAVIGNY	Évreux	583	
IRREVILLE	Idem	225	
MESNIL-FUGUET	Idem	97	
NORMANVILLE	Idem	287	
PARVILLE	Idem	152	
PITHIENVILLE	La Commanderie	66	
QUITTEBEUF	Idem	649	
REUILLY	Évreux	334	
SACQUENVILLE	Évreux	418	16,576
SEMERVILLE	La Commanderie	88	
SAINTE-COLOMBE	Idem	708	
(Distribution à la Commanderie.)			
SAINT-GERMAIN-DES-ANGLES	Évreux	187	
SAINT-MARTIN-LA-CAMPAGNE	Idem	100	
SAINT-MÉLAIN-LA-CAMPAGNE	La Commanderie	110	
TILLEUL-LAMBERT	Idem	311	
TOURNEDOS	Idem	234	
TOURNEVILLE	Évreux	211	
CANTON D'ÉVREUX (sud).			
ANGERVILLE-LA-CAMPAGE	Évreux	159	
ARNIÈRES	Idem	461	
AULNAY	Idem	205	
BAUX-SAINTE-CROIX	Idem	472	
BERENGEVILLE-LA-RIVIÈRE	Idem	124	
CAUDÉ	Idem	398	
CLASVILLE	Idem	524	
FAUVILLE	Idem	91	
FONTAINE-SOUS-JOUY	Idem	674	
GAUCIEL	Idem	240	
GUICHAINVILLE	Idem	420	
HUEST	Idem	200	
JOUY-SUR-EURE	Idem	502	7,244
MISEREY	Idem	321	
MORSENT	Idem	121	
NEUVILLE-PRÈS-CLASVILLE	Idem	181	
PLESSIS-GROHAN (le)	Idem	479	
SASSEY	Idem	110	
SAINT-AUDIN-DU-VIEIL-ÉVREUX	Idem	169	
SAINT-LUC	Idem	125	
SAINT-SÉBASTIEN-DU-BOIS-GEN-CELIN	Idem	140	
SAINT-VIGOR	Idem	224	
TRINITÉ (la)	Idem	77	
VENTES (les)	Conches	686	
VIEIL-EVREUX (le)	Évreux	141	
CANTON DE NONANCOURT.			
ACON	Tillières-sur-Avre	660	
BREUX	Idem	536	
COURDEMANCHE	Nonancourt	376	
DROISY	Idem	410	
ILLIERS-L'ÉVÊQUE	Idem	781	
LOUYE	Idem	260	
MADELEINE-DE-NONANCOURT	Idem	952	
MARCILLY-LA-CAMPAGNE	Idem	1,174	9,215
MESNIL-SUR-L'ESTRÉE	Idem	456	
MOISVILLE	Damville	252	
MUZY	Nonancourt	569	
NONANCOURT		1,345	
PANLATTE	Nonancourt	182	
SAINT-GEORGES-SUR-EURE	Idem	622	
SAINT-GERMAIN-SUR-AVRE	Idem	640	
A reporter			76,965

NOMS DES COMMUNES.	BUREAUX DE POSTE qui les desservent.	POPULA-TION.	TOTAL de la POPULATION par canton.
Suite de l'ARRONDISSEMENT D'ÉVREUX.		Report..	76,965
CANTON DE PACY-SUR-EURE.			
AIGLEVILLE	Pacy-sur-Eure	130	
BOISSET-LES-PRÉVANCHES	Idem	275	
BONCOURT	Idem	156	
BOSC-ROGER-SUR-EURE	Idem	44	
BREUILPONT (le)	Idem	458	
BUEIL	Idem	304	
CAILLOUET	Idem	168	
CHAIGNES	Idem	228	
CHAUD	Idem	139	
CIERREY	Idem	196	
CROISY	Idem	291	
FAINS	Idem	230	
GADENCOURT	Idem	235	
HARDENCOURT	Idem	254	
HÉCOURT	Idem	245	
HEURGEVILLE	Idem	69	8,756
LOREY	Idem	186	
MARTAINVILLE-DU-CORMIER	Idem	479	
MENILLES	Idem	1,008	
MERRY	Idem	219	
NEUILLY	Ivry-la-Bataille	199	
NEUVILLE-DES-VAUX	Pacy-sur-Eure	103	
ORGEVILLE	Idem	127	
PACY-SUR-EURE		1,387	
PLESSIS-HEBERT (le)	Pacy-sur-Eure	188	
SAINT-AQUILIN-DE-PACY	Idem	390	
SAINT-CHÉRON	Idem	114	
VAUX-SUR-EURE	Idem	208	
VILLEGATS	Idem	243	
VILLIERS-EN-DÉSŒUVRE	Idem	463	
CANTON DE RUGLES.			
AMBENAY	Rugles	902	
AUVERGNY	Idem	125	
BOIS-ARNAULT	Idem	1,157	
BOIS-ANZERAYE	La Neuve-Lyre	195	
BOIS-MAILLARD	Rugles	94	
BOIS-NORMAND	La Neuve-Lyre	700	
BOIS-NOUVEL	Idem	134	
BOIS-PENTHOU	Idem	116	
BOTTEREAUX	Rugles	349	
CHAISE-DIEU-DU-THEIL	Chandai	918	
CHAMBORD	Rugles	376	
CHAMPIGNOLLES	La Neuve-Lyre	180	
CHERONVILLIERS	Rugles	880	12,136
FRETILS (les)	Idem	182	
HAYE-SAINT-SYLVESTRE	Idem	542	
JOIGNETTES	Idem	183	
MARNIÈRES	La Neuve-Lyre	115	
NEAUFLES-SUR-RILLE	Rugles	558	
NEUVE-LYRE (la)		802	
RUGLES		1,990	
SELLE (la)	Rugles	236	
SAINT-ANTONIN-DE-SOMMAIRE	Idem	415	
VAUX-SUR-RILLE	Rugles	208	
VIEILLE-LYRE	La Neuve-Lyre	779	
CANTON DE VERNEUIL.			
ARMENTIÈRES	Saint-Maurice	400	
BASLINES	Verneuil	268	
BARILS (les)	Idem	394	
BOURTH	Idem	1,667	
CHARNELLES	Idem	212	
CHENNEBRUN	Saint-Maurice	373	
A reporter		3,314	
A reporter			97,857

NOMS DES COMMUNES.	BUREAUX DE POSTE qui les desservent.	POPULA-TION.	TOTAL de la POPULA-TION par canton	NOMS DES COMMUNES.	BUREAUX DE POSTE qui les desservent.	POPULA-TION.	TOTAL de a POPULA-TION par canton
Suite de l'ARRONDISSEMENT D'ÉVREUX.		Report..	97,857	Suite de l'ARRONDISSEMENT DES ANDELYS.		Report..	12,093
Suite du CANTON DE VERNEUIL.		Report..		Suite du CANTON D'ÉCOS.		Report..	847
		3,314		BUS-SAINT-REMY	LesThilliers-en-Vexin	239	
COURTEILLES	Verneuil	434		CAHAIGNES	Idem	355	
GAUVILLE	Idem	72		CANTIERS	Idem	180	
GOURNAY-LE-GUÉRIN	Chandai	369		CHATEAU-SUR-EPTE	Vernon	152	
GROSBOIS	Verneuil	148		CHAPELLE-SAINT-OUEN	LesThilliers-en-Vexin	154	
LONGUELUNE	Idem	118		CIVIÈRE	Idem	325	
MANDRES	Idem	314	11,154	DAMPSMESNIL	Idem	314	
PISEUX	Idem	134		ÉCOS	Idem	401	
PULLAY	Idem	384		FONTENAY	Idem	325	
SAINT-CHRISTOPHE-SUR-AVRE	Idem	416		FORÊT-LA-FOLIE	Les Andelys	660	
SAINT-VICTOR	Idem	148		FOURGES	LesThilliers-en-Vexin	410	
TILLIÈRES-SUR-AVRE	✉	1,125		FOURS	Idem	227	10,069
VERNEUIL	✉	4,178		GASNY	Vernon	1,124	
				GIVERNY	Idem	396	
CANTON DE VERNON.				GUITRY	LesThilliers-en-Vexin	342	
CHAMBRAY	Pacy-sur-Eure	543		HARICOURT	Vernon	148	
CHAPELLE-GENNEVRAY	Vernon	162		HEUBÉCOURT	Idem	418	
DOUAINS	Idem	435		MÉZIÈRES	Idem	580	
HEUNIÈRE (la)	Idem	173		MOLINCOURT	LesThilliers-en-Vexin	44	
HOULBEC-COCHEREL	Pacy-sur-Eure	509		PANILLEUSE	Vernon	347	
MERCEY	Vernon	83		PRESSAGNY-L'ORGUEILLEUSE	Idem	419	
RÉANVILLE	Idem	212		SAINTE-GENEVIÈVE LES-GASNY	Idem	184	
ROUVRAY	Pacy-sur-Eure	80	9,385	TILLY	Idem	416	
SAINTE-COLOMBE	Gaillon	248		TOURNY	LesThilliers-en-Vexin	1,001	
SAINT-JUST	Vernon	299		VALCORBON	Idem	64	
SAINT-MARCEL	Idem	441					
SAINT-PIERRE-D'AUTILS	Idem	852		CANTON D'ÉCOUIS.			
SAINT-VINCENT-DES-BOIS	Idem	106		AMFREVILLE-LES-CHAMPS	Pont-Saint-Pierre	342	
VERNON	✉	4,888		AMFREVILLE-SOUS-LES-MONTS	Idem	365	
VILLE-SOUS-BAILLEUL	Vernon	354		BACQUEVILLE	Écouis	582	
				BOURG-BEAUDOIN	Fleury-sur-Andelle	810	
TOTAL de la population de l'Arrondissement			118,396	CHARLEVAL	Idem	909	
				CRESSENVILLE	Idem	219	
ARRONDISSEMENT DES ANDELYS.				DOUVILLE	Pont-Saint-Pierre	326	
				ÉCOUIS	✉	947	
CANTON DES ANDELYS.				FAYEL (le)	Fleury-sur-Andelle	164	
ANDELYS (les)	✉	5,168		FLEURY-SUR-ANDELLE	✉ (Distribution.)	520	
BOISEMONT	Écouis	642		FLIPOU	Pont-Saint-Pierre	262	
BOUAFLES	Les Andelys	316		GAILLARD-BOIS	Fleury-sur-Andelle	272	
CORNY	Écouis	230		GOURNETS	Idem	220	
COURCELLES-SUR-SEINE	Les Andelys	265		GRAINVILLE	Idem	409	11,787
CUVERVILLE	Idem	315		HOUVILLE	Écouis	170	
DAUBEUF	Idem	415		LETTEGUIVES	Fleury-sur-Andelle	236	
FRESNE-L'ARCHEVÊQUE	Écouis	493		MARCOUVILLE	Écouis	108	
GUISENIERS	Les Andelys	550		MENESQUEVILLE	Fleury-sur-Andelle	257	
HARQUENCY	Idem	280	12,093	MESNIL-VERCLIVES	Écouis	550	
HENNEZIS	Idem	729		PERIERS-SUR-ANDELLE	Fleury-sur-Andelle	561	
HEUQUEVILLE	Idem	358		PERRUEL	Idem	295	
NOTRE-DAME-DE-L'ISLE	Vernon	754		RADEPONT	Idem	673	
PORTMORT	Les Andelys	680		RENNEVILLE	Idem	257	
ROQUETTE (la)	Idem	204		ROMILLY	Pont-Saint-Pierre	1,015	
SCLAY	LesThilliers-en-Vexin	310		SENNEVILLE	Idem	257	
TRUIT (le)	Les Andelys	180		SAINT-NICOLAS-DE-PONT-SAINT-PIERRE	Idem	754	
TRAVAILLES	Idem	26		(✉ Distribution ... Pont-St-Pierre.)			
VÉZILLON	Idem	178		VANDRIMARE	Fleury-sur-Andelle	158	
				VILLERETS	Idem	149	
CANTON D'ÉCOS.							
BAUDEMONT	LesThilliers-en-Vexin	117		CANTON D'ÉTREPAGNY.			
BERTHENOUVILLE	Idem	220		COUDRAY	Écouis	402	
BOIS-JÉROME	Vernon	380		DOUDEAUVILLE	Étrepagny	301	
BOSROGER (le)	LesThilliers-en-Vexin	130		ÉTREPAGNY	✉	1,368	
				FARCEAUX	Étrepagny	230	
À reporter..		847		FLEUMESNIL	LesThilliers-en-Vexin	167	
				GAMACHES	Étrepagny	345	
À reporter			12,093	À reporter..		2,813	
				À reporter			33,949

NOMS DES COMMUNES.	BUREAUX DE POSTE qui les desservent.	POPULA- TION.	TOTAL de la POPULA- TION par canton	NOMS DES COMMUNES.	BUREAUX DE POSTE qui les desservent.	POPULA- TION.	TOTAL de la POPULA- TION par canton
Suite de l'ARRONDISSEMENT DES ANDELYS.				**Suite de l'ARRONDISSEMENT DE BERNAY.**			
	Report..		33,949				
Suite du Canton D'ÉTREPAGNY.				**Suite du Canton DE BEAUMESNIL.**			
	Report..	2,813			*Report..*	2,581	
Il cqueville	LesThilliers-en-Vexin	480		Épinay	Bernay	594	
Heudicourt	Étrepagny	745		Gisay	Broglie	693	
Londe (la)	Idem	70		Gouttières	Bernay	441	
Lonchamp	Idem	773		Grandchain	Idem	342	
Morgny	Idem	1,025		Jonquerets (les)	Idem	504	
Mouflaines	LesThilliers-en-Vexin	364		Lande-Péreuse	Idem	385	
Neuve-Grange (la)	Étrepagny	340		Livet-en-Ouche	Idem	148	
Neuville-sous-Farceaux	Idem	69		Noyer (le)	Idem	596	9,374
Nojon-le-sec	Idem	406	10,069	Pierre-Ronde	Idem	132	
Provemont	Idem	118		Roussière (la)	Broglie	346	
Puchay	Écouis	998		Saint-Aubin-des-Hayes	Bernay	343	
Richeville	LesThilliers-en-Vexin	323		Saint-Aubin-le-Guichard	Idem	700	
Saussaye-la-Vache	Écouis	358		Sainte-Marguerite-en-Ouche	Idem	222	
Sainte-Marie-des-Champs	LesThilliers-en-Vexin	156		Saint-Pierre-du-Mesnil	Broglie	483	
Thil (le)	Étrepagny	376		Thevray	Bernay	665	
Thilliers-en-Vexin (les)	⊠	241		Tilleul-en-Ouche	Broglie	93	
Vatimesnil	LesThilliers-en-Vexin	163		Val-du-Theil	Idem	106	
Villers-en-Vexin	Idem	251					
Canton DE GISORS.				**Canton DE BEAUMONT-LE-ROGER.**			
Amécourt	Gisors	260		Barcq	Beaumont-le-Roger	825	
Authevernes	LesThilliers-en-Vexin	297		Barquet	Idem	531	
Bazincourt	Gisors	468		Beaumont-le-Roger	⊠	2,515	
Bernouville	Idem	201		Beaumontel	Beaumont-le-Roger	670	
Bézu-le-long	Idem	475		Berville	Conches	296	
Bouchevilliers	Idem	155		Bougy	Beaumont-le-Roger	131	
Chauvincourt	Étrepagny	234		Bray	Idem	482	
Dangu	Gisors	552		Combon	Idem	979	
Gisors	⊠	3,533		Écardenville	Idem	871	
Guerny	LesThilliers-en-Vexin	237	11,119	Fontaine-la-Soret	Idem	839	
Hébécourt	Gisors	530		(à la Rivière-Thibouville.)			
Mainneville	Idem	516		Goupillières	Idem	1,308	
Martagny	Idem	416		Grosley	Idem	614	15,028
Mesnil-sous-Vienne	Idem	285		Houssaye (la)	Idem	237	
Neaufles-Saint-Martin	Idem	914		Launay	Idem	252	
Noyers	LesThilliers-en-Vexin	222		Nassandres	Idem	617	
Sancourt	Idem	172		Perriers	Idem	403	
Saint-Denis-le-Ferment	Gisors	527		Plessis-Mahiet	Idem	239	
Saint-Éloi	Idem	358		Puthenaye (la)	Idem	144	
Saint-Paer	Idem	137		Romilly-près-Bougy	Conches	312	
Vesly	LesThilliers-en-Vexin	630		Rouge-Perriers	Le Neubourg	506	
Canton DE LYONS-LA-FORÊT.				Sainte-Opportune-du-Bosq.	Idem	308	
Beauficel	Lyons-la-Forêt	592		Sainte-Opportune-la-Campagne	Beaumont-le-Roger	293	
Bézu-la-Forêt	Idem	640		Thibouville	Idem	867	
Bosquentin	Idem	424		Tilleul-Dame-Agnès	Conches	267	
Fleury-la-Forêt	Idem	988		Tilleul-Othon	Beaumont-le-Roger	522	
Hogues (les)	Croisy-la-Haye	781					
Lilly	Lyons-la-Forêt	250		**Canton DE BERNAY.**			
Lisors	Idem	529		Bernay	⊠	6,605	
Lorleau	Idem	495	9,200	Campleur-Courcelle	Bernay	191	
Lyons-la-Forêt	⊠	1,650		Caorches	Idem	247	
Rosay	Lyons-la-Forêt	882		Carsix	Idem	683	
Touffreville	Idem	437		Cornéville-la-Fouquetière	Idem	231	
Tronquay (le)	Idem	1,225		Courbépine	Idem	800	
Vascœuil	Croisy-la-Haye	307		Fontaine-l'Abbé	Idem	377	
				Malouy	Idem	296	
	TOTAL de la population de l'Arrondissement		64,337	Menneval	Idem	609	
				Plainville	Idem	360	
ARRONDISSEMENT DE BERNAY.				Plasnes	Idem	1,069	
				(au Marché-neuf.)			
Canton DE BEAUMESNIL.				Rotes	Idem	182	
Ajou	Bernay	560		Serquigny	Idem	809	
Barre (la)	Idem	1,062		Saint-Aubin-le-Vertueux	Idem	881	
Beaumesnil	Idem	451		Saint-Clair-d'Arcey	Idem	662	
Bosc-Renoult (le)	Idem	508		Saint-Léger-du-Boscdel	Idem	438	
	A reporter..	2,581			*A reporter..*	14,440	
					A reporter		14,402

Suite de l'ARRONDISSEMENT DE BERNAY. — Report.. 24,402

Suite du Canton de BERNAY.
Report.. 14,440

NOMS DES COMMUNES.	BUREAUX DE POSTE qui les desservent.	POPULATION.	TOTAL de la POPULATION par canton
Saint-Martin-du-Tilleul	Bernay	226	
Saint-Nicolas-de-Bosc-l'Abbé	Idem	413	
Saint-Victor-de-Chrétien-Ville	Idem	531	
Valailles	Idem	433	16,043

Canton de BRIONNE.

Aclou	Brionne	404	
Bec-Hellouin (le)	Idem	745	
Berthouville	Idem	795	
Boisney	Idem	655	
Bosrobert (le)	Idem	550	
Bretigny	Idem	345	
Brionne ☒	☒	2,645	
Calleville	Brionne	645	
Franqueville	Idem	326	
Haye-de-Calleville	Idem	472	
Harcourt	Idem	1,339	
Hecmanville	Idem	313	15,478
Livet-sur-Authou	Idem	360	
Malleville-sur-le-Bec	Idem	507	
Morsan	Idem	405	
Neuville-du-Bosc	Idem	789	
Neuville-sur-Authou	Idem	554	
Notre-Dame-d'Épine	Idem	284	
Saint-Cyr-de-Salerne	Idem	704	
Saint-Éloy-de-Fourques	Idem	728	
Saint-Paul-de-Fourques	Idem	421	
Saint-Pierre-de-Salerne	Idem	475	
Saint-Victor-d'Épine	Idem	1,017	

Canton de BROGLIE.

Bosc-Morel (le)	Broglie	235	
Broglie ☒	☒	1,007	
Capelles-les-Grands	Broglie	970	
Chamblac	Idem	514	
Chapelle-Gauthier (la)	Idem	495	
Essarts (les)	Montreuil-l'Argillé	85	
Ferrière-Saint-Hilaire	Broglie	599	
Gou-la-Frière	Montreuil-l'Argillé	431	
Grand-Camp	Broglie	499	
Mélicourt	Montreuil-l'Argillé	227	
Mesnil-Rousset	Idem	142	
Montreuil-l'Argillé ☒	☒	842	
Notre-Dame-du-Hamel	Montreuil-l'Argillé	894	
Réville	Idem	250	
Saint-Agnan-de-Cernières	Idem	365	11,767
Saint-Aquilin-d'Augeron	Idem	268	
Saint-Aubin-du-Thenney	Broglie	1,097	
Saint-Denis-d'Augeron	Montreuil-l'Argillé	208	
Saint-Jean-du-Thenney	Broglie	457	
Saint-Laurent-des-Grès	Montreuil-l'Argillé	216	
Saint-Laurent-du-Tencement	Idem	133	
Saint-Martin-de-Cernières	Idem	321	
Saint-Pierre-de-Cernières	Idem	301	
Saint-Quentin-des-Isles	Broglie	223	
Saint-Vincent-la-Rivière	Idem	217	
Trinité-du-Mesnil-Josselin (la)	Montreuil-l'Argillé	174	
Verneuse	Idem	597	

Canton de THIBERVILLE.

Barville	Thiberville	287	
Bazoques	Idem	371	
Boissy-de-Lamberville	Idem	775	
	A reporter..	1,433	

A reporter................ 67,690

Suite de l'ARRONDISSEMENT DE BERNAY. — Report.. 67,690

Suite du Canton de THIBERVILLE.
Report.. 1,433

NOMS DES COMMUNES.	BUREAUX DE POSTE qui les desservent.	POPULATION.	TOTAL de la POPULATION par canton
Bournainville	Thiberville	1,433	
Chapelle-Hareng (la)	Idem	451	
Duranville	Idem	434	
Drucourt	Idem	306	
Faverolles-les-Marcs	Idem	1,304	
Favril (le)	Idem	270	
Folleville	Idem	602	
Fontaine-la-Louvet	Idem	685	
Fontenelles	Idem	746	
Giverville	Idem	78	
Heudreville	Idem	773	15,223
Piencourt	Idem	483	
Places (les)	Idem	564	
Planquay (le)	Idem	232	
Saint-Aubin-de-Scellon	Idem	498	
Saint-Germain-la-Campagne	Orbec	1,419	
Saint-Leger-de-Glatigny	Thiberville	95	
Saint-Mards-de-Fresne	Idem	804	
Saint-Vincent-du-Boulay	Idem	802	
Theil-Nollent	Idem	528	
Thiberville	☒	1,283	

TOTAL de la population de l'Arrondissement....... 82,913

ARRONDISSEMENT DE LOUVIERS.

Canton d'AMFREVILLE-LA-CAMPAGNE.

Amfreville-la-Campagne	Le Neubourg	745	
Bec-Thomas (le)	Elbeuf	327	
Fouqueville	Le Neubourg	749	
Gros-Theil (le)	Idem	1,145	
Harengère (la)	Elbeuf	534	
Haye-du-Theil (la)	Le Neubourg	386	
Houlbec	Bourgtheroulde	290	
Limbeuf	Le Neubourg	120	
Mandeville	Elbeuf	323	
Pyle (la)	Le Neubourg	304	
Saint-Amand-des-Hautes-Terres	Elbeuf	447	
Saint-Cyr-la-Campagne	Idem	367	
Saint-Didier	Idem	569	
Saint-Germain-de-Pasquier	Idem	143	11,976
Saint-Martin-la-Corneille	Idem	534	
Saint-Meslain-du-Bosc	Le Neubourg	178	
Saint-Nicolas-du-Bosc	Idem	441	
Saint-Nicolas-du-Bosc-Asselin	Elbeuf	182	
Saint-Ouen-de-Poncheuil	Idem	92	
Saint-Pierre-des-Cercueils	Idem	434	
Saint-Pierre-du-Bosguerard	Bourgtheroulde	450	
Thuit-Anger	Elbeuf	420	
Thuit-Signol	Idem	1,078	
Thuit-Simer	Idem	283	
Tourville	Le Neubourg	923	
Vraiville	Elbeuf	512	

Canton de GAILLON.

Ailly	Gaillon	1,239	
Aubevoie	Idem	473	
Autheuil	Idem	380	
Autouillet	Idem	237	
Bernières	Idem	181	
Cailly	Idem	258	
Champenard	Idem	109	
Croix-Saint-Leufroy (la)	Idem	791	
Écardenville-sur-Eure	Idem	403	
	A reporter..	4,071	

A reporter................ 11,976

NOMS DES COMMUNES.	BUREAUX DE POSTE qui les desservent.	POPULATION.	TOTAL de la POPULATION par canton.

Suite de l'ARRONDISSEMENT DE LOUVIERS.

Report.. 11,976

Suite du CANTON DE GAILLON.

NOMS DES COMMUNES.	BUREAUX DE POSTE	POPULATION.	TOTAL par canton
	Report..	4,071	
FONTAINE-BELLENGER.......	Gaillon..........	437	
FONTAINE-HEUDEBOURG......	Idem...........	280	
GAILLON 🐎...........	✉...........	1,143	
HEUDREVILLE-SUR-EURE......	Louviers..........	787	
MUIDS................	Notre-Dame-du-Vaudreuil........	823	
SAINT-AUBIN-SUR-GAILLON....	Gaillon..........	1,079	
SAINT-BARBE-SUR-GAILLON....	Idem...........	425	12,352
SAINT-ÉTIENNE-SOUS-BAILLEUL..	Vernon.........	280	
SAINT-JULIEN-DE-LA-LIÈGUE...	Gaillon........	236	
SAINT-PIERRE-DE-BAILLEUL....	Idem.......	683	
SAINT-PIERRE-LA-GARENNE....	Idem.......	460	
THONNY.............	Idem.......	391	
VENABLES..........	Idem.......	803	
VILLERS-SUR-LE-ROULE......	Idem.......	322	
VIEUX-VILLEZ..........	Idem.......	132	

CANTON DE LOUVIERS.

NOMS DES COMMUNES.	BUREAUX DE POSTE	POPULATION.	TOTAL par canton
ACQUIGNY............	Louviers..........	837	
AMFREVILLE-SUR-ITON....	Idem.......	689	
ANDÉ..............	Notre-Dame-du-Vaudreuil........	435	
CHAPELLE-DU-BOIS-DES-FAULX (la)	Louviers..........	260	
CRASVILLE...........	Idem.......	334	
DAMNEVILLE..........	Idem.......	35	
HAYE-LE-COMTE (la)......	Idem.......	41	
HAYE-MALHERBE (la)......	Idem.......	1,031	
HEU-DE-BOUVILLE.......	Idem.......	674	
HONDOUVILLE.........	Idem.......	574	
INCARVILLE..........	Idem.......	537	19,216
LOUVIERS 🐎.........	✉...........	9,885	
MESNIL-JOURDAIN.......	Louviers........	350	
PINTERVILLE.........	Idem.......	464	
PLANCHES (les)........	Idem.......	131	
QUATRE MARRE........	Idem.......	396	
SURTAUVILLE........	Idem.......	345	
SURVILLE..........	Idem.......	603	
SAINT-ÉTIENNE-DU-VAUVRAY....	Notre-Dame-du-Vaudreuil........	495	
SAINT-PIERRE-DU-VAUVRAY....	Idem.......	408	
VACHERIE (la)........	Louviers.......	517	
VIRONVAY..........	Idem.......	185	

CANTON DU NEUBOURG.

NOMS DES COMMUNES.	BUREAUX DE POSTE	POPULATION.	TOTAL par canton
BARENGEVILLE-LA-CAMPAGNE...	La Commanderie...	306	
CANAPPEVILLE......	Louviers.......	898	
CESSEVILLE........	Le Neubourg.....	557	
CRESTOT..........	Idem.......	586	
CRIQUEBEUF-LA-CAMPAGNE....	Idem.......	425	
CROSVILLE-LA-VIEILLE......	Idem.......	522	
DAUBEUF-LA-CAMPAGNE.....	Idem.......	392	
ÉCAUVILLE.........	La Commanderie...	210	
ECQUETOT.........	Le Neubourg.....	414	
ÉPÉGARD..........	Idem.......	732	
ÉPREVILLE.........	Idem.......	632	
FEUGUEROLLES.......	La Commanderie..	301	
HECTOMARRE........	Le Neubourg.....	283	
HOUETTEVILLE.......	Louviers.......	269	13,133
IVILLE...........	Le Neubourg.....	630	
MARBEUF.........	Idem.......	556	
NEUBOURG (le) 🐎 🐎.....	✉...........	2,118	
SALLE-COQUEREL (la)......	Le Neubourg.....	86	
SAINT-AUBIN-D'ECROSVILLE....	Idem.......	1,005	
TREMBLAY (le).......	Idem.......	358	
TRONCQ (le)........	Idem.......	328	
VENON..........	Idem.......	224	
VILLETTES..........	Idem.......	306	
VILLEZ-SUR-LE-NEUBOURG.....	Idem.......	453	
VITOT..........	Idem.......	421	
VITOTEL..........	Idem.......	121	

A reporter.................. 56,677

Suite de l'ARRONDISSEMENT DE LOUVIERS.

Report.. 56,677

CANTON DE PONT-DE-L'ARCHE.

NOMS DES COMMUNES.	BUREAUX DE POSTE	POPULATION.	TOTAL par canton
ALIZAY............	Pont-de-l'Arche....	536	
CONNELLES..........	Notre-Dame-du-Vaudreuil........	232	
CRIQUEBEUF-SUR-SEINE......	Pont-de-l'Arche....	1,202	
DAMPS (les)........	Idem.......	261	
HERQUEVILLE.......	Notre-Dame-du-Vaudreuil........	103	
IGOVILLE..........	Pont-de-l'Arche....	394	
LÉRY...........	Idem.......	1,017	
MANOIR (le)........	Idem.......	381	
MARTOT..........	Idem.......	195	
MONTAURE.........	Louviers.......	1,098	
NOTRE-DAME-DU-VAUDREUIL....	✉ (Distribution.)...	934	12,265
PITRES..........	Pont-de-l'Arche....	990	
PONT-DE-L'ARCHE......	✉...........	1,483	
PORTEJOIE.........	Notre-Dame-du-Vaudreuil........	298	
POSES..........	Pont-de-l'Arche....	1,417	
SAINT-CYR-DU-VAUDREUIL....	Notre-Dame-du-Vaudreuil........	920	
SAINT-PIERRE-DE-LIEROULT....	Elbeuf.......	198	
TOSTES..........	Pont-de-l'Arche....	157	
TOURNEDOS........	Notre-Dame-du-Vaudreuil........	213	
VATTEVILLE........	Les Andelys.....	236	

TOTAL de la population de l'Arrondissement...... 68,942

ARRONDISSEMENT DE PONT-AUDEMER.

CANTON DE BEUZEVILLE.

NOMS DES COMMUNES.	BUREAUX DE POSTE	POPULATION.	TOTAL par canton
BERVILLE-SUR-MER........	Beuzeville.....	469	
BEUZEVILLE.........	✉ (Distribution.)...	2,735	
BOULLEVILLE........	Beuzeville.....	436	
CARBEC-GRESTAIN......	Idem.......	114	
CONTEVILLE........	Idem.......	811	
ÉQUAINVILLE........	Idem.......	420	
FATOUVILLE........	Idem.......	663	
FIQUEFLEUR........	Idem.......	110	
FORTMOVILLE........	Pont-Audemer.....	1,204	
FOULBEC..........	Beuzeville.....	597	12,327
LANDE (la)........	Idem.......	486	
MANNEVILLE-LA-RAOULT....	Idem.......	602	
MARTAINVILLE-PRÈS-LA-LANDE..	Pont-Audemer.....	808	
SAINT-LÉGER-SUR-BONNEVILLE...	Beuzeville.....	257	
SAINT-MACLOU.......	Pont-Audemer.....	580	
SAINT-PIERRE-DU-VAL.....	Beuzeville.....	876	
SAINT-SULPICE-DE-GRAIMBOUVILLE..	Pont-Audemer.....	242	
TROP (le).........	Beuzeville.....	512	
VANNECROCQ.......	Pont-Audemer.....	405	

CANTON DE BOURGTHEROULDE.

NOMS DES COMMUNES.	BUREAUX DE POSTE	POPULATION.	TOTAL par canton
ANGOVILLE.........	Bourgtheroulde....	151	
BASVILLE..........	Idem.......	122	
BERVILLE-EN-ROMOIS.....	Idem.......	455	
BOISSEY-LE-CHATEL.....	Idem.......	466	
BOSBÉNARD-COMMIN......	Idem.......	478	
BOSBÉNARD-CRESCY......	Bourgachard.....	310	
BOSCHERVILLE.......	Bourgtheroulde....	241	
BOSC-RENOULT (le).....	Idem.......	332	
BOSC-ROGER (le)......	Elbeuf.......	2,203	
BOSNORMAND.......	Bourgtheroulde....	375	
BOURGTHEROULDE 🐎....	✉...........	740	
CATELON..........	Bourgachard.....	197	
ÉPREVILLE-EN-ROMOIS....	Idem.......	618	
FLANCOURT........	Idem.......	434	
INFREVILLE........	Bourgtheroulde....	632	
MARCOUVILLE.......	Idem.......	244	

A reporter.... 7,998

A reporter.......................... 12,327

NOMS DES COMMUNES.	BUREAUX DE POSTE qui les desservent.	POPULA-TION.	TOTAL de la POPULA-TION par canton	NOMS DES COMMUNES.	BUREAUX DE POSTE qui les desservent.	POPULA-TION.	TOTAL de la POPULA-TION par canton
Suite de l'ARRONDISSEMENT DE PONT-AUDEMER.		Report..	12,327	Suite de l'ARRONDISSEMENT DE PONT-AUDEMER.		Report..	53,443
Suite du CANTON DE BOURGTHEROULDE.				CANTON DE PONT-AUDEMER.			
	Report.	7,998		CAMPIGNY	Pont-Audemer	801	
SAINT-DENIS-DES-MONTS	Bourgtheroulde	373		COLLETOT	Idem	243	
SAINT-DENIS-DE-BOSGUÉRARD	Idem	706		CORNEVILLE-SUR-RILLE	Idem	807	
SAINT-LÉGER-DU-GENNETEY	Idem	173		FOURMETOT	Idem	666	
SAINT-OUEN-DE-LA-LONDE	Elbeuf	440	10,598	MANNEVILLE-SUR-RILLE	Idem	543	
SAINT-PHILBERT-SUR-BOISSEY	Bourgtheroulde	211		NOTRE-DAME-DE-PRÉAUX	Idem	376	
THEILLEMENT (le)	Idem	269		PONT-AUDEMER	⊠	5,465	
TRUIT-HÉBERT (le)	Bourgachard	238		SELLES	Pont-Audemer	817	
VOISCREVILLE	Bourgtheroulde	190		SAINT-GERMAIN-VILLAGE	Idem	560	14,297
CANTON DE CORMEILLES.				SAINT-MARDS-DE-BLACARVILLE	Idem	600	
BAILLEUL-LA-VALLÉE	Cormeilles	565		SAINT-MICHEL-DE-PRÉAUX	Idem	265	
BOIS-HELLAIN (le)	Idem	436		SAINT-PAUL-SUR-RILLE	Idem	444	
CAUVERVILLE-EN-LIEUVIN	Lieurey	262		SAINT-SYMPHORIEN	Idem	501	
CHAPELLE-BAYVEL (la)	Cormeilles	559		TOURVILLE	Idem	470	
CHAPELLE-BECQUET (la)	Lieurey	141		TOUTAINVILLE	Idem	808	
CORMEILLES	⊠ (Distribution.)	1,331		TRICQUEVILLE	Idem	931	
ÉPAIGNES	Cormeilles	2,317		CANTON DE QUILLEBEUF.			
JOUVEAUX	Lieurey	307	10,164	AIZIER	Pont-Audemer	266	
MORAINVILLE	Idem	1,067		BOUQUELON	Idem	410	
NOTRE-DAME-DE-FRESNE	Idem	367		BOURNEVILLE	Idem	840	
SAINT-GERVAIS-D'ASNIÈRES	Cormeilles	403		LILLETOT	Idem	108	
SAINT-JEAN-D'ASNIÈRES	Idem	203		MARAIS-VERNIER (le)	Idem	614	
SAINT-PIERRE-DE-CORMEILLES	Idem	1,120		QUILLEBEUF	⊠ (Distribution.)	1,344	
SAINT-SIMÉON	Lieurey	417		ROQUES-SUR-RILLE	Pont-Audemer	238	
SAINT-SYLVESTRE-DE-CORMEILLES	Cormeilles	669		SAINT-AUBIN-SUR-QUILLEBEUF	Quillebeuf	522	
CANTON DE SAINT-GEORGES-DU-VIÈVRE.				SAINTE-CROIX-SUR-AIZIER	Pont-Audemer	808	7,707
ÉPRÉVILLE-EN-LIEUVIN	Lieurey	656		SAINTE-OPPORTUNE	Quillebeuf	329	
LIEUREY	⊠	2,682		SAINT-OUEN-DES-CHAMPS	Pont-Audemer	293	
NOARDS	Lieurey	338		SAINT-SAMSON-SUR-RILLE	Idem	168	
NOÉ-POULAIN (la)	Idem	397		SAINT-URIEN	Idem	334	
POTTERIE-MATHIEU	Idem	748		TOCQUEVILLE	Idem	226	
SAINT-BENOIST-DES-OMBRES	Idem	275		TROUVILLE-LA-HAUTE	Idem	946	
SAINT-CHRISTOPHE-SUR-CONDÉ	Montfort-sur-Rille	909		VIEUX-PORT	Idem	261	
SAINT-ÉTIENNE-L'ALLIER	Lieurey	1,168	11,108	CANTON DE ROUTOT.			
SAINT-GEORGE-DU-MESNIL	Idem	476		BARNEVILLE	Bourgachard	749	
SAINT-GEORGES-DU-VIÈVRE	Idem	820		BOSQUET	Idem	646	
SAINT-GRÉGOIRE-DU-VIÈVRE	Idem	931		BOUQUETOT	Idem	961	
SAINT-JEAN-DE-LA-LÉQUERAIE	Idem	421		BOURGACHARD	⊠	1,216	
SAINT-MARTIN-SAINT-FIRMIN	Idem	637		CAUMONT	Bourgachard	931	
SAINT-PIERRE-DES-IFS	Montfort-sur-Rille	660		CAUVERVILLE-EN-ROMOIS	Pont-Audemer	249	
CANTON DE MONTFORT-SUR-RILLE.				ÉTREVILLE	Idem	1,155	
APPETOT	Montfort-sur-Rille	100		ÉTURQUERAYE	Bourgachard	425	
APPEVILLE	Idem	1,147		GUENOUVILLE	Idem	211	
AUTHOU	Idem	342		HAUVILLE	Idem	1,800	
BONNEVILLE-SUR-LE-BEC	Idem	369		HAYE-AUBRÉE (la)	Idem	931	14,297
BRESTOT	Bourgachard	909		HAYE-DE-ROUTOT (la)	Idem	342	
CONDÉ-SUR-RILLE	Montfort-sur-Rille	635		HOUGUEMARRE	Idem	482	
ECAQUELON	Idem	956	9,246	LANDIN (le)	Idem	246	
FRENEUSE-SUR-RILLE	Idem	833		ROUGEMONTIER	Idem	841	
GLOS-SUR-RILLE	Idem	310		ROUTOT	Idem	1,199	
ILLEVILLE-SUR-MONTFORT	Idem	1,068		SAINT-MICHEL-DE-LA-HAYE	Idem	113	
MONTFORT-SUR-RILLE	⊠ (Distribution.)	571		SAINT-OUEN-DE-THOUBERVILLE	Idem	1,023	
PONT-AUTHOU	Montfort-sur-Rille	377		SAINT-PAUL-DE-LA-HAYE	Idem	78	
SAINT-PHILBERT-SUR-RILLE	Idem	1,021		TRINITÉ-DE-THOUBERVILLE	Idem	242	
THEIERVILLE	Idem	426		VALLETOT	Pont-Audemer	457	
THOUVILLE	Idem	182					
A reporter		53,443		TOTAL de la population de l'Arrondissement		89,744	

RÉCAPITULATION.

	NOMBRE de		POPULATION.
	CANTONS.	COMMUNES.	
ARRONDISSEMENT D'ÉVREUX	11	262	118,396
——— DES ANDELYS	6	135	64,337
——— DE BERNAY	6	140	82,913
——— DE LOUVIERS	5	118	68,942
——— DE PONT-AUDEMER	8	140	89,744
TOTAUX	36	795	424,332

NOMS DES COMMUNES.	BUREAUX DE POSTE qui les desservent.	POPULA- TION.	TOTAL de la POPULA- TION par canton	NOMS DES COMMUNES.	BUREAUX DE POSTE qui les desservent.	POPULA- TION.	TOTAL de la POPULA- TION par canton
ARRONDISSEMENT DE CHARTRES.				**Suite de l'ARRONDISSEMENT DE CHARTRES.**			
						Report..	46,775
CANTON D'AUNEAU.							
ARDELU	Angerville	108		CANTON DE COURVILLE.			
AUNAY-SOUS-AUNEAU	Auneau	1,021		BILLANCELLES	Courville	364	
AUNEAU	✉ (Distribution.)	1,616		CHUISNES	Idem	631	
BÁVILLE-LE-COMTE	Auneau	719		COURVILLE	✉	1,445	
CHAMPSERU	Gallardon	330		DANGERS	Courville	288	
CHAPELLE D'AUNAINVILLE (la)	Auneau	316		FAVRIL (le)	Idem	838	
CHATENAY	Angerville	365		FONTAINE-LA-GUYON	Idem	646	
DENONVILLE	Auneau	648		FRUNCÉ	Idem	549	
FRANCOURVILLE	Idem	692		LANDELLES	Idem	302	9,881
GARANCIÈRES-EN-BEAUCE	Dourdan	288		MITTAINVILLIERS	Idem	482	
HOCVILLE	Auneau	339		ORROUER	Idem	423	
LÉTHUIN	Angerville	222		PONTGOUIN	Idem	1,337	
LEVAINVILLE	Gallardon	377		SAINT-ARNOULT-DES-BOIS	Idem	756	
MAISONS	Auneau	328		SAINT-GEORGES-SUR-EURE	Idem	648	
MOINVILLE-LA-JEULIN	Idem	151	12,006	SAINT-GERMAIN-LE-GAILLARD	Idem	356	
MONDONVILLE-SAINT-JEAN	Idem	202		SAINT-LUPERCE	Idem	542	
MORAINVILLE	Idem	97		VÉRIGNY	Idem	288	
OINVILLE-SUR-AUNEAC	Idem	362					
OISONVILLE	Angerville	554					
OBLU	Idem	108		CANTON D'ILLIERS.			
ROINVILLE-SUR-AUNEAU	Auneau	440		BAILLEAU-LE-PIN	Saint-Loup	804	
SAINVILLE	Idem	528		BLANDAINVILLE	Illiers	331	
SANTECIL	Idem	569		BOISVILLETTE	Saint-Loup	275	
SAINT-CHERON-DU-CHEMIN	Gallardon	593		CERNAY	Illiers	172	
(🐎 à Gué-de-Longroy.)				CHARONVILLE	Idem	563	
SAINT-LÉGER-DES-AUBÉES	Auneau	336		CHATELIERS-NOTRE-DAME (les)	Idem	187	
UMPEAU	Gallardon	422		CHAUPOURS	Saint-Loup	196	
VIEUVILLE	Angerville	183		EPEAUTROLLES	Illiers	250	
VOISE	Auneau	392		ERMENONVILLE-LA-GRANDE	Saint-Loup	455	
CANTON DE CHARTRES (nord).				ERMENONVILLE-LA-PETITE	Illiers	291	
AMILLY	Chartres	365		ILLIERS 🐎	✉	2,887	10,129
BAILLEAU-L'ÉVÊQUE	Idem	763		LUPLANTÉ	Saint-Loup	501	
BERCHÈRES-LA-MAINGOT	Idem	482		MAGNY	Illiers	460	
BRIGONVILLE	Idem	128		MARCHÉVILLE	Idem	472	
CHALLET	Idem	316		MÉRÉGLISE	Idem	134	
CHAMPHOL	Idem	441		MESLAY-LE-GRENET	Saint-Loup	334	
CHARTRES (nord) 🐎	✉	5,953		NOGENT-SUR-EURE	Idem	417	
CINTRAY	Chartres	105		OLLÉ	Courville	559	
CLEVILLIER-DE-MOUTIERS	Idem	546		SANDARVILLE	Saint-Loup	415	
COLTAINVILLE	Idem	559	15,975	SAINT-EMAN	Illiers	125	
FRESNAY-LE-GILMERT	Idem	189		SAINT-LOUP	✉ (Distribution.)	448	
GASVILLE	Idem	871		(🐎 à la Bourdinière.)			
JOUY	Idem	1,118					
LÈVES	Idem	1,131					
LUCÉ	Idem	350		CANTON DE JANVILLE.			
MAINVILLIERS	Idem	696		ALLAINES 🐎	Janville	552	
POISVILLIERS	Idem	204		BARMAINVILLE	Angerville	171	
SAINT-AUBIN-DES-BOIS	Idem	546		BEAUDREVILLE	Idem	400	
SAINT-GERMAIN-LA-GATINE	Idem	125		DOMMERVILLE	Idem	253	
SAINT-PREST	Idem	1,087		FRESNAY-L'ÉVÊQUE	Janville	930	
CANTON DE CHARTRES (sud).				GOMMERVILLE	Angerville	550	
BERCHÈRES-L'ÉVÊQUE	Chartres	724		GOCHLONS	Idem	340	
BARJOUVILLE	Idem	227		GRANDVILLE-GAUDREVILLE	Idem	361	
CHARTRES (sud)	✉	8,486		GUILLEVILLE	Janville	396	
CORANCEZ	Chartres	304		JANVILLE	✉ (Distribution.)	955	
COUDRAY (le)	Idem	604		INTRÉVILLE	Angerville	355	
DAMMARIE	Saint-Loup	1,131		LEVESVILLE-LA-CHENARD	Janville	430	
FONTENAY-SUR-EURE	Chartres	449		MÉROUVILLE	Angerville	403	
FRESNAY-LE-COMTE	Saint-Loup	483		MERVILLIERS	Janville	132	11,195
GELLAINVILLE	Chartres	286	18,794	NEUVY-EN-BEAUCE	Idem	355	
LUISANT	Idem	514		OINVILLE-SAINT-LIPHARD	Idem	692	
MIGNIÈRES	Saint-Loup	519		POINVILLE	Idem	244	
MORANCEZ	Chartres	501		PUISET (le)	Idem	649	
NOGENT-LE-PHAYE	Idem	807		ROUVRAY-SAINT-DENIS	Idem	693	
PRUNAY-LE-GILLON	Idem	1,282		SANTILLY	Idem	561	
SOURS	Idem	1,358		TOURY 🐎	✉	1,357	
THIVARS	Idem	591		TRANCRAINVILLE	Janville	416	
VER-LES-CHARTRES	Idem	538					
	A reporter	46,775			A reporter	77,980	

NOMS DES COMMUNES.	BUREAUX DE POSTE qui les desservent.	POPULA- TION.	TOTAL de la POPULA- TION par canton	NOMS DES COMMUNES.	BUREAUX DE POSTE qui les desservent.	POPULA- TION.	TOTAL de la POPULA- TION par canton
Suite de l'ARRONDISSEMENT DE CHARTRES.				**Suite de l'ARRONDISSEMENT DE CHATEAUDUN.**			
	Report ..		77,980				
CANTON DE MAINTENON.				**Suite du CANTON DE BONNEVAL.**			
ARMENONVILLE-LES-GATINAUX..	Gallardon........	286			*Report* ..	6,220	
BAILLEAU-SOUS-GALLARDON....	Idem.............	689		MONBOISSIER.............	Bonneval......	488	
BLEURY..................	Idem.............	433		MONTHARVILLE............	Idem.........	180	
BOUGLAINVAL..............	Maintenon.......	407		MORIERS.................	Idem.........	353	
CHARTAINVILLIERS.........	Idem.............	502		NEUVY-EN-DUNOIS........	Idem.........	784	
DROUÉ...................	Épernon........	221		PRÉ-SAINT-ÉVROULT.......	Idem.........	54	
ÉCROSNES................	Gallardon.......	702		PRÉ-SAINT-MARTIN........	Idem.........	332	12,334
ÉPERNON 🐎..............	✉	1,559		SANCHEVILLE.............	Idem.........	1,010	
GALLARDON..............	✉	1,496	13,925	SAUMERAY..............	Idem.........	685	
GAS.....................	Epernon.......	463		SAINT-MAUR.............	Idem.........	510	
HANCHES................	Idem..........	962		TRIZAY-LES-BONNEVAL....	Idem.........	257	
HOUX...................	Maintenon.....	334		VILLIERS-SAINT-ORIENT....	Idem.........	535	
MAINTENON 🐎...........	✉	1,690		VITRAY-EN-BEAUCE......	Saint-Loup....	436	
MÉVOISINS..............	Maintenon.....	344					
MONTLOUET.............	Gallardon......	436		**CANTON DE BROU.**			
PIERRES................	Maintenon.....	712					
SOULAIRES..............	Maintenon.....	470		BROU 🐎...............	✉	2,263	
SAINT-PIAT.............	Idem..........	852		BULLOU...............	Brou.........	457	
SAINT-SIMPHORIEN.......	Gallardon......	461		DAMPIERRE-SUR-BROU....	Idem.........	619	
YERMENONVILLE.........	Maintenon.....	378		DANGEAU..............	Bonneval.....	1,470	
YMERAY...............	Gallardon......	528		GOHORY...............	Brou.........	295	
				MÉZIÈRES-AU-PERCHE....	Idem.........	330	11,321
CANTON DE VOVES.				MOTTEREAU............	Idem.........	253	
				SAINT-AVIT...........	Illiers.......	566	
ALLONNES 🐎...........	Voves........	416		UNVERRE.............	Brou........	2,482	
BAIGNOLLET............	Idem........	319		VIEUVICQ............	Idem........	582	
BEAUVILLIERS..........	Idem........	636		YÈVRES.............	Idem........	2,004	
BOISVILLE-LA-SAINT-PÈRE.	Idem........	941					
BONCÉ...............	Idem........	302		**CANTON DE CHATEAUDUN.**			
FAINS...............	Idem........	597					
GERMIGNONVILLE.......	Idem........	628		CHAPELLE-DU-NOYER (la).....	Châteaudun....	386	
LOUVILLE-LA-CHENARD...	Idem........	619		CHATEAUDUN 🐎.......	✉	6,461	
MONTAINVILLE.........	Idem........	523		CIVRY..............	Châteaudun....	564	
MOUTIERS............	Idem........	477		CONIE..............	Idem.........	469	
OUARVILLE...........	Idem........	756	12,231	DONNEMAIN-SAINT-MAMERT...	Idem.........	470	
PÉZY...............	Idem........	167		JALLANS............	Idem.........	239	
PRASVILLE..........	Idem........	550		LANNERAY...........	Idem.........	719	
RÉCLAINVILLE.......	Idem........	453		LOGRON.............	Idem.........	721	
ROUVRAY-SAINT-FLORENTIN.	Idem........	378		LUTZ-EN-DUNOIS......	Idem.........	590	14,814
THEUVILLE..........	Idem........	603		MARBOUÉ...........	Idem.........	830	
VIABON............	Idem........	780		MOLÉANS...........	Idem.........	370	
VILLARS...........	Idem........	270		OZOIR-LE-BREUIL....	Idem.........	614	
VILLEAU...........	Idem........	425		SAINT-CHRISTOPHE...	Idem.........	307	
VILLENEUVE-SAINT-NICOLAS.	Idem........	290		SAINT-CLOUD.......	Idem.........	232	
VOVES.............	✉ (Distribution.) ..	1,256		SAINT-DENIS-LES-PONTS.	Idem.........	897	
YMONVILLE.........	Voves........	845		THIVILLE...........	Idem.........	509	
				VILLAMPUY.........	Idem.........	435	
TOTAL de la population de l'Arrondissement.......			104,136				
				CANTON DE CLOYES.			
ARRONDISSEMENT DE CHATEAUDUN.				ARROU.............	Courtalin.....	3,084	
				AUTHEUIL..........	Cloyes.......	198	
CANTON DE BONNEVAL.				BOISGASSON........	Idem........	272	
				CHARRAY..........	Idem........	372	
ALLUYES...........	Bonneval.......	783		CHATILLON-EN-DUNOIS..	Courtalin.....	1,222	
BONNEVAL 🐎......	✉	2,432		CLOYES 🐎........	✉	1,984	
BOUVILLE.........	Bonneval.......	683		COURTALIN........	Idem........	578	
DANCY...........	Idem.........	322		DOUY.............	Cloyes.......	457	14,482
FLACEY...........	Idem.........	357		FERTÉ-VILNEUIL (la)...	Idem........	528	
FLAGEY...........	Idem.........	230		LANGEY..........	Idem........	704	
GAULT-SAINT-DENIS (le)..	Idem.........	838		MÉE (le)..........	Châteaudun....	532	
MESLAY-LE-VIDAME....	Saint-Loup......	575		MONTIGNY-LE-GANNELON..	Cloyes.......	670	
				SAINT-HILAIRE-SUR-YERRE.	Idem........	668	
				SAINT-PELLERIN....	Courtalin.....	606	
				ROMILLY-SUR-AIGRE..	Cloyes.......	607	
	A reporter ..		6,220		*A reporter*..................		50,951	

NOMS DES COMMUNES.	BUREAUX DE POSTE qui les desservent.	POPULATION.	TOTAL de la POPULATION par canton.

Suite de l'ARRONDISSEMENT DE CHATEAUDUN.

| | | Report.. | 50,951 |

CANTON D'ORGÈRES.

Nom	Bureau	Pop.	Total
BAIGNEAUX	Artenay	362	
BAZOCHES-EN-DUNOIS	Patay	544	
BAZOCHES-LES-HAUTES	Janville	505	
CORMAINVILLE	Patay	574	
COURBEHAYE	Idem	327	
DAMBRON	Artenay	184	
FONTENAY-SUR-CONIE	Patay	389	
GUILLONVILLE	Idem	727	
LOIGNY	Idem	363	8,444
LUMEAU	Artenay	484	
NOTTONVILLE	Châteaudun	662	
ORGÈRES	Patay	380	
PÉRONVILLE	Idem	539	
POUPRY	Artenay	231	
TERMINIERS	Patay	1,099	
TILLAY-LE-PÉNEUX	Janville	690	
VARIZE	Châteaudun	384	

| TOTAL de la population de l'Arrondissement | | | 59,395 |

ARRONDISSEMENT DE DREUX.

CANTON D'ANET.

Nom	Bureau	Pop.	Total
ABONDANT	Dreux	1,140	
ANET 🐎	🖂	1,416	
BERCHÈRES-SUR-VÈGRE	Houdan	525	
BONCOURT	Anet	830	
BROUÉ	Houdan	582	
(🐎 à Marolles.)			
BU	Idem	1,550	
CHAMPAGNE	Idem	108	
CHAUSSÉE-D'IVRY (la)	Anet	390	
GILLES	Idem	434	
GOUSSAINVILLE	Houdan	573	12,369
GUAINVILLE	Anet	578	
HAVELU	Houdan	124	
MARCHEZAIS	Idem	100	
MESNIL-SIMON (le)	Anet	323	
OULINS	Idem	430	
ROUVRES	Idem	1,004	
SAUSSAY	Idem	323	
SERVILLE	Houdan	197	
SOREL-MOUSSEL	Anet	881	
SAINT-LUBIN-DE-LA-HAYE	Houdan	752	
SAINT-OUEN-MARCHEFROY	Anet	462	
VILLE-L'ÉVÊQUE (la)	Houdan	152	

CANTON DE BREZOLLES.

Nom	Bureau	Pop.	Total
BEAUCHE	Brezolles	418	
BÉROU-LA-MULOTTIÈRE	Tillières-sur-Avre	420	
BREZOLLES	🖂	948	
CHATAINCOURT	Nonancourt	416	
CHATELETS (les)	Brezolles	238	
CRUCEY	Idem	405	
DAMPIERRE-SUR-AVRE	Nonancourt	827	
ÉCORPAIN	Idem	281	
FESSANVILLIERS	Brezolles	161	
GADELIÈRE (la)	Idem	209	
LAONS	Nonancourt	859	
MAINTERNE	Brezolles	197	
MANCELIÈRE (la)	Idem	423	
MATTONVILLIERS	Idem	68	

| | A reporter.. | 5,870 | |

| | A reporter. | | 12,369 |

Suite de l'ARRONDISSEMENT DE DREUX.

| | | Report.. | 12,369 |

Suite du CANTON DE BREZOLLES.

Nom	Bureau	Pop.	Total
		Report..	5,870
MONTIGNY-SUR-AVRE	Tillières-sur-Avre	482	
PRUDEMANCHE	Brezolles	447	
REVERCOURT	Idem	106	
RUEIL	Verneuil	318	10,076
SAINT-LUBIN-DE-CRAVANT	Brezolles	132	
SAINT-LUBIN-DES-JONCHERETS	Nonancourt	1,532	
SAINT-REMI-SUR-AVRE	Idem	1,044	
VITRAY-SOUS-BREZOLLES	Brezolles	145	

CANTON DE CHATEAUNEUF-EN-THYMERAIS.

Nom	Bureau	Pop.	Total
ACHÈRES	Châteauneuf-en-Thymerais	151	
ARDELLES	Idem	262	
BLÉVY	Idem	739	
BOULLAY-DEUX-ÉGLISES	Idem	329	
CHATEAUNEUF-EN-THYMERAIS 🐎	🖂	1,231	
CHÊNE-CHENU	Châteauneuf-en-Thymerais	252	
ÉCUBLÉ	Idem	573	
FADAINVILLE	Idem	70	
(🐎 au Péage.)			
FAVIÈRES	Idem	337	
FONTAINE-LES-RIBOUTS	Idem	309	
GATELLES	Idem	413	
GIRONVILLE	Idem	376	
HAUTERIVE	Idem	171	
LANDONVILLE	Idem	49	10,183
LÉVAINVILLE-SAINT-SAUVEUR	Idem	409	
MAILLEBOIS	Idem	477	
MARVILLE-LES-BOIS	Idem	393	
PUISEUX	Idem	190	
SAINT-ANGE	Idem	422	
SAINT-CHERON-DES-CHAMPS	Idem	131	
SAINT-GERMAIN-DE-LEZEAU	Idem	192	
SAINT-JEAN-DE-REBERVILLIERS	Idem	338	
SAINT-MAIXME	Idem	359	
SAINT-MARTIN-DE-LEZEAU	Idem	74	
SÉRAZEREUX	d'Iem	391	
THEUVY	Idem	106	
THIMERT	Idem	774	
TREMBLAY (le)	Idem	487	
VILLETTE-LES-BOIS	Idem	188	

CANTON DE DREUX.

Nom	Bureau	Pop.	Total
ALLAINVILLE-EN-DROUAIS	Dreux	100	
AUNAY-SUR-CRECY	Idem	247	
BOISSY-EN-DROUAIS	Idem	274	
CHAPELLE FORAINVILLIERS (la)	Idem	192	
CHARPONT	Idem	369	
CHERISY	Idem	1,072	
CRÉCY-COUVÉ	Idem	230	
DREUX 🐎	🖂	6,249	
ÉCLUZELLES	Dreux	211	
GARANCIÈRES-EN-DROUAIS	Idem	202	
GARNAY	Idem	640	
GERMAINVILLE	Idem	379	
LOUVILLIERS-EN-DROUAIS	Idem	145	
LURAY	Idem	351	
MARVILLE-MOUTIER-BRULÉ	Idem	832	
MÉZIÈRES-EN-DROUAIS	Idem	1,073	
MONTREUIL	Idem	423	
OUERRE	Idem	533	

| | A reporter.. | 13,522 | |

| | A reporter. | | 32,628 |

NOMS DES COMMUNES.	BUREAUX DE POSTE qui les desservent.	POPULA-TION.	TOTAL de la POPULA-TION par canton	NOMS DES COMMUNES.	BUREAUX DE POSTE qui les desservent.	POPULA-TION.	TOTAL de la POPULA-TION par canton
Suite de l'ARRONDISSEMENT DE DREUX.		*Report..*	32,628	**Suite de l'ARRONDISSEMENT DE NOGENT-LE-ROTROU.**			
Suite du Canton de DREUX.				**Suite du Canton d'AUTHON.**			
		Report..	13,522			*Report..*	4,284
Saulnières	Dreux	426		Beaumont-les-Autels	(Distribution.)	828	
(à Morvillette.)				Béthonvilliers	Beaumont-les-Autels.	373	
Saint-Denis-de-Moronval	Idem	428	16,285	Charbonnières	Idem	908	
Tréon	Idem	551		Chapelle-Guillaume (la)	La Bazoche-Gouet	905	
Vernouillet	Idem	687		Chapelle-Royale	Idem	557	
Vert	Idem	671		Cocdray-au-Perche	Nogent-le-Rotrou	780	11,881
CANTON DE LA FERTÉ-VIDAME.				Étilleux (les)	Idem	383	
Boissy-le-Sec	La Ferté-Vidame	488		Luigny	Beaumont-les-Autels.	637	
Chapelle-Fortin (la)	Idem	503		Miermaigne	Idem	480	
Ferté-Vidame (la)	(Distribution.)	772		Moulhard	Brou	355	
Lamblore	La Ferté-Vidame	303	3,262	Soizé	Nogent-le-Rotrou	806	
Morvilliers	Idem	283		Saint-Bomer	Idem	585	
Ressuintes (les)	Idem	435					
Réveillon	Idem	151		**CANTON DE LA LOUPE.**			
Rohaire	Idem	327					
CANTON DE NOGENT-LE-ROI.				Belhomert	La Loupe	548	
Boullay-Mivoye (le)	Nogent-le-Roi	320		Champrond		871	
Boullay-Thierry (le)	Idem	537		Corvées (les)	Champrond	616	
Boutigny	Houdan	612		Fontaine-Simon	La Loupe	794	
Bréchamps	Nogent-le-Roi	350		Fraise	Idem	505	
Chaudon	Idem	836		Loupe (la)	Champrond	1,030	
Coulombs	Idem	855		Manou		830	
Croisilles	Idem	364		Meaucé	La Loupe	310	
Faverolles	Idem	548		Montireau	Champrond	328	10,399
Lormaye	Idem	427		Montlandon	Idem	530	
Néron	Idem	520		Saint-Denis-des-Puits	Idem	262	
Nogent-le-Roi		1,303	11,387	Saint-Éliph	La Loupe	982	
Ormoy	Nogent-le-Roi	186		Saint-Maurice-Saint-Germain	Idem	413	
Pinthières (les)	Idem	136		Saint-Victor-de-Bothon	Idem	1,030	
Prudais	Idem	496		Thieulin (le)	Champrond	413	
Senantes	Idem	278		Vaupillon	La Loupe	760	
Saint-Laurent-la-Gatine	Idem	399		Villebon	Courville	157	
Saint-Lucien	Idem	323					
Saint-Martin-de-Nigelles	Idem	824					
Saint-Prest	Houdan	47					
Vacheresses-les-Basses	Nogent-le-Roi	127					
Villemeux	Idem	1,334					
Villiers-les-Morlières	Idem	565		**CANTON DE NOGENT-LE-ROTROU.**			
CANTON DE SENONCHES.							
Dampierre-sur-Blévy	Brezolles	301		Argenvilliers	Beaumont-les-Autels.	777	
Digny	Châteauneuf-en-Thy-merais	1,303		Brunelles	Nogent-le-Rotrou	909	
Feuilleuse	Idem	131		Champron-en-Perchet	Idem	314	
Framboisière (la)	Senonches	507		Gaudaine (la)	Idem	305	
Jaudrais	Idem	375		Margon	Idem	461	12,483
Louvilliers-les-Perches	Idem	284	7,059	Nogent-le-Rotrou		7,070	
Mesnil-Thomas (le)	Idem	669		Souancé	Nogent-le-Rotrou	1,074	
Poisaye (la)	Idem	728		Saint-Jean-Pierre-Fixte	Idem	270	
Saucelle (la)	Idem	434		Trizay-Coutretyot-St-Serge	Idem	537	
Senonches	(Distribution.)	1,980		Vichères	Beaumont-les-Autels.	766	
Tardais	Senonches	117					
Ville-aux-Nonains (la)	Idem	230					
Total de la population de l'Arrondissement			70,631	**CANTON DE THIRON-GARDAIS.**			
ARRONDISSEMENT DE NOGENT-LE-ROTROU.				Chassant	Nogent-le-Rotrou	300	
				Combres	Idem	852	
CANTON D'AUTHON.				Coudreceau	Idem	779	
Autels-Villevillon (les)	La Bazoche-Gouet	529					
Authon	Nogent-le-Rotrou	1,618					
Bazoche-Gouet (la)	(Distribution.)	2,137			*A reporter..*	1,931	
		A reporter..	4,284		*A reporter*		34,763

NOMS DES COMMUNES.	BUREAUX DE POSTE qui les desservent.	POPULA-TION.	TOTAL de la POPULA-TION par canton	NOMS DES COMMUNES.	BUREAUX DE POSTE qui les desservent.	POPULA-TION.	TOTAL de la POPULA-TION par canton
Suite de l'ARRONDISSEMENT DE NOGENT-LE-ROTROU.				Suite de l'ARRONDISSEMENT DE NOGENT-LE-ROTROU.			
	Report..		34,763		Report..		34,763
Suite du Canton de THIRON-GARDAIS.				Suite du Canton de THIRON-GARDAIS.			
	Report..	1,931			Report..	6,420	
Croix-du-Perche (la)	Brou	492		Montigny-le-Chartif	Illiers	1,219	
Frazé	Idem	1,513		Nonvilliers	Idem	590	9,903
Frétigny	Champrond	1,281		Saint-Denis-d'Authon	Nogent-le-Rotrou	996	
Happonvilliers	Idem	576		Thiron-Gardais	Idem	678	
Marolles	Nogent-le-Rotrou	627					
	A reporter...	6,420					
				Total de la population de l'Arrondissement			44,666
	A reporter		34,763				

RÉCAPITULATION.

	NOMBRE de		POPULATION.
	CANTONS.	COMMUNES.	
Arrondissement de CHARTRES	8	166	104,136
—————— de CHATEAUDUN	5	80	59,395
—————— de DREUX	7	138	70,621
—————— de NOGENT-LE-ROTROU	4	54	44,666
Totaux	24	438	278,818

NOMS DES COMMUNES.	BUREAUX DE POSTE qui les desservent.	POPULA-TION.	TOTAL de la POPULA-TION par canton	NOMS DES COMMUNES.	BUREAUX DE POSTE qui les desservent.	POPULA-TION.	TOTAL de la POPULA-TION par canton
ARRONDISSEMENT DE QUIMPER.				**Suite de l'ARRONDISSEMENT DE QUIMPER.**			
						Report.	76,380
CANTON DE BRIEC.				CANTON DE QUIMPER.			
BRIEC	Quimper	4,481	5,363	ERGUÉ-ARMEL	Quimper	1,641	
LANGOLEN	Idem	882		ERGUÉ-GABÉRIC	Idem	2,012	
				KERFEUNTEUN	Idem	1,857	
CANTON DE CONCARNEAU.				PENHARS	Idem	713	18,653
BEUZEC-CONCQ	Concarneau	1,172		PLOMELIN	Idem	1,234	
CONCARNEAU	✉	1,843	7,056	PLUGUFFAN	Idem	1,336	
LANRIEC	Concarneau	1,012		QUIMPER 🐎	✉	9,860	
TRÉGUNC	Idem	3,029					
				CANTON DE ROSPORDEN.			
CANTON DE DOUARNENEZ.				ELLIANT	Rosporden	2,789	
DOUARNENEZ	✉	2,687		ROSPORDEN 🐎	✉	927	5,643
GUENGAT	Quimper	1,094		SAINT-YVI	Rosporden	1,169	
PLOARÉ	Douarnenez	1,961		TOURCH	Idem	758	
PLOGONNEC	Quimper	2,570	12,712				
POULDERGAT	Douarnenez	1,842		TOTAL de la population de l'Arrondissement			100,676
POULLAN	Idem	2,558					
				ARRONDISSEMENT DE BREST.			
CANTON DE FOUESNANT.							
CLOHARS-FOUESNANT	Quimper	586		CANTON DE BREST (1er).			
FOUESNANT	Idem	3,120		BREST 🐎	✉	29,860	29,860
GOUESNACH	Idem	643	6,703	{ ✉ à Recouvrance. }			
PERGUET	Idem	667					
PLEUVEN	Idem	648		CANTON DE BREST (2e).			
SAINT-ÉVARZEC	Idem	1,039		BOHARS	Brest	787	
				GOUESNOU	Idem	2,525	
CANTON DE PLOUGASTEL-SAINT-GERMAIN.				GUILER	Idem	1,281	12,356
GUILER	Pont-Croix	577		LAMBEZELLEC	Idem	7,739	
LANDUDEC	Idem	896		SAINT-MARC	Idem	1,024	
PEUMERIT-CAP	Pont-l'Abbé	1,149					
PLONÉIS	Quimper	1,129		CANTON DE BREST (3e).			
PLONÉOUR	Pont-l'Abbé	2,892		SAINT-PIERRE-QUILBIGNON	Brest	2,967	2,967
PLOUGASTEL-SAINT-GERMAIN	Quimper	1,339	13,676				
PLOVAN	Pont-l'Abbé	1,282		CANTON DE LANDERNEAU.			
PLOZÉVET	Pont-Croix	2,496		DIRINON	Landerneau	1,670	
POULDREUZIC	Idem	1,436		FORÊT (la)	Idem	468	
TRÉOGAT	Pont-l'Abbé	480		GUIPAVAS	Idem	5,332	
				LANDERNEAU 🐎	✉	4,933	
CANTON DE PONT-CROIX.				PENCRAN	Landerneau	614	15,795
AUDIERNE	✉ (Distribution.)	1,333		PLOUÉDERN	Idem	1,172	
BEUZEC-CAP-SIZUN	Pont-Croix	1,875		SAINT-DIVY	Idem	564	
CLÉDEN-CAP-SIZUN	Idem	2,059		SAINT-THOUAN	Idem	578	
ESQUIBIEN	Idem	1,599		TRÉMAOUÉZAN	Idem	464	
GOULIEN	Idem	891					
ISLE-DE-SEINS (l')	Idem	468		CANTON DE LANNILIS.			
MAHALON	Idem	1,237	17,049	GUISSENY	Lesneven	3,894	
MEILLARS	Idem	924		LANDÉDA	Lannilis	1,980	
PLOGOFF	Idem	1,464		LANNILIS	✉ (Distribution.)	3,179	14,352
PLOUHINEC	Idem	2,579		PLOUGUERNEAU	Lesneven	5,546	
PONT-CROIX	✉	1,698		SAINT-FRÉGANT	Idem	753	
PRIMELIN	Pont-Croix	1,122					
				CANTON DE LESNEVEN.			
CANTON DE PONT-L'ABBÉ.				GOULVEN	Lesneven	749	
COMBRIT	Pont-l'Abbé	1,617		FOLGOAT (le)	Idem	774	
ISLE-TUDY (l')	Idem	292		KERLOUAN	Idem	3,204	
LOCTUDY	Idem	1,330		KERNOUÈS	Idem	629	
PENMARCH	Idem	1,727		LESNEVEN	✉	2,404	17,875
PLOBANNALEC	Idem	1,531		PLOUDANIEL	Lesneven	3,233	
PLOMEUR	Idem	1,912	13,821	PLOUIDER	Idem	3,017	
PONT-L'ABBÉ	✉ (Distribution.)	2,785		PLOUNÉOUR-TREZ	Idem	2,987	
SAINT-JEAN-TROLIMONT	Pont-l'Abbé	878		SAINT-MÉEN	Idem	297	
TRÉFFIAGAT	Idem	678		TRÉGARANTEC	Idem	585	
TRÉGUENNEC	Idem	401					
TRÉMÉOC	Idem	670					
À reporter			76,380	*À reporter*			93,209

NOMS DES COMMUNES.	BUREAUX DE POSTE qui les desservent.	POPULA-TION.	TOTAL de la POPULA-TION par canton

Suite de l'ARRONDISSEMENT DE BREST.

Report.. **93,209**

CANTON DE L'ISLE-D'OUESSANT.

| Ouessant (l'isle d') | Saint-Renan | 2,032 | 2,032 |

CANTON DE PLABENNEC.

Bourg-blanc	Lannilis	1,729	
Coat-Méal	Idem	198	
Drennec (le)	Lesneven	575	
Guipronvel	Saint-Renan	382	
Kernilis	Lesneven	982	
Kersaint-Plabennec	Landerneau	653	
Lanarvily	Lesneven	480	13,143
Loc-Brévalaire	Idem	222	
Milizac	Saint-Renan	1,552	
Plabennec	Idem	3,831	
Plouvien	Lannilis	2,274	
Tréouergat	Saint-Renan	265	

CANTON DE PLOUDALMÉZEAU.

Brélès	Saint-Renan	926	
Lampol-Plouarzel	Idem	604	
Lampol-Ploudalmézeau	Idem	836	
Landunvez	Idem	1,555	
Lanildut	Idem	409	
Larret	Idem	131	14,680
Ploudalmézeau	Idem	3,023	
Plocguin	Idem	2,252	
Plourin	Idem	1,485	
Porspoder	Idem	1,888	
Saint-Pabu	Idem	1,238	
Tréglonou	Lannilis	333	

CANTON DE PLOUDIRY.

Laneuffret	Landerneau	186	
Loc-Éguiner	Landivisiau	705	
Martyre (la)	Landerneau	997	
Ploudiry	Idem	1,497	5,696
Roche-Maurice (la)	Idem	771	
Treflévenez	Idem	468	
Tréhou (le)	Idem	1,072	

CANTON DE DAOULAS.

Daoulas	Landerneau	459	
Hanvec	Le Faou	2,888	
Hôpital-Camfrout	Idem	567	
Irvillac	Idem	2,222	
Logonna	Idem	1,154	15,851
Loperhet	Landerneau	1,271	
Plougastel-Daoulas	Idem	5,515	
Rumengol	Le Faou	422	
Saint-Éloy	Idem	484	
Saint-Urbain	Landerneau	869	

CANTON DE SAINT-RENAN.

Conquet (le)	Saint-Renan	1,273	
Isle-Molène	Idem	337	
Lanrivoaré	Idem	405	
Loc-Maria	Brest	1,154	
Plouarzel	Saint-Renan	2,207	
Plougonvelin	Idem	1,445	12,199
Ploumoguer	Idem	1,795	
Plouzané	Brest	2,209	
Saint-Renan	⊠	1,074	
Trébabu	Saint-Renan	300	

TOTAL de la population de l'Arrondissement **156,810**

NOMS DES COMMUNES.	BUREAUX DE POSTE qui les desservent.	POPULA-TION.	TOTAL de la POPULA-TION par canton

ARRONDISSEMENT DE CHATEAULIN.

CANTON DE CARHAIX.

Carhaix	⊠	1,939	
Cléden-Poher	Carhaix	1,397	
Kergloff	Idem	942	
Motreff	Idem	987	
Plouguer	Idem	1,056	14,721
Plounévezel	Idem	975	
Poullaouen	Idem	3,544	
Spezet	Idem	2,631	
Saint-Hernin	Idem	1,250	

CANTON DE CHATEAULIN.

Cast	Châteaulin	1,711	
Chateaulin	⊠	2,783	
Dinéault	Châteaulin	1,584	
Locronan	Idem	797	
Ploéven	Idem	583	
Plomodiern	Idem	2,701	16,710
Plonévez-Porsai	Idem	2,305	
Quéménéven	Idem	1,301	
Saint-Coulitz	Idem	540	
Saint-Nic	Argol	927	
Saint-Ségal	Châteaulin	1,478	

CANTON DE CHATEAUNEUF-DU-FAOU.

Chateauneuf-du-Faou	⊠ (Distribution.)	2,506	
Collorec	Châteauneuf-du-Faou	1,308	
Coray	Idem	1,640	
Landeleau	Idem	1,203	
Laz	Idem	1,358	16,030
Leuhan	Idem	1,358	
Plonévez-du-Faou	Idem	3,532	
Saint-Goazec	Idem	1,104	
Saint-Thois	Idem	963	
Trégourez	Idem	1,058	

CANTON DE CROZON.

Argol	⊠ (Distribution.)	1,132	
Camaret	Argol	1,003	
Crozon	Idem	8,034	
Landevennec	Idem	722	13,767
Roscanvel	Idem	865	
Telgruc	Idem	1,578	
Trégarvan	Idem	433	

CANTON DU FAOU.

Faou (le)	⊠	877	
Logonna-Quimerch	Le Faou	239	
Lopérec	Idem	1,897	6,123
Quimerch	Idem	1,601	
Rosnoën	Idem	1,509	

CANTON DE HUELGOAT.

Berrien	Carhaix	2,211	
Bolazec	Callac	531	
Feuillée (la)	Carhaix	1,782	
Huelgoat	Idem	1,037	11,079
Loc-Maria	Idem	992	
Plouyé	Idem	1,940	
Scrignac	Idem	2,586	

À reporter. **78,430**

NOMS DES COMMUNES.	BUREAUX DE POSTE qui les desservent.	POPULA-TION.	TOTAL de la POPULA-TION par canton	NOMS DES COMMUNES.	BUREAUX DE POSTE qui les desservent.	POPULA-TION.	TOTAL de la POPULA-TION par canton
Suite de l'ARRONDISSEMENT DE CHATEAULIN.		Report..	78,430	Suite de l'ARRONDISSEMENT DE MORLAIX.		Report..	68,854
CANTON DE PLEYBEN.				CANTON DE SAINT-POL-DE-LÉON.			
Braspart	Châteaulin	2,640		Isle-de-Batz (l')	Roscoff	1,032	
Cloitre (le)	Idem	950		Mespaul	Saint-Pol-de-Léon	1,189	
Édern	Quimper	1,734		Plouénan	Idem	2,997	
Gouézec	Châteaulin	1,561		Plougoulm	Idem	2,346	18,828
Lannédern	Idem	631	15,872	Roscoff	⊠ (Distribution.)	3,332	
Lennon	Idem	1,229		Sibiril	Saint-Pol-de-Léon	1,240	
Loqueffret	Idem	1,861		Saint-Pol-de-Léon	⊠	6,692	
Lothey	Idem	758					
Pleyben	Idem	4,508					
				CANTON DU PONTHOU.			
Total de la population de l'Arrondissement			94,302	Botsorhel	Le Ponthou	1,359	
				Goerlesquin	Idem	1,570	
				Lannéanou	Idem	929	
ARRONDISSEMENT DE MORLAIX.				Plouégat-Moysan	Idem	1,139	14,175
				Plougouven	Idem	4,193	
CANTON DE LANDIVISIAU.				Plouigneau	Idem	4,576	
				Ponthou (le)	⊠ (Distribution.)	409	
Bodilis	Landivisiau	1,741					
Goëmiliau	Idem	1,464					
Lampaul	Idem	2,443		CANTON DE SIZUN.			
Landivisiau	⊠	2,853	13,005	Commana	Landivisiau	2,670	
Plougourvest	Landivisiau	1,100		Logmélard	Idem	1,039	8,668
Plounéventer	Idem	2,630		Sizun	Idem	3,638	
Saint-Servais	Idem	774		Saint-Sauveur	Idem	1,321	
CANTON DE LANMEUR.				CANTON DE TAULÉ.			
Garlan	Morlaix	1,347		Carantec	Morlaix	1,231	
Guimaëc	Idem	1,941		Guiclan	Landivisiau	3,448	
Lanmeur	Idem	2,648		Henvic	Morlaix	1,241	8,865
Lanquirec	Idem	1,070		Locquénolé	Idem	373	
Plouégat-Guérand	Le Ponthou	1,846	15,790	Taulé	Idem	2,572	
Plouézoch	Morlaix	1,709					
Plougasnou	Idem	3,827					
Saint-Jean-du-Doigt	Idem	1,402		CANTON DE SAINT-THÉGONNEC.			
CANTON DE MORLAIX.				Cloitre (le)	Morlaix	1,353	
				Pleyber-Christ	Idem	3,062	
Morlaix	⊠	9,596		Plonéour-Ménez	Landivisiau	4,127	12,190
Ploujean	Morlaix	2,780		Saint-Thégonnec	Idem	3,648	
Ploubin	Idem	3,020	16,987				
Saint-Martin-des-Champs	Idem	975		Total de la population de l'Arrondissement			131,580
Sainte-Sève	Idem	616					
CANTON DE PLOUESCAT.				ARRONDISSEMENT DE QUIMPERLÉ.			
Lanhouarneau	Lesneven	1,134		CANTON D'ARZANO.			
Plouescat	Saint-Pol-de-Léon	3,017					
Plougar	Landivisiau	1,182	10,961	Arzano	Quimperlé	1,873	
Plounévez-Locrist	Lesneven	4,347		Guilligomarch	Idem	1,005	4,173
Tréfflez	Idem	1,281		Redené	Idem	1,295	
CANTON DE PLOUZÉVÉDÉ.				CANTON DE BANNALEC.			
Cléder	Saint-Pol-de-Léon	4,515					
Plouvorn	Landivisiau	3,182		Bannalec	Quimperlé	4,183	
Plouzévédé	Idem	1,896	12,111	Kernénel	Rosporden	1,606	8,940
Saint-Vougay	Idem	1,255		Melgven	Idem	2,029	
Tréflaouénan	Saint-Pol-de-Léon	856		Trévoux (le)	Quimperlé	1,122	
Trézélidé	Idem	407					
A reporter			68,854	A reporter			53,113

II.

16.

NOMS DES COMMUNES.	BUREAUX DE POSTE qui les desservent.	POPULA-TION.	TOTAL de la POPULA-TION par canton	NOMS DES COMMUNES.	BUREAUX DE POSTE qui les desservent.	POPULA-TION.	TOTAL de la POPULA-TION par canton
Suite de l'ARRONDISSEMENT DE QUIMPERLÉ.		Report..	13,113	Suite de l'ARRONDISSEMENT DE QUIMPERLÉ.		Report..	23,107
CANTON DE PONT-AVEN.				Suite du CANTON DE QUIMPERLÉ.			
						Report..	3,197
MOÉLAN	Quimperlé	3,839		MELLAC	Quimperlé	1,141	
NÉVEZ	Idem	1,450		QUIMPERLÉ	⊠	5,275	10,453
NIZON	Idem	1,122	9,994	TRÉMÉVEN	Quimperlé	840	
PONT-AVEN	Idem	833					
RIEC	Idem	2,750		CANTON DE SCAER.			
CANTON DE QUIMPERLÉ.				QUERRIEN	Quimperlé	2,871	
BAYE	Quimperlé	402		SCAER	Rosporden	3,676	7,468
CLOHAR-CARNOËT	Idem	2,795		SAINT-THURIEN	Quimperlé	921	
		A reporter..	3,197				
	A reporter..		23,107	TOTAL de la population de l'Arrondissement..			41,028

RÉCAPITULATION.

	NOMBRE de		POPULATION.
	CANTONS.	COMMUNES.	
ARRONDISSEMENT DE QUIMPER	9	62	100,676
—————— DE BREST	12	83	156,810
—————— DE CHATEAULIN	7	58	94,302
—————— DE MORLAIX	10	58	131,580
—————— DE QUIMPERLÉ	5	20	41,028
TOTAUX	43	281	524,396

NOMS DES COMMUNES.	BUREAUX DE POSTE qui les desservent.	POPULA-TION.	TOTAL de la POPULA-TION par canton	NOMS DES COMMUNES.	BUREAUX DE POSTE qui les desservent.	POPULA-TION.	TOTAL de la POPULA-TION par canton
ARRONDISSEMENT DE NISMES.				Suite de l'ARRONDISSEMENT DE NISMES.			
						Report..	96,938
CANTON D'AIGUES-MORTES.				**CANTON DE SOMMIÈRES.**			
Aigues-Mortes............	⊠	2,897	4,372	Aigues-Vives	Calvisson........	1,687	
Saint-Laurent-d'Aigouze.....	Lunel............	1,475		Aspères	Sommières........	320	
				Aubais................	Idem............	1,514	
CANTON D'ARAMON				Aujargues.............	Idem............	618	
				Boissières.............	Calvisson........	301	
Aramon................	Remoulins........	2,447		Calvisson.............	⊠	2,692	
Comps.................	Beaucaire........	926		Congeniès.............	Calvisson........	953	
Domazan...............	Remoulins........	485		Fontanès.............	Sommières........	388	15,813
Estezargues.............	Idem............	290		Junas.................	Idem............	614	
Meynes................	Idem............	1,061	11,483	Langlade..............	Calvisson........	470	
Montfrin..............	Idem............	2,331		Lecques..............	Sommières........	206	
Sernhac...............	Idem............	545		Nages................	Calvisson........	485	
Saint-Bonnet...........	Idem............	1,156		Salinelles............	Sommières........	381	
Théziers..............	Idem............	690		Sommières............	⊠	3,632	
Vallabregues...........	Tarascon-sur-Rhône.	1,552		Souvignargues.........	Sommières........	622	
				Saint-Clément.........	Idem............	130	
CANTON DE BEAUCAIRE.				Saint-Dionisy.........	Calvisson........	293	
				Ville-vieille	Sommières........	507	
Beaucaire.............	⊠	9,967					
Bellegarde 🐂	Beaucaire........	1,541	13,867	**CANTON DE VAUVERT.**			
Fourques..............	Arles...........	1,159					
Jonquières.............	Beaucaire........	1,200		Aimargues............	Lunel...........	2,182	
				Aubord...............	Nismes..........	203	
CANTON DE SAINT-GILLES-LES-BOUCHERIES.				Beauvoisin............	Idem............	1,260	
				Bernis...............	Idem............	1,132	
Générac..............	Nismes..........	1,883	7,444	Caillar (le)..........	Lunel...........	1,101	
Saint-Gilles-les-Boucheries..	⊠	5,561		Codognan.............	Calvisson........	779	15,710
				Gallargues...........	Lunel...........	2,096	
CANTON DE SAINT-MAMERT.				Mus..................	Calvisson........	546	
				Uchaud 🐂	Nismes..........	847	
Caveirac..............	Calvisson........	840		Vauvert..............	Idem............	4,055	
Clarensac.............	Idem............	1,090		Verglze..............	Calvisson........	1,260	
Combas...............	Nismes..........	577		Vestric..............	Nismes..........	259	
Crespian.............	Idem............	320					
Fons-Outre-Gardon 🐂	Idem............	532		Total de la population de l'Arrondissement.......			128,461
Gajan................	Idem............	396					
Montmirat.............	Idem............	250	7,001	**ARRONDISSEMENT D'ALAIS.**			
Montpezat.............	Idem............	554					
Moulezan.............	Idem............	536		**CANTON D'ALAIS.**			
Parignargues..........	Idem............	381					
Saint-Bauzely.........	Idem............	218		Alais................	⊠	12,077	
Saint-Côme...........	Calvisson........	705		Cendras..............	Alais...........	595	
Saint-Mamert.........	Nismes..........	602		Méjannes-lès-Alais	Idem............	345	
				Mons................	Idem............	568	16,647
CANTON DE MARGUERITTES.				Saint-Christol........	Idem............	1,102	
				Saint-Hilaire-de-Brethmas ..	Idem............	645	
Besouce...............	Nismes..........	839		Saint-Jean-du-Pin......	Idem............	520	
Cabrières.............	Remoulins........	522		Saint-Paul...........	Idem............	795	
Ledenon..............	Idem............	622					
Manduel..............	Nismes..........	1,460		**CANTON DE SAINT-AMBROIX.**			
Margueritles..........	Idem............	1,925	7,197				
Poulx...............	Remoulins........	221		Allègre..............	Saint-Ambroix.....	1,020	
Redessan.............	Nismes..........	1,100		Bouquet	Idem............	399	
(🐂 à Corbassot.)				Castillon.............	Idem............	1,261	
Saint-Gervasy 🐂	Idem............	508		Courry..............	Idem............	615	
				Mages (les)...........	Idem............	000	
CANTON DE NISMES (1ᵉʳ).				Meyrannes............	Idem............	710	
				Navacelles...........	Idem............	502	
Milhaud 🐂	Nismes..........	1,613	18,907	Potellières...........	Idem............	224	13,973
Nismes (sect. 1ʳᵉ, 10ᵉ et 12ᵉ) 🐂	⊠	17,294		Robiac...............	Idem............	1,209	
				Saint-Ambroix.........	⊠	2,947	
CANTON DE NISMES (2ᵉ).				Saint-Brès............	Saint-Ambroix.....	620	
				Saint-Denis...........	Idem............	350	
Nismes (sect. 2ᵉ, 3ᵉ, 5ᵉ, 6ᵉ et 7ᵉ)	⊠	14,590	14,590	Saint-Florens.........	Idem............	1,437	
				Saint-Jean-de-Valeriscle....	Idem............	1,840	
CANTON DE NISMES (3ᵉ).				Saint-Julien-de-Cassagnas....	Idem............	231	
				Saint-Victor..........	Idem............	608	
Bouillargues...........	Nismes..........	2,695	12,077				
Nismes (sect. 4ᵉ, 8ᵉ, 9ᵉ et 11ᵉ)	⊠	9,382					
A reporter................			96,938	*A reporter*................			30,620

NOMS DES COMMUNES.	BUREAUX DE POSTE qui les desservent.	POPULA-TION.	TOTAL de la POPULA-TION par canton	NOMS DES COMMUNES.	BUREAUX DE POSTE qui les desservent.	POPULA-TION.	TOTAL de la POPULA-TION par canton
Suite de l'ARRONDISSEMENT D'ALAIS.				**Suite de l'ARRONDISSEMENT D'ALAIS.**			
	Report..		30,620		*Report..*		73,916
CANTON D'ANDUZE.				**CANTON DE VEZENOBRES.**			
Anduze	✉	5,554		Brignon	Ledignan	507	
Bagard	Anduze	411		Brouzet	Alais	440	
Boisset	Idem.	271		Castelnau-Valence	Ledignau	331	
Générargues	Idem.	650	9,215	Cruviers	Idem.	295	
Massillargues-Atuech	Idem.	365		Deaux	Alais	244	
Ribaute	Idem.	689		Euzet	Idem.	340	
Saint-Sébastien	Idem.	442		Martignargues	Idem.	167	
Tornac	Idem.	833		Monteils	Idem.	324	
				Ners	Ledignan	498	6,372
CANTON DE BARJAC.				Seyne	Alais	241	
Barjac	✉	1,975		Saint-Cézaire-de-Gauzignan	Ledignau	317	
Mejannes-le-Clap	Barjac	157		Saint-Étienne-de-Lolm	Alais	223	
Rivières-de-Teyrargues	Idem.	688		Saint-Hippolyte-de-Caton	Idem.	198	
Rochegude	Idem.	559	5,250	Saint-Jean-de-Cerirargues	Idem.	243	
Saint-Jean-de-Mardujols	Idem.	1,081		Saint-Just	Idem.	438	
Saint-Privat-de-Champclos	Idem.	530		Saint-Maurice	Ledignan	546	
Tharaux	Idem.	260		Vezenobres	Idem.	1,020	
CANTON DE GENOLHAC.				Total de la population de l'Arrondissement			80,288
Aujac	Genolhac	834					
Bonnevaux	Idem.	849		**ARRONDISSEMENT D'UZÈS.**			
Chamborigaud	Idem.	987					
Concoules	Idem.	833		**CANTON DE BAGNOLS.**			
Genolhac	✉	1,491	10,979	Bagnols	✉	4,902	
Malons	Villefort	1,161		Cavillargues	Bagnols	846	
Peyremalle	Genolhac	687		Chusclan	Idem.	782	
Ponteils	Idem.	963		Codolet	Idem.	874	
Portes	Idem.	939		Connaux	Idem.	1,010	
Sénéchas	Idem.	1,569		Gacjac	Idem.	412	
Sainte-Cécile-d'Andorge	Idem.	672		Orsan	Idem.	549	
				Pix (le)	Idem.	320	
CANTON DE SAINT-JEAN-DU-GARD.				Roque (la)	Idem.	325	16,007
Corbès	Anduze	141		Sabran	Idem.	1,604	
Mialet	Idem.	1,381	5,650	Saint-Étienne-des-Sorts	Idem.	600	
Saint-Jean-du-Gard	✉	4,128		Saint-Gervais	Idem.	701	
				Saint-Michel-d'Euzet	Idem.	543	
CANTON DE LEDIGNAN.				Saint-Nazaire	Idem.	355	
Aigremont	Ledignan	428		Saint-Pont-de-la-Calm	Idem.	436	
Boucoiran	Idem.	681		Tresques	Idem.	1,095	
Cardet	Idem.	442		Venejan	Idem.	653	
Cassagnoles	Idem.	333					
Domessargues	Idem.	179		**CANTON DE SAINT-CHAPTES.**			
Ledignan	✉ (Distribution.)	735	4,591	Aubussargues	Uzès	279	
Lezan	Ledignau	805		Baron	Idem.	245	
Maruéjols	Idem.	360		Bourdic	Idem.	279	
Massannes	Idem.	161		Calmette (la)	Idem.	1,097	
Mauressargues	Idem.	125		Collorgues	Idem.	349	
Saint-Benezet	Idem.	192		Dions	Idem.	720	
Saint-Jean-de-Serres	Idem.	350		Foissac	Idem.	207	
				Garrigues	Idem.	323	8,334
CANTON DE SAINT-MARTIN-DE-VALGALGUES.				Montignargues	Idem.	159	
Blannaves	Alais	720		Moussac	Idem.	560	
Lamelouse	Idem.	371		Rouvière (la)	Idem.	399	
Laval	Idem.	948		Sauzet	Idem.	394	
Plans (les)	Idem.	183		Sainte-Anastasie	Idem.	1,023	
Rousson	Idem.	1,124		Saint-Chaptes	Idem.	732	
Salindres	Idem.	478		Saint-Dézery	Idem.	260	
Salles-du-Gardon (les)	Idem.	1,188	7,611	Sainte-Geniès-de-Malgoires	Idem.	1,308	
Servas	Idem.	383					
Soustelle	Idem.	311		**CANTON DE LUSSAN.**			
Saint-Julien-de-Valgalgues	Idem.	650		Belvezet	Lussan	498	
Saint-Martin-de-Valgalgues	Idem.	777		Bruguière (la)	Idem.	399	
Saint-Privat-des-Vieux	Idem.	678		Fons-sur-Lussan	Idem.	456	
					A reporter..	1,353	
	A reporter		73,916		*A reporter*		24,341

NOMS DES COMMUNES.	BUREAUX DE POSTE qui les desservent.	POPULA-TION.	TOTAL de la POPULA-TION par canton	NOMS DES COMMUNES.	BUREAUX DE POSTE qui les desservent.	POPULA-TION.	TOTAL de la POPULA-TION par canton
Suite de l'ARRONDISSEMENT D'UZÈS.				Suite de l'ARRONDISSEMENT D'UZÈS.			
	Report..	24,361			Report..	76,885	
Suite du Canton de LUSSAN.				CANTON DE VILLENEUVE-LÈS-AVIGNON.			
	Report..	1,353		ANGLES (lès)............	Villeneuve - lès - Avi-		
BASTIDE-D'ENGRAS (la)........	Lussan.....	423			gnon...........	359	
FONTARÈCHE............	Idem.....	312		PUJAUT...............	Idem.....	1,297	6,847
LUSSAN..............	✉ (Distribution)....	1,078		ROCHEFORT............	Idem.....	935	
POUGNADORESSE........	Lussan.....	320	6,121	SAZE................	Idem.....	692	
SAINT-ANDRÉ-D'OLÉRARGUES...	Idem.....	414		(✉ à la Bégude-de-Saze.)			
SAINT-LAURENT-LA-VERNEDE..	Idem.....	445		VILLENEUVE-LÈS-AVIGNON.....	✉	3,564	
SAINT-MARCEL-DE-CARREIRET...	Idem.....	665					
VALLERARGUES..........	Idem.....	330		TOTAL de la population de l'Arrondissement......			83,732
VERFEUIL..........	Idem.....	781					
CANTON DE PONT-SAINT-ESPRIT.				ARRONDISSEMENT DU VIGAN.			
AIGUÈZE..........	Pont-Saint-Esprit...	553		CANTON D'ALZON.			
CARSAN..........	Idem.....	366		ALZON..........	Le Vigan.....	1,075	
CORNILLON..........	Idem.....	977		ARIGAS..........	Idem.....	723	
GARN (le)..........	Idem.....	455		AUMESSAS..........	Idem.....	953	4,377
GOUDARGUES..........	Idem.....	1,113		BLANDAS..........	Idem.....	558	
ISSIRAC..........	Idem.....	596		CAMPESTRE..........	Idem.....	692	
LAVAL-SAINT-ROMAN.....	Idem.....	282		VISSEC..........	Idem.....	376	
MONTCLUS..........	Barjac.....	650	14,647	CANTON DE SAINT-ANDRÉ-DE-VALBORGNE.			
PONT-SAINT-ESPRIT ✉.....	✉	4,853		PEYROLLES..........	St-Hippolyte (Gard).	202	
SALAZAC..........	Pont-Saint-Esprit...	343		SAUMANE..........	Valleraugue.....	525	
SAINT-ALEXANDRE........	Idem.....	815		SAINT-ANDRÉ-DE-VALBORGNE..	Pompidou.....	1,854	
SAINT-ANDRÉ-DE-ROQUEPERTUIS.	Idem.....	827		SAINT-MARCEL-DE-FONFOUIL-			4,407
SAINT-CHRISTOL-DE-RODIÈRES..	Idem.....	282		LOUSE..........	Valleraugue.....	1,250	
SAINT-JULIEN-DE-PEYROLAS....	Idem.....	987		SAINT-MARTIN-DE-CORCONAC..	Idem.....	576	
SAINT-LAURENT-DE-CARNOLS...	Idem.....	396		CANTON DE SAINT-HIPPOLYTE.			
SAINT-PAULET-DE-CAISSON...	Idem.....	1,152		CADIÈRE (la).........	St-Hippolyte (Gard).	325	
CANTON DE REMOULINS.				CAMBO..........	Idem.....	56	
ARGILLIERS..........	Remoulins...	132		CONQUEYRAC..........	Idem.....	129	
CASTILLON-DU-GARD......	Idem.....	748		CROS..........	Idem.....	982	7,922
COLLIAS..........	Idem.....	819		POMPIGNAN..........	Idem.....	1,216	
FOURNÈS..........	Idem.....	789		SAINT-HIPPOLYTE..........	✉	5,214	
POUZILHAC..........	Idem.....	471	6,194	CANTON DE LASALLE.			
REMOULINS..........	✉	1,219		COLOGNAC..........	St-Hippolyte (Gard).	592	
(✉ à la Foux.)				LASALLE..........	Idem.....	2,270	
SAINT-HILAIRE-D'OZILHAN.....	Remoulins...	624		MONOBLET..........	Idem.....	1,159	
VALLIGUIÈRES ✉.....	Idem.....	496		SOUDORGUES..........	Idem.....	845	
VERS..........	Idem.....	906		SAINT-BONNET..........	Idem.....	135	6,416
CANTON DE ROQUEMAURE.				SAINTE-CROIX-DE-CADERLE....	Idem.....	290	
LAUDUN..........	Roquemaure.....	2,260		SAINT-FÉLIX-DE-PALLIÈRES...	Idem.....	437	
LIRAC..........	Idem.....	385		THOIRAS..........	Idem.....	555	
MONTFAUCON..........	Idem.....	482		VABRES..........	Idem.....	153	
ROQUEMAURE..........	✉	4,138		CANTON DE QUISSAC.			
SAINT-GENIÈS-DE-COMOLAS ...	Roquemaure.....	840	11,093	BRAGASSARGUES..........	Sauve.....	86	
SAINT-LAURENT-DES-ARBRES....	Idem.....	972		BROUZET..........	Idem.....	184	
SAINT-VICTOR-LACOSTE....	Idem.....	986		CANNES..........	Idem.....	311	
TAVEL..........	Idem.....	1,030		CARNAS..........	Idem.....	361	
CANTON D'UZÈS.				CORCONNE..........	Idem.....	629	
ANGALIERS..........	Uzès.....	515		GAILHAN..........	Idem.....	135	4,493
ARPAILLARGUES........	Idem.....	448		LIOUC..........	Idem.....	109	
BLAUZAC..........	Idem.....	858		ORTHOUX..........	Idem.....	405	
CAPELLE (la)..........	Idem.....	536		QUISSAC..........	Idem.....	1,512	
FLAUX..........	Idem.....	243		SARDAN..........	Idem.....	303	
MONTAREM..........	Idem.....	968		SAINT-THÉODORIT..........	Idem.....	164	
SASILHAC..........	Idem.....	724		VIC-LE-FESQ..........	Idem.....	294	
SERVIERS..........	Idem.....	297	14,489	CANTON DE SAUVE.			
SAINT-HIPPOLYTE-DE-MONTAIGU.	Idem.....	147		CANAULE..........	Sauve.....	378	
SAINT-MAXIMIN..........	Idem.....	563		DURFORT..........	Idem.....	965	
SAINT-QUENTIN..........	Idem.....	1,994		FRESSAC..........	St-Hippolyte (Gard).	105	
SAINT-SIFFRET..........	Idem.....	321					
SAINT-VICTOR-DES-OULES...	Idem.....	305		A reporter..		1,448	
UZÈS..........	✉	6,162					
VALLABRIS..........	Uzès.....	408					
	A reporter...............		76,885		A reporter...............		27,615

NOMS DES COMMUNES.	BUREAUX DE POSTE qui les desservent.	POPULATION.	TOTAL de la POPULATION par canton	NOMS DES COMMUNES.	BUREAUX DE POSTE qui les desservent.	POPULATION.	TOTAL de la POPULATION par canton
Suite de l'ARRONDISSEMENT DU VIGAN.				**Suite de l'ARRONDISSEMENT DU VIGAN.**			
	Report..		27,615		Report..		40,118
Suite du CANTON DE SAUVE.				**Suite du CANTON DE TRÈVES.**			
	Report..	1,448			Report..	2,282	
LOGRIAN	Sauve	318		REVENS	Saint-Jean-du-Bruel	290	
PUECHREDON	Idem	65		SAINT-SAUVEUR-DES-POURCILS..	Idem	555	3,604
SAUVE	⊠	3,021	5,327	TRÈVES	Idem	477	
SADVIGNARGUES	Sauve	105					
SAINT-JEAN-DE-GRIEULON	Idem	152		**CANTON DE VALLERAUGUE.**			
SAINT-MARTIN-DE-SOSSENAC	Idem	109		ROUVIÈRE (la)	Valleraugue	904	
SAINT-NAZAIRE	Idem	109		SAINT-ANDRÉ-DE-MAJENCOULES..	Le Vigan	1,722	6,521
				VALLERAUGUE	⊠ (Distribution)	3,895	
CANTON DE SUMÈNE.							
CÉZAS	St-Hippolyte (Gard)	152		**CANTON DU VIGAN.**			
ROQUEDUR	Le Vigan	406		ARPHY	Le Vigan	534	
SUMÈNE	Ganges	3,017		ARRE	Idem	502	
SAINT-BRESSON	Le Vigan	300	7,176	AULAS	Idem	999	
SAINT-JULIEN-DE-LA-NEF	Idem	286		AVÈZE	Idem	1,322	
SAINT-LAURENT-LE-MINIER	Idem	1,160		BEZ	Idem	918	
SAINT-MARTIAL	Valleraugue	930		BREAU	Idem	1,124	
SAINT-ROMANS-DE-CODIÈRES	St-Hippolyte (Gard)	925		MANDAGOUT	Idem	1,281	14,639
				MARS	Idem	232	
CANTON DE TRÈVES.				MOLIÈRES	Idem	705	
CAUSSE-BEGON	Saint-Jean-du-Bruel	117		MONTDARDIER	Idem	698	
DOURBIES	Idem	978		PAROISSE-DU-VIGAN (la)	Idem	656	
LANUÉJOLS	Idem	1,187		POMIERS	Idem	279	
				ROGUES	Idem	480	
	A reporter..	2,282		VIGAN (le)	⊠	4,909	
	A reporter		40,118	TOTAL de la population de l'Arrondissement			64,882

RÉCAPITULATION.

	NOMBRE de		POPULATION.
	CANTONS.	COMMUNES.	
ARRONDISSEMENT DE NISMES	11	72	128,461
———————— D'ALAIS	9	94	80,288
———————— D'UZÈS	8	98	83,732
———————— DU VIGAN	10	79	64,882
Totaux	38	343	357,363

NOMS DES COMMUNES.	BUREAUX DE POSTE qui les desservent.	POPULA-TION.	TOTAL de la POPULA-TION par canton	NOMS DES COMMUNES.	BUREAUX DE POSTE qui les desservent.	POPULA-TION.	TOTAL de la POPULA-TION par canton
ARRONDISSEMENT DE TOULOUSE.				**Suite de l'ARRONDISSEMENT DE TOULOUSE.**			
						Report..	25,855
CANTON DE CADOURS.				Suite du CANTON DE GRENADE-SUR-GARONNE.			
						Report.	1,754
BELLEGARDE..............	L'Isle-en-Jourdain..	361		DAUX...........	Grenade-sur-Garonne	680	
BELLESERRE.............	Puységur.........	131		GRENADE-SUR-GARONNE.......	✉............	4,240	
BRIGNEMONT.............	Idem.	999		LAUNAC.............	Grenade-sur-Garonne	1,086	
CADOURS................	Idem.	937		MENVILLE.............	Idem.	216	
CASTERA (le)............	L'Isle-en-Jourdain	946		MERVILLE.............	Idem.	1,117	11,449
CAUBIAC................	Puységur.........	563		MONTÉGUT.............	Idem.	459	
COX...................	Idem.	789		SEILH.............	Idem.	289	
DRUDAS................	Idem.	591	8,463	SAINT-CESERT.............	Idem.	437	
GARAC.................	Idem.	353		SAINT-PAUL.............	Idem.	375	
GRÈS (le)..............	Idem.	357		THIL.............	Idem.	796	
LAGRAULET.............	Idem.	426					
MOTTE-CABANAC (la).....	Idem.	473		CANTON DE LEGUEVIN.			
PELLEPORT.............	Idem.	528					
PUYSÉGUR..............	✉ (Distribution.)	302		BRAX.............	L'Isle-en-Jourdain..	368	
RÉOLE (la)............	Idem.	433		LASSERRE.............	Idem.	428	
VIGNAUX..............	Puységur.........	284		LEGUEVIN.............	Idem.	978	
				LEVIGNAC.............	Idem.	837	
CANTON DE CASTANET.				MERENVIELLE.............	Idem.	277	5,428
				PIBRAC.............	Toulouse.........	747	
AUREVILLE.............	Castanet........	303		PLAISANCE.............	Idem.	978	
AUZEVILLE.............	Idem.	335		PRADÈRE-LES-BOURGUETS...	L'Isle-en-Jourdain	194	
AUZIELLE.............	Idem.	269		SALVETAT (la).............	Toulouse.........	253	
AZAS.................	Idem.	59		SAINTE-LIVRADE.............	L'Isle-en-Jourdain..	368	
CASTANET.............	✉ (Distribution).	1,064					
CLERMONT.............	Castanet........	497		CANTON DE MONTASTRUC.			
CROIX-FALGARDE (la).....	Idem.	442					
GOYRANS.............	Idem.	265		AZAS.............	Montastruc......	619	
LABÈGE.............	Idem.	472	5,466	BAZUS.............	Idem.	388	
MERVILLA.............	Idem.	155		BESSIÈRES.............	La Pointe-Saint-Sul-		
PÉCHABOU.............	Idem.	236			pice........	1,179	
PECHBUSQUE.............	Idem.	164		BUZET.............	Idem.	1,258	
REBIGUE.............	Idem.	225		GARIDECH.............	Montastruc	348	
SAINT-ORENS.............	Idem.	607		GÉMIL.............	Idem.	251	7,741
VIEILLE-TOULOUSE.............	Idem.	269		LAPEYROUSE.............	Idem.	677	
VIGOULET.............	Idem.	104		MONTASTRUC.............	✉ (Distribution.)	1,135	
				MONTPITOL.............	Montastruc	335	
CANTON DE FRONTON.				PAULHAC.............	Idem.	695	
				ROQUESÉRIÈRE.............	Idem.	526	
BASTIDE-SAINT-SERNIN (la)...	Saint-Jory........	240		SAINT-JEAN-L'HERM.............	Idem.	330	
BOULOC.............	Idem.	863					
BRUGUIÈRES.............	Idem.	546		CANTON DE TOULOUSE (centre).			
CASTELNAU-D'ESTREFONDS.....	Idem.	1,025					
CEPET.............	Idem.	327		CASTELMAUROU.............	Toulouse.........	824	
FRONTON.............	✉.	2,225		(✉ à Montbert.)			
GARGAS.............	Saint-Jory	375		CASTILLON.............	Idem.	41	
GRATENTOUR.............	Idem.	310		LUNION.............	Idem.	929	
LESPINASSE.............	Idem.	271		MONTBERON.............	Idem.	329	18,574
MONTJOIRE.............	Fronton	966	11,926	PECHBONNIEU.............	Idem.	472	
NOVITAL-VIGUERIE.............	Saint-Jory	102		ROUFFIAC.............	Idem.	461	
ORDES.............	Idem.	493		SAINT-GENIÈS.............	Idem.	274	
SAINT-JORY.............	✉ (Distribution.)	443		SAINT-LOUP.............	Idem.	321	
SAINT-RUSTICE.............	Saint-Jory	312		TOULOUSE (centre).............	✉	14,923	
SAINT-SAUVEUR.............	Idem.	443					
VACQUIERS.............	Fronton	681		CANTON DE TOULOUSE (nord).			
VILLARIÈS.............	Idem.	296					
VILLAUDRIC.............	Idem.	683		CAMPVILLE (le).............	Toulouse.........	225	
VILLENEUVE-LES-BOULOC.....	Saint-Jory	525		CASTELGINEST.............	Idem.	485	
				CROIX-BÉNITE.............	Idem.	146	
CANTON DE GRENADE-SUR-GARONNE.				FENOUILLET.............	Saint-Jory	689	
				FONBEAUZARD.............	Toulouse	119	16,027
AUSSONNE.............	Grenade-sur-Garonne	566		GAGNAC.............	Saint-Jory	479	
BRETX.............	Idem.	262		LAUNAGUET.............	Toulouse	380	
BURGAUD (le).............	Idem.	926		SAINT-ALBAN.............	Idem.	198	
				TOULOUSE (nord).............	✉	13,307	
	A reporter..	1,754					
	A reporter..............		25,855		A reporter.............		85,074

II.

17

NOMS DES COMMUNES.	BUREAUX DE POSTE qui les desservent.	POPULA-TION.	TOTAL de la POPULA-TION par canton	NOMS DES COMMUNES.	BUREAUX DE POSTE qui les desservent.	POPULA-TION.	TOTAL de la POPULA-TION par canton
Suite de l'ARRONDISSEMENT DE TOULOUSE,				**Suite de l'ARRONDISSEMENT DE MURET.**			
	Report..		85,074		*Report..*		9,221
CANTON DE TOULOUSE (ouest).				**Suite du CANTON DE CARBONNE.**			
					Report..	2,736	
BAUZELLE	Toulouse	262		LONGAGES	Noé	1,038	
BLAGNAC	Idem	1,475		MARQUEFAVE	Idem	756	
COLOMIERS	Idem	1,149		MAUZAC	Idem	526	8,162
CORNEBARIEU	Idem	820		MONTGAZIN	Idem	377	
CUGNAUX	Idem	882	19,438	MONTAUT	Idem	696	
MONDONVILLE	Grenade-sur-Garonne	638		NOÉ ⚓	✉	838	
PORTET	Toulouse	834		SAINT-SULPICE	Noé	1,195	
TOULOUSE (ouest)	✉	12,615					
TOURNEFEUILLE	Toulouse	763		**CANTON DE CAZÈRES.**			
CANTON DE TOULOUSE (sud).				BOUSSENS	Martres	340	
BALMA	Toulouse	790		CAZÈRES	Idem	2,597	
BELPECH	Idem	229		COULADÈRE	Idem	399	
DRÉMIL-LAFAGE	Idem	487		FRANCON	Idem	612	
FLOURENS	Idem	339		LESCUNS	Idem	140	
MONDOUZIL	Idem	182		MARIGNAC-LASPEYRES	Idem	413	
MONTS	Idem	369		MARTRES	✉	1,550	
MONTORIOL	Idem	156	22,790	MAURAN	Martres	455	
MONTRABÉ	Idem	210		MONTBERAULT	Idem	760	
PÉCHABUSQUE	Idem	181		MONTCLAR	Idem	338	12,753
PIN (le)	Idem	198		MONDAVEZAN	Idem	977	
QUINT	Idem	367		PALAMINY	Idem	934	
RAMONVILLE	Castanet	498		PLAGNE	Idem	331	
TOULOUSE (sud)	✉	18,784		PLAN (le)	Idem	1,392	
				SANA	Idem	180	
CANTON DE VERFEIL.				SAINT-CHRISTAUD	Idem	642	
BONREPAUX	Montastruc	286		SAINT-CIZY	Idem	87	
GAURÉ	Idem	590		SAINT-MICHEL	Idem	760	
GRAGNAGUE	Idem	624					
LAVALLET	Idem	553	5,218	**CANTON DE CINTEGABELLE.**			
SAINT-JEAN-DES-PIERRES	Idem	95					
SAINT-MARCEL-PAULET	Idem	364		CAUJAC	Auterive	608	
SAINT-MARTIN-DES-PIERRES	Idem	168		CINTEGABELLE	Idem	3,738	
VERFEIL	Idem	2,538		ESPERCE	Idem	719	7,528
				GAILLAC-TOULZA	Idem	1,723	
CANTON DE VILLEMUR.				GRAZAC	Idem	470	
BORN (le)	Villemur	361		MARLIAC	Idem	270	
LAYRAC	Idem	453	7,404				
MIREPOIX	Idem	527		**CANTON DU FOUSSERET.**			
VILLEMUR	✉ (Distribution.)	6,063		ADEILLAC	Martres	57	
				CASTELNAU-PICAMPEAU	Idem	519	
TOTAL de la population de l'Arrondissement			139,924	CASTIES	Idem	365	
				FOUSSERET (le)	Idem	2,115	
ARRONDISSEMENT DE MURET.				FUSTIGNAC	Idem	263	
				GRATENS	Rieux	694	
CANTON D'AUTERIVE.				LAFFITE	Idem	512	
AURIBAIL	Auterive	266		LUSSAN	Martres	488	
AUTERIVE	✉	3,172		MARIGNAC-LASCLARES	Rieux	501	8,218
BEAUMONT	Muret	1,339		MONTEGUT	Martres	281	
GRACE-DIEU (la)	Auterive	173		MONTOUSSIN	Idem	185	
GRÉPIAC	Idem	499		PEYSSIES	Idem	257	
LABRUYÈRE	Idem	443	9,221	POLASTRON	Idem	214	
MAURESSAC	Idem	206		POUY-DE-TOUGES	Idem	501	
MIREMONT	Idem	1,248		SÉNARENS	Idem	332	
(⚓ à Viviers.)				SAINT-ARAILLE	Idem	267	
PUI-DANIEL	Idem	380		SAINT-ÉLIX	Rieux	367	
VENERQUE	Idem	941					
VERNET (le)	Idem	554		**CANTON DE SAINT-LYS.**			
				BONREPOS	Saint-Lys	197	
CANTON DE CARBONNE.				BRAGAIRAC	Idem	306	
BOIS-DE-LA-PIERRE	Noé	312		CAMBERNARD	Idem	250	
CAPENS	Idem	443		EMPEAUX	Idem	276	
CARBONNE	Idem	1,981					
	A reporter..	2,736			*A reporter..*	1,029	
	A reporter		9,221		*A reporter*		45,882

NOMS DES COMMUNES.	BUREAUX DE POSTE qui les desservent.	POPULA-TION.	TOTAL de la POPULA-TION par canton	NOMS DES COMMUNES.	BUREAUX DE POSTE qui les desservent.	POPULA-TION.	TOTAL de la POPULA-TION par canton
Suite de l'ARRONDISSEMENT DE MURET.				**Suite de l'ARRONDISSEMENT DE MURET.**			
	Report..		45,882		Report..		81,103
Suite du Canton de SAINT-LYS.				**Suite du Canton de RIEUX.**			
	Report..	1,029			Report..	938	
Fonsorbes	Saint-Lys	675		Lacaugne	Noé	368	
Fontenilles	Idem.	581		Lavelanet	Idem.	595	
Lamasquère	Muret	322		Mailholas	Idem.	94	
Seigurde	Saint-Lys	304	6,011	Rieux	⊠	1,994	5,606
Sainte-Foy	Idem.	1,293		Sales	Rieux	350	
Saint-Lys	⊠	1,223		Saint-Julien	Idem.	411	
Saint-Thomas	Saint-Lys	584		Trape (la)	Idem.	856	
Canton de MONTESQUIEU-VOLVESTRE.							
				Total de la population de l'Arrondissement			86,709
Canens	Rieux	294					
Castagnac	Idem.	617					
Gouzens	Idem.	211		**ARROND.t DE VILLEFRANCHE-DE-LAURAGAIS.**			
Lahitère	Idem.	247					
Lafitère	Idem.	302	7,480	**Canton de CARAMAN.**			
Massabrac	Idem.	238					
Montbrun	Idem.	1,630		Albiac	Caraman	267	
Montesquieu-Volvestre	Idem.	3,717		Auriac	Idem.	1,737	
Tour (la)	Idem.	224		Beauville	Idem.	364	
				Cabanial (le)	Idem.	586	
Canton de MURET.				Cambiac	Idem.	334	
				Caragoudes	Idem.	481	
Bastidette (la)	Muret	297		Caraman	⊠	2,425	
Eaunes	Idem.	709		Faget (le)	Caraman	811	
Fauga (le)	Idem.	567		Francarville	Idem.	296	
Frouzins	Idem.	487		Laclastre	Idem.	55	
Gardelle (la)	Idem.	832		Loubens	Idem.	747	10,373
Herm (l')	Idem.	1,135		Mascarville	Idem.	308	
Labarthe	Idem.	549		Mauremville	Idem.	359	
Lacasse	Idem.	337		Mourvilles-Basses	Idem.	222	
Lavernose	Idem.	530		Prunet	Idem.	172	
Muret	⊠	3,787	13,629	Salvetat (la)	Idem.	199	
Pins	Muret	316		Saussens	⊠	198	
Pinsaguel	Idem.	415		Segreville	Idem.	289	
Roques	Idem.	353		Toutens	Idem.	271	
Roquettes	Idem.	178		Vendine	Idem.	251	
Saubens	Idem.	319					
Seysses	Idem.	1,368		**Canton de LANTA.**			
Saint-Clar	Idem.	568					
Saint-Hilaire	Idem.	312		Aigrefeuille	Caraman	166	
Villatte	Idem.	120		Aurin	Idem.	373	
Villeneuvelle-les-Cugnaux	Idem.	450		Bourg-Saint-Bernard	Idem.	1,257	
				Bugnac	Idem.	117	
Canton de RIEUMES.				Lanta	Idem.	1,537	
				Lauzerville	Idem.	188	
Bastide-Clermont (la)	Noé	804		Preserville	Idem.	513	5,606
Beaufort	Rieumes	266		Pujolet (le)	Idem.	91	
Bérat	Noé	1,103		Sainte-Foi-d'Aigrefeuille	Idem.	432	
Forgues	Rieumes	355		Saint-Pierre-de-Lages	Idem.	349	
Hage (la)	Idem.	218		Tarabel	Idem.	344	
Lautignac	Rieumes	597		Valesvilles	Idem.	239	
Mones	Idem.	125					
Mongras	Idem.	136		**Canton de MONTGISCARD.**			
Montastruc-Saves	Idem.	270	8,101				
Pin (le)	Idem.	442		Aiguesvives	Baziège	690	
Plagnole	Idem.	296		Baziège	⊠	1,695	
Poucharramet	Idem.	659		Belberaud	Baziège	374	
Rieumes	⊠ (Distribution.)	1,684		Belsize	Idem.	143	
Sabonères	Rieumes	447		Corronsac	Idem.	319	
Sajas	Idem.	268		Deyme	Idem.	371	
Savères	Idem.	441		Donneville	Idem.	280	
				Escalquens	Idem.	536	
Canton de RIEUX.				Espanès	Idem.	296	
Bax	Rieux	237					
Gensac	Idem.	489					
Gouzervinisse	Idem.	212					
	A reporter..	938			A reporter..	4,694	
	A reporter		81,103		A reporter		15,979

NOMS DES COMMUNES.	BUREAUX DE POSTE qui les desservent.	POPULA-TION.	TOTAL de la POPULA-TION par canton
Suite de l'ARRONDISSEMENT DE VILLEFRANCHE-DE-LAURAGAIS.			
Report . .			15,979
Suite du CANTON DE MONTGISCARD.			
Report . .		4,694	
Bastide-Beauvoir (la)	Baziège	596	
Fourquevaux	Idem	747	
Issus	Idem	442	
Montbrun	Idem	410	
Montgiscard	Idem	1,475	10,386
Montlaur	Idem	649	
Noueilles	Idem	314	
Odars	Idem	321	
Pompertuzat	Idem	331	
Pouzes	Idem	157	
Varennes	Idem	250	
CANTON DE NAILLOUX.			
Auragne	Villefranche-de-Lauragais	727	
Caignac	Idem	558	
Calmont	Idem	1,897	
Gibel	Idem	997	
Mauvezin	Idem	350	8,317
Monestrol	Idem	257	
Montgeard	Idem	643	
Nailloux	Idem	1,353	
Seyre	Idem	309	
Saint-Léon	Idem	1,226	
CANTON DE REVEL.			
Belesta	Villefranche-de-Lauragais	271	
Falga (le)	Idem	280	
Juzes	Idem	258	
Maurens	Idem	330	
Montégut	Revel	499	
Mourvilles-Hautes	Villefranche-de-Lauragais	366	12,526
Nogaret	Revel	272	
Revel	⊠	5,456	
Roumens	Revel	347	
Saint-Félix	Idem	2,618	
Saint-Julia-de-Gragapou . .	Idem	1,022	
Vaudreuille	Idem	315	
Vaux (le)	Idem	492	
CANTON DE VILLEFRANCHE-DE-LAURAGAIS.			
Avignonet	Villefranche-de-Lauragais	2,267	
Beauteville	Idem	328	
Cessales	Idem	209	
Esquilles	Idem	175	
Folcardes	Idem	206	
Garde-Lauragais (la)	Idem	759	
Gardouch	Idem	1,150	
Lux	Idem	308	
Mauremont	Idem	415	
Montclar	Idem	259	
Montesquieu	Idem	1,320	
Montgaillard	Idem	731	
Renneville	Idem	543	
Rieumajou	Idem	231	
Saint-Germier	Idem	163	
Saint-Rome	Idem	194	
A reporter . .		9,248	
A reporter			47,208

NOMS DES COMMUNES.	BUREAUX DE POSTE qui les desservent.	POPULA-TION.	TOTAL de la POPULA-TION par canton
Suite de l'ARRONDISSEMENT DE VILLEFRANCHE-DE-LAURAGAIS.			
Report . .			47,208
Suite du CANTON DE VILLEFRANCHE-DE-LAURAGAIS.			
Report . .		9,248	
Saint-Vincent	Villefranche-de-Lauragais	148	
Trébons	Idem	329	
Vallègue	Idem	278	14,043
Vieillevigne	Idem	322	
Villefranche-de-Lauragais . .	⊠	2,052	
Villenouvelle	Villefranche-de-Lauragais	1,066	
TOTAL de la population de l'Arrondissement			61,251
ARRONDISSEMENT DE SAINT-GAUDENS.			
CANTON D'ASPET.			
Ardas	Aspet	1,138	
Arbon	Idem	309	
Arguenos	Idem	567	
Aspet	⊠ (Distribution)	3,693	
Cabanac	Aspet	189	
Cassanous	Idem	361	
Chein-Dessus	Idem	1,131	
Couledoux	Idem	804	
Couret	Idem	419	
Encausse	Idem	636	
Estadens	Idem	1,402	18,149
Fougaron	Idem	1,077	
Ganties	Idem	615	
Isaut-de-l'Hôtel	Idem	900	
Juzet-d'Isaut	Idem	903	
Milhas	Idem	794	
Montcaup	Idem	264	
Portet	Idem	881	
Sigu Ocagnet	Idem	1,088	
Soueich	Idem	978	
CANTON D'AURIGNAC.			
Alan	Martres	1,093	
Aulon	Idem	1,268	
Aurignac	Idem	1,433	
Bachas	Idem	320	
Benque	Idem	441	
Boussan	Idem	822	
Bouzin	Idem	226	
Cassagnabère	Idem	1,413	
Cazeneuve	Idem	471	
Eoux	Idem	479	12,453
Esparron	Idem	443	
Latour	Saint-Gaudens	782	
Montoulieu	Martres	415	
Peyrissas	Idem	302	
Peyrouset	Idem	246	
Samouillan	Idem	428	
Saint-André	Idem	698	
Saint-Élix	Idem	425	
Terrebasse	Idem	636	
Tournas	Idem	132	
CANTON DE BAGNÈRES-DE-LUCHON.			
Antignac	Bagnères-de-Luchon . .	155	
Artigue	Idem	199	
Bagnères-de-Luchon . .	⊠	2,077	
Benque-Dessus et Dessous	Bagnères-de-Luchon	154	
A reporter . .		2,585	
A reporter			30,602

NOMS DES COMMUNES.	BUREAUX DE POSTE qui les desservent.	POPULA-TION.	TOTAL de la POPULA-TION par canton
Suite de l'ARRONDISSEMENT DE SAINT-GAUDENS.		Report..	30,602
Suite du CANTON DE BAGNÈRES-DE-LUCHON.		Report..	2,585
BILLÈRE	Bagnères-de-Luchon	90	
BOURG-D'OEIL	Idem.	148	
CASTILLON-DE-LUCHON	Idem.	236	
CATHERVIELLE	Idem.	108	
CAUBOUS	Idem.	68	
CAZABIL-LASPÈNES	Idem.	213	
CAZEAUX-DE-LARBOUST	Idem.	307	
CIER-DE-LUCHON	Idem.	475	
CIRÈS	Idem.	151	
GARIN	Idem.	304	
GOUAUX-DE-LARBOUST	Idem.	185	
GOUAUX-DE-LUCHON	Idem.	292	
JURVIELLE	Idem.	93	8,773
JUZET-DE-LUCHON	Idem.	401	
MAIRÈGUE	Idem.	199	
MONTAUBAN	Idem.	385	
MOUSTAJON	Idem.	105	
OO	Idem.	376	
PORTET-DE-LUCHON	Idem.	149	
POUBEAU	Idem.	96	
SACCOURVIELLE	Idem.	161	
SALLES	Idem.	266	
SODE	Idem.	133	
SAINT-AVENTIN	Idem.	386	
SAINT-MAMET	Idem.	471	
SAINT-PAUL-D'OUEIL	Idem.	327	
TRÉBONS	Idem.	63	
CANTON DE SAINT-BÉAT.			
ARGUT-DESSUS	Saint-Béat	506	
ARGUT-DESSOUS	Idem.	480	
ARLOS	Idem.	381	
BACHOS	Idem.	148	
BAREN	Idem.	62	
BEZINS	Idem.	105	
BINOS	Idem.	74	
BOUTX	Idem.	928	
BURGALAIS	Idem.	386	
CAZAUX	Idem.	232	
CHAUM	Idem.	367	
CIERP	Idem.	1,011	
ESTENOS	Idem.	386	12,135
EUP	Idem.	388	
FOS	Idem.	1,497	
FRONSAC	Idem.	571	
GABREAUX	Idem.	148	
GAUD	Idem.	359	
GOURAN	Idem.	309	
LÈGE	Idem.	223	
LEZ	Idem.	313	
MARIGNAC	Idem.	724	
MELLES	Idem.	1,051	
SIGNAC	Idem.	225	
SAINT-BÉAT	☒	1,272	
CANTON DE SAINT-BERTRAND.			
ANTICHAN	Saint-Béat	349	
AMBRIER	Montréjeau	636	
BAGIRY	Idem.	287	
BARBAZAN	Idem.	520	
CIER-DE-RIVIÈRE	Idem.	789	
FRONTIGNAN	Saint-Béat	261	
GALIÉ	Idem.	390	
GÉKOS	Saint-Gaudens	359	
		A reporter..	3,591
	A reporter..........		51,510

NOMS DES COMMUNES.	BUREAUX DE POSTE qui les desservent.	POPULA-TION.	TOTAL de la POPULA-TION par canton
Suite de l'ARRONDISSEMENT DE SAINT-GAUDENS.		Report..	51,510
Suite du CANTON DE SAINT-BERTRAND.		Report..	3,591
GOURDAN	Montréjeau	1,117	
HUOS	Idem.	808	
LABROQUÈRE	Idem.	604	
LOUDRE	Saint-Béat	431	
LUSCAN	Montréjeau	144	
MALVEZIE	Saint-Gaudens	632	
MARTRES-DE-RIVIÈRE	Montréjeau	353	13,854
MONT-DE-GALIÉ	Saint-Béat	142	
ORE	Idem.	508	
PAYSSOUS	Saint-Gaudens	417	
POINTIS-DE-RIVIÈRE	Montréjeau	1,035	
SAUVETERRE	Saint-Gaudens	2,256	
SAINT-BERTRAND	Montréjeau	847	
SAINT-PÉ-D'ARDET	Saint-Béat	678	
VALCABRÈRE	Montréjeau	290	
CANTON DE BOULOGNE.			
BLAJAN	Boulogne	741	
BOULOGNE	☒	1,587	
CARDEILHAC	Boulogne	679	
CASTÉRA	Idem.	133	
CHARLAS	Idem.	596	
CIADOUX	Idem.	383	
ESCANACRABE	Idem.	805	
GENSAC	Idem.	432	
LARROQUE	Idem.	1,229	
LASPUGNE	Idem.	333	
LUNAX	Idem.	256	
MONDILHAN	Idem.	501	
MONTGAILLARD	Idem.	216	11,961
MONTMORIN	Idem.	496	
NÉNIGAN	Idem.	161	
NIZAN	Idem.	390	
PÉGUILHAN	Idem.	805	
SAMAN	Idem.	436	
SARRECAVE	Idem.	178	
SARREMEZAN	Idem.	382	
SAINT-FERRÉOL	Idem.	262	
SAINT-LARY	Idem.	420	
SAINT-LOUP	Idem.	244	
SAINT-PÉ-DELBOSC	Idem.	209	
VIGNOLES	Idem.	88	
CANTON DE SAINT-GAUDENS.			
ASPRET	Saint-Gaudens	177	
BARTHE-INARD (la)	Idem.	799	
BARTHE-RIVIÈRE (la)	Idem.	1,558	
ESTANCARBON	Idem.	523	
LAFFITTAU	Idem.	80	
LALOURET	Idem.	244	
LANDORTHE	Idem.	535	
LARCAN	Idem.	486	
LESPITAU	Idem.	167	
LIEOUX	Idem.	263	
LODES	Idem.	612	19,511
MIRAMONT	Idem.	1,497	
POINTIS-INARD	Idem.	1,328	
REGADES	Idem.	263	
RIEUCAZÉ	Idem.	150	
SAVARTHÈS	Idem.	274	
SAUX	Idem.	191	
SAINT-GAUDENS	☒	6,179	
SAINT-IGNAN	Saint-Gaudens	419	
SAINT-MARCET	Idem.	923	
VALENTINE	Idem.	1,250	
VILLENEUVE-DE-RIVIÈRE	Idem.	1,593	
	A reporter..........		90,836

Suite du DÉPARTEMENT DE LA HAUTE-GARONNE.

NOMS DES COMMUNES.	BUREAUX DE POSTE qui les desservent.	POPULA-TION.	TOTAL de la POPULA-TION par canton	NOMS DES COMMUNES.	BUREAUX DE POSTE qui les desservent.	POPULA-TION.	TOTAL de la POPULA-TION par canton
Suite de l'ARRONDISSEMENT DE SAINT-GAUDENS.				Suite de l'ARRONDISSEMENT DE SAINT-GAUDENS.			
Report..		96,836		*Report*..		115,401	
CANTON DE L'ISLE-EN-DODON.				**CANTON DE MONTRÉJEAU.**			
AGASSAC	L'Isle-en-Dodon	441		AUSSON	Montrejeau	471	
AMBAX	Idem	298		BALESTA	Idem	464	
ANAN	Idem	559		BORDES	Idem	673	
BASTIDE-PAUMÈS (la)	Idem	216		BOUDRAC	Idem	397	
BOISSÈDE	Idem	305		CAZARIL	Idem	300	
CASTELGAILLARD	Idem	426		CLARAC	Idem	275	
COUEILLES	Idem	884		CUGURON	Idem	300	
FABAS	Idem	142		CUING	Idem	643	
FRONTIGNAN-DE-L'ISLE	Idem	130		FRANQUEVILLE	Idem	795	11,313
GOUDEX	Idem	149		LECUSSAN	Idem	438	
CITTAUT	Idem	1,697		LODET	Idem	388	
ISLE-EN-DODON (l')	☒ L'Isle-en-Dodon	408	11,692	MONTRÉJEAU	☒	2,991	
LILHAC	L'Isle-en-Dodon	290		POULAT	Montrejeau	682	
MARTISSERRE	Idem	209		SEDEILHAC	Idem	1,236	
MAUVESIN	Idem	286		SAINT-PLANCARD	Idem	446	
MIRAMBEAU	Idem	485		VILLENEUVE-DE-LECUSSAN	Idem	814	
MOLAS	Idem	866					
MONTBERNARD	Idem	265		**CANTON DE SALIES.**			
MONTESQUIEU-DE-L'ISLE	Idem	1,130		AUSSEING	Saint-Martory	248	
PUYMAURIN	Idem	117		BELBÈZE	Idem	1,025	
RIOLAS	Idem	337		CASSAIGNE	Idem	771	
SALERM	Idem	772		CASTAGNÈDE	Idem	187	
SAINT-FRAJOU	Idem	626		CASTELBIAGUE	Idem	557	
SAINT-LAURENT	Idem			FIGAROL	Idem	692	
				FRANCAZAL	Idem	105	
CANTON DE SAINT-MARTORY.				HIS	Idem	346	
ARNAUD-GUILHEM	Saint-Martory	706		MANE	Idem	640	
AULAS	Idem	764		MARSOULAS	Idem	246	
BEAUCHALOT	Idem	552		MAZÈRES	Idem	410	13,075
CASTILLON	Idem	806		MONTASTRUC	Idem	1,285	
FRECHET (le)	Idem	234		MONTESPAN	Idem	1,089	
LAFITTE-TOUPIÈRE	Idem	317		MONTGAILLARD	Idem	395	
LESTELLE	Idem	763	6,873	MONTSAUNÈS	Idem	657	
MANCIOUX	Idem	551		ROQUEFORT	Martres	967	
PROUPIARRY	Idem	239		ROUÈDE	Saint-Martory	758	
SEPX	Idem	515		SALEICH	Idem	1,439	
SAINT-MARTORY	☒	1,167		SALIES	Idem	790	
SAINT-MÉDARD	Saint-Martory	269		TOUILLE	Idem	468	
A reporter		115,401		**TOTAL de la population de l'Arrondissement**		139,789	

RÉCAPITULATION.

	NOMBRE de		POPULATION.
	CANTONS.	COMMUNES.	
ARRONDISSEMENT DE TOULOUSE	12	135	139,924
———————— DE MURET	10	128	86,709
———————— DE VILLEFRANCHE-DE-LAURAGAIS	6	97	61,251
———————— DE SAINT-GAUDENS	11	234	139,789
TOTAUX	39	594	427,673

NOMS DES COMMUNES.	BUREAUX DE POSTE qui les desservent.	POPULATION.	TOTAL de la POPULATION par canton	NOMS DES COMMUNES.	BUREAUX DE POSTE qui les desservent.	POPULATION.	TOTAL de la POPULATION par canton
ARRONDISSEMENT D'AUCH.				**Suite de l'ARRONDISSEMENT D'AUCH.**			
						Report..	43,816
CANTON D'AUCH (nord).				**CANTON DE SARAMON.**			
Auch (nord)	⊠	4,000		Aurimont	Auch	350	
Augnax	Auch	191		Bedechan	Idem	328	
Castin	Idem	331		Boulaur	Idem	449	
Crastes	Idem	745		Castelnau-Barbarens	Idem	1,474	
Dubac	Idem	278		Faget-Abbatial	Idem	546	
Lahitte	Idem	199		Lamaguère	Idem	266	
Leboulin	Idem	224		Lartigue	Idem	540	
Mirepoix	Idem	370	11,408	Mongorneil-Grazan	Idem	312	7,273
Montaut	Idem	1,084		Monferran	Idem	313	
Montégut	Idem	382		Motte (la)	Idem	124	
Nougaroulet	Idem	705		Pouy-Lebrin	Idem	201	
Preignan	Idem	346		Saramon	Idem	1,216	
Puycasquier	Idem	802		Sémézies	Idem	321	
Roquelaure	Idem	820		Tachoires	Idem	303	
Sainte-Christie	Idem	611		Tirent-Pontejac	Idem	315	
Tourrenquets	Idem	320		Traverseres	Idem	215	
CANTON D'AUCH (sud).				**CANTON DE VIC-FEZENSAC.**			
Auch (sud)	⊠	5,801		Bazian	Vic-Fezensac	382	
Auterrive	Auch	513		Belmont	Idem	602	
Barran	Idem	1,821		Caillavet	Idem	595	
Boucagnère	Idem	230		Callian	Idem	240	
Durban	Idem	531		Castillon-Debats	Idem	1,125	
Haulies	Idem	224		Cazaux-d'Angles	Idem	592	
Labarthe-d'Astarac	Idem	305		Mirannes	Idem	331	
Lacastagnère	Idem	189		Pléhaut	Idem	158	
Lasseran	Idem	297	14,634	Préneron	Idem	362	10,556
Lasseube-Propre	Idem	365		Riguepeu	Idem	617	
Monbrut	Idem	487		Roquebrune	Idem	714	
Ordbessan	Idem	274		Saint-Arailles	Idem	466	
Ornezan	Idem	364		Saint-Jean-Poutge	Idem	280	
Pavie	Idem	1,079		Saint-Yors	Idem	195	
Pessan	Idem	776		Tudelle	Idem	218	
Sansan	Idem	213		Vic-Fezensac	⊠	3,679	
Seissan	Idem	731					
Saint-Jean-le-Comtal	Idem	444		Total de la population de l'Arrondissement.......			61,645
CANTON DE GIMONT.				**ARRONDISSEMENT DE CONDOM.**			
Ansan	Gimont	362		**CANTON DE CAZAUBON.**			
Aubiet	Idem	1,474		Avzieu	Cazaubon	460	
Blanquefort	Idem	139		Bastide-d'Armagnac (la)	Roquefort	1,722	
Escornebœuf	Idem	884		Bourrouillan	Idem	575	
Gimont	⊠	2,952		Campagne	Idem	470	
Isle-Arné (l')	Gimont	212	9,420	Castex	Idem	529	
Juilès	Idem	867		Cazaubon	⊠ (Distribution.)	2,456	
Lecville	Idem	216		Estang	Cazaubon	1,174	
Lussan	Idem	407		Lannemaignan	Idem	213	
Marsan	Idem	467		Larée	Idem	591	12,583
Sainte-Marie	Idem	800		Lias	Idem	511	
Saint-Sauvy	Idem	640		Marguestau	Idem	160	
CANTON DE JEGUN.				Maupas	Idem	420	
Antras	Auch	284		Moléon	Idem	1,226	
Arcamont	Idem	180		Monclar	Idem	341	
Biran	Idem	1,336		Panjas	Idem	1,003	
Castillon-Massas	Idem	418		Réans	Idem	365	
Jegun	Idem	2,131		Salles	Idem	237	
Lavardens	Idem	1,408	8,354	Tachouzin	Idem	140	
Loubrouil	Idem	232					
Merens	Idem	151		**CANTON DE CONDOM.**			
Ordan-Larroque	Idem	1,178		Beaumont	Condom	231	
Peyreusse-Massas	Idem	209		Beraut	Idem	466	
Roquefort	Idem	445		Cassaigne	Idem	525	
Saint-Lary	Idem	382				A reporter..	1,222
A reporter......................			43,816	A reporter........................			12,583

NOMS DES COMMUNES.	BUREAUX DE POSTE qui les desservent.	POPULA- TION.	TOTAL de la POPULA- TION par canton	NOMS DES COMMUNES.	BUREAUX DE POSTE qui les desservent.	POPULA- TION.	TOTAL de la POPULA- TION par canton
Suite de l'ARRONDISSEMENT DE CONDOM.				Suite de l'ARRONDISSEMENT DE CONDOM.			
	Report..		12,583		Report..		47,546
Suite du CANTON DE CONDOM.				Suite du CANTON DE NOGARO.			
	Report..	1,222			Report..	7,903	
CASTELNAU-SUR-L'OVIGNON.....	Condom.........	386		MONGUILLEM.............	Nogaro..........	495	
CAUSSENS.................	Idem.........	628		MONLEZUN.............	Idem.........	311	
CONDOM 🐎.................	☒............	7,144		MORMÈS.............	Idem.........	338	
GAZAUPOUY.............	Condom.........	1,043	13,488	NOGARO 🐎.............	☒............	1,914	
LARRESSINGLE.............	Idem.........	306		PERCHÈDE.............	Nogaro.........	273	
LABROUMIEU.............	Idem.........	1,420		SION.............	Idem.........	255	13,639
LIAROLES.............	Idem.........	179		SORBETS.............	Idem.........	190	
MANSENCOMME.............	Idem.........	235		SAINTE-CHRISTIE.............	Manciet.........	907	
MOUCHAN.............	Idem.........	762		SAINTE-GRIÈDE.............	Nogaro.........	248	
VOPILLON.............	Idem.........	163		SAINT-MARTIN.............	Idem.........	465	
				TOUJOUZE.............	Idem.........	340	
CANTON D'EAUZE.				CANTON DE VALENCE.			
BASCOUS.............	Eauze.........	432		AMPEILS.............	Condom.........	237	
BRETAGNE.............	Idem.........	471		AUMENSAN.............	Vic-Fezensac.........	98	
COURRENSAN.............	Idem.........	1,024		AYGUETINTE.............	Castera-Verduzan.........	323	
DÉMU.............	Vic-Fezensac.........	1,012		BEAUCAIRE.............	Condom.........	489	
EAUZE 🐎.............	☒............	3,564		BEZOLLES.............	Vic-Fezensac.........	528	
LAGRAULAS.............	Vic-Fezensac.........	535	10,270	BLAZIERT.............	Condom.........	440	
JANNEPAX.............	Idem.........	1,386		BONAS.............	Castera-Verduzan.........	410	
MARAMBAT.............	Idem.........	430		CASTERA-VERDUZAN 🐎....	☒ (Distribution.)...	1,027	
MOURÈDE.............	Idem.........	215		JUSTIAN.............	Castera-Verduzan.........	290	
NOULENS.............	Eauze.........	314		LAGARDÈRE.............	Condom.........	206	
RAMOUZENS.............	Idem.........	635		MAIGNAUT.............	Idem.........	315	
SÉAILLES.............	Vic-Fezensac.........	252		MIRANT.............	Vic-Fezensac.........	151	10,302
				PARDEILLAN.............	Condom.........	200	
				POUY-PETIT.............	Idem.........	139	
				ROQUEPINE.............	Idem.........	257	
CANTON DE MONTRÉAL.				ROQUES.............	Idem.........	321	
				ROZES.............	Vic-Fezensac.........	214	
CASTELNAU-D'AUZAN.........	Condom.........	1,665		SAINT-ORENS.............	Condom.........	332	
CAZENEUVE.............	Eauze.........	442		SAINT-PAUL-DE-BAISE.............	Vic-Fezensac.........	440	
FOURCÈS.............	Condom.........	1,102		SAINT-PUY.............	Condom.........	2,512	
GONDRIN.............	Eauze.........	2,040		TAUZIA-LE-GRAND.............	Idem.........	133	
LABARRÈRE.............	Condom.........	649	11,205	VALENCE.............	Idem.........	1,240	
LAGRAULET.............	Eauze.........	1,255					
LARROQUE-SUR-L'OSSE.......	Condom.........	616					
LAURAET.............	Idem.........	559					
MONTRÉAL.............	Idem.........	2,877		TOTAL de la population de l'Arrondissement........			71,487
				ARRONDISSEMENT DE LECTOURE.			
CANTON DE NOGARO.				CANTON DE SAINT-CLAR.			
ARBLADE-LE-HAUT...........	Nogaro..........	635		AVEZAN.............	Saint-Clar.........	245	
BETOUS.............	Idem.........	337		BIVÈS.............	Idem.........	549	
CAUPENE.............	Idem.........	752		CADEILHAN.............	Idem.........	253	
CRAVENCÈRES-L'HOPITAL.....	Manciet.........	345		CASTERON.............	Idem.........	284	
ESPAS.............	Idem.........	622		ESTRAMIAC.............	Idem.........	615	
HOUGA (le).............	Nogaro.........	1,593		GAUDONVILLE.............	Idem.........	442	
LANNE-SOUBIRAN.............	Idem.........	233		ISLE-BOUZON (l').............	Idem.........	965	
LAUJUZAN.............	Idem.........	496		MAGNAS.............	Idem.........	231	8,781
LOUBEDAT.............	Idem.........	362		MAUROUX.............	Idem.........	767	
LOUBION.............	Idem.........	34		PESSOULENS.............	Idem.........	569	
LUPPÉ.............	Idem.........	298		SAINT-CLAR.............	☒............	2,638	
MAGNAN.............	Idem.........	444		SAINT-CRÉAC.............	Saint-Clar.........	511	
MANCIET.............	☒ Distribution.)...	1,742		SAINT-LÉONARD.............	Idem.........	682	
				TOURNECOUPE.............	Idem.........	1,030	
	A reporter..	7,903					
	A reporter.............		47,546		A reporter.............		8,781

NOMS DES COMMUNES.	BUREAUX DE POSTE qui les desservent.	POPULA-TION.	TOTAL de la POPULA-TION par canton	NOMS DES COMMUNES.	BUREAUX DE POSTE qui les desservent.	POPULA-TION.	TOTAL de la POPULA-TION par canton

Suite de l'ARRONDISSEMENT DE LECTOURE.

Report.. 8,781

CANTON DE FLEURANCE.

Brugnens.	Fleurance.	529	
Castelnau-d'Arbieu.	Idem.	779	
Ceran.	Idem.	326	
Cezan.	Idem.	588	
Fleurance.	✉.	3,410	
Goutz.	Fleurance.	485	
Gavarret.	Idem.	406	
Lalanne.	Idem.	339	
Miramont.	Idem.	406	
Montestruc.	Idem.	789	13,218
Mothe-Goas (la).	Idem.	278.	
Padilhac.	Idem.	901	
Pis.	Idem.	330	
Puysegur.	Idem.	250	
Prechac.	Idem.	540	
Rejaumont.	Idem.	757	
Sauveterre (la).	Idem.	1,306	
Saint-Lary.	Idem.	422	
Urdens.	Idem.	377	

CANTON DE LECTOURE.

Berrac.	Lectoure.	368	
Castera-Lectourois.	Idem.	911	
Garde-Fimarçon (la).	Idem.	531	
Larroque-Engalin.	Idem.	270	
Lectoure.	✉.	6,495	
Lagardes.	Lectoure.	688	
Marsolan.	Idem.	1,304	
Mas-d'Auvignon (le).	Idem.	603	15,043
Pergain-Taillac.	Astaffort.	817	
Pouy-Roquelaure.	Lectoure.	628	
Saint-Avit-Frandat.	Idem.	349	
Saint-Martin-de-Goyne.	Idem.	324	
Saint-Mezard.	Astaffort.	617	
Terraube.	Lectoure.	1,138	

CANTON DE MAUVEZIN.

Avensac.	Mauvezin.	271	
Bajonnette.	Fleurance.	479	
Homps.	Mauvezin.	426	
Lavriche.	Idem.	514	
Lacrbt-Sainte-Geme.	Idem.	395	
Mansempuy.	Idem.	316	
Maravat.	Idem.	288	
Mauvezin.	✉ (Distriutibon.)	2,689	
Monfort.	Mauvezin.	1,452	10,013
Sarran.	Idem.	1,011	
Serempuy.	Idem.	131	
Solomiac.	Idem.	789	
Saint-Antonin.	Idem.	507	
Saint-Bresq.	Idem.	278	
Saint-Orens.	Idem.	208	
Taybosc.	Idem.	259	

CANTON DE MIRADOUX.

Castel-Arrouy.	Lectoure.	405	
Plamarens.	Idem.	547	
Gimbrede.	Astaffort.	1,004	
Miradoux.	Lectoure.	1,778	
Peyrecave.	Idem.	302	6,586
Plieux.	Idem.	682	
Saint-Antoine.	Idem.	483	
Sainte-Mère.	Astaffort.	450	
Saint-Pessere.	Idem.	935	

Total de la population de l'Arrondissement........ 53,641

ARRONDISSEMENT DE LOMBEZ.

CANTON DE COLOGNE.

Ardisas.	L'Isle-en-Jourdain.	380	
Catonvielle.	Gimont.	198	
Cologne.	L'Isle-en-Jourdain.	939	
Encausse.	Idem.	830	
Monbrun.	Idem.	695	
Roquelaure-Saint-Aubin.	Idem.	237	6,634
Sirac.	Gimont.	492	
Sainte-Anne.	L'Isle-en-Jourdain.	250	
Saint-Cricq.	Idem.	212	
Saint-George.	Idem.	212	
Saint-Germier.	Gimont.	728	
Touget.	Idem.	336	
Tous.	L'Isle-en-Jourdain.	955	
		382	

CANTON DE L'ISLE-EN-JOURDAIN.

Auradé.	L'Isle-en-Jourdain.	846	
Beaupuy.	Idem.	238	
Castillon.	Idem.	561	
Clermont.	Idem.	243	
Endoufielle.	Idem.	885	
Frégouville.	Gimont.	494	
Garbie.	Idem.	233	
Giscaro.	Gimont.	261	11,817
Isle-en-Jourdain (l').	✉.	4,307	
Lias.	L'Isle-en-Jourdain.	459	
Marestang.	Idem.	421	
Maurens.	Gimont.	513	
Monferran.	L'Isle-en-Jourdain.	1,001	
Pujaudran.	Idem.	580	
Razengues.	Idem.	288	
Segoufielle.	Idem.	487	

CANTON DE LOMBEZ.

Betcave.	Lombez.	320	
Cadeillan.	Idem.	214	
Espaon.	Idem.	466	
Garravet.	Idem.	488	
Gaujac.	Idem.	203	
Gaujan.	Idem.	412	
Laymont.	Idem.	729	
Lombez.	✉.	1,541	
Meilhan.	Lombez.	236	
Malgausy.	Idem.	317	
Montadet.	Idem.	275	
Montamat.	Idem.	276	
Montegut.	Idem.	209	
Monpezat.	Idem.	655	13,680
Pellefigue.	Idem.	359	
Puylaussic.	Idem.	569	
Sabaillan.	Idem.	544	
Sauvimont.	Idem.	182	
Sauveterre.	Idem.	902	
Simorre.	Idem.	1,778	
Saint-Élix.	Idem.	432	
Saint-Lisier-du-Planté.	Idem.	398	
Saint-Loube-Amades.	Idem.	280	
Saint-Martin.	Idem.	333	
Saint-Soulan.	Idem.	476	
Tournan.	Idem.	546	
Villefranche.	Idem.	540	

CANTON DE SAMATAN.

Bastide-Savès (la).	Lombez.	367	
Bezeril.	Samatan.	360	
Cazaux.	Idem.	331	
Lahas.	Idem.	644	

A reporter. 1,702

A reporter. 32,131

NOMS DES COMMUNES.	BUREAUX DE POSTE qui les desservent.	POPULA-TION.	TOTAL de la POPULA-TION par canton

Suite de l'ARRONDISSEMENT DE LOMBEZ.

Revort.. 32,131

Suite du CANTON DE SAMATAN.

Report.. 1,702

NOMS DES COMMUNES.	BUREAUX DE POSTE	POPULA-TION.	TOTAL
LAHILLAIRE	Lombez	150	
MONBLANC	Idem	608	
MONFIROX	Gimont	489	
NIZAS	Lombez	245	
NOILHAN	Samatan	760	
PEBÉES	Lombez	157	8,413
PEYRIGUÉ	Idem	100	
POMPIAC	Idem	451	
POLASTRON	Idem	614	
SAMATAN	✉ (Distribution.)	1,930	
SAVIGNAC-MONA	Lombez	440	
SEYSSES-SAVÈS	Idem	515	
SAINT-ANDRÉ	Gimont	252	

TOTAL de la population de l'Arrondissement....... 40,544

ARRONDISSEMENT DE MIRANDE.

CANTON D'AIGNAN.

AIGNAN	Plaisance	1,771	
AVERON	Idem	628	
BOUZON-GELLENAVE	Idem	588	
CASTELNAVET	Vic-Fezensac	620	
FOSTEROCAU	Riscle	328	
LOUSSOUS-DEBAT	Plaisance	259	
LUPIAC	Vic-Fezensac	1,426	8,488
MARGOUET-MEYMES	Plaisance	665	
FOUY-DRAGUIN	Idem	433	
SABAZAN	Idem	389	
SABRAGACHIES	Riscle	573	
SAINT-PIERRE-D'AUBEZIES	Vic-Fezensac	326	
THERMES	Riscle	482	

CANTON DE MARCIAC.

ARMENTIEUX	Marciac	266	
BECCAS	Rabastens	245	
BLOUSON-SERIAN	Marciac	226	
CAZAUX-VILLE-COMTAL	Idem	236	
JUILLAC	Idem	380	
LADEVÈZE-RIVIÈRE	Idem	650	
LADEVÈZE-VILLE	Idem	708	
LAVERAET	Idem	469	
MARCIAC	✉	1,778	9,362
MONLEZUN	Marciac	700	
MONPARDIAC	Idem	173	
PALLANNE	Idem	244	
RICOURT	Idem	369	
SCIEURAC	Idem	250	
SEMBOUÈS	Idem	406	
SAINT-JUSTIN	Idem	599	
TILLAC	Idem	804	
TOURDUN	Idem	263	
TRONCENS	Idem	596	

CANTON DE MASSEUBE.

ARROUÈDE	Masseube	359	
AUJAN-MOURRÈDE	Idem	298	
BELLEGARDE-ADOULINS	Idem	485	
BEZUES-BAJON	Idem	461	

A reporter.. 1,603

A reporter.................... 17,849

NOMS DES COMMUNES.	BUREAUX DE POSTE qui les desservent.	POPULA-TION.	TOTAL de la POPULA-TION par canton

Suite de l'ARRONDISSEMENT DE MIRANDE.

Report.. 17,849

Suite du CANTON DE MASSEUBE.

Report.. 1,603

CABAS-LOUMASSÈS	Masseube	200	
CHELAN	Idem	536	
CUÉLAS	Idem	366	
ESCLASSAN	Idem	529	
LALANNE-ARQUÉ	Idem	476	
LOURTIES	Idem	228	
MANENT	Idem	332	
MASSEUBE	✉ (Distribution.)	1,640	10,726
MONBARDON	Idem	320	
MONLAUR-BERNET	Idem	611	
MONT-D'ASTARAC	Idem	319	
MONTIES-AUSSOS	Idem	589	
PANASSAC	Idem	522	
PONSAN-SOUBIRAN	Idem	372	
SAMARAN	Idem	357	
SARCOS	Idem	297	
SERE	Idem	395	
SAINT-ARROMAN	Idem	458	
SAINT-BLANCARD	Idem	576	

CANTON DE MIÉLAN.

AUX	Miélan	681	
BARCUGNAN	Idem	659	
BETPLAN	Idem	326	
CASTEX	Idem	404	
DUFORT	Trie	501	
ESTAMPES	Miélan	647	
HAGET	Rabastens	729	
LAGUIAN-MIÉLAN	Miélan	553	
MALADAT	Idem	309	
MANAS	Idem	413	11,656
MIÉLAN	✉	1,931	
MONTAUT	Miélan	394	
MONTÉGUT	Idem	772	
MONT-DE-MARRAST	Idem	417	
SADEILLAN	Idem	226	
SARRAGUZAN	Idem	449	
SAINT-AURENCE-CAZAUX	Idem	472	
SAINT-DODE	Idem	897	
VILLE-COMTAL	Idem	881	

CANTON DE MIRANDE.

ARCOUES	Mirande	272	
ARTIGUEDIEU-GARRANÉ	Masseube	291	
ARTIGUES-PERCHE	Mirande	216	
BAZUGUES-MONSAURIN	Idem	166	
BELLOC-SAINT-CLAMENS	Idem	655	
CLERMONT-POUYGUILLÈS	Masseube	431	
GARDE-HACHAN (la)	Mirande	447	
IDRAC-RESPAILLÈS	Idem	481	
LIAS	Idem	529	
LABEJEAN	Idem	632	
LASSERRE-BERDOUES	Idem	340	
LOUBERSAN	Idem	399	
MARSEILLAN	Idem	306	
MAZÈRES (la)	Idem	320	
MAZERETTES	Idem	151	
MIRAMONT	Idem	585	
(🚗 à Vicnau.)			
MIRANDE	✉	1,532	
MONCASSIN	Mirande	503	
PONSANFÈRE	Idem	342	
SAUVIAC	Idem	401	
SAINT-ELIX-THEUX	Idem	415	

A reporter.. 10,414

A reporter.................... 40,231

NOMS DES COMMUNES.	BUREAUX DE POSTE qui les desservent.	POPULA-TION.	TOTAL de la POPULA-TION par canton	NOMS DES COMMUNES.	BUREAUX DE POSTE qui les desservent.	POPULA-TION.	TOTAL de la POPULA-TION par canton
Suite de l'ARRONDISSEMENT DE MIRANDE.				Suite de l'ARRONDISSEMENT DE MIRANDE.			
	Report..		40,231		Report...		64,282
Suite du CANTON DE MIRANDE.				Suite du CANTON DE PLAISANCE.			
	Report..	10,414			Report..	2,615	
SAINT-MARTIN	Mirande	312		COUX	Plaisance	272	
SAINT-MAUR-SOULÈS	Idem	327		IZOTGES	Idem	355	
SAINT-MÉDARD	Idem	700		JU-BELLOC	Idem	619	
SAINT-MICHEL-SAINT-JAYMES	Idem	922	13,607	LASSERADE	Idem	601	
SAINT-OST	Idem	316		MAUMUSSON-LAGUIAN	Riscle	402	8,934
VALENTÉS	Idem	306		MONDEBAT	Plaisance	940	
VIOZAN	Idem	310		PLAISANCE 🏤	🖂	1,644	
				PRÉCHAC	Plaisance	293	
CANTON DE MONTESQUIOU.				SAINT-AUNIX-LENGROS	Idem	343	
				TASQUE	Idem	544	
ARMOUS	Marciac	407		TIESTE-URAGNOUX	Idem	406	
BARS	Mirande	439					
BASSOUES	Idem	1,667		CANTON DE RISCLE.			
CASTELNAU-D'ANGLES	Idem	422					
COURTIES	Marciac	218		ARBLADE-LE-BAS	Riscle	250	
ESTIPOUY	Mirande	387		AURENSAN	Idem	316	
GALAX	Marciac	305		BARCELONNE	Aire-sur-l'Adour	1,190	
ISLE-BAISE	Mirande	1,007		BERNEDE	Riscle	455	
LOUSLITGES	Marciac	231	10,444	CAUMONT	Idem	237	
MASCARAS	Idem	300		CORNEILLAN	Idem	448	
MONCLAR	Mirande	300		GÉE	Idem	172	
MONTESQUIOU	Idem	2,015		LABARTHÈTE	Idem	470	
MOUCHÈS	Idem	181		LANNUX	Idem	567	
PEYRUSSE-GRANDE	Marciac	1,250		LELIN-LAPUJOLLE	Idem	535	
PEYRUSSE-VIEILLE	Idem	285		MAULICHÈRES	Idem	194	11,627
POUYLEBON	Mirande	460		PROJAN	Idem	416	
SAINT-CHRISTAUD	Idem	570		RISCLE	🖂 (Distribution.)	1,734	
				SEGOS	Riscle	327	
CANTON DE PLAISANCE.				SAINT-GERMÉ	Idem	422	
				SAINT-MONT	Idem	677	
BEAUMARCHÉS	Plaisance	1,679		TARSAC	Idem	448	
CAHUSAC	Idem	423		VERGOGNAN	Aire-sur-l'Adour	349	
CANNET	Idem	217		VERLUS	Riscle	306	
GALIAX	Idem	296		VIELLA	Idem	1,811	
				VILLERÉS	Idem	313	
	A reporter..	2,615					
				TOTAL de la population de l'Arrondissement			
	A reporter		64,282				84,843

RÉCAPITULATION.

	NOMBRE de		POPULATION.
	CANTONS.	COMMUNES.	
ARRONDISSEMENT D'AUCH	6	89	61,645
————— DE CONDOM	6	98	71,487
————— DE LECTOURE	5	72	53,641
————— DE LOMBEZ	4	73	40,544
————— DE MIRANDE	8	155	84,843
TOTAUX	29	487	312,160

II.

18.

NOMS DES COMMUNES.	BUREAUX DE POSTE qui les desservent.	POPULATION.	TOTAL de la POPULATION par canton
ARRONDISSEMENT DE BORDEAUX.			
CANTON DE SAINT-ANDRÉ-DE-CUBZAC.			
Aubie	S¹-André-de-Cubzac.	317	
Cubzac	Idem.	1,038	
Espessas	Idem.	300	
Gaubiaguet	Idem.	368	
Peujard	Idem.	752	
Salignac	Idem.	1,138	
Saint-André-de-Cubzac	✉	2,957	9,021
Saint-Antoine-d'Artigue-longue	S¹-André-de-Cubzac	201	
Saint-Gervais	Idem.	751	
Saint-Laurent-d'Arce	Idem.	856	
Virsac	Idem.	343	
CANTON D'AUDENGE.			
Audernos	La Teste-de-Buch...	1,169	
Audenge	Idem.	1,148	
Biganos	Idem.	1,019	6,539
Lanton	Idem.	544	
Lège	Idem.	375	
Mios	Idem.	2,284	
CANTON DE BELIN.			
Barp (le)	Belin.	674	
Bellet	Idem.	1,037	
Belin	✉ (Distribution.)	1,411	7,893
Lugos	Belin.	343	
Salles	Idem.	3,618	
Saint-Magne	Idem.	810	
CANTON DE BLANQUEFORT.			
Blanquefort	Bordeaux.	2,074	
Eysines	Idem.	2,090	
Ludon	Idem.	997	
Macau	Margaux.	1,492	
Parempuire	Bordeaux.	639	10,915
Pian-en-Médoc (le)	Idem.	620	
Saint-Aubin	Idem.	388	
Saint-Médard-en-Jalle	Idem.	1,667	
Taillan	Idem.	948	
CANTON DE BORDEAUX.			
Bègles	Bordeaux.	2,322	
Bordeaux	✉	99,062	
Bouscat	Bordeaux.	1,729	108,267
Bruges	Idem.	929	
Cauderan	Idem.	2,903	
Talence	Idem.	1,322	
CANTON DE CADILLAC.			
Beguey	Cadillac.	958	
Cadillac	✉	1,522	
Capian	Cadillac.	705	
Cardan	Idem.	287	
Donzac	Idem.	152	
Gabarnac	Idem.	444	
Langoiran	Idem.	1,542	
Lestiac	Idem.	556	11,767
Loupiac	Idem.	1,025	
Montprinblanc	Idem.	365	
Omet	Idem.	326	
Paillet	Idem.	885	
Rions	Idem.	1,316	
Roque (la)	Idem.	220	
Sainte-Croix-du-Mont	Idem.	1,126	
Villenave-de-Rions	Idem.	338	
A reporter			154,402

NOMS DES COMMUNES.	BUREAUX DE POSTE qui les desservent.	POPULATION.	TOTAL de la POPULATION par canton
Suite de l'ARRONDISSEMENT DE BORDEAUX.		*Report..*	154,402
CANTON DE CARBON-BLANC.			
Ambarès	Carbon-Blanc.	2,299	
Ambès	Idem.	792	
Artigues	Idem.	387	
Beychac	Saint-Loubès.	523	
Bouillac	Bordeaux.	663	
Carbon-Blanc	✉ (Distribution.)	1,900	
Cenon-la-Bastide	Bordeaux.	1,805	
Floirac	Idem.	965	
Lormont	Carbon-Blanc.	1,883	18,415
Montferrand	Idem.	721	
Montussan	Saint-Loubès.	625	
Sainte-Eulalie	Carbon-Blanc.	616	
Saint-Loubès	✉ (Distribution.)	2,474	
Saint-Sulpice	Saint-Loubès.	1,076	
Saint-Vincent	Carbon-Blanc.	424	
Tresses	Idem.	587	
Yvrac	Idem.	675	
CANTON DE CASTELNAU-DE-MÉDOC.			
Ancins	Margaux.	306	
Arsac	Idem.	640	
Avensan	Castelnau-de-Médoc.	1,005	
Brach	Idem.	262	
Cantenac	Margaux.	853	
Castelnau-de-Médoc	✉ (Distribution.)	1,123	
Cussac	Margaux.	958	
Labarde	Idem.	342	
Lacanau	Castelnau-de-Médoc.	879	
Lamarque	Margaux.	795	14,599
Listrac	Castelnau-de-Médoc.	1,803	
Margaux	✉ (Distribution.)	980	
Moulis	Castelnau-de-Médoc.	904	
Porge (le)	Idem.	679	
Salannes	Idem.	318	
Saumos	Idem.	457	
Soussans	Margaux.	894	
Sainte-Hélène	Castelnau-de-Médoc.	825	
Temple (le)	Idem.	576	
CANTON DE CRÉON.			
Baurech	Créon.	634	
Blessignac	Idem.	184	
Bonnetan	Idem.	229	
Camarsac	Idem.	282	
Cambes	Idem.	707	
Camblanes	Idem.	859	
Carignan	Bordeaux.	613	
Cenac	Créon.	447	
Créon	✉ (Distribution.)	913	
Croignon	Créon.	168	
Cursan	Idem.	220	
Fargues	Idem.	566	
Haux	Idem.	838	
Latresne	Bordeaux.	974	14,361
Lignan	Créon.	352	
Loupes	Idem.	121	
Madirac	Idem.	95	
Pompignac	Carbon-Blanc.	572	
Pont (le)	Créon.	168	
Quinsac	Idem.	1,002	
Sadirac	Idem.	1,087	
Sauve (la)	Idem.	809	
Saint-Caprais	Idem.	502	
Saint-Genès-de-Lombaud	Idem.	268	
Saint-Léon	Idem.	197	
Sallebœuf	Idem.	680	
Tabanac	Idem.	561	
Tourne (le)	Idem.	533	
A reporter			201,777

NOMS DES COMMUNES.	BUREAUX DE POSTE qui les desservent.	POPULATION.	TOTAL de la POPULATION par canton
Suite de l'ARRONDISSEMENT DE BORDEAUX.		Report..	201,777
CANTON DE LABRÈDE.			
AIGUEMORTE....	Castres....	230	
BAUTIRAN....	Idem....	863	
CABANAC....	Idem....	696	
CADAUJAC.... (🐎 au Bouscaut.)	Bordeaux....	958	
CANTEIS 🐎....	✉....	755	
ILE-SAINT-GEORGES....	Castres....	363	10,097
LABRÈDE....	Idem....	1,328	
LÉOGNAN....	Bordeaux....	1,755	
MARTILLAC....	Castres....	747	
SAUCATS....	Idem....	787	
SAINT-MÉDARD D'EYRANS....	Idem....	445	
SAINT-MORILLON....	Idem....	791	
SAINT-SELVE....	Idem....	979	
CANTON DE PESSAC.			
CANÉJAN....	Bordeaux....	324	
GESTAS....	Idem....	865	
GRADIGNAN....	Idem....	1,630	
ILLAC....	Idem....	537	
MARTIGNAS....	Idem....	255	9,577
MÉRIGNAC....	Idem....	3,997	
PESSAC....	Idem....	1,502	
VILLENAVE-D'ORNON....	Idem....	1,377	
CANTON DE PODENSAC.			
ARBANATS....	Podensac....	479	
BASSAC....	Idem....	2,896	
BUDOS....	Idem....	941	
CÉRONS 🐎....	Idem....	1,373	
ILLATS....	Idem....	1,597	
LANDIRAS....	Idem....	2,321	17,625
PODENSAC....	✉....	1,614	
PORTETS....	Castres....	1,830	
PRÉIGNAC....	Podensac....	2,738	
PUJOLS....	Idem....	985	
SAINT-MICHEL....	Idem....	180	
VIRELADE....	Idem....	671	
CANTON DE LA TESTE-DE-BUCH.			
GUJAN....	La Teste-de-Buch...	1,929	
TEICH (le)....	Idem....	903	5,672
TESTE-DE-BUCH (la)....	✉....	2,840	
TOTAL de la population de l'Arrondissement......			245,348
ARRONDISSEMENT DE BAZAS.			
CANTON D'AUROS.			
AILLAS....	Bazas....	2,061	
AUROS....	Idem....	560	
BARIE....	La Réole....	870	
BASSANNE....	Idem....	188	
BERTHEZ....	Bazas....	247	
BRANNENS....	Langon....	240	
BROUQUEYRAN....	Bazas....	315	7,447
CASTILLON....	Langon....	382	
COIMÈRES....	Bazas....	545	
LADOS....	Idem....	219	
PONDURAT....	La Réole....	737	
PUYBARBAN....	Idem....	456	
SAVIGNAC....	Langon....	627	
A reporter.....................	Report..		7,447

NOMS DES COMMUNES.	BUREAUX DE POSTE qui les desservent.	POPULATION.	TOTAL de la POPULATION par canton
Suite de l'ARRONDISSEMENT DE BAZAS.		Report..	7,447
CANTON DE BAZAS.			
AUBIAC....	Bazas....	252	
BAZAS 🐎....	✉....	255	
BERNOS....	Bazas....	1,217	
BIRAC....	Idem....	359	
CAZATS....	Idem....	442	
CUDOS....	Idem....	1,165	
GAJAC....	Idem....	757	11,000
GANS....	Idem....	469	
LIGNAN....	Idem....	392	
MARIMBAUT....	Idem....	264	
NIZAN....	Idem....	606	
SAUVIAC....	Idem....	411	
SAINT-COME....	Idem....	411	
CANTON DE CAPTIEUX.			
CAPTIEUX 🐎.... (🐎 au Poteau.)	✉ (Distribution.)....	1,970	
GISCOS....	Captieux....	426	
GOUALADE....	Idem....	346	3,612
LARTIGUE....	Idem....	238	
SAINT-MICHEL-DE-CASTELNAU....	Idem....	632	
CANTON DE GRIGNOLS.			
CAUVIGNAC....	Bazas....	328	
COURS....	Idem....	413	
GRIGNOLS 🐎....	Idem....	1,667	
LABESCAU....	Idem....	192	
LAVAZAN....	Idem....	345	5,436
LERM....	Captieux....	947	
MARIONS....	Bazas....	513	
MASSEILLES....	Idem....	306	
SENDETS....	Idem....	500	
SILLAS....	Idem....	225	
CANTON DE LANGON.			
BIEUJAC....	Langon....	503	
BOMMES....	Idem....	828	
CASTETS....	Idem....	1,182	
FARGUES....	Idem....	873	
LANGON 🐎....	✉....	3,566	
LÉOGEATS....	Langon....	987	
MAZÈRES....	Idem....	562	12,217
ROAILLAN....	Idem....	484	
SAUTERNES....	Idem....	1,045	
SAINT-LOUBERT....	Idem....	201	
SAINT-PARDON....	Idem....	351	
SAINT-PIERRE-DE-MONS....	Idem....	962	
TOULENNE....	Idem....	673	
CANTON DE SAINT-SYMPHORIEN.			
BALIZAC....	Villandraut....	1,038	
HOSTENS....	Idem....	1,719	
ORIGNE....	Idem....	269	5,388
SAINT-LÉGER....	Idem....	374	
SAINT-SYMPHORIEN....	Idem....	1,685	
TUZAN....	Idem....	303	
CANTON DE VILLANDRAUT.			
BOURIDEYS....	Villandraut....	413	
LUCMAU....	Bazas....	749	
NOAILLAN....	Villandraut....	2,485	
PRÉCHAC....	Idem....	2,907	8,702
POMPÉJAC....	Bazas....	411	
UZESTE....	Villandraut....	924	
VILLANDRAUT....	✉ (Distribution.)....	813	
TOTAL de la population de l'Arrondissement......			53,802

NOMS DES COMMUNES.	BUREAUX DE POSTE qui les desservent.	POPULATION.	TOTAL de la POPULATION par canton.	NOMS DES COMMUNES.	BUREAUX DE POSTE qui les desservent.	POPULATION.	TOTAL de la POPULATION par canton.
ARRONDISSEMENT DE BLAYE.				**ARRONDISSEMENT DE LESPARRE.**			
CANTON DE BLAYE.				*CANTON DE SAINT-LAURENT-DE-MÉDOC.*			
Berson	Blaye	1,923		Carcans	Lesparre	1,005	
Blaye 🐴	✉	3,855		Hourtin	Idem	1,412	5,243
Campugnan	Blaye	572		Saint-Laurent-de-Médoc	✉ (Distribution.)	2,826	
Cars	Idem	1,640		*CANTON DE LESPARRE.*			
Cartelègue	Idem	1,101		Bégadan	Lesparre	1,176	
Fours	Idem	339		Blaignan	Idem	380	
Mazion	Idem	492	14,438	Civrac	Idem	797	
Plassac	Idem	1,093		Gaillan	Idem	2,444	
Saint-Androny	Idem	757		Lesparre	✉	1,232	
Saint-Genès-de-Fours	Idem	494		Ordonnac	Lesparre	407	
Saint-Martin	Idem	790		Prignac	Idem	347	
Saint-Paul	Idem	1,030		Queyrac	Idem	2,012	16,495
Saint-Seurin-de-Cursac	Idem	362		Saint-Christoly	Idem	700	
CANTON DE BOURG-SUR-GIRONDE.				Saint-Germain-d'Esteuil	Idem	1,404	
Bayon	Bourg-sur-Gironde	1,384		Saint-Seurin-de-Cadourne	Pauillac	1,090	
Bourg-sur-Gironde	✉	2,306		Saint-Trélody	Lesparre	1,589	
Comps	Bourg-sur-Gironde	461		Saint-Yzants	Idem	528	
Gauriac	Idem	1,774		Valeyrac	Idem	477	
Lansac	Idem	674		Vendays	Idem	1,912	
Marcamps	Idem	484		*CANTON DE PAUILLAC.*			
Mombrier	Idem	529		Cissac	Pauillac	933	
Prignac	Idem	440		Pauillac	✉	3,352	
Pugnac	Idem	707	13,247	Saint-Estèphe	Pauillac	2,181	9,318
(🐴 à Gravier.)				Saint-Julien	Idem	1,226	
Samonac	Idem	507		Saint-Sauveur	Idem	629	
Saint-Ciers-Canesse	Blaye	973		Vertheuil	Idem	997	
Saint-Seurin-de-Bourg	Bourg-sur-Gironde	444		*CANTON DE SAINT-VIVIEN.*			
Saint-Trojan	Idem	374		Grayan	Lesparre	1,025	
Tauriac	Idem	1,126		Jau	Idem	1,608	
Teuillac	Idem	666		Saint-Vivien	Idem	897	5,862
Villeneuve	Blaye	398		Soulac	Idem	801	
CANTON DE SAINT-CIERS-LA-LANDE.				Talais	Idem	536	
Anglade	Blaye	1,279		Vensac	Idem	995	
Braud	Saint-Aubin	1,475		TOTAL de la population de l'Arrondissement			36,918
Étauliers 🐴	Idem	644		**ARRONDISSEMENT DE LIBOURNE.**			
Eyrans	Blaye	614		*CANTON DE BRANNE.*			
Marcillac	Saint-Aubin	1,983	13,138	Baron	Branne	391	
Pleineselve	Idem	433		Branne	✉ (Distribution.)	560	
Reignac	Idem	1,686		Cabara	Branne	610	
Saint-Aubin	✉ (Distribution.)	849		Camiac	Idem	251	
Saint-Caprais	Saint-Aubin	505		Daignac	Idem	267	
Saint-Ciers-la-Lande	Idem	2,707		Dardenac	Idem	125	
Saint-Palais	Idem	963		Espiet	Idem	365	
CANTON DE SAINT-SAVIN.				Genissac	Idem	1,115	
Cavignac 🐴	✉ (Distribution.)	715		Gresillac	Idem	756	
Cézac	Cavignac	1,709		Guillac	Idem	243	10,238
Civrac	Idem	818		Jugazan	Idem	365	
Cubnezais	Idem	655		Lugaignac	Idem	343	
Donnezac	Montendre	1,006		Moulon	Idem	1,334	
Fosse (la)	Bourg-sur-Gironde	394		Naujan	Idem	710	
Générac	Blaye	753		Nérigean	Idem	584	
Marcenais	Cavignac	533		Saint-Aubin	Idem	424	
Marsas	Idem	665	15,583	Saint-Germain-du-Puch	Libourne	902	
Ruscade (la)	Idem	1,643		Saint-Quentin	Branne	637	
Saugon	Blaye	334		Tizac	Idem	276	
Saint-Christoly	Idem	1,903		*CANTON DE CASTILLON.*			
Saint-Giron	Idem	1,038		Belvès	Castillon	347	
Saint-Mariens	Cavignac	859		Castillon 🐴	✉	2,897	
Saint-Savin	Idem	2,075			A reporter	3,244	
Saint-Vivien	Bourg-sur-Gironde	483					
TOTAL de la population de l'Arrondissement			56,406		A reporter		10,238

NOMS DES COMMUNES.	BUREAUX DE POSTE qui les desservent.	POPULA-TION.	TOTAL de la POPULA-TION par canton	NOMS DES COMMUNES.	BUREAUX DE POSTE qui les desservent.	POPULA-TION.	TOTAL de la POPULA-TION par canton
Suite de l'ARRONDISSEMENT DE LIBOURNE.				**Suite de l'ARRONDISSEMENT DE LIBOURNE.**			
	Report..		10,238		*Report..*		54,328
Suite du Canton de CASTILLON.				**Suite du Canton de GUITRES.**			
	Report..	3,244			*Report..*	2,430	
Gardégan	Castillon	377		Lagorce	Coutras	2,304	
Salles (les)	Idem	442		Lapouyade	Idem	803	
Sainte-Colombe	Idem	312		Maransin	Idem	1,335	
Saint-Étienne-de-Lisse	Idem	468		Sablons	Idem	997	
Saint-Genès	Idem	516		Savignac	Idem	682	12,702
Saint-Hippolyte	Idem	325	10,827	Saint-Ciers	Idem	796	
Saint-Laurent	Libourne	309		Saint-Denis	Libourne	2,525	
Saint-Magne	Idem	1,247		Saint-Martin-de-Laye	Coutras	497	
Saint-Philippe	Idem	398		Saint-Martin-du-Bois	Idem	812	
Saint-Pey-d'Armens	Idem	347		Tizac	Idem	521	
Sainte-Terre	Idem	2,112		**Canton de LIBOURNE.**			
Vignonet	Idem	730		Arveyres	Libourne	1,377	
Canton de COUTRAS.				Billaux (les)	Idem	490	
Absac	Coutras	1,520		Cadarsac	Idem	136	
Camps	Saint-Médard	234		Izon	Saint-Loubès	1,470	
Chavadelle	Coutras	746		Lande-de-Libourne (la)	Libourne	564	20,698
Coutras	✉	3,144		Libourne 🐎	✉	9,838	
Églisottes	Roche-Chalais	991		Pomerol	Libourne	969	
Fieu (le)	Coutras	470	11,361	Saint-Émilion	Idem	3,068	
Peintures (les)	Idem	922		Saint-Sulpice	Idem	1,267	
Porchères	Saint-Médard	475		Vayres	Idem	1,519	
Saint-Antoine	Idem	455		**Canton de LUSSAC.**			
Saint-Christophe	Roche-Chalais	956		Francs	Libourne	295	
Saint-Médard 🐎	✉ (Distribution.)	924		Gours	Saint-Médard	394	
Saint-Seurin	Saint-Médard	524		Lussac	Libourne	2,385	
Canton de SAINTE-FOY.				Montagne	Idem	1,698	
Caplong	Sainte-Foy	523		Monbadon	Idem	389	
Eynesse	Idem	733		Néac	Libourne	452	
Lèves (les)	Idem	1,097		Palais (le)	Saint-Médard	592	
Ligueux	Idem	287		Parsac	Libourne	267	9,432
Margueron	Idem	502		Puisseguin	Idem	922	
Pineuilh	Idem	1,018		Puynormand	Saint-Médard	393	
Riocaud	Idem	414		Saint-Christophe	Libourne	658	
Roquille (la)	Idem	404	10,611	Saint-Cibard	Idem	277	
Saint-André	Idem	771		Saint-Georges-de-Montagne	Idem	355	
Saint-Avit-de-Soulège	Idem	270		Saint-Sauveur	Saint-Médard	194	
Saint-Avit-du-Moiron	Idem	1,019		Tayac	Libourne	261	
Sainte-Foy 🐎	✉	2,612		**Canton de PUJOLS.**			
Saint-Nazaire	Sainte-Foy	154		Bossugan	Castillon	91	
Saint-Philippe	Idem	282		Civrac	Idem	423	
Saint-Quentin	Idem	525		Coubeyrac	Idem	203	
Canton de FRONSAC.				Doulezon	Idem	429	
Asques	St-André-de-Cubzac	704		Flaujagues	Idem	722	
Cadillac	Idem	454		Gensac	Idem	1,305	
Fronsac	Libourne	1,490		Juillac	Idem	356	
Galgon	Idem	1,372		Mouliets	Idem	812	
Lande-de-Cubzac (la)	St-André-de-Cubzac	626		Pessac	Idem	962	10,134
Lugon	Idem	887		Pujols	Idem	892	
Mouillac	Idem	132		Rauzan	Branne	952	
Périssac	Idem	773		Sainte-Florence	Castillon	180	
Rivière (la)	Libourne	431	11,291	Saint-Jean-de-Blaignac	Branne	600	
Saillans	Idem	460		Saint-Pey-de-Castets	Castillon	913	
Saint-Aignan	Idem	287		Sainte-Radegonde	Idem	628	
Saint-Genès-de-Queuil	St-André-de-Cubzac	371		Saint-Vincent	Idem	666	
Saint-Germain-de-la-Rivière	Idem	448		Total de la population de l'Arrondissement.......			107,294
Saint-Michel	Libourne	611		**ARRONDISSEMENT DE LA RÉOLE.**			
Sainy-Romain	St-André-de-Cubzac	687		**Canton de SAINT-MACAIRE.**			
Tarnès	Idem	168		Aubiac	Saint-Macaire	729	
Vérac	Idem	588		Caudrot 🐎	✉ (Distribution.)	1,307	
Villegouge	Libourne	802		Pian-sur-Garonne (le)	Saint-Macaire	1,030	
Canton de GUITRES.				Semens	Idem	281	
Bayas	Coutras	553		Saint-André-du-Bois	Idem	768	
Bonzac	Libourne	607		Sainte-Foi-la-Longue	Caudrot	187	
Guitres	Coutras	1,270					
	À reporter..	2,430					
	À reporter.................		54,328		*À reporter..*	4,302	

Suite de l'ARRONDISSEMENT DE LA RÉOLE.

Suite du Canton de SAINT-MACAIRE.

NOMS DES COMMUNES.	BUREAUX DE POSTE qui les desservent.	POPULA- TION.	TOTAL de la POPULA- TION par canton.
	Report..	4,302	
SAINT-GERMAIN-DE-GRAVE.....	Saint-Macaire......	320	
SAINT-LAURENT-DU-BOIS.....	Caudrot..........	381	
SAINT-LAURENT-DU-PLAN.....	Idem....	179	
SAINT-MACAIRE..........	✉	1,582	10,176
SAINT-MARTIAL.....	Saint-Macaire......	396	
SAINT-MARTIN-DE-SESCAS.....	Idem....	615	
SAINT-MAIXANT.....	Idem....	1,096	
SAINT-PIERRE-D'AURILLAC.....	Idem....	1,305	

CANTON DE MONSÉGUR.

CASTELMORON.....	Monségur......	114	
COURS.....	Idem....	422	
COUTURES-SUR-LE-DROT......	Idem....	173	
DIEULIVOL.....	Idem....	844	
LANDERROUET.....	Idem....	259	
MESTERRIEUX.....	Idem....	349	
MONSÉGUR.....	✉	1,344	
NEUFFONS.....	Monségur....	301	7,583
PUY (le).....	Idem....	412	
RIMONS.....	Idem....	588	
ROQUEBRUNE.....	Idem....	352	
SAINTE-GEMME.....	Idem....	456	
SAINT-SULPICE-DE-GUILLERAGUES.....	Idem....	427	
SAINT-VIVIEN.....	Idem....	902	
TAILLECAVAT.....	Idem....	610	

CANTON DE PELLEGRUE.

AURIOLES.....	Monségur....	319	
CAUMON.....	Idem....	255	
CAZAUGITAT.....	Idem....	641	
LANDERROUAT.....	Idem....	271	
LISTRAC.....	Idem....	187	5,689
MASSUGAS.....	Idem....	720	
PELLEGRUE.....	Idem....	1,857	
SOUSSAC.....	Idem....	305	
SAINT-ANTOINE-DU-QUEYRET.....	Idem....	304	
SAINT-FERME.....	Idem....	930	

CANTON DE LA RÉOLE.

BAGAS.....	La Réole........	257	
BLAIGNAC.....	Idem....	313	
BOURDELLES.....	Idem....	367	
CAMIRAN.....	Idem....	534	
CASSEUIL.....	Caudrot....	621	
ESSEINTES (les).....	La Réole....	269	
FLOUDÈS.....	Idem....	214	
FONTET.....	Idem....	695	
FOSSÉS-BALEYSSAC.....	Idem....	400	
GIRONDE.....	Idem....	913	
HURE.....	Idem....	766	
LOUBENS.....	Idem....	306	
LOUPIAC.....	Idem....	326	
MONGAUZY.....	Idem....	512	
MOTHE-LANDERON (la) 🐎.....	Idem....	1,446	
	A reporter..............	7,939	

Suite de l'ARRONDISSEMENT DE LA RÉOLE.

NOMS DES COMMUNES.	BUREAUX DE POSTE qui les desservent.	POPULA- TION.	TOTAL de la POPULA- TION par canton.
	Report..		23,448

Suite du Canton de LA RÉOLE.

	Report..	7,939	
MONTAGOUDIN..............	La Réole......	185	
MORISÈS.....	Idem....	572	
NOAILLAC.....	Idem....	467	
RÉOLE (la) 🐎.....	✉	3,787	14,595
SAINT-ANDRÉ-DU-GARN.....	La Réole....	735	
SAINT-EXUPÉRY.....	Caudrot....	232	
SAINT-HILAIRE-LA-NOAILLE.....	La Réole....	424	
SAINT-MICHEL.....	Idem....	500	
SAINT-SÈVE.....	Idem....	254	

CANTON DE SAUVETERRE.

BLAZIMON.....	Sauveterre....	1,238	
CASTELVIEL.....	Idem....	402	
CLEYRAC.....	Idem....	369	
COIRAC.....	Idem....	281	
DAUDÈZE.....	Idem....	255	
FONCAUDE.....	Idem....	253	
GORNAC.....	Idem....	410	
MAURIAC.....	Idem....	635	
MERIGNAS.....	Idem....	591	
MONPEZAY.....	Cadillac....	116	
MOURENS.....	Idem....	461	
PUCH.....	Sauveterre....	267	9,746
RUCH.....	Idem....	746	
SALLERRUNEAU.....	Idem....	170	
SAUVETERRE.....	✉ (Distribution.)....	734	
SAINT-BRICE.....	Sauveterre....	244	
SAINT-FÉLIX-DE-POMMIERS.....	Idem....	241	
SAINT-HILAIRE-DU-BOIS.....	Idem....	222	
SAINT-LÉGER.....	Idem....	518	
SAINT-MARTIN-DE-LERM.....	Idem....	331	
SAINT-MARTIN-DU-PUY.....	Idem....	400	
SAINT-ROMAIN.....	Idem....	440	
SAINT-SULPICE-DE-POMMIERS....	Idem....	422	

CANTON DE TARGON.

ARBIS.....	Cadillac....	350	
BAIGNAUX.....	Idem....	269	
BELLEBAT.....	Idem....	136	
BELLEFOND.....	Sauveterre....	242	
CANTOIS.....	Cadillac....	265	
CESSAC.....	Idem....	212	
COURPIAC.....	Idem....	131	
ESCOUSSANS.....	Cadillac....	335	
FALEYRAS.....	Idem....	464	
FRONTENAC.....	Sauveterre....	544	6,448
LADAUX.....	Cadillac....	269	
LUGASSON.....	Sauveterre....	411	
MARTRES.....	Idem....	192	
MONTIGNAC.....	Cadillac....	201	
ROMAGNE.....	Idem....	354	
SOULIGNAC.....	Idem....	572	
SAINT-GENIS-AU-BOIS.....	Sauveterre....	108	
SAINT-PIERRE-DE-BAT.......	Cadillac....	391	
TARGON.....	Idem....	1,002	
TOTAL de la population de l'Arrondissement......			54,237

RÉCAPITULATION.

	NOMBRE de		POPULATION.
	CANTONS.	COMMUNES.	
ARRONDISSEMENT DE BORDEAUX...............	13	154	245,348
————————— DE BAZAS.................	7	67	53,802
————————— DE BLAYE.................	4	56	56,406
————————— DE LESPARRE............	4	30	36,918
————————— DE LIBOURNE..........	9	132	107,294
————————— DE LA RÉOLE............	6	105	54,237
TOTAUX.............	43	544	554,005

NOMS DES COMMUNES.	BUREAUX DE POSTE qui les desservent.	POPULA-TION.	TOTAL de la POPULA-TION par canton	NOMS DES COMMUNES.	BUREAUX DE POSTE qui les desservent.	POPULA-TION.	TOTAL de la POPULA-TION par canton
ARRONDISSEMENT DE MONTPELLIER.				**Suite de l'ARRONDISSEMENT DE MONTPELLIER.**			
				Report..			37,194
CANTON D'ANIANE.				**CANTON DE LUNEL.**			
ANIANE.	Gignac.	3,480		BOISSERON.	Sommières.	299	
ARGELLIERS.	Idem.	404		LUNEL. 🐎	✉.	6,260	
BOISSIÈRE (la).	Idem.	304		LUNEL-VIEL.	Lunel.	837	
MONTARNAUD.	Idem.	495	5,709	MARSILLARGUES.	Idem.	3,292	
PRÉCHABON.	Idem.	901		SATURARGUES.	Idem.	265	
SAINT-GUILHEM-LE-DÉSERT.	Idem.	849		SAUSSINES.	Sommières.	371	12,853
SAINT-PAUL-DE-VALMALLE.	Idem.	276		SAINT-CRISTOL.	Lunel.	656	
				SAINT-JUST.	Idem.	360	
CANTON DE CASTRIES.				SAINT-NAZAIRE.	Idem.	106	
ASSAS.	Montpellier.	257		SAINT-SERIÈS.	Idem.	202	
BAILLARGUES.	Lunel.	520		VERARGUES.	Idem.	91	
(🐎 à Colombiers.)				VILLETELLE.	Idem.	114	
BEAULIEU.	Idem.	323					
BOZIGNARGUES.	Sommières.	161		**CANTON DE SAINT-MARTIN-DE-LONDRES.**			
CASTRIES.	Montpellier.	715		CAUSSE-DE-LA-CELLE.	Ganges.	532	
CLAPIERS.	Idem.	243		MAS-DE-LONDRES.	Saint-Martin-de-Londres.	280	
GALLARGUES.	Sommières.	427		NOTRE-DAME-DE-LONDRES.	Idem.	376	
GUZARGUES.	Montpellier.	108		PEGAIROLLES-DE-BUÈGES.	Ganges.	233	
JACOU.	Idem.	88		ROUET.	Saint-Martin-de-Londres.	100	4,546
MONTAUD.	Lunel.	206	5,808	SAINT-ANDRÉ-DE-BUÈGES.	Ganges.	151	
RESTINCLIÈRES.	Idem.	207		SAINT-JEAN-DE-BUÈGES.	Idem.	637	
SUSSARGUES.	Idem.	176		SAINT-MARTIN-DE-LONDRES.	✉ (Distribution.).	1,077	
SAINT-BRÈS.	Idem.	372		VIOLS-EN-LAVAL.	Saint-Martin-de-Londres.	58	
SAINT-DRÉZÉRY.	Idem.	320		VIOLS-LE-FORT.	Idem.	1,102	
SAINT-GENIÈS.	Idem.	500					
SAINT-HILAIRE-BEAUVOIR.	Sommières.	132		**CANTON DES MATELLES.**			
SAINT-JEAN-DE-CORNIES.	Lunel.	62		CAZEVIEILLE.	Les Matelles.	72	
TEYRAN.	Montpellier.	237		COMBAILLOUX.	Idem.	203	
VALERGUES.	Lunel.	230		MATELLES (les).	✉ (Distribution.).	372	
VENDARGUES.	Montpellier.	574		MURLES.	Les Matelles.	61	
				PRADES.	Idem.	275	
CANTON DE CETTE.				SAINT-BAUZILLE-DE-MONTMEL.	Idem.	347	
CETTE.	✉.	10,638	10,638	SAINT-CLÉMENT.	Idem.	113	2,914
				STE-CROIX-DE-QUINTILLARGUES.	Idem.	126	
CANTON DE CLARRET.				SAINT-GÉLY-DU-FESC.	Idem.	352	
CAMPAGNE.	Sommières.	132		SAINT-JEAN-DE-COCULLES.	Idem.	202	
CLARRET.	Les Matelles.	771		SAINT-MATHIEU-DE-TRÉVIERS.	Idem.	371	
FERRIÈRES.	Saint-Martin-de-Londres.	44		SAINT-VINCENT.	Idem.	105	
FONTANÈS.	Les Matelles.	66	1,984	TRIADOU (le).	Idem.	49	
GARRIGUES.	Sommières.	120		VAILHAUQUES.	Idem.	266	
SAUTEYRARGUES.	Les Matelles.	333					
VALFLAUNÈS.	Idem.	270		**CANTON DE MAUGUIO.**			
VAQUIÈRES.	Idem.	248		CANDILLARGUES.	Lunel.	160	
				LANSARGUES.	Idem.	1,344	3,735
CANTON DE FRONTIGNAN.				MAUGUIO.	Montpellier.	1,701	
BALAROC-LES-BAINS.	Frontignan.	621		MUDAISON.	Lunel.	530	
FRONTIGNAN.	✉ (Distribution.).	1,877					
MIREVAL.	Frontignan.	491	4,440	**CANTON DE MÈZE.**			
VIC.	Idem.	240		BOUZIGUES.	Mèze.	1,238	
VILLENEUVE-LES-MAGUELONNE.	Montpellier.	1,211		GIGEAN. 🐎	Idem.	1,157	
				LOUPIAN.	Idem.	1,174	
CANTON DE GANGES.				MÈZE. 🐎	✉.	4,400	12,504
AGONÈS.	Ganges.	114		MONTBAZIN.	Mèze.	865	
BRISSAC.	Idem.	860		POUSSAN.	Idem.	1,916	
CAZILHAC-LE-BAS.	Idem.	503		VILLEVEYRAC.	Idem.	1,754	
GANGES.	✉.	4,193					
GORNIÈS.	Ganges.	583	8,615	**CANTON DE MONTPELLIER (1er).**			
MONTOULIEU.	Idem.	105		MONTPELLIER (1er canton) 🐎.	✉.	17,096	17,096
MOULÈS.	Idem.	132					
ROQUE (la).	Idem.	503		**CANTON DE MONTPELLIER (2e).**			
SAINT-BAUZILLE-DE-PUTOIS.	Idem.	1,622		CASTELNAU.	Montpellier.	673	
				LATTES.	Idem.	363	
				MONTFERRIER.	Idem.	506	16,060
				MONTPELLIER (2e canton).	✉.	13,722	
				PÉROLS.	Montpellier.	796	
À reporter.			37,194	À reporter.			106,903

NOMS DES COMMUNES.	BUREAUX DE POSTE qui les desservent.	POPULA-TION.	TOTAL de la POPULA-TION par canton

Suite de l'ARRONDISSEMENT DE MONTPELLIER.

Report.. 106,902

CANTON DE MONTPELLIER (3ᵉ).

COURNONSEC	Montpellier	464	
COURNONTERRAL	Idem	1,603	
FABRÈGUES	Idem	900	
GRABELS	Idem	533	
(à la Barreque-de-Bel-Air.)			
JUVIGNAC	Idem	75	13,149
LAVERUNE	Idem	685	
MONTPELLIER (3ᵉ canton)	Idem	5,007	
MURVIEL	Montpellier	522	
PIGNAN	Idem	1,889	
SAUSSAN	Idem	298	
SAINT-GEORGES-D'ORQUES	Idem	611	
SAINT-JEAN-DE-VEDAS	Idem	562	

TOTAL de la population de l'Arrondissement....... 120,051

ARRONDISSEMENT DE BEZIERS.

CANTON D'AGDE.

AGDE	✉	8,202	
BESSAN	Agde	2,228	15,878
MARSEILLAN	✉ (Distribution.)	3,687	
VIAS	✉ (Distribution)	1,761	

CANTON DE BÉDARIEUX.

BÉDARIEUX	✉	5,998	
BOUSSAGUES	Bédarieux	1,138	
CAMPLONG	Idem	2,515	
CARLENCAS	Idem	140	11,333
FAUGÈRES	Idem	846	
PÉZÈNES	Idem	551	
PRADAL (le)	Idem	145	

CANTON DE BEZIERS (1ᵉʳ).

BASSAN	Beziers	440	
BEZIERS (1ᵉʳ canton)	✉	8,086	
BOUJAN	Beziers	639	
CERS	Idem	225	
CORNEILHAN	Idem	732	13,131
LIEURAN-LES-BEZIERS	Idem	291	
LIGNAN	Idem	347	
PORTIRAGNES	Idem	375	
VILLENEUVE-LES-BEZIERS	Idem	1,996	

CANTON DE BEZIERS (2ᵉ).

BEZIERS (2ᵉ canton)	✉	8,683	
CAZOULS-LES-BEZIERS	Beziers	2,070	
COLOMBIERS	Idem	471	
LESPIGNAN	Idem	1,261	
MARAUSSAN	Idem	917	16,530
SAUVIAN	Idem	463	
SÉRIGNAN	Idem	1,997	
VENDRES	Idem	668	

CANTON DE CAPESTANG.

CAPESTANG	Beziers	1,624	
CREISSAN	Saint-Chinian	337	
MAUREILHAN	Beziers	601	
MONTADY	Idem	261	
MONTELS	Narbonne	106	7,340
NISSAN	Beziers	1,537	
POILHES	Idem	155	
PUISSERGUIER	Idem	1,610	
QUARANTE	Saint-Chinian	1,109	

A reporter.................... 64,212

Suite de l'ARRONDISSEMENT DE BEZIERS.

Report.. 64,212

CANTON DE FLORENSAC.

CASTELNAU-DE-GUERS	Pezénas	880	
FLORENSAC	Marseillan	3,512	6,502
PINET	Idem	501	
POMÉROLS	Idem	1,609	

CANTON DE SAINT-GERVAIS.

CASTANET-LE-HAUT	Bédarieux	649	
COMBES-TERRE-FORAINE-DU-POU-JOL	Idem	496	
HÉRÉPIAN	Idem	991	
MOURCAIROL	Idem	855	
POUJOL (le)	Idem	1,255	8,937
ROSIS	Idem	856	
SAINT-GENIÈS-DE-VARENSAL	Idem	288	
SAINT-GERVAIS	Idem	2,505	
TAUSSAC	Idem	502	
VILLEMAGNE	Idem	540	

CANTON DE MONTAGNAC.

ADISSAN	Pezénas	576	
AUMES	Montagnac	428	
CABRIÈRES	Pezénas	536	
CAZOULS-D'HÉRAULT	Idem	538	
FONTÈS	Idem	1,004	
LÉSIGNAN-LA-CÈBE	Idem	648	9,958
LIEBRAN-CABRIÈRES	Idem	236	
MONTAGNAC	✉	3,440	
NISAS	Pezénas	731	
PERET	Idem	1,014	
SAINT-PONS-DE-MAUCHIENS	Montagnac	620	
USCLAS-D'HÉRAULT	Pezénas	187	

CANTON DE MURVIEL.

ANTIGNAC	Beziers	618	
CABREROLLES	Bédarieux	622	
CAUSSES	Beziers	540	
CAUSSINIOJOULS	Bédarieux	246	
LAURENS	Beziers	827	
MURVIEL	Idem	1,435	7,766
PAILHÈS	Idem	303	
PUIMISSON	Idem	475	
SAINT-GENIÈS-LE-BAS	Idem	832	
SAINT-NAZAIRE-DE-LADAREZ	Idem	884	
THÉZAN	Idem	984	

CANTON DE PEZÉNAS.

CAUX	Pezénas	1,814	
NÉZIGNAN-L'ÉVÊQUE	Idem	787	
PEZÉNAS	✉	7,847	12,720
SAINT-THIBERY	Pezénas	1,427	
TOURBES	Idem	845	

CANTON DE ROUJAN.

FOS	Bédarieux	229	
FOUZILHON	Pezénas	110	
GABIAN	Idem	960	
MAGALAS	Idem	1,213	
MARGON	Idem	217	
MONTESQUIEU	Bédarieux	188	6,549
NEFFIÈS	Pezénas	1,010	
POUZOLLES	Idem	842	
ROQUESSELS	Bédarieux	150	
ROUJAN	Pezénas	1,420	
VAILHAN	Idem	210	

A reporter.................... 116,644

NOMS DES COMMUNES.	BUREAUX DE POSTE qui les desservent.	POPULA- TION.	TOTAL de la POPULA- TION par canton	NOMS DES COMMUNES.	BUREAUX DE POSTE qui les desservent.	POPULA- TION.	TOTAL de la POPULA- TION par canton
Suite de l'ARRONDISSEMENT DE BEZIERS.		Report..	116,644	Suite de l'ARRONDISSEMENT DE LODÈVE.		Report..	33,161
CANTON DE SERVIAN.				**CANTON DE LODÈVE.**			
ABEILHAN	Pezénas	805		Bosc (le)	Lodève	729	
ALIGNAN-DU-VENT	Idem	1,129		FAUZIÈRES	Idem	155	
COULOBRES	Idem	178		LAUROUX	Idem	414	
ESPONDEILHAN	Idem	278		LODÈVE	⊠	9,919	
MONTBLANC	Idem	1,203	7,003	OLMET	Lodève	131	
PEISSALICON	Idem	683		PARLATGES	Idem	301	
SERVIAN	Idem	2,174		PLANS (les)	Idem	323	
(à la Bégude-de-Jordy.)				POUJOLS	Idem	289	
VALROS	Idem	553		PUECH (le)	Idem	264	15,896
				SOUBÈS	Idem	816	
TOTAL de la population de l'Arrondissement			123,647	SOUMONT	Idem	298	
				SAINT-ÉTIENNE-DE-GOURGAS	Idem	520	
ARRONDISSEMENT DE LODÈVE.				SAINT-JEAN-DE-LA-BLAQUIÈRE	Idem	439	
				SAINT-PRIVAT	Idem	505	
CANTON DU CAYLAR.				USCLAS	Idem	155	
				VACQUERIE (la)	Idem	638	
CAYLAR (le)	Lodève	805					
CROS (le)	Idem	372		**CANTON DE LUNAS.**			
PEGAIROLLES-DE-L'ESCALETTE	Idem	480					
RIVES (les)	Idem	315	3,644	AVÈNE	Lodève	1,407	
SORBS	Idem	366		BRENAS	Idem	183	
SAINT-FÉLIX-DE-L'HÉRAS	Idem	69		CEILHES	Idem	1,064	
SAINT-MAURICE	Idem	874		DIO	Idem	423	
SAINT-MICHEL	Idem	363		JONCELS	Idem	701	
				LUNAS	Idem	1,493	6,854
CANTON DE CLERMONT.				MÉRIFONS	Idem	92	
				OCTON	Idem	698	
ASPIRAN	Clermont (Hérault)	1,614		ROQUEREDONDE-DE-TIENDAS	Idem	375	
BRIGNAC	Idem	281		ROMIGNIÈRES	Idem	77	
CANET	Idem	1,003		SAINT-MARTIN-DE-COMBES	Idem	34	
CELLES	Idem	104		VALETTE (la)	Idem	307	
CEYRAS	Idem	661					
CLERMONT	⊠	6,199		TOTAL de la population de l'Arrondissement			55,911
LACOSTE	Clermont (Hérault)	269					
LIAUSSON	Idem	160	14,156				
MOUREZE	Idem	131		ARRONDISSEMENT DE SAINT-PONS.			
NEBIAN	Idem	999					
PAULHAN	Idem	1,321		**CANTON DE SAINT-CHINIAN.**			
SALASE	Idem	359					
SAINT-FÉLIX-DE-LODEZ	Idem	504		AGEL	Saint-Chinian	377	
VALMASCLE	Idem	150		AIGUES-VIVES	Idem	491	
VILLENEUVETTE	Idem	401		ASSIGNAN	Idem	181	
				CEBAZAN	Idem	371	
CANTON DE GIGNAC.				CESSENON	Idem	2,163	
				CRUZY	Idem	992	8,711
ARBORAS	Gignac	189		MONTOULIERS	Idem	270	
AUMELAS	Idem	274		PIERRERUE	Idem	431	
BELARGA	Idem	369		SAINT-CHINIAN	⊠	3,270	
CAMPAGNAN	Idem	266		VILLESPASSANS	Saint-Chinian	165	
GIGNAC	⊠	2,779					
JONQUIÈRES	Clermont (Hérault)	357		**CANTON D'OLARGUES.**			
LAGAMAS	Gignac	83					
MONTPEYROUX	Idem	1,713		BERLOU	Saint-Chinian	367	
PLAISSAN	Idem	311		COLOMBIÈRES	Saint-Pons	800	
POPIAN	Idem	174		FERRIÈRES	Saint-Chinian	345	
POUJET (le)	Idem	1,001	15,361	MONS	Saint-Pons	1,466	
POUZOLS	Idem	340		OLARGUES	Idem	1,298	
PUILACHER	Idem	102		PRÉMIAN	Idem	886	11,285
SAINT-ANDRÉ-DE-SANGONIS	Idem	2,131		ROQUEBRUN	Saint-Chinian	1,455	
SAINT-BAUZILE-DE-LA-SILVE	Clermont (Hérault)	580		SAINT-ÉTIENNE-D'ALBAGNAN	Saint-Pons	636	
SAINT-GUIRAUD	Gignac	168		SAINT-JULIEN	Idem	1,021	
SAINT-JEAN-DE-FOS	Idem	1,507		SAINT-MARTIN	Idem	535	
SAINT-PARGOIRE	Idem	1,496		SAINT-VINCENT	Idem	1,604	
SAINT-SATURNIN	Idem	346		VIEUSSAN	Idem	852	
TRESSAN	Idem	535					
VENDEMIAN	Idem	660					
A reporter			33,161	A reporter			19,996

NOMS DES COMMUNES.	BUREAUX DE POSTE qui les desservent.	POPULA-TION.	TOTAL de la POPULA-TION par canton	NOMS DES COMMUNES.	BUREAUX DE POSTE qui les desservent.	POPULA-TION.	TOTAL de la POPULA-TION par canton
Suite de l'ARRONDISSEMENT DE SAINT-PONS.				Suite de l'ARRONDISSEMENT DE SAINT-PONS.			
		Report..	19,996			*Report..*	28,898
CANTON D'OLONZAC.				CANTON DE SAINT-PONS.			
AIGNE..................	Saint-Pons........	329		BOISSET................	Saint-Pons........	273	
AZILLANET.............	Azille.............	520		PARDAILHAN.............	*Idem*...........	1,159	
BEAUFORT..............	*Idem*..........	173		RIEUSSEC...............	*Idem*...........	916	
CASSAGNOLLES..........	La Bastide-Rouairoux.	616		RIOLS..................	*Idem*...........	2,215	10,983
CAUNETTE (la).........	Saint-Pons........	601		SAINT-PONS ☖...........	✉.............	6,267	
CESSERAS..............	Azille.............	605		VELLIEUX...............	Saint-Pons........	153	
FÉLINES-HAUTPOUL......	*Idem*...........	888	8,902				
FERRALS-LES-MONTAGNES.	La Bastide-Rouairoux.	1,272		CANTON DE LA SALVETAT.			
LIVINIÈRE (la)........	Azille.............	1,132					
MINERVE...............	Saint-Pons........	1,253		FRAISSE...............	Saint-Pons........	1,410	
OLONZAC...............	Azille.............	309		SALVÉTAT (la).........	*Idem*...........	3,986	6,717
OUPIA.................	*Idem*...........	339		SOULIÉ (le)...........	*Idem*...........	1,321	
SIRAN.................	*Idem*...........	875					
A reporter....................			28,898	TOTAL de la population de l'Arrondissement.......			46,598

RÉCAPITULATION.

	NOMBRE de		POPULATION.
	CANTONS.	COMMUNES.	
ARRONDISSEMENT DE MONTPELLIER..............	14	113	120,051
—————— DE BEZIERS...................	12	97	123,647
—————— DE LODÈVE....................	5	72	55,911
—————— DE SAINT-PONS................	5	44	46,598
TOTAUX...................	36	326	346,207

NOMS DES COMMUNES.	BUREAUX DE POSTE qui les desservent.	POPULA-TION.	TOTAL de la POPULA-TION par canton	NOMS DES COMMUNES.	BUREAUX DE POSTE qui les desservent.	POPULA-TION.	TOTAL de la POPULA-TION par canton
ARRONDISSEMENT DE RENNES.				**Suite de l'ARRONDISSEMENT DE RENNES.**			
						Report..	68,704
CANTON DE SAINT-AUBIN-D'AUBIGNÉ.				**CANTON DE RENNES (nord-est).**			
ANDOUILLÉ-NEUVILLE	Liffré	702		BETTON	Rennes	2,021	
ACHIGNÉ	Idem	129		CHAPELLE-DES-FOUGERETS (la)	Idem	750	
CHEVAIGNÉ	Rennes	672		GEVEZÉ	Hédé	1,894	
FEINS	Combourg	883		MONTGERMONT	Rennes	365	14,939
GAHARD	Liffré	1,438		MONTREUIL-LE-GAST	Hédé	752	
MELESSE	Idem	2,808		RENNES (nord-est)	⊠	7,405	
MONTREUIL-SUR-ILLE	Hédé	858		SAINT-GRÉGOIRE	Rennes	1,237	
MOUAZÉ	Liffré	559	13,951	THORIGNÉ	Idem	515	
ROMAZY	Antrain	479					
SENS	Liffré	1,601		**CANTON DE RENNES (sud-est).**			
(🐾 à Sautoger.)							
SAINT-AUBIN-D'AUBIGNÉ	Idem	1,302		ACIGNÉ	Rennes	2,306	
SAINT-GERMAIN-SUR-ILLE	Idem	377		CESSON	Idem	2,366	
SAINT-MÉDARD-SUR-ILLE	Idem	943		CHANTEPIE	Idem	746	12,528
VIEUX-VY	Idem	1,200		RENNES (sud-est)	⊠	5,603	
				VERN	Rennes	1,507	
CANTON DE CHATEAUGIRON.							
BRÉCÉ	Rennes	689		**CANTON DE RENNES (nord-ouest).**			
CHANCÉ	Châteaubourg	520		PACÉ 🐾	Rennes	2,789	
CHATEAUGIRON	Rennes	1,453		PARTHENAY	Bédée	387	15,949
DOMLOUP	Idem	1,058		RENNES (nord-ouest)	⊠	12,773	
NOUVOITOU	Idem	2,154	12,017				
NOYAL-SUR-VILAINE 🐾	Idem	3,432		**CANTON DE RENNES (sud-ouest).**			
SERVON	Idem	1,079		BOURG-BARRÉ	Rennes	1,180	
SAINT-ARMEL	Rennes	645		BRUZ	Idem	2,280	
SAINT-AUBIN-DU-PAVAIL	Idem	632		CHARTRES	Idem	737	
VENEFFLE	Idem	355		CHATILLON-SUR-SEICHE	Idem	840	
				NOYAL-SUR-SEICHE	Idem	1,273	14,255
CANTON DE HÉDÉ.				ORGÈRES	Idem	1,189	
BAZOUGES-SOUS-HÉDÉ	Hédé	934		RENNES (sud-ouest)	⊠	3,899	
DINGÉ	Combourg	1,827		SAINT-ERBLON	Rennes	1,350	
GOUPIL	Hédé	1,458		SAINT-JACQUES-DE-LA-LANDE	Idem	829	
HÉDÉ 🐾	⊠	824		VEZIN	Idem	678	
LANGOUET	Hédé	564	10,427				
LANRIGAN	Combourg	206					
MÉZIÈRE (la)	Hédé	1,316		TOTAL de la population de l'Arrondissement			126,375
QUÉBRIAC	Idem	1,438					
SAINT-GONDRAN	Idem	405		**ARRONDISSEMENT DE FOUGÈRES.**			
SAINT-SYMPHORIEN	Idem	563					
VIGNOC	Idem	892		**CANTON D'ANTRAIN.**			
				ANTRAIN 🐾	⊠	1,741	
CANTON DE JANZÉ.				BAZOUGES-LA-PÉROUZE	Antrain	4,500	
AMANLIS	Janzé	2,801		CHAUVIGNÉ	Idem	971	
BOISTRUDAN	Idem	1,169		FONTENELLE (la)	Idem	1,104	
BRIE	Idem	1,035	14,990	MARCILLÉ-RAOUL	Idem	808	15,980
CORPS-NUDS 🐾	Idem	2,370		NOYAL-SUR-BAZOUGES	Idem	1,078	
JANZÉ	⊠ (Distribution)	4,051		RIMOU	Idem	718	
PIRÉ	Janzé	3,564		SAINT-OUEN-DE-LA-ROUERIE	Idem	2,076	
				SAINT-REMY-DU-PLEIN	Idem	865	
CANTON DE LIFFRÉ.				TREMBLAY	Idem	2,118	
BOUEXIÈRE (la)	Liffré	2,016					
CHASNÉ	Idem	600		**CANTON DE SAINT-AUBIN-DU-CORMIER.**			
DOURDAIN	Idem	1,018		CHAPELLE-SAINT-AUBERT (la)	Saint-Aubin-du-Cormier	725	
ERCÉ-PRÈS-LIFFRÉ	Idem	1,589	9,887				
LIFFRÉ	⊠ (Distribution)	2,549		CHIENNÉ	Idem	929	
LAVRÉ	Liffré	1,728		GOSNÉ	Idem	1,025	
SAINT-SULPICE-LA-FORÊT	Idem	387		MÉZIÈRES	Idem	1,371	
				SAINT-AUBIN-DU-CORMIER 🐾	⊠	1,729	
CANTON DE MORDELLES.				SAINT-CHRISTOPHE-DE-VALAINS	Saint-Aubin-du-Cormier	286	9,579
CHAVAGNE	Rennes	731		SAINT-JEAN-SUR-COUESNON	Idem	1,207	
CINTRÉ	Montfort-sur-Meu	700		SAINT-MARC-SUR-COUESNON	Idem	815	
HERMITAGE (l')	Rennes	480		SAINT-GEORGES-DES-ALLEUX	Idem	1,085	
MOIGNÉ	Idem	340	7,432	VENDEL	Idem	507	
MORDELLES 🐾	Idem	2,687					
RHEU (le) 🐾	Idem	1,008					
SAINT-GILLES	Bédée	1,486					
À reporter			68,704	*À reporter*			25,559

NOMS DES COMMUNES.	BUREAUX DE POSTE qui les desservent.	POPULATION.	TOTAL de la POPULATION par canton
Suite de l'ARRONDISSEMENT DE FOUGÈRES.		Report..	25,559
CANTON DE SAINT-BRICE-EN-COGLES.			
BAILLÉ..........	Saint-Brice-en-Cogles	374	
CHATELLIER (le)..........	Fougères..........	925	
COGLES...	Saint-Brice-en-Cogles	1,403	
MONTOURS..........	Idem..........	1,351	
SELLE-EN-COGLES (la)..........	Idem..........	862	
SAINT-BRICE-EN-COGLES......	(Distribution.)....	1,404	14,198
SAINT-ÉTIENNE-EN-COGLES....	Saint-Brice-en-Cogles	1,937	
SAINT-GERMAIN-EN-COGLES....	Fougères..........	2,581	
SAINT-HILAIRE-DES-LANDES....	Saint-Brice-en-Cogles	1,789	
SAINT-MARC-LE-BLANC......	Idem..........	1,245	
TIERCENT (le)..........	Idem..........	327	
CANTON DE FOUGÈRES (nord).			
BEAUCÉ..........	Fougères..........	480	
CHAPELLE-JANSON (la)......	Idem..........	2,013	
FLEURIGNÉ..........	Idem..........	1,059	
FOUGÈRES (nord)......		3,389	
LAIGNELET..........	Fougères..........	1,084	14,823
LANDÉAN..........	Idem..........	1,845	
LOROUX (le)..........	Idem..........	1,094	
LUITRÉ..........	Idem..........	1,858	
PARIGNÉ..........	Idem..........	2,380	
SELLE-EN-LUITRÉ (la)..........	Idem..........	621	
CANTON DE FOUGÈRES (sud).			
BILLÉ..........	Fougères..........	1,285	
COMBOURTILLÉ..........	Idem..........	599	
DOMPIERRE-DU-CHEMIN......	Idem..........	525	
FOUGÈRES (sud)..........		4,288	
JAVENÉ..........	Fougères..........	1,286	13,214
LÉCOUSSE..........	Idem..........	1,311	
PARCÉ..........	Idem..........	1,062	
ROMAGNÉ..........	Idem..........	1,830	
SAINT-SAUVEUR-DES-LANDES......	Idem..........	1,038	
CANTON DE LOUVIGNÉ-DU-DÉSERT.			
BAZOUGES-DU-DÉSERT (la)......	Louvigné-du-Désert.	2,076	
FERRÉ (le)..........	Idem..........	1,777	
LOUVIGNÉ-DU-DÉSERT......	(Distribution.)....	3,349	
MELLÉ..........	Louvigné-du-Désert.	1,209	
MONTAULT..........	Idem..........	749	13,994
POILLEY..........	Idem..........	918	
SAINT-GEORGES-DE-REINTEMBAULT........	Idem..........	3,258	
VILLAMÉE..........	Idem..........	658	
TOTAL de la population de l'Arrondissement......			81,788
ARRONDISSEMENT DE MONTFORT-SUR-MEU.			
CANTON DE BÉCHEREL.			
BÉCHEREL..........		802	
CARDROC..........	Bécherel..........	954	
CHAPELLE-CHAUSSÉE (la)......	Idem..........	1,204	
IFFS (les)..........	Idem..........	467	
IRODOUER..........	Idem..........	1,856	
LANGAN..........	Idem..........	690	11,073
MINIAC..........	Idem..........	1,174	
ROMILLÉ..........	Bédée..........	578	
SAINT-BRIEUC-DES-IFFS......	Bécherel..........	897	
SAINT-PERN..........	Idem..........	2,451	
A reporter..........			11,073

NOMS DES COMMUNES.	BUREAUX DE POSTE qui les desservent.	POPULATION.	TOTAL de la POPULATION par canton
Suite de l'ARROND.ᵗ DE MONTFORT-SUR-MEU.		Report..	11,073
CANTON DE SAINT-MÉEN.			
BLERNAIS..........	Montfort-sur-Meu..	192	
CROUAIS (le)..........	Montauban......	430	
GAËL..........	Idem..........	2,055	
MUEL..........	Idem..........	1,362	
QUÉDILLAC..........	Idem..........	1,636	10,125
SAINT-MALON..........	Montfort-sur-Meu..	925	
SAINT-MAUGAN..........	Idem..........	459	
SAINT-MÉEN..........	Montauban......	1,913	
SAINT-ONEN..........	Idem..........	1,153	
CANTON DE MONTAUBAN.			
BOIS-GERVILY..........	Montauban......	1,055	
CHAPELLE-DU-LOU (la)......	Idem..........	510	
LANDUJAN..........	Idem..........	1,192	
LOU-DU-LAC (le)......	Idem..........	270	
MÉDRÉAC..........	Idem..........	2,275	8,544
MONTAUBAN......		2,826	
SAINT-MERVON......	Montauban......	213	
SAINT-UNIAC..........	Idem..........	403	
CANTON DE MONTFORT-SUR-MEU.			
BÉDÉE......	(Distribution.)....	2,586	
BRÉTEIL..........	Montfort-sur-Meu..	1,184	
CHAPELLE-THOUARAULT (la)...	Idem..........	512	
CLAYES..........	Bédée..........	384	
IFFENDIC..........	Montfort-sur-Meu..	4,292	
MONTFORT-SUR-MEU......		1,715	14,792
NODAYE (la)..........	Bédée..........	215	
PLEUMELEUC..........	Idem..........	1,335	
SAINT-GONLAY..........	Montfort-sur-Meu..	664	
TALENSAC..........	Idem..........	1,402	
VERGER (le)..........	Idem..........	503	
CANTON DE PLÉLAN.			
BRÉAL..........	Plélan..........	2,196	
MAXENT..........	Idem..........	1,774	
MONTERFIL..........	Idem..........	881	
PAIMPONT..........	Idem..........	3,791	14,256
PLÉLAN......		3,305	
SAINT-PÉRAN..........	Plélan..........	299	
SAINT-THURIAL..........	Idem..........	973	
TREFFENDEL..........	Idem..........	1,037	
TOTAL de la population de l'Arrondissement......			58,790
ARRONDISSEMENT DE REDON.			
CANTON DE BAIN.			
BAIN..........		3,490	
ERCÉ-EN-LAMÉE..........	Bain..........	3,188	
MESSAC..........	Idem..........	2,375	
PANCÉ..........	Idem..........	1,363	13,812
PRÉCHATEL..........	Idem..........	2,261	
POLIGNÉ..........	Idem..........	1,135	
(à Redon.)			
A reporter..........			13,812

NOMS DES COMMUNES.	BUREAUX DE POSTE qui les desservent.	POPULA-TION.	TOTAL de la POPULA-TION par canton	NOMS DES COMMUNES.	BUREAUX DE POSTE qui les desservent.	POPULA-TION.	TOTAL de la POPULA-TION par canton
Suite de l'ARRONDISSEMENT DE REDON.				ARRONDISSEMENT DE SAINT-MALO.			
	Report..		13,812				
CANTON DE FOUGERAY.				**CANTON DE CANCALE.**			
Fougeray	Derval	5,501	6,108	Cancale	(Distribution.)	4,880	14,503
(à la Bréharaye.)				Fresnays (la)	Dol	1,821	
Saint-Sulpice-des-Landes	Bain	607		Hirel	Idem	1,754	
				Saint-Benoît-des-Ondes	Cancale	783	
CANTON DE GUICHEN.				Saint-Coulomb	Idem	2,209	
Baulon	Lohéac	1,416	14,962	Saint-Meloir-des-Ondes	Saint-Malo	3,056	
Bourg-des-Comptes	Bain	1,714		**CANTON DE CHATEAUNEUF-EN-BRETAGNE.**			
Goven	Lohéac	2,068		Chateauneuf-en-Bretagne		694	11,542
Guichen	Idem	3,495		Lillemer	Châteauneuf-en-Bret.	344	
(à Pontréan.)				Miniac-Morvan	Idem	3,041	
Guignen	Idem	2,742		Plerguer	Idem	2,856	
Laillé	Bain	1,768		Saint-Guinoux	Idem	968	
(à Bout-de-Lande.)				Saint-Père	Idem	1,886	
Lassy	Lohéac	669		Saint-Suliac	Idem	1,753	
Saint-Senoux	Idem	1,090		**CANTON DE COMBOURG.**			
CANTON DE MAURE.				Bonnemain	Combourg	1,663	14,064
Brulais (les)	Lohéac	675	9,009	Combourg		4,774	
Campel	Plélan	635		Cuguen	Combourg	1,474	
Chapelle-Bouexic (la)	Lohéac	991		Lanhélin	Idem	549	
Comblessac	Idem	629		Lourmais	Idem	320	
Loutehel	Plélan	398		Meillac	Idem	1,965	
Maure	Lohéac	4,282		Saint-Léger	Idem	377	
Mernel	Idem	750		Saint-Pierre-de-Plesguen	Idem	2,086	
Saint-Seglin	Idem	649		Trémeheuc	Idem	442	
				Tressé	Châteauneuf-en-Bret.	414	
CANTON DE PIPRIAC.				**CANTON DE DOL.**			
Bruc	Lohéac	1,124	12,762	Baguer-Morvan	Dol	1,979	15,780
Guipry	Idem	3,212		Baguer-Pican	Idem	1,654	
Lieuron	Idem	663		Cherrueix	Idem	1,917	
Lohéac		414		Dol		3,939	
Pipriac	Lohéac	2,845		Épiniac	Dol	2,076	
Sixt	Carentoir.	1,951		Mont-Dol	Idem	1,854	
Saint-Ganton	Lohéac	487		Roslandrieux	Idem	1,592	
Saint-Just	Idem	1,240		Vivien (le)	Idem	769	
Saint-Malo-de-Phily	Idem	826		**CANTON DE SAINT-MALO.**			
CANTON DE REDON.				Paramé	Saint-Malo	2,992	12,973
Bains	Redon	3,915	13,549	Saint-Malo		9,981	
Brain	Idem	2,112		**CANTON DE PLEINE-FOUGÈRES.**			
Langon	Idem	1,655		Boussac (la)	Dol	2,679	14,339
Redon		4,504		Pleine-Fougères	Pontorson	3,084	
Renac	Redon	1,363		Roz-sur-Couesnon	Dol	1,354	
CANTON DU SEL.				Saints	Pontorson	726	
Bosse (la)	Bain	527	6,240	Sougéal	Idem	1,283	
Chantelou	Idem	1,554		Saint-Broladre	Dol	1,613	
Couyère (la)	Idem	707		Saint-Georges-de-Gréhaigne	Pontorson	634	
Lalleu	Idem	831		Saint-Marcan	Dol	811	
Saulnières	Idem	499		Trans	Antrain	1,246	
Sel (le)	Idem	638		Vieux-Viel	Pontorson	909	
Tresboeuf	Idem	1,484		**CANTON DE PLEURTUIT.**			
				Pleurtuit	Saint-Malo	8,352	13,638
				Saint-Briac	Idem	2,439	
				Saint-Énogat	Idem	1,818	
				Saint-Lunaire	Idem	1,019	
				CANTON DE SAINT-SERVAN.			
				Gouesnière (la)	Châteauneuf-en-Bret.	877	12,484
				Saint-Jouan-des-Guérêts	Saint-Servan	1,632	
				Saint-Servan		9,975	
TOTAL de la population de l'Arrondissement			76,442				
					A reporter		109,313

NOMS DES COMMUNES.	BUREAUX DE POSTE qui les desservent.	POPULA-TION.	TOTAL de la POPULA-TION par canton	NOMS DES COMMUNES.	BUREAUX DE POSTE qui les desservent.	POPULA-TION.	TOTAL de la POPULA-TION par canton
Suite de l'ARRONDISSEMENT DE SAINT-MALO.				**Suite de l'ARRONDISSEMENT DE VITRÉ.**			
	Report . .		109,313		*Report* . .		23,167
CANTON DE TINTÉNIAC.				**Suite du CANTON DE LA GUERCHE.**			
					Report . .	6,399	
BAUSSAINE (la)	Bécherel	1,213		EANGÉ	Martigné-Ferchaud .	1,179	
CHAPELLE-AUX-FILZ-MÉENS (la) .	Combourg	535		GUERCHE (la)	⊠	4,219	
LONGAULNAY	Bécherel	866		MOULINS	La Guerche	1,332	16,689
PLESDER	Évran	798		MOUSSÉ	*Idem.*	325	
PLEUGUENEUC	*Idem.*	1,693	11,248	MOUTIERS	*Idem.*	1,284	
SAINT-DOMINEUC	Hédé	1,502		SELLE-GUERCHOISE (la)	*Idem.*	392	
SAINT-THUAL	Bécherel	1,086		VISSEICHE	*Idem.*	1,559	
TINTÉNIAC	Hédé	2,164		**CANTON DE RHÉTIERS.**			
TRÉVÉRIEN	Évran	1,018		ARDRESSEC	La Guerche	363	
TRIMER	Bécherel	373		COÊSMES	*Idem.*	1,537	
				ESSÉ	*Idem.*	1,703	
TOTAL de la population de l'Arrondissement			120,561	FORGES	Martigné-Ferchaud .	605	
				MARCILLÉ-ROBERT	La Guerche	1,800	15,780
ARRONDISSEMENT DE VITRÉ.				MARTIGNÉ-FERCHAUD	⊠ *(Distribution.)* . .	3,696	
				RHÉTIERS	La Guerche	3,036	
CANTON D'ARGENTRÉ.				SAINTE-COLOMBE	*Idem.*	512	
ARGENTRÉ	Vitré	1,867		THEIL (le)	*Idem.*	1,481	
BRIELLES	*Idem.*	978		THOURIE 🐎	*Idem.*	1,047	
DOMALAIN	La Guerche	2,842		**CANTON DE VITRÉ (nord).**			
ÉTRELLES	Vitré	1,903	13,932	BRÉAL	Vitré	520	
GENNES	La Guerche	1,789		CHAPELLE-ERBRÉE (la)	*Idem.*	688	
PERTRE (le)	Vitré	1,965		CHATILLON-EN-VENDELAIS . . .	*Idem.*	1,542	
SAINT-GERMAIN-DU-PINEL	*Idem.*	1,030		CORNILLÉ	*Idem.*	917	
TORCÉ	*Idem.*	713		ERBRÉE	*Idem.*	1,667	
VERGÉAL	*Idem.*	845		MONTAUTOUR	*Idem.*	415	
				MONDEVERT	*Idem.*	329	14,333
CANTON DE CHATEAUBOURG.				MONTREUIL-DES-LANDES	*Idem.*	367	
BROONS	Châteaubourg	514		POCÉ	*Idem.*	664	
CHATEAUBOURG 🐎	⊠ *(Distribution.)* .	1,296		PRINCE	*Idem.*	995	
CHAUMERÉ	Châteaubourg	297		SAINT-AUBIN-DES-LANDES	*Idem.*	665	
DOMAGNÉ	*Idem.*	1,967		SAINT-CHRISTOPHE-DES-BOIS . .	*Idem.*	461	
LOUVIGNÉ-DE-BAIS	*Idem.*	1,633		VITRÉ (nord) 🐎	⊠	5,103	
OSSÉ	*Idem.*	852	9,235	**CANTON DE VITRÉ (sud).**			
SAINT-DIDIER	*Idem.*	1,134		BALAZÉ	Vitré	1,972	
SAINT-JEAN-SUR-VILAINE	*Idem.*	919		CHAMPEAUX	*Idem.*	522	
SAINT-MELAINE	*Idem.*	373		IZÉ	*Idem.*	2,073	
VALETTE (la)	*Idem.*	250		LANDAVRAN	*Idem.*	280	
				MARPIRÉ	*Idem.*	340	
CANTON DE LA GUERCHE.				MÉCÉ	*Idem.*	926	13,127
AVAILLES	La Guerche	757		MONTREUIL-SOUS-PÉROUZE . . .	*Idem.*	634	
BAIS	*Idem.*	3,867		SAINT-M'HERVÉ	*Idem.*	2,016	
GUELUN	Martigné-Ferchaud .	731		TAILLIS	*Idem.*	611	
DROUGES	La Guerche	1,044		VITRÉ (sud)	⊠	3,753	
	A reporter . .	6,399					
	A reporter		23,167	TOTAL de la population de l'Arrondissement			83,096

RÉCAPITULATION.

	NOMBRE de		POPULATION.
	CANTONS.	COMMUNES.	
ARRONDISSEMENT DE RENNES	10	78	126,375
———————— DE FOUGÈRES	6	57	81,788
———————— DE MONTFORT-SUR-MEU	5	46	58,790
———————— DE REDON	7	45	76,442
———————— DE SAINT-MALO	9	60	120,561
———————— DE VITRÉ	6	62	83,096
TOTAUX	43	348	547,052

NOMS DES COMMUNES.	BUREAUX DE POSTE qui les desservent.	POPULA-TION.	TOTAL de la POPULA-TION par canton	NOMS DES COMMUNES.	BUREAUX DE POSTE qui les desservent.	POPULA-TION.	TOTAL de la POPULA-TION par canton
ARRONDISSEMENT DE CHATEAUROUX.				**Suite de l'ARRONDISSEMENT DE CHATEAUROUX.**			
					Report..		62,937
CANTON D'ARDENTES-SAINT-VINCENT.				**Suite du CANTON D'ÉCUEILLÉ.**			
Ardentes-Saint-Martin	Châteauroux	1,054			Report..	3,057	
Ardentes-Saint-Vincent	Idem.	1,144		Jeu-Maloches	Écueillé	334	
Arthon	Idem.	824		Ménétréol	Levroux	197	
Buxières-d'Aillac	Idem.	369		Pellevoisin	Buzançais	1,067	
Étréchet	Idem.	493		Préaux	Châtillon-sur-Indre	497	6,626
Jeu-les-Bois	Idem.	636	7,599	Selles-sur-Nahon	Levroux	181	
(à la Chapelle.)				Sougé	Idem.	417	
Louroder-les-Bois	Idem.	962		Villegodin	Buzançais	876	
Maron	Idem.	811		**CANTON DE LEVROUX.**			
Sassierges	Idem.	601		Baudres	Levroux	866	
Velles	Idem.	705		Bouges	Idem.	721	
CANTON D'ARGENTON-SUR-CREUSE.				Bretagne	Idem.	222	
Argenton-sur-Creuse	✉	3,964		Brion	Idem.	700	
Bouesse	Argenton-sur-Creuse	481		(à la Maison-Neuve.)			
Celon	Idem.	504		Francillon	Idem.	191	
Chasseneuil	Idem.	1,053		Levroux	✉	3,058	
Chavin	Idem.	694		Moulins	Levroux	790	10,068
Menoux (le)	Idem.	815	11,489	Rouvres-les-Bois	Idem.	920	
Mosnay	Idem.	557		Sainte-Colombe	Idem.	281	
Péchereau (le)	Idem.	840		Saint-Martin-de-Lamps	Idem.	400	
Saint-Marcel	Idem.	1,973		Saint-Phalier	Idem.	434	
Tendu	Idem.	608		Saint-Pierre-de-Lamps	Idem.	255	
CANTON DE BUZANÇAIS.				Villegongis	Idem.	350	
Argy	Buzançais	1,586		Vineuil	Idem.	890	
Buzançais	✉	4,416		**CANTON DE VALENÇAY.**			
Chapelle-Hortemale (la)	Buzançais	272		Faverolles	Valençay	747	
Crézelles	Villedieu	555		Langé	Idem.	735	
Méobecq	Buzançais	599		Lucay-le-Male	Idem.	1,686	
Neuillay-les-Bois	Idem.	846	13,729	Luçon	Idem.	236	
Saint-Genou	Idem.	1,014		Lye	Idem.	1,161	11,658
Saint-Lactencin	Idem.	658		Paulmery	Idem.	748	
Vendoeuvres	Idem.	1,550		Valençay	✉	3,095	
Villedieu	✉ (Distribution.)	2,233		Veuil	Valençay	649	
CANTON DE CHATEAUROUX.				Vicq-sur-Nahon	Idem.	1,535	
Chateauroux	✉	11,587		Villanthois	Idem.	1,066	
Coings	Châteauroux	627		TOTAL de la population de l'Arrondissement			91,289
Déols	Idem.	2,113					
Dions	Idem.	462		**ARRONDISSEMENT DU BLANC.**			
Lioant	Idem.	618					
(à Lothiers.)				**CANTON DE BÉLABRE.**			
Montierchaume	Idem.	953	19,606	Bélabre	Le Blanc	2,000	
Nibenne	Villedieu	1,230		Chalais	Idem.	773	
Pérouille (la)	Saint-Gaultier	494		Lignac	S'-Benoist-du-Sault	1,635	
Saint-Maur	Châteauroux	1,251		Mauvières	Le Blanc	568	8,681
Villers	Idem.	271		Prissac	S'-Benoist-du-Sault	2,152	
CANTON DE CHATILLON-SUR-INDRE.				Saint-Hilaire	Le Blanc	1,010	
Arpheuilles	Buzançais	625		Tilly	S'-Benoist-du-Sault	543	
Chatillon-sur-Indre	✉	3,339		**CANTON DE SAINT-BENOIST-DU-SAULT.**			
Cléré-du-Bois	Châtillon-sur-Indre	744		Beaulieu	S'-Benoist-du-Sault	205	
Clion	Idem.	1,482		Bonneuil	Idem.	281	
Fléré-la-Rivière	Idem.	851	10,514	Chaillac	Idem.	2,526	
Murs	Idem.	442		Chatre-Langlin (la)	Idem.	1,372	
Pallicau	Buzançais	1,979		Chazelet	Idem.	480	
Saint-Cigan-du-Jambot	Châtillon-sur-Indre	410		Dunet	Idem.	415	
Saint-Médard	Idem.	187		Mouhet	Idem.	1,230	
Tranger (le)	Idem.	455		Parnac	Idem.	1,428	12,641
CANTON D'ÉCUEILLÉ.				(au Fay.)			
Cloué	Écueillé	352		Roussines	Idem.	695	
Écueillé	✉ (Distribution.)	1,151		Saclenges	Idem.	1,101	
Gehée	Levroux	884		Saint-Benoist-du-Sault	✉	1,243	
Heugnes	Écueillé	670		Saint-Civran	S'-Benoist-du-Sault	456	
				Saint-Gilles	Idem.	390	
	A reporter..	3,057		Vigoux	Argenton-sur-Creuse	819	
	A reporter		62,937		A reporter		21,322

II.

20

NOMS DES COMMUNES.	BUREAUX DE POSTE qui les desservent.	POPULA- TION.	TOTAL de la POPULA- TION par canton	NOMS DES COMMUNES.	BUREAUX DE POSTE qui les desservent.	POPULA- TION.	TOTAL de la POPULA- TION par canton
Suite de l'ARRONDISSEMENT DU BLANC.				**Suite de l'ARRONDISSEMENT DE LA CHATRE.**			
	Report..		21,322		Report..		11,759
CANTON DU BLANC.				**Suite du CANTON DE LA CHATRE.**			
					Report..	7,835	
BLANC (le)	✉	4,804		LOUROUER	La Châtre	366	
CIRON	Le Blanc	812		MAGNY (le)	Idem	395	
CONCRÉMIERS	Idem	1,053		MONTGIVRAY	Idem	994	
DOUADIC	Idem	987		MONT-LE-VIC	Idem	362	
LAGRANDE	Idem	400	12,213	MOTTE-FEUILLY (la)	Idem	63	
POULIGNY	Idem	2,049		NÉRET	Idem	463	16,679
ROSNAY	Idem	922		NOHANT-VIC	Idem	982	
RUFFEC	Idem	758		SAINT-AOUT	Châteauroux	1,375	
SAINT-AIGNY	Idem	428		SAINT-CHARTIER	La Châtre	1,024	
				SAINT-CHRISTOPHE	Idem	532	
CANTON DE SAINT-GAULTIER.				SAINT-JULIEN-DE-THEVET	Idem	630	
CHITRAY	Saint-Gaultier	376		VERNEUIL	Idem	512	
LUZERET	Idem	382		VIC-EXEMPLET	Idem	1,146	
MIGNÉ	Idem	1,149					
NURET-LE-FERRON	Idem	682	6,999	**CANTON D'ÉGUZON.**			
OUCHES	Idem	989		BARAIZE	Argenton-sur-Creuse	781	
RIVARENNES	Idem	935		BAZAIGES	Idem	564	
SAINT-GAULTIER	(Distribution.)	1,622		CEAULMONT	St-Benoist-du-Sault	1,107	
THENAY	Saint-Gaultier	864		CHANTOME	St-Benoist-du-Sault	259	
				CUZION	Argenton-sur-Creuse	790	7,805
CANTON DE MÉZIÈRES-EN-BRENNE.				ÉGUZON	St-Benoist-du-Sault	1,403	
AZAY-LE-FERRON	Le Blanc	2,001		GARGILESSE	Argenton-sur-Creuse	548	
MÉZIÈRES-EN-BRENNE	(Distribution.)	1,542		PIN (le)	Idem	1,135	
OBTERRE	Châtillon-sur-Indre	623		POMMIERS	Idem	718	
PAULNAY	Mézières-en-Brenne	796	7,288				
SAULNAY	Buzançais	523		**CANTON DE NEUVY-SAINT-SÉPULCHRE.**			
SAINTE-GEMME	Idem	622		CLUIS	Neuvy-St-Sépulchre	1,911	
SAINT-MICHEL-EN-BRENNE	Idem	633		FOUGEROLLES	Idem	533	
VILLIERS	Mézières-en-Brenne	548		GOURNAY	Idem	719	
				LYS-SAINT-GEORGES	Idem	468	
CANTON DE TOURNON-SAINT-MARTIN.				MAILLET	Idem	642	
FONGOMBAULT	Le Blanc	392		MALICORNAY	Idem	461	
LINGÉ	Idem	708		MERS	Idem	822	10,456
LUHAIS	Idem	558		(à la Chapelle.)			
LUREUIL	Idem	447		MONTIPOURET	Idem	1,168	
MARTIZAY	Idem	1,952	8,048	MOUHERS	Idem	489	
MÉRIGNY	Idem	988		NEUVY-SAINT-SÉPULCHRE	(Distribution.)	2,040	
NÉONS	Idem	817		SARZAY	Neuvy-St-Sépulchre	682	
PREUILLY-LA-VILLE	Idem	357		TRANZAULT	Idem	521	
SAUZELLES	Idem	550					
TOURNON-SAINT-MARTIN	Idem	1,299		**CANTON DE SAINTE-SÉVÈRE.**			
				FEUSINES	La Châtre	473	
TOTAL de la population de l'Arrondissement			55,870	LIGNEROLLES	Idem	339	
				PÉRASSAY	Idem	908	
ARRONDISSEMENT DE LA CHATRE.				POULIGNY-NOTRE-DAME	Idem	988	
				POULIGNY-SAINT-MARTIN	Idem	360	6,298
CANTON D'AIGURANDE.				SAZERAY	Idem	577	
AIGURANDE	✉	2,859		SAINTE-SÉVÈRE	Idem	891	
BURBETTE (la)	Aigurande	317		URCIERS	Idem	546	
CRÉVANT	La Châtre	1,380		VIGOULANT	Idem	374	
CROZON	Aigurande	1,047		VIJON	Idem	842	
LOURDOUEIX	Idem	1,169	11,759				
MONTCHÉVRIER	Idem	1,123		TOTAL de la population de l'Arrondissement			52,497
ORSENNES	Idem	1,702					
SAINT-DENIS-DE-JOUHET	Neuvy-St-Sépulchre	1,832		**ARRONDISSEMENT D'ISSOUDUN.**			
SAINT-PLANTAIRE	Aigurande	1,330					
				CANTON DE SAINT-CHRISTOPHE.			
CANTON DE LA CHATRE.				ANJOUIN	Vatan	510	
BERTHENOUX (la)	La Châtre	1,427		BAGNEUX	Idem	617	
BRIANTES	Idem	699		CHABRIS	Selles-sur-Cher	2,511	
CHAMPILLET	Idem	98		DUN-LE-POËLIER	Vatan	1,012	
CHASSIGNOLES	Idem	967		MENETOU	Valençay	229	
CHATRE (la)	✉	4,343		ORVILLE	Vatan	357	
LACS	La Châtre	301					
	A reporter..	7,835			A reporter..	5,236	
	A reporter		11,759				

NOMS DES COMMUNES.	BUREAUX DE POSTE qui les desservent.	POPULATION.	TOTAL de la POPULATION par canton
Suite de l'ARRONDISSEMENT D'ISSOUDUN.			
Suite du CANTON DE SAINT-CHRISTOPHE.			
	Report..	5,236	
Pardeçay	Valençay	585	
Poulaines	Idem	2,120	
Sainte-Cécile	Idem	323	9,681
Saint-Christophe	Idem	523	
Varennes	Idem	894	
CANTON D'ISSOUDUN (nord).			
Champenoise (la)	Issoudun	762	
Diou	Idem	449	
Issoudun (nord)	✉	5,813	
Liléray	Issoudun	435	
Migny	Idem	187	
Paudy	Idem	1,102	13,093
Reuilly	Idem	2,185	
Saint-Aoutrille	Idem	262	
Saint-Georges-sur-Arnon	Idem	519	
Sainte-Lisaigne	Idem	1,016	
Saint-Valentin	Idem	363	
CANTON D'ISSOUDUN (sud).			
Ambrault	Issoudun	668	
Bommiers	Idem	676	
Brives	Idem	604	
	A reporter..	1,948	
	A reporter......................		22,774

NOMS DES COMMUNES.	BUREAUX DE POSTE qui les desservent.	POPULATION.	TOTAL de la POPULATION par canton
Suite de l'ARRONDISSEMENT D'ISSOUDUN.			
	Report..		22,774
Suite du CANTON D'ISSOUDUN (sud).			
	Report..	1,948	
Chouday	Issoudun	417	
Condé	Idem	401	
Issoudun (sud)	✉	5,851	
Meunet-Planche	Issoudun	527	
Neuvy-Pailloux	Idem	1,020	13,697
Pruniers	Idem	817	
Segry	Idem	929	
Saint-Aubin	Idem	355	
Sainte-Fauste	Idem	504	
Thizay	Idem	428	
Vouillon	Idem	500	
CANTON DE VATAN.			
Aize	Vatan	466	
Buxeuil	Idem	582	
Chapelle-Saint-Laurian (la)	Idem	352	
Fontenay	Idem	385	
Giroux	Idem	605	
Guilly	Idem	657	
Liniez	Idem	818	
Luçay-le-Captif	Idem	406	9,162
Ménétréol-sous-Vatan	Idem	384	
Meunet-sur-Vatan	Idem	469	
Reboursin	Idem	221	
Saint-Florentin	Idem	570	
Saint-Pierre-de-Jards	Idem	483	
Vatan	✉	2,764	
	Total de la population de l'Arrondissement		45,633

RÉCAPITULATION.

	NOMBRE de		POPULATION.
	CANTONS.	COMMUNES.	
Arrondissement de CHATEAUROUX	8	85	91,289
——————— du BLANC	6	56	55,870
——————— DE LA CHATRE	5	59	52,497
——————— D'ISSOUDUN	4	49	45,633
Totaux	23	249	245,289

H.

20.

NOMS DES COMMUNES.	BUREAUX DE POSTE qui les desservent.	POPULA-TION.	TOTAL de la POPULA-TION par canton	NOMS DES COMMUNES.	BUREAUX DE POSTE qui les desservent.	POPULA-TION.	TOTAL de la POPULA-TION par canton
ARRONDISSEMENT DE TOURS.				Suite de l'**ARRONDISSEMENT DE TOURS.**			
					Report..		52,095
CANTON D'AMBOISE.				**CANTON DE MONTBAZON.**			
Amboise 🐎	✉	4,613		Artannes	Montbazon	1,084	
Cangy	Amboise	779		Ballan	Tours	1,192	
Chargé	Idem	315		Chambray	Montbazon	729	
Limeray	Idem	1,129		Cormery 🐎	✉	1,045	
Lussault	Idem	411		Druye	Azay-le-Rideau	543	
Montreuil	Idem	552		Esvres	Cormery	1,739	
Mosnès	Idem	824	14,541	Montbazon 🐎	✉	1,080	15,147
Nazelles	Idem	1,107		Monts	Montbazon	1,155	
Négron	Idem	216		Pont-de-Ruan	Idem	268	
Pocé	Idem	752		Sorigny 🐎	Idem	1,564	
Souvigny	Idem	569		Saint-Branchs	Cormery	2,010	
Saint-Denis-Hors	Idem	948		Truyes	Idem	659	
Saint-Martin-le-beau	Idem	1,406		Veigné	Montbazon	1,240	
Saint-Ouen	Idem	670		Villeperdue	Idem	839	
Saint-Règle	Idem	250		**CANTON DE NEUILLÉ-PONT-PIERRE.**			
				Beaumont-la-Ronce	Neuillé-Pont-Pierre	1,681	
CANTON DE BLÉRÉ.				Cerelles	Monnaie	540	
				Charentilly	Neuillé-Pont-Pierre	498	
Athée	Bléré	1,304		Neuillé-Pont-Pierre (🐎 à la Roue.)	✉ (Distribution)	1,701	
Azay-sur-Cher	Idem	1,355		Pernay	Neuillé-Pont-Pierre	408	8,943
Bléré	✉	2,948		Rouziers	Idem	856	
Céré	Bléré	926		Semblançay	Idem	901	
Chenonceaux	Idem	313		Sonzay	Idem	1,443	
Chisseaux	Idem	623		Saint-Antoine	Idem	676	
Cigogné	Idem	405		Saint-Roch	Idem	239	
Civray	Idem	1,029	14,694	**CANTON DE NEUVY-LE-ROI.**			
Courçay	Cormery	874		Bueil	Neuvy-le-Roi	659	
Croix (la)	Bléré	1,171		Chemillé	Idem	1,314	
Dierre	Amboise	571		Epeigné-sur-Desme	Idem	525	
Epeigné-les-Bois	Bléré	442		Ferrière (la)	Idem	494	
Francueil	Idem	1,003		Louestault	Idem	352	
Luzillé	Idem	1,396		Marray	Idem	950	10,753
Sublaines	Idem	334		Neuvy-le-Roi	✉	1,638	
				Saint-Aubin	Saint-Christophe	584	
CANTON DE CHATEAU-RENAULT.				Saint-Christophe	✉ (Distribution)	1,522	
				Saint-Paterne	Saint-Christophe	2,060	
Autrèche	Chateau-Renault	330		Villebourg	Neuvy-le-Roi	665	
Auzouer	Idem	675		**CANTON DE TOURS (centre).**			
Boulay (le)	Idem	797		Tours (centre) 🐎	✉	15,348	15,348
Chateau-Renault 🐎	✉	2,468		**CANTON DE TOURS (nord).**			
Crotelles	Château-Renault	511		Fondettes	Tours	2,471	
Dame-Marie	Idem	510		Luynes 🐎	Idem	2,165	
Hermites (les) 🐎	Idem	1,026		Mettray	Idem	1,212	
Monthodon	Idem	863	11,685	Saint-Cyr	Idem	1,434	
Morand	Idem	392		Saint-Etienne-de-Chigny	Idem	979	12,159
Neuville	Idem	235		Sainte-Radégonde	Idem	384	
Nouzilly	Monnaie	1,047		Saint-Symphorien	Idem	1,365	
Sonnay	Chateau-Renault	608		Tours (nord)	✉	1,492	
Saint-Laurent	Idem	868		Ville-aux-Dames (la)	Tours	657	
Saint-Nicolas-des-Motets	Idem	305		**CANTON DE TOURS (sud).**			
Villedomer	Idem	1,050		Berthenay	Tours	464	
				Joué	Idem	1,776	
CANTON DE CHATEAU-LA-VALLIÈRE.				Larçay	Idem	470	
				Mont-Louis	Idem	2,443	
Ambillou	Château-la-Vallière	861		Riche (la)	Idem	1,234	
Braye-sur-Maulne	Idem	511		Savonnières	Idem	1,358	
Brèches	Idem	441		Saint-Avertin	Idem	1,296	19,547
Channay	Idem	1,100		Saint-Etienne (extra)	Idem	988	
Chateau-la-Vallière 🐎	✉	1,239		Saint-Genouph	Idem	375	
Couesme	Château-la-Vallière	668		Saint-Pierre-des-Corps	Idem	824	
Courcelles	Idem	704	11,175	Tours (sud)	✉	6,395	
Hommes	Idem	1,011		Véretz	Tours	898	
Lublé	Idem	314		Villandry	Azay-le-Rideau	1,026	
Marcilly-sur-Maulne	Idem	716					
Rillé	Idem	517					
Savigné	Idem	1,045					
Souvigné	Idem	714					
Saint-Laurent-de-Lin	Idem	477					
Villiers-au-Bouin	Idem	887					
A reporter			52,095	*A reporter*			133,992

NOMS DES COMMUNES.	BUREAUX DE POSTE qui les desservent.	POPULA-TION.	TOTAL de la POPULA-TION par canton	NOMS DES COMMUNES.	BUREAUX DE POSTE qui les desservent.	POPULA-TION.	TOTAL de la POPULA-TION par canton
Suite de l'ARRONDISSEMENT DE TOURS.		Report..	133,992	Suite de l'ARRONDISSEMENT DE CHINON.		Report..	47,181
CANTON DE VOUVRAY.				Suite du CANTON DE L'ISLE-BOUCHARD.			
						Report..	3,914
CHANÇAY	Vouvray	819		ISLE-BOUCHARD (l')	⊠	1,698	
CHANCEAUX	Tours	617		PANZOULT	L'Isle-Bouchard	853	
MONNAIE	⊠ (Distribution.)	1,237		PARÇAY	Idem	680	
NEUILLY-LE-LIERRE	Monnaie	600		RILLY	Idem	543	9,183
NOIZAY	Vouvray	1,187		RIVIÈRE	Chinon	309	
NOTRE-DAME-D'OÉ	Tours	450	12,578	SAZILLY	L'Isle-Bouchard	359	
PARÇAY	Vouvray	538		TAVANT	Idem	300	
REUGNY	Monnaie	1,241		THENEUIL	Idem	255	
ROCHECORBON	Vouvray	1,742		TROGUES	Idem	272	
VERNOU	Idem	1,760					
VOUVRAY	⊠	2,387		CANTON DE LANGEAIS.			
(à la Frittière.)							
				AVRILLÉ	Langeais	530	
				CINQ-MARS	Idem	1,626	
TOTAL de la population de l'Arrondissement			146,570	CLÉRÉ	Idem	1,217	
				CONTINVOIR	Bourgueil	940	
ARRONDISSEMENT DE CHINON.				ESSARDS (les)	Langeais	302	
				GIZEUX	Bourgueil	821	11,593
CANTON D'AZAY-LE-RIDEAU.				INGRANDES	Idem	755	
				LANGEAIS	⊠	2,846	
AZAY-LE-RIDEAU	⊠	1,896		MAZIÈRES	Langeais	626	
BRÉHÉMONT	Azay-le-Rideau	1,583		SAINT-MICHEL	Idem	808	
CHAPELLE-AUX-NAUX (la)	Idem	624		SAINT-PATRICE	Idem	1,128	
CHEILLÉ	Idem	1,310					
LIGNIÈRES	Idem	829		CANTON DE SAINTE-MAURE.			
RIGNY	Chinon	1,235	12,635				
RIVARENNES	Azay-le-Rideau	795		ANTOGNY	Les Ormes	563	
SACHÉ	Idem	913		MAILLÉ	Sainte-Maure	507	
SAINT-BENOIT	Chinon	534		MARCILLY-SUR-VIENNE	Idem	369	
THILOUZE	Azay-le-Rideau	1,067		NEUIL	Idem	409	
VALLÈRE	Idem	747		NOUATRE	Idem	459	
VILLAINES	Idem	1,102		NOYANT	Idem	410	8,812
				PORTS	Les Ormes	345	
CANTON DE BOURGUEIL.				POUZAY	Sainte-Maure	502	
				POSSIGNY	Les Ormes	305	
BENAIS	Bourgueil	1,626		SAINTE-CATHERINE	Sainte-Maure	556	
BOURGUEIL	⊠	3,556		SAINT-EPAIN	Idem	2,128	
CHAPELLE-SUR-LOIRE (la)	⊠ (Distribution.)	3,653		SAINTE-MAURE	⊠	2,259	
CHOUZÉ-SUR-LOIRE	⊠	3,890	17,097				
(aux trois Volets.)				CANTON DE RICHELIEU.			
RESTIGNY	Bourgueil	2,268					
SAINT-NICOLAS-DE-BOURGUEIL	Idem	2,104		ASSAY	Champigny	354	
				BRASLOU	Richelieu	401	
CANTON DE CHINON.				BRAYE	Idem	406	
				CHAMPIGNY	⊠ (Distribution)	1,073	
ATOINE	Chinon	1,159		CHAVEIGNES	Richelieu	421	
BEAUMONT-VERRON	Idem	1,863		COURCOUÉ	Idem	406	
CANDES	Montsoreau	748		FAYE-LA-VINEUSE	Idem	687	
CHINON	⊠	6,859		JAULNAY	Idem	327	
CINAIS	Chinon	552		LÉMÉRÉ	Champigny	623	12,129
COULIERS	Montsoreau	299	17,449	LIGRÉ	Chinon	1,194	
HUISMES	Chinon	1,452		LUZÉ	Richelieu	498	
LERNÉ	Idem	742		MARIGNY-MARMANDE	Idem	878	
ROCHE-CLERMAUT (la)	Idem	632		MARÇAY	Chinon	681	
SAVIGNY	Idem	1,435		RAZINES	Richelieu	299	
SEUILLY	Idem	612		RICHELIEU	⊠	2,782	
SAINT-GERMAIN-SUR-VIENNE	Montsoreau	790		TOUR-SAINT-GELIN (la)	Richelieu	845	
TRIZAY	Chinon	306		VERNEUIL	L'Isle-Bouchard	254	
CANTON DE L'ISLE-BOUCHARD.				TOTAL de la population de l'Arrondissement			88,898
ANCHÉ	Chinon	527					
AVON	L'Isle-Bouchard	755		ARRONDISSEMENT DE LOCHES.			
BRIZAY	Idem	274					
CREZELLES	Idem	461		CANTON DE LA HAYE-DESCARTES.			
CRAVANT	Chinon	918					
CRISSAY	L'Isle-Bouchard	414		ABILLY	La Haye-Descartes	791	
CROUZILLES	Idem	565		BALESMES	Idem	765	
				CIVRAY	Idem	334	
				CUSSAY	Ligueil	852	
A reporter..		3,914					
A reporter			47,181	A reporter..		2,742	

NOMS DES COMMUNES.	BUREAUX DE POSTE qui les desservent.	POPULA- TION.	TOTAL de la POPULA- TION par canton.	NOMS DES COMMUNES.	BUREAUX DE POSTE qui les desservent.	POPULA- TION.	TOTAL de la POPULA- TION par canton
Suite de l'ARRONDISSEMENT DE LOCHES.				Suite de l'ARRONDISSEMENT DE LOCHES.			
					Report..		16,425
Suite du CANTON DE LA HAYE-DESCARTES.				Suite du CANTON DE LOCHES.			
	Report..	2,742			Report..	12,637	
DRACHÉ	Sainte-Maure	649		SAINT-HIPPOLYTE	Loches	1,053	
HAYE-DESCARTES (la)	✉	1,293		SAINT-JEAN-SUR-INDRE	Idem	620	
MARCÉ-SUR-ESVRE	La Haye-Descartes	293	7,042	SAINT-QUENTIN	Idem	623	17,072
NEUILLY-LE-BRIGNON	Idem	760		TAUXIGNY	Cormery	1,308	
SELLE-SAINT-AVANT (la)	Sainte-Maure	525		VERNEUIL	Loches	831	
SEPMES	Idem	780					
				CANTON DE MONTRÉSOR.			
CANTON DE LIGUEIL.				BEAUMONT-VILLAGE	Montrésor	386	
BOSSÉE	Ligueil	670		CHEMILLÉ-SUR-INDROIS	Idem	525	
BOURNAN	Idem	516		GENILLÉ	Idem	1,954	
CHAPELLE-BLANCHE (la)	Idem	962		LIÈGE (le)	Idem	315	
CIRAN	Idem	571		LOCHÉ	Idem	1,387	
ESVES-LE-MOUTIER	Idem	306		MONTRÉSOR	✉ (Distribution.)	731	8,835
LIGUEIL	✉ (Distribution.)	1,767		NOUANS	Montrésor	1,197	
LOUANS	Ligueil	747	9,383	ORBIGNY	Idem	1,155	
LOUROUX (le)	Idem	701		VILLEDOMAIN	Idem	277	
MANTHELAN	Idem	1,218		VILLELOIN-COULANGÉ	Idem	908	
MOUZAY	Idem	510					
SAINT-SENOCH	Idem	569		CANTON DE PRESSIGNY-LE-GRAND.			
VARENNES	Idem	351		BARROU	La Haye-Descartes	809	
VOU	Idem	493		BETZ	Saint-Flovier	1,296	
				FERRIÈRE-LARÇON	Ligueil	995	
CANTON DE LOCHES.				GUERCHE (la)	La Haye-Descartes	540	
AZAY-SUR-INDRE	Loches	427		PAULMY	Ligueil	732	9,245
BEAULIEU	Idem	2,222		PRESSIGNY-LE-GRAND	La Haye-Descartes	1,768	
BRIDORÉ	Idem	389		PRESSIGNY-LE-PETIT	Saint-Flovier	1,076	
CHAMBOURG	Idem	969		SELLE-GOEXAND (la)	Idem	900	
CHANCEAUX	Idem	262		SAINT-FLOVIER	✉ (Distribution.)	1,129	
CHÉDIGNY	Idem	643					
DOLUS	Idem	766		CANTON DE PREUILLY.			
FERRIÈRE	Idem	258		BOSSAY	Preuilly	1,691	
LOCHES	✉	4,774		BOUSSAY	Idem	943	
PERRUSSON	Loches	677		CHAMBON	Idem	598	
REIGNAC	Cormery	705		CHARNIZAY	Saint-Flovier	1,602	
SENNEVIÈRES	Loches	361		CHAUMUSSAY	Preuilly	763	9,971
SAINT-BAULD	Idem	184		PREUILLY	✉	2,131	
				TOURNON-SAINT-PIERRE	Preuilly	553	
	A reporter..	12,637		YZEURES	Idem	1,690	
	A reporter..		16,425	TOTAL de la population de l'Arrondissement..			61,548

RÉCAPITULATION.

	NOMBRE de		POPULATION.
	CANTONS.	COMMUNES.	
ARRONDISSEMENT DE TOURS	11	127	146,570
———————— DE CHINON	7	87	88,898
———————— DE LOCHES	6	68	61,548
TOTAUX	24	282	297,016

NOMS DES COMMUNES.	BUREAUX DE POSTE qui les desservent.	POPULA-TION.	TOTAL de la POPULA-TION par canton	NOMS DES COMMUNES.	BUREAUX DE POSTE qui les desservent.	POPULA-TION.	TOTAL de la POPULA-TION par canton
ARRONDISSEMENT DE GRENOBLE.				**Suite de l'ARRONDISSEMENT DE GRENOBLE.**			
						Report..	34,461
CANTON D'ALLEVARD.				**Suite du CANTON DE DOMÈNE.**			
						Report..	5,452
Allevard	Goncelin	2,690		Saint-Jean-le-Vieux	Domène	294	
Chapelle-du-Bard (la)	Idem	1,277		Saint-Martin-d'Uriage	Grenoble	2,454	
Ferrière (la)	Idem	1,201	8,769	Saint-Mury-Monteymond	Domène	402	10,144
Moutaret (le)	Idem	535		Versoud (le)	Idem	529	
Pinsot	Idem	1,039		Villar-Bonnot	Idem	1,013	
Saint-Pierre-d'Allevard	Idem	2,027					
CANTON DE BOURG-D'OISANS.				**CANTON D'ENTRAIGUES.**			
Allemond	Bourg-d'Oisans	1,275		Chantelouve	La Mure	463	
Auris-en-Oisans	Idem	740		Entraigues	Idem	557	
Besse	Idem	1,027		Morte (la)	Idem	343	
Bourg-d'Oisans	[carré]	3,052		Oris-en-Ratier	Idem	302	
Clavans	Bourg-d'Oisans	395		Périer (le)	Idem	761	6,003
Freney (le)	Idem	598		Siévoz	Idem	321	
Garde (la)	Idem	428		Valbonnais	Idem	1,386	
Gauchoirs (les)	Idem	100		Valdeys (la)	Idem	698	
Huez	Idem	465		Valjouffray	Idem	840	
Livet	Idem	1,214	16,262	Vallette (la)	Idem	333	
Mizoën	Idem	661					
Mont-de-Lans	Idem	1,286		**CANTON DE GONCELIN.**			
Oeron	Idem	618					
Oulles	Idem	234		Adrets (les)	Goncelin	860	
Oz	Idem	1,026		Champ-près-Froges (le)	Idem	555	
Saint-Christophe-en-Oisans	Idem	535		Cheylas	Idem	650	
Vaujany	Idem	935		Froges	Idem	581	
Venoso	Idem	931		Goncelin	[carré]	1,628	
Villard-Eymond	Idem	265		Hertières	Goncelin	281	
Villard-Reculas	Idem	189		Moretel	Idem	421	11,807
Villard-Reymond	Idem	288		Pierre (la)	Idem	264	
				Pontcharra	Idem	2,360	
CANTON DE CLELLES.				Saint-Maximin	Idem	866	
Chichilianne	Monestier-de-Cler-mont	716		Tencin	Idem	1,040	
Clelles	Idem	612		Theys	Idem	2,301	
Monestier-du-Percy	Mens	356					
Percy (le)	Idem	260		**CANTON DE GRENOBLE (est).**			
Saint-Martin-de-Clelles	Monestier-de-Cler-mont	250	4,028	Bernin	Crolles	976	
Saint-Maurice-Lalley	Mens	1,293		Biviers	Grenoble	714	
Saint-Michel-les-Portes	Monestier-de-Cler-mont	409		Coreng	Idem	568	
Thoranne	Idem	68		Meylan	Idem	1,117	
Treianne	Idem	64		Montbonnot	Idem	360	
				Sappey (le)	Idem	420	7,782
CANTON DE CORPS.				Saint-Ismier	Crolles	1,325	
Ambel	Corps	173		Saint-Martin-de-Misère	Grenoble	361	
Beaufin	Idem	214		Saint-Nazaire	Crolles	569	
Corps [carré]	[carré]	1,441		Tronche (la)	Grenoble	1,372	
Cotes-de-Corps (les)	Corps	409					
Fallavaux	Idem	250		**CANTON DE GRENOBLE (sud-est).**			
Monestier-d'Ambel	Idem	195	5,402	Bresson	Grenoble	288	
Quet-en-Beaumont	Idem	335		Échirolles	Idem	000	
Salette (la)	Idem	448		Eybens	Idem	866	
Salle (la) [aux Souchous]	Idem	461		Gières	Idem	1,153	4,223
Saint-Laurent-en-Beaumont	La Mure	775		Herbeys	Idem	572	
Sainte-Luce	Corps	725		Poisat	Idem	340	
Saint-Michel-en-Beaumont	Idem	231		Saint-Martin-d'Hères	Idem	726	
Saint-Pierre-de-Méaroz	La Mure	212		Venon	Idem	278	
CANTON DE DOMÈNE.				**CANTON DE GRENOBLE (nord).**			
Combe-de-Lancey	Domène	462		Fontanil	Voreppe	655	
Domène	[carré] (Distribution.)	1,584		Grenoble [carré]	[carré]	24,888	
Laval	Domène	1,154		Mont-Saint-Martin	Voreppe	131	
Murianette	Idem	259		Proveysieux	Grenoble	613	29,249
Revel	Idem	1,076		Quaix	Idem	700	
Sainte-Agnès	Idem	917		Sarcenas	Idem	131	
				Saint-Égrève	Idem	1,240	
	A reporter..	5,452		Saint-Martin-le-Vinoux	Idem	891	
	A reporter		34,461		A reporter		103,669

NOMS DES COMMUNES.	BUREAUX DE POSTE qui les desservent.	POPULA-TION.	TOTAL de la POPULA-TION par canton	NOMS DES COMMUNES.	BUREAUX DE POSTE qui les desservent.	POPULA-TION.	TOTAL de la POPULA-TION par canton
Suite de l'ARRONDISSEMENT DE GRENOBLE.				**Suite de l'ARRONDISSEMENT DE GRENOBLE.**			
	Report..		1o3,669		Report..		144,215
CANTON DE SAINT-LAURENT-DU-PONT.				**CANTON DU TOUVET.**			
ENTRE-DEUX-GUIERS.........	Les Échelles.......	1,739		BARRAUX.............	Chapareillan....	1,452	
(Distribution aux Échelles.)				BUISSIÈRE (la)...........	Le Touvet........	8o2	
MIRIBEL..................	Idem...........	2,711		CHAPAREILLAN.......	....	2,541	
SAINT-CHRISTOPHE-ENTRE-DEUX-				CROLLES................	(Distribution.)....	1,511	
GUIERS................	Idem...........	1,300	11,928	FLACHÈRES (la)........	Le Touvet.......	412	
SAINT-JOSEPH-DE-RIVIÈRE....	Idem...........	200		LUMBIN.......	Crolles..........	685	
SAINT-LAURENT-DU-PONT.....	Idem...........	2,956		MONTALIEU............	Le Touvet.......	408	13,236
SAINT-PIERRE-DE-CHARTREUSE..	Idem...........	1,566		SAINT-BERNARD.......	Idem...........	378	
SAINT-PIERRE-D'ENTREMONT...	Idem...........	1,456		SAINT-HILAIRE........	Crolles..........	451	
CANTON DE MENS.				SAINT-MARCEL.........	Chapareillan......	228	
				SAINTE-MARIE-D'ALLOIX....	Le Touvet.......	332	
CORDÉAC...............	Mens.........	1,081		SAINT-PANCRASSE.......	Crolles..........	347	
CORNILLON-EN-TRIÈVES......	Idem..........	33o		SAINT-VINCENT-DE-MERCUZE...	Le Touvet.......	6o6	
LAVARS................	Idem..........	345		TERRASSE (la)........	Idem...........	1,287	
MENS..................	....	1,884		TOUVET (le)...........	....	1,796	
PELLAFOL..............	Corps.........	701	6,902	**CANTON DE VIF.**			
PRÉBOIS..............	Mens.........	349					
SAINT-BAUDILLE.........	Idem..........	626		ALLIÈRES.............	Vif...........	731	
SAINT-GENIS...........	Idem..........	200		CLAIX..............	Grenoble......	1,659	
SAINT-JEAN-D'HÉRANS......	Idem..........	76o		CLUZE.............	Vif...........	698	
TRÉMINIS..............	Idem..........	626		GUA (le)............	Idem...........	914	7,726
CANTON DE MONESTIER-DE-CLERMONT.				SAINT-PAUL-DE-VARCES.....	Idem...........	720	
				VARCES.............	Idem...........	722	
AVIGNONET.............	Monestier-de-Cler-mont........	262		VIF...............	(Distribution.)....	2,282	
CHATEAU-BERNARD........	Idem..........	4o1		**CANTON DE VILLARD-DE-LANS.**			
GRESSE..............	Idem..........	8o8					
MIRIBEL-L'ANCHATRE......	Idem..........	322		AUTRANS............	Grenoble......	1,107	
MONESTIER-DE-CLERMONT....	(Distribution.)....	752	4,636	LANS..............	Idem...........	1,076	5,217
ROISSARD..............	Monestier-de-Cler-mont........	381		MÉAUDRE............	Idem...........	1,008	
SINARD...............	Idem..........	492		VILLARD-DE-LANS.......	Idem...........	2,026	
SAINT-ANDÉOL..........	Idem..........	200		**CANTON DE VIZILLE.**			
SAINT-GUILLAUME........	Idem..........	435					
SAINT-PAUL-LES-MONESTIERS...	Idem..........	33o		BRIÉ..............	Vizille........	65o	
TREFFORT.............	Idem..........	253		CHAMP-PRÈS-VIZILLE......	Idem...........	533	
CANTON DE LA MURE.				CHAMPAGNIER..........	Idem...........	458	
				COMMIERS (Notre-dame-de-).	Idem...........	262	
CHOLONGE.............	Vizille........	371		JARRIE.............	Idem...........	1,104	
COGNET..............	La Mure.......	105		LAFFREY............	Idem...........	436	
MAIRE...............	Idem..........	233		MEZAGE (notre-dame-de-)...	Idem...........	271	
MARCIEU.............	Idem..........	412		MONT-CHABOUT........	Idem...........	76	
MONTEYNARD...........	Idem..........	461		SÉCHILIENNE.........	Idem...........	1,541	13,533
MOTTE-D'AVEILLANT (la).....	Idem..........	850		SAINT-BARTHÉLEMY-DE-SÉCHI-			
MOTTE-SAINT-MARTIN (la)....	Idem..........	634		LIENNE..........	Idem...........	998	
MURE (la)............	....	2,785		SAINT-GEORGES-DE-COMMIERS..	Idem...........	633	
NANTES..............	La Mure.......	618		SAINT-JEAN-DE-VAULX....	Idem...........	648	
PIERRE-CHATEL.........	Idem..........	1,059	11,220	SAINT-PIERRE-DE-MEZAGE....	Idem...........	593	
PONSONNAS............	Idem..........	172		VAULNAVEYS-LE-BAS......	Idem...........	916	
PRUNIÈRES............	Idem..........	376		VAULNAVEYS-LE-HAUT.....	Idem...........	1,664	
SAVEL...............	Vizille........	114		VIZILLE............	....	2,750	
SOUSVILLE............	Idem..........	140		**CANTON DE VOIRON.**			
SUSVILLE.............	Idem..........	422					
SAINT-AREY...........	La Mure.......	201		BUISSE (la).........	Voiron........	1,343	
SAINT-HONORÉ..........	Idem..........	723		CHIRENS............	Idem...........	2,009	
SAINT-THÉOFFREY.......	Vizille........	407		COUBLEVIE..........	Idem...........	1,517	
VAULX (notre-dame-de-).....	Idem..........	593		POMMIER-PRÈS-VOREPPE....	Voreppe.......	663	
VILLARS-SAINT-CHRISTOPHE....	La Mure.......	544		SAINT-AUPRÉ.........	Voiron........	1,041	
CANTON DE SASSENAGE.				SAINT-ÉTIENNE-DE-CROSSEY....	Idem...........	1,590	19,519
				SAINT-JULIEN-DE-RATZ....	Idem...........	356	
ENGINS.............	Grenoble......	454		SAINT-NICOLAS-DE-MACHERIN...	Idem...........	796	
FONTAINE............	Idem..........	673		VOIRON............	....	6,924	
NOYAREY.............	Voreppe.......	1,002		VOREPPE............	(Distribution.)....	3,280	
PARISET.............	Grenoble......	914	5,860				
SASSENAGE...........	Idem..........	1,155					
SEYSSINS............	Idem..........	833					
VEUREY.............	Voreppe.......	829		TOTAL de la population de l'Arrondissement.......			203,446
	À reporter.................		144,215				

NOMS DES COMMUNES.	BUREAUX DE POSTE qui les desservent.	POPULA-TION.	TOTAL de la POPULA-TION par canton	NOMS DES COMMUNES.	BUREAUX DE POSTE qui les desservent.	POPULA-TION.	TOTAL de la POPULA-TION par canton
ARRONDISSEMENT DE LA TOUR-DU-PIN.				**Suite de l'ARRONDISSEMENT DE LA TOUR-DU-PIN.**			
						Report..	61,196
CANTON DE BOURGOIN.				**CANTON DE MORESTEL.**			
BOURGOIN	✉	3,762		ARANDON	Morestel	514	
CHATEAU-VILLAIN	Bourgoin	685		AVENIÈRES (les)	Idem	3,428	
EPARRES (les)	Idem	1,675		BOUCHAGE (le)	Idem	849	
JALLIEU	Idem	3,026		BOUVESSE	Idem	723	
MONTCEAUX	Idem	654		BRANGUES	Idem	883	
RUY	Idem	1,278	19,692	CHARETTE	Crémieu	491	
SÉRÉZIN	Idem	1,371		COURTENAY	Morestel	1,395	
SUCCIEU	Idem	588		CREYS	Idem	797	
SAINT-CHEF	Idem	3,397		CURTIN	Idem	350	
SAINT-MARCEL-DE-BEL-ACCUEIL	Idem	974		FAVERGES-DE-MÉPRIEU	Idem	466	17,735
SAINT-SAVIN	Idem	2,282		MORESTEL	✉	1,326	
				PASSINS	Morestel	898	
CANTON DE CRÉMIEU.				QUIRIEU	Idem	289	
AMBLAGNIEU	Crémieu	751		SERMÉRIEU	Idem	413	
ANNOISIN	Idem	324		SAINT-SORLIN	Idem	576	
BALME (la)	Idem	644		SAINT-VICTOR-DE-MORESTEL	Idem	830	
CARISIEU	Idem	158		THUELLIN	Idem	427	
CHAMAGNIEU	Idem	555		VERCIEU	Crémieu	907	
CHATELANS	Idem	204		VEYRINS	Morestel	952	
CHOZEAU	Idem	619		VÉZERONCES	Idem	1,211	
CRÉMIEU	✉	2,401					
DIZIMIEU	Crémieu	476		**CANTON DU PONT-DE-BEAUVOISIN.**			
FRONTONAS	Idem	958		ABRETS (les)	✉ (Distribution.)	1,203	
HIÈRES	Idem	750		AOSTE	Les Abrets	1,153	
JAMEYSIEU	Idem	156		BATIE-MONTGASCON (la)	La Tour-du-Pin	1,311	
LEYRIEU	Idem	430		CHIMILIN	Les Abrets	1,617	
MORAS	Idem	372		CORBELIN	La Tour-du-Pin	1,801	
OPTEVOZ	Idem	483	16,693	FITILIEU	Les Abrets	1,433	
PANOSSAS	Idem	343		FOLATIÈRE	LePont-de-Beauvoisin	795	
PARMILLIEU	Idem	575		GRANIEU	Les Abrets	405	
SICCIEU-SAINT-JULLIEN	Idem	424		PONT-DE-BEAUVOISIN (le)	✉	2,139	18,926
SOLEYMIEU	Iddm.	669		PRESSINS	LePont-de-Beauvoisin	1,129	
SAINT-BAUDILLE	Idem	890		ROMAGNIEU	Idem	1,990	
SAINT-HILAIRE-DE-BRENS	Idem	362		SAINT-ALBIN-DE-VAULSERRE	Idem	570	
SAINT-ROMAIN	Idem	501		SAINT-ANDRÉ-LA-PALUD	La Tour-du-Pin	1,144	
TIGNIEU	Idem	596		(✉ à Gaz-la-Palud.)			
TREPT	Idem	864		SAINT-JEAN-D'AVELANNE	LePont-de-Beauvoisin	868	
VEISILIEU	Idem	367		SAINT-MARTIN-DE-VAULSERRE	Idem	468	
VÉNÉRIEU	Idem	331					
VERNAS	Idem	260		**CANTON DE LA TOUR-DU-PIN.**			
VERTRIEUX	Idem	619		CESSIEUX	La Tour-du-Pin	2,012	
VILLE-MOIRIEU	Idem	611		CHAPELLE-DE-LA-TOUR (la)	Idem	920	
				DOLOMIEU	Idem	2,006	
CANTON DE SAINT-GEOIRE.				FAVERGES	Idem	1,246	
BATIE-DIVISIN (la)	Les Abrets	1,234		MONTAGNIEU	Idem	776	
CHARANCIEUX	Idem	550		MONTCARRA	Bourgoin	607	
MERLAS	LePont-de-Beauvoisin	1,235		ROCHE-TOIRIN	La Tour-du-Pin	1,020	
MONTFERRA	Les Abrets	1,326	10,653	SAINTE-BLANDINE	Idem	773	18,084
PALADRU	Idem	1,004		SAINT-CLAIR	Idem	991	
SAINT-BUEIL	LePont-de-Beauvoisin	260		SAINT-DIDIER-DE-LA-TOUR	Idem	1,318	
SAINT-GEOIRE	Voiron	4,635		SAINT-JEAN-DE-SOUDIN	Idem	722	
VOISSANT	LePont-de-Beauvoisin	409		SAINT-VICTOR-DE-CESSIEUX	Idem	1,163	
				TORCHE-FELON	Idem	774	
CANTON DU GRAND-LEMPS.				TOUR-DU-PIN (la)	✉	2,334	
APPRIEU	Le Grand-Lemps	1,480		VASSELIN	La Tour-du-Pin	457	
BELMONT	Idem	483		VIGNIEU	Idem	965	
BEVENAIS	Idem	1,064					
BIOL	Idem	1,534		**CANTON DE VIRIEU.**			
BIZONNES	Idem	1,365					
BURCIN	Idem	577					
CHABONS	Idem	2,233	14,158	BILLIEU	Virieu	537	
COLOMBES	Idem	1,100		BLANDIN	Idem	258	
EYDOCHE	Champier	719		CHARAVINES	Idem	768	
FLACHÈRES	Idem	534		CHASSIGNIEU	Idem	565	
GRAND-LEMPS (le)	✉	1,856		CHÉLIEU	Idem	901	
LONGE-CRENAL	Le Grand-Lemps	687					
SAINT-DIDIER-DE-BIZONNE	Idem	526			A reporter..	3,029	
	A reporter		61,196		A reporter		115,041

NOMS DES COMMUNES.	BUREAUX DE POSTE qui les desservent.	POPULA-TION.	TOTAL de la POPULA-TION par canton	NOMS DES COMMUNES.	BUREAUX DE POSTE qui les desservent.	POPULA-TION.	TOTAL de la POPULA-TION par canton
Suite de l'ARRONDISSEMENT DE LA TOUR-DU-PIN.				**Suite de l'ARRONDISSEMENT DE SAINT-MARCELLIN.**			
	Report..		115,041		Report..		36,862
Suite du CANTON DE VIRIEU.				**CANTON DE RIVES.**			
	Report..	3,029		BEAUCROISSANT	Rives	816	
DOISSIN	Virieu	000		CHARNÈCLES	Idem	1,344	
MONTREVEL	Idem	1,517		IZEAUX	Idem	1,474	
OYEU	Idem	1,003		MOIRANS	✉	2,755	
PANISSAGE	Idem	371	11,195	MURETTE (la)	Voiron	927	
PASSAGE (le)	La Tour-du-Pin	910		RÉAUMONT	Rives	722	15,613
PIN (le)	Virieu	1,146		RENAGE	Idem	1,204	
SAINT-ONDRAS	Les Abrets	901		RIVES 🐎	✉	3,014	
VALENCOGNE	Virieu	913		SAINT-BLAISE-DE-BOIS	Rives	566	
VIRIEU	✉	1,385		SAINT-CASSIEN	Voiron	905	
				SAINT-JEAN-DE-MOIRANS	Moirans	1,107	
TOTAL de la population de l'Arrondissement			126,146	VOUREY	Idem	1,179	
ARRONDISSEMENT DE SAINT-MARCELLIN.				**CANTON DE ROYBON.**			
CANTON DE SAINT-ÉTIENNE-DE-SAINT-GEOIRS.				BEAUFORT	Beaurepaire	674	
				CHATENAY	La Côte-Saint-André	592	
BRESSIEUX	La Côte-Saint-André	263		LENTIOL	Beaurepaire	390	
BREZINS	Idem	1,039		MARCILLOLES	La Côte-Saint-André	667	
BRION	La Frette	315		MARCOLIN	Beaurepaire	641	
FRETTE (la) 🐎	✉ (Distribution.)	1,164		MARNANS	Saint-Marcellin	366	10,064
PENOL	La Côte-Saint-André	481		MONTFALCON	Idem	346	
PLAN	Tullins	351	12,390	ROYBON	Idem	2,602	
SARDIEUX	La Côte-Saint-André	595		SAINT-CLAIR-SUR-GALAURE	Idem	564	
SILLANS	Rives	1,147		THODURE	La Côte-Saint-André	1,162	
SAINT-ÉTIENNE-DE-SAINT-GEOIRS	La Frette	1,944		VIRIVILLE	Idem	2,080	
SAINT-GEOIRS	Idem	702		**CANTON DE TULLINS.**			
SAINT-MICHEL-DE-SAINT-GEOIRS	Idem	451		CRAS	Tullins	482	
SAINT-PIERRE-DE-BRESSIEUX	La Côte-Saint-André	1,329		FORTERESSE (la)	Idem	486	
SAINT-SIMÉON-DE-BRESSIEUX	Idem	2,277		MONTAUD	Idem	592	
CANTON DE SAINT-MARCELLIN.				MORETTE	Idem	498	
				POLIÉNAS	Idem	1,206	10,656
BESSINS	Saint-Marcellin	344		QUINCIEUX	Vinay	223	
CHATTE	Idem	2,071		RIVIÈRE (la)	Tullins	903	
CHEVRIÈRES	Idem	914		SAINT-PAUL-D'IZEAUX	Idem	510	
DIONAY	Idem	450		SAINT-QUENTIN	Idem	1,345	
MONTAGNE	Idem	254		TULLINS 🐎	✉	3,807	
MURINAIS	Idem	720		VATILIEUX	Vinay	604	
SONE (la)	Saint-Lattier	714		**CANTON DE VINAY.**			
SAINT-ANTOINE	Saint-Marcellin	2,007		ALBENC (l')	Vinay	1,094	
SAINT-APPOLINARD	Idem	605	17,041	CHANTESSE	Idem	360	
SAINT-BONNET-DE-CHAVAGNE	Idem	824		CHASSELAY	Idem	669	
SAINT-HILAIRE-DU-ROSIER	Saint-Lattier	1,015		COGNIN	Idem	1,146	
SAINT-LATTIER	✉ (Distribution.)	1,558		NERPOL	Idem	534	9,697
(🐎 aux Fauris.)				ROVON	Idem	560	
SAINT-MARCELLIN 🐎	✉	2,775		SAINT-GERVAIS	Idem	628	
SAINT-SAUVEUR	Saint-Marcellin	695		VARACIEUX	Idem	1,216	
SAINT-VÉRAND	Idem	1,041		VINAY	✉	3,490	
TÈCHE	Idem	1,054		(🐎 à l'Allégrerie.)			
CANTON DE PONT-EN-ROYANS.							
				TOTAL de la population de l'Arrondissement			82,292
AUBERIVES-EN-ROYANS	Pont-en-Royans	314					
BEAUVOIR	Saint-Marcellin	174		**ARRONDISSEMENT DE VIENNE.**			
CHATELUS	Pont-en-Royans	275					
CHORANCHE	Idem	418		**CANTON DE BEAUREPAIRE.**			
IZERON	Saint-Marcellin	842					
PONT-EN-ROYANS	✉ (Distribution.)	1,234	7,431	BEAUREPAIRE	✉	2,138	
PRESLES	Pont-en-Royans	519		BELLEGARDE	Beaurepaire	890	
RENCUREL	Idem	896		CHALON	Vienne	138	
SAINT-ANDRÉ-EN-ROYANS	Idem	700					
SAINT-JUST-DE-CLAIX	Idem	535					
SAINT-PIERRE-DE-CHERENNE	Saint-Marcellin	495					
SAINT-ROMANS	Idem	1,009					
A reporter			36,862	A reporter			3,166

NOMS DES COMMUNES.	BUREAUX DE POSTE qui les desservent.	POPULATION.	TOTAL de la POPULATION par canton
Suite de l'ARRONDISSEMENT DE VIENNE.			
Suite du CANTON DE BEAUREPAIRE.			
	Report. .	3,166	
Cour	Vienne	492	
Jarcieux	Beaurepaire	756	
Moissieux	*Idem*	610	
Monsteroux-Millieu	Vienne	335	
Montseveroux	*Idem*	782	
Pact	Beaurepaire	709	11,052
Pisieu	*Idem*	590	
Pommier	*Idem*	1,066	
Primarette-Saint-Julien	*Idem*	1,003	
Revel	*Idem*	884	
Saint-Barthelemy-de-Beaurepaire	*Idem*	659	
CANTON DE LA COTE-SAINT-ANDRÉ.			
Arzay	La Côte-Saint-André	287	
Balbin	*Idem*	386	
Bossieux	*Idem*	467	
Champier	⊠ (*Distribution.*)	1,142	
Commelle	La Côte-Saint-André	835	
Cote-Saint-André (la)	⊠	4,568	
Faramans	La Côte-Saint-André	1,593	14,010
Gillonnay	*Idem*	907	
Mottier (le)	Champier	1,102	
Nantoin	*Idem*	570	
Ornacieux	La Côte-Saint-André	495	
Semons	*Idem*	1,259	
Saint-Hilaire-de-la-Cote	La Frette	399	
CANTON DE HEYRIEUX.			
Chandieu	La Verpillière	1,303	
Diémoz	*Idem*	733	
Grenay	*Idem*	545	
Heyrieux	*Idem*	1,424	
Oytier	Vienne	804	
Saint-Bonnet-de-Mure	La Verpillière	887	
Saint-Georges-d'Espéranche	Saint-Jean-de-Bournay	2,872	12,131
Saint-Just-Chaleyssin	Vienne	893	
Saint-Laurent-de-Mure 🐎	La Verpillière	1,141	
Toussieux	Saint-Simphorien-d'Ozon	780	
Valencin	La Verpillière	749	
CANTON DE SAINT-JEAN-DE-BOURNAY.			
Artas	Saint-Jean-de-Bournay	1,253	
Beauvoir-de-Marc	*Idem*	1,273	
Chatonnay 🐎	*Idem*	3,011	
Culin	Bourgoin	688	
Éclose 🐎	*Idem*	876	
Lieudieu	Saint-Jean-de-Bournay	347	
Meissies	*Idem*	708	15,524
Meyrieux	*Idem*	719	
Royas	*Idem*	294	
Savas-Meypin	*Idem*	487	
Saint-Agnin	Bourgoin	616	
Saint-Jean-de-Bournay	⊠	3,392	
Tramolé	Bourgoin	491	
Villeneuve-de-Marc	Saint-Jean-de-Bournay	1,369	
CANTON DE MEYZIEUX.			
Anthon	Crémieu	345	
Bron 🐎	Lyon	798	
	A reporter. .	1,143	
A reporter			52,717

NOMS DES COMMUNES.	BUREAUX DE POSTE qui les desservent.	POPULATION.	TOTAL de la POPULATION par canton
Suite de l'ARRONDISSEMENT DE VIENNE.			
		Report. .	52,717
Suite du CANTON DE MEYZIEUX.			
	Report. .	1,143	
Charvieux	Lyon	308	
Chassieux	*Idem*	721	
Chavagnieux	Crémieu	239	
Chavanoz	*Idem*	871	
Décines-Charpieux	Lyon	832	
Genas	*Idem*	1,575	
Janneyrias	Crémieu	501	14,574
Jonage	Lyon	870	
Jons	*Idem*	538	
Meyzieux	*Idem*	1,155	
Pusignan	*Idem*	1,168	
Vaulx-en-Velin	*Idem*	1,125	
Villette-d'Anthon	*Idem*	702	
Villeurbanne	*Idem*	2,826	
CANTON DE ROUSSILLON.			
Agnin	Le Péage	725	
Anjou	*Idem*	908	
Assieu	*Idem*	556	
Auberrive 🐎	*Idem*	694	
Bougé-Chambalud	*Idem*	935	
Chanas	*Idem*	1,089	
Chapelle (la)	*Idem*	584	
Cheyssieux	*Idem*	277	
Clonas	*Idem*	444	
Péage (le) 🐎	⊠	1,483	
Roussillon	Le Péage	1,337	15,532
Sablons	*Idem*	941	
Salaise	*Idem*	943	
Sonnay	*Idem*	762	
Saint-Alban-du-Rhone	*Idem*	291	
Saint-Clair	*Idem*	605	
Saint-Maurice-de-l'Exil	*Idem*	922	
Saint-Prim	Condrieu	513	
Saint-Romain-de-Surieu	Le Péage	111	
Vernioz	*Idem*	457	
Ville-sous-Anjou	*Idem*	955	
CANTON DE SAINT-SIMPHORIEN-D'OZON.			
Chaponnay	Saint-Simphorien-d'Ozon	1,163	
Communay	*Idem*	712	
Feyzin	*Idem*	1,068	
Marennes	*Idem*	1,368	
Mions	*Idem*	776	
Serezin-du-Rhone	*Idem*	207	
Simandres	*Idem*	496	13,661
Solaise	*Idem*	738	
Saint-Priest	*Idem*	1,718	
Saint-Simphorien-d'Ozon 🐎	⊠	1,544	
Ternay	Saint-Simphorien-d'Ozon	1,157	
Vénissieux (🐎 à Saint-Fonds.)	*Idem*	2,714	
CANTON DE LA VERPILLIÈRE.			
Bonne-Famille	La Verpillière	555	
Chèseneuve	Bourgoin	429	
Colombier	La Verpillière	1,312	
Crachier	Bourgoin	455	
Domarin	*Idem*	434	
	A reporter. .	3,185	
A reporter			96,484

NOMS DES COMMUNES.	BUREAUX DE POSTE qui les desservent.	POPULA- TION.	TOTAL de la POPULA- TION par canton
Suite de l'ARRONDISSEMENT DE VIENNE.			
	Report..		96,484
Suite du CANTON DE LA VERPILLIÈRE.			
	Report..	3,185	
FOUR.	Bourgoin	874	
ISLE-D'ABEAU (l').	Idem.	890	
MAUBEC.	Idem.	746	
MEYRIÉ.	Idem.	310	
ROCHE.	La Verpillière	1,481	13,477
SATOLAS.	Idem.	1,254	
SAINT-ALBAN-DE-VAULX.	Bourgoin	908	
SAINT-QUENTIN.	La Verpillière	1,506	
VAULX-MILIEU.	Idem.	758	
VERPILLIÈRE (la) 🏤.	✉	1,062	
VILLEFONTAINE.	La Verpillière.	503	
CANTON DE VIENNE (nord).			
LUXINAY.	Vienne	981	
SEPTÈME.	Idem.	1,918	
	À reporter..	2,899	
	À reporter.		109,961

NOMS DES COMMUNES.	BUREAUX DE POSTE qui les desservent.	POPULA- TION.	TOTAL de la POPULA- TION par canton
Suite de l'ARRONDISSEMENT DE VIENNE.			
	Report..		109,961
Suite du CANTON DE VIENNE (nord).			
	Report..	2,899	
SEYSSUEL-CHASSE.	Vienne	1,449	5,745
VILLETTE-SERPAIZE.	Idem.	1,397	
CANTON DE VIENNE (sud).			
CHONAS.	Vienne	631	
COTES-D'AREY (les).	Idem.	1,229	
ESTRABLIN	Idem.	972	
EYZIN-PINET.	Idem.	1,526	
JARDIN.	Idem.	495	
MOYDIEU.	Idem.	991	
(🏤 à la Détourbe.)			22,768
REVENTIN.	Idem.	736	
ROCHES (les).	Condrieu.	1,458	
SAINT-SORLIN.	Vienne.	470	
VAUGRIS.	Idem.	281	
VIENNE 🏤.	✉	14,079	
	TOTAL de la population de l'Arrondissement.		138,474

RÉCAPITULATION.

	NOMBRE de		POPULATION.
	CANTONS.	COMMUNES.	
ARRONDISSEMENT DE GRENOBLE.	20	213	303,446
——————— DE LA TOUR-DU-PIN.	8	126	126,146
——————— DE SAINT-MARCELLIN.	7	84	82,292
——————— DE VIENNE.	10	132	138,474
TOTAUX.	45	555	550,358

NOMS DES COMMUNES.	BUREAUX DE POSTE qui les desservent.	POPULA-TION.	TOTAL de la POPULA-TION par canton	NOMS DES COMMUNES.	BUREAUX DE POSTE qui les desservent.	POPULA-TION.	TOTAL de la POPULA-TION par canton
ARRONDISSEMENT DE LONS-LE-SAUNIER.				Suite de l'**ARRONDISSEMENT DE LONS-LE-SAUNIER.**			
					Report..		29,093
CANTON DE SAINT-AMOUR.				CANTON DE BLETTERANS.			
Balanod.	Saint-Amour	454		Arlay.	Bletterans	1,734	
Chazelles.	Idem.	206		Bletterans	⊠	1,185	
Chevraux.	Cousance.	410		Chapelle-Voland.	Bletterans.	1,907	
Digna.	Idem.	320		Cosges.	Idem.	925	
Graye.	Saint-Amour	379		Desnes.	Idem.	588	
Loisia.	Idem.	682		Larnaud.	Idem.	862	10,998
Montagna-le-Reconduit.	Idem.	449		Nance.	Idem.	369	
Nanc.	Idem.	397	7,830	Quintigny.	Idem.	334	
Nantey.	Idem.	316		Relans.	Idem.	271	
Poisoux.	Coligny	481		Repos (les)	Idem.	136	
Senaud.	Saint-Amour	153		Ruffey.	Idem.	1,535	
Saint-Amour	⊠	2,595		Villevieux.	Idem.	1,152	
Saint-Jean-d'Etreux.	Saint-Amour	376					
Thoissia.	Idem.	173		CANTON DE CLAIRVAUX.			
Venia.	Idem.	531		Barésia.	Clairvaux	337	
Villette-lès-Saint-Amour.	Idem.	258		Bissia.	Idem.	216	
				Chevrotaine.	Idem.	118	
CANTON D'ARINTHOD.				Clairvaux	⊠	1,306	
Arinthod	⊠ (Distribution.)	1,732		Cogna.	Clairvaux	405	
Aromas.	Arinthod	790		Doucier.	Idem.	551	
Boissière (la)	Idem.	224		Fontenu	Idem.	284	
Ceffia.	Idem.	272		Franois (le)	Idem.	383	
Cernon.	Idem.	528		Hautecour.	Idem.	173	
Cézia.	Idem.	173		Larquillay.	Orgelet	284	
Charnod.	Idem.	155		Marigny.	Clairvaux	479	7,653
Cratonnay.	Idem.	202		Ménétru-en-Joux.	Idem.	216	
Chemilla.	Idem.	150		Mesnoy.	Idem.	438	
Cuisséria.	Idem.	261		Patornay.	Idem.	178	
Coisia.	Idem.	320		Poitte.	Idem.	452	
Condes.	Idem.	262		Saffloz.	Idem.	372	
Cornod.	Idem.	750	10,641	Songeson.	Idem.	236	
Dramelay.	Idem.	267		Soucia.	Idem.	351	
Fétigny.	Idem.	265		Soyria.	Idem.	55	
Genod.	Idem.	209		Thoiria.	Idem.	350	
Lavans-sur-Valouse.	Idem.	420		Vertamboz.	Idem.	362	
Légna.	Idem.	487		Villard (le)	Idem.	117	
Marigna.	Idem.	344					
Savigna.	Idem.	462		CANTON DE CONLIÈGE.			
Saint-Himetière.	Idem.	156		Blye.	Clairvaux	424	
Thoirette	Idem.	580		Briod.	Lons-le-Saunier	277	
Valfin-sur-Valouse.	Idem.	340		Chatillon.	Idem.	607	
Vescles.	Idem.	713		Chille.	Idem.	232	
Viremont	Idem.	178		Conliège.	Idem.	1,183	
Vosbles.	Idem.	401		Courbette.	Idem.	143	
				Crançot.	Idem.	642	
CANTON DE BEAUFORT.				Mirebel.	Idem.	606	
Arthenas.	Orgelet	431		Montaigu.	Idem.	805	9,014
Augea.	Beaufort.	542		Nogna.	Clairvaux	619	
Augisey.	Idem.	572		Pannessières.	Lons-le-Saunier	674	
Beaufort	⊠ (Distribution.)	1,178		Perrigny.	Idem.	808	
Bonnaud.	Beaufort.	135		Publy.	Idem.	570	
Cesancey.	Lons-le-Saunier	486		Revigny.	Idem.	454	
Cousance.	⊠ (Distribution.)	1,381		Saint-Maur.	Idem.	333	
Coisia.	Beaufort.	711		Verges.	Idem.	236	
Gizia.	Idem.	654		Vevy.	Idem.	401	
Grusse.	Idem.	301	10,622				
Mallerey.	Lons-le-Saunier	146		CANTON DE SAINT-JULIEN.			
Maynal.	Beaufort.	703		Andelot.	Saint-Amour	433	
Orbagna.	Idem.	357		Balme-d'Epy (la)	Idem.	157	
Rosay.	Idem.	592		Bourgia.	Coligny	500	
Rotalier.	Idem.	354		Broissia.	Saint-Amour	164	
Sainte-Agnès.	Idem.	373		Dessia.	Idem.	285	
Saint-Laurent-la-Roche.	Idem.	645		Epy.	Idem.	170	
Vercia.	Idem.	391		Florentia.	Idem.	109	
Vincelles.	Idem.	670					
					A reporter.	1,618	
	A reporter		29,093		A reporter.		56,758

NOMS DES COMMUNES.	BUREAUX DE POSTE qui les desservent.	POPULATION.	TOTAL de la POPULATION par canton

Suite de l'ARRONDISSEMENT DE LONS-LE-SAUNIER.

Report.. 56,758

Suite du Canton de SAINT-JULIEN.

	Report..	1,6:8	
GIGNY	Saint-Amour	1,051	
LAINS	Idem	408	
LANÉRIA	Idem	75	
LOUVENNE	Idem	436	
MONNETAY	Idem	130	
MONTAGNA-LE-TEMPLIER	Idem	457	6,559
MONTFLEUR	Coligny	513	
MONTREVEL	Saint-Amour	298	
MORVAL	Idem	116	
SAINT-JULIEN	Idem	777	
VILLECHANTRIA	Idem	335	
VILLENEUVE-LES-CHARNOD	Idem	345	

Canton de LONS-LE-SAUNIER.

BORNAY	Lons-le-Saunier	345	
CHILLY-LE-VIGNOBLE	Idem	745	
CONDAMINE	Idem	369	
COURBOUZON	Idem	415	
COURLANS	Idem	394	
COURLAOUX	Idem	838	
ÉTOILE (l')	Idem	687	
GERUGE	Idem	219	
GEVINGEY	Idem	571	
LONS-LE-SAUNIER	Idem	7,918	17,397
MACORNAY	Lons-le-Saunier	619	
MESSIA	Idem	372	
MOIRON	Idem	313	
MONTMOROT	Idem	1,617	
SAINT-DIDIER	Idem	269	
TRENAL	Idem	535	
VERNANTOIS	Idem	893	
VILLENEUVE-SOUS-PYMONT	Idem	278	

Canton d'ORGELET.

ALIÈZE	Orgelet	356	
BEFFIA	Idem	192	
BOURGET (le)	Idem	261	
CHAMBÉRIA	Idem	528	
CHAVÉRIA	Idem	418	
CRESSIA	Idem	865	
DOMPIERRE	Idem	394	
ESSIA	Idem	197	
MARANGEA	Idem	110	
MARNÉZIA	Idem	229	
MÉRONA	Idem	66	
MONTJOUVENT	Idem	141	
MOUTONNE	Idem	217	
NANCÉISE	Idem	143	10,394
NERMIER	Idem	139	
ONOZ	Idem	517	
ORGELET	Idem	2,367	
PIMORIN	Orgelet	654	
PLAISIA	Idem	443	
PRÉSILLY	Idem	407	
REITHOUSE	Idem	186	
ROTHONAY	Idem	450	
SARROGNA	Idem	417	
SÉZÉRIA	Idem	68	
TOUR-DU-MEIX (la)	Idem	561	
VARESSIA	Idem	68	

Canton de SELLIÈRES.

BRÉRY	Sellières	512	
CHARME (la)	Idem	98	
DARBONNAY	Idem	264	
	A reporter..	874	

A reporter............ 91,108

Suite de l'ARRONDISSEMENT DE LONS-LE-SAUNIER.

Report.. 91,108

Suite du Canton de SELLIÈRES.

	Report..	874	
LOMBARD	Sellières	376	
MANTRY	Idem	1,232	
MONAY	Idem	344	
PASENANS	Idem	725	
SELLIÈRES	Idem	1,657	8,357
SAINT-LAMAIN	Sellières	293	
SAINT-LOTHAIN	Poligny	1,265	
TOULOUSE	Sellières	855	
VERS-SOUS-SELLIÈRES	Idem	579	
VILLERSÉBINE	Poligny	157	

Canton de VOITEUR.

BAUME	Lons-le-Saunier	814	
BLOIS	Poligny	346	
CHATEAU-CHALON	Lons-le-Saunier	677	
DOMBLANS	Idem	616	
FIED (le)	Poligny	512	
FRONTENAY	Sellières	528	
GRANGES-SUR-BAUME	Lons-le-Saunier	286	
LADOYE	Poligny	242	
LAVIGNY	Lons-le-Saunier	534	
LOUVEROT (le)	Idem	233	9,155
MARNE (la)	Poligny	466	
MÉNÉTRU-LE-VIGNOBLE	Lons-le-Saunier	398	
MONTAIN	Idem	316	
NEVY-SUR-SEILLE	Idem	566	
PIN (le)	Idem	243	
PLAINOISEAU	Idem	519	
SAINT-GERMAIN-LES-ARLAY	Idem	530	
VERNOIS (le)	Idem	272	
VOITEUR	Idem	1,057	

TOTAL de la population de l'Arrondissement........ 108,620

ARRONDISSEMENT DE DOLE.

Canton de CHAUMERGY.

BOIS-DE-GAND	Sellières	202	
CHASSAGNE (la)	Idem	356	
CHAUMERGY	Idem	436	
CHAUX (la)	Idem	67	
COMMENAILLES	Bletterans	1,171	
FAYS (les deux)	Sellières	334	
FOULENAY	Idem	327	
FRANCHEVILLE	Idem	90	5,084
FROIDEVILLE	Idem	163	
RECANOZ	Idem	200	
RYE	Idem	584	
SERGENAUX	Idem	195	
SERGENON	Le Deschaux	147	
SAINT-VINCENT	Bletterans	544	
VILLEY (le)	Sellières	268	

Canton de CHAUSSIN.

ABERGEMENT-SAINT-JEAN	Le Deschaux	158	
ASNANS	Idem	704	
BALAISEAU	Idem	298	
BEAUVOISIN	Idem	92	
BRETENIÈRES	Idem	185	
CRAINCE-DES-COUPIS	Idem	203	
CHAUSSIN	Idem	1,328	
	A reporter..	2,968	

A reporter............ 5,084

NOMS DES COMMUNES.	BUREAUX DE POSTE qui les desservent.	POPULA-TION.	TOTAL de la POPULA-TION par canton
Suite de l'ARRONDISSEMENT DE DOLE.		Report..	5,084
Suite du Canton de CHAUSSIN.		Report..	2,968
CHÊNE-BERNARD	Le Deschaux	180	
DESCHAUX (le)	⊠ (Distribution.)	987	
ESSARDS (les)	Le Deschaux	346	
GATEY	Idem	474	
NEUBLANS	Idem	604	
NEVY-LES-DÔLE	Mont-sous-Vaudrey	338	
PLEURE	Le Deschaux	484	9,382
RAHON	Mont-sous-Vaudrey	845	
SAINT-BARAING	Le Deschaux	266	
TAIGNEVAUX	Idem	147	
TASSENIÈRES	Idem	499	
VILLERS-ROBERT	Idem	570	
VORNES	Idem	694	
Canton de CHEMIN.			
ASNOIRE	Chemin	982	
ADMER	Idem	371	
CHAMPDIVERS	Idem	535	
CHEMIN	⊠ (Distribution.)	456	
LONGWY	Chemin	912	
MOLAY	Idem	436	8,623
PESEUX	Idem	432	
PETIT-NOIR	Idem	1,134	
SAINT-AUBIN	Idem	1,559	
SAINT-LOUP	Idem	418	
TAVAUX	Idem	1,388	
Canton de DAMPIERRE.			
ANTORPE	Saint-Wit	161	
BARRE (la)	Orchamps	223	
BRETENIÈRE (la)	Idem	358	
COURTEFONTAINE	Saint-Wit	335	
DAMPIERRE	Idem	591	
ÉTREPIGNEY	Orchamps	799	
ÉTANS	Saint-Wit	560	
FRAISANS	Idem	485	6,280
MONTEPLAIN	Orchamps	97	
ORCHAMPS	⊠	840	
OUR	Orchamps	262	
PLUMONT	Idem	284	
RANCHOT	Saint-Wit	273	
RANS	Idem	538	
SALANS	Idem	474	
Canton de DOLE.			
ABERGEMENT-LA-RONCE	Dôle	365	
AZANS	Idem	179	
BIARNE	Idem	434	
CHAMPVANS	Idem	1,032	
CHOISEY	Idem	448	
CRISSEY	Idem	347	
DAMPARIS	Idem	630	
DÔLE	⊠	9,927	
FOUCHERANS	Dôle	469	16,872
GEVRY	Idem	529	
GOUX	Idem	328	
MONNIÈRES	Idem	192	
PARRECEY	Idem	734	
SAMPANS	Idem	697	
SAINT-YLIE	Idem	189	
VILLETTE-LES-DÔLE	Idem	382	
A reporter..			46,241

NOMS DES COMMUNES.	BUREAUX DE POSTE qui les desservent.	POPULA-TION.	TOTAL de la POPULA-TION par canton
Suite de l'ARRONDISSEMENT DE DOLE.		Report..	46,241
Canton de GENDREY.			
AUMANGE	Orchamps	220	
GENDREY	Idem	753	
LOUVATANGE	Saint-Wit	150	
MALANGE	Orchamps	332	
OUGNEY	Idem	378	
PAGNEY	Idem	622	
PETIT-MERCEY	Saint-Wit	129	4,834
ROMAIN	Idem	163	
ROUFFANGE	Idem	184	
SALIGNEY	Orchamps	480	
SERMANGE	Idem	459	
SERRE-LES-MOULIÈRES	Idem	294	
TAXENNES	Idem	288	
VITREUX	Idem	382	
Canton de MONTBARREY.			
AUGERANS	Dôle	207	
BANS	Mont-sous-Vaudrey	268	
BELMONT	Dôle	455	
CHATELOY	Idem	271	
CHISSEY	Idem	842	
GERMIGNY	Idem	233	
LOYE (la)	Idem	1,053	7,928
MONTBARREY	Idem	495	
MONT-SOUS-VAUDREY	⊠ (Distribution.)	1,183	
SANTANS	Dôle	637	
SOUVANS	Mont-sous-Vaudrey	813	
VAUDREY	Idem	741	
VIEILLE-LOYE	Dôle	730	
Canton de MONTMIREY-LA-VILLE.			
BRANS	Moissey	447	
CHAMPAGNEY	Pesmes	569	
CHEVIGNEY	Moissey	616	
DAMMARTIN	Pesmes	296	
FRASNE	Moissey	345	
MARPAIN	Pesmes	197	
MOISSEY	⊠ (Distribution.)	897	6,946
MONTMIREY-LA-VILLE	Moissey	544	
MONTMIREY-LE-CHATEAU	Idem	436	
MUTIGNEY	Pesmes	481	
OFFLANGE	Moissey	560	
PEINTRE	Idem	354	
POINTRE	Idem	255	
THERVAY	Pesmes	949	
Canton de ROCHEFORT.			
AMANGE	Orchamps	365	
ARCHELANGE	Moissey	285	
AUDELANGE	Orchamps	246	
AUTHUME	Dôle	598	
BAVERANS	Idem	178	
BREVANS	Idem	242	
CHATENOIS	Idem	388	
ÉCLANS	Orchamps	484	
FALLETANS	Dôle	502	
GREDISANS	Moissey	215	6,900
JOUHE	Dôle	668	
LAVANS	Orchamps	548	
MENOTEY	Moissey	639	
NENON	Orchamps	122	
RAYNANS	Moissey	390	
ROCHEFORT	Dôle	584	
ROMANGE	Orchamps	105	
WRIANGE	Idem	341	
TOTAL de la population de l'Arrondissement......			72,849

NOMS DES COMMUNES.	BUREAUX DE POSTE qui les desservent.	POPULA-TION.	TOTAL de la POPULA-TION par canton	NOMS DES COMMUNES.	BUREAUX DE POSTE qui les desservent.	POPULA-TION.	TOTAL de la POPULA-TION par canton
ARRONDISSEMENT DE POLIGNY.				**Suite de l'ARRONDISSEMENT DE POLIGNY.**			
					Report..		26,913
CANTON D'ARBOIS.				Suite du CANTON DE NOZEROY.			
					Report..	4,284	
ABERGEMENT-LE-GRAND	Arbois	229		FRAROZ	Champagnole	179	
ARBOIS	⊠	6,741		FROIDE-FONTAINE	Idem.	406	
CHATELAINE (la)	Arbois	186		GILLOIS	Idem.	522	
FERTÉ (la)	Idem.	629		LATETTE (la)	Idem.	288	
MATHENAY	Idem.	256		LONGCOCHON	Idem.	145	
MESNAY	Idem.	1,147		MIÈGES	Idem.	557	
MOLAMBOZ	Idem.	308	13,321	MIGNOVILLARS	Idem.	721	9,643
MONTIGNY	Idem.	1,054		MOURNANS	Idem.	328	
MONTMALIN	Idem.	415		NANS (les)	Idem.	345	
PLANCHES (les)	Idem.	210		NOZEROY	Idem.	791	
PUPILLIN	Idem.	571		ONGLIÈRES	Idem.	297	
SAINT-CYR	Idem.	337		PETIT-VILLARD	Idem.	226	
VADANS	Idem.	701		PLÉNISE	Idem.	201	
VILLETTE-LES-ARBOIS	Idem.	537		PLÉNISETTE	Idem.	142	
				RIX	Idem.	211	
CANTON DE CHAMPAGNOLE.				CANTON DES PLANCHES.			
ANDELOT-EN-MONTAGNE	Champagnole	666		BIEF-DES-MAISONS	Champagnole	314	
ARDON	Idem.	149		CHALÈMES (les)	Idem.	332	
BOURG-DE-SIROD	Idem.	259		CHAUX-DES-CROTENAY (la)	Idem.	623	
CHAMPAGNOLE	⊠	2,934		(à Maison-Neuve.)			
CHAPPOIS	Champagnole	434		CRANS	Idem.	311	
CHATEL-NEUF	Idem.	332		ENTRE-DEUX-MONTS	Idem.	316	4,613
CISE	Idem.	194		FONCINE-LE-BAS	Idem.	608	
CROTENAY	Idem.	436		FONCINE-LE-HAUT	Idem.	1,609	
ÉQUEVILLON	Idem.	217		PERRENA (la)	Idem.	136	
LARDERET	Idem.	226		PLANCHES-EN-MONTAGNE (les)	Idem.	223	
LATET (le)	Idem.	212		TREFFAY	Idem.	141	
LOULLE	Idem.	418		CANTON DE POLIGNY.			
MONNET-LA-VILLE	Idem.	247		ABERGEMENT-LE-PETIT	Poligny	165	
MONTIGNY-SUR-L'AIN	Idem.	356		AUMONT	Idem.	962	
MONTROND	Idem.	647	13,592	BARRETAINE	Idem.	444	
MONT-SUR-MONNET	Idem.	542		BERSAILLIN	Idem.	399	
MOUTOUX	Idem.	148		BESAIN	Idem.	421	
NEY	Idem.	363		BIEFMORIN	Idem.	176	
PASQUIER (le)	Idem.	341		BOUCHAUD (le)	Idem.	310	
PILLEMOINE	Idem.	154		BRAINANS	Idem.	492	
PONT-DU-NAVOY	Idem.	299		BUVILLY	Idem.	603	
SAPOIS	Idem.	175		CHAMOLE	Idem.	309	
SIROD	Idem.	1,152		CHAMP-ROUGIER	Idem.	271	
SEPT	Idem.	283		CHATELAY (le)	Idem.	241	
SYAM	Idem.	444		CHAUSSENANS	Idem.	273	
SAINT-GERMAIN-EN-MONTAGNE	Idem.	372		CHEMENOT	Idem.	169	
VALEMPOULIÈRES	Idem.	543		COLONNE	Idem.	622	
VANNOZ	Idem.	297		FAISSES (les)	Idem.	207	17,622
VAUDIOUX	Idem.	381		FAY-EN-MONTAGNE	Idem.	247	
VERS-EN-MONTAGNE	Idem.	371		GROZON	Idem.	811	
				MILÉRY	Idem.	579	
				MOLAIN	Idem.	306	
CANTON DE NOZEROY.				MONTHOLIER	Idem.	601	
ABSURE	Champagnole	481		NEUVILLEY	Idem.	192	
BIEF-DU-FOURG	Idem.	519		OUSSIÈRES	Idem.	436	
BILLECUL	Idem.	179		PICAREAU	Idem.	309	
CENSEAU	Idem.	819		PLASNE	Idem.	503	
CERNIÉBAUD	Idem.	212		POLIGNY	⊠	6,005	
CHARENCY	Idem.	192		TOURMONT	Poligny	692	
COMMUNAILLES	Idem.	208		VAUX-SUR-POLIGNY	Idem.	229	
CONTE	Idem.	161		VILLERS-LES-BOIS	Idem.	459	
CUVIER	Idem.	420		VILENEY (le)	Idem.	189	
DOYE	Idem.	232		CANTON DE SALINS.			
ESSAVILLY	Idem.	201		ABERGEMENT-LÈS-THESY	Salins	182	
ESSERVAL-COMBE	Idem.	87		AIGLEPIERRE	Idem.	514	
ESSERVAL-TARTRE	Idem.	437		ARESCHE	Idem.	341	
FAVIÈRE (la)	Idem.	136					
	A reporter..	4,284			A reporter..	1,037	
	A reporter..		26,913		A reporter..		58,792

NOMS DES COMMUNES.	BUREAUX DE POSTE qui les desservent.	POPULATION.	TOTAL de la POPULATION par canton	NOMS DES COMMUNES.	BUREAUX DE POSTE qui les desservent.	POPULATION.	TOTAL de la POPULATION par canton
Suite de l'ARRONDISSEMENT DE POLIGNY.				**Suite de l'ARRONDISSEMENT DE SAINT-CLAUDE.**			
	Report..		58,791		Report..		6,025
Suite du CANTON DE SALINS.				**Suite du CANTON DE SAINT-CLAUDE.**			
	Report...	1,037			Report...	1,132	
BRACON	Salins	414		CINQUÉTRAL	Saint-Claude	560	
CERNANS	Idem	345		CUTTURE	Idem	440	
CHAMPAGNY	Idem	120		LAVANCIA	Dortan	259	
CHAPELLE (la)	Idem	674		LAVANS	Saint-Claude	658	
CHAUX-SUR-CHAMPAGNY	Idem	162		LESCHÈRES	Idem	400	
CHILLY-SUR-SALINS	Idem	255		MOLINGES	Idem	314	
CLUCY	Idem	154		MOLUNES (les)	Idem	808	
DOURNON	Idem	281		PONTHOUX	Idem	124	
FONTENY	Idem	155		RANCHETTE	Idem	131	16,995
GERAISE	Idem	151		RAVILLOLES	Idem	436	
IVORY	Idem	329	13,257	RIXOUSE (la)	Idem	641	
IVREY	Idem	241		SEPTMONCEL	Idem	2,922	
LEMUY	Idem	574		SAINT-CLAUDE	⊠	5,222	
MARNOZ	Idem	487		SAINT-LUPICIN	Saint-Claude	696	
MONTMARLON	Idem	73		VALFIN-LES-SAINT-CLAUDE	Idem	803	
PONT-D'HÉRY	Idem	323		VAUX-LES-SAINT-CLAUDE	Idem	505	
PRETIN	Idem	267		VILLARS-LA-RIXOUSE	Idem	445	
SAISENAY	Idem	281		VILLARS-SAINT-SAUVEUR	Idem	499	
SALINS 🖼	⊠	6,554					
SAINT-THIÉBAUD	Salins	161					
THÉSY		219		**CANTON DE SAINT-LAURENT.**			
CANTON DE VILLERS-FARLAY.				CHARCIER	Clairvaux	348	
				CHARÉSIER	Idem	291	
CENTEMERY	Mouchard	90		CHATEAU-DES-PRÉS	Saint-Laurent	293	
CHAMBLAY	Idem	1,154		CHAUMUSSE (la)	Idem	486	
CHAMPAGNE	Idem	341		CHAUX-DES-PRÉS (les)	Idem	315	
CRAMANS	Idem	696		CHAUX-DU-DOMBIEF	Idem	972	
ÉCLEUX	Idem	445		CRILLA	Clairvaux	207	
GRANGE-DE-VAIVRE	Idem	162	6,411	DENEZIÈRES	Idem	183	
MOUCHARD 🖼	⊠ (Distribution.)	524		FORT-DU-PLASNE	Saint-Laurent	849	
OUNANS	Mouchard	719		FRASNÉE (la)	Clairvaux	136	
PAGNOZ	Idem	242		GRANDE-RIVIÈRE (la)	Saint-Laurent	1,005	10,619
PORT-LESNEY	Idem	795		LACHES-ROUGES-TRUITES	Idem	737	
VILLENEUVE-D'AVAL	Idem	323		PETITES-CHIETTES	Idem	704	
VILLERS-FARLAY	Idem	930		PIARDS (les)	Idem	190	
				PRÉNOVEL	Idem	452	
				RIVIÈRE-DEVANT	Idem	335	
				SAUGEOT	Clairvaux	298	
TOTAL de la population de l'Arrondissement			78,459	SAINT-LAURENT 🖼	⊠	1,325	
				SAINT-MAURICE	Clairvaux	584	
ARRONDISSEMENT DE SAINT-CLAUDE.				SAINT-PIERRE	Saint-Laurent	808	
				UXELLES	Clairvaux	201	
CANTON DES BOUCHOUX.							
BELLECOMBE	Saint-Claude	409		**CANTON DE MOIRANS.**			
BOUCHOUX (les)	Idem	3,119					
CROUX	Idem	463		CHANCIA	Moirans	129	
COISERETTE	Idem	273		CHARCHILLAT	Idem	365	
COYRIÈRE	Idem	212		CHATEL-DE-JOUX	Idem	206	
MOLONE (haute)	Idem	000	6,025	COYRON	Idem	206	
MOUSSIÈRES (les)	Idem	515		CRENANS	Idem	291	
RIXOIRE (la)	Idem	275		CROZETS (les)	Idem	295	
ROGNAT	Dortan	416		ÉTIVAL	Idem	495	
SIÈGES	Idem	201		GRAND-CHATEL	Idem	143	
VIRY	Saint-Claude	1,018		JEURRE	Idem	514	6,922
VULVOZ	Idem	124		LECT	Idem	642	
				MAISOD	Idem	273	
CANTON DE SAINT-CLAUDE.				MARTIGNAT	Idem	335	
AVIGNON	Saint-Claude	285		MEUSSIA	Idem	487	
CHASSAL	Idem	290		MOIRANS	⊠ (Distribution.)	1,355	
CHAUMONT	Idem	414		MONTCUSEL	Moirans	391	
CUEVRY	Idem	143		PRATZ	Saint-Claude	474	
				VILLARDS-D'HÉRIAT	Moirans	319	
	A reporter..	1,132					
	A reporter		6,025		A reporter		40,561

NOMS DES COMMUNES.	BURÉAUX DE POSTE qui les desservent.	POPULA-TION.	TOTAL de la POPULA-TION par canton	NOMS DES COMMUNES.	BURÉAUX DE POSTE qui les desservent.	POPULA-TION.	TOTAL de la POPULA-TION par canton
Suite de l'ARRONDISSEMENT DE SAINT-CLAUDE.				Suite de l'ARRONDISSEMENT DE SAINT-CLAUDE.			
	Report..		40,561		Report..		40,561
CANTON DE MOREZ.				Suite du CANTON DE MOREZ.			
					Report..	4,206	
BELLE-FONTAINE...........	Morez..........	758		MORBIER...............	Morez............	2,042	
BOIS-D'AMONT...........	Idem........	1,105		MOREZ ☛............	☒'............	2,067	
LEZAT...............	Idem........	342		MOUILLE (la)...........	Morez............	443	11,872
LONGCHAUMOIS...........	Idem........	2,001		PRÉMANON.............	Idem............	716	
				ROUSSES (les) ☛...........	Idem............	2,187	
	A reporter..	4,206		TANCUA................	Idem............	211	
A reporter...................			40,561	TOTAL de la population de l'Arrondissement.......			52,433

RÉCAPITULATION.

	NOMBRE de		POPULATION.
	CANTONS.	COMMUNES.	
ARRONDISSEMENT DE LONS-LE-SAUNIER...........	11	207	108,620
———————— DE DOLE....................	9	136	72,849
———————— DE POLIGNY....................	7	149	78,459
———————— DE SAINT-CLAUDE..............	5	82	52,433
TOTAUX....................	32	574	312,361

NOMS DES COMMUNES.	BUREAUX DE POSTE qui les desservent.	POPULA-TION.	TOTAL de la POPULA-TION par canton	NOMS DES COMMUNES.	BUREAUX DE POSTE qui les desservent.	POPULA-TION.	TOTAL de la POPULA-TION par canton
ARRONDISSEMENT DE MONT-DE-MARSAN.				Suite de l'**ARRONDISSEMENT DE MONT-DE-MARSAN.**			
						Report.	34,302
CANTON D'ARJUZANX.				**CANTON DE MONT-DE-MARSAN.**			
ARENGOSSE	Tartas	878		BOSTENS	Roquefort	280	
ARJUZANX	Idem	648		BOUGUE	Mont-de-Marsan	714	
GAROSSE	Idem	314		BRETAGNE	Idem	414	
IGOS	Idem	1,464		CAMPAGNE	Idem	1,023	
LESPERON	Castets	859	6,877	CAMPET	Idem	498	
MORCENX	Tartas	811		GAILLÈRES	Idem	369	
ONESSE	Idem	918		GELOUX	Idem	794	
OUSSE	Idem	548		GLORIEUSE (la)	Idem	557	
SINDÈRES	Idem	261		LUCBARDEZ	Roquefort	544	
SUZAN	Idem	176		MAUCO (haut)	Mont-de-Marsan	481	15,333
				MAZEROLLES	Idem	467	
CANTON DE GABARRET.				MONT-DE-MARSAN	⊠	3,774	
				SAINT-AVIT	Mont-de-Marsan	550	
AROUILLE	Roquefort	501		(à Caloy.)			
ARX	Gabarret	404		SAINT-JEAN-D'AOUT	Idem	600	
BAUDIGNAN	Idem	342		SAINT-MARTIN-D'ONEY	Idem	749	
BETBEZER	Roquefort	394		SAINT-MÉDARD	Idem	648	
CRÉON	Gabarret	765		SAINT-PERDON	Idem	846	
ESCALANS	Idem	738		SAINT-PIERRE	Idem	1,358	
ESTIGARDE	Idem	302		UCHACQ	Idem	667	
GABARRET	⊠ (Distribution.)	654	9,407				
GRANGE (la)	Gabarret	640		**CANTON DE PARENTIS-EN-BORN.**			
HERRÉ	Idem	283		BISCAROSSE	Liposthey	1,551	
LOSSE	Idem	1,165		GASTES	Idem	229	
LUBBON	Idem	445		ICHOUX	Idem	778	
MAUVEZIN	Idem	296		PARENTIS-EN-BORN	Idem	1,735	5,597
PARLEBOSCQ	Idem	1,365		SANGUINET	Idem	912	
RIMBEZ	Idem	482		SAINTE-EULALIE	Idem	392	
SAINT-JULIEN	Idem	431					
				CANTON DE PISSOS.			
CANTON DE GRENADE-SUR-L'ADOUR.				BELHADE	Liposthey	501	
				BIGANON	Idem	446	
ARTASSENX	Mont-de-Marsan	243		MANO	Idem	395	
BASCONS	Grenade-sur-l'Adour	1,150		MOUSTEY	Idem	863	5,909
BENQUET	Mont-de-Marsan	1,788		PISSOS	Idem	1,925	
BORDÈRES	Grenade-sur-l'Adour	618		(⊠ à Liposthey.)			
CASTANDET	Idem	1,060		RICHET	Idem	298	
CAZÈRES	⊠ (Distribution.)	962	8,056	SAUGNAC-MURET	Idem	1,481	
GRENADE-SUR-L'ADOUR	⊠	1,416					
LUSSAGNET	Cazères	193		**CANTON DE ROQUEFORT.**			
MAURRIN	Grenade	518		ARUE	Roquefort	723	
VIGNAU (le)	Cazères	608		CACHEN	Idem	713	
				LENCOUACQ	Idem	1,237	
CANTON DE LABRIT.				LUGAUT	Idem	1,803	
				MAILLAS	Captieux	524	10,885
BELIS	Mont-de-Marsan	504		POUY-DESSEAUX	Roquefort	886	
BROCAS	Idem	855		ROQUEFORT	⊠	1,601	
CANEUX	Idem	482		SAINT-GOR	Roquefort	666	
CÈRE	Idem	497		SAINT-JUSTIN	Idem	1,608	
GAREIN	Sabres	753		SARBAZAN	Idem	691	
LABRIT	Mont-de-Marsan	938	5,579	VIEILLE-SOUBIRAN	Idem	433	
MAILLÈRES	Idem	389					
SEN (le)	Idem	481		**CANTON DE SABRES.**			
VERT	Idem	680		COMMENSACQ	Sabres	699	
				ESCOURCE	Liposthey	1,061	
CANTON DE MIMIZAN.				LABOUHEYRE	Idem	415	
				LUE	Idem	696	6,738
AUREILHAN	Liposthey	260		LUGLON	Sabres	696	
BIAS	Idem	147		SABRES	⊠ (Distribution.)	1,456	
MÉZOS	Castets	1,130		TRENSACQ	Sabres	715	
MIMIZAN	Liposthey	703	4,383				
PONTENX	Idem	1,406		**CANTON DE SORE.**			
SAINT-PAUL	Idem	737		ARGELOUSE	Sabres	395	
				CALLEN	Idem	614	4,050
				LUXEY	Idem	1,308	
				SORE	Idem	1,733	
A reporter			34,302	*A reporter*			82,814

NOMS DES COMMUNES.	BUREAUX DE POSTE qui les desservent.	POPULA-TION.	TOTAL de la POPULA-TION par canton	NOMS DES COMMUNES.	BUREAUX DE POSTE qui les desservent.	POPULA-TION.	TOTAL de la POPULA-TION par canton
Suite de l'ARRONDISSEMENT DE-MONT-DE-MARSAN.				**Suite de l'ARRONDISSEMENT DE DAX.**			
	Report..		82,814		*Report..*		39,764
CANTON DE VILLENEUVE.				**CANTON DE MONTFORT.**			
ARTHEZ	Mont-de-Marsan	493		CASSEN	Tartas	436	
BOURDALAT	*Idem.*	531		CLERMONT	Dax	837	
FRÈCHE	*Idem.*	971		GAMARDE	*Idem.*	1,345	
HONTANX	*Idem.*	1,198		GARREY	*Idem.*	227	
LACQUY	*Idem.*	533		GIBRET	*Idem.*	274	
MONTÉGUT	*Idem.*	207	8,781	GOOS	*Idem.*	603	
PERQUIE	*Idem.*	747		GOUSSE	Tartas	222	
PUYO-LE-PLAN	*Idem.*	1,032		HINX	Dax	803	
SAINTE-CRICQ	*Idem.*	583		LAURÈDE	Tartas	826	
SAINTE-FOY	*Idem.*	215		LOUER	*Idem.*	142	
SAINT-GEIN	*Idem.*	667		LOURQUEN	Mugron	403	
VILLENEUVE	*Idem.*	1,604		MONTFORT	Dax	1,727	14,049
				NOUSSE	*Idem.*	147	
				ONARD	Tartas	431	
TOTAL de la population de l'Arrondissement			91,595	OZOURT	Dax	355	
				POYANNE	Tartas	587	
				POYARTIN	Dax	1,097	
ARRONDISSEMENT DE DAX.				PRÉCHACQ	Tartas	604	
				SORT	Dax	945	
CANTON DE CASTETS.				SAINT-GEOURS-D'AURIBAT	Tartas	900	
CASTETS	✉ (*Distribution.*)	1,446		SAINT-JEAN-DE-LIER	*Idem.*	469	
LÉON	Castets	1,410		VICQ	*Idem.*	569	
LINXE	*Idem.*	1,021					
LIT	*Idem.*	1,277		**CANTON DE PEYREHORADE.**			
SAINT-JULIEN-EN-BORN	*Idem.*	1,049	8,395	BELUS	Peyrehorade	672	
SAINT-MICHEL-ESCALUS	*Idem.*	210		CAUNEILLE	*Idem.*	720	
TALLER	*Idem.*	516		HASTINGUES	*Idem.*	901	
VIELLE-SAINT-GIRONS	*Idem.*	564		OEYREGAVE	*Idem.*	537	
VIGNACQ (le)	*Idem.*	902		ORIST	*Idem.*	745	
				ORTHEVIELLE	*Idem.*	843	
CANTON DE DAX.				PEY	*Idem.*	773	12,911
ANGOUMÉ	Dax	116		PEYREHORADE	✉	2,453	
BÉNESSE-LEZ-DAX	*Idem.*	414		PORT-DE-LANNE	Peyrehorade	1,250	
CANDRESSE	*Idem.*	379		SORDES	*Idem.*	1,362	
DAX	✉	4,716		SAINT-CRICQ-DU-GAVE	*Idem.*	649	
GOURBERA	Dax	265		SAINT-ÉTIENNE-D'ORTHE	*Idem.*	810	
HERM	Castets	765		SAINT-LON	*Idem.*	1,196	
HEUGAS	Dax	1,189					
MÉES	*Idem.*	376		**CANTON DE POUILLON.**			
NARROSSE	*Idem.*	620		CAGNOTTE	Dax	627	
OEYRELUY	*Idem.*	386		ESTIBEAUX	*Idem.*	837	
RIVIÈRE-SAAS	*Idem.*	755	17,847	GAAS	*Idem.*	620	
SAUBUSSE	*Idem.*	998		HARAS	*Idem.*	1,938	
SAUGNAC	*Idem.*	755		LABATUT	Peyrehorade	1,519	14,328
SEYRESSE	*Idem.*	128		MIMBASTE	Dax	1,350	
SIEST	*Idem.*	181		MISSON	*Idem.*	956	
SAINT-PANDELON	*Idem.*	555		MOUSCARDÈS	*Idem.*	494	
SAINT-PAUL	*Idem.*	1,708		OSSAGES	*Idem.*	1,142	
SAINT-VINCENT-DE-PAULE	*Idem.*	806		POUILLON	*Idem.*	3,136	
SAINT-VINCENT-DE-XAINTES	*Idem.*	1,567		TILH	*Idem.*	1,709	
TERCIS	*Idem.*	550					
THÉTIEU	*Idem.*	390		**CANTON DE SOUSTONS.**			
YZOSSE	*Idem.*	328		ANGRESSE	Saint-Vincent-de-Tyrosse	320	
				AZUR	*Idem.*	225	
CANTON DE SAINT-ESPRIT.				MAGESCQ	Castets	1,414	
BIARROTTE	Biaudos	208		MESSANGES	Saint-Vincent-de-Tyrosse	452	
BIAUDOS	(*Distribution.*)	803		MOLIETS	*Idem.*	382	8,306
SAINT-ANDRÉ	Biaudos	870		SEIGNOSSE	*Idem.*	420	
SAINT-BARTHELEMY	*Idem.*	330	13,522	SOORTS	*Idem.*	246	
SAINT-ESPRIT	Bayonne	5,895		SOUSTONS	*Idem.*	2,508	
SAINT-LAURENT	Biaudos	812		SAINT-GEOURS-DE-MAREMNE	*Idem.*	1,379	
SAINT-MARTIN-DE-SEIGNAUX	*Idem.*	2,280		TOSSE	*Idem.*	688	
TARNOS	Bayonne	2,324		VIEUX-BOUCAU	*Idem.*	272	
	A reporter		39,764		*A reporter*		89,358

NOMS DES COMMUNES.	BUREAUX DE POSTE qui les desservent.	POPULA-TION.	TOTAL de la POPULA-TION par canton	NOMS DES COMMUNES.	BUREAUX DE POSTE qui les desservent.	POPULA-TION.	TOTAL de la POPULA-TION par canton
Suite de l'ARRONDISSEMENT DE DAX.				**Suite de l'ARRONDISSEMENT DE SAINT-SEVER.**			
	Report..		89,358		Report..		25,479
CANTON DE SAINT-VINCENT-DE-TYROSSE.				**Suite du CANTON DE GEAUNE.**			
					Report..	1,528	
BENESSE-MAREMNE	Saint-Vincent-de-Ty-			CLÈDES	Aire-sur-l'Adour	219	
(🐎 aux Gaulons.)	rosse	667		GEAUNE	Idem	1,045	
CAPBRETON	Idem	915		LACAJUNTE	Arzacq	293	
JOSSE	Idem	436		LAURET	Idem	316	
LABENNE	Bayonne	504		MAURIES	Aire-sur-l'Adour	301	
ONDRES 🐎	Idem	1,003		MIRAMONT	Idem	864	
ORX	Biaudos	425		PAYROS	Idem	221	
SAUBION	Saint-Vincent-de-Ty-		10,105	PÉCORADE	Idem	200	9,305
	rosse	358		PRILLONDEUX	Arzacq	600	
SAUBRIGUES	Biaudos	1,028		PIMBO	Idem	603	
SAINT-JEAN-DE-MARSACQ	Saint-Vincent-de-Ty-			PUJOL	Aire-sur-l'Adour	206	
	rosse	1,286		SAMADET	Hagetmau	1,468	
SAINTE-MARIE	Biaudos	1,512		SENSACQ	Arzacq	131	
SAINT-MARTIN-DE-HINX	Idem	1,319		SORBETS	Aire-sur-l'Adour	582	
SAINT-VINCENT-DE-TYROSSE	🖂 (Distribution.)	652		URGONS	Idem	728	
TOTAL de la population de l'Arrondissement			99,463	**CANTON DE HAGETMAU.**			
				AUBAGNAN	Hagetmau	236	
ARRONDISSEMENT DE SAINT-SEVER.				BASTIDE (la)	Idem	248	
				CASTELNER	Idem	312	
CANTON D'AIRE-SUR-L'ADOUR.				CAZALIS	Idem	307	
AIRE-SUR-L'ADOUR 🐎	🖂	3,937		HAGETMAU	🖂 (Distribution.)	3,053	
BACHEN	Aire-sur-l'Adour	204		HORSARRIEU	Hagetmau	607	
BAHOS	Idem	565		LACRABE	Idem	342	
BOANES	Grenade-sur-l'Adour	636		MANT	Idem	882	
CLASSUN	Idem	468		MOMUY	Idem	785	12,283
DAMOULENS	Aire-sur-l'Adour	337		MONGET	Idem	376	
DUHORT	Idem	1,188	11,680	MONSÉGUR	Idem	631	
ESPERONS	Idem	234		MORGANX	Idem	370	
LATRILLE	Idem	302		PEYRE	Idem	747	
RENUNG	Grenade-sur-l'Adour	1,093		POUDENX	Idem	498	
SARRON	Garlin	240		SERRES-GASTON	Idem	547	
SAINT-AGNET	Idem	373		SERRES-LOUS	Idem	399	
SAINT-LOUBOUER	Aire-sur-l'Adour	1,248		SAINTE-COLOMBE	Idem	801	
VIELLE	Idem	855		SAINT-CRICQ	Idem	1,142	
CANTON D'AMOU.				**CANTON DE MUGRON.**			
AMOU	Orthez	2,040		BAIGTS	Mugron	1,049	
ANGELOS	Idem	581		BERGOUEY	Idem	264	
ARSAGUE	Idem	465		CAUPENNE	Idem	1,009	
BASSERCLES	Idem	404		DOAZIT	Idem	1,498	
BASTENNES	Idem	532		HAURIET	Idem	563	
BEYRIES	Idem	219		LAHOSSE	Idem	631	10,876
BONNEGARDE	Idem	668		LARBEY	Idem	555	
BRASSEMPOUY	Idem	1,082		MAYLIS	Idem	504	
CASTAGNOS	Idem	340	13,799	MUGRON	🖂 (Distribution.)	2,610	
CASTELNAU-CHALOSSE	Idem	890		NERBIS	Mugron	563	
CASTELSARRAZIN	Idem	831		SAINT-AUBIN	Idem	959	
DONZACQ	Idem	1,465		TOULOUZETTE	Idem	671	
GAUJACQ	Idem	1,018		**CANTON DE SAINT-SEVER.**			
MARPAS	Idem	297					
NASSIET	Idem	740		AUDIGNON	Saint-Sever	641	
POMMAREZ	Idem	2,067		AURICE	Idem	921	
SOUSLENS	Idem	160		BANOS	Idem	432	
CANTON DE GEAUNE.				CAUNA	Idem	693	
				COUDURES	Idem	962	
ARBOUCAVE	Arzacq	425		DUME	Idem	243	
BATZ	Aire-sur-l'Adour	402		EYRES	Idem	375	
CASTELNAU-TURSAN	Idem	592		FARGUES	Idem	559	
CAZAULETS	Idem	109					
	A reporter..	1,528			A reporter..	4,826	
	A reporter		25,479		A reporter		57,943

NOMS DES COMMUNES.	BUREAUX DE POSTE qui les desservent.	POPULATION.	TOTAL de la POPULATION par canton	NOMS DES COMMUNES.	BUREAUX DE POSTE qui les desservent.	POPULATION.	TOTAL de la POPULATION par canton
Suite de l'ARRONDISSEMENT DE SAINT-SEVER.				Suite de l'ARRONDISSEMENT DE SAINT-SEVER.			
	Report..		57,943		Report..		74,121
Suite du CANTON DE SAINT-SEVER.				Suite du CANTON DE TARTAS (est).			
	Report..	4,826			Report..	3,531	
LARRIVIÈRE	Grenade-sur-l'Adour.	245		SOUPROSSE	Tartas	1,928	7,224
MAUCO (bas)	Saint-Sever	1,115		TARTAS (est) 🐎	☒	1,765	
MONCOBE	Idem.	263					
MONTAUT	Idem.	1,407	16,178	CANTON DE TARTAS (ouest).			
MONTGAILLARD	Idem.	2,122					
SARRAZIET	Idem.	286		BEGAAR	Tartas	1,141	
SAINT-MAURICE	Grenade-sur-l'Adour.	420		BEYLONQUE	Idem.	804	
SAINT-SEVER	☒	5,494		BOOS	Idem.	189	
				CARCEN	Idem.	549	
CANTON DE TARTAS (est).				LALUQUE	Idem.	636	
				LESGOR	Idem.	435	9,101
AUDON	Tartas	507		PONTONX 🐎	Idem.	1,444	
CARCARÈS	Idem.	563		RION	Idem.	1,470	
GOUTE	Idem.	527		SAINT-YAGUEN	Idem.	979	
LEUY (le)	Saint-Sever	954		TARTAS (ouest)	☒	797	
MEILHAN	Tartas	611		VILLENAVE	Tartas	657	
MOTHE (la)	Saint-Sever	369					
	A reporter..	3,531					
A reporter			74,121	TOTAL de la population de l'Arrondissement			90,446

RÉCAPITULATION.

	NOMBRE de		POPULATION.
	CANTONS.	COMMUNES.	
ARRONDISSEMENT DE MONT-DE-MARSAN	12	117	91,595
— DE DAX	8	108	99,463
— DE SAINT-SEVER	8	114	90,446
TOTAUX	28	339	281,504

ARRONDISSEMENT DE BLOIS.

NOMS DES COMMUNES.	BUREAUX DE POSTE qui les desservent.	POPULA-TION.	TOTAL de la POPULA-TION par canton
CANTON DE SAINT-AIGNAN.			
Chateauvieux	Saint-Aignan	845	
Chatillon-sur-Cher	Selles-sur-Cher	914	
Chemery	Idem	742	
Choussy	Contres	214	
Couddes	Idem	326	
Couffy	Saint-Aignan	626	
Mareuil	Idem	784	
Mavers	Selles-sur-Cher	372	12,583
Meusnes	Idem	1,035	
Noyers	Saint-Aignan	1,104	
Pouillé	Idem	560	
Seigy	Idem	643	
Saint-Aignan	⊠	2,772	
Saint-Romain	Saint-Aignan	810	
Thésée	Idem	916	
CANTON DE BLOIS (est).			
Blois (est)	⊠	5,072	
Chaussée-Saint-Victor (la)	Blois	652	
Montlivault	Saint-Dyé-sur-Loire	853	
Saint-Claude-de-Diray	Blois	1,515	12,676
Saint-Denis-sur-Loire	Idem	522	
Villebarou	Idem	1,194	
Villerbon	Ménars	813	
Vineuil	Blois	2,055	
CANTON DE BLOIS (ouest).			
Blois (ouest)	⊠	8,066	
Celletes	⊠ (Distribution.)	980	
Chailles	Blois	775	
Fossé	Idem	405	
Marolles	Idem	550	12,179
Saint-Bohaire	Saint-Lubin	372	
Saint-Gervais	Blois	362	
Saint-Lubin-en-Vergonnois	⊠ (Distribution.)	434	
Saint-Sulpice	Saint-Lubin	235	
CANTON DE BRACIEUX.			
Bauzy	Bracieux	345	
Bracieux	⊠	930	
Chambord	Saint-Dyé-sur-Loire	400	
Crouy	Idem	448	
Fontaines-en-Sologne	Bracieux	762	
Huisseau-sur-Cosson	Blois	1,530	
Malives	Saint-Dyé-sur-Loire	546	
Mont	Blois	1,235	11,067
Muides	Saint-Dyé-sur-Loire	678	
Neuvy	Bracieux	452	
Nodan-sur-Loire	Saint-Dyé-sur-Loire	718	
Saint-Dié-sur-Loire	⊠	1,261	
Saint-Laurent-des-Eaux	Beaugency	1,159	
Tour-en-Sologne	Bracieux	603	
CANTON DE CONTRES.			
Candé	Les Montils	589	
Cheverny	Cour-Cheverny	1,021	
Criteray	Les Montils	1,189	
Contres	⊠ (Distribution.)	1,755	
Cour-Cheverny	⊠ (Distribution.)	1,734	
Feings	Contres	462	
Fougères	Idem	506	
Fresnes	Idem	385	
Monthou-sous-Bièvre	Les Montils	456	
Montils (les)	⊠ (Distribution.)	874	
	À reporter..	8,971	
	À reporter........		48,505

Suite de l'ARRONDISSEMENT DE BLOIS.

NOMS DES COMMUNES.	BUREAUX DE POSTE qui les desservent.	POPULA-TION.	TOTAL de la POPULA-TION par canton
	Report..		48,505
Suite du CANTON DE CONTRES.			
	Report..	8,971	
Oisly	Contres	285	
Ouchamps	Les Montils	665	
Sambin	Pontlevoy	571	11,215
Sassay	Contres	368	
Seur	Les Montils	200	
Valaire	Idem	155	
CANTON DE HERBAULT.			
Averdon	La Chapelle-Vendômoise	536	
Chambon	Herbault	607	
Champigny-en-Beauce	La Chapelle-Vendômoise	747	
Chapelle-Vendômoise (la)	⊠ (Distribution.)	424	
Chouzy	Écure	1,239	
Coulanges	Idem	317	
Françay	Herbault	443	
Herbault	⊠	724	
Lancome	Herbault	218	
Landes	La Chapelle-Vendômoise	810	12,598
Mesland	Écure	588	
Monteaux	Idem	632	
Onzain (⊠ à Écure.)		1,847	
Orchaise	Herbault	577	
Santenay	Idem	611	
Seillac	Écure	127	
Saint-Cyr-du-Gault	Herbault	573	
Saint-Étienne-des-Guérets	Idem	226	
Saint-Secondin	Idem	549	
Veuves	Écure	357	
Villefrancoeur (au Breuil.)	La Chapelle-Vendômoise	466	
CANTON DE MARCHENOIR.			
Autainville	Oucques	742	
Beauvilliers	Idem	134	
Boisseau	Idem	214	
Brioc	Idem	261	
Conan	Idem	328	
Concriers	Mer	351	
Josnes	Oucques	1,446	
Lorges	Idem	579	
Madeleine-Villefrouin (la)	Mer	142	
Marchenoir	Oucques	500	9,530
Oucques	⊠	1,362	
Plessis-l'Échelle (le)	Oucques	154	
Roches	Idem	160	
Séris	Mer	742	
Saint-Laurent-des-Bois	Oucques	1,538	
Saint-Léonard	Idem	204	
Talcy	Mer	572	
Villeneuve-Frouville	Oucques	101	
CANTON DE MER.			
Avaray	Mer	865	
Chapelle-Saint-Martin (la)	Idem	1,652	
Cour-sur-Loire	Ménars	382	
Courbouzon-Herbilly	Mer	867	
Lestion	Idem	408	
Maves	Idem	818	11,387
Ménars	⊠	449	
Mer	⊠	3,733	
Mulsans	Ménars	440	
Suèvres	Mer	1,956	
Villexanton	Idem	417	
	À reporter........		93,235

Suite de l'ARRONDISSEMENT DE BLOIS.

Report.. 93,235

NOMS DES COMMUNES.	BUREAUX DE POSTE qui les desservent.	POPULATION.	TOTAL de la POPULATION par canton.
CANTON DE MONTRICHARD.			
Angé	Montrichard	650	
Bourré	Idem	700	
Chaumont-sur-Loire	Pontlevoy	985	
Chissay	Montrichard	1,028	
Faverolles	Idem	532	
Monthou-sur-Cher	Idem	1,071	
Montrichard	⊠	2,369	13,242
Pontlevoy	⊠	1,546	
Rilly	Pontlevoy	357	
Saint-Georges-sur-Cher	Montrichard	1,976	
Saint-Julien-de-Chédon	Idem	374	
Thenay	Pontlevoy	846	
Vallières-les-Grandes	Idem	808	
CANTON D'OUZOUER-LE-MARCHÉ.			
Binas	Ouzouër-le-Marché	1,100	
Bosse (la)	Oucques	214	
Colombe (la)	Idem	456	
Écoman	Idem	406	
Membrolles	Ouzouër-le-Marché	601	
Moisy	Oucques	480	
Ouzouër-le-Doyen	Idem	461	
Ouzouër-le-Marché	⊠ (Distribution.)	1,251	7,830
Prénouvellon	Ouzouër-le-Marché	537	
Sémerville	Oucques	195	
Tripleville	Ouzouër-le-Marché	278	
Verdes	Idem	693	
Viévy-le-Rayé	Oucques	497	
Villermain	Ouzouër-le-Marché	661	

Total de la population de l'Arrondissement 114,307

ARRONDISSEMENT DE ROMORANTIN.

NOMS DES COMMUNES.	BUREAUX DE POSTE qui les desservent.	POPULATION.	TOTAL de la POPULATION par canton.
CANTON DE MENNETOU.			
Chapelle-Montmartin (la)	Romorantin	339	
Chatres	Idem	915	
Langon	Idem	574	
Maray	Idem	453	
Mennetou-sur-Cher	Idem	885	5,130
Saint-Julien-sur-Cher	Idem	423	
Saint-Loup	Idem	349	
Villefranche	Idem	1,191	
CANTON DE LA MOTTE-BEUVRON.			
Chaon	La Motte-Beuvron	503	
Chaumont-sur-Tharonne	⊠ (Distribution.)	1,197	
Motte-Beuvron (la)	⊠ (Distribution.)	547	
Nouan-le-Fuzelier	La Motte-Beuvron	1,298	5,876
Souvigny	Idem	498	
Vouzon	Idem	1,213	
(aux Gyons.)			
Yvoy	Chaumont-sur-Tharonne	620	
CANTON DE NEUNG-SUR-BEUVRON.			
D'Huizon	Bracieux	691	
Ferté-Beauharnais (la)	Neung-sur-Beuvron	360	
Ferté-Saint-Aignan (la)	Beaugency	888	
Marolle (la)	Neung-sur-Beuvron	285	4,481
Montrieux-Villeneuve	Idem	616	
Neung-sur-Beuvron	⊠ (Distribution.)	944	
Thoury	Saint-Dyé-sur-Loire	286	
Villeny	Neung-sur-Beuvron	411	

A reporter 15,487

Suite de l'ARRONDISSEMENT DE ROMORANTIN.

Report.. 15,487

NOMS DES COMMUNES.	BUREAUX DE POSTE qui les desservent.	POPULATION.	TOTAL de la POPULATION par canton.
CANTON DE ROMORANTIN.			
Courmenin	Bracieux	509	
Lanthenay	Romorantin	1,106	
Loreux	Idem	374	
Millançay	Idem	784	
Pruniers	Idem	600	12,320
Romorantin	⊠	6,985	
Veilleins	Romorantin	489	
Vernou	Bracieux	865	
Villeherviers	Romorantin	608	
CANTON DE SALBRIS.			
Marcilly-en-Gault	Neung-sur-Beuvron	856	
Orçay	Vierzon	278	
Pierrefitte	Salbris	958	
Salbris	⊠	1,498	
Selles-Saint-Denis	Salbris	1,868	9,055
Souesmes	Idem	966	
Theillay	Vierzon	1,374	
(à la Loge.)			
Tremblevif	Neung-sur-Beuvron	1,257	
CANTON DE SELLES-SUR-CHER.			
Billy	Selles-sur-Cher	629	
Gy	Idem	608	
Gièvres	Idem	896	
Lassay	Romorantin	217	8,345
Mur	Idem	841	
Rongeou	Selles-sur-Cher	100	
Selles-sur-Cher	⊠	4,121	
Soings	Contres	833	

Total de la population de l'Arrondissement 45,107

ARRONDISSEMENT DE VENDOME.

NOMS DES COMMUNES.	BUREAUX DE POSTE qui les desservent.	POPULATION.	TOTAL de la POPULATION par canton.
CANTON DE SAINT-AMAND.			
Ambloy	Vendôme	268	
Authon	Château-Renault	901	
Crucheray	Vendôme	403	
Gombergean	Herbault	277	
Huisseau-en-Beauce	Vendôme	327	
Lancé	Idem	580	
Longpré	Château-Renault	110	
Nourray	Vendôme	191	5,985
Prunay	Idem	1,061	
Sasnières	Montoire	238	
Saint-Amand	Vendôme	501	
(à Neuve-Saint-Amand.)			
Saint-Gourgon	Château-Renault	289	
Villechauve	Idem	439	
Villeporcher	Idem	400	
CANTON DE DROUÉ.			
Bouffry	La Ville-aux-Clercs	596	
Boursay	Mondoubleau	818	
Chapelle-Vigoutesse (la)	La Ville-aux-Clercs	429	
Chauvigny	Idem	841	
Droué	Idem	961	
Fontaine-Raoul	Cloyes	618	
Fontenelle (la)	La Ville-aux-Clercs	777	7,977
Gault (le)	Mondoubleau	1,292	
Poislay (le)	La Ville-aux-Clercs	604	
Romilly	Idem	439	
Ruan	Cloyes	324	
Villebout	Idem	278	

A reporter 13,962

NOMS DES COMMUNES.	BUREAUX DE POSTE qui les desservent.	POPULATION.	TOTAL de la POPULATION par canton

Suite de l'ARRONDISSEMENT DE VENDOME.

Report.. 13,962

CANTON DE MONDOUBLEAU.

Arville	Mondoublcau	399	
Baillou	Idem	645	
Beauchêne	Idem	406	
Choue	Idem	1,132	
Cormenon	Idem	465	
Mondoublcau	⊠	1,917	
Oigny	Idem	325	11,410
Plessis-Dorin (le)	Idem	895	
Sargé	Idem	1,777	
Souday	Idem	1,493	
Saint-Agil	Idem	671	
Saint-Avit	Idem	435	
Saint-Marc-du-Cor	Idem	432	
Temple (le)	Idem	428	

CANTON DE MONTOIRE.

Artins	Poncé	531	
Couture	Idem	930	
Essarts (les)	Idem	201	
Hayes (les)	Montoire	479	
Houssay	Idem	544	
Lavardin	Idem	538	
Montoire	⊠	3,072	
Montrouveau	Poncé	490	
Roches (les)	Montoire	624	
Saint-Arnoult	Idem	461	
Saint-Jacques-des-Guérêts	Idem	158	
Saint-Martin-des-Bois	Idem	1,054	13,294
Saint-Quentin	Idem	362	
Saint-Rimay	Idem	318	
Ternay	Idem	757	
Trehet	La Chartre-sur-le-Loir	215	
Troo	Montoire	998	
Villavard	Idem	259	
Villedieu-en-Beauce	La Chartre-sur-le-Loir	1,303	

CANTON DE MORÉE.

Brévainville	Cloyes	353	
Busloup	Pezou	745	
Dangé	La Ville-aux-Clercs	1,094	
Épuisse	Idem	141	
Fréteval	Pezou	762	
Lignières	Idem	492	
Lisle	Idem	230	
Morée	Idem	1,218	
Pezou	⊠ (Distribution.)	836	
Rocillis (le)	La Ville-aux-Clercs	198	

A reporter.. 6,069

A reporter.... 38,666

NOMS DES COMMUNES.	BUREAUX DE POSTE qui les desservent.	POPULATION.	TOTAL de la POPULATION par canton

Suite de l'ARRONDISSEMENT DE VENDOME.

Report.. 38,666

Suite du CANTON DE MORÉE.

Report.. 6,069

Saint-Firmin	Pezou	517	
Saint-Hilaire	Idem	781	8,910
Saint-Jean-Froidmentel	Cloyes	620	
Ville-aux-Clercs (la)	⊠	923	

CANTON DE SAVIGNY.

Bonneveau	Bessé-sur-Braye	561	
Cellé	Idem	510	
Épuisay	Mondoublcau	992	
Fontaines-en-Beauce	Montoire	785	9,023
Fortan	Idem	337	
Lunay	Idem	1,596	
Savigny	Saint-Calais	2,881	
Sougé	Poncé	1,361	

CANTON DE SELOMMES.

Baigneaux	Oucques	130	
Chapelle-Enchérie (la)	Idem	294	
Coulommiers	Vendôme	367	
Épiais	Oucques	160	
Faye	Vendôme	230	
Périgny	Idem	307	
Pray	La Chapelle-Vendômoise	300	
Renay	Pezou	309	4,692
Rhodon	Oucques	225	
Rocé	Vendôme	281	
Selommes	Idem	749	
Sainte-Gemmes	Oucques	232	
Tourailles	La Chapelle-Vendômoise	193	
Villemardy	Vendôme	331	
Villeromain	Idem	315	
Villetrun	Idem	269	

CANTON DE VENDOME.

Areines	Vendôme	146	
Azé	La Ville-aux-Clercs	1,017	
Marcilly-en-Beauce	Vendôme	183	
Mazange	Idem	1,020	
Meslay	Idem	277	
Naveil	Idem	1,208	
Sainte-Anne	Idem	123	15,045
Saint-Ouen	Idem	386	
Thoré	Idem	941	
Vendome ⊠	⊠	7,771	
Villerable	Vendôme	464	
Villiers	Idem	1,308	
Villiers-Faux	Idem	201	

TOTAL de la population de l'Arrondissement........ 76,336

RÉCAPITULATION.

	NOMBRE de		POPULATION.
	CANTONS.	COMMUNES.	
ARRONDISSEMENT DE BLOIS	10	138	114,307
—————— DE ROMORANTIN	6	48	45,107
—————— DE VENDOME	8	110	76,336
TOTAUX	24	296	235,750

NOMS DES COMMUNES.	BUREAUX DE POSTE qui les desservent.	POPULA-TION.	TOTAL de la POPULA-TION par canton	NOMS DES COMMUNES.	BUREAUX DE POSTE qui les desservent.	POPULA-TION.	TOTAL de la POPULA-TION par canton

ARRONDISSEMENT DE MONTBRISON.

Suite de l'ARRONDISSEMENT DE MONTBRISON.

Report.. 44,825

CANTON DE BOEN.

				Suite du CANTON DE SAINT-GALMIER.			
Allieux.	Saint-Germain-Laval.	343		Report..		3,352	
Arthun.	Boen.	516		Chazelles.	✠.	3,079	
Boen ✠.	✉.	1,438		Chevrière.	Chazelles.	1,454	
Bussy-Albieux.	Boen.	52		Cuzieu.	Idem.	475	
Cleay.	Saint-Germain-Laval.	563		Gimond (la).	Idem.	186	
Cleppé.	Feurs.	460		Grammond.	Idem.	783	
Debats-Rivière-d'Orpra.	Boen.	222		Madinge.	Idem.	656	
Hôpital-sous-Rochefort (l').	Idem.	279		Meylieu-Montrond.	Idem.	656	17,646
Leigneux.	Idem.	484		(✠ à Montrond.)			
Marcilly-le-Pavé.	Idem.	791		Rivas.	Idem.	171	
Marcoux.	Idem.	664	12,585	Saint-André-le-Puy.	Idem.	279	
Mizérieux.	Feurs.	327		Saint-Bonnet-les-Oules.	Idem.	823	
Montverdun.	Boen.	465		Saint-Denis-sur-Coise.	Idem.	816	
Nervieux.	Feurs.	953		Saint-Galmier.	Idem.	2,659	
Poncins.	Idem.	560		Saint-Médard.	Idem.	797	
Pralong.	Montbrison.	360		Vaughe.	Idem.	485	
Sainte-Agathe-la-Boutresse.	Boen.	319		Viricelles.	Idem.	354	
Saint-Étienne-le-Molard.	Idem.	581		Virigneux.	Idem.	621	
Sainte-Foi-Saint-Sulpice.	Feurs.	417					
Saint-Laurent-Rochefort.	Boen.	853					
Saint-Sixte.	Idem.	808		CANTON DE SAINT-GEORGES-EN-COUZAN.			
Treliss.	Idem.	530		Chalmazelle.	Boen.	1,135	

CANTON DE SAINT-BONNET-LE-CHATEAU.

				Chatel-neuf.	Montbrison.	270	
Apinac.	St-Bonnet-le-Château.	1,039		Jeansagnière.	Boen.	377	
Estivareille.	Idem.	1,412		Palogneux.	Idem.	293	7,596
Merle.	Idem.	1,006		Sail-sous-Couzan.	Idem.	613	
Rozier-Côtes-d'Aurec.	Idem.	1,154		Sauvain.	Idem.	879	
Saint-Bonnet-le-Château.	✉.	2,169	15,276	Saint-Bonnet-le-Courreaux.	Montbrison.	1,833	
Saint-Hilaire-Cusson-la-Val-	Saint-Bonnet-le-Châ-			Saint-Georges-en-Couzan.	Boen.	1,047	
MITTE.	teau.	1,014		Saint-Just-en-bas.	Idem.	1,149	
Saint-Maurice-en-Gourgois.	Idem.	2,184					
Saint-Nizier-de-Formas.	Idem.	1,167		CANTON DE SAINT-JEAN-SOLEYMIEUX.			
Tourette (la).	Idem.	331		Boisset-Saint-Priest.	Sury-le-Comtal.	603	
Usson.	Idem.	3,800		Chapelle-en-Lafaye (la).	St-Bonnet-le-Château.	407	

CANTON DE FEURS.

				Chazelles-sur-Lavieu.	Montbrison.	675	
Civens.	Feurs.	429		Chenereille.	St-Bonnet-le-Château.	668	
Cottance.	Idem.	1,310		Gumières.	Montbrison.	1,473	
Epercieux-Saint-Paul.	Idem.	591		Lavieu.	Idem.	224	
Essertine-en-Donzy.	Idem.	659		Luriecq.	St-Bonnet-le-Château.	1,097	10,257
Feurs ✠.	✉.	2,240		Margerie-Chantagret.	Montbrison.	639	
Jas.	Feurs.	295		Marols.	St-Bonnet-le-Château.	973	
Marclop.	Idem.	236		Montarcher.	Idem.	372	
Montchal.	Tarare.	987		Soleymieux.	Montbrison.	854	
Panissière.	Feurs.	3,558	16,964	Saint-Georges-Haute-Ville.	Idem.	546	
Pouilly-les-Feurs.	Idem.	1,140		Saint-Jean-Soleymieux.	Idem.	1,446	
Rozier-en-Donzy.	Idem.	862		Saint-Thomas-la-Garde.	Idem.	281	
Salt-en-Donzy.	Idem.	331					
Salvizinnet.	Idem.	360		CANTON DE MONTBRISON.			
Saint-Barthelemy-Lestra ✠.	Idem.	842		Bard.	Montbrison.	705	
Saint-Cyr-les-Vignes.	Idem.	1,001		Chalain-d'Uzore.	Idem.	233	
Saint-Laurent-la-Conche.	Idem.	365		Chalais-le-Comtal.	Idem.	480	
Saint-Martin-Lestra.	Idem.	1,398		Chambéon.	Idem.	440	
Valeille.	Idem.	570		Chamdieu.	Idem.	1,005	
				Ecotay-l'Olme.	Idem.	392	

CANTON DE SAINT-GALMIER.

				Essertine-en-Chatelneuf.	Idem.	681	
Aveizieux.	Chazelles.	718		Grézieux.	Idem.	258	
Bellegarde.	Idem.	1,133		Hôpital-le-Grand (l').	Idem.	276	
Bouthéon.	Idem.	734		Lérigneux.	Idem.	466	15,634
(✠ à la Goyonnière.)				Lézignieux.	Idem.	1,015	
Chambœuf.	Idem.	463		Magneux-Hauterive.	Idem.	431	
Chatellus.	Idem.	314		Moingt.	Idem.	651	
				Montbrison ✠.	✉.	5,265	
				Mornand.	Montbrison.	410	
				Précieux.	Idem.	637	
				Roche.	Idem.	617	
				Savigneux.	Idem.	368	
				Saint-Paul-d'Uzore.	Idem.	119	
				Verrières.	Idem.	1,175	
		A reporter..	3,352				

A reporter.............. 44,825

A reporter.............. 95,948

NOMS DES COMMUNES.	BUREAUX DE POSTE qui les desservent.	POPULATION.	TOTAL de la POPULATION par canton	NOMS DES COMMUNES.	BUREAUX DE POSTE qui les desservent.	POPULATION.	TOTAL de la POPULATION par canton
Suite de l'ARRONDISSEMENT DE MONTBRISON.		*Report..*	95,948	Suite de l'ARRONDISSEMENT DE ROANNE.		*Report..*	24,588
CANTON DE NOIRÉTABLE.				**CANTON DE SAINT-GERMAIN-LAVAL.**			
Cervières	Noirétable	487		Amions	Saint-Germain-Laval.	512	
Chamba (la)	Idem	536		Bully	Idem	766	
Côte-en-Couzan (la)	Idem	400		Dancé	Idem	291	
Noirétable	✉ (Distribution.)	1,914		Grezolle	Idem	429	
Salles (les)	Noirétable	1,048	8,404	Luré	Idem	402	
Saint-Didier-sur-Rochefort	Idem	1,506		Nollieux	Idem	383	
Saint-Jean-la-Vêtre	Idem	842		Pommiers	Idem	616	
Saint-Julien-la-Vêtre	Idem	807		Souternon	Idem	843	
Saint-Priest-la-Vêtre	Idem	459		Saint-Georges-de-Baroille	Idem	489	
Valla (la)	Idem	405		Saint-Germain-Laval	✉ (Distribution.)	1,769	9,934
				Saint-Jullien-d'Oddes	Saint-Germain-Laval.	370	
CANTON DE SAINT-RAMBERT.				Saint-Martin-la-Sauveté	Idem	1,406	
Andrezieux	Sury-le-Comtal	673		Saint-Paul-de-Vezelin	Idem	567	
Boisset-lès-Montrond	Montbrison	306		Saint-Polgues	Idem	369	
Bonson	Sury-le-Comtal	216		Saint-Thurin	Noirétable	551	
Chamble	Idem	702		Verrières	Saint-Germain-Laval.	171	
Chantilleux	Idem	311					
Périgneux	St-Bonnet-le-Château	2,555		**CANTON DE SAINT-HAON-LE-CHATEL.**			
Scey-le-Comtal	✉ (Distribution.)	2,456	15,858	Ambierle	Saint-Germain-Les-pinasse	1,781	
Saint-Cyprien	Sury-le-Comtal	417		Arçon	Idem	549	
Saint-Just-sur-Loire	Idem	2,500		Noailly	Idem	1,089	
Saint-Marcellin	Idem	1,740		Noes (les)	Idem	615	
Saint-Rambert	Idem	3,015		Renaison	Idem	1,974	
Saint-Romain-le-Puy	Idem	599		Saint-André-d'Apchon	Idem	1,747	11,683
Unias	Montbrison	165		Saint-Germain-Lespinasse	✉ (Distribution.)	750	
Veauchette	Sury-le-Comtal	203		Saint-Haon-le-Chatel	Saint-Germain-Les-pinasse	707	
				Saint-Haon-le-Vieux	Idem	990	
TOTAL de la population de l'Arrondissement			120,210	Saint-Rirand	Idem	602	
				Sainy-Romain-la-Motte	Idem	878	
ARRONDISSEMENT DE ROANNE.							
				CANTON DE SAINT-JUST-EN-CHEVALET.			
CANTON DE BELMONT.				Champoly	St-Just-en-Chevalet	1,006	
Arcinge	Charlieu	520		Cherier	Roanne	1,195	
Belleroche	Idem	829		Cremeaux	St-Just-en-Chevalet	1,350	
Belmont	Idem	3,184		Juré	Idem	665	
Cuinzier	Idem	706		Saint-Just-en-Chevalet	✉ (Distribution.)	2,288	9,907
Ecoche	Idem	1,337	10,434	Saint-Marcel-d'Urphé	St-Just-en-Chevalet	782	
Gresle (la)	Thizy	1,507		Saint-Priest-la-Prugne	Idem	1,091	
Sevelinge	Idem	1,251		Saint-Romain-d'Urphé	Idem	1,530	
Saint-Germain-la-Montagne	Charlieu	1,100					
				CANTON DE NÉRONDE.			
CANTON DE CHARLIEU.				Balbigny	St-Simphorien-de-Lay	1,230	
Boyer	Charlieu	260		Bussière	Idem	1,624	
Crandon	Idem	708		Néronde	Idem	1,212	
Charlieu	✉	3,424		Pinay	Idem	410	
Jarnosse	Charlieu	1,197		Sainte-Agathe-en-Donzy	Idem	314	11,089
Maizilly	Idem	452		Sainte-Colombe	Idem	1,327	
Mars	Idem	1,316		Saint-Cyr-de-Valorges	Idem	997	
Nandax	Roanne	410	14,154	Saint-Jodard	Idem	491	
Pouilly-sur-Charlieu	Charlieu	1,372		Saint-Marcel-de-Félines	Idem	1,317	
Saint-Denis-de-Cabanne	Idem	898		Violay	Idem	2,167	
Saint-Hilaire	Idem	642					
Saint-Nizier	Idem	1,140		**CANTON DE LA PACAUDIÈRE.**			
Saint-Pierre-la-Noaille	Idem	457		Changy	La Pacaudière	922	
Villers	Idem	687		Pacaudière (la)	✉	1,956	
Vougy	Roanne	1,191		Sail	St-Martin-d'Estréaux	652	
				Saint-Bonnet-des-Quarts	La Pacaudière	1,056	
				Saint-Forgeux-Lespinasse	Saint-Germain-Les-pinasse	558	7,826
				Saint-Martin-d'Estreux	✉ (Distribution.)	1,567	
				Urbise (d')	St-Martin-d'Estréaux	457	
				Vivans	La Pacaudière	668	
		A reporter	24,588			*A reporter*	75,037

NOMS DES COMMUNES.	BUREAUX DE POSTE qui les desservent.	POPULA- TION.	TOTAL de la POPULA- TION par canton	NOMS DES COMMUNES.	BUREAUX DE POSTE qui les desservent.	POPULA- TION.	TOTAL de la POPULA- TION par canton
Suite de l'ARRONDISSEMENT DE ROANNE.				**Suite de l'ARRONDISSEMENT DE SAINT-ÉTIENNE.**			
	Report..	75,037			Report..	8,713	
CANTON DE PERREUX.				**CANTON DU CHAMBON-FEUGEROLLES.**			
COMBRE	Roanne	527		CALOIRE	Firminy	335	
COMMELLE	Idem	368		CHAMBON-FEUGEROLLES (le)	Saint-Étienne	3,615	
COUTOUVRE	Idem	1,702		CHAZEAU	Firminy	692	
MONTAGNY	Idem	1,724		FIRMINY	✉ (Distribution.)	3,779	
NOTRE-DAME-DE-BOISSET	Idem	415	9,417	FRAISSES	Firminy	680	14,878
PARIGNY	Idem	1,356		ROCHE-LA-MOLIÈRE	Saint-Étienne	1,289	
PERREUX	Idem	2,398		SAINT-GENÊT-LERPT	Idem	1,308	
SAINT-VINCENT-DE-BOISSET	Idem	485		SAINT-PAUL-EN-CORNILLON	Firminy	592	
VERNAY	Idem	442		SAINT-VICTOR-SUR-LOIRE	Saint-Étienne	1,159	
				UNIEUX	Idem	1,429	
CANTON DE ROANNE.				**CANTON DE SAINT-CHAMOND.**			
BRIENNON	Charlieu	1,167		BESSAT (le)	Saint-Chamond	000	
LENTIGNY	Roanne	442		DOIZIEU	Idem	2,301	
MABLY	Idem	799		FARNAY	Idem	725	
OUCHE	Idem	401		IZIEUX	Idem	2,444	
POUILLY-LES-NONAINS	Idem	705	16,959	SAINT-CHAMOND 🏇	✉	7,475	20,696
RIORGES	Idem	748		SAINT-CHRISTO-LACHAL-VAL- FLEURY	Saint-Chamond	853	
ROANNE 🏇	✉	9,260		SAINT-JULLIEN-EN-JARRET	Idem	3,131	
SAINT-MAURICE-SUR-LOIRE	Roanne	1,205		SAINT-MARTIN-EN-COAILLEUX	Idem	1,084	
VILLEMONTAIS 🏇	Idem	1,268		VALLA (la)	Idem	2,583	
VILLEREST	Idem	964					
CANTON DE SAINT-SIMPHORIEN-DE-LAY.				**CANTON DE SAINT-ÉTIENNE (est).**			
CHIRASSIMONT	St-Simphorien-de-Lay	2,062		OUTREFURENS	Saint-Étienne	3,118	
(🏇 à Pain-Bouchain.)				SAINT-JEAN-BONNEFOND	Idem	4,022	26,812
CORDELLE	Roanne	1,310		SAINT-ÉTIENNE (est) 🏇	✉	19,672	
CROIZET	St-Simphorien-de-Lay	500					
FOURNEAUX	Idem	1,170		**CANTON DE SAINT-ÉTIENNE (ouest).**			
NEAUX	Idem	915		MONTAUD	Saint-Étienne	3,750	
NEULISE 🏇	Idem	1,927		ROCHETAILLÉE	Idem	1,073	22,648
PRADINES	Idem	879	20,404	SAINT-ÉTIENNE (ouest)	✉	13,392	
REGNY	Idem	1,485		VALBENOÎTE	Saint-Étienne	4,433	
SAINT-CYR-DE-FAVIÈRES	Roanne	668					
SAINT-JUST-LA-PENDUE	St-Simphorien-de-Lay	2,637		**CANTON DE SAINT-GENÊT-MALIFAUX.**			
SAINT-PRIEST-LA-ROCHE	Idem	580		JONZIEUX	Saint-Étienne	1,106	
SAINT-SIMPHORIEN-DE-LAY 🏇	✉	4,500		MARLHES	Idem	2,700	
SAINT-VICTOR	Thizy	1,345		SAINT-GENÊT-MALIFAUX	Idem	3,274	8,828
VENDRANGE	St-Simphorien-de-Lay	546		(🏇 à la République.)			
				SAINT-ROMAIN-LES-ATHEUX	Idem	1,203	
TOTAL de la population de l'Arrondissement			121,817	TARANTAIZE	Idem	545	
				CANTON DE SAINT-HÉAND.			
ARRONDISSEMENT DE SAINT-ÉTIENNE.				FONTANÈS	Saint-Chamond	400	
				FOUILLOUSE (la)	Saint-Étienne	3,471	
				SORBIER	Saint-Chamond	1,415	
CANTON DE BOURG-ARGENTAL.				SAINT-CHRISTO-EN-JARRET	Idem	1,716	10,730
				SAINT-HÉAND	Saint-Étienne	1,661	
ARGENTAL	Bourg-Argental	173		SAINT-PRIEST	Idem	665	
BOUR-ARGENTAL 🏇	✉ (Distribution.)	2,502		TOUR (la)	Idem	784	
BOURDIGNE	Bourg-Argental	985		VILLARS	Idem	618	
COLOMBIER	Idem	644	8,713	**CANTON DE PÉLUSSIN.**			
GRAIX	Idem	336					
SAINT-JULLIEN-MOLIN-MOLETTE	Idem	1,227		BESSEY	Saint-Chamond	405	
SAINT-SAUVEUR	Idem	1,825		CHAPELLE (la)	Condrieu	262	
TRÉLIS-LA-COMBE	Idem	513					
VERSANNE (la)	Idem	508			A reporter..	667	
	A reporter	8,713			A reporter		113,305

NOMS DES COMMUNES.	BUREAUX DE POSTE qui les desservent.	POPULATION.	TOTAL de la POPULATION par canton	NOMS DES COMMUNES.	BUREAUX DE POSTE qui les desservent.	POPULATION.	TOTAL de la POPULATION par canton
Suite de l'ARRONDISSEMENT DE SAINT-ÉTIENNE.		Report..	113,305	Suite de l'ARRONDISSEMENT DE SAINT-ÉTIENNE.		Report..	126,833
Suite du CANTON DE PÉLUSSIN.				CANTON DE RIVE-DE-GIER.			
		Report.. 667		CELLIEU	Rive-de-Gier	901	
CHAVANAY	Condrieu	1,772		CHAGNON	Idem	514	
CHUYER	Idem	1,284		CHATEAUNEUF	Idem	567	
LUPÉ	Saint-Chamond	317		CULA (la)	Idem	402	
MACLAS	Idem	990		DARGOIRE	Idem	203	
MALLEVAL	Idem	509		PAVEZIN	Condrieu	1,199	
PÉLUSSIN	Idem	3,240	13,528	RIVE-DE-GIER ⚓	✉	9,706	22,356
ROISEY	Idem	808		SAINT-GENIS-TERRE-NOIRE	Rive-de-Gier	1,870	
SAINT-APOLINARD	Bourg-Argental	780		SAINT-MARTIN-LA-PLAINE	Idem	1,974	
SAINT-MICHEL	Condrieu	824		SAINT-PAUL-EN-JARRET	Saint-Chamond	3,464	
SAINT-PIERRE-DE-BŒUF	Idem	1,472		SAINT-ROMAIN-EN-JARRET	Rive-de-Gier	1,206	
VÉRANNE	Idem	865		TARTARAS	Idem	350	
A reporter			126,833	TOTAL de la population de l'Arrondissement			149,189

RÉCAPITULATION.

	NOMBRE de		POPULATION.
	CANTONS.	COMMUNES.	
ARRONDISSEMENT DE MONTBRISON	9	138	120,210
— DE ROANNE	10	108	121,817
— DE SAINT-ÉTIENNE	9	73	149,189
TOTAUX	28	319	391,216

NOMS DES COMMUNES.	BUREAUX DE POSTE qui les desservent.	POPULATION.	TOTAL de la POPULATION par canton	NOMS DES COMMUNES.	BUREAUX DE POSTE qui les desservent.	POPULATION.	TOTAL de la POPULATION par canton
ARRONDISSEMENT DU PUY.				**Suite de l'ARRONDISSEMENT DU PUY.**			
					Report..		59,125
CANTON D'ALLÈGRE.				**CANTON DE SAINT-PAULIEN.**			
ALLÈGRE.	Saint-Paulien.	2,033		BLANZAC.	Saint-Paulien.	362	
CEAUX-D'ALLÈGRE.	Idem.	1,495		BORNE.	Idem.	285	
FIX-SAINT-GENEYS.	Idem.	215		LAVOUTE-SUR-LOIRE.	Idem.	744	
MONLET.	Idem.	1,531	8,171	LISSAC.	Idem.	667	7,141
SAINT-JUST-PRÈS-CHOMELIX.	Idem.	1,536		SAINT-GENEYS-PRÈS-St-PAULIEN.	Idem.	750	
VARENNES-SAINT-HONNORAT.	Paulhaguet.	293		SAINT-PAULIEN.	⊠ (Distribution.)	3,017	
VERNASSAL.	Saint-Paulien.	1,068		SAINT-VINCENT.	Saint-Paulien.	1,316	
CANTON DE CAYRES.				**CANTON DE PRADELLES.**			
ALLEYRAS.	Cayres.	880		ARLEMPDES.	Cayres.	544	
BOUCHET-SAINT-NICOLAS (le).	Idem.	786		BARGES.	Idem.	401	
CAYRES.	⊠ (Distribution.)	1,308	4,584	FARRE (la).	Cayres.	402	
SÉNEUJOLS.	Cayres.	565		LANDOS.	Idem.	896	
SAINT-DIDIER-D'ALLIER.	Idem.	228		PRADELLES.	Langogne.	1,521	
SAINT-JEAN-LA-CHALM.	Idem.	917		RAURET.	Cayres.	694	8,168
CANTON DE CRAPONNE.				SAUVETAT (la).	Idem.	258	
				SAINT-ARCONS-DE-BARGES.	Idem.	657	
BEAUNE.	Craponne.	884		SAINT-ÉTIENNE-DU-VIGAN.	Langogne.	451	
CHOMELIX.	Idem.	1,481		SAINT-HAOND.	Cayres.	1,113	
CRAPONNE.	⊠	3,828		SAINT-PAUL-DE-TARTAS.	Idem.	840	
SAINT-GEORGE-LAGRICOL.	Craponne.	1,141	9,080	VIELPRAT.	Idem.	391	
SAINT-JEAN-D'AUBRIGOUX.	Idem.	1,112		**CANTON DU PUY (nord-ouest).**			
SAINT-JULIEN-D'ANCE.	Idem.	634					
CANTON DE FAY-LE-FROID.				AIGUILHE.	Le Puy.	330	
				CEYSSAC.	Idem.	303	
CHAMPCLAUSE.	Le Puy.	962		CHADRAC.	Idem.	259	
CHAUDEYROLES.	Le Monastier.	704		CHASPINHAC.	Idem.	1,085	
ESTABLES (les).	Idem.	1,044		ESPALY-SAINT-MARCEL.	Idem.	1,131	15,035
FAY-LE-FROID.	Le Puy.	879	7,028	MONTEIL (le).	Idem.	314	
SAINT-FRONT.	Le Monastier.	2,498		POLIGNAC.	Idem.	2,093	
VASTRES (les).	Le Puy.	941		PUY (le) (nord-ouest).	⊠	9,190	
CANTON DE SAINT-JULIEN-CHAPTEUIL.				SAINT-QUENTIN.	Le Puy.	330	
LANTRIAC.	Le Monastier.	1,402		**CANTON DU PUY (sud-ouest).**			
MONTUSCLAT.	Le Puy.	744					
QUEYRIÈRES.	Idem.	697		BRIVE.	Le Puy.	413	
SAINT-ÉTIENNE-LARDEYROL.	Idem.	1,026	9,983	CHARENSAC.	Idem.	613	
SAINT-HOSTIEN.	Idem.	1,738		COUBON.	Idem.	2,181	
SAINT-JULIEN-CHAPTEUIL.	Idem.	2,721		OURS-MONS.	Idem.	300	
SAINT-PIERRE-EYNAC.	Idem.	1,655		PUY (le) (sud-ouest).	⊠	5,740	12,704
CANTON DE LOUDES.				SAINT-GERMAIN-LA-PRADE.	Le Puy.	2,184	
				TAULHAC.	Idem.	387	
CHASPUSAC.	Le Puy.	491		VALS-PRÈS-LE-PUY.	Idem.	886	
LOUDES.	Idem.	1,346					
SANSSAC-L'ÉGLISE.	Idem.	1,612					
SAINT-JEAN-DE-NAY.	Idem.	1,360					
SAINT-PRIVAT-D'ALLIER.	Idem.	1,470	8,071	**CANTON DE SAUGUES.**			
SAINT-VIDAL.	Idem.	425					
VAZEILLES-LIMAUDRE.	Idem.	472		CHANALEILLES.	Saugues.	634	
VERGEZAC.	Idem.	736		CROISANCE.	Idem.	201	
VERNET (le).	Idem.	159		CUBELLES.	Idem.	393	
CANTON DU MONASTIER.				ESPLANTAS.	Idem.	221	
				GRÈSES.	Idem.	692	
ALLEYRAC.	Le Monastier	000		MONISTROL-D'ALLIER.	Idem.	908	
CHADRON.	Idem.	1,418		SAUGUES.	⊠ (Distribution.)	3,833	
FREYCENET-LA-CUCHE.	Idem.	621		SAINT-CHRISTOPHE-D'ALLIER.	Saugues.	890	11,765
FREYCENET-LA-TOUR.	Idem.	595		SAINT-PRÉJET-D'ALLIER.	Idem.	608	
GOUDET.	Idem.	563		SAINT-VÉNÉRAND.	Idem.	384	
LAUSSONNE.	Idem.	1,802	12,208	THORAS.	Idem.	936	
MONASTIER (le).	⊠ (Distribution.)	3,420		VAZEILLES-PRÈS-SAUGUES.	Idem.	248	
PRESAILLES.	Le Monastier.	683		VENTUGES.	Idem.	604	
SALETTES.	Idem.	1,829		VERREYROLLES.	Idem.	1,114	
SAINT-MARTIN-DE-FRUGÈRES.	Idem.	1,277				99	
	A reporter		59,125		A reporter		113,938

NOMS DES COMMUNES.	BUREAUX DE POSTE qui les desservent.	POPULA-TION.	TOTAL de la POPULA-TION par canton	NOMS DES COMMUNES.	BUREAUX DE POSTE qui les desservent.	POPULA-TION.	TOTAL de la POPULA-TION par canton

Suite de l'ARRONDISSEMENT DU PUY.

Report.. 113,938

CANTON DE SOLIGNAC-SUR-LOIRE.

Bains	Le Puy	1,155	
Brignon (le)	Idem	1,394	
Cussac	Idem	486	5,127
Solignac-sur-Loire	Idem	1,046	
Saint-Christophe-sur-Dolaizon	Idem	1,046	

CANTON DE VOREY.

Beaulieu	Saint-Paulien	1,080	
Chamalières	Idem	1,025	
Mézères	Idem	364	
Roche-en-Régnier	Idem	1,685	10,657
Rosières	Idem	2,905	
Saint-Pierre-du-Champ	Idem	1,600	
Vorey	Idem	1,998	

TOTAL de la population de l'Arrondissement....... 129,722

ARRONDISSEMENT DE BRIOUDE.

CANTON D'AUZON.

Agnat	Brioude	782	
Auzon	Lempdes	1,238	
Azérat	Idem	626	
Champagnac	Brioude	1,045	
Chassignoles	Lempdes	863	
Fougères-les-Mines	Idem	247	10,341
Labrousse	Brioude	195	
Lempdes	✉	1,261	
Sainte-Florine	Lempdes	1,266	
Saint-Hilaire	Idem	875	
Saint-Vert	Brioude	881	
Vergongheon	Lempdes	676	
Vézézoux	Idem	386	

CANTON DE BLESLE.

Autrac	Massiac	245	
Blesle	Idem	1,621	
Bousselargues	Lempdes	229	
Chambezon	Idem	292	
Espalem	Idem	711	
Grenier-Montgon	Massiac	260	6,192
Léotoing	Lempdes	750	
Lorlanges	Idem	555	
L'Eilhac	Massiac	683	
Saint-Étienne-sur-Blesle	Idem	432	
Torsiac	Lempdes	413	

CANTON DE BRIOUDE.

Beaumont	Brioude	351	
Bournoncle	Idem	487	
Brioude	✉	5,099	
Chaniat	Brioude	311	
Cohade	Idem	100	
Fontannes	Idem	589	
Javangues	Idem	388	
Lavaudieu	Idem	771	
Lugeac	Idem	60	
Mothe (la)	Idem	1,110	
Paulhac	Idem	545	
Roche (la)	Idem	230	

A reporter.. 10,041

A reporter........................ 16,533

Suite de l'ARRONDISSEMENT DE BRIOUDE.

Report.. 16,533

Suite du CANTON DE BRIOUDE.

		Report.. 10,041	
Rochette (la)	Brioude	156	
Saint-Beauzire	Idem	732	
Saint-Ferréol-de-Cohade	Idem	568	
Saint-Géron	Idem	390	15,193
Saint-Just-près-Brioude	Idem	1,429	
Saint-Laurent-Chabreuges	Idem	234	
Vedrines	Idem	487	
Vieille-Brioude	Idem	1,158	

CANTON DE LA CHAISE-DIEU.

Berbézit	La Chaise-Dieu	464	
Bonneval	Idem	600	
Chaise-Dieu (la)	✉ (Distribution.)	1,835	
Chapelle-Geneste (la)	La Chaise-Dieu	761	
Cistrières	Idem	1,029	
Connangles	Idem	859	
Félines	Idem	794	
Jullianges	Craponne	1,063	10,660
Laval	La Chaise-Dieu	592	
Malvières	Idem	546	
Sembadel	Idem	706	
Saint-Léger	Idem	140	
Saint-Pal-de-Murs	Idem	716	
Saint-Victor-sur-Arlanc	Craponne	555	

CANTON DE LANGEAC.

Auteyrac	Langeac	466	
Chanteuges	Idem	854	
Charraix	Idem	380	
Digons	Idem	331	
Langeac	✉	3,109	
Mazeyrat-Crispinhac	Langeac	686	
Prades	Idem	358	
Prebnac	Idem	721	
Reilhac	Idem	397	12,374
Siaugues-Saint-Romain	Idem	2,023	
Saint-Arçons-d'Allier	Idem	598	
Saint-Berain	Idem	512	
Saint-Eble	Idem	631	
Saint-Julien-des-Chazes	Idem	589	
Sainte-Marie-des-Chazes	Idem	291	
Vissac	Idem	428	

CANTON DE LAVOUTE-CHILHAC.

Ally	Langeac	860	
Arlet	Idem	178	
Aubazat	Idem	521	
Blassac	Idem	708	
Cerzat	Idem	443	
Chilhac	Idem	562	
Lavoute-Chilhac	Idem	746	8,727
Mercoeur	Idem	476	
Peyrusses	Idem	159	
Saint-Austremoine	Idem	263	
Saint-Cirgues	Idem	618	
Saint-Ilpize	Idem	2,487	
Saint-Privat-du-Dragon	Idem	706	

CANTON DE PAULHAGUET.

Censac-Lavaux	Paulhaguet	173	
Chapelle-Bertin (la)	Idem	392	

A reporter.. 565

A reporter........................ 63,489

NOMS DES COMMUNES.	BUREAUX DE POSTE qui les desservent.	POPULA-TION.	TOTAL de la POPULA-TION par canton	NOMS DES COMMUNES.	BUREAUX DE POSTE qui les desservent.	POPULA-TION.	TOTAL de la POPULA-TION par canton
Suite de l'ARRONDISSEMENT DE BRIOUDE.				Suite de l'ARRONDISSEMENT D'YSSINGEAUX.			
Report..			63,489	Report..			12,536
Suite du CANTON DE PAULHAGUET.				CANTON DE SAINT-DIDIER-LA-SÉAUVE.			
Report..		565		AUREC	Monistrol	2,570	
CHASSAGNES	Paulhaguet	671		SAINT-DIDIER-LA-SÉAUVE	Idem	3,795	
CHOMETTE (la)	Idem	315		SAINT-FERRÉOL-D'AUROURE	Idem	1,388	
COLLAT	Idem	468		(à Pont-Salomon.)			13,989
COUTEUGES	Idem	304		SAINT-JUST-MALMONT	Idem	1,854	
DOMEYRAT	Idem	600		SAINT-PAL-DE-MONS	Idem	1,780	
FIX-VILLENEUVE	Idem	593		SAINT-ROMAIN-LA-CHALM	Idem	1,555	
FLAGEAT	Idem	113		SAINT-VICTOR-MALESCOURS	Idem	1,047	
FRUGIÈRES-LE-PIN	Idem	536					
JAX	Idem	488		CANTON DE MONISTROL.			
JOSAT	Idem	504	12,320				
MAZEYRAT-AUROUZE	Idem	914		BAUZAC	Monistrol	2,597	
MONTCLARD	Idem	420		CHAPELLE-D'AUREC (la)	Idem	566	
PAULHAGUET	(Distribution.)	1,309		MONISTROL		4,145	12,083
SALZUIT	Paulhaguet	373		SAINT-MAURICE-DE-LIGNON	Yssingeaux	2,073	
SAINT-DIDIER-SUR-DOULON	Idem	2,030		SAINTE-SIGOLÈNE	Monistrol	2,702	
SAINT-ÉTIENNE-PRÈS-ALLÈGRE	Idem	254					
SAINT-GEORGE-DAURAT	Idem	1,170		CANTON DE MONTFAUCON.			
SAINT-PRÉJET-ARMANDON	Idem	462					
VALS-LE-CHASTEL	Idem	231		DUNIÈRES	Montfaucon	2,409	
				MONTFAUCON	(Distribution.)	1,129	
CANTON DE PINOLS.				MONTREGARD	Montfaucon	1,936	
				RAUCOULES	Idem	1,392	11,718
BESSEYRE-SAINT-MARY (la)	Langeac	664		RIOTORD	Idem	2,966	
CHASTEL	Idem	742		SAINT-BONNET-LE-FROID	Idem	618	
CHAZELLES	Idem	153		SAINT-JULIEN-MOLHESARATE	Idem	1,268	
CRONCE	Idem	618					
DESGES	Idem	526	4,933	CANTON DE TENCE.			
FEYRUSSAC	Idem	506					
NOZEYROLLES	Idem	551		CHAMBON (le)	Tence	2,400	
PINOLS	Idem	802		JAINT-JEURE	Yssingeaux	2,758	
TAILHAC	Idem	371		SAINT-VOY	Tence	2,435	13,323
				TENCE	(Distribution.)	5,730	
TOTAL de la population de l'Arrondissement			80,742				
				CANTON D'YSSINGEAUX.			
ARRONDISSEMENT D'YSSINGEAUX.							
				ARAULES	Yssingeaux	1,836	
CANTON DE BAS-EN-BASSET.				BESSAMOREL	Idem	511	
				GRAZAC	Idem	1,452	
BAS-EN-BASSET	Monistrol	5,524		LAPTE	Idem	2,503	18,015
BOISSET	Craponne	1,103		RETOURNAC	Idem	3,887	
SOLIGNAC-SOUS-ROCHE	Monistrol	557		SAINT-JULIEN-DU-PINET	Idem	660	
SAINT-ANDRÉ-DE-CHALANÇON	Idem	1,165	12,536	YSSINGEAUX		7,166	
SAINT-PAL-DE-CHALANÇON	Craponne	2,416					
TIRANGES	Monistrol	1,771		TOTAL de la population de l'Arrondissement			81,664
A reporter			12,536				

RÉCAPITULATION.

	NOMBRE de		POPULATION.
	CANTONS.	COMMUNES.	
ARRONDISSEMENT DU PUY	14	113	129,722
— DE BRIOUDE	8	117	80,742
— D'YSSINGEAUX	6	36	81,664
TOTAUX	28	264	292,128

NOMS DES COMMUNES.	BUREAUX DE POSTE qui les desservent.	POPULA-TION.	TOTAL de la POPULA-TION par canton	NOMS DES COMMUNES.	BUREAUX DE POSTE qui les desservent.	POPULA-TION.	TOTAL de la POPULA-TION par canton
ARRONDISSEMENT DE NANTES.				Suite de l'ARRONDISSEMENT DE NANTES.			
						Report..	86,716
CANTON D'AIGREFEUILLE.				**CANTON DE NANTES (1er).**			
AIGREFEUILLE	✉ (Distribution.)	1,275		NANTES (1er canton) 🐎	✉	11,481	11,481
(🐎 à la Jaunaye.)							
BIGNON (le)	Aigrefeuille	1,909		**CANTON DE NANTES (2e).**			
MAISDON	Idem	2,042	13,779	NANTES (2e canton)	✉	14,331	14,331
MONTBERT	Idem	2,311					
REMOUILLÉ	Idem	791		**CANTON DE NANTES (3e).**			
VIEILLE-VIGNE	Idem	5,451		NANTES (3e canton)	✉	14,736	14,736
CANTON DE BOUAYE.				**CANTON DE NANTES (4e).**			
BOUAYE	Le Port-Saint-Père	1,297		NANTES (4e canton)	✉	12,500	14,105
BOUGUENAIS	Nantes	3,287		SAINT-SÉBASTIEN	Nantes	1,605	
BRAINS	Le Pellerin	1,019		**CANTON DE NANTES (5e).**			
PONT-SAINT-MARTIN	Nantes	1,478	13,896	NANTES (5e canton)	✉	16,092	16,092
REZÉ	Idem	4,968					
SAINT-AIGNAN	Le Port-Saint-Père	1,288		**CANTON DE NANTES (6e).**			
SAINT-LÉGER	Idem	559		CHANTENAI	Nantes	2,901	
CANTON DE CARQUEFOU.				INDRE	La Basse-Indre	2,305	
CARQUEFOU	Nantes	2,626		(✉ Distribution à la Basse-Indre.)			16,446
(🐎 à Salleraye.)				NANTES (6e canton)	✉	8,852	
DOULON	Idem	1,415		SAINT-HERBLAIN	Nantes	2,388	
MAUVES	Oudon	1,197	7,164	**CANTON DE SAINT-PHILBERT.**			
SAINTE-LUCE	Nantes	957		CHEVROLLIÈRE	Nantes	1,655	
THOUARÉ	Idem	969		LIMOUZINIÈRE (la)	Idem	1,085	
CANTON DE CLISSON.				SAINT-COLOMBIN	Idem	1,957	9,190
BOUSSAYE	Clisson	1,799		SAINTE-LUMINE-DE-COUTAIS	Machecoul	1,293	
CLISSON 🐎	✉	2,432		SAINT-PHILBERT-DE-GRAND-LIEU	Nantes	3,200	
GÉTIGNÉ	Clisson	1,889		**CANTON DE VALLET.**			
GORGES	Idem	1,598	11,358	CHAPELLE-HULIN (la)	Clisson	1,357	
MONNIÈRES	Idem	1,095		MOUZILLON	Idem	1,488	10,304
SAINT-HILAIRE-DU-BOIS	Idem	1,224		PALLET (le)	Idem	1,492	
SAINTE-LUMINE-DE-CLISSON	Idem	1,321		VALLET	Idem	5,967	
CANTON DE LA CHAPELLE-SUR-ERDRE.				**CANTON DE VERTOU.**			
CHAPELLE-SUR-ERDRE (la)	Nantes	2,267		CHATEAU-THÉBAUD	Aigrefeuille	1,682	
GRAND-CHAMP	Idem	1,446		GOULAINE-BASSE	Nantes	1,218	
ORVAULT	Idem	1,845		GOULAINE-HAUTE	Idem	1,489	
SAUTRON	Idem	930	9,951	HAIE-FOUASSIÈRE (la)	Idem	1,566	12,228
SUCÉ	Idem	1,984		(🐎 à Tournebride.)			
TREILLIÈRES	Idem	1,479		SAINT-FIACRE	Aigrefeuille	585	
(🐎 à Gesvres.)				VERTOU	Nantes	5,688	
CANTON DE LEGÉ.				TOTAL de la population de l'Arrondissement			205,629
LEGÉ	✉ (Distribution.)	3,213		**ARRONDISSEMENT D'ANCENIS.**			
SAINT-ÉTIENNE-DE-CORCOUÉ	Legé	1,205					
SAINT-JEAN-DE-CORCOUÉ	Idem	1,093	6,780	**CANTON D'ANCENIS.**			
TOUVOIS	Idem	1,269		ANCENIS 🐎	✉	3,749	
CANTON DU LOROUX.				ANETZ	Ancenis	1,244	
BOISSIÈRE (la)	Nantes	799		MESANGÉ	Idem	2,433	
CHAPELLE-BASSE-MER (la)	Idem	4,244		OUDON 🐎	✉ (Distribution.)	1,616	13,087
LOROUX (le)	Idem	4,991	14,355	POUILLÉ	Ancenis	671	
REMAUDIÈRE (la)	Idem	854		SAINT-GÉRÉON	Idem	874	
SAINT-JULIEN-DE-CONCELLES	Idem	3,467		SAINT-HERBLON	Idem	2,500	
CANTON DE MACHECOUL.				**CANTON DE LIGNÉ.**			
MACHECOUL	✉	3,665		CELLIER (le)	Oudon	2,167	
MARNE (la)	Machecoul	753		GOUFFÉ	Idem	1,910	
PAULX	Idem	1,669		LIGNÉ	Idem	2,266	7,676
SAINT-ÉTIENNE-DE-MER-MORTE	Idem	1,040	9,433	MOUZEIL	Idem	1,333	
SAINT-MARS-DU-COUTAIS	Le Port-Saint-Père	1,564					
SAINT-MÊME	Machecoul	742					
A reporter		86,716		A reporter		20,763	

NOMS DES COMMUNES.	BUREAUX DE POSTE qui les desservent.	POPULA-TION.	TOTAL de la POPULA-TION par canton	NOMS DES COMMUNES.	BUREAUX DE POSTE qui les desservent.	POPULA-TION.	TOTAL de la POPULA-TION par canton
Suite de l'ARRONDISSEMENT D'ANCENIS.				Suite de l'ARRONDISSEMENT DE CHATEAUBRIANT.			
	Report ..		20,763		*Report* ..		45,789
CANTON DE SAINT-MARS-LA-JAILLE.				**CANTON DE NOZAY.**			
Bonneuvre	Ancenis	780		Abbaretz	Nozay	1,671	
Maumusson	Idem	1,128		Nozay	✉	2,678	
Pin (le)	Idem	1,095	6,850	Puceul	Nozay	1,139	11,285
Saint-Mars-la-Jaille	Idem	1,091		Saffré	Idem	2,822	
Saint-Sulpice-des-Landes	Idem	1,050		Treffieuc	Idem	690	
Vritz	Candé	1,706		Vay	Idem	2,285	
CANTON DE RIAILLÉ.				**CANTON DE ROUGÉ.**			
Joué	Ancenis	2,709		Fercé	Châteaubriant	729	
Pannecé	Idem	1,153		Noyal	Idem	426	
Riaillé	Idem	1,980	8,324	Rougé	Idem	2,295	5,168
Teillé	Idem	1,490		Soulvache	Idem	457	
Trans	Idem	992		Villepot	Idem	1,261	
CANTON DE VARADES.				Total de la population de l'Arrondissement			62,242
Belligné	Varades	2,163		**ARRONDISSEMENT DE PAIMBŒUF.**			
Chapelle-Saint-Sauveur (la)	Idem	1,308		**CANTON DE BOURGNEUF-EN-RETZ.**			
Montrelais	Idem	2,480	10,766	Bourgneuf-en-Retz		2,680	
Rouxière (la)	Idem	1,309		Chémeré	Bourgneufen-Retz	862	
Varades	✉	3,506		Fresnay	Idem	870	7,597
Total de la population de l'Arrondissement			46,703	Moutiers (les)	Idem	1,718	
ARRONDISSEMENT DE CHATEAUBRIANT.				Saint-Hilaire-de-Chaléons	Idem	1,467	
CANTON DE CHATEAUBRIANT.				**CANTON DE PAIMBŒUF.**			
Chateaubriant	✉	3,709		Corsept	Paimbœuf	1,047	
Ruffigné	Châteaubriant	975	8,785	Paimbœuf	✉	3,648	5,718
Soudan	Idem	2,291		Saint-Brevin	Paimbœuf	1,023	
Saint-Aubin-des-Chateaux	Idem	1,810		**CANTON DU PELLERIN.**			
CANTON DE DERVAL.				Cheix	Le Pellerin	586	
Derval	✉	2,063		Pellerin (le)	✉ (Distribution.)	1,729	
Jans	Derval	1,025		Port-Saint-Père (le)	✉ (Distribution.)	1,730	
Luzanger	Idem	1,116	8,875	Rouans	Le Pellerin	1,998	11,643
Mouais	Idem	478		Saint-Jean-de-Boiseau	Idem	2,456	
Sion	Idem	2,623		Sainte-Pazanne	Le Port-Saint-Père	1,909	
Saint-Vincent-des-Landes	Châteaubriant	1,570		Vue	Le Pellerin	1,235	
CANTON DE SAINT-JULIEN-DE-VOUVANTES.				**CANTON DE SAINT-PÈRE-EN-RETZ.**			
Auverné (petit)	Châteaubriant	957		Chauvé	Pornic	1,565	
Chapelle-Glain (la)	Idem	1,128		Frossay	Paimbœuf	2,636	8,328
Erbray	Idem	2,120	6,874	Saint-Père-en-Retz	Idem	2,500	
Juigné	Idem	1,004		Saint-Viaud	Idem	1,627	
Saint-Julien-de-Vouvantes	Idem	1,665		**CANTON DE PORNIC.**			
CANTON DE MOISDON-LA-RIVIÈRE.				Arthon	Bourgneufen-Retz	1,797	
Auverné (grand)	La Meilleraie	1,409		Clion (le)	Pornic	2,048	
Issé	Idem	1,602		Plaine (la)	Idem	1,400	8,843
Louisfert	Châteaubriant	540	7,371	Pornic	✉	1,106	
Meilleraie (la)	✉ (Distribution.)	1,449		Sainte-Marie	Pornic	1,458	
Moisdon	La Meilleraie	2,371		Saint-Michel	Idem	1,034	
CANTON DE NORT.				Total de la population de l'Arrondissement			42,129
Casson	Nort	912		**ARRONDISSEMENT DE SAVENAY.**			
Héric (à la Croix-blanche)	Idem	3,349		**CANTON DE BLAIN.**			
Mars (petit)	Idem	1,345	13,884	Blain	✉ (Distribution.)	4,899	
Nort	✉ (Distribution.)	4,751		Bouvron	Savenay	2,305	12,123
Saint-Mars-du-Désert	Nort	1,708		Fay	Blain	3,483	
Touches (les)	Idem	1,819		Gavre (le)	Idem	1,436	
	A reporter		45,789		*A reporter*		12,123

NOMS DES COMMUNES.	BUREAUX DE POSTE qui les desservent.	POPULA- TION.	TOTAL de la POPULA- TION par canton	NOMS DES COMMUNES.	BUREAUX DE POSTE qui les desservent.	POPULA- TION.	TOTAL de la POPULA- TION par canton
Suite de l'ARRONDISSEMENT DE SAVENAY.				Suite de l'ARRONDISSEMENT DE SAVENAY.			
	Report..		12,123		Report..		62,726
CANTON DU CROISIC.				CANTON DE HERBIGNAC.			
Croisic (le)	✉	2,288		Assérac	La Roche-Bernard..	1,742	
Batz	Guérande	3,643	5,931	Chapelle-des-Marais (la)	Pont-Château	1,855	
				Herbignac	La Roche-Bernard..	3,175	8,126
CANTON DE SAINT-ÉTIENNE-DE-MONT-LUC.				Saint-Lyphard	Idem	1,354	
Cordemais	Savenay	2,738		CANTON DE SAINT-NAZAIRE.			
Couëron	La Basse-Indre	4,053		Donges	Savenay	2,650	
Saint-Étienne-de-Mont-Luc	Idem	4,348	14,444	Montoir	Idem	3,985	10,424
Temple (le) 🐎	Savenay	610		Saint-Nazaire	✉ (Distribution.)	3,789	
Vigneux	Idem	2,695		CANTON DE SAINT-NICOLAS.			
CANTON DE SAINT-GILDAS-DES-BOIS.				Avessac	Redon	2,370	
Drepféac	Pont-Château	617		Fégréac	Idem	2,272	
Guenrouet	Idem	1,955		Plessé	Blain	3,652	9,915
Missillac	Idem	2,615		(🐎 à Rozai.)			
Saint-Gildas-des-Bois	Idem	1,386	7,598	Saint-Nicolas	Redon	1,621	
Sévérac	Idem	1,025		CANTON DE PONT-CHATEAU.			
CANTON DE GUÉMÉNÉ.				Besné	Pont-Château	1,083	
Conquereuil	Derval	853		Crossac	Idem	1,400	
Guéméné	Idem	3,798		Pont-Chateau 🐎	✉	3,300	9,511
Marsac	Nozay	1,174	7,925	Saint-Joachim	Pont-Château	3,061	
Massérac	Derval	795		Sainte-Reine	Idem	667	
Pierric	Idem	1,305		CANTON DE SAVENAY.			
CANTON DE GUÉRANDE.				Bouée	Savenay	918	
Escoublac	Guérande	1,238		Campon	Idem	4,930	
Guérande	✉	8,190		Chapelle-Launay (la)	Idem	1,423	
Mesquer	Guérande	1,605		Lavau	Idem	775	
Piriac	Idem	1,093	14,705	Malville	Idem	1,297	12,690
Saint-André-des-Eaux	Idem	1,379		Prinquiau	Idem	1,046	
Saint-Molf	Idem	1,200		Quilly	Idem	453	
				Savenay	✉	1,848	
				(🐎 à la Moere.)			
A reporter		62,726		Total de la population de l'Arrondissement		113,392	

RÉCAPITULATION.

	NOMBRE de		POPULATION.
	CANTONS.	COMMUNES.	
ARRONDISSEMENT DE NANTES	17	66	205,629
— D'ANCENIS	5	27	46,703
— DE CHATEAUBRIANT	7	37	62,242
— DE PAIMBŒUF	5	25	42,129
— DE SAVENAY	11	51	113,392
TOTAUX	45	206	470,095

NOMS DES COMMUNES.	BUREAUX DE POSTE qui les desservent.	POPULA-TION.	TOTAL de la POPULA-TION par canton
ARRONDISSEMENT D'ORLÉANS.			
CANTON D'ARTENAY.			
ARTENAY ⚞	Artenay	1,104	
BUCY-LE-ROY	Chevilly	290	
CERCOTTES	Chevilly	270	
CHEVILLY ⚞	✉ (Distribution.)	1,281	
CREUZY	Artenay	254	
GIDY	Chevilly	812	6,441
HUÊTRE	Idem.	318	
LION-EN-BEAUCE	Artenay	254	
RUAN	Idem.	565	
SOUGY	Idem.	895	
TRINAY	Idem.	398	
CANTON DE BEAUGENCY.			
BEAUGENCY ⚞	✉	4,883	
BAULE	Meung-sur-Loire	2,095	
CRAVANT	Beaugency	1,368	
LAILLY	Idem.	1,735	12,760
MESSAS	Idem.	1,158	
TAVERS	Idem.	1,084	
VILLORCEAU	Idem.	437	
CANTON DE CHÂTEAUNEUF-SUR-LOIRE.			
BOUZY	Châteauneuf-s.-Loire	502	
CHÂTEAUNEUF-SUR-LOIRE ⚞	✉	3,160	
CHATENOY	Châteauneuf-s.-Loire	363	
COMBREUX	Idem.	260	
FAY-AUX-LOGES	Pont-aux-Moines	1,271	
GERMIGNY-DES-PRÉS	Châteauneuf-s.-Loire	470	10,137
SEICHEBRIÈRES	Idem.	122	
SURY-AUX-BOIS	Idem.	762	
SAINT-AIGNAN-DES-GUÉS	Idem.	139	
SAINT-DENIS-DE-L'HOTEL	Jargeau	1,162	
SAINT-MARTIN-D'ABAT	Châteauneuf-s.-Loire	820	
VITRY-AUX-LOGES	Idem.	1,106	
CANTON DE CLÉRY.			
CLÉRY	✉ (Distribution.)	2,510	
DRY	Cléry	700	
JOUY-LE-POTHIER	La Ferté-Saint-Aubin	610	5,709
MAREAU-AUX-PRÉS	Cléry	1,255	
MÉZIÈRES	Idem.	634	
CANTON DE LA FERTÉ-SAINT-AUBIN.			
ARDON	Olivet	519	
FERTÉ-SAINT-AUBIN (la) ⚞	✉	1,744	
LIGNY-LE-RIBAULT	La Ferté-Saint-Aubin	738	
MARCILLY-EN-VILLETTE	Idem.	625	5,289
MENESTREAU	Idem.	641	
SENNELY	Idem.	610	
VANNES	Idem.	412	
CANTON DE JARGEAU.			
DARVOY	Jargeau	838	
FÉROLLES	Idem.	698	
JARGEAU ⚞	✉	2,450	
NEUVY-EN-SULIAS	Jargeau	483	
OUVROUER	Idem.	376	8,418
SANDILLON	Idem.	1,600	
SIGLOY	Idem.	526	
TIGY	Idem.	817	
VIENNE-EN-VAL	Idem.	630	
CANTON DE MEUNG-SUR-LOIRE.			
BACCON	Meung-sur-Loire	650	
CHARSONVILLE	Ouzouer-le-Marché	795	
	A reporter..	1,445	
	A reporter......		48,754

NOMS DES COMMUNES.	BUREAUX DE POSTE qui les desservent.	POPULA-TION.	TOTAL de la POPULA-TION par canton
Suite de l'ARRONDISSEMENT D'ORLÉANS.			
	Report..		48,754
Suite du CANTON DE MEUNG-SUR-LOIRE.			
	Report..	1,445	
COULMIERS	Meung-sur-Loire	321	
ÉPIEDS	Ouzouer-le-Marché	1,075	
HUISSEAU-SUR-MAUVE	Meung-sur-Loire	1,383	10,149
MEUNG-SUR-LOIRE	✉	4,630	
ROZIÈRES	Meung-sur-Loire	173	
SAINT-AY ⚞	Idem.	1,122	
CANTON DE NEUVILLE-AUX-BOIS.			
BOUGY	Neuville-aux-Bois	197	
INGRANNES	Châteauneuf-s.-Loire	579	
LOURY	Neuville-aux-Bois	1,254	
(⚞ à Maison-blanche.)			
NEUVILLE-AUX-BOIS	✉	2,555	
REBRECHIEN	Neuville-aux-Bois	900	8,598
SULLY-LA-CHAPELLE	Châteauneuf-s.-Loire	507	
SAINT-LYÉ	Neuville-aux-Bois	681	
TRAINOU	Pont-aux-Moines	1,027	
VENNECY	Idem.	495	
VILLEREAU	Neuville-aux-Bois	403	
CANTON D'ORLÉANS.			
ORLÉANS ⚞	ville ✉	28,466	40,161
	faubourg	11,695	
CANTON D'ORLÉANS (sud).			
OLIVET	✉ (Distribution.)	3,252	
SAINT-CYR-EN-VAL	Olivet	667	
SAINT-DENIS-EN-VAL	Orléans	979	
SAINT-HILAIRE-SAINT-MESMIN	Idem.	1,196	7,527
SAINT-JEAN-LE-BLANC	Idem.	697	
SAINT-PRYVÉ-SAINT-MESMIN	Idem.	736	
CANTON D'ORLÉANS (nord-ouest).			
BOULAY	Chevilly	407	
CHAINGY	Orléans	1,705	
CHANTEAU	Idem.	344	
CHAPELLE-SAINT-MESMIN (la)	Idem.	1,282	
FLEURY	Idem.	1,043	9,585
INGRÉ	Idem.	2,905	
SARAN	Idem.	1,215	
SAINT-JEAN-DE-LA-RUELLE	Idem.	684	
CANTON D'ORLÉANS (nord-est).			
BOIGNY	Orléans	248	
BOU	Pont-aux-Moines	674	
CHÉCY	Idem.	1,945	
COMBLEUX	Orléans	417	
DONNERY	Pont-aux-Moines	731	6,769
MARDIÉ	Idem.	783	
(✉ à Pont-aux-Moines.)			
MARIGNY	Orléans	331	
SEMOY	Idem.	371	
SAINT-JEAN-DE-BRAYE	Idem.	1,269	
CANTON DE PATAY.			
BRICY	Chevilly	298	
BUCY-SAINT-LIPHARD	Orléans	140	
CHAPELLE-ONZERAIN (la)	Patay	220	
COINCES	Idem.	652	
GEMIGNY	Idem.	232	
ORMES	Orléans	759	
	A reporter..	2,301	
	A reporter......		131,543

NOMS DES COMMUNES.	BUREAUX DE POSTE qui les desservent.	POPULATION.	TOTAL de la POPULATION par canton

Suite de l'ARRONDISSEMENT D'ORLÉANS.

Report.. 131,543

Suite du CANTON DE PATAY.

	Report..	2,301	
PATAY	⊠ (Distribution.)	1,215	
RODVRAY-SAINTE-CROIX	Patay	219	
SAINT-PERAVY-LA-COLOMBE	Idem	640	
SAINT-SIGISMOND	Idem	412	6,277
TOURNOISIS	Idem	649	
VILLAMBLAIN	Idem	556	
VILLENEUVE-SUR-CONIE	Idem	285	

TOTAL de la population de l'Arrondissement...... 137,820

ARRONDISSEMENT DE GIEN.

CANTON DE BRIARE.

ADON	Châtillon-sur-Loing	391	
BATILLY	Bonny	269	
BONNY	⊠	1,608	
BRETEAU	Briare	182	
BRIARE	⊠	2,730	
BUSSIÈRE (la)	Briare	610	
CHAMPOULET	Idem	167	
DAMMARIE-EN-PUISAYE	Bonny	404	9,574
ESCRIGNELLES	Briare	190	
FAVERELLES	Bonny	408	
FEINS	Châtillon-sur-Loing	173	
OUSSON	Briare	525	
OUZOUER-SUR-TRÉZÉE	Idem	1,488	
THOU	Idem	429	

CANTON DE CHATILLON-SUR-LOIRE.

AUTRY	Gien	1,225	
BEAULIEU	Châtillon-sur-Loire	2,107	
CERNOY	Idem	649	7,712
CHATILLON-SUR-LOIRE	⊠ (Distribution.)	2,208	
PIERREFITTE-ÈS-BOIS	Châtillon-sur-Loire	761	
SAINT-FIRMIN-SUR-LOIRE	Idem	762	

CANTON DE GIEN.

ARRABLOY	Briare	113	
BOISMORAND	Noyen-sur-Vernisson	316	
CHOUX (les)	Idem	366	
COULLON	Gien	1,937	
GIEN	⊠	5,177	
LANGESSE	Noyen-sur-Vernisson	146	
MOULINET (le)	Lorris	252	11,907
NEVOY	Gien	416	
POILLY	Idem	980	
SAINT-BRISSON	Idem	865	
SAINT-GONDON	Idem	884	
SAINT-MARTIN-SUR-OCRE	Idem	456	

CANTON D'OUZOUER-SUR-LOIRE.

BONNÉE	Sully	229	
BORDES (les)	Idem	557	
BRAYE	Châteauneufs.-Loire	508	
DAMPIERRE	Gien	991	5,444
MONTEREAU	Lorris	889	
OUZOUER-SUR-LOIRE	Gien	730	
SAINT-BENOIT-SUR-LOIRE	Châteauneufs.-Loire	1,540	

CANTON DE SULLY.

CERDON	Sully	818	
GUILLY	Jargeau	446	
ISDES	Sully	541	
	A reporter..	1,805	

A reporter..................... 34,637

Suite de l'ARRONDISSEMENT DE GIEN.

Report.. 34,637

Suite du CANTON DE SULLY.

	Report..	1,805	
LION-EN-SULIAS	Sully	432	
SULLY	⊠ (Distribution.)	2,223	
SAINT-AIGNAN-LE-JAILLARD	Sully	404	
SAINT-FLORENT	Idem	461	6,636
SAINT-PÈRE	Idem	355	
VIGLAIN	Idem	403	
VILLEMURLIN	Idem	563	

TOTAL de la population de l'Arrondissement...... 41,273

ARRONDISSEMENT DE MONTARGIS.

CANTON DE BELLEGARDE.

AUVILLIERS	Lorris	430	
BEAUCHAMPS	Idem	495	
BELLEGARDE	Boisconmun	924	
CHAPLON	Montargis	351	
FRÉVILLE	Boisconmun	303	
LADON	Montargis	1,095	6,157
MÉZIÈRES	Boisconmun	363	
MOULON	Montargis	396	
NESPLOY	Boisconmun	411	
OUZOUER-SOUS-BELLEGARDE	Idem	336	
QUIERS	Idem	568	
VILLEMOUTIERS	Montargis	485	

CANTON DE CHATEAU-RENARD.

CHATEAU-RENARD	⊠	2,288	
CHUELLES	Château-Renard	1,471	
DOUCHY	Idem	996	
GY-LES-NONAINS	Idem	599	
MELLEROY	Idem	678	
MONTCORBON	Idem	793	10,352
SELLE-EN-HERMOI (la)	Idem	572	
SAINT-FIRMIN-DES-BOIS	Idem	574	
SAINT-GERMAIN-DES-PRÉS	Idem	1,095	
TRIGUÈRES	Idem	1,286	

CANTON DE CHATILLON-SUR-LOING.

AILLANT-SUR-MILLERON	Châtillon-sur-Loing	477	
CHAPELLE-SUR-AVEYRON (la)	Idem	567	
CHARME (le)	Idem	333	
CHATILLON-SUR-LOING	⊠	2,126	
CONFLAT	Noyen-sur-Vernisson	116	
DAMMARIE-SUR-LOING	Châtillon-sur-Loing	603	
MONTBOUY	Idem	658	
MONTCRESSON	Idem	735	9,570
NOYEN-SUR-VERNISSON	⊠	1,006	
PRESSIGNY	Noyen-sur-Vernisson	260	
SOLTERRE	Idem	218	
(à la Commodité.)			
SAINTE-GENEVIÈVE-DES-BOIS	Châtillon-sur-Loing	1,063	
SAINT-MAURICE-SUR-AVEYRON	Idem	1,408	

CANTON DE COURTENAY.

BAZOCHES	Courtenay	459	
CHANTECOQ	Idem	593	
CHAPELLE-SAINT-SÉPULCHRE (la)	Montargis	172	
	A reporter.	1,224	

A reporter..................... 26,079

NOMS DES COMMUNES.	BUREAUX DE POSTE qui les desservent.	POPULATION.	TOTAL de la POPULATION par canton
Suite de l'ARRONDISSEMENT DE MONTARGIS.			
Report..			26,079
Suite du Canton de COURTENAY.			
Report..		1,224	
COURTEMAUX	Courtenay	438	
COURTENAY	⊠	2,410	
ERVAUVILLE	Courtenay	495	
FOUCHEROLLES	Idem.	130	
LOUZOUER	Idem.	262	
MÉRINVILLE	Idem.	170	7,551
PERS	Idem.	294	
ROSOY-LE-VIEIL	Idem.	211	
SELLE-SUR-LE-BIED (la)	Idem.	859	
SAINT-HILAIRE-LES-ANDRESIS	Idem.	777	
SAINT-LOUP-LE-GONOIS	Idem.	186	
THORAILLES	Idem.	95	
Canton de FERRIÈRES.			
BIGNON (le)	Fontenay	440	
CHEVANNES	Idem.	358	
CHEVRY	Idem.	382	
CORBEILLES	Montargis	1,110	
COURTEMPIERRE	Château-Landon	351	
DORDIVES	Fontenay	519	
FERRIÈRES	Idem.	1,779	
FONTENAY	⊠	536	10,037
GIROLLES	Fontenay	631	
GONDREVILLE	Montargis	282	
GRIZELLES	Fontenay	677	
MIGNERETTE	Montargis	329	
MIGNIÈRES	Idem.	265	
NARGIS	Fontenay	673	
PRÉFONTAINE	Château-Landon	314	
SCEAUX	Idem.	1,000	
TREILLES	Fontenay	391	
Canton de LORRIS.			
CHAILLY	Lorris	516	
CHANGY	Noyen-sur-Vernisson.	220	
CODROY	Lorris	320	
COUR-MARIGNY (la)	Idem.	418	
LORRIS	⊠	1,753	
NOYERS	Lorris	428	
OUSSOY	Idem.	612	6,713
OUZOUER-DES-CHAMPS	Noyen-sur-Vernisson.	234	
PRESNOY	Lorris	375	
SAINT-HILAIRE-SUR-PUISEAUX	Noyen-sur-Vernisson.	263	
THIMORY	Lorris	496	
VARENNES	Noyen-sur-Vernisson.	642	
VIEILLES-MAISONS	Lorris	436	
Canton de MONTARGIS.			
AMILLY	Montargis	1,618	
CEPOY	Idem.	925	
CHALETTE	Idem.	630	
CHEVILLON	Idem.	732	
CONFLANS	Idem.	219	
CORQUILLEROY	Idem.	758	
LOMBREUIL	Idem.	219	
MONTARGIS	⊠	6,781	15,764
MORMANT	Montargis	163	
PANNES	Idem.	1,055	
PAUCOURT	Idem.	293	
SAINT-MAURICE-SUR-FESSARD	Idem.	813	
VILLEMANDEUR	Idem.	542	
VILLEVOQUES	Idem.	168	
VIMORY	Idem.	848	
TOTAL de la population de l'Arrondissement			66,144

NOMS DES COMMUNES.	BUREAUX DE POSTE qui les desservent.	POPULATION.	TOTAL de la POPULATION par canton
ARRONDISSEMENT DE PITHIVIERS.			
Canton de BEAUNE-LA-ROLANDE.			
AUXY	Boynes	1,568	
BARVILLE	Idem.	550	
BATILLY	Boiscommun	891	
BEAUNE-LA-ROLANDE	Idem.	2,119	
BOISCOMMUN	⊠	1,158	
BORDEAUX	Boynes	179	
CHAMBON	Boiscommun	788	
CREMAULT	Idem.	526	
COURCELLES	Boynes	480	
EGRY	Idem.	669	14,465
GAUBERTIN	Idem.	356	
JURANVILLE	Boiscommun	615	
LORCY	Idem.	640	
MONTBARROIS	Idem.	463	
MONTLIARD	Idem.	372	
NANCRAY	Idem.	986	
NIBELLE	Idem.	1,035	
SAINT-LOUP-DES-VIGNES	Idem.	686	
SAINT-MICHEL	Idem.	384	
Canton de MALESHERBES.			
AUDEVILLE	Sermaises	218	
BROSSE (la)	Malesherbes	156	
CÉSARVILLE	Idem.	216	
COUDRAY	Malesherbes	396	
DOSSAINVILLE	Sermaises	181	
ENGENVILLE	Idem.	626	
INTVILLE-LA-GUÉTARD	Idem.	159	
MAINVILLIERS	Malesherbes	330	
MALESHERBES	⊠	1,383	7,204
MANCHECOURT	Malesherbes	605	
MORVILLE	Sermaises	279	
NANGEVILLE	Malesherbes	181	
ORVEAU	Idem.	489	
PANECIÈRES	Sermaises	171	
RAMOULU	Pithiviers	413	
ROUVRES	Sermaises	331	
SERMAISES	⊠ (Distribution.)	753	
TIGNONVILLE	Sermaises	317	
Canton d'OUTARVILLE.			
ALLAINVILLE	Angerville	283	
ANDOUVILLE	Idem.	347	
ASCHÈRES	Neuville-aux-Bois	1,449	
ATRAY	Idem.	399	
AUTRUY	Angerville	925	
BAZOCHES-LES-GALLERANDES	Toury	1,107	
BOISSEAUX	Angerville	523	
CHARMONT	Idem.	691	
CHATILLON-LE-ROI	Pithiviers	371	
CHAUSSY	Toury	562	
CROTTES	Neuville-aux-Bois	364	
ERCEVILLE	Angerville	422	
FARONVILLE	Toury	176	12,252
GRIGNEVILLE	Pithiviers	685	
GUIGNONVILLE-BAZINVILLE	Idem.	341	
IZY	Neuville-aux-Bois	419	
JOUY	Pithiviers	461	
LÉONVILLE	Angerville	137	
MONTIGNY	Neuville-aux-Bois	434	
OISON	Toury	266	
OUTARVILLE	Idem.	485	
SAINT-PÉRAVY-ÉPREUX	Idem.	516	
TRILLAY-LE-GAUDIN	Idem.	231	
TEILLAY-SAINT-BENOIT	Neuville-aux-Bois	144	
TIVERNON	Toury	514	
A reporter			33,921

NOMS DES COMMUNES.	BUREAUX DE POSTE qui les desservent.	POPULA-TION.	TOTAL de la POPULA-TION par canton	NOMS DES COMMUNES.	BUREAUX DE POSTE qui les desservent.	POPULA-TION	TOTAL de la POPULA-TION par canton
Suite de l'ARRONDISSEMENT DE PITHIVIERS.				Suite de l'ARRONDISSEMENT DE PITHIVIERS.			
		Report..	33,921			Report..	33,921
CANTON DE PITHIVIERS.				Suite du CANTON DE PITHIVIERS.			
						Report..	15,760
Ascoux	Pithiviers	662		Sébouville	Pithiviers	288	
Boudaroy	Idem	297		Vrigny	Boynes	727	18,092
Bouilly	Boynes	517		Yèvre-la-Ville	Pithiviers	807	
Bouzonville-aux-Bois	Pithiviers	438		Yèvre-le-Chatel	Idem	510	
Bouzonville-en-Beauce	Idem	135					
Boynes	⊠ (Distribution.)	1,822		CANTON DE PUISEAUX.			
Chilleurs-aux-Bois	⊠ (Distribution.)	1,627					
Courcy-aux-Loges	Chilleurs-aux-Bois	577		Angerville-la-Rivière	Puiseaux	301	
Dadonville	Pithiviers	732		Aulnay-la-Rivière	Idem	587	
Escrennes	Idem	635		Boesse	Idem	991	
Estouy	Idem	512		Briare	Idem	365	
Givraines	Boynes	575		Bromeilles	Idem	787	
Geigneville	Pithiviers	523		Desmonts	Idem	304	
Laas	Idem	341		Dimancheville	Idem	157	8,026
Mareau-aux-Bois	Chilleurs-aux-Bois	804		Échilleuse	Idem	924	
Maisainvilliers	Pithiviers	245		Grangermont	Idem	481	
Pithiviers	⊠	3,957		Neuville (la)	Idem	458	
Pithiviers-le-Vieil	Pithiviers	830		Ondreville	Idem	440	
Santeau	Chilleurs-aux-Bois	531		Orville	Idem	261	
				Puiseaux	⊠ (Distribution.)	1,970	
		A reporter..	15,760				
	A reporter		33,921	Total de la population de l'Arrondissement			60,039

RÉCAPITULATION.

	NOMBRE de		POPULATION.
	CANTONS.	COMMUNES.	
Arrondissement d'Orléans	13	106	137,820
— de Gien	5	49	41,273
— de Montargis	7	95	66,144
— de Pithiviers	5	98	60,039
Totaux	30	348	305,276

NOMS DES COMMUNES.	BUREAUX DE POSTE qui les desservent.	POPULATION.	TOTAL de la POPULATION par canton

ARRONDISSEMENT DE CAHORS.

CANTON DE CAHORS (nord).

Cahors (nord) 🐎	✉	6,030	
Espère	Cahors.	437	
Larroque-des-Arcs	Idem.	1,757	9,970
Mercuez	Idem.	538	
Pradines	Idem.	1,208	

CANTON DE CAHORS (sud).

Arcambal	Cahors.	1,123	
Bastide-Marnhac (la)	Idem.	982	
Cahors (sud) ✉		6,020	9,426
Montat (le)	Cahors.	650	
Rassiels	Idem.	651	

CANTON DE CASTELNAU-DE-MONTRATIER.

Castelnau-de-Montratier	✉	4,053	
Cézac	Castelnau-de-Montratier	556	
Flaugnac	Idem.	1,159	
Hospitalet (l')	Cahors.	697	8,884
Pern	Castelnau-de-Montratier	945	
Sainte-Alauzie	Idem.	591	
Saint-Paul-la-Bouffie	Idem.	883	

CANTON DE CATUS.

Bastide-du-Vert (la)	Castelfranc.	691	
Boissières	Pélacoy.	696	
Calamane	Cahors.	412	
Catus	Idem.	1,438	
Craissac	Castelfranc.	706	
Francoulès	Pélacoy.	688	
(✉ Distribution. 🐎 à Pélacoy.)			
Gigouzac	Idem.	576	
Herm (l')	Castelfranc.	730	12,007
Junies (les)	Idem.	965	
Maxou	Pélacoy.	1,015	
Mechmont	Idem.	411	
Montgesty	Gourdon.	1,670	
Nuzejouls	Cahors.	498	
Pontcirq	Castelfranc.	582	
Saint-Denis-près-Catus	Pélacoy.	417	
Saint-Médard-près-Catus ...	Castelfranc.	512	

CANTON DE CAZALS.

Arques (les)	Castelfranc.	724	
Cazals	Idem.	748	
Fraissinet-le-Gélat	Idem.	1,382	
Gindou	Idem.	717	7,390
Goujounac	Idem.	706	
Marminiac	Idem.	1,162	
Monclèra	Idem.	941	
Pomarède	Idem.	1,010	

CANTON DE SAINT-GÉRY.

Berganty	Cahors.	315	
Bouziès	Idem.	347	
Cours	Pélacoy.	794	
Crégols	Limogne.	362	5,781
Esclauzels	Idem.	446	
Saint-Cirq-Lapopie	Cahors.	1,333	
Saint-Géry	Idem.	952	
Vers	Idem.	1,232	

A reporter			53,458

Suite de l'ARRONDISSEMENT DE CAHORS.

		Report..	53,458

CANTON DE LALBENQUE.

Aujols	Cahors.	659	
Bach	Limogne.	674	
Belfort	Montpezat.	1,573	
Belmont-près-Lalbenque....	Caussade.	532	
Cieurac	Cahors.	565	
Cremps	Limogne.	726	
Escamps	Idem.	464	10,495
Flaujac-près-Lalbenque.....	Cahors.	450	
Fontanes	Montpezat.	719	
Laburgade	Cahors.	498	
Lalbenque	Idem.	1,960	
Montdoumerq	Montpezat.	953	
Vaylats	Limogne.	722	

CANTON DE LAUZÈS.

Blars	Pélacoy.	536	
Cabrerets	Cahors.	959	
Cras	Pélacoy.	1,009	
Lauzès	Idem.	403	
Lentillac-près-Lauzès	Idem.	582	
Orniac	Idem.	413	7,815
Sabadel-près-Lauzès	Idem.	554	
Sauliac	Idem.	607	
Sénaillac	Idem.	976	
Saint-Cernin	Idem.	1,040	
Saint-Martin-de-Vers	Idem.	737	

CANTON DE LIMOGNE.

Beauregard	Limogne.	893	
Calvignac	Idem.	677	
Cénevières	Idem.	652	
Concots	Idem.	858	
Laramière	Idem.	1,079	
Limogne	✉ (Distribution.)	1,072	9,584
Lugagnac	Limogne.	444	
Promilhanes	Idem.	810	
Saillac	Idem.	803	
Saint-Martin-Labouval	Idem.	735	
Varaire	Idem.	1,011	
Vidaillac	Idem.	550	

CANTON DE LUZECH.

Albas	Castelfranc.	1,888	
Belaye	Idem.	1,153	
Caillac	Idem.	630	
Cambayrac	Idem.	348	
Castelfranc	✉.	775	
Douelle	Cahors.	1,178	11,477
Luzech	Castelfranc.	1,591	
Pabnac	Idem.	359	
Rouffiac	Idem.	764	
Sauzet	Idem.	610	
Saint-Vincent-de-Rive-d'Olt.	Idem.	1,554	
Villesèque	Montcuq.	627	

CANTON DE MONTCUQ.

Bagat	Montcuq.	677	
Belmontet	Idem.	474	
Boulvé (la)	Idem.	828	
Fargues	Idem.	698	
Lascabanes	Idem.	867	

A reporter..			3,544

A reporter			92,829

NOMS DES COMMUNES.	BUREAUX DE POSTE qui les desservent.	POPULATION.	TOTAL de la POPULATION par canton
Suite de l'ARRONDISSEMENT DE CAHORS.		Report..	92,829
Suite du Canton de MONTCUQ.		Report.	3,544
Breil (le)	Montcuq	532	
Montcuq	⊠ (Distribution.)	2,272	
Montlauzun	Montcuq	319	
Saux	Idem	368	
Sainte-Croix	Idem	394	
Saint-Cyprien	Idem	727	
Saint-Daunes	Idem	581	11,305
Saint-Laurent-près-Montcuq	Idem	683	
Saint-Matré	Idem	352	
Saint-Pantaléon	Idem	807	
Valprionde	Idem	726	
CANTON DE PUY-L'ÉVÊQUE.			
Capelle-Cabanac (la)	Puy-l'Évêque	522	
Duravel	Idem	3,127	
Floressas	Idem	651	
Grézels	Idem	767	
Mauroux	Idem	969	
Pescadoire	Idem	518	13,872
Prayssac	Castelfranc	1,987	
Puy-l'Évêque	⊠ (Distribution.)	2,305	
Sérignac	Puy-l'Évêque	688	
Soturac	Fumel	1,110	
Touzac	Puy-l'Évêque	1,028	
Total de la population de l'Arrondissement			118,006
ARRONDISSEMENT DE FIGEAC.			
CANTON DE BRÉTENOUX.			
Belmont-près-Brétenoux	Saint-Céré	448	
Biars	Idem	309	
Brétenoux	Idem	800	
Cahus	Idem	926	
Comiac	Idem	1,259	
Cornac	Idem	1,506	
Gagnac	Idem	1,651	
Gintrac	Idem	439	11,498
Girac	Idem	302	
Glanes	Idem	274	
Prudhomat	Idem	855	
Puybrun	Idem	870	
Saint-Michel-Loubejou	Idem	465	
Tauriac	Idem	602	
Teyssieu	Idem	792	
CANTON DE CAJARC.			
Cadrieu	Cajarc	251	
Cajarc	⊠ (Distribution.)	1,889	
Carayac	Cajarc	277	
Frontenac	Idem	231	
Gréalou	Idem	659	
Larnagol	Idem	656	
Larroque-Toirac	Idem	445	
Marcillac	Idem	852	7,935
Montbrun	Idem	443	
Peyrodredes	Idem	398	
Saint-Chels	Idem	264	
Saint-Jean-de-Laurs	Idem	692	
Saint-Pierre-Toirac	Idem	398	
Saint-Sulpice	Idem	480	
A reporter			19,433

NOMS DES COMMUNES.	BUREAUX DE POSTE qui les desservent.	POPULATION.	TOTAL de la POPULATION par canton
Suite de l'ARRONDISSEMENT DE FIGEAC.		Report..	19,433
CANTON DE SAINT-CÉRÉ.			
Autoire	Saint-Céré	469	
Bio	Gramat	671	
Frayssinhes	Saint-Céré	690	
Lentillac-près-Saint-Céré	Idem	1,098	
Loubressac	Idem	1,576	
Mayrinhac-Lentour	Gramat	855	12,582
Saignes	Idem	214	
Saint-Céré	⊠	3,987	
Saint-Jean-Lespinasse	Saint-Céré	478	
Saint-Laurent-près-Saint-Céré	Idem	554	
Saint-Médard-de-Presque	Idem	887	
Saint-Vincent	Idem	1,103	
CANTON DE FIGEAC (est).			
Capelle-Banhac (la)	Figeac	2,205	
Cuzac	Idem	662	
Felzins	Idem	781	
Figeac (est)	⊠	3,307	
Lentillac-près-Figeac	Figeac	606	
Linac	Idem	762	
Lunan	Idem	642	13,108
Montredon	Idem	663	
Prendeignes	Idem	1,045	
Saint-Félix	Idem	1,071	
Saint-Perdoux	Idem	600	
Viazac	Idem	764	
CANTON DE FIGEAC (ouest).			
Béduer	Figeac	1,354	
Camboulit	Idem	626	
Camburat	Idem	602	
Capdenac	Idem	1,280	
Faycelles	Idem	1,045	
Figeac (ouest)	⊠	3,083	11,208
Fons	Figeac	1,056	
Fourmanhac	Idem	454	
Lissac	Idem	1,393	
Planioles	Idem	315	
CANTON DE LA CAPELLE-MARIVAL.			
Albiac	Gramat	223	
Anglars	La Capelle-Marival	758	
Aynac	Gramat	1,445	
Bourg (le)	La Capelle-Marival	621	
Bodyssou (le)	Idem	440	
Capelle-Marival (la)	⊠ (Distribution.)	1,240	
Cardaillac	La Capelle-Marival	1,300	
Issendolus	Gramat	1,058	
Labathude	La Capelle-Marival	439	12,982
Leyme	Saint-Céré	479	
Molières	Idem	1,010	
Rudelle	La Capelle-Marival	545	
Rueyres	Gramat	704	
Saint-Bressou	La Capelle-Marival	423	
Sainte-Colombe	Idem	489	
Saint-Maurice	Idem	779	
Thémines	Gramat	693	
Théminettes	La Capelle-Marival	337	
A reporter			69,313

Suite de l'ARRONDISSEMENT DE FIGEAC.

Report.. 69,313

CANTON DE LA TRONQUIÈRE.

NOMS DES COMMUNES.	BUREAUX DE POSTE qui les desservent.	POPULA- TION.	TOTAL de la POPULA- TION par canton
BASTIDE-DU-HAUT-MONT (la)...	Maurs........	244	
CALVIAC........	Saint-Céré..	867	
GORSES........	La Capelle-Marival..	1,174	
LAURESSES........	Maurs....	811	
MONTET (le)........	La Capelle-Marival..	191	
SABADEL-PRÈS-LA-TRONQUIÈRE..	Idem....	492	
SENAILLAC-PRÈS-LA-TRONQUIÈRE	Idem....	494	10,103
SOUCEYRAC........	Saint-Céré..	1,744	
SAINT-CIRGUES........	Maurs....	1,480	
SAINT-HILAIRE-LES-BESSONIES..	Idem....	788	
SAINT-MÉDARD-NICOURBY.....	La Capelle-Marival..	217	
TERROU........	Idem....	1,167	
TRONQUIÈRE (la)........	Idem....	434	

CANTON DE LIVERNON.

NOMS DES COMMUNES.	BUREAUX DE POSTE qui les desservent.	POPULA- TION.	TOTAL de la POPULA- TION par canton
ASSIER........	La Capelle-Marival..	765	
BOUSSAC........	Figeac..	246	
BRENGUES........	La Capelle-Marival..	596	
CAMBES........	Figeac..	373	
CORN........	Idem....	776	
DURBANS........	La Capelle-Marival..	444	
ESPÉDAILLAC........	Idem....	1,056	
FLAUJAC-PRÈS-LIVERNON......	Gramat..	165	
GRÈZES........	La Capelle-Marival..	460	8,989
ISSEPTS........	Figeac..	580	
LIVERNON........	La Capelle-Marival..	772	
QUISSAC........	Idem....	391	
REILHAC........	Gramat..	385	
REYREVIGNES........	Figeac..	765	
SONAC........	La Capelle-Marival..	266	
SAINTE-EULALIE........	Idem....	434	
SAINT-SIMON........	Idem....	505	

TOTAL de la population de l'Arrondissement....... 88,405

ARRONDISSEMENT DE GOURDON.

CANTON DE SAINT-GERMAIN.

NOMS DES COMMUNES.	BUREAUX DE POSTE qui les desservent.	POPULA- TION.	TOTAL de la POPULA- TION par canton
CONCORÈS........	Frayssinet........	1,300	
FRAYSSINET........	✉ (Distribution.)....	1,285	
MOTHE-CASSEL (la)........	Frayssinet........	552	
PEYRILLES........	Idem....	1,214	8,241
SOUGIRAC........	Idem....	499	
SAINT-CHAMARAND........	Idem....	754	
(🐎 à Pont-de-Rodes.)			
SAINT-GERMAIN........	Idem....	1,213	
USSEL........	Idem....	718	
UZECH........	Idem....	706	

CANTON DE GOURDON.

NOMS DES COMMUNES.	BUREAUX DE POSTE qui les desservent.	POPULA- TION.	TOTAL de la POPULA- TION par canton
GOURDON 🐎........	✉....	5,153	
MILLAC........	Gourdon..	774	
NOZAC........	Idem....	1,052	
PAYRINHAC........	Idem....	1,090	
SAINT-CLAIR........	Idem....	535	11,523
VIGAN (le)........	Idem....	1,712	
SAINT-PROJET........	Idem....	759	
SOUILLAGUET........	Idem....	448	

A reporter...................... 19,764

Suite de l'ARRONDISSEMENT DE GOURDON.

Report.. 19,764

CANTON DE GRAMAT.

NOMS DES COMMUNES.	BUREAUX DE POSTE qui les desservent.	POPULA- TION.	TOTAL de la POPULA- TION par canton
ALVIGNAC........	Gramat..	733	
BASTIT (le)........	Idem....	1,142	
CARLUCET........	Idem....	930	
COUZOU........	Idem....	494	
GRAMAT 🐎........	✉....	3,428	11,345
LAVERGNE........	Gramat..	271	
MIERS........	Idem....	1,249	
PADIRAC........	Idem....	357	
ROCAMADOUR........	Idem....	1,304	
THÉGRA........	Idem....	1,437	

CANTON DE LA BASTIDE.

NOMS DES COMMUNES.	BUREAUX DE POSTE qui les desservent.	POPULA- TION.	TOTAL de la POPULA- TION par canton
BASTIDE (la) 🐎........	Frayssinet........	1,420	
CANIAC........	Idem....	1,085	
GINOUILLAC........	Idem....	631	7,158
MONTFAUCON........	Idem....	2,024	
SOULOMÈS........	Idem....	895	
VAILLAC........	Idem....	1,103	

CANTON DE MARTEL.

NOMS DES COMMUNES.	BUREAUX DE POSTE qui les desservent.	POPULA- TION.	TOTAL de la POPULA- TION par canton
CAZILLAC........	Cressensac..	1,034	
CRESSENSAC 🐎........	✉....	1,039	
CREYSSE........	Martel..	1,364	
CUZANCE........	Idem....	1,145	
FLOIRAC........	Idem....	872	11,365
MARTEL........	✉....	2,903	
MONTVALENT........	Martel..	932	
SARRAZAC........	Cressensac..	1,403	
SAINT-DENIS-PRÈS-MARTEL....	Martel..	673	

CANTON DE PAYRAC.

NOMS DES COMMUNES.	BUREAUX DE POSTE qui les desservent.	POPULA- TION.	TOTAL de la POPULA- TION par canton
CALÈS........	Payrac..	654	
MASCLAT........	Idem....	1,265	
MOTHE-FÉNÉLON (la)........	Idem....	719	5,954
PAYRAC 🐎........	✉....	1,809	
REILHAGUET........	Payrac..	717	
ROC (le)........	Idem....	790	

CANTON DE SALVIAC.

NOMS DES COMMUNES.	BUREAUX DE POSTE qui les desservent.	POPULA- TION.	TOTAL de la POPULA- TION par canton
DÉGAGNAC........	Gourdon..	1,994	
LAVERGANTIÈRE........	Idem....	539	
LÉOBARD........	Idem....	706	5,761
RAMPOUX........	Idem....	334	
SALVIAC........	Idem....	2,188	
THÉDIRAC........	Idem....	000	

CANTON DE SOUILLAC.

NOMS DES COMMUNES.	BUREAUX DE POSTE qui les desservent.	POPULA- TION.	TOTAL de la POPULA- TION par canton
CHAPELLE-AUZAC (la)........	Souillac..	755	
GIGNAC........	Cressensac..	1,490	
LACAVE........	Souillac..	531	

A reporter.. 2,776

A reporter.................... 61,347

NOMS DES COMMUNES.	BUREAUX DE POSTE qui les desservent.	POPULA-TION.	TOTAL de la POPULA-TION par canton	NOMS DES COMMUNES.	BUREAUX DE POSTE qui les desservent.	POPULA-TION.	TOTAL de la POPULA-TION par canton
Suite de l'ARRONDISSEMENT DE GOURDON,				Suite de l'ARRONDISSEMENT DE GOURDON.			
		Report..	61,347			*Report*..	70,719
Suite du Canton de SOUILLAC.				Canton de VAYRAC.			
		Report..	2,776				
Lanzac...............	Souillac..........	803		Bétaille..............	Martel..........	1,643	
Pinsac...............	*Idem*............	1,137	9,372	Carennac...........	*Idem*..........	1,084	
Souillac /☒	☒..........	3,096		Cavagnac...........	Cressensac..	904	7,375
Saint-Sozy...........	Souillac..........	1,560		Strenquels.........	Martel..........	943	
				Saint-Michel-de-Banières....	*Idem*..........	1,179	
				Vayrac..............	*Idem*..........	1,622	
	A reporter...........		70,719		Total de la population de l'Arrondissement........		78,094

RÉCAPITULATION.

	NOMBRE de		POPULATION.
	CANTONS.	COMMUNES.	
Arrondissement de CAHORS.................	12	123	118,006
—————— de FIGEAC.................	8	110	88,405
—————— de GOURDON.................	9	67	78,094
Totaux.................	29	300	284,505

NOMS DES COMMUNES.	BUREAUX DE POSTE qui les desservent.	POPULA- TION.	TOTAL de la POPULA- TION par canton	NOMS DES COMMUNES.	BUREAUX DE POSTE qui les desservent.	POPULA- TION.	TOTAL de la POPULA- TION par canton
ARRONDISSEMENT D'AGEN.				**Suite de l'ARRONDISSEMENT D'AGEN.**			
					Report..		62,173
Canton d'Agen (1re partie).				*Canton de Prayssas.*			
Agen (1re partie.)	⊠	5,209		Cours	Sainte-Livrade	461	
Foulayronnes	Agen	1,231		Granges	Clairac	607	
Passage (le)	Idem	2,104	11,521	Lacépède	Idem	830	
Saint-Cyrq	Idem	1,850		Laugnac	Sainte-Livrade	457	
Saint-Hilaire	Idem	1,127		Lesterne	Port-Sainte-Marie	266	
				Lusignan-Petit	Agen	524	
Canton d'Agen (2e partie).				Madaillan	Idem	1,359	9,135
Agen (2e partie)	⊠	7,432		Montpezat	Sainte-Livrade	1,687	
Bajamont	Agen	731		Prayssas	Port-Sainte-Marie	1,550	
Boé	Idem	1,186	12,062	Quissac	Sainte-Livrade	261	
Bon-Encontre	Idem	1,646		Rides	Idem	205	
Pont-du-Casse	Idem	1,076		Saint-Amand-de-Montpezat	Clairac	404	
				Saint-Sardos	Idem	524	
Canton d'Astaffort.							
Andiran	Astaffort	99		*Canton de Puymirol.*			
Astaffort	⊠	2,785		Castelculier	Agen	824	
Caudecoste	La Magistère	1,186		Clermont-Dessus	La Magistère	895	
Cuq	Astaffort	559		Graissas	Idem	421	
Fals	Idem	377	10,065	Lafox	Layrac	313	
Layrac	⊠ (Distribution.)	1,925		Puymirol	Agen	1,594	
Sauveterre	Layrac	717		Saint-Caprais-de-Lerm	La Roque-Timbaut	827	7,818
Saint-Nicolas	La Magistère	651		Saint-Jean-de-Thurac	La Magistère	608	
Saint-Xiste	Idem	766		(à Croquelardit.)			
				Saint-Pierre-de-Clairac	Agen	1,180	
Canton de Beauville.				Saint-Romain	La Magistère	699	
Beauville	La Roque-Timbaut	1,703		Saint-Urcisse	Idem	457	
Blaymont	Idem	577					
Cauzac	Idem	843		*Canton de la Roque-Timbaut.*			
Combrebonset	Idem	431		Cassignas	La Roque-Timbaut	406	
Dondas	Idem	321	7,264	Castella	Idem	542	
Gandaille	Idem	473		Fauguerolles	Idem	643	
Saint-Clair-de-Beauville	Idem	202		(à la Croix-blanche.)			
Saint-Martin	Idem	487		Monbalen	Idem	644	
Saint-Maurin	Valence-d'Agen	1,538		Roque-Timbaut (la)	⊠ (Distribution.)	1,311	5,443
Tairac	La Magistère	689		Sauvagnas	La Roque-Timbaut	678	
				Sauvetat-de-Savères (la)	Idem	572	
Canton de la Plume.				Saint-Robert	Idem	472	
Aubiac	Agen	748		Vitrac	Idem	175	
Brax	Idem	470					
Estillac	Idem	480		Total de la population de l'Arrondissement			84,569
Marmont-Pachas	Astaffort	252					
Moirax	Layrac	833		**ARRONDISSEMENT DE MARMANDE.**			
Plume (la)	Agen	1,824	7,396				
Roquefort	Idem	308		*Canton de Bouglon.*			
Ségougnac	Idem	120		Antagnac	Casteljaloux	416	
Sérignac	Layrac	828		Argenton	Marmande	632	
Sainte-Colombe	Agen	1,533		Bastide (la)	Idem	767	
				Bouglon	Idem	344	
Canton de Port-Sainte-Marie.				Cavagnan	Idem	331	
Aiguillon	⊠	4,080		Grezet (le)	Idem	476	5,746
Bazens	Port-Sainte-Marie	781		Guérin	Idem	227	
Clermont-Dessous	Idem	1,331		Houlies	Casteljaloux	1,022	
Colleignes	Aiguillon	310		Poussignac	Idem	454	
Cugermont	Port-Sainte-Marie	280		Romestaing	Marmande	569	
Dominipech	Clairac	159		Ruffiac	Casteljaloux	498	
Frégimont	Port-Sainte-Marie	432					
Galapian	Aiguillon	547		*Canton de Castelmoron.*			
Gaujac	Port-Sainte-Marie	100	13,865	Bretonnie (la)	Tonneins	487	
Lusignan-Grand	Agen	612		Brugnac	Idem	1,054	
Miramont-d'Aiguillon	Aiguillon	377		Castelmoron	Clairac	2,299	
Nicole	Idem	485		Coulx	Tonneins	782	8,200
Pompéjac	Aiguillon	133		Grateloup	Idem	645	
Port-Sainte-Marie	⊠	3,079		Parade (la)	Clairac	1,243	
Saint-Brice	Aiguillon	660		Saint-Gayrand	Tonneins	525	
Saint-Salvy	Idem	242		Verteuil	Idem	1,165	
Saint-Vincent	Clairac	267					
A reporter		62,173		A reporter			13,946

NOMS DES COMMUNES.	BUREAUX DE POSTE qui les desservent.	POPULA-TION.	TOTAL de la POPULA-TION par canton

Suite de l'ARRONDISSEMENT DE MARMANDE.

| | | Report.. | 13,946 |

CANTON DE DURAS.

AURIAC	Duras	331	
BALAYSSAGUES	Idem	569	
DURAS	⊠ (Distribution.)	1,612	
ESCLOTTES	Duras	499	
LOUBÈS-BERNAC	Idem	1,224	
MOUSTIER	Miramont	542	
PARDAILLAN	Duras	1,041	
SAUVETAT-DU-DROT (la)	Miramont	690	10,988
SAVIGNAC	Duras	594	
SOUMENSAC	Miramont	709	
SAINT-ASTIER	Duras	527	
SAINTE-COLOMBE-DE-DURAS	Idem	360	
SAINT-JEAN-DE-DURAS	Idem	659	
SAINT-SERNIN	Idem	912	
VILLENEUVE-DE-DURAS	Idem	719	

CANTON DE LAUZUN.

AGNAC	Miramont	739	
ALLEMANS	Idem	731	
ARMILLAC	Idem	463	
BOURGOUGNAGUE	Lauzun	628	
LAUZUN	⊠ (Distribution.)	1,390	
LAVERGNE	Miramont	1,236	
MIRAMONT	⊠ (Distribution.)	1,560	
MONTIGNAC-DE-LAUZUN	Lauzun	1,101	
PERCHE (la)	Miramont	385	13,219
PEYRIÈRE	Idem	424	
PUISSERAMPION	Idem	446	
ROUMAGNE	Idem	634	
SÉGALAS	Lauzun	1,449	
SAINT-COULOMB	Idem	1,125	
SAINT-NAZAIRE	Idem	470	
SAINT-PARDOUX-IZAAC	Miramont	438	

CANTON DE MARMANDE.

AGMÉ	Tonneins	373	
BEAUPUY	Marmande	515	
BIRAC	Idem	1,239	
FOUGUEROLLES	Tonneins	755	
GONTAUD	Idem	1,268	
HAUTEVIGNES	Idem	483	
LONGUEVILLE	Marmande	356	
MAGDELAINE	Idem	315	
MARMANDE	⊠	7,345	19,885
SÉNESTIS	Tonneins	856	
SAINTE-BAZEILLE	Marmande	2,798	
SAINT-PARDOUX	Idem	1,514	
SAINT-PIERRE-NOGARET	Tonneins	650	
TAILLEBOURG	Marmande	760	
VIRAZEIL	Idem	1,258	

CANTON DU MAS-D'AGENAIS.

CALONGES	Tonneins	972	
CAUMONT	Marmande	1,021	
FOURQUES	Idem	1,875	
GRUÈRE (la)	Tonneins	1,279	9,140
MAS-D'AGENAIS (le)	Idem	2,264	
SAMAZAN	Marmande	1,049	
VILLETON	Tonneins	680	

CANTON DE MEILHAN.

COCUMONT	Marmande	1,676	
COUTURES	Idem	1,289	
GAUJAC	Idem	701	
JOSIX	Idem	598	
MARCELLUS	Idem	1,011	8,871
MEILHAN	La Réole	2,140	
MONPOUILLAN	Marmande	752	
SAINT-SAUVEUR-DE-MEILHAN	Idem	704	

| | A reporter | | 76,049 |

Suite de l'ARRONDISSEMENT DE MARMANDE.

| | | Report.. | 76,049 |

CANTON DE SEYCHES.

CAMBES	Miramont	482	
CASTELNAUD-SUR-GUPIE	Marmande	920	
CHAPELLE (la)	Idem	343	
ESCASSEFORT	Idem	749	
LAGUPIE	Idem	609	
LÉVIGNAC	Idem	1,586	
LONDRES	Idem	211	
MAUVEZIN	Idem	826	
MONTETON	Miramont	817	13,551
MONTIGNAC-TOUPINERIES	Idem	503	
PUYMICLAN	Marmande	1,150	
SEYCHES	Idem	1,432	
SAINT-AVIT	Idem	528	
SAINT-BARTHELEMY	Miramont	1,422	
SAINT-GÉRAUD	Marmande	252	
SAINT-MARTIN-LES-CASTONS	Idem	503	
SAINT-PIERRE-DE-LÉVIGNAC	Idem	588	
SAINT-SAUVEUR-DE-LÉVIGNAC	Idem	630	

CANTON DE TONNEINS.

CLAIRAC	⊠	4,949	
FAUILLET	Tonneins	935	
LAFFITTE	Clairac	1,119	14,468
TONNEINS	⊠	6,494	
VARRÈS	Tonneins	971	

| | TOTAL de la population de l'Arrondissement | | 104,068 |

ARRONDISSEMENT DE NÉRAC.

CANTON DE CASTELJALOUX.

ANZEX	Casteljaloux	658	
BOUCHET	Idem	231	
CASTELJALOUX	⊠	1,904	
LEYRITS	Casteljaloux	445	
MONTCASSIN	Idem	249	6,279
RÉUNION (la)	Idem	593	
SAINT-GERVAIS	Idem	358	
SAINT-MARTIN-DE-CURTON	Idem	696	
TREN (le)	Idem	271	
VILLEFRANCHE	Idem	874	

CANTON DE DAMAZAN.

AMBRUS	Damazan	326	
BUZET	Idem	1,617	
CAUBEYRES	Idem	495	
DAMAZAN	⊠ (Distribution.)	1,592	
FARGUES	Damazan	845	
MONHEURT	Tonneins	675	9,518
PUCH	Idem	2,090	
RAZIMET	Idem	340	
SAINT-LÉGER	Damazan	434	
SAINT-LÉON	Idem	524	
SAINT-PIERRE-DE-BUZET	Idem	580	

CANTON DE FRANCESCAS.

ANTIÈGES	Nérac	140	
BATZ	Idem	34	
BAULENS	Idem	304	
DAUBÈZE	Astaffort	209	
FIEUX	Nérac	602	
FRANCESCAS	Idem	1,244	7,212
LASSERRE	Idem	352	
MONCRABEAU	Idem	2,522	
MONTJOIE (la)	Idem	795	
NOMDIEU	Idem	380	
SAINT-VINCENT-DE-LA-MONTJOIE	Idem	630	

| | A reporter | | 23,009 |

Suite de l'ARRONDISSEMENT DE NÉRAC.

Report.. 23,009

CANTON D'HOUEILLÈS.

NOMS DES COMMUNES.	BUREAUX DE POSTE qui les desservent.	POPULATION.	TOTAL de la POPULATION par canton.
Allons	Casteljaloux	911	
Boucsès	Lavardac	447	
Durance	Idem	564	
Houeillès	Casteljaloux	1,097	4,525
Pindères	Idem	669	
Pompogne	Idem	517	
Sauméjan	Idem	320	

CANTON DE LAVARDAC.

Barbaste	Lavardac	1,530	
Bruch	Port-Sainte-Marie	1,150	
Estussan	Lavardac	302	
Feugarolles	Port-Sainte-Marie	1,292	
Lavardac	⊠	1,442	
Limon	Port-Sainte-Marie	349	
Mongaillard	Lavardac	1,484	10,999
Montesquieu	Port-Sainte-Marie	344	
Pompiey	Lavardac	318	
Saint-Laurent	Port-Sainte-Marie	645	
Touars	Idem	427	
Vianne	Lavardac	807	
Xaintrailles	Idem	909	

CANTON DE MEZIN.

Gueyze	Mézin	475	
Lannes	Idem	838	
Leyèze	Idem	211	
Lisse	Idem	469	
Louspeyroux	Idem	134	
Meylan	Idem	171	
Mézin	⊠ (Distribution.)	3,146	
Poudenas	Mézin	793	10,240
Réaup	Idem	909	
Sos	Idem	898	
Saint-Martin-de-Sos	Idem	271	
Sainte-Maure-de-Peyriac	Idem	764	
Saint-Pau	Idem	114	
Saint-Pé-de-Boulogne	Idem	603	
Saint-Simon	Idem	208	
Villeneuve-de-Mézin	Idem	236	

CANTON DE NÉRAC.

Andiran	Nérac	606	
Calignac	Idem	774	
Espiens	Idem	833	
Fontarède	Idem	171	
Fréchou (le)	Idem	726	11,888
Moncaut	Idem	590	
Montagnac-sur-Auvignon	Idem	1,177	
Nérac	⊠	6,327	
Poy-Fort-Éguille	Nérac	303	
Saumon	Idem	381	

Total de la population de l'Arrondissement....... 50,661

ARRONDISSEMENT DE VILLENEUVE-SUR-LOT.

CANTON DE CANCON.

Beaugas	Cancon	1,070	
Boudy	Idem	468	
Cancon	⊠ (Distribution.)	1,641	
Casseneuil	Villeneuve-sur-Lot	1,964	
Castelnaud-de-Grattecambe	Cancon	1,038	
Monbahus	Idem	1,609	9,757
Morviel	Idem	331	
Moulinet	Idem	701	
Pailloles	Idem	533	
Saint-Maurice	Idem	402	

A reporter................ 9,757

Suite de l'ARRONDᵗ DE VILLENEUVE-SUR-LOT.

Report.. 9,757

CANTON DE CASTILLONNÈS.

NOMS DES COMMUNES.	BUREAUX DE POSTE qui les desservent.	POPULATION.	TOTAL de la POPULATION par canton.
Cahuzac	Castillonnès	628	
Castillonnès	⊠	2,028	
Cavarc	Castillonnès	352	
Douzains	Idem	716	
Ferrensac	Idem	670	
Lalandusse	Idem	657	7,368
Lougratte	Idem	853	
Montauriol	Idem	521	
Saint-Dizier	Idem	237	
Saint-Quentin	Idem	552	
Vallète	Idem	154	

CANTON DE FUMEL.

Blanquefort	Fumel	1,760	
Condezaygues	Idem	520	
Cuzorn	Idem	1,373	
Fumel	⊠	2,546	9,764
Monsempron	Fumel	811	
Sauveterre	Idem	1,630	
Saint-Front	Idem	1,124	

CANTON DE SAINTE-LIVRADE.

Allès	Sainte-Livrade	627	
Dolmayrac	Idem	881	
Maurelle (la)	Idem	271	
Saint-Caprais-du-Temple	Idem	525	6,269
Saint-Gervais	Clairac	271	
Sainte-Livrade	⊠	3,143	
Temple (le)	Sainte-Livrade	551	

CANTON DE MONCLAR.

Caubel	Cancon	643	
Fongrave	Sainte-Livrade	779	
Hauterive	Idem	442	
Monclar	Idem	2,173	
Montastruc	Idem	1,103	8,958
Saint-Étienne-de-Fougères	Idem	668	
Saint-Pastour	Cancon	1,070	
Tombebœuf	Sainte-Livrade	974	
Tourtrès	Idem	574	
Villebramar	Idem	532	

CANTON DE MONFLANQUIN.

Capelle-Biron (la)	Monflanquin	970	
Gavaudun	Idem	1,026	
Lacaussade	Villeréal	440	
Laussou	Villeréal	624	
Monflanquin	⊠	517	
Monségur	Monflanquin	990	12,941
Montagnac-sur-Lède	Idem	5,201	
Paulhiac	Idem	1,008	
Salles	Idem	711	
Savignac	Idem	606	
Saint-Aubin	Idem	849	

CANTON DE PENNE.

Auradou	Villeneuve-sur-Lot	598	
Dausse	Idem	455	
Frespech	Idem	580	
Hautefage	Idem	1,274	10,364
Masoules	Idem	388	
Massels	Idem	311	
Penne	Idem	6,005	
Trémons	Idem	753	

A reporter................... 65,422

NOMS DES COMMUNES.	BUREAUX DE POSTE qui les desservent.	POPULA-TION.	TOTAL de la POPULA-TION par canton	NOMS DES COMMUNES.	BUREAUX DE POSTE qui les desservent.	POPULA-TION.	TOTAL de la POPULA-TION par canton
Suite de l'ARROND.ᵗ DE VILLENEUVE-SUR-LOT.		Report..	65,422	Suite de l'ARROND.ᵗ DE VILLENEUVE-SUR-LOT.		Report..	88,280
CANTON DE TOURNON.				CANTON DE VILLERÉAL.			
TOURNON	Fumel	7,901	7,901	BOURNEL	Villeréal	735	
				DEVILLAC	Idem	347	
CANTON DE VILLENEUVE-SUR-LOT.				DOUDRAC	Idem	340	
				MONTAUT	Idem	764	
LACÉNE	Villeneuve-sur-Lot.	158		NARISSE	Idem	496	
LÉDAT	Idem	810		PARISOT	Idem	252	
PUJOLS	Idem	1,524		PARRANQUET	Idem	415	9,307
SEMBAS	Idem	326	14,957	RAYET	Idem	515	
SAINT-ANTOINE	Idem	620		RIVES	Idem	662	
SAINTE-COLOMBE-DE-VILLENEUVE	Idem	867		SAINT-ÉTIENNE-DE-VILLERÉAL	Idem	640	
VILLENEUVE-SUR-LOT	⊠	10,652		SAINT-EUTROPE-DE-BORN	Idem	1,954	
				SAINT-MARTIN-DE-VILLERÉAL	Idem	391	
				TOURLIAC	Idem	414	
				VILLERÉAL	⊠ (Distribution.)	1,382	
A reporter			88,280	TOTAL de la population de l'Arrondissement			97,587

RÉCAPITULATION.

	NOMBRE de		POPULATION.
	CANTONS.	COMMUNES.	
ARRONDISSEMENT D'AGEN	9	87	84,569
———— DE MARMANDE	9	104	104,068
———— DE NÉRAC	7	78	60,661
———— DE VILLENEUVE-SUR-LOT	10	86	97,587
TOTAUX	35	355	346,885

NOMS DES COMMUNES.	BUREAUX DE POSTE qui les desservent.	POPULA-TION.	TOTAL de la POPULA-TION par canton	NOMS DES COMMUNES.	BUREAUX DE POSTE qui les desservent.	POPULA-TION.	TOTAL de la POPULA-TION par canton
ARRONDISSEMENT DE MENDE.				**Suite de l'ARRONDISSEMENT DE MENDE.**			
						Report..	39,568
CANTON DE SAINT-AMANS.				Suite du CANTON DE VILLEFORT.			
						Report..	1,518
ESTABLES	Serverette	650		COMBRET	Villefort	147	
LACHAMP	Idem	614		PLANCHAMP	Idem	224	
LAUBIES	Idem	721		POURCHARESSES	Idem	428	
RIEUTORT	Idem	1,139		PRÉVENCHÈRES	Idem	1,068	
RIBENNES	Idem	603	5,785	PUYLAURENT	Idem	218	5,872
SERVIÈRES	Mende	504		SAINT-ANDRÉ-CAPCÈZE	Idem	447	
SAINT-AMANS	Serverette	323		SAINT-JEAN-CHAZORNE	Idem	306	
SAINT-DENIS	Idem	795		VILLEFORT	⊠	1,516	
SAINT-GAL	Idem	250					
VILLEDIEU (la)	Idem	186		TOTAL de la population de l'Arrondissement			45,440
CANTON DE BLAYMARD.							
ALLENG	Blaymard	1,584		**ARRONDISSEMENT DE FLORAC.**			
BAGNOLS	Mende	398					
BELVEZET	Blaymard	308		CANTON DE BARRE.			
BLAYMARD	⊠ (Distribution.)	583		BARRE	Florac	1,034	
CHADENET	Mende	205		BASSURELS	Pompidou	498	
CHASSERADES	Blaymard	816	6,819	CASSAGNAS	Idem	770	
CUBIÈRES	Idem	1,201		GABRIAC	Idem	436	5,996
CUBIERETTES	Idem	150		MOLEZON	Idem	529	
SAINT-FRÉZAL-D'ALBUGES	Idem	288		POMPIDOU	⊠	1,170	
SAINTE-HÉLÈNE	Mende	153		SAINTE-CROIX	Pompidou	894	
SAINT-JULIEN-DU-TOURNEL	Blaymard	1,133		SAINT-JULIEN-D'ARPAON	Florac	665	
CANTON DE CHATEAUNEUF-DE-RANDON.				CANTON DE SAINTE-ÉNIMIE.			
ARZENC	Château-de-Randon	821		MALÈNE (la)	La Canourgue	660	
CHAUDEYRAC	Idem	1,071		PRADES	Mende	472	
CHATEAUNEUF-DE-RANDON	⊠ (Distribution.)	607		QUEZAC	Florac	1,241	4,169
PIERREFICHE	Château-de-Randon	365	3,705	SAINT-CHÉLY-DU-TARN	Mende	577	
SAINT-JEAN-LA-FOUILLOUSE	Idem	602		SAINTE-ÉNIMIE	Idem	1,219	
SAINT-SAUVEUR-DE-GINESTOUS	Idem	239		CANTON DE FLORAC.			
CANTON DE GRANDRIEU.				BEDOUÈS	Florac	525	
GRANDRIEU	⊠ (Distribution.)	1,462		BONDONS	Idem	952	
LAVAL-ATGER	Grandrieu	353		COCURÈS	Idem	293	
PANOUSE (la)	Idem	494		FLORAC	⊠	2,194	
SAINT-BONNET-D'ABROUX	Idem	430		ISPAGNAC	Florac	1,885	8,717
SAINTE-COLOMBE-DE-MONTAU-ROUX	Idem	281	5,110	(à Moline.)			
SAINT-PAUL-LE-FROID	Idem	694		ROUSSES	Meyrueis	512	
SAINT-SYMPHORIEN	Idem	1,396		SALLE-PRUNET (la)	Florac	536	
CANTON DE LANGOGNE.				SAINT-LAURENT-DE-TRÈVES	Idem	531	
ADROUX	Langogne	1,092		VEBRON	Idem	1,289	
CHASTANIER	Idem	242		CANTON DE SAINT-GEORGE-DE-LÉVEJAC.			
FONTANES	Idem	310		INOS	Séverac	259	
LANGOGNE	⊠	2,720	6,825	RECOUS	Idem	352	
LUC	Langogne	1,252		SAINT-GEORGE-DE-LÉVEJAC	La Canourgue	675	1,857
NAUSSAC	Idem	409		SAINT-PRÉJET	Idem	394	
ROGLES	Idem	523		SAINT-ROME	Idem	177	
SAINT-FLOUR-DE-MERCOIRE	Idem	277		CANTON DE SAINT-GERMAIN-DE-CALBERTE.			
CANTON DE MENDE.				COLLET-DE-DÈZE	Pompidou	1,368	
BADAROUS	Mende	742		MOISSAC	Idem	771	
BALSIÈGES	Idem	668		SAINT-ANDRÉ-DE-LANCIZE	Idem	704	
BORN (le)	Idem	435		SAINT-ÉTIENNE-VALLÉE-FRAN-ÇAISE	Saint-Jean-du-Gard	1,901	
BRENOUX	Idem	447		SAINT-GERMAIN-DE-CALBERTE	Pompidou	1,793	
CHASTEL-NOUVEL	Idem	580		SAINT-HILAIRE-DE-LAVIT	Idem	435	10,448
LANDEJOLS	Idem	650	11,324	SAINT-JULIEN-DES-POINTS	Idem	218	
MENDE	⊠	5,822		SAINT-MARTIN-DE-BOUBAUX	Idem	951	
ROUVIÈRE (la)	Mende	343		SAINT-MARTIN-DE-LANSUSCLE	Idem	678	
SAINT-BEAUZILE	Idem	497		SAINT-MICHEL-DE-DÈZE	Idem	690	
SAINT-ÉTIENNE-DU-VALDONNÈS	Idem	1,140		SAINT-PRIVAT-DE-VALLONGUE	Idem	939	
CANTON DE VILLEFORT.				CANTON DE MEYRUEIS.			
ALTIER	Villefort	1,292		FRAISSINET-DE-FOURQUES	Meyrueis	559	
BALMELLES	Idem	226		GATUZIÈRES	Idem	271	
				HURES	Idem	478	
		A reporter..	1,518			A reporter..	1,308
	A reporter		39,568		A reporter		31,187

NOMS DES COMMUNES.	BUREAUX DE POSTE qui les desservent.	POPULA-TION.	TOTAL de la POPULA-TION par canton
Suite de l'ARRONDISSEMENT DE FLORAC.	Report..		31,187
Suite du Canton de MEYRUEIS.	Report..	1,308	
Meyrueis....................	✉	2,092	
Parade (la)................	Meyrueis.........	427	4,413
Rozier....................	Idem..........	145	
Saint-Pierre-des-Tripiés	Idem..........	441	
Canton de PONT-DE-MONTVERT.			
Fraissinet-de-Lozère........	Florac..........	883	
Pont-de-Montvert..........	Idem..........	1,442	
Saint-Andéol-de-Clerguemort.	Pompidou	346	
Saint-Frezal-de-Ventalon ...	Idem..........	684	5,925
Saint-Maurice-de-Ventalon..	Florac..........	529	
Vialas....................	Idem..........	2,041	
Total de la population de l'Arrondissement.......			41,525
ARRONDISSEMENT DE MARVEJOLS.			
Canton d'AUMONT.			
Aumont...................	✉ (Distribution.)....	1,002	
Chaze (la).................	Aumont..........	504	
Fau-de-Peyre..............	Idem..........	619	4,534
Javols....................	Idem..........	1,169	
Sainte-Colombe-de-Peyre....	Idem..........	630	
Saint-Sauveur-de-Peyre.....	Idem..........	610	
Canton de LA CANOURGUE.			
Auxillac..................	La Canourgue.....	718	
Banassac.................	Idem..........	1,818	
Canilhac.................	✉	305	
Canourgue (la)..........	La Canourgue.....	1,850	6,479
Capelle (la)..............	Idem..........	293	
Laval-du-Tarn.............	Idem..........	452	
Montjezieu...............	Idem..........	759	
Saint-Saturnin...........	Idem..........	284	
Canton de CHANAC.			
Barjac...................	Mende..........	1,007	
Chanac...................	Marvejols........	1,881	
Cultures.................	Idem..........	284	4,595
Esclanèdes...............	Idem..........	669	
Salelles.................	Idem..........	485	
Villard..................	Idem..........	269	
Canton de SAINT-CHELY ou SAINT-CHELY-VILLE.			
Albaret-Sainte-Marie......	Saint-Chely	502	
Arcomie.................	Idem..........	241	
Bacon...................	Idem..........	239	
Bessons.................	Idem..........	481	
Blavignac...............	Idem..........	419	5,476
Fage-Saint-Julien........	Idem..........	571	
Rimeize.................	Idem..........	967	
Saint-Chely-Forain	Idem..........	405	
Saint-Chely..............	✉	1,651	
A reporter...................			21,084

NOMS DES COMMUNES.	BUREAUX DE POSTE qui les desservent.	POPULA-TION.	TOTAL de la POPULA-TION par canton
Suite de l'ARRONDISSEMENT DE MARVEJOLS.	Report..		21,084
Canton de FOURNELS.			
Albaret-le-Comtal........	Saint-Chely.......	609	
Abzenc-d'Apcher.........	Idem..........	276	
Brion...................	Idem..........	364	
Chauchailles.............	Idem..........	360	
Fage-Montivernoux (la)....	Idem..........	665	
Fournels................	Idem..........	310	4,381
Grandval................	Idem..........	352	
Noalhac.................	Idem..........	327	
Saint-Juery.............	Idem..........	278	
Saint-Laurent-de-Veyres ...	Idem..........	205	
Termes.................	Idem..........	635	
Canton de SAINT-GERMAIN-DU-TEIL.			
Chirac..................	Marvejols........	1,238	
Hermaux................	La Canourgue.....	669	
Monastier...............	Marvejols........	534	
Pin-Moriès..............	Idem..........	386	6,149
Salses..................	La Canourgue.....	488	
Saint-Germain-du-Teil.....	Idem..........	1,629	
Saint-Pierre-de-Nogaret ...	Idem..........	742	
Trelans.................	Idem..........	463	
Canton de MALZIEU ou MALZIEU-VILLE.			
Chauliac................	Saint-Chely......	350	
Jullianges..............	Idem..........	289	
Malzieu-Forain..........	Idem..........	1,006	
Malzieu-Ville...........	Idem..........	1,167	
Paulhac................	Idem..........	274	5,054
Prunières..............	Idem..........	457	
Saint-Léger-du-Malzieu ...	Idem..........	616	
Saint-Pierre-le-Vieux	Idem..........	395	
Saint-Privat-du-Fau......	Idem..........	500	
Canton de MARVEJOLS.			
Antrenas...............	Marvejols........	394	
Buisson................	Idem..........	846	
Gabrias................	Idem..........	521	
Grèzes.................	Idem..........	458	
Marvejols..............	✉	3,885	9,049
Montrodat.............	Marvejols........	487	
Paluiers...............	Idem..........	232	
Récoules-de-Fumas......	Idem..........	200	
Saint-Bonnet-de-Chirac....	Idem..........	236	
Saint-Laurent-de-Muret ...	Idem..........	513	
Saint-Léger-de-Peyre	Idem..........	1,277	
Canton de NASBINALS.			
Malbouzon..............	Aumont.........	227	
Marchastel.............	Idem..........	336	
Nasbinals..............	Idem..........	1,214	3,063
Prinsubjols............	Idem..........	695	
Récoules-d'Aubrac......	Idem..........	591	
Canton de SERVERETTE.			
Fontans................	Serverette.......	902	
Serverette.............	✉ (Distribution.)....	984	4,602
Saint-Alban............	Serverette.......	2,470	
Sainte-Eulalie.........	Idem..........	246	
Total de la population de l'Arrondissement.......			53,382

RÉCAPITULATION.

	NOMBRE de		POPULATION.
	CANTONS.	COMMUNES.	
Arrondissement de MENDE..................	7	62	45,440
———————— de FLORAC...................	7	51	41,525
———————— de MARVEJOLS...............	10	77	53,382
Totaux..................	24	190	140,347

NOMS DES COMMUNES.	BUREAUX DE POSTE qui les desservent.	POPULA-TION.	TOTAL de la POPULA-TION par canton	NOMS DES COMMUNES.	BUREAUX DE POSTE qui les desservent.	POPULA-TION.	TOTAL de la POPULA-TION par canton
ARRONDISSEMENT D'ANGERS.				**Suite de l'ARRONDISSEMENT D'ANGERS.**			
						Report.	92,369
CANTON D'ANGERS (nord-est).				*CANTON DES PONTS-DE-CÉ.*			
Angers (nord-est)	✉	13,538		Blaison	Brissac	1,142	
Écouflants	Angers	947		Bohalle (la)	Saint-Mathurin	1,144	
Pellouailles	Idem	470		Daguenière (la)	Idem	1,150	
Plessis-Gramoire (le)	Idem	1,100	20,488	Gohier	Brissac	297	
Sarrigné	Idem	323		Juigné-sur-Loire	Angers	1,066	
Saint-Barthélemy	Idem	1,074		Ménitrée (la)	Saint-Mathurin	2,217	
Saint-Sylvain	Idem	1,293		Mozé	Brissac	1,727	
Villevêque	Suette	1,743		Murs	Angers	1,704	
				Ponts-de-Cé (les)	Idem	3,665	23,212
CANTON D'ANGERS (sud-est).				Soulaine	Brissac	789	
Andard	Angers	1,123		Sainte-Gemmes-sur-Loire	Angers	2,175	
Angers (sud-est)	✉	9,188	13,910	Saint-Jean-de-la-Croix	Idem	395	
Brain-sur-l'Authion	Angers	1,596		Saint-Jean-des-Mauvrets	Brissac	1,157	
Trelazé	Idem	2,003		Saint-Mathurin	✉ (Distribution.)	2,702	
				Saint-Mélaine	Brissac	574	
CANTON D'ANGERS (nord-ouest).				Saint-Rémy-la-Varenne	Saint-Mathurin	1,089	
Angers (nord-ouest)	✉	10,017		Saint-Saturnin	Brissac	1,038	
Avrillé	Angers	920		Saint-Sulpice	Idem	331	
Beaucouzé	Idem	650					
Bouchemaine	Idem	1,333		*CANTON DE THOUARCÉ.*			
Cantenay-Épinard	Idem	794	16,824	Allençon	Brissac	518	
Juigné-Béné	Idem	464		Alleuds (les)	Idem	541	
Meignanne (la)	Idem	965		Beaulieu	St-Lambert-du-Lattay	1,008	
Membrolle (la)	Idem	572		Brissac	✉	932	
Montreuil-Belfroi	Idem	279		Champ (le)	St-Lambert-du-Lattay	746	
Plessis-Macé (le)	Idem	416		Chanzeaux	Idem	1,774	
Saint-Lambert-la-Potherie	Idem	414		Charcé	Brissac	650	
				Chavagnes	Idem	1,171	
CANTON DE BRIOLLAY.				Faveraye	Idem	929	
Briollay	Châteauneuf-sur-Sar-the	1,010		Faye	Idem	1,297	18,957
Cheffes	Idem	1,311		Gonnord	St-Lambert-du-Lattay	1,838	
Écuillé	Angers	595		Joué-Étiau	Idem	1,062	
Feneu	Idem	1,331		Luigné	Brissac	400	
Montrecul-sur-Loir	Châteauneuf-sur-Sar-the	446	8,767	Quincé	Idem	631	
Soucelles	Idem	852		Rablaye	St-Lambert-du-Lattay	531	
Soulaire	Angers	1,199		Saulgé-l'Hôpital	Brissac	559	
Tiercé	Châteauneuf-sur-Sar-the	2,023		Saint-Ellier	Idem	357	
				Saint-Lambert-du-Lattay	✉ (Distribution.)	1,273	
CANTON DE CHALONNES.				Thouarcé	Brissac	1,671	
Chalonnes	✉ (Distribution.)	4,969		Vauchrétien	Idem	1,075	
Chaudefonds	Chalonnes	1,286					
Denée	Angers	1,564	11,756	Total de la population de l'Arrondissement			134,538
Rochefort-sur-Loire	Chalonnes	2,412					
Saint-Aubin-de-Luigné	Idem	1,525		**ARRONDISSEMENT DE BAUGÉ.**			
CANTON DE SAINT-GEORGES-SUR-LOIRE.				*CANTON DE BAUGÉ.*			
Béhuard	St-Georges-sur-Loire	280		Baugé	✉	3,553	
Champtocé	Ingrande	1,923		Bocé	Baugé	838	
Ingrande	✉	1,497		Chartrené	Idem	226	
Savennières	St-Georges-sur-Loire	2,704		Cheviré-le-Rouge	Idem	1,741	
Saint-Georges-sur-Loire	✉	2,532	12,123	Clefs	Idem	1,208	
Saint-Germain-des-Prés	St-Georges-sur-Loire	1,496		Cuon	Idem	890	
Saint-Jean-de-Linières	Angers	382		Échemiré	Idem	740	
Saint-Léger-des-Bois	St-Georges-sur-Loire	612		Fougeré	Idem	1,596	
Saint-Martin-du-Fouilloux	Idem	687		Cuédéniau	Idem	903	17,821
				Montigné	Dartal	1,800	
CANTON DU LOUROUX-BÉCONNAIS.				Montpollin	Baugé	264	
Bécon	St-Georges-sur-Loire	1,543		Pontigné	Idem	811	
Cornuaille (la)	Candé	1,363		Rigné	Idem	81	
Louroux-Béconnais (le)	Idem	2,385		Saint-Martin-d'Arcé	Idem	319	
Saint-Augustin-des-Bois	St-Georges-sur-Loire	658	8,511	Saint-Quentin	Idem	379	
Saint-Clément-de-la-Place	Idem	1,296		Vieil-Baugé (le)	Idem	1,926	
Saint-Sigismond	Ingrande	520		Volandry	Idem	746	
Villemoisan	Idem	746					
A reporter			92,369	*A reporter*			17,821

NOMS DES COMMUNES.	BUREAUX DE POSTE qui les desservent.	POPULA-TION.	TOTAL de la POPULA-TION par canton	NOMS DES COMMUNES.	BUREAUX DE POSTE qui les desservent.	POPULA-TION.	TOTAL de la POPULA-TION par canton
Suite de l'ARRONDISSEMENT DE BAUGÉ.				**ARRONDISSEMENT DE BEAUPREAU.**			
	Report..		17,821				
CANTON DE BEAUFORT.				**CANTON DE BEAUPREAU.**			
BEAUFORT	⊠	5,914		ANDREZÉ	Beaupreau	1,417	
BRION	Beaufort	1,610		BEAUPREAU	⊠	3,207	
CORNÉ	Idem	2,065		CHAPELLE-DU-GENET (la)	Beaupreau	794	
FONTAINE-GUÉRIN	Idem	1,102	15,591	GESTÉ	Idem	1,993	
GÉE	Idem	451		JALLAIS	Chemillé	3,163	
MAZÉ	Idem	3,897		JUBEAUDIÈRE (la)	Beaupreau	563	17,766
SAINT-GEORGES-DU-BOIS	Idem	552		MAY (le)	Cholet	3,315	
				PIN-EN-MAUGES (le)	Beaupreau	826	
CANTON DE DURTAL				POITEVINIÈRE (la)	Idem	1,326	
				SAINT-PHILBERT-EN-MAUGES	Idem	353	
BARACÉ	Durtal	761		VILLEDIEU	Idem	909	
DAUMERAY	Idem	1,853					
DURTAL 🐎	⊠	3,465	10,905	**CANTON DE CHAMPTOCEAUX.**			
ÉTRICHÉ	Châteauneuf-s-Sarthe	1,198					
HUILLÉ	Durtal	787		BOUZILLÉ	Ancenis	1,676	
MORANNES	Châteauneuf-s-Sarthe	2,841		CHAMPTOCEAUX	Idem	1,479	
				DRAIN	Idem	1,201	
CANTON DE LONGUÉ.				LANDEMONT	Beaupreau	979	
				LIRÉ	Ancenis	2,019	11,010
BLOU	Longué	1,110		SAINT-CHRISTOPHE-DE-LA-COUPE-RIE	Beaupreau	567	
COURLÉON	Bourgueil	305		SAINT-LAURENT-DES-AUTELS	Idem	1,154	
JUMELLES	Longué	1,603		SAINT-SAUVEUR-DE-LANDEMONT	Idem	752	
LANDE-CHASLE (la)	Baugé	270		VARENNE (la)	Ancenis	1,183	
LONGUÉ 🐎	⊠ (Distribution.)	4,491	14,964				
MOULIHERNE	Baugé	2,087		**CANTON DE CHEMILLÉ.**			
SAINT-PHILBERT-DU-PEUPLE	Longué	1,038					
VERRANTES	Idem	1,951		CHAPELLE-ROUSSELIN (la)	Chemillé	619	
VERNOIL-LE-FOURIER	Idem	2,109		CHEMILLÉ 🐎	⊠	3,694	
				COSSÉ	Chemillé	540	
CANTON DE NOYANT.				JUMELLIÈRE (la)	Idem	1,522	
				MELAY	Idem	1,258	13,283
AUVERSE	Noyant	923		NEUVY	Idem	830	
BREIL	Idem	769		SAINTE-CHRISTINE	Idem	775	
BROC	Idem	951		SAINT-GEORGES-DU-PUY-DE-LA-GARDE	Idem	1,388	
CHALONNES	Idem	432		SAINT-LEZIN	Idem	876	
CHAVAIGNES	Idem	336		TOUR-LANDRY (la)	Idem	1,781	
CUIGNÉ	Idem	740					
DENEZÉ	Idem	727		**CANTON DE CHOLET.**			
GENNETEIL	Idem	1,018	11,302				
LASSE	Idem	882		CERQUEUX-DE-MAULÉVRIER (les)	Cholet	500	
LINIÈRE-BOUTON	Idem	224		CHANTELOUP	Idem	997	
MEIGNÉ	Idem	793		CHOLET 🐎	⊠	7,345	
MÉON	Idem	554		MAULÉVRIER	Cholet	2,757	
NOYANT 🐎	⊠ (Distribution.)	1,200		MAZIÈRES	Idem	458	
PARÇAY	Noyant	1,546		NUAILLÉ	Idem	505	
PELLERINE (la)	Idem	207		SAINT-CHRISTOPHE-DU-BOIS	Idem	790	20,462
				SÉGUINIÈRE (la)	Idem	1,313	
CANTON DE SEICHES.				TESSOUALLE (la)	Idem	1,415	
				TRÉMENTINES	Idem	2,005	
BAURÉ	Beaufort	1,197		VEZINS 🐎	Idem	1,776	
BEAUVAU	Suette	371		YZERNAY	Idem	1,601	
CHAPELLE-SAINT-LAUD (la)	Durtal	644					
CHAUMONT	Suette	430		**CANTON DE SAINT-FLORENT-LE-VIEIL.**			
CORNILLÉ	Beaufort	565					
CORZÉ	Suette	1,553		BEAUSSE	Beaupreau	448	
FONTAINE-MILLON	Beaufort	455		BOTZ	Idem	810	
JARZÉ	Baugé	1,800	11,107	CHAPELLE-SAINT-FLORENT (la)	Idem	1,156	
LÉZIGNÉ	Durtal	611		MARILLAIS (le)	Varades	700	
LUÉ	Suette	370		MESNIL (le)	Ingrande	2,223	
MARCÉ	Idem	1,094		MONTJEAN	Idem	2,404	15,621
SEICHES	Idem	1,619		POMMERAYE (la)	Idem	3,100	
(⊠ à Suette.)				SAINT-FLORENT-LE-VIEIL	Varades	2,102	
SERMAISE	Baugé	398		SAINT-LAURENT-DE-LA-PLAINE	Chemillé	1,497	
				SAINT-LAURENT-DU-MOTTAY	Ingrande	1,181	
TOTAL de la population de l'Arrondissement			81,690				
				A reporter			78,142

NOMS DES COMMUNES.	BUREAUX DE POSTE qui les desservent.	POPULA-TION.	TOTAL de la POPULA-TION par canton	NOMS DES COMMUNES.	BUREAUX DE POSTE qui les desservent.	POPULA-TION.	TOTAL de la POPULA-TION par cantou
Suite de l'ARRONDISSEMENT DE BEAUPREAU.		Report..	78,142	**Suite de l'ARRONDISSEMENT DE SAUMUR.**		Report..	22,976
CANTON DE MONTFAUCON.				**CANTON DE MONTREUIL-BELLAY.**			
Longeron (le)	Montfaucon	1,448		Antoigné	Montreuil-Bellay	542	
Montfaucon	✉ (Distribution.)	653		Brézé	Idem	983	
Montigné	Montfaucon	1,010		Brossay	Idem	183	
Renaudière (la)	Idem	738		Cisay	Idem	580	
Romagne (la)	Idem	837		Coudray-Macouard (le)	Saumur	925	
Roussay	Idem	1,004	13,526	Courchamps	Montreuil-Bellay	445	
Saint-André-de-la-Marche	Idem	1,049		Épieds	Idem	672	
Saint-Crespin	Idem	985		Méron	Idem	579	11,841
Saint-Germain	Idem	1,499		Montreuil-Bellay 🐎	✉	1,907	
Saint-Macaire	Idem	1,351		Puy-Notre-Dame (le)	Montreuil-Bellay	1,623	
Tilliers	Idem	1,535		Saint-Cyr-en-Bourg	Saumur	842	
Torfou 🐎	Idem	1,217		Saint-Hilaire-le-Doyen	Montreuil-Bellay	134	
				Saint-Just-sur-Dives	Idem	368	
CANTON DE MONTREVAULT.				Saint-Macaire-du-Bois	Idem	693	
Boissière (la)	Beaupreau	519		Vaudelenay-Rillé (le)	Idem	1,365	
Chaudron	Idem	1,581					
Chaussaire (la)	Idem	892		**CANTON DE SAUMUR (nord-est).**			
Fief-Sauvin (le)	Idem	1,769		Allonnes	Saumur	2,049	
Foillet (le)	Idem	1,666		Brain-sur-Allonnes	Idem	1,565	
Montrevault	Idem	579	13,279	Breille (la)	Idem	520	
Puiset-Doré (le)	Idem	1,227		Neuillé	Idem	802	
Salle (la)	Idem	814		Rossé	Idem	295	10,827
Saint-Pierre-Montlimard	Idem	1,525		Saumur (nord-est) 🐎	✉	321	
Saint-Quentin-en-Mauges	Idem	1,359		Varennes-sous-Montsoreau	Chouzé-sur-Loire	2,416	
Saint-Rémi-en-Mauges	Idem	1,448		Villebernier	Saumur	1,340	
				Vivy	Idem	1,519	
Total de la population de l'Arrondissement			104,947	**CANTON DE SAUMUR (nord-ouest).**			
ARRONDISSEMENT DE SAUMUR.				Rosiers (les) 🐎	✉	2,764	
CANTON DE DOUÉ.				Saumur (nord-ouest)	✉	2,056	
Brigné	Doué	593		Saint-Clément-des-Levées	Les Rosiers	1,909	9,762
Chapelle-sous-Doué (la)	Idem	592		Saint-Lambert-des-Levées	Saumur	1,726	
Concourson	Idem	721		Saint-Martin-de-la-Place	Les Rosiers	1,307	
Denezé	Idem	645					
Douces	Idem	776		**CANTON DE SAUMUR (sud).**			
Doué 🐎	✉	2,479		Artannes	Saumur	232	
Forges	Doué	192		Bagneux	Idem	252	
Louresse	Idem	571	13,298	Chacé	Idem	573	
Martigné-Briand	Idem	2,186		Dampierre	Idem	590	
Meigné	Idem	275		Distré	Idem	740	
Montfort	Idem	152		Fontevrault	✉	1,569	
Rochemenier	Idem	292		Montsoreau	✉ (Distribution.)	987	
Soulangé	Idem	799		Parnay	Montsoreau	558	18,001
Saint-Georges-Chatelaison	Idem	914		Riou-Marson	Saumur	280	
Ulmes (les)	Idem	520		Roi	Idem	265	
Verchers (les)	Idem	1,591		Saumur (sud)	✉	8,275	
				Souzay	Saumur	812	
CANTON DE GENNES.				Saint-Hilaire-Saint-Florent	Idem	868	
Ambillon	Doué	1,128		Turquant	Montsoreau	741	
Bessé	Les Rosiers	422		Varrains	Saumur	973	
Chemellier	Brissac	660		Verrie	Idem	287	
Chênehutte	Les Rosiers	1,106					
Couture	Brissac	716		**CANTON DE VIHIERS.**			
Cunault	Les Rosiers	427		Aubigné	Vihiers	380	
Gennes	Idem	1,619		Cernusson	Idem	327	
Grezillé	Brissac	776	9,678	Cerqueux-sous-Passavant (les)	Idem	296	
Louerre	Idem	820		Cléré	Idem	570	
Noyant	Doué	234		Coron	Idem	1,834	
Saint-Georges-des-Sept-Voies	Les Rosiers	922		Fosse-de-Tigné (la)	Idem	303	
Saint-Maur	Saint-Mathurin	156		Montilliers	Idem	980	
Saint-Pierre-en-Vaux	Les Rosiers	186		Nueil-sous-Passavant	Doué	1,837	
Toureil (le)	Idem	194					
Trèves	Idem	312		A reporter..		6,527	
A reporter			22,976	A reporter			73,407

NOMS DES COMMUNES.	BUREAUX DE POSTE qui les desservent.	POPULA-TION.	TOTAL de la POPULA-TION par canton	NOMS DES COMMUNES.	BUREAUX DE POSTE qui les desservent.	POPULA-TION.	TOTAL de la POPULA-TION par canton
Suite de l'ARRONDISSEMENT DE SAUMUR.		Report..	73,407	Suite de l'ARRONDISSEMENT DE SEGRÉ.		Report..	21,457
Suite du CANTON DE VIHIERS.				CANTON DU LION-D'ANGERS.			
		Report..	6,527	ANDIGNÉ............	Le Lion-d'Angers...	506	
PASSAVANT............	Vihiers............	394		BRAIN-SUR-LONGUENÉE......	Idem...........	1,068	
PLAINE (la)............	Idem............	976		CHAMBELLAY...........	Idem...........	740	
SALLE-DE-VIHIERS (la)......	Idem............	976		GENÉ.............	Idem...........	526	
SOMLOIRE.............	Idem............	906		GREZ-NEUVILLE........	Idem...........	1,401	
SAINT-HILAIRE-DU-BOIS.....	Idem............	1,293	16,098	JAILLE-YVON (la).......	Idem...........	719	12,318
SAINT-PAUL-DU-BOIS......	Idem............	992		LION-D'ANGERS (le) 🐎	✉	2,629	
TANCOIGNÉ............	Idem............	458		MARANS............	Segré.	648	
TIGNÉ...............	Idem............	1,136		MONTREUIL-SUR-MAINE.....	Le Lion-d'Angers..	933	
TRÉMOND.............	Idem............	470		POUÈZE (la)...........	Idem...........	905	
VIHIERS 🐎	✉	1,104		PRUILLÉ............	Idem...........	643	
VOIDE (le)...........	Vihiers........	869		VERN.............	Idem...........	1,600	
TOTAL de la population de l'Arrondissement......			89,505	CANTON DE POUANCÉ.			
ARRONDISSEMENT DE SEGRÉ.				ARMAILLÉ............	Pouancé...........	810	
CANTON DE CANDÉ.				BOUILLÉ-MÉNARD........	Segré...........	817	
				BOURG-L'ÉVÊQUE.......	Pouancé.	380	
ANGRIE..............	Candé............	1,205		CARBAY............	Idem...........	250	
CANDÉ	✉	1,115		CHAPELLE-HULLIN (la)......	Idem...........	249	
CHAZÉ-SUR-ARGOS.......	Segré............	1,854		CHAZÉ-HENRY.........	Idem...........	938	
FREIGNÉ.............	Candé............	1,580	8,779	COMBRÉE............	Segré...........	1,209	10,801
LOIRÉ..............	Idem............	1,399		GRUGÉ-L'HÔPITAL........	Pouancé.	622	
POTHERIE (la).........	Idem............	1,626		NOELLET............	Idem...........	797	
CANTON DE CHÂTEAUNEUF-SUR-SARTHE.				POUANCÉ 🐎	✉ (Distribution.)...	2,560	
				PRÉVIÈRE (la)........	Pouancé.	312	
BRISSARTHE...........	Châteauneuf-sur-Sar-the.......	1,061		SAINT-MICHEL.........	Idem...........	666	
				TREMBLAY (le)........	Segré...........	802	
CHAMPIGNÉ...........	Idem............	1,210		VERGONNES...........	Pouancé.	389	
CHANVEUSSÉ...........	Le Lion-d'Angers...	494		CANTON DE SEGRÉ.			
CHÂTEAUNEUF-SUR-SARTHE..	✉	1,391					
CHEMIRÉ-SUR-SARTHE......	Châteauneuf-sur-Sar-the.....	450		AVIRÉ.............	Segré...........	1,067	
				BOURG-D'IRÉ.........	Idem...........	1,256	
CHENILLÉ-CHANGÉ.......	Le Lion-d'Angers...	369		CHAPELLE-SUR-OUDON (la)....	Idem...........	782	
CERRÉ..............	Châteauneuf-sur-Sar-the.....	818	12,678	CHATELAIS...........	Idem...........	906	
				FERRIÈRE (la)........	Idem...........	494	
CONTIGNÉ............	Idem............	1,099		HÔTELLERIE-DE-FLÉE (l').....	Idem...........	701	
JUVARDEIL...........	Idem............	1,011		LOUVAINES..........	Idem...........	1,029	
MARIGNÉ............	Idem............	1,311		MONTGUILLON.........	Idem...........	318	12,615
MIRÉ...............	Idem............	925		NOYANT-LA-GRAVOYÈRE......	Idem...........	481	
QUERRÉ.............	Le Lion-d'Angers..	391		NYOISEAU...........	Idem...........	930	
SCEAUX.............	Châteauneuf-sur-Sar-the.....	760		SEGRÉ 🐎	✉	1,897	
				SAINTE-GEMMES-D'ANDIGNÉ..	Segré...........	1,180	
SŒURDRES...........	Idem............	860		SAINT-MARTIN-DU-BOIS.....	Idem...........	1,051	
TORIGNÉ............	Le Lion-d'Angers...	627		SAINT-SAUVEUR-DE-FLÉE.....	Idem...........	583	
A reporter..................			21,457	TOTAL de la population de l'Arrondissement......			57,191

RÉCAPITULATION.

	NOMBRE de		POPULATION.
	CANTONS.	COMMUNES.	
ARRONDISSEMENT D'ANGERS.................	9	88	134,538
———————— DE BEAUGÉ.................	6	67	81,690
———————— DE BEAUPREAU..............	7	75	104,947
———————— DE SAUMUR.................	7	93	89,505
———————— DE SEGRÉ.................	5	62	57,191
TOTAUX................	34	385	467,871

NOMS DES COMMUNES.	BUREAUX DE POSTE qui les desservent.	POPULATION.	TOTAL de la POPULATION par canton
ARRONDISSEMENT DE SAINT-LO.			
CANTON DE CANISY.			
Canisy	Saint-Lô	929	
Dangy	La Fosse	1,210	
Gourfaleur	Saint-Lô	655	
Mancellière (la)	Idem	526	
Mesnil-Hermann (le)	Idem	248	
Quibou	La Fosse	2,057	10,071
Soules	Idem	1,132	
Saint-Ébrémond-de-bon-Fossé	Saint-Lô	892	
Saint-Martin-de-don-Fossé	Idem	892	
Saint-Romphaire	Idem	897	
Saint-Sanson-de-bon-Fossé	Idem	633	
CANTON DE CARENTAN.			
Auvers	Carentan	1,224	
Acville-sur-le-Vey	Idem	173	
Auxais	Idem	472	
Beuzeville-sur-le-Vey	Idem	490	
Brévands	Idem	453	
Carentan	⊠	2,773	
Catz	Carentan	202	12,244
Méautis	Idem	1,233	
Raids	Périers	648	
Saint-André-de-Bohon	Carentan	663	
Saint-Come-du-Mont	Blosville	733	
Saint-Ény	Carentan	1,772	
Saint-Georges-de-Bohon	Idem	740	
Saint-Hilaire-petit-ville	Idem	286	
Saint-Pellerin	Idem	382	
CANTON DE SAINT-CLAIR.			
Airel	La Périne	629	
Bérigny	Saint-Lô	722	
Cerisy-la-Forêt	Idem	2,164	
Couvains	Idem	940	
Meauffe (la)	La Périne	694	
Moon	Idem	756	
Notre-Dame-d'Elle	Torigni	248	10,624
Saint-André-de-l'Épine	Saint-Lô	409	
Saint-Clair	Idem	722	
Saint-Georges-d'Elle	Idem	902	
Saint-Germain-d'Elle	Torigni	579	
Saint-Jean-de-Savigny	Saint-Lô	604	
Saint-Pierre-de-Semilly	Idem	466	
Villiers-Fossard	Idem	789	
CANTON DE SAINT-JEAN-DE-DAYE.			
Amigny	La Périne	240	
Cavigny	Idem	524	
Champs-de-Losque (les)	Idem	512	
Dézert (le)	Idem	874	
(⊠ Distribution à la Périne.)			
Graignes	Idem	1,187	
Hommet-d'Artienay (le)	Idem	737	9,479
Mesnil-Angot (le)	Idem	233	
Mesnil-Veneron	Idem	180	
Montmartin-en-Graignes	Idem	1,466	
Ponthébert	Idem	1,215	
Saint-Fromond	Idem	891	
Saint-Jean-de-Daye	Carentan	302	
Tribehou	La Périne	1,118	
CANTON DE SAINT-LO.			
Agneaux	Saint-Lô	896	
Barre-de-Semilly (la)	Idem	654	
Baudre	Idem	374	
Luzefne (la)	Idem	124	
Mesnil-Rouxelin (le)	Idem	415	
A reporter		2,443	
A reporter			42,418

NOMS DES COMMUNES.	BUREAUX DE POSTE qui les desservent.	POPULATION.	TOTAL de la POPULATION par canton
Suite de l'ARRONDISSEMENT DE SAINT-LO.		*Report*	42,418
Suite du CANTON DE SAINT-LO.		*Report*	2,443
Rampan	Saint-Lô	315	
Sainte-Croix	Idem	752	
Saint-Georges-Mont-Cocq	Idem	733	13,480
Saint-Lo	⊠	8,421	
Sainte-Suzanne	Saint-Lô	500	
Saint-Thomas	Idem	316	
CANTON DE MARIGNY.			
Carantilly	La Fosse	1,442	
(⊠ Distribution à la Fosse.)			
Chapelle-en-Juger (la)	Idem	1,004	
Hébécrevon	Saint-Lô	1,099	
Lozon	La Fosse	837	
Marigny	Idem	1,506	8,942
Mesnil-Amey (le)	Idem	329	
Mesnil-Eury (le)	Idem	285	
Mesnil-Vigot (le)	Idem	332	
Montreuil-sur-Lozon	Idem	642	
Remilly	Idem	860	
Saint-Gilles	Idem	606	
CANTON DE PERCY.			
Beslon	Villedieu	1,051	
Chefresne (le)	Villebaudon	876	
Colombe (la)	Villedieu	1,053	
Guislain (le)	Villebaudon	529	
Haye-Bellefond (la)	Idem	290	
Margueray	Idem	582	10,635
Maupertuis	Idem	484	
Montabot	Idem	794	
Montbray	Saint-Sever	1,255	
Morigny	Idem	322	
Percy	Villebaudon	3,182	
Villebaudon	⊠ (Distribution.)	417	
CANTON DE TESSY.			
Beaucoudray	Villebaudon	325	
Beuvrigny	Torigni	354	
Chevry	Villebaudon	246	
Domjean	Torigni	1,300	
Fervaches	Villebaudon	565	
Fourneaux	Torigni	239	
Gouvets	Villebaudon	877	
Mesnil-Opac (le)	Idem	386	9,835
Mesnil-Raoult (le)	Torigni	393	
Moyon	Villebaudon	1,469	
Saint-Louet-sur-Vire	Torigni	433	
Saint-Vigor-des-Monts	Villebaudon	1,013	
Tessy	Torigni	1,636	
Troisgots	Villebaudon	599	
CANTON DE TORIGNI.			
Biéville	Torigni	410	
Brectouville	Idem	230	
Chapelle-du-Fetz (la)	Idem	222	
Condé-sur-Vire	Idem	2,264	
Giéville	Idem	731	
Guilberville	Idem	1,815	
Lamberville	Idem	314	
Montrabot	Idem	302	
Perron (le)	Idem	416	13,940
Placy-Montaigu	Idem	633	
Prégorbin	Idem	587	
Roualville	Idem	652	
Saint-Amand	Idem	1,357	
Saint-Jean-des-Baisant	Idem	1,190	
Saint-Simphorien	Idem	352	
Torigni	⊠	2,184	
Vidouville	Torigni	381	
TOTAL de la population de l'Arrondissement			99,250

NOMS DES COMMUNES.	BUREAUX DE POSTE qui les desservent.	POPULA-TION.	TOTAL de la POPULA-TION par canton	NOMS DES COMMUNES.	BUREAUX DE POSTE qui des desservent.	POPULA-TION.	TOTAL de la POPULA-TION par canton
ARRONDISSEMENT D'AVRANCHES.				**Suite de l'ARRONDISSEMENT D'AVRANCHES.**			
						Report..	53,148
CANTON D'AVRANCHES.				**Suite du CANTON DE LA HAYE-PESNEL.**			
Avranches ⚏	⊠	7,269				Report..	1,790
Chavoi	Avranches	221		Folligny	La Haye-Pesnel	531	
Godefroy (le)	Idem.	259		Haye-Pesnel (la)	⊠ (Distribution.)	963	
Gohannière (la)	Idem.	297		Hocquigny	La Haye-Pesnel	386	
Marcey	Idem.	904		Luot (le)	Avranches	350	
Plomb	Idem.	588		Luzerne (la)	La Haye-Pesnel	894	
Pontaubault	Idem.	344		Mesnil-Drey (le	Idem.	406	
Ponts	Idem.	661	16,462	Mouche (la)	Idem.	367	10,377
Saint-Brice	Idem.	208		Noirpalu	Idem.	232	
Saint-Jean-de-la-Haize	Idem.	780		Rochelle (la)	Idem.	789	
Saint-Loup	Idem.	626		Subligny	Avranches	602	
Saint-Martin-des-Champs	Idem.	524		Saint-Jean-des-Champs	La Haye-Pesnel	983	
Saint-Ovin	Idem.	600		Saint-Léger	Granville	215	
Saint-Senier-sous-Avranches	Idem.	870		Saint-Pience	Avranches	559	
Vains	Idem.	1,266		Saint-Ursin	La Haye-Pesnel	453	
Val-Saint-Père (le)	Idem	1,045		Tanu (le)	Idem.	705	
CANTON DE BRÉCEY.				**CANTON DE SAINT-JAMES.**			
Braffais	Brécey	441		Argouges	Saint-James	1,542	
Brécey	⊠ (Distribution.)	2,201		Carnet	Idem.	1,219	
Cellant (le grand)	Brécey	1,032		Croix-Avranchin (la)	Idem.	1,049	
Celland (le petit)	Idem.	533		Hamelin	Idem.	241	
Chaise-Baudoin (la)	Idem.	924		Montanel	Idem.	1,162	
Chapelle-Urée (la)	Idem.	408		Montjoie	Idem.	622	14,265
Cresnays (les)	Idem.	880		Saint-Aubin-de-Terregatte	Idem.	1,871	
Coves	Idem.	901		Saint-James ⚏	⊠	3,104	
Loges-sur-Brécey (les)	Idem.	519	10,979	Saint-Laurent-de-Terregatte	Saint-James	1,435	
Notre-Dame-de-Livoye	Idem.	365		Saint-Senier-de-Beuvron	Idem.	870	
Saint-Eugienne	Idem.	142		Vergoncey	Idem.	644	
Saint-Georges-de-Livoye	Idem.	445		Villiers	Idem.	536	
Saint-Jean-du-Corail	Idem.	170		**CANTON DE PONTORSON.**			
Saint-Nicolas-des-Bois	Idem.	314		Ardevon	Pontorson	480	
Tirepied	Avranches	1,313		Aucey	Idem.	745	
Vernix	Brécey	391		Beauvoir	Idem.	745	
CANTON DE DUCEY.				Boucey	Idem.	747	
Boulouze (la)	Avranches	178		Curey	Idem.	448	
Ceaux	Idem.	815		Huisnes	Idem.	452	
Chenis (les)	Idem.	459		Macey	Idem.	481	
Courtils	Idem.	723		Moidrey	Idem.	314	10,571
Croillon	Idem.	389		Mont-Saint-Michel	Idem.	399	
Ducey	Idem.	1,736	10,131	Pas (les)	Idem.	387	
Juilley	Idem.	949		Pontorson ⚏	⊠	2,661	
Marcilly	Idem.	989		Sacey	Pontorson	1,364	
Mesnil-Ozenne (le)	Idem.	363		Servon	Idem.	796	
Poilley	Idem.	1,212		Tanis	Idem.	558	
Précey	Idem.	653		Vessey	Idem.	1,003	
Saint-Quentin	Idem.	1,665		**CANTON DE SARTILLY.**			
CANTON DE GRANVILLE.				Angey	Avranches	322	
Bouillon	Granville	639		Bacilly	Idem.	1,623	
Donville	Idem.	715		Carolles	Granville	528	
Granville ⚏	⊠	7,350		Champeaux	Avranches	547	
Saint-Aubin-des-Préaux	Granville	564	15,576	Champcey	Idem.	414	
Saint-Nicolas-près-Granville	Idem.	2,957		Dragey	Idem.	894	
Saint-Pair	Idem.	1,498		Genets	Idem.	1,010	10,535
Saint-Planchier	Idem.	1,348		Lolip	Idem.	1,085	
Yquelon	Idem.	505		Montviron	Idem.	539	
CANTON DE LA HAYE-PESNEL.				Ronthon	Idem.	560	
Beauchamps	La Haye-Pesnel	728		Sartilly	Idem.	1,128	
Beslière (la)	Idem.	345		Saint-Jean-le-Thomas	Idem.	269	
Chambres (les)	Idem.	268		Saint-Michel-des-Loups	Granville	647	
Champcervon	Idem.	449		Saint-Pierre-Langers	Idem.	964	
				CANTON DE VILLEDIEU.			
				Bloutière (la)	Villedieu	700	
				Bourguenolles	Idem.	461	
				Champrepus	Idem.	916	
	A reporter..	1,790			A reporter..	2,079	
	A reporter		53,148		A reporter		98,886

NOMS DES COMMUNES.	BUREAUX DE POSTE qui les desservent.	POPULA-TION.	TOTAL de la POPULA-TION par canton	NOMS DES COMMUNES.	BUREAUX DE POSTE qui les desservent.	POPULA-TION.	TOTAL de la POPULA-TION par canton
Suite de l'ARRONDISSEMENT D'AVRANCHES.				Suite de l'ARRONDISSEMENT DE CHERBOURG.			
	Report . .		98,886		*Report* . .		46,905
Suite du Canton de VILLEDIEU.				Suite du Canton de SAINT-PIERRE-ÉGLISE.			
	Report . .	2,079			*Report* . .	2,019	
Cherencé-le-Héron	Villedieu	769		Clitourps	Saint-Pierre-Église . .	502	
Fleury	*Idem.*	1,209		Cosqueville	*Idem.*	853	
Lande-d'Airou (la)	*Idem.*	1,070		Fermanville	*Idem.*	1,967	
Rouffigny	*Idem.*	456		Gatteville	*Idem.*	1,308	
Saut-Chevreuil	*Idem.*	840	11,582	Gonneville	*Idem.*	1,338	
Sainte-Cécile	*Idem.*	824		Gouberville	*Idem.*	392	
Saint-Pierre-du-Tronchet . . .	*Idem.*	440		Maupertus	*Idem.*	381	
Trinité (la)	*Idem.*	800		Néville	*Idem.*	432	16,451
Villedieu	⊠.	3,095		Retoville	*Idem.*	2,213	
				Saint-Pierre-Église	⊠ (*Distribution.*) . .	305	
Total de la population de l'Arrondissement			110,468	Theil (le)	Saint-Pierre-Église . .	503	
				Théville	*Idem.*	1,146	
ARRONDISSEMENT DE CHERBOURG.				Tocqueville	*Idem.*	745	
				Varouville	*Idem.*	502	
Canton de BEAUMONT.				Vast (le)	⊠ (*Distribution.*) . .	1,706	
Acqueville	Beaumont	486		Vrasville	Saint-Pierre-Église . .	150	
Auderville	*Idem.*	531					
Beaumont	⊠ (*Distribution.*) . . .	884		Canton des PIEUX.			
Biville	Beaumont	448		Benoît-ville	Les Pieux	615	
Branville	*Idem.*	123		Bricquebosq	*Idem.*	657	
Digulleville	*Idem.*	781		Flamanville	*Idem.*	1,204	
Eculleville	*Idem.*	141		Grosville	*Idem.*	1,015	
Flottemanville-Hague	Cherbourg	626		Héauville	*Idem.*	617	
Gréville	Beaumont	736		Helleville	*Idem.*	467	
Herqueville	*Idem.*	316		Pierreville	*Idem.*	742	
Jobourg	*Idem.*	924	11,950	Pieux (les)	⊠ (*Distribution.*) . .	1,594	12,132
Nacqueville	*Idem.*	638		Rozel (le)	Les Pieux	443	
Omonville-la-Petite	*Idem.*	637		Siouville	*Idem.*	818	
Omonville-la-Rogue	*Idem.*	569		Sotteville	*Idem.*	377	
Sainte-Croix-Hague	*Idem.*	669		Surtainville	*Idem.*	1,227	
Saint-Germain-des-Vaux . . .	*Idem.*	1,049		Saint-Christophe-du-Foc . . .	*Idem.*	263	
Tonneville	Cherbourg	257		Saint-Germain-le-Gaillard . . .	*Idem.*	1,103	
Urville-Hague	Beaumont	483		Tréauville	*Idem.*	960	
Vasteville	*Idem.*	972					
Vauville	*Idem.*	680		Total de la population de l'Arrondissement			75,488
Canton de CHERBOURG.				ARRONDISSEMENT DE COUTANCES.			
Cherbourg	⊠	18,443	18,443	Canton de BRÉHAL.			
				Anctoville	Granville	219	
Canton d'OCTEVILLE.				Bourey	Bréhal	357	
Bretteville	Cherbourg	683		Bréhal	⊠.	1,732	
Couville	*Idem.*	750		Bréville	Bréhal	390	
Digoville	*Idem.*	848		Bricqueville-sur-Mer	*Idem.*	1,859	
Equeurdreville	*Idem.*	1,609		Cérences	*Idem.*	2,054	
Hardinvats	*Idem.*	610		Chanteloup	*Idem.*	506	
Henneville	*Idem.*	932		Coudeville	*Idem.*	1,002	13,948
Martin-Vast	*Idem.*	753		Equilly	Gavray	575	
Mesnil-Auval (le)	*Idem.*	626		Hudimesnil	Bréhal	1,612	
Nouainville	*Idem.*	205	16,513	Longueville	Granville	623	
Octeville	*Idem.*	1,309		Loreur (le)	Bréhal	316	
Querqueville	*Idem.*	924		Mesnil-Aubert (le)	Gavray	508	
Sideville	*Idem.*	484		Meurdraquière (la)	*Idem.*	663	
Saint-Martin-le-Gréard . . .	*Idem.*	314		Moneville-sur-Mer	Bréhal	893	
Theurteville-Hague	*Idem.*	1,187		Saint-Sauveur-Lapommeraye . . .	*Idem.*	629	
Tollevast	*Idem.*	855		Canton de CERISY-LA-SALLE.			
Tourlaville	*Idem.*	3,624		Belval	Coutances	535	
Virandeville	*Idem.*	799		Cametours	La Fosse	1,264	
Canton de SAINT-PIERRE-ÉGLISE.				Cerisy-la-Salle	⊠ (*Distribution.*) . .	2,468	
Angoville	Saint-Pierre-Église . .	89		Guélibert	Cerisy-la-Salle	594	
Brillevast	*Idem.*	873		Montpinchon	*Idem.*	1,936	14,056
Canteloup	*Idem.*	470		Notre-Dame-de-Cenilly	*Idem.*	1,988	
Carneville	*Idem.*	587		Ouville	Coutances	992	
				Roncey	Cerisy-la-Salle	1,237	
				Savigny	Coutances	971	
	A reporter . .	2,019		Saint-Denis-le-Vêtu	*Idem.*	1,464	
				Saint-Martin-de-Cenilly . . .	*Idem.*	677	
	A reporter		46,905		*A reporter*		28,004

NOMS DES COMMUNES.	BUREAUX DE POSTE qui les desservent.	POPULA-TION.	TOTAL de la POPULA-TION par canton	NOMS DES COMMUNES.	BUREAUX DE POSTE qui les desservent.	POPULA-TION.	TOTAL de la POPULA-TION par canton
Suite de l'ARRONDISSEMENT DE COUTANCES.				Suite de l'ARRONDISSEMENT DE COUTANCES.			
Report..			28,004	Report..			89,321
CANTON DE COUTANCES.				**CANTON DE SAINT-MALO-DE-LA-LANDE.**			
Bricqueville-Lablouette....	Coutances........	577		Agon.............	Coutances........	1,506	
Cambernon..............	Idem............	1,446		Ancteville.............	Idem............	623	
Courcy................	Idem............	1,161		Blainville.............	Idem............	1,770	
Coutances 🐎..........	✉...........	8,957		Boisroger.............	Idem............	629	
Nicorps..............	Coutances........	479	14,668	Brainville.............	Idem............	365	
Saussey..............	Idem............	906		Gouville.............	Idem............	1,597	11,234
Saint-Nicolas-de-Coutances...	Idem............	933		Gratot.............	Idem............	1,000	
Saint-Pierre-de-Coutances...	Idem............	209		Heugueville.............	Idem............	802	
				Montsurvent.............	Idem............	576	
CANTON DE GAVRAY.				Servigny.............	Idem............	347	
Baleine (la)..............	Gavray...........	507		Saint-Malo-de-la-Lande.....	Idem............	424	
Gavray................	✉...............	1,838		Tourville.............	Idem............	1,026	
Grimesnil..............	Gavray...........	250		Vandelée (la).............	Idem............	569	
Hambie................	Idem............	3,684					
Lengronne.............	Idem............	995		**CANTON DE MONTMARTIN-SUR-MER.**			
Mesnil-Amand (le)........	Idem............	644		Annoville.............	Bréhal...........	1,030	
Mesnil-Bonand (le)........	Idem............	448		Contrières.............	Coutances........	803	
Mesnil-Garnier (le)........	Idem............	840	15,630	Hauteville-sur-Mer........	Idem............	000	
Mesnil-Hue (le)...........	Idem............	404		Hérenguerville...........	Bréhal...........	386	
Mesnil-Rogues (le)........	Idem............	662		Hyenville.............	Coutances........	335	
Mesnil-Villeman (le).......	Idem............	980		Lingreville.............	Bréhal...........	1,623	12,719
Montaigu-les-Bois........	Idem............	705		Montchalon.............	Coutances........	816	
Sourdeval-les-Bois........	Idem............	626		Montmartin-sur-Mer.......	Idem............	1,470	
Saint-Denis-le-Gast.......	Idem............	1,859		Orval.............	Idem............	1,290	
Ver..................	Idem............	1,188		Quettreville.............	Idem............	1,846	
				Regnéville.............	Idem............	1,825	
CANTON DE LA HAYE-DU-PUITS.				Trelly.............	Idem............	1,295	
Appeville..............	Prétot...........	648					
Baudreville.............	La Haye-du-Puits...	371		**CANTON DE PÉRIERS.**			
Bolleville.............	Idem............	570		Baupte.............	Prétot...........	308	
Canville.............	Idem............	586		Feugères.............	Périers...........	863	
Coigny.............	Prétot...........	435		Gonfreville.............	Idem............	548	
Cretteville.............	Idem............	625		Gorges.............	Idem............	1,232	
Denneville.............	La Haye-du-Puits...	741		Lastelle.............	Prétot...........	209	
Doville.............	Idem............	743		Marchesieux.............	Périers...........	1,566	
Gerville.............	Idem............	312		Nay.............	Idem............	220	
Glatigny.............	Idem............	478		Périers 🐎.............	✉.............	2,605	11,497
Haye-du-Puits (la)........	✉ (Distribution.)..	1,082		Plessis (le).............	Prétot...........	726	
Houtteville.............	Prétot...........	261		Saint-Germain-le-Vicomte...	Périers...........	547	
Lithaire.............	La Haye-du-Puits...	1,003	16,272	Saint-Jores.............	Prétot...........	807	
Mobec.............	Idem............	623		Saint-Martin-d'Aubigny....	Périers...........	1,069	
Montgardon.............	Idem............	980		Saint-Sébastien-de-Raids...	Idem............	647	
Neufmesnil.............	Idem............	389		Sainte-Suzanne...........	Prétot...........	150	
Prétot.............	✉ (Distribution.)	1,004					
Surville.............	La Haye-du-Puits...	545		**CANTON DE SAINT-SAUVEUR-LENDELIN.**			
Saint-Nicolas-de-Pierre-Pont.	Idem............	852		Camprond.............	Coutances........	786	
Saint-Remy-des-Landes.....	Idem............	674		Hauteville-la-Guichard....	La Fosse..........	1,333	
Saint-Sauveur-de-Pierre-Pont.	Idem............	587		Lorey (le).............	Idem............	1,650	
Saint-Symphorien........	Idem............	444		Mesnilbus (le).............	Périers...........	990	
Varenguebecq.............	Idem............	1,269		Montcuit.............	Idem............	563	
Vindefontaine.............	Prétot...........	1,030		Monthuchon.............	Coutances........	679	12,076
				Muneville-le-Bingard......	Idem............	1,502	
CANTON DE LESSAY.				Ronde-Haye (la)...........	Idem............	736	
Angoville-sur-Ay.........	La Haye-du-Puits...	749		Saint-Aubin-du-Perron.....	Périers...........	666	
Anneville.............	Coutances........	441		Saint-Michel-de-la-Pierre...	Idem............	529	
Aulne (l').............	La Haye-du-Puits...	714		Saint-Sauveur-Lendelin.....	Coutances........	2,091	
Bretteville-sur-Ay........	Idem............	707		Vaudrimesnil.............	Périers...........	551	
Créances.............	Périers...........	2,343					
Feuillie (la).............	Idem............	745		TOTAL de la population de l'Arrondissement........			136,847
Geffosses.............	Coutances........	1,298	14,747				
Lessay.............	Périers...........	1,696		**ARRONDISSEMENT DE MORTAIN.**			
Millières.............	Idem............	1,304					
Pirou.............	Idem............	1,738		**CANTON DE BARENTON.**			
Saint-Germain-sur-Ay......	La Haye-du-Puits...	1,061		Barenton.............	✉ (Distribution.)....	3,106	
Saint-Patrice-de-Claids....	Périers...........	516		Ger.............	Mortain..........	2,612	9,936
Vesly.............	La Haye-du-Puits...	1,435		Saint-Cyr-du-Bailleul.....	Barenton..........	2,551	
				Saint-Georges-de-Rouelley...	Idem............	1,667	
A reporter.............			89,321	A reporter.............			9,936

NOMS DES COMMUNES.	BUREAUX DE POSTE qui les desservent.	POPULATION.	TOTAL de la POPULATION par canton
Suite de l'ARRONDISSEMENT DE MORTAIN.		Report..	9,936
CANTON DE SAINT-HILAIRE-DU-HARCOUET.			
Chevreville....	Saint-Hilaire-du-Harcouet....	352	
Laperty....	Idem.	1,018	
Loges-Marchis (les)....	Idem.	1,496	
Martigny....	Idem.	762	
Mesnillard (le)....	Idem.	742	
Milly....	Idem.	798	14,389
Moulines....	Idem.	518	
Parigny....	Idem.	1,365	
Saint-Brice-de-Landelle....	Idem.	1,147	
Saint-Hilaire-du-Harcouet....	⊠.	2,759	
Saint-Martin-de-Landelle...	Saint-Hilaire-du-Harcouet.	1,947	
Virey....	Idem.	1,485	
CANTON D'ISIGNY.			
Biards (les)....	Saint-Hilaire-du-Harcouet.	1,164	
Buat (le)....	Idem.	372	
Chalandey....	Idem.	701	
Isigny....	Idem.	372	
Mancellière (la)....	Idem.	593	6,340
Mesnil-Bœufs (le)....	Idem.	429	
Mesnil-Thébault (le)....	Idem.	561	
Montgothier....	Idem.	650	
Montigny....	Idem.	608	
Naftel....	Idem.	260	
Velins....	Idem.	631	
CANTON DE JUVIGNY.			
Bazoge (la)....	Mortain.	343	
Belle-Fontaine....	Idem.	468	
Chasseguey....	Saint-Hilaire-du-Harcouet.	216	
Cherencé-le-Roussel....	Sourdeval.	953	
Juvigny....	Mortain.	802	5,933
Mesnil-Adelée (le)....	Sourdeval.	424	
Mesnil-Rainfray (le)....	Mortain.	748	
Mesnil-Tove (le)....	Sourdeval.	779	
Reffuveille....	Saint-Hilaire-du-Harcouet.	1,200	
CANTON DE MORTAIN.			
Bion....	Mortain.	779	
Fontenay....	Idem.	486	
Mortain....	⊠.	2,511	
Neufbourg (le)....	Mortain.	452	
Notre-Dame-du-Touchet....	Idem.	1,573	10,741
Romagny....	Idem.	1,561	
Saint-Barthélemy....	Idem.	604	
Saint-Clément....	Idem.	1,423	
Saint-Jean-du-Corail....	Idem.	648	
Villechien....	Idem.	704	
CANTON DE SAINT-POIS.			
Bois-Yvon....	Villedieu.	280	
Chapelle-Cesselin (la)....	Idem.	429	
Coulouvray....	Sourdeval.	1,275	
Lingeard....	Idem.	306	
Mesnil-Gilbert (le)....	Idem.	573	7,353
Montjoie....	Idem.	950	
Saint-Laurent-de-Cuves....	Idem.	1,436	
Saint-Martin-le-Bouillant....	Villedieu.	858	
Saint-Maur-des-Bois....	Idem.	346	
Saint-Pois....	Sourdeval.	800	
A reporter....			54,592

NOMS DES COMMUNES.	BUREAUX DE POSTE qui les desservent.	POPULATION.	TOTAL de la POPULATION par canton
Suite de l'ARRONDISSEMENT DE MORTAIN.		Report..	54,592
CANTON DE SOURDEVAL.			
Beauficel....	Sourdeval.	579	
Brouains....	Idem.	613	
Fresne-Poret (le)....	Idem.	1,006	
Gathemo....	Idem.	876	
Perriers-en-Beauficel....	Idem.	888	10,916
Sourdeval....	⊠.	4,280	
Saint-Martin-de-Chaulieu....	Sourdeval.	660	
Saint-Sauveur-de-Chaulieu....	Idem.	233	
Vengeons....	Idem.	1,781	
CANTON DU TEILLEUL.			
Buais....	Le Teilleul.	1,195	
Ferrières....	Idem.	270	
Heussé....	Idem.	848	
Husson....	Idem.	1,008	8,063
Savigny-le-Vieux....	Saint-Hilaire-du-Harcouet.	1,325	
Sainte-Marie-du-Bois....	Le Teilleul.	379	
Saint-Symphorien....	Saint-Hilaire-du-Harcouet.	527	
Teilleul (le)....	⊠ (Distribution).	2,511	
TOTAL de la population de l'Arrondissement....			73,571

ARRONDISSEMENT DE VALOGNES.

NOMS DES COMMUNES.	BUREAUX DE POSTE qui les desservent.	POPULATION.	TOTAL de la POPULATION par canton
CANTON DE BARNEVILLE.			
Barneville....	Bricquebec.	1,083	
Baubigny....	Idem.	270	
Carteret....	Idem.	513	
Fierville....	Idem.	751	
Haye-d'Ectot (la)....	Idem.	486	
Mesnil-Saint-Martin (le)....	Idem.	370	
Moitiers-d'Allone (les)....	Idem.	1,061	
Ourville....	Idem.	908	10,436
Portbail....	Idem.	1,901	
Senoville....	Idem.	473	
Sortosville-en-Beaumont....	Idem.	605	
Saint-Georges-de-la-Rivière....	Idem.	409	
Saint-Jean-de-la-Rivière....	Idem.	301	
Saint-Maurice....	Idem.	614	
Saint-Pierre-d'Artéglise....	Idem.	389	
Valdecie (le)....	Idem.	302	
CANTON DE BRICQUEBEC.			
Breuville....	Bricquebec.	543	
Bricquebec....	⊠ (Distribution.)	4,455	
Magneville....	Saint-Sauveur.	803	
Morville....	Valognes.	491	
Nègreville....	Idem.	1,217	
Perques (les)....	Bricquebec.	341	12,035
Quettetot....	Idem.	848	
Rauville-la-Bigot....	Idem.	940	
Sottevast....	Valognes.	1,104	
Saint-Martin-le-Hébert....	Bricquebec.	307	
Vretot (le)....	Idem.	1,216	
A reporter....			22,471

NOMS DES COMMUNES.	BUREAUX DE POSTE qui les desservent.	POPULA-TION.	TOTAL de la POPULA-TION par canton	NOMS DES COMMUNES.	BUREAUX DE POSTE qui les desservent.	POPULA-TION.	TOTAL de la POPULA-TION par canton
Suite de l'ARRONDISSEMENT DE VALOGNES.				Suite de l'ARRONDISSEMENT DE VALOGNES.			
	Report..		22,471		*Report..*		47,008
CANTON DE SAINTE-MÈRE-ÉGLISE.				CANTON DE QUETTEHOU.			
AMFREVILLE	Sainte-Mère-Église..	820		ANNEVILLE	Barfleur	774	
ANGOVILLE-AU-PLEIN	Blosville	124		AUMEVILLE	S'-Vaast-de-la-Hougue	234	
ARDOUVILLE-LA-HUBERT	Sainte-Mère-Église	259		BARFLEUR	⊠	2,075	
BEUZEVILLE-AU-PLEIN	Idem	108		CRASVILLE	S'-Vaast-de-la-Hougue	642	
BEUZEVILLE-LA-BASTILLE	Idem	352		MONTFARVILLE	Barfleur	000	
BLOSVILLE	⊠ (Distribution.)	401		MORSALINES	S'-Vaast-de-la-Hougue	523	
BOUTTEVILLE	Blosville	200		OCTEVILLE-LA-VENELLE	Idem	844	
BRUCHEVILLE	Idem	334		PERNELLE (la)	Le Vast	580	
CARQUEBUT	Idem	566		QUETTEHOU	S'-Vaast-de-la-Hougue	1,813	18,018
CHEF-DU-PONT	Sainte-Mère-Église	363		RÉVILLE	Idem	2,150	
ECOQUENEAUVILLE	Idem	230		SAINTE-GENEVIÈVE	Barfleur	688	
FOUCARVILLE	Idem	326		SAINT-VAAST-DE-LA-HOUGUE	⊠	3,502	
GOURBESVILLE	Idem	581	13,132	THEURTHEVILLE-BOCAGE	Le Vast	1,752	
HIESVILLE	Blosville	208		VALCANVILLE	Idem	1,176	
HOUESVILLE	Idem	381		VICEL (le)	Idem	453	
LIESVILLE	Idem	377		VIDECOSVILLE	S'-Vaast-de-la-Hougue	313	
NEUVILLE-AU-PLEIN	Sainte-Mère-Église	224					
PICAUVILLE	Idem	2,137		CANTON DE SAINT-SAUVEUR-SUR-DOUVE.			
RAVENOVILLE	Idem	601		BESNEVILLE	Saint-Sauveur-sur-Douve	1,487	
SEBEVILLE	Blosville	139					
SAINT-GERMAIN-DE-VARREVILLE	Sainte-Mère-Église	318		BINIVILLE	Idem	229	
SAINTE-MARIE-DU-MONT	Blosville	1,398		BONNEVILLE (la)	Idem	499	
SAINT-MARTIN-DE-VARREVILLE	Sainte-Mère-Église	501		CATTEVILLE	Idem	306	
SAINTE-MÈRE-ÉGLISE	⊠	1,740		COLOMBY	Valognes	867	
TURQUEVILLE	Sainte-Mère-Église	356		CROSVILLE	Saint-Sauveur-sur-Douve	195	
VIERVILLE	Blosville	88		ETIENVILLE	Idem	581	
				GOLLEVILLE	Idem	501	
CANTON DE MONTEBOURG.				HAUTEVILLE	Idem	280	13,602
AZEVILLE	Montebourg	212		MOITIERS (les)	Idem	691	
ECAUSSEVILLE	Idem	214		NÉHOU	Idem	2,626	
EMONDEVILLE	Idem	553		NEUVILLE-EN-BEAUMONT	Idem	207	
FROUDEVILLE	Idem	290		ORGLANDES	Idem	736	
FLOTTEMANVILLE	Idem	373		RAUVILLE-LA-PLACE	Idem	952	
FONTENAY	Idem	535		REIGNEVILLE	Idem	106	
FRESVILLE	Idem	837		SAINTE-COLOMBE	Idem	325	
HAM (le)	Idem	281		SAINT-SAUVEUR-SUR-DOUVE	⊠	2,836	
HEMEVEZ	Idem	306		TAILLEPIED	Saint-Sauveur-sur-Douve	178	
JOGANVILLE	Idem	158					
LESTRE	Idem	730		CANTON DE VALOGNES.			
MONTEBOURG	⊠	2,523	11,405	ALLÉAUME	Valognes	604	
ONEVILLE	Montebourg	353		BRIX	Idem	3,088	
QUINÉVILLE	Idem	364		HUBERVILLE	Idem	360	
SORTOSVILLE	Idem	207		LIEUSAINT	Idem	323	
SAINT-CYR	Idem	381		MONTAIGU	Idem	1,108	17,032
SAINT-FLOXEL	Idem	554		SAUSSEMESNIL	Idem	2,011	
SAINT-GERMAIN-DE-TOURNEBUS	Valognes	848		TAMERVILLE	Idem	1,363	
SAINT-MARCOUF	Montebourg	752		VALOGNES	⊠	6,940	
SAINT-MARTIN-D'AUDOUVILLE	Idem	322		YVETOT	Valognes	1,235	
URVILLE	Idem	398					
VAUDREVILLE	Idem	214					
	A reporter		47,008	TOTAL de la population de l'Arrondissement			95,660

RÉCAPITULATION.

	NOMBRE de		POPULATION.
	CANTONS.	COMMUNES.	
ARRONDISSEMENT DE SAINT-LO	9	118	99,250
—————— D'AVRANCHES	9	124	110,468
—————— DE CHERBOURG	5	73	75,488
—————— DE COUTANCES	10	138	136,847
—————— DE MORTAIN	8	73	73,571
—————— DE VALOGNES	7	118	95,660
TOTAUX	48	644	591,284

NOMS DES COMMUNES.	BUREAUX DE POSTE qui les desservent.	POPULA-TION.	TOTAL de la POPULA-TION par canton	NOMS DES COMMUNES.	BUREAUX DE POSTE qui les desservent.	POPULA-TION.	TOTAL de la POPULA-TION par canton
ARRONDISSEMENT DE CHALONS-SUR-MARNE.				**Suite de l'ARRONDᵀ DE CHALONS-SUR-MARNE.**			
						Report.	32,552
CANTON DE CHALONS-SUR-MARNE.				*CANTON DE SUIPPES.*			
AIGNY	Châlons-sur-Marne..	321		BILLY-LE-GRAND	Les Petites-Loges...	68	
CHALONS-SUR-MARNE	⊠	12,413		BOUY	Idem.	399	
COMPERTRIX	Châlons-sur-Marne..	120		BUSSY-LE-CHATEAU	Tilloy	402	
CONDÉ-SUR-MARNE	Idem.	555		CHEPPE (la)	Idem.	344	
COOLUS	Idem.	131		CUPERLY	Châlons-sur-Marne.	307	
FAGNIÈRES	Idem.	466		DAMPIERRE-AU-TEMPLE	Idem.	99	
GRANDES-LOGES (les)	Idem.	147		JONCHERY-SUR-SUIPPES	Idem.	486	
ISSE	Idem.	138	17,189	LIVRY	Les Petites-Loges...	272	7,028
JUVIGNY	Idem.	578		LOUVERCY	Idem.	238	
RECY	Idem.	413		MOURMELON-LE-GRAND	Idem.	445	
SAINT-ÉTIENNE-AU-TEMPLE	Idem.	313		MOURMELON-LE-PETIT	Idem.	275	
SAINT-GIBRIEN	Idem.	94		SUIPPES	Châlons-sur-Marne.	2,324	
SAINT-MARTIN-SUR-LE-PRÉ	Idem.	133		SAINT-HILAIRE-AU-TEMPLE	Idem.	110	
SAINT-MEMMIE	Idem.	618		SAINT-HILAIRE-LE-GRAND	Idem.	685	
VEUVE (la)	Idem.	338		VADENAY	Idem.	317	
VRAUX	Idem.	411		VAUDEMANGE	Les Petites-Loges.	257	
CANTON D'ÉCURY-SUR-COOLE.				*CANTON DE VERTUS.*			
ATHIS	Jaalons	713					
AULNAY-SUR-MARNE	Idem.	342		AULNAY-AUX-PLANCHES	Vertus.	167	
BREUVERY	Châlons-sur-Marne.	119		AULNIZEUX	Idem.	143	
BUSSY-LETTRÉE	Idem.	386		BERGÈRES-LEZ-VERTUS	Idem.	788	
CERNON	Jaalons	172		BIERGES	Idem.	66	
CHAMPAGNE	Jaalons	53		CHAINTRIX	Idem.	267	
CHAMPIGNEUL	Idem.	371		CHEVIGNY	Idem.	93	
CHENIERS	Châlons-sur-Marne.	142		CLAMANGES	Idem.	294	
CUEPPES	Idem.	433		COLLIGNY	Idem.	308	
CHERVILLE	Jaalons	92		ÉCURY-LE-REPOS	Fère-Champenoise.	165	
COUPETZ	Châlons-sur-Marne	174		ÉTRÉCHY	Vertus.	164	
ÉCURY-LE-PETIT	Jaalons	4		GERMINON	Idem.	324	
ÉCURY-SUR-COOLE	Châlons-sur-Marne.	357		GIVRY-LEZ-LOISY	Idem.	173	
FONTAINE-SUR-COOLE	Idem.	158		LOISY-EN-BRIE	Idem.	511	
JAALONS	⊠ (Distribution.)	575	7,424	MORAINS	Idem.	107	8,519
MAIRY-SUR-MARNE	Châlons-sur-Marne.	352		PIERRE-MORAINS	Idem.	185	
MATOUGUES	Jaalons	424		POCANCY	Idem.	299	
NUISEMENT-SUR-COOLE	Châlons-sur-Marne.	197		RENNEVILLE	Idem.	61	
SOGNY-AUX-MOULINS	Idem.	101		ROUFFY	Idem.	80	
SOUDRON	Idem.	533		SOULIÈRES	Idem.	286	
SAINT-MARTIN-AUX-CHAMPS	Idem.	203		SAINT-MARD-LEZ-ROUFFY	Idem.	166	
SAINT-PIERRE-AUX-OIES	Idem.	153		TOULON	Étoges.	77	
SAINT-QUENTIN-SUR-COOLE	Idem.	120		TRÉCON	Vertus.	191	
THIBIE	Idem.	262		VELYE	Idem.	187	
TROGNY-AUX-BŒUFS	Idem.	313		VERT-LA-GRAVELLE	Idem.	409	
VATRY	Idem.	127		VERTUS	⊠	2,277	
VÉSIGNEUL-SUR-COOLE	Idem.	132		VILLENEUVE-LEZ-ROUFFY	Vertus.	116	
VILLERS-AUX-CORNEILLES	Idem.	192		VILLESENEUX	Idem.	224	
VITRY-LA-VILLE	Idem.	192		VOIPREUX	Idem.	93	
VOUCIENNES	Idem.	52		VOUZY	Idem.	298	
CANTON DE MARSON.							
CHEPY	Châlons-sur-Marne..	286		TOTAL de la population de l'Arrondissement			48,099
COUPÉVILLE	Idem.	290					
COURTISOLS	Idem.	2,070					
DAMPIERRE-SUR-MOIVRE	Idem.	207		**ARRONDISSEMENT D'ÉPERNAY**			
ÉPINE (l')	Idem.	437					
FRANCHEVILLE	Idem.	210		*CANTON D'ANGLURE.*			
FRÊNE (le)	Idem.	196					
MARSON	Idem.	405		ALLEMANCHE	Anglure.	171	
MOIVRE	Idem.	229		ANGLURE	⊠ (Distribution.)	722	
MONCETZ	Idem.	253	7,939	BAGNEUX	Anglure.	702	
OMEY	La Chaussée.	145		BEAUDEMENT	Idem.	166	
POGNY	Idem.	818		CELLE-SOUS-CHANTEMERLE (la)..	Idem.	382	
POIX	Tilloy.	345		CHAPELLE-LASSON (la)	Idem.	194	
SARRY	Châlons-sur-Marne.	610		CLESLES	Idem.	649	
SOMME-VESLE	Tilloy.	413		CONFLANS	Pont-le-Roi.	663	
(à Pont-de-Somme-Vesle.)				ESCLAVOLLES	Idem.	166	
SAINT-GERMAIN-LA-VILLE	La Chaussée.	536					
SAINT-JEAN-SUR-MOIVRE	Châlons-sur-Marne.	267					
VÉSIGNEUL-SUR-MARNE	La Chaussée.	222					
A reporter		32,552		*A reporter*		3,815	

NOMS DES COMMUNES.	BUREAUX DE POSTE qui les desservent.	POPULA-TION.	TOTAL de la POPULA-TION par canton	NOMS DES COMMUNES.	BUREAUX DE POSTE qui les desservent.	POPULA-TION.	TOTAL de la POPULA-TION par canton

Suite de l'ARRONDISSEMENT D'ÉPERNAY.

Suite du CANTON D'ANGLURE.

	Report..	3,815					
GRANGES	Anglure	339					
LUREY	Pont-le-Roi	168					
MARCILLY	Idem	657					
MARSANGIS	Anglure	82					
NUISY	Idem	27					
SARON	Idem	533	7,821				
SOYER	Idem	50					
SAINT-JUST	Idem	1,171					
SAINT-QUENTIN-LE-VERGER	Idem	394					
SAINT-SATURNIN	Idem	188					
VILLIERS-AUX-CORNEILLES	Pont-le-Roi	207					
VOUARCES	Anglure	190					

CANTON D'AVIZE.

AVIZE	⊠	1,495					
BRUGNY	Épernay	391					
CHAVOT	Idem	264					
CRAMANT	Avize	517					
CUIS	Idem	451					
FLAVIGNY	Idem	141					
GIONGES	Idem	204					
GRAUVES	Idem	491					
ISTRES (les)	Idem	118					
MANCY	Idem	194	8,269				
MESNIL-SUR-OGER (le)	Idem	1,252					
MONTHELON	Idem	396					
MORANGIS	Idem	165					
MOSLINS	Idem	372					
OGER	Idem	700					
OIRY	Épernay	262					
PLIVOT	Idem	480					
VAUDANCOURT	Idem	191					
VILLERS-AUX-BOIS	Avize	185					

CANTON DE DORMANS.

BOURSAULT	Épernay	600					
BREUIL (le)	Dormans	649					
CHAMPVOISY	Idem	556					
COMBLIZY	Idem	95					
COURTHIEZY	Idem	480					
DORMANS 🐎	⊠	2,101					
FESTIGNY	Port-à-Binson	588					
IGNY-LE-JARD	Dormans	539					
LEUVRIGNY	Port-à-Binson	407	10,645				
MAREUIL-LE-PORT	Idem	966					
(⊠ Distribution. 🐎 à Port-à-Binson.)							
NESLE-LA-REPOSTE	Dormans	314					
OEUILLY	Port-à-Binson	420					
SOILLY	Dormans	1,260					
TROISSY	Port-à-Binson	650					
VERNEUIL	Dormans	1,088					
VINCELLES	Dormans	532					

CANTON D'ÉPERNAY.

ABLOIS-SAINT-MARTIN	Épernay	1,417					
CHOUILLY	Idem	1,031					
DAMERY	Idem	1,751					
ÉPERNAY 🐎	⊠	5,318					
FLEURY-LA-RIVIÈRE	Épernay	1,003					
MARDEUIL	Idem	561	14,004				
MOUSSY	Idem	626					
PIERRY	Idem	616					
VAUCIENNES	Idem	237					
VENTEUIL	Idem	1,102					
VINAY	Idem	342					

A reporter.................... 40,739

Suite de l'ARRONDISSEMENT D'ÉPERNAY.

Report.. 40,739

CANTON D'ESTERNAY.

BETHON	Villenauxe	553	
BOUCHY-LE-REPOS	Idem	196	
BRICOT-LA-VILLE	Courgivaux	81	
CHAMP-GUYON	Idem	380	
CHANTEMERLE	Villenauxe	184	
CHATILLON-SUR-MORIN	Courgivaux	303	
COURGIVAUX	⊠ (Distribution.)	363	
ECARDES	Courgivaux	165	
ESSARTS-LE-VICOMTE (les)	Idem	215	
ESSARTS-LEZ-SÉZANNE (les)	Sézanne	362	
ESTERNAY	Courgivaux	947	
FORESTIÈRE (la)	Idem	346	6,895
JOISELLE	Idem	183	
MEIX-SAINT-ÉPOING (le)	Sézanne	295	
MONTGENOT	Villenauxe	272	
NESLE-LA-REPOSTE	Idem	230	
NEUVY-L'ABBESSE	Courgivaux	364	
(🐎 à Nogentel.)			
NOUE (la)	Sézanne	350	
POTANGIS	Villenauxe	218	
REVEILLON	Courgivaux	187	
SAINT-BON	Idem	200	
SAINT-GENEST	Idem	72	
VILLENEUVE-LA-LIONNE	Idem	429	

CANTON DE FÈRE-CHAMPENOISE.

ANGLUZELLE	Pleurs	332	
BANNES	Fère-Champenoise	428	
BROUSSY-LE-GRAND	Idem	479	
CONNANTRAY	Idem	269	
CONNANTRE	Idem	576	
CORROY	Idem	269	
COURCEMAIN	Pleurs	239	
FAUX-FRESNAY	Idem	575	
FÈRE-CHAMPENOISE	⊠	2,049	
GOURGANSON	Fère-Champenoise	395	7,265
HAUSSIMONT	Idem	179	
LENHARRÉE	Idem	259	
MARIGNY	Pleurs	108	
MONTEPREUX	Fère-Champenoise	64	
NORMÉE	Idem	231	
ŒUVY	Idem	194	
OGNES	Idem	134	
THAAS	Pleurs	162	
VASSIMONT	Fère-Champenoise	173	
VAUREFROY	Idem	150	

CANTON DE MONTMIRAIL.

BERGÈRES-SOUS-MONTMIRAIL	Montmirail	469	
BOISSY	Idem	263	
CHARLEVILLE	Idem	382	
CORFÉLIX	Idem	303	
CORROBERT	Idem	225	
COURBETAUX	Idem	241	
ÉCHELLE-LE-FRANC (l')	Idem	264	
FROMENTIÈRES 🐎	Baye	472	
GAULT (le)	Montmirail	608	
JANVILLIERS	Idem	178	
MACLAUNAY	Idem	94	
MÉCRINGES	Idem	208	
MONTMIRAIL 🐎	⊠	2,343	
MORSAINS	Montmirail	229	
RIEUX	Idem	257	

A reporter.. 6,436

A reporter.................... 54,899

NOMS DES COMMUNES.	BUREAUX DE POSTE qui les desservent.	POPULA-TION.	TOTAL de la POPULA-TION par canton

Suite de l'ARRONDISSEMENT D'ÉPERNAY.

Report..   54,899

Suite du Canton de MONTMIRAIL.

Report..   6,436

NOMS DES COMMUNES	BUREAUX DE POSTE	POPULATION	TOTAL par canton
SOIGNY	Montmirail	76	
SOIZY-AUX-BOIS	Idem	220	
THOULT (le)	Idem	342	
TREFOLS	Idem	284	8,661
TROSNAY	Idem	34	
VAUCHAMPS	Idem	392	
VERDON	Idem	298	
VEZIER (le)	Idem	330	
VILLENEUVE-LÈS-CHARLEVILLE	Idem	249	

Canton de MONTMORT.

NOMS DES COMMUNES	BUREAUX DE POSTE	POPULATION	TOTAL par canton
BAIZIL (le)	Épernay	418	
BANNAY	Baye	67	
BAYE	✉ (Distribution.)	690	
BEAUNAY	Étoges	261	
CAURE (la)	Baye	204	
CHALTRAIT	Épernay	160	
CHAMPAUBERT	Baye	178	
CHAPELLE-SOUS-ORBAIS (la)	Idem	76	
COIZARD	Étoges	181	
CONGY	Idem	623	
CORRIBERT	Épernay	134	
COURJEONNET	Étoges	154	
ÉTOGES 🏤	✉ (Distribution.)	587	7,196
FEREBRIANGES	Étoges	341	
JOCHES	Idem	58	
LUCY	Épernay	128	
MARECIL-EN-BRIE	Idem	420	
MARGNY	Montmirail	142	
MONTMORT	Épernay	609	
ORBAIS	Idem	914	
SUIZY-LE-FRANC	Idem	204	
SAINT-PRIX	Baye	190	
VILLE-SOUS-ORBAIS (la)	Dormans	96	
VILLEVENARD	Étoges	361	

Canton de SÉZANNE.

NOMS DES COMMUNES	BUREAUX DE POSTE	POPULATION	TOTAL par canton
ALLEMANT	Sézanne	550	
BARBONNE	Idem	1,276	
BROUSSY-LE-PETIT	Idem	294	
BROYES	Idem	820	
CHICHEY	Idem	142	
FAYEL	Idem	88	
FONTAINE-DENIS	Idem	834	
GAYE	Idem	597	
LACHY	Idem	344	
LINTHELLES	Idem	185	
LINTHES	Idem	146	
MOEURS	Idem	158	
MONDEMENT	Idem	85	
MONGIVROUX	Idem	33	12,522
OYES	Idem	202	
PÉAS	Idem	153	
PLEURS	✉ (Distribution.)	591	
QUEUDES	Sézanne	143	
REUVES	Idem	283	
SAUDOY	Idem	560	
SÉZANNE	✉	4,106	
SAINT-LOUP	Sézanne	160	
SAINT-REMY	Idem	98	
VERDEY	Idem	130	
VILLENEUVE-SAINT-VISTRE	Idem	146	
VILLEVOTTE	Idem	77	
VINDEY	Idem	321	

TOTAL de la population de l'Arrondissement.......   83,278

ARRONDISSEMENT DE REIMS.

Canton d'AY.

NOMS DES COMMUNES	BUREAUX DE POSTE	POPULATION	TOTAL par canton
AMBONNAY	Épernay	532	
AVENAY	Idem	1,101	
AY	Idem	2,727	
BISSEUIL	Idem	650	
BOUZY	Idem	283	
CHAMPILLON	Idem	290	
CORMOYEUX	Idem	630	
CUMIÈRES	Idem	1,087	
DIZY	Idem	402	
FONTAINE	Idem	176	11,710
GERMAINE	Idem	344	
HAUTVILLERS	Idem	1,023	
LOUVOIS	Idem	400	
MAREUIL-SUR-AY	Idem	686	
MUTIGNY	Idem	79	
MUTRY	Idem	32	
SAINT-IMOGES	Idem	207	
TAUXIÈRES	Idem	282	
TOURS-SUR-MARNE	Idem	826	

Canton de BEINE.

NOMS DES COMMUNES	BUREAUX DE POSTE	POPULATION	TOTAL par canton
AUBERIVE	Reims	635	
BEINE	Idem	1,019	
BERRU	Idem	844	
BÉTHENIVILLE	Idem	600	
CERNAY-LEZ-REIMS	Idem	861	
DONTRIEN	Idem	375	
ÉPOYE	Isles-sur-Suippe	478	
MORONVILLIERS	Reims	98	
NAUROY	Idem	198	10,494
NOGENT	Idem	605	
PONT-FAVERGER	Isles-sur-Suippe	1,505	
PROSNE	Les Petites-Loges	499	
PRUNAY	Idem	432	
SELLES	Isles-sur-Suippe	360	
SAINT-HILAIRE-LE-PETIT	Reims	601	
SAINT-MARTIN-L'HEUREUX	Idem	189	
SAINT-MASMES	Isles-sur-Suippe	298	
SAINT-SOUPLET	Reims	630	
VAUDESINCOURT	Idem	267	

Canton de BOURGOGNE.

NOMS DES COMMUNES	BUREAUX DE POSTE	POPULATION	TOTAL par canton
AUMÉNANCOURT-LE-GRAND	Isles-sur-Suippe	653	
AUMÉNANCOURT-LE-PETIT	Idem	308	
BAZANCOURT	Idem	931	
BERMÉRICOURT	Reims	69	
BOULT-SUR-SUIPPE	Isles-sur-Suippe	1,364	
BOURGOGNE	Idem	904	
BRIMONT	Reims	442	
CAUREL-LEZ-LAVANNES	Isles-sur-Suippe	590	
CAUROY-LÈS-HERMONVILLE	Berry-au-Bac	509	
CORMICY	Idem	1,482	
COURCY-LA-NEUVILLETTE	Reims	551	
FRESNE	Isles-sur-Suippe	443	
HEUTRÉGIVILLE	Idem	617	15,956
ISLES-SUR-SCIPPE 🏤	✉ (Distribution.)	622	
LAVANNES	Isles-sur-Suippe	872	
LOIVRE	Reims	609	
MERFY	Idem	416	
POMACLE	Isles-sur-Suippe	376	
POUILLON	Reims	389	
SAINT-ÉTIENNE-SUR-SUIPPE	Isles-sur-Suippe	315	
SAINT-THIERRY	Reims	500	
THIL	Idem	355	
VILLERS-FRANQUEUX	Idem	444	
WARMERIVILLE	Isles-sur-Suippe	1,034	
WITRY-LÈS-REIMS	Reims	1,161	

A reporter........................   38,160

NOMS DES COMMUNES.	BUREAUX DE POSTE qui les desservent.	POPULATION.	TOTAL de la POPULATION par canton	NOMS DES COMMUNES.	BUREAUX DE POSTE qui les desservent.	POPULATION.	TOTAL de la POPULATION par canton
Suite de l'ARRONDISSEMENT DE REIMS.				**Suite de l'ARRONDISSEMENT DE REIMS.**			
	Report..		38,160		Report..		96,945
CANTON DE CHATILLON-SUR-MARNE.				**CANTON DE VERZY.**			
Antenay	Port-à-Binson	140		Baconnes	Les Petites-Loges	211	
Baslieux-sous-Chatillon	Idem	255		Beaumont-sur-Vesle	Idem	459	
Belval	Idem	497		Chamery	Reims	641	
Binson	Idem	530		Champ-Fleury	Idem	303	
Champlat	Idem	630		Chigny	Idem	542	
Chatillon-sur-Marne	Idem	248		Courmelois	Les Petites-Loges	162	
Courtagnon	Idem	951		Ludes	Reims	841	
Cuchery	Idem	201		Mailly	Les Petites-Loges	600	
Cuisle	Idem	72		Montbré	Reims	257	
Jonquery	Idem	520	7,337	Petites-Loges (les)	✉ (Distribution.)	224	
Nanteuil-la-Fosse	Idem	303		Puisieulx	Reims	255	
Neuville-aux-Larris (la)	Idem	135		Rilly	Idem	720	
Olizy	Idem	351		Sept-Saulx	Les Petites-Loges	288	12,363
Passy-Grigny	Dormans	263		Sermiers	Reims	710	
Pourcy	Port-à-Binson	757		Sillery 🖃		462	
Reuil	Idem	319		Thuisy	Les Petites-Loges	233	
Sainte-Gemme	Dormans	445		Trépail	Idem	697	
Vandières	Port-à-Binson	411		Verzenay	Idem	1,272	
Villers-sous-Chatillon	Idem	309		Verzy	Idem	1,215	
				Ville-en-Selve	Idem	254	
CANTON DE FISMES.				Villers-Allerand	Idem	787	
				(🖃 à Moncbenot.)			
Arcis-le-Ponsart	Fismes	566		Villers-aux-Nœuds	Idem	182	
Baslieux-les-Fismes	Idem	402		Villers-Marmery	Idem	806	
Bouvancourt	Jonchery-sur-Vesle	314		Wez	Idem	242	
Breuil	Fismes	118					
Chenay	Reims	446		**CANTON DE VILLE-EN-TARDENOIS.**			
Coulandon	Fismes	133		Aougny	Jonchery-sur-Vesle	186	
Courville	Idem	508		Aubilly	Idem	78	
Crugny	Idem	835		Bligny	Idem	125	
Fismes 🖃	✉	2,110		Bouilly	Idem	120	
Hermonville	Reims	1,435		Bouleuse	Idem	161	
Hourges	Jonchery-sur-Vesle	217	12,150	Branscourt	Idem	291	
Jonchery-sur-Vesle 🖃	✉ (Distribution.)	531		Brouillet	Fismes	146	
Magneux	Fismes	305		Chalons-sur-Vesle	Jonchery-sur-Vesle	123	
Mont-sur-Courville	Idem	213		Chambrecy	Idem	162	
Montigny-sur-Vesle	Jonchery-sur-Vesle	436		Chaumuzy	Idem	879	
Pévy	Idem	413		Coulommes	Reims	252	
Prouilly	Idem	585		Courcelles-les-Rosnay	Jonchery-sur-Vesle	156	
Romain	Fismes	433		Courmas	Idem	218	
Saint-Gilles	Idem	395		Écueil	Reims	312	
Trigny	Jonchery-sur-Vesle	719		Faverolles	Jonchery-sur-Vesle	390	
Unchair	Fismes	226		Germigny	Idem	186	
Vendeuil	Jonchery-sur-Vesle	560		Gueux	Reims	600	
Ventelay	Idem	250		Héry (?)	Jonchery-sur-Vesle	142	
				Janvry	Idem	211	
CANTON DE REIMS (1ᵉʳ).				Jouy	Reims	139	
Bezannes	Reims	373		Lagery	Jonchery-sur-Vesle	509	11,372
Ormes	Idem	292		Marfaux	Idem	250	
Reims (1ᵉʳ canton) 🖃	✉	13,224	14,146	Méry	Idem	153	
Thillois	Reims	179		Mesneux (les)	Reims	307	
Tinqueux	Idem	78		Moison	Jonchery-sur-Vesle	143	
				Pargny	Reims	226	
CANTON DE REIMS (2ᵉ).				Poilly	Jonchery-sur-Vesle	205	
Bétheny	Reims	480		Romigny	Idem	275	
Champigny	Idem	202		Rosnay	Idem	415	
Reims (2ᵉ canton)	✉	10,638	11,750	Sacy	Reims	431	
Saint-Brice	Reims	430		Sapicourt	Jonchery-sur-Vesle	72	
				Sarcy	Idem	277	
CANTON DE REIMS (3ᵉ).				Savigny-sur-Ardres	Idem	659	
Cormontreuil	Reims	566		Serzy	Idem	552	
Reims (3ᵉ canton)	✉	12,109		Sainte-Euphraise	Idem	271	
Saint-Léonard	Reims	65	13,402	Tramery	Idem	261	
Taissy	Idem	429		Treslon	Idem	211	
Trois-Puits	Idem	233		Ville-Dommange	Reims	478	
				Ville-en-Tardenois	Jonchery-sur-Vesle	511	
				Vrigny	Reims	289	
	A reporter..		96,945		Total de la population de l'Arrondissement..		120,680

ARRONDISSEMENT DE SAINTE-MENEHOULD.

CANTON DE DOMMARTIN-SUR-YÈVRE.

NOMS DES COMMUNES.	BUREAUX DE POSTE qui les desservent.	POPULA-TION.	TOTAL de la POPULA-TION par canton.
ANTE	Sainte-Menehould..	170	
AUVE	Tilloy..	473	
BELVAL	Sainte-Menehould..	320	
CHARMONTOIS-L'ABBÉ	Idem..	285	
CHARMONTOIS-LE-ROI	Idem..	249	
CHATELLIER (le)	Idem..	337	
CHILMIN (le)	Idem..	351	
CONTAULT-LE-MAUPAS	Idem..	264	
DAMPIERRE-LE-CHATEAU	Tilloy..	269	
DOMMARTIN-SUR-YÈVRE	Sainte-Menehould..	328	
ESCLAIRES	Idem..	446	
ÉPENSE	Idem..	359	
GIVRY-EN-ARGONNE	Idem..	592	
HERPONT	Tilloy..	364	8,595
NEUVILLE-AUX-BOIS (la)	Sainte-Menehould..	435	
NOIRLIEU	Idem..	206	
RAPSÉCOURT	Tilloy..	146	
REMICOURT	Sainte-Menehould..	183	
SIVRY-SUR-ANTE	Idem..	301	
SOMME-YÈVRE	Idem..	379	
SAINT-MARD-SUR-AUVE	Tilloy..	185	
SAINT-MARD-SUR-LE-MONT	Sainte-Menehould..	656	
SAINT-REMY-SUR-BUSSY	Tilloy..	505	
TILLOY	✉ (Distribution.)..	312	
VARIMONT	Sainte-Menehould..	125	
VIEIL-DAMPIERRE (le)	Idem..	355	

CANTON DE SAINTE-MENEHOULD.

NOMS DES COMMUNES.	BUREAUX DE POSTE qui les desservent.	POPULA-TION.	TOTAL de la POPULA-TION par canton.
ARGERS	Sainte-Menehould..	149	
BRAUX-SAINTE-COHIÈRE	Idem..	150	
BRAUX-SAINT-REMY	Idem..	164	
CHAPELLE (la)	Idem..	112	
CHATRICE	Idem..	129	
CHAUDE-FONTAINE	Idem..	533	
COURTÉMONT	Tilloy..	320	
CROIX-EN-CHAMPAGNE (la)	Tilloy..	157	
DAMPIERRE-SUR-AUVE	Sainte-Menehould..	74	
DAUCOURT	Idem..	161	
DOMMARTIN-LA-PLANCHETTE	Idem..	102	
DOMMARTIN-SOUS-HANS	Idem..	107	
ÉLIZE	Idem..	148	
FLORENT	Idem..	919	
GIZAUCOURT	Idem..	281	
HANS	Idem..	476	14,982
LAVAL	Ville-sur-Tourbe..	229	
MAFFRÉCOURT	Sainte-Menehould..	81	
MOIREMONT	Idem..	524	
NEUVILLE-AU-PONT (la)	Idem..	1,360	
PASSAVANT	Idem..	1,067	
SOMME-BIONNE	Idem..	116	
SOMME-SUIPPES	Tilloy..	857	
SOMME-TOURBE	Idem..	223	
SAINT-JEAN-SUR-TOURBE	Ville-sur-Tourbe..	349	
SAINTE-MENEHOULD 🐎	✉	3,906	
VALMY	Sainte-Menehould..	456	
(🐎 à Orbeval.)			
VERRIÈRES	Idem..	1,051	
VILLERS-EN-ARGONNE	Idem..	588	
VOILLEMONT	Idem..	203	

CANTON DE VILLE-SUR-TOURBE.

NOMS DES COMMUNES.	BUREAUX DE POSTE qui les desservent.	POPULA-TION.	TOTAL de la POPULA-TION par canton.
BERZIEUX	Ville-sur-Tourbe..	377	
BINARVILLE	Sainte-Menehould..	758	
CERNAY-EN-DORMOIS	Ville-sur-Tourbe..	797	
FONTAINE-EN-DORMOIS	Idem..	196	
GRATREUIL	Idem..	119	
HURLUS	Idem..	138	
MALMY	Idem..	114	
	A reporter..	2,499	

A reporter..................... 23,577

Suite de l'ARROND.^t DE SAINTE-MENEHOULD.

Suite du CANTON DE VILLE-SUR-TOURBE.

NOMS DES COMMUNES.	BUREAUX DE POSTE qui les desservent.	POPULA-TION.	TOTAL de la POPULA-TION par canton.
	Report..		23,577
	Report..	2,499	
MASSIGES	Ville-sur-Tourbe..	243	
MELZICOURT	Idem..	39	
MESNIL-LÈS-HURLUS (le)	Idem..	109	
MINAUCOURT	Idem..	238	
PERTHES-LÈS-HURLUS	Idem..	209	
RIPONT	Idem..	152	
ROUVROY	Idem..	164	
SERVON	Sainte-Menehould..	743	
SOMMEPY	Ville-sur-Tourbe..	1,455	11,375
SOUAIN	Idem..	846	
SAINTE-MARIE-A-PY	Idem..	742	
SAINT-THOMAS	Sainte-Menehould..	193	
TAHURE	Ville-sur-Tourbe..	283	
VIENNE-LA-VILLE	Idem..	616	
VIENNE-LE-CHATEAU	Sainte-Menehould..	1,766	
VILLE-SUR-TOURBE	✉ (Distribution.)	531	
VIRGINY	Ville-sur-Tourbe..	453	
WARGEMOULIN	Idem..	94	

TOTAL de la population de l'Arrondissement....... 34,952

ARRONDISSEMENT DE VITRY-LE-FRANÇOIS.

CANTON DE HEILTZ-LE-MAURUPT.

NOMS DES COMMUNES.	BUREAUX DE POSTE qui les desservent.	POPULA-TION.	TOTAL de la POPULA-TION par canton.
ALLIANCELLES	Heiltz-le-Maurupt..	473	
BASSU	Idem..	353	
BASSUET	Idem..	731	
BETTANCOURT-LA-LONGUE	Idem..	383	
BUSSY-LE-REPOS	Idem..	398	
CHANGY	Idem..	313	
CHARMONT	Idem..	1,162	
DOUCEY	Idem..	227	
HEILTZ-L'ÉVÊQUE	Idem..	397	
HEILTZ-LE-MAURUPT	✉ (Distribution.)	878	
JUSSECOURT	Heiltz-le-Maurupt..	303	
MINECOURT	Idem..	244	10,600
OUTREPONT	Idem..	255	
POSSESSE	Idem..	571	
ROSAY	Idem..	214	
SOGNY-EN-L'ANGLE	Idem..	294	
SAINT-JEAN-DEVANT-POSSESSE	Idem..	145	
VANAULT-LE-CHATEL	Idem..	587	
VANAULT-LÈS-DAMES	Idem..	628	
VAVRAY-LE-GRAND	Idem..	484	
VAVRAY-LE-PETIT	Idem..	240	
VERNANCOURT	Idem..	308	
VILLERS-LE-SEC	Idem..	429	
VROIL	Idem..	683	

CANTON DE SAINT-REMY-EN-BOUZEMONT.

NOMS DES COMMUNES.	BUREAUX DE POSTE qui les desservent.	POPULA-TION.	TOTAL de la POPULA-TION par canton.
AMBRIÈRES	Saint-Remy-en-Bouzemont..	462	
ARRIGNY	Idem..	137	
AREILLIÈRES	Idem..	418	
BLAISE-SOUS-ARZILLIÈRES	Idem..	200	
BLAISE-SOUS-HAUTE-VILLE	Idem..	221	
BRANDONVILLERS	Idem..	256	
BUSSY-AUX-BOIS	Idem..	108	
CHAMPACBERT-AUX-BOIS	Idem..	415	
CHANTECOCQ	Idem..	87	
CHATEL-RAOULD	Vitry-le-François..	181	
CHATILLON-SUR-BROUÉ	Saint-Remy-en-Bouzemont..	134	
DROSNAY	Idem..	455	
ÉCOLLEMONT	Idem..	67	
GIFFAUMONT	Idem..	575	
GIGNY-AUX-BOIS	Idem..	336	
	A reporter..	4,052	

A reporter.................. 10,660

NOMS DES COMMUNES.	BUREAUX DE POSTE qui les desservent.	POPULATION.	TOTAL de la POPULATION par canton	NOMS DES COMMUNES.	BUREAUX DE POSTE qui les desservent.	POPULATION.	TOTAL de la POPULATION par canton
Suite de l'ARRONDISSEMENT DE VITRY-LE-FRANÇOIS.				Suite de l'ARRONDISSEMENT DE VITRY-LE-FRANÇOIS			
	Report..		10,600		Report..		23,004
Suite du CANTON DE SAINT-REMY-EN-BOUZEMONT.				Suite du CANTON DE THIÈBLEMONT.			
	Report..	4,052			Report..	3,158	
GRANDES-COTES (les)	Saint-Remy-en-Bouzemont	292		FARÉMONT	Vitry-le-François	169	
HANCOURT	Idem	90		FAVRESSE	Perthes	179	
HAUTEVILLE	Idem	559		HAUSSIGNÉMONT	Idem	51	
HENRUEL	Idem	54		HEILTZ-LE-HUTTIER	Idem	242	
ISSON	Idem	115		ISLE-SUR-MARNE	Vitry-le-François	180	
LANDRICOURT	Idem	209		LARSICOURT	Idem	891	
LIGNON	Idem	219		MATIGNICOURT	Idem	125	
MARGERIE	Idem	345		MAURUPT-LE-MONTOY	Idem	609	
NEUVILLE-SOUS-ARZILLIÈRES	Idem	86	8,038	MONCETS-L'ABBAYE	Idem	180	
NOISEMENT-AUX-BOIS	Idem	80		NORROIS	Idem	128	
OUTINES	Idem	474		ORCONTE	Idem	394	
PETITES-COTES (les)	Idem	63		PARGNY-SUR-SAULX	Idem	401	
PETIL-VILLE (la)	Idem	64		PLICHANCOURT	Idem	156	10,881
RIVIÈRES (les)	Idem	98		PONTHION	Idem	335	
SAINT-CHERON	Idem	182		REIMS-LA-BRULÉE	Idem	160	
SAINT-GENEST	Idem	32		SAPIGNICOURT	Perthes	262	
SAINTE-LIVIÈRE	Idem	385		SCRUPT	Idem	275	
SAINT-LOUVENT	Vitry-le-François	61		SERMAIZE	Vitry-le-François	1,790	
SAINT-REMY-EN-BOUZEMONT	(Distribution.)	578		SAINT-EULIEN	Perthes	115	
				SAINT-LUMIER-LA-POPULEUSE	Idem	65	
CANTON DE SOMPUIS.				SAINT-VRAIN	Idem	261	
BRÉBANT	Vitry-le-François	193		THIÈBLEMONT	Vitry-le-François	256	
CHAPELAINE	Saint-Remy-en-Bouzemont	159		TROIS-FONTAINES-LA-GRANGE	Idem	196	
COULE	Vitry-le-François	270		VAUCLERC	Idem	177	
CORBEIL	Idem	212		VOUILLERS	Perthes	186	
DOMMARTIN-LETTRÉE	Idem	277					
FAUX-SUR-COULE	Idem	100		CANTON DE VITRY-LE-FRANÇOIS.			
HUMBAUVILLE	Idem	200		ABLANCOURT	La Chaussée	231	
MEIX-TIERCELIN (le)	Idem	254	4,366	AULNAY-L'AITRE	Idem	253	
SOULANGES	Fère-Champenoise	482		BIGNICOURT-SUR-MARNE	Vitry-le-François	66	
SOMPUIS	Vitry-le-François	589		BLACY	Idem	410	
SOMSOIS	Saint-Remy-en-Bouzemont	505		CHAUSSÉE (la)	(Distribution.)	838	
SOUDÉ-NOTRE-DAME	Vitry-le-François	123		COURDEMANGES	Vitry-le-François	332	
SOUDÉ-SAINTE-CROIX	Idem	373		COUVROT	Idem	337	
SAINT-OUEN	Idem	474		DROUILLY	Idem	156	
SAINT-UTIN	Saint-Remy-en-Bouzemont	155		FRIGNICOURT	Idem	307	
				GLANNES	Idem	338	
CANTON DE THIÈBLEMONT.				HUIRON	Idem	365	
BIGNICOURT-SUR-SAULX	Vitry-le-François	368		LISSE	La Chaussée	264	
BLESME	Perthes	217		LOISY-SUR-MARNE	Vitry-le-François	744	16,182
BROSSON	Vitry-le-François	207		LUXÉMONT	Idem	187	
BUISSON (le)	Idem	266		MAISONS-EN-CHAMPAGNE	Idem	363	
CHEMINON	Idem	1,239		MAROLES	Idem	140	
CLOYES	Idem	188		MERLAUT	Idem	415	
DOMREMY	Perthes	139		PRINGY	Idem	333	
ÉCRIENNES	Vitry-le-François	231		SONGY	Idem	373	
ÉTREPY	Idem	303		SOULANGES	La Chaussée	144	
	A reporter	3,158		SAINT-AMANT	Idem	1,209	
				SAINT-LUMIER-EN-CHAMPAGNE	Idem	410	
				SAINT-QUENTIN-LES-MARAIS	Vitry-le-François	200	
				VITRY-EN-PERTHOIS	Idem	791	
				VITRY-LE-FRANÇOIS		6,976	
A reporter			23,004	TOTAL de la population de l'Arrondissement			50,067

RÉCAPITULATION.

	NOMBRE de		POPULATION.
	CANTONS.	COMMUNES.	
ARRONDISSEMENT DE CHALONS-SUR-MARNE	5	109	48,099
———— D'ÉPERNAY	9	185	83,278
———— DE REIMS	10	181	120,680
———— DE SAINTE-MÉNEHOULD	3	81	34,952
———— DE VITRY-LE-FRANÇOIS	5	132	50,067
TOTAUX	32	688	337,076

NOMS DES COMMUNES.	BUREAUX DE POSTE qui les desservent.	POPULA-TION.	TOTAL de la POPULA-TION par canton	NOMS DES COMMUNES.	BUREAUX DE POSTE qui les desservent.	POPULA-TION.	TOTAL de la POPULA-TION par canton
ARRONDISSEMENT DE CHAUMONT-EN-BASSIGNY.				Suite de l'ARRONDᵗ DE CHAUMONT-EN-BASSIGNY.			
					Report..		18,388
CANTON D'ANDELOT.				Suite du CANTON DE BOURMONT.			
ANDELOT	✉	1,029			Report..	7,978	
BLANCHEVILLE	Andelot	202		NIJON	Bourmont	419	
BOURDONS	Idem.	587		OUTREMÉCOURT	Idem.	405	
BRIAUCOURT	Idem.	227		OZIÈRES	Idem.	286	
CHANTRAINES	Idem.	373		ROMAIN-SUR-MEUSE	Idem.	559	11,092
CIREY-LES-MAREILLES	Idem.	272		SOMMERÉCOURT	Idem.	318	
CONSIGNY	Idem.	316		SOULAUCOURT	Idem.	515	
CRÊTE (la)	Chaumont-en-Bassi-	125		SAINT-THIÉBAULT 🏷	Idem.	307	
DARMANNES	gny.	326	6,219	VAUDRECOURT	Idem.	174	
ÉCOT	Andelot	297		VRONCOURT	Idem.	151	
FORCEY	Idem.	200		CANTON DE CHÂTEAU-VILLAIN.			
MAREILLES	Idem.	281		AIZANVILLE	Château-Villain	178	
MONTOT	Idem.	245		BLESSONVILLE	Idem.	412	
MORTEAU	Idem.	52		BRAUX	Idem.	455	
REYNEL	Idem.	516		BRICON	Idem.	562	
RIMAUCOURT 🏷	Idem.	681		CHÂTEAU-VILLAIN	✉	1,896	
ROCHEFORT	Idem.	251		CIRFONTAINES-EN-AZOIS	Château-Villain	542	
SIGNÉVILLE	Idem.	160		CRÉANGSY	Idem.	532	
VIGNES	Idem.	79		DINTEVILLE	Idem.	387	
CANTON D'ARC-EN-BARROIS.				ESSEY-LES-PONTS	Idem.	263	
ARC-EN-BARROIS	✉	1,469		FERTÉ-SUR-AUBE (la)	Clairvaux	1,131	11,167
AUBEPIERRE	Arc-en-Barrois	874		LANTY	Château-Villain	584	
BUGNIÈRES	Idem.	347		LATRECEY	Idem.	894	
COUPRAY	Idem.	385		MARMESSE	Idem.	206	
COUR-L'ÉVÊQUE	Idem.	342	6,362	MONTRIBOURG	Idem.	171	
DANCEVOIRE	Idem.	844		ORGES	Idem.	1,102	
LEFFONDS	Idem.	856		ORMOY-SUR-AUBE	Idem.	399	
RICHEBOURG	Idem.	647		PONT-LA-VILLE	Idem.	457	
VILLIERS-SUR-SUIZE	Idem.	598		SILVAROUVRE	Clairvaux	387	
CANTON DE SAINT-BLIN.				VILLARS-EN-AZOIS	Idem.	609	
AILLIANVILLE	Andelot	486		CANTON DE CHAUMONT-EN-BASSIGNY.			
BUSSON	Idem.	198		BRETENAY	Chaumont-en-Bassi-	255	
CHALVRAINES	Bourmont	887			gny.		
CHAMBRONCOURT	Andelot	209		BROTTES	Idem.	293	
FAUCHE (la)	Idem.	200		BUXIÈRES-LES-VILLIERS	Idem.	179	
HUMBERVILLE	Idem.	205		CHAMARANDES	Idem.	140	
LEURVILLE	Idem.	316		CHAUMONT-EN-BASSIGNY 🏷	✉	6,318	
LIFFOL-LE-PETIT	Idem.	468	5,807	CHOIGNES	Chaumont-en-Bassi-	199	
MANOIS	Idem.	458			gny.		
MORIONVILLIERS	Idem.	149		CONDES	Idem.	133	
ORQUEVAUX	Idem.	443		CRENAY-SUR-SUIZE	Idem.	392	
PREZ-SOUS-LA-FAUCHE 🏷	Idem.	553		EUFFIGNEIX	Idem.	273	
SEMILLY	Bourmont	322		JONCHERY	Idem.	345	12,021
SAINT-BLIN	Andelot	592		LABARMAND	Idem.	203	
VESAIGNES-SOUS-LA-FAUCHE	Idem.	323		LUZY	Idem.	403	
CANTON DE BOURMONT.				MONTSAON	Idem.	189	
BOURG-SAINTE-MARIE	Bourmont	307		NEUILLY-SUR-SUIZE	Idem.	195	
BOURMONT	✉	1,118		PUITS-DES-MÈZES (le)	Idem.	322	
BRAINVILLE	Bourmont	301		RIAUCOURT	Idem.	382	
CHAMPIGNEULLES	Idem.	355		SARCICOURT	Idem.	320	
CHAUMONT-LA-VILLE	Idem.	532		SEMOUTIER	Idem.	285	
CLINCHAMP	Idem.	544		TREIX	Idem.	185	
DONCOURT	Idem.	257		VERBIESLES	Idem.	222	
GERMAINVILLIERS	Idem.	440		VILLE-AUX-BOIS (la)	Idem.	311	
GONAINCOURT	Idem.	200		VILLIERS-LE-SEC	Idem.	478	
GONCOURT	Idem.	697		CANTON DE CLEFMONT.			
GRAFFIGNY-CHEMIN	Idem.	971		AUDELONCOURT	Clefmont	518	
HACOURT	Idem.	151		BASSONCOURT	Idem.	334	
HARRÉVILLE	Idem.	734		BREUVANNES	Montigny-le-Roi	1,370	
HUILLIÉCOURT	Idem.	441		BUXIÈRES-LES-CLEFMONT	Clefmont	216	
ILLOUD	Idem.	371		CHOISEIL	Montigny-le-Roi	374	
LÉVÉCOURT	Idem.	436		CLEFMONT 🏷 (Distribution.)	✉	485	
MALAINCOURT	Idem.	223		COLOMBEY-LES-CHOISEUL	Montigny-le-Roi	670	
				CUVES	Clefmont	160	
				DAILLECOURT	Idem.	300	
	A reporter..	7,978			A reporter..	4,427	
	A reporter		18,388		A reporter		52,668

NOMS DES COMMUNES.	BUREAUX DE POSTE qui les desservent.	POPULA-TION.	TOTAL de la POPULA-TION par canton	NOMS DES COMMUNES.	BUREAUX DE POSTE qui les desservent.	POPULA-TION.	TOTAL de la POPULA-TION par canton
Suite de l'ARRONDᵗ DE CHAUMONT-EN-BASSIGNY.				**Suite de l'ARRONDᵗ DE CHAUMONT-EN-BASSIGNY.**			
	Report..		52,668		*Report..*		78,407
Suite du Canton de CLEFMONT.				**Canton de VIGNORY.**			
	Report..	4,427		Annéville	Vignory	133	
Léniseul	Clefmont	290		Blaise	Idem	370	
Lonchamp-les-Millières	Idem	228		Bologne	Idem	527	
Maisoncelles	Idem	217		Buxières-lès-Froncles	Idem	270	
Mesnouveaux	Idem	191		Champcourt	Idem	226	
Morney	Montigny-le-Roi	263	7,776	Daillancourt	Idem	337	
Medy	Clefmont	531		Froncles	Idem	421	
Millières	Idem	543		Genevroye-aux-Pots (la)	Idem	35	
Noyers	Idem	329		Guindrecourt-sur-Blaise	Idem	248	6,658
Perusses	Idem	243		Mancine (la)	Idem	152	
Rangecourt	Idem	340		Marault	Idem	496	
Thol-les-Millières	Idem	174		Marbéville	Idem	290	
Canton de JUZENNECOURT.				Mirbelle	Idem	116	
Argentolles	Colombey-les-deux-Eglises	114		Ormoy-les-Seafontaines	Idem	154	
				Oudincourt	Idem	335	
Autreville	Juzennecourt	614		Roncourt-la-Cote	Idem	309	
Biernes	Colombey-les-deux-Eglises	73		Soncourt	Idem	494	
				Viéville	Idem	403	
Blézy	Juzennecourt	133		Vignory	✉	721	
Buchey	Colombey-les-deux-Eglises	109		Vouécourt	Vignory	444	
				Vraincourt	Idem	177	
Chapelle-en-Blézy (la)	Juzennecourt	379					
Colombey-les-Deux-Eglises	✉ (Distribution.)	671		Total de la population de l'Arrondissement			85,065
Cormony	Juzennecourt	67					
Gillancourt	Idem	335		**ARRONDISSEMENT DE LANGRES.**			
Haricourt	Colombey-les-deux-Eglises	188					
				Canton d'AUBERIVE.			
Juzennecourt	✉ (Distribution.)	322		Arbot	Auberive	288	
Maranville	Clairvaux	504	7,127	Auberive	✉	540	
Meures	Juzennecourt	380		Aulnoy	Auberive	195	
Montheries	Idem	396		Bay	Idem	228	
Motre-en-Blézy (la)	Idem	412		Chalmessin	Idem	139	
Pratz	Colombey-les-deux-Eglises	55		Chameroy	Idem	444	
				Colmier-le-Bas	Idem	172	
Rennepont	Clairvaux	258		Colmier-le-Haut	Idem	321	
Rizaucourt	Colombey-les-deux-Eglises	308		Courcelles-sur-Aujon	Arc-en-Barrois	123	
				Ériseul	Idem	142	
Sex-Fontaines	Juzennecourt	477		Germaine	Auberive	203	
Saint-Martin	Idem	402		Giez-sur-Aujon	Arc-en-Barrois	570	
Valdelancourt	Idem	188		Margerie (la)	Auberive	90	
Vaudrémont	Idem	361		Mouilleron	Idem	92	
Villeneuve-au-Roi (la)	Colombey-les-deux-Eglises	313		Musseau	Idem	187	7,165
				Poinsenot	Idem	247	
Villeneuve-aux-Frênes (la)	Juzennecourt	66		Poinson-les-Grancey	Idem	231	
Canton de NOGENT-LE-ROI.				Praslay	Idem	321	
				Rochetaillée	Idem	375	
Ageville	Nogent-le-Roi	468		Rouelles	Idem	231	
Riesles	Idem	1,090		Rouvres-sur-Aube	Idem	536	
Donnemarie	Idem	286		Santenoge	Arc-en-Barrois	289	
Esnouveaux	Idem	617		Saint-Loup	Idem	201	
Essey-les-Eaux	Idem	212		Ternat	Idem	179	
Foulain	Idem	399		Villars-Montroyer	Auberive	163	
Is-en-Bassigny	Idem	833		Villemervry	Idem	131	
Lanques	Idem	371		Villemoron	Idem	153	
Louvières	Idem	261		Vitry-en-Montagne	Idem	205	
Mandres-les-Nogent	Idem	446	10,836	Vivey	Idem	169	
Marnay	Idem	440		**Canton de BOURBONNE.**			
Ninville	Idem	262					
Nogent-le-Roi	✉	2,401		Aigremont	Bourbonne	210	
Odival	Nogent-le-Roi	360		Arnoncourt	Idem	288	
Poinson-les-Nogent	Idem	416		Beaucharmoy	Idem	274	
Poulangy	Idem	802		Bourbonne	✉	3,272	
Sarcey	Idem	134		Coiffy-le-Haut	Bourbonne	1,072	
Thivet	Idem	386					
Vesaignes-sur-Marne	Idem	282			*A reporter..*	5,116	
Vitry-les-Nogent	Idem	340					
	A reporter..		78,407		*A reporter..*		7,165

Suite de l'ARRONDISSEMENT DE LANGRES.

NOMS DES COMMUNES.	BUREAUX DE POSTE qui les desservent.	POPULATION.	TOTAL de la POPULATION par canton
		Report..	7,165
Suite du Canton de BOURBONNE.		Report..	5,116
DAMRÉMONT	Bourbonne	821	
ENFONVELLE	Idem.	535	
FRESNES-SUR-APANCE	Idem.	1,243	
GENRUPT	Idem.	144	
MELAY	Idem.	1,413	
MONTCHARVOT	Idem.	249	
PARNOT	Idem.	827	13,717
POUILLY	Idem.	592	
RIVIÈRE (la)	Idem.	785	
SERQUEUX	Idem.	1,285	
VILLARS-SAINT-MARCELLIN	Idem.	707	
CANTON DU FAYL-BILLOT.			
BRONCOURT	Le Fayl-Billot	250	
BUSSIÈRES-LES-BELMONT	Idem.	1,817	
CHARMOY	Idem.	405	
CHAUDENAY	Idem.	303	
CORGIRNON	Idem.	546	
FARINCOURT	Idem.	234	
FAYL-BILLOT (le)		3,411	
FRETTES	Le Fayl-Billot	626	
GENEVRIÈRES	Idem.	610	
GILLEY	Idem.	388	
GRENANT	Idem.	500	
LOGES (les)	Idem.	430	12,732
POINSON-LES-FAYS	Idem.	520	
PRESSIGNY	Idem.	841	
ROSOY	Idem.	608	
ROUGEUX	Idem.	410	
SAULLES	Idem.	535	
SAVIGNY	Idem.	250	
SEUCHEY	Idem.	36	
TORCENAY	Idem.	424	
(aux Griffonottes.)			
TORNAY	Idem.	266	
VALLEROY	Idem.	192	
VONCOURT	Idem.	130	
CANTON DE LA FERTÉ-SUR-AMANCE.			
ANROSEY	Le Fayl-Billot	635	
BIZE	Idem.	157	
FERTÉ-SUR-AMANCE (la)	Idem.	369	
GUYONVELLE	Bourbonne	556	
MAIZIÈRES	Le Fayl-Billot	540	
MONTESSON	Idem.	147	
NEUVELLE-LES-VOISEY	Bourbonne	428	6,621
PIERREFAITE	Le Fayl-Billot	599	
PISSELOUP	Idem.	275	
SOYERS	Bourbonne	515	
VAUX-LA-DOUCE	Idem.	176	
VELLES	Le Fayl-Billot	413	
VOISEY	Bourbonne	1,811	
CANTON DE LANGRES.			
BALESMES	Langres	417	
BEAUCHEMIN	Idem.	181	
CHAMPIGNY-LES-LANGRES	Idem.	213	
CHANOY	Idem.	126	
CHATENAY-MACHERON	Idem.	126	
CHATENAY-VAUDIN	Idem.	185	
CORLÉE	Idem.	190	
COURCELLES-EN-MONTAGNE	Idem.	361	
COLMONT	Idem.	324	
		A reporter..	2,123

A reporter.................. 40,235

Suite de l'ARRONDISSEMENT DE LANGRES.

NOMS DES COMMUNES.	BUREAUX DE POSTE qui les desservent.	POPULATION.	TOTAL de la POPULATION par canton
		Report..	40,235
Suite du Canton de LANGRES.		Report..	2,123
FAVEROLLES	Langres	469	
HUMES	Idem.	538	
JORQUENAY	Idem.	213	
LANGRES	⊠	7,460	
MARAC	Langres	561	
MARDOR	Idem.	134	
NOIDANT-LE-ROCHEUX	Idem.	460	
ORMANCEY	Idem.	293	
PEIGNEY	Idem.	264	14,699
PERRANCEY	Idem.	246	
SAINT-CIERGUES	Idem.	363	
SAINT-GEOSMES	Idem.	529	
SAINT-MARTIN	Idem.	148	
SAINT-MAURICE	Idem.	87	
SAINT-VALLIER	Idem.	222	
VAUXBONS	Idem.	204	
VIEUX-MOULINS	Idem.	178	
VOISINES	Idem.	207	
CANTON DE LONGEAU.			
APREY	Langres	533	
AUJEURRES	Prauthoy	360	
BAISSEY	Langres	571	
BOURG	Idem.	294	
BRENNES	Idem.	326	
CHALINDREY	Idem.	950	
COHONS	Idem.	603	
FLAGEY	Idem.	175	
GRAND-CHAMP	Chassigny	381	
HEUILLEY-COTON	Langres	515	
HEUILLEY-LE-GRAND	Chassigny	598	
LONGEAU	Langres	307	
NOIDANT-CHATENOY	Idem.	221	
ORCEVAUX	Idem.	182	
PAILLY (le)	Idem.	416	9,825
PALAISEUL	Chassigny	198	
PERCEY-LE-PAUTEL	Langres	160	
PERROGNEY	Idem.	290	
PRÉPAPE	Prauthoy	326	
PIERREFONTAINES	Langres	72	
PRANGEY	Prauthoy	583	
RIVIÈRE-LES-BOIS	Chassigny	327	
SAINT-BROING-LE-BOIS	Idem.	278	
SAINT-MICHEL	Prauthoy	241	
VERSEILLES-LE-BAS	Langres	119	
VERSEILLES-LE-HAUT	Idem.	84	
VILLEGUSIEN	Prauthoy	345	
VILLIERS-LES-APREY	Langres	201	
VIOLOT	Chassigny	269	
CANTON DE MONTIGNY-LE-ROI.			
AVRECOURT	Montigny-le-Roi	379	
CHAUFFOURT	Idem.	516	
DAMMARTIN	Idem.	536	
ÉPINANT	Idem.	281	
FRESNOY	Idem.	602	
LÉCOURT	Idem.	191	
MAULAIN	Idem.	386	
MEUSE	Idem.	215	6,468
MONTIGNY-LE-ROI	⊠	1,211	
PROVENCHÈRES	Montigny-le-Roi	543	
RAVENNES-FONTAINES	Idem.	309	
RÉCOURT	Idem.	290	
SARREY	Idem.	548	
SAULXURES	Idem.	404	
VILLENEUVE (la)	Clefmont	257	

A reporter.................. 71,337

NOMS DES COMMUNES.	BUREAUX DE POSTE qui les desservent.	POPULA-TION.	TOTAL de la POPULA-TION par canton	NOMS DES COMMUNES.	BUREAUX DE POSTE qui les desservent.	POPULA-TION.	TOTAL de la POPULA-TION par canton
Suite de l'ARRONDISSEMENT DE LANGRES.		Report..	71,227	ARRONDISSEMENT DE VASSY.			
CANTON DE NEUILLY-L'ÉVÈQUE.				**CANTON DE CHEVILLON.**			
BANNES..........	Langres..........	418		AVRAINVILLE..........	Vassy..........	195	
BONNECOURT..........	Montigny-le-Roi...	553		BIENVILLE..........	Saint-Dizier......	456	
CELSOY..........	Langres..........	334		BREUIL..........	Joinville..........	175	
CHANGEY..........	Idem..........	239		CHEVILLON..........	Idem..........	918	
CHARMES..........	Idem..........	207		CUREL..........	Idem..........	599	
CHARMOILLES..........	Idem..........	413		ÉCURVILLE..........	Saint-Dizier......	665	
DAMPIERRE..........	Idem..........	772		FONTAINE-SUR-MARNE..	Joinville..........	236	
FRÉCOURT..........	Montigny-le-Roi...	321		GOURZON..........	Saint-Dizier......	229	5,906
LANNES..........	Langres..........	621	8,471	MAIZIÈRES..........	Joinville..........	374	
LECEY..........	Idem..........	385		NARCY..........	Saint-Dizier......	462	
MONTLANDON..........	Idem..........	489		NEUVILLE-A-BAYARD (la)		132	
NEUILLY-L'ÉVÈQUE....	Idem..........	1,213		OSNE-LE-VAL..........	Joinville..........	952	
ORBIGNY-AU-MONT....	Idem..........	378		PREZ-SUR-MARNE......	Saint-Dizier......	195	
ORBIGNY-AU-VAL....	Idem..........	238		RACHECOURT-SUR-MARNE	Joinville..........	130	
PLESNOY..........	Montigny-le-Roi...	453		SOMMEVILLE..........	Idem..........	188	
POISEUL..........	Idem..........	220		**CANTON DE SAINT-DIZIER.**			
ROLAMPONT..........	Langres..........	1,217		BETTANCOURT-LA-FERRÉE.	Saint-Dizier......	180	
				CHAMOUILLEY..........	Idem..........	653	
CANTON DE PRAUTHOY.				CHANCENAY..........	Idem..........	457	
				ÉCLARON..........	Idem..........	1,155	
AUBIGNY..........	Prauthoy..........	228		HALLIGNICOURT..........	Idem..........	384	
CHALANCEY..........	Idem..........	405		HOBRICOURT..........	Idem..........	473	
CHASSIGNY..........	(Distribution.)	608		HUMBÉCOURT..........	Idem..........	548	
CHATOILLENOT..........	Prauthoy..........	408		MOËLAIN..........	Idem..........	273	12,555
CHOILLEY..........	Idem..........	257		NEUVILLE-AU-PONT (la).	Idem..........	124	
COUBLANC..........	Chassigny..........	498		PERTHES..........	(Distribution.)	725	
COURCELLES-VAL-D'ESNOMS.	Prauthoy..........	513		(à Longchamp-en-Perthois.)			
COUZON..........	Idem..........	115		ROCHE-SUR-MARNE....	Saint-Dizier......	347	
CUSEY..........	Idem..........	489		SAINT-DIZIER		6,197	
DARDENAY..........	Idem..........	118		VALCOURT..........	Saint-Dizier......	322	
DOMMARIEN..........	Idem..........	491		VILLIERS-EN-LIEU....	Idem..........	717	
ESNOMS..........	Idem..........	582		**CANTON DE DOULAINCOURT.**			
ISOMES..........	Idem..........	342	9,468	AUGEVILLE..........	Sailly..........	61	
LEUCHEY..........	Idem..........	213		BETTAINCOURT..........	Andelot..........	463	
MAATZ..........	Chassigny..........	210		CERFRIÈRES..........	Vignory..........	352	
MONTORMENTIER..........	Prauthoy..........	84		DONREMY..........	Joinville..........	308	
MONTSAUGEON..........	Idem..........	344		DONJEUX..........	Idem..........	376	
OGCEY..........	Idem..........	402		DOULAINCOURT..........	Idem..........	780	
PERCEY-LE-PETIT..........	Idem..........	196		GUDMONT..........	Vignory..........	314	
PRAUTHOY		736		LANDÉVILLE..........	Sailly..........	103	
RIVIÈRES-LES-FOSSES..	Prauthoy..........	850		MACONCOURT..........	Joinville..........	102	
SAINT-BROINGT-LES-FOSSES.	Idem..........	474		MUSSEY..........	Idem..........	524	6,598
VAILLANT..........	Idem..........	161		PAUTAINES..........	Sailly..........	252	
VAUX-SOUS-AUBIGNY..	Idem..........	543		PROVENCHÈRES..........	Vignory..........	145	
VESVRES-SOUS-CHALANCEY.	Idem..........	201		ROCHE-SUR-ROGNON....	Andelot..........	502	
				RODECOURT..........	Vignory..........	278	
CANTON DE VARENNES.				ROUVROY..........	Joinville..........	266	
				SAUCOURT..........	Idem..........	283	
ANDILLY..........	Montigny-le-Roi....	403		SAINT-URBAIN..........	Idem..........	946	
ABRIGNY..........	Le Fayl-Billot.....	652		VAUX-SUR-SAINT-URBAIN.	Idem..........	279	
BEAULIEU..........	Idem..........	121		VILLIERS-SUR-MARNE..	Vignory..........	264	
CELLES..........	Montigny-le-Roi....	417		**CANTON DE DOULEVANT.**			
CHAMPIGNY-SOUS-VARENNES.	Bourbonne..........	400		AMBONVILLE..........	Doulevant..........	478	
CHÉZEAUX..........	Idem..........	530		ARSANCOURT..........	Idem..........	452	
COIFFY-LE-BAS..........	Idem..........	670		BAUDRECOURT..........	Idem..........	353	
HORTES..........	Le Fayl-Billot....	1,432	9,256	BEURVILLE..........	Idem..........	517	
LAVERNOY..........	Montigny-le-Roi...	236		BLUMEREY..........	Idem..........	299	
MARCILLY..........	Idem..........	817		BOUZANCOURT..........	Idem..........	513	
NEUVELLE (la)..........	Bourbonne..........	555		BRACHAY..........	Idem..........	318	
RANÇONNIÈRES..........	Montigny-le-Roi...	380		CHARMES-EN-L'ANGLE..	Idem..........	179	
TROISCHAMPS..........	Idem..........	251		CHARMES-LA-GRANDE...	Idem..........	606	
VARENNES..........	Idem..........	1,350		CIREY-SUR-BLAISE....	Idem..........	721	
VICQ..........	Bourbonne..........	1,042		COURCELLES-SUR-BLAISE.	Idem..........	303	
				DOMMARTIN-LE-SAINT-PÈRE.	Idem..........	704	
TOTAL de la population de l'Arrondissement......		98,422		A reporter..		5,443	
				A reporter..........		25,059	

NOMS DES COMMUNES.	BUREAUX DE POSTE qui les desservent.	POPULA-TION.	TOTAL de la POPULA-TION par canton	NOMS DES COMMUNES.	BUREAUX DE POSTE qui les desservent.	POPULA-TION.	TOTAL de la POPULA-TION par canton
Suite de l'ARRONDISSEMENT DE VASSY.				**Suite de l'ARRONDISSEMENT DE VASSY.**			
	Report..		25,059		*Report..*		49,958
Suite du CANTON DE DOULEVANT.				**Suite du CANTON DE POISSONS.**			
	Report..	5,443			*Report..*	199	
DOULEVANT	✉	695		BETTONCOURT	Sailly	150	
FLAMMERÉCOURT	Doulevant	312		BRISSONCOURT	Idem	36	
LESCHÈRES	Idem	546	8,623	BROUTIÈRES	Idem	100	
MERTRUD	Idem	617		CIRFONTAINES-EN-ORMOIS	Idem	368	
NULLY	Idem	541		ÉCHENAY	Idem	241	
TRÉMILLY 🐎	Idem	273		EFFINCOURT	Joinville	303	
VILLIERS-AUX-CHÊNES	Idem	196		ÉPIZON	Sailly	371	
				GERMAY	Idem	310	
CANTON DE JOINVILLE.				GERMISEY	Idem	179	
AUTIGNY-LE-GRAND	Joinville	278		GILLAUMÉ	Idem	119	
AUTIGNY-LE-PETIT	Idem	157		HARMÉVILLE	Idem	138	6,706
BLÉCOURT	Idem	224		LEZÉVILLE	Idem	234	
CHATONRUPT	Idem	363		MONTREUIL-SUR-THONNANCE	Joinville	466	
FERRIÈRE	Idem	267		NEUVILLE-AUX-BOIS (la)	Sailly	195	
FRONVILLE	Idem	431		NONCOURT	Idem	577	
GUINDRECOURT-AUX-ORMES	Vassy	239		PANCEY	Idem	226	
JOINVILLE 🐎	✉	3,035	8,005	PAROY	Joinville	168	
MATHONS	Joinville	288		POISSONS	Idem	1,443	
NOMÉCOURT	Idem	343		SAILLY	✉ (Distribution.)	325	
RUPT	Idem	289		SAUDRON 🐎	Sailly	216	
SOMMERMONT	Idem	180		SOULAINCOURT	Idem	108	
SUZANNECOURT	Idem	393		THONNANCE-LES-MOULINS	Idem	334	
THONNANCE-LÈS-JOINVILLE	Idem	1,183					
VECQUEVILLE	Idem	835		**CANTON DE VASSY.**			
				ALLICHAMP	Vassy	309	
CANTON DE MONTIÉRENDER.				ATTANCOURT	Idem	351	
ANGLUS	Montiérender	205		BAILLY-AUX-FORGES	Idem	370	
BRAUCOURT	Idem	145		BROUSSEVAL	Idem	423	
CEFFONDS	Idem	959		DOMBLAIN	Idem	230	
DROYES	Idem	977		DOMMARTIN-LE-FRANC	Idem	479	
FRAMPAS	Idem	209		DOULEVANT-LE-PETIT	Idem	51	
LONGEVILLE	Idem	747		FAYS	Idem	169	
LOUZE	Idem	780		FLORNOY	Idem	166	
MONTIÉRENDER	✉	1,432	8,271	LOUVEMONT	Idem	853	
PLANRUPT	Montiérender	258		MAGNEUX	Idem	269	
PUELLEMONTIER	Idem	481		MONTREUIL-SUR-BLAISE	Idem	168	9,776
ROBERT-MAGNIL	Idem	492		MORANCOURT	Idem	383	
ROZIÈRES	Idem	249		NEUVILLE-A-REMY (la)	Idem	182	
SAUVAGE-MAGNIL	Idem	117		RACHECOURT-SUR-BLAISE	Idem	153	
SOMMEVOIRE	Idem	1,021		SOMMANCOURT	Idem	136	
THILLEUX	Idem	199		SUZÉMONT	Idem	50	
				TROIS-FONTAINES-LA-VILLE	Idem	272	
CANTON DE POISSONS.				VALLERET	Idem	128	
AINGOULAINCOURT	Sailly	73		VASSY	✉	2,583	
ANNONVILLE	Idem	126		VAUX-SUR-BLAISE	Vassy	510	
				VILLE-EN-BLÉZOIS	Idem	343	
				VILLIERS-AUX-BOIS	Idem	401	
				VOILLECOMTE	Idem	777	
	A reporter..	199					
	A reporter		49,958	TOTAL de la population de l'Arrondissement			66,440

RÉCAPITULATION.

	NOMBRE de		POPULATION.
	CANTONS.	COMMUNES.	
ARRONDISSEMENT DE CHAUMONT-EN-BASSIGNY	10	195	85,065
— DE LANGRES	10	209	98,422
— DE VASSY	8	145	66,440
TOTAUX	28	549	249,927

NOMS DES COMMUNES.	BUREAUX DE POSTE qui les desservent.	POPULA-TION.	TOTAL de la POPULA-TION par canton	NOMS DES COMMUNES.	BUREAUX DE POSTE qui les desservent.	POPULA-TION.	TOTAL de la POPULA-TION par canton
ARRONDISSEMENT DE LAVAL.				**Suite de l'ARRONDISSEMENT DE LAVAL.**			
					Report..		73,859
CANTON D'ARGENTRÉ.				**Suite du CANTON DE LOIRON.**			
Argentré	Laval	1,591			Report..	6,818	
Bonchamp	Idem	1,167		Loiron	La Gravelle	1,376	
Chalons	Martigné	768		Montjean	Idem	927	
Chapelle-Antenaise (la)	Laval	738		Ollivet	Idem	1,264	
Forcé	Idem	452	8,082	Ruillé-le-Gravelais	Idem	824	14,714
Louverné	Idem	1,368		Saint-Cyr-le-Gravelais	Idem	699	
Louvigné	Idem	521		Saint-Isle	Idem	183	
Montflours	Martigné	543		Saint-Ouen-des-Toits	Idem	1,750	
Parné	Idem	1,034		Saint-Pierre-la-Cour	Idem	873	
CANTON DE CHAILLAND.				**CANTON DE MESLAY.**			
Andouillé	Laval	3,751		Arquenay	Meslay	901	
Baconnière (la)	Idem	1,916		Bannes	Idem	491	
Bigottière (la)	Idem	1,160		Bazouge-de-Chémeré (la)	Idem	1,201	
Chailland	Ernée	2,443		Bazougers	Idem	1,390	
Croixille (la)	Idem	1,047	16,704	Bignon (le)	Idem	512	
Juvigné	Idem	2,389		Chéméré	Idem	1,172	
Saint-Germain-le-Guillaume	Laval	1,232		Cossé-en-Champagne	Idem	842	11,630
Saint-Hilaire-des-Landes	Ernée	1,775		Cropte (la)	Idem	821	
Saint-Pierre-des-Landes	Idem	1,791		Épineux-le-Séguin	Idem	536	
				Maisoncelles	Idem	527	
CANTON D'ÉVRON.				Meslay	(Distribution.)	1,506	
Assé-le-Bérenger	Évron	655		Saulges	Meslay	822	
Châtres	Idem	660		Saint-Denis-du-Maine	Idem	574	
Évron		3,750		Saint-Georges-le-Fléchard	Vaiges	425	
Livet	Évron	404					
Mézangers	Idem	939		**CANTON DE MONTSURS.**			
Neau	Idem	802	14,457	Brée	Évron	1,005	
Saint-Christophe	Idem	1,150		Chapelle-Rainsoin (la)	Vaiges	473	
Sainte-Gemmes-le-Robert	Idem	2,599		Deux-Évailles	Martigné	472	
Saint-Georges-sur-Erve	Idem	1,301		Gesnes	Idem	395	
Vimarcé	Idem	1,108		Montourtier	Idem	1,087	7,447
Voutré	Sainte-Suzanne	1,089		Montsurs	Idem	1,405	
				Nuillé-sur-Ouette	Vaiges	464	
CANTON DE LAVAL (est).				Soulgé-le-Bruant	Idem	833	
Astillé	Cossé-le-Vivien	862		Saint-Cénéré	Martigné	878	
Avénières	Laval	2,574		Saint-Ouen-des-Oyes	Idem	435	
Courbeveille	Cossé-le-Vivien	1,105					
Entrames	Laval	1,237		**CANTON DE SAINTE-SUZANNE.**			
Huisserie (l')	Idem	716	15,368	Blandouet	Sainte-Suzanne	535	
Laval (est)		6,388		Chammes	Idem	1,100	
Montigné	Laval	908		Saint-Jean-sur-Erve	Vaiges	1,003	
Nuillé-sur-Vicoin	Idem	1,578		Saint-Léger	Idem	490	
				Saint-Pierre-sur-Erve	Idem	464	9,884
CANTON DE LAVAL (ouest).				Sainte-Suzanne	(Distribution.)	1,619	
Ahuillé	Laval	1,408		Thorigné	Vaiges	797	
Changé	Idem	2,004		Torcé	Sainte-Suzanne	1,326	
Grenoux	Idem	1,300		Vaiges	(Distribution.)	1,462	
Laval (ouest)		10,013	19,248	Viviers	Sainte-Suzanne	1,088	
Saint-Berthevin	Laval	1,984					
Saint-Germain-le-Fouilloux	Idem	1,087		Total de la population de l'Arrondissement			117,534
Saint-Jean-sur-Mayenne	Idem	1,452					
CANTON DE LOIRON.				**ARRONDISSEMENT DE CHATEAU-GONTIER.**			
Beaulieu	La Gravelle	780					
Bourgneuf (le)	Idem	1,929		**CANTON DE SAINT-AIGNAN-SUR-ROÉ.**			
Bourgon	Idem	1,226		Ballots	Craon	1,820	
Brulatte (la)	Idem	745		Brains-sur-les-Marches	Idem	706	
Genest (le)	Idem	1,072		Congrier	Idem	992	
Gravelle (la)	(Distribution.)	496		Fontaine-Couverte	Idem	857	
Launay-Villiers	La Gravelle	570		Renazé	Idem	958	
				Roé (la)	Idem	423	
	A reporter	6,818					
	A reporter		73,859		A reporter	5,756	

NOMS DES COMMUNES.	BUREAUX DE POSTE qui les desservent.	POPULA-TION.	TOTAL de la POPULA-TION par canton	NOMS DES COMMUNES.	BUREAUX DE POSTE qui les desservent.	POPULA-TION.	TOTAL de la POPULA-TION par canton
Suite de l'ARRONDISSEMENT DE CHATEAU-GONTIER.				**Suite de l'ARRONDISSEMENT DE CHATEAU-GONTIER.**			
						Report..	62,410
Suite du Canton de SAINT-AIGNAN-SUR-ROÉ.				**Canton de GREZ-EN-BOUÈRE.**			
		Report..	5,756	Ballée	Grez-en-Bouère	838	
Rocaudière	Pouancé	655		Beaumont	Idem	515	
Senonnes	Idem	552		Bouère	Idem	1,847	
Saint-Aignan-sur-Roé	Craon	552	8,882	Bouessay	Idem	495	
Saint-Erblon	Pouancé	265		Buret (le)	Idem	753	
Saint-Michel-la-Roé	Craon	610		Grez-en-Bouère	⊠ (Distribution.)	1,338	10,478
Saint-Saturnin	Idem	492		Préaux	Grez-en-Bouère	382	
				Ruillé-Froid-Fonds	Château-Gontier	1,056	
Canton de BIERNÉ.				Saint-Brice	Grez-en-Bouère	897	
Argenton	Château-Gontier	281		Saint-Charles	Idem	521	
Bierné	Idem	1,021		Saint-Loup	Idem	423	
Chatelain	Idem	629		Villiers	Château-Gontier	1,413	
Coudray	Idem	510		(⊠ à la Loge.)			
Daon	Idem	942	8,879				
Gennes	Idem	1,324		Total de la population de l'Arrondissement			72,888
Longuefuye	Idem	470					
Saint-Denis-d'Anjou	Sablé	2,696					
Saint-Laurent-des-Mortiers	Château-Gontier	589		**ARRONDISSEMENT DE MAYENNE.**			
Saint-Michel-de-Feins	Idem	417					
				Canton d'AMBRIÈRES.			
Canton de CHATEAU-GONTIER.				Ambrières	Mayenne	2,399	
Ampoigné	Château-Gontier	783		Chantrigné	Idem	1,857	
Azé	Idem	1,206		Cigné	Idem	1,474	
Bazouges	Idem	1,537		Couesmes	Idem	1,600	11,430
Château-Gontier 🐎	⊠	6,143		Pas (le)	Idem	1,903	
Chemazé	Château-Gontier	1,586		Soucé	Idem	760	
Fromentières	Idem	1,022		Saint-Loup-du-Gant	Idem	1,033	
Houssay	Idem	1,019		Vaucé	Idem	404	
Laigné	Idem	1,015	19,135				
Loigné	Idem	964		**Canton de BAIS.**			
Marigné	Idem	751		Bais	⊠ (Distribution.)	2,354	
Menil	Idem	1,448		Champgenéteux	Bais	1,849	
Saint-Fort	Idem	552		Hambers	Idem	1,907	
Saint-Gault	Idem	413		Isé	Idem	1,805	15,744
Saint-Germain-de-l'Hommel	Idem	174		Jublains	Mayenne	1,808	
Saint-Sulpice	Idem	522		Saint-Martin-de-Connée	Bais	1,973	
				Saint-Pierre-la-Cour	Idem	2,115	
Canton de COSSÉ-LE-VIVIEN.				Saint-Thomas-de-Courceriers	Idem	995	
Chapelle-Craonaise (la)	Cossé-le-Vivien	709		Trans	Idem	938	
Cosmes	Idem	592					
Cossé-le-Vivien	⊠ (Distribution.)	3,728		**Canton de COUPTRAIN.**			
Cuillé	Cossé-le-Vivien	1,586		Chapelles (les)	Le Ribay	936	
Gastines	Idem	453		Chevaigné	Idem	1,240	
Laubrières	Idem	434	12,508	Couptrain	Prez-en-Pail	538	
Méral	Idem	1,357		Javron	Le Ribay	2,271	
Peuton	Idem	478		Lignières-la-Doucelle	Prez-en-Pail	2,707	
Quelaines	Idem	1,966		Madré	Idem	1,784	15,087
Simplé	Idem	574		Neuilly-le-Vendin	Idem	1,520	
Saint-Poix	Idem	631		Orgères	Idem	532	
				Pallu (la)	Idem	795	
Canton de CRAON.				Saint-Aignan	Idem	1,192	
Athée	Craon	1,164		Saint-Calais-du-Désert	Idem	1,522	
Boissière (la)	Idem	227					
Bouchamps	Idem	750		**Canton d'ERNÉE.**			
Chérancé	Idem	376		Ernée 🐎	⊠	5,467	
Craon 🐎	⊠	3,610		Larchamp	Ernée	2,074	
Denazé	Craon	468		Montenay	Idem	2,693	15,763
Livré	Idem	1,501	13,006	Pellerine (la)	Idem	381	
Mée	Idem	532		Saint-Denis-de-Gastines	Idem	3,516	
Niaules	Idem	410		Vautortes	Idem	1,632	
Pommérieux	Idem	1,071					
Selle-Craonaise (la)	Idem	1,537					
Saint-Martin-du-Limet	Idem	470					
Saint-Quentin	⊠	890					
	A reporter		62,410		A reporter		58,024

NOMS DES COMMUNES.	BUREAUX DE POSTE qui les desservent.	POPULA-TION.	TOTAL de la POPULA-TION par canton	NOMS DES COMMUNES.	BUREAUX DE POSTE qui les desservent.	POPULA-TION.	TOTAL de la POPULA-TION par canton
Suite de l'ARRONDISSEMENT DE MAYENNE.				Suite de l'ARRONDISSEMENT DE MAYENNE.			
Report..			58,024	Report..			105,043
CANTON DE GORRON.				**CANTON DE MAYENNE (est).**			
Brécé.................	Gorron..........	2,297		Aron.................	Mayenne......	1,530	
Carelles.............	Idem............	849		Bazoge-Monpinçon (la).....	Idem........	302	
Chatillon-sur-Colmont.....	Mayenne......	2,504		Bazouge-des-Alleux (la).....	Martigné.....	732	
Colombiers..........	Gorron..........	1,295		Belgeard.............	Mayenne......	630	
Gorron..............	☒ (Distribution.)....	2,328		Commer..............	Idem........	1,393	
Hercé...............	Gorron..........	761	14,670	Grazay..............	Idem........	1,301	15,414
Lesbois.............	Idem............	756		Marcillé.............	Idem........	1,319	
Levaré.............	Idem............	738		Martigné ☒...........	☒ (Distribution.)....	2,090	
Saint-Aubin-Fosse-Louvain...	Idem............	1,000		Mayenne (est) ☒......	☒.........	3,807	
Saint-Mars-sur-Colmont....	Mayenne......	1,781		Moulay.............	Mayenne......	596	
Vieuvy.............	Gorron..........	461		Sacé...............	Martigné.....	804	
				Saint-Fraimbault-de-Prières.	Mayenne......	1,111	
CANTON DU HORPS.							
Champéon.........	Le Ribay........	1,394		**CANTON DE MAYENNE (ouest).**			
Chapelle-au-Riboul (la).....	Idem............	1,137		Alexain.............	Mayenne......	1,030	
Charchigné........	Idem............	915		Contest.............	Idem........	1,368	
Courberie.........	Lassay..........	332		Mayenne (ouest)......	☒.........	6,190	
Ham (le)...........	Le Ribay........	848	9,546	Oisseau.............	Mayenne......	3,734	17,654
Hardanges.........	Idem............	861		Parigné.............	Idem........	611	
Horps (le).........	Idem............	1,643		Placé...............	Idem........	1,101	
Montreuil-en-Lassay.......	Idem............	604		Saint-Baudelle.......	Idem........	886	
Poulay............	Idem............	743		Saint-Georges-Butavent....	Idem........	2,174	
Ribay (le) ☒.......	☒.........	1,069		Saint-Germain-d'Anxure....	Idem........	560	
CANTON DE LANDIVY.				**CANTON DE PREZ-EN-PAIL.**			
Désertines.........	Gorron..........	1,415		Boulay.............	Prez-en-Pail....	590	
Dorée (la).........	Ernée..........	1,024		Champfrémont......	Idem....	948	
Fougerolles........	Idem............	2,301		Paoté (la)..........	Idem....	3,291	
Landivy...........	Idem............	1,911	11,944	Prez-en-Pail ☒.....	☒......	3,344	11,795
Montaudin.........	Idem............	1,484		Ravigny............	Prez-en-Pail....	579	
Saint-Berthevin-la-Tannière.	Idem............	959		Saint-Cyr-en-Pail.....	Idem....	1,396	
Saint-Ellier........	Idem............	1,467		Saint-Samson.......	Idem....	1,652	
Saint-Mars-sur-la-Futaie ...	Idem............	1,403					
CANTON DE LASSAY.				**CANTON DE VILLAINES-LA-JUHEL.**			
Barroche-Gondouin (la).....	Lassay..........	807		Averton............	Villaines-la-Juhel..	1,914	
Brétignolles........	Idem............	435		Courcité............	Idem......	1,899	
Housseau (le)......	Idem............	519		Crennes............	Idem......	448	
Lassay.............	☒ (Distribution.)....	2,807		Gesvres............	Idem......	1,419	
Melleray..........	Lassay..........	454	10,861	Loupfougères.......	Le Ribay........	1,024	12,256
Niort..............	Idem............	2,123		Saint-Aubin-du-Désert....	Villaines-la-Juhel..	861	
Rennes-en-Grenouilles.....	Idem............	487		Saint-Germain-de-Coulamer...	Idem......	1,285	
Saint-Julien-du-Terroux....	Idem............	921		Saint-Mars-du-Désert.....	Idem......	749	
Sainte-Marie-de-Bois......	Idem............	1,111		Villaines-la-Juhel...	☒ (Distribution.)....	2,483	
Thubœuf..........	Idem............	1,197		Villepail...........	Villaines-la-Juhel..	874	
À reporter.....................			105,043	Total de la population de l'Arrondissement.......			162,164

RÉCAPITULATION.

	NOMBRE de		POPULATION.
	CANTONS.	COMMUNES.	
Arrondissement de LAVAL.................	9	92	117,534
——— de CHATEAU-GONTIER..........	6	73	72,888
——— de MAYENNE.................	12	110	162,164
Totaux.................	27	275	352,586

NOMS DES COMMUNES.	BUREAUX DE POSTE qui les desservent.	POPULA-TION.	TOTAL de la POPULA-TION par canton	NOMS DES COMMUNES.	BUREAUX DE POSTE qui les desservent.	POPULA-TION.	TOTAL de la POPULA-TION par canton
ARRONDISSEMENT DE NANCY.				**Suite de l'ARRONDISSEMENT DE NANCY.**			
				Report..			48,441
CANTON DE HAROUÉ.				**CANTON DE NANCY (ouest).**			
AFFRACOURT............	Neuviller-sur-Moselle	335		CHAVIGNY...............	Pont-Saint-Vincent..	440	
BAINVILLE-AUX-MIROIRS......	Idem...........	406		HEILLECOURT...........	Nancy............	289	
BENNEY.................	Idem...........	750		HONDEMONT............	Idem............	275	
BOUZANVILLE...........	Idem...........	230		JARVILLE..............	Idem............	338	
BRALLEVILLE...........	Charmes........	265		LUDRES...............	Idem............	429	
CEINTREY.............	Vezelise........	854		MÉRÉVILLE-SUR-MOSELLE....	Pont-Saint-Vincent..	290	16,317
CRANTENOT............	Neuviller-sur-Moselle	179		MESSEIN..............	Idem............	278	
CRÉVÉCHAMPS..........	Idem...........	392		NANCY (ouest).........	✉............	10,831	
DIARVILLE............	Idem...........	587		NEUVES-MAISONS........	Pont-Saint-Vincent..	853	
GERBÉCOURT..........	Idem...........	209		PONT-SAINT-VINCENT....	✉ (Distribution)....	932	
GERMONVILLE.........	Charmes........	300		TOMBLAINE............	Nancy............	580	
GRIPPORT...........	Neuviller-sur-Moselle	546		VANDOEUVRE...........	Idem............	780	
HAROUÉ............	Idem...........	614					
HOUSSÉVILLE........	Idem...........	437		**CANTON DE SAINT-NICOLAS-DU-PORT.**			
JEVONCOURT.........	Idem...........	139	12,406	ART-SUR-MEURTHE........	Saint-Nicolas-du-Port	515	
LEBEUVILLE.........	Idem...........	353		AZELOT..............	Idem............	222	
LEMAINVILLE........	Idem...........	438		BUISSONCOURT........	Idem............	351	
MANGONVILLE........	Idem...........	260		BURTHECOURT-AUX-CHÊNES...	Idem............	270	
MÉNIL-MITRY (le).....	Idem...........	81		CERCUEIL............	Idem............	286	
NEUVEVILLE-DEVANT-BAYON (la).	Idem...........	395		COYVILLER...........	Idem............	210	
NEUVILLER-SUR-MOSELLE 🐎..	✉ (Distribution.)....	597		DOMBASLE 🐎........	Idem............	1,046	
ORMES.............	Neuviller-sur-Moselle	456		ERBÉVILLER..........	Idem............	107	
ROVILLE...........	Idem...........	284		FERRIÈRES...........	Idem............	277	
SAINT-FIRMIN......	Idem...........	512		FLAVIGNY 🐎........	Pont-Saint-Vincent..	1,216	
SAINT-REMIMONT....	Idem...........	465		FLEVILLE............	Nancy............	350	
TANTONVILLE......	Idem...........	560		GELLENONCOURT........	Saint-Nicolas-du-Port	83	
(🐎 à Monplaisir.)				HARAUCOURT..........	Idem............	837	15,786
VAUDEVILLE.......	Idem...........	467		LENONCOURT..........	Saint-Nicolas-du-Port	487	
VAUDIGNY........	Idem...........	186		LUPCOURT...........	Idem............	311	
VOINÉMONT.......	Idem...........	315		MANONCOURT-EN-VERMOIS....	Idem............	285	
XIROCOURT.......	Idem...........	794		NEUVEVILLE-DEVANT-NANCY (la).	Nancy............	732	
				RÉMÉRÉVILLE..........	Saint-Nicolas-du-Port	471	
CANTON DE NANCY (est).				RICHARD-MÉNIL........	Pont-Saint-Vincent..	252	
AGINCOURT.........	Nancy..........	252		ROSIÈRES-AUX-SALINES...	Saint-Nicolas-du-Port	2,507	
AMANCE...........	Idem...........	552		SAFFAIS............	Idem............	186	
BOUXIÈRES-AUX-CHÊNES....	Idem...........	1,100		SAINT-NICOLAS-DU-PORT..	✉............	3,043	
BOUXIÈRES-AUX-DAMES....	Idem...........	541		TONNOY............	Saint-Nicolas-du-Port	685	
CHAMPENOUX 🐎.....	Idem...........	615		VARANGEVILLE.........	Idem............	705	
CHAMPIGNEULLES......	Idem...........	754		VILLE-EN-VERMOIS......	Idem............	352	
COSTINES.........	Idem...........	786					
DOMMARTEMONT.....	Idem...........	160		**CANTON DE NOMÉNY.**			
DOMMARTIN-SOUS-AMANCE...	Idem...........	99		ABAUCOURT..........	Pont-à-Mousson....	571	
ESSEY...........	Idem...........	639		ARMAUCOURT.........	Nancy............	381	
EULMONT.........	Idem...........	532	21,506	ARRAYE.............	Pont-à-Mousson....	529	
LAÎTRE-SOUS-AMANCE....	Idem...........	348		BELLEAU............	Idem............	295	
LAY-SAINT-CHRISTOPHE....	Idem...........	1,037		BEY...............	Nancy............	259	
MALZÉVILLE.......	Idem...........	1,300		BRATTE............	Idem............	140	
NANCY (est) 🐎....	✉............	10,988		BRIN..............	Idem............	447	
NEUVELOTTE (la)....	Nancy..........	268		CHENICOURT.........	Pont-à-Mousson....	307	
PIXERÉCOURT......	Idem...........	74		CLÉMERY...........	Idem............	586	
PULNOY..........	Idem...........	99		EPLY..............	Idem............	690	
SAULXURES-LES-NANCY....	Idem...........	381		FAULX.............	Nancy............	850	
SEICHAMP........	Idem...........	378		JEANDELIZCOURT.......	Pont-à-Mousson....	422	
SAINT-MAX.......	Idem...........	252		LANFROICOURT........	Nancy............	321	
VELAINE-SOUS-AMANCE....	Idem...........	351		LÉTRICOURT.........	Pont-à-Mousson....	409	
				LEYR..............	Nancy............	754	
CANTON DE NANCY (nord).				LIXIÈRES...........	Pont-à-Mousson....	324	
CHALIGNY........	Pont-Saint-Vincent..	953		MAILLY............	Idem............	523	
FROUARD.........	Nancy..........	841		MALLELOY..........	Nancy............	358	
LAXOU...........	Idem...........	1,429		MANONCOURT-SUR-SEILLE...	Pont-à-Mousson....	300	
MARBACHE........	Idem...........	685		MOIVRONS..........	Nancy............	486	
MARON..........	Pont-Saint-Vincent..	768	14,529	MONTENOY..........	Idem............	259	
MAXEVILLE.......	Nancy..........	393		MOREY............	Pont-à-Mousson....	278	
NANCY (nord).....	✉............	7,964					
POMPEY..........	Nancy..........	548					
VELAINE-EN-HAYE 🐎....	Toul...........	438					
VILLERS-LES-NANCY....	Nancy..........	510			A reporter..		9,589
A reporter.................			48,441	A reporter.................			80,544

NOMS DES COMMUNES.	BUREAUX DE POSTE qui les desservent.	POPULATION.	TOTAL de la POPULATION par canton

Suite de l'ARRONDISSEMENT DE NANCY.

		Report..	80,544

Suite du Canton de NOMÉNY.

		Report..	9,589
NoMÉNY	Pont-à-Mousson....	1,332	
Philin	Idem	160	
Raucourt	Idem	458	
Rouves	Idem	229	12,916
Serrières	Idem	176	
Sivry	Idem	353	
Thezey-Saint-Martin	Idem	450	
Villers-les-Moivrons	Nancy	169	

CANTON DE PONT-A-MOUSSON.

Atton	Pont-à-Mousson	446	
Autreville	Idem	350	
Belleville 🐎	Idem	493	
Bezaumont	Idem	239	
Blénod-lès-Pont-a-Mousson	Idem	422	
Rocxières-sous-Froidmont	Idem	783	
Champey	Idem	252	
Dieulouard	Idem	1,355	
Jezainville	Idem	658	
Landremont	Idem	355	
Loisy	Idem	456	
Maidières	Idem	320	
Ménils (les)	Idem	546	
Millery	Idem	538	20,462
Montauville	Idem	520	
Morville-sur-Seille	Idem	383	
Mousson	Idem	223	
Nordoy	Idem	726	
Pagny-sur-Moselle	Idem	1,045	
Pont-a-Mousson 🐎	⊠	7,218	
Pont-sur-Seille	Pont-à-Mousson	400	
Prény	Idem	408	
Sainte-Geneviève	Idem	662	
Vandières	Idem	716	
Ville-au-Val	Idem	313	
Villers-sous-Prény	Idem	469	
Vittonville	Idem	166	

CANTON DE VEZELISE.

Autrey	Vezelise	200	
Chaouilley	Idem	317	
Clérey	Idem	131	
Dommarie-Eulmont	Idem	248	
Etreval	Idem	182	
Forcelles-Saint-Gorgon	Idem	224	
Forcelles-sous-Gugney	Idem	380	
Fraisnes	Idem	378	
Frolois	Idem	787	
Goviller	Idem	858	
Gugney	Idem	239	
Hammeville	Idem	198	
Houdelmont	Idem	255	
Houdreville	Idem	823	
Laloeuf	Idem	530	
Martuemont	Idem	86	
Ognéville	Idem	276	
Omelmont	Idem	176	
Parey-Saint-Cézaire	Idem	395	
Pierreville	Idem	153	
Praye	Idem	598	
Pulligny	Idem	860	
Quévilloncourt	Idem	100	

		A reporter..	8,394

		A reporter............... Report	113,922

Suite de l'ARRONDISSEMENT DE NANCY.

		Report..	113,922

Suite du Canton de VEZELISE.

		Report.	8,394
Saxon	Vezelise	308	
Thelon	Idem	527	
Trey	Idem	87	
Thorey	Idem	298	
Vaudemont	Idem	660	14,022
Vezelise	⊠	1,742	
Viterne	Pont-Saint-Vincent	995	
Vitrey	Vezelise	466	
Vroncourt	Idem	210	
Xeuilley	Idem	335	

		Total de la population de l'Arrondissement	127,944

ARRONDISSEMENT DE CHATEAU-SALINS.

Canton d'ALBESTROFF.

Albestroff	Dieuze	842	
Altroff 🐎	Idem	1,168	
Benestroff	Idem	348	
Bermering	Idem	520	
Givrecourt	Idem	245	
Guinzeling	Idem	247	
Honskirigh	Idem	521	
Insming	Idem	860	
Inswiller	Idem	558	
Léning	Idem	546	
Luhor	Idem	585	
Lostroff	Idem	310	
Loudrefing 🐎	Idem	690	12,829
Marimont	Idem	204	
Molring	Idem	104	
Montdidier	Idem	160	
Munster	Idem	655	
Nébing	Idem	500	
Neuf-Village	Idem	150	
Réning	Idem	320	
Rodalbe	Idem	458	
Torcheville	Idem	442	
Vahl	Idem	427	
Vibersviller	Idem	711	
Virming	Idem	720	
Vittersbourg	Idem	538	

Canton de CHATEAU-SALINS.

Aboncourt	Château-Salins	140	
Achain	Idem	336	
Amelécourt	Idem	184	
Attilloncourt	Idem	210	
Bellange	Idem	285	
Bioncourt	Idem	448	
Burlioncourt	Idem	464	
Chambrey	Idem	781	
Chateau-Salins 🐎	⊠	2,708	
Chateau-Voué	Château-Salins	343	
Conthil	Idem	416	
Coctures	Idem	272	
Dalhain	Idem	557	
Dedeling	Idem	122	

		A reporter..	7,269

		A reporter............... Report	12,829

NOMS DES COMMUNES.	BUREAUX DE POSTE qui les desservent.	POPULA-TION.	TOTAL de la POPULATION par canton.
Suite de l'ARRONDISSEMENT DE CHATEAU-SALINS.			
Report..			12,829
Suite du CANTON DE CHATEAU-SALINS.			
Report..		7,269	
FRESNES-EN-SAULNOIS........	Château-Salins.....	611	
GERBÉCOURT..............	Idem..........	279	
GRÉMECEY...............	Idem..........	314	
HABONDANGE.............	Idem..........	503	
HAMPONT...............	Idem..........	530	
HARRAUCOURT-SUR-SEILLE....	Idem..........	362	
LIDREQUIN..............	Idem..........	89	
LUBÉCOURT.............	Idem..........	158	
MANHOUÉ...............	Idem..........	347	
MAZERULLES............	Idem..........	373	
MONCEL................	Idem..........	681	
MORVILLE-LÈS-VIC........	Idem..........	385	15,230
OBRECK................	Idem..........	189	
PETTONCOURT...........	Idem..........	247	
PÉVANGE..............	Idem..........	116	
PUTTIGNY.............	Idem..........	251	
RICHE................	Idem..........	268	
SALIVAL..............	Idem..........	55	
SALONNE.............	Idem..........	394	
SORNÉVILLE...........	Idem..........	543	
SOTZELING...........	Idem..........	151	
VANNECOURT..........	Idem..........	388	
VAXY................	Idem..........	441	
VISSE...............	Idem..........	286	
CANTON DE DELME.			
AJONCOURT............	Delme.......	234	
ALAINCOURT...........	Idem.......	252	
AULNOIS.............	Idem.......	370	
BACOURT.............	Idem.......	485	
BAUDRECOURT..........	Idem.......	317	
BRÉHAIN.............	Idem.......	305	
CHATEAU-BRÉHAIN......	Idem.......	433	
CHENOIS.............	Idem.......	245	
CHICOURT............	Idem.......	402	
CRAINCOURT..........	Idem.......	536	
DELME...............	⊠ (Distribution)..	607	
DONJEUX.............	Delme.......	167	
FAXE................	Idem.......	142	
FONTENY.............	Idem.......	467	
FOSSIEUX............	Idem.......	336	
FREMERY.............	Idem.......	309	
HANNOCOURT..........	Idem.......	77	
JALLAUCOURT.........	Idem.......	526	12,982
JUVILLE.............	Idem.......	378	
LÉMONCOURT..........	Idem.......	262	
LESSE...............	Idem.......	474	
LIOCOURT............	Idem.......	346	
LUCY................	Idem.......	589	
MALAUCOURT..........	Idem.......	424	
MARTHIL.............	Idem.......	586	
MORVILLE-SUR-NIED....	Idem.......	551	
NEUVEVILLE-EN-SAULNOIS (la).	Idem.......	468	
ORIOCOURT...........	Idem.......	118	
ORON................	Idem.......	457	
PRÉVOCOURT..........	Idem.......	292	
PUXIEUX.............	Idem.......	413	
SAINT-EPVRE.........	Idem.......	208	
TINCRY..............	Idem.......	423	
VILLERS-AUX-OYES....	Idem.......	261	
VIVIERS.............	Idem.......	285	
XOCOURT.............	Idem.......	237	
A. reporter..............			41,041

NOMS DES COMMUNES.	BUREAUX DE POSTE qui les desservent.	POPULA-TION.	TOTAL de la POPULATION par canton.
Suite de l'ARRONDISSEMENT DE CHATEAU-SALINS.			
Report..			41,041
CANTON DE DIEUZE.			
BASSING.............	Dieuze......	382	
BIDESTROFF.........	Idem......	448	
BLANCHE-ÉGLISE......	Idem......	271	
BOURG-ALTROFF......	Idem......	615	
CUTTING............	Idem......	451	
DIEUZE.............	⊠......	3,892	
DOMNON.............	Dieuze......	385	
GELUCOURT.........	Idem......	633	
GUÉBESTROFF.......	Idem......	78	
GUÉBLANGE........	Idem......	316	
GUÉRLING.........	Idem......	380	
GUÉNESTROFF.......	Idem......	542	12,599
KERPRICH-LÈS-DIEUZE.	Idem......	387	
LIDREZING.........	Idem......	308	
LINDRE-BASSE......	Idem......	474	
LINDRE-HAUTE......	Idem......	152	
MULCEY...........	Idem......	506	
RORBACH..........	Idem......	236	
SAINT-MÉDARD.....	Idem......	495	
TARQUINPOL.......	Idem......	123	
VERGAVILLE.......	Idem......	1,230	
ZARBELING........	Idem......	179	
ZOMMANGE........	Idem......	116	
CANTON DE VIC.			
ARRACOURT..........	Moyenvic......	930	
ATHIENVILLE.......	Idem......	349	
BATHELÉMONT-LÈS-BAUZEMONT.	Idem......	255	
BEZANGE-LA-GRANDE..	Idem......	624	
BEZANGE-LA-PETITE..	Idem......	375	
BOURDONNAY........	⊠ (Distribution.)	1,026	
BURES.............	Moyenvic......	221	
COINCOURT.........	Idem......	531	
DONNELAY.........	Idem......	816	
GARDE (la)........	Bourdonnay......	801	
HELLOCOURT.......	Idem......	32	
JUVELISE.........	Idem......	457	
JUVRECOURT.......	Bourdonnay......	294	
LEY..............	Moyenvic......	333	
LEZEY...........	Idem......	270	16,170
MAIZIÈRES........	Bourdonnay......	1,295	
MARSAL..........	Moyenvic......	1,114	
MONCOURT........	Bourdonnay......	317	
MOYENVIC........	⊠......	1,464	
OMMEREY.........	Bourdonnay......	560	
RECHICOURT-LA-PETITE.	Moyenvic......	224	
VIC.............	⊠ (Distribution.)..	3,186	
XANREY.........	Moyenvic......	435	
XURES..........	Bourdonnay......	261	
TOTAL de la population de l'Arrondissement.......			69,810
ARRONDISSEMENT DE LUNÉVILLE.			
CANTON DE BACCARAT.			
ANGOMONT..........	Blamont......	442	
AZERAILLES........	Baccarat........	816	
BACCARAT..........	⊠......	2,809	
BADONVILLER.......	Blamont......	2,297	
BERTRICHAMPS......	Baccarat......	956	
BIONVILLE........	Raon-l'Étape......	576	
A. reporter..			7,896

NOMS DES COMMUNES.	BUREAUX DE POSTE qui les desservent.	POPULATION.	TOTAL de la POPULATION par canton

Suite de l'ARRONDISSEMENT DE LUNÉVILLE.

Suite du Canton de BACCARAT.

NOMS DES COMMUNES.	BUREAUX DE POSTE qui les desservent.	POPULATION.	TOTAL par canton
	Report..	7,896	
Brémévil	Blamont	648	
Brouville	Baccarat	322	
Chapelle (la)	Idem	341	
Deneuvre	Idem	822	
Fenneviller	Idem	208	
Fontenoi-la-Joute	Idem	597	
Gélacourt	Idem	248	
Glonville	Idem	650	
Hablainville	Idem	490	
Merviller	Idem	777	
Migneville	Blamont	296	
Montigny	Idem	245	18,776
Neuf-Maisons	Baccarat	711	
Neuviller	Blamont	346	
Pettonville	Baccarat	188	
Pexonne	Idem	763	
Pierre-Percée	Raon-l'Étape	486	
Reherey	Baccarat	326	
Saint-Maurice	Blamont	257	
Sainte-Pôle	Idem	446	
Thiaville	Baccarat	610	
Vacqueville	Idem	721	
Vaxainville	Idem	198	
Veney	Idem	184	

Canton de BAYON.

Barbonville	Saint-Nicolas-du-Port	447	
Bayon	Neuviller-sur-Moselle	891	
Blainville-sur-l'Eau	Lunéville	820	
Borville	Gerbéviller	344	
Brémoncourt	Neuviller-sur-Moselle	287	
Charmois	Lunéville	100	
Claybores	Gerbéviller	489	
Damelevières	Lunéville	443	
Domptail	Neuviller-sur-Moselle	93	
Einvaux	Gerbéviller	362	
Froville	Neuviller-sur-Moselle	244	
Haigneville	Idem	145	
Haussonville	Idem	566	
Landecourt	Gerbéviller	247	10,545
Lorey	Neuviller-sur-Moselle	230	
Loro-Montzey	Idem	416	
Méhoncourt	Idem	389	
Romain	Idem	78	
Rozelieures	Gerbéviller	664	
Saint-Boingt	Idem	310	
Saint-Germain	Neuviller-sur-Moselle	529	
Saint-Mard	Idem	121	
Saint-Rémy-aux-Bois	Gerbéviller	367	
Velle-sur-Moselle	Neuviller-sur-Moselle	280	
Vigneulle	Saint-Nicolas-du-Port	346	
Villacourt	Neuviller-sur-Moselle	1,079	
Virrecourt	Idem	258	

Canton de BLAMONT.

Amenoncourt	Blamont	274	
Ancerviller	Idem	761	
Autrepierre	Idem	285	
Barbas	Idem	353	
Blamont	✉	2,281	
Blémerey	Blamont	216	
Buriville	Idem	160	
	A reporter..	4,330	

Suite de l'ARRONDISSEMENT DE LUNÉVILLE.

NOMS DES COMMUNES.	BUREAUX DE POSTE qui les desservent.	POPULATION.	TOTAL par canton
	Report..		29,321

Suite du Canton de BLAMONT.

	Report..	4,330	
Chazel	Blamont	187	
Domèvre	Idem	1,248	
Domjevin	Lunéville	603	
Emberménil	Blamont	404	
Frémévil	Idem	309	
Frémonville	Idem	735	
Gogney	Idem	239	
Gondrexon	Idem	141	
Halloville	Idem	168	
Harboué	Idem	605	
Herbéviller	Idem	617	13,837
Leintrey	Idem	634	
Montreux	Idem	262	
Nonhigny	Idem	327	
Ogéviller	Idem	458	
Réclonville	Idem	204	
Reillon	Idem	197	
Rémoncourt	Idem	202	
Repaix	Idem	198	
Saint-Martin	Idem	331	
Vaucourt	Idem	374	
Vého	Idem	328	
Verdenal	Idem	345	
Xousse	Idem	390	

Canton de GERBÉVILLER.

Essey-la-Côte	Gerbéviller	266	
Flin	Lunéville	627	
(à Ménil-Flin.)			
Fraimbois	Idem	553	
Franconville	Gerbéviller	3,156	
Gerbéviller	✉ (Distribution.)	044	
Giriviller	Gerbéviller	330	
Haudonville	Idem	160	
Hériménil	Lunéville	446	
Lamath	Idem	264	
Magnière	Gerbéviller	759	11,135
Mattexey	Idem	222	
Mont	Lunéville	360	
Moriviller	Gerbéviller	1,364	
Moyen	Idem	185	
Rehainviller	Lunéville	433	
Réménoville	Gerbéviller	390	
Seranville	Idem	261	
Vallois	Idem	449	
Vathiménil	Idem	420	
Vennezey	Idem	96	
Xermamenil	Lunéville	450	

Canton de LUNÉVILLE (nord).

Anthelupt	Lunéville	485	
Bauzemont	Idem	447	
Blainville-la-Petite	Idem	83	
Bonviller	Idem	330	
Courbesseaux	Idem	274	
Crévic	Idem	765	
Deuxville	Idem	446	
Drouville	Idem	391	
Einville	Idem	1,131	
Flainval	Idem	199	
Hoéville	Idem	323	
Hudiviller	Idem	265	
Lunéville (nord)	✉	5,892	
Maixe	Lunéville	451	
	A reporter..	11,482	

A reporter 29,321

A reporter 54,293

NOMS DES COMMUNES.	BUREAUX DE POSTE qui les desservent.	POPULA-TION.	TOTAL de la POPULA-TION par canton	NOMS DES COMMUNES.	BUREAUX DE POSTE qui les desservent.	POPULA-TION.	TOTAL de la POPULA-TION par canton
Suite de l'ARRONDISSEMENT DE LUNÉVILLE.				**Suite de l'ARRONDISSEMENT DE SARREBOURG.**			
	Report.		54,293		*Report.*		12,565
Suite du CANTON DE LUNÉVILLE (nord).				*Suite du* CANTON DE LORQUIN.			
	Report..	11,482			*Report..*	6,979	
RAVILLE	Lunéville	166		HERMELANGE	Lorquin	285	
SERRES	Idem	576	13,483	LANDANGE	Idem	409	
SOMMERVILLER	Idem	644		LORQUIN	✉(Distribution.)	1,346	
VATHEY	Idem	265		MÉTAIRIES-DE-SAINT-QUIRIN	Lorquin	294	
VITRIMONT	Idem	350		NEUF-MOULIN	Idem	81	
				NEUVEVILLE-LES-LORQUIN (la)	Idem	205	
CANTON DE LUNÉVILLE (sud-est).				NIDERHOFF	Idem	576	
				NITTING	Idem	459	
BÉNAMÉNIL 🐎	Lunéville	652		PARUX	Blamont	431	17,012
CHANTEHEUX	Idem	282		PETIT-MONT	Idem	855	
CHENEVIÈRES	Idem	372		RAON-LÈS-LEAU	Raon-l'Étape	325	
CRION	Idem	276		SAINT-QUIRIN	Lorquin	1,960	
CROISMARE	Idem	910		SAINT-SAUVEUR	Blamont	223	
HÉNAMÉNIL	Idem	587		TANCONVILLE	Idem	443	
JOLIVET	Idem	517		TURQUESTEIN	Lorquin	88	
LARONXE	Idem	000		VAL	Blamont	973	
LUNÉVILLE (sud-est)	✉	6,449	15,075	VASPERVILLER	Lorquin	442	
MANONVILLER	Lunéville	372		VOYER	Idem	638	
MARAINVILLER	Idem	716					
MONCEL-LES-LUNÉVILLE	Idem	283		CANTON DE PHALSBOURG.			
MOUACOURT	Idem	288					
NEUVEVILLE-AUX-BOIS (la)	Idem	601		ARSCHEVILLER	Phalsbourg	555	
PAROY	Idem	763		BERLINGEN	Idem	260	
SIONVILLER	Idem	158		BOURSCHEID	Idem	298	
SAINT-CLÉMENT	Idem	1,357		BROUVILLER	Idem	521	
THIÉBAUMÉNIL	Idem	492		DABO	Idem	2,168	
				DANNE	Idem	811	
TOTAL de la population de l'Arrondissement			82,851	DANNELBOURG	Idem	342	
				GARREBOURG	Idem	685	
ARRONDISSEMENT DE SARREBOURG.				GUNTZWILLER	Idem	433	
				HANGWILLER	Idem	393	
CANTON DE FÉNÉTRANGE.				HAZELBOURG	Idem	565	
				HENRIDORFF	Idem	691	
ANGEVILLER	Fénétrange	255		HÉRANGE	Idem	194	17,291
BERTHELMING	Sarrebourg	779		HULTENHAUSEN	Idem	446	
BETTBORN	Idem	406		IJXUEIM	Sarrebourg	1,025	
BICKENHOLTZ	Phalsbourg	345		LUTZELBOURG	Phalsbourg	566	
BISPING	Fénétrange	685		METTING	Idem	523	
DOLVING	Sarrebourg	461		MITTELBRONN	Idem	884	
FÉNÉTRANGE 🐎	✉(Distribution.)	1,464		PHALSBOURG 🐎	✉	3,529	
FLEISHEIM	Phalsbourg	259		SAINT-JEAN-DE-COURTZERODE	Phalsbourg	155	
GOSSELMING	Sarrebourg	788		SAINT-LOUIS	Idem	784	
HELLERING	Idem	386		VALTEMBOURG	Idem	124	
HILDESHEIM	Idem	635	12,565	VEISCHEIM	Idem	218	
MITTERSHEIM	Fénétrange	1,067		VILSBERG	Idem	533	
NIDERSTINZEL	Idem	843		VINTERSBOURG	Idem	280	
OBERSTINZEL	Sarrebourg	329		ZILLING	Idem	308	
POSTROFF	Fénétrange	447					
ROMELFING	Idem	625		CANTON DE RÉCHICOURT-LE-CHATEAU.			
SARRALTROFF	Sarrebourg	660					
SCHALBACH	Fénétrange	1,021		ASSÉNONCOURT	Bourdonnay	500	
SAINT-JEAN-DE-BASSEL	Sarrebourg	309		AVRICOURT	Blamont	577	
VECKERSVILLER	Fénétrange	402		AZOUDANGE	Bourdonnay	498	
VIEUX-LIXHEIM	Sarrebourg	399		DESSELING	Idem	400	
				FOULCREY	Blamont	732	
CANTON DE LORQUIN.				FRIBOURG	Bourdonnay	576	
				GONDREXANGE	Lorquin	1,017	
ABRESCHWILLER	Lorquin	1,977		GUERMANGE	Bourdonnay	618	
ASPACH	Idem	239		HAYE-DES-ALLEMANDS	Blamont	158	
BERTHAMBOIS	Idem	1,263		HERTZING	Lorquin	317	8,908
CIREY	Blamont	2,193		IBIGNY	Blamont	260	
FRAQUELFING	Lorquin	258		IGNEY	Idem	119	
FRIMBOLE (la)	Idem	145		LANGUIMBERG	Bourdonnay	787	
HATTIGNY	Idem	591		MOUSSEY	Blamont	554	
HÉMING 🐎	Idem	313		RÉCHICOURT-LE-CHATEAU	Idem	939	
				RICHEVAL	Idem	292	
	A reporter..	6,979		ROMÉCOURT	Bourdonnay	46	
				SAINT-GEORGE	Lorquin	518	
	A reporter		12,565		*A reporter*		55,776

NOMS DES COMMUNES.	BUREAUX DE POSTE qui les desservent.	POPULATION.	TOTAL de la POPULATION par canton

Suite de l'ARRONDISSEMENT DE SARREBOURG.

Report.. 55,776

CANTON DE SARREBOURG.

NOMS DES COMMUNES.	BUREAUX DE POSTE.	POPULATION.	TOTAL
BARCHAIN	Sarrebourg	285	
BÉBING	Idem	266	
BIBERSKIRICH	Idem	520	
BROUDERDORFF	Idem	638	
BUHL	Idem	826	
DIANNE-CAPELLE	Idem	476	
HABERG	Idem	314	
HARTZWILLER	Idem	723	
HAUT-CLOCHER	Idem	501	
HESSE	Idem	693	
HOFF	Idem	541	
HOMMARTING	Idem	761	
HOMMERT	Idem	679	16,770
IMLING	Idem	651	
KERPRICH-AUX-BOIS	Idem	384	
LANGATTE	Idem	777	
NIDERVILLER	Idem	854	
PLAIN-DE-VALSCH	Idem	408	
RÉDING	Idem	961	
RHODES	Idem	402	
SARREBOURG	⊠	2,164	
SCHNECKENBUSCH	Sarrebourg	308	
TROIS-FONTAINES	Idem	522	
WALSCHEID	Idem	1,783	
XOUAXANGE	Idem	333	

TOTAL de la population de l'Arrondissement....... 72,546

ARRONDISSEMENT DE TOUL.

CANTON DE COLOMBEY.

NOMS DES COMMUNES.	BUREAUX DE POSTE.	POPULATION.	TOTAL
ABONCOURT	Colombey	362	
ALLAIN-AUX-BŒUFS	Idem	536	
ALLAMPS	Idem	451	
BAGNEUX	Idem	272	
BARISEY-AU-PLAIN	Idem	399	
BARISEY-LA-CÔTE	Idem	300	
BATTIGNY	Idem	418	
BEUVELIN	Idem	315	
COLOMBEY	⊠	1,008	
COURCELLES	Colombey	335	
CREPEY	Idem	1,003	
DOLCOURT	Idem	246	
FAVIÈRES	Idem	1,155	
FÉCOCOURT	Idem	607	
GÉLAUCOURT	Idem	141	
GÉMONVILLE	Idem	508	
GERMINY	Idem	612	14,432
GIBEAUMEIX	Idem	398	
GRIMONVILLER	Idem	265	
HOUSSELMONT	Idem	47	
MONT-L'ÉTROIT	Idem	236	
PULNEY	Idem	312	
SAULXEROTTE	Idem	237	
SAULXURES-LES-VANNES	Idem	905	
SELAINCOURT	Idem	513	
TOUILLEY-AUX-GROSEILLES	Idem	326	
TRAMONT-ÉMY	Idem	133	
TRAMONT-LASSUS	Idem	250	
TRAMONT-SAINT-ANDRÉ	Idem	320	
URUFFE	Idem	731	
VANDELÉVILLE	Idem	621	
VANNES	Idem	470	

A reporter........................ 14,432

Suite de l'ARRONDISSEMENT DE TOUL.

Report.. 14,432

CANTON DE DOMÈVRE.

NOMS DES COMMUNES.	BUREAUX DE POSTE.	POPULATION.	TOTAL
ANDILLY	Toul	326	
ANSAUVILLE	Noviant-aux-Prés	368	
AVRAINVILLE	Toul	508	
BEAUMONT	Noviant-aux-Prés	155	
BERNÉCOURT	Idem	264	
DOMÈVRE	Idem	368	
FRANCHEVILLE	Toul	379	
GÉZONCOURT	Noviant-aux-Prés	220	
GRISCOURT	Idem	159	
GROSROUVRE	Idem	148	
HAMONVILLE	Idem	90	
JAILLON	Toul	302	
LIVERDUN	Nancy	971	
MAMEY	Noviant-aux-Prés	368	9,688
MANDRES-AUX-QUATRE-TOUR	Idem	420	
MANONCOURT-EN-VOIVRE	Toul	245	
MANONVILLE	Noviant-aux-Prés	288	
MARTINCOURT	Idem	327	
MINORVILLE	Idem	377	
NOVIANT-AUX-PRÉS	⊠ (Distribution.)	394	
ROGÉVILLE	Noviant-aux-Prés	237	
ROSIÈRES-EN-HAYE	Idem	316	
ROYAUMEIX	Toul	406	
SAIZERAIS	Nancy	656	
TREMBLECOURT	Noviant-aux-Prés	300	
VILLERS-EN-HAYE	Idem	285	
VILLEY-SAINT-ÉTIENNE	Toul	811	

CANTON DE THIAUCOURT.

NOMS DES COMMUNES.	BUREAUX DE POSTE.	POPULATION.	TOTAL
ARNAVILLE	Thiaucourt	872	
BAYONVILLE	Idem	453	
BOUILLONVILLE	Idem	261	
CHAREY	Idem	381	
DOMMARTIN-LA-CHAUSSÉE	Idem	120	
ESSEY	Idem	858	
EUVEZIN	Idem	408	
FEY-EN-HAYE	Idem	207	
FLIREY	Noviant-aux-Prés	395	
JAULNY	Thiaucourt	414	
LIMEY	Noviant-aux-Prés	263	
LIRONVILLE	Idem	263	9,467
PANNES	Thiaucourt	401	
REGNIÉVILLE	Idem	276	
REMBERCOURT	Idem	424	
REMENOVILLE	Idem	255	
SEICHEPREY	Noviant-aux-Prés	290	
SAINT-BAUSSANT	Thiaucourt	257	
THIAUCOURT	⊠ (Distribution.)	1,487	
VANDELAINVILLE	Thiaucourt	329	
VIÉVILLE-EN-HAYE	Idem	272	
VILCEY-SUR-TREY	Idem	373	
XAMMES	Idem	309	

CANTON DE TOUL (nord).

NOMS DES COMMUNES.	BUREAUX DE POSTE.	POPULATION.	TOTAL
AINGEREY	Toul	425	
BOUCQ	Idem	985	
BODVRON	Idem	317	
BRULEY	Idem	637	
DOMMARTIN-LES-TOUL	Idem	537	
ECROUVES	Idem	595	
FONTENOY	Idem	230	
FOUG	Idem	1,402	

A reporter.. 5,128

A reporter........................ 33,587

NOMS DES COMMUNES.	BUREAUX DE POSTE qui les desservent.	POPULA- TION.	TOTAL de la POPULA- TION par canton	NOMS DES COMMUNES.	BUREAUX DE POSTE qui les desservent.	POPULA- TION.	TOTAL de la POPULA- TION par canton
Suite de l'ARRONDISSEMENT DE TOUL.				Suite de l'ARRONDISSEMENT DE TOUL.			
	Report..		33,587		Report..		49,901
Suite du CANTON DE TOUL (nord).				Suite du CANTON DE TOUL (sud).			
	Report..	5,128			Report..	1,057	
GONDREVILLE	Toul	1,250		BLENOD-LÈS-TOUL	Toul	1,511	
LAGNEY	Idem	816		BULLIGNY	Idem	856	
LAY-SAINT-REMY	Idem	335		CHARMES-LA-CÔTE	Idem	610	
LUCEY	Idem	932		CHAUDENEY	Idem	372	
MÉNIL-LA-TOUR	Idem	322	16,314	CHOLOY	Idem	440	
NEUVEVILLE-DERRIÈRE-FOUG (la)	Idem	416		CRESILLES	Idem	378	
PAGNEY-DERRIÈRE-BARINE	Idem	721		DOMGERMAIN	Idem	1,171	
SANZEY	Idem	272		GYE	Idem	244	12,546
SEXEY-LES-BOIS	Idem	451		MAIZIÈRES	Pont-Saint-Vincent.	623	
TOUL (nord)	⊠	4,829		MÉNILLOT	Toul	362	
TRONDES	Toul	842		MONT-LE-VIGNOBLE	Idem	468	
				MOUTROT	Idem	219	
CANTON DE TOUL (sud).				OCHEY	Colombey	471	
				PIERRE	Toul	488	
BAINVILLE-SUR-MADON	Pont-Saint-Vincent..	405		SEXEY-AUX-FORGES	Pont-Saint-Vincent.	380	
BICQUELEY	Toul	651		TOUL (sud)	⊠	2,485	
				VILLEY-LE-SEC	Toul	401	
	A reporter..	1,907					
	A reporter		49,901		TOTAL de la population de l'Arrondissement		62,447

RÉCAPITULATION.

	NOMBRE de		POPULATION.
	CANTONS.	COMMUNES.	
ARRONDISSEMENT DE NANCY	8	187	127,944
—— DE CHATEAU-SALINS	5	147	69,810
—— DE LUNÉVILLE	6	145	82,851
—— DE SARREBOURG	5	116	72,546
—— DE TOUL	5	119	62,447
TOTAUX	29	714	415,598

NOMS DES COMMUNES.	BUREAUX DE POSTE qui les desservent.	POPULA-TION.	TOTAL de la POPULA-TION par canton	NOMS DES COMMUNES.	BUREAUX DE POSTE qui les desservent.	POPULA-TION.	TOTAL de la POPULA-TION par canton
ARRONDISSEMENT DE BAR-LE-DUC.				Suite de l'ARRONDISSEMENT DE BAR-LE-DUC.			
						Report..	47,669
CANTON D'ANCERVILLE.				CANTON DE REVIGNY.			
ANCERVILLE	Saint-Dizier	2,239		ANDERNAY	Revigny	343	
AULNOIS	Idem.	514		BEUREY	Bar-le-Duc	586	
BAUDONVILLIERS	Idem.	272		BRABANT-LE-ROI	Revigny	423	
BAZINCOURT	Bar-le-Duc	442		BUSSY-LA-CÔTE	Bar-le-Duc	195	
BRILLON	Idem.	873		CONTRISSON	Revigny	781	
COUSANCELLES	Saint-Dizier	415		COUVONGES	Bar-le-Duc	356	
COUSANCES	Idem.	1,123		LAIMONT	Idem.	773	
HAIRONVILLE	Bar-le-Duc	556	11,811	MOGNÉVILLE	Revigny	911	9,581
ISLE-EN-RIGAUT (l')	Idem.	552		MUSSEY	Bar-le-Duc	271	
JUVIGNY	Saint-Dizier	300		NETTANCOURT	Revigny	704	
LAVINCOURT	Bar-le-Duc	249		NEUVILLE-SUR-ORNE	Bar-le-Duc	915	
MONTPLONNE	Idem.	395		RANCOURT	Revigny	547	
RUPT-AUX-NONAINS	Idem.	939		REMENNECOURT	Idem.	86	
SAUDRUPT	Idem.	524		REVIGNY	⊠ (Distribution.)	1,598	
SAVONNIÈRES-EN-PERTOIS	Saint-Dizier	376		VARNEY	Bar-le-Duc	75	
SOMMELONNE	Idem.	481		VASSINCOURT	Idem.	563	
STAINVILLE	Bar-le-Duc	1,116		VILLERS-AUX-VENTS	Revigny	454	
VILLE-SUR-SAUX	Idem.	445					
				CANTON DE TRIAUCOURT.			
CANTON DE BAR-LE-DUC.				AMBLAINCOURT	Beauzée	139	
BAR-LE-DUC	⊠	12,496		AUTRÉCOURT	Idem.	552	
COMBLE	Bar-le-Duc	528		BEAULIEU	Idem.	516	
FAINS	Idem.	962		BEAUZÉE	⊠ (Distribution.)	805	
LONGEVILLE	Idem.	1,475	17,812	BRIZEAUX	Beauzée	494	
ROBERT-ESPAGNE	Idem.	1,085		BULAINVILLE	Idem.	290	
SAVONNIÈRES-DEVANT-BAR	Idem.	240		DEUXNOUX	Idem.	229	
TREMONT	Idem.	816		ÉVRE	Idem.	377	
VÉEL	Idem.	210		FLEURY	Idem.	345	
				FOUCAUCOURT	Idem.	233	
CANTON DE LIGNY.				IPPÉCOURT	Idem.	396	7,814
COLEY	Bar-le-Duc	457		ISSONCOURT	Idem.	224	
GIVRAUVAL	Ligny	425		LAVOYE	Idem.	542	
GUERPONT	Idem.	324		MONDRECOURT	Idem.	83	
LIGNY	⊠	3,212		NUBECOURT	Idem.	375	
LOISEY	Bar-le-Duc	844		PRETZ	Idem.	340	
LONGEAUX	Ligny	393		SÉNARD	Idem.	307	
MAULAN	Idem.	189		SERAUCOURT	Idem.	173	
MENAUCOURT	Idem.	530		TRIAUCOURT	Idem.	928	
NAIX	Idem.	404		WALY	Idem.	456	
NANÇOIS-LE-PETIT	Idem.	517	11,401				
NANT-LE-GRAND	Idem.	372		CANTON DE VAUBECOURT.			
NANT-LE-PETIT	Idem.	268		AUZÉCOURT	Revigny	325	
NANTOIS	Idem.	253		CHAUMONT-SUR-AIRE	Beauzée	469	
SALMAGNE	Bar-le-Duc	774		COURCELLES-SUR-AIRE	Idem.	315	
SILMONT	Ligny	139		ÉRIZE-LA-GRANDE	Bar-le-Duc	360	
SAINT-AMAND	Idem.	294		ÉRIZE-LA-PETITE	Idem.	181	
TANNOIS	Bar-le-Duc	777		ISLE-EN-BARROIS (l')	Beauzée	201	
TRONVILLE	Ligny	506		LAHEYCOURT	Revigny	1,273	
VELAINE	Idem.	753		LOUPPY-LE-CHATEAU	Bar-le-Duc	586	
				LOUPPY-LE-PETIT	Idem.	588	8,810
CANTON DE MONTIERS-SUR-SAUX.				MARATS (les)	Idem.	612	
BIENCOURT	Ligny	507		NOYERS	Revigny	378	
BOUCHON (le)	Idem.	271		REMBERCOURT-AUX-POTS	Beauzée	952	
BRAUVILLERS	Saint-Dizier	346		RIGNAUCOURT	Idem.	130	
BURE	Gondrecourt	353		SOMMAINE	Idem.	66	
COUVERPUIS	Ligny	375		SOMMEILLE	Revigny	565	
DAMMARIE	Idem.	514		VAUBECOURT	Beauzée	1,264	
FOUCHÈRES	Idem.	292		VILLOTTE-DEVANT-LOUPPY	Bar-le-Duc	555	
HÉVILLIERS	Idem.	361	6,645				
MANDRE	Gondrecourt	457		CANTON DE VAVINCOURT.			
MÉNIL-SUR-SAUX	Ligny	467		BÉHONNE	Bar-le-Duc	585	
MONTIERS-SUR-SAUX	Idem.	1,204		CHARDOGNE	Idem.	587	
MORLEY	Idem.	644		CONDÉ-EN-BARROIS	Idem.	1,376	
RIBAUCOURT	Idem.	448		ÉRIZE-LA-BRULÉE	Idem.	382	
VILLERS-LE-SEC	Idem.	506					
						A reporter..	2,930
	A reporter		47,669		*A reporter*		73,874

NOMS DES COMMUNES.	BUREAUX DE POSTE qui les desservent.	POPULA-TION.	TOTAL de la POPULA-TION par canton
Suite de l'ARRONDISSEMENT DE BAR-LE-DUC.			
Report..			73,874
Suite du Canton DE VAVINCOURT.			
Report.		2,930	
ÉRIZE-SAINT-DIZIER........	Bar-le-Duc.......	385	
GÉNICOURT-EN-BARROIS.....	Idem.............	145	
GÉRY.....................	Idem.	384	
HARGEVILLE...............	Idem.	467	
NAIVES-DEVANT-BAR........	Idem.	766	8,260
RESSON...................	Idem.	773	
ROSNES...................	Idem.	375	
ROZIÈRES-DEVANT-BAR......	Idem.	450	
RUMONT...................	Idem.	136	
SEIGNEULLE...............	Idem.	587	
VAVINCOURT...............	Idem.	862	
TOTAL de la population de l'Arrondissement......			82,134

ARRONDISSEMENT DE COMMERCY.

CANTON DE COMMERCY.

NOMS DES COMMUNES.	BUREAUX DE POSTE qui les desservent.	POPULA-TION.	TOTAL de la POPULA-TION par canton
AULNOIS-SUR-VERTUZEY.......	Commercy........	400	
BONCOURT.................	Idem............	576	
CHONVILLE................	Idem.	533	
COMMERCY.................	⊠	3,622	
CORNIÉVILLE..............	Commercy.	401	
COUSANCES-AUX-BOIS.......	Idem.	172	
DAGONVILLE...............	Ligny.	349	
DOMREMY-AUX-BOIS.........	Idem.	208	
ERNECOURT................	Idem.	242	
EUVILLE..................	Commercy.	596	
FRÉMERÉVILLE.............	Idem.	382	
GIRAUVOISIN..............	Idem.	210	
GIRONVILLE...............	Idem.	450	
GRIMAUCOURT.............	Idem.	422	14,732
JOUY-SUR-LES-CÔTES.......	Idem.	752	
LÉROUVILLE...............	Idem.	496	
LOXÉVILLE................	Ligny.	257	
MALAUMONT................	Commercy.	114	
MÉCRIN...................	Saint-Mihiel.	470	
NANÇOIS-LE-GRAND.........	Ligny.	294	
PONT-SUR-MEUSE...........	Commercy.	221	
SAINT-AUBIN..............	Ligny.	621	
SAINT-JULIEN.............	Commercy.	397	
TRICONVILLE..............	Ligny.	333	
VADONVILLE...............	Commercy.	282	
VERTUZEY.................	Idem.	265	
VIGNOT...................	Idem.	857	
VILLE-ISSEY..............	Idem.	538	
VUILLEBONCOURT...........	Ligny.	472	

CANTON DE GONDRECOURT.

NOMS DES COMMUNES.	BUREAUX DE POSTE qui les desservent.	POPULA-TION.	TOTAL de la POPULA-TION par canton
ADAINVILLE...............	Gondrecourt......	514	
AMANTY...................	Idem.	371	
BADONVILLIERS............	Idem.	388	
BAUDIGNECOURT............	Idem.	173	
BERTHELÉVILLE............	Idem.	90	
BONNET...................	Idem.	578	
CHASSEY..................	Idem.	360	
DAINVILLE-AUX-FORGES.....	Idem.	678	
DELOUZE..................	Idem.	321	
DEMANGE-AUX-EAUX.........	Idem.	772	
GÉRAUVILLIERS............	Idem.	181	
GONDRECOURT.............	⊠	1,336	
A reporter..		5,761	
A reporter................			14,732

NOMS DES COMMUNES.	BUREAUX DE POSTE qui les desservent.	POPULA-TION.	TOTAL de la POPULA-TION par canton
Suite de l'ARRONDISSEMENT DE COMMERCY.			
Report..			14,732
Suite du Canton DE GONDRECOURT.			
Report..		5,761	
HORVILLE.................	Gondrecourt......	198	
HOUDELAINCOURT...........	Idem.	567	
LUMÉVILLE................	Idem.	269	
MAUVAGE..................	Idem.	630	
ROISES (les).............	Idem.	157	10,055
ROZIÈRES-EN-BLOIS........	Idem.	163	
SAINT-JOIRE..............	Ligny.	551	
TOURAILLE...............	Gondrecourt.	85	
TRÉVERAY.................	Ligny.	750	
VAUDEVILLE...............	Gondrecourt.	262	
VOUTHON-BAS..............	Idem.	306	
VOUTHON-HAUT.............	Idem.	355	

CANTON DE PIERREFITTE.

NOMS DES COMMUNES.	BUREAUX DE POSTE qui les desservent.	POPULA-TION.	TOTAL de la POPULA-TION par canton
BANNONCOURT..............	Saint-Mihiel.......	378	
BAUDRÉMONT..............	Villotte-devant-St-Mihiel..	296	
BELRAIN.................	Idem.	337	
BOUQUEMONT...............	Saint-Mihiel.......	367	
COURCELLES-AUX-BOIS......	Villotte-devant-St-Mihiel..	153	
COUROUVRE................	Idem.	256	
DOMPCEVRIN...............	Saint-Mihiel.	432	
FRESNES-AU-MONT..........	Villotte-devant-St-Mihiel.	312	
GIMÉCOURT................	Idem.	263	
KŒUR-LA-GRANDE...........	Saint-Mihiel.	356	
KŒUR-LA-PETITE...........	Idem.	642	
LAHAIMBIX................	Idem.	339	
LEVONCOURT...............	Villotte-devant-St-Mihiel.	252	9,972
LIGNIÈRES................	Idem.	316	
LONGCHAMP................	Idem.	509	
MÉNIL-AUX-BOIS...........	Idem.	226	
NEUVILLE-EN-VERDUNOIS....	Idem.	474	
NICEY....................	Idem.	411	
PIERREFITTE..............	Idem.	680	
RUPT-DEVANT-SAINT-MIHIEL...	Idem.	276	
SAMPIGNY.................	Commercy.	980	
THILLOMBOIS..............	Saint-Mihiel.	210	
VALLÉE (la)..............	Villotte-devant-St-Mihiel.	353	
VILLE-DEVANT-BELRAIN.....	Idem.	180	
VILLOTTE-DEVANT-SAINT-MIHIEL ⊠	⊠ (Distribution.)....	469	
WOIMBEY.................	Idem.	505	

CANTON DE SAINT-MIHIEL.

NOMS DES COMMUNES.	BUREAUX DE POSTE qui les desservent.	POPULA-TION.	TOTAL de la POPULA-TION par canton
AILLY....................	Saint-Mihiel.......	145	
APREMONT.................	Idem.	670	
BISLÉE...................	Idem.	161	
BOUCONVILLE.............	Commercy.	322	
BRASSEITTE...............	Saint-Mihiel.	209	
BROUSSEY-EN-WOEVRE.......	Commercy.	384	
CHAUVONCOURT.............	Saint-Mihiel.	245	
CROIX-SUR-MEUSE (la).....	Idem.	1,077	
HAN-SUR-MEUSE............	Idem.	219	
LAHAYVILLE...............	Idem.	98	
LIOUVILLE................	Commercy.	214	
LOUPMONT.................	Saint-Mihiel.	509	
MAIZEY...................	Idem.	519	
MARBOTTE.................	Idem.	143	
MONTSEC..................	Idem.	359	
PAROCHES (les)...........	Idem.	463	
RAMBUCOURT...............	Commercy.	516	
RANZIÈRES................	Saint-Mihiel.	424	
RAULECOURT...............	Commercy.	336	
A reporter..		7,013	
A reporter................			34,759

NOMS DES COMMUNES.	BUREAUX DE POSTE qui les desservent.	POPULA-TION.	TOTAL de la POPULA-TION par canton	NOMS DES COMMUNES.	BUREAUX DE POSTE qui les desservent.	POPULA-TION.	TOTAL de la POPULA-TION par canton
Suite de l'ARRONDISSEMENT DE COMMERCY.				Suite de l'ARRONDISSEMENT DE COMMERCY.			
Report ..			34,759	*Report* ..			73,523
Suite du CANTON DE SAINT-MIHIEL.				CANTON DE VOID.			
Report ..		7,013		BOVÉE	Void	367	
RICHECOURT	Saint-Mihiel	201		BOVIOLLE	Ligny	356	
ROUVROIS-SUR-MEUSE	Idem	709		BROUSSEY-EN-BLOIS	Void	330	
SPADA	Idem	280		CHENNEVIÈRES	Ligny	124	
SAINT-AGNAN	Idem	301	16,229	MARSON	Void	238	
SAINT-MIHIEL	⊠	5,822		MELIGNY-LE-GRAND	Idem	396	
TROYON	Saint-Mihiel	656		MELIGNY-LE-PETIT	Idem	264	
VARNÉVILLE	Idem	389		MENIL-LA-HORGNE	Idem	434	
WOINVILLE	Idem	343		MORLAINCOURT	Ligny	338	
XIVRAY	Idem	515		NAIVES-EN-BLOIS	Void	398	
				NEUVILLE-AU-RUPT (la)	Idem	586	
CANTON DE VAUCOULEURS.				OEY	Ligny	292	11,025
				OURCHES	Void	568	
BRIXEY-SUR-MEUSE	Vaucouleurs	380		PAGNY-SUR-MEUSE	Idem	805	
BUREY-EN-VAUX	Idem	565		REFFROY	Idem	400	
BUREY-LA-CÔTE	Idem	307		SAULX	Idem	243	
CHALAINES	Idem	517		SAUVOY	Idem	233	
CHAMPOUGNY	Idem	236		SORCY	Idem	1,634	
EPIEZ	Idem	244		TROUSSEY	Idem	709	
GOUSSAINCOURT	Idem	454		VACON	Idem	202	
MAXEY-SUR-VAISE	Idem	589		VAUX-LA-GRANDE	Ligny	216	
MONTBRAS	Idem	44		VAUX-LA-PETITE	Idem	205	
MONTIGNY-LÈS-VAUCOULEURS	Idem	332		VILLEROY	Vaucouleurs	229	
NEUVILLE-LÈS-VAUCOULEURS	Idem	461	10,444	VOID	⊠	1,358	
PAGNY-LA-BLANCHE-CÔTE	Idem	722					
RIGNY-LA-SALLE	Idem	809					
RIGNY-SAINT-MARTIN	Idem	196		TOTAL de la population de l'Arrondissement			84,548
SAUVIGNY	Idem	718					
SEPTIGNY	Idem	341					
SAINT-GERMAIN	Idem	482		ARRONDISSEMENT DE MONTMÉDY.			
TAILLANCOURT	Idem	477					
UGNY	Idem	413		CANTON DE DAMVILLERS.			
VAUCOULEURS	⊠	2,157					
				AZANNES	Damvillers	588	
CANTON DE VIGNEULLES.				BRANDEVILLE	Idem	1,000	
				BRÉHÉVILLE	Idem	786	
RASSANCOURT	Vigneulles	68		CHAUMONT-DEVANT-DAMVILLERS	Idem	252	
BENEY	Idem	391		CRÉPION	Idem	183	
BILLY-SUR-LES-CÔTES	Idem	360		DAMVILLERS	⊠	1,075	
BUXERULLES	Saint-Mihiel	264		DELUT	Damvillers	372	
BUXIÈRES	Idem	557		DOMBRAS	Idem	492	
CHAILLON	Idem	545		ÉCUREY	Idem	609	
CHAUSSÉE (la)	Vigneulles	604		ÉTRAYE	Idem	227	
CREUE	Idem	742		FLABAS	Idem	217	
DEUXNOUDS-AUX-BOIS	Idem	367		GIBERCY	Idem	84	9,595
DOMPIERRE	Idem	386		GREMILLY	Idem	382	
HADONVILLE	Idem	110		LISSEY	Idem	423	
HATTONCHATEL	Idem	505		MERLES	Idem	454	
HATTONVILLE	Idem	509		MOIREY	Idem	176	
HAUMONT	Idem	261		PEUVILLERS	Idem	259	
HEUDICOURT	Saint-Mihiel	714	12,091	RÉVILLE	Idem	626	
JONVILLE	Vigneulles	435		ROMAGNE-SOUS-LES-CÔTES	Idem	723	
LAVIGNÉVILLE	Saint-Mihiel	275		RUPT-SUR-OTHAIN	Idem	139	
MARCHE (la)	Vigneulles	49		VILLE-DEVANT-CHAUMONT	Idem	168	
MORVILLE (la)	Saint-Mihiel	350		VITTARVILLE	Idem	198	
NONSARD	Vigneulles	397		WAVRILLE	Idem	212	
SAVONNIÈRES-EN-WOËVRE	Saint-Mihiel	161					
SEKONVILLE	Idem	169		CANTON DE DUN-SUR-MEUSE.			
SEUZEY	Idem	411					
SAINT-BENOIT	Vigneulles	109		AINCREVILLE	Dun-sur-Meuse	243	
SAINT-MAURICE-SOUS-LES-CÔTES	Idem	876		BRIEULLES-SUR-MEUSE	Idem	1,002	
VARVINAY	Saint-Mihiel	272		CLÉRY-LE-GRAND	Idem	302	
VAUX-LES-PALAMEIX	Idem	358		CLÉRY-DE-PETIT	Idem	186	
VIÉVILLE	Vigneulles	814		DOULCON	Idem	230	
VIGNEULLES	⊠ (Distribution.)	1,038		DUN-SUR-MEUSE	⊠	1,048	
				A reporter ..			3,011
A reporter			73,523	*A reporter*			9,595

NOMS DES COMMUNES.	BUREAUX DE POSTE qui les desservent.	POPULA-TION.	TOTAL de la POPULA-TION par canton	NOMS DES COMMUNES.	BUREAUX DE POSTE qui les desservent.	POPULA-TION.	TOTAL de la POPULA-TION par canton
Suite de l'ARRONDISSEMENT DE MONTMÉDY.				**Suite de l'ARRONDISSEMENT DE MONTMÉDY.**			
	Report..		9,595		Report..		42,822
Suite du Canton de DUN-SUR-MEUSE.				**Canton de SPINCOURT.**			
	Report..	3,011		AMEL	Spincourt	547	
FONTAINES	Dun-sur-Meuse	442		ARRANCY	Idem	780	
HARAUMONT	Idem	169		BILLY-SUR-MANGIENNES	Idem	1,216	
LINY-DEVANT-DUN	Idem	656		BOULIGNY	Idem	408	
LION-DEVANT-DUN	Idem	741		BOUVIGNY	Idem	179	
MILLY-DEVANT-DUN	Idem	719		DOMBRAS-LA-CANNE	Idem	98	
MONT-DEVANT-SASSEY	Idem	713	9,556	DUZEY	Idem	83	
MONTIGNY	Idem	579		ÉTON	Idem	501	
MORVAUX	Idem	888		GOURAINCOURT	Idem	205	
SASSEY	Idem	338		HAN-DEVANT-PIERREPONT	Idem	219	
SAULMORY	Idem	395		HAUCOURT	Idem	123	
VILLERS-DEVANT-DUN	Idem	278		HAUDELAUCOURT	Idem	171	
VILOSNES	Idem	627		LOISON	Idem	415	
				MANGIENNES	Damvillers	819	11,294
Canton de MONTFAUCON.				MUZERAY	Spincourt	354	
				NOUILLON-PONT	Idem	416	
BANTHEVILLE	Dun-sur-Meuse	505		OLLIÈRES	Idem	115	
BRABANT-SUR-MEUSE	Damvillers	327		PILLON	Idem	545	
CIERGE	Varennes-en-Argonne	246		RÉCHICOURT	Idem	269	
CONSENVOYE	Damvillers	855		ROUVROIS-SUR-OTTAIN	Idem	433	
CUISY	Varennes-en-Argonne	277		SENON	Idem	608	
CUNEL	Dun-sur-Meuse	232		SORBEY	Idem	533	
DANNEVOUX	Varennes-en-Argonne	826		SPINCOURT ✉	✉ (Distribution.)	507	
ÉPINONVILLE	Idem	429		SAINT-LAURENT	Damvillers	814	
FORGES	Verdun-sur-Meuse	838		SAINT-PIERRE-VILLERS	Spincourt	442	
GERCOURT	Varennes-en-Argonne	480	9,558	VAUDONCOURT	Idem	201	
GESNES	Idem	294		VILLERS-LES-MANGIENNES	Damvillers	293	
HAUMONT	Damvillers	318					
MONTFAUCON	Idem	412		**Canton de STENAY.**			
NANTILLOIS	Idem	412					
RÉGNEVILLE	Verdun-sur-Meuse	146		AUTRÉVILLE	Mouzon	179	
ROMAGNE-SOUS-MONTFAUCON	Dun-sur-Meuse	695		BAALON	Stenay	606	
SEPTSARGES	Varennes-en-Argonne	402		BEAUCLAIR	Idem	260	
SIVRY-SUR-MEUSE ✉	Damvillers	1,052		BEAUFORT	Idem	663	
				CESSE	Idem	437	
Canton de MONTMÉDY.				HALLES	Idem	716	
				INOR	Idem	690	
AVIOTH	Montmédy	434		LAMOCILLY	Idem	306	
BAZEILLES	Idem	249		LUZY	Idem	402	
BREUX	Idem	673		MARTINCOURT	Idem	200	12,831
BROCENNE	Stenay	560		MOULINS	Mouzon	534	
CHAUVANCY-LE-CHATEAU	Montmédy	592		MOUZAY	Stenay	1,857	
CHAUVANCY-SAINT-HUBERT	Idem	577		NEPVANT	Idem	254	
ÉCOUVIEZ	Idem	151		NEUVILLE (la)	Idem	766	
FLASSIGNY	Idem	142		OLIZY	Idem	604	
HAN-LES-JUVIGNY	Louppy	294		POUILLY	Mouzon	777	
IRÉ-LE-SEC	Montmédy	505		STENAY ✉	✉	3,140	
JAMETZ	Louppy	951		WISEPPE	Stenay	440	
JUVIGNY	Idem	680					
LANDRÉCOURT	Louppy	122		Total de la population de l'Arrondissement			66,947
LOUPPY	✉ (Distribution.)	450	14,113				
MARVILLE	Montmédy	1,263					
MONTMÉDY ✉	✉	2,195		**ARRONDISSEMENT DE VERDUN-SUR-MEUSE.**			
QUINCY	Louppy	360					
REMOIVILLE	Idem	479		**Canton de CHARNY-SUR-MEUSE.**			
THONNE-LA-LONG	Montmédy	502					
THONNE-LES-PRÉS	Idem	323		BEAUMONT	Verdun-sur-Meuse	373	
THONNE-LE-THIL	Idem	650		BELLEVILLE	Idem	603	
THONNELLE	Idem	321		BETHELINVILLE	Idem	511	
VLOSNES	Idem	263		BÉTHINCOURT	Idem	635	
VERNEUIL (grand)	Idem	392		BEZONVAUX	Idem	262	
VERNEUIL (petit)	Idem	239		BRAS	Idem	475	
VIGNEULLES	Idem	281		CHAMPNEUVILLE	Idem	433	
VILLECLOYE	Idem	466		CHARNY-SUR-MEUSE	Idem	506	
	A reporter		42,822		A reporter		3,798

NOMS DES COMMUNES.	BUREAUX DE POSTE qui les desservent.	POPULA-TION.	TOTAL de la POPULA-TION par canton	NOMS DES COMMUNES.	BUREAUX DE POSTE qui les desservent.	POPULA-TION.	TOTAL de la POPULA-TION par canton
Suite de l'ARROND.^t DE VERDUN-SUR-MEUSE.				**Suite de l'ARROND.^t DE VERDUN-SUR-MEUSE.**			
					Report..		32,223
Suite du CANTON DE CHARNY-SUR-MEUSE.				**CANTON DE FRESNES-EN-WOËVRE.**			
	Report..	3,798		AVILLER	Manheulles	259	
CHATTANCOURT	Verdun-sur-Meuse..	459		BONZÉE	Idem	410	
CUMIÈRES	Idem	302		BUZGNÉVILLE	Idem	229	
DODAUMONT	Idem	200		CHAMPLON	Idem	154	
FLEURY	Idem	380		COMBRES	Idem	548	
FROMERÉVILLE	Idem	539		DOMMARTIN-LA-MONTAGNE	Idem	293	
LOUVEMONT	Idem	246	9,721	DONCOURT-AUX-TEMPLIERS	Idem	320	
MARRE	Idem	364		ÉPARGES (les)	Idem	380	
MONTZÉVILLE	Idem	714		FRESNES-EN-WOËVRE	Idem	1,104	
ORNES	Idem	1,249		HANNONVILLE-SUR-LES-CÔTES	Idem	1,293	
SAMOGNIEUX	Idem	236		HARVILLE	Idem	282	
THIERVILLE	Idem	485		HAUDIOMONT	Idem	664	15,525
VACHERAUVILLE	Idem	387		HENNEMONT	Idem	516	
VAUX	Idem	362		HERBEUVILLE	Idem	741	
				LABEUVILLE	Idem	364	
CANTON DE CLERMONT-EN-ARGONNE.				MAIZERAY	Idem	138	
				MANHEULLES	(Distribution.)	750	
AUBRÉVILLE	Clermont-en-Argonne	1,054		MARCHÉVILLE	Manheulles	278	
AUNÉVILLE	Idem	508		MESNIL	Idem	347	
BRABANT-EN-ARGONNE	Idem	357		MONT	Idem	285	
BROCOURT	Idem	198		MOUILLY	Verdun-sur-Meuse..	598	
CLAON (le)	Idem	193		MOULOTTE	Manheulles	235	
CLERMONT-EN-ARGONNE		1,446		PAREID	Idem	374	
DOMBASLE	Clermont-en-Argonne	484		PINTHEVILLE	Idem	254	
FROIDOS	Idem	498		RIAVILLE	Idem	135	
FUTEAU	Idem	864	10,400	ROUVAUX	Idem	338	
ISLETTES (les)	Idem	1,296		SAUX	Idem	302	
JOUY-DEVANT-DOMBASLE	Idem	285		SAINT-HILAIRE	Idem	161	
JUBÉCOURT	Idem	241		SAINT-RÉMY	Idem	344	
NEUFOUR (le)	Idem	343		THILLOT	Idem	623	
NEUVILLY	Idem	743		TOUR-EN-WOËVRE (la)	Idem	254	
PAROIS	Idem	405		TRÉSAUVAUX	Idem	301	
RARÉCOURT	Idem	952		VILLE-EN-WOËVRE	Idem	571	
RÉCICOURT	Idem	533		VILLERS-SUR-BONCHAMP	Idem	133	
				VILLERS-SOUS-PAREID	Idem	254	
CANTON D'ÉTAIN.				WADONVILLE-EN-WOËVRE	Idem	93	
				WATROUVILLE	Idem	501	
ABANCOURT	Étain	103		WOEL	Idem	697	
BLANZÉE	Idem	78					
BOINVILLE	Idem	231		**CANTON DE SOUILLY.**			
BRAQUIS	Idem	250					
BUZY	Idem	662		ANCEMONT	Verdun-sur-Meuse..	548	
CHATILLON-SUR-LES-CÔTES	Idem	703		BLERCOURT	Idem	306	
DAMLOUP	Idem	340		HEIPPE	Idem	359	
DARMONT	Idem	71		JULVÉCOURT	Clermont-en-Argonne	269	
DIEPPE	Idem	445		LANDRECOURT	Verdun-sur-Meuse..	246	
EIX	Idem	493		LEMMES	Idem	423	
ÉTAIN		3,034		LEMPIRE	Idem	157	
FOAMEIX	Étain	254		MONTHAIRONS (les)	Idem	572	
FROMEZEY	Idem	208		NIXÉVILLE	Idem	454	
GINCREY	Idem	204		OSCHES	Idem	355	
GRIMAUCOURT	Idem	263	12,103	RAMBLUZIN	Idem	522	8,271
GUSSAINVILLE	Idem	60		RAMPONT	Idem	252	
HAUTECOURT	Idem	124		RÉCOURT	Idem	312	
HERMÉVILLE	Idem	872		SENONCOURT	Idem	458	
LANNÈRES	Idem	210		SOUCHESMES (les)	Idem	448	
MAUCOURT	Idem	291		SOUILLY	Idem	930	
MOGEVILLE	Idem	418		SAINT-ANDRÉ	Idem	302	
MORANVILLE	Idem	314		TILLY-SUR-MEUSE	Idem	659	
MORGEMOULIN	Idem	312		VADELAINCOURT	Idem	179	
MOULAINVILLE	Idem	519		VILLERS-SOUS-COUSANCES	Idem	353	
ORNEL	Idem	50		VILLERS-SUR-MEUSE	Saint-Mihiel	267	
PARFONDRUPT	Idem	287		**CANTON DE VARENNES-EN-ARGONNE.**			
ROUVRES	Idem	653					
SAINT-JEAN-LÈS-BUZY	Idem	459		AVOCOURT	Varennes-en-Argonne	944	
WARCQ	Idem	294		BAULNY	Idem	190	
				BOUREUILLES	Idem	781	
				CHARPENTRY	Idem	195	
					A reporter..	2,110	
	A reporter		32,223		A reporter		56,019

NOMS DES COMMUNES.	BUREAUX DE POSTE qui les desservent.	POPULA-TION.	TOTAL de la POPULA-TION par canton	NOMS DES COMMUNES.	BUREAUX DE POSTE qui les desservent.	POPULA-TION.	TOTAL de la POPULA-TION par canton
Suite de l'ARROND.ᵗ DE VERDUN-SUR-MEUSE.				Suite de l'ARROND.ᵗ DE VERDUN-SUR-MEUSE.			
Report..			56,019	*Report..*			64,686
Suite du CANTON DE VARENNES-EN-ARGONNE.				CANTON DE VERDUN-SUR-MEUSE.			
Report..		2,110		AMBLY	Verdun-sur-Meuse..	422	
CHEPPY	Verdun-sur-Meuse..	653		BELLERAY	Idem..	262	
ESNES	Idem..	725		BELRUPT	Idem..	361	
LACHALADE	Varennes-en-Argonne	666		DIEUE	Idem..	896	
MALANCOURT	Idem..	1,082	8,667	DUGNY	Idem..	950	
MONTBLAINVILLE	Idem..	692		GÉNICOURT	Idem..	378	16,273
VARENNES-EN-ARGONNE	✉	1,652		HAUDAINVILLE	Idem..	891	
VAUQUOIS	Varennes-en-Argonne	323		RUPT-EN-WOEVRE	Idem..	721	
VÉRY	Idem..	764		SIVRY-LA-PERCHE	Idem..	488	
				SOMMEDIEU	Idem..	926	
				VERDUN-SUR-MEUSE	✉	9,978	
A reporter.....			64,686	TOTAL de la population de l'Arrondissement....			80,959

RÉCAPITULATION.

	NOMBRE de		POPULATION.
	CANTONS.	COMMUNES.	
ARRONDISSEMENT DE BAR-LE-DUC	8	128	82,134
———— DE COMMERCY	7	180	84,548
———— DE MONTMÉDY	6	131	66,947
———— DE VERDUN-SUR-MEUSE	7	149	80,959
TOTAUX	28	588	314,588

NOMS DES COMMUNES.	BUREAUX DE POSTE qui les desservent.	POPULA- TION.	TOTAL de la POPULA- TION par canton	NOMS DES COMMUNES.	BUREAUX DE POSTE qui les desservent.	POPULA- TION.	TOTAL de la POPULA- TION par canton
ARRONDISSEMENT DE VANNES.				**Suite de l'ARRONDISSEMENT DE VANNES.**			
					Report..		72,601
CANTON D'ALLAIRE.				*CANTON DE ROCHEFORT-EN-TERRE.*			
Allaire	Redon	2,029		Caden	Rochefort-en-Terre.	2,261	
Béganne	Idem	1,399		Limerzel	Idem	1,396	
Peillac	Idem	1,935		Malansac	Idem	2,021	
Rieux	Idem	2,859	11,381	Missiriac	Malestroit	647	
Saint-Gorgon	Idem	359		Pluherlin	Rochefort-en-Terre.	1,556	10,381
Saint-Jacut	Rochefort-en-Terre.	1,278		Rochefort-en-Terre	✉ (Distribution.)	695	
Saint-Perreux	Redon	517		Saint-Congard	Malestroit	721	
Saint-Vincent	Idem	1,005		Saint-Gravé	Rochefort-en-Terre.	790	
				Saint-Laurent	Malestroit	294	
CANTON DE CARENTOIR.				*CANTON DE SARZEAU.*			
Carentoir	✉ (Distribution.)	5,341		Arzon	Sarzeau	2,710	
Cournon	Carentoir	439		Sarzeau	✉ (Distribution.)	6,126	9,518
Fougerets (les)	Idem	1,105		Saint-Gildas-de-Ruis	Sarzeau	1,182	
Gacilly (la)	Idem	1,403	11,530				
Glénac	Idem	841		*CANTON DE VANNES (est).*			
Saint-Martin	Idem	1,389		Hézo (le)	Vannes	302	
Tréal	Guer	1,012		Noyalo	Idem	410	
				Séné	Idem	1,899	
CANTON D'ELVEN.				Surzur	Idem	2,299	
Elven	✉ (Distribution.)	3,815		Saint-Avé	Idem	1,263	14,644
(🚂 à Pont-Guillemet.)				Theix	Idem	2,715	
Monterblanc	Elven	911		Trinité (la)	Idem	241	
Sulniac	Idem	2,238	8,833	Vannes (est) 🚂	✉	5,515	
Saint-Nolf	Idem	1,121					
Trévélan	Idem	748		*CANTON DE VANNES (ouest).*			
Trédion	Idem	000		Arradon	Vannes	1,364	
				Baden	Auray	2,742	
CANTON DE GRAND-CHAMP.				Isle-aux-Moines (l')	Vannes	1,538	
Grand-Champ	Vannes	4,550		Isle-d'Arz (l')	Idem	1,082	12,630
Mendon	Idem	321		Plœren	Idem	1,024	
Plaudren	Elven	1,818	7,694	Vannes (ouest)	✉	4,880	
Plescop	Vannes	1,005					
				TOTAL de la population de l'Arrondissement			119,774
CANTON DE MUZILLAC.							
Ambon	Muzillac	2,175		**ARRONDISSEMENT DE LORIENT.**			
Arzal	Idem	1,233					
Billiers	Idem	957		*CANTON D'AURAY.*			
Damgan	Idem	1,424	10,224	Auray 🚂	✉	3,734	
Goësno (le)	Idem	525		Crach	Auray	1,715	
Muzillac	✉ 🚂	1,891		Locmariaquer	Idem	2,187	
Noyal-Muzillac	Muzillac	2,019		Plougoumelen	Idem	1,369	13,117
				Plumergat	Idem	1,916	
CANTON DE QUESTEMBERT.				Pluneret	Idem	2,196	
Berric	Muzillac	1,162					
Bohal	Malestroit	310		*CANTON DE BELLE-ISLE-EN-MER.*			
Larré	Elven	890		Bangor	Le Palais	1,638	
Lauzac	Muzillac	368		Locmaria	Idem	1,557	
Molac	Rochefort-en-Terre.	1,455	11,600	Palais (le)	✉	3,584	8,233
Pluéle	Muzillac	2,277		Sauzon	Le Palais	1,454	
Pluçadenc	Malestroit	1,239					
Questembert	Rochefort-en-Terre.	3,561		*CANTON DE BELZ.*			
(🚂 à Petit-Molac.)				Belz	Auray	1,390	
Saint-Marcel	Malestroit	338		Erdeven	Idem	2,651	7,359
				Locoal-Mendon	Idem	2,108	
CANTON DE LA ROCHE-BERNARD.				Ploemel	Idem	1,210	
Camoel	La Roche-Bernard.	404					
Ferel	Idem	1,489		*CANTON DE HENNEBONT.*			
Marzan	Muzillac	1,747		Branderion	Hennebont	425	
Nivillac	La Roche-Bernard.	2,700	11,339	Hennebont 🚂	✉	4,477	13,266
Penestin	Idem	1,392		Inzinzac	Hennebont	2,300	
Roche-Bernard (la) 🚂	✉	1,345		Languidic	Idem	6,064	
Saint-Dolay	La Roche-Bernard.	1,982					
Théhillac	Idem	386					
A reporter			72,601	*A reporter*			41,975

NOMS DES COMMUNES.	BUREAUX DE POSTE qui les desservent.	POPULA-TION.	TOTAL de la POPULA-TION par canton	NOMS DES COMMUNES.	BUREAUX DE POSTE qui les desservent.	POPULA-TION.	TOTAL de la POPULA-TION par canton
Suite de l'ARRONDISSEMENT DE LORIENT.				**Suite de l'ARRONDISSEMENT DE PLOËRMEL.**			
	Report ..		41,975		*Report* ..		18,794
CANTON DE LORIENT (1er).				**CANTON DE JOSSELIN.**			
Lorient (1er canton) 🐎 ...... ⊠ ...		14,396	14,396	Croix-Helléan (la)	Josselin	766	
CANTON DE LORIENT (2e).				Cruguel	Idem............	819	
Lorient (2e canton)	⊠ ...	3,926		Grée-Saint-Laurent (la)	Idem............	300	
Plœmeur.................	Lorient ..	6,029	9,955	Guégon	Idem............	2,822	
CANTON DE PLOUAY.				Guillac.................	Idem............	1,513	
Bubry.................	Hennebont........	3,611		Helléan	Idem............	544	14,116
Calan	Idem............	541		Josselin 🐎	⊠	2,654	
Inguiniel..............	Idem............	2,204	13,628	Lanouée	Josselin	3,052	
Lanvaudan...........	Idem............	1,003		Quily.................	Idem............	404	
Plouay	Idem............	3,816		Saint-Servant...........	Idem............	1,242	
Quistinic..............	Baud......	2,453		**CANTON DE MALESTROIT.**			
CANTON DE PLUVIGNER.				Chapelle (la)...........	Ploermel	849	
Brech.................	Auray.......	2,354		Caro.................	Malestroit	1,601	
Camors	Baud......	1,832		Lizio.................	Ploermel	981	
Landaul...............	Auray......	865	11,161	Malestroit.............	⊠ (Distribution.)...	1,781	
Landevant 🐎	Hennebont........	1,576		Monterrein.............	Ploermel	293	
Pluvigner.............	Auray......	4,534		Réminiac.............	Guer	612	12,924
CANTON DE PONT-SCORFF.				Ruc-Saint-André 🐎	Ploermel	676	
Caudan.................	Pont-Scorff..	3,475		Ruffiac.............	Malestroit	1,694	
Cléguer...............	Idem............	2,120		Sérent.............	Ploermel	2,890	
Gestel.................	Idem............	430	13,372	Saint-Abraham.........	Idem............	418	
Guidel.................	Idem............	4,015		Saint-Guyomard.........	Elven............	747	
Pont-Scorff...........	⊠ (Distribution.)...	1,668		Saint-Nicolas-du-Tertre...	Malestroit	382	
Quéven	Pont-Scorff..	1,664		**CANTON DE MAURON.**			
CANTON DE PORT-LOUIS.				Brignac.............	Ploermel	528	
Groix.................	Port-Louis..	2,931		Concoret.............	Idem............	1,157	
Kervignac.............	Hennebont........	2,519		Mauron.............	Idem............	4,229	
Merlévenez.............	Port-Louis..	1,087		Néant.............	Idem............	1,692	8,948
Nostang.............	Hennebont........	1,063		Saint-Brieuc-de-Mauron ...	Idem............	792	
Plouhinec.............	Port-Louis..	2,822	17,107	Saint-Léry.............	Idem............	318	
Port-Louis 🐎	⊠	2,591		Tréhorenteuc...........	Idem............	232	
Riantec.............	Port-Louis..	3,675		**CANTON DE PLOERMEL.**			
Sainte-Hélène...........	Idem............	419		Campénéac.............	Ploermel	2,189	
CANTON DE QUIBERON.				Gourhel.............	Idem............	205	
Carnac.................	Auray......	3,054		Loyat.............	Idem............	2,062	11,847
Plouharnel.............	Idem......	1,058	6,864	Monterrelot.............	Idem............	243	
Quiberon.............	⊠ (Distribution.)....	2,752		Ploermel 🐎	⊠	4,851	
				Taupont.............	Ploermel	2,297	
TOTAL de la population de l'Arrondissement.......			128,458	**CANTON DE ROHAN.**			
				Bréhan-Loudéac.............	Josselin	2,427	
ARRONDISSEMENT DE PLOERMEL.				Crédin.............	Idem............	1,734	
				Lantillac.............	Idem............	371	
CANTON DE GUER.				Pleugriffet.............	Idem............	1,730	
Augan.................	Guer ..	1,727		Radenac.............	Idem............	866	10,020
Beignon.............	Idem....	1,569		Réguiny.............	Idem............	1,130	
Guer.................	⊠ (Distribution.)....	3,488	7,999	Rohan.............	Idem............	550	
Monteneuf.............	Guer ..	1,043		Saint-Gouvry.............	Idem............	205	
Saint-Malo-de-Beignon......	Idem....	172		Saint-Samson.............	Idem............	1,007	
CANTON DE SAINT-JEAN-DE-BRÉVELAY.				**CANTON DE LA TRINITÉ.**			
Bignan.................	Locminé	2,822		Évriguet.............	Ploermel	302	
Billio.................	Josselin ..	528		Guilliers.............	Idem............	1,998	
Buléon.................	Idem....	544		Ménéac.............	Idem............	3,487	9,665
Guéhenno.............	Idem....	1,242	10,795	Mohon.............	Josselin	3,293	
Plumelec.............	Idem....	2,627		Trinité (la).............	Idem............	585	
Saint-Allouestre	Idem....	843					
Saint-Jean-de-Brévelay ...	Idem....	2,189		**TOTAL de la population de l'Arrondissement.......**			86,314
	A reporter		18,794				

NOMS DES COMMUNES.	BUREAUX DE POSTE qui les desservent.	POPULA-TION.	TOTAL de la POPULA-TION par canton	NOMS DES COMMUNES.	BUREAUX DE POSTE qui les desservent.	POPULA-TION.	TOTAL de la POPULA-TION par canton
ARRONDISSEMENT DE PONTIVY.				Suite de l'ARRONDISSEMENT DE PONTIVY.			
						Report..	42,624
CANTON DE BAUD.				Suite du CANTON DE GOURIN.			
						Report..	7,341
Baud 🐎..............	✉ (Distribution.)....	5,120		Plouray................	Le Faouet........	1,453	
Bieuzy.................	Pontivy..........	1,534		Roudouallec............	Idem............	940	11,192
Guénin................	Baud............	1,684	14,962	Saint (le)..............	Idem............	1,458	
Melrand...............	Poutivy.........	2,887					
Pluméliau.............	Idem............	3,737		CANTON DE GUÉMÉNÉ.			
				Guéméné.............	✉ (Distribution.)....	1,483	
CANTON DE CLÉGUEREC.				Langoëlan.............	Guéméné........	1,313	
				Lignol................	Idem............	1,780	
Cléguerec.............	Pontivy..........	3,700		Locmalo...............	Idem............	1,401	
Kergrist...............	Idem............	1,040		Persquen..............	Idem............	1,028	14,204
Malguénac.............	Idem............	2,009		Ploerdut..............	Idem............	4,152	
Neulliac..............	Idem............	1,956	13,715	Saint-Caradec-Trégomel..	Idem............	1,166	
Séglien...............	Guémené........	2,054		Saint-Tugdual.........	Idem............	1,881	
Silfiac...............	Pontivy..........	1,004					
Saint-Aignan..........	Idem............	1,209		CANTON DE LOCMINÉ.			
Sainte-Brigitte........	Idem............	743					
				Locminé 🐎..............	✉	1,579	
CANTON DU FAOUET.				Moréac................	Locminé.........	2,538	
				Moustoir-Rac..........	Idem............	1,756	
Berné.................	Le Faouet........	2,668		Moustoir-Rémungol.....	Pontivy.........	1,042	12,428
Faouet (le)...........	✉	2,662		Naizin................	Locminé.........	2,020	
Guiscriff.............	Le Faouet........	2,796		Plumelin..............	Idem............	2,480	
Lanvénégen...........	Idem............	1,670	13,947	Rémungol.............	Idem............	1,013	
Locunolé..............	Idem............	431					
Meslan................	Idem............	1,699		CANTON DE PONTIVY.			
Priziac...............	Idem............	2,021					
				Croixanvec............	Pontivy.........	311	
CANTON DE GOURIN.				Guerne................	Idem............	3,386	
				Noyal-Pontivy.........	Idem............	8,158	18,528
Gourin................	Le Faouet........	3,626		Pontivy 🐎..............	✉	5,956	
Langonnet............	Idem............	3,715		Saint-Gonnery.........	Pontivy.........	717	
		A reporter..	7,341				
	A reporter....................		42,624	Total de la population de l'Arrondissement........			98,976

RÉCAPITULATION.

	NOMBRE de		POPULATION.
	CANTONS.	COMMUNES.	
ARRONDISSEMENT DE VANNES..................	11	74	119,774
———————— DE LORIENT..................	11	48	128,458
———————— DE PLOERMEL.................	8	61	86,314
———————— DE PONTIVY..................	7	45	98,976
Totaux................	37	228	433,522

NOMS DES COMMUNES.	BUREAUX DE POSTE qui les desservent.	POPULATION.	TOTAL de la POPULATION par canton	NOMS DES COMMUNES.	BUREAUX DE POSTE qui les desservent.	POPULATION.	TOTAL de la POPULATION par canton
ARRONDISSEMENT DE METZ.				**Suite de l'ARRONDISSEMENT DE METZ.**			
						Report..	34,213
CANTON DE BOULAY.				**CANTON DE GORZE.**			
BANNAY	Boulay	216		ANCY-SUR-MOSELLE	Metz	1,164	
BETTANGE	Idem.	233		ARRY	Idem.	460	
BIONVILLE	Courcelles-Chaussy .	756		(🐎 à la Lobe.)			
BISTEN-IM-LOCH	Boulay	405		ARS-SUR-MOSELLE	Idem.	1,398	
BOUCHEPORN	Idem.	308		CHAMBLEY	Mars-la-Tour	515	
BOULAY 🐎	✉	2,689		CHATEL-SAINT-GERMAIN	Metz	664	
CONDÉ-NORTHEN	Boulay	553		CORNY	Idem.	1,041	
COUME	Idem.	710		DAMPVITOUX	Mars-la-Tour	000	
DENTING	Idem.	410		GORZE	Metz	1,781	
EBLANGE	Idem.	219		GRAVELOTTE 🐎	Mars-la-Tour	448	
GOMMELANGE	Idem.	739		HAGÉVILLE	Idem.	649	
GUERTING	Saint-Avold	000		JOUY-AUX-ARCHES	Metz	840	
GUINKIRCHEN	Boulay	726		JUSSY	Idem.	222	
GOINLANGE	Idem.	174		LESSY	Idem.	416	16,912
HALLING	Idem.	96		MARS-LA-TOUR 🐎	✉ (Distribution.)	1,130	
HAM-SOUS-VARSBERG	Saint-Avold	1,220		NOVÉANT	Metz	1,031	
HELSTROFF	Boulay	579	17,286	ONVILLE	Idem.	581	
HINCKANGE	Idem.	406		REZONVILLE	Mars-la-Tour	584	
HOLLING	Idem.	505		ROZERIEULLES	Metz	502	
LOUTREMANGE	Idem.	160		SPONVILLE	Mars-la-Tour	288	
MÉGANGE	Idem.	000		SAINT-JULIEN-LÈS-GORZE	Idem.	320	
MOMESTROFF	Idem.	341		SAINTE-RUFFINE	Metz	289	
NARBÉFONTAINE	Idem.	415		TRONVILLE	Mars-la-Tour	000	
NIDERVISSE	Idem.	624		VAUX	Metz	516	
OTTONVILLE	Idem.	747		VERNÉVILLE	Mars-la-Tour	701	
PIBLANGE	Idem.	553		VIONVILLE	Idem.	355	
ROUPELDANGE	Idem.	321		WAVILLE	Metz	810	
TETERCHEN	Idem.	773		XONVILLE	Mars-la-Tour	207	
VALMUNSTER	Idem.	426					
VARIZE	Idem.	454		**CANTON DE METZ (1er).**			
VARSBERG	Saint-Avold	602		AMANVILLERS	Metz	247	
VOLMERANGE	Boulay	486		BAN-SAINT-MARTIN	Idem.	220	
ZIMMING	Idem.	440		DEVANT-LES-PONTS	Idem.	624	
				FÈVES	Idem.	694	
CANTON DE FAULQUEMONT.				HAUCONCOURT	Idem.	532	
				LONGEVILLE-LÈS-METZ	Idem.	697	
ADAINCOURT	Faulquemont	206		LORRY-LÈS-METZ	Idem.	791	
ADELANGE	Idem.	422		MAIZIÈRES	Idem.	845	
ARRAINCOURT	Idem.	357		MARANGE-SYLVANGE	Idem.	991	19,253
ARRIANCE	Idem.	493		METZ (1er canton) 🐎	✉	8,689	
BAMBIDERSTROFF	Idem.	969		MOULINS-LÈS-METZ	Metz	530	
CHEMERY	Idem.	143		NORROY-LE-VENEUR	Idem.	1,006	
CRÉHANGE	Idem.	655		PLAPPEVILLE	Idem.	466	
ELVANGE	Idem.	511		SAULNY	Idem.	510	
FAULQUEMONT 🐎	✉	1,138		SCY	Idem.	601	
FLETRANGE	Faulquemont	347		SEMÉCOURT	Idem.	000	
FOULIGNY 🐎	Idem.	256		TALANGE	Idem.	575	
GUINGLANGE	Idem.	608		WOIPPY	Idem.	1,235	
HALLERING	Idem.	253					
HAN-SUR-NIED	Idem.	138		**CANTON DE METZ (2e).**			
HÉMILLY	Idem.	318		BORNY	Metz	529	
HERNY	Idem.	974	16,927	CHIEULLES	Idem.	197	
HOLACOURT	Idem.	153		MEY	Idem.	104	
LONGEVILLE-LÈS-SAINT-AVOLD	Saint-Avold	2,033		METZ (2e canton)	✉	17,365	20,200
MAINVILLERS	Faulquemont	456		PLANTIÈRES	Metz	265	
MANY	Idem.	366		SAINT-JULIEN-LÈS-METZ	Idem.	462	
MARANGE-ZONDRANGE	Idem.	375		VALLIÈRES	Idem.	611	
PONT-PIERRE	Idem.	962		VANTOUX	Idem.	437	
TETING	Idem.	832		VANY	Idem.	230	
THICOURT	Idem.	390					
THONVILLE	Idem.	194		**CANTON DE METZ (3e).**			
TRITTELING	Idem.	689		AUGNY	Metz	684	
VAHL-LÈS-FAULQUEMONT	Idem.	462		METZ (3e canton)	✉	18,362	20,796
VATIMONT	Idem.	662		MONTIGNY	Metz	1,189	
VIGNEULLES (hautes et basses)	Idem.	563		SABLON (le)	Idem.	561	
VITTONCOURT	Idem.	630					
VOIMEHAUT	Idem.	372					
A reporter		34,213		A reporter		111,374	

Suite de l'ARRONDISSEMENT DE METZ.

Report.. 111,374

CANTON DE PANGE.

NOMS DES COMMUNES.	BUREAUX DE POSTE qui les desservent.	POPULA-TION.	TOTAL de la POPULATION par canton
Ancerville	Courcelles-Chaussy..	566	
Ars-Laquenexy	Idem	204	
Aube	Solgne	326	
Baroncourt	Courcelles-Chaussy..	568	
Bechy	Solgne	721	
Beux (haute et basse)	Idem	262	
Chanville	Courcelles-Chaussy..	929	
Coincy	Metz	254	
Colligny	Idem	230	
Courcelles-Chaussy	⊠ (Distribution.)	1,417	
Courcelles-sur-Nied	Metz	222	
Dain-en-Saulnois	Solgne	134	
Flocourt	Idem	314	
Landonvillers	Courcelles-Chaussy..	170	
Laquenexy	Metz	456	
Lemud	Solgne	227	
Luppy	Idem	826	14,152
Maizeroy	Courcelles-Chaussy..	460	
Majrery	Metz	99	
Marsilly	Idem	112	
Mercy-le-Haut	Idem	57	
Montoy	Idem	403	
Ogy	Idem	161	
Pange	Idem	389	
Raville	Courcelles-Chaussy..	413	
Rémilly	Solgne	847	
Rétonfey	Metz	389	
Sanry-sur-Nied	Courcelles-Chaussy..	453	
Servigny-les-Raville	Idem	677	
Silly-sur-Nied	Idem	445	
Sorbey	Solgne	303	
Thimonville	Idem	844	
Tragny	Idem	000	
Vaudoncourt	Courcelles-Chaussy..	274	
Villers-Stoncourt	Idem	000	

CANTON DE VERNY.

Achatel	Solgne	274	
Buchy	Idem	179	
Cheminot	Idem	686	
Cherisey	Idem	329	
Chesny	Metz	169	
(🐎 à la Horgne.)			
Coin-les-Cuvry	Idem	279	
Coin-sur-Seille	Solgne	238	
Cuvry	Metz	245	
Fey	Idem	354	
Fleury	Idem	372	
Foville	Solgne	181	
Goin	Idem	542	
Jury	Metz	172	
Liéhon	Solgne	239	
Lorry-devant-le-Pont	Metz	678	
Louvigny	Solgne	1,136	
Magny	Metz	681	
Marieulles	Idem	651	
Marly	Idem	617	
Mécleuves	Idem	541	
Moncheux	Solgne	302	
Orny	Idem	343	
Pagny-les-Goin	Idem	267	
Peltre	Metz	391	
Pommérieux	Solgne	297	
Pontoy	Metz	477	
Pouilly	Idem	204	

A reporter.................... 10,844

A reporter............................. 125,526

Suite de l'ARRONDISSEMENT DE METZ.

Report.. 125,526

Suite du CANTON DE VERNY.

Report.. 10,844

NOMS DES COMMUNES.	BUREAUX DE POSTE qui les desservent.	POPULA-TION.	TOTAL de la POPULATION par canton
Pournoy-la-Chétive	Metz	197	
Pournoy-la-Grasse	Solgne	528	
Sailly	Idem	223	
Secourt	Idem	340	
Sillegny	Idem	447	14,164
Silly-en-Saulnois	Idem	97	
Solgne	⊠ (Distribution.)	547	
Saint-Jure	Solgne	460	
Vigny	Idem	351	
Vulmont	Idem	130	

CANTON DE VIGY.

Antilly	Metz	143	
Argancy	Idem	819	
Ay	Courcelles-Chaussy..	727	
Burtoncourt	Boulay	392	
Chailly-les-Ennery	Metz	268	
Charleville	Boulay	534	
Charly	Metz	378	
Ennery	Idem	596	
Étangs (les) 🐎	Courcelles-Chaussy..	388	
Failly	Metz	377	
Flevy	Idem	300	
Glattigny	Idem	222	
Haye	Idem	337	10,345
Malroy	Idem	263	
Noisseville	Idem	256	
Nouilly	Idem	265	
Sanry-lès-Vigy	Idem	447	
Servigny	Idem	453	
Sainte-Barbe	Idem	656	
Trémery	Idem	464	
Vigy	Idem	933	
Villers-Bettnach	Idem	399	
Vrémy	Idem	208	
Vry	Idem	520	

Total de la population de l'Arrondissement....... 150,035

ARRONDISSEMENT DE BRIEY.

CANTON D'AUDUN-LE-ROMAN.

Anderny	Briey	679	
Audun-le-Roman	Idem	409	
Audun-le-Tiche	Idem	671	
Aumetz 🐎	Idem	1,175	
Avillers	Idem	222	
Bettainvillers	Idem	277	
Beuvillers	Idem	280	
Bonvillers	Idem	156	
Boulange	Idem	550	
Crusnes	Idem	000	
Domprix	Idem	178	
Errouville	Idem	306	
Erzange	Idem	233	
Fontoy 🐎	Idem	1,044	
Havange	Idem	350	
Joppécourt	Idem	381	
Joudreville	Idem	224	
Knutange	Idem	626	

A reporter.... 7,761

NOMS DES COMMUNES.	BUREAUX DE POSTE qui les desservent.	POPULATION.	TOTAL de la POPULATION par canton

Suite de l'ARRONDISSEMENT DE BRIEY.

Suite du Canton D'AUDUN-LE-ROMAN.

	Report..	7,761	
LANDRES..................	Briey............	543	
LOMMERANGE............	Idem............	266	
MAIRY..................	Idem............	433	
MALAVILLERS............	Idem............	000	
MERCY-LE-BAS...........	Idem............	578	
MERCY-LE-HAUT.........	Idem............	583	
MORVILLE...............	Idem............	257	
NEUCHEF...............	Idem............	567	14,664
NILVANGE..............	Idem............	196	
PREUTIN...............	Idem............	209	
SANCY.................	Idem............	564	
SERROUVILLE...........	Idem............	660	
SAINT-SUPPLET.........	Idem............	377	
THESSANGE.............	Idem............	368	
TRIEUX................	Idem............	383	
TUCQUEGNIEUX..........	Idem............	331	
XIVRY-LE-FRANC........	Idem............	586	

CANTON DE BRIEY.

ANOUX.................	Briey............	576	
AUBOUÉ................	Idem............	724	
AVRIL.................	Idem............	599	
BATILLY...............	Idem............	174	
BRIEY.................	⊠............	1,755	
BRONVAUX..............	Metz............	138	
GENAVILLE.............	Briey............	421	
HATRIZE...............	Idem............	411	
HOMÉCOURT.............	Idem............	060	
JOEUF.................	Idem............	533	
JOUAVILLE.............	Idem............	318	
LANTÉFONTAINE.........	Idem............	252	10,727
LUBEY.................	Idem............	000	
MANCE.................	Idem............	378	
MOINEVILLE............	Idem............	352	
MONTOIS...............	Idem............	512	
MOUTIER...............	Idem............	000	
PIERREVILLERS.........	Idem............	792	
ROMBAS...............	Idem............	1,236	
RONCOURT..............	Idem............	149	
SAINT-AIL.............	Idem............	164	
SAINTE-MARIE-AUX-CHÊNES....	Idem............	372	
SAINT-PRIVAT-LA-MONTAGNE..	Idem............	412	
VALLEROY..............	Idem............	559	

CANTON DE CONFLANS.

ABBÉVILLE.............	Briey............	444	
AFFLÉVILLE............	Idem............	338	
ALLAMONT.............	Mars-la-Tour.....	302	
BECHAMP..............	Briey............	430	
BOXCOURT.............	Idem............	270	
BRAINVILLE............	Mars-la-Tour.....	378	
BRUVILLE..............	Idem............	309	
CONFLANS.............	Briey............	394	
DONCOURT-LÈS-CONFLANS.....	Mars-la-Tour.....	365	
FLÉVILLE..............	Briey............	471	
FRIAUVILLE............	Mars-la-Tour.....	343	
GIRAUMONT............	Briey............	000	
GONDRECOURT..........	Idem............	372	
HANNONVILLE-AU-PASSAGE....	Mars-la-Tour.....	419	
JARNY................	Briey............	622	
JEANDELIZE............	Idem............	393	
LABRY.................	Idem............	409	
NORROY-LE-SEC........	Idem............	654	
	A reporter..	6,913	
	A reporter..................		25,391

Suite de l'ARRONDISSEMEMT DE BRIEY.

	Report..		25,391

Suite du Canton DE CONFLANS.

	Report..	6,913	
OLLEY.................	Briey............	366	
OZERAILLES............	Idem............	349	
PUXE.................	Idem............	113	8,494
SAINT-MARCEL.........	Mars-la-Tour.....	184	
THUMÉRÉVILLE.........	Briey............	205	
VILLE-SUR-IRON........	Mars-la-Tour.....	370	

CANTON DE LONGUYON.

ALLONDRELLE...........	Longuyon.........	922	
BEUVEILLE.............	Idem............	849	
CHARENCEY............	Idem............	1,072	
COLMEY...............	Idem............	812	
CONS-LA-GRANDVILLE....	Idem............	793	
FRESNOIS-LA-MONTAGNE.....	Idem............	1,059	
GRAND-FAILLY.........	Idem............	798	
LONGUYON ⊠............	⊠............	1,612	
MONTIGNY-SUR-CHIERS....	Longuyon.........	449	11,543
OTHE.................	Idem............	105	
PETIT-FAILLY..........	Idem............	560	
PIERREPONT............	Idem............	567	
SAINT-PANCRÉ..........	Idem............	607	
TELLANCOURT..........	Idem............	000	
UGNY.................	Idem............	448	
VILLERS-LA-CHÈVRE.....	Idem............	000	
VILLERS-LE-ROND.......	Idem............	143	
VIVIERS (ban de).......	Idem............	747	

CANTON DE LONGWY.

BASLIEUX.............	Longwy...........	745	
BAZAILLES............	Idem............	328	
BOISMONT.............	Idem............	354	
BREHAIN-LA-VILLE......	Idem............	215	
CHÉNIÈRES............	Idem............	370	
COSNES...............	Idem............	832	
CUTRY................	Idem............	328	
FILLIÈRES.............	Idem............	720	
GORCY................	Idem............	376	
HAUCOURT.............	Idem............	338	
HERSERANGE...........	Idem............	347	
HUSSIGNY.............	Idem............	600	
LAIX.................	Idem............	395	14,577
LEXY.................	Idem............	329	
LONGWY ⊠............	⊠............	2,483	
MONT-SAINT-MARTIN....	Longwy...........	677	
MORFONTAINE..........	Idem............	524	
RÉDANGE..............	Idem............	604	
RÉHON................	Idem............	441	
SAULNES (hautes et basses)....	Idem............	386	
THIERCELET...........	Idem............	330	
VILLE-AU-MONTOIS......	Idem............	584	
VILLE-HOUDLEMONT.....	Idem............	508	
VILLERS-LA-MONTAGNE...	Idem............	1,032	
VILLERUPT............	Idem............	731	

TOTAL de la population de l'Arrondissement.......			60,005

ARRONDISSEMENT DE SARREGUEMINES.

CANTON DE SAINT-AVOLD.

ALTWILLER.............	Saint-Avold.......	421	
BARST................	Idem............	486	
	A reporter..	907	

NOMS DES COMMUNES.	BUREAUX DE POSTE qui les desservent.	POPULA- TION.	TOTAL de la POPULA- TION par canton	NOMS DES COMMUNES.	BUREAUX DE POSTE qui les desservent.	POPULA- TION.	TOTAL de la POPULA- TION par canton
Suite de l'ARRONDISSEMENT DE SARREGUEMINES.				**Suite de l'ARRONDISSEMENT DE SARREGUEMINES.**			
					Report..		43,998
Suite du CANTON DE SAINT-AVOLD.				**Suite du CANTON DE GROS-TENQUIN.**			
	Report..	907			*Report..*	5,263	
BENING-LÈS-SAINT-AVOLD	Saint-Avold	731		GROS-TENQUIN	Faulquemont	887	
BETTING	Idem	000		GUESSLING	Idem	1,008	
CAPPELLE	Idem	502		HARPRICH	Idem	000	
CHAMBRE (la)	Idem	581		HELLIMER	Puttelange	1,694	
DOURD'HAL	Idem	315		LANDROFF	Faulquemont	1,064	
FARÉBERSWILLER	Idem	768		LANING	Saint-Avold	699	
FOLSCHWILLER	Idem	614		LELLING	Faulquemont	464	
FREYMING	Idem	523	15,044	LEYWILLER	Puttelange	860	16,863
HOMBOURG-HAUT	Idem	1,830		LIXING	Saint-Avold	491	
HÔPITAL (l')	Idem	1,083		MAXSTADT	Idem	475	
HOSTE (bas et haut)	Idem	680		MORHANGE	Faulquemont	1,284	
MACHEREN	Idem	752		PETIT-TENQUIN	Puttelange	561	
PORCELETTE	Idem	1,015		RACRANGE	Faulquemont	413	
SEINGBOUSSE	Idem	650		VAHLÉBERSING	Saint-Avold	496	
SAINT-AVOLD	✉	3,451		VALLERANGE	Faulquemont	804	
VALMONT	Saint-Avold	642		WILLER	Idem	498	
CANTON DE BITCHE.				**CANTON DE RORBACH.**			
BEHRENTHAL	Bitche	1,229		ACHEN	Rorbach	1,619	
BITCHE	✉	3,132		BENING-LÈS-RORBACH	Idem	1,213	
ÉGUELSHARDT	Bitche	362		BETTWILLER	Idem	1,123	
GOETZENBRUCK	Idem	912		ENCHENBERG	Idem	959	
HANWILLER	Idem	553		ETTING	Idem	000	
HASPELSCHEIDT	Idem	834		GROS-RÉDERCHING	Idem	1,468	
LEMBERG	Idem	2,209		KALHAUSEN	Idem	851	15,420
LIEDERSCHEIDT	Idem	632	14,207	LAMBACH	Bitche	780	
MEISENTHAL	Idem	588		MONTBRONN	Rorbach	1,554	
MOUTERHAUSEN	Idem	1,095		PETIT-RÉDERCHING	Idem	803	
REYERSWILLER	Idem	370		RAHLING	Idem	1,765	
ROPPEWILLER	Idem	642		RORBACH	✉ (*Distribution.*)	1,170	
SCHORBACH	Idem	1,300		SIERSTHAL	Bitche	1,069	
STURZELBRONN	Idem	349		SOUCHT	Rorbach	1,046	
CANTON DE FORBACH.				**CANTON DE SARRALBE.**			
ALSTING-ZINZING	Forbach	834		ERNESTWILLER	Puttelange	495	
BOUSBACH	Idem	632		GŒBLANGE	Sarralbe	1,182	
COCHEREN	Idem	607		HAZEMBOURG	Idem	229	
DIBLING	Idem	676		HILSPRICH	Puttelange	930	
FARSCHWILLER	Puttelange	652		HOLVING	Idem	1,207	
FOLCKLING	Forbach	718		KAPPELKINGER	Idem	698	
FORBACH	✉	4,281		KIRWILLER	Sarralbe	278	
KERBACH	Forbach	992		NELLING	Puttelange	446	14,269
MERLEBACH	Idem	646	14,747	PUTTELANGE	✉	2,290	
MORSBACH	Idem	527		RÉMERING	Puttelange	913	
NOUSSEWILLER-LÈS-PUTTELANGE	Sarreguemines	663		RICHLING	Idem	300	
OETING	Forbach	463		SARRALBE	✉ (*Distribution.*)	3,544	
PETITE-ROSSELLE	Idem	657		SAINT-JEAN-RORBACH	Puttelange	1,011	
ROSBRUCK	Idem	312		VILLERWALD	Sarralbe	746	
SPICKEREN	Idem	796		**CANTON DE SARREGUEMINES.**			
TENTELING	Idem	584		BLIESBRUCKEN	Sarreguemines	1,705	
THÉDING	Idem	697		BLIES-ÉBERSING	Idem	000	
CANTON DE GROS-TENQUIN.				BLIES-GUERSWILLER	Idem	402	
ALTRIPPE	Puttelange	000		FOLSPERWILLERS	Idem	000	
BARONVILLE	Faulquemont	485		FRAUENBERG	Idem	960	
BERIG	Idem	508		GROS-BLIDERSTROFF	Idem	1,925	
BERTRING	Idem	448		GRUNDWILLER	Puttelange	346	
BIDING	Saint-Avold	385		GŒBENHAUSEN	Idem	449	
BISTROFF	Faulquemont	681		HAMBACH	Sarreguemines	1,165	
BOUSTROFF	Idem	311		HUNDLING	Idem	000	
BAULANGE	Idem	536		IPPLING	Idem	430	
DESTRICH	Idem	443		LIXING	Idem	000	
DIFFEMBACH	Puttelange	000		LOUPERSHAUSEN	Puttelange	548	
EINCHEVILLE	Faulquemont	000		NEUF-GRANGE	Sarreguemines	736	
ERSTROFF	Idem	582		NEUNKIRCK	Idem	1,064	
FRÉMESTROFF	Saint-Avold	419		RÉMELFING	Idem	000	
FREYBOUSSE	Faulquemont	465		ROULING	Idem	1,310	
	A reporter..	5,263			*A reporter..*	11,040	
	A reporter....................		43,998		*A reporter....................*		90,550

NOMS DES COMMUNES.	BUREAUX DE POSTE qui les desservent.	POPULA-TION.	TOTAL de la POPULA-TION par canton	NOMS DES COMMUNES.	BUREAUX DE POSTE qui les desservent.	POPULA-TION.	TOTAL de la POPULA-TION par canton

Suite de l'ARRONDISSEMENT DE SARREGUEMINES.

Report.. 90,550

Suite du CANTON DE SARREGUEMINES.

	Report..	11,040					
SARREGUEMINES	⊠	4,189					
SARREINSMING	Sarreguemines	715					
WELFERDING	Idem.	1,145	20,486				
WISWILLER	Idem.	1,536					
WITRING	Idem.	779					
WOUSTWILLER	Idem.	529					
ZETTING	Idem.	553					

CANTON DE VOLMUNSTER.

BOUSSEWILLER	Bitche	349					
BREIDENBACH	Idem.	869					
EPPING	Rorbach	832					
ERSCHING	Idem.	583					
HOTTWILLER	Bitche	1,033					
LENGUELSHEIM	Idem.	648	10,786				
LOUTZWILLER	Idem.	698					
NOUSSEWILLER-LES-VOLMUNSTER	Idem.	275					
OBERGAILBACH	Rorbach	639					
OMERSWILLER	Idem.	611					
RIMELING	Idem.	908					
ROLBING	Bitche	605					
VOLMUNSTER	Idem.	1,234					
(⚞ à Eschwiller.)							
WALDHAUSEN	Idem.	000					
WALSCHBRONN	Idem.	1,502					

TOTAL de la population de l'Arrondissement....... 121,822

ARRONDISSEMENT DE THIONVILLE.

CANTON DE BOUZONVILLE.

ALZING	Bouzonville						
ANZELING	Idem.	356					
BERWEILLER	Idem.	620					
BIBICHE	Idem.	651					
BOUZONVILLE	⊠	2,325					
BRETTENACH	Boulay	000					
CHATEAUROUGE	Bouzonville	263					
CHEMERY (les deux)	Idem.	738					
CREUTZWALD-LA-CROIX	Idem.	1,577					
DALEM	Idem.	404					
DALSTEIN	Idem.	753					
EBERSWILLER	Idem.	1,214					
FALCK	Idem.	498					
FILSTROFF	Idem.	1,009					
FREISTROFF	Idem.	1,139					
GUERSTLING	Idem.	429	18,887				
HARGARTEN-AUX-MINES	Idem.	808					
HESTROFF	Idem.	684					
HEYNING	Idem.	175					
MERTEN	Idem.	897					
OBERDORFF	Idem.	225					
REIMELDORFF	Idem.	87					
REIMERING	Idem.	517					
REMELFANGE	Boulay	000					
SCHWERDORFF	Bouzonville	719					
SAINT-BERNARD	Idem.	269					
SAINT-FRANÇOIS	Idem.	376					
TROMBORN	Idem.	506					
VAUDRECHING	Idem.	989					
VILLING	Idem.	494					
WOELFLING	Idem.	175					

A reporter......................... 18,887

Suite de l'ARRONDISSEMENT DE THIONVILLE.

Report.. 18,887

CANTON DE CATTENOM.

ALGRANGE	Thionville		
ANGEWILLERS	Idem.	755	
BERG	Sierck	200	
BEYREN	Idem.	672	
BOUST	Thionville	587	
BREISTROFF-LA-GRANDE	Sierck	443	
CATTENOM	Thionville	1,115	
ESCHERANGE	Idem.	583	
EVRANGE	Idem.	187	
FIXEM	Sierck	339	
GARSCHE	Thionville	808	
GAVISSE	Sierck	412	
HAGEN	Thionville	102	
HETTANGE-LA-GRANDE	Idem.	1,106	
KANFEN	Idem.	589	17,583
KONTZ (basse)	Sierck	652	
KONTZ (haute)	Idem.	659	
MONDORFF	Idem.	156	
OEUTRANGE	Thionville	1,102	
OTTANGE	Idem.	1,408	
PUTTELANGE-LEZ-RODEMACK	Sierck	811	
RENTGEN	Thionville	499	
ROCHONVILLERS	Idem.	000	
RODEMACK	Sierck	963	
ROUSSY-LE-VILLAGE	Thionville	1,062	
SENTZICH	Idem.	725	
VOLMERANGE-LES-OEUTRANGE	Idem.	878	
ZOUFFTGEN	Idem.	770	

CANTON DE METZERVISSE.

ABONCOURT	Thionville	394	
BERTRANGE	Idem.	457	
BETTLAINVILLE	Idem.	654	
BOUSSE	Idem.	376	
BUDING	Idem.	583	
BUDLING	Idem.	846	
DISTROFF	Idem.	1,044	
ELZANGE	Idem.	433	
GUÉNANGE (basse et haute)	Idem.	694	
HAM (basse et haute)	Idem.	619	
HOMBOURG	Idem.	938	
ILLANGE	Idem.	545	
INGLANGE	Idem.	396	16,579
KEMPLICH	Idem.	606	
KERLING-LÈS-SIERCK	Sierck	754	
KŒNIGSMACKER	Thionville	1,724	
LOTTANGE	Idem.	749	
MALLING	Sierck	547	
METZERESCHE	Thionville	661	
METZERVISSE	Idem.	837	
MONNEREN	Idem.	651	
OUDREN	Sierck	985	
RURANGE	Thionville	489	
VOLSTROFF	Idem.	597	

CANTON DE SIERCK.

APACH	Sierck	000	
GRINDORFF	Bouzonville	1,104	
HUNTING	Sierck	409	
KIRSCH-LES-SIERCK	Idem.	912	
KIRSCHNAUMEN	Idem.	908	
LAUMESFELD	Bouzonville	477	
LAUNSTROFF	Sierck	757	
MANDEREN	Idem.	742	

A reporter. 5,309

A reporter......................... 53,049

NOMS DES COMMUNES.	BUREAUX DE POSTE qui les desservent.	POPULA-TION.	TOTAL de la POPULA-TION par canton	NOMS DES COMMUNES.	BUREAUX DE POSTE qui les desservent.	POPULA-TION.	TOTAL de la POPULA-TION par canton
Suite de l'ARRONDISSEMENT DE THIONVILLE.				Suite de l'ARRONDISSEMENT DE THIONVILLE.			
	Report..		53,049		Report..		64,420
Suite du Canton de SIERCK.				Suite du Canton de THIONVILLE.			
	Report..	5,309			Report..	2,341	
MERSCHWEILLER	Sierck	283		HAYANGE	Thionville	1,185	
MONTENACH	Idem	512		MANOM	Idem	792	
REIMELING	Idem	542		MARSPICH	Idem	342	
RETTEL	Idem	740	11,371	MOYEUVRE-LA-GRANDE	Idem	1,747	
SCHENERWALD	Idem	000		MOYEUVRE-LA-PETITE	Idem	000	
SIERCK	⊠	2,038		RANGUEVAUX	Idem	717	
TUNTING	Sierck	000		RICHEMONT	Idem	913	
VALDWEISTROFF	Bouzonville	866		(🚂 à Moudelange.)			18,435
VALDWISSE	Sierck	1,091		ROSSELANGE	Idem	411	
				SCHRÉMANGE	Idem	159	
CANTON DE THIONVILLE.				THIONVILLE 🚂	⊠	5,645	
FAMECK	Thionville	1,125		UCKANGE	Thionville	783	
FLORANGE	Idem	830		VEYMERANGE	Idem	640	
GANDRANGE	Idem	386		VITRY	Idem	889	
				VOLKRANGE	Idem	534	
	A reporter..	2,341		YUTZ-BASSE	Idem	1,337	
A reporter			64,420	Total de la population de l'Arrondissement			82,855

RÉCAPITULATION.

	NOMBRE de		POPULATION.
	CANTONS.	COMMUNES.	
ARRONDISSEMENT DE METZ	9	216	150,035
— DE BRIEY	5	126	60,005
— DE SARREGUEMINES	8	145	121,822
— DE THIONVILLE	5	118	82,855
TOTAUX	27	605	414,717

NOMS DES COMMUNES.	BUREAUX DE POSTE qui les desservent.	POPULATION.	TOTAL de la POPULATION par canton	NOMS DES COMMUNES.	BUREAUX DE POSTE qui les desservent.	POPULATION.	TOTAL de la POPULATION par canton
ARRONDISSEMENT DE NEVERS.				**Suite de l'ARRONDISSEMENT DE NEVERS.**			
						Report..	33,644
CANTON DE SAINT-BENIN-D'AZY.				CANTON DE NEVERS.			
ANLEZY	Saint-Benin-d'Azy	523		CHALUY	Nevers	596	
BEAUMONT-SUR-SARDOLLES	Idem	305		CHEVENON	Magny	518	
BILLY-CHEVANNE	Idem	898		COULANGES	Nevers	719	
CIZELY	Idem	234		GIMOUILLE	Idem	169	
CRÉCY-SUR-CANNE	Idem	101		IMPHY	Idem	857	
DIENNE	Idem	321		MAGNY	⊠ (Distribution.)	1,300	
FERMETÉ (la)	Idem	985		MARZY	Nevers	1,042	22,279
FLEURY-LA-TOUR	Idem	109		NEVERS	⊠	15,085	
FRASNAY-LE-RAVIER	Idem	137		SAINCAIZE	Magny	364	
LIMON	Idem	349	9,282	SAUVIGNY-LES-BOIS	Nevers	480	
MONTIGNY-AUX-AMOGNES	Idem	523		SERMOISE	Idem	525	
RUGNY	Idem	117		SAINT-ÉLOY	Idem	624	
SARDOLLES	Idem	100		CANTON DE SAINT-PIERRE-LE-MOUTIER.			
SAINT-BENIN-D'AZY	⊠ (Distribution.)	1,637		AZY-LE-VIF	S¹-Pierre-le-Moutier.	750	
(à Maison-Rouge.)				CHANTENAY	Idem	1,423	
SAINT-CY	Saint-Benin-d'Azy	342		(à Saint-Imbert.)			
SAINT-FIRMIN	Idem	303		LANGERON	Idem	678	
SAINT-JEAN-AUX-AMOGNES	Idem	557		LIVRY	Idem	1,521	9,136
SAINT-SULPICE	Idem	932		LUTHENAY	Magny	961	
TROIS-VÈVRES	Idem	242		MARS	S¹-Pierre-le-Moutier	392	
VILLE-LES-ANLEZY	Idem	567		SAINT-PARIZE-LE-CHATEL	Magny	1,301	
				SAINT-PIERRE-LE-MOUTIER	⊠	2,110	
CANTON DE DECIZE.				CANTON DE POUGUES.			
AUBIGNY-LE-CHÉTIF	Decize	158		BALLERAY	Guérigny	387	
AVRIL-SUR-LOIRE	Idem	380		GARCHIZY	Pougues	1,486	
BÉARD	Idem	189		GERMIGNY	Idem	865	
CHAMPVERT	Idem	784		GUÉRIGNY	⊠ (Distribution.)	1,055	
DECIZE	⊠	3,068		NOLAY	Prémery	1,666	
DEVAY	Decize	399		OROUER	Guérigny	657	11,569
DRUY	Idem	356		PARIGNY-LES-VAUX	Pougues	1,002	
FLEURY-SUR-LOIRE	Idem	468		POISEUX	Prémery	803	
MACHINE (la)	Idem	1,349	10,714	POUGUES	⊠	1,161	
PARIGNY-SUR-SARDOLLES	Idem	133		SAINT-MARTIN-D'HEUILLE	Guérigny	472	
SOUGY	Idem	546		UREX	Idem	817	
SAINT-GERMAIN-CHASSENAY	Idem	468		VARENNES-LES-NEVERS	Pougues	1,198	
SAINT-LÉGER-DES-VIGNES	Idem	790		CANTON DE SAINT-SAULGE.			
SAINT-OUEN	Idem	627		BONA	Saint-Saulge	849	
THIANGES	Idem	373		CRUX-LA-VILLE	Idem	2,016	
VERNEUIL	Idem	626		JAILLY	Idem	757	
				MONTAPAS	Idem	815	
CANTON DE DORNES.				ROUY	Idem	1,497	
				SAXI-BOURDON	Idem	833	10,219
COSSAYE	Decize	1,071		SAINT-BENIN-DES-BOIS	Idem	842	
DORNES	⊠ (Distribution.)	1,083		SAINT-FRANCHY	Idem	563	
LAMENAY	Decize	232		SAINTE-MARIE	Idem	441	
LUCENAY-LES-AIX	Dornes	1,473		SAINT-MAURICE	Idem	233	
NEUVILLE-LÈS-DECIZE	Idem	485	6,017	SAINT-SAULGE	⊠	1,874	
SAINT-PARISE-EN-VIRY	Idem	319					
THOURY-SUR-JOUR	Idem	281					
TODRY-LURCY	Idem	641		TOTAL de la population de l'Arrondissement			86,847
TRAINAY	S¹-Pierre-le-Moutier.	432					
CANTON DE FOURS.				**ARRONDISSEMENT DE CHATEAU-CHINON.**			
CERCY-LA-TOUR	Fours	1,305		CANTON DE CHATEAU-CHINON ou CHATEAU-CHINON-VILLE.			
CHARRIN	Decize	786		ARLEUF	Château-Chinon	2,442	
FOURS	⊠ (Distribution.)	1,266		CHATEAU-CHINON	⊠	2,466	
LANOCLE	Fours	826		CHATEAU CHINON-CAMPAGNE	Château-Chinon	1,399	
MAULAIX	Idem	176		CHATIN	Idem	230	
MONTAMBERT-TANNAY	Idem	653	7,631	CORANCY	Idem	930	
SAINT-GRATIEN	Idem	367		DOMMARTIN	Idem	465	
SAINT-HILAIRE-FONTAINE	Idem	533		FRÉTOY	Idem	487	
SAINT-SEINE	Idem	648		GLUX	Idem	731	
TAIX	Idem	312		MONTIGNY-EN-MORVAND	Idem	950	
TERNANT	Idem	759		MONTREUILLON	Idem	1,035	
	A reporter		33,644		A reporter..		11,155

NOMS DES COMMUNES.	BUREAUX DE POSTE qui les desservent.	POPULA-TION.	TOTAL de la POPULA-TION par canton	NOMS DES COMMUNES.	BUREAUX DE POSTE qui les desservent.	POPULA-TION.	TOTAL de la POPULA-TION par canton
Suite de l'ARRONDISSEMENT DE CHATEAU-CHINON.				**Suite de l'ARRONDISSEMENT DE CLAMECY.**			
Suite du CANTON DE CHATEAU-CHINON.				**Suite du CANTON DE BRINON-LES-ALLEMANDS.**			
	Report..	11,155			Report..	1,198	
POUSSIGNOL	Château-Chinon..	712		BEUVRON	Varzy	387	
SAINT-HILAIRE	Idem	406	14,195	BRINON-LES-ALLEMANDS	Idem	448	
SAINT-LÉGER-DE-FOUGERET	Idem	1,105		BUSSY-LA-PESLE	Idem	227	
SAINTE-PÉREUSE	Idem	817		CHALLEMENT	Tannay	514	
CANTON DE CHATILLON-EN-BAZOIS.				CHAMPALLEMENT	Saint-Révérien	261	
ACHUN	Châtillon-en-Bazois..	611		CHAZEUIL	Varzy	293	
ALLUY	Idem	1,255		CHEVANNES-CHANGY	Idem	793	
AUNAY	Idem	1,144		CORVOL-D'EMBERNARD	Idem	541	
BAZOLLES	Idem	825		DOMPIERRE	Saint-Révérien	317	10,597
BICHES	Idem	845		GERMENAY	Idem	681	
BRINAY	Idem	504		GRENOIS	Tannay	704	
CHATILLON-EN-BAZOIS	⊠	1,012		GUIPY	Saint-Révérien	716	
CHOUGNY	Châtillon-en-Bazois..	366		(à Précy-Chereau.)			
DUN-SUR-GRANDRY	Château-Chinon....	573	10,713	HÉRY	Idem	238	
LIMANTON	Moulins-en-Gilbert..	861		LACHÉ-ASSANT	Saint-Révérien	364	
MINGOT	Châtillon-en-Bazois..	468		MICHAUGUES	Idem	352	
MONT-EN-BAZOIS	Idem	282		MORACHES	Idem	643	
MONTIGNY-SUR-CANNE	Idem	639		NECILLY	Idem	636	
OUGNY	Châtillon-en-Bazois..	200		NEUVILLE	Varzy	560	
TAMNAY	Idem	447		SAINT-RÉVÉRIEN	⊠ (Distribution.)....	705	
TINTURY	Idem	681					
CANTON DE LUZY.				**CANTON DE CLAMECY.**			
AVRIL	Luzy	320		ARMES	Clamecy	481	
CHIDES	Idem	1,208		BILLY	Idem	1,158	
LUZY	⊠	2,115		BREUGNON	Idem	483	
MILLAY	Luzy	1,000		BRÈVES	Idem	370	
REMILLY	Idem	1,132		CHEVROCHES	Idem	193	
ROCHE-MILLAY (la)	Idem	1,796	10,277	CLAMECY	⊠	5,539	
SAVIGNY-POIL-FOL	Idem	383		DORNECY	Clamecy	977	13,360
SEMELAY	Idem	1,082		OISY	Idem	803	
TAZILLY	Idem	1,241		OUAGNE	Idem	362	
				POUSSEAUX	Idem	688	
CANTON DE MONTSAUCHE.				RIX	Idem	195	
ALLIGNY	Saulieu	2,361		SURGY	Idem	910	
(à Pierre-Écrite.)				TRUCY-L'ORGUEILLEUX	Idem	642	
CHAUMARD	Château-Chinon....	950		VILLIERS-SUR-YONNE	Idem	559	
GIEN-SUR-CURE	Montsauche	249					
GOULOUX	Idem	502		**CANTON DE CORBIGNY.**			
MONTSAUCHE	⊠ (Distribution.)....	1,425	12,513	ANTHIEN	Corbigny	927	
MOUX	Montsauche	1,507		CERVON	Idem	2,108	
OCROUX	Château-Chinon	2,172		CHAUMOT	Idem	130	
PLANCHEZ	Idem	1,426		CHITRY-LES-MINES	Idem	614	
SAINT-AGNAN	Saulieu	735		COLANCELLE (la)	Idem	581	
SAINT-BRISSON	Montsauche	1,186		CORBIGNY	⊠	2,077	
				ÉPIRY	Corbigny	567	
CANTON DE MOULINS-EN-GILBERT.				GACOGNE	Lormes	1,000	11,492
ISENAY	Moulins-en-Gilbert..	444		MAGNY-LORMES	Corbigny	326	
MAUX	Idem	611		MARIGNY-SUR-YONNE	Idem	371	
(à Moulin-Maugein.)				MHÈRE	Lormes	1,099	
MONTARON	Idem	731		MOURON	Corbigny	297	
MOULINS-EN-GILBERT	⊠	2,937		PAZY	Idem	619	
ONLAY	Moulins-en-Gilbert..	567	10,745	SARDY	Idem	362	
PRÉPORCHÉ	Idem	1,045		VAUCLAIX	Lormes	414	
SAINT-HONORÉ	Idem	1,051					
VANDENESSE	Idem	1,089		**CANTON DE LORMES.**			
VILLAPOURÇON	Idem	2,270		BAZOCHES	Lormes	731	
				BRASSY	Idem	1,663	
TOTAL de la population de l'Arrondissement			58,443	CHALAUX	Idem	341	
				DUN-LES-PLACES	Idem	1,652	
ARRONDISSEMENT DE CLAMECY.				EMPURY	Idem	418	12,703
CANTON DE BRINON-LES-ALLEMANDS.				LORMES	⊠	2,759	
ASNAN	Tannay	664		MARIGNY-L'ÉGLISE	Lormes	1,640	
AUTHIOU	Varzy	303		POUQUES	Idem	950	
BEAULIEU	Saint-Révérien	231		SAINT-ANDRÉ	Idem	1,301	
				SAINT-MARTIN-DU-PUITS	Idem	1,248	
	A reporter..	1,198			A reporter		48,152

II.

32

NOMS DES COMMUNES.	BUREAUX DE POSTE qui les desservent.	POPULA-TION.	TOTAL de la POPULA-TION par canton	NOMS DES COMMUNES.	BUREAUX DE POSTE qui les desservent.	POPULA-TION.	TOTAL de la POPULA-TION par canton
Suite de l'ARRONDISSEMENT DE CLAMECY.				**Suite de l'ARRONDISSEMENT DE COSNE.**			
	Report..		48,152		*Report..*		7,393
CANTON DE TANNAY.				**Suite du CANTON DE LA CHARITÉ.**			
					Report..	9,528	
AMAZY	Tannay	670		NARCY	La Charité	899	
ASNOIS	Idem	477		RAVEAU	Idem	1,218	
DIROL	Idem	270		SAINT-AUBIN	Idem	1,082	13,963
FLEZ-CUZY	Idem	383		TRONSANGES	Idem	317	
LYS	Idem	647		VARENNES-LES-NARCY	Idem	919	
MAISON-DIEU (la)	Idem	328		**CANTON DE COSNE.**			
METZ-LE-COMTE	Idem	670		ANNAY	Neuvy-sur-Loire	730	
MONCEAUX-LE-COMTE	✉ (*Distribution*.)	430		ALLIGNY	Cosne	1,746	
MOULINOT	Idem	815		CELLE-SUR-LOIRE (la)	Idem	705	
NEUFFONTAINES	Idem	398	10,181	COSNE 🐾	✉	5,987	14,351
NUARS	Tannay	398		COURS	Cosne	611	
RUAGES	Monceaux-le-Comte	406		MIENNES	Idem	458	
SAIZY	Tannay	695		NEUVY-SUR-LOIRE 🐾	✉	1,351	
SAINT-AUBIN	Monceaux-le-Comte	509		POUGNY	Cosne	1,098	
SAINT-DIDIER	Tannay	165		SAINT-LOUP	Idem	755	
SAINT-GERMAIN	Clamecy	531		SAINT-PÈRE	Idem	909	
TALON	Tannay	188		**CANTON DE DONZY.**			
TANNAY	✉	1,314		CESSY-LES-BOIS	Donzy	659	
TEIGNY	Tannay	675		CHATEAUNEUF-VAL-DE-BARGIS 🐾	✉ (*Distribution*.)	2,057	
VIGNOL	Idem	455		CIEZ	Donzy	1,263	
CANTON DE VARZY.				COLMERY	Idem	1,282	
CHAPELLE-SAINT-ANDRÉ (la)	Varzy	1,123		COULOUTRE	Idem	629	
CORVOL-L'ORGUEILLEUX	Clamecy	1,393		DONZY	✉	3,566	11,450
COURCELLES	Varzy	643		MENESTREAU	Donzy	580	
CUNCY-LES-VARZY	Idem	604		PERROY	Idem	589	
ENTRAINS	✉ (*Distribution*.)	2,163		SAINTE-COLOMBE	Idem	394	
MARCY	Varzy	573	12,048	SAINT-MALO	Idem	431	
MENOU	Idem	839		**CANTON DE POUILLY-SUR-LOIRE.**			
OUDAN	Idem	684		BULCY	Pouilly-sur-Loire	336	
PARIGNY-LA-ROSE	Idem	178		GARCHY	Idem	814	
SAINT-PIERRE-DU-MONT	Idem	699		MÈVES	Idem	676	
VARZY 🐾	✉	2,909		POUILLY-SUR-LOIRE 🐾	✉	3,071	
VILLIERS-LE-SEC	Varzy	240		SULLY-LA-TOUR	Pouilly-sur-Loire	1,594	10,253
TOTAL de la population de l'Arrondissement			70,381	SAINT-ANDELIN	Idem	699	
				SAINT-LAURENT	Idem	477	
ARRONDISSEMENT DE COSNE.				SAINT-MARTIN-DU-TRONSEC	Idem	669	
CANTON DE SAINT-AMAND-EN-PUISAYE.				SAINT-QUENTIN	Idem	314	
ARQUIAN	Neuvy-sur-Loire	1,321		TRACY	Idem	1,053	
BITRY	Idem	674		VIEILMANNAY	Idem	550	
BOUHY	Idem	1,760	7,393	**CANTON DE PRÉMERY.**			
DAMPIERRE-SUR-BOUHY	Idem	1,230		ARBOURSES	Châteauneuf-Val-de-Bargis	564	
SAINT-AMAND-EN-PUISAYE	Idem	1,690		ARTHEL	Prémery	477	
SAINT-VERAIN	Idem	718		ARZEMBOUY	Idem	353	
CANTON DE LA CHARITÉ.				CHAMPLEMY	Varzy	1,271	
BEAUMONT-LA-FERRIÈRE	La Charité	426		CHAMPLIN	Prémery	250	
CELLE-SUR-NIÈVRE (la)	Idem	644		DOMPIERRE-SUR-NIÈVRE	Châteauneuf-Val-de-Bargis	520	
CHAMPVOUX	Idem	359		GIRY	Prémery	714	9,440
CHARITÉ (la) 🐾	✉	5,086		LURCY-LE-BOURG	Idem	1,153	
CHASNAY	Châteauneuf-Val-de-Bargis	489		MONTENOISON	Idem	778	
CHAULGNES	La Charité	1,378		MOUSSY	Idem	530	
MARCHE (la)	Idem	495		OULON	Idem	384	
MURLIN	Idem	280		PRÉMERY 🐾	✉	1,875	
NANNAY	Châteauneuf-Val-de-Bargis	371		SICHAMP	Prémery	230	
	A reporter..	9,528		SAINT-BONNOT	Idem	341	
	A reporter...		7,393	TOTAL de la population de l'Arrondissement			66,850

RÉCAPITULATION.

	NOMBRE de		POPULATION.
	CANTONS.	COMMUNES.	
ARRONDISSEMENT DE NEVERS	8	99	86,847
— de CHATEAU-CHINON	5	58	58,443
— de CLAMECY	6	93	70,381
— de COSNE	6	65	66,850
TOTAUX	25	315	282,521

NOMS DES COMMUNES.	BUREAUX DE POSTE qui les desservent.	POPULA-TION.	TOTAL de la POPULA-TION par canton	NOMS DES COMMUNES.	BUREAUX DE POSTE qui les desservent.	POPULA-TION.	TOTAL de la POPULA-TION par canton
ARRONDISSEMENT DE LILLE.				**Suite de l'ARRONDISSEMENT DE LILLE.**			
						Report..	63,060
CANTON D'ARMENTIÈRES.				**Suite du CANTON DE LANNOY.**			
Armentières	✉	6,338				Report..	9,417
Capinghem	Lille	318		Hem	Lille	1,985	
Chapelle-d'Armentières	Armentières	1,889		Lannoy	Idem	1,355	
Erquinghem-Lys	Idem	2,053	15,901	Leers	Idem	1,821	
Frelinghien-sur-la-Lys	Idem	2,369		Lys-les-Lannoy	Idem	958	19,112
Houplines	Idem	1,985		Sailly	Idem	853	
Prémesques	Lille	949		Toufflers	Idem	577	
				Tressin	Idem	410	
CANTON DE LA BASSÉE.				(✉ à Pont-à-Tressin.)			
Aubers	La Bassée	1,457		Willems	Idem	1,735	
Bassée (la)	✉	2,480					
Fournes	La Bassée	1,385		**CANTON DE LILLE (centre).**			
Fromelles	Idem	1,326		Magdeleine (la)	Lille	788	19,824
Hantay	Idem	437	13,497	Lille (centre)	✉	19,036	
Herlies	Idem	1,098					
Illies	Idem	1,285		**CANTON DE LILLE (nord-est).**			
Marquillies	Idem	1,051		Fives	Lille	1,520	
Sainghin-en-Weppes	Idem	2,010		Hellemmes	Idem	665	19,279
Salomé	Idem	716		Lille (nord-est)	✉	16,291	
Wicres	Idem	252		Mons-en-Barœul	Lille	803	
CANTON DE CYSOING.				**CANTON DE LILLE (ouest).**			
Bachy	Orchies	877		Lambersart	Lille	940	
Bourghelles	Lille	1,086		Lille (ouest)	✉	11,375	
Bouvines	Idem	521		Marquette	Lille	1,316	17,491
Camphin-en-Pévèle	Idem	1,448		Saint-André	Idem	538	
Capelle	Pont-à-Marcq	1,367		Wambrechies	Idem	3,322	
Cobrieux	Orchies	378					
Cysoing	Idem	2,465	16,220	**CANTON DE LILLE (sud-est).**			
Genech	Lille	1,126		Faches	Lille	1,692	
Louvil	Idem	611		Lezennes	Idem	1,051	
Mouchin	Orchies	1,221		Ronchin	Idem	1,326	18,540
Péronne	Lille	522		Lille (sud-est)	✉	14,471	
Sainghin-en-Mélantois	Idem	1,528					
Templeuve	Orchies	2,752		**CANTON DE LILLE (sud-ouest).**			
Wannehain	Lille	318		Esquermes	Lille	1,642	
				Lille (sud-ouest)	✉	7,900	18,163
CANTON DE HAUBOURDIN.				Moulins (les)	Lille		
Beaucamps	Lille	754		Wazemmes	Idem	8,621	
Emmerin	Idem	1,161					
Englos	Idem	326		**CANTON DE PONT-A-MARCQ.**			
Ennetières-en-Weppes	Idem	1,789		Attiches	Pont-à-Marcq	935	
Erquinghem-le-Sec	Idem	253		Avelin	Idem	1,570	
Escobecques	Idem	285		Bersée	Idem	1,615	
Haliennes-les-Haubourdin	Idem	474		Ennevelin	Idem	1,684	
Haubourdin	Idem	2,151	17,442	Fretin	Idem	1,963	
Ligny	Idem	128		Mérignies	Idem	958	
Lomme	Idem	2,067		Moncheaux	Douai	918	
Loos	Idem	3,564		Mons-en-Pévèle	Pont-à-Marcq	1,647	16,447
Maisnil (le)	Idem	668		Neuville (la)	Carvin	375	
Radinghem	Idem	1,171		Ostricourt	Idem	877	
Santes	Idem	1,462		Phalempin	Idem	1,311	
Sequedin	Idem	567		Pont-à-Marcq	✉ (Distribution.)	714	
Wavrin	Idem	2,622		Trumeries	Pont-à-Marcq	746	
				Tourmignies	Idem	503	
CANTON DE LANNOY.				Wahagnies	Carvin	631	
Annappes	Lille	1,650					
Anstaing	Idem	470		**CANTON DE QUESNOY-SUR-DEULE.**			
Ascq	Idem	1,536		Comines	Lille	5,316	
Baisieux	Idem	1,808		Deuslémont	Idem	2,168	
Chereng	Idem	1,302		Lompret	Idem	568	
Flers	Idem	1,658		Pérenchies	Idem	808	
Forest	Idem	600		Quesnoy-sur-Deule	Idem	4,209	
Gruson	Idem	393					
		A reporter..	9,417			A reporter..	13,069
		A reporter..	63,060			A reporter..	191,916

NOMS DES COMMUNES.	BUREAUX DE POSTE qui les desservent.	POPULATION.	TOTAL de la POPULATION par canton
Suite de l'ARRONDISSEMENT DE LILLE.		Report..	191,916
Suite du CANTON DE QUESNOY-SUR-DEULE.		Report..	13,069
VERLINGHEM	Lille	1,738	
WARNÊTON-BAS	Idem	326	16,783
WARNÊTON-SUD	Idem	80	
WERVICK-SUD	Idem	1,570	
CANTON DE ROUBAIX.			
CROIX	Lille	1,284	
ROUBAIX	⊠	18,187	27,852
WASQUEHAL	Lille	1,590	
WATTRELOS	Roubaix	6,791	
CANTON DE SECLIN.			
ALLENNES-SUR-LES-MARAIS	Seclin	796	
ANNOEULIN	Idem	3,053	
BAUVIN	Idem	970	
CAMPHIN-EN-CAREMBAULT	Carvin	884	
CARNIN	Seclin	437	
CHEMY	Idem	419	
GONDECOURT	Idem	1,601	
HERRIN	Idem	333	
HOUPLIN	Idem	1,069	17,917
LESQUIN	Lille	1,118	
NOYELLES	Seclin	352	
PROVIN	Idem	1,094	
SECLIN	⊠ (Distribution.)	2,829	
TEMPLEMARS	Seclin	773	
WATTIGNIES	Idem	1,857	
WENDEVILLE	Lille	342	
CANTON DE TOURCOING (nord).			
BOUSBECQUES	Tourcoing	1,937	
HALLUIN	Idem	3,750	
LINSELLES	Idem	3,547	19,887
NEUVILLE-EN-FERRAIN	Idem	2,039	
RONCQ	Idem	2,935	
TOURCOING (nord)	⊠	5,679	
CANTON DE TOURCOING (sud).			
BONDUES	Tourcoing	2,841	
MARCQ-EN-BAROEUL	Idem	3,132	20,186
MOUVAUX	Idem	1,919	
TOURCOING (sud)	⊠	12,294	
TOTAL de la population de l'Arrondissement			294,541
ARRONDISSEMENT D'AVESNES.			
CANTON D'AVESNES (nord).			
AVESNES (nord)	⊠	2,027	
BRUGNIES	Avesnes	478	
DOMPIERRE	Idem	1,020	
DOURLERS	Idem	738	
FELLERIES	Idem	1,650	
FLAUMONT	Idem	412	10,790
FLOURSIES	Idem	220	
LIEU (bas)	Idem	369	
RAMOUSIES	Idem	564	
SEMERIES	Idem	690	
SEMOUSIES	Idem	280	
SAINT-AUBIN	Idem	725	
SAINT-HILAIRE	Idem	645	
TAISNIÈRES-EN-THIÉRACHE	Landrecies	972	
A reporter			10,790

NOMS DES COMMUNES.	BUREAUX DE POSTE qui les desservent.	POPULATION.	TOTAL de la POPULATION par canton
Suite de l'ARRONDISSEMENT D'AVESNES.		Report..	10,790
CANTON D'AVESNES (sud).			
AVESNELLES	Avesnes	671	
AVESNES (sud)	⊠	1,139	
BEAUREPAIRE	Landrecies	608	
BOULOGNE	Avesnes	397	
CARTIGNIES	Idem	1,701	
ÉTROEUNGT	Idem	1,987	13,026
FAYTS (les)	Idem	995	
FLOYON	Idem	1,394	
LAROUILLIES	Idem	666	
LIEU (haut)	Idem	416	
MARBAIX	Idem	840	
SAINS	Idem	1,212	
CANTON DE BAVAY.			
AMFROIPRET	Bavay	269	
AULNIGNIES	Idem	162	
BAVAY	⊠	1,635	
BELLIGNIES	Bavay	612	
BERMERIES	Idem	280	
BETTRECHIES	Idem	304	
FEIGNIES	Maubeuge	1,620	
FLAMENGRIE (la)	Bavay	348	
GUSSIGNIES	Idem	420	13,420
HON-HERGIES	Idem	1,030	
HOUDAIN	Idem	845	
LONGUEVILLE (la)	Idem	1,197	
LOUVIGNIES	Idem	553	
MECQUIGNIES	Idem	1,021	
NEUF-MESNIL	Maubeuge	191	
OBIES	Bavay	1,054	
SAINT-WAAST	Idem	583	
TAISNIÈRES-SUR-HON	Idem	1,296	
CANTON DE BERLAIMONT.			
AULNOYE	Avesnes	165	
AYMERIES	Idem	202	
BACHANT	Maubeuge	674	
BERLAIMONT	Avesnes	2,068	
BOUSSIÈRES	Maubeuge	177	
ÉCHELIN	Idem	148	
HARGNIES	Bavay	489	7,975
LEVAL	Avesnes	469	
MONCEAU-SAINT-WAAST	Idem	551	
NOYELLES	Landrecies	498	
PONT-SUR-SAMBRE	Bavay	1,159	
SASSEGNIES	Avesnes	363	
SAINT-REMY-CHAUSSÉE	Idem	702	
VIEUX-MESNIL	Bavay	312	
CANTON DE LANDRECIES.			
BOUSIES	Landrecies	1,577	
CROIX	Idem	503	
FAVRIL	Idem	798	
FONTAINE-AUX-BOIS	Idem	963	
FOREST	Idem	1,365	14,482
LANDRECIES	⊠	3,726	
MAROILLES	Landrecies	3,219	
PREUX-AUX-BOIS	Idem	1,540	
PRISCHES	Idem	1,548	
ROBERSART	Idem	243	
A reporter			58,693

NOMS DES COMMUNES.	BUREAUX DE POSTE qui les desservent.	POPULATION.	TOTAL de la POPULATION par canton
Suite de l'ARRONDISSEMENT D'AVESNES.			
		Report..	58,693
CANTON DE MAUBEUGE.			
Assevent	Maubeuge	132	
Beaufort	Idem	861	
Bersillies	Idem	207	
Bettignies	Idem	147	
Boussois	Idem	355	
Cerfontaine	Idem	280	
Colleret	Idem	1,014	
Damousies	Idem	227	
Éclaibes	Idem	276	
Elesmes	Idem	453	
Ferrière-la-Grande	Idem	1,021	
Ferrière-la-Petite	Idem	700	
Gognie-Chaussée	Idem	610	
Hautmont	Idem	777	
Jeumont	Idem	764	20,153
Limont-Fontaine	Idem	501	
Louvroil	Idem	670	
Mairieux	Idem	479	
Marpent	Idem	494	
Maubeuge ⚐	✉	6,240	
Obrechies	Maubeuge	298	
Quiévelon	Idem	282	
Recquignies	Idem	307	
Rousies	Idem	389	
Saint-Remi-Mal-Bati	Idem	347	
Vieux-Reng	Idem	782	
Villers-Sir-Nicol	Idem	1,313	
Wattignies	Idem	227	
CANTON DU QUESNOY (est).			
Baudignies	Le Quesnoy	921	
Engle-Fontaine	Idem	1,572	
Ghissignies	Idem	448	
Hecq	Idem	520	
Jolimetz	Idem	964	
Louquignol	Idem	680	
Louvignies-Quesnoy	Idem	986	
Neuville	Idem	616	12,611
Poix	Idem	1,686	
Potelle	Idem	219	
Quesnoy (le) (est) ⚐	✉	1,628	
Roucourt	Le Quesnoy	235	
Ruesnes	Idem	500	
Salesches	Idem	532	
Vendegies-au-Bois	Idem	1,104	
CANTON DU QUESNOY (ouest).			
Bry	Le Quesnoy	368	
Eth	Idem	302	
Frasnoy	Idem	489	
Gommegnies	Idem	2,950	
Jenlain ⚐	Idem	881	
Maresches	Idem	755	
Orsinval	Idem	478	
Preux-au-Sart	Idem	448	12,774
Quesnoy (le) (ouest)	✉	1,563	
Sepmeries	Le Quesnoy	772	
Villereau	Idem	882	
Villers-Pol	Idem	1,421	
Wargnies-le-Grand	Idem	693	
Wargnies-le-Petit	Idem	772	
CANTON DE SOLRE-LE-CHATEAU.			
Aibes	Soire-le-Château	355	
Beugnies	Idem	276	
Berelles	Idem	223	
	A reporter..	854	
	A reporter..................		104,231

NOMS DES COMMUNES.	BUREAUX DE POSTE qui les desservent.	POPULATION.	TOTAL de la POPULATION par canton
Suite de l'ARRONDISSEMENT D'AVESNES.			
		Report..	104,231
Suite du CANTON DE SOLRE-LE-CHATEAU.			
		Report..	854
Bousignies	Maubeuge	624	
Choisies	Solre-le-Château	67	
Clairfayts	Idem	436	
Cosolre ⚐	Maubeuge	1,220	
Dimechaux	Solre-le-Château	252	
Dimont	Idem	377	
Écles	Idem	161	9,174
Estrud	Idem	369	
Fontaines (les)	Idem	265	
Liessies	Idem	1,015	
Sans-Poteries	Avesnes	866	
Solre-le-Chateau ⚐	✉	2,477	
Solrinnes	Solre-le-Château	191	
CANTON DE TRÉLON.			
Anor	Trélon	2,552	
Baives	Idem	333	
Eppe-Sauvage	Idem	823	
Féron	Avesnes	589	
Fourmies	Idem	2,247	
Glageon	Trélon	1,128	
Moustier	Idem	264	13,948
Ohain	Idem	983	
Rainsart	Avesnes	371	
Trélon ⚐	✉	1,674	
Wallers	Trélon	480	
Wignehies	Avesnes	2,106	
Willies	Solre-le-Château	498	
Total de la population de l'Arrondissement......			127,353
ARRONDISSEMENT DE CAMBRAI.			
CANTON DE CAMBRAI (est).			
Awoingt	Cambrai	462	
Cagnoncles	Idem	799	
Cambrai (est) ⚐	✉	7,805	
Carnoir	Cambrai	663	
Escaudoeuvres	Idem	1,289	
Étrun	Idem	554	
Eswars	Idem	503	18,989
Forenville	Idem	54	
Iwoy	Idem	3,458	
Naves	Idem	972	
Niergnies	Idem	439	
Ramillies	Idem	438	
Thun-l'Évêque	Idem	736	
Thun-Saint-Martin	Idem	817	
CANTON DE CAMBRAI (ouest).			
Abancourt	Cambrai	657	
Aubencheul-au-Bac ⚐	Idem	471	
Bantigny	Idem	476	
Blécourt	Idem	398	
Cambrai (ouest)	✉	9,841	
Cuvillers	Cambrai	379	
Fontaine-Notre-Dame	Idem	1,476	
Fressies	Idem	844	
Haynecourt	Idem	527	
Hem-Lenglet	Idem	682	
	A reporter..	15,751	
	A reporter..................		18,989

NOMS DES COMMUNES.	BUREAUX DE POSTE qui les desservent.	POPULA- TION.	TOTAL de la POPULA- TION par canton
Suite de l'ARRONDISSEMENT DE CAMBRAI.			
	Report..		18,989
Suite du Canton de CAMBRAI (ouest).			
	Report..	15,751	
MORESCHES..............	Cambrai........	110	
NEUVILLE-SAINT-REMY......	Idem........	710	
PAILLENCOURT...........	Idem........	1,116	
PROVILLE............	Idem........	461	19,998
RAILLENCOURT...........	Idem........	721	
SAILLY..............	Idem........	504	
SANCOURT...........	Idem........	394	
TILLOY.............	Idem........	231	
Canton de CARNIÈRES.			
AVESNES-LÈS-AUBERT........	Cambrai........	2,535	
BEAUVOIS 🖂........	Idem........	913	
BÉTHENCOURT...........	Le Cateau	1,040	
BEVILLERS...........	Cambrai........	1,032	
BOUSSIÈRES...........	Idem........	758	
CARNIÈRES...........	Idem........	1,344	
CATTENIÈRES...........	Idem........	822	
ESTOURMEL............	Idem........	614	20,862
FONTAINE-AU-PIRE......	Idem........	1,116	
QUIÉVY.............	Idem........	2,516	
RIEUX.............	Idem........	1,710	
SERANVILLERS...........	Idem........	572	
SAINT-AUBERT...........	Idem........	2,249	
SAINT-HILAIRE-LES-CAMBRAI...	Idem........	1,725	
VILLERS-EN-CAUCHIES......	Idem........	1,309	
WAMBAIX............	Idem........	607	
Canton du CATEAU.			
BAZUEL.............	Le Cateau	1,112	
BEAUMONT	Idem........	686	
CATEAU (le) 🖂........	🖂........	5,946	
CATILLON............	Le Cateau	3,151	
HONNECHY...........	Idem........	941	
INCHY.............	Idem........	1,419	
MAUROY.............	Idem........	722	
MAZINGHIEN...........	Idem........	812	24,212
MONTAY............	Idem........	314	
NEUVILLY...........	Idem........	1,824	
ORS.............	Idem........	1,389	
POMMEREUIL...........	Idem........	1,164	
REUMONT............	Idem........	736	
SAINT-BENIN...........	Idem........	484	
SAINT-SOUPLET...........	Idem........	1,991	
TROISVILLES...........	Idem........	1,621	
Canton de CLARY.			
AUDENCOURT............	Le Cateau	254	
BERTRY.............	Idem........	1,602	
BUSIGNY............	Idem........	2,275	
CAUDRY.............	Idem........	3,343	
CAULLERY............	Cambrai........	595	
CLARY.............	Le Cateau	2,036	
DEHERIES............	Cambrai........	61	
ÉLINCOURT............	Idem........	1,230	
ESNES.............	Idem........	1,315	23,277
HAUCOURT............	Idem........	404	
LIGNY.............	Idem........	1,428	
MALINCOURT...........	Idem........	907	
MARETZ............	Le Cateau	1,983	
MONTIGNY............	Idem........	826	
SELVIGNY............	Cambrai........	652	
VILLERS-OUTRÉAU........	Le Catelet	2,438	
WALINCOURT	Cambrai........	1,928	
	À reporter......................		107,338

NOMS DES COMMUNES.	BUREAUX DE POSTE qui les desservent.	POPULA- TION.	TOTAL de la POPULA- TION par canton
Suite de l'ARRONDISSEMENT DE CAMBRAI.			
	Report..		107,338
Canton de MARCOING.			
ANNEUX..............	Cambrai........	482	
BANTEUX............	Le Catelet	661	
(🖂 à Bonavy.)			
BANTOUZEL...........	Idem........	920	
BOURSIES............	Cambrai........	811	
CANTAING............	Idem........	655	
CRÈVECŒUR...........	Idem........	2,001	
DOIGNIES............	Idem........	797	
FLESQUIÈRES...........	Idem........	804	
GONNELIEU...........	Idem........	893	
GOUZEAUCOURT...........	Idem........	2,010	21,895
HONNECOURT...........	Le Catelet	1,417	
LESDAIN............	Cambrai........	953	
MARCOING...........	Idem........	1,508	
MASNIÈRES...........	Idem........	1,397	
MŒUVRES............	Idem........	897	
NOYELLES............	Idem........	571	
RIBÉCOURT...........	Idem........	703	
RUMILLY............	Idem........	1,579	
VILLERS-GUISLAIN......	Idem........	1,984	
VILLERS-PLOUICH......	Idem........	853	
Canton de SOLESMES.			
BEAURAIN............	Le Cateau	356	
BERMERAIN............	Le Quesnoy	1,220	
BRIASTRE............	Le Cateau	782	
CAPELLE............	Le Quesnoy	346	
ESCARMIN............	Idem........	1,015	
HAUSSY.............	Le Cateau	2,708	
MONTRÉCOURT...........	Cambrai........	327	
ROMERIES...........	Le Cateau	776	
SAULZOIR............	Cambrai........	2,159	23,211
SOLESMES............	Le Cateau	4,995	
SOMMAING...........	Le Quesnoy	466	
SAINT-MARTIN...........	Idem........	630	
SAINT-PYTHON...........	Le Cateau	1,617	
SAINT-VAAST	Cambrai........	1,438	
VENDEGIES-SUR-ÉCAILLON	Le Quesnoy	1,021	
VERTAIN............	Le Cateau	982	
VIESLY.............	Idem........	2,373	
	Total de la population de l'Arrondissement........		152,444
ARRONDISSEMENT DE DOUAI.			
Canton d'ARLEUX.			
ARLEUX.............	Douai........	1,744	
AUBIGNY-AU-BAC........	Idem........	1,214	
BRUNÉMONT............	Idem........	585	
BUGNICOURT...........	Idem........	720	
CANTIN............	Idem........	806	
ÉCLUSE (l')...........	Idem........	1,708	
ERCHIN............	Idem........	492	
ESTRÉES............	Idem........	1,018	13,250
FÉCHAIN............	Idem........	1,110	
FRESSAIN............	Idem........	784	
GOEULZIN............	Idem........	963	
HAMEL............	Idem........	541	
MARCQ-EN-OSTREVENT.....	Idem........	455	
MONCHECOURT...........	Idem........	662	
VILLERS-AU-TERTRE	Idem........	448	
	À reporter......................		13,250

NOMS DES COMMUNES.	BUREAUX DE POSTE qui les desservent.	POPULA-TION.	TOTAL de la POPULA-TION par canton	NOMS DES COMMUNES.	BUREAUX DE POSTE qui les desservent.	POPULA-TION.	TOTAL de la POPULA-TION par canton
Suite de l'ARRONDISSEMENT DE DOUAI.		Report..	13,250	ARRONDISSEMENT DE DUNKERQUE.			
Canton de DOUAI (nord).				**Canton de BERGUES.**			
Anhiers	Douai	347		Armbouts-Cappel	Bergues	613	
Douai (nord)	⊠	6,310		Bergues	⊠	5,962	
Flines-les-Raches	Douai	3,241	15,031	Bierne	Bergues	501	
Lallaing	Idem	1,559		Bissezeele	Idem	476	
Sin	Idem	2,738		Crochte	Idem	735	
Waziers	Idem	836		Éringhem	Idem	655	
				Hoymille	Idem	500	15,903
Canton de DOUAI (ouest).				Pitgam	Idem	1,716	
Auby	Douai	968		Quaëdypre	Idem	1,964	
Courchelettes	Idem	180		Socx	Idem	771	
Cuincy	Idem	792		Steene	Idem	739	
Douai (ouest)	⊠	6,430		West-Cappel	Wormhoudt	947	
Esquerchin	Douai	548		Wilder	Idem	324	
Flers	Idem	916	14,877	**Canton de BOURBOURG ou BOURBOURG-VILLE.**			
Lambres	Idem	800		Bourbourg		2,378	
Lauwin-Planque	Idem	444		Bourbourg-Campagne	Bourbourg	2,040	
Raches	Idem	1,006		Brouckerque	Idem	893	
Raimbeaucourt	Idem	1,935		Capelle-Brouck	Idem	959	
Roost-Warendin	Idem	858		Dringham	Idem	253	
				Holque	Idem	357	
Canton de DOUAI (sud).				Looberghe	Idem	1,328	11,771
Aniche	Douai	1,926		Millam	Saint-Omer	801	
Aubercourt	Idem	1,241		Spycker	Bourbourg	227	
Déchy	Idem	1,279		Saint-Momelin	Saint-Omer	466	
Douai (sud)	Idem	6,053		Saint-Pierre-Brouck	Bourbourg	558	
Écaillon	Idem	635		Watten	Saint-Omer	1,106	
Ferin	Idem	642		Wulverdinghe	Idem	405	
Guesnain	Idem	495	15,711	**Canton de DUNKERQUE (est).**			
Lewarde	Idem	1,186		Coudekerque	Bergues	448	
Loffre	Idem	185		Coudekerque-Branche	Dunkerque	1,402	
Masny	Idem	892		Dunkerque (est)	⊠	12,544	
Montigny	Idem	859		Lefferinkhouck	Dunkerque	285	17,387
Roucourt	Idem	318		Teteghem	Bergues	1,933	
				Uxem	Idem	436	
Canton de MARCHIENNES ou MARCHIENNES-VILLE.				Zuydcoote	Dunkerque	339	
Alnes	Marchiennes	515		**Canton de DUNKERQUE (ouest).**			
Bouvignies	Idem	1,836		Armbouts-Cappel	Dunkerque	279	
Bruille-lez-Marchiennes	Idem	665		Dunkerque (ouest)	⊠	12,393	
Erre	Idem	922		Mardick	Dunkerque	348	15,422
Fenain	Idem	1,914		Synthe (grande)	Idem	1,000	
Hornaing	Idem	912		Synthe (petite)	Idem	1,402	
Marchiennes	⊠	2,505		**Canton de GRAVELINES.**			
Marchiennes-Campagne	Marchiennes	452	16,362	Craywick	Bourbourg	245	
Pecquencourt	Idem	1,334		Gravelines	⊠	4,193	
Rieulay	Idem	387		Loon	Gravelines	1,634	6,344
Somain	Idem	3,452		Saint-Georges	Idem	272	
Tilloy	Idem	502		**Canton de HONDSCHOOTE.**			
Villers-Campeau	Idem	158		Bambecque	Wormhoudt	1,139	
Wred	Idem	1,095		Ghyvelde	Dunkerque	1,362	
Wandignies	Idem	713		Hondschoote	⊠ (Distribution.)	3,833	
				Killem	Hondschoote	1,383	
Canton d'ORCHIES.				Moëres (les)	Bergues	670	13,402
Aix	Orchies	962		Oost-Cappel	Hondschoote	533	
Auchy	Idem	1,409		Rexpoëde	Idem	1,958	
Beuvry	Idem	2,027		Warhem	Bergues	2,524	
Coutiches	Idem	2,102		**Canton de WORMHOUDT.**			
Faumont	Idem	1,399	17,519	Bollezeele	Wormhoudt	1,662	
Landas	Idem	2,368		Brozeele	Idem	411	
Nomain	Idem	2,126		Esquelbecq	Idem	1,804	
Orchies	⊠	3,425		Herzeele	Idem	1,905	
Saméon	Orchies	1,701		Lederzeele	Idem	1,344	
				Ledringhem	Idem	739	15,342
				Merckeghem	Idem	742	
				Volkerinckhove	Idem	940	
				Wormhoudt	⊠	4,020	
Total de la population de l'Arrondissement			92,750	Zeggers-Cappel	Wormhoudt	1,775	
				Total de la population de l'Arrondissement			95,571

ARRONDISSEMENT DE HAZEBROUCK.

CANTON DE BAILLEUL (nord-est).

NOMS DES COMMUNES.	BUREAUX DE POSTE qui les desservent.	POPULATION.	TOTAL de la POPULATION par canton
BAILLEUL (nord-est) 🐾	✉	5,157	
NIEPPE	Armentières	3,221	14,107
STEENWERCK	Bailleul	4,747	
SAINT-JANS-CAPPEL	Idem	982	

CANTON DE BAILLEUL (sud-ouest).

BAILLEUL (sud-ouest)	✉	4,666	
BERTHEN	Bailleul	584	
FLÊTRE	Idem	1,184	13,621
MERRIS	Idem	1,308	
METEREN	Idem	2,362	
VIEUX-BERQUIN	Estaires	3,517	

CANTON DE CASSEL.

ARNÈKE	Cassel	1,493	
BAVINCHOVE	Idem	1,056	
BUYSSCHEURE	Idem	903	
CASSEL 🐾	✉	4,234	
HARDIFORT	Cassel	553	
NOORDPEENE	Idem	1,410	
OCHTEZEELE	Idem	545	14,946
OXELAÈRE	Idem	486	
REBROUCK	Idem	1,429	
SAINTE-MARIE-CAPPEL	Idem	935	
WEMAERS-CAPPEL	Idem	557	
ZERMEZEELE	Idem	437	
ZUYTPEENE	Idem	918	

CANTON DE HAZEBROUCK (nord).

BLARINGHEM	Hazebrouck	1,800	
CAÊSTRE	Idem	1,653	
EBBLINGHEM	Idem	710	
HAZEBROUCK (nord) 🐾	✉	3,761	
HONDEGHEM	Hazebrouck	1,375	14,513
LYNDE	Idem	955	
RENESCURE	Idem	1,670	
SERCUS	Idem	584	
STAPLE	Idem	1,152	
WALLON-CAPPEL	Idem	653	

CANTON DE HAZEBROUCK (sud).

BOËSEGHEM	Hazebrouck	997	
BORRE	Idem	803	
HAZEBROUCK (sud)	✉	3,761	
MORBECQUE	Hazebrouck	3,979	13,749
PRADELLES	Idem	341	
STEENBECQUE	Idem	2,144	
STRAZEELE	Idem	602	
THIENNES	Idem	1,122	

CANTON DE MERVILLE.

ESTAIRES	✉	6,504	
GORGUE (la)	Estaires	3,225	
HAVERSKERQUE	Saint-Venant	1,864	18,833
MERVILLE	✉	5,864	
NEUF-BERQUIN	Estaires	1,376	

CANTON DE STEENVOORD.

BOESCHÉPE	Bailleul	1,935	
EECKE	Cassel	1,144	
GODEWAERSVELDE	Bailleul	1,821	
HOUTQUERQUE	Cassel	1,338	
OUDEZEELE	Idem	1,007	14,438
STEENVOORDE	Idem	4,022	
SAINT-SYLVESTRE-CAPPEL	Idem	1,139	
TERDEGHEM	Idem	575	
WINNEZEELE	Idem	1,457	

TOTAL de la population de l'Arrondissement	104,007	

ARRONDISSEMENT DE VALENCIENNES.

CANTON DE SAINT-AMAND-LES-EAUX (rive droite de la Scarpe).

NOMS DES COMMUNES.	BUREAUX DE POSTE qui les desservent.	POPULATION.	TOTAL de la POPULATION par canton
BRUILLE-SAINT-AMAND	St-Amand-les-Eaux	1,919	
CHATEAU-L'ABBAYE	Idem	890	
FLINES-LEZ-MORTAGNE	Idem	1,832	
HASNON	Idem	2,685	
MORTAGNE	Idem	1,318	15,885
PETITE-FORÊT-DE-RAISMES	Valenciennes	636	
RAISMES	Idem	2,375	
SAINT-AMAND-LES-EAUX (rive droite de la Scarpe) 🐾	✉	4,230	

CANTON DE SAINT-AMAND-LES-EAUX (rive gauche de la Scarpe).

BOUSIGNIES	St-Amand-les-Eaux	326	
BRILLON	Idem	710	
LECELLES	Idem	2,132	
MAULDE	Idem	1,249	
MILLONFOSSE	Idem	516	
NIVELLE	Idem	1,423	15,403
ROSULT	Idem	1,443	
RUMEGIES	Idem	1,619	
SARS	Idem	560	
SAINT-AMAND-LES-EAUX (rive gauche de la Scarpe)	✉	4,504	
THUN	St-Amand-les-Eaux	921	

CANTON DE BOUCHAIN.

ABSCON	Bouchain	939	
AVESNES-LE-SEC	Idem	1,607	
BOUCHAIN 🐾	✉	1,183	
DENAIN	Valenciennes	1,601	
DOUCHY	Bouchain	1,420	
EMERCHICOURT	Idem	34	
ESCAUDAIN	Idem	1,130	
HASPRES	Idem	2,726	
HAVELUY	Valenciennes	689	
HELLESMES	Bouchain	760	
HORDAIN	Idem	1,248	19,851
LIEU-SAINT-AMAND	Idem	526	
LOURCHES	Idem	184	
MARQUETTE	Idem	1,616	
MASTAING	Idem	648	
NEUVILLE-SUR-L'ESCAUT	Idem	558	
NOYELLE-SUR-SELLE	Idem	669	
RŒULX	Idem	861	
WASNES-AU-BACQ	Idem	740	
WAVRECHAIN-SOUS-DENAIN	Valenciennes	173	
WAVRECHAIN-SOUS-FAULX	Bouchain	539	

CANTON DE CONDÉ-SUR-L'ESCAUT.

CONDÉ-SUR-L'ESCAUT 🐾	✉	5,350	
CRESPIN	Condé-sur-l'Escaut	1,419	
ESCAUPONT	Idem	671	
FRESNES	Idem	3,868	
HERGNIES	Idem	2,213	18,993
ODOMEZ	Idem	166	
THIVENCELLE	Idem	478	
VICQ	Idem	852	
VIEUX-CONDÉ	Idem	3,976	

CANTON DE VALENCIENNES (est).

CURGIES	Valenciennes	853	
ESTREUX	Idem	407	
	A reporter	1,260	

A reporter		70,132

NOMS DES COMMUNES.	BUREAUX DE POSTE qui les desservent.	POPULA- TION.	TOTAL de la POPULA- TION par canton	NOMS DES COMMUNES.	BUREAUX DE POSTE qui les desservent.	POPULA- TION.	TOTAL de la POPULA- TION par canton
Suite de l'ARRONDISSEMENT DE VALENCIENNES.				Suite de l'ARRONDISSEMENT DE VALENCIENNES.			
	Report..		70,132		Report..		88,187
Suite du CANTON DE VALENCIENNES (est).				Suite du CANTON DE VALENCIENNES (nord).			
	Report..	1,260			Report..	9,245	
MARLY	Valenciennes	2,006		VALENCIENNES (nord)	⊠	6,609	18,731
ONNAING	Idem	2,712		WALLERS	Valenciennes	2,877	
PRÉSEAU	Idem	1,434					
QUAROUBLE	Idem	1,930		CANTON DE VALENCIENNES (sud).			
QUIÉVRECHAIN	Idem	672	18,055	ARTRES	Valenciennes	552	
ROMBIES	Idem	414		AULNOY	Idem	1,143	
SADLTAIN	Idem	665		FAMARS	Idem	457	
SEBOURG	Idem	1,441		HAULCHIN	Idem	467	
VALENCIENNES(est) 🐎	⊠	6,521		HERIN	Idem	811	
				MAING	Idem	1,467	
CANTON DE VALENCIENNES (nord).				MONCHAUX	Idem	404	
				OISY	Idem	153	16,354
ANZIN	Valenciennes	4,255		PROUVY	Idem	689	
AUBRY	Idem	711		QUERENAING	Idem	415	
BELLAING	Idem	360		ROUVIGNIES	Idem	294	
BEUVRAGES	Idem	865		THIANT	Idem	945	
BRUAY	Idem	1,907		TRITH-SAINT-LÉGER	Idem	1,661	
SAINT-SAULVE	Idem	1,147		VERCHIN	Idem	1,173	
				VALENCIENNES (sud)	⊠	5,823	
	A reporter..	9,245					
A reporter			88,187	TOTAL de la population de l'Arrondissement			123,272

RÉCAPITULATION.

	NOMBRE de		POPULATION.
	CANTONS.	COMMUNES.	
ARRONDISSEMENT DE LILLE	16	131	294,541
— D'AVESNES	10	152	127,353
— DE CAMBRAI	7	117	152,444
— DE DOUAI	6	66	92,750
— DE DUNKERQUE	7	59	95,571
— DE HAZEBROUCK	7	53	104,007
— DE VALENCIENNES	7	80	123,272
TOTAUX	60	658	989,938

NOMS DES COMMUNES.	BUREAUX DE POSTE qui les desservent.	POPULA-TION.	TOTAL de la POPULA-TION par canton	NOMS DES COMMUNES.	BUREAUX DE POSTE qui les desservent.	POPULA-TION.	TOTAL de la POPULA-TION par canton
ARRONDISSEMENT DE BEAUVAIS.				**Suite de l'ARRONDISSEMENT DE BEAUVAIS.**			
Canton d'AUNEUIL.						*Report..*	30,181
				Suite du Canton de CHAUMONT-EN-VEXIN.			
Auneuil.....................	Beauvais............	1,285				*Report..*	9,742
Auteuil.....................	Idem..............	409		Senots.....................	Chaumont-en-Vexin.	249	
(🛢 à Saint-Quentin.)				Serans.....................	Idem..............	387	
Beaumont-les-Nonains......	Chaumont-en-Vexin.	482		Tribivillers................	Idem..............	450	
Berneuil...................	Beauvais............	692		Tourly.....................	Idem..............	194	13,266
Frocourt...................	Idem..............	256		Trye-Château	Gisors..............	760	
Houssoye (la) 🛢...........	Idem..............	390		Trye-la-Ville	Idem..............	350	
Jouy-sous-Thelle...........	Chaumont-en-Vexin.	860		Vaudencourt................	Idem..............	287	
Mesnil-Théribus (le).......	Idem..............	374		Villers-sur-Trie............	Idem..............	000	
Mont-Saint-Adrien........	Beauvais............	400		Villetertre (la)............	Idem..............	447	
Neuville-Messire-Garnier (la),	Idem..............	325					
Ons-en-Bray................	Idem..............	1,125	10,477	*Canton du* COUDRAY-SAINT-GERMER.			
(🛢 au Vivier-d'Anger.)				Blacourt...................	Songeons..........	601	
Porcheux...................	Chaumont-en-Vexin.	186		Bosse (la).................	Chaumont-en-Vexin.	797	
Rainvillers................	Beauvais............	424		Chapelle-aux-Pots (la).....	Songeons..........	638	
Saint-Germain-la-Poterie....	Idem..............	419		Coudray-Saint-Germer (le)..	Gournay...........	501	
Saint-Léger-en-Bray........	Idem..............	275		Coigy.....................	Idem..............	709	
Saint-Paul.................	Idem..............	803		Espaubourg................	Idem..............	348	
Troussures	Idem..............	000		Flavacourt................	Gisors..............	970	
Valdampierre..............	Méru.............	674		Hodenc-en-Bray...........	Songeons..........	562	
Villers-Saint-Barthélemy...	Beauvais............	880		Lande-en-Son (la).........	Gournay...........	242	10,820
Villotran	Idem..............	218		Landelle (la).............	Idem..............	490	
				Pujeux-en-Bray............	Idem..............	464	
Canton de BEAUVAIS (nord et orient).				Sérifontaine..............	Gisors..............	799	
Beauvais (nord et orient) 🛢..	✉.	6,671		Saint-Aubin-en-Bray.......	Gournay...........	473	
Fouquenies	Beauvais............	522		Saint-Germer.............	Idem..............	1,005	
Marissel...................	Idem..............	773		Saint-Pierre-ès-Champs.....	Idem..............	612	
Notre-Dame-du-Theil.......	Idem..............	1,028	10,879	Talmontiers 🛢............	Gisors..............	598	
Pierrefitte.................	Idem..............	534		Vaumain (le).............	Chaumont-en-Vexin.	576	
Savignies..................	Idem..............	578		Vauroux (le).............	Beauvais............	435	
Saint-Just-des-Marais......	Idem..............	773					
				Canton de FORMERIE.			
Canton de BEAUVAIS (midi et occident).				Abancourt.................	Formerie...........	615	
Allonne....................	Beauvais............	1,403		Blargies...................	Idem..............	654	
Beauvais (midi et occident)..	✉.	6,196	8,825	Boutavent.................	Idem..............	000	
Goincourt..................	Beauvais............	452		Bouvresse.................	Grandvilliers.......	611	
Saint-Martin-le-Nœud......	Idem..............	774		Broquiers.................	Idem..............	249	
				Campeaux.................	Formerie...........	853	
Canton de CHAUMONT-EN-VEXIN.				Canny-sur-Thérain........	Idem..............	352	
Bachivillers...............	Chaumont-en-Vexin.	287		Escles.....................	Aumale............	305	
Boissy-le-Bois.............	Idem..............	250		Formerie..................	✉.	1,257	
Bonbiers..................	Idem..............	335		Fouilloy...................	Aumale............	270	
Bouconvillers..............	Idem..............	206		Gourchelles................	Idem..............	000	
Boury.....................	Gisors.............	522		Héricourt-Saint-Samson....	Formerie...........	346	10,595
Boutencourt..............	Chaumont-en-Vexin.	317		Lannoy-Cuillière..........	Idem..............	454	
Chambors..................	Idem..............	487		Molliens..................	Grandvilliers.......	1,095	
Chaumont-en-Vexin........	✉.	1,126		Monceaux-l'Abbaye	Formerie...........	000	
Courcelles-lès-Gisors......	Gisors.............	399		Mureaumont..............	Idem..............	237	
Délincourt................	Chaumont-en-Vexin.	571		Omécourt................	Songeons..........	314	
Énencourt-Léage..........	Gisors.............	496		Quincampoix.............	Aumale............	440	
Énencourt-le-Sec..........	Chaumont-en-Vexin.	279		Romescamps.............	Formerie...........	877	
Éragny....................	Gisors.............	495		Saint-Arnoult.............	Idem..............	761	
Fay.......................	Chaumont-en-Vexin.	443		Saint-Samson.............	Idem..............	428	
Fleury....................	Idem..............	287		Saint-Vallery.............	Aumale............	173	
Fresnes-l'Éguillon	Idem..............	535		Villers-Vermont..........	Formerie...........	304	
Hadancourt-le-Haut-Clocher.	Idem..............	327					
Hardivillers...............	Idem..............	000		*Canton de* GRANDVILLIERS.			
Jamméricourt..............	Idem..............	000		Beaudéduit................	Grandvilliers.......	562	
Lattainville...............	Idem..............	000		Briot.....................	Idem..............	670	
Liancourt-Saint-Pierre.....	Idem..............	633		Brombos..................	Idem..............	424	
Lierville..................	Idem..............	198		Cempuis..................	Idem..............	734	
Loconville................	Idem..............	000		Dameraucourt............	Idem..............	505	
Marquemont...............	Idem..............	481		Dargies...................	Idem..............	654	
Montagny..................	Magny...........	262		Élencourt................	Idem..............	000	
Montjavoult...............	Idem..............	642		Feuquières...............	Idem..............	1,329	
Parnes....................	Idem..............	441		Grandvilliers 🛢..........	✉.	1,811	
Reilly.....................	Chaumont-en-Vexin.	123		Grez.....................	Grandvilliers.......	000	
		A reporter..	9,742			*A reporter..*	6,689
	A reporter.....................		30,181		*A reporter.....................*		64,862

Suite de l'ARRONDISSEMENT DE BEAUVAIS.

Report.. 64,862

Suite du CANTON DE GRANDVILLIERS.

NOMS DES COMMUNES.	BUREAUX DE POSTE qui les desservent.	POPULATION.	TOTAL de la POPULATION par canton
	Report..	6,689	
Halloy	Grandvilliers	654	
Hamel (le)	Idem	931	
Haudos	Idem	230	
Mesnil-Conteville (le)	Idem	308	
Offoy	Idem	268	
Sarces	Idem	790	
Sarnois	Idem	596	13,540
Sommereux	Idem	827	
Saint-Maur	Idem	945	
Saint-Thibault	Idem	764	
Thieuloy-Saint-Antoine	Idem	000	
Vacquerie (la)	Idem	548	
Verrière (la)	Idem	000	

CANTON DE MARSEILLE.

NOMS DES COMMUNES.	BUREAUX DE POSTE	POPULATION.	TOTAL par canton
Achy	Marseille	673	
Blicourt	Idem	567	
Bonnières	Idem	254	
Fontaine-Lavaganne	Idem	659	
Gaudechart	Idem	523	
Hautefépine	Idem	773	
Hétomesnil	Crevecœur	597	
Lihus	Idem	1,088	
Marseille 🚲	⊠	775	
Milly	Marseille	1,078	10,505
Neuville-sur-Oudeuil (la)	Idem	571	
Oudeuil	Idem	304	
Pisseleu	Idem	445	
Previllers	Idem	430	
Rothois-Gaudechart	Idem	462	
Roy-Boissy	Idem	418	
Saint-Omer-en-Chaussée	Idem	532	
Villers-sur-Bonnières	Idem	296	

CANTON DE MÉRU.

NOMS DES COMMUNES.	BUREAUX DE POSTE	POPULATION.	TOTAL par canton
Amblainville	Méru	778	
Andeville	Idem	909	
Anserville	Idem	373	
Bornel	Idem	582	
Cravençon	Idem	000	
Corbeil-Cerf	Idem	319	
Esches	Idem	334	
Fosseuse	Idem	167	
Fresneaux	Idem	720	
Hénonville	Idem	493	
Ivry-le-Temple	Idem	573	9,874
Lardières	Idem	182	
Lormaison	Idem	341	
Méru 🚲	⊠	1,940	
Montherlant	Méru	337	
Monts	Idem	000	
Neuville-Bosc	Idem	733	
Pouilly	Idem	000	
Saint-Crépin-d'Ibouvillers	Idem	674	
Villeneuve-le-Roi (la)	Idem	419	

CANTON DE NIVILLERS.

NOMS DES COMMUNES.	BUREAUX DE POSTE	POPULATION.	
Bailleul-sur-Thérain	Bresles	721	
Bonliers	Beauvais	272	
Bresles	⊠ (Distribution.)	1,726	
Fay-Saint-Quentin	Bresles	577	
Fontaine-Saint-Lucien	Beauvais	240	
Fouquerolles	Idem	219	
Guignecourt	Idem	298	
Haudivillers	Idem	672	
	A reporter..	3,536	

A reporter 98,781

Suite de l'ARRONDISSEMENT DE BEAUVAIS.

Report.. 98,781

Suite du CANTON DE NIVILLERS.

NOMS DES COMMUNES.	BUREAUX DE POSTE qui les desservent.	POPULATION.	TOTAL de la POPULATION par canton
	Report..	3,536	
Juvignies	Beauvais	368	
Lafraye	Idem	227	
Laversines	Bresles	816	
Maisoncelle-Saint-Pierre	Beauvais	291	
Nivillers	Idem	243	
Oroer	Idem	408	
Rochy-Condé	Bresles	333	10,380
Sauqueuse-Saint-Lucien	Beauvais	239	
Therdonne	Idem	727	
Tillé	Idem	674	
Troissereux	Idem	662	
Vellennes	Idem	242	
Verderel	Idem	425	

CANTON DE NOAILLES.

NOMS DES COMMUNES.	BUREAUX DE POSTE	POPULATION.	TOTAL par canton
Abbecourt	Noailles	416	
Berthecourt	Idem	450	
Boissière (la)	Idem	806	
Cauvigny	Idem	1,025	
Chapelle-Saint-Pierre (la)	Idem	205	
Couday-la-Neuville (le)	Idem	332	
Déluge (le)	Idem	502	
Hermes	Idem	750	
Hodenc-l'Évêque	Idem	208	
Montreuil-sur-Thérain	Idem	000	
Mortefontaine	Idem	275	
Mouchy-le-Chatel	Idem	147	9,691
Neuville-d'Aumont (la)	Idem	000	
Noailles 🚲	⊠	871	
Novillers	Noailles	150	
Ponchon	Idem	475	
Ressons	Idem	000	
Silly	Idem	476	
Sainte-Geneviève	Idem	974	
Saint-Sulpice	Idem	530	
Villers-Saint-Sépulcre	Idem	538	
Warluis	Beauvais	561	

CANTON DE SONGEONS.

NOMS DES COMMUNES.	BUREAUX DE POSTE	POPULATION.	TOTAL par canton
Bazancourt	Songeons	230	
Buicourt	Idem	285	
Chapelle-sous-Gerberoy (la)	Idem	243	
Crillon	Idem	466	
Ernemont-Boutavent	Idem	535	
Escames	Idem	552	
Fontenay-Torcy	Idem	375	
Gerberoy	Idem	282	
Glatigny	Idem	525	
Grémévillers	Idem	698	
Hannaches	Idem	315	
Hanvoile	Idem	1,164	
Haucourt	Idem	432	
Hécourt	Gournay	000	
Héraule (l')	Songeons	000	12,533
Loueuse	Idem	351	
Martincourt	Idem	356	
Morvillers	Idem	674	
Senantes	Idem	1,193	
Songeons	⊠	1,063	
Sully	Songeons	331	
Saint-Deniscourt	Idem	258	
Saint-Quentin-des-Prés	Gournay	800	
Thérines	Songeons	485	
Villembray	Idem	282	
Villers-sur-Auchy	Idem	524	
Vrocourt	Idem	000	
Wambez	Idem	241	

TOTAL de la population de l'Arrondissement 131,385

NOMS DES COMMUNES.	BUREAUX DE POSTE qui les desservent.	POPULA- TION.	TOTAL de la POPULA- TION par canton	NOMS DES COMMUNES.	BUREAUX DE POSTE qui les desservent.	POPULA- TION.	TOTAL de la POPULA- TION par canton
ARRONDISSEMENT DE CLERMONT.				**Suite de l'ARRONDISSEMENT DE CLERMONT.**			
				Report..			39,248
CANTON DE BRETEUIL.				*CANTON DE FROISSY.*			
Ansauvillers...........	Breteuil (Oise).....	1,179		Abbeville-Saint-Lucien.....	Breteuil (Oise).....	326	
Beauvoir.............	Idem...........	468		Bucamp.............	St-Just-en-Chaussée..	542	
Bonneuil.............	Idem...........	1,170		Campremy...........	Breteuil (Oise).....	462	
Bonvillers............	Idem...........	485		Froissy.............	Idem...........	917	
Breteuil 🐎...........	✕...........	2,284		Hardivillers..........	Idem...........	1,240	
Broyes.............	Breteuil (Oise)....	377		Maisoncelle-Tuilerie......	Idem...........	504	
Chepoix.............	Idem...........	907		Montreuil-sur-Brèche.....	Idem...........	820	
Esquennoye...........	Idem...........	957		Neuville-Saint-Pierre (la),..	Idem...........	000	
Fléchy..............	Idem...........	324		Noirémont 🐎..........	Idem...........	000	9,349
Gouy-les-Groseillers.....	Idem...........	103		Noyers-Saint-Martin......	Idem...........	850	
Hérelle (la)..........	Idem...........	633	13,188	Oursel-Maison........	Idem...........	420	
Mesnil-Saint-Firmin (le)...	Idem...........	486		Quesnel-Aubry (le)......	St-Just-en-Chaussée..	448	
Mory-Montcrux........	Idem...........	000		Puits-la-Vallée........	Breteuil (Oise).....	267	
Paillart.............	Idem...........	718		Reuil-sur-Brèche.......	Idem...........	610	
Plainville............	Idem...........	322		Saint-André-Farivillers....	Idem...........	762	
Roquencourt..........	Idem...........	522		Sainte-Eusoye........	Idem...........	631	
Rouvroy-les-Merles......	Idem...........	000		Thieux.............	St-Just-en-Chaussée..	550	
Sérévillers...........	Idem...........	000					
Tartigny............	Idem...........	430		*CANTON DE SAINT-JUST-EN-CHAUSSÉE.*			
Troussencourt.........	Idem...........	701		Angivillers..........	St-Just-en-Chaussée..	298	
Vendeuil-Caply........	Idem...........	636		Brunvillers-la-Motte.....	Idem...........	389	
Villers-Vicomte........	Idem...........	486		Catillon............	Idem...........	800	
CANTON DE CLERMONT.				Cernoy.............	Idem...........	000	
Agnetz..............	Clermont (Oise)...	1,483		Cressonssacq.........	Idem...........	408	
Airion..............	Idem........,....	196		Cuignières..........	Idem...........	266	
Avrechy.............	Idem...........	439		Erquinvillers.........	Idem...........	104	
Avrigny.............	Estrées-Saint-Denis.	553		Essuiles............	Idem...........	613	
Bailleul-le-Soc........	Idem...........	709		Fournival...........	Idem...........	502	
Blincourt............	Idem...........	000		Fumechon...........	Idem...........	000	
Breuil-le-sec.........	Clermont (Oise)..	599		Gannes............	Idem...........	516	
Breuil-le-vert........	Idem...........	813		Grandvilliers-aux-bois.....	Idem...........	226	
Bulles.............	Bresles...........	1,071		Lieuvillers..........	Idem...........	494	
Choisy-la-Victoire......	Estrées-Saint-Denis.	000		Mesnil-sur-Bulles......	Idem...........	407	
Clermont 🐎..........	✕...........	2,715		Montiers............	Idem...........	434	13,405
Épineuse............	Estrées-Saint-Denis.	270		Moyenneville.........	Idem...........	432	
Erquery.............	Clermont (Oise)...	523	13,445	Neuville-Roy (la).......	Idem...........	657	
Étouy..............	Idem...........	863		Noroy.............	Idem...........	476	
Fitz-James...........	Idem...........	484		Nourard-le-Franc......	Idem...........	504	
Fouilleuse...........	Estrées-Saint-Denis.	000		Plainval...........	Idem...........	382	
Lamécourt...........	Clermont (Oise)....	172		Plessier-sur-Bulles (le)....	Idem...........	315	
Litz...............	Bresles...........	308		Plessier-sur-Saint-Just (le)..	Idem...........	405	
Mainbeville..........	Clermont (Oise)....	482		Pronleroy..........	Idem...........	487	
Neuville-en-Hez (la).....	Idem...........	707		Quinquempoix........	Idem...........	395	
Remecourt...........	Idem...........	89		Ravenel............	Idem...........	1,022	
Rémérangles..........	Bresles...........	317		Rouvillers..........	Idem...........	358	
Rue-Saint Pierre (la).....	Idem...........	652		Saint-Just-en-Chaussée 🐎..	✕...........	1,120	
Saint-Aubin-sous-Erquery...	Clermont (Oise)....	000		Saint-Remy-en-l'Eau.....	St-Just-en-Chaussée..	614	
CANTON DE CREVECOEUR.				Valescourt..........	Idem...........	000	
Auchy-la-Montagne......	Crevecœur........	721		Wavignies 🐎.........	Idem...........	881	
Blanc-Fossé..........	Breteuil (Oise)....	524		*CANTON DE LIANCOURT.*			
Catheux............	Crevecœur........	389		Ageux (les)..........	Pont-Sainte-Maxence	000	
Chaussée-du-Bois-d'Écu (la).	Idem...........	425		Angicourt...........	Liancourt..........	261	
Choqueuse-les-Bénard....	Idem...........	327		Bailleval...........	Idem...........	540	
Conteville...........	Idem...........	405		Bazicourt..........	Pont-Sainte-Maxence	000	
Cormeilles.,.........	Breteuil (Oise)...	1,349		Brenouille..........	Liancourt..........	206	
Crevecœur...........	✕...........	2,345		Bruyère (la).........	Idem...........	000	
Crocq (le)...........	Breteuil (Oise)...	000		Catenoy...........	Idem...........	630	
Croissy............	Crevecœur........	557	12,615	Cauffry...........	Idem...........	289	
Doméliers...........	Idem...........	839		Cinqueux..........	Idem...........	740	
Fontaine-Bonneleau.....	Idem...........	560		Laigneville 🐎........	Idem...........	753	
Francastel...........	Idem...........	923		Liancourt..........	✕(Distribution.)...	1,266	
Gallet (le),..........	Idem...........	366		Mogneville.........	Liancourt..........	242	
Luchy.............	Idem...........	627		Monceaux..........	Idem...........	360	
Maulers............	Idem...........	456		Monchy-Saint-Éloy.....	Idem...........	364	
Muidorge...........	Idem...........	283		Nointel...........	Idem...........	649	
Rotangy............	Idem...........	461					
Saulchoy-Gallet (le).....	Idem...........	470		*A reporter..*		6,300	
Viefvillers...........	Idem...........	590					
A reporter.................		39,248		*A reporter.............*			62,002

NOMS DES COMMUNES.	BUREAUX DE POSTE qui les desservent.	POPULATION.	TOTAL de la POPULATION par canton	NOMS DES COMMUNES.	BUREAUX DE POSTE qui les desservent.	POPULATION.	TOTAL de la POPULATION par canton
Suite de l'ARRONDISSEMENT DE CLERMONT.				**Suite de l'ARRONDISSEMENT DE COMPIÈGNE.**			
	Report..		62,002				
Suite du CANTON DE LIANCOURT.				**Suite du CANTON D'ATTICHY.**			
	Report..	6,300			*Report..*	6,256	
RANTIGNY	Liancourt	472		NAMPCEL	Vic-sur-Aisne	693	
RIEUX	Idem	213		PIERREFONDS	Compiègne	1,500	
ROSOY	Idem	000		RETHONDES	Idem	629	
SACY-LE-GRAND	Idem	1,043	10,047	SAINT-CRÉPIN-AUX-BOIS	Idem	430	12,210
SACY-LE-PETIT	Pont-Sainte-Maxence	311		SAINT-ÉTIENNE	Couloisy	391	
SARRON	Idem	649		SAINT-PIERRE-LES-BITRY	Idem	000	
SAINT-MARTIN-LONGUEAU	Idem	547		TRACY-LE-MONT	Ribecourt	1,427	
VERDERONNE	Liancourt	513		TROSLY-BREUIL	Compiègne	884	
CANTON DE MAIGNELAY.				**CANTON DE COMPIÈGNE.**			
COIVREL	St-Just-en-Chaussée	417		BIENVILLE	Compiègne	195	
COURCELLES-ÉPAYELLES	Montdidier	324		CHOISY-AUX-BAC	Idem	834	
CRÈVECŒUR-LE-PETIT	St-Just-en-Chaussée	000		CLAIROIX	Idem	900	
DOMFRONT	Montdidier	195		COMPIÈGNE 🐎	⊠	8,879	
DOMPIERRE	St-Just-en-Chaussée	410		CROIX-SAINT-OUEN (la) 🐎	Compiègne	1,143	
FERRIÈRES	Idem	657		JANVILLE	Idem	000	
FRESTOY (le)	Montdidier	631		JAUX	Idem	1,200	16,051
GODENVILLERS	St-Just-en-Chaussée	271		MARGNY-LES-COMPIÈGNE	Idem	532	
LÉGLANTIERS	Idem	444		SAINT-JEAN-AUX-BOIS	Idem	395	
MAIGNELAY	Idem	775	10,139	SAINT-SAUVEUR	Verberie	758	
MÉNÉVILLERS	Idem	226		VENETTE	Compiègne	829	
MÉRY	Montdidier	835		VIEUX-MOULINS	Idem	386	
MONTGÉRAIN	Idem	312					
MONTIGNY	St-Just-en-Chaussée	1,090		**CANTON D'ESTRÉES-SAINT-DENIS.**			
PLOIRON (le)	Montdidier	000		ARMANCOURT	Compiègne	352	
ROYAUCOURT	Idem	511		ARSY	Estrées-Saint-Denis	799	
SAINS-MORANVILLERS	St-Just-en-Chaussée	586		CANLY	Compiègne	629	
SAINT-MARTIN-AUX-BOIS	Idem	404		CHELLE (la)	Estrées-Saint-Denis	238	
TRICOT	Montdidier	1,186		CHEVRIÈRES	Verberie	853	
WACQUEMOULIN	St-Just-en-Chaussée	252		ESTRÉES-SAINT-DENIS	⊠ (*Distribution.*)	1,308	
WELLES-PERENNES	Montdidier	613		FAYEL	Compiègne	217	
				FRANCIÈRES	Estrées-Saint-Denis	436	
CANTON DE MOUY.				GRAND-FRESNOY	Idem	1,199	
ANGY	Mouy	673		HÉMÉVILLERS	Idem	588	11,070
ANSACQ	Idem	332		HOUDANCOURT	Pont-Sainte-Maxence	320	
BURY	Idem	1,409		JONQUIÈRES	Compiègne	000	
CAMBRONNE-LES-CLERMONT	Idem	507		LONGUEIL-SAINTE-MARIE	Verberie	717	
HEILLES	Idem	434		MEUX (le)	Compiègne	789	
HONDAINVILLE	Idem	000	7,260	MONTMARTIN	Estrées-Saint-Denis	1,030	
MOUY	⊠	2,372		MOYVILLERS	Idem	000	
NEUILLY-SOUS-CLERMONT	Clermont (Oise)	451		(🐎 au Bois-de-Lihus.)		503	
ROUSSELOY	Mouy	151		REMY	Idem	810	
SAINT-FÉLIX	Idem	571		RIVECOURT	Verberie	282	
THURY-SOUS-CLERMONT	Idem	360					
				CANTON DE GUISCARD.			
Total de la population de l'Arrondissement			89,448	BEAUGIES	Guiscard	260	
ARRONDISSEMENT DE COMPIÈGNE.				BERLANCOURT	Idem	480	
				BUSSY	Idem	531	
CANTON D'ATTICHY.				CAMPAGNE	Idem	000	
ATTICHY	Couloisy	1,006		CATIGNY	Idem	502	
AUTRÊCHES	Idem	950		CRISOLLES	Idem	506	
BERNEUIL-SUR-AISNE	Compiègne	630		FLAVY-LE-MELDEUX	Idem	458	
BITRY	Couloisy	674		FRÉNICHES	Idem	466	
CHELLES	Idem	366		FRÉTOY (le)	Idem	398	
COULOISY	⊠ (*Distribution.*)	181		GOLANCOURT	Idem	517	
COURTIEUX	Couloisy	000		GUISCARD 🐎	⊠	1,580	8,904
CROUTOY	Idem	1,229		LIBERMONT	Guiscard	450	
CUISE-LAMOTTE	Idem	1,052		MAUCOURT	Idem	000	
HAUTE-FONTAINE	Idem	276		MUIRANCOURT	Idem	480	
JAULZY	Idem	580		OGNOLLES	Idem	484	
MOULIN-SOUS-TOUVENT	Vic-sur-Aisne	312		PLESSY-PATTE-D'OIE (le)	Idem	240	
				QUESMY	Idem	467	
				SERMAIZE	Idem	000	
				SOLENTE	Idem	310	
				VILLESELVE	Idem	775	
	A reporter..	6,256			*A reporter*	48,235	

NOMS DES COMMUNES.	BUREAUX DE POSTE qui les desservent.	POPULA-TION.	TOTAL de la POPULA-TION par canton

Suite de l'ARRONDISSEMENT DE COMPIÈGNE.

Report.. 48,235

CANTON DE LASSIGNY.

Amy................	Noyon...........	490	
Avricourt.............	Idem...	307	
Beaulieu.............	Guiscard......	715	
Berlière (la).........	Ressons......	229	
Candor..............	Noyon.....	604	
Canectancourt........	Idem..	542	
Canny-sur-Matz........	Ressons......	357	
Chapeaumesnil........	Noyon...	210	
Cuy................	Idem...	357	
Dives...............	Idem...	455	
Ecuvilly.............	Guiscard......	411	11,146
Élincourt-Sainte-Marguerite.	Ressons	806	
Évricourt............	Noyon...	240	
Fresnières...........	Idem...	243	
Gury...............	Ressons...	273	
Lagny..............	Noyon...	796	
Lassigny............	Idem...	901	
Mareuil-Lamotte.......	Ressons...	690	
Margny-aux-Cerises.....	Guiscard...	353	
Plessis-de-Roye.......	Noyon...	377	
Roye-sur-Matz........	Ressons...	524	
Thiescourt...........	Noyon...	1,266	

CANTON DE NOYON.

Appilly.............	Noyon...	338	
Baboeuf.............	Idem...	619	
Beaurains...........	Idem...	000	
Béhéricourt..........	Idem...	483	
Brétigny............	Idem...	489	
Caisnes.............	Idem...	875	
Cuts...............	Idem...	1,448	
Genvry.............	Idem...	474	
Grandru............	Idem...	564	
Larbroye............	Idem...	639	
Mondescourt.........	Idem...	387	
Morlincourt..........	Idem...	249	17,330
Noyon 🐎...........	✉...	5,946	
Passel.............	Noyon...	350	
Pont-l'Évêque........	Idem...	460	
Pontoise............	Idem...	603	
Porquéricourt........	Idem...	388	
Salency............	Idem...	915	
Sempigny...........	Idem...	485	
Suzoy..............	Idem...	000	
Varennes...........	Idem...	598	
Vauchelles..........	Idem...	391	
Ville..............	Idem...	729	

CANTON DE RESSONS.

Antheuil............	Ressons...	295	
Baugy..............	Compiègne...	414	
Belloy.............	Ressons...	122	
Biermont...........	Idem...	202	
Boulogne-la-Grasse.....	Idem...	786	
Braisnes...........	Compiègne...	000	
Conchy-les-Pots 🐎....	Ressons...	951	
Coudun............	Compiègne...	801	
Cuvilly 🐎..........	Ressons...	726	
Giraumont..........	Compiègne...	000	
Gournay-sur-Aronde 🐎..	Ressons...	1,030	
Hainvillers..........	Idem...	000	
Lataulle............	Idem...	296	
Margny-sur-Matz......	Idem...	482	
Marquéglise.........	Idem...	329	
Monchy-Humières.....	Compiègne...	731	
Mortemer...........	Ressons...	468	
Neufvy.............	Idem...	205	

A reporter.. 7,838

A reporter................ 76,711

Suite de l'ARRONDISSEMENT DE COMPIÈGNE.

Report.. 76,711

Suite du CANTON DE RESSONS.

Report.. 7,838

Neuville-sur-Ressons (la)....	Ressons...	000	
Orvillers-Sorel.......	Idem...	820	
Ressons............	✉...	1,049	11,017
Ricquebourg.........	Ressons...	551	
Vignemont..........	Idem...	344	
Villers-sur-Coudun....	Compiègne...	415	

CANTON DE RIBECOURT.

Bailly.............	Ribecourt...	430	
Cambronne.........	Idem...	502	
Carlepont..........	Idem...	1,719	
Chevincourt........	Idem...	791	
Chiry.............	Idem...	887	
Dreslincourt........	Idem...	606	
Longueil-sous-Thourotte..	Idem...	284	
Machemont.........	Idem...	603	
Mareil-sur-Matz......	Idem...	325	
Mélicocq)..........	Idem...	348	10,084
Montmacq..........	Idem...	299	
Pimprez...........	Idem...	522	
Plessis-Brion (le).....	Idem...	455	
Ribecourt 🐎........	✉...	602	
Saint-Léger-aux-Bois....	Ribecourt...	804	
Thourotte..........	Idem...	332	
Tracy-le-Val........	Idem...	331	
Vandélicourt........	Idem...	245	

Total de la population de l'Arrondissement....... 97,812

ARRONDISSEMENT DE SENLIS.

CANTON DE BETZ.

Acy-en-Multien.......	Betz...	758	
Anthilly...........	Idem...	000	
Autheuil-en-Valois.....	La Ferté-Milon...	529	
Bargny............	Betz...	240	
Betz..............	✉...	640	
Bouillancy.........	Betz...	457	
Boullarre..........	Idem...	216	
Boursonne..........	La Ferté-Milon...	353	
Brégy.............	Nanteuil-le-Haudouin...	596	
Cuvergnon.........	Betz...	325	
Étavigny...........	Idem...	189	
Gondreville........	Idem...	421	
Ivors.............	La Ferté-Milon...	373	8,818
Levignen..........	Betz...	372	
Mareuil-sur-Ourcq....	Idem...	676	
Marolles...........	La Ferté-Milon...	503	
Neufchelles........	Betz...	204	
Neuville-Neuve-sous-Thury (la)..	Idem...	121	
Ormoy-le-Davien.....	Idem...	208	
Réez..............	Idem...	168	
Rouvres...........	Idem...	311	
Rozoy-en-Multien.....	Idem...	332	
Thury-en-Valois......	Idem...	520	
Varinfroy..........	Idem...	154	
Villers-Saint-Genest...	Nanteuil-le-Haudouin...	242	

CANTON DE CREIL.

Apremont..........	Creil...	603	
Blaincourt.........	Chantilly...	510	
Chantilly 🐎........	✉...	2,524	
Coye.............	Luzarches...	872	
Cramoisy..........	Creil...	471	
Creil.............	✉...	1,550	

A reporter.. 6,530

A reporter................ 8,818

Suite de l'ARRONDISSEMENT DE SENLIS.

NOMS DES COMMUNES.	BUREAUX DE POSTE qui les desservent.	POPULA-TION.	TOTAL de la POPULA-TION par canton	NOMS DES COMMUNES.	BUREAUX DE POSTE qui les desservent.	POPULA-TION.	TOTAL de la POPULA-TION par canton
		Report..	8,818			*Report..*	37,713
Suite du CANTON DE CREIL.				**Suite du CANTON DE NANTEUIL-LE-HAUDOUIN.**			
		Report.. 6,530				*Report..* 6,542	
GOUVIEUX.............	Chantilly........	1,416		PÉROY-LES-GOMBIES	Nanteuil-le-Haudouin	492	
MAYSEL.............	Creil.............	000		PLESSIS-BELLEVILLE (le).....	Idem.............	292	
MELLO.............	Idem.............	492		ROZIÈRES............	Idem.............	163	9,211
MONTATAIRE.........	Idem.............	1,169		SILLY-LE-LONG...........	Idem.............	580	
MORLAYE (la).........	Luzarches.........	584		VER.............	Dammartin........	693	
NOGENT-LES-VIERGES.........	Creil.............	728		VERSIGNY............	Nanteuil-le-Haudouin	449	
PRÉCY-SUR-OISE...........	Chantilly........	845	15,148	**CANTON DE NEUILLY-EN-THELLE.**			
SAINT-LEU-D'ESSERENT.......	Idem.............	1,192		BALAGNY-SUR-THÉRAIN.......	Mouy.............	620	
SAINT-MAXIMIN.........	Creil.............	876		BELLE-ÉGLISE..........	Chambly.........	382	
SAINT-VAAST-LES-MELLO.....	Idem.............	464		BORAN.............	Beaumont-sur-Oise..	764	
TIVERNY............	Idem.............	82		CHAMBLY............	⊠.............	1,413	
VILLERS-SAINT-PAUL........	Idem.............	508		CIRES-LES-MELLO........	Creil.............	1,330	
VILLERS-SOUS-SAINT-LEU.....	Chantilly........	262		CROUY-EN-THELLE.......	Chambly.........	415	
CANTON DE CRÉPY.				DIEUDONNÉ...........	Idem.............	493	
AUGER-SAINT-VINCENT.......	Crépy............	426		ERCUIS............	Idem.............	596	10,182
BÉTHANCOURT...........	Idem.............	187		FOULANGUE...........	Mouy.............	191	
BÉTHISY-SAINT-MARTIN.....	Verberie........	890		FRESNOY-EN-THELLE.......	Chambly.........	363	
BÉTHISY-SAINT-PIERRE.....	Idem.............	1,561		MESNIL-SAINT-DENIS (le).....	Idem.............	501	
BONNEUIL-EN-VALOIS........	Crépy............	754		MORANGLES...........	Idem.............	296	
CRÉPY.............	⊠.............	2,019		NEUILLY-EN-THELLE.......	Idem.............	1,197	
DUVY.............	Crépy............	205		PUISEUX-LE-HAUBERGER 🐎...	Idem.............	411	
EMEVILLE............	Villers-Cotterets..	000		ULLY-SAINT-GEORGES.......	Mouy.............	1,210	
FEIGNEUX............	Crépy............	343		**CANTON DE PONT-SAINTE-MAXENCE.**			
FRESNOY-LA-RIVIÈRE......	Idem.............	560		BEAUREPAIRE..........	Pont-Sainte-Maxence	133	
GILOCOURT...........	Idem.............	610		BRASSEUSE	Verberie........	129	
GLAIGNES...........	Idem.............	326		FLEURINES...........	Pont-Sainte-Maxence	723	
MORIENVAL...........	Idem.............	831	13,747	PONT-SAINTE-MAXENCE 🐎...	⊠.............	2,575	
NÉRY.............	Verberie........	631		PONTPOINT...........	Pont-Sainte-Maxence	850	
ORMOY-VILLERS.........	Crépy............	306		RARAY.............	Verberie........	193	
ORROUY............	Idem.............	625		RHUIS.............	Idem.............	162	9,304
ROCQUEMONT..........	Idem.............	163		ROBERVAL............	Idem.............	569	
ROUVILLE............	Idem.............	186		RULLY.............	Senlis...........	641	
ROSSY.............	Idem.............	000		SAINT-VAST-DE-LONGMONT....	Verberie........	251	
SAINTINES...........	Verberie........	490		VERBERIE............	⊠.............	1,325	
SÉRY.............	Crépy............	243		VERNEUIL............	Pont-Sainte-Maxence	1,299	
TRUMILLY............	Idem.............	231		VILLENEUVE-SUR-VERBERIE 🐎..	Verberie........	454	
VAUCIENNES..........	Villers-Cotterets..	496		**CANTON DE SENLIS.**			
VAUMOISE............	Crépy............	455		AUMONT............	Senlis...........	270	
VEZ.............	Villers-Cotterets..	609		BARBERIE............	Idem.............	234	
CANTON DE NANTEUIL-LE-HAUDOUIN.				CHAMANT............	Idem.............	479	
BARON.............	Nanteuil-le-Haudouin	754		CHAPELLE-EN-SERVAL (la) 🐎.	⊠ (Distribution.)...	544	
BOISSY-FRESNOY........	Idem.............	695		COURTEUIL...........	Senlis...........	276	
BOREST............	Senlis...........	427		MONTÉPILLOY..........	Idem.............	166	
CHEVREVILLE..........	Nanteuil-le-Haudouin	344		MONT-L'ÉVÊQUE.........	Idem.............	461	
ERMENONVILLE.........	Dammartin........	488		MORTE-FONTAINE 🐎......	La Chapelle-en-Serval	487	
EVE.............	Idem.............	353		OGNON.............	Senlis...........	000	12,670
FONTAINE-LES-CORPS-NUDS....	Senlis...........	490		ORRY.............	La Chapelle-en-Serval	690	
FRESNOY-LE-LUAT........	Nanteuil-le-Haudouin	389		PLAILLY............	Idem.............	978	
LAGNY-LE-SEC.........	Dammartin........	407		PONTARMÉ...........	Idem.............	383	
MONTAGNY-SAINTE-FÉLICITÉ...	Nanteuil-le-Haudouin.	518		SENLIS............	⊠.............	5,066	
MONTLOGNON..........	Senlis...........	000		SAINT-FIRMIN.........	Chantilly........	1,152	
NANTEUIL-LE-HAUDOUIN 🐎..	⊠.............	1,467		SAINT-LÉONARD........	Senlis...........	539	
OGNES.............	Nanteuil-le-Haudouin	210		THIERS............	La Chapelle-en-Serval	271	
		A reporter.. 6,542		VILLERS-SAINT-FRAMBOURG....	Senlis...........	674	
A reporter			37,713	TOTAL de la population de l'Arrondissement.......			79,080

RÉCAPITULATION.

	NOMBRE de		POPULATION.
	CANTONS.	COMMUNES.	
ARRONDISSEMENT DE BEAUVAIS................	12	240	131,385
————————— DE CLERMONT................	8	168	89,448
————————— DE COMPIÈGNE...............	8	157	97,812
————————— DE SENLIS................	7	133	79,080
TOTAUX................	35	698	397,725

NOMS DES COMMUNES.	BUREAUX DE POSTE qui les desservent.	POPULA-TION.	TOTAL de la POPULA-TION par canton	NOMS DES COMMUNES.	BUREAUX DE POSTE qui les desservent.	POPULA-TION.	TOTAL de la POPULA-TION par canton
ARRONDISSEMENT D'ALENÇON.				Suite de l'**ARRONDISSEMENT D'ALENÇON.**			
						Report..	53,117
Canton d'Alençon (est).				*Canton du Mesle-sur-Sarthe.*			
Alençon (est)	⊠	14,019		Aunay-les-Bois	Le Mesle-sur-Sarthe.	443	
Cerisé	Alençon	171		Boitron	Idem.	673	
Congé	Idem.	207		Bursard	Idem.	396	
Forges	Idem.	268		Coulonges-sur-Sarthe	Idem.	599	
Larré	Idem.	359	16,971	Échufflei	Idem.	133	
Radon	Idem.	540		Essai	Idem.	721	
Semalé	Idem.	528		Hauterive	Alençon	521	
Valframbert	Idem.	372		Laleu	Le Mesle-sur-Sarthe.	1,115	
Vingt-Hanaps	Idem.	507		Marchemaisons	Idem.	520	9,166
Canton d'Alençon (ouest).				Ménil-Brout (le)	Idem.	332	
Colombiers	Alençon	488		Ménil-Erreux	Idem.	450	
Condé-sur-Sarthe	Idem.	656		Mesle-sur-Sarthe (le)	⊠	809	
Cuissai	Idem.	382		Neuilly-le-Bisson	Le Mesle-sur-Sarthe.	404	
Damigni	Idem.	1,179		Saint-Aubin-d'Appenai	Idem.	804	
Ferrière-Bochard (la)	Idem.	703		Saint-Léger-sur-Sarthe	Idem.	676	
Gandelain	Idem.	1,130		Ventes-de-Bourses (les)	Idem.	570	
Héloup	Idem.	672		*Canton de Sées.*			
Lacelle (la)	Pré-en-Pail	675	10,884	Aunou-sur-Orne	Sées.	545	
Lonrai	Alençon	593		Belfonds	Idem.	385	
Mieuxcé	Idem.	699		Bouillon (le)	Idem.	295	
Nicolas-des-Bois (la)	Idem.	546		Chailloué	Idem.	812	
Pacé	Idem.	401		Chapelle-près-Sées (la)	Idem.	285	
Roche-Mabille (la)	Idem.	559		Cléral	Idem.	266	
Saint-Céneri-le-Géret	Idem.	340		Ferrière-Bechet (la)	Idem.	364	
Saint-Denis-sur-Sarthon	Idem.	1,416		Macé	Idem.	678	10,915
Saint-Germain-du-Corbois	Idem.	445		Nauphre-sous-Essai	Idem.	380	
Canton de Carrouges.				Neuville-près-Sées	Idem.	425	
Beauvain	La Ferté-Macé	845		Saint-Gervais-du-Perron	Idem.	258	
Carrouges	⊠	2,289		Saint-Hilaire-la-Gérard	Idem.	316	
Cerceuil (le)	Sées.	393		Saint-Laurent-de-Beaumenil	Idem.	259	
Chahains	Carrouges	248		Sées	⊠	5,049	
Champ-de-la-Pierre (le)	Idem.	217		Tanville	Sées.	598	
Craux (la)	La Ferté-Macé	258		TOTAL de la population de l'Arrondissement			73,198
Ciral	Carrouges	1,272		**ARRONDISSEMENT D'ARGENTAN.**			
Fontenay-les-Louvets	Alençon	678					
Joué-du-Bois	Carrouges	1,527		*Canton d'Argentan.*			
Lande-de-Goult (la)	Idem.	529		Argentan	⊠	6,147	
Livaie	Alençon	524		Aunou-le-Faccon	Argentan	337	
Longuenoë	Carrouges	235	16,736	Commeaux	Idem.	287	
Ménil-Scelleur (le)	Idem.	327		Cui	Idem.	210	
Motte-Fouquet (la)	La Ferté-Macé	615		Fontaine-sur-Orne	Idem.	402	
Rouperroux	Carrouges	573		Juvigni-sur-Orne	Idem.	173	
Saint-Didier-sur-Écouves	Idem.	509		Moulins-sur-Orne	Idem.	467	9,978
Saint-Ellier-les-Bois	Idem.	980		Occagnes	Idem.	355	
Sainte-Marie-la-Robert	Idem.	423		Pommainville	Idem.	200	
Saint-Martin-des-Landes	Idem.	417		Sai	Idem.	313	
Saint-Martin-l'Aiguillon	Idem.	868		Sarceaux	Idem.	402	
Saint-Ouen-le-Brisoult	Couterne	680		Sévigni	Idem.	254	
Saint-Patrice-du-Désert	La Ferté-Macé	830		Urou	Idem.	431	
Saint-Sauveur-de-Carrouges	Carrouges	1,499					
Canton de Courtomer.				*Canton de Briouze.*			
Brullemail	Le Merlerault	652		Briouze	⊠ (Distribution.)	1,493	
Bures	Le Mesle-sur-Sarthe.	554		Chaménil	Briouze	537	
Chalange (le)	Sées.	290		Faverolles	Rânes.	945	
Courtomer	Le Mesle-sur-Sarthe.	1,264		Grais (le)	La Ferté-Macé	1,130	
Ferrière-la-Verrerie	Moulins-la-Marche.	924		Lande-de-Longé (la)	Rânes.	306	
Gâprée	Sées.	329		Lignou	Briouze	557	
Godisson	Le Merlerault	341		Lougé-sur-Maire	Rânes.	902	
Ménil-Guyon (le)	Sées.	330	8,526	Ménil-de-Briouze (le)	Briouze	1,515	11,197
Mont-Chevrel	Le Mesle-sur-Sarthe.	674		Montreuil-au-Houlme	Rânes.	534	
Plantis (le)	Idem.	600		Pointel	Briouze	531	
Saint-Aignan-sur-Sarthe	Moulins-la-Marche.	450		Saint-André-de-Briouze	Idem.	633	
Saint-Germain-le-Vieux	Sées.	312		Saint-George-d'Annebecq	Rânes.	676	
Saint-Léonard-des-Parcs	Le Merlerault	272		Saint-Hilaire-de-Briouze	Briouze	1,090	
Sainte-Scolasse-sur-Sarthe	Le Mesle-sur-Sarthe.	961		Yveteaux (les)	Idem.	348	
Tellières-le-Plessis	Moulins-la-Marche.	283					
Trémont	Sées.	340					
A reporter		53,117		A reporter		21,175	

NOMS DES COMMUNES.	BUREAUX DE POSTE qui les desservent.	POPULA-TION.	TOTAL de la POPULA-TION par canton	NOMS DES COMMUNES.	BUREAUX DE POSTE qui les desservent.	POPULA-TION.	TOTAL de la POPULA-TION par canton
Suite de l'ARRONDISSEMENT D'ARGENTAN.				Suite de l'ARRONDISSEMENT D'ARGENTAN.			
Report..		21,175		Report..		49,403	
CANTON D'ÉCOUCHÉ.				Suite du CANTON DE GACÉ.			
Avoines	Écouché	532		Report..		2,402	
Batilli	Idem	402		Docey-Arthus (le)	Le Sap	120	
Boucé	Idem	1,533		Frenaie-Faïel	Gacé	358	
Courbe (la)	Idem	265		Gacé	✉	1,470	
Écouché	✉ (Distribution.)	1,388		Mardilli	Gacé	462	
Fleuré	Écouché	473		Ménil-Hubert-en-Exmes	Idem	422	
Goulet	Idem	571		Neuville-sur-Touqe	Le Sap	978	8,825
Joué-de-Plain	Idem	812		Orgères	Gacé	537	
Loucé	Idem	324		Résenlieu	Idem	309	
Ménil-Glaise	Idem	146	12,621	Sap-André (le)	Idem	453	
Ménil-Jean	Idem	315		Saint-Évroult-de-Montfort	Idem	929	
Montgaroult	Idem	326		Trinité-des-Laitiers (la)	Idem	385	
Rânes	✉ (Distribution.)	2,453					
Sentilly	Écouché	355		CANTON DU MERLERAULT.			
Serans	Idem	259		Authieux-des-Puits (les)	Le Merlerault	207	
Sevrai	Idem	505		Champ-Haut	Idem	290	
Saint-Brice-sous-Rânes	Rânes	515		Échauffour	Sainte-Gauburge	1,656	
Saint-Ouen-sur-Maire	Écouché	266		Genevraie (la)	Le Merlerault	461	
Tanques	Idem	310		Lignères	Idem	171	
Vaux-le-Bardoult	Idem	174		Ménil-Froger	Nonant	250	
Vieux-Pont	Idem	697		Ménil-Vicomte	Le Merlerault	174	
				Merlerault (le)	✉ (Distribution.)	1,433	8,055
CANTON D'EXMES.				Nonant	✉	860	
Avernes-sous-Exmes	Exmes	323		Planches	Sainte-Gauburge	574	
Bourg-Saint-Léonard (le)	Idem	699		Sainte-Colombe-sur-Rille	Idem	532	
Cochère (la)	Nonant	389		Sainte-Gauburge	✉ (Distribution.)	701	
Courmenil	Exmes	463		St-Germain-de-Clairefeuille	Nonant	460	
Exmes	✉ (Distribution.)	675		Saint-Vandrille-lès-Bois	Sainte-Gauburge	296	
Fel	Exmes	445					
Ginai	Nonant	279	6,638	CANTON DE MORTRÉE.			
Omméel	Exmes	389		Almenèches	Nonant	1,050	
Pin-au-Haras (le)	Nonant	312		Belières (la)	Mortrée	487	
Silli-en-Gouffern	Exmes	750		Boissei-la-Lande	Idem	270	
Survie	Vimoutier	823		Château-d'Almenèches (le)	Idem	353	
Saint-Pierre-la-Rivière	Gacé	628		Francheville	Idem	418	
Villebadin	Exmes	463		Marcei	Idem	425	
				Marmouillé	Nonant	463	7,420
CANTON DE LA FERTÉ-FRESNEL.				Médavi	Mortrée	285	
Anceins	Laigle	555		Montmerrei	Idem	706	
Bocquencé	Idem	422		Mortrée	✉	1,590	
Couvains	Idem	351		Saint-Christophe-le-Jagolet	Mortrée	470	
Ferté-Fresnel (la)	Idem	479		Saint-Loyer-des-Champs	Idem	352	
Gauville	Idem	1,007		Vrigny	Idem	551	
Glos-la-Ferrière	Idem	1,263					
Gonfrière (la)	Idem	529		CANTON DE PUTANGES.			
Heugon	Le Sap	677		Bazoches-au-Houlme	Putanges	1,387	
Marnéver	Laigle	221		Champcerie	Idem	471	
Monnai	Le Sap	591	8,969	Chênedouit	Idem	766	
Soccanne	Laigle	201		Courteille	Idem	397	
Saint-Évroult-Notre-Dame-du-Bois	Idem	789		Forêt-Auvrai (la)	Idem	917	
Saint-Michel-de-Sommaire	Idem	106		Frenaie-au-Sacvage (la)	Idem	698	
Saint-Nicolas-des-Laitiers	Idem	301		Frenai-le-Buffard	Idem	231	
Saint-Nicolas-de-Sommaire	Idem	219		Giel	Idem	344	
Saint-Pierre-de-Sommaire	Idem	191		Habloville	Idem	797	
Ternant	Le Sap	176		Ménil-Gondouin	Idem	785	
Touquettes	Laigle	283		Ménil-Hermei	Idem	729	
Villers-en-Ouche	Idem	608		Ménil-Vin	Idem	321	14,087
				Neuvi-au-Houlme	Idem	518	
CANTON DE GACÉ.				Pont-Écrepin	Idem	537	
Atelles (les)	Gacé	209		Putanges	✉ (Distribution.)	675	
Chaumont	Idem	725		Rabodanges	Putanges	724	
Cisai-Saint-Aubin	Idem	671		Ri	Idem	368	
Coulmer	Idem	280		Rotours (les)	Idem	290	
Croisilles	Idem	517		Rouai	Idem	521	
				Saint-Aubert-sur-Orne	Idem	585	
A reporter		2,402		Saint-Croix-sur-Orne	Idem	373	
				Sainte-Honorine-la-Guillaume	Idem	1,305	
				Saint-Philibert-sur-Orne	Idem	345	
A reporter			49,403	A reporter			87,790

NOMS DES COMMUNES.	BUREAUX DE POSTE qui les desservent.	POPULA-TION.	TOTAL de la POPULA-TION par canton	NOMS DES COMMUNES.	BUREAUX DE POSTE qui les desservent.	POPULA-TION.	TOTAL de la POPULA-TION par canton
Suite de l'ARRONDISSEMENT D'ARGENTAN.				**Suite de l'ARRONDISSEMENT DE DOMFRONT.**			
	Report..		87,790		*Report..*		16,715
CANTON DE TRUN.				**CANTON DE DOMFRONT.**			
AUBRY-EN-EXMES..........	Trun..........	436		AVRILLI...............	Domfront.....	597	
BAILLEUL...........	Idem..........	960		CEAUCÉ...............	Idem..........	3,156	
BRIEUX............	Idem..........	335		CHAMPSECRET..........	Idem..........	4,240	
CAMBE (la)..........	Idem..........	191		DOMFRONT ✉........	✉..........	1,873	
CHAMBOIS...........	Idem..........	677		HAUTE-CHAPELLE (la).....	Domfront.....	1,143	
CODDEHARD..........	Idem..........	335		LONLAY-L'ABBAYE.......	Idem..........	3,571	
COULONGES..........	Idem..........	317		ROUELLÉ.............	Idem..........	558	21,267
ÉCORCHES...........	Idem..........	701		SAINT-BOMER-LES-FORGES.....	Idem..........	1,992	
FONTAINE-LES-BASSETS......	Idem..........	474		SAINT-BRICE...........	Idem..........	410	
GUÉPREL............	Idem..........	283		SAINT-CLAIR-DE-HALOUZE.....	Idem..........	956	
LOUVIÈRES..........	Idem..........	245		SAINT-FRONT-DE-COLLIÈRES.....	Idem..........	2,406	
MERRI.............	Idem..........	568	11,862	SAINT-GILLES-DES-MARAIS.....	Idem..........	365	
MONTABARD..........	Argentan......	414					
MONT-ORMEL..........	Trun..........	264		**CANTON DE LA FERTÉ-MACÉ.**			
MONTREUIL-LA-MOTTE......	Idem..........	224					
NEAUPHE-SUR-DIVE.......	Idem..........	480		ANTOIGNY.............	Couterne.....	610	
NECI..............	Idem..........	1,121		COUTERNE ✉..........	✉..........	1,642	
OMMOY............	Idem..........	310		(✉ à Bagnoles.)			
POTERIE-DES-VIGNATS (la)....	Idem..........	106		FERTÉ-MACÉ (la)........	✉..........	4,613	14,367
SAINT-GERVAIS-DES-SABLONS...	Idem..........	455		LONLAY-LE-TESSON......	La Ferté-Macé...	904	
SAINT-LAMBERT-SUR-DIVE....	Idem..........	402		MAGNY-LE-DÉSERT.......	Idem..........	2,892	
TOURNAI-SUR-DIVE.......	Idem..........	732		MEHOUDIN............	Couterne.....	305	
TRUN..............	✉ (*Distribution*)....	1,514		SAUVAGÈRE (la)........	La Ferté-Macé...	2,177	
VILLEDIEU-LES-BAILLEUL.....	Trun..........	318		SAINT-MAURICE-DU-DÉSERT....	Idem..........	1,224	
CANTON DE VIMOUTIER.				**CANTON DE FLERS.**			
AUBRI-LE-PANTHOU.......	Vimoutier......	425		AUBUSSON............	Flers..........	534	
AVERNE-SAINT-GOURGON....	Le Sap........	282		BAZOQUE (la)..........	Idem..........	292	
BOSC-RENOULT (le).......	Idem..........	733		CALIGNI.............	Idem..........	1,363	
CAMEMBERT..........	Vimoutier......	635		CERISI-BELLE-ÉTOILE.....	Idem..........	1,362	
CANAPVILLE.........	Idem..........	596		CHAPELLE-AU-MOINE (la).....	Idem..........	447	
CHAMPEAUX (les).......	Idem..........	330		CHAPELLE-BICHE (la).....	Idem..........	1,019	
CLAINPOSOULT........	Idem..........	474		FLERS ✉............	✉..........	4,386	16,813
CROUTTES...........	Idem..........	880		LANDE-PATRI (la).......	Flers..........	2,666	
FRENAI-LE-SAMSON......	Idem..........	352		LANDIGOU............	Idem..........	745	
GUERQUESALLES.......	Idem..........	340	14,218	LANDISACQ...........	Idem..........	1,175	
MÉNIL-IMBERT........	Idem..........	180		MONTILLI............	Idem..........	1,129	
ORVILLE............	Le Sap........	325		SELLE-LA-FORGE (la).....	Idem..........	1,233	
RENOUARD (le)........	Idem..........	728		SAINT-GEORGES-DES-GROSEILLES.	Idem..........	1,062	
ROIVILLE...........	Idem..........	563					
SAP (le)............	✉..........	1,496		**CANTON DE JUVIGNI-SOUS-ANDAINE.**			
SAINT-AUBIN-DE-BONNEVAL....	Le Sap........	584					
SAINT-GERMAIN-D'AUNAY....	Idem..........	461		BAROCHE-SOUS-LUCÉ (la)....	Domfront.....	1,545	
SAINT-MARTIN-DE-PONT-CHARDON.	Vimoutier......	311		BEAULANDAIS..........	Couterne.....	825	
TICHEVILLE..........	Idem..........	533		CHAPELLE-MOCHE (la).....	Idem..........	2,816	
VIMOUTIER ✉........	✉..........	3,990		GENESLAY............	Idem..........	1,090	
				HALEINE.............	Idem..........	413	
Total de la population de l'Arrondissement......			113,870	JUVIGNI-SOUS-ANDAINE.....	Idem..........	1,970	13,259
				LORÉ...............	Domfront.....	514	
ARRONDISSEMENT DE DOMFRONT.				LUCÉ...............	Idem..........	630	
				SEPT-FORGES..........	Couterne.....	898	
CANTON D'ATHIS.				SAINT-DENIS-DE-VILLENETTE....	Idem..........	779	
				TESSÉ-FROULAY........	Idem..........	720	
ATHIS.............	✉ (*Distribution*.)...	4,300		TESSÉ-LA-MADELEINE......	Idem..........	1,059	
BERJOU............	Athis..........	1,117					
BRÉEL.............	Idem..........	672		**CANTON DE MESSEI.**			
CAHAN............	Idem..........	546					
CARNEILLE (la)........	Idem..........	1,502		BANVOU.............	Domfront.....	1,054	
DURCÉT............	Idem..........	629		BELLOU-EN-HOULME......	Flers..........	2,868	
LANDE-SAINT-SIMÉON (la)....	Idem..........	469		CHATELLIER (le)........	Idem..........	378	
MÉNIL-HUBERT-SUR-ORNE....	Idem..........	1,308	16,715	COULONCHE (la)........	La Ferté-Macé...	1,805	
MILLE-SAVATTES.......	Idem..........	323		DOMPIERRE..........	Domfront.....	808	
ROUPEUGERAI.........	Idem..........	763		ÉCHALON............	Flers..........	636	11,815
SEGRIE-FONTAINE.......	Idem..........	755		FERRIÈRE-AUX-ÉTANGS (la)....	Domfront.....	1,448	
SAINTE-HONORINE-LA-CHARDONNE.	Idem..........	1,510		MESSEI.............	Flers..........	1,518	
SAINTE-OPPORTUNE......	Idem..........	744		SAIRES-LA-VERRERIE......	Idem..........	705	
SAINT-PIERRE-DU-REGARD...	Condé-sur-Noireau.	3,272		SAINT-ANDRÉ-DE-MESSEI....	Idem..........	605	
TAILLEBOIS..........	Athis..........	427					
TOURAILLES (les).......	Idem..........	378					
A reporter......			16,715	*A reporter......*			94,236

NOMS DES COMMUNES.	BUREAUX DE POSTE qui les desservent.	POPULATION.	TOTAL de la POPULATION par canton
Suite de l'ARRONDISSEMENT DE DOMFRONT.		Report..	94,236
CANTON DE PASSAIS.			
ÉPINAI-LE-COMTE (l').	Domfront.	1,189	
MANTILLI.	Idem.	2,658	
PASSAIS.	Idem.	2,199	
SAINT-FRAIMBAULT-SUR-PISSE.	Idem.	3,225	
SAINT-MARS-D'ÉGRENNE.	Idem.	2,370	15,146
SAINT-ROCH-SUR-ÉGRENNE.	Idem.	811	
SAINT-SIMÉON.	Idem.	1,676	
TORCHAMP.	Idem.	1,018	
CANTON DE TINCHEBRAI.			
BEAUCHÊNE.	Tinchebrai.	1,242	
CHANU.	Idem.	2,662	
CLAIRE-FOUGÈRE.	Idem.	426	
FRÊNES.	Idem.	2,070	
LARCHAMP.	Idem.	646	
MÉNIL-CIBOULT (le).	Idem.	423	
MONGI.	Idem.	704	
MONT-SEGRET.	Idem.	1,243	19,566
SAINT-CHRISTOPHE-DE-CHAULIEU.	Idem.	400	
SAINT-CORNIER-DES-LANDES.	Idem.	2,132	
SAINT-JEAN-DES-BOIS.	Idem.	968	
SAINT-PIERRE-D'ENTREMONT.	Idem.	1,255	
SAINT-QUENTIN-LES-CHARDONNETS.	Idem.	1,155	
TINCHEBRAI.	⊠	3,413	
YVRANDE.	Tinchebrai.	827	
TOTAL de la population de l'Arrondissement.			128,948
ARRONDISSEMENT DE MORTAGNE-SUR-HUINE.			
CANTON DE BAZOCHES-SUR-HOÊNE.			
BAZOCHES-SUR-HOÊNE.	Mortagne-sur-Huine.	1,615	
BORCÉ.	Idem.	208	
BURÉ.	Le Mesle-sur-Sarthe.	310	
CHAMPEAUX-SUR-SARTHE (les).	Mortagne-sur-Huine.	648	
COURGEOUT.	Idem.	918	
COURTOULIN.	Idem.	180	
MENIÈRE (la).	Idem.	853	7,718
SOLIGNI-LA-TRAPPE.	Idem.	866	
SAINT-AUBIN-DE-COURTERAIE.	Moulins-la-Marche.	530	
SAINT-CEROXNE-LES-MORTAGNE.	Mortagne-sur-Huine.	738	
SAINT-GERMAIN-DE-MARTIGNI.	Idem.	251	
SAINT-OUEN-DE-SÉCHEROUVRE.	Idem.	601	
CANTON DE BELLÊME.			
APPENAI-SUR-BELLÊME.	Bellême.	748	
BELLÊME.	⊠	3,413	
CHAPELLE-SOUEF (la).	Bellême.	901	
CHEMILLI.	Idem.	870	
DAME-MARIE.	Idem.	761	
IGÉ.	Idem.	1,975	
ORIGNI-LE-BUTIN.	Idem.	460	15,626
ORIGNI-LE-ROUX.	Idem.	703	
POUVRAI.	Idem.	444	
SERIGNI.	Idem.	699	
SAINT-FULGENT-DES-ORMES.	Idem.	735	
SAINT-MARTIN-DU-VIEUX-BELLÊME.	Idem.	3,009	
SAINT-OUEN-DE-LA-COUR.	Idem.	388	
VAUNOISE.	Idem.	520	
CANTON DE LAIGLE.			
AUBE.	Laigle.	422	
BEAUFAI.	Idem.	430	
BUAT (le).	Idem.	156	
A reporter.		1,008	
A reporter.			23,344

NOMS DES COMMUNES.	BUREAUX DE POSTE qui les desservent.	POPULATION.	TOTAL de la POPULATION par canton
Suite de l'ARROND.t DE MORTAGNE-SUR-HUINE.		Report..	23,344
Suite du CANTON DE LAIGLE.		Report..	1,008
CHANDAI.	⊠ (Distribution.)	914	
CRULAI.	Laigle.	1,012	
ÉCORCEI.	Idem.	478	
IRAI.	Saint-Maurice.	794	
LAIGLE.	⊠	5,412	
LIVET.	Laigle.	135	
RAI-SUR-RILLE.	Idem.	653	14,174
SAINT-MARTIN-D'ÉCUBLEI.	Idem.	443	
SAINT-MICHEL-DE-LA-FORÊT.	Idem.	365	
SAINT-OUEN-SUR-ITON.	Chandai.	346	
SAINT-SULPICE-SUR-RILLE.	Laigle.	1,267	
SAINT-SYMPHORIEN-DES-BRUYÈRES.	Idem.	702	
TUBOEUF.	Chandai.	193	
VITRAI-SOUS-LAIGLE.	Idem.	472	
CANTON DE LONGNI.			
BIZOU.	Longni.	302	
HOME-CHAMONDOT (l').	Idem.	503	
LANDE-SUR-EURE (la).	Idem.	673	
LONGNI.	⊠	2,840	
MAGE (le).	Longni.	962	
MALETABLE.	Idem.	373	
MARCHAINVILLE.	Idem.	690	
MENUS (les).	La Loupe.	468	10,594
MONCEAUX.	Longni.	356	
MOULICENT.	Idem.	616	
NEUILLY-SUR-EURE.	Idem.	1,014	
PAS-SAINT-LHOMER (le).	Idem.	208	
SAINT-JEAN-DES-MURGERS.	La Loupe.	250	
SAINT-VICTOR-DE-RÉNO.	Longni.	1,339	
CANTON DE MORTAGNE-SUR-HUINE.			
CHAPELLE-MONTLIGEON (la).	Mortagne-sur-Huine.	1,014	
COMBLOT.	Idem.	272	
CORBON.	Idem.	324	
COURGEON.	Idem.	458	
FEINGS.	Idem.	857	
LOISAIL.	Idem.	396	
MAUVES.	Idem.	1,333	
MORTAGNE-SUR-HUINE.	⊠	5,158	14,592
RÉVEILLON.	Mortagne-sur-Huine.	946	
SAINT-DENIS-SUR-HUINE.	Idem.	257	
SAINT-HILAIRE-LES-MORTAGNE.	Idem.	949	
SAINT-LANGIS-LES-MORTAGNE.	Idem.	605	
SAINT-MARD-DE-RÉNO.	Idem.	1,323	
VILLIERS-SUR-MORTAGNE.	Idem.	700	
CANTON DE MOULINS-LA-MARCHE.			
AUGUAISE.	Laigle.	334	
BONSMOULINS.	Moulins-la-Marche.	454	
BONNEFOI.	Idem.	390	
BRÉTHEL.	Laigle.	223	
CHAPELLE-VIEL (la).	Idem.	361	
ÉCHAUMENIL.	Sainte-Gauburge.	175	
FAY.	Moulins-la-Marche.	307	
FERRIÈRE-AU-DOYEN (la).	Idem.	731	
GENETTES (les).	Idem.	356	
MAHERU.	Idem.	789	8,197
MÉNIL-BÉRARD.	Sainte-Gauburge.	280	
MOULINS-LA-MARCHE.	⊠	1,031	
NOTRE-DAME-D'APRÈS.	Laigle.	543	
SAINT-AQUILIN-DE-CORBION.	Moulins-la-Marche.	370	
SAINT-HILAIRE-SUR-RILLE.	Sainte-Gauburge.	399	
SAINT-MARTIN-D'APRÈS.	Laigle.	605	
SAINT-MARTIN-DES-PESERITS.	Moulins-la-Marche.	366	
SAINT-PIERRE-DES-LOGES.	Sainte-Gauburge.	483	
A reporter.			70,901

II.

NOMS DES COMMUNES.	BUREAUX DE POSTE qui les desservent.	POPULATION.	TOTAL de la POPULATION par canton

Suite de l'ARROND.ᵗ DE MORTAGNE-SUR-HUINE.

		Report..	70,901

CANTON DE NOCÉ.

NOMS DES COMMUNES.	BUREAUX DE POSTE	POPULATION.	TOTAL par canton
Berd'huis	Bellême	861	
Colonard	Idem	660	
Corubert	Idem	324	
Courceboults	Remalard	773	
Dance	Idem	825	
Nocé	Bellême	1,375	
Préaux	Idem	1,603	10,408
Saint-Aubin-des-Grois	Idem	232	
Saint-Cyr-la-Rosière	Idem	1,189	
Saint-Jean-de-la-Forêt	Idem	450	
Saint-Maurice-sur-Huine	Remalard	403	
Saint-Pierre-la-Bruyère	Idem	395	
Saint-Quentin-le-Petit	Bellême	174	
Verrières	Remalard	1,154	

CANTON DE PERVENCHÈRES.

NOMS DES COMMUNES.	BUREAUX DE POSTE	POPULATION.	TOTAL par canton
Barville	Le Mesle-sur-Sarthe	727	
Bellavilliers	Idem	863	
Coulimer	Mortagne-sur-Huine	1,012	
Épernais	Bellême	689	
Montgaudri	Mamers	483	
Parfondeval	Mortagne-sur-Huine	233	
Perrière (la)	Bellême	1,055	
Pervenchères	Le Mesle-sur-Sarthe	935	11,018
Pin-la-Garenne (le)	Mortagne-sur-Huine	1,205	
Suré	Mamers	936	
Saint-Jocé-de-Blavon	Mortagne-sur-Huine	903	
Saint-Julien-sur-Sarthe	Le Mesle-sur-Sarthe	1,427	
Saint-Quentin-de-Blavon	Idem	325	
Vidai	Idem	225	

CANTON DE REMALARD.

NOMS DES COMMUNES.	BUREAUX DE POSTE	POPULATION.	TOTAL par canton
Bellou-sur-Huine	Remalard	937	
Boissi-Maugis	Idem	1,215	
Bretoncelles	Idem	2,330	
Condé-sur-Huine	Idem	1,382	
	A reporter..	5,864	

	A reporter..		92,327

Suite de l'ARROND.ᵗ DE MORTAGNE-SUR-HUINE.

		Report..	92,327

Suite du CANTON DE REMALARD.

NOMS DES COMMUNES.	BUREAUX DE POSTE	POPULATION.	TOTAL par canton
		Report..	5,864
Condeau	Remalard	1,071	
Coulonges-les-Sablons	Idem	999	
Dorceau	Idem	912	
Madelaine-Bouvet (la)	Idem	888	14,168
Maison-Maugis	Idem	356	
Moutiers-au-Perche	Idem	1,589	
Remalard 🏛	✉	1,830	
Saint-Germain-des-Grois	Remalard	659	

CANTON DU THEIL.

NOMS DES COMMUNES.	BUREAUX DE POSTE	POPULATION.	TOTAL par canton
Bellou-le-Trichard	Bellême	827	
Ceton	Nogent-le-Rotrou	3,775	
Gemages	Bellême	503	
Hermitière (l')	Idem	559	
Malle	Nogent-le-Rotrou	1,223	12,038
Rouge (la)	Bellême	725	
Saint-Agnan-sur-Erre	Idem	497	
Saint-Germain-de-la-Coudre	Idem	2,152	
Saint-Hilaire-sur-Erre	Idem	907	
Theil (le)	Idem	870	

CANTON DE TOUROUVRE.

NOMS DES COMMUNES.	BUREAUX DE POSTE	POPULATION.	TOTAL par canton
Autheuil	Mortagne-sur-Huine	451	
Beaulieu	Saint-Maurice	450	
Bivilliers	Mortagne-sur-Huine	232	
Bresolettes	Saint-Maurice	180	
Bubertré	Mortagne-sur-Huine	473	
Champs	Idem	298	
Lignerolles	Idem	309	
Moussonvilliers	Saint-Maurice	561	7,247
Normandel	Idem	254	
Poterie-au-Perche (la)	Idem	230	
Prépotin	Mortagne-sur-Huine	333	
Randonnai	Saint-Maurice	673	
Saint-Maurice 🏛	✉	627	
Tourouvre	Mortagne-sur-Huine	1,950	
Ventrouse (la)	Saint-Maurice	226	

TOTAL de la population de l'Arrondissement			125,780

RÉCAPITULATION.

	NOMBRE de		POPULATION.
	CANTONS.	COMMUNES.	
Arrondissement d'ALENÇON	6	95	73,198
— d'ARGENTAN	11	191	113,870
— DE DOMFRONT	8	94	128,948
— DE MORTAGNE-SUR-HUINE	11	154	125,780
Totaux	36	534	441,796

NOMS DES COMMUNES.	BUREAUX DE POSTE qui les desservent.	POPULA-TION.	TOTAL de la POPULA-TION par canton	NOMS DES COMMUNES.	BUREAUX DE POSTE qui les desservent.	POPULA-TION.	TOTAL de la POPULA-TION par canton
ARRONDISSEMENT D'ARRAS.				**Suite de l'ARRONDISSEMENT D'ARRAS.**			
						Report..	50,385
CANTON D'ARRAS (nord).				**Suite du CANTON DE BEAUMETZ LÈS-LOGES.**			
Arras (nord)	⊠	13,198				*Report.*.	5,694
Athies	Arras	438		Gouves	Arras	166	
Dainville	Idem	677		Gouy-en-Artois	L'Arbret	597	
Duisans	Idem	647		Habarcq	Arras	339	
Écurie	Idem	260		Haute-Avesnes	Idem	248	
Étrun	Idem	237		Hendecourt-lès-Ransart	Idem	209	
Marœuil	Idem	1,228	19,248	Herlière (la)	L'Arbret	189	
Roclincourt	Idem	551		Mercatel	Arras	581	12,691
Saint-Aubin-Anzin	Idem	409		Monchiet	Idem	176	
Sainte-Catherine-les-Arras	Idem	611		Monchy-aux-Bois	L'Arbret	942	
Saint-Laurent-Blangy	Idem	1,088		Montenescourt	Arras	252	
Saint-Nicolas-les-Arras	Idem	904		Ransart	Idem	510	
				Rivière	Idem	1,250	
CANTON D'ARRAS (sud).				Simencourt	Idem	401	
Achicourt	Arras	1,310		Wanquetin	L'Arbret	745	
Agny	Idem	1,003		Warlus	Arras	392	
Arras (sud)	⊠	11,221					
Beaurains	Arras	493		**CANTON DE BERTINCOURT.**			
Fampoux	Idem	1,005	17,396	Barastre	Bapaume	889	
Feuchy	Idem	527		Beaumetz-lès-Cambrai	Idem	1,524	
Neuville-Vitasse	Idem	696		Bertincourt	Idem	1,416	
Tilloy-les-Mofflaines	Idem	430		Beugny-le-Chateau	Idem	809	
Wailly	Idem	711		Bucquière (la)	Idem	779	
				Bus	Idem	492	
CANTON DE BAPAUME.				Chelle (le)	Idem	266	
Achiet-le-Grand	Bapaume	485		Haplincourt	Idem	545	
Achiet-le-Petit	Idem	684		Havrincourt	Idem	1,132	15,534
Avesnes-lès-Bapaume	Idem	107		Hermies	Idem	2,201	
Bancourt	Idem	358		Metz-en-Couture	Idem	1,592	
Bapaume	⊠	3,195		Morchies	Idem	480	
Beaulencourt	Bapaume	433		Neuville-Bourjonval	Idem	598	
Béhagnies	Idem	306		Rocquigny	Idem	936	
Beugnatre	Idem	254		Ruyaulcourt	Idem	964	
Biefvillers-lès-Bapaume	Idem	225		Trescault	Idem	551	
Bihucourt	Idem	367		Velu	Idem	360	
Favreuil	Idem	471	13,741				
Frémicourt	Idem	512		**CANTON DE CROISILLES.**			
Grévillers	Idem	755		Ablainzevelle	Bapaume	318	
Ligny-Tilloy	Idem	992		Ayette	Arras	472	
Martin-Puich	Idem	987		Boiry-Becquerelle	Idem	323	
Morval	Idem	405		Boisleux-au-Mont	Idem	406	
Riencourt-lès-Bapaume	Idem	120		Boisleux-Saint-Marc	Idem	233	
Sapignies	Idem	381		Boyelles	Idem	299	
Sars (le)	Idem	450		Bucquoy	Bapaume	1,561	
Transloy (le)	Idem	1,318		Bullecourt	Idem	583	
Villers-au-Flos	Idem	807		Chérisy	Arras	551	
Warlencourt-Eaucourt	Idem	229		Courcelles-le-Comte	Bapaume	849	
				Croisilles	Arras	1,235	
CANTON DE BEAUMETZ-LÈS-LOGES.				Douchy-lès-Ayette	Idem	683	
Adinfer	Arras	339		Écoust-Saint-Mein	Bapaume	1,046	
Agnez-lès-Duisans	Idem	438		Ervillers	Idem	751	16,483
Bailleulmont	L'Arbret	381		Fontaine-les-Croisilles	Arras	484	
Bailleulval	Idem	320		Gomiecourt	Bapaume	223	
Basseux-lès-Loges	Arras	229		Guémappe	Arras	448	
Beaumetz-lès-Loges	Idem	411		Hamelincourt	Bapaume	476	
Berles-aux-Bois	L'Arbret	751		Héninel	Arras	279	
Berneville	Arras	452		Hénin-sur-Cojeul	Idem	636	
Blaireville	Idem	458		Mory	Bapaume	659	
Boiry-Saint-Martin	Idem	459		Moyenneville	Idem	388	
Boiry-Sainte-Rictrude	Idem	287		Noreuil	Idem	478	
Cauchie (la)	L'Arbret	321		Saint-Léger	Idem	628	
Fichaux	Arras	479		Saint-Martin-sur-Cojeul	Arras	157	
Fosseux	L'Arbret	369		Vaulx-Vraucourt	Bapaume	1,715	
		A reporter..	5,694	Wancourt	Arras	602	

A reporter 50,385

A reporter 95,093

NOMS DES COMMUNES.	BUREAUX DE POSTE qui les desservent.	POPULATION.	TOTAL de la POPULATION par canton

Suite de l'ARRONDISSEMENT D'ARRAS.

Report..   95,093

CANTON DE MARQUION.

BARALLE................	Cambrai........	817	
BOURLON...............	Idem...........	1,503	
BOURSY-BARALLE........	Idem.	461	
ÉCOURT-SAINT-QUENTIN....	Idem.	2,033	
ÉPINOY................	Idem.	956	
GRAINCOURT-LEZ-HAVINCOURT..	Idem.	1,434	
INCHY................	Bapaume.....	1,152	
LAGNICOURT............	Idem.	757	
MARQUION 🖃............	Cambrai.....	687	17,931
OISY.................	Idem.	2,148	
PALLUEL..............	Idem.	755	
PRONVILLE............	Idem.	851	
QUÉANT..............	Idem.	1,022	
RUMAUCOURT..........	Idem.	1,130	
SAINS-LÈS-MARQUION....	Idem.	508	
SAUCHY-CAUCHY.......	Idem.	793	
SAUCHY-LESTRÉE......	Idem.	924	

CANTON DE PAS.

AMPLIER.............	Doullens........	555	
BIENVILLERS-AU-BOIS...	L'Arbret.......	1,182	
COUIN...............	Idem.	343	
FAMECHON..........	Doullens.....	428	
FONCQUEVILLERS.....	L'Arbret.	944	
GAUDIEMPRÉ........	Idem.	445	
GOMMECOURT.......	Idem.	284	
GRINCOURT-LES-PAS...	Idem.	131	
HALLOY.............	Doullens.....	470	
HANESCAMPS.......	L'Arbret.	224	
HÉBUTERNE........	Idem.	1,282	13,750
HÉNU.............	Idem.	380	
HUMBERCAMP......	Idem.	422	
ORVILLE..........	Doullens.	820	
PAS..............	Idem.	888	
POMMIER-SAINTE-MARGUERITE.	L'Arbret.	512	
PUISIEUX-AU-MONT...	Idem.	1,277	
SAILLY-AU-BOIS.....	Idem.	904	
SARTON...........	Doullens.	566	
SOUASTRE.........	L'Arbret.	691	
SAINT-AMAND.....	Idem.	383	
THIÈVRES........	Doullens.	331	
WARLINCOURT-LES-PAS....	L'Arbret.	288	

CANTON DE VIMY.

ABLAIN-SAINT-NAZAIRE......	Arras...........	880	
ACHEVILLE................	Lens...........	305	
ACQ....................	Arras.	424	
ARLEUX-EN-GOHELLE......	Idem.	702	
AVION................	Lens.	1,139	
BAILLEUL-SIRE-BERTHOULT..	Arras.	686	
BEAUMONT............	Douai.	741	
BOIS-BERNARD.........	Lens.	202	
CARENCY.............	Arras.	461	
DROCOURT...........	Lens.	223	
ÉLEU-DIT-LEAUWETTE..	Idem.	66	
FARBUS.............	Arras.	309	
FRESNOY-EN-GOHELLE..	Idem.	190	
GAVRELLE 🖃........	Idem.	712	
GIVENCHY-EN-GOHELLE..	Idem.	1,492	
IZEL-LES-ÉQUERCHIN..	Douai.	676	
MÉRICOURT.........	Lens.	673	
MONT-SAINT-ÉLOY..	Arras.	1,000	
NEUVILLE-SAINT-VAAST..	Idem.	1,372	
NEUVIREUIL........	Idem.	386	

A reporter..   12,639

A reporter................   126,774

NOMS DES COMMUNES.	BUREAUX DE POSTE qui les desservent.	POPULATION.	TOTAL de la POPULATION par canton

Suite de l'ARRONDISSEMENT D'ARRAS.

Report..   126,774

Suite du CANTON DE VIMY.

Report..   12,639

OPPY..................	Arras...........	424	
QUIÉRY-LA-MOTTE........	Douai.	503	
ROCVROY.............	Lens.	570	
SOUCHEZ 🖃..........	Arras.	812	17,417
THÉLUS.............	Idem.	775	
VILLERS-AU-BOIS......	Idem.	283	
VIMY..............	Arras.	1,075	
WILLERVAL.........	Idem.	336	

CANTON DE VITRY.

BELLONNE..........	Douai...........	213	
BIACHE-SAINT-VAAST......	Arras.	1,068	
BOIRY-NOTRE-DAME......	Idem.	625	
BRÉBIÈRES........	Douai.	1,370	
CAGNICOURT......	Arras.	1,139	
CORBEHEM.......	Douai.	334	
DURY............	Arras.	589	
ÉTAING..........	Idem.	685	
ÉTERPIGNY......	Idem.	380	
FRESNES-LÈS-MONTAUBAN..	Idem.	381	
GOUY-SOUS-BELLONNE....	Douai.	605	
HAMBLAIN-LES-PRÉS....	Arras.	546	
HAUCOURT........	Idem.	360	
HENDECOURT-LÈS-CAGNICOURT..	Idem.	838	19,021
MONCHY-LES-PREUX....	Idem.	795	
NOYELLES-SUR-BELLONNE..	Douai.	543	
PELVES.........	Arras.	594	
PLOUVAIN......	Idem.	504	
RÉCOURT.......	Idem.	256	
RÉMY..........	Idem.	427	
RIENCOURT-LÈS-CAGNICOURT..	Idem.	624	
ROEUX.........	Idem.	594	
SAILLY-EN-OSTREVENT..	Douai.	910	
SAUDEMONT.....	Arras.	786	
TORTEQUENNE..	Douai.	567	
VILLERS-LES-CAGNICOURT..	Arras.	393	
VIS-EN-ARTOIS..	Idem.	585	
VITRY.........	Douai.	2,310	

TOTAL de la population de l'Arrondissement......   183,212

ARRONDISSEMENT DE BÉTHUNE.

CANTON DE BÉTHUNE.

ALLOUAGNE..........	Lillers...........	1,111	
ANNEZIN...........	Béthune.......	576	
BÉTHUNE 🖃.......	🖃	6,889	
BEUVRIÈRE (la).....	Béthune.	769	
CHOCQUES........	Idem.	1,315	
COUTURE (la).....	Idem.	2,356	
ESSART..........	Idem.	606	
FOUQUEREUILLE..	Idem.	402	
FOUQUIÈRES-LES-BÉTHUNE..	Idem.	366	20,288
HINGES.........	Idem.	1,055	
LOCON.........	Idem.	1,751	
OBLINGHEM....	Idem.	126	
PUGNOY (la)...	Idem.	475	
VENDIN-LES-BÉTHUNE..	Idem.	426	
VERQUIGNEUIL..	Idem.	589	
VERQUIN......	Idem.	648	
VIEILLE-CHAPELLE..	Idem.	828	

A reporter................   20,288

NOMS DES COMMUNES.	BUREAUX DE POSTE qui les desservent.	POPULA-TION.	TOTAL de la POPULA-TION par canton	NOMS DES COMMUNES.	BUREAUX DE POSTE qui les desservent.	POPULA-TION.	TOTAL de la POPULA-TION par canton
Suite de l'ARRONDISSEMENT DE BÉTHUNE.				Suite de l'ARRONDISSEMENT DE BÉTHUNE.			
	Report..		20,288		Report..		69,061
CANTON DE CAMBRIN.				**CANTON DE LAVENTIE.**			
ANNEQUIN	Béthune	594		FLEURBAIX	Armentières	3,172	
AUCHY-LA-BASSÉE	La Bassée	1,071		LAVENTIE	Estaires	4,373	
BEUVRY	Béthune	2,794		LESTREM	Idem	3,471	15,220
BILLY-BERCLAU	La Bassée	1,435		LORGIES	La Bassée	1,265	
BOURSE (la)	Béthune	327		NEUVE-CHAPELLE	Idem	561	
CAMBRIN	Idem	499		SAILLY-SUR-LA-LYS	Armentières	2,378	
CUINCHY	La Bassée	638					
DOUVRIN-PRÈS-LA-BASSÉE	Idem	1,176		**CANTON DE LENS.**			
FESTUBERT	Béthune	1,542	17,300	AIX-EN-GOHELLE	Lens	888	
GIVENCHY-LA-BASSÉE	La Bassée	532		ANGRES	Idem	501	
HAISNES	Idem	594		ANNAY	Idem	1,108	
NOYELLES-LES-VERMELLES	Béthune	198		BÉNIFONTAINE	Idem	145	
RICHEBOURG-L'AVOUÉ	Idem	1,981		BILLY-MONTIGNY	Idem	333	
RICHEBOURG-SAINT-VAAST	Idem	1,271		BULLY	Idem	495	
SAILLY-LA-BOURSE	Idem	710		ESTEVELLES	Idem	131	
VERMELLES	Idem	821		FOUQUIÈRES-LES-LENS	Idem	866	
VIOLAINES	La Bassée	1,117		GRENAY	Idem	213	
				HARNES	Idem	2,186	
				HULLUCH	Idem	548	
CANTON DE CARVIN.				LENS	✉	2,551	17,360
CARVIN	✉	4,995		LIÉVIN	Lens	1,350	
COURCELLES-LES-LENS	Douai	734		LOISON	Idem	408	
COURRIÈRES	Carvin	2,760		LOOS	Idem	817	
DOURGES	Idem	1,013		MAZINGARBE	Idem	593	
ÉVIN-MALMAISON	Idem	857		MEURCHIN	Idem	688	
FOREST (le)	Idem	1,117	17,200	NOYELLES-SOUS-LENS	Idem	656	
HÉNIN-LIÉTARD	Idem	3,006		PONT-A-VENDIN	Idem	833	
MONTIGNY-EN-GOHELLE	Idem	596		SALLAU	Idem	191	
NOYELLE-GODAULT	Douai	718		VENDIN-LE-VIEIL	Idem	976	
OIGNIES	Carvin	1,404		WINGLES	Idem	883	
CANTON DE HOUDAIN.				**CANTON DE LILLERS.**			
BARLIN	Béthune	516		BUSNES	Saint-Venant	1,488	
BEUGIN	Idem	175		CALONNE-SUR-LA-LYS	Idem	1,508	
BOUVIGNIES-BOYEFFLES	Idem	656		GONNEHEM	Béthune	1,878	
BRUAY	Idem	688		GUARBECQUE	Saint-Venant	765	
BOISSIÈRE (la)	Idem	826		LILLERS	✉	4,621	15,725
CALONNE-RICOUART	Idem	290		MONT-BERNANCHON	Saint-Venant	1,086	
CAMBLAIN-CHATELAIN	Idem	615		ROBECQ	Idem	1,439	
CAUCOURT	Idem	389		SAINT-FLORIS	Idem	631	
DIVION	Idem	548		SAINT-VENANT	✉	2,309	
DROUVIN-PRÈS-BÉTHUNE	Idem	181					
ESTRÉE-CAUCHY	Idem	360		**CANTON DE NORRENT-FONTES.**			
FRESNICOURT	Idem	446		AMES	Lillers	445	
GAUCHIN-LEGAL	Idem	320		AMETTES	Idem	421	
GOSNAY	Idem	185		AUCHEL	Idem	627	
GOUY-SERVIN	Idem	384		AUCHY-AU-BOIS	Idem	245	
HAILLICOURT	Idem	412		BERGUETTE	Saint-Venant	489	
HERMIN	Idem	1,277	14,273	BLESSY	Aire-sur-la-Lys	562	
HERSIN	Idem	126		BOURECQ	Lillers	516	
HESDIGNEUL	Idem	328		BURBURE	Idem	815	
HOUCHAIN	Idem	398		CAUCHIE-A-LA-TOUR	Idem	358	
HOUDAIN	Idem	930		ECQEDECQUE	Idem	355	
MAISNIL-LES-RUITS	Idem	317		ESTRÉE-BLANCHE	Aire-sur-la-Lys	394	
MARLES	Idem	459		FERFAYE	Lillers	311	
NOEUX	Idem	912		HAM	Idem	746	
OURTON	Idem	332		ISBERGUE	Aire-sur-la-Lys	787	
RANCHICOURT	Idem	117		LAMBRES	Idem	521	
REBREUVE	Idem	527		LESPESSES	Lillers	260	
RUIT	Idem	416		LIÈRES	Idem	222	
SAINS-EN-GOHELLE	Idem	377		LIETTRES	Aire-sur-la-Lys	387	
SERVIN	Idem	447		LIGNY-LES-AIRE	Idem	659	
VAUDRICOURT	Idem	319		LINGHEM	Idem	225	
					A reporter..	9,345	
	A reporter		69,061		A reporter		117,366

NOMS DES COMMUNES.	BUREAUX DE POSTE qui les desservent.	POPULA-TION.	TOTAL de la POPULA-TION par canton	NOMS DES COMMUNES.	BUREAUX DE POSTE qui les desservent.	POPULA-TION.	TOTAL de la POPULA-TION par canton

Suite de l'ARRONDISSEMENT DE BÉTHUNE.

Report.. | | | 117,366

Suite du Canton de NORRENT-FONTES.

	Report..	9,345	
LOZINGHEM	Lillers	326	
MAZINGHEM	Aire-sur-la-Lys	288	
MOLINGHEM	Idem	670	
NORRENT-FONTES	Lillers	1,480	
QUERNES	Aire-sur-la-Lys	315	14,483
RELY	Idem	384	
ROMBLY	Idem	77	
SAINT-HILAIRE-COTTES	Lillers	632	
WESTREHEM	Aire-sur-la-Lys	333	
WITTERNESSE	Idem	633	

TOTAL de la population de l'Arrondissement...... | 131,849

ARRONDISSEMENT DE BOULOGNE-SUR-MER.

Canton de BOULOGNE-SUR-MER.

BAINCTHUN	Boulogne-sur-Mer	1,687	
BOULOGNE-SUR-MER	⚓	20,856	
CONTEVILLE	Boulogne-sur-Mer	282	
ECHINGHEN	Idem	163	26,274
PERNES	Idem	341	
PITTEFAUX	Idem	119	
SAINT-MARTIN-BOULOGNE	Idem	1,047	
WIMILLE	Idem	1,779	

Canton de CALAIS.

ATTAQUES (les)	Calais	600	
BONNINGUES-LES-CALAIS	Idem	275	
CALAIS	⚓	10,437	
COQUELLES	Calais	443	
COULOGNE	Idem	595	
ESCALES	Idem	352	
FRÉTHUN	Idem	507	24,329
MARCK	Idem	2,444	
NIESLES-LES-CALAIS	Idem	230	
PEUPLINGUE	Idem	382	
SANGATTE	Idem	6,802	
SAINT-PIERRE-LES-CALAIS	Idem	905	
SAINT-TRICAT	Idem	357	

Canton de DESVRES.

ALINCTHUN	Boulogne-sur-Mer	349	
BAINGHEN	Ardres	215	
BELLEBRUNE	Boulogne-sur-Mer	197	
BELLE-HOULLEFORT	Idem	355	
BOURNONVILLE	Idem	201	
BRUNEMBERT	Idem	354	
COLEMBERT	Idem	442	
COURSET	Samer	401	
CREMAREST	Idem	701	
DESVRES	Idem	2,621	
HENNEVEUX	Boulogne-sur-Mer	264	
LONGFOSSÉ	Samer	327	10,323
LONGUEVILLE	Boulogne-sur-Mer	144	
LOTTINGHEN	Samer	406	
MENNEVILLE	Idem	450	
NABRINGHEM	Boulogne-sur-Mer	217	
QUESQUES	Samer	661	
SAINT-MARTIN-CHOQUEL	Idem	312	
SELLES	Idem	295	
SENEQUES	Idem	277	
VIEIL-MOUTIER	Idem	279	
WAST (le)	Boulogne-sur-Mer	211	
WIRWIGNES	Samer	644	

A reporter....................... | 60,926

Suite de l'ARROND.ᵗ DE BOULOGNE-SUR-MER.

Report.. | | | 60,926

Canton de GUINES.

ALEMBON	Guines	544	
ANDRES	Idem	873	
BOUQUEHAULT	Idem	658	
BOURSIN	Marquise	285	
CAFFIERS	Guines	334	
CAMPAGNE	Idem	424	
FIENNES	Idem	1,037	
GUINES	⚓	3,859	13,548
HAMES	Guines	877	
HARDINGHEN	Marquise	1,402	
HERBINGHEN	Ardres	378	
HERMELINGHEN	Guines	302	
HOCQUINGHEN	Ardres	104	
LICQUES	Idem	1,581	
PIHEN	Guines	512	
SANGHEN	Ardres	378	

Canton de MARQUISE.

AMBLETEUSE	Marquise	595	
AUDEMBERT	Idem	356	
AUDINGHEN	Idem	895	
AUDRESSELLES	Idem	746	
BAZINGHEN	Idem	391	
BEUVREQUEN	Idem	293	
FERQUES	Idem	725	
HERVELINGHEM	Idem	228	
LANDRETHUN-LE-NORD	Idem	487	
LEUBRINGHEN	Idem	305	
LEULINGHEN	Idem	279	
MANINGHEN-WIMILLE	Idem	185	11,741
MARQUISE	⚓	2,037	
OFFRETHUN	Marquise	115	
RETY	Idem	1,286	
RINXENT	Idem	457	
SAINT-INGLEVERT	Idem	498	
(au Haut-Buisson.)			
TARDINGHEN	Idem	234	
WACQCINGHEN	Idem	124	
WIERRE-EFFROY	Idem	658	
WISSANT	Idem	847	

Canton de SAMER.

CARLY	Samer	254	
CONDETTE	Idem	556	
DANNES	Idem	309	
DOUDEAUVILLE	Idem	617	
HALINGHEN	Idem	415	
HESDIGNEUL	Idem	204	
HESDIN-L'ABBÉ	Idem	565	
ISQUES	Boulogne-sur-Mer	276	
LACRES	Samer	342	
NESLES	Idem	209	11,884
NEUFCHATEL	Idem	728	
OUTREAU	Boulogne-sur-Mer	3,600	
QUESTRECQUES	Samer	318	
SAMER	⚓	1,895	
SAINT-ÉTIENNE-AU-MONT	Boulogne-sur-Mer	514	
SAINT-LÉONARD	Idem	254	
TINGRY	Samer	306	
VERLINCTHUN	Idem	348	
WIERRE-AUX-BOIS	Idem	174	

TOTAL de la population de l'Arrondissement...... | 98,099

NOMS DES COMMUNES.	BUREAUX DE POSTE qui les desservent.	POPULA- TION.	TOTAL de la POPULA- TION par canton	NOMS DES COMMUNES.	BUREAUX DE POSTE qui les desservent.	POPULA- TION.	TOTAL de la POPULA- TION par canton
ARRONDISSEMENT DE MONTREUIL-SUR-MER.				**Suite de l'ARROND.ᵗ DE MONTREUIL-SUR-MER.**			
					Report..		21,655
CANTON DE CAMPAGNE-LES-HESDIN.				**Suite du CANTON DE FRUGES.**			
					Report..	10,594	
AIX-EN-ISSART..........	Montreuil-sur-Mer..	569		RADINGHEM.............	Fruges...	289	
BEAURAINVILLE..........	Idem..........	1,163		RIMBOVAL.............	Idem...	574	
BOIS-JEAN.............	Idem..........	765		ROYON..............	Idem...	253	
BOUBERS-LES-HESMOND......	Idem..........	122		RUISSEAUVILLE.........	Idem...	273	13,655
BRIMEUX.............	Idem..........	660		SAINS-LES-FRESSIN......	Idem...	157	
BUIRE-LE-SEC..........	Idem..........	1,095		SENLIS.............	Idem...	260	
CAMPAGNE-LES-HESDIN......	Idem..........	1,403		TORCY.............	Idem...	311	
DOURIEZ.............	Hesdin.........	586		VERCHIN.............	Idem...	528	
ECQUEMICOURT..........	Idem..........	156		VINCLY.............	Idem...	306	
GOUY-SAINT-ANDRÉ........	Montreuil-sur-Mer..	1,084					
HESMOND.............	Idem..........	436					
LÉPINOY.............	Idem..........	307	13,132	**CANTON DE HESDIN.**			
LOISON.............	Idem..........	489					
MAINTENAY-ROUSSENT......	Idem..........	837		AUBIN-SAINT-VAAST......	Hesdin........	698	
MARANT.............	Idem..........	170		BOUIN.............	Idem...	381	
MARENLA.............	Idem..........	359		BRÉVILLERS..........	Idem...	156	
MARESQUEL...........	Hesdin.........	528		CAPELLE.............	Idem...	445	
MARLES.............	Montreuil-sur-Mer..	460		CAUMONT.............	Idem...	669	
OFFIN.............	Idem..........	336		CAVRON-SAINT-MARTIN....	Idem...	842	
SAULCROY............	Hesdin.........	381		CHERIENNE..........	Idem...	432	
SEMPY.............	Idem..........	499		CONTES.............	Idem...	578	
SAINT-DENŒUX..........	Idem..........	422		GUIGNY.............	Idem...	228	
SAINT-REMY-AUX-BOIS......	Hesdin.........	305		GUISY.............	Idem...	212	
				HESDIN 🖂...........	🖂........	3,425	14,087
				HUBY-SAINT-LEU........	Hesdin........	796	
CANTON D'ÉTAPLES.				LABROYE.............	Idem...	375	
				LOGE (la)...........	Idem...	322	
ATTIN.............	Montreuil-sur-Mer..	400		MARCONNE............	Idem...	665	
BERNIEULLES..........	Idem..........	378		MARCONNELLE..........	Idem...	862	
BEUTIN.............	Idem..........	153		MOURIEZ.............	Idem...	526	
BREXENT-ENOCQ........	Idem..........	438		PLUMOISON..........	Idem...	144	
CAMIERS............	Idem..........	463		RAYE.............	Idem...	755	
CORMONT 🖂..........	Idem..........	425		REGNAUVILLE..........	Idem...	395	
ESTRÉE.............	Idem..........	183		SAINTE-AUSTREBERTHE....	Idem...	296	
ESTRÉELLES..........	Idem..........	189		TORTEFONTAINE........	Idem...	552	
ÉTAPLES............	Idem..........	1,764		WAMBERCOURT..........	Idem...	339	
FAUX (le)...........	Idem..........	301	8,523				
FRENCQ.............	Idem..........	934					
HUBERSENT..........	Idem..........	371					
INXENT.............	Idem..........	328		**CANTON DE HUCQUELIERS.**			
LONGVILLERS..........	Idem..........	531					
MARESVILLE..........	Idem..........	131		AIX-EN-ERGNY........	Hucqueliers.......	317	
MONT-CAVREL..........	Idem..........	598		ALETTE.............	Montreuil-sur-Mer..	444	
RECQUES............	Idem..........	232		AVESNE.............	Hucqueliers.......	128	
TUBERSENT..........	Idem..........	355		BÉCOURT............	Idem....	263	
WIDEHEM............	Idem..........	349		BEUSSENT..........	Montreuil-sur-Mer..	724	
				BÉZINGHEM..........	Hucqueliers.......	284	
				BIMONT.............	Idem....	160	
CANTON DE FRUGES.				BOURTHES-LES-HAMEAUX...	Idem....	1,090	
				CAMPAGNE-LES-BOULONNOIS.	Idem....	1,057	
AMBRICOURT..........	Fruges.....	214		CLENLEU............	Idem....	270	
AVONDANCES..........	Idem.....	89		ENQUIN.............	Idem....	173	
CANLERS............	Idem.....	316		ERGNY.............	Idem....	282	11,923
COUPELLE-NEUVE........	Idem.....	372		HERLY.............	Idem....	803	
COUPELLE-VIEILLE.......	Idem.....	927		HUCQUELIERS..........	🖂 (Distribution.)....	726	
CRÉPY.............	Idem.....	431		HUMBERT............	Hucqueliers.......	458	
CRÉQUY.............	Idem.....	1,401		MARINGHEM-AU-MONT.....	Idem....	188	
EMBRY.............	Idem.....	761		PARENTY............	Idem....	735	
FRESSIN............	Hesdin.....	1,084		PREURES............	Idem....	750	
FRUGES 🖂..........	🖂.....	3,038		QUILEN.............	Idem....	162	
HÉZECQUES..........	Fruges.....	282		RUMILLY............	Idem....	616	
LEBIEZ.............	Idem.....	567		SAINT-MICHEL........	Idem....	292	
LUGY.............	Idem.....	259		VERCHOCQ..........	Idem....	1,180	
MATRINGHEM..........	Idem.....	374		WICQUINGHEM..........	Idem....	353	
MENCAS............	Idem.....	185		ZOTEUX............	Idem....	468	
PLANQUES............	Idem.....	294					
	A reporter..	10,594			A reporter............		61,320
	A reporter............		21,655				

NOMS DES COMMUNES.	BUREAUX DE POSTE qui les desservent.	POPULATION.	TOTAL de la POPULATION par canton.
Suite de l'ARROND^t DE MONTREUIL-SUR-MER.			
Report..			61,320
CANTON DE MONTREUIL-SUR-MER.			
Airon-Notre-Dame.	Montreuil-sur-Mer.	241	
Airon-Saint-Vaast.	Idem.	155	
Beaumerie-Saint-Martin.	Idem.	312	
Berck-sur-Mer.	Idem.	1,649	
Calotterie (la).	Idem.	486	
Campigneul-les-Grandes.	Idem.	249	
Campigneul-les-Petites.	Idem.	229	
Colline-Beaumont.	Idem.	167	
Conchil-le-Temple.	Idem.	468	
Cucq.	Idem.	690	
Écuires.	Idem.	746	
Épine-les-Bruyères (1).	Idem.	508	
Groffliers.	Idem.	335	16,526
Madelaine (la).	Idem.	167	
Merlimont.	Idem.	851	
Montreuil-sur-Mer.	✉.	4,083	
Nempont-Saint-Firmin.	Montreuil-sur-Mer.	377	
Neuville-sur-Montreuil.	Idem.	979	
Sorrus.	Idem.	455	
Saint-Aubin.	Idem.	182	
Saint-Josse.	Idem.	599	
Tigny-Noyelle.	Idem.	402	
Verton.	Idem.	1,408	
Waben.	Idem.	261	
Wailly.	Idem.	527	
TOTAL de la population de l'Arrondissement......			77,846
ARRONDISSEMENT DE SAINT-OMER.			
CANTON D'AIRE-SUR-LA-LYS.			
Aire-sur-la-Lys.	✉.	8,725	
Clarques.	Aire-sur-la-Lys.	338	
Ecques.	Saint-Omer.	1,219	
Herbelle.	Idem.	323	
Heuringhem.	Idem.	460	
Inghem.	Idem.	290	
Mametz.	Aire-sur-la-Lys.	1,279	16,905
Quiestède.	Idem.	300	
Racquinghem.	Idem.	550	
Rebecq.	Idem.	324	
Roquetoire.	Idem.	1,307	
Thérouanne.	Idem.	776	
Wardrecque.	Saint-Omer.	403	
Wittes-Cohem.	Aire-sur-la-Lys.	611	
CANTON D'ARDRES.			
Ardres.	✉.	3,016	
Audrehem.	Ardres.	611	
Autingues.	Idem.	280	
Balinghem.	Idem.	576	
Bayenghem-les-Éperlecques.	Saint-Omer.	505	
Bonningues-les-Ardres.	Ardres.	641	
Brêmes.	Idem.	920	
Clerques.	Idem.	328	
Éperlecques.	Saint-Omer.	1,837	
Guemy.	Ardres.	54	
Journy.	Idem.	295	
A reporter..		8,063	
A reporter..................			16,905

NOMS DES COMMUNES.	BUREAUX DE POSTE qui les desservent.	POPULATION.	TOTAL de la POPULATION par canton.
Suite de l'ARRONDISSEMENT DE SAINT-OMER.			
Report..			16,905
Suite du CANTON D'ARDRES.			
Report.		8,063	
Landrethun-les-Ardres.	Ardres.	530	
Louches.	Idem.	835	
Mentques.	Saint-Omer.	711	
Muncq-Nieurlet.	Ardres.	408	
Nielles-les-Ardres.	Idem.	396	
Nort-Dausque.	Idem.	419	13,911
Nort-Leulinghem.	Saint-Omer.	178	
Rebergues.	Ardres.	238	
Recques.	Idem.	524	
Rodelinghem.	Idem.	289	
Tournehem.	Idem.	896	
Zouasques.	Idem.	424	
(à la Recousse.)			
CANTON D'AUDRUICQ.			
Audruicq.	Ardres.	2,287	
Guemps.	Idem.	671	
Nort-Querque.	Idem.	1,273	
Nouvelle-Église.	Idem.	332	
Offekerque.	Idem.	532	
Oye.	Gravelines.	1,510	
Polincove.	Ardres.	497	13,357
Ruminghem.	Idem.	961	
Saint-Folquin.	Gravelines.	1,027	
Sainte-Marie-Kerque.	Bourbourg.	1,084	
Saint-Omer-Capelle.	Gravelines.	517	
Vieille-Église.	Ardres.	804	
Zutkerque.	Idem.	1,862	
CANTON DE FAUQUEMBERGUE.			
Audincthun.	Fauquembergue.	856	
Avroult.	Saint-Omer.	000	
Beaumetz-les-Aire.	Fruges.	395	
Bomy.	Aire-sur-la-Lys.	804	
Coyecque.	Fauquembergue.	741	
Dennebroucq.	Idem.	414	
Enguinegatte.	Aire-sur-la-Lys.	432	
Enquin.	Idem.	623	
Erny-Saint-Julien.	Idem.	370	
Fauquembergue.	✉ (Distribution.)	1,012	11,536
Febrin-Palfart.	Aire-sur-la-Lys.	970	
Fléchin.	Idem.	568	
Laires.	Fruges.	687	
Mercq-Saint-Lieven.	Saint-Omer.	954	
Reclinghem.	Fauquembergue.	424	
Renty.	Idem.	878	
Saint-Martin-d'Hardinghem.	Idem.	495	
Thiembronne.	Saint-Omer.	913	
CANTON DE LUMBRES.			
Acquin.	Saint-Omer.	782	
Affringues.	Idem.	160	
Alquines.	Idem.	812	
Bayenghem-les-Seninghem.	Idem.	271	
Bléquin.	Idem.	587	
Boisdinghem.	Idem.	248	
Bouvelinghem.	Idem.	274	
A reporter..		3,134	
A reporter..................			55,709

NOMS DES COMMUNES.	BUREAUX DE POSTE qui les desservent.	POPULATION.	TOTAL de la POPULATION par canton

Suite de l'ARRONDISSEMENT DE SAINT-OMER.

Report.. 55,709

Suite du CANTON DE LUMBRES.

	Report..	3,134	
CLÉTY	Saint-Omer	513	
COULOMBY	Idem	591	
DELETTES	Idem	957	
DOHEM	Idem	634	
ELNES	Idem	349	
ESCŒUILLES	Ardres	386	
ESQUERDES	Saint-Omer	702	
HALLINES	Idem	551	
HAUT-LOQUIN	Ardres	277	
LEDINGHEM	Saint-Omer	446	
LEULINGHEM	Idem	288	
LUMBRES	Idem	801	
NIELLES-LES-BLÉQUIN	Idem	744	16,160
OUVE-WIRQUIN	Idem	269	
PIHEM	Idem	636	
QUELMES	Idem	320	
QUERCAMP	Idem	324	
REMILLY	Idem	229	
SENINGHEM	Idem	683	
SETQUES	Idem	348	
SURGUES	Ardres	459	
VAUDRINGHEM	Saint-Omer	477	
WAVRANS	Idem	744	
WESTBÉCOURT	Idem	120	
WISMES	Fauquembergue	622	
WISQUES	Saint-Omer	171	
ZUDAUSQUES	Idem	485	

CANTON DE SAINT-OMER (nord).

CLAIRMARAIS	Saint-Omer	230	
HOULLE	Idem	458	
MORINGHEM	Idem	481	
MOULLE	Idem	900	
SALPERWICK	Idem	317	14,928
SERQUES	Idem	1,018	
SAINT-MARTIN-EN-LAËRT	Idem	810	
SAINT-OMER (nord)		9,837	
TILQUES	Saint-Omer	877	

CANTON DE SAINT-OMER (sud).

ARQUES	Saint-Omer	2,190	
BLENDECQUES	Idem	1,406	
CAMPAGNE-LES-WARDRECQUES	Idem	458	
HELFAUT-BILQUES	Idem	621	16,276
LONGUENESSE	Idem	570	
SAINT-OMER (sud)		9,507	
TATINGHEM	Saint-Omer	555	
WIZERNES	Idem	969	

TOTAL de la population de l'Arrondissement...... 103,073

ARRONDISSEMENT DE SAINT-POL-SUR-TERNOISE.

CANTON D'AUBIGNY.

AGNIÈRES	Aubigny	147	
AMBRINES	Idem	300	
AUBIGNY	(Distribution)	678	
AVERDOING	S'-Pol-sur-Ternoise	389	

A reporter.. 1,514

NOMS DES COMMUNES.	BUREAUX DE POSTE qui les desservent.	POPULATION.	TOTAL de la POPULATION par canton

Suite de l'ARROND' DE SAINT-POL-SUR-TERNOISE.

Suite du CANTON D'AUBIGNY.

	Report..	1,514	
BAILLEUL-AUX-CORNAILLES	S'-Pol-sur-Ternoise	534	
BAJUS	Idem	125	
BERLES	Aubigny	467	
BÉTHONSART	Idem	264	
CAMBLIGNEUL	Idem	322	
CAMBLIN-L'ABBÉ	Idem	366	
CAPELLE-FERMONT	Idem	85	
CHELERS	Idem	383	
COMTÉ (la)	Idem	458	
FRÉVILLERS	Idem	365	
FRÉVIN-CAPELLE	Idem	241	
GOUY-EN-TERNOIS	S'-Pol-sur-Ternoise	352	
HERMAVILLE	Aubigny	540	11,591
IZEL-LES-HAMEAUX	Idem	711	
MAGNICOURT-EN-COMTÉ	Idem	509	
MAIZIÈRES	S'-Pol-sur-Ternoise	461	
MINGOVAL	Aubigny	298	
MONCHY-BRETON	S'-Pol-sur-Ternoise	398	
PENIN	Aubigny	591	
SAVY-BERLETTE	Idem	581	
THIEULOYE (la)	S'-Pol-sur-Ternoise	368	
THILLOY-LEZ-HERMAVILLE	Aubigny	253	
TINQUES	Idem	693	
VILLERS-BRULIN	Idem	422	
VILLERS-CHATEL	Idem	139	
VILLERS-SIR-SIMON	Idem	151	

CANTON D'AUXY-LE-CHATEAU.

AUBROMETZ	Frévent	200	
AUXY-LE CHATEAU		2,725	
BOFFLES	Auxy-le-Château	127	
BONNIÈRES	Idem	1,107	
BOUBERS-SUR-CANCHE	Idem	660	
BOURET-SUR-CANCHE	Idem	284	
BUIRE-AU-BOIS	Idem	831	
CANTELEUX	Doullens	108	
CONCHY-SUR-CANCHE	Idem	502	
ERQUIÈRES	Hesdin	213	
FONTAINE-L'ÉTALON	Auxy-le-Château	325	
FORTEL	Idem	358	
FRÉVENT		2,671	15,253
GENNE-IVERGNY	Auxy-le-Château	444	
HARAVESNES	Idem	165	
HAUT-MAISNIL	Idem	236	
LIGNY-SUR-CANCHE	Frévent	431	
MONCHEL	Idem	123	
NŒUX	Auxy-le-Château	396	
PONCHEL (le)	Idem	431	
QUŒUX	Idem	456	
ROUGEFAY	Idem	271	
TOLLENT	Idem	246	
VACQUERIE-LE-BOUCQ	Idem	239	
VAULX	Idem	374	
VILLERS-L'HOPITAL	Idem	748	
WAVANS	Idem	381	
WILLENCOURT	Idem	201	

CANTON D'AVESNES-LE-COMTE.

AVESNES-LE-COMTE	L'Arbret	1,279	
BAILLY	Idem	511	
BEAUDRICOURT	Frévent	234	

A reporter.. 3,024

A reporter................... 26,844

NOMS DES COMMUNES.	BUREAUX DE POSTE qui les desservent.	POPULA-TION.	TOTAL de la POPULA-TION par canton	NOMS DES COMMUNES.	BUREAUX DE POSTE qui les desservent.	POPULA-TION.	TOTAL de la POPULA-TION par canton
Suite de l'ARROND.[t] DE SAINT-POL-SUR-TERNOISE.				Suite de l'ARROND.[t] DE SAINT-POL-SUR-TERNOISE.			
	Report..		26,844		Report..		41,567
Suite du CANTON D'AVESNES-LE-COMTE.				Suite du CANTON DE HEUCHIN.			
	Report...	2,024			Report..	10,653	
BAVINCOURT	L'Arbret	523		PRESSY-LES-PERNES	S¹-Pol-sur-Ternoise..	192	
(✉ Distribution. ⚒ à l'Arbret.)				SACHIN	Idem	198	
BEAUFORT	Idem	346		SAINS-LES-PERNES	Idem	447	
BERLENCOURT	Frévent	575		TANGRY	Idem	374	13,103
BLAVINCOURT	L'Arbret	345		TENEUR	Idem	389	
CANETTEMONT	Frévent	109		TILLY-CAPEL	Idem	313	
COULLEMONT	L'Arbret	393		VALHUON	Idem	537	
COUTURELLE	Idem	207					
DÉNIER	Frévent	172					
ESTRÉE-WAMIN	Idem	465		CANTON DU PARCQ.			
GIVENCHY-LE-NOBLE	L'Arbret	214					
HAUTEVILLE	Idem	364		AUCHY-LES-MOINES	Hesdin	1,234	
HOUVIGNEUL	Frévent	341		AZINCOURT	Idem	452	
HOUVIN	Idem	306		BÉALENCOURT	Idem	434	
IVERGNY	Idem	549		BLANGY-SUR-TERNOISE	Idem	887	
LATTRE-SAINT-QUENTIN	L'Arbret	267	14,723	BLINGEL	Idem	218	
LIENCOURT	Idem	254		ÉCLIMEUX	Idem	279	
LIGNEREUIL	Idem	238		FILLIÈVRE	Idem	1,057	
MAGNICOURT-SUR-CANCHE	Frévent	241		FRESNOY	Idem	136	
MANIN	L'Arbret	298		GALAMETZ	Idem	254	
MONDICOURT	Doullens	511		GRIGNY	Idem	445	
NOYELLETTE-EN-L'EAU	L'Arbret	133		INCOURT	Idem	226	
NOYELLE-VION	Idem	471		MAISONCELLE	Idem	273	
POMMERA	Doullens	585		NEULETTE	Idem	81	10,917
REBREUVES	Frévent	415		NOYELLE-LES-HUMIÈRES	Idem	86	
REBREUVIETTE	Idem	556		PARCQ (le)	Idem	804	
RULLECOURT (grand)	L'Arbret	764		QUESNOY (le)	Idem	601	
SARS-LE-BOIS	Frévent	157		ROLLENCOURT	Idem	411	
SAULTY	L'Arbret	707		SAINT-GEORGES	Idem	424	
SOMBRIN	Idem	471		TRAMECOURT	Idem	171	
SOUICH (le)	Frévent	660		VACQUERIETTE	Idem	367	
SUS-SAINT-LÉGER	Idem	721		VIEIL-HESDIN	Idem	507	
WARTUZEL	L'Arbret	429		WAIL	Idem	526	
				WAMIN	Idem	475	
				WILLEMAN	Idem	589	
CANTON DE HEUCHIN.							
				CANTON DE SAINT-POL-SUR-TERNOISE.			
ANVIN	S¹-Pol-sur-Ternoise..	442					
AUMERVAL	Idem	257		BEAUVOIS	S¹-Pol-sur-Ternoise..	196	
BAILLEUL-LES-PERNE	Idem	337		BERMICOURT	Idem	292	
BERGUENEUSE	Idem	191		BLANGERMONT	Frévent	111	
BOURS	Idem	655		BLANGERVAL	Idem	156	
BOYAVAL	Idem	218		BRIAS	S¹-Pol-sur-Ternoise..	364	
CONTEVILLE	Idem	148		BRUNEVILLE	Frévent	233	
DIÉVAL	Idem	775		CROISETTES	S¹-Pol-sur-Ternoise..	528	
EPS-HERBE-VAL	Idem	413		CROIX	Idem	270	
ÉQUIRRES	Idem	125		ÉCOIVRES	Frévent	177	
ÉRIN	Idem	383		FLERS-EN-FLAVERMONT	Idem	513	
FIEFS	Idem	865		FOUFFLIN-RICAMETZ	S¹-Pol-sur-Ternoise..	333	
FLEURY	Idem	216		FRAMECOURT	Idem	161	
FLORINGHEM	Idem	425		GAUCHIN-VERLOING	Idem	305	
FONTAINES-LES-BOULANS	Idem	271		GUINECOURT	Idem	75	
FONTAINES-LES-HERMANS	Idem	150		HAUTE-CLOCQUE	Idem	291	
HESTRUS	Idem	558		HAUTE-COTE	Frévent	137	
HEUCHIN	Idem	574		HERICOURT	S¹-Pol-sur-Ternoise..	183	
HUCLIER	Idem	144		HERLINCOURT	Idem	173	
LISBOURG	Fruges	1,137		HERLIN-LE-SEC	Idem	158	
MAREST	S¹-Pol-sur-Ternoise..	187		HERNICOURT	Idem	509	
MONCHY-CAYEUX	Idem	364		HOMEBŒUVILLE	Idem	284	
NÉDON	Idem	266		HUMIÈRES	Idem	486	
NÉDONCHEL	Idem	407		LENZEUX	Frévent	396	
PERNES ⚒	Idem	810					
PRÉDEFIN	Idem	335					
	A reporter..	10,653			A reporter..	6,321	
	A reporter		41,567		A reporter		65,587

NOMS DES COMMUNES.	BUREAUX DE POSTE qui les desservent.	POPULA-TION.	TOTAL de la POPULA-TION par canton	NOMS DES COMMUNES.	BUREAUX DE POSTE qui les desservent.	POPULA-TION.	TOTAL de la POPULA-TION par canton
Suite de l'ARROND.ᵗ DE SAINT-POL-SUR-TERNOISE.		Report..	65,587	Suite de l'ARROND.ᵗ DE SAINT-POL-SUR-TERNOISE.		Report..	65,587
Suite du CANTON DE SAINT-POL-SUR-TERNOISE.				Suite du CANTON DE SAINT-POL-SUR-TERNOISE.			
		Report..	6,221			Report..	9,305	
LIGNY-SAINT-FLOCHEL........	Sᵗ-Pol-sur-Ternoise..	315		RAMECOURT.............	Sᵗ-Pol-sur-Ternoise..	230	
MAISNIL.................	Idem...........	286		ROËLLECOURT...........	Idem...........	411	
MARQUAY...............	Idem..	187		SÉRICOURT.............	Frévent..........	60	
MONCHEAUX............	Frévent..........	223		SIBIVILLE.............	Idem...........	371	
MONTS-EN-TERNOIS.........	Sᵗ-Pol-sur-Ternoise..	182		SIRACOURT.............	Sᵗ-Pol-sur-Ternoise..	165	15,089
NEUVILLE-AU-CORNET.......	Idem...........	143		SAINT-MICHEL..........	Idem...........	373	
NUNCQ.................	Frévent..........	402		SAINT-POL-SUR-TERNOISE ⚙...	✉............	3,504	
ŒUF-EN-TERNOIS...........	Sᵗ-Pol-sur-Ternoise..	512		TERNAS...............	Sᵗ-Pol-sur-Ternoise..	143	
OSTREVILLE.............	Idem...........	310		TROIS-VAUX...........	Idem...........	301	
PIERREMONT.............	Idem...........	524		WAVRANS.............	Idem...........	226	
	A reporter..	9,305	65,587	TOTAL de la population de l'Arrondissement.......			80,676

RECAPITULATION.

	NOMBRE de		POPULATION.
	CANTONS.	COMMUNES.	
ARRONDISSEMENT D'ARRAS......................	10	211	163,212
——————— DE BÉTHUNE..................	8	142	131,849
——————— DE BOULOGNE-SUR-MER.........	6	100	98,099
——————— DE MONTREUIL-SUR-MER........	6	139	77,846
——————— DE SAINT-OMER..............	7	118	103,073
——————— DE SAINT-POL-SUR-TERNOISE.....	6	193	80,676
TOTAUX....................	43	903	654,755

NOMS DES COMMUNES.	BUREAUX DE POSTE qui les desservent.	POPULA-TION.	TOTAL de la POPULA-TION par canton	NOMS DES COMMUNES.	BUREAUX DE POSTE qui les desservent.	POPULA-TION.	TOTAL de la POPULA-TION par canton
ARRONDISSEMENT DE CLERMONT-FERRAND.				**Suite de l'ARROND.r DE CLERMONT-FERRAND.**			
						Report..	104,248
CANTON DE SAINT-AMAND-TALLENDE.				**CANTON DE PONT-DU-CHATEAU.**			
AYDAT	Veyre	1,649		CORNON	Pont-du-Château	2,664	
CHANONAT	Idem	1,225		DALLET	Idem	1,336	
OLLOIX	Idem	1,150		LEMPDES	Idem	1,883	
SAULZET-LE-FROID	Idem	699		LUSSAT	Idem	812	11,019
SAINT-AMAND-TALLENDE	Idem	1,489	9,912	MARTRES-D'ARTIÈRES	Idem	895	
SAINT-SANDOUX	Idem	1,250		PONT-DU-CHATEAU 🏤	✉ (Distribution.)	3,429	
SAINT-SATURNIN	Idem	1,597					
VERNET (le)	Idem	1,053		**CANTON DE ROCHEFORT.**			
CANTON DE BILLOM.				ALLAGNAT	Rochefort	887	
				GELLES	Idem	2,018	
BILLOM	✉	4,746		HEUME-L'ÉGLISE	Idem	477	
BONGHEAT	Billom	832		LAQUEUILLE	Idem	1,137	
BORT	Idem	911		MAZAYE	Pontgibaud	774	
ÉGLISE-NEUVE-PRÈS-BILLOM	Idem	1,606		MURAT-LE-QUAIRE	Rochefort	1,023	
GLAINE-MONTAIGUT	Idem	1,075	14,267	NÉBOUZAT	Idem	903	15,032
MAUZUN	Idem	320		OLBY	Idem	966	
MONTMORIN	Idem	1,213		ORCIVAL	Idem	760	
NEUVILLE	Idem	832		PERPEZAT	Idem	1,139	
PÉRIGNAT-ÈS-ALLIER	Idem	556		ROCHEFORT 🏤	✉ (Distribution.)	1,444	
SAINT-JULIEN-DE-COPEL	Idem	2,176		SAINT-BONNET-PRÈS-ORCIVAL	Rochefort	1,189	
CANTON DE BOURG-LASTIC.				SAINT-PIERRE-ROCHE	Idem	996	
				VERNINES-AURIÈRES	Idem	1,319	
BOURG-LASTIC 🏤	✉ (Distribution.)	2,707		**CANTON DE VERTAIZON.**			
BRIFFONS	Bourg-Lastic	1,027					
MESSEIX	Idem	1,880	6,957	BEAUREGARD-L'ÉVÊQUE	Pont-du-Château	1,427	
SAVENNES	Idem	598		BOUZEL	Billom	640	
SAINT-JULIEN-PUY-LA-VÈZE	Idem	745		CHAS	Idem	611	
CANTON DE CLERMONT-FERRAND.				CHAURIAT	Idem	1,503	
				ESPIRAT-REIGNAT	Idem	1,182	
AUBIÈRE	Clermont-Ferrand	3,513		MEZEL	Idem	1,227	
BEAUMONT	Idem	1,858		MOISSAT	Idem	1,835	12,753
BLANZAT	Idem	1,380		RAVEL-SALMÉRANGE	Idem	1,003	
CEBAZAT	Idem	2,583		SAINT-BONNET-PRÈS-CHAURIAT	Idem	239	
CEYRAT	Idem	1,527		VASSEL	Idem	351	
CHAMALIÈRES	Idem	922		VERTAIZON	Idem	2,735	
CLERMONT-FERRAND 🏤	✉	28,257		**CANTON DE VEYRE.**			
DURTOL	Clermont-Ferrand	412	53,527				
GERZAT	Idem	2,498		AUTHEZAT-LA-SAUVETAT	Veyre	1,811	
MALINTRAT	Idem	1,555		CENDRE (le)	Idem	550	
NOHANENT	Idem	1,225		CREST (le)	Idem	1,268	
ORCINES	Idem	1,701		MARTRES-DE-VEYRE	Idem	3,026	
ROMAGNAT	Idem	2,129		ORCET	Idem	900	13,594
ROYAT	Idem	1,086		PLAUZAT	Idem	1,200	
SAYAT	Idem	755		ROCHE-BLANCHE (la)	Idem	1,577	
SAINT-GENÈS-CHAMPANELLE	Idem	2,126		VEYRE	✉	3,262	
CANTON DE SAINT-DIER.				**CANTON DE VIC-LE-COMTE.**			
CEILLOUX	Billom	1,108					
DOMAIZE	Idem	1,637		BUSSÉOL	Veyre	381	
ESTANDEUIL	Idem	888		ISSERTEAUX	Billom	1,655	
FAYET	Idem	1,120		LAPS	Veyre	656	
SUGÈRES	Sauxillanges	1,691	15,528	MANGLIEUX	Sauxillanges	1,426	
SAINT-DIER	Billom	1,563		MIREFLEURS	Veyre	1,324	
SAINT-FLOUR	Idem	976		PARENT	Idem	527	
SAINT-JEAN-DES-OLLIÈRES	Idem	2,420		PIGNOLS	Idem	443	
TOURS	Idem	2,615		ROCHE-NOIRE (la)	Idem	312	14,920
TRÉZIOUX	Idem	1,510		SALLÈDES	Billom	1,446	
CANTON DE HERMENT.				SAINT-GEORGES-EZ-ALLIER	Veyre	1,095	
				SAINT-MAURICE	Idem	1,201	
HERMENT	Pontaumur	564		VIC-LE-COMTE	Idem	3,153	
PHONDINES	Idem	973		YRONDE	Idem	1,301	
SAUVAGNAT	Idem	923	4,057				
SAINT-GERMAIN-PRÈS-HERMENT	Idem	327					
TORTEBESSE	Idem	295					
VERNEUGHEOL	Idem	975					
				TOTAL de la population de l'Arrondissement			171,566
A reporter		104,248					

ARRONDISSEMENT D'AMBERT.

CANTON DE SAINT-AMAND-ROCHE-SAVINE.

NOMS DES COMMUNES.	BUREAUX DE POSTE qui les desservent.	POPULATION.	TOTAL de la POPULATION par canton
Bertignat	Saint-Amand-Roche-Savine	2,690	
Grand-Val	Idem	1,000	
Monestier (le)	Idem	1,054	7,521
Saint-Amand-Roche-Savine	✉ (Distribution.)	2,204	
Saint-Éloy	Saint-Amand-Roche-Savine	573	

CANTON D'AMBERT.

Ambert	✉	7,650	
Champétières	Ambert	1,539	
Job	Idem	3,253	
Marsac	Idem	3,266	
Saint-Ferréol-des-Côtes	Idem	1,259	20,314
Saint-Martin-des-Olmes	Idem	1,290	
Thiolières	Saint-Amand-Roche-Savine	465	
Valcivières	Ambert	1,652	

CANTON DE SAINT-ANTHÈME.

Chaulme (la)	Saint-Anthême	777	
Grandif	Ambert	1,163	
Saint-Anthême	✉ (Distribution.)	3,286	6,871
Saint-Clément	Saint-Anthême	781	
Saint-Romain-de-Valenchères	Idem	864	

CANTON D'ARLANC.

Arlanc	✉ (Distribution.)	3,567	
Beurières	Arlanc	1,400	
Chaumont	Idem	712	
Doranges	Idem	1,125	
Dore-l'Église	Idem	2,012	12,282
Mayres	Idem	945	
Novacelles	Idem	964	
Saint-Alyre	Idem	1,074	
Saint-Sauveur	Idem	483	

CANTON DE CUNLHAT.

Auzelles	Saint-Amand-Roche-Savine	2,635	
Brousse	Idem	2,293	11,215
Chapelle-Agnon (la)	Idem	2,817	
Cunlhat	Idem	3,470	

CANTON DE SAINT-GERMAIN-L'HERM.

Aix-la-Fayette	St-Germain-l'Herm	795	
Chambon	Idem	1,124	
Condat	Idem	1,202	
Echandely	Idem	1,564	
Fayet-Ronnayes	Idem	1,143	13,106
Fournols	Idem	2,072	
Saint-Bonnet-le-Bourg	Idem	996	
Saint-Bonnet-le-Chastel	Idem	1,520	
Sainte-Catherine	Idem	546	
Saint-Germain-l'Herm	✉ (Distribution.)	2,144	

CANTON D'OLLIERGUES.

Brugeron (le)	Saint-Amand-Roche-Savine	1,244	
Marat	Idem	2,796	
Olliergues	Idem	1,937	8,097
Saint-Gervais	Idem	1,284	
Vertolaye	Idem	836	

A reporter........................ 79,406

Suite de l'ARRONDISSEMENT D'AMBERT.

Report.. 79,406

CANTON DE VIVEROLS.

NOMS DES COMMUNES.	BUREAUX DE POSTE qui les desservent.	POPULATION.	TOTAL de la POPULATION par canton
Églisolles	Arlanc	1,133	
Médeyrolles	Idem	508	
Saillant	Idem	1,180	
Sauvessanges	Idem	1,749	8,210
Saint-Just-de-Baffie	Idem	2,315	
Viverols	Idem	1,325	

TOTAL de la population de l'Arrondissement...... 87,616

ARRONDISSEMENT D'ISSOIRE.

CANTON D'ARDES.

Apchat	Ardes	1,179	
Ardes	✉	1,803	
Angnat	Ardes	421	
Anzat-le-Luget	Idem	1,817	
Chapelle-Marcousse (la)	Idem	652	
Chassagne	Idem	567	
Dauzat	Idem	496	
Godivelle (la)	Idem	242	
Madriat	Idem	233	11,172
Mazoires	Idem	1,235	
Metrand (la)	Idem	129	
Rentières	Idem	642	
Roche-Charles	Idem	298	
Saint-Alyre	Idem	711	
Saint-Hérent	Idem	530	
Ternant	Idem	217	

CANTON DE BESSE.

Bains-du-Mont-Dore (les)	✉ (Distribution.)	1,010	
Besse	✉	2,075	
Chambon	Besse	1,115	
Compains	Idem	858	
Église-neuve-d'Entraigues	Idem	2,070	
Espinchal	Idem	346	
Murols	Idem	696	11,815
Saint-Anastaise	Idem	472	
Saint-Dierry	Idem	801	
Saint-Pierre-Colamine	Idem	660	
Saint-Victor-la-Rivière	Idem	783	
Valbelaix	Idem	929	

CANTON DE CHAMPEIX.

Chadeleuf	Issoire	472	
Champeix	Idem	1,438	
Chidrac	Idem	384	
Clémensat	Idem	165	
Courgoul	Idem	278	
Creste	Idem	130	
Grandeyrolles	Idem	83	
Ludesse	Idem	708	
Montaigut-le-Blanc	Idem	1,352	10,178
Neschers	Idem	1,158	
Ronzières	Idem	634	
Saurier	Idem	581	
Saint-Cirgues	Idem	242	
Saint-Floret	Idem	685	
Saint-Nectaire	Idem	1,270	
Saint-Vincent	Idem	447	
Verrières	Idem	131	

A reporter........................ 33,165

NOMS DES COMMUNES	BUREAUX DE POSTE qui les desservent.	POPULA-TION.	TOTAL de la POPULA-TION par canton	NOMS DES COMMUNES.	BUREAUX DE POSTE qui les desservent.	POPULA-TION.	TOTAL de la POPULA-TION par canton

Suite de l'ARRONDISSEMENT D'ISSOIRE.

Report.. 33,165

CANTON DE SAINT-GERMAIN-LEMBRON.

ANTOING	S'-Germain-Lembron	786	
BEAULIEU	Idem	694	
BOUDES	Idem	791	
BREUIL (le)	Idem	526	
CUALOS	Idem	459	
CHARBONNIER	Idem	180	
COLLANGES	Idem	361	
GIGNAT	Idem	506	
MAREUGHEOL	Idem	694	10,178
MORIAT	Idem	598	
NONETTE	Idem	779	
ORSONNETTE	Idem	346	
SAINT-GERMAIN-LEMBRON	⊠ (Distribution.)	1,983	
SAINT-GERVAIS	S'-Germain-Lembron	725	
VICHEL	Idem	392	
VILLENEUVE	Idem	358	

CANTON D'ISSOIRE.

AULHAT	Issoire	439	
BERGONNE	Idem	337	
BROC (le)	Idem	1,117	
COUDES-MONTPÉYROUX	Idem	1,473	
FLAT	Idem	691	
ISSOIRE	⊠	5,990	
MEILHAUD	Issoire	452	
ORBEIL	Idem	747	16,508
PARDINES	Idem	243	
PERRIER	Idem	491	
SAUVAGNAT	Idem	753	
SOLIGNAT	Idem	687	
SAINT-BABEL	Idem	1,720	
SAINT-YVOINE	Idem	629	
VODABLE	Idem	739	

CANTON DE JUMEAUX.

AULNAT-SUR-ALLIER	S'-Germain-Lembron	1,750	
BRASSAC	Idem	2,017	
CHAMPAGNAT-LE-JEUNE	Idem	639	
CHAPELLE-SUR-USSON	Idem	232	
JUMEAUX	Idem	1,826	10,396
MONTGIE (la)	Idem	1,246	
PESLIÈRES	Idem	312	
SAINT-JEAN-SAINT-GERVAIS	Idem	1,163	
SAINT-MARTIN-D'OLLIÈRES	Idem	866	
VAL-SOUS-CHATEAUNEUF	Idem	345	

CANTON DE LATOUR.

BAGNOLS	Tauves	1,898	
CHASTREIX	Idem	1,019	
CROS	Idem	662	
LATOUR	Idem	1,922	8,566
PICHERANDE	Idem	743	
SAINT-DONAT	Idem	1,011	
SAINT-GENÈS-CHAMPESPE	Idem	750	
TREMOUILLE-SAINT-LOUP	Idem	561	

CANTON DE SAUXILLANGES.

BANSAT	S'-Germain-Lembron	622	
BRENAT	Issoire	723	
CHAMBANE	Sauxillanges	569	
ÉGLISE-NEUVE-DES-LIARDS	Idem	450	

A reporter.. 2,364

A reporter.. 78,813

Suite de l'ARRONDISSEMENT D'ISSOIRE.

Report.. 78,813

Suite du CANTON DE SAUXILLANGES.

Report.. 2,364

PARENTIGNAT	Issoire	452	
PRADEAUX (les)	Idem	698	
SAUXILLANGES	⊠ (Distribution.)	1,748	
SAINT-ÉTIENNE-SUR-USSON	Sauxillanges	1,124	
SAINT-GENÈS	Idem	1,106	
SAINT-JEAN-EN-VAL	Idem	514	12,886
SAINT-MARTIN-DES-PLAINS	S'-Germain-Lembron	260	
SAINT-QUENTIN	Sauxillanges	679	
SAINT-REMY-DE-CHARGNAT	Issoire	755	
USSON	Idem	881	
VARENNES	Idem	246	
VERNET-LA-VARENNES (le)	Sauxillanges	2,059	

CANTON DE TAUVES.

AVÈZE	Tauves	770	
BESSETTE (la)	Idem	451	
LARRODE	Idem	1,082	7,857
SINGLES	Idem	978	
SAINT-SAUVES	Idem	2,225	
TAUVES	⊠	2,351	

Total de la population de l'Arrondissement...... 99,556

ARRONDISSEMENT DE RIOM.

CANTON D'AIGUEPERSE.

AIGUEPERSE	⊠	3,217	
ARTONNE	Aigueperse	1,892	
AUBIAT	Idem	1,338	
BUSSIÈRE	Idem	961	
CHAPTUZAT	Idem	865	15,057
EFFIAT	Idem	1,767	
MONTPENSIER	Idem	638	
SAINT-AGOULIN	Idem	457	
SAINT-GENÈST-DE-RETZ	Idem	865	
THURET	Idem	1,884	
VENSAT	Idem	1,173	

CANTON DE COMBRONDE.

BEAUREGARD-VENDON	Riom	780	
CHAMPS	Idem	563	
COMBRONDE	Idem	1,955	
DAVAYAT	Idem	582	
GIMEAUX	Idem	627	
JOZERAND	Idem	480	8,993
MONTCEL	Idem	506	
PROMPSAT	Idem	656	
SAINT-HILAIRE-LA-CROIX	Idem	808	
SAINT-MYON	Aigueperse	754	
TEILHÈDE	Riom	682	
YSSAC-LA-TOURETTE	Idem	600	

CANTON D'ENNEZAT.

CHAPPES	Riom	776	
CHAVABOUX	Idem	369	
ENNEZAT	Idem	1,513	
ENTRAIGUES	Maringues	1,114	
MARTRES-SUR-MORGES	Riom	1,169	9,714
SAINT-BEAUZIRE	Idem	1,118	
SAINT-IGNAT	Maringues	2,010	
SAINT-LAURE	Idem	630	
VARENNES-SUR-MORGES	Riom	1,075	

A reporter.. 33,764

NOMS DES COMMUNES.	BUREAUX DE POSTE qui les desservent.	POPULATION.	TOTAL de la POPULATION par canton	NOMS DES COMMUNES.	BUREAUX DE POSTE qui les desservent.	POPULATION.	TOTAL de la POPULATION par canton
Suite de l'ARRONDISSEMENT DE RIOM.				Suite de l'ARRONDISSEMENT DE RIOM.			
	Report..		33,764		Report..		83,644
CANTON DE SAINT-GERVAIS.				CANTON DE PONTAUMUR.			
Ayat	Saint-Gervais	632		Celle (la)	Pontaumur	546	
Besserve	Idem.	145		Combraille	Idem.	790	
Biollet	Idem.	1,154		Condat	Idem.	2,034	
Chambonnet	Idem.	197		Fernoel	Idem.	549	
Charensat	Idem.	1,676	10,860	Giat	Idem.	2,309	
Espinasse	Idem.	1,025		Miremont	Idem.	1,617	
Gouttières	Idem.	799		Montel-de-Gelat	Idem.	1,622	
Sainte-Christine	Idem.	500		Pontaumur	⊠.	2,085	15,864
Saint-Gervais	⊠ (Distribution.)	2,394		Puy-Saint-Gulmier	Pontaumur	788	
Saint-Julien-la-Geneste	Saint-Gervais	357		Saint-Avit	Idem.	863	
Saint-Priest-des-Champs	Idem.	1,981		Saint-Étienne	Idem.	563	
				Saint-Genest-les-Monges	Idem.	382	
CANTON DE MANZAT.				Thalaigues	Idem.	304	
Charbonnières-les-Varennes	Riom	1,318		Villossanues	Idem.	1,158	
Charbonnières-les-Vieilles	Idem.	2,159		Voingt	Idem.	254	
Chateauneuf	Saint-Gervais	939					
Comps	Idem.	941		CANTON DE PONTGIBAUD.			
Loubeyrat	Riom	1,038	11,556	Bromont-la-Mothe	Pontgibaud	3,091	
Manzat	Idem.	1,742		Chapdes-Beaufort	Idem.	2,031	
Queuille	Saint-Gervais	553		Cisternes-laforêt	Pontaumur	1,001	
Saint-Angel	Idem.	884		Montfermy	Pontgibaud	428	10,944
Saint-Georges-de-Mons	Idem.	1,409		Pontgibaud	⊠.	847	
Vitrac	Idem.	573		Saint-Jacques-d'Amburg	Pontgibaud	650	
				Saint-Ours	Idem.	2,137	
CANTON DE MENAT.				Saint-Pierre-le-Chastel	Idem.	739	
Blot-l'Église	Montaigut	1,168		CANTON DE RANDANS.			
Lisseuil	Idem.	292		Bas	Randans	637	
Marcillat	Idem.	708		Beaumont-les-Randans	Idem.	750	
Menat	Idem.	2,020		Jussat-sous-Randans	Idem.	285	
Pouzol	Idem.	759		Mons	Idem.	980	
Servant	Idem.	1,565	10,642	Randans	⊠ (Distribution.)	1,745	9,978
Saint-Gal	Idem.	660		Saint-André	Randans	1,090	
Saint-Pardoux	Idem.	608		Saint-Clément-de-Reignat	Idem.	1,135	
Saint-Quintin	Idem.	790		Saint-Denis-Combarnazat	Idem.	707	
Saint-Remy-de-Blot	Idem.	1,135		Saint-Priest-Bramufant	Idem.	867	
Teilhet	Idem.	937		Saint-Sylvestre	Idem.	1,080	
				Villeneuve-les-Cerfs	Idem.	702	
CANTON DE MONTAIGUT.				CANTON DE RIOM.			
Ars	Montaigut	511		Cellule	Riom	2,027	
Buxières-sous-Montaigut	Idem.	425		Chateaugay	Idem.	993	
Crouzille (la)	Idem.	886		Chatelguyon	Idem.	1,718	
Durmignat	Idem.	418		Marsat	Idem.	725	
Montaigut	⊠.	1,421		Ménétrol	Idem.	619	
Moureuille	Montaigut	395	7,976	Mozac	Idem.	1,152	26,065
Peyrouze (la)	Idem.	1,447		Pessat-Villeneuve	Idem.	315	
Saint-Éloy	Idem.	798		Riom	⊠.	12,379	
Virlet	Idem.	1,057		Saint-Bonnet-près-Riom	Riom	1,494	
Youx	Idem.	618		Saint-Genest-l'Enfant	Idem.	504	
				Saint-Hyppolite	Idem.	1,107	
CANTON DE PIONSAT.				Volvic	Idem.	3,032	
Bossière-sous-Roche-Dagout	Pionsat	598		TOTAL de la population de l'Arrondissement			146,495
Cellette (la)	Idem.	388		ARRONDISSEMENT DE THIERS.			
Chateau-sur-Cher	Idem.	594					
Pionsat	⊠ (Distribution.)	2,120		CANTON DE CHATELDON.			
Quartier (le)	Pionsat	906	8,846	Chateldon	⊠ (Distribution.)	1,733	
Roche-Dagout	Idem.	367		Lachaux	Chateldon	992	
Saint-Hilaire-près-Pionsat	Idem.	822		Noalhat	Idem.	330	7,602
Saint-Maignat	Idem.	964		Paslières	Idem.	1,487	
Saint-Maurice	Idem.	1,762		Puy-Guillaume	Idem.	1,526	
Vergheas	Idem.	325		Ris	Idem.	1,534	
A reporter			83,644	A reporter			7,602

NOMS DES COMMUNES.	BUREAUX DE POSTE qui les desservent.	POPULA- TION.	TOTAL de la POPULA- TION par canton	NOMS DES COMMUNES.	BUREAUX DE POSTE qui les desservent.	POPULA- TION.	TOTAL de la POPULA- TION par canton
Suite de l'ARRONDISSEMENT DE THIERS.				Suite de l'ARRONDISSEMENT DE THIERS.			
	Report ..	7,602			*Report* ..	22,088	
CANTON DE COURPIÈRE.				Suite du CANTON DE LEZOUX.			
					Report ..	8,910	
AUBUSSON.............	Thiers..........	743		PESCHADOIRE.............	Thiers.........	8,910	
AUGEROLLES...........	*Idem*.........	3,522		SEYCHALLES.............	Lezoux........	797	11,780
COURPIÈRE...........	*Idem*.........	3,408		SAINT-JEAN-D'HEURS........	*Idem*.........	958	
OLMET...............	*Idem*.........	1,230		VINZELLES..............	Maringues.......	406	
RENAUDIE (la).........	*Idem*.........	000	14,486			709	
SAUVIAT.............	*Idem*.........	778		CANTON DE MARINGUES.			
SERMENTIZON..........	*Idem*.........	1,220		JOZE.................	Maringues.......	1,088	
VISCOMTAT (la)........	*Idem*.........	000		LIMONS..............	*Idem*.........	1,003	8,431
VOLLORE-VILLE........	*Idem*.........	3,881		LUZILLAT.............	*Idem*.........	2,159	
VOLLORE-MONTAGNE......	*Idem*.........	1,004		MARINGUES............	✉.........	4,181	
CANTON DE LEZOUX.				CANTON DE SAINT-REMY.			
BULHON.............	Lezoux........	444		ARCONSAT.............	Thiers.........	1,937	
CHARNAT............	Maringues.......	337		CELLES..............	*Idem*.........	4,442	
CREVANT............	*Idem*.........	1,149		(🐖 à la Bergère.)			11,757
CULHAT.............	Lezoux........	1,362		SAINT-REMY..........	*Idem*.........	3,915	
LEMPTY.............	*Idem*.........	507		SAINT-VICTOR..........	*Idem*.........	1,463	
LEZOUX 🐖..........	✉.........	3,447		CANTON DE THIERS.			
NÉRONDE............	Thiers.........	500		DORAT..............	*Idem*.........	557	
ORLÉAT.............	Lezoux........	1,164		ESCOUTOUX...........	*Idem*.........	2,121	12,514
				THIERS 🐖..........	✉.........	9,836	
	A reporter ..	8,910					
	A reporter		22,088	TOTAL de la population de l'Arrondissement.......			66,570

RÉCAPITULATION.

	NOMBRE de		POPULATION.
	CANTONS.	COMMUNES.	
ARRONDISSEMENT DE CLERMONT-FERRAND.........	11	107	171,566
—————— D'AMBERT..................	8	52	87,616
—————— D'ISSOIRE.................	9	116	99,556
—————— DE RIOM..................	12	130	146,495
—————— DE THIERS.................	6	39	66,570
TOTAUX..................	46	444	571,803

NOMS DES COMMUNES.	BUREAUX DE POSTE qui les desservent.	POPULA-TION.	TOTAL de la POPULA-TION par canton
ARRONDISSEMENT DE PAU.			
CANTON DE CLARAC ou CLARAC-PRÈS-NAY.			
Angais	Nay	744	
Baudreix	Idem	237	
Bénéjacq	Idem	1,617	
Beuste	Idem	646	
Bezing	Idem	166	
Boeil-près-Nay	Idem	647	
Bordères	Idem	557	
Bordes-près-Nay	Idem	719	11,741
Clarac-près-Nay	Idem	330	
Coarraze	Idem	2,314	
Igon	Idem	660	
Lagos	Idem	346	
Lestelle	Idem	993	
Mirepeix	Idem	687	
Montaut	Idem	1,078	
CANTON DE GARLIN.			
Acbous	Garlin	268	
Aubous	Idem	275	
Aydie	Idem	566	
Baliracq	Idem	410	
Boeilh-près-Garlin	Idem	335	
Boeilho	Idem	199	
Burosse	Idem	122	
Castelpugon	Idem	442	
Conchez	Idem	461	
Diusse	Idem	391	
Garlin	✉ (Distribution.)	1,364	
Lasque	Garlin	230	8,826
Mascaraas-Haron	Idem	421	
Mendousse	Idem	134	
Mont	Idem	342	
Moncla	Idem	315	
Mouhous	Idem	144	
Portet	Idem	535	
Pouliac	Idem	122	
Ribarrouy	Idem	114	
Saint-Jean-Poudge	Idem	280	
Tadousse	Idem	274	
Taron	Idem	667	
Vialer	Idem	415	
CANTON DE LEMBEYE.			
Anoye	Lembeye	605	
Arricau	Idem	213	
Arrosès	Idem	517	
Bassillon	Idem	286	
Bétracq	Idem	243	
Boast	Auriac	280	
Bordes-près-Lembeye	Lembeye	132	
Cadillon	Idem	357	
Castillon	Idem	201	
Corbères-Abère	Idem	388	
Crouseilhes	Idem	404	
Cosledaa	Idem	491	
Escures	Idem	271	
Gayon	Idem	281	
Gerderest	Idem	305	
Idernes	Idem	114	
Juillacq	Idem	239	
Lalongue	Idem	528	
Lannecaube	Lembeye	1,324	
Lasserre	Idem	236	
Lembeye	✉ (Distribution.)	460	
		A reporter.. 7,875	

A reporter.................. 20,567

NOMS DES COMMUNES.	BUREAUX DE POSTE qui les desservent.	POPULA-TION.	TOTAL de la POPULA-TION par canton
Suite de l'ARRONDISSEMENT DE PAU.		*Report..*	20,567
Suite du CANTON DE LEMBEYE.		*Report..* 7,875	
Lespielle	Lembeye	382	
Luc	Idem	204	
Luccarré	Idem	223	
Lussagnet	Idem	380	
Maspie	Idem	374	
Momy	Idem	402	
Monassut	Idem	464	13,249
Moncaup	Idem	732	
Montpezat	Idem	222	
Peyrelongue	Idem	481	
Samsons	Idem	313	
Seméac-Blachon	Idem	611	
Simacourbe	Idem	586	
CANTON DE LESCAR.			
Arbus	Pau	869	
Artiguelouve	Idem	673	
Aussevielle	Artix	210	
Beyrie	Pau	139	
Billère	Idem	412	
Bougarber	Idem	444	
Caubios	Idem	312	
Denguin	Artix	657	9,571
Lescar	Pau	2,093	
Lons	Idem	910	
Loos	Idem	114	
Momas	Arzacq	572	
Poey	Artix	498	
Sauvagnon	Pau	747	
Siros	Artix	192	
Uzein	Idem	729	
CANTON DE MONTANER.			
Aast	Vic-en-Bigorre	168	
Baleix	Idem	428	
Bedeille	Idem	338	
Bentayou	Idem	324	
Casteide-Doat	Idem	239	
Castera	Idem	159	
Labatut-Figuère	Idem	476	
Lamayou	Idem	513	
Loubix	Idem	48	
Maubec	Idem	67	
Maure	Idem	259	5,972
Monségur	Idem	348	
Montaner	Idem	925	
Ponson-debat	Idem	159	
Ponson-dessus	Idem	366	
Pontiac	Idem	226	
Pouts	Idem	115	
Sedze	Idem	507	
Sérée	Idem	146	
Vielle-Pinte	Idem	161	
CANTON DE MORLAAS.			
Abère	Pau	170	
Andoins	Idem	555	
Anos	Idem	108	
Arrien	Idem	252	
Barinque	Idem	584	
Bernadets	Idem	252	
Bretagne	Idem	176	
		A reporter.. 2,097	

A reporter.................. 49,359

NOMS DES COMMUNES.	BUREAUX DE POSTE qui les desservent.	POPULA-TION.	TOTAL de la POPULA-TION par canton	NOMS DES COMMUNES.	BUREAUX DE POSTE qui les desservent.	POPULA-TION.	TOTAL de la POPULA-TION par canton
Suite de l'ARRONDISSEMENT DE PAU.				**Suite de l'ARRONDISSEMENT DE PAU.**			
	Report..		49,359		Report..		100,485
Suite du Canton de MORLAAS.				**Canton de PONTACQ.**			
	Report..	2,097		Barzun..........	Nay......	639	
Buros..............	Pau......	615		Eslourenties-d'Arré....	Idem....	263	
Escoubès..........	Idem....	394		Espoey............	Idem....	858	
Eslourenties-d'Aban.....	Idem....	227		Ger..............	Vic-en-Bigorre..	1,865	
Espéchède..........	Idem....	308		Gomer............	Nay......	272	
Gabaston..........	Idem....	653		Hours............	Idem....	497	
Higuères..........	Idem....	293		Labatmale.........	Idem....	354	9,562
Lespourcy..........	Idem....	304		Limendous.........	Idem....	360	
Lombia............	Idem....	372		Livron............	Idem....	400	
Maucor............	Idem....	234		Lucgarier.........	Idem....	489	
Montardon..........	Idem....	440		Pontacq 🐎........	Idem....	3,109	
Morlaas............	Idem....	1,806		Soumoulou 🐎......	Idem....	456	
Ouillon............	Idem....	363	12,297				
Ricpeyrous..........	Idem....	274		**Canton de THÈZE**			
Saubole............	Idem....	106		Angos............	Auriac..	103	
Sedzère............	Idem....	471		Angelos...........	Idem....	361	
Sendets............	Idem....	445		Astis.............	Idem....	215	
Serre-Castet........	Idem....	623		Aubin............	Idem....	382	
Serre-Morlaas.......	Idem....	308		Auga.............	Idem....	344	
Souye.............	Idem....	146		Auriac 🐎.........	✉ (Distribution.)..	317	
Saint-Armou........	Idem....	735		Bournos...........	Auriac..	379	
Saint-Castin........	Idem....	387		Carrère...........	Idem....	335	
Saint-Jammès-la-Hagède..	Idem....	774		Claracq-près-Thèze..	Idem....	453	
Saint-Laurent.......	Idem....	324		Doumy............	Idem....	350	
Urost.............	Idem....	101		Garlède...........	Idem....	248	7,818
				Lalonquette........	Idem....	334	
Canton de NAY.				Lanusse...........	Idem....	157	
Arros.............	Nay......	1,100		Lasclaveries........	Idem....	394	
Arthez-d'Asson......	Idem....	1,372		Lème.............	Idem....	420	
Asson.............	Idem....	2,582		Miossens..........	Idem....	324	
Baliros............	Idem....	316		Mondebat.........	Idem....	154	
Bourdettes.........	Idem....	265		Navailles..........	Idem....	762	
Bruges............	Idem....	1,849	11,896	Sevignacq.........	Idem....	1,011	
Capbis............	Idem....	212		Thèze............	Idem....	517	
Nay...............	✉......	3,290		Viven............	Idem....	258	
Pardies...........	Nay......	585					
Saint-Abit.........	Idem....	325		Total de la population de l'Arrondissement........			117,865
Canton de PAU (est).							
Aressy............	Pau......	276		**ARRONDISSEMENT DE BAYONNE.**			
Artigueloutan.......	Idem....	600					
Assat.............	Idem....	774		**Canton de BAYONNE (nord-est).**			
Bizanos...........	Idem....	742		Bayonne (nord-est) 🐎..	✉......	6,062	
Idron.............	Idem....	426		Lahonce...........	Bayonne..	626	
Lée...............	Idem....	179	11,924	Mouguerre.........	Idem....	1,363	9,503
Meillon...........	Idem....	550		Saint-Pierre-d'Irube..	Idem....	522	
Nousty............	Idem....	762		Urcuit...........	Idem....	930	
Ousse............	Idem....	475					
Pau (est) 🐎.......	✉......	7,190		**Canton de BAYONNE (nord-ouest).**			
				Anglet............	Bayonne..	2,588	
Canton de PAU (ouest).				Arcangues.........	Idem....	889	
Bosdarros.........	Pau......	1,935		Bassussarry........	Idem....	332	14,015
Gan.............	Idem....	3,027		Bayonne (nord-ouest)..	✉......	8,711	
(🐎 à Lacoste-Bel-air.)				Biarritz...........	Bayonne..	1,495	
Gelos.............	Idem....	1,051					
Jurançon..........	Idem....	2,031		**Canton de BIDACHE.**			
Laroin............	Idem....	583		Arancou...........	Peyrehorade....	378	
Lezons............	Idem....	750	15,009	Bardos............	Idem....	2,468	
Mazères..........	Idem....	218		Bergouey..........	Idem....	418	
Narcastet.........	Idem....	280		Bidache...........	Idem....	2,640	10,505
Pau (ouest)........	✉......	4,095		Came............	Idem....	1,793	
Rontignon.........	Pau......	503		Guiche...........	Idem....	1,700	
Saint-Faust........	Idem....	915		Sames............	Idem....	903	
Uzos.............	Idem....	221		Viellenave.........	Idem....	205	
	A reporter........		100,485		A reporter........		34,023

Suite de l'ARRONDISSEMENT DE BAYONNE.

NOMS DES COMMUNES	BUREAUX DE POSTE qui les desservent	POPULATION	TOTAL de la POPULATION par canton
		Report..	34,023
CANTON D'ESPELETTE.			
Ainhoue	Saint-Jean-de-Luz	780	
Cambo	Ustarits	1,373	
Espelette	Idem	1,415	
Itsatsou	Idem	1,513	
Louhossoa	Hasparren	430	8,054
Sare	Saint-Jean-de-Luz	1,987	
Souraide	Ustarits	556	
CANTON DE HASPARREN.			
Bonloc	Hasparren	308	
Hasparren	✉ (Distribution.)	5,357	
Macaye	Hasparren	816	
Méharin	Idem	595	10,023
Mendionde	Idem	1,579	
Saint-Esteven	Idem	678	
Saint-Martin-d'Arberoue	Idem	690	
CANTON DE SAINT-JEAN-DE-LUZ.			
Ascain	Saint-Jean-de-Luz	1,014	
Bidart	Idem	804	
Biriatou	Idem	341	
Ciboure	Idem	1,551	
Guétary	Idem	436	10,714
Hendaye	Idem	409	
Serres	Idem	132	
Saint-Jean-de-Luz	✉	2,860	
Urrogne	Saint-Jean-de-Luz	3,067	
CANTON DE LA BASTIDE-CLAIRENCE.			
Ayherre	Hasparren	1,513	
Bastide-Clairence (la)	Idem	2,003	
Briscous	Bayonne	1,285	7,164
Isturits	Hasparren	706	
Urt	Bayonne	1,657	
CANTON D'USTARITS.			
Ahetze	Saint-Jean-de-Luz	524	
Arbonne	Bayonne	690	
Halsou	Ustarits	321	
Jatxou	Idem	404	8,433
Larressore	Idem	744	
Saint-Pée	Saint-Jean-de-Luz	2,518	
Ustarits	✉ (Distribution)	1,940	
Villefranque	Bayonne	1,292	
TOTAL de la population de l'Arrondissement			78,411

ARRONDISSEMENT DE MAULÉON.

NOMS DES COMMUNES	BUREAUX DE POSTE qui les desservent	POPULATION	TOTAL de la POPULATION par canton
CANTON DE SAINT-ÉTIENNE-DE-BAIGORRY.			
Aldudes	St-Jean-Pied-de-Port	2,329	
Anhaut	Idem	607	
Ascarat	Idem	402	
Bidarray	Idem	1,417	
Fonderie	Idem	1,419	12,852
Ibouledy	Idem	386	
Lasse	Idem	765	
Ossès	Idem	2,064	
Saint-Étienne-de-Baigorry	Idem	3,463	
A reporter			12,852

Suite de l'ARRONDISSEMENT DE MAULÉON.

NOMS DES COMMUNES	BUREAUX DE POSTE qui les desservent	POPULATION	TOTAL de la POPULATION par canton
		Report..	12,852
CANTON D'IHOLDY.			
Arhansus	Saint-Palais	187	
Armendarits	Idem	840	
Arros	Idem	122	
Asme	Idem	204	
Bunos	Idem	390	
Cibits	Idem	365	
Helette	Idem	1,182	
Hosta	Idem	364	
Ibarre	Idem	176	
Ibarolle	Idem	270	9,396
Iholdy	Idem	1,022	
Irissarry	Idem	1,179	
Juxue	Idem	443	
Lantabat	Idem	867	
Larceveau	Idem	240	
Ostabat	Idem	438	
Suhescun	Idem	534	
Saint-Just	Idem	573	
CANTON DE SAINT-JEAN-PIED-DE-PORT.			
Ahaxe	S'-Jean-Pied-de-Port	555	
Aincille	Idem	558	
Ainhice-Mongelos	Idem	398	
Alciette-Bascassan	Idem	336	
Arneguy	Idem	676	
Behorleguy	Idem	257	
Bussunarits	Idem	314	
Bustince-Iriberry	Idem	282	
Caro	Idem	268	
Gamarthe	Idem	289	10,810
Ispoure	Idem	554	
Jaxu	Idem	495	
Lacarre	Idem	248	
Lecumberry	Idem	550	
Mendive	Idem	588	
Sarrasquette	Idem	192	
Saint-Jean-Pied-de-Port	✉	1,183	
Saint-Jean-le-Vieux	S'-Jean-Pied-de-Port	1,771	
Saint-Michel	Idem	672	
Uhart-Cize	Idem	624	
CANTON DE MAULÉON.			
Abense-de-Bas	Mauléon	260	
Ainharp	Idem	411	
Arrast	Idem	176	
Aussurucq	Idem	711	
Barcus	Idem	2,497	
Berrogain-Laruns	Idem	196	
Charritte-de-Bas	Idem	372	
Cheraute	Idem	1,527	
Espès	Idem	325	
Garindein	Idem	366	
Gotein	Idem	318	
Hopital-Saint-Blaise (l')	Idem	201	
Idaux	Idem	215	
Larrebieu	Idem	118	
Larroby	Idem	170	
Libarrenx	Idem	208	
Licharre	Idem	426	
Mauléon	✉	1,145	
Mendibieu	Mauléon	138	
Menditte	Idem	586	
Mendy	Idem	239	
Moncayolle	Idem	642	
A reporter..			11,247
A reporter			33,058

NOMS DES COMMUNES.	BUREAUX DE POSTE qui les desservent.	POPULA-TION.	TOTAL de la POPULA-TION par canton	NOMS DES COMMUNES.	BUREAUX DE POSTE qui les desservent.	POPULA-TION.	TOTAL de la POPULA-TION par canton
Suite de l'ARRONDISSEMENT DE MAULÉON.				**Suite de l'ARRONDISSEMENT DE MAULÉON.**			
	Report..		33,058		*Report..*		62,958
Suite du CANTON DE MAULÉON.				**Suite du CANTON DE TARDETS.**			
	Report..	11,247			*Report..*	4,101	
MUSCULDY	Mauléon	708		LICQ	Tardets	481	
ORDIARP	Idem	1,225		MONTORY	Idem	1,306	
ROQUIAGUE	Idem	346	14,343	OSSAS	Idem	301	
SAINT-ÉTIENNE-SOULE	Idem	110		RESTOUE	Idem	90	
UNDUREIN	Idem	265		SAUGUIS	Idem	369	
VIODOS	Idem	442		SIRAS	Idem	133	9,926
				SORHOLUS	Idem	627	
CANTON DE SAINT-PALAIS.				SURHARE	Idem	134	
AICIRITS	Saint-Palais	262		SUNHAR	Idem	86	
AMENDEUIX	Idem	309		SAINTE-ENGRACE	Idem	1,457	
AMOROTS	Idem	356		TARDETS	⊠ (*Distribution.*)	505	
ARBERATS	Idem	212		TROIS-VILLES	Tardets	336	
ARBOUET	Idem	307					
AROUE	Idem	514		TOTAL de la population de l'Arrondissement			72,884
ARRAUTE	Idem	549					
BEGUIOS	Idem	690					
BEHASQUE	Idem	203		**ARRONDISSEMENT D'OLORON.**			
BERRAUTE	Idem	135					
BEYRIE	Idem	967		**CANTON D'ACCOUS.**			
BISCAY	Idem	151		ACCOUS	Bedous	1,606	
CAMOU-MIXE	Idem	227		AYDIUS	Idem	847	
CHARRITTE-MIXE	Idem	213		BEDOUS	⊠ (*Distribution.*)	1,289	
DOMEZAIN	Idem	989		BORCE	Bedous	785	
ETCHARRY	Idem	498		CETTE-EYGUN	Idem	487	
GABAT	Idem	43		ESCOT	Oloron	820	
GARRIS	Idem	509		ETSAUT	Bedous	430	11,495
GESTAS	Sauveterre	226		LÉES-ATHAS	Idem	895	
ILHARRE	Saint-Palais	444		LESCUN	Idem	1,118	
ITHOROTS-OLHAIBY	Idem	292	15,537	LOURDIOS-ICHÈRE	Idem	681	
LABETS	Idem	376		OSSE	Idem	905	
LAPISTE	Idem	213		SARRANCE	Idem	1,226	
LARRIBAR	Idem	178		URDOS	Idem	406	
LOHITZUN	Idem	374		**CANTON D'ARAMITZ.**			
LUXE	Idem	310		ANCE	Oloron	440	
MASPARRAUTE	Idem	638		ARAMITZ	Idem	1,264	
ONEIX	Idem	147		ARETTE	Idem	2,139	6,833
ORÈGUE	Idem	970		FEAS	Idem	654	
ORSANÇO	Idem	293		ISSOR	Idem	935	
OSSERAIN	Idem	248		LANNE	Idem	1,401	
OYHERCQ	Idem	163		**CANTON D'ARUDY.**			
PAGOLLE	Idem	598		ARUDY	⊠ (*Distribution.*)	1,863	
RIVAREYTE	Idem	134		BESCAT	Arudy	541	
SILLÈGUE	Idem	109		BIELLE	Idem	883	
SOMBERRAUTE	Idem	174		BILHÈRES	Idem	440	
SORHAPURU	Idem	223		BUZY	Idem	1,401	
SUCCOS	Idem	133		CASTETS	Idem	438	11,438
SUHAST	Idem	145		IZESTE	Idem	529	
SUSSAUTE	Idem	261		LOUVIE-JUZON	Nay	1,531	
SAINT-PALAIS	⊠	1,354		MIFAGET	Arudy	254	
UHART-MIXE	Saint-Palais	420		REBENACQ	Idem	1,139	
				SEVIGNACQ	Idem	729	
CANTON DE TARDETS.				SAINTE-COLOME	Idem	1,680	
ABENSE-DE-HAUT	Tardets	394		**CANTON DE LARUNS.**			
ALÇAY	Idem	266		AAS (aux Eaux-bonnes)	Laruns	257	
ALOS	Idem	223		ASSOUSTE	Idem	77	
ATHEREY	Idem	249		ASTE-BÉON	Idem	520	
CAMOU-SOULE	Idem	363		BEOST	Idem	410	3,664
ETCHEBAR	Idem	215		GÈRE-BELESTEN	Idem	408	
HAUX	Idem	334		LARUNS (aux Eaux-chaudes)	⊠ (*Distribution.*)	1,686	
LACARRY	Idem	636		LOUVIE-SOUBIRON	Laruns	306	
LAGUINGE	Idem	185					
LARRAU	Idem	1,004					
LICHANS	Idem	232					
	A reporter..	4,101					
	A reporter..		62,958		*A reporter..*		33,420

NOMS DES COMMUNES.	BUREAUX DE POSTE qui les desservent.	POPULA-TION.	TOTAL de la POPULA-TION par canton	NOMS DES COMMUNES.	BUREAUX DE POSTE qui les desservent.	POPULA-TION.	TOTAL de la POPULA-TION par canton
Suite de l'ARRONDISSEMENT D'OLORON.				Suite de l'ARRONDISSEMENT D'ORTHEZ.			
	Report..		33,420				
CANTON DE LASSEUBE.				Suite du CANTON D'ARTHEZ.			
AUBERTIN	Oloron	1,065			Report..	4,045	
ESTIALESCQ	Idem.	333		CASTEIDE-CAMI	Artix	291	
LACOMMANDE	Idem.	237	5,046	CASTEIDE-CANDAU	Idem.	405	
LASSEUBE	Idem.	2,895		CASTILLON-EN-SAUVESTRE	Idem.	360	
LASSEUBETAT	Arudy	516		CESCAU	Idem.	524	
				DOAZON	Idem.	366	
CANTON DE SAINTE-MARIE-D'OLORON.				HAGET-AUBIN	Idem.	1,018	
AGNOS	Oloron	421		LABEYRIE	Idem.	246	9,896
AREN	Idem.	320		LACADÉE	Idem.	234	
ARROS	Idem.	200		MARCERIN	Idem.	152	
ASASP	Idem.	713		MESPLÈDE	Idem.	668	
ESQUIULE	Idem.	1,382		SERRES-SAINTE-MARIE	Idem.	462	
GÉRONCE	Idem.	790		SAINT-MÉDARD	Idem.	610	
GÉUS	Idem.	326	9,708	URDEZ	Idem.	268	
GURMENÇON	Idem.	418		VIELLENAVE	Idem.	247	
LEGUGNON	Idem.	145					
MOUMOUR	Idem.	861					
ORIN	Idem.	390		**CANTON D'ARZACQ.**			
SAINT-GOIN	Idem.	368		ARGET	Arzacq	270	
SAINTE-MARIE-D'OLORON	Idem.	3,371		ARRASIGUET	Idem.	290	
				ARZACQ	(Distribution.)	976	
CANTON DE MONEIN.				BOUCOUE	Arzacq	152	
ABOS	Monein	607		BOUILLON	Idem.	333	
COQUERON	Idem.	364		CABIDOS	Idem.	378	
LAHOURCADE	Idem.	778		COUBLUC	Idem.	291	
LUCQ	Oloron	2,607		FICHOUS	Idem.	140	
MONEIN	(Distribution.)	5,028	10,843	GAROS	Idem.	753	
PARBAYSE	Monein	348		GEUS	Idem.	233	
PARDIES	Idem.	827		LARREULE	Idem.	425	
TARSACQ	Idem.	284		LONÇON	Idem.	312	
				LOUVIGNY	Idem.	383	
CANTON D'OLORON.				MALAUSSANNE	Idem.	1,022	
BIDOS	Oloron	187		MAZEROLES	Idem.	587	11,202
BUZIET	Arudy	619		MÉRACQ	Idem.	577	
CARDESSE	Oloron	588		MIALOS	Idem.	277	
ESCOU	Idem.	504		MONTAGUT	Idem.	371	
ESCOUT	Idem.	546		MORLANNE	Idem.	805	
ESTOS	Idem.	151		MOUSTROU	Idem.	109	
EYSUS	Idem.	984		PIETS	Idem.	200	
GOUES	Idem.	428		PLASENCE	Idem.	216	
HERRÈRE	Idem.	504	15,535	POMPS	Idem.	415	
LEDEDIX	Idem.	764		POURSIUGUES	Idem.	280	
LURBE	Idem.	733		REIMAYOU	Idem.	206	
OGEU	Arudy	1,670		SEBY	Idem.	352	
OLORON		6,458		UZAN	Idem.	335	
POEY	Oloron	252		VIGNES	Idem.	514	
PRÉCILHON	Idem.	432					
SAUCÈDE	Idem.	380					
VERDETS	Idem.	335		**CANTON DE LAGOR.**			
				ABIDOS	Artix	238	
TOTAL de la population de l'Arrondissement			74,552	ARANCE	Idem.	487	
				ARGAGNON	Orthez.	222	
ARRONDISSEMENT D'ORTHEZ.				BEZINGRAND	Artix	95	
				BIRON	Orthez.	371	
CANTON D'ARTHEZ.				CASTELNER	Idem.	340	
ARNOS	Artix	302		GOUZE	Artix	328	
ARTHEZ	Idem.	1,569		LAA-MONDRAS	Orthez.	383	
ARTIX	(Distribution.)	681		LACQ	Artix	635	
AUDEJOS	Artix	313		LAGOR	Idem.	1,700	
BOUMOURT	Idem.	223		LENDRESSE	Idem.	228	
BASTIDE-CÉZÉRACQ (la)	Idem.	657		LOUBIENG	Orthez.	1,212	
BASTIDE-MONREJAU (la)	Idem.	300		MARSILLON	Artix	68	
				MASLACQ	Orthez.	953	
	A reporter..	4,045		MONT	Artix	497	
					A reporter..	7,757	
	A reporter..				A reporter.		21,098

NOMS DES COMMUNES.	BUREAUX DE POSTE qui les desservent.	POPULA-TION.	TOTAL de la POPULA-TION par canton	NOMS DES COMMUNES.	BUREAUX DE POSTE qui les desservent.	POPULA-TION.	TOTAL de la POPULA-TION par canton
Suite de l'ARRONDISSEMENT D'ORTHEZ.				**Suite de l'ARRONDISSEMENT D'ORTHEZ.**			
	Report..		21,098		*Report..*		43,103
Suite du CANTON DE LAGOR.				**Suite du CANTON D'ORTHEZ.**			
	Report..	7,757			*Report..*	14,571	
MONTESTRUCQ	Orthez	589		SAINT-BOÈS	Orthez	615	
MOURENX	Artix	383		SAINT-GIRONS	*Idem.*	306	16,295
NOGUÈRES	*Idem.*	202		SAINTE-SUZANNE	*Idem.*	803	
OS	*Idem.*	246	11,238				
OSENX	Orthez	387		**CANTON DE SALIES.**			
SARPOURENX	*Idem.*	327		AUTERRIVE	Salies	300	
SAUVELADE	Artix	378		BASTIDE-VILLEFRANCHE (la)	*Idem.*	905	
VIELLE-SÉGUR	*Idem.*	969		BELLOCQ	*Idem.*	1,145	
				BÉRENX	*Idem.*	833	
CANTON DE NAVARRENX.				CARRESSE	*Idem.*	722	
ANGOUS	Navarrenx	385		CASSABÉ	*Idem.*	332	
ARAUJUZON	*Idem.*	517		CASTAGNÈDE	*Idem.*	456	16,465
AHAUX	*Idem.*	296		ESCOS	*Idem.*	595	
AUDAUX	*Idem.*	325		LAHONTAN	*Idem.*	1,219	
BASTANÈS	*Idem.*	243		LEREN	*Idem.*	436	
BUGNEIN	*Idem.*	640		SALIES	(*Distribution.*)	8,420	
CAMPTORT	*Idem.*	154		SALLES-MONGISCARD	Salies	385	
CASTELNAU	*Idem.*	657		SAINT-DOS	*Idem.*	297	
CHARRE	*Idem.*	547		SAINT-PÉ	*Idem.*	430	
DOGNEN	*Idem.*	570					
GURS	*Idem.*	642		**CANTON DE SAUVETERRE.**			
JASSES	*Idem.*	360		ABITAIN	Sauveterre	355	
LAMIDOU	*Idem.*	92	10,767	ANDREIN	*Idem.*	286	
LAY	*Idem.*	173		ARRIVE	*Idem.*	133	
LICHOS	*Idem.*	179		ASPIS	*Idem.*	150	
MÉRITEIN	*Idem.*	412		ATHOS	*Idem.*	182	
NABAS	*Idem.*	327		AUTEVIELLE	*Idem.*	156	
NAVARRENX	⊠	1,533		BARRAUTÉ	*Idem.*	216	
OGENNE	Navarrenx	355		BIDERREN	*Idem.*	98	
PRÉCHACQ-JOSBAIG	*Idem.*	441		BURGARONNE	*Idem.*	216	
PRÉCHACQ-NAVARRENX	*Idem.*	445		CAMU	*Idem.*	155	
RIVEHAUTE	*Idem.*	436		CASTETBON	*Idem.*	664	
SUS	*Idem.*	481		ESPIUTE	*Idem.*	291	
SOSMION	*Idem.*	330		GUINARTHE	*Idem.*	142	
VIELLENAVE	*Idem.*	337		HOPITAL-D'ORION (l')	*Idem.*	540	8,826
				LAAS	*Idem.*	536	
CANTON D'ORTHEZ.				MONTFORT	*Idem.*	439	
BAIGTS	Orthez	995		MUNEIN	*Idem.*	138	
BALANSUN	*Idem.*	613		NARP	*Idem.*	298	
BONNUT	*Idem.*	1,202		OBAAS	*Idem.*	488	
CASTÉTIS	*Idem.*	622		ORION	*Idem.*	422	
LANNEPLAA	*Idem.*	447		ORRIULE	*Idem.*	497	
ORTHEZ	⊠	7,121		OSSENX	*Idem.*	241	
PUYOO	Orthez	616		PARENTIES	*Idem.*	119	
RAMOUS	*Idem.*	594		SAUVETERRE	⊠ (*Distribution.*)	1,632	
SALLES-PISSE	*Idem.*	843		SAINT-GLADIE	Sauveterre	112	
SAULT-DE-NAVAILLES	*Idem.*	1,518		SAINT-MARTIN	*Idem.*	122	
				TABAILLE	*Idem.*	119	
	A reporter..	14,571		UNQUAIN	*Idem.*	79	
	A reporter.		43,103		**TOTAL de la population de l'Arrondissement**		84,689

RÉCAPITULATION.

	NOMBRE de		POPULATION.
	CANTONS.	COMMUNES.	
ARRONDISSEMENT DE PAU	11	204	117,865
— DE BAYONNE	8	52	78,411
— DE MAULÉON	6	140	72,884
— D'OLORON	8	81	74,552
— D'ORTHEZ	7	152	84,689
TOTAUX	40	629	428,401

NOMS DES COMMUNES.	BUREAUX DE POSTE qui les desservent.	POPULA-TION.	TOTAL de la POPULA-TION par canton	NOMS DES COMMUNES.	BUREAUX DE POSTE qui les desservent.	POPULA-TION.	TOTAL de la POPULA-TION par canton
ARRONDISSEMENT DE TARBES.				**Suite de l'ARRONDISSEMENT DE TARBES.**			
				Report......			31,436
CANTON DE CASTELNAU-RIVIÈRE-BASSE.				**Suite du CANTON DE POUYASTRUC.**			
Castelnau-Rivière-Basse....	Maubourguet......	1,301				*Report..*	2,136
Hagedet.................	Idem............	121		Chelle-Debat...........	Tarbes.......	459	
Hères..................	Idem............	301		Collongues.............	Idem.......	230	
Lascazères..............	Idem............	706		Coussan...............	Idem.......	311	
Madiran 🏤............	Idem............	1,289	5,052	Dours.................	Idem.......	220	
Soublecause............	Idem............	489		Gonnès................	Idem.......	62	
Saint-Lanne............	Idem............	607		Hourc.................	Idem.......	181	
Villefranque...........	Idem............	238		Jacque................	Idem.......	153	
				Laslades..............	Idem.......	297	
CANTON DE GALAN.				Lansac................	Idem.......	144	
Bourrepaux.............	Lannemezan......	539		Lizos.................	Idem.......	114	6,798
Castelbajac............	Idem............	781		Louit.................	Idem.......	251	
Galan.................	Trie...........	1,145		Marquerie.............	Idem.......	187	
Galez.................	Lannemezan......	326		Marseillan............	Idem.......	429	
Libaros...............	Trie...........	409	5,038	Mun...................	Idem.......	304	
Montastruc-la-Lande.....	Idem............	703		Oléac-Debat...........	Idem.......	133	
Recurt................	Idem............	509		Peyriguère............	Idem.......	116	
Sentous...............	Idem............	325		Pouyastruc............	Idem.......	677	
Tournous-devant........	Idem............	301		Sabalos...............	Idem.......	95	
				Soreac................	Idem.......	121	
CANTON DE MAUBOURGUET.				Souyeaux..............	Idem.......	227	
Auriabat...............	Maubourguet......	1,060		Thuy..................	Idem.......	51	
Caussade..............	Idem............	231					
Estirac...............	Idem............	201		**CANTON DE RABASTENS.**			
Labatut...............	Idem............	800		Ansost................	Rabastens.......	107	
Lafitole..............	Idem............	968		Barbachen.............	Idem.......	160	
Lahitte-Toupière.......	Idem............	593	8,326	Bazillac..............	Idem.......	519	
Larreule..............	Idem............	772		Bouilh-devant.........	Idem.......	184	
Maubourguet...........	✉............	1,725		Buzon.................	Idem.......	355	
Sauveterre............	Maubourguet......	487		Gensac................	Idem.......	138	
Sombrun...............	Idem............	506		Labarthe..............	Idem.......	119	
Vidouze..............	Idem............	983		Lacassagne............	Idem.......	427	
				Lahitau...............	Idem.......	65	
CANTON D'OSSUN.				Laméac................	Idem.......	337	
Averan................	Tarbes........	156		Lescurry..............	Idem.......	312	
Azereix...............	Idem........	1,004		Liac..................	Idem.......	344	
Barry.................	Idem........	134		Mansan................	Idem.......	134	8,335
Benac.................	Idem........	939		Mingot................	Idem.......	120	
Escaunets.............	Vic-en-Bigorre..	302		Monfaucon.............	Idem.......	812	
Gardères..............	Idem........	721		Moumoulous............	Idem.......	191	
Hibarette.............	Tarbes........	220		Peyrun................	Idem.......	223	
Juillan...............	Idem........	1,514		Rabastens 🏤.........	✉ (Distribution,)..	1,374	
Lamarque-Pontacq.......	Nay..........	760		Sarriac...............	Rabastens.......	562	
Lanne.................	Tarbes........	608	13,020	Segalas...............	Idem.......	135	
Layrisse..............	Idem........	174		Senac.................	Idem.......	373	
Lougrup...............	Idem........	316		Saint-Sever...........	Idem.......	561	
Looby.................	Idem........	639		Tostat................	Idem.......	541	
Loucrup...............	Vic-en-Bigorre..	473		Trouley...............	Idem.......	123	
Orincles..............	Tarbes........	705		Ugnouas...............	Idem.......	119	
Ossun.................	Idem........	3,243					
Seron.................	Vic-en-Bigorre..	530		**CANTON DE TARBES (nord).**			
Villenave-près-Béarn....	Idem........	178		Aureilhan.............	Tarbes.......	1,186	
Visker................	Tarbes........	404		Aurensan..............	Idem...........	533	
				Bazet.................	Idem...........	555	
CANTON DE POUYASTRUC.				Bordères	Idem...........	1,773	
Aubarède..............	Tarbes........	545		Bours.................	Idem...........	416	
Bouilh-Péreuilh........	Idem........	329		Cuts..................	Idem...........	184	
Boulin................	Idem........	134		Garde (la)............	Idem...........	164	
Caranac...............	Idem........	411		Gayan.................	Idem...........	295	
Castelvieilh..........	Idem........	429		Ibos..................	Idem...........	1,416	
Castera...............	Idem........	288		Orleix................	Idem...........	730	
				Oroix.................	Idem...........	272	
A reporter..		2,136		*A reporter..*		7,524	
A reporter........................			31,436	*A reporter........................*			46,569

NOMS DES COMMUNES.	BUREAUX DE POSTE qui les desservent.	POPULATION.	TOTAL de la POPULATION par canton
Suite de l'ARRONDISSEMENT DE TARBES.		*Report..*	46,569
Suite du CANTON DE TARBES (nord).		*Report..*	7,524
Oursbelille,	Tarbes,	912	
Pintac,	Idem,	69	
Sarnigoet,	Idem,	414	19,197
Tarasteix,	Idem,	572	
Tarbes ⚓,	⊠,	9,706	
CANTON DE TARBES (sud).			
Allier,	Tarbes,	222	
Angos,	Idem,	176	
Arcizac-Adour,	Idem,	597	
Bardazan-Debat,	Idem,	779	
Bernac-Debat,	Idem,	756	
Bernac-Dessus,	Idem,	424	
Hiis,	Idem,	313	
Horgues,	Idem,	462	
Laloubère,	Idem,	870	8,661
Momères,	Idem,	635	
Montignac,	Idem,	181	
Odos,	Idem,	732	
Salles-Adour,	Idem,	427	
Sarrouilles,	Idem,	442	
Seméac,	Idem,	840	
Soués,	Idem,	525	
Saint-Martin,	Idem,	280	
CANTON DE TOURNAY.			
Bardazan-Dessus,	Tarbes,	269	
Bégole,	Tournay,	590	
Bernadets-Dessus,	Idem,	405	
Bordes,	Idem,	873	
Burg,	Idem,	605	
Cabanet,	Idem,	116	
Calavanté,	Idem,	201	
Castera-Lanusse,	Idem,	177	
Clarac,	Idem,	522	
Fréchou-Fréchet,	Idem,	206	
Goudon,	Idem,	446	
Hitte,	Idem,	211	
Lanespède,	Idem,	416	
Lespouey,	Idem,	233	11,418
Luez,	Idem,	163	
Luc,	Idem,	450	
Mascaras,	Idem,	312	
Mouledous,	Idem,	437	
Oléac-Dessus,	Idem,	343	
Orieux,	Idem,	225	
Oueilloux,	Idem,	299	
Ozon,	Idem,	786	
Peyraube,	Idem,	373	
Poumaroux,	Idem,	466	
Ricaud,	Idem,	271	
Sinzos,	Idem,	247	
Tournay,	⊠ (Distribution.),	1,258	
Vielle-Adour,	Tarbes,	618	
CANTON DE TRIE.			
Antin,	Trie,	479	
Bernadets-Debat,	Idem,	461	
Betpon,	Idem,	109	
Bonnefont,	Idem,	960	
Bugard,	Idem,	222	
Estampures,	Idem,	227	
		A reporter..	2,458
		A reporter...	85,845

NOMS DES COMMUNES.	BUREAUX DE POSTE qui les desservent.	POPULATION.	TOTAL de la POPULATION par canton
Suite de l'ARRONDISSEMENT DE TARBES.		*Report..*	85,845
Suite du CANTON DE TRIE.		*Report..*	2,458
Fontrailles,	Trie,	496	
Fréchède,	Idem,	229	
Lalanne,	Idem,	246	
Lamarque-Rustaing,	Idem,	207	
Lapeyre,	Idem,	118	
Lubret,	Idem,	146	
Luby,	Idem,	248	
Lustard,	Idem,	286	
Mazerolles,	Idem,	630	9,508
Osmets,	Idem,	230	
Puydarrieux,	Idem,	870	
Sadournin,	Idem,	540	
Sère-Rustan,	Idem,	327	
Saint-Luc,	Idem,	152	
Tournous-Darré,	Idem,	237	
Trie,	⊠,	1,365	
Vidou,	Trie,	284	
Villembits,	Idem,	467	
CANTON DE VIC-EN-BIGORRE.			
Andrest,	Vic-en-Bigorre,	866	
Artagnan,	Idem,	795	
Caixon,	Idem,	464	
Camalès,	Idem,	537	
Marsac,	Idem,	301	
Nouilhan,	Idem,	288	
Pujo,	Idem,	605	8,671
Sanous,	Idem,	122	
Siarrouy,	Idem,	414	
Saint-Lézer,	Idem,	460	
Talazac,	Idem,	77	
Vic-en-Bigorre ⚓,	⊠,	3,679	
Villenave-près-Marsac,	Vic-en-Bigorre,	63	
TOTAL de la population de l'Arrondissement.......			104,032

ARRONDISSEMENT D'ARGELÈS.

CANTON D'ARGELÈS.

NOMS DES COMMUNES.	BUREAUX DE POSTE qui les desservent.	POPULATION.	TOTAL de la POPULATION par canton
Adast,	Argelès,	123	
Agos,	Idem,	239	
Arbouix,	Idem,	112	
Arcizans-Avant,	Idem,	413	
Argelès,	⊠,	1,357	
Artalens,	Argelès,	260	
Ayros,	Idem,	198	
Ayzac,	Idem,	301	
Balagnas,	Idem,	119	
Beaucens,	Idem,	491	
Bôo-Silhens,	Idem,	262	
Bordes,	Idem,	58	
Cauterets ⚓,	⊠,	1,001	
Gez,	Argelès,	396	
Lau,	Idem,	208	
Nestalas,	Idem,	489	
(⚓ à Pierrefitte.)			
Ost,	Idem,	180	
Ouzous,	Idem,	197	
		A reporter..	6,464

NOMS DES COMMUNES.	BUREAUX DE POSTE qui les desservent.	POPULA-TION.	TOTAL de la POPULA-TION par canton

Suite de l'ARRONDISSEMENT D'ARGELÈS.

Suite du CANTON D'ARGELÈS.

Report.. 6,464

NOMS DES COMMUNES.	BUREAUX DE POSTE	POPULA-TION.	TOTAL par canton
PRÉCHAC	Argelès	256	
SALLES	Idem	585	
SÈRE-ARGELÈS	Idem	181	
SOUIN	Idem	68	
SOULOM	Idem	355	
SAINT-PASTOUS	Idem	506	9,954
SAINT-SAVIN	Idem	620	
UZ	Idem	91	
VIDALOS	Idem	124	
VIER	Idem	113	
VILLELONGUE	Idem	602	

CANTON D'AUCUN.

ARBÉOST	Argelès	1,059	
ARCIZANS-DESSUS	Idem	308	
ARRAS	Idem	824	
ARRENS	Idem	092	
AUCUN	Idem	1,883	
BUN	Idem	509	6,663
ESTAING	Idem	000	
FERRIÈRES	Idem	709	
GAILLAGOS	Idem	348	
MARSOUS	Idem	721	
SIREIX	Idem	210	

CANTON DE LOURDES.

ADÉ	Lourdes	629	
ANGLES	Idem	356	
ARCIZAC-EZ-ANGLES	Idem	281	
ARBAYOU	Idem	108	
ARRODET	Idem	273	
ARTIGUES	Idem	68	
ASPIN	Idem	161	
BARTRÈS	Idem	308	
BERBERUST	Idem	78	
BOURRÉAC	Idem	116	
CHEUST	Idem	252	
COTDOUSSAN	Idem	91	
ESCOUBES	Idem	199	
GAZOST	Idem	398	
GER	Idem	142	
GERMS	Idem	570	
GEU	Idem	175	
GEZ-EZ-ANGLES	Idem	135	
JARRET	Idem	268	
JULOS	Idem	331	13,308
JUNCALAS	Idem	441	
LANITTE	Idem	321	
LANSO	Idem	42	
LÉZIGNAN	Idem	444	
LIAS	Idem		
LOURDES	⊠	3,818	
LUGAGNAN	Lourdes	117	
OMEX	Idem	347	
OSSEN	Idem	354	
OSSUN-EZ-ANGLES	Idem	177	
OURDIS	Idem	72	
OURDON	Idem	79	
OOSTÉ	Idem	161	
PARÉAC	Idem	174	
POUEYFERRE	Idem	668	
POUTS	Idem	58	
SÉGUS	Idem	376	
SERRE-EZ-ANGLES	Idem	189	
SAINT-CRÉAC	Idem	206	
VIGER	Idem	207	

A reporter.................... 29,935

Suite de l'ARRONDISSEMENT D'ARGELÈS.

Report.. 29,935

CANTON DE LUZ.

NOMS DES COMMUNES.	BUREAUX DE POSTE	POPULA-TION.	TOTAL par canton
BETPOUEY	Barèges	519	
(⊠ à Barèges.)			
CHÈZE	Idem	141	
ESQUIÈZE	Idem	194	
ESTERRE	Idem	312	
GROST	Idem	169	
LUZ	Idem	2,357	
(Distribution à Saint-Sauveur.)			
SALIGOS	Idem	293	5,659
SASSIS	Idem	88	
SAZOS	Idem	537	
SÈRE-BARRÈGES	Idem	110	
SERTS	Idem	283	
VIELLA	Idem	227	
VIEY	Idem	171	
VISCOS	Idem	137	
VIZOS	Idem	121	

CANTON DE SAINT-PÉ.

RABLEST	Lourdes	411	
LOURAJAC	Idem	476	4,191
PEYROUSSE	Idem	550	
SAINT-PÉ	Idem	2,754	

TOTAL de la population de l'Arrondissement............ 39,785

ARRONDISSEMENT DE BAGNÈRES-EN-BIGORRE.

CANTON D'ARREAU.

ANCIZAN	Arreau	987	
ARDENGOST	Idem	172	
ARREAU	⊠	1,480	
ASPIN	Arreau	194	
AULON	Idem	261	
BARANCOUAU	Idem	127	
BAZUS-AURE	Idem	236	
BEYREDE-JUMET	Idem	652	
CADEAC	Idem	506	
CAMOUS	Idem	146	8,168
FRÉCHET-AURE	Idem	81	
GOUAUX	Idem	171	
GREZIAN	Idem	220	
GUCHEN	Idem	622	
ILHET	Idem	718	
JEZEAUX	Idem	331	
LANÇON	Idem	87	
PAILHAC	Idem	63	
SARRANCOLIN	Idem	1,114	

CANTON DE BAGNÈRES-EN-BIGORRE.

ANTIST	Bagnères-en-Bigorre.	194	
ARGELLES	Idem	250	
ASTUGUE	Idem	700	
BAGNÈRES-EN-BIGORRE	⊠	7,586	
BANIOS	Bagnères-en-Bigorre.	360	
CIECTAT	Idem	1,246	
HAUBAN	Idem	140	
LABASSÈRE	Idem	663	
LIES	Idem	313	
MARSAS	Idem	183	16,912
MERILHEU	Idem	404	
MONTGAILLARD	Idem	1,086	
NEUILH	Idem	272	
ORDIZAN	Idem	563	
ORIGNAC	Idem	620	
POUZAC	Idem	936	
TRÉBONS	Idem	1,192	
UZER	Idem	204	

[1] Nota. Le bureau de distribution de Saint-Sauveur n'existe que pendant la saison des bains.

A reporter.................... 25,080

NOMS DES COMMUNES.	BUREAUX DE POSTE qui les desservent.	POPULA- TION.	TOTAL de la POPULA- TION par canton

Suite de l'ARROND.^t DE BAGNÈRES-EN-BIGORRE.

Report.. 75,080

CANTON DE BORDÈRES.

ADERVIELLE	Arreau	182	
ANERAN-CAMORS	Idem	79	
ARMENTEULS	Idem	97	
AVAJAN	Idem	149	
BAREILLES	Idem	469	
BORDÈRES	Idem	495	
CAZEAUX-DEBAT	Idem	97	
CAZEAUX-FRÉCHET	Idem	193	
ESTARVIELLE	Idem	92	3,260
GÉNOST	Idem	211	
GERM	Idem	145	
ILHAN	Idem	101	
LOUDENVIELLE-ARANVIELLE	Idem	376	
LOUDERVIELLE	Idem	138	
MONT	Idem	129	
POUCHERGUES	Idem	73	
RIS	Idem	73	
VIELLE-LOURON	Idem	161	

CANTON DE CAMPAN.

ASTÉ	Bagnères-en-Bigorre	832	
BEAUDÉAN	Idem	865	6,710
CAMPAN	Idem	4,171	
GERDE	Idem	842	

CANTON DE CASTELNAU-MAGNOAC.

ARIÉS	Castelnau-Magnoac	109	
ARNÉ	Idem	502	
BARTHE	Idem	68	
BAZORDAN	Idem	565	
BÉTBÈZE	Idem	162	
BETPOUEY	Idem	214	
CAMPUZAN	Idem	332	
CASTELNAU-MAGNOAC	⊠	1,572	
CASTERÉTS	Castelnau-Magnoac	91	
CAUBOUS	Idem	145	
CIZOS	Idem	354	
DEVÈZE	Idem	275	
ESPENAN	Idem	133	
GAUSSAN	Idem	431	
GUIZERITS	Idem	538	
HACHAN	Idem	169	
LALANNE-D'ASTARAC	Idem	390	11,322
LARRAN	Idem	165	
LARROQUE	Idem	342	
LASSALLES	Idem	234	
MONLÉON-MAGNOAC	Idem	1,327	
MONTLONG	Idem	444	
ORGAN	Idem	115	
PEYRET-SAINT-ANDRÉ	Idem	148	
POUY	Idem	147	
PUNTOUS	Idem	682	
SABARROS	Idem	149	
SARRIAC	Idem	582	
THERMES	Idem	531	
VIEUZOS	Idem	222	
VILLEMUR	Idem	189	

CANTON DE LA BARTHE-DE-NESTE.

ARRODETS	La Barthe-de-Neste	163	
ASQUE	Idem	659	
AYEZAC-PRAT	Idem	910	
BARTHE-DE-NESTE (la)	⊠ (Distribution.)	732	

A reporter.. 2,464

A reporter.. 46,372

NOMS DES COMMUNES.	BUREAUX DE POSTE qui les desservent.	POPULA- TION.	TOTAL de la POPULA- TION par canton

Suite de l'ARROND.^t DE BAGNÈRES-EN-BIGORRE.

Report.. 46,372

Suite du CANTON DE LA BARTHE-DE-NESTE.

Report.. 2,464

BASTIDE (la)	La Barthe-de-Neste	574	
BATXÈRE	Idem	131	
BASUS-NESTE	Idem	276	
BULAN	Idem	385	
ESCALA	Idem	325	
ESPARROS	Idem	718	
ESPÈCHE	Idem	312	
GAZAVE	Idem	300	
HÈCHES	Idem	1,506	10,645
IZAUX	Idem	284	
LABORDE	Idem	579	
LAHITTE	Idem	193	
LOMNÉ	Idem	306	
LORTET	Idem	527	
MAZOUAU	Idem	102	
MONTOUSSÉ	Idem	625	
SAINT-ARROMAN	Idem	438	

CANTON DE LANNEMEZAN.

ARTIGUEMY	Bagnères-en-Bigorre	192	
BENQUÉ	Idem	234	
BETTES	Idem	183	
BONNEMAISON (⚹ à l'Escaledieu.)	Idem	293	
BOURG	Idem	801	
CAMPISTROUS	Lannemezan	473	
CAMPVERN	Idem	741	
CASTILLON	Bagnères-en-Bigorre	211	
CHELLE-ESPOU	Idem	414	
CLARÈS	Lannemezan	423	
ESCADNETZ	Bagnères-en-Bigorre	132	
ESCLOTS	Idem	213	
ESPIEILH	Idem	117	
FRÉCHENDETS	Idem	142	9,316
GOURGUE	Idem	122	
LAGRANGE	Lannemezan	234	
LANNEMEZAN	⊠ (Distribution.)	1,243	
LUTILOUS	Lannemezan	259	
MAUVEZIN	Idem	477	
MOLÈRE	Idem	64	
PÉRÉ	Idem	148	
PINAS	Idem	367	
RÉJAUMONT	Idem	340	
SARLABOUS	Bagnères-en-Bigorre	359	
TAJAN	Lannemezan	293	
TILHOUSE	Idem	465	
UGLAS	Idem	376	

CANTON DE MAULÉON-BAROUSSE.

ANLA	Montréjeau	296	
ANTICHAN	Idem	184	
AVEUX	Idem	148	
BERTREN	Idem	305	
BRAMEVAQUE	Idem	192	
CAZARILH	Idem	265	
CRÉCHETS	Idem	136	
ESBAREICH	Idem	540	
FERRÈRE	Idem	415	
GAUDENT	Idem	146	
GEMBRIE	Idem	169	
ILHEU	Idem	170	
IZAOURT	Idem	384	
LOURES	Idem	422	
MAULÉON-BAROUSSE	Idem	823	

A reporter.. 4,595

A reporter.. 65,733

NOMS DES COMMUNES.	BUREAUX DE POSTE qui les desservent.	POPULA-TION.	TOTAL de la POPULA-TION par canton	NOMS DES COMMUNES.	BUREAUX DE POSTE qui les desservent.	POPULA-TION.	TOTAL de la POPULA-TION par canton
Suite de l'ARRONDᵗ DE BAGNÈRES-EN-BIGORRE.				**Suite de l'ARRONDᵗ DE BAGNÈRES-EN-BIGORRE.**			
	Report..		65,733		Report..		74,075
Suite du CANTON DE MAULÉON-BAROUSSE.				**Suite du CANTON DE NESTIER.**			
	Report..	4,595			Report..	6,461	
OURDE	Montrejeau	272		MONTSÉRIÉ	S¹-Laurent-de-Neste.	250	
SACOUÉ	Idem.	444		NESTIER	Idem.	561	
SALECHAN	Idem.	668		SEICH	Idem.	341	
SAMURAN	Idem.	61		SAINT-LAURENT-DE-NESTE	✉ (Distribution.)	1,409	11,484
SARP	Idem.	226	8,342	SAINT-PAUL	S¹-Laurent-de-Neste.	619	
SIBADAN	Idem.	491		TIBIRAN-JAUNAC	Idem.	625	
SOST	Idem.	470		TUZAGUET	Idem.	1,218	
SAINTE-MARIE	Idem.	104					
TRÈBE	Idem.	596		**CANTON DE VIELLE-AURE.**			
TROUBAT	Idem.	415		ARRAGNOUET	Arreau.	433	
				AZET	Idem.	480	
CANTON DE NESTIER.				BOURISP	Idem.	179	
ANÈRES	S¹-Laurent-de-Neste.	330		CADEILLAN-TRACHÈRE	Idem.	185	
AVENTIGNAN	Idem.	798		CAMPARAN	Idem.	115	
BIZE-NISTOS	Idem.	3,191		ENS	Idem.	85	
BIZOUS	Idem.	329		ESTENSAN	Idem.	97	
GÉNÉREST	Idem.	487		GRAILHEN	Idem.	89	3,665
HAUTAGET	Idem.	148		GUCHAN	Idem.	331	
LOMBRÉS	Idem.	194		SAILHAN	Idem.	371	
MAZÈRES	Idem.	563		SOULAN	Idem.	148	
MONTAIGUT	Idem.	421		SAINT-LARY	Idem.	233	
				TRAMESAYGUES	Idem.	132	
				VIELLE-AURE	Idem.	401	
	A reporter.	6,461		VIGNEC	Idem.	386	
	A reporter		74,075	TOTAL de la population de l'Arrondissement			89,224

RÉCAPITULATION.

	NOMBRE de		POPULATION.
	CANTONS.	COMMUNES.	
ARRONDISSEMENT DE TARBES	11	197	104,022
——————— D'ARGELÈS	5	99	39,785
——————— DE BAGNÈRES-EN-BIGORRE	10	194	89,224
TOTAUX	26	490	233,031

NOMS DES COMMUNES.	BUREAUX DE POSTE qui les desservent.	POPULA- TION.	TOTAL de la POPULA- TION par canton	NOMS DES COMMUNES.	BUREAUX DE POSTE qui les desservent.	POPULA- TION.	TOTAL de la POPULA- TION par canton
ARRONDISSEMENT DE PERPIGNAN.				**Suite de l'ARRONDISSEMENT DE PERPIGNAN.**			
					Report..		49,054
CANTON DE LA TOUR-DE-FRANCE.				**Suite du CANTON DE RIVESALTES.**			
					Report..	2,305	
BELLESTA	Estagel	411		CLAIRA	Saint-Laurent-de-la-Salanque	1,049	
CARAMANY	Idem	492		ESPIRA-DE-LA-GLY	Perpignan	925	
CASSAGNES	Idem	349		OPOUL	Idem	659	
ESTAGEL	✉ (Distribution.)	2,003		PÉRILLOS	Idem	82	
LANSAC	Estagel	61	6,205	PEYRESTORTES	Idem	405	
MONTALBA	Idem	425		RIVESALTES	Idem	3,308	15,196
MONTNER	Idem	209		SALCES	Idem	832	
PLANEZES	Idem	128		SAINT-HIPPOLYTE	Saint-Laurent-de-la-Salanque	606	
RASIGUÈRES	Idem	206		SAINT-LAURENT-DE-LA-SALANQUE	✉ (Distribution.)	3,207	
TAUTAVEL	Idem	704		TORREILLES	Saint-Laurent-de-la-Salanque	1,314	
TOUR-DE-FRANCE (la)	Idem	1,217		VINGRAU	Perpignan	604	
CANTON DE MILLAS.				CANTON DE THUIR.			
CORBÈRE	Millas	1,361		BAGES	Elne	496	
CORNEILLA-LA-RIVIÈRE	Idem	1,131		BROUILLA	Idem	207	
MILLAS	✉ (Distribution.)	1,970		CAIXAS	Perpignan	421	
NEFFIACH	Millas	1,017	9,241	CAMELAS	Idem	593	
PEZILLA-DE-LA-RIVIÈRE	Idem	1,291		CASTELNOU	Idem	417	
SOLER (le)	Perpignan	876		FOURQUES	Idem	539	
SAINT-FÉLIU-D'AMON	Millas	435		LLAURO	Idem	298	
SAINT-FÉLIU-D'AVALL	Idem	1,160		LLUPIA	Idem	311	
CANTON DE SAINT-PAUL-DE-FENOUILLET.				ORTAFFA	Elne	234	
				PASSA	Perpignan	364	8,564
ANSIGNAN	St-Paul-de-Fenouillet	317		POLLESTRES	Idem	282	
CAUDIÈS-DE-SAINT-PAUL	Idem	1,327		PONTEILLA	Idem	422	
FENOUILLET	Idem	241		SAINTE-COLOMBE	Idem	89	
FOSSE	Idem	127		SAINT-JEAN-LASSEILLE	Elne	82	
LESQUERDES	Idem	163		TERRATS	Perpignan	333	
MAURY	Idem	1,056	5,664	THUIR	Idem	2,197	
PRUGNANES	Idem	193		TORDÈRES	Idem	141	
SAINT-ARNAC	Idem	121		TAESSERRE	Idem	307	
SAINT-MARTIN	Idem	202		TROUILLAS	Idem	652	
SAINT-PAUL-DE-FENOUILLET	✉	1,743		VILLEMOLAQUE	Idem	188	
VIRA	St-Paul-de-Fenouillet	174					
CANTON DE PERPIGNAN (est).				TOTAL de la population de l'Arrondissement			72,814
ALENYA	Elne	324		**ARRONDISSEMENT DE CÉRET.**			
CABESTANY	Perpignan	420					
CANET	Idem	384		CANTON D'ARGELÈS.			
CANOHES	Idem	310					
CORNEILLA-DEL-VERCOL	Elne	153		ARGELÈS	Collioure	1,478	
ELNE	✉ (Distribution.)	2,093		BANYULS-SUR-MER	Port-Vendres	1,608	
MOYESCOT	Elne	125	13,979	COLLIOURE	✉	3,272	
PERPIGNAN (est)	✉	8,011		LAROQUE	Céret	1,173	
SAINT-CYPRIEN	Elne	503		LATRÈRE	Idem	354	11,985
SAINT-NAZAIRE	Perpignan	199		MONTESQUIEU	Idem	324	
THEZA	Elne	190		PALAU	Collioure	672	
TOULOUGES	Perpignan	835		PORT-VENDRES	✉ (Distribution.)	676	
TOUR-BAS-ELNE (la)	Elne	266		SORÈDE	Collioure	1,050	
VILLENEUVE-DE-LA-RAHO	Idem	166		SAINT-ANDRÉ	Idem	511	
CANTON DE PERPIGNAN (ouest).				SAINT-GENIS	Céret	380	
				VILLELONGUE-DES-MONTS	Idem	487	
BAHO	Perpignan	684		CANTON D'ARLES-SUR-TECH.			
BOMPAS	Idem	856					
PERPIGNAN (ouest)	✉	9,103		ARLES-SUR-TECH	✉	2,166	
PIA	Perpignan	1,362	13,965	BAINS (les)	Arles-sur-Tech	225	
SAINT-ESTÈVE	Idem	649		BASTIDE (la)	Idem	561	
SAINTE-MARIE	Idem	402		CORSAVY	Idem	803	
VILLELONGUE-LA-SALANQUE	Idem	571		MONTALBA	Idem	250	6,670
VILLENEUVE-LA-RIVIÈRE	Idem	338		MONTBOLO	Idem	380	
CANTON DE RIVESALTES.				MONTFERRER	Idem	793	
				PALALDA	Idem	814	
BAIXAS	Perpignan	1,840		SAINT-MARÇAL	Idem	608	
CALCE	Idem	233		TAULIS	Idem	270	
CASES-DE-PÈNE	Idem	232					
	A reporter..	2,305					
	A reporter		49,054		A reporter		18,655

NOMS DES COMMUNES.	BUREAUX DE POSTE qui les desservent.	POPULATION.	TOTAL de la POPULATION par canton
Suite de l'ARRONDISSEMENT DE CÉRET.			
		Report..	18,655
CANTON DE CÉRET.			
Banyuls-des-Aspres	Céret	427	
Boulou (le)	Idem	1,079	
Calmeilles	Idem	326	
Céret	✉	3,251	
Ecluse (l')	Céret	563	
Las-Illes	Idem	269	
Maureillas	Idem	903	
Montauriol	Idem	156	9,135
Oms	Idem	577	
Reynés	Idem	798	
Rieunogués	Idem	96	
Saint-Jean-Pla-de-Corts	Idem	502	
Taillet	Idem	355	
Vivès	Idem	139	
CANTON DE PRATS-DE-MOLLO.			
Coustouges	Saint-Laurent-de-Cerdans	550	
Manère (la)	Prats-de-Mollo	692	
Prats-de-Mollo	✉ (Distribution.)	3,484	7,631
Serralongue	Saint-Laurent-de-Cerdans	775	
Saint-Laurent-de-Cerdans	✉ (Distribution.)	2,130	
Total de la population de l'Arrondissement			35,421
ARRONDISSEMENT DE PRADES.			
CANTON DE MONT-LOUIS.			
Angles	Mont-Louis	697	
Bolquère	Idem	339	
Cabanasse (la)	Idem	176	
Caudiès-de-Mont-Louis	Idem	159	
Fontpédrouse	Idem	737	
Fontrabiouse	Idem	419	
Fourmiguères	Idem	804	
Lagouxe (la)	Idem	447	6,385
Matemale	Idem	506	
Mont-Louis	✉	442	
Planès	Mont-Louis	173	
Puy-Valador	Idem	532	
Réal	Idem	345	
Santo	Idem	331	
Saint-Pierre-dels-Forçats	Idem	278	
CANTON D'OLETTE.			
Aiguetebia	Olette	516	
Canaveilles	Idem	272	
Escaro	Idem	318	
Jujols	Idem	195	
Mantet	Idem	133	
Nyer	Idem	474	
Olette	✉ (Distribution.)	1,069	
Oreilla	Olette	217	
Py	Idem	576	6,108
Railleu	Idem	288	
Sahorre	Idem	548	
Sansa	Idem	248	
Serdynya	Idem	703	
Souanyas	Idem	139	
Talau	Idem	145	
Thuès-Entrevails	Idem	267	
CANTON DE PRADES.			
Campoute	Prades	362	
Casteill	Villefranche-de-Conflent	149	
Caillar	Prades	576	
	A reporter..	1,087	
	A reporter....		12,493

NOMS DES COMMUNES.	BUREAUX DE POSTE qui les desservent.	POPULATION.	TOTAL de la POPULATION par canton
Suite de l'ARRONDISSEMENT DE PRADES.			
		Report..	12,493
Suite du CANTON DE PRADES.			
		Report..	1,087
Clara	Prades	290	
Codalet	Idem	305	
Conat	Idem	345	
Corneilla-en-Conflent	Villefranche-de-Conflent	470	
Eus	Prades	596	
Fillols	Villefranche-de-Conflent	317	
Fuilla	Idem	394	
Masos	Prades	404	12,760
Molitg	Idem	612	
Mosset	Idem	1,297	
Nohedas	Idem	359	
Prades	✉	2,836	
Ria	Prades	977	
Taurinya	Idem	477	
Urbanya	Idem	488	
Vernet	Villefranche-de-Conflent	836	
Villefranche-de-Conflent	✉ (Distribution.)	670	
CANTON DE SAILLAGOUSE.			
Angoustrine	Mont-Louis	468	
Bourg-Madame	Idem	121	
Caldegas	Idem	141	
Dorres	Idem	330	
Egat	Idem	85	
Enveitg	Idem	435	
Err	Idem	734	
Estavar	Idem	327	
Eyne	Idem	250	
Llo	Idem	425	
Nahuja	Idem	146	8,105
Oneillo	Idem	480	
Osseja	Idem	1,085	
Palau	Idem	295	
Saillagouse	Idem	505	
Sainte-Léocadie	Idem	107	
Targassonne	Idem	117	
Ur	Idem	266	
Vallée-de-Carol (la)	Idem	1,501	
Villeneuve	Idem	186	
Valcabollera	Idem	101	
CANTON DE SOURNIA.			
Arboussols	Prades	198	
Campoussy	Idem	321	
Felluns	Idem	131	
Pezilla-du-Conflent	Idem	220	
Prats	Idem	304	
Rabouillet	Idem	645	3,765
Sournia	Idem	929	
Taberach	Idem	164	
Trevillach	Idem	338	
Trilla	Idem	142	
Vivier	Idem	373	
CANTON DE VINÇA.			
Ballestavy	Vinça	380	
Boule-d'Amon	Ille	522	
Boule-Ternère	Vinça	840	
Casefabre	Ille	154	
Espira	Vinça	321	
Estoher	Idem	495	
Finestret	Idem	641	
	A reporter..	3,353	
	A reporter....		37,123

NOMS DES COMMUNES.	BUREAUX DE POSTE qui les desservent.	POPULATION.	TOTAL de la POPULATION par canton	NOMS DES COMMUNES.	BUREAUX DE POSTE qui les desservent.	POPULATION.	TOTAL de la POPULATION par canton
Suite de l'ARRONDISSEMENT DE PRADES.		Report..	37,123	Suite de l'ARRONDISSEMENT DE PRADES.		Report..	37,123
Suite du Canton de VINÇA.		Report..	3,353	Suite du Canton de VINÇA.		Report..	7,841
GLORIANES	Vinça	211		RIGARDA	Vinça	357	
ILLE	(Distribution.)	3,102		RODÈS	Idem	739	11,694
JOCH	Vinça	301		SAINT-MICHEL-DE-LLOTES	Ille	367	
MARQUIXANES	Idem	561		VELMANYA	Vinça	386	
PRUNET	Ille	313		VINÇA	(Distribution.)	2,004	
	A reporter..	7,841					
	A reporter		37,123	Total de la population de l'Arrondissement			48,817

RÉCAPITULATION.

	NOMBRE de		POPULATION.
	CANTONS.	COMMUNES.	
ARRONDISSEMENT DE PERPIGNAN	7	85	72,814
—————— DE CÉRET	4	41	35,421
—————— DE PRADES	6	100	48,817
TOTAUX	17	226	157,052

NOMS DES COMMUNES.	BUREAUX DE POSTE qui les desservent.	POPULA- TION.	TOTAL de la POPULA- TION par canton	NOMS DES COMMUNES.	BUREAUX DE POSTE qui les desservent.	POPULA- TION.	TOTAL de la POPULA- TION par canton
ARRONDISSEMENT DE STRASBOURG.				**Suite de l'ARRONDISSEMENT DE STRASBOURG.**			
				Report..			63,068
CANTON DE BISCHWILLER.				**CANTON DE HAGUENAU.**			
AUENHEIM.............	Roeschwoog......	535		BATZENDORF............	Haguenau......	934	
BISCHWILLER...........	✉.........	5,927		BERSTHEIM.............	Idem.	325	
DALHUNDEN............	Bischwiller........	571		DAUENDORF............	Idem.	1,221	
DRUSENHEIM 🐎........	Idem........	1,572		HAGUENAU 🐎......	✉.	9,697	
FORSTFELD.............	Roeschwoog......	426		HOCHSTETT.............	Brumath.	139	
FORT-LOUIS............	Idem........	532		HUTTENDORF............	Haguenau	530	
HERRLISHEIM...........	Bischwiller........	2,122		KALTENHAUSEN..........	Idem.	770	
KAUFFENHEIM..........	Roeschwoog......	208		MORSCHWILLER..........	Idem.	575	21,466
LEUTENHEIM...........	Idem........	901		NIEDERSCHAEFFOLSHEIM...	Idem.	1,011	
NEUHAEUSEL...........	Idem........	261		OHLUNGEN.............	Idem.	838	
OBERHOFFEN...........	Bischwiller........	1,086	25,836	SCHWEIGHAUSEN.........	Idem.	1,765	
OFFENDORF............	Idem........	1,249		UHLWILLER.............	Idem.	899	
ROESCHWOOG...........	✉ (Distribution.)	1,400		WAHLENHEIM...........	Brumath.	260	
ROHRWILLER...........	Bischwiller........	805		WEITBRUCH.............	Idem.	1,324	
ROPPENHEIM...........	Roeschwoog......	959		WINTERSHAUSEN.........	Haguenau	431	
RUNTZENHEIM..........	Idem........	829		WITTERSHEIM...........	Idem.	747	
SCHIRHOFF............	Bischwiller........	634					
SCHIRRHEIM...........	Idem........	1,261					
SESSENHEIM...........	Idem........	1,697		**CANTON DE MOLSHEIM.**			
SOUFFLENHEIM.........	Roeschwoog......	2,982		ALTORF...............	Molsheim......	895	
STATTMATTEN..........	Bischwiller........	479		AVOLSHEIM............	Idem.	609	
				DACHSTEIN............	Idem.	565	
CANTON DE BRUMATH.				DINSHEIM.............	Idem.	1,201	
				DORLISHEIM...........	Idem.	1,811	
BERNOLSHEIM..........	Brumath.	402		ERGERSHEIM...........	Idem.	832	
BIETLENHEIM..........	Idem.	179		ERNOLSHEIM...........	Idem.	767	
BILWISHEIM...........	Idem.	301		GRESSWILLER..........	Idem.	857	
BRUMATH 🐎.........	✉.	4,062		HEILIGENBERG.........	Idem.	429	
DONKENHEIM..........	Brumath.	170		LUTZELHAUSEN.........	Schirmeck	1,073	21,641
ECKWERSHEIM.........	Idem.	924		MOLSHEIM............	✉.	3,225	
GAMBSHEIM...........	Strasbourg.	1,725		MUTZIG..............	Molsheim.	3,551	
GEUDERTHEIM.........	Brumath.	1,300		NIDERHASLACH.........	Idem.	972	
GRIES...............	Idem.	1,398		OBERHASLACH.........	Idem.	913	
HOERDT.............	Idem.	1,502		SOULTZ..............	Idem.	996	
KILSTETT............	Strasbourg.	737	21,821	STILL...............	Idem.	1,275	
KRAUTWILLER.........	Brumath.	160		URMATT.............	Idem.	530	
KRIEGSHEIM..........	Idem.	312		WOLXHEIM...........	Idem.	1,140	
KURTZENHAUSEN.......	Idem.	484					
MITTELSCHAEFFOLSHEIM..	Idem.	331		**CANTON D'OBERHAUSBERGEN.**			
MOMMENHEIM.........	Idem.	1,267		ACHENHEIM...........	Strasbourg.	821	
OLWISHEIM..........	Idem.	448		BISCHHEIM...........	Idem.	2,347	
ROTTELSHEIM.........	Idem.	219		BRUSCHWICKERSHEIM....	Idem.	498	
VENDENHEIM.........	Idem.	1,345		ECKBOLSHEIM.........	Idem.	1,148	
WANTZENAU (la) 🐎...	Strasbourg.	2,400		HANGENBIETEN........	Idem.	494	
WEYERSHEIM.........	Brumath.	2,125		HOENHEIM...........	Idem.	1,222	
				ITTENHEIM 🐎........	Idem.	846	
				KOLBSHEIM..........	Idem.	531	
CANTON DE GEISPOLSHEIM.				LAMPERTHEIM.........	Idem.	912	
				MITTELHAUSBERGEN.....	Idem.	176	16,270
BLAESHEIM..........	Obernai.	931		MUNDOLSHEIM........	Idem.	417	
DUPPIGHEIM.........	Molsheim.	1,053		NIEDERHAUSBERGEN.....	Idem.	353	
DUTTLENHEIM........	Idem.	1,270		OBERHAUSBERGEN......	Idem.	414	
ENTZHEIM 🐎........	Strasbourg.	668		OBERSCHAEFFOLSHEIM...	Idem.	1,003	
ESCHAU.............	Idem.	1,265		REICHSTETT..........	Idem.	1,002	
FEGERSHEIM.........	Idem.	1,473		SCHILTIGHEIM........	Idem.	2,627	
GEISPOLSHEIM.......	Idem.	2,316	15,411	SOUFFELWEYERSHEIM....	Idem.	686	
HOLTZHEIM..........	Idem.	830		WOLFISHEIM..........	Idem.	770	
ICHTRATZHEIM.......	Idem.	239					
ILLKIRCH...........	Idem.	1,766		**CANTONS DE STRASBOURG.**			
LINGOLSHEIM........	Idem.	887			1er est......	13,122	
LIPSHEIM...........	Idem.	619		STRASBOURG 🐎.. {	2e nord.... / 3e ouest....	12,667 / 10,668	49,712
OSTWALD...........	Idem.	778			4e sud.....	13,255	
PLOBSHEIM..........	Idem.	1,416					
A reporter................		63,068		*A reporter*................		172,157	

NOMS DES COMMUNES.	BUREAUX DE POSTE qui les desservent.	POPULATION.	TOTAL de la POPULATION par canton	NOMS DES COMMUNES.	BUREAUX DE POSTE qui les desservent.	POPULATION.	TOTAL de la POPULATION par canton
Suite de l'ARRONDISSEMENT DE STRASBOURG.				**Suite de l'ARRONDISSEMENT DE SAVERNE.**			
	Report..		172,157				
CANTON DE TRUCHTERSHEIM.				**Suite du CANTON DE BOUXWILLER.**			
					Report..	5,156	
Avendeim	Wasselonne	230		Imbsheim	Bouxwiller	767	
Behlenheim	Strasbourg	144		Ingwiller	Idem	2,071	
Berstett	Truchtersheim	544		Kirrwiller	Idem	690	
Dingsheim	Strasbourg	523		Menchhoffen	Idem	385	
Dossenheim	Idem	137		Mulhausen	Idem	685	
Durningen	Wasselonne	554		Niedermottern	Idem	467	
Fessenheim	Idem	421		Niedersoultz-Bach	Idem	365	
Furdenheim	Strasbourg	579		Obermottern	Idem	1,034	16,792
Gimbrett	Truchtersheim	313		Obersoultz-Bach	Idem	414	
Griesheim	Strasbourg	415		Pfaffenhoffen	Idem	1,484	
Godgenheim	Truchtersheim	680		Riedheim	Idem	298	
Handschuheim	Strasbourg	207		Schalckendorf	Idem	351	
Hurtigheim	Idem	419		Schillersdorf	Idem	665	
Ittlenheim	Wasselonne	235		Uttwiller	Idem	289	
Kienheim	Truchtersheim	289		Weinbourg	Idem	852	
Kleinfranckenheim	Idem	191		Zuttzendorf	Idem	819	
Kuttolsheim	Wasselonne	895	13,720				
Neugartheim	Idem	399		**CANTON DE DRULINGEN.**			
Offenheim	Strasbourg	193		Adamswiller	Saar-Union	324	
Osthoffen	Idem	914		Asswiller	Idem	442	
Pfettisheim	Idem	322		Baerendorf	Fénétrange	584	
Pfulgriesheim	Idem	326		Berg	Saar-Union	488	
Quatzenheim	Idem	420		Bettwiller	Idem	329	
Reitwiller	Truchtersheim	378		Burbach	Idem	567	
Rohr	Wasselonne	324		Bust	Phalsbourg	403	
Rumersheim	Truchtersheim	304		Diedendorf	Saar-Union	488	
Schnersheim	Idem	500		Diemeringen	Idem	954	
Stutzheim	Strasbourg	371		Drulingen	Phalsbourg	467	
Truchtersheim	(Distribution.)	638		Durstel	Saar-Union	422	
Willgottheim	Wasselonne	1,065		Eschwiller	Idem	266	
Wintzenheim	Idem	540		Eywiller	Idem	472	
Wiwersheim	Strasbourg	260		Goerlingen	Sarrebourg	326	
Woellenheim	Wasselonne	87		Gungwiller	Saar-Union	247	14,978
				Hambach	Idem	861	
CANTON DE WASSELONNE.				Hirschland	Fénétrange	609	
Ballbronn	Wasselonne	1,103		Kirberg	Idem	393	
Bergbieten	Idem	769		Mackwiller	Saar-Union	742	
Coswiller	Idem	476		Ottwiller	La Petite-Pierre	268	
Dahlenheim	Idem	728		Pistorf	Saar-Union	474	
Dangolsheim	Idem	690		Rauwiller	Sarrebourg	406	
Engenthal	Idem	789		Rexingen	Saar-Union	170	
Flexbourg	Idem	624		Siewiller	Phalsbourg	519	
Irmstett	Idem	172		Thal-Druling	Sarr-Union	414	
Kirchheim	Idem	493		Volcksberg	La Petite-Pierre	604	
Marlenheim	Idem	1,962	19,152	Weislingen	Idem	828	
Norddheim	Idem	746		Weyer	Fénétrange	840	
Odratzheim	Idem	596		Wolfskirchen	Saar-Union	740	
Romanswiller	Idem	1,182		Zollingen	Idem	331	
Scharrachbergheim	Idem	678					
Traenheim	Idem	601		**CANTON DE HOCHFELDEN.**			
Wangen	Idem	782		Alteckendorf	Bouxwiller	732	
Wangenbourg	Idem	207		Bossendorf	Idem	413	
Wasselonne		4,191		Duntzenheim	Wasselonne	791	
Westhoffen	Wasselonne	2,363		Ettendorf	Bouxwiller	953	
				Friedolsheim	Saverne	253	
TOTAL de la population de l'Arrondissement			205,029	Geiswiller	Bouxwiller	240	
				Gingsheim	Saverne	428	
ARRONDISSEMENT DE SAVERNE.				Grassendorf	Bouxwiller	313	
				Hochfelden	Saverne	2,253	
CANTON DE BOUXWILLER.				Hohatzenheim	Idem	220	
Bischholtz	Bouxwiller	323		Hohfrankenheim	Idem	319	
Bosselshausen	Idem	364		Ingenheim	Idem	760	
Bouxwiller		3,756		Issenhausen	Bouxwiller	147	
Boeswiller	Bouxwiller	423		Lixhausen	Idem	370	
Griesbach	Idem	290					
	A reporter..	5,156			A reporter..	8,192	
					A reporter		31,770

NOMS DES COMMUNES.	BUREAUX DE POSTE qui les desservent.	POPULA-TION.	TOTAL de la POPULA-TION par canton	NOMS DES COMMUNES.	BUREAUX DE POSTE qui les desservent.	POPULA-TION.	TOTAL de la POPULA-TION par canton
Suite de l'ARRONDISSEMENT DE SAVERNE.				**Suite de l'ARRONDISSEMENT DE SAVERNE.**			
	Report..		31,770		*Report..*	76,837	
Suite du Canton de HOCHFELDEN.				**Canton de SAAR-UNION.**			
	Report..	8,192		Altwiller	Saar-Union	796	
Melsheim	Saverne	516		Biseut	*Idem.*	290	
Mintersheim	Bouxwiller	801		Botten	*Idem.*	848	
Mittelhausen	Saverne	655		Derlingen	*Idem.*	824	
Mutzenhausen	*Idem.*	321		Domfessel	*Idem.*	329	
Ringeldorf	Bouxwiller	147		Harskirchen	*Idem.*	1,002	
Ringendorf	*Idem.*	564		Herbitzheim	*Idem.*	1,810	
Saessolsheim	Wasselonne	633	17,239	Hinsingen	*Idem.*	183	
Schaffhausen	Saverne	564		Keskastel	*Idem.*	1,312	
Scherlenheim	*Idem.*	179		Lorentzen	*Idem.*	507	15,379
Schwindratzheim	*Idem.*	1,271		Oermingen	*Idem.*	1,089	
Waltenheim	*Idem.*	739		Ratzwiller	*Idem.*	368	
Wickersheim	Bouxwiller	386		Rimsdorf	*Idem.*	335	
Wilshausen	*Idem.*	124		Saar-Union ⚙	✉	3,531	
Wilwisheim	Saverne	549		Saar-Werden (vieux)	Saar-Union	690	
Wingersheim	*Idem.*	1,379		Schopperten	*Idem.*	313	
Zoebersdorf	Bouxwiller	219		Silbheim	*Idem.*	374	
				Vœllerdingen	*Idem.*	611	
Canton de MARMOUTIER.				Willer	*Idem.*	168	
Allenwiller	Saverne	487					
Burckenwald	*Idem.*	573		**Canton de SAVERNE.**			
Crastatt	Wasselonne	351		Altenheim	Saverne	369	
Dimbsthal	Saverne	306		Detwiller	*Idem.*	2,294	
Engwiller	*Idem.*	253		Eckartswiller	*Idem.*	578	
Gottenhausen	*Idem.*	250		Ernolsheim	*Idem.*	676	
Haegen	*Idem.*	654		Furchhausen	*Idem.*	292	
Hohengoefft	Wasselonne	556		Gottesheim	*Idem.*	416	
Jetterswiller	Saverne	332		Hattmatt	*Idem.*	584	
Kleingoefft	Wasselonne	199		Littenheim	*Idem.*	364	
Knoersheim	*Idem.*	296		Lupstein	*Idem.*	701	
Landersheim	*Idem.*	234		Maennolsheim	*Idem.*	189	15,896
Lochwiller	Saverne	641	13,567	Mouswiller	*Idem.*	618	
Marmoutier	*Idem.*	2,735		Ottersthal	*Idem.*	451	
Otterswiller	*Idem.*	707		Printzheim	*Idem.*	280	
Rangen	Wasselonne	194		Saverne ⚙	✉	5,106	
Reinhardsmunster	Saverne	803		Steinbourg	Saverne	1,144	
Reutenbourg	*Idem.*	603		Saint-Jean-des-Choux	*Idem.*	799	
Salenthal	*Idem.*	296		Waldolwisheim	*Idem.*	731	
Schweinheim	*Idem.*	892		Wolschheim	*Idem.*	304	
Singrist	*Idem.*	442					
Thal-Marmoutier	*Idem.*	821					
Westhausen	Wasselonne	456		Total de la population de l'Arrondissement			108,112
Zehnacker	*Idem.*	278					
Zeinheim	*Idem.*	208					
				ARRONDISSEMENT DE SCHELESTAT.			
Canton de la PETITE-PIERRE.							
Dossenheim	Saverne	1,246		**Canton de BARR.**			
Eckartswiller	La Petite-Pierre	356		Andlau	Barr	2,179	
Eschbourg	Phalsbourg	814		Barr	✉	4,514	
Frohmuhl	La Petite-Pierre	369		Bernardswiller	Barr	391	
Hinsbourg	*Idem.*	155		Blienschwiller	*Idem.*	941	
Lichtenberg	Bouxwiller	882		Dambach	Schelestat	3,507	
Lohr	La Petite-Pierre	503		Eichhoffen	Barr	472	
Neuwiller	Saverne	1,700		Epfig	*Idem.*	2,448	
Petersbach	La Petite-Pierre	810		Gertwiller	*Idem.*	995	19,222
Petite-Pierre (la)	✉ (Distribution.)	1,241		Heiligenstein	*Idem.*	614	
Pfalzweyer	Phalsbourg	325		Itterswiller	*Idem.*	484	
Puberg	La Petite-Pierre	369	14,261	Mittelbergheim	*Idem.*	1,034	
Reipertswiller	Bouxwiller	708		Nothalten	*Idem.*	779	
Rosteig	La Petite-Pierre	487		Reichsfeld	*Idem.*	482	
Schoenbourg	Phalsbourg	510		Saint-Pierre	*Idem.*	382	
Sparsbach	La Petite-Pierre	239					
Struth	*Idem.*	520					
Tieffenbach	*Idem.*	533					
Weiterswiller	*Idem.*	884					
Wimmenau	*Idem.*	433					
Wingen	*Idem.*	819					
Zittersheim	*Idem.*	358					
	A reporter........		76,837		*A reporter........*		19,222

NOMS DES COMMUNES.	BUREAUX DE POSTE qui les desservent.	POPULA-TION.	TOTAL de la POPULA-TION par canton	NOMS DES COMMUNES.	BUREAUX DE POSTE qui les desservent.	POPULA-TION.	TOTAL de la POPULA-TION par canton
Suite de l'ARRONDISSEMENT DE SCHELESTAT.				**Suite de l'ARRONDISSEMENT DE SCHELESTAT.**			
	Report..		19,222		*Report..*		79,643
CANTON DE BENFELD.				**CANTON DE ROSHEIM.**			
BENFELD	✉.	2,230		BISCHOFFSHEIM	Obernai	1,678	
BOOSZHEIM	Benfeld.	903		BOERSCH	Idem.	2,345	
EBERSMUNSTER	Schelestat	1,025		GRENDELBRUGH	Schirmeck	1,544	
FREISENHEIM	Benfeld.	725		GRIESHEIM	Obernai	747	
HERBSHEIM	Idem.	547		MOLLKIRCH	Molsheim	1,072	14,749
HUTTENHEIM	Idem.	1,319		MUHLBACH	Schirmeck	515	
KERTZFELD	Idem.	906		OTTROTT-LE-BAS	Oberaai	1,073	
KOGENHEIM	Idem.	1,298	15,416	OTTROTT-LE-HAUT	Idem.	859	
MATZENHEIM	Idem.	758		ROSENWILLER	Idem.	812	
RHINAU	Idem.	1,434		ROSHEIM	Idem.	3,772	
ROSSFELD.	Idem.	540		SAINT-NABOR	Idem.	332	
SAND	Idem.	643					
SERMERSHEIM	Idem.	935		**CANTON DE SCHELESTAT.**			
STOTZHEIM	Barr.	1,726					
WITTERNHEIM	Benfeld.	427		CHATENOIS	Schelestat	3,867	
				DIEFFENTHAL	Idem.	310	
CANTON D'ERSTEIN.				EBERSHEIM	Idem.	1,779	18,010
				KINTZHEIM	Idem.	1,423	
BOLSENHEIM	Benfeld.	412		ORSCHWILLER	Idem.	985	
DAUBENSAND.	Idem.	240		SCHELESTAT	✉.	9,646	
ERSTEIN	Idem.	3,613					
(à Kraff.)				**CANTON DE VILLÉ.**			
GERSTHEIM-IM-LOCH	Idem.	1,416					
HINDISHEIM	Idem.	1,172		BASSEMBERG	Villé	429	
HIPSHEIM	Idem.	451	12,602	BELLEFOSSE	Idem.	497	
(à Saint-Ladau.)				BELMONT	Idem.	653	
LIMERSHEIM	Idem.	412		BLANCHERUPT	Idem.	185	
NORDHAUSEN	Idem.	1,033		BREITNAL	Idem.	354	
OBENHEIM	Idem.	750		BREITENBACH	Idem.	1,595	
OSTHAUSEN	Idem.	812		DIEFFENBACH	Idem.	717	
SCHAEFFERSHEIM	Idem.	429		ERLENBACH	Idem.	1,088	
UTTENHEIM	Idem.	638		FOUCHI	Idem.	969	
WESTHAUSEN	Idem.	1,224		FOUDAI	Idem.	337	
				LALAYE.	Idem.	999	
CANTON DE MARCKOLSHEIM.				MEISSENGOTT	Idem.	896	18,893
				NEUBOIS	Idem.	566	
ARTOLSHEIM	Marckolsheim	965		NEUVE-ÉGLISE	Idem.	2,791	
BALDENHEIM	Schelestat	1,004		SCHERWILLER	Schelestat	631	
BINDERNHEIM	Idem.	601		SOLBACH.	Villé	222	
BOESENBIESEN	Idem.	305		STEIGE	Idem.	1,321	
BOOTZHEIM.	Marckolsheim	486		SAINT-MARTIN.	Idem.	531	
DIEBOLSHEIM	Benfeld.	632		SAINT-MADRICE.	Idem.	449	
ELSENHEIM	Marckolsheim	712		SAINT-PIERRE-BOIS	Idem.	825	
HEIDOLSHEIM	Idem.	338		THANVILLÉ	Idem.	352	
HESSENHEIM	Idem.	419		TREMBACH	Idem.	615	
HILSENHEIM	Schelestat	1,634		URBEIS.	Idem.	767	
MACKENHEIM	Marckolsheim	929	17,826	VILLÉ.	✉ (Distribution.)	1,204	
MARCKOLSHEIM	✉.	2,344					
MUSSIG.	Schelestat.	674					
MUTTERSHOLTZ.	Idem.	1,944		TOTAL de la population de l'Arrondissement			131,295
OHNENHEIM	Marckolsheim	829					
RICHTOLSHEIM	Idem.	253					
SAASENHEIM	Idem.	540		**ARRONDISSEMENT DE WISSEMBOURG.**			
SCHOENAU	Idem.	605					
SCHWOBSHEIM	Schelestat	200					
SUNDHAUSEN	Idem.	1,378		**CANTON DE LAUTERBOURG.**			
WITTISHEIM	Idem.	1,034					
				LAUTERBOURG	✉.	2,649	
CANTON D'OBERNAI.				NEEWILLER	Lauterbourg.	1,016	
				NIEDERLAUTERBACH	Idem.	1,701	
BERNARDSWILLER	Obernai.	1,428		SALMBACH.	Idem.	1,614	9,823
BURGHEIM	Barr.	226		SCHEIBENHARD.	Idem.	580	
GOXWILLER	Idem.	642		SCHLEITHAL	Idem.	2,263	
INNENHEIM	Obernai.	789					
KRAUTERGERSHEIM	Idem.	1,264	14,577				
MEISTRATZHEIM	Idem.	1,601					
NIEDERNAI	Idem.	1,316					
OBERNAI	✉.	4,795					
VALF.	Barr.	1,379					
ZELLWILLER	Idem.	1,137					
	A reporter		79,643		*A reporter*		9,823

NOMS DES COMMUNES.	BUREAUX DE POSTE qui les desservent.	POPULA-TION.	TOTAL de la POPULA-TION par canton	NOMS DES COMMUNES.	BUREAUX DE POSTE qui les desservent.	POPULA-TION.	TOTAL de la POPULA-TION par canton
Suite de l'ARRONDISSEMENT DE WISSEMBOURG.				**Suite de l'ARRONDISSEMENT DE WISSEMBOURG.**			
	Report..		9,823		*Report..*		46,059
CANTON DE NIEDERBRONN.				**Suite du CANTON DE SOULTZ-SOUS-FORÊTS.**			
BITSCHHOFFEN	Niederbronn	1,083			*Report..*	5,811	
DAMBACH	Idem	871		KUTZENHAUSEN	Soultz-sous-Forêts	1,559	
ENGWILLER	Idem	410		LEITERSWILLER	Idem	399	
GRIESBACH	Idem	537		LOBSANN	Idem	674	
GOMBRECHTSHOFFEN (nieder)	Idem	542		MEMELSHOFFEN	Idem	421	
GOMBRECHTSHOFFEN (ober)	Idem	362		NIEDERBETSCHDORF	Idem	1,278	
GUNDERSHOFFEN	Idem	1,218		OBERBETSCHDORF	Idem	1,238	19,920
KINDWILLER	Idem	579		OBERROEDERN	Idem	811	
MERTZWILLER	Idem	1,455		REIMERSWILLER	Idem	370	
MIETESHEIM	Idem	740		RETSCHWILLER	Idem	443	
NIEDERBRONN	⊠	2,467	19,600	RITTERSHOFFEN	Idem	1,260	
OBERBRONN	Niederbronn	1,635		SCHOENENBOURG	Idem	788	
OFFWILLER	Idem	915		SCHWABWILLER	Idem	773	
REICHSHOFFEN	Idem	2,661		SOULTZ-SOUS-FORÊTS	⊠	1,968	
ROTHBACH	Idem	675		SOURBOURG	Soultz-sous-Forêts	2,217	
UBERACH	Idem	771		**CANTON DE WISSEMBOURG.**			
UHRWILLER	Idem	1,098		ALTENSTADT	Wissembourg	1,442	
UTTENHOFFEN	Idem	172		CLÉEBOURG	Idem	929	
WINDSTEIN	Idem	443		CLIMBACH	Idem	507	
ZINSWILLER	Idem	966		LEMBACH	Idem	1,976	
CANTON DE SELTZ.				NIEDERSTEINBACH	Idem	648	
ASCHBACH	Soultz-sous-Forêts	871		OBERHOFFEN	Idem	233	
BEINHEIM	Roeschwoog	1,545		OBERSTEINBACH	Idem	617	17,398
BUHL	Soultz-sous-Forêts	684		RIEDSELTZ	Idem	1,497	
CROETTWILLER	Lanterbourg	237		ROTH	Idem	786	
EBERBACH	Idem	618		STEINSELTZ	Idem	736	
KESSELDORF	Roeschwoog	463		WEILER	Idem	971	
MOTHEREN	Lauterbourg	1,482		WINGEN	Idem	959	
MONCKHAUSEN	Idem	769		WISSEMBOURG	⊠	6,097	
NIEDERROEDERN	Idem	1,214	16,636	**CANTON DE WOERTH-SUR-SAUER.**			
NIEDERSEEBACH	Wissembourg	335		BIBLISHEIM	Haguenau	315	
OBERLAUTERBACH	Lauterbourg	832		DIEFFENBACH	Soultz-sous-Forêts	339	
OBERSEEBACH	Wissembourg	1,814		DURRENBACH	Haguenau	1,153	
SCHAFFHAUSEN	Lauterbourg	600		EBERBACH	Soultz-sous-Forêts	267	
SELTZ	Idem	2,263		ESCHBACH	Idem	777	
SIEGEN	Idem	807		FORSTHEIM	Idem	755	
STUNDWILLER	Soultz-sous-Forêts	534		FROESCHWILLER	Idem	642	
TRIMBACH	Lauterbourg	868		GOERSDORF	Idem	1,107	
WINTZENBACH	Idem	700		GUNSTETT	Idem	928	
CANTON DE SOULTZ-SOUS-FORÊTS.				HEGENEY	Idem	383	
BIRLENBACH	Wissembourg	566		LAMPERTSLOCH	Idem	557	13,017
BREMMELBACH	Idem	282		LANGENSOULTZBACH	Idem	953	
DRACHENBRONN	Idem	363		LAUBACH	Idem	204	
HATTEN	Soultz-sous-Forêts	2,028		MATTSTALL	Idem	268	
HERMERSWILLER	Idem	246		MITSCHDORF	Idem	283	
HOFFEN	Idem	482		MORSBRONN	Idem	680	
HOHWILLER	Idem	442		NEHWILLER	Idem	401	
HUNDSBACH	Idem	630		OBERDORF	Idem	325	
INGOLSHEIM	Wissembourg	312		PREUSCHDORF	Idem	819	
KEFFENACH	Soultz-sous-Forêts	260		WALDOURG	Haguenau	621	
KUHLENDORF	Idem	200		WOERTH-SUR-SAUER	Soultz-sous-Forêts	1,240	
	A reporter..	5,811					
	A reporter..		46,059		TOTAL de la population de l'Arrondissement		96,394

RÉCAPITULATION.

	NOMBRE de		POPULATION.
	CANTONS.	COMMUNES.	
ARRONDISSEMENT DE STRASBOURG	12	161	205,029
—— DE SAVERNE	7	166	108,112
—— DE SCHELESTAT	8	114	131,295
—— DE WISSEMBOURG	6	103	96,394
TOTAUX	33	544	540,830

NOMS DES COMMUNES.	BUREAUX DE POSTE qui les desservent.	POPULA-TION.	TOTAL de la POPULA-TION par canton	NOMS DES COMMUNES.	BUREAUX DE POSTE qui les desservent.	POPULA-TION.	TOTAL de la POPULA-TION par canton
ARRONDISSEMENT DE COLMAR.				**Suite de l'ARRONDISSEMENT DE COLMAR.**			
						Report..	74,508
CANTON D'ANDOLSHEIM.				**CANTON DE SAINTE-MARIE-AUX-MINES.**			
ANDOLSHEIM	Colmar	1,046		ALLEMAND-ROMBACH (l')	Ste-Marie-aux-Mines.	1,763	
ARTZENHEIM	Idem.	624		AUBURE	Idem.	330	
BALTZENHEIM	Idem.	391		LIEPVRE	Idem.	1,893	17,309
BISCHWIHR	Idem.	420		SAINTE-CROIX-AUX-MINES	Idem.	3,362	
DURRENENTZEN	Idem.	557		SAINTE-MARIE-AUX-MINES	⊠	9,961	
FORTSCHWIHR	Idem.	366					
GRUSSENHEIM	Idem.	953		**CANTON DE MUNSTER.**			
HOLTZWIHR	Idem.	880		BREITENBACH	Munster.	920	
HORBOURG	Idem.	1,117		ESCHBACH	Idem.	532	
HOUSSEN	Idem.	1,000	13,137	GRIESBACH	Idem.	390	
JEBSHEIM	Idem.	1,265		GUNSBACH	Idem.	798	
KUENHEIM	Idem.	622		HOHROTH	Idem.	540	
MUNTZENHEIM	Idem.	620		LUTTENBACH	Idem.	710	
RIEDWIHR	Idem.	458		METZERAL	Idem.	1,340	16,016
SUNDHOFFEN	Idem.	1,175		MUHLBACH	Idem.	778	
URSCHENHEIM	Idem.	481		MUNSTER	⊠	4,340	
WIDENSOHLEN	Idem.	643		SONDERNACH	Munster.	1,027	
WIHR-EN-PLAINE	Idem.	519		SOULTZBACH	Idem.	909	
CANTON DE COLMAR.				STOSSWIHR	Idem.	1,434	
COLMAR	⊠	15,442	17,171	SULTZEREN	Idem.	1,405	
SAINTE-CROIX-EN-PLAINE	Colmar	1,729		WASSERBOURG	Idem.	903	
CANTON D'ENSISHEIM.				**CANTON DE NEUF-BRISACH.**			
BILTZHEIM	Ensisheim	355		ALGOLSHEIM	Neuf-Brisach	373	
BLODELSHEIM	Idem.	1,178		APPENWIHR	Idem.	264	
ENSISHEIM	⊠	2,568		BALGAU	Idem.	478	
FESSENHEIM	Ensisheim	958		BIESHEIM	Idem.	1,767	
HIRTZFELDEN	Idem.	842		DESSENHEIM	Idem.	920	
MEYENHEIM	Idem.	757		GRISSWASSER	Idem.	372	
MUNCHHAUSEN	Idem.	771		HEITEREN	Idem.	1,103	
MUNWILLER	Idem.	336		HETTENSCHLAG	Idem.	148	10,345
NIEDERENTZEN	Idem.	431	14,858	LOGLENHEIM	Idem.	363	
NIEDERHERGHEIM	Colmar	870		NAMDSHEIM	Idem.	548	
OBERENTZEN	Ensisheim	551		NEUF-BRISACH	⊠	2,005	
OBERHERGHEIM	Idem.	1,559		OBERSAASHEIM	Neuf-Brisach	650	
PULVERSHEIM	Idem.	347		VOGELGRUN	Idem.	164	
RÉGUISHEIM	Idem.	1,878		VOLGELSHEIM	Idem.	370	
ROGGENHAUSEN	Idem.	206		WECKOLSHEIM	Idem.	357	
RUESTENHART	Idem.	490		WOLFFGANTZEN	Idem.	463	
RUMERSHEIM	Idem.	761		**CANTON DE LA POUTROYE.**			
CANTON DE GUEBWILLER.				BAROCHE (la)	Colmar	2,014	
BERGHOLTZ	Rouffach	427		BONHOMME	Idem.	1,461	
BERGHOLTZ-ZELL	Idem.	432		FRÉLAND	Idem.	1,782	12,694
BUHL	Soultz	1,155		ORBEY	Idem.	4,926	
GUEBWILLER	Idem.	3,637		POUTROYE (la)	Idem.	2,511	
LAUTENBACH	Idem.	1,481		**CANTON DE RIBEAUVILLÉ.**			
LAUTENBACH-ZELL	Idem.	1,101	11,793	BERGHEIM	Ribeauvillé.	3,518	
LINTHAL	Idem.	1,200		GUÉMAR	Idem.	1,488	
MURBACH	Idem.	245		HUNAWIHR	Idem.	902	
ORSCHWIHR	Rouffach	1,306		ILLHAUSEREN	Idem.	726	
RIMBACH	Soultz	479		RIBEAUVILLÉ	⊠	6,558	17,681
RIMBACH-ZELL	Idem.	330		RODEREN	Ribeauvillé.	719	
CANTON DE KAYSERSBERG.				RORSCHWIHR	Idem.	510	
AMMERSCHWIHR	Colmar	2,137		SAINT-HIPOLYTE	Idem.	2,414	
BEBLENHEIM	Idem.	1,096		THANNENKIRCH	Idem.	846	
BENNWIHR	Idem.	1,025		**CANTON DE ROUFFACH.**			
INGERSHEIM	Idem.	1,995					
KATZENTHAL	Idem.	699		GUEBERSCHWIHR	Rouffach	1,635	
KAYSERSBERG	Idem.	3,063		GUNDOLSHEIM	Idem.	836	
KIENTZHEIM	Idem.	1,214	17,549	HATTSTATT	Idem.	1,328	
MITTELWIHR	Idem.	721		OSENBACH	Idem.	662	14,307
NIEDERMORSCHWIHR	Idem.	987		PFAFFENHEIM	Idem.	1,842	
OSTHEIM	Idem.	1,423		ROUFFACH	⊠	3,979	
RIQUEWIHR	Idem.	1,931		SOULTZMATT	Rouffach	3,139	
SIGOLSHEIM	Idem.	890		WESTHALDEN	Idem.	986	
ZELLENBERG	Idem.	468					
A reporter			74,508	*A reporter*			162,760

Suite de l'ARRONDISSEMENT DE COLMAR.

NOMS DES COMMUNES.	BUREAUX DE POSTE qui les desservent.	POPULA-TION.	TOTAL de la POPULA-TION par canton
		Report..	162,760
CANTON DE SOULTZ.			
Berrwiller	Soultz	1,012	
Bollwiller	Idem	1,261	
Feldkirch	Idem	440	
Habtmannswiller	Idem	1,174	
Issenheim	Idem	1,214	
Merxheim	Rouffach	709	12,050
Rœdersheim	Soultz	280	
Soultz	[box]	4,016	
Ungersheim	Soultz	988	
Wuenheim	Idem	956	
CANTON DE WINTZENHEIM.			
Eguisheim	Colmar	2,183	
Herrlisheim	Idem	1,214	
Husseren	Idem	759	
Obermorschwihr	Idem	448	
Turckheim	Idem	2,736	
Voegtlinshoffen	Idem	584	14,779
Walbach	Idem	615	
Wettolsheim	Idem	1,392	
Wihr-au-Val	Munster	1,121	
Wintzenheim	Colmar	3,245	
Zimmerbach	Idem	482	
TOTAL de la population de l'Arrondissement			189,589

ARRONDISSEMENT D'ALTKIRCH.

NOMS DES COMMUNES.	BUREAUX DE POSTE qui les desservent.	POPULA-TION.	TOTAL de la POPULA-TION par canton
CANTON D'ALTKIRCH.			
Altkirch	[box]	2,819	
Aspach	Altkirch	551	
Ballersdorff	Idem	717	
Berentzwiller	Idem	521	
Bainighoffen	Idem	178	
Carspach	Idem	1,064	
Eglingen	Idem	350	
Emlingen	Idem	236	
Enschingen	Idem	182	
Francken	Idem	469	
Froningen	Mulhausen	646	
Hausgauen	Altkirch	497	
Heidwiller	Idem	449	
Heywiller	Idem	239	
Hochstatt	Mulhausen	1,068	16,685
Hundsbach	Altkirch	322	
Jettingen	Idem	513	
(à Loch-Wurth.)			
Illfurth	Idem	996	
Loemschwiller	Idem	784	
Obermorschwiller	Idem	429	
Schwoben	Idem	214	
Spechbach-le-bas	Idem	398	
Spechbach-le-haut	Idem	414	
Tagolsheim	Idem	339	
Tagsdorff	Idem	259	
Wallheim	Idem	628	
Willer	Idem	566	
Wittersdorff	Idem	837	
CANTON DE FERRETTE.			
Biederthal	Ferrette	314	
Bendorff	Idem	369	
Bettlach	Idem	313	
Bouxwiller	Idem	466	
	A reporter..	1,461	
	A reporter............		16,685

Suite de l'ARRONDISSEMENT D'ALTKIRCH.

NOMS DES COMMUNES.	BUREAUX DE POSTE qui les desservent.	POPULA-TION.	TOTAL de la POPULA-TION par canton
		R'port..	16,685
Suite du CANTON DE FERRETTE.			
	Report..	1,461	
Courtavon	Ferrette	570	
Durlinsdorff	Idem	753	
Durmenach	Idem	1,047	
Ferrette	[box] (Distribution.)	733	
Fislis	Ferrette	450	
Kiffis	Idem	422	
Koestlach	Idem	636	
Lévoncourt	Idem	301	
Liebsdorff	Idem	359	
Ligsdorff	Idem	490	
Linsdorff	Idem	257	
Lucelle	Idem	258	
Lutter	Idem	348	
Mittelmuespach	Idem	357	15,325
Moos	Idem	322	
Mœrnach	Idem	514	
Niedermuespach	Idem	583	
Oberlarg	Idem	383	
Obermuespach	Idem	547	
Oltingen	Idem	852	
Rœdersdorff	Idem	528	
Roppentzwiller	Idem	473	
Sondersdorff	Idem	428	
Vieux-Ferrette	Idem	557	
Werentzhausen	Idem	450	
Winckel	Idem	667	
Wolschwiller	Idem	579	
CANTON DE HABSHEIM.			
Baldersheim	Mulhausen	585	
Bantzenheim	Habsheim	1,113	
Battenheim	Mulhausen	1,092	
Chalampé	Habsheim	308	
Eschentzwiller	Mulhausen	937	
Habsheim	[box] (Distribution.)	1,546	
Hombourg	Habsheim	588	
Illzach	Mulhausen	1,195	
Kembs	Habsheim	1,269	17,277
Niffer	Idem	459	
Ottmarsheim	Idem	900	
Petit-Landeau	Idem	689	
Riedisheim	Mulhausen	1,190	
Rixheim	Idem	2,941	
Ruelisheim	Idem	983	
Sausheim	Idem	962	
Zimmersheim	Idem	530	
CANTON DE HIRSINGUE ou HIRSINGEN.			
Bettendorff	Altkirch	460	
Bisel	Idem	658	
Feldbach	Idem	312	
Friessen	Idem	619	
Fulleren	Idem	478	
Grentzingen	Idem	716	
Heimersdorff	Idem	543	
Henflingen	Idem	166	
Hindlingen	Idem	478	
Hirsingue	Idem	1,281	
Hirtzbach	Idem	802	
Largitzen	Idem	446	
Mertzen	Idem	257	
Niederlarg	Ferrette	192	
Oberdorff	Altkirch	613	
Pfetterhausen	Ferrette	905	
Riespach	Altkirch	515	
	A reporter..	9,441	
	A reporter............		49,287

NOMS DES COMMUNES.	BUREAUX DE POSTE qui les desservent.	POPULA-TION.	TOTAL de la POPULA-TION par canton

Suite de l'ARRONDISSEMENT D'ALTKIRCH.

Report.. 49,287

Suite du CANTON DE HIRSINGUE.

Report.. 9,441

ROEDERBACH	Altkirch	287	
SEPPOIS-LE-BAS	Idem	621	
SEPPOIS-LE-HAUT	Idem	421	
STEINSULTZ	Idem	533	12,910
STRUETH	Idem	392	
SAINT-ULRIC	Idem	250	
UEBERSTRASS	Idem	303	
WALTIGHOFFEN	Idem	662	

CANTON DE HUNINGUE.

ATTENSCHWILLER	Huningue	608	
BLOTZHEIM	Idem	2,287	
BOCKGFELDEN	Idem	342	
BOSCHWILLER	Idem	652	
FOLGENSPÜRG	Idem	670	
HAGENTHAL-LE-BAS	Idem	928	
HAGENTHAL-LE-HAUT	Idem	730	
HÉGENHEIM	Idem	1,902	
HÉSINGUE	Idem	977	
HUNINGUE	⊠	820	
KNORINGEN	Huningue	252	16,815
LEYMEN	Idem	882	
LIEBENSWILLER	Idem	231	
MICHELBACH-LE-BAS	Idem	362	
MICHELBACH-LE-HAUT	Idem	548	
NEUWILLER	Idem	339	
RANSPACH-LE-BAS	Idem	560	
RANSPACH-LE-HAUT	Idem	446	
ROSENAU	Idem	182	
SAINT-LOUIS	Idem	1,263	
VILLAGE-NEUF	Idem	1,476	
WENTZWILLER	Idem	418	

CANTON DE LANDSER.

BARTHENHEIM	Sierentz	1,560	
BRINCKEIM	Idem	235	
BRUEBACH	Mulhausen	583	
DIETWILLER	Idem	544	
FLAXLANDEN	Idem	585	
GEISPITZEN	Sierentz	463	
HELFRANTZKIRCH	Idem	592	
KAPPELEN	Idem	392	
KOETZINGEN	Idem	379	
LANDSER	Mulhausen	611	
MAGSTATT-LE-BAS	Sierentz	338	12,973
MAGSTATT-LE-HAUT	Idem	390	
RANTZWILLER	Idem	453	
SCHLIERBACH	Mulhausen	816	
SIERENTZ	⊠ (Distribution.)	1,294	
STEINBRUNN-LE-BAS	Mulhausen	746	
STEINBRUNN-LE-HAUT	Altkirch	783	
STETTEN	Sierentz	334	
UFFHEIM	Idem	730	
WALBACH	Altkirch	478	
WALTENHEIM	Sierentz	233	
ZÆSINGEN	Altkirch	434	

CANTON DE MULHAUSEN.

BRUNSTATT	Mulhausen	1,478	
DIDENHEIM	Id. m.	980	
DORNACH	Idem	1,634	
GALFINGEN	Idem	632	
HEIMSPRUNG	Idem	778	
KINGERSHEIM	Idem	443	
LUTTERBACH	Idem	1,047	

A reporter.. 6,992

A reporter.. 91,985

Suite de l'ARRONDISSEMENT D'ALTKIRCH.

Report.. 91,985

Suite du CANTON DE MULHAUSEN.

Report.. 6,992

MULHAUSEN	⊠	13,300	
NIEDERMORSCHWILLER	Mulhausen	1,334	
PFASTATT	Idem	980	26,528
RÉMINGEN	Idem	1,072	
RICHWILLER	Idem	414	
WITTENHEIM	Idem	1,260	
ZILLISHEIM	Idem	1,176	

TOTAL de la population de l'Arrondissement 118,513

ARRONDISSEMENT DE BELFORT.

CANTON DE SAINT-AMARIN.

ALTENBACH	Wesserling	200	
FELLERINGEN	Idem	1,591	
GEISHAUSEN	Idem	804	
GOLDBACH	Idem	675	
HUSSEREN	Idem	797	
(⊠ à Wesserling.)			
KRUTH	Idem	1,813	
MALMERSPACE	Idem	325	
MITZACH	Idem	534	15,357
MOLLAU	Idem	822	
MOOSCH	Idem	1,452	
ODEREN	Idem	1,685	
RANSPACH	Idem	1,222	
STORKENSOHN	Idem	353	
SAINT-AMARIN	Idem	1,995	
URBAY	Idem	871	
WILDENSTEIN	Idem	518	

CANTON DE BELFORT.

ANDELNANS	Belfort	331	
ARGIÉSANS	Idem	206	
BANVILLARD	Idem	209	
BAVILLIERS	Idem	479	
BELFORT	⊠	5,753	
BERMONT	Belfort	85	
BOTANS	Idem	188	
BUC	Idem	139	
CHARMOIS	Idem	261	
CHATENOIS	Idem	1,128	
CHÈVREMONT	Idem	560	
CRAVANCHE	Idem	160	
DANJOUTIN	Idem	555	
DORANS	Idem	280	
ESCUBÈNE	Idem	137	
ESSERT	Idem	602	
FONTENELLE	Idem	89	15,727
MÉROUX	Idem	566	
MOVAL	Idem	98	
NOVILLARD	Idem	208	
OPPEMONT	Idem	520	
PÉROUSE	Idem	401	
RECHOTTE	Idem	70	
ROPPE	Idem	535	
SALBERT	Idem	300	
SEVENANS	Idem	156	
TRÉTUDANS	Idem	292	
URCEREY	Idem	216	
VALDOYE	Idem	387	
VÉTRIGNE	Idem	207	
VEZELOIS	Idem	471	
VOURVENANS	Idem	138	

A reporter.. 31,084

A reporter.................. 91,985

NOMS DES COMMUNES.	BUREAUX DE POSTE qui les desservent.	POPULA-TION.	TOTAL de la POPULA-TION par canton	NOMS DES COMMUNES.	BUREAUX DE POSTE qui les desservent.	POPULA-TION.	TOTAL de la POPULA-TION par canton
Suite de l'ARRONDISSEMENT DE BELFORT.		Report..	31,084	Suite de l'ARRONDISSEMENT DE BELFORT.		Report..	67,599
CANTON DE CERNAY.				**CANTON DE FONTAINE.**			
ASPACH-LE-BAS 🐎	Cernay	624		ANGÉOT	La Chapelle-sous-Rougemont	462	
BERNWILLER	Dannemarie	583		BELLEMAGNY	Idem	146	
BURNHAUPT-LE-BAS	Cernay	1,158		BESSONCOURT	Belfort	556	
BURNHAUPT-LE-HAUT	Idem	1,162		BETHONVILLIER	Idem	184	
CERNAY	✉	3,416		BRÉCHAUMONT	La Chapelle-sous-Rougemont	496	
SCHWEIGHAUSEN	Cernay	732	13,690	BRETTEN	Idem	388	
STAFFELFELDEN	Idem	303		CHAPELLE-SOUS-ROUGEMONT (la)	✉ (Distribution.) 🐎	714	
STEINBACH	Idem	950		CHAVANNE-SUR-L'ÉTANG 🐎	Dannemarie	551	
UFFHOLTZ	Idem	1,833		CUNELIÈRES	Belfort	135	
WATWILLER	Idem	1,788		DENNEY	Idem	268	
WITTELSHEIM	Idem	1,142		EGUENIGUE	Idem	299	
CANTON DE DANNEMARIE.				ÉTEIMBES	La Chapelle-sous-Rougemont	337	
ALTENACH	Dannemarie	444		FÉLON	Belfort	321	
AMMERTZWILLER	Idem	299		FONTAINE	Idem	342	
BALSCHWILLER	Idem	680		FOUSSEMAGNE	Idem	442	9,499
BOETTWILLER	Idem	311		FRAIS	Idem	221	
CHAVANNATTE	Idem	203		GRANGE (la)	Idem	127	
CHAVANNES-LES-GRANDES	Idem	485		LACOLLONGE	Idem	224	
DANNEMARIE	✉ (Distribution.)	1,240		MENONCOURT	Idem	318	
DIEFFMATTEN	Dannemarie	244		MONTREUX-CHATEAU	Idem	281	
ELBACH	Idem	217		MONTREUX-JEUNE	Idem	312	
FALKWILLER	Idem	261		MONTREUX-VIEUX	Dannemarie	316	
GILDWILLER	Idem	279		PETIT-CROIX	Belfort	343	
GOMMERSDORFF	Idem	341		PFAFFANS	Idem	270	
GUEVENATTEN	Idem	372		REPPE	La Chapelle-sous-Rougemont	411	
HAGENBACH	Idem	642	10,552	RIVIÈRE (la)	Belfort	240	
HECKEN	Idem	191		SAINT-COME	Idem	100	
LUTRAN	Idem	291		SAINT-GERMAIN	Belfort	301	
MAGNY	Idem	254		VAUTHIERMONT	La Chapelle-sous-Rougemont	394	
MANSPACH	Idem	498					
RETZWILLER	Idem	411					
ROMAGNY	Idem	259					
STERNENBERG	Idem	263		**CANTON DE GIROMAGNY.**			
SUARCE	Idem	544		ANJOUTEY	Belfort	740	
TRAUBACH-LE-BAS	Idem	527		AUXELLES-BAS	Idem	777	
TRAUBACH-LE-HAUT	Idem	666		AUXELLES-HAUT	Idem	932	
UEBERKUMEN	Idem	258		BOURG	Idem	159	
VALDIEU	Idem	155		CHAPELLE-SOUS-CRAUX (la)	Idem	594	
WOLFERSDORFF	Idem	217		CHAUX	Idem	686	
CANTON DE DELLE.				ÉLOIE	Idem	152	
BEAUCOURT	Delle	1,353		ÉTUEFFONT-BAS	Idem	281	
BORON	Idem	455		ÉTUEFFONT-HAUT	Idem	767	
BOUROGNE	Idem	673		EVETTE	Idem	2,461	12,536
BRÉBOTTE	Idem	322		GIROMAGNY	Idem	166	
BRETAGNE	Idem	305		GROS-MAGNY	Idem	725	
COURCELLES	Idem	312		MADELEINE (la)	Massevaux	183	
COURTELEVANT	Idem	377		PETIT-MAGNY	Belfort	302	
CROIX	Idem	316		PUIX (le)	Idem	1,507	
DELLE 🐎	✉	965		RIERVESCEMONT	Idem	281	
FAVEROIS	Delle	608		ROUGEGOUTTE	Idem	671	
FÊCHE-L'ÉGLISE	Idem	271		SERMAMAGNY	Idem	534	
FLORIMONT	Idem	527		VESCEMONT	Idem	618	
FROIDE-FONTAINE	Idem	289					
GRANDVILLARS	Idem	1,049	12,273	**CANTON DE MASSEVAUX.**			
GROSNES	Idem	299		DOLLEREN	Massevaux	663	
JONCHEREY	Idem	460		KIRCHBERG	Idem	670	
LÉBÉTAIN	Idem	284		LAUW	Idem	486	
LEPUIX	Idem	359		LEVAL	Idem	392	
MÉZIRÉ	Idem	286		MASSEVAUX	✉	3,053	
MONTBOUTON	Idem	278					
MORVILLARS	Idem	330			A reporter..	5,264	
RÉCHÉSY	Idem	946					
RECOUVRANCE	Idem	101					
SAINT-DIZIER	Idem	490					
THIANCOURT	Idem	141					
VELLESCOT	Idem	219					
VILLARS-LE-SEC	Idem	258					
A reporter		67,599		A reporter		89,634	

NOMS DES COMMUNES.	BUREAUX DE POSTE qui les desservent.	POPULA-TION.	TOTAL de la POPULA-TION par canton	NOMS DES COMMUNES,	BUREAUX DE POSTE qui les desservent.	POPULA-TION.	TOTAL de la POPULA-TION par canton
Suite de l'ARRONDISSEMENT DE BELFORT.				Suite de l'ARRONDISSEMENT DE BELFORT.			
	Report..		89,634		Report..		102,425
Suite du CANTON DE MASSEVAUX.				CANTON DE THANN.			
	Report..	5,264		ASPACH-LE-HAUT	Thann	520	
MORTZWILLER	Massevaux	288		BITSCHWILLER	Idem	1,610	
NIEDERBRUCK	Idem	441		BOURBACH-LE-BAS	Idem	935	
OBERBRUCK	Idem	586		BOURBACH-LE-HAUT	Idem	481	
PETITE-FONTAINE	Idem	222		GUEWENHEIM	Massevaux	794	
RIMBACH	Idem	767		LEIMBACH	Thann	570	13,731
ROMAGNY	Idem	300	12,791	MICHELBACH	Idem	256	
ROUGEMONT	Idem	1,250		RAMERSMATT	Idem	332	
SENTHEIM	Idem	674		RODEREN	Idem	1,052	
SEEWEN	Idem	845		THANN	⊠	3,937	
SICKERT	Idem	286		VIEUX-THANN	Thann	1,159	
SOPPE-LE-BAS	Idem	688		WILLER	Idem	2,085	
SOPPE-LE-HAUT	Idem	708					
WEEGSCHEID	Idem	472					
A reporter			102,425	TOTAL de la population de l'Arrondissement			116,156

RÉCAPITULATION.

	NOMBRE de		POPULATION.
	CANTONS.	COMMUNES.	
ARRONDISSEMENT DE COLMAR	13	139	189,589
—————— D'ALTKIRCH	7	159	118,513
—————— DE BELFORT	9	191	116,156
TOTAUX	29	489	424,258

NOMS DES COMMUNES.	BUREAUX DE POSTE qui les desservent.	POPULA-TION.	TOTAL de la POPULA-TION par canton	NOMS DES COMMUNES.	BUREAUX DE POSTE qui les desservent.	POPULA-TION.	TOTAL de la POPULA-TION par canton
ARRONDISSEMENT DE LYON.				Suite de l'ARRONDISSEMENT DE LYON.			
					Report..		50,904
CANTON DE L'ARBRESLE.				Suite du CANTON DE SAINT-LAURENT-DE-CHAMOUSSET.			
ARBRESLE (l').	✉	1,295			Report..	8,537	
BESSENAY	L'Arbresle	1,958		SOUZY-L'ARGENTIÈRE	Saint - Laurent - de-Chamousset	432	
BIBOST	Idem.	570		SAINT-CLÉMENT-LES-PLACES	Idem.	875	
BULLY	Idem.	1,179		SAINT-FOY-L'ARGENTIÈRE	Duerne	681	14,521
DOMMARTIN	Idem.	396		SAINT-GENIS-L'ARGENTIÈRE	Idem.	804	
ÉVEUX	Idem.	259		SAINT-LAURENT-DE-CHAMOUSSET	✉ (Distribution.)	1,691	
FLEURIEUX-SUR-L'ARBRESLE	Idem.	629		VILLECHENÈVE	Saint - Laurent - de-Chamousset	1,501	
LENTILLY	Idem.	1,180					
NOELLES	Idem.	206	13,863	CANTON DE LIMONEST.			
SAIN-BEL	Idem.	455		CHASSELAY	✉ (Distribution.)	1,100	
SARCEY	Idem.	641		CHÈRES (les)	Chasselay	593	
SAVIGNY	Idem.	1,607		CIVRIEUX-D'AZERGUES	Idem.	404	
SOURCIEUX-SUR-L'ARBRESLE	Idem.	735		COLONGES	Lyon	904	
SAINT-GERMAIN-SUR-L'ARBRESLE.	Idem.	743		DARDILLY	Idem.	1,027	
SAINT-JULIEN-SUR-BIBOST	Idem.	725		ÉCULLY	Idem.	1,618	
SAINT-PIERRE-LA-PALUD	Idem.	714		LIMONEST 🐎	Idem.	745	11,618
TOUR-DE-SALVAGNY (la) 🐎	Idem.	571		LISSIEU	Chasselay	435	
				MARCILLY-D'AZERGUES	Idem.	468	
CANTON DE SAINTE-COLOMBE.				SAINT-CYR-AU-MONT-D'OR	Lyon	1,833	
AMPUIS	Condrieu	1,924		SAINT-DIDIER-AU-MONT-D'OR	Idem.	1,800	
CONDRIEU	✉	3,864		SAINT-RAMBERT-ISLE-BARBE	Idem.	691	
HAIES (les)	Condrieu	395					
LOIRE	Givors	1,450		CANTON DE LYON.			
LONGES	Condrieu	1,433	10,804	CROIX-ROUSSE (la)	Lyon	9,213	
SAINTE-COLOMBE	Vienne	720		GUILLOTIÈRE (la)	Idem.	18,294	165,459
SAINT-CYR-SUR-LE-RHONE	Idem.	160		LYON 🐎	✉	133,715	
SAINT-ROMAIN-EN-GAL	Idem.	495		VAISE	Idem.	4,237	
TUPIN	Condrieu	363					
				CANTON DE MORNANT.			
CANTON DE SAINT-GENIS-LAVAL.				CHAUSSAN	Mornant	1,310	
BRIGNAIS 🐎	✉ (Distribution.)	1,679		MORNANT	✉ (Distribution.)	2,147	
CHAPONOST	Saint-Genis-Laval	1,478		ORLIÉNAS	Brignais	800	
CHARLY	Brignais	1,015		RIVERIE	Mornant	541	
IRIGNY	Saint-Genis-Laval	1,170		RONTALON	Idem.	649	
OULLINS	Idem.	2,315	15,250	SAINT-ANDRÉ-LA-COTE	Idem.	265	
SOUCIEU-EN-JAREST	Brignais	1,151		SAINTE-CATHERINE-SUR-RIVERIE.	Idem.	665	10,021
SAINTE-FOY-LÈS-LYON	Lyon	2,312		SAINT-DIDIER-SUR-RIVERIE	Idem.	497	
SAINT-GENIS-LAVAL	✉	2,192		SAINT-LAURENT-D'AGNY	Idem.	1,000	
VERNAISON	Brignais	1,108		SAINT-MAURICE-SUR-DARGOIRE.	Rive-de-Gier	1,319	
VOURLES	Idem.	830		SAINT-SORLIN	Mornant	265	
				TALUYERS	Brignais	563	
CANTON DE GIVORS.							
CHASSAGNY	Givors	407		CANTON DE NEUVILLE-SUR-SAONE.			
ÉCHALAS	Idem.	730		ALBIGNY	Chasselay	400	
GIVORS	✉	4,884		CAILLOUX-SUR-FONTAINES	Lyon	837	
GRIGNY	Givors	1,325		CALUIRE	Idem.	4,000	
MILLERY	Idem.	1,525		COUZON-AU-MONT-D'OR	Chasselay	1,089	
MONTAGNY	Idem.	496	10,987	CURIS	Idem.	471	
SAINT-ANDÉOL-LE-CHATEAU	Idem.	670		FLEURIEU-SUR-SAONE	Lyon	376	
SAINT-JEAN-DE-TOUSLAS	Rive-de-Gier	450		FONTAINES	Idem.	1,480	13,032
SAINT-MARTIN-DE-CORNAS	Givors	146		NEUVILLE-SUR-SAONE	Idem.	1,476	
SAINT-ROMAIN-EN-GIER	Idem.	354		POLEYMIEUX	Chasselay	452	
				QUINCIEUX	Idem.	1,050	
CANTON DE SAINT-LAURENT-DE-CHAMOUSSET.				ROCHETAILLÉ	Lyon	319	
BRESSIEU	Saint - Laurent - de-Chamousset	671		SAINT-GERMAIN-AU-MONT-D'OR	Chasselay	730	
BRULLIOLLES	Idem.	1,046		SAINT-ROMAIN-DE-COUZON	Idem.	352	
CHAMBOST	Idem.	1,633					
HALLES (les)	Idem.	281		CANTON DE SAINT-SYMPHORIEN-SUR-COISE.			
HAUTE-RIVOIRE	Idem.	1,688		AVEIZE	Duerne	1,071	
LONGESSAIGNE	Idem.	791		CHAPELLE-EN-VAUDRAGON (la)	Idem.	371	
MONTROMANT	Duerne	619		COISE	Chazelles	626	
MONTROTIER	Saint - Laurent - de-Chamousset	1,808					
	A reporter..	8,537			A reporter..	2,068	
	A reporter..		50,904		A reporter..		265,555

NOMS DES COMMUNES.	BUREAUX DE POSTE qui les desservent.	POPULA-TION.	TOTAL de la POPULA-TION par canton	NOMS DES COMMUNES.	BUREAUX DE POSTE qui les desservent.	POPULA-TION.	TOTAL de la POPULA-TION par canton
Suite de l'ARRONDISSEMENT DE LYON.				**Suite de l'ARROND.t DE VILLEFRANCHE-SUR-SAONE.**			
	Report..	265,555			Report..	8,580	
Suite du Canton de SAINT-SYMPHORIEN-SUR-COISE.				**Suite du Canton de BEAUJEU.**			
	Report..	2,068			Report..	11,211	
Duerne	⊠	693		Marchampt	Beaujeu	894	
Grézieux-le-Marché	Chazelles	745		Quincié	Idem	1,369	
Larajasse	Idem	2,612	12,866	Régnié	Idem	924	18,641
Meys	Idem	4,162		Saint-Didier-sur-Beaujeu	Idem	834	
Pomeys	Idem	820		Vauxrenard	Idem	1,027	
Saint-Martin-en-Haut	Duerne	3,976		Vernay	Idem	237	
Saint-Symphorien-sur-Coise	Chazelles	1,790		Villié	Romanèche	2,145	
Canton de VAUGNERAY.				**Canton de BELLEVILLE-SUR-SAONE.**			
Brindas	Vaugneray	800		Belleville-sur-Saone	⊠	2,436	
Charbonnières	Lyon	346		Cercié	Belleville-sur-Saone	709	
Chevinay	Vaugneray	559		Charentay	Idem	930	
Courzieu	Duerne	1,624		Corcelle	Romanèche	634	
Craponne	Vaugneray	300		Dracé	Idem	826	
Francheville	Lyon	1,103		Lancié	Idem	929	
Grézieux-la-Varenne	Vaugneray	1,310		Odenas	Belleville-sur-Saone	875	13,948
(à an Grand-Buisson.)				Saint-Étienne-la-Varenne	Idem	1,499	
Messimy	Idem	1,112	13,949	Saint-Georges-de-Reneins	Idem	2,555	
Pollionnay	Idem	818		Saint-Jean-d'Ardières	Idem	1,057	
Sainte-Consorce	Idem	643		Saint-Lager	Idem	1,180	
Saint-Genis-les-Ollières	Lyon	635		Taponas	Idem	318	
Saint-Laurent-de-Vaux	Vaugneray	139					
Tassin	Lyon	656		**Canton du BOIS-D'OINGT.**			
Thurins	Vaugneray	1,550		Bagnols	Anse	631	
Vaugneray	⊠ (Distribution.)	1,721		Bois-d'Oingt (le)	Idem	1,226	
(à Brady.)				Breuil (le)	Idem	203	
Yzeron	Duerne	603		Chamelet	Villefranche-s-Saône.	889	
				Chatillon	Anse	841	
Total de la population de l'Arrondissement			292,370	Chessy	L'Arbresle	704	
				Frontenas	Anse	307	
				Légny	Idem	397	
				Létra	Villefranche-s-Saône.	781	13,114
ARRONDISSEMENT DE VILLEFRANCHE-SUR-SAONE.				Moiré	Anse	202	
				Oingt	Idem	433	
Canton d'ANSE.				Saint-Just-d'Avray	Tarare	1,299	
Alix	Anse	271		Saint-Laurent-d'Oingt	Anse	771	
Ambérieux	Idem	187		Sainte-Paule	Villefranche-s-Saône.	328	
Anse	⊠	1,661		Saint-Vérand	Anse	1,041	
Belmont	Anse	114		Ternand	Idem	712	
Charnay	Idem	698		Théizé	Idem	1,038	
Chazay	Idem	717		Ville-sur-Jarnioux	Villefranche-s-Saône.	1,291	
Liergues	Villefranche-s-Saône.	738	8,580				
Lozane	Anse	310		**Canton de MONSOL.**			
Lucenay	Idem	846		Aigueperse	Beaujeu	1,024	
Marcy	Idem	677		Azolette	Idem	450	
Morancé	Idem	787		Cenves	Tramayes	1,370	
Pommiers	Idem	930		Monsol	Beaujeu	1,202	
Pouilly-le-Monial	Villefranche-s-Saône.	448		Ocroux	Idem	1,018	
Saint-Jean-des-Vignes	Anse	196		Propières	Idem	1,265	12,558
				Saint-Bonnet-des-Bruyères	Idem	1,486	
Canton de BEAUJEU.				Saint-Christophe	Idem	989	
Ardillats (les)	Beaujeu	1,267		Saint-Igny-de-Vers	Idem	2,835	
Avenas	Idem	320		Saint-Jacques-des-Arrêts	Idem	402	
Beaujeu	⊠	2,824		Saint-Mamert	Idem	195	
Chenas	Romanèche	700		Trades	Tramayes	322	
Chiroubles	Idem	603					
Durette	Beaujeu	234		**Canton de LA MURE.**			
Emeringes	Romanèche	339		Chambost-sur-Chamelet	Villefranche-s-Saône.	1,010	
Fleurie	Idem	1,874		Chenelette	Beaujeu	685	
Jullié	Idem	1,066		Claveisolles	Idem	1,226	
Juliénas	Idem	1,264		Grandris	Villefranche-s-Saône.	1,725	
Lantignié	Beaujeu	720		Mure (la)	Beaujeu	1,111	
				Poule	Idem	2,020	
	A reporter..	11,211		Ranchal	Idem	1,124	
					A reporter..	8,901	
	A reporter		8,580		A reporter		66,841

NOMS DES COMMUNES.	BUREAUX DE POSTE qui les desservent.	POPULA-TION.	TOTAL de la POPULA-TION par canton	NOMS DES COMMUNES.	BUREAUX DE POSTE qui les desservent.	POPULA-TION.	TOTAL de la POPULA-TION par canton
Suite de l'ARROND^t DE VILLEFRANCHE-SUR-SAONE.				Suite de l'ARROND^t DE VILLEFRANCHE-SUR-SAONE.			
	Report..		66,841		Report..		104,150
Suite du CANTON DE LA MURE.				Suite du CANTON DE THIZY.			
	Report..	8,901			Report..	6,613	
SAINT-BONNET-LE-TRONCY	Beaujeu	1,498		CHAPELLE-DE-MARDORE (la)	Thizy	597	
SAINT-NIZIER-D'AZERGUES	Idem	1,295	14,780	COURS	Idem	3,311	
SAINT-VINCENT-DE-BEINS	Thizy	1,966		CUBLIZE	Idem	2,000	19,607
THEL	Beaujeu	1,120		MARDORE	Idem	2,119	
CANTON DE TARARE.				MARNAND	Idem	1,675	
AFFOUX	Tarare	612		SAINT-JEAN-LA-BUSSIÈRE	Idem	1,765	
ANCY	Idem	893		THIZY	✉	1,527	
DARBIZÉ	Idem	487					
DIÈME	Idem	451		CANTON DE VILLEFRANCHE-SUR-SAONE.			
JOUX	Idem	1,376		ARBUISSONAS	Villefranche-s-Saône	227	
OLMES (les)	Idem	404		ARNAS	Idem	694	
RONNO	Idem	1,822		BELIGNY	Idem	760	
SAUVAGES (les)	Idem	794	22,529	BLACÉ	Idem	1,028	
SAINTE-APPOLINAIRE	Idem	371		COGNY	Idem	1,008	
SAINT-CLÉMENT	Idem	981		DENICÉ	Idem	1,131	
SAINT-FORGEUX	Idem	2,047		GLEIZÉ	Idem	955	
SAINT-LOUP	Idem	1,851		LACENAS	Idem	628	
SAINT-MARCEL	Idem	625		LIMAS	Idem	678	18,302
SAINT-ROMAIN-DE-POPEY	Idem	1,474		MONTMELAS-SAINT-SORLIN	Idem	296	
(☙ aux Arbes.)				OUILLY	Idem	496	
TARARE ☙	✉	6,833		RIVOLET	Idem	636	
VALSONNE	Tarare	1,508		SALLES (les)	Idem	409	
				SAINT-CYR-LE-CHATOUX	Idem	243	
CANTON DE THIZY.				SAINT-JULIEN	Idem	633	
AMPLEPLUIS	Tarare	4,870		VAUX	Idem	2,020	
BOURG-DE-THIZY	Thizy	1,743		VILLEFRANCHE-SUR-SAONE	✉	6,460	
	A reporter..	6,613					
	A reporter		104,150		TOTAL de la population de l'Arrondissement		142,059

RÉCAPITULATION.

	NOMBRE de		POPULATION.
	CANTONS.	COMMUNES.	
ARRONDISSEMENT DE LYON	11	127	292,370
—————— DE VILLEFRANCHE-SUR-SAONE	9	127	142,059
TOTAUX	20	254	434,429

NOMS DES-COMMUNES.	BUREAUX DE POSTE qui les desservent.	POPULA-TION.	TOTAL de la POPULA-TION par canton	NOMS DES COMMUNES.	BUREAUX DE POSTE qui les desservent.	POPULA-TION.	TOTAL de la POPULA-TION par canton
ARRONDISSEMENT DE VESOUL.				**Suite de l'ARRONDISSEMENT DE VESOUL.**			
						Report..	33,683
CANTON D'AMANCE.				Suite du CANTON DE MONTBOZON.			
AMANCE	Faverney	1,026				*Report..*	1,713
ANCHENONCOURT	Vauvillers	798		BESNANS	Montbozon	205	
BAULAY	Jussey	700		BOUHANS-LES-MONTBOZON	Idem	237	
BUFFIGNÉCOURT	Faverney	412		CENANS	Idem	266	
CONTRÉGLISE	Idem	482		CHASSEY-LES-MONTBOZON	Idem	895	
FAVERNEY	✉ (Distribution.)	1,292	8,575	COGNIÈRES	Idem	241	
MENOUX	Faverney	716		DAMPIERRE-LES-MONTBOZON	Idem	1,054	
MONTUREUX-LES-BAULAY	Jussey	362		ÉCHENOZ-LE-SEC	Vesoul	470	
POLAINCOURT	Vauvillers	988		FILAIN	Montbozon	623	
SAPONCOURT	Jussey	314		FONTENOIS-LES-MONTBOZON	Idem	702	
SENONCOURT	Faverney	648		LARIANS	Idem	261	
SAINT-REMY	Idem	484		LOULANS	Idem	456	
VENISEY	Jussey	353		MAGNORAY (le)	Vesoul	178	
				MAUSSANS	Montbozon	112	10,753
CANTON DE COMBEAUFONTAINE.				MONTBOZON	✉	742	
ARONCOURT	Jussey	294		ORMENANS	Montbozon	258	
ARBECEY	Combeaufontaine	988		PRESLE	Idem	294	
AUGICOURT	Jussey	502		ROCHE-SUR-LINOTTE	Idem	214	
BOUGEY	Idem	485		RUHANS	Rioz	174	
CHARGEY-LES-PORT	Port-sur-Saône	699		THIEFFRANS	Montbozon	311	
COMBEAUFONTAINE	✉	754		THIÉNANS	Idem	161	
CORNOT	Combeaufontaine	416		TREVEY	Idem	164	
FOUCHÉCOURT	Jussey	269	9,167	VELLEFAUX	Vesoul	444	
GESINCOURT	Idem	280		VERCHAMPS	Montbozon	115	
GEVIGNEY	Idem	1,084		VILLEDIEU-LES-QUENOCHE (la)	Rioz	43	
GOURGEON	Combeaufontaine	626		VILLERS-PATER	Idem	217	
LAMBREY	Jussey	302		VY-LES-FILAINS	Montbozon	203	
MELIN	Combeaufontaine	246					
NEUVELLE-LES-SCEY (la)	Idem	396		CANTON DE NOROY-LE-BOURG.			
OIGNEY	Idem	352					
PURGEROT	Port-sur-Saône	947		AUTREY-LES-CERRE	Vesoul	290	
SEMMADON	Combeaufontaine	527		BOREY	Idem	722	
				CALMOUTIER	Idem	920	
CANTON DE JUSSEY.				CERRE-LES-NOROY	Idem	517	
AISEY	Jussey	348		COLOMBE	Idem	268	
BARGES	Idem	487		COLOMBOTTE	Idem	299	
BASSE-VAIVRE (la)	Vauvillers	299		DAMVALERS-LES-COLOMBES	Idem	371	
BÉTAUCOURT	Jussey	539		DEMIE (la)	Idem	262	
BLONDEFONTAINE	Idem	1,103		ESPRELS	Villersexel	1,023	8,406
BOURBÉVELLE	Idem	383		LIEVANS	Vesoul	293	
BOUSSERAUCOURT	Idem	603		MONTJUSTIN	Idem	415	
CEMBOING	Idem	775		NEUREY-LES-LA-DEMIE	Idem	346	
CENDRECOURT	Idem	758		NOROY-LE-BOURG	Idem	1,147	
CORRE	Idem	665	15,941	VALLEROIS-LE-BOIS	Montbozon	819	
DEMANGEVELLE	Vauvillers	708		VALLEROIS - LORIOZ	Vesoul	278	
JONVELLE	Jussey	961		VILLERS-LE-SEC	Idem	436	
JUSSEY	✉	2,705					
MAGNY-LES-JUSSEY	Jussey	602		CANTON DE PORT-SUR-SAONE.			
MONTCOURT	Idem	222		AMONTCOURT	Port-sur-Saône	368	
ORMOY	Idem	1,168		AUXON	Vesoul	701	
PASSAVANT	Vauvillers	1,238		BOUGNON	Port-sur-Saône	610	
RAINCOURT	Jussey	663		BREUREY-LES-FAVERNEY	Faverney	1,269	
RANZEVELLE	Idem	98		CHAUX-LES-PORTS	Port-sur-Saône	310	
TARTÉCOURT	Idem	150		CONFLANDEY	Idem	508	
VILLARS-LE-POTEL	Idem	985		ÉQUEVILLEY	Faverney	548	
VOUGÉCOURT	Idem	481		FLAGY	Vesoul	337	
				FLEUREY-LES-FAVERNEY	Port-sur-Saône	648	10,155
CANTON DE MONTBOZON.				GRATTERY	Idem	350	
AUBERTANS	Rioz	183		MERSUAY	Faverney	589	
AUTHOISON	Idem	658		PORT-SUR-SAONE	✉	2,067	
BARRE (le)	Idem	87		PROVENCHÈRE	Port-sur-Saône	499	
BEAUMOTTE-LES-MONTBOZON	Montbozon	785		SCYE	Idem	266	
				VAL-SAINT-ELOY (le)	Faverney	476	
				VAUCHOUX	Port-sur-Saône	235	
				VILLERS-SUR-PORT	Idem	374	
		A reporter..	1,713				
	A reporter		33,683		*A reporter*		62,997

NOMS DES COMMUNES.	BUREAUX DE POSTE qui les desservent.	POPULA-TION.	TOTAL de la POPULA-TION par canton	NOMS DES COMMUNES.	BUREAUX DE POSTE qui les desservent.	POPULA-TION.	TOTAL de la POPULA-TION par canton
Suite de l'ARRONDISSEMENT DE VESOUL.				Suite de l'ARRONDISSEMENT DE VESOUL.			
	Report..		62,997		Report..		85,676
CANTON DE RIOZ.				Suite du CANTON DE VESOUL.			
AULX-LES-CROMARY	Rioz.	124			Report..	2,501	
BOULOT	Idem.	313		COULEVON	Vesoul.	193	
BOULT	Idem.	743		ÉCRENOZ-LA-MELINE	Idem.	904	
BUSSIÈRES	Idem.	302		FROTEY	Idem.	489	
BUTHIER	Idem.	327		MONTCEY	Idem.	424	
CHAMBORNAY-LES-BELLEVAUX	Idem.	331		MONT-LE-VERNOIS	Traves.	497	
CHAUX-LA-LOTIÈRE	Idem.	333		MONTIGNY-LES-VESOUL	Vesoul.	490	
CIREY	Idem.	669		NAVENNE	Idem.	389	
CROMARY	Idem.	379		NOIDANS-LE-VESOUL	Idem.	640	
ÉGUILLEY	Idem.	103		PUSEY	Idem.	810	
FONDREMAND	Idem.	359		PUSY	Idem.	530	16,284
FONTENIS (les)	Idem.	132		QUINCEY	Idem.	485	
HAUTERIVE	Idem.	405		VAIVRE	Idem.	681	
HYET	Idem.	159		VAROGNE	Saulx.	317	
(à la Maison-neuve.)				VELLEFRIE	Idem.	417	
MAIZIÈRES	Idem.	481	10,491	VESOUL	⊠	5,583	
MALACHÈRE (la)	Idem.	275		VILLENEUVE (la)	Saulx.	528	
MONTARLOT	Idem.	454		VILLEPAROIS	Vesoul.	214	
NEUVELLE-LÈS-CROMARY	Idem.	000		VILORY	Saulx.	186	
PENNESIÈRES	Idem.	407					
PERROUSE	Idem.	113					
QUENOCHE	Idem.	234		CANTON DE VITREY.			
RECOLOGNE	Idem.	263		BÉTONCOURT-LES-MÉNÉTRIER	Combeaufontaine.	238	
RIOZ	⊠	1,023		BÉTONCOURT-SUR-MANCE	Cintrey.	293	
SORANS-LES-BREUREY	Rioz.	000		BOURGUIGNON-LES-MOREY	Idem.	420	
TRAITIÉFONTAINE	Idem.	202		CHARME-SAINT-VALBERT	Idem.	308	
TRESILLEY	Idem.	359		CHAUVIREY-LE-CHATEL	Idem.	859	
VANDELANS	Idem.	129		CINTREY	(Distribution.)	418	
VILLERS-BOUTON	Idem.	000		LAVIGNEY	Combeaufontaine.	485	
VORAY	Idem.	567		MALVILLERS	Idem.	315	
				MOLAY	Cintrey.	406	
CANTON DE SCEY-SUR-SAONE.				MONTIGNY-LES-CHARLIEUX	Jussey.	009	
AROZ	Traves.	405		MOREY	Cintrey.	1,790	11,240
RAIGNES	Idem.	246		NOROY-LES-JUSSEY	Jussey.	525	
BORSIÈRES	Idem.	125		OUGE	Cintrey.	774	
BOURGUIGNON-LES-LA-CHARITÉ	Frétigney.	264		PREIGNEY	Idem.	752	
BUCEY-LES-TRAVES	Port-sur-Saône.	197		QUARTE (la)	Idem.	305	
CHANTES	Traves.	379		ROCHELLE (la)	Idem.	202	
CHASSEY-LES-SCEY	Port-sur-Saône.	173		ROSIÈRE-SUR-MANCE	Idem.	593	
CHEMILLY	Idem.	139		SAINT-JULIEN	Idem.	284	
CLANS	Traves.	273		SAINT-MARCEL	Jussey.	454	
FERRIÈRES-LES-SCEY	Port-sur-Saône.	290		VERNOIS-SUR-MANCE	Cintrey.	675	
GRANDVELLE	Frétigney.	644		VITREY	Idem.	1,135	
LIEFFRANS	Idem.	175					
MAILLEY	Idem.	988	12,188	TOTAL de la population de l'Arrondissement.			113,200
NEUVELLE-LÈS-LA-CHARITÉ	Idem.	761					
NOIDANS-LE-FERROUX	Traves.	874		ARRONDISSEMENT DE GRAY.			
OVANCHES	Port-sur-Saône.	458					
PONTCEY	Idem.	392		CANTON D'AUTREY.			
RAZE	Traves.	574		ATTRICOURT	Gray.	137	
ROSEY	Idem.	711		AUTREY	Idem.	1,078	
RUPT	Port-sur-Saône.	609		AUVET	Idem.	610	
SCEY-SUR-SAONE	Idem.	1,866		BOUHANS	Idem.	526	
TRAVES	(Distribution.)	723		BROYE-LES-LOUPS	Idem.	217	
VELLEGUINDRY	Vesoul.	369		CHARGEY	Idem.	896	
VELLE-LE-CHATEL	Traves.	202		ÉCUELLE	Idem.	230	
VY-LE-FERROUX	Idem.	351		ESSERTENNE	Idem.	560	
				FAHY	Idem.	465	9,377
CANTON DE VESOUL.				LOEUILLEY	Idem.	246	
ANDELARE	Vesoul.	142		MANTOCHE	Idem.	935	
ANDELARROT	Idem.	238		MONTUREUX	Idem.	652	
CHARMOILLE	Idem.	263		NANTILLY	Idem.	532	
CHARIEZ	Idem.	701		OYRIÈRES	Idem.	691	
COLOMBIER	Idem.	1,137		POYANS	Idem.	405	
				RIGNY	Idem.	721	
	A reporter..	2,501		VARS	Idem.	536	
	A reporter		85,676		A reporter		9,377

NOMS DES COMMUNES.	BUREAUX DE POSTE qui les desservent.	POPULA- TION.	TOTAL de la POPULA- TION par canton
Suite de l'ARRONDISSEMENT DE GRAY.			
	Report..		9,377
CANTON DE CHAMPLITTE.			
Argillières................	Champlitte........	388	
Champlitte. 🛡	🖂............	3,835	
Champlitte-la-Ville........	Champlitte........	302	
Courtesoul................	Idem............	484	
Fouvent-le-bas	Idem............	386	
Fouvent-le-haut	Idem............	493	
Franois...................	Idem............	449	
Larret	Idem............	219	
Leffond	Idem............	900	10,952
Margilly.................	Idem............	539	
Montarlot..............	Idem............	456	
Mont-le-Franois.......	Idem............	331	
Neuvelle-les-Champlitte....	Idem............	449	
Percey-le-grand	Idem............	592	
Pierrecourt..............	Idem............	628	
Suaucourt	Cintrey........	303	
Saint-Andoche..........	Champlitte........	198	
CANTON DE DAMPIERRE-SUR-SALON.			
Achey..................	Dampierre-sur-Salon.	270	
Autet	Idem..........	590	
Broize	Lavoncourt	218	
Confracourt............	Combeaufontaine..	808	
Dampierre-sur-Salon.....	🖂 (Distribution.) ..	1,422	
Delain.................	Dampierre-sur-Salon.	588	
Denèvre	Idem,..........	212	
Fédry.................	Lavoncourt	591	
Ferrières-les-Ray.......	Idem..........	133	
Fleurey..............	Idem..........	519	
Francourt.............	Idem..........	329	
Grandcourt...........	Idem..........	250	
Lavoncourt...........	🖂 (Distribution.)....	418	
Membrey.............	Lavoncourt	870	
Montot..............	Dampierre-sur-Salon.	361	
Mont-Saint-Léger.....	Lavoncourt	203	13,866
Nervezain............	Combeaufontaine.	121	
Ray.................	Lavoncourt	633	
Recologne...........	Idem..........	141	
Renaucourt..........	Idem..........	306	
Roche...............	Idem..........	510	
Savoyeux............	Dampierre-sur-Salon.	360	
Theuley.............	Lavoncourt	334	
Tincey..............	Idem..........	386	
Vaite 🛡.............	Idem..........	630	
Vanne	Idem..........	446	
Vaucongourt.........	Combeaufontaine...	678	
Vereux.............	Gray..........	483	
Villers-Vaudey.......	Lavoncourt	278	
Volon..............	Idem..........	208	
Vy-les-Rupt........	Idem..........	570	
CANTON DE FRESNES-SAINT-MAMÈS.			
Baties (les)...........	Frétigney........	315	
Beaujeux............	Gray..........	1,398	
Charentenay........	Frétigney........	283	
Cubry-les-Soing.....	Traves..........	283	
Fresnes-Saint-Mamès...	Frétigney........	636	
Frétigney	🖂 (Distribution.)..	933	
Greucourt..........	Frétigney........	170	
Mercey-sur-Saone.....	Dampierre-sur-Salon.	547	
Motley-sur-Saone.....	Idem..........	117	
Pont-de-Planche (le)....	Frétigney........	356	9,920
Quitteur...........	Gray..........	275	
Sept-Fontaines (les)...	Frétigney........	323	
Seveux.............	Dampierre-sur-Salon.	881	
Soing..............	Frétigney........	910	
Saint-Gand........	Idem..........	442	
Sainte-Reine.......	Gy..........	135	
Vellexon...........	Frétigney........	1,226	
Velet	Idem..........	590	
	A reporter....................		44,115

NOMS DES COMMUNES.	BUREAUX DE POSTE qui les desservent.	POPULA- TION.	TOTAL de la POPULA- TION par canton
Suite de l'ARRONDISSEMENT DE GRAY.			
	Report..		44,115
CANTON DE GRAY.			
Ancier..................	Gray........	373	
Angirey...............	Gy..........	369	
Apremont..............	Gray........	830	
Arc..................	Idem........	1,494	
Batterans.............	Idem........	322	
Champtans............	Idem........	366	
Crantonnay...........	Idem........	153	
Corneux.............	Idem........	121	
Cresancey...........	Idem........	434	
Écuevanne...........	Idem........	140	
Esmoulins...........	Idem........	196	
Germigney..........	Idem........	485	
Gray 🛡..........	🖂........	5,937	15,000
Gray-la-Ville........	Gray........	317	
Igny...............	Gy..........	513	
Nantuard...........	Gray........	143	
Noiron.............	Idem........	259	
Onay...............	Idem........	160	
Sauvigney-les-Angirey......	Idem........	325	
Saint-Broing........	Idem........	258	
Saint-Loup..........	Idem........	251	
Tremblois (le).......	Idem........	211	
Velesmes...........	Idem........	788	
Velet	Idem........	556	
CANTON DE GY.			
Autoreille...........	Gy..........	615	
Bonnevent...........	Idem........	476	
Bucey-les-Gy.........	Idem........	1,668	
Chapelle-Saint-Quillain (la).	Idem........	571	
Choye.............	Idem........	1,019	
Citey..............	Idem........	302	
Étrelles............	Idem........	256	
Fresne-le-Château.....	Idem........	666	
Gezier.............	Idem........	483	
Gy...............	🖂........	2,848	12,417
Montboillon........	Gy..........	356	
Mont-les-Etrelles.....	Idem........	359	
Oiselay............	Idem........	817	
Vantoux...........	Idem........	470	
Vaux-le-Moncelot.....	Idem........	271	
Velleclaire.........	Idem........	252	
Vrilefrey..........	Idem........	248	
Vellemoz..........	Idem........	233	
Velloreille-les-Choye.....	Idem........	239	
Villefrançon........	Idem........	268	
CANTON DE MARNAY.			
Avrigney...........	Marnay........	839	
Bay................	Idem........	272	
Beaumotte-les-Pin.....	Idem........	496	
Bonboillon 🛡........	Idem........	298	
Brussey...........	Idem........	329	
Chambornay-les-Pin	Gy..........	302	
Charcenne........	Idem........	859	
Chenevrey........	Marnay........	463	
Courcuire........	Gy..........	388	
Cugney..........	Marnay........	456	8,511
Cult.............	Idem........	255	
Étuz............	Gy..........	307	
Hugier..........	Marnay........	300	
Marnay..........	🖂........	1,197	
Pin.............	Gy..........	562	
Sornay..........	Marnay........	434	
Tromarey........	Idem........	272	
Virey...........	Idem........	281	
Vregille.........	Gy..........	181	
	A reporter....................		80,043

Suite de l'ARRONDISSEMENT DE GRAY.

Canton de PESMES.

Report.. 80,043

NOMS DES COMMUNES.	BUREAUX DE POSTE qui les desservent.	POPULA- TION.	TOTAL de la POPULA- TION par canton
Arsans	Gray	87	
Aubigney	Pesmes	275	
Bar-lès-Pesmes	Idem	373	
Bresilley	Idem	205	
Broye-les-Pesmes	Idem	647	
Chancey	Marnay	453	
Chaumercenne	Pesmes	465	
Chevigney	Idem	214	
Lieucourt	Idem	174	
Malans	Idem	466	
Montagney	Marnay	590	8,444
Montseugny	Pesmes	308	
Motey-Besuche	Marnay	276	
Pesmes 🐎	☒ (Distribution.)	1,582	
Résie (la grande)	Pesmes	192	
Résie-Saint-Martin (la)	Idem	167	
Sauvigney-les-Pesmes	Idem	299	
Vadans	Idem	406	
Vallay	Idem	902	
Venère	Gray	363	

TOTAL de la population de l'Arrondissement....... 88,487

ARRONDISSEMENT DE LURE.

Canton de CHAMPAGNEY.

NOMS DES COMMUNES.	BUREAUX DE POSTE	POPULA- TION.	TOTAL par canton
Champagney 🐎	☒ (Distribution.)	3,129	
Clairegoutte	Champagney	600	
Échevanne	Idem	200	
Errevet	Idem	233	
Frahier	Idem	1,437	10,879
Frédéric-Fontaine	Idem	443	
Plancher-Bas	Idem	1,995	
Plancher-les-Mines	Idem	1,201	
Ronchamp	Idem	1,641	

Canton de FAUCOGNEY.

Amage	Luxeuil	448	
Amont	Idem	1,157	
Beulotte-Saint-Laurent	Idem	662	
Bruyère	Idem	420	
Corravillers (le plain de)	Idem	610	
Émoulière	Idem	1,286	
Faucogney	Idem	1,531	
Fessey-Dessous	Idem	360	
Longine (la)	Idem	794	13,677
Montagne (la)	Idem	791	
Proiselière (la)	Idem	492	
Raddon	Idem	900	
Rosière (la)	Idem	569	
Saint-Bresson	Idem	2,385	
Sainte-Marie-en-Chanois	Idem	422	
Voivre (la)	Idem	850	

Canton de HÉRICOURT.

Beverne	Héricourt	370	
Brévilliers	Idem	410	
Bussurel	Idem	392	
Byans	Idem	142	
Coagey	Idem	767	
Chalonvillars	Idem	859	
Champey	Idem	710	
Chavanne	Idem	261	
Chenebier	Idem	702	
Coisevaux	Idem	224	
Corcelles	Idem	200	

A reporter.. 5,037

A reporter.................. 24,556

Suite de l'ARRONDISSEMENT DE LURE.

Suite du Canton de HÉRICOURT.

Report.. 24,556

NOMS DES COMMUNES.	BUREAUX DE POSTE qui les desservent.	POPULA- TION.	TOTAL de la POPULA- TION par canton
		Report.. 5,037	
Courmont	Lure	000	
Couthenans	Héricourt	209	
Echenans	Idem	350	
Étobon	Idem	625	
Gonvillars	Idem	118	
Héricourt	☒	2,907	
Lomont	Lure	1,445	13,243
Luze	Héricourt	404	
Mandrevillars	Idem	160	
Saulnot	Idem	971	
Tavey 🐎	Idem	227	
Trémoins	Idem	298	
Verlans	Idem	69	
Villers-sur-Saulnot	Idem	210	
Vyans	Idem	213	

Canton de SAINT-LOUP.

Aillevillers	Saint-Loup	2,663	
Ainvelle	Luxeuil	338	
Briaucourt	Idem	559	
Conflans	Idem	841	
Corbenay	Saint-Loup	1,007	
Fleurey-les-Saint-Loup	Idem	227	
Fontaine-les-Luxeuil	Luxeuil	1,293	17,119
Fougerolles 🐎	☒ (Distribution.)	5,785	
Francalmont	Luxeuil	373	
Hautevelle	Idem	457	
Magnoncourt	Saint-Loup	424	
Saint-Loup	☒ (Distribution.)	2,663	
Vaivre (la)	Idem	489	

Canton de LURE.

Adelans	Lure	440	
Amblans	Idem	614	
Andornay	Idem	217	
Arpenans	Idem	659	
Aynans (les)	Idem	605	
Bouhans-les-Lure	Idem	543	
Cote (la)	Idem	479	
Franchevelle	Idem	589	
Froideterre	Idem	312	
Frotey-les-Lure	Idem	489	
Genevreuille	Idem	508	
Léval	Idem	59	
Lure 🐎	☒	2,847	
Lyoffans	Lure	464	18,322
Magny-Danigon	Idem	576	
Magny-Jobert	Idem	222	
Magny-Vernois	Idem	682	
Malbouhans	Idem	640	
Moffans	Idem	1,022	
Mollans	Idem	876	
Neuvelle-les-Lure (la)	Idem	494	
Palante	Idem	201	
Pomoy	Idem	621	
Quers	Idem	673	
Roye	Idem	649	
Saint-Germain	Idem	1,142	
Vouhenans	Idem	482	
Vy-les-Lure	Idem	1,217	

Canton de LUXEUIL.

Ailloncourt	Luxeuil	433	
Baudoncourt	Idem	847	
Belmont	Idem	337	
Breuche	Idem	1,057	
Breuchotte	Idem	304	
Brotte	Idem	392	

A reporter.. 3,370

A reporter.................. 73,238

II.

40

NOMS DES COMMUNES.	BUREAUX DE POSTE qui les desservent.	POPULA-TION.	TOTAL de la POPULA-TION par canton	NOMS DES COMMUNES.	BUREAUX DE POSTE qui les desservent.	POPULA-TION.	TOTAL de la POPULA-TION par canton
Suite de l'ARRONDISSEMENT DE LURE.		Report..	73,238	Suite de l'ARRONDISSEMENT DE LURE.		Report..	113,053
Suite du CANTON DE LUXEUIL.				Suite du CANTON DE VAUVILLERS.			
		Report..	3,370			Report..	1,164
CHAPELLE-LES-LUXEUIL (la)....	Luxeuil..........	550		BASSIGNEY.............	Faverney.	330	
CITERS.................	Idem.	973		BETONCOURT-SAINT-PANCRAS...	Vauvillers	286	
CORBIÈRE (la)..........	Idem.	281		BOULIGNEY.............	Saint-Loup.	843	
DAMBENOIT............	Idem.	425		BOURGUIGNON-LES-CONFLANS	Faverney.	363	
ÉHUNS................	Idem.	284		CUBRY...............	Idem.	289	
ESBOZ................	Idem.	729		CUVE................	Saint-Loup.	412	
FROIDECONCHE.........	Idem.	938		DAMPIERRE-LES-CONFLANS..	Idem.	677	
LANTENOT............	Lure	394		DAMVALLEY-SAINT-PANCRAS	Vauvillers	90	
LANTERNE (la)..........	Luxeuil	720	15,694	FONTENOIS-LA-VILLE......	Idem.	810	
LINEXER..............	Lure	184		GIREFONTAINE..........	Idem.	136	11,150
LUXEUIL..............	✉	3,570		HURECOURT............	Idem.	229	
MAGNIVRAY...........	Luxeuil	473		JASNEY...............	Saint-Loup.	673	
ORMOICHE............	Idem.	189		MAILLERONCOURT-SAINT-PANCRAS	Vauvillers	707	
RIGNOVELLE...........	Idem.	232		MELINCOURT...........	Idem.	601	
SAINTE-MARIE-EN-CHAUX..	Idem.	373		MONTDORÉ............	Idem.	418	
SAINT-SAUVEUR ⚒....	Idem.	1,334		PISSEURE (la)...........	Saint-Loup.	77	
SAINT-VALBERT.........	Fougerolles....	444		PLAINEMONT...........	Idem.	123	
VISONCOURT...........	Luxeuil	231		PONT-DU-BOIS.........	Vauvillers	742	
				SELLES..............	Idem.	989	
CANTON DE MELISEY.				VAUVILLERS...........	✉	1,191	
BELFAY..............	Champagney....	525		CANTON DE VILLERSEXEL.			
BELONCHAMP..........	Idem.	343		AILLEVANS...........	Villersexel........	382	
CHATEAU-LAMBERT......	Idem.	256		ATHESANS...........	Idem.	648	
ÉCROMAGNY..........	Luxeuil	308		AUTHAY-LE-VAY.......	Iaem.	217	
FRESSE..............	Champagney.	2,858		BEVEUGE............	Idem.	264	
MELISEY............	Lure	2,208	14,766	COURCHATON........	Idem.	1,059	
MIÉLIN.............	Champagney.	750		CREVANS...........	Idem.	538	
MONTESSAUX.........	Idem.	238		ÉTROITE-FONTAINE.....	Idem.	108	
SERVANCE...........	Idem.	4,922		FALLON.............	Idem.	611	
SAINT-BARTHÉLEMY.....	Idem.	894		FAYMONT...........	Lure	586	
TERNUAY............	Idem.	1,464		GEORPANS...........	Villersexel	224	
				GOUHENANS..........	Lure	475	
CANTON DE SAULX.				GRAMMONT...........	Villersexel	402	
ABELCOURT..........	Luxeuil.......	447		GRANGE-LE-BOURG......	Idem.	513	
BETONCOURT-LES-BROTTE...	Idem.	202		GRANGE-LA-VILLE......	Idem.	1,097	
BITHAINE...........	Saulx.	340		LONGEVELLE.........	Idem.	349	
CHATENEY..........	Idem.	228		MAGNY (les).........	Idem.	445	
CHATEBOIS.........	Idem.	415		MARAT.............	Idem.	145	13,268
COLOMBE-LES-BITHAINE...	Idem.	196		MELECEY...........	Idem.	430	
CREUSE (la).........	Idem.	320		MIGNAFFANS.........	Idem.	000	
CREVENEY..........	Idem.	169		MIGNAVILLERS.......	Idem.	000	
GENEVREY..........	Idem.	1,088	9,355	MOIMAY............	Idem.	347	
MAILLERONCOURT-CHARETTE.	Idem.	1,016		OPPENANS..........	Idem.	218	
MEURCOURT.........	Luxeuil	865		ORICOURT..........	Idem.	215	
NEUREY-EN-VAUX.....	Faverney.	415		PONT-SUR-L'OGNON...	Idem.	157	
SAULX ⚒..........	✉ (Distribution.).	1,329		SECKNANS..........	Idem.	000	
SERVIGNEY.........	Saulx.	000		SENARGENT.........	Idem.	454	
VELLEMINFROY......	Idem.	731		SAINT-FERJEUX......	Idem.	115	
VELORCEY.........	Luxeuil	402		SAINT-SULPICE......	Idem.	281	
VILLEDIEU-EN-FONTENELLE (la)	Faverney.	625		VELLECHEVREUX.....	Idem.	478	
VILLERS-LES-LUXEUIL...	Luxeuil	567		VERGENNE (la)......	Lure	177	
				VILLAFANS.........	Villersexel	364	
CANTON DE VAUVILLERS.				VILLARGENT........	Idem.	200	
ALAINCOURT........	Vauvillers	199		VILLERSEXEL.......	✉	1,429	
AMBIÉVILLERS.......	Idem.	502		VILLERS-LA-VILLE....	Villersexel	340	
ANJEUX...........	Saint-Loup.....	463					
		A reporter..	1,164	TOTAL de la population de l'Arrondissement........			137,471
		À reporter.............	113,053				

RÉCAPITULATION.

	NOMBRE de		POPULATION.
	CANTONS.	COMMUNES.	
ARRONDISSEMENT DE VESOUL...........	10	213	113,200
———————— DE GRAY............	8	166	88,487
———————— DE LURE............	10	202	137,471
TOTAUX............	28	581	339,158

NOMS DES COMMUNES.	BUREAUX DE POSTE qui les desservent.	POPULA-TION.	TOTAL de la POPULA-TION par canton	NOMS DES COMMUNES.	BUREAUX DE POSTE qui les desservent.	POPULA-TION.	TOTAL de la POPULA-TION par canton
ARRONDISSEMENT DE MACON.				**Suite de l'ARRONDISSEMENT DE MACON.**			
					Report..		39,791
CANTON DE LA CHAPELLE-DE-GUINCHAY.				**CANTON DE LUGNY.**			
CHAINTRÉ.	Mâcon.	512		Azé.	Saint-Oyen.	1,313	
CHANES.	Idem.	456		BISSY-LA-MACONNAISE.	Idem.	305	
CHAPELLE-DE-GUINCHAY (la).	Romanèche.	1,894		BRAY.	Cluny.	389	
CHASSELAS.	Mâcon.	360		BURGY.	Saint-Oyen.	226	
CRÊCHES.	Idem.	1,008		CHARDONNAY.	Idem.	461	
LEYNES.	Idem.	708	9,902	CLESSÉ.	Idem.	1,161	
PRUZILLY.	Idem.	415		CRUZILLE.	Idem.	794	
ROMANÈCHE.	⊠.	2,285		GREVILLY.	Idem.	166	
(🐎 à la Maison-blanche.)				LUGNY.	Idem.	1,167	
SAINT-AMOUR.	Romanèche.	792		MONTBELLET.	Idem.	1,445	12,465
SAINT-ROMAIN.	Idem.	306		(⊠ à Saint-Oyen.)			
SAINT-SIMPHORIEN-D'ANCELLES.	Idem.	806		PÉRONNE.	Idem.	726	
SAINT-VERANT.	Mâcon.	330		SALLE (la).	Idem.	566	
				SATONNAY.	Mâcon.	132	
CANTON DE CLUNY.				SAINT-ALBAIN 🐎	Saint-Oyen.	733	
				SAINT-GENGOUX-DE-SCISSÉ.	Idem.	850	
BERGESSERIN.	Cluny.	555		SAINT-MAURICE-DES-PRÉS.	Idem.	384	
BERZÉ-LE-CHATEL.	Saint-Sorlin.	143		VERIZET.	Idem.	775	
BLANOT.	Cluny.	634		VIRÉ.	Idem.	872	
BUFFIÈRES.	Idem.	912					
CHATEAU.	Idem.	693		**CANTON DE MACON (nord).**			
CHERIZET.	Idem.	136					
CLUNY.	⊠.	4,152		BERZÉ-LA-VILLE.	Saint-Sorlin.	656	
CORTAMBERT.	Cluny.	602		CHARBONNIÈRE.	Mâcon.	258	
CORTIL-SOUS-BUFFIÈRES.	Idem.	343		CHEVAGNY-LES-CHEVRIÈRES.	Idem.	274	
DONZY-LE-PERTHUIS.	Idem.	303		FLACÉ.	Idem.	527	
DONZY-LE-ROYAL.	Idem.	931		HURIGNY.	Idem.	836	
FLAGY.	Idem.	600		LAIZÉ.	Idem.	721	
IGÉ.	Saint-Sorlin.	1,193	18,054	MACON (nord) 🐎	⊠.	5,131	
JALOGNY.	Cluny.	540		MILLY.	Saint-Sorlin.	324	13,725
LOURNAND.	Idem.	713		SANCÉ.	Mâcon.	472	
MASSILLY.	Idem.	487		SENNECÉ.	Idem.	620	
MASSY.	Idem.	157		SENOZAN.	Idem.	457	
MAZILLE.	Idem.	631		SOLOGNY.	Saint-Sorlin.	882	
SALORNAY-SUR-GUYE.	Idem.	1,267		SAINT-JEAN-LE-PRICHE.	Mâcon.	142	
SAINT-ANDRÉ-LE-CHATEAU.	Idem.	1,130		SAINT-MARTIN-DE-SENOZAN.	Idem.	509	
SAINTE-CÉCILE.	Idem.	497		SAINT-SORLIN.	⊠(Distribution.)	999	
SAINT-VINCENT-DES-PRÉS.	Idem.	362		VERZÉ.	Saint-Sorlin.	1,017	
VINEUSE (la).	Idem.	805					
VITRY.	Idem.	268		**CANTON DE MACON (sud).**			
				BUSSIÈRES.	Saint-Sorlin.	422	
CANTON DE SAINT-GENGOUX-LE-ROYAL.				CHARNAY.	Mâcon.	1,663	
				DAVAYÉ.	Idem.	515	
AMECGNY.	S¹-Gengoux-le-Royal.	433		FUISSÉ.	Idem.	585	
BISSY-SOUS-UXELLES.	Idem.	318		LOCHÉ.	Idem.	296	
BONNAY.	Idem.	558		MACON (sud)	⊠.	5,867	
BURNAND.	Idem.	398		PRISSÉ.	Mâcon.	1,360	13,556
BURZY.	Joncy.	336		SOLUTRÉ.	Idem.	626	
CHAPAIZE.	S¹-Gengoux-le-Royal.	579		SAINT-CLÉMENT-LES-MACON.	Idem.	943	
CHAZELLE.	Idem.	241		VARENNES.	Idem.	240	
CRISSEY.	Idem.	1,014		VERGISSON.	Saint-Sorlin.	480	
CORMATIN.	Idem.	766		VINZELLES.	Mâcon.	559	
CORTEVAIX.	Idem.	898					
CURTIL-SOUS-BURNAUD.	Idem.	550	11,835	**CANTON DE MATOUR.**			
LANCHARRE.	Idem.	159					
MALAY.	Idem.	802		BRANDON.	Matour.	836	
PASSY.	Joncy.	267		CHAPELLE-DU-MONT-DE-FRANCE			
SAILLY.	Idem.	437		(la).	Idem.	653	
SAVIGNY-SUR-GROSNE.	S¹-Gengoux-le-Royal.	556		DOMPIERRE-LES-ORMES.	Idem.	1,286.	
SIGY-LE-CHATEL.	Joncy.	519		MATOUR.	⊠(Distribution.)	2,323	8,621
SAINT-GENGOUX-LE-ROYAL.	⊠(Distribution.)	1,495		MEULIN.	Matour.	358	
SAINT-HURUGE.	Joncy.	314		MONTAGNY.	Idem.	382	
SAINT-YTHAIRE.	S¹-Gengoux-le-Royal.	1,032		MONTMELARD.	Idem.	1,139.	
TAIZÉ.	Idem.	163		TRAMBLY.	Idem.	919	
				TRIVY.	Idem.	725	
A reporter			39,791	*A reporter*			88,158

NOMS DES COMMUNES.	BUREAUX DE POSTE qui les desservent.	POPULATION.	TOTAL de la POPULATION par canton	NOMS DES COMMUNES.	BUREAUX DE POSTE qui les desservent.	POPULATION.	TOTAL de la POPULATION par canton
Suite de l'ARRONDISSEMENT DE MACON.				Suite de l'ARRONDISSEMENT D'AUTUN.			
	Report..		88,158		*Report..*		36,903
CANTON DE TOURNUS.				CANTON D'ISSY-L'ÉVÊQUE.			
BRANCION	Tournus	591		CRESSY-SUR-SOMME	Bourbon-Lancy	697	
CHAPELLE-SOUS-BRANCION (la)	Idem	617		CUZY	Luzy	397	
FARGES	Idem	392		GRURY	Bourbon-Lancy	1,310	
OZENAY	Idem	865		ISSY-L'ÉVÊQUE	Luzy	1,855	6,130
PLOTTES	Idem	770		MARLY-SOUS-ISSY	Idem	518	
PRÉTY	Cuisery	1,563		MONTMORT	Toulon-sur-Arroux	847	
RATENELLE	Idem	676	16,688	SAINTE-RADEGONDE	Idem	506	
ROMENAY	Idem	3,015					
ROYER	Tournus	429		CANTON DE SAINT-LÉGER-SOUS-BEUVRAY.			
TOURNUS 🚃	✉	5,311					
TRUCHÈRE (la)	Cuisery	473		COMELLE (la)	Autun	752	
UCHIZY	Tournus	1,467		(🚃 à la Maison-de-Bourgogne.)			
VILLARS (le)	Idem	519		ÉTANG	Idem	988	
CANTON DE TRAMAYES.				GRANDE-VERRIÈRE (la)	Idem	1,485	6,692
				SAINT-DIDIER-SUR-ARROUX	Idem	807	
BOURGVILAIN	Tramayes	745		SAINT-LÉGER-SOUS-BEUVRAY	Idem	1,222	
CLAIRMAIN	Idem	445		SAINT-PRIX	Idem	979	
GERMOLLES	Idem	413		THIL-SUR-ARROUX	Toulon-sur-Arroux	459	
PIERRECLOS	Saint-Sorlin	1,333					
SERRIÈRES	Idem	821	9,215	CANTON DE LUCENAY.			
SAINT-LÉGER-SOUS-LA-BUSSIÈRE	Tramayes	776					
SAINT-PIERRE-LE-VIEUX	Idem	1,253		AKOST	Lucenay	3,004	
SAINT-POINT	Idem	1,208		BARNAY	Idem	371	
TRAMAYES	✉ (*Distribution.*)	2,221		CHISSEY-EN-MORVANT 🚃	Idem	1,395	
TOTAL de la population de l'Arrondissement			114,061	CORDESSE	Idem	220	
ARRONDISSEMENT D'AUTUN.				CUSSY-EN-MORVANT	Idem	1,834	
				IGORNAY	Idem	697	
CANTON D'AUTUN.				LUCENAY	✉ (*Distribution.*)	1,113	12,519
ANTULLY	Autun	1,432		PETITE-VERRIÈRE (la)	Lucenay	227	
AUTUN 🚃	✉	9,921		RECLESNE	Idem	652	
AUXY	Autun	1,573		ROUSSILLON	Idem	1,528	
CORDY	Idem	1,345		(🚃 au Siéget.)			
DRACY-SAINT-LOUP	Idem	603	17,106	SELLE (la)	Autun	689	
MONTHELON	Idem	543		SOMMANT	Lucenay	789	
SAINT-FORGEOT	Idem	320					
SAINT-PANTALÉON	Idem	884		CANTON DE MESVRES.			
TAVERNAY	Idem	485		BOULAYE (la)	Toulon-sur-Arroux	334	
CANTON DE COUCHES.				BRION	Autun	548	
CHEILLY	Couches	887		BROYE	Idem	1,106	
COUCHES	✉	2,928		CHAPELLE-SUR-UCHON (la)	Idem	607	
DEZIZE	Couches	692		CHARBONNAT-SUR-ARROUX	Toulon-sur-Arroux	752	
DRACY-LES-COUCHES	Idem	722		DETTEY	Idem	422	8,142
ESSERTENNE	Idem	472		LAIZY	Autun	987	
PARIS-L'HÔPITAL	Idem	609		MESVRES	Idem	938	
PERREUIL	Idem	482		SAINT-EUGÈNE	Toulon-sur-Arroux	633	
SAMPIGNY	Idem	383	11,979	SAINT-NIZIER-SUR-ARROUX	Idem	214	
SAINT-ÉMILAND 🚃	Idem	860		TAGNIÈRE (la)	Idem	849	
SAINT-JEAN-DE-TRÉZY	Idem	499		UCHON	Autun	752	
SAINT-JULIEN-SUR-D'HEUNE	Idem	292					
SAINT-MARTIN-DE-COMMUNE	Idem	553		CANTON DE MONTCENIS.			
SAINT-MAURICE-LES-COUCHES	Idem	504		BLANZY	✉ (*Distribution.*)	2,664	
SAINT-PIERRE-DE-VARENNES	Idem	860		BREUIL (le)	Montcenis	711	
SAINT-SERNIN-DU-PLAIN	Idem	1,236		CHARMOY	Idem	669	
CANTON D'ÉPINAC.				CREUZOT (le)	Idem	3,117	
CHANGE	Nolay	556		MARMAGNE	Idem	1,277	
COLONGE-LA-MAGDELAINE	Épinac	250		MONTCENIS	✉	1,328	15,099
CRÉOT	Nolay	223		SAINT-BERAIN-SOUS-SANVIGNES	Blanzy	1,170	
EPERTUILLY	Idem	216		SAINT-FIRMIN	Montcenis	556	
ÉPINAC	✉ (*Distribution.*)	1,630		SAINT-NIZIER-SUR-CHARMOY	Idem	502	
(🚃 à Ladrés.)			7,818	SAINT-SERNIN-DU-BOIS	Idem	1,165	
MORLET	Épinac	373		St-SIMPHORIEN-DE-MARMAGNE	Idem	1,462	
SAIZY	Idem	1,056		TORCY	Idem	478	
SULLY	Idem	1,330					
SAINT-GERVAIS-SUR-COUCHES	Nolay	854		TOTAL de la population de l'Arrondissement			85,485
SAINT-LÉGER-DU-BOIS	Épinac	918					
TINTRY	Idem	402					
	A reporter		36,903				

NOMS DES COMMUNES.	BUREAUX DE POSTE qui les desservent.	POPULATION.	TOTAL de la POPULATION par canton

ARRONDISSEMENT DE CHALON-SUR-SAONE.

CANTON DE BUXY.

BISSEY-SOUS-CRUCHAUD	Buxy	344	
BISSY-SUR-FLEY	Idem	300	
BUXY	Id.	1,954	
CERSOT	Buxy	286	
CRAPELLE-DE-VILLARS (la)	Idem	168	
CHENOVE	Idem	521	
CRUCHAUD	Idem	189	
CUILLES	Idem	461	
ÉCUISSES	Idem	601	
FLEY	Idem	497	
GERMAGNY	Idem	314	
JULLY-LES-BUXY	Idem	615	
MARCILLY-LES-BUXY	Idem	1,034	
MESSEY-SUR-GROSNE	Idem	1,105	
MONTAGNY-LES-BUXY	Idem	400	
MOROGES	Idem	848	15,461
SANTILLY	S'-Gengoux-le-Royal	288	
SASSANGY	Buxy	436	
SAULES	Idem	166	
SAVIANGES	Idem	300	
SERCY	S'-Gengoux-le-Royal	359	
SAINT-BOIL	Buxy	891	
SAINT-GERMAIN-DU-BOIS	Idem	412	
SAINTE-HÉLÈNE	Idem	683	
SAINT-LAURENT-D'AUDENAY	Idem	379	
SAINT-MARTIN-D'AUXY	Idem	176	
SAINT-MARTIN-DU-TARTRE	S'-Gengoux-le-Royal	495	
SAINT-MAURICE-DES-CHAMPS	Idem	230	
SAINT-PRIVÉ	Buxy	259	
SAINT-VALLERIN	Idem	496	
VILLENEUVE-EN-MONTAGNE	Idem	334	

CANTON DE CHAGNY.

ALUSE	Le Bourgneuf	429	
BOUZERON	Chagny	200	
CHAGNY	⊠	2,989	
CHAMILLY	Le Bourgneuf	387	
CHASSEY	Chagny	536	
CHAUDÉNAY	Idem	737	
DEMIGNY	Idem	1,659	13,159
DENNEVY	Le Bourgneuf	866	
FONTAINES	Idem	1,503	
LESSARD-LE-ROYAL	Châlon-sur-Saône	224	
REMIGNY	Chagny	432	
ROLLY	Idem	1,600	
SAINT-LÉGER-SUR-D'HEUNE	Le Bourgneuf	1,597	

CANTON DE CHALON-SUR-SAONE (nord).

CHALON-SUR-SAONE (nord)	⊠	11,082	
CHAMPFORGEUIL	Châlon-sur-Saône	433	
CHATENOY-LE-ROYAL	Idem	643	
CRISSEY	Idem	477	
FARGES	Idem	300	
FRAGNES	Idem	204	16,969
LOYÈRE (la)	Idem	207	
SASSENAY	Idem	1,022	
SAINT-COSME	Idem	1,101	
SAINT-JEAN-DES-VIGNES	Idem	811	
SAINT-MARTIN-DES-CHAMPS	Idem	168	
VIREY	Idem	521	

CANTON DE CHALON-SUR-SAONE (sud).

CHALON-SUR-SAONE (sud)	⊠	1,138	
CHARMÉE (la)	Châlon-sur-Saône	505	
CHATENOY-EN-BRESSE	Idem	378	
	A reporter	2,021	
	A reporter		45,589

Suite de l'ARROND.E DE CHALON-SUR-SAONE.

Report.. 45,589

Suite de CHALON-SUR-SAONE (sud).

	Report..	2,021	
ÉPERVANS	Châlon-sur-Saône	802	
LANS	Idem	226	
MARNAY	Sennecey	680	
OSLON	Châlon-sur-Saône	281	
SEVREY	Idem	1,074	9,564
SAINT-LOUP-DE-VARENNES	Idem	688	
SAINT-MARCEL	Idem	1,226	
SAINT-REMY	Idem	1,047	
VARENNES (le grand)	Idem	1,519	

CANTON DE SAINT-GERMAIN-DU-PLAIN.

ABERGEMENT-SAINTE-COLOMBE (l')	Châlon-sur-Saône	610	
BEAUBRIÈRES	Idem	1,354	
LESSARD-EN-BRESSE	Idem	562	
OUROUX	Idem	2,143	7,625
SAINT-CHRISTOPHE-EN-BRESSE	Idem	1,166	
SAINT-GERMAIN-DU-PLAIN	Idem	1,325	
TRONCHY	Idem	465	

CANTON DE GIVRY.

BARIZEY	Le Bourgneuf	275	
CHARECY	Idem	489	
CHATEL-MORON	Idem	253	
DRACY-LE-FORT	Givry	640	
GIVRY	⊠ (Distribution.)	2,882	
GRANGES	Givry	317	
JAMBLES	Le Bourgneuf	753	
MELLECEY	Idem	982	
MERCUREY	Idem	631	
MOREY	Idem	443	12,572
ROSEY	Givry	316	
SAINT-BERAIN-SUR-D'HEUNE	Couches	724	
SAINT-DENIS-DE-VAUX	Givry	358	
SAINT-DESERT	Idem	942	
SAINT-JEAN-DE-VAUX	Le Bourgneuf	600	
SAINT-MARC-DE-VAUX	Idem	362	
SAINT-MARTIN-SOUS-MONTAIGU	Idem	370	
TORCHES	Idem	1,265	

(⊠ au Bourgneuf.)

CANTON DE SAINT-MARTIN-EN-BRESSE.

ALLÉRIOT	Châlon-sur-Saône	499	
BEY	Idem	545	
DAMEREY	Idem	662	
GUERFAND	Idem	168	
MONTCOY	Idem	208	5,590
SENNECEY-EN-BRESSE	Verdun-sur-le-Doubs	163	
SAINT-DIDIER-EN-BRESSE	Idem	425	
SAINT-MARTIN-EN-BRESSE	Idem	1,568	
SAINT-MAURICE-EN-RIVIÈRE	Châlon-sur-Saône	1,008	
VILLEGAUDIN	Verdun-sur-le-Doubs	344	

CANTON DU MONT-SAINT-VINCENT.

GENOUILLY	Joncy	796	
GOURDON	Idem	775	
MARIGNY	Blanzy	401	
MARY	Joncy	411	
MONT-SAINT-VINCENT	Idem	844	
PULEY (le)	Idem	144	
SAINT-CLÉMENT-SUR-GUYE	Idem	415	7,924
SAINT-EUSÈBE	Blanzy	1,010	
SAINT-MICAUD	Joncy	401	
SAINT-ROMAIN-SOUS-GOURDON	Idem	680	
SAINT-VALLIER	Idem	1,767	
VAUX-EN-PRÉ	S'-Gengoux-le-Royal	290	
	A reporter		88,844

NOMS DES COMMUNES.	BUREAUX DE POSTE qui les desservent.	POPULA-TION.	TOTAL de la POPULA-TION par canton
Suite de l'ARROND.ᵗ DE CHALON-SUR-SAONE.			
	Report..		88,844
CANTON DE SENNECEY.			
BEAUMONT-SUR-GROSNE.......	Sennecey.........	442	
BOYER.............	Idem.............	1,372	
BRESSE-SUR-GROSNE.........	Idem.............	484	
CHAMPLIEU.............	Idem.............	172	
CHAPELLE-DE-BRAGNY (la)....	Idem.............	455	
COLOMBIER-SOUS-UXELLES.....	S.ᵗ-Gengoux-le-Royal.	596	
ÉTRIGNY.................	Sennecey.........	1,406	
GIGNY.................	Idem.............	1,046	15,254
JUGY.................	Idem.............	604	
LAIVES................	Idem.............	1,373	
LALHEUE.............	Idem.............	766	
MANCEY.............	Idem.............	887	
MONTCEAUX-RAGNY.........	Idem.............	122	
NANTON................	Idem.............	1,446	
SENNECEY 🐎...........	✉...............	2,496	
SAINT-AMBREUIL..........	Idem.............	556	
SAINT-CYR..............	Idem.............	798	
VERS.................	Idem.............	323	
CANTON DE VERDUN-SUR-LE-DOUBS.			
ALLEREY.............	Verdun-sur-le-Doubs	1,060	
BORDES (les).............	Idem.............	296	
BRAGNY.............	Idem.............	871	
CHARNAY-LES-CHALON.......	Seurre.........	656	
CIEL.................	Verdun-sur-le-Doubs	923	
CLUX.................	Seurre.........	248	
ÉCUELLES.............	Verdun-sur-le-Doubs	558	
GÉANGES.............	Idem.............	333	
GERGY...............	Idem.............	1,781	
LONGEPIERRE...........	Seurre.........	777	
MONT-LES-SEURRE........	Idem.............	283	16,363
NAVILLY.............	Verdun-sur-le-Doubs	746	
PALLEAU.............	Idem.............	393	
PONTOUX.............	Idem.............	542	
POURLANS.............	Seurre.........	673	
SAUNIÈRES.............	Verdun-sur-le-Doubs	361	
SERMESSE 🐎...........	Idem.............	388	
SAINT-GERVAIS..........	Idem.............	725	
SAINT-LOUP-DE-LA-SALLE.....	Idem.............	933	
SAINT-MARTIN-EN-GATINOIS...	Idem.............	429	
TOUTENANT.............	Idem.............	277	
VERDUN-SUR-LE-DOUBS......	✉...............	1,796	
VERJUX.............	Verdun-sur-le-Doubs	1,009	
VILLENEUVE (la).........	Seurre.........	304	
TOTAL de la population de l'Arrondissement.......			120,461
ARRONDISSEMENT DE CHAROLLES.			
CANTON DE BOURBON-LANCY.			
BOURBON-LANCY 🐎.......	✉...............	2,848	
CHALMOUX.............	Bourbon-Lancy....	1,151	
CROSAT.............	Idem.............	1,464	
GILLY-SUR-LOIRE.........	Idem.............	811	
LESME.............	Idem.............	187	
MALTAT.............	Idem.............	678	9,459
MONT.............	Idem.............	448	
PERRIGNY.............	Idem.............	382	
SAINT-AUBIN-SUR-LOIRE 🐎....	Idem.............	664	
TRIZY.............	Idem.............	107	
VITRY-SUR-LOIRE.........	Idem.............	719	
A reporter..................			9,459

NOMS DES COMMUNES.	BUREAUX DE POSTE qui les desservent.	POPULA-TION.	TOTAL de la POPULA-TION par canton
Suite de l'ARRONDISSEMENT DE CHAROLLES.			
	Report..		9,459
CANTON DE SAINT-BONNET-DE-JOUX.			
BEAUDERY.................	Saint-Bonnet-de-Joux	1,015	
MORNAY.............	Idem.............	595	
PRESSY-SOUS-DONDIN........	Idem.............	983	
SOIN.................	Idem.............	1,459	6,541
SAINT-BONNET-DE-JOUX.....	✉...............	1,430	
VEROSVRES.............	Saint-Bonnet-de-Joux	915	
VILLURBAINE.............	Idem.............	144	
CANTON DE CHAROLLES.			
BALON.............	Charolles.........	622	
CHAMPLECY.............	Idem.............	526	
CHANGY.............	Idem.............	736	
CHAROLLES.............	✉...............	2,984	
FONTENAY.............	Charolles.........	121	
LUGNY-LES-CHAROLLES.......	Idem.............	593	
MARCIGNY-LA-GUEURCE.......	Idem.............	536	
OZOLLES.............	Idem.............	1,071	12,182
PRÉZY.............	Idem.............	231	
SAINT-JULIEN-DE-CIVRY......	Idem.............	1,483	
SAINT - SIMPHORIEN - LES - CHA-ROLLES...	Idem.............	373	
VAUDEBARIER.............	Idem.............	426	
VENDENESSE-LES-CHAROLLES...	Idem.............	1,618	
VIRY.............	Idem.............	872	
CANTON DE CHAUFFAILLES.			
CHASSIGNY-SOUS-DUN........	Chauffailles.......	902	
CHATEAUNEUF...........	Idem.............	242	
CHAUFFAILLES.............	✉ (Distribution.)...	3,292	
COUBLANC.............	Chauffailles.......	1,242	
MUSSY-SOUS-DUN.........	Idem.............	899	9,801
SAINT-IGNY-DE-ROCHE.......	Idem.............	756	
SAINT-MARTIN-DE-LIXY.......	Idem.............	170	
S.ᵗ-MAURICE-LES-CHATEAUNEUF..	Idem.............	1,465	
TANCON.............	Idem.............	833	
CANTON DE LA CLAYETTE.			
AMANZÉ.................	La Clayette.......	601	
BAUDEMONT.............	Idem.............	521	
BOIS-SAINTE-MARIE........	Idem.............	299	
CHAPELLE-SUR-DUN (la).....	Idem.............	490	
CLAYETTE (la).........	✉...............	1,221	
COLLOMBIER-EN-BRIONNAIS...	La Clayette.......	827	
CURBIGNY.............	Idem.............	438	
DYO.................	Idem.............	1,036	
GIBLES.............	Idem.............	1,459	13,242
OUROUX-SOUS-LE-BOIS-S.ᵗᵉ-MARIE	Idem.............	393	
SAINT-GERMAIN-DES-BOIS.....	Idem.............	453	
SAINT-LAURENT-EN-BRIONNAIS..	Idem.............	983	
SAINT-RACHO.............	Idem.............	941	
SAINT-SIMPHORIEN-DES-BOIS..	Idem.............	794	
VAREILLES.............	Idem.............	541	
VARENNES-SOUS-DUN........	Idem.............	1,424	
VAUBAN.............	Idem.............	821	
CANTON DE DIGOIN.			
DIGOIN.............	✉...............	2,900	
MOTTE-SAINT-JEAN (la)......	Digoin.............	1,901	
SAINT-AGNAN.............	Idem.............	1,827	6,955
SAINT-GERMAIN-DES-RIVES....	Paray-le-Monial..	306	
VARENNES-REUILLON........	Idem.............	221	
A reporter..................			58,180

NOMS DES COMMUNES.	BUREAUX DE POSTE qui les desservent.	POPULA-TION.	TOTAL de la POPULA-TION par canton	NOMS DES COMMUNES.	BUREAUX DE POSTE qui les desservent.	POPULA-TION.	TOTAL de la POPULA-TION par canton
Suite de l'ARRONDISSEMENT DE CHAROLLES.				**Suite de l'ARRONDISSEMENT DE CHAROLLES.**			
	Report..		58,180		Report..		98,703
CANTON DE GUEUGNON.				**CANTON DE SEMUR-EN-BRIONNAIS.**			
CHAPELLE-AU-MANS (la)......	Toulon-sur-Arroux..	554		BRIANT................	Marcigny.......	938	
CHASSY..............	Idem...........	395		FLEURY-LA-MONTAGNE.......	Idem...........	1,220	
CLESSY..............	Idem...........	393		IGUERANDE..........	Idem...........	1,532	
CURDIN.............	Idem...........	323		JONZY.............	Idem...........	281	
GUEUGNON............	Idem...........	1,540	6,904	LIGNY.............	Idem...........	1,319	
NEUVY..............	Idem...........	1,126		MAILLY.............	Idem...........	531	
RIGNY-SUR-ARROUX......	Digoin..........	977		OYÉ.............	Idem...........	1,052	
UXEAU..............	Toulon-sur-Arroux..	1,050		SARRY.............	Idem...........	310	12,938
VENDENESSE-SUR-ARROUX......	Idem...........	546		SEMUR-EN-BRIONNAIS.....	Idem...........	1,543	
				SAINT-BONNET-DE-CRAY....	Idem...........	1,055	
CANTON DE LA GUICHE.				SAINT-CHRISTOPHE-EN-BRIONNAIS	Idem...........	1,281	
				SAINT-DIDIER-EN-BRIONNAIS...	Idem...........	401	
BALLORE..............	Saint-Bonnet-de-Joux	469		SAINTE-FOY.........	Idem...........	125	
CHEVAGNY-SUR-GUYE........	Idem...........	317		SAINT-JULIEN-DE-CRAY.......	Idem...........	915	
COLLONGE-EN-CHAROLLAIS....	Joncy..........	575		VARENNES-L'ARCONCE.......	Idem...........	435	
CRAY..............	Idem...........	261					
GUICHE (la)...........	Saint-Bonnet-de-Joux	944		**CANTON DE TOULON-SUR-ARROUX.**			
JONCY..............	✉..........	1,156	7,471	CIRY.............	Perrecy.......	1,403	
MARIZY..............	Saint-Bonnet-de-Joux	1,240		DOMPIERRE-SOUS-SANVIGNES...	Idem...........	224	
POUILLOUX..........	Perrecy.......	829		GENELARD..........	Idem...........	1,065	
ROUSSEY (le).........	Saint-Bonnet-de-Joux	615		MARLY-SUR-ARROUX........	Idem...........	628	9,126
SAINT-MARCELIN........	Joncy..........	377		PERRECY...........	✉...........	1,984	
SAINT-MARTIN-DE-SALENCEY...	Saint-Bonnet-de-Joux	470		SANVIGNES...........	Perrecy.......	1,279	
SAINT-MARTIN-LA-PATROUILLE..	Joncy..........	218		SAINT-ROMAIN-SOUS-VERSIGNY..	Idem...........	273	
				TOULON-SUR-ARROUX........	✉...........	2,264	
CANTON DE MARCIGNY.							
ANZY..............	Marcigny.......	906		TOTAL de la population de l'Arrondissement......			120,761
ARTAIX.............	Idem...........	898					
BAUGY.............	Idem...........	491		**ARRONDISSEMENT DE LOUHANS.**			
BOURG-LE-COMTE.........	Idem...........	409					
CÉRON.............	Idem...........	717		**CANTON DE BEAUREPAIRE.**			
CHAMBILLY...........	Idem...........	598	11,082	BEAUREPAIRE 🚩..........	Louhans........	790	
CHENAY-LE-CHATEL...	Idem...........	1,078		FAY (le)...........	Idem...........	1,504	
MARCIGNY............	✉...........	2,620		MONTCONY...........	Idem...........	753	
MELAY.............	Marcigny.......	1,932		SAGY.............	Idem...........	2,450	9,466
MONTCEAUX-L'ÉTOILE.......	Idem...........	498		SAILLENARD..........	Idem...........	1,499	
SAINT-MARTIN-DU-LAC.....	Idem...........	480		SAVIGNY-EN-REVERMONT.....	Idem...........	2,189	
VINDECY...........	Idem...........	452		SAINT-MARTIN-DU-MONT.....	Idem...........	281	
CANTON DE PALINGES.				**CANTON DE CUISEAUX.**			
BRAGNY-EN-CHAROLLAIS......	Paray-le-Monial....	513		CHAMPAGNAT...........	Saint-Amour.......	853	
GRANDVAUX...........	Charolles.......	280		CONDAL.............	Idem...........	840	
MARTIGNY-LE-COMTE........	Idem...........	1,744		CUISEAUX...........	Idem...........	1,753	
OUDRY.............	Perrecy.......	657	6,917	DOMMARTIN-LES-CUISEAUX....	Idem...........	1,271	
PALINGES...........	Idem...........	1,548		FLACEY-EN-BRESSE.......	Louhans........	1,090	10,223
SAINT-AUBIN-EN-CHAROLLAIS...	Charolles.......	583		FRONTENAUD...........	Idem...........	1,017	
SAINT-BONNET-DE-VIEILLE-VIGNE.	Perrecy.......	735		JOUDES.............	Saint-Amour.......	565	
SAINT-VINCENT-LES-BRAGNY....	Paray-le-Monial....	857		MIROIR (le).........	Cousance.......	1,006	
				VARENNES-SAINT-SAUVEUR....	Saint-Amour.......	1,838	
CANTON DE PARAY-LE-MONIAL.							
HAUTEFOND...........	Paray-le-Monial....	323		**CANTON DE CUISERY.**			
NOCHIZE............	Idem...........	188		ABERGEMENT-DE-CUISERY (1er)..	Cuisery.......	1,014	
PARAY-LE-MONIAL........	✉...........	3,400		BRIENNE............	Idem...........	560	
POISSON............	Paray-le-Monial....	798		CUISERY............	✉ (Distribution)	1,732	
SAINT-HOPITAL-LE-MERCIER....	Idem...........	386		GENÊTE (la).........	Idem...........	768	
SAINT-LÉGER-LES-PARAY.....	Idem...........	324	8,149	HUILLY............	Idem...........	702	
SAINT-YAN...........	Idem...........	844		JOUVENÇON 🚩..........	Idem...........	660	9,551
VERSAUGUES..........	Idem...........	404		LOIZY.............	Idem...........	1,105	
VIGNY.............	Idem...........	355		ORMES.............	Idem...........	894	
VITRY-EN-CHAROLLAIS......	Idem...........	599		RANCY.............	Louhans........	453	
VOLESVRES...........	Idem...........	528		SIMANDRE............	Cuisery.......	1,663	
A reporter..................			98,703	A reporter..................			29,240

NOMS DES COMMUNES.	BUREAUX DE POSTE qui les desservent.	POPULATION.	TOTAL de la POPULATION par canton	NOMS DES COMMUNES.	BUREAUX DE POSTE qui les desservent.	POPULATION.	TOTAL de la POPULATION par canton
Suite de l'ARRONDISSEMENT DE LOUHANS.				Suite de l'ARRONDISSEMENT DE LOUHANS.			
	Report..		29,240		Report..		62,298
CANTON DE SAINT-GERMAIN-DU-BOIS.				CANTON DE MONTRET.			
Bosjean...................	S¹-Germain-du-Bois .	1,015		Frette (la)..............	Louhans	521	
Bouhans.................	Idem............	516		Juif...................	Idem............	617	
Devrouse................	Idem............	741		Montret...............	Idem............	792	
Diconne................	Idem............	774		Savigny-sur-Seille........	Idem............	804	
Frangy.................	Idem............	2,035		Simard................	Idem............	1,451	6,379
Mervans................	Idem............	1,950		Saint-André............	Idem............	194	
Planois (le)............	Idem............	252	12,972	Saint-Étienne-en-Bresse.....	Idem............	1,055	
Sens..................	Idem............	797		Saint-Vincent-en-Bresse.....	Idem............	729	
Serley................	Idem............	1,171		Verissey	Idem............	216	
Serrigny-en-Bresse......	Idem............	387					
Saint-Germain-du-Bois	✉ (Distribution.)....	2,148		CANTON DE PIERRE.			
Tartre (le).............	S¹-Germain-du-Bois .	264					
Thurey................	Idem............	922		Authumes	Pierre..........	583	
				Beauvernois............	Idem............	605	
CANTON DE LOUHANS.				Bellevèvre..............	Idem............	568	
				Chapelle-Saint-Sauveur (la)..	Idem............	1,814	
Branges................	Louhans	1,616		Charette...............	Idem............	666	
Bruailles..............	Idem............	1,131		Chaux (la).............	Idem............	642	
Chapelle-Naude (la)......	Idem............	655		Dampierre-en-Bresse.......	Idem............	578	
Chateau-Renaud.........	Idem............	1,382		Frettérans.............	Idem............	497	
Louhans ✉..........	✉............	3,411	13,822	Frontenard.............	Idem............	576	
Montagny-près-Louhans....	Louhans	703		Lays-sur-le-Doubs........	Idem............	622	14,878
Ratte.................	Idem............	766		Montjay...............	Idem............	750	
Sornay................	Idem............	1,318		Mouthier-en-Bresse.......	Idem............	1,695	
Saint-Usuge............	Idem............	2,370		Pierre ✉..........	✉ (Distribution.)....	1,838	
Vincelles..............	Idem............	470		Racineuse (la)..........	Pierre..........	391	
				Saint-Bonnet-en-Bresse.....	Idem............	1,214	
CANTON DE MONTPONT.				Terrans................	Idem............	497	
				Torpes................	Idem............	1,152	
Bajange...............	Louhans	736		Varennes-sur-le-Doubs.....	Idem............	190	
Chapelle-Thècle (la)	Idem............	1,292					
Menetreuil.............	Idem............	888	6,264				
Montpont	Idem............	2,259					
Sainte-Croix............	Idem............	1,089					
	A reporter......................		62,298	Total de la population de l'Arrondissement.......			83,555

RÉCAPITULATION.

	NOMBRE de		POPULATION.
	CANTONS.	COMMUNES.	
Arrondissement DE MACON....................	9	133	114,061
———————— D'AUTUN....................	8	85	85,485
———————— DE CHALON-SUR-SAONE..........	10	156	120,461
———————— DE CHAROLLES	13	138	120,761
———————— DE LOUHANS................	8	81	83,555
Totaux	48	593	524,323

NOMS DES COMMUNES.	BUREAUX DE POSTE qui les desservent.	POPULA-TION.	TOTAL de la POPULA-TION par canton	NOMS DES COMMUNES.	BUREAUX DE POSTE qui les desservent.	POPULA-TION.	TOTAL de la POPULA-TION par canton
ARRONDISSEMENT DU MANS.				Suite de l'ARRONDISSEMENT DU MANS.			
						Report..	81,156
CANTON DE BALLON.				CANTON DU MANS (2e).			
BALLON.................	Beaumont-sur-Sarthe	3,680		ALLONNES.................	Le Mans.........	725	
BEAUFAY.................	Bonnétable.........	2,212		CHAPELLE-SAINT-AUBIN (la)..	Idem.........	600	
COURCEBOEUFS.........	Savigné-l'Évêque...	1,133		MANS (le) (2e canton)........	⊠........	9,483	
COURCEMONT............	Bonnétable.........	1,862		PRUILLÉ-LE-CHÉTIF.......	Le Mans.........	610	
GUIERCHE (la).........	Savigné-l'Évêque...	768		ROUILLON...............	Idem.........	714	14,597
JOUÉ-L'ABBÉ...........	Idem.........	649		SAINT-GEORGES-DU-BOIS......	Idem.........	420	
MONTBIZOT............	Beaumont-sur-Sarthe	1,117	17,415	SAINT-GEORGES-DU-PLAIN....	Idem.........	468	
SOUILLÉ..............	Le Mans.........	390		SAINT-PAVIN-DES-CHAMPS....	Idem.........	1,004	
SOULIGNÉ-SOUS-BALLON......	Savigné-l'Évêque...	1,496		SAINT-SATURNIN...........	Idem.........	573	
SAINT-JAMMES-SUR-SARTHE.....	Beaumont-sur-Sarthe	842		CANTON DU MANS (3e).			
SAINT-JEAN-D'ASSÉ......	Idem.........	1,906					
SAINT-MARS-SOUS-BALLON.....	Idem.........	398		AIGNÉ................	Le Mans.........	798	
TEILLÉ..............	Idem.........	962		BAZOGE (la) 🐎	Idem.........	2,323	
CANTON DE CONLIE.				CHALLES..............	Parigné-l'Évêque...	1,258	
				CHANGÉ..............	Le Mans.........	2,726	
BERNAY..............	Conlie.........	644		CHAUFOUR............	Coulans.........	674	
CHAPELLE-SAINT-FRAY (la)....	Idem.........	531		FAY................	Idem.........	612	
CONLIE..............	⊠ (Distribution.)...	1,664		MILESSE (la)...........	Idem.........	805	18,702
CURES..............	Conlie.........	703		PARIGNÉ-L'ÉVÊQUE.......	⊠ (Distribution.)...	3,189	
DEGRÉ..............	Coulans.........	580		RUAUDIN..............	Le Mans.........	845	
DOMFRONT-EN-CHAMPAGNE.....	Conlie.........	1,428		SAVIGNÉ-L'ÉVÊQUE 🐎	⊠ (Distribution.)...	2,734	
LAVARDIN............	Idem.........	549		TRANGÉ..............	Le Mans.........	499	
MÉZIÈRES-SOUS-LAVARDIN.....	Idem.........	1,166	14,913	YVRÉ-L'ÉVÊQUE.........	Idem.........	2,239	
NEUVILLE-LA-LAIS......	Idem.........	1,153		CANTON DE MONTFORT.			
NEUDY-EN-CHAMPAGNE......	Idem.........	739					
QUINTE (la)...........	Idem.........	730		ARDENAY.............	Connerré.........	401	
RUILLÉ-EN-CHAMPAGNE.....	Idem.........	1,022		BREIL (le)...........	Idem.........	1,710	
SAINTE-SABINE........	Idem.........	952		CHAMPAGNÉ............	Le Mans.........	845	
SAINT-SIMPHORIEN......	Idem.........	1,050		CONNERRÉ 🐎	⊠.........	1,500	
TENNIE..............	Idem.........	1,982		FATINES.............	Savigné-l'Évêque...	345	
CANTON D'ECOMMOY.				LOMBRON.............	Connerré.........	1,520	
				MONTFORT.............	Idem.........	1,192	
BRETTES..............	Parigné-l'Évêque...	1,084		NEUILLÉ-LE-JALLAIS......	Idem.........	467	
ECOMMOY 🐎	⊠.........	3,499		PONT-DE-GESNES........	Idem.........	1,027	16,124
LAIGNÉ-EN-BELIN......	Ecommoy.........	1,248		SILLÉ-LE-PHILIPPE......	Savigné-l'Évêque...	1,047	
MARIGNÉ.............	Idem.........	2,104		SOULITRÉ............	Connerré.........	773	
MONCÉ-EN-BELIN......	Idem.........	1,193		SURFOND.............	Idem.........	263	
MULSANNE............	Idem.........	825	15,794	SAINT-CÉLERIN........	Bonnétable.........	954	
SAINT-BIÉ-EN-BELIN......	Idem.........	663		SAINT-CORNEILLE......	Savigné-l'Évêque...	896	
SAINT-GERVAIS-EN-BELIN.....	Idem.........	655		SAINT-MARS-DE-LA-BRIÈRE 🐎	Connerré.........	1,483	
SAINT-MARS-D'OUTILLÉ......	Idem.........	2,046		TORCÉ..............	Bonnétable.........	1,701	
SAINT-OUEN-EN-BELIN......	Idem.........	955		CANTON DE SILLÉ-LE-GUILLAUME.			
TELOCHÉ.............	Idem.........	1,522					
CANTON DE LOUÉ.				CRISSÉ..............	Sillé-le-Guillaume..	1,268	
				GRBÉE-PRÈS-SILLÉ (le)....	Idem.........	505	
AMNÉ..............	Coulans.........	815		MONT-SAINT-JEAN......	Idem.........	2,448	
AUVERS-SUR-MONTFAUCON......	Idem.........	381		NEUVILLETTE.........	Idem.........	901	
BRAINS.............	Idem.........	1,207		PARENNES............	Idem.........	956	15,974
CHASSILLÉ...........	Idem.........	582		PEZÉ-LE-ROBERT......	Idem.........	1,120	
CHEMIRÉ-EN-CHARNIE......	Idem.........	949		ROUESSÉ-VASSÉ.......	Idem.........	2,511	
COULANS 🐎	⊠ (Distribution.)...	1,891		ROUEZ..............	Idem.........	2,339	
CRANNES-EN-CHAMPAGNE....	Chemiré-le-Gaudin..	773		SILLÉ-LE-GUILLAUME....	⊠.........	2,698	
EPINEU-LE-CHEVREUIL...	Coulans.........	1,045		SAINT-REMY-DE-SILLÉ.....	Sillé-le-Guillaume ..	1,230	
JOUÉ-EN-CHARNIE.....	Idem.........	1,274	15,619	CANTON DE LA SUZE.			
LONGNE..............	Idem.........	445					
LODÉ..............	Idem.........	1,765		CHEMIRÉ-LE-GAUDIN......	⊠ (Distribution.)...	1,680	
SAINT-DENIS-D'ORQUES 🐎	Idem.........	2,340		ETIVAL-LÈS-LE-MANS.....	Chemiré-le-Gaudin..	749	
TASSILLÉ............	Idem.........	308		FILLÉ-GUÉCÉLARD.......	Fonlletourte.........	1,171	
VALLON.............	Idem.........	1,844		(🐎 à Guécélard.)			
CANTON DU MANS (1er).				LOUPLANDE............	Chemiré-le-Gaudin..	1,038	
				PARIGNÉ-LE-POLIN......	Fonlietourte.........	855	11,298
COULAINES...........	Le Mans.........	330		ROEZÉ..............	Idem.........	1,442	
MANS (le) (1er canton) 🐎	⊠.........	10,309		SOULIGNÉ-SOUS-VALLON.....	Chemiré-le-Gaudin..	1,034	
NEUVILLE-SUR-SARTHE....	Le Mans.........	1,378		SPAY..............	Le Mans.........	889	
PONTLIEUE...........	Idem.........	2,358	17,415	SUZE (la)..............	Foulletourte.........	1,895	
SARGÉ..............	Idem.........	1,382		VOIVRES..............	Chemiré-le-Gaudin..	542	
SAINTE-CROIX........	Idem.........	1,346					
SAINT-PAVACE........	Idem.........	312		TOTAL de la population de l'Arrondissement........			157,851
A reporter..................		81,156					

NOMS DES COMMUNES.	BUREAUX DE POSTE qui les desservent.	POPULA-TION.	TOTAL de la POPULA-TION par canton	NOMS DES COMMUNES.	BUREAUX DE POSTE qui les desservent.	POPULA-TION.	TOTAL de la POPULA-TION par canton
ARRONDISSEMENT DE LA FLÈCHE.				**Suite de l'ARRONDISSEMENT DE LA FLÈCHE.**			
				Report ..			65,513
CANTON DE BRULON.				*CANTON DE PONTVALAIN.*			
Avessé.	Sablé.	1,027		Cérans-Foulletourte.	Foulletourte.	2,324	
Brulon.	*Idem.*	1,526		(☒ à Foulletourte.)			
Chantenay.	*Idem.*	1,358		Château-l'Hermitage.	*Idem.*	220	
Cheviller.	*Idem.*	956		Fontaine-Saint-Martin (la).	*Idem.*	919	
Fercé.	Chemiré-le-Gaudin.	617		Mansigné.	Le Lude.	2,544	13,598
Fontenay.	Sablé.	734		Oizé.	Foulletourte.	888	
Maigné.	Chemiré-le-Gaudin.	882		Pontvalain.	Le Lude.	1,939	
Mareil-en-Champagne.	Sablé.	504		Requeil.	Foulletourte.	1,147	
Pirmil.	*Idem.*	1,041	12,877	Saint-Jean-de-la-Motte.	La Flèche.	2,015	
Poillé.	*Idem.*	1,046		Yvré-le-Polin.	Foulletourte.	1,602	
Saint-Christophe-en-Champa-							
gne.	*Idem.*	495		*CANTON DE SABLÉ.*			
Saint-Ouen-en-Champagne.	*Idem.*	909		Asnières.	Sablé.	649	
Saint-Pierre-des-Bois.	*Idem.*	436		Auvers-le-Hamon.	*Idem.*	2,170	
Tassé.	*Idem.*	597		Avoise.	*Idem.*	1,174	
Villedieu.	*Idem.*	136		Courtillers.	*Idem.*	178	
Viré-en-Champagne.	*Idem.*	613		Gastines.	*Idem.*	331	
				Juigné-sur-Sarthe.	*Idem.*	1,024	
CANTON DE LA FLÈCHE.				Louaillé.	*Idem.*	380	
Bazouges.	La Flèche.	1,823		Notre-Dame-du-Pé.	*Idem.*	406	17,209
Chapelle-d'Aligné (la).	*Idem.*	1,533		Parcé.	*Idem.*	2,226	
Clermont.	*Idem.*	1,444		Pincé.	*Idem.*	233	
Cré.	*Idem.*	937		Précigné.	*Idem.*	2,463	
Crkans.	*Idem.*	270		Sablé. ☒	☒.	3,999	
Cromières.	*Idem.*	1,226	18,394	Solesme.	Sablé.	487	
Flèche (la) ☒.	☒.	6,421		Souvigné-sur-Sarthe.	*Idem.*	677	
Mareil-sur-le-Loir.	La Flèche.	1,022		Vion.	*Idem.*	812	
Sainte-Colombe-sur-le-Loir.	*Idem.*	2,240					
Saint-Germain-du-Val.	*Idem.*	756		TOTAL de la population de l'Arrondissement.			96,320
Verron.	*Idem.*	722					
CANTON DU LUDE.				**ARRONDISSEMENT DE MAMERS.**			
Brûlne (la).	Waas.	357					
Chapelle-aux-Choux (la).	Le Lude.	528		*CANTON DE BEAUMONT-SUR-SARTHE.*			
Chenu.	Waas.	1,145					
Dissay-sous-le-Lude.	Le Lude.	800		Assé-le-Riboul.	Beaumont-sur-Sarthe	1,464	
Luché.	La Flèche.	2,626	11,581	Beaumont-sur-Sarthe ☒.	☒.	2,381	
Lude (le) ☒.	☒.	3,250		Chérancé.	Beaumont-sur-Sarthe	1,100	
Savigné-sous-le-Lude.	Le Lude.	1,429		Coulombiers.	Fresnay-sur-Sarthe.	1,034	
Saint-Germain-d'Arcé.	Waas.	796		Doucelles.	Beaumont-sur-Sarthe	371	
Thorée.	La Flèche.	650		Juillé.	*Idem.*	494	
				Madeschée.	*Idem.*	1,338	
CANTON DE MALICORNE.				Piacé.	*Idem.*	1,181	16,655
Artnezé.	La Flèche.	465		Ségrie.	*Idem.*	1,756	
Bailleul (le).	*Idem.*	1,067		Saint-Christophe-du-Jambet.	Fresnay-sur-Sarthe.	876	
Bousse.	*Idem.*	834		Saint-Germain-de-la-Coudre.	*Idem.*	1,008	
Courcelles.	Foulletourte.	900		(☒ à la Hutte.)			
Dureil.	La Flèche.	149		Saint-Marceau.	Beaumont-sur-Sarthe	944	
Ligron.	Foulletourte.	957	11,429	Tronchet (le).	*Idem.*	409	
Malicorne.	La Flèche.	1,094		Verkie.	*Idem.*	863	
Mézeray.	Foulletourte.	2,022		Vivoin.	*Idem.*	1,436	
Noyen.	Chemiré-le-Gaudin.	2,403					
Saint-Jean-du-Bois.	Foulletourte.	530		*CANTON DE BONNÉTABLE.*			
Vilaines-sous-Malicorne.	La Flèche.	1,008		Aulaines.	Bonnétable.	677	
				Bonnétable ☒.	☒.	5,803	
CANTON DE MAYET.				Briosne.	Bonnétable.	537	
Aubigné.	Le Lude.	1,954		Courcival.	*Idem.*	463	
Coulongé.	*Idem.*	970		Jauzé.	*Idem.*	288	13,310
Lavernat.	Château-du-Loir.	815		Nogent-le-Bernard.	Saint-Cosme.	3,020	
Mayet.	Ecommoy.	3,519	11,232	Rouperoux.	Bonnétable.	683	
Sarcé.	Le Lude.	745		Sables.	*Idem.*	199	
Vaas.	☒ (*Distribution.*).	1,998		Saint-Georges-du-Rozay.	*Idem.*	1,308	
Verneil-le-Chétif.	Château-du-Loir.	1,231		Terrehault.	*Idem.*	332	
A reporter		65,513		*A reporter*		29,965	

NOMS DES COMMUNES.	BUREAUX DE POSTE qui les desservent.	POPULA-TION.	TOTAL de la POPULA-TION par canton	NOMS DES COMMUNES.	BUREAUX DE POSTE qui les desservent.	POPULA-TION.	TOTAL de la POPULA-TION par canton
Suite de l'ARRONDISSEMENT DE MAMERS.		Report..	29,965	Suite de l'ARRONDISSEMENT DE MAMERS.		Report..	85,955
CANTON DE LA FERTÉ-BERNARD.				**CANTON DE MAROLLES-LES-BRAUX.**			
Avezé	La Ferté-Bernard...	1,231		Avennes	Saint-Cosme	550	
Chapelle-du-Bois (la)	Idem	1,105		Congé-sur-Orne	Beaumont-sur-Sarthe	871	
Cherré	Idem	1,504		Courgains	Mamers	1,349	
Cherreau	Idem	762		Dangeul	Idem	1,160	
Cormes	Idem	798		Dissé-sous-Ballon	Idem	400	
Dehaut	Idem	659		Lucé-sous-Ballon	Beaumont-sur-Sarthe	466	
Ferté-Bernard (la)	✉	2,535		Marolles-les-Braux	Mamers	2,172	
Préval	La Ferté-Bernard...	492	13,104	Meurcé	Beaumont-sur-Sarthe	596	
Souvigné-sur-Même	Idem	337		Mézières-sous-Ballon	Bonnétable	1,323	15,846
Saint-Antoine-de-Rochefort	Idem	896		Moncé-en-Saosnois	Saint-Cosme	925	
Saint-Aubin-des-Coudrais	Idem	1,133		Monhoudon	Mamers	850	
Saint-Martin-des-Monts	Idem	325		Nauvay	Saint-Cosme	203	
Théligny	Idem	791		Nouans	Beaumont-sur-Sarthe	1,019	
Vilaines-la-Gbosnais	Idem	536		Peray	Saint-Cosme	336	
				Ponthouin	Mamers	370	
CANTON DE FRESNAY-SUR-SARTHE.				René	Beaumont-sur-Sarthe	1,623	
Assé-le-Boisne	Fresnay-sur-Sarthe..	1,872		Saint-Aignan	Bonnétable	973	
Douillet	Idem	1,188		Toigné	Mamers	660	
Fresnay-sur-Sarthe	✉	2,840					
Moitron	Fresnay-sur-Sarthe..	987		**CANTON DE MONTMIRAIL.**			
Montreuil-le-Chétif	Idem	1,228		Champrond	Vibraye	192	
Sougé-le-Ganelon	Idem	1,536		Courgenard	La Ferté-Bernard...	946	
Saint-Aubin-de-Locquenay	Idem	1,260	16,852	Gréez-près-Montmirail	Idem	1,481	
Saint-Georges-le-Gaultier	Idem	1,439		Lamnay	Idem	1,139	
Saint-Léonard-des-Bois	Idem	1,533		Melleray	Idem	1,406	8,755
Saint-Ouen-de-Mimbré	Idem	1,317		Montmirail	Idem	912	
Saint-Paul-le-Gaultier	Idem	964		Saint-Jean-des-Échelles	Idem	428	
Saint-Victeur	Idem	688		Saint-Maixent	Vibraye	1,051	
				Saint-Quentin	Idem	219	
CANTON DE LA FRESNAYE.				Saint-Ulphace	La Ferté-Bernard...	981	
Aillières	Mamers	331					
Aulneaux (les)	Idem	510		**CANTON DE SAINT-PATER.**			
Beauvoir	Idem	307		Ancines	Alençon	1,155	
Blèves	Idem	239		Arçonnay	Idem	524	
Chassé	Alençon	265		Bérus	Idem	481	
Chenay	Idem	163		Béthon	Idem	268	
Fresnaye (la)	Mamers	1,510		Bourg-le-Roi	Idem	580	
Lignières-la-Carelle	Alençon	231	7,416	Champfleur	Idem	627	
Louzes	Mamers	395		Chérisay	Idem	371	
Montigny	Alençon	135		Cuevain (le)	Idem	331	
Neufchatel	Mamers	1,441		Fyé	Fresnay-sur-Sarthe..	1,889	11,918
Roullée	Idem	1,066		Gesne-le-Gandelain	Alençon	1,279	
Saint-Paul-sur-Sarthe	Idem	177		Grand-Champ	Beaumont-sur-Sarthe	551	
Saint-Rigomer-des-Bois	Alençon	646		Livet	Alençon	172	
				Moulins-le-Carbonnel	Idem	1,102	
CANTON DE MAMERS.				Oisseau-le-Petit	Idem	939	
Champaissant	Saint-Cosme	629		Roussé-Fontaine	Fresnay-sur-Sarthe..	911	
Commerveil	Mamers	425		Saint-Pater	Alençon	476	
Contilly	Idem	646		Thoiré-sous-Coutensor	Beaumont-sur-Sarthe	262	
Contres	Saint-Cosme	712					
Louvigny	Mamers	556		**CANTON DE TUFFÉ.**			
Mamers	✉	5,822		Beillé	Connerré	411	
Marollette	Mamers	255		Boessé-le-Sec	La Ferté-Bernard...	867	
Mées (les)	Idem	355		Bosse (la)	Bonnétable	392	
Panon	Idem	104		Bouer	Connerré	388	
Pizieux	Idem	306		Chapelle-Saint-Remy (la)	Idem	1,131	
Saosnes	Idem	518	18,618	Doneau	Idem	683	
Saint-Calez-en-Saosnois	Idem	729		Luart (le)	Idem	1,015	9,393
Saint-Cosme	✉ (Distribution.)	2,028		Prévelles	Bonnétable	750	
Saint-Longis	Mamers	403		Sceaux	Connerré	757	
Saint-Pierre-des-Ormes	Idem	847		Saint-Denis-des-Coudrais	Bonnétable	664	
Saint-Remy-des-Monts	Idem	1,036		Saint-Hilaire-le-Lierru	Connerré	310	
Saint-Remy-du-Plain	Idem	1,020		Tuffé	Idem	1,822	
Saint-Vincent-des-Prés	Idem	1,238		Vouvray-sur-l'Huisne	Idem	193	
Val (le)	Idem	106					
Vézot	Idem	218					
Villaine-la-Carelle	Idem	665					
		A reporter..	85,955	Total de la population de l'Arrondissement			131,867

NOMS DES COMMUNES.	BUREAUX DE POSTE qui les desservent.	POPULATION.	TOTAL de la POPULATION par canton	NOMS DES COMMUNES.	BUREAUX DE POSTE qui les desservent.	POPULATION.	TOTAL de la POPULATION par canton
ARRONDISSEMENT DE SAINT-CALAIS.				**Suite de l'ARRONDISSEMENT DE SAINT-CALAIS.**			
					Report..		26,382
CANTON DE BOULOIRE.				**Suite du CANTON DE LA CHARTRE-SUR-LE-LOIR.**			
BOULOIRE	⊠ (Distribution.)	2,081			Report..	6,023	
COUDRECIEUX	Bouloire	1,422		LAVENAY	Bessé	632	
MAISONCELLES	Idem	536		MARÇON	La Chartre-sur-Loir	1,984	10,741
SAINT-MARS-LOCQUENAY	Idem	974	10,843	PONCÉ	⊠ (Distribution.)	627	
SAINT-MICHEL-DE-CHAVAIGNE	Idem	1,306		RUILLÉ-SUR-LE-LOIR	La Chartre-sur-Loir	1,475	
THORIGNÉ	Idem	1,676		**CANTON DE CHATEAU-DU-LOIR.**			
TRESSON	Idem	1,504		BEAUMONT-PIED-DE-BŒUF	Château-du-Loir	1,119	
VOLNAY	Idem	1,344		CHATEAU-DU-LOIR	⊠	3,056	
				DISSAY-SOUS-COURCILLON	Château-du-Loir	1,603	
CANTON DE SAINT-CALAIS.				FLÉE	Idem	1,158	
				JUPILLES	Idem	1,321	
BESSÉ	⊠ (Distribution.)	2,472		LUCEAU	Idem	1,324	13,713
CHAPELLE-HUON (la)	Saint-Calais	937		MONTABON	Idem	634	
COGNERS	Idem	627		NOGENT-SUR-LE-LOIR	Idem	590	
CONFLANS	Idem	1,156		SAINT-PIERRE-DE-CHEVILLÉ	Saint-Christophe	854	
ÉCORPAIN	Idem	721		THOIRÉ-SUR-DINAN	Château-du-Loir	1,003	
ÉVAILLÉ	Idem	861		VOUVRAY-SUR-LE-LOIR	Idem	1,051	
MAROLLES	Idem	435		**CANTON DE GRAND-LUCÉ.**			
MONTAILLÉ	Idem	1,013	15,539	COURDEMANCHE	Grand-Lucé	1,804	
RAHAY	Idem	711		GRAND-LUCÉ	⊠ (Distribution.)	2,372	
SAINT-CALAIS	⊠	3,638		MONTREUIL-LE-HENRY	Grand-Lucé	761	
SAINT-GEROTTE	Saint-Calais	522		PRUILLÉ-L'ÉGUILLÉ	Idem	1,601	11,640
SAINT-GERVAIS-DE-VIC	Idem	803		SAINT-GEORGES-DE-LA-COUÉ	Idem	950	
SAINTE-OSMANE	Idem	537		SAINT-PIERRE-DU-LOROUER	Idem	862	
VANCÉ	Bessé	1,106		SAINT-VINCENT-DU-LOROUER	Idem	1,982	
				VILAINES-SOUS-LUCÉ	Idem	1,308	
CANTON DE LA CHARTRE-SUR-LE-LOIR.				**CANTON DE VIBRAYE.**			
BEAUMONT-LA-CHARTRE	La Chartre-sur-le-Loir	884		BERFAY	Vibraye	776	
CHAHAIGNES	Idem	1,668		DOLLON	Connerré	1,723	
CHAPELLE-GAUGAIN (la)	Bessé	725		LAVARÉ	Vibraye	1,222	8,858
CHARTRE-SUR-LE-LOIR (la)	⊠	1,628		SEMUR	Idem	1,018	
HOMME (l')	La Chartre-sur-le-Loir	1,118		VALENNE	Idem	1,082	
				VIBRAYE	⊠ (Distribution.)	3,037	
	A reporter..	6,023					
	A reporter		26,382	TOTAL de la population de l'Arrondissement			71,334

RÉCAPITULATION.

	NOMBRE de		POPULATION.
	CANTONS.	COMMUNES.	
ARRONDISSEMENT DU MANS	10	116	157,851
———— DE LA FLECHE	7	78	96,320
———— DE MAMERS	10	144	131,867
———— DE SAINT-CALAIS	6	56	71,334
TOTAUX	33	394	457,372

NOMS DES COMMUNES.	BUREAUX DE POSTE qui les desservent.	POPULA-TION.	TOTAL de la POPULA-TION par canton	NOMS DES COMMUNES.	BUREAUX DE POSTE qui les desservent.	POPULA-TION.	TOTAL de la POPULA-TION par canton
VILLE DE PARIS.				Suite de l'ARRONDISSEMENT DE SAINT-DENIS.		Report..	63,759
PARIS.				Suite du CANTON DE PANTIN.			
1er Arrondissement	⊠	67,013				Report.. 15,250	
2e idem	⊠	74,995		PANTIN	⊠ (Distribution.)	1,881	
3e idem	⊠	50,167		PRÉS-SAINT-GERVAIS (les)	Pantin	375	23,523
4e idem	⊠	45,353		ROMAINVILLE	Belleville	1,018	
5e idem	⊠	67,951		VILLETTE (la)	⊠	4,999	
6e idem	⊠	81,180		TOTAL de la population de l'Arrondissement.			87,282
7e idem	⊠	59,608	774,338	**ARRONDISSEMENT DE SCEAUX.**			
8e idem	⊠	73,493		CANTON DE CHARENTON-LE-PONT.			
9e idem	⊠	42,718		BERCY	⊠	3,939	
10e idem	⊠	83,422		BONNEUIL	Créteil	255	
11e idem	⊠	50,572		BRY-SUR-MARNE	⊠ (Distribution.)	379	
12e idem	⊠	77,866		CHAMPIGNY-SUR-MARNE	⊠ Idem	1,439	
TOTAL de la population de la ville de Paris			774,338	CHARENTON-SAINT-MAURICE	Charenton-le-Pont	1,449	
ARRONDISSEMENT DE SAINT-DENIS.				CHARENTON-LE-PONT	⊠	1,991	
CANTON DE COURBEVOIE.				CRÉTEIL	⊠ (Distribution.)	1,502	14,846
ASNIÈRES	⊠ (Distribution.)	519		JOINVILLE-LE-PONT	⊠ Idem	585	
COLOMBES	⊠ Idem	1,649		MAISONS-ALFORT	⊠ Idem	1,269	
COURBEVOIE	⊠ Idem	1,934		(⊠ à Alfort.)			
GENNEVILLIERS	⊠ Idem	1,113	11,196	NOGENT-SUR-MARNE	⊠ Idem	1,208	
NANTERRE	⊠	2,511		SAINT-MAUR-LES-FOSSÉS	⊠ Idem	832	
PUTEAUX	⊠ (Distribution.)	2,026		CANTON DE SCEAUX.			
SURESNES	⊠ Idem	1,444		ANTONY	⊠	1,194	
CANTON DE SAINT-DENIS.				(⊠ à la Croix-de-Berny.)			
AUBERVILLIERS	⊠ (Distribution.)	2,230		BAGNEUX	Châtillon	885	
CHAPELLE-SAINT-DENIS (la)	⊠ Idem	2,472		BOURG-LA-REINE	⊠	997	
COURNEUVE (la)	Saint-Denis	587		CHATENAY	Antony	699	
DUGNY	Le Bourget	463		CHATILLON	⊠ (Distribution.)	1,107	
ÉPINAY	⊠ (Distribution.)	870		CLAMART	Meudon	1,229	
ISLE-SAINT-DENIS (l')	Saint-Denis	224	19,666	FONTENAY-AUX-ROSES	Châtillon	1,024	
PIERREFITTE	Idem	817		GRENELLE	⊠ (Distribution.)	1,647	24,977
STAINS	Idem	956		ISSY	⊠ Idem	1,581	
SAINT-DENIS	⊠	9,686		MONTROUGE	⊠	3,847	
SAINT-OUEN	⊠ (Distribution.)	986		PLESSIS-PIQUET (le)	Sceaux	217	
VILLETANEUSE	Saint-Denis	375		SCEAUX	⊠ (Distribution.)	1,439	
CANTON DE NEUILLY-SUR-SEINE.				VANVES	Issy	2,416	
AUTEUIL	⊠ (Distribution.)	2,764		VAUGIRARD	⊠	6,695	
BATIGNOLLES (les)	⊠	6,830		CANTON DE VILLEJUIF.			
BOULOGNE	⊠	5,391		ARCUEIL	⊠ (Distribution.)	1,816	
CLICHY-LA-GARENNE	⊠ Idem	3,109		CHEVILLY	Bourg-la-Reine	317	
MONTMARTRE	⊠ Idem	4,630	32,897	CHOISY-LE-ROI	⊠	3,075	
NEUILLY-SUR-SEINE	⊠	5,608		FRESNES-LES-RUNGIS	Antony	346	
(⊠ Distribution à l'Étoile.)				GENTILLY	La Maison-Blanche	8,616	
PASSY	⊠	4,545		(⊠ à Bicêtre.)			
CANTON DE PANTIN.				(⊠ à la Maison-Blanche.)			
BAGNOLET	⊠ (Distribution.)	1,099		IVRY-SUR-SEINE	⊠ (Distribution)	2,900	22,773
BELLEVILLE	⊠	8,199		HAY (l')	Bourg-la-Reine	361	
BOBIGNY	Bondy	317		ORLY	Choisy-le-Roi	556	
BONDY	⊠	2,385		RUNGIS	Antony	167	
BOURGET (le)	⊠	575		THIAIS	Choisy-le-Roi	1,035	
CHARONNE	⊠ (Distribution.)	655		VILLEJUIF	⊠ (Distribution.)	1,387	
GRAND-DRANCY (le)	Le Bourget	259		VITRY-SUR-SEINE	⊠ Idem	2,197	
NOISY-LE-SEC	⊠ (Distribution.)	1,781		CANTON DE VINCENNES.			
A reporter..		15,250		FONTENAY-SOUS-BOIS	⊠ (Distribution.)	1,390	
				MONTREUIL-SOUS-BOIS	⊠	3,338	
A reporter			63,759	ROSNY	Montreuil-sous-Bois	899	10,892
				SAINT-MANDÉ	Vincennes	1,707	
				VILLEMOMBLE	Bondy	674	
				VINCENNES	⊠	2,884	
				TOTAL de la population de l'Arrondissement			73,488

RÉCAPITULATION.

	NOMBRE de		POPULATION.
	CANTONS.	COMMUNES.	
VILLE DE PARIS	12	1	774,338
ARRONDISSEMENT DE SAINT-DENIS	4	37	87,282
— DE SCEAUX	4	43	73,488
TOTAUX	20	81	935,108

NOMS DES COMMUNES.	BUREAUX DE POSTE qui les desservent.	POPULA-TION.	TOTAL de la POPULA-TION par canton	NOMS DES COMMUNES.	BUREAUX DE POSTE qui les desservent.	POPULA-TION.	TOTAL de la POPULA-TION par canton
ARRONDISSEMENT DE MELUN.				Suite de l'ARRONDISSEMENT DE MELUN.			
						Report..	38,143
CANTON DE BRIE-COMTE-ROBERT.				CANTON DE MORMANT.			
BRIE-COMTE-ROBERT 🐎	✉	2,762		ANDREZEL	Guignes	204	
CHÈVRY	Brie-Comte-Robert..	697		ARGENTIÈRES	Chaumes	190	
COMBS-LA-VILLE	Lieusaint	500		AUDEPIERRE	Mormant	280	
COUBERT	✉ (Distribution.)	512		BAILLY-CARROIS	Nangis	253	
ÉVRY-LES-CHATEAUX	Brie-Comte-Robert..	656		BEAUVOIR	Chaumes	209	
FERROLLES	Idem	291		BOMBON	Mormant	753	
GRÉCY	Idem	133	9,697	BREAU	Idem	208	
GRISY-SUINES	Idem	930		CHAMPDEUIL	Guignes	183	
LÉSIGNY	Idem	381		CHAMPEAUX	Idem	446	
LIEUSAINT 🐎	✉ (Distribution.)	583		CHAPELLE-GAUTHIER (la)	✉ (Distribution.)	943	
LIMOGES-FOURCHES	Coubert	157		CLOSFONTAINE	Nangis	169	
LISSY	Idem	143		COURTOMER	Chaumes	365	
MOISSY-CRAMAYEL	Lieusaint	523		CRISENOY	Guignes	376	
RÉAU	Melun	341		FERMETÉ (la)	Mormant	55	
SERVON	Brie-Comte-Robert..	359		FONTENAILLES	Nangis	615	10,012
SOGNOLLES	Coubert	729		FOUJU	Guignes	277	
				GRAND-PUITS	Nangis	248	
CANTON DU CHATELET.				GUIGNES 🐎	✉	885	
BLANDY	Le Châtelet	762		LADY	Mormant	207	
CHARTRETTES	Melun	504		LETANG	Guignes	65	
CHATELET (le) 🐎	✉	1,106		MORMANT 🐎	✉	861	
CHATILLON-LABORDE 🐎	Le Châtelet	239		OZOUER-LE-REPOS	Mormant	304	
COURTRY	Idem	145		PECQUEUX	Idem	77	
ÉCHOUBOULAINS	Montereau	503		QUIERS	Nangis	254	
ÉCRENNES (les)	Le Châtelet	295		SUSCY	Guignes	33	
FÉDICY	Idem	764	8,456	SAINT-MÉRY	Idem	586	
FONTAINE-LE-PORT	Idem	313		SAINT-OUEN	Nangis	432	
HÉRICY	Fontainebleau	891		VERNEUIL	Chaumes	213	
MACHAULT	Le Châtelet	990		YEBLES	Guignes	321	
(🐎 à Panton.)							
MOISENAY	Melun	874		CANTON DE TOURNAN.			
SIVRY	Le Châtelet	343		CHATRES	Tournan	282	
VALENCE	Montereau	727		CHAUMES	✉ (Distribution.)	1,705	
				COMBAULT	La Queue-en-Brie..	73	
CANTON DE MELUN (nord).				COURQUETAINE	Coubert	185	
AUBIGNY	Melun	130		FAVIÈRES	Tournan	739	
BOISSETTES	Idem	173		GRETZ	Idem	443	
BOISSISE-LA-BERTRAND	Idem	311		LIVERDY	Idem	507	
CESSON	Idem	349		OZOUR-LA-FERRIÈRE	La Queue-en-Brie..	644	9,542
LEMÉE	Idem	401		OZOUR-LE-VOULGIS	Coubert	889	
LIVRY	Idem	253		PONTAULT	La Queue-en-Brie..	437	
MAINCY	Idem	1,023		PONT-CARRÉ	Tournan	372	
MELUN (nord) 🐎	✉	5,201	11,589	PRESLES	Idem	637	
MONTEREAU-SUR-JARD	Melun	124		ROISSY	La Queue-en-Brie..	416	
NANDY	Idem	391		SOLERS	Coubert	386	
RUBELLES	Idem	185		TOURNAN	✉	1,827	
SAVIGNY	Idem	562					
SEINE-PORT	Idem	682					
SAINT-GERMAIN-LAXIS	Idem	161		TOTAL de la population de l'Arrondissement........			57,697
VAUX-LE-PENIL	Idem	710					
VERT-SAINT-DENIS	Idem	544					
VOISENON	Idem	389		**ARRONDISSEMENT DE COULOMMIERS.**			
CANTON DE MELUN (sud).							
ARBONNE	Chailly	166		CANTON DE COULOMMIERS.			
BOISSISE-LE-ROI	Ponthierry	297		AULNOY	Coulommiers	303	
CELY	Chailly	505		BEAUTHEIL	Idem	560	
CHAILLY 🐎	✉ (Distribution.)	958		BOISSIÈRE (la)	Rozoy-en-Bric..	61	
DAMMARIE-LES-LYS	Melun	802		BOISSY-LE-CHATEL	Coulommiers	1,049	
FLEURY	Chailly	511		CELLE (la)	Faremoutiers	1,134	
MELUN (sud)	✉	1,421	8,401	CHAILLY	Coulommiers	743	
PERTHES	Chailly	802		COULOMMIERS 🐎	✉	3,335	
PRINGY	Ponthierry	499		GIREMOUTIERS	Coulommiers	139	
(✉ 🐎 à Ponthierry.)				GUÉRARD	Faremoutiers	1,077	
ROCHETTE (la)	Melun	201		MAISONCELLE	Crécy	506	
SAINT-FARGEAU	Ponthierry	988		MAUPERTUIS	Coulommiers	408	
SAINT-GERMAIN-SUR-ÉCOLE	Idem	152		MOURROUX	Idem	1,924	
SAINT-MARTIN-EN-BIÈRE	Chailly	416					
SAINT-SAUVEUR-SUR-ÉCOLE	Ponthierry	501					
VILLIERS-EN-BIÈRE	Idem	82					
	A reporter...................		38,143		*A reporter..*		12,139

NOMS DES COMMUNES.	BUREAUX DE POSTE qui les desservent.	POPULA- TION.	TOTAL de la POPULA- TION par canton	NOMS DES COMMUNES.	BUREAUX DE POSTE qui les desservent.	POPULA- TION.	TOTAL de la POPULA- TION par canton
Suite de l'ARRONDISSEMENT DE COULOMMIERS.				**Suite de l'ARRONDISSEMENT DE COULOMMIERS.**			
					Report..		39,455
Suite du CANTON DE COULOMMIERS.				**Suite du CANTON DE ROZOY-EN-BRIE.**			
	Report..	12,139			*Report..*	8,587	
POMMEUSE	Faremoutiers	1,318		PLESSIS-FEAUSSOUX (le)	Rozoy-en-Brie	236	
SAINTS	Coulommiers	905	15,809	ROZOY-EN-BRIE	⊠	1,383	
SAINT-AUGUSTIN	Idem	1,447		TIGEAUX	Crécy	279	
				TOUQUIN	Rozoy-en-Brie	850	
CANTON DE LA FERTÉ-GAUCHER.				VAUDOY	Idem	792	13,908
AMILLIS	Coulommiers	838		VILBERT	Idem	313	
CHAPELLE-VÉRONGE (la)	La Ferté-Gaucher	554		VILLENEUVE-LA-HURÉE	Idem	102	
CHARTRONGES	Idem	195		VILLENEUVE-LE-COMTE	Crécy	753	
CHEVRU	Idem	504		VILLENEUVE-SAINT-DENIS	Couilly	388	
CHOISY-EN-BRIE	Idem	1,304		VOINSLES	Rozoy-en-Brie	245	
DAGNY	Idem	217					
FERTÉ-GAUCHER (la)	⊠	1,930					
JOUY-SUR-MORIN	La Ferté-Gaucher	1,809		TOTAL de la population de l'Arrondissement			53,363
LESCHEROLLES	Idem	282	11,529				
LEUDON	Idem	193		**ARRONDISSEMENT DE FONTAINEBLEAU.**			
MAROLLES	Coulommiers	353					
MEILLERAY	La Ferté-Gaucher	315		**CANTON DE LA CHAPELLE-LA-REINE.**			
MONTOLIVET	Rebais	381		ACHÈRES	La Chapelle-la-Reine	734	
MOUTILS	La Ferté-Gaucher	107		AMPOUVILLE	Idem	268	
SAINT-BARTHELEMY	Idem	389		BOISSY-AUX-CAILLES	Idem	410	
SAINT-MARS	Idem	208		BOULANCOURT	Malesherbes	281	
SAINT-MARTIN-DES-CHAMPS	Idem	452		BURCY	La Chapelle-la-Reine	371	
SAINT-REMI-DE-LA-VANNE	Idem	780		BUTHIERS	Malesherbes	287	
SAINT-SIMÉON	Idem	718		CHAPELLE-LA-REINE (la) 🚂	*(Distribution.)*	976	
				FROMONT	La Chapelle-la-Reine	409	
CANTON DE REBAIS.				GUERCHEVILLE	Idem	360	
BELLOT	Rebais	937		HERBEAUVILLIERS	Malesherbes	124	
BOITRON	Idem	372		JACQUEVILLE	La Chapelle-la-Reine	140	9,171
CHAUFFRY	Idem	485		LARCHANT	Idem	671	
DOUE	Idem	1,055		NANTEAU-SUR-ESSONNE	Malesherbes	309	
HONDEVILLIERS	Idem	289		NOISY-SUR-ÉCOLES	La Chapelle-la-Reine	534	
MONT-DAUPHIN	Idem	320		RECLOSES	Idem	801	
MONTENILS	Montmirail	83		RUMONT	Idem	265	
ORLY	Rebais	512		TOUSSON	Idem	540	
REBAIS	⊠	1,076	12,117	URY	Idem	520	
SABLONNIÈRE	Rebais	741		VAUDOUÉ (le)	Idem	400	
SAINT-CYR	La Ferté-sous-Jouarre	1,402		VILLIERS-SOUS-GRÈS	Idem	771	
SAINT-DENIS-LES-REBAIS	Rebais	1,102					
SAINT-GERMAIN-SOUS-DOUE	Coulommiers	522		**CANTON DE CHATEAU-LANDON.**			
SAINT-LÉGER	Rebais	244		ARVILLE	Château-Landon	277	
SAINT-OUEN	La Ferté-sous-Jouarre	214		AUFFERVILLE	Nemours	594	
TRÉTOIRE (la)	Rebais	544		BEAUMONT	Château-Landon	1,524	
VERDELOT	Viels-Maisons	1,195		BOUGLIGNY	Idem	596	
VILLENEUVE-SUR-BELLOT	Rebais	1,024		BRANSLES	Égreville	568	
				CHAINTREAUX	Idem	718	
CANTON DE ROZOY-EN-BRIE.				CHATEAU-LANDON	⊠	2,309	
BERNAY	Rozoy-en-Brie	648		CHENOU	Château-Landon	397	
CHAPELLE-IGER (la)	Idem	248		GIRONVILLE	Idem	298	9,966
CHAPELLES-BOURRON (les)	Fontenay-Trésigny	86		ICHY	Idem	267	
COURPALAY	Rozoy-en-Brie	968		LAGERVILLE	Égreville	149	
CREVECOEUR	Fontenay-Trésigny	201		MADELAINE (la)	Château-Landon	161	
DAMMARTIN-SOUS-TIGEAUX	Faremoutiers	535		MAISONCELLES	Idem	194	
FAREMOUTIERS	⊠	1,018		MONDREVILLE	Idem	421	
FONTENAY-TRÉSIGNY	⊠ *(Distribution.)*	1,144		ORSONVILLE	Nemours	199	
HAUTEFEUILLE	Faremoutiers	107		SOUPPES	⊠ *(Distribution.)*	1,364	
HOUSSAYE (la)	Fontenay-Trésigny	678		(🚂 à la Croisière.)			
LUMIGNY	Rozoy-en-Brie	438		**CANTON DE FONTAINEBLEAU.**			
MABLES	Fontenay-Trésigny	610		AVON	Fontainebleau	1,127	
MONTGERF	Faremoutiers	718		BOIS-LE-ROI	Melun	929	
NESLES	Rozoy-en-Brie	328		FONTAINEBLEAU 🚂	⊠	8,122	11,685
NEUFMOUTIERS	Fontenay-Trésigny	431		SAMOIS	Fontainebleau	1,053	
ORMEAUX	Rozoy-en-Brie	193		SAMOREAU	Idem	244	
PEZARCHES	Idem	183		VULAINES	Idem	210	
PLANOY	Idem	53					
	A reporter..	8,587					
	A reporter........		39,455		*A reporter........*		30,822

NOMS DES COMMUNES.	BUREAUX DE POSTE qui les desservent.	POPULA- TION.	TOTAL de la POPULA- TION par canton	NOMS DES COMMUNES.	BUREAUX DE POSTE qui les desservent.	POPULA- TION.	TOTAL de la POPULA- TION par canton
Suite de l'ARRONDISSEMENT DE FONTAINEBLEAU.				ARRONDISSEMENT DE MEAUX.			
Report..			30,822				
CANTON DE LORREZ-LE-BOCAGE.				**CANTON DE CLAYE.**			
BLENNES	Égreville	691		AUNET	Claye	889	
CHEVRY-EN-SEREINE	Idem	560		CARNETIN	Idem	232	
DIANS	Montereau	301		CHARMENTRAY	Idem	216	
ÉGREVILLE	✉	1,477		CHARNY	Idem	480	
FLAGY	Montereau	448		CLAYE	✉	1,108	
LORREZ-LE-BOCAGE	Égreville	800		COMPANS	Claye	329	
MONTMACHOUX	Montereau	298		COURTRY	Villeparisis	326	
NOISY-LE-SEC	Idem	216		FRESNES	Claye	295	
PALEY	Égreville	440	8,933	GRESSY	Idem	89	
PRÉAUX	Idem	163		ISLES-LES-VILLENOY	Meaux	262	
REMAUVILLE	Idem	365		IVERNY	Idem	361	
SAINT-ANGE-LE-VIEIL	Idem	118		LEPIN	Villeparisis	367	
THOURY-FÉROTTES	Montereau	590		MESSY	Claye	540	10,487
VAUX-SUR-LUNAIN	Égreville	165		MITRY	Villeparisis	1,383	
VILLEBÉON	Idem	503		MORY	Idem	115	
VILLEMARÉCHAL	Idem	628		NANTOUILLET	Dammartin	294	
VOULX	Montereau	1,170		PLESSIS-AUX-BOIS (le)	Claye	208	
				PRÉCY	Idem	283	
CANTON DE MONTEREAU.				SOUILLY	Idem	295	
BARBEY	Montereau	183		SAINT-MESMES	Idem	318	
BROSSE-MONTCEAUX (la)	Idem	490		TRILBARDOU	Meaux	443	
CANNES	Idem	566		VIGNELY	Idem	104	
COURCELLES	Idem	194		VILLEPARISIS	✉ (Distribution.)	606	
ESMANS	Idem	567		VILLEROY	Claye	344	
(✉ à Possard.)				VILLEVAUDÉ	Villeparisis	700	
FORGES	Idem	256	10,400				
GRANDE-PAROISSE (la)	Idem	1,256		**CANTON DE CRÉCY.**			
LAVAL	Idem	350		BAILLY-ROMAINVILLIERS	Couilly	318	
MAROLLES-SUR-SEINE	Idem	501		BOULEURS	Idem	581	
MISY	Idem	658		BOUTIGNY	Meaux	843	
MONTEREAU	✉	4,153		CHAPELLE-SUR-CRÉCY (la)	Crécy	1,249	
SALINS	Montereau	470		CONDÉ-SAINTE-LIBIÈRE	Couilly	443	
SAINT-GERMAIN-LAVAL	Idem	378		COUILLY	✉	721	
VARENNES	Idem	378		COULOMME	Couilly	459	
				COUTEVROUST	Idem	443	
CANTON DE MORET.				CRÉCY	✉	1,049	
CELLE (la)	Moret	284		ESBLY	Couilly	380	
CHAMPAGNE	Idem	524		HAUTE-MAISON (la)	Crécy	260	
DORMELLES	Montereau	754		MAGNY-LE-HONGRE	Couilly	218	13,016
ÉCUELLES	Moret	560		MONTRY	Idem	425	
EPISY	Idem	292		QUINCY-SÉGY	Idem	2,092	
MONTARLOT	Idem	163		SANCY	Crécy	233	
MONTIGNY-SUR-LOING	Fontainebleau	821		SERRIS	Couilly	308	
MORET	✉	1,673	9,916	SAINT-FIACRE	Meaux	311	
SAINT-MAMMÈS	Moret	956		SAINT-GERMAIN-LES-COUILLY	Couilly	627	
THOMERY	Idem	782		SAINT-MARTIN-LES-VOULANGIS	Crécy	776	
VENEUX-NADON	Idem	960		VAUCOURTOIS	Idem	214	
VERNOU	Idem	636		VILLEMAREUIL	Meaux	224	
VILLACERF	Idem	455		VILLIERS-SUR-MORIN	Crécy	842	
VILLEMER	Idem	460					
VILLE-SAINT-JACQUES	Montereau	596		**CANTON DE DAMMARTIN.**			
				CUISY	Dammartin	195	
CANTON DE NEMOURS.				DAMMARTIN	✉	1,712	
BAGNEAUX	Nemours	217		FORFRY	Dammartin	190	
BOURRON	Fontainebleau	1,211		GESVRES-LE-CHAPITRE	Idem	106	
CHATENOY	Nemours	163		JUILLY	Idem	520	
CHEVRAIN-VILLIERS	Idem	284		LONGPERRIER	Idem	530	
FAY	Idem	348		MARCHÉMORET	Idem	225	
FROMONVILLE	Idem	734		MAUREGARD	Le Ménil-Amelot	279	
GARENTREVILLE	Idem	161		MÉNIL-AMELOT (le)	✉ (Distribution.)	657	
GENEVRAYE (la)	Idem	175		MONTGÉ	Dammartin	706	
GRÈS	Idem	600	9,882	MONTHION	Meaux	1,068	
NANTEAU-SUR-LUNAIN	Idem	373		MOUSSY-LE-NEUF	Le Ménil-Amelot	713	
NEMOURS	✉	3,839		MOUSSY-LE-VIEUX	Idem	361	
NONVILLE	Nemours	298		OISSERY	Dammartin	457	
ORMESSON	Idem	119		OTHIS	Idem	312	
POLIGNY	Idem	442		PLESSIS-L'ÉVÊQUE (le)	Meaux	213	
SAINT-PIERRE	Idem	668		A reporter..		8,243	
TREUZY	Idem	250					
TOTAL de la population de l'Arrondissement			69,953	A reporter			23,503

NOMS DES COMMUNES.	BUREAUX DE POSTE qui les desservent.	POPULA-TION.	TOTAL de la POPULA-TION par canton	NOMS DES COMMUNES.	BUREAUX DE POSTE qui les desservent.	POPULA-TION.	TOTAL de la POPULA-TION par canton
Suite de l'ARRONDISSEMENT DE MEAUX.				**Suite de l'ARRONDISSEMENT DE MEAUX.**			
		Report..	23,503			*Report..*	63,267
Suite du CANTON DE DAMMARTIN.				**Suite du CANTON DE LIZY.**			
		Report..	8,243			*Report..*	870
ROUVRES	Dammartin	181		COCHEREL	Lizy	382	
SAINT-MARD	Idem	446		CONGIS	Idem	970	
SAINT-PATHUS	Idem	276		COULOMBS	Idem	771	
SAINT-SOUPPLETS	Idem	870	10,963	CREPOII	Idem	160	
THIEUX	Idem	423		CROUY	May-en-Multien	1,341	
VILLENEUVE-SOUS-DAMMARTIN	Le Ménil-Amelot	374		DHUISY	Lizy	417	
VINANTES	Dammartin	150		DOUY-LA-RAMÉE	May-en-Multien	232	
				ÉCHAMPEU	Lizy	179	
CANTON DE LA FERTÉ-SOUS-JOUARRE.				ÉTREPILLY	Idem	755	
BASSEVELLE	La Ferté-sous-Jouarre	411		GERMIGNY-SOUS-COULOMBS	Idem	370	
BUSSIÈRES	Idem	407		GRANDCHAMPS	Idem	143	
CHAMIGNY	Idem	866		JAIGNES	Idem	358	
CHANGIS	Idem	229		LIZY	⊠	1,197	13,270
CITRY	Idem	744		MARCILLY	Meaux	429	
FERTÉ-SOUS-JOUARRE (la)	⊠	3,927		MARY	Lizy	465	
JOUARRE	La Ferté-sous-Jouarre	2,564		MAY-EN-MULTIEN	⊠ (Distribution.)	904	
LUZANCY	Idem	622		OCQUERRE	Lizy	316	
MÉRY	Idem	474	16,240	PLESSIS-PLACY (le)	Idem	328	
NANTEUIL-SUR-MARNE	Idem	383		PUISIEUX	May-en-Multien	473	
PIERRE-LEVÉE	Idem	354		RADEMONT	Lizy	114	
REUIL	Idem	413		TANCROU	Idem	432	
SAACY	Idem	1,275		TROCY	Idem	324	
SAMERON	Idem	530		VAUX-SUR-COULOMBS	May-en-Multien	213	
SEPT-SORTS	Idem	172		VENDREST	Lizy	929	
SIGNY-SIGNETS	Idem	775		VINCY-MANŒUVRE	May-en-Multien	198	
SAINTE-AULDE	Idem	511					
S¹-JEAN-LES-DEUX-JUMEAUX	Idem	818		**CANTON DE MEAUX.**			
USSY	Idem	765		CHAMBRY	Meaux	712	
				CHAUCONIN	Idem	229	
CANTON DE LAGNY.				CRÉCY	Idem	260	
BROU	Chelles	117		FUBLAINES	Idem	436	
BUSSY-SAINT-GEORGES	Lagny	538		GERMIGNY-L'ÉVÊQUE	Idem	497	
BUSSY-SAINT-MARTIN	Idem	294		MAREUIL	Idem	705	
CHALIFERT	Idem	391		MEAUX	⊠	8,537	
CHAMPS	Idem	455		MONTCEAUX	Meaux	537	16,880
CHANTELOUP	Idem	98		NANTEUIL-LES-MEAUX	Idem	1,426	
CHELLES	⊠ (Distribution.)	1,413		NEUFMOUTIER	Idem	591	
CHESSY	Lagny	341		PENCHARD	Idem	360	
COLLEGIEN	Idem	146		POINCY	Idem	72	
CONCHES	Idem	160		TRILPORT	Idem	832	
COUPVRAY	Idem	616		VAREDDES	Idem	1,310	
CROISSY	Idem	259		VILLENOY	Idem	376	
DAMMARY	Idem	720					
EMERAINVILLE	Idem	208					
FERRIÈRES	Idem	408		TOTAL de la population de l'Arrondissement			93,417
GOUVERNES	Idem	386	12,561				
GUERMANTES	Idem	203					
JABLINES	Idem	311		**ARRONDISSEMENT DE PROVINS.**			
JOSSIGNY	Idem	520					
LAGNY	⊠	1,869		**CANTON DE BRAY-SUR-SEINE.**			
LESCHES	Lagny	187		BABY	Bray-sur-Seine	121	
LOGNES	Idem	98		BALLOY	Idem	301	
MONTEVRAIN	Idem	494		BAZOCHES-LES-BRAY	Idem	682	
NOISIEL	Idem	101		BRAY-SUR-SEINE	⊠	1,992	
POMPONNE	Idem	313		CHALMAISON	Bray-sur-Seine	520	
SAINT-DENIS-DU-PORT	Idem	180		ÉVERLY	Idem	537	
SAINT-THIBAULT	Idem	188		FONTAINE-FOURCHE	Idem	688	
THORIGNY	Idem	642		GOUAIX	Idem	1,064	
TORCY	Idem	695		GRAVON	Idem	123	
VAIRES	Chelles	210		GRISY	Idem	174	
				HERMÉ	Idem	608	
CANTON DE LIZY.				JAULNES	Idem	415	
ARMANTIÈRES	Meaux	584		MONCEAUX-LES-BRAY	Idem	266	
BARCY	Idem	286		MONTIGNY-LE-GUESDIER	Idem	410	
		A reporter..	870				
		A reporter	63,267			*A reporter..*	7,901

NOMS DES COMMUNES.	BUREAUX DE POSTE qui les desservent.	POPULATION.	TOTAL de la POPULATION par canton	NOMS DES COMMUNES.	BUREAUX DE POSTE qui les desservent.	POPULATION.	TOTAL de la POPULATION par canton
Suite de l'ARRONDISSEMENT DE PROVINS.				Suite de l'ARRONDISSEMENT DE PROVINS.			
					Report..		20,859
Suite du CANTON DE BRAY-SUR-SEINE.				Suite du CANTON DE NANGIS.			
	Report..	7,901			Report..	7,988	
Mouy-sur-Seine	Bray-sur-Seine	368		Vanvillé	Nangis	121	
Noyen-sur-Seine	Idem	432		Vieux-Champagne	Idem	237	8,539
Ormes (les)	Idem	795		Villegagnon	Champcenest	183	
Passy	Idem	105		CANTON DE PROVINS.			
Soisy	Provins	104	11,455	Chalautre-la-Petite	Provins	849	
Saint-Sauveur-les-Bray	Bray-sur-Seine	236		Chapelle-Saint-Sulpice (la)	Idem	175	
Tombe (la)	Idem	218		Chenoise	Idem	903	
Villenauxe-la-Petite	Idem	507		Cucharmoy	Idem	256	
Villiers-sur-Seine	Idem	474		Landoy	Idem	240	
Villuis	Idem	315		Lourps	Idem	213	
CANTON DE DONNEMARIE.				Mortery	Idem	114	
Cessoy	Donnemarie	366		Poigny	Idem	188	
Chalautre-la-Reposte	Idem	193		Provins 🐴	✉	5,665	11,204
Chatenay-sur-Seine	Idem	610		Rouilly	Provins	241	
Coutençon	Idem	156		Saint-Brice	Idem	323	
Donnemarie	✉	1,052		Sainte-Colombe	Idem	605	
Dontilly	Donnemarie	901		Saint-Hillier	Idem	446	
Égligny	Idem	281		Saint-Loup-de-Naud	Idem	856	
Gurcy	Idem	276		Vulaines	Idem	130	
Lizines	Idem	725		CANTON DE VILLIERS-SAINT-GEORGES.			
Luisetaines	Idem	292		Augers	Champcenest	391	
Meigneux	Idem	249	9,384	Beauchery	Villiers-Saint-Georges	278	
Mons	Idem	502		Beton-Bazoches	Champcenest	630	
Montigny-Lencoup	Idem	1,172		Cerneux	Idem	359	
Paroy	Idem	378		Chalautre-la-Grande	Nogent-sur-Seine	1,089	
Savins	Idem	625		Champcenest	✉ (Distribution.)	240	
Sigy	Idem	101		Champcouelle	Villiers-Saint-Georges	110	
Thénisy	Idem	575		Courchamps	Provins	177	
Valjouan	Nangis	117		Courtaçon	Champcenest	209	
Villeneuve-les-Bordes	Donnemarie	214		Échelle (l')	Provins	452	
Vimpelles	Idem	599		Flaia	Villiers-Saint-Georges	51	
CANTON DE NANGIS.				Fontaine-sous-Montaiguillon	Idem	177	
Bannost	Champcenest	432		Gimbrois	Provins	65	
Bézalles	Idem	206		Louan	Villiers-Saint-Georges	268	
Boisdon	Idem	118		Maisoncelles	Idem	158	8,891
Chapelle-Rablais (la)	Nangis	520		Marets (les)	Champcenest	216	
Chateaubleau	Idem	258		Melz	Nogent-sur-Seine	701	
Courtevroust	Idem	174		Monceaux-les-Provins	Villiers-Saint-Georges	361	
(🐴 à la Maison-Rouge.)				Pierrelez	Champcenest	35	
Croix-en-Brie (la)	Idem	774		Rupéreux	Provins	124	
Fontains	Idem	238		Sancy	Villiers-Saint-Georges	449	
Frétoy	Champcenest	182		Sourdun	Provins	877	
Gastins	Nangis	501		Saint-Martin-Chennetron	Villiers-Saint-Georges	213	
Jouy-le-Chatel	Champcenest	1,198		Saint-Martin-des-Champs	Provins	152	
Nangis 🐴	✉	1,963		Saint-Martin-du-Bochet	Villiers-Saint-Georges	199	
Pécy	Nangis	622		Vieux-Maisons	Champcenest	82	
Rampillon	Idem	581		Villegruis	Villiers-Saint-Georges	284	
Saint-Just	Idem	221		Villiers-Saint-Georges	✉ (Distribution.)	437	
	A reporter..	7,988		Voulton	Provins	107	
	A reporter....		20,839		TOTAL de la population de l'Arrondissement.......		49,463

RÉCAPITULATION.

	NOMBRE de		POPULATION.
	CANTONS.	COMMUNES.	
Arrondissement de MELUN	6	105	57,697
—————— de COULOMMIERS	4	80	53,363
—————— de FONTAINEBLEAU	7	104	69,953
—————— de MEAUX	7	161	93,417
—————— de PROVINS	5	106	49,463
TOTAUX	29	556	323,893

NOMS DES COMMUNES.	BUREAUX DE POSTE qui les desservent.	POPULA-TION.	TOTAL de la POPULA-TION par canton	NOMS DES COMMUNES.	BUREAUX DE POSTE qui les desservent.	POPULA-TION.	TOTAL de la POPULA-TION par canton
ARRONDISSEMENT DE VERSAILLES.				**Suite de l'ARRONDISSEMENT DE VERSAILLES.**			
						Report..	57,488
CANTON D'ARGENTEUIL.				**CANTON DE PALAISEAU.**			
ARGENTEUIL	⊠	4,542		BIÈVRES	Palaiseau	1,142	
BEZONS	Argenteuil	584		BURES	Orçay	340	
CARRIÈRES-SAINT-DENIS	Chatou	1,052		CHATEAUFORT	Versailles	524	
CORMEIL-EN-PARISIS	Franconville	1,194		GIF	Orçay	733	
FRETTE (la)	Idem	356		IGNY	Palaiseau	632	
HERBLAY 🐎	Idem	1,564	15,778	NOZAY	Linas	244	
HOUILLES	Argenteuil	1,265		ORÇAY	⊠ (Distribution.)	1,011	
MONTESSON	Chatou	1,261		PALAISEAU 🐎	⊠	1,633	
MONTIGNY-LES-CORMEIL	Franconville	464		SACLAY	Orçay	324	10,111
SANNOIS	Idem	1,622		SAINT-AUBIN	Idem	92	
SARTROUVILLE	⊠ (Distribution.)	1,874		TOUSSUS	Versailles	50	
				VAUHALLAND	Palaiseau	274	
CANTON DE SAINT-GERMAIN-EN-LAYE.				VERRIÈRES	Antony	1,011	
ACHÈRES	Poissy	479		VILLEBON	Palaiseau	644	
AIGREMONT	St-Germain-en-Laye	162		VILLE-DU-BOIS (la)	Linas	838	
CHAMBOURCY	Idem	652		VILLEJUST	Palaiseau	408	
CHATOU	⊠ (Distribution.)	955		VILLIERS-LE-BACLE	Orçay	221	
CROISSY	Chatou	510					
FOURQUEUX	St-Germain-en-Laye	352	16,442	**CANTON DE POISSY.**			
MAISONS-SUR-SEINE	Sartrouville	916		ALLUETS (les)	Poissy	541	
MAREIL-MARLY	St-Germain-en-Laye	338		ANDRÉSY	Triel	919	
MESNIL-LE-ROI	Idem	496		CARRIÈRES-SUR-POISSY	Poissy	497	
PECQ (le)	Idem	911		CHANTELOUP	Triel	799	
SAINT-GERMAIN-EN-LAYE 🐎	⊠	10,671		CONFLANS-SAINTE-HONORINE	Pontoise	1,634	
				CRESPIÈRES	Maule	698	
CANTON DE MARLY-LE-ROI.				DAVRON	Idem	213	
BAILLY	Versailles	383		MAURECOURT	Triel	449	
BOUGIVAL	Rueil	1,057		MÉDAN	Poissy	199	15,028
CHAVENAY	Villepreux	526		MORAINVILLIERS	Idem	568	
CLAYES (les)	Trappes	257		ORGEVAL	Idem	1,593	
ÉTANG-LA-VILLE (l')	St-Germain-en-Laye	427		POISSY	⊠	2,850	
FEUCHEROLLES	Idem	607		THIVERVAL	Neauphle-le-Château	369	
LOUVECIENNES	Idem	730		TRIEL 🐎	⊠ (Distribution.)	1,809	
MARLY-LE-ROI	Idem	1,208	12,833	VERNEUIL	Poissy	577	
NOISY-LE-ROI	Villepreux	577		VERNOUILLET	Idem	876	
PLAISIR	Trappes	1,215		VILLAINES	Idem	437	
PONT-MARLY (le)	St-Germain-en-Laye	590					
RENNEMOULIN	Villepreux	79		**CANTON DE SÈVRES.**			
RUEIL	⊠	3,417		CHAVILLE	Sèvres	1,385	
SEILE-SAINT-CLOUD (la)	Rueil	361		GARCHES	Saint-Cloud	794	
SAINT-NOM-LA-BRETÈCHE	St-Germain-en-Laye	800		MARNES	Sèvres	252	
VILLEPREUX	⊠ (Distribution.)	599		MEUDON	⊠	3,026	12,339
				SÈVRES 🐎	⊠	3,973	
CANTON DE MEULAN.				SAINT-CLOUD	⊠	1,935	
AUBERGENVILLE	Maule	571		VAUCRESSON	Saint-Cloud	283	
AULNAY	Idem	299		VILLE-D'AVRAY	Sèvres	691	
BAZEMONT	Idem	423					
BOUAFLE	Meulan	1,092		**CANTON DE VERSAILLES (nord).**			
CHAPET	Idem	451		VERSAILLES (nord) 🐎	⊠	15,255	16,159
ÉCQUEVILLY	Idem	481		VIROFLAY	Versailles	904	
ÉVECQUEMONT	Vaux	377					
FLINS	Meulan	1,002		**CANTON DE VERSAILLES (ouest).**			
GAILLON	Idem	320		BOIS-D'ARCIS	Trappes	396	
HARDRICOURT	Idem	243		CHESNAY (le)	Versailles	314	
HERBEVILLE	Maule	140	12,435	FONTENAY-LE-FLEURY	Trappes	408	
MAREIL-SUR-MAULDRE	Idem	303		GUYANCOURT	Versailles	628	
MAULE	⊠	1,303		MONTIGNY-LE-BRETONNEUX	Trappes	311	6,274
MEULAN 🐎	⊠	1,850		ROCQUENCOURT	Versailles	227	
MÉZY	Meulan	527		SAINT-CYR	Idem	1,079	
MONTAINVILLE	Maule	463		TRAPPES	⊠	718	
MUREAUX (les)	Meulan	783		VERSAILLES (ouest)	⊠	2,193	
NEZEL	Maule	397					
TESSANCOURT	Meulan	360		**CANTON DE VERSAILLES (sud).**			
VAUX	⊠ (Distribution.)	1,050		BUC	Versailles	610	
				JOUY-EN-JOSAS	Idem	1,244	
				LOGES (les)	Idem	308	13,342
				VÉLIZY	Meulan	151	
				VERSAILLES (sud)	⊠	11,029	
	A reporter		57,488		TOTAL de la population de l'Arrondissement		130,741

II.

NOMS DES COMMUNES.	BUREAUX DE POSTE qui les desservent.	POPULA-TION.	TOTAL de la POPULA-TION par canton	NOMS DES COMMUNES.	BUREAUX DE POSTE qui les desservent.	POPULA-TION.	TOTAL de la POPULA-TION par canton
ARRONDISSEMENT DE CORBEIL.				**Suite de l'ARRONDISSEMENT DE CORBEIL.**			
						Report..	27,377
CANTON D'ARPAJON.				*Suite du* CANTON DE CORBEIL.			
						Report..	12,527
ARPAJON 🏣............	✉..........	2,165		MORSANG-SUR-SEINE	Corbeil..........	158	
AVRAINVILLE............	Arpajon......	327		NAINVILLE	Ponthierry......	152	
BRETIGNY....	Linas........	781		ORMOY.................	Mennecy........	186	
BRUYÈRES-LE-CHATEL.....	✉ (Distribution.)....	738		PERRAY.................	Corbeil..........	200	
CHEPTAINVILLE.........	Arpajon......	595		RIS.....................	✉ (Distribution.).....	590	16,297
EGLY	Idem........	386		SAINTRY................	Corbeil..........	536	
GUIBEVILLE	Idem........	70		SOISY-SOUS-ETIOLLES......	✉ (Distribution.).....	838	
LEUDEVILLE	Idem........	322		SAINT-GERMAIN-LES-CORBEIL.	Corbeil..........	381	
LEUVILLE.............	Linas........	905		TIGERY.................	Idem........	267	
LINAS.................	✉........	1,313	13,573	VILLABÉ................	Essonnes......	442	
MAROLLES-LES-ARPAJON....	Arpajon......	407		*CANTON DE LONGJUMEAU.*			
MONTLHÉRY............	Linas........	1,566					
NORVILLE (la)...........	Arpajon......	439		ABLON.................	Choisy-le-Roi.....	224	
OLLAINVILLE...........	Idem........	475		ATHIS-MONS............	Fromenteau......	690	
SAINT-GERMAIN-LES-ARPAJON...	Idem........	547		BALLAINVILLIERS..........	Longjumeau......	473	
SAINT-MICHEL-SUR-ORGE....	Linas........	576		CHAMPLAN..............	Idem........	526	
SAINT-VRAIN...........	Arpajon......	653		CHILLY................	Idem........	377	
VERT-LE-GRAND........	Idem........	681		EPINAY-SUR-ORGE........	Idem........	544	
VERT-LE-LETIT.........	Idem........	627		FLEURY-MÉROGIS........	Linas........	210	
				GRIGNY................	Ris........	457	
CANTON DE BOISSY-SAINT-LÉGER.				JUVISY.................	Fromenteau......	371	
				(✉ 🏣 à Fromenteau.)			
BOISSY-SAINT-LÉGER.....	✉........	565		LONGJUMEAU 🏣......	✉..........	2,038	
BOUSSY-SAINT-ANTOINE.....	Brunoy......	253		LONGPONT.............	Linas........	602	
BRUNOY...............	✉ (Distribution.)....	961		MASSY................	Antony......	1,080	13,079
CHENNEVIÈRES-SUR-MARNE....	Champigny-s-Marne.	681		MORANGIS.............	Longjumeau......	243	
CROSNES..............	Villeneuve-St-Georges	281		MORSANG-SUR-ORGE......	Fromenteau......	404	
DRAVEIL..............	Idem........	1,380		PALAY................	Antony......	98	
EPINAY-SUR-SENART.....	Brunoy......	199		PLESSIS-PATÉ	Linas........	257	
LIMEIL-BREVANNES......	Boissy-Saint-Léger..	367		SAULX-LES-CHARTREUX	Longjumeau......	1,000	
MANDRES..............	Brunoy......	625		SAVIGNY-SUR-ORGE......	Fromenteau......	925	
MAROLLES-EN-BRIE......	Boissy-Saint-Léger..	235		SAINTE-GENEVIÈVE-DES-BOIS...	Linas........	319	
MONTGERON...........	Villeneuve-St Georges	923		VILLEMOISSON..........	Longjumeau......	282	
NOISEAU..............	La Queue-en-Brie...	126	13,804	VILLENEUVE-LE-ROI......	Choisy-le-Roi.....	438	
ORMESSON............	Champigny-s-Marne.	181		VILLIERS-SUR-ORGE......	Linas........	214	
PÉRIGNY..............	Brunoy......	297		VIRY-CHATILLON.......	Fromenteau......	404	
QUEUE-EN-BRIE (la).....	✉ (Distribution.)....	497		WISSOUS..............	Antony......	903	
QUINCY-SUR-SENART	Brunoy......	105					
SANTENY..............	Boissy-Saint-Léger..	484		TOTAL de la population de l'Arrondissement.......			56,733
SUCY.................	Champigny-s-Marne.	1,266		**ARRONDISSEMENT D'ÉTAMPES.**			
VALENTON............	Boissy-Saint-Léger..	577					
VARENNES............	Brunoy......	215		*CANTON D'ÉTAMPES.*			
VIGNEUX.............	Villeneuve-St-Georges	72					
VILLECRESNES.........	Boissy-Saint-Léger..	703		BOISSY-LE-SEC.........	Étampes......	686	
(🏣 à la Folie-de-Gcsbois.)				BOUTERVILLIERS..........	Idem........	230	
VILLENEUVE-SAINT-GEORGES 🏣..	✉........	1,090		BOUVILLE.............	Idem........	629	
VILLIERS-SUR-MARNE......	Champigny-s-Marne.	744		BRIÈRES-LES-SCELLÉS......	Idem........	331	
YERRES...............	Villeneuve-St-Georges	978		CHALO-SAINT-MARS......	Idem........	956	
				CRAUFOUR.............	Étréchy......	104	
CANTON DE CORBEIL.				ÉTAMPES 🏣...........	✉..........	8,109	14,748
				ÉTRÉCHY 🏣...........	✉..........	1,171	
AUVERNAUX...........	Ponthierry......	165		MACCRAMP............	Étréchy......	133	
BALLANCOURT.........	Mennecy......	795		MORIGNY.............	Étampes......	1,004	
BONDOUFLES..........	Ris........	158		ORMOY-LA-RIVIÈRE......	Idem........	397	
CHAMPCUEIL.........	Mennecy......	704		SOUZY-LA-BRICHE.......	Étréchy......	184	
CHEVANNES..........	Idem........	341		SAINT-HILAIRE.........	Étampes......	360	
CORBEIL.............	✉........	3,708		VILLECONIN...........	Étréchy......	553	
COUDRAY............	Essonnes......	247					
COURCOURONNES......	Ris........	171		*CANTON DE LA FERTÉ-ALEPS.*			
ECHARCON...........	Mennecy......	363					
ESSONNES 🏣.........	✉ (Distribution.).....	2,717		AUVERS..............	Étréchy......	942	
ETIOLLES............	Corbeil..........	335		BACLNE..............	La Ferté-Aleps.....	352	
EVRY-SUR-SEINE.......	Ris........	518		BOISSY-LE-CUTÉ........	Idem........	394	
FONTENAY-LE-VICOMTE	Mennecy......	297		BOURAY	Arpajon......	593	
LISSES	Idem........	500		BOUTIGNY............	La Ferté-Aleps.....	575	
MENNECY............	✉........	1,244					
MONTGEAUX..........	Essonnes......	264				A reporter..	2,855
	A reporter...	12,527					

NOMS DES COMMUNES.	BUREAUX DE POSTE qui les desservent.	POPULA-TION.	TOTAL de la POPULA-TION par canton	NOMS DES COMMUNES.	BUREAUX DE POSTE qui les desservent.	POPULA-TION.	TOTAL de la POPULA-TION par canton
Suite de l'ARRONDISSEMENT D'ÉTAMPES.		Report..	14,748	**Suite de l'ARRONDISSEMENT DE MANTES.**			
Suite du Canton de la FERTÉ-ALEPS.		Report..	2,855	**Suite du Canton de BONNIÈRES.**		Report..	2,355
Cerny	La Ferté-Aleps.	917		Bonnières	✉.	800	
Chamarande	Étréchy.	346		Breval	Rosny-sur-Seine.	618	
D'huison	La Ferté-Aleps.	366		Chaufour	Bonnières.	221	
Ferté-Aleps (la)	✉.	815		Cravent	Idem.	212	
Guigneville	La Ferté-Aleps.	213		Favrieux	Rosny-sur-Seine.	120	
Itteville	Idem.	807	9,205	Fontenay-Mauvoisin	Idem.	174	
Lardy	Arpajon.	604		Frenouse	Bonnières.	861	
Mondeville	La Ferté-Aleps.	578		Gommecourt	Idem.	705	
Orveau	Idem.	147		Jecfosse	Bonnières.	357	
Torfou	Étréchy.	239		Jouy-Mauvoisin	Rosny-sur-Seine.	187	
Vayres	La Ferté-Aleps.	304		Limeiz.	Bonnières.	864	12,401
Videlles	Idem.	645		Lommoye.	Idem.	483	
Villeneuve-sur-Auvers	Idem.	369		Méreuville	Rosny-sur-Seine.	136	
Canton de MÉRÉVILLE.				Méricourt	Bonnières.	298	
Abbeville	Étampes.	400		Moisson	Idem.	892	
Angerville	✉.	1,528		Mousseaux	Idem.	515	
Arrancourt	Étampes.	113		Neauphlette	Rosny-sur-Seine.	311	
Blandy	Gironville.	212		Perdreauville	Idem.	508	
Bois-Herpin	Étampes.	124		Port-Villez	Bonnières.	199	
Boissy-la-Rivière	Idem.	312		Rolleboise	Idem.	413	
Chaloc-Moulineux	Angerville.	468		Saint-Illiers-la-Ville.	Rosny-sur-Seine.	181	
Congerville	Idem.	161		Saint-Illiers-le-Bois	Idem.	371	
Estouches	Angerville.	137		Tertre-Saint-Denis (le)	Idem.	102	
Fontaine-la-Rivière	Étampes.	197		Villeneuve-en-Chevrie (la)	Bonnières.	518	
Forêt-Saint-Croix (la)	Idem.	217	9,263	**Canton de HOUDAN.**			
Guillerval	Idem.	670		Adainville	Houdan.	491	
(✉ à Mondésir.)				Bazainville	Idem.	557	
Marolles	Idem.	234		Boissets	Idem.	278	
Méréville	Angerville.	1,704		Bourdonné	Idem.	546	
Monnerville	Idem.	409		Civry-la-Forêt	Septeuil.	317	
Pussay	Idem.	942		Condé-sur-Vègre.	Houdan.	369	
Roinvilliers	Étampes.	172		Courgent	Septeuil.	217	
Saclas	Idem.	849		Dammartin	Idem.	580	
Saint-Cyr-la-Rivière	Idem.	376		Dannemarie	Houdan.	89	
Thionville	Angerville.	88		Flins-neuve-Église	Septeuil.	105	
Canton de MILLY.				Gambais	Houdan.	997	
Boigneville	Gironville.	439		Grandchamp	Idem.	110	
Brouy	Idem.	235		Gressey	Idem.	397	
Breno-Bonneveaux	Idem.	404		Hargeville	Septeuil.	148	
Champ-Motteux	Idem.	409		Haute-Ville (la)	Houdan.	260	
Courances	Milly.	369		Houdan	✉.	1,839	13,976
Courdimanche	Gironville.	160		Longnes.	Septeuil.	986	
Dannemois	Milly.	411		Maulette	Houdan.	272	
Gironville	✉ (Distribution.)	368		Mondreville.	Septeuil.	198	
Maisse	Gironville.	890	7,992	Montchauvet	Idem.	508	
Mespuits	Étampes.	239		Mulcent	Idem.	112	
Milly	✉.	1,941		Orvilliers	Idem.	508	
Moigny	Milly.	629		Osmoy	Idem.	234	
Oncy	Idem.	200		Prunay-le-Temple.	Idem.	269	
Prunay	Gironville.	114		Richebourg	Houdan.	469	
Puiselet-le-Marais	Étampes.	244		Septeuil	✉ (Distribution.)	1,304	
Soisy-sur-École	Milly.	531		Saint-Martin-des-Champs	Septeuil.	322	
Valpuiseaux	Gironville.	409		Tartre-Gaudran	Houdan.	24	
TOTAL de la population de l'Arrondissement		41,208		Thionville	Idem.	43	
				Tilly	Septeuil.	427	
ARRONDISSEMENT DE MANTES.				**Canton de LIMAY.**			
Canton de BONNIÈRES.				Brueil	Meulan.	313	
Bennecourt	Bonnières.	1,135		Drocourt	Mantes.	253	
Blaru	Idem.	652		Follainville	Idem.	750	
Boissy-Mauvoisin	Rosny-sur-Seine.	568		Fontenay-Saint-Père	Idem.	793	
				Gargenville	Meulan.	938	
				Guernes	Mantes.	542	
				Guitrancourt	Idem.	408	
		A reporter..	2,355		A reporter..	3,997	
					A reporter		25,377

NOMS DES COMMUNES.	BUREAUX DE POSTE qui les desservent.	POPULATION.	TOTAL de la POPULATION par canton	NOMS DES COMMUNES.	BUREAUX DE POSTE qui les desservent.	POPULATION.	TOTAL de la POPULATION par canton
Suite de l'ARRONDISSEMENT DE MANTES.				**ARRONDISSEMENT DE PONTOISE.**			
Report..			25,377				
Suite du CANTON DE LIMAY.				**CANTON D'ÉCOUEN.**			
Report..		3,997		Attainville	Moisselles	379	
Issou	Mantes	412		Baillet	Idem	212	
Jambville	Meulan	374		Bouffemont	Idem	362	
Juziers	Idem	1,079		Bouqueval	Écouen	136	
Lainville	Idem	354		Chatenay	Louvres	77	
Limay	Mantes	1,296	9,407	Domont	Moisselles	900	
Montalet-le-Bois	Meulan	197		Écouen	⊠	1,042	
Oinville	Idem	529		Ezanville	Ecouen	196	
Porcheville	Mantes	250		Fontenay-lès-Louvres	Louvres	533	
Sailly	Idem	169		Mapliers	Moisselles	459	
Saint-Martin-la-Garenne	Idem	800		Mareil-en-France	Luzarches	377	
				Mesnil-Aubry	Écouen	550	
CANTON DE MAGNY.				Moisselles	⊠ (Distribution.)	311	10,465
Aincourt	Magny	336		Montsoult	Moisselles	433	
Ambleville	Idem	485		Piscop	Écouen	248	
Aménucourt	Bonnières	266		Plessis-Gassot (le)	Idem	104	
Arthies	Magny	263		Puiseux-lès-Louvres	Louvres	169	
Arthieul	Idem	209		Sarcelles	⊠ (Distribution.)	1,615	
Banthelu	Idem	194		Saint-Brice	Ecouen	832	
Blamécourt	Idem	179		Villaines	Moisselles	128	
Bray	Idem	167		Villiers-le-Bel	Écouen	1,209	
Buhy	Idem	372		Villiers-le-Sec	Luzarches	193	
Chapelle (la)	Idem	228					
Chammont	Idem	49		**CANTON DE MONTMORENCY.**			
Chaussy	Idem	969		Andilly	Montmorency	364	
Clérence	Bonnières	373		Bessancourt	Saint-Leu-Taverny	810	
Genainville	Magny	434	11,934	Béthemont	Idem	201	
Haute-Isle	Bonnières	195		Chauvry	Moisselles	352	
Hodent	Magny	209		Deuil	Montmorency	1,287	
Magny	⊠	1,434		Eaubonne	Franconville	263	
Macdétour	Magny	256		Ermont	Idem	580	
Montreuil	Idem	355		Franconville	⊠	1,193	
Omerville	Idem	400		Frépillon	Saint-Leu-Taverny	506	
Roche-Guyon (la)	Bonnières	863		Groslay	Montmorency	1,195	13,536
Saint-Clair-sur-Epte	Magny	600		Margency	Idem	164	
Saint-Cyr-en-Arthies	Bonnières	234		Montlignon	Idem	299	
Saint-Gervais	Magny	653		Montmagny	Idem	587	
Velanne	Idem	101		Montmorency	⊠	1,789	
Vétheuil	Bonnières	723		Plessis-Bouchard (le)	Franconville	202	
Vienne	Idem	342		Soisy	Montmorency	378	
Villers-en-Arthies	Idem	571		Saint-Gratien	Idem	430	
Wy-joli-Village	Magny	474		Saint-Leu-Taverny	⊠ (Distribution.)	1,182	
				Saint-Prix	Franconville	485	
CANTON DE MANTES.				Taverny	Saint-Leu-Taverny	1,269	
Andelu	Thoiry	142					
Arnouville	Septeuil	635		**CANTON DE GONESSE.**			
Auffreville	Mantes	243		Arnouville	Gonesse	277	
Boinville	Epône	288		Aulnay	Le Bourget	577	
Bointilliers	Mantes	253		Blanc-Mesnil (le)	Idem	96	
Boisrobert	Idem	231		Bonneuil	Gonesse	443	
Breuil (le)	Idem	237		Clichy	Livry	138	
Buchelay	Idem	399		Coubron	Idem	315	
Epone	⊠ (Distribution.)	906		Gagny	Bondy	903	
Falaise (la)	Epône	278		Garges	Gonesse	549	
Flacourt	Mantes	111		Gonesse	⊠	2,147	
Gassicourt	Idem	297		Gournay-sur-Marne	Noisy-le-Grand	140	
Goussonville	Epône	272	14,067	Gocssainville	Gonesse	661	
Guerville	Mantes	909		Livry	⊠	975	14,395
Jumeauville	Epône	393		Montfermeil	Livry	1,064	
Magnanville	Mantes	105		Neuilly-sur-Marne	⊠ (Distribution.)	935	
Mantes	⊠	4,148		Noisy-le-Grand	⊠ (Distribution.)	1,171	
Mantes-la-Ville	Mantes	838		Roissy	Gonesse	1,030	
Mézières	Epône	991		Sevran	Livry	299	
Rosay	Septeuil	480		Thillay	Gonesse	634	
Rosny-sur-Seine	⊠	710		Tremblay	Livry	862	
Soindres	Mantes	293		Vaudherland	Gonesse	132	
Vert	Idem	403		Vaujours	Livry	733	
Villette	Idem	505		Villepinte	Idem	314	

TOTAL de la population de l'Arrondissement...... **60,785**

A reporter........................ **38,396**

NOMS DES COMMUNES.	BUREAUX DE POSTE qui les desservent.	POPULA-TION.	TOTAL de la POPULA-TION par canton	NOMS DES COMMUNES.	BUREAUX DE POSTE qui les desservent.	POPULA-TION.	TOTAL de la POPULA-TION par canton
Suite de l'ARRONDISSEMENT DE PONTOISE.				Suite de l'ARRONDISSEMENT DE PONTOISE.			
	Report..		38,396		Report..		61,624
CANTON DE L'ISLE-ADAM.				Suite du CANTON DE MARINES.			
					Report..	7,272	
BEAUMONT-SUR-OISE 🐎	✉	1,892		GADANCOURT	Magny	335	
BERNES	Beaumont-sur-Oise..	176		GOUZANGREZ	Marines	124	
BRUYÈRES	Idem	319		GRISY	Idem	473	
CHAMPAGNE	L'Isle-Adam	746		GUITRY	Magny	176	
FONTENELLES	Idem	9		HARAVILLIERS	Marines	407	
FROUVILLE	Idem	437		HAULME	Idem	162	
HÉDOUVILLE	Idem	149		LONGUESSE	Meulan	234	
HÉROUVILLE 🐎	Pontoise	303		MARINES	✉	1,565	
ISLE-ADAM (l')	✉ (Distribution.)	1,517		MENOUVILLE	Marines	77	
JOCY-LE-COMTE	L'Isle-Adam	725		MONTGEROULT	Idem	278	
LABBEVILLE	Idem	323		MOUSSY	Idem	106	
LIVILLIERS	Pontoise	255	12,406	NEUILLY-EN-VEXIN	Idem	245	15,119
MÉRIEL	L'Isle-Adam	444		NUCOURT	Magny	286	
MÉRY-SUR-OISE	Idem	678		PERCHAY (le)	Marines	251	
MÉZIÈRES	Marines	39		SAGY	Vaux	730	
MOURS	Beaumont-sur-Oise..	83		SANTEUIL	Marines	186	
NESLES	L'Isle-Adam	905		SÉRAINCOURT	Meulan	627	
NOINTEL	Beaumont-sur-Oise..	245		THÉMÉRICOURT	Idem	280	
PERSAN	Idem	359		THEUVILLE	Marines	214	
PRESLES	Idem	1,541		VALANGOUJARD	Idem	320	
RONQUEROLLES	Chambly	415		VIGNY	Meulan	564	
VALMONDOIS	Pontoise	436		(🐎 au Bordeau-de-Vigny.)			
VILLIERS-ADAM	L'Isle-Adam	410		Ws	Marines	407	
CANTON DE LUZARCHES.				CANTON DE PONTOISE.			
ASNIÈRES	Luzarches	1,106		AUVERS	Pontoise	1,806	
BELLEFONTAINE	Idem	244		BOISEMONT	Idem	214	
BELLOY	Idem	737		BOISSY-L'AILLERIE	Idem	461	
CHAUMONTEL	Idem	363		CERGY	Idem	1,016	
CHENNEVIÈRES	Louvres	147		COURDIMANCHE	Idem	430	
ÉPIAIS-LÈS-LOUVRES	Idem	132		ENNERY	Idem	593	
ÉPINAY-CHAMPLATREUX	Luzarches	129		ÉRAGNY	Idem	926	
FOSSES	Louvres	201		GÉNICOURT	Idem	192	
JAGNY	Luzarches	225		GÉROCOURT	Idem	82	15,834
LASSY	Idem	170		JOUY-LE-MOUTIER	Idem	779	
LOUVRES 🐎	✉	939	10,822	MENOUCOURT	Idem	362	
LUZARCHES 🐎	✉	1,432		OSNY	Idem	482	
MABLY-LA-VILLE	Louvres	563		PIERRELAYE	Idem	890	
NOISY-SUR-OISE	Beaumont-sur-Oise..	443		PONTOISE 🐎	✉	5,458	
PLESSIS-LUZARCHES	Luzarches	173		POISEUX	Pontoise	146	
SEUGY	Idem	339		SAINT-OUEN-L'AUMONE	Idem	1,500	
SURVILLIERS	Louvres	520		VAURÉAL	Idem	547	
SAINT-MARTIN-DU-TERTRE	Luzarches	784					
SAINT-WITZ	Louvres	82		TOTAL de la population de l'Arrondissement			92,577
VÉMARS	Idem	500		ARRONDISSEMENT DE RAMBOUILLET.			
VIARMES	Luzarches	1,348					
VILLERON	Louvres	245		CANTON DE CHEVREUSE.			
				CERNAY-LA-VILLE	Chevreuse	409	
CANTON DE MARINES.				CHEVREUSE	✉	1,507	
				CHOISEL	Chevreuse	303	
ABLEIGES	Marines	269		COIGNIÈRES 🐎	Trappes	386	
ARRONVILLE	Idem	621		DAMPIERRE	Chevreuse	605	
AVERNES	Meulan	536		ÉLANCOURT	Trappes	374	
BELLAY (le)	Marines	230		JOUARS-PONTCHARTRAIN	Pontchartrain	1,304	
BERVILLE	Idem	300		(✉ Distribution. 🐎 à Pontchartrain.)			
BRÉANÇON	Idem	408		LEVY-SAINT-NOM	Trappes	312	
BRIGNANCOURT	Idem	103		MAGNY-LES-HAMEAUX	Chevreuse	444	
CHARS 🐎	Idem	1,155		MAINCOURT	Idem	138	
CLÉRY	Magny	339		MAUREPAS	Pontchartrain	306	9,181
COMMENY	Marines	315		MÉNIL-SAINT-DENIS	Idem	519	
CONDÉCOURT	Vaux	380		MILON-LA-CHAPELLE	Chevreuse	157	
CORMEILLES	Marines	958		SENLISSE	Idem	482	
COURCELLES	Idem	246		SAINT-FORGET	Idem	311	
ÉPIAIS-RUS	Idem	522		SAINT-LAMBERT	Idem	246	
FRÉMAINVILLE	Meulan	549		SAINT-RÉMY-LES-CHEVREUSE	Idem	508	
FERMÉCOURT	Marines	341		SAINT-RÉMY-L'HONORÉ	Montfort-l'Amaury	499	
				VERRIÈRE (la)	Trappes	86	
	À reporter..	7,272		VOISIN-LE-BRETONNEUX	Idem	247	
	À reporter		61,624		À reporter		9,181

NOMS DES COMMUNES.	BUREAUX DE POSTE qui les desservent.	POPULA- TION.	TOTAL de la POPULA- TION par canton	NOMS DES COMMUNES.	BUREAUX DE POSTE qui les desservent.	POPULA- TION.	TOTAL de la POPULA- TION par canton
Suite de l'ARRONDISSEMENT DE RAMBOUILLET.				**Suite de l'ARRONDISSEMENT DE RAMBOUILLET.**			
	Report..		9,181		*Report..*		32,769
CANTON DE DOURDAN (nord).				**Suite du CANTON DE LIMOURS.**			
ANGERVILLIERS	Saint-Chéron	356			*Report..*	4,196	
BOISSY-SOUS-SAINT-YON	Idem	802		MARCOUSSIS	Linas	1,359	
BONNELLES	Limours	502		MOLIÈRES (les)	Limours	468	
BREUILLET	Saint-Chéron	608		PECQUEUSE	Idem	162	6,984
BREUX	Idem	433		SAINT-JEAN-DE-BEAUREGARD	Idem	167	
BULLION	Limours	814		TROUX (les)	Idem	204	
DOURDAN (nord)	⊠	1,363		VAUGRIGNEUSE	Bruyères-le-Châtel	428	
LONGVILLIERS	Saint-Arnoult	338		**CANTON DE MONTFORT-L'AMAURY.**			
ROCHEFORT	Idem	614	11,235	AUTEUIL	Montfort-l'Amaury	460	
ROINVILLE	Dourdan	607		ANTOUILLET	Thoiry	275	
SELLE-LES-BORDES (la)	Rambouillet	829		BAZOCHES	Montfort-l'Amaury	391	
SERMAISE	Dourdan	670		BEHOUST	La Queue-Galluis	313	
SAINT-CHÉRON	⊠ (Distribution.)	1,125		BEYNES	Neauphle-le-Château	1,121	
SAINT-CYR-SOUS-DOURDAN	Dourdan	676		BOISSY-SANS-AVOIR	Montfort-l'Amaury	321	
SAINT-MAURICE	Saint-Chéron	361		FLEXANVILLE	La Queue-Galluis	393	
SAINT-SULPICE	Idem	273		GALLUIS-LA-QUEUE	Idem	1,048	
SAINT-YON	Idem	249		{ ⊠ à la Queue-Galluis. }			
VAL-SAINT-GERMAIN	Idem	615		GARANCIÈRES	Idem	880	
CANTON DE DOURDAN (sud).				GOUPILLIÈRES	Thoiry	367	
ABLIS	⊠ (Distribution.)	901		GROS-ROUVRES	Montfort-l'Amaury	853	
ALLAINVILLE	Ablis	364		MARCQ	Thoiry	521	
AUTHON	Dourdan	641		MAREIL-LE-GUYON	Montfort-l'Amaury	215	
BOINVILLE	Ablis	316		MÉNULS (les)	Idem	680	14,997
CHATIGNONVILLE	Dourdan	159		MÉRÉ	Idem	458	
CLAIREFONTAINE	Rambouillet	481		MILLEMONT	La Queue-Galluis	219	
CORBREUSE	Dourdan	558		MONTFORT-L'AMAURY	⊠	1,817	
CRACHES	Ablis	141		NEAUPHLE-LE-CHATEAU	⊠	1,015	
DOURDAN (sud)	⊠	1,192		NEAUPHLE-LE-VIEUX	Neauphle-le-Château	466	
FORÊT-LE-ROI (la)	Dourdan	376		ORGERUS	La Queue-Galluis	790	
GRANGES-LE-ROI (les)	Idem	413		SAULX-MARCHAIS	Montfort-l'Amaury	280	
MÉROBERT	Idem	465	12,353	SAINT-GERMAIN-DE-LA-GRANGE	Neauphle-le-Château	176	
ORPHIN	Rambouillet	461		TACOIGNIÈRES	Houdan	218	
ORSONVILLE	Ablis	228		THOIRY	⊠ (Distribution.)	391	
PARAY-LE-MOINEAU	Idem	188		TREMBLAY (le)	Montfort-l'Amaury	425	
PONTHÉVRARD	Saint-Arnoult	217		VICQ	Idem	235	
PRUNAY-SOUS-ABLIS	Ablis	770		VILLIERS-LE-MAHIEU	Thoiry	283	
RICHARVILLE	Dourdan	380		VILLIERS-SAINT-FRÉDÉRIC	Neauphle-le-Château	386	
SONCHAMP	Saint-Arnoult	1,060		**CANTON DE RAMBOUILLET.**			
SAINT-ARNOULT	⊠ (Distribution.)	1,420		AUFFARGIS	Rambouillet	527	
SAINTE-ESCOBILLE	Dourdan	441		BOISSIÈRE (la)	Épernon	571	
SAINT-MARTIN-BRETENCOURT	Idem	633		BREVIAIRES (les)	Rambouillet	352	
SAINT-MESME	Idem	548		ÉMANCÉ	Épernon	385	
CANTON DE LIMOURS.				ESSARTS-LE-ROI (les)	Rambouillet	800	
BRIIS-SOUS-FORGES	Limours	676		GAMBAIZEUIL	Montfort-l'Amaury	87	
COURSON-L'AUNAY	Bruyères-le-Châtel	142		GAZERAN	Rambouillet	696	
FONTENAY-LES-BRIIS	Idem	679		HERMERAY	Épernon	734	
FORGES	Limours	857		MITTAINVILLE	Idem	443	11,366
GOMETZ-LA-VILLE	Idem	230		ORCEMONT	Rambouillet	312	
GOMETZ-LE-CHATEL	Idem	370		PERRAY (le)	Idem	665	
JANVRY	Idem	367		POIGNY	Idem	447	
LIMOURS	⊠	875		RAIZEUX	Épernon	553	
				RAMBOUILLET	⊠	3,147	
				SAINT-HILARION	Rambouillet	529	
				SAINT-LEGER	Idem	872	
				VIEILLE-ÉGLISE	Idem	246	
	A reporter..	4,196			Total de la population de l'Arrondissement..		66,116
	A reporter..		32,769				

RÉCAPITULATION.

	NOMBRE de		POPULATION.
	CANTONS.	COMMUNES.	
ARRONDISSEMENT DE VERSAILLES	10	114	130,741
—————————— DE CORBEIL	4	94	56,733
—————————— D'ÉTAMPES	4	69	41,208
—————————— DE MANTES	5	127	60,785
—————————— DE PONTOISE	7	164	92,577
—————————— DE RAMBOUILLET	6	119	66,116
TOTAUX	36	687	448,160

ARRONDISSEMENT DE ROUEN.

CANTON DE BOOS.

NOMS DES COMMUNES.	BUREAUX DE POSTE qui les desservent.	POPULATION.	TOTAL de la POPULATION par canton
Amfreville-la-Mi-Voie.......	Rouen.	811	
Authieux-sur-le-Port-Saint-Ouen (les)	Pont-de-l'Arche....	540	
Belbeuf..............	Rouen....	823	
Blosseville-Bonsecours....	Idem............	1,044	
Boos..............	Idem............	927	
Fresne-le-Plan...........	Idem............	499	
Gouy..............	Pont-de-l'Arche....	402	
(à Port-Saint-Ouen.)			11,552
Mesnil-Esnard (le)...........	Rouen....	1,122	
Mesnil-Raoul (le)...........	Idem............	636	
Montmain...........	Idem............	323	
Neuville-Champ-Doissel (la)..	Idem............	1,551	
Quévreville-la-Poterie....	Pont-de-l'Arche....	369	
Saint-Aubin-Celloville....	Idem............	670	
Saint-Aubin-Épinay....	Darnetal........	489	
Saint-Pierre-de-Franqueville..	Rouen....	1,078	
(à la Forge-Feret.)			
Ymare..............	Pont-de-l'Arche....	268	

CANTON DE BUCHY.

Bierville.............	Buchy....	196	
Blainville-Crevon.............	Idem....	849	
Bois-Guilbert (le).............	Idem....	322	
Bois-Héroult (le).............	Idem....	321	
Boissay.............	Idem....	280	
Bosc-Bordel (le)	Idem....	509	
Bosc-Édeline (le).............	Idem....	305	
Bosc-Roger (le)	Idem....	664	
Buchy.............	....	564	
Catenay.............	Buchy....	410	
Écalles-sur-Buchy.............	Idem....	204	8,280
Ernemont-sur-Buchy.............	Idem....	224	
Estouteville.............	Idem....	166	
Héronchel.............	Idem....	218	
Longuerue.............	Idem....	329	
Morgny.............	Idem....	429	
Pierreval.............	Idem....	202	
Rebets.............	Idem....	293	
Saint-Aignan-sur-Ry.............	Idem....	339	
Sainte-Croix-sur-Buchy....	Idem....	690	
Saint-Germain-des-Essourts....	Idem....	365	
Vieux-Manoir (le)	Idem....	401	

CANTON DE CLÈRES.

Anceaumeville.............	Malaunay........	450	
(aux Cambres.)			
Authieux-Ratiéville (les)...	Valmartin....	290	
Bocasse (le).............	Idem....	658	
(Distribution à Valmartin.)			
Bosc-Guérard-St-Adrien (le)..	Malaunay....	343	
Cailly.............	Le Fréneau....	415	
Claville-Motteville.............	Idem....	396	
Clères.............	Valmartin....	906	
Eslettes.............	Malaunay....	386	
Esteville.............	Le Fréneau....	299	
Fontaine-le-Bourg.............	Malaunay....	894	
Frichemesnil.............	Valmartin....	344	12,465
Grugny.............	Idem....	211	
Houssaye-Béranger (la).............	Idem....	463	
Mont-Cauvaire.............	Malaunay....	398	
Monville.............	Idem....	1,650	
Quincampoix.............	Rouen....	1,053	
Rue-Saint-Pierre (la).............	Le Fréneau....	491	
Sierville.............	Valmartin....	918	
Saint-Aubin-sur-Cailly.............	Le Fréneau....	637	
(au Vert Galant.)			
Saint-Georges-sur-Fontaine..	Malaunay........	655	
Saint-Germain-sous-Cailly..	Le Fréneau....	286	
Yquebeuf.............	Idem....	320	

A reporter..................   32,297

Suite de l'ARRONDISSEMENT DE ROUEN.

Report..   32,297

CANTON DE DARNETAL.

NOMS DES COMMUNES.	BUREAUX DE POSTE qui les desservent.	POPULATION.	TOTAL de la POPULATION par canton
Auzouville-sur-Ry.............	Darnetal....	687	
Bois-d'Ennebourg (le).............	Idem....	346	
Bois-Guillaume (le).............	Rouen....	1,928	
Bois-l'Évêque (le).............	Darnetal....	271	
Darnetal..............	.	5,572	
Elbeuf-sur-Andelle.............	Croisy-la-Haye....	281	
Épreville-Martainville.............	Darnetal....	458	
(à Martainville-sur-Ry.)			
Fontaine-sous-Préaux.............	Idem....	347	
Grainville-sur-Ry.............	Idem....	379	
Héron (le).............	Croisy-la-Haye....	369	17,550
Isneauville.............	Rouen....	988	
Préaux.............	Darnetal....	795	
Roncherolles.............	Idem....	570	
Ry.............	Croisy-la-Haye....	438	
Servaville-sur-Ry.............	Darnetal....	500	
Saint-Denis-le-Thiboult....	Croisy-la-Haye....	596	
Saint-Jacques-sur-Darnetal..	Darnetal....	1,246	
Saint-Léger-du-Bourg-Denis..	Idem....	930	
Saint-Martin-du-Vivier.....	Idem....	572	
Vieux-Rue..............	Idem....	287	

CANTON DE DUCLAIR.

Ambourville.............	Duclair....	205	
Anneville-sur-Seine.............	Idem....	542	
Bardouville.............	Idem....	346	
Berville-sur-Seine.............	Idem....	302	
Duclair.............	.	1,602	
Épinay-sur-Duclair.............	Duclair....	324	
Henouville.............	Idem....	774	
Jumièges.............	Idem....	1,847	
Mauny.............	Bourgachard....	215	
Mesnil-sous-Jumièges.............	Duclair....	507	13,334
Quevillon.............	Grand-Couronne....	426	
Saint-Martin-de-Boscherville..	Rouen....	1,011	
Sainte-Marguerite-sur-Duclair.............	Duclair....	1,110	
Saint-Paër.............	Idem....	1,339	
Saint-Pierre-de-Varengeville..	Idem....	1,158	
Trait (le).............	Idem....	464	
Villers-Écalles.............	Barentin....	487	
Yainville.............	Duclair....	234	
Yville-sur-Seine.............	Bourgachard....	441	

CANTON D'ELBEUF.

Caudebec-lès-Elbeuf.............	Elbeuf....	3,930	
Cléon.............	Idem....	525	
Elbeuf.............	.	10,258	
Freneuse.............	Elbeuf....	622	
Londe (la).............	Idem....	1,663	21,262
Orival.............	Idem....	1,526	
Sotteville-sous-le-Val.............	Idem....	343	
Saint-Aubin-Jouxte-Boulleng.	Idem....	1,444	
Tourville-la-Rivière.............	Idem....	951	

CANTON DE GRAND-COURONNE.

Bouille (la).............	Grand-Couronne...	1,171	
(à Moulineaux.)			
Grand-Couronne.............	(Distribution.)....	1,165	
Grand-Quevilly (lu).............	Rouen....	1,578	
Hautot-sur-Seine.............	Grand-Couronne...	302	
Oissel-sur-Seine.............	Rouen....	3,113	
Petit-Couronne (le).............	Grand-Couronne...	1,589	17,909
Petit-Quevilly (le).............	Rouen....	1,455	
Sahurs.............	Grand-Couronne...	740	
Sotteville-lès-Rouen.............	Rouen....	3,912	
Saint-Étienne-du-Rouvray....	Idem....	1,481	
Saint-Pierre-de-Manneville..	Grand-Couronne...	801	
Val-de-la-Haye.............	Idem....	602	

A reporter..................   102,352

NOMS DES COMMUNES.	BUREAUX DE POSTE qui les desservent.	POPULA-TION.	TOTAL de la POPULA-TION par canton	NOMS DES COMMUNES.	BUREAUX DE POSTE qui les desservent.	POPULA-TION.	TOTAL de la POPULA-TION par canton
Suite de l'ARRONDISSEMENT DE ROUEN.				Suite de l'ARRONDISSEMENT DE DIEPPE.			
	Report..	102,352					
CANTON DE MAROMME.				Suite du CANTON DE BACQUEVILLE.			
					Report..	10,730	
CANTELEU..................	Rouen............	3,370		LUNERAY..............	Bacqueville........	1,630	
DÉVILLE-LES-ROUEN......	Idem............	3,185		OMONVILLE 🐎..........	Idem..,	365	
HOULME (le).............	Malaunay........	1,765		RAINFREVILLE..........	Idem............	317	
HOUPPEVILLE.............	Idem............	756		ROYVILLE.............	Idem............	628	
MALAUNAY...............	✉............	1,529		SAANE-SAINT-JUST.......	Idem............	399	17,507
MAROMME................	Rouen............	2,411	20,502	SASSETOT-LE-MAL-GARDÉ...	Idem............	578	
MONTIGNY................	Idem............	687		SAINT-MARS...........	Idem............	559	
MONT-SAINT-AIGNAN.......	Idem............	1,929		SAINT-OUEN-LE-MAUGER...	Idem............	580	
NOTRE-DAME-DE-BONDEVILLE..	Malaunay........	1,790		THIL-MANNEVILLE (le)....	Idem............	956	
PISSY-POVILLE...........	Barentin........	705		TOCQUEVILLE-EN-CAUX....	Idem............	350	
ROUMARE...............	Idem............	811		VENESTANVILLE.........	Idem............	415	
SAINT-JEAN-DU-CARDONNAY....	Malaunay........	979					
VAUPALIÈRE (la).........	Idem............	585		CANTON DE BELLENCOMBRE.			
				ARDOUVAL..............	Les Grandes-Ventes.	410	
CANTON DE PAVILLY.				BEAUMONT-LE-HARENG,.....	Bellencombre........	341	
				BELLENCOMBRE..........	✉ (Distribution.)....	927	
BARENTIN 🐎.............	✉............	1,788		BOSC-LE-HARD..........	Bellencombre........	750	
BEAUTOT................	Valmartin........	269		COTTEVRARD...........	Idem............	399	
BLACQUEVILLE...........	Barentin........	771		CRESSY...............	Idem............	382	
BOUVILLE.............	Idem............	1,107		CRIQUE (la)...........	Idem............	547	
BRETTEVILLE...........	Idem............	704		CROPUS...............	Idem............	314	
BUTOT.................	Valmartin........	289		GRANDES-VENTES (les).....	✉ (Distribution.)....	2,015	9,092
CARVILLE-LA-FOLLETIÈRE.....	Barentin........	391		GRIGNEUZEVILLE........	Bellencombre........	387	
CROIXMARE.............	Idem............	911		MESNIL-FOLLEMPRISE (le)..	Les Grandes-Ventes.	320	
ECALLES-ALIX...........	Yvetot............	809		POMMERÉVAL 🐎.........	Idem............	617	
ÉMANVILLE.............	Barentin........	623	15,056	ROSAY...............	Bellencombre........	534	
FOLLETIÈRE (la)........	Idem............	158		SEVIS...............	Idem............	604	
FRESQUIENNE...........	Idem............	862		SAINT-HELLIER........	Idem............	545	
FRÉVILLE.............	Idem............	600					
GOUPILLIÈRES..........	Idem............	359		CANTON DE DIEPPE.			
GUEUTTEVILLE..........	Valmartin........	230		DIEPPE 🐎..............	✉............	16,016	16,562
LIMEZY...............	Barentin........	1,410		NEUVILLE............	Dieppe............	546	
MESNIL-PANNEVILLE (le).....	Idem............	610					
MONT-DE-L'IF...........	Idem............	322		CANTON D'ENVERMEU.			
PAVILLY...............	Idem............	1,991		ASSIGNY.............	Envermeu........	436	
SAINTE-AUSTREBERTE......	Idem............	412		ACQUEMESNIL..........	Idem............	324	
SAINT-OUEN-DE-BREUIL......	Valmartin........	470		AVESNES.............	Idem............	665	
				BAILLY-EN-RIVIÈRE.......	Idem............	741	
CANTON DE ROUEN.				BELLENGREVILLE.........	Idem............	348	
				BIVILLE-SUR-MER........	Idem............	460	
ROUEN 🐎..............	✉............	88,086	88,086	BRUNVILLE............	Idem............	150	
				DAMPIERRE............	Idem............	345	
TOTAL de la population de l'Arrondissement.......			225,996	DOUVREND............	Idem............	711	
				ENVERMEU............	✉............	1,247	
				FREULLEVILLE..........	Envermeu........	628	
ARRONDISSEMENT DE DIEPPE.				GLICOURT............	Idem............	260	
				GOUCHAUPRÉ..........	Idem............	176	
CANTON DE BACQUEVILLE.				GRÉNY..............	Idem............	219	
				GUILMÉCOURT..........	Idem............	482	14,547
AUPPEGARD............	Bacqueville........	680		IVES (les)...........	Idem............	176	
ACZOUVILLE-SUR-SAANE......	Idem............	357		INTRAVILLE...........	Idem............	211	
AVREMESNIL...........	Le Bourg-Dun.....	1,324		MEULERS.............	Idem............	423	
BACQUEVILLE..........	✉............	2,685		NOTRE-DAME D'ALIERMONT..	Idem............	479	
BIVILLE-LA-RIVIÈRE.......	Bacqueville........	399		PENLY...............	Idem............	345	
BRACHY...............	Idem............	546		RICARVILLE...........	Idem............	336	
GONNETOT.............	Idem............	468		SAUCHAY.............	Idem............	355	
GREUVILLE............	Idem............	670		SAINT-AUBIN-LE-CAUF.....	Idem............	650	
GRUCHET-SAINT-SIMÉON.....	Idem............	930		SAINT-JACQUES-D'ALIERMONT....	Idem............	319	
GUEURES.............	Idem............	654		SAINT-MARTIN-EN-CAMPAGNE...	Idem............	610	
HERMANVILLE...........	Idem............	313		SAINT-NICOLAS-D'ALIERMONT...	Idem............	1,805	
LAMBERVILLE..........	Idem............	505		SAINT-OUEN-SOUS-BAILLY...	Idem............	296	
LAMMERVILLE..........	Idem............	962		SAINT-QUENTIN.........	Idem............	149	
LESTANVILLE..........	Idem............	237		SAINT-VAAST-D'ÉQUIQUEVILLE..	Idem............	561	
				TOURVILLE-LA-CHAPELLE.....	Idem............	640	
	A reporter..	10,730			*A reporter*..........		57,708

NOMS DES COMMUNES.	BUREAUX DE POSTE qui les desservent.	POPULA-TION.	TOTAL de la POPULA-TION par canton	NOMS DES COMMUNES.	BUREAUX DE POSTE qui les desservent.	POPULA-TION.	TOTAL de la POPULA-TION par canton
Suite de l'ARRONDISSEMENT DE DIEPPE.				**Suite de l'ARRONDISSEMENT DE DIEPPE.**			
	Report..		57,708		Report..		80,676
CANTON D'EU.				**Suite du CANTON D'OFFRANVILLE.**			
					Report..	7,753	
BAROMESNIL	Eu	396		OFFRANVILLE	Dieppe	1,706	
CANEHAN	Idem	374		OUVILLE-LA-RIVIÈRE	Idem	603	
CRIEL	Idem	1,295		QUIBERVILLE	Le Bourg-Dun	311	
CUVERVILLE	Idem	322		ROUXMESNIL-BOUTEILLES	Dieppe	182	
ÉTALONDES	Idem	337		SAUQUEVILLE	Idem	344	14,374
EU	✉	3,543		SAINT-AUBIN-SUR-SCIE	Idem	566	
FLOQUES	Eu	304		SAINT-DENIS-D'ACLON	Le Bourg-Dun	147	
HAINCHEVILLE	Idem	423		SAINTE-MARGUERITE	Dieppe	523	
LONROY	Idem	368		SAINT-MARTIN-ÉGLISE	Idem	502	
MELLEVILLE	Idem	330		TOURVILLE-SUR-ARQUES	Idem	599	
MESNIL-REAUME (le)	Idem	331	14,458	VARENGÉVILLE	Idem	1,138	
MILLE-BOSC	Idem	403					
MONCHY-SUR-EU	Idem	535		**CANTON DE TOTES.**			
PONTS	Idem	276					
SEPT-MEULES	Idem	230		ANGLESQUEVILLE-SUR-SAANE	Tôtes	483	
SAINT-MARTIN-LE-GAILLARD	Idem	533		AUFFAY	Idem	1,137	
SAINT-PIERRE-EN-VAL	Idem	621		BEAUNAY	Idem	550	
SAINT-REMY-BOSROCOURT	Idem	615		BELLEVILLE-EN-CAUX	Idem	509	
TOCQUEVILLE-SUR-EU	Idem	258		BERTRIMONT	Idem	194	
TOUFFREVILLE-SUR-EU	Idem	312		BIVILLE-LA-BAIGNARDE	Idem	745	
TRÉPORT	Idem	2,267		BRAQUETUIT	Idem	572	
VILLY-LE-BAS	Idem	385		CALLEVILLE-LES-DEUX-ÉGLISES	Idem	564	
				ÉTAIMPUIS	Idem	617	
CANTON DE LONGUEVILLE.				EURVILLE	Idem	395	
ANNEVILLE	Longueville	412		FONTELAYE (la)	Idem	173	
BELMESNIL	Bacqueville	679		FRESNAY-LE-LONG	Idem	362	
BERTREVILLE-SAINT-OUEN	Idem	702		GONNEVILLE	Longueville	832	14,928
BOIS-ROBERT (le)	Longueville	307		IMBLEVILLE	Tôtes	709	
CATELIER (le)	Idem	388		MONTREUIL-EN-CAUX	Idem	623	
CENT-ACRES (les)	Idem	125		SAINT-DENIS-SUR-SCIE	Idem	506	
CHAPELLE-DU-BOURGAY (la)	Idem	181		SAINTE-GENEVIÈVE	Idem	516	
CHAUSSÉE (la)	Idem	357		SAINT-MACLOU-DE-FOLLEVILLE	Idem	738	
CRIQUETOT-SUR-LONGUEVILLE	Idem	308		SAINT-PIERRE-BENOUVILLE	Idem	918	
CROSVILLE-SUR-SCIE	Idem	273		SAINT-VAAST-DU-VAL	Idem	656	
DÉNESTANVILLE	Idem	192	8,510	SAINT-VICTOR-L'ABBAYE	Idem	636	
HEUGLEVILLE-SUR-SCIE	Idem	854		THIÉDEVILLE	Idem	388	
LINTOT	Idem	331		TÔTES	✉	746	
LONGUEVILLE	✉	544		VARNEVILLE-BRETEVILLE	Tôtes	559	
MANÉHOUVILLE	Longueville	257		VARVANNES	Idem	459	
MUCHEDENT	Idem	249		VASSONVILLE	Idem	341	
NOTRE-DAME-DU-PARC	Idem	175					
SAINT-CRESPIN	Idem	217					
SAINTE-FOY	Idem	533		TOTAL de la population de l'Arrondissement			109,978
SAINT-GERMAIN-D'ÉTABLES	Idem	300					
SAINT-HONORÉ	Idem	179					
TORCY-LE-GRAND	Idem	479		**ARRONDISSEMENT DU HAVRE.**			
TORCY-LE-PETIT	Idem	498					
				CANTON DE BOLBEC.			
CANTON D'OFFRANVILLE.							
AMBRUMESNIL	Le Bourg-Dun	553		BERNIÈRE	Bolbec	701	
ANCOURT	Dieppe	524		BEUZEVILLE-LA-GRENIER	Idem	831	
ARQUES	Idem	934		BEUZEVILLETTE	Idem	676	
AUBERMESNIL	Idem	273		BOLBEC	✉	9,630	
BELLEVILLE-SUR-MER	Idem	280		BOLLEVILLE	Bolbec	712	
BERNEVAL-LE-GRAND	Idem	772		GRUCHET-LA-VALASSE	Idem	1,170	19,357
BOURG-DUN (le)	✉ (Distribution.)	981		LANGUETOT	Idem	774	
BRACQUEMONT	Dieppe	622		LISTOT	Idem	718	
COLMESNIL-MANNEVILLE	Idem	158		NOINTOT	Idem	761	
DERCHIGNY	Idem	459		PARC-D'ANXTOT (le)	Idem	642	
GRÈGES	Idem	313		RAFFETOT	Idem	612	
HAUTOT	Idem	825		ROUVILLE	Idem	769	
LONGUEIL	Idem	796		SAINT-JEAN-DE-LA-NEUVILLE	Idem	653	
MARTIGNY	Idem	263		TROUVILLE	Idem	708	
	A reporter..	7,753					
	A reporter		80,676		A reporter		19,357

II.

NOMS DES COMMUNES.	BUREAUX DE POSTE qui les desservent.	POPULA-TION.	TOTAL de la POPULA-TION par canton	NOMS DES COMMUNES.	BUREAUX DE POSTE qui les desservent.	POPULA-TION.	TOTAL de la POPULA-TION par canton
Suite de l'ARRONDISSEMENT DU HAVRE.				**Suite de l'ARRONDISSEMENT DU HAVRE.**			
	Report..	19,357			Report..	99,386	
CANTON DE CRIQUETOT-LESNEVAL.				**CANTON DE LILLEBONNE.**			
ANGERVILLE-L'ORCHER	Montivilliers	1,132		AUBERVILLE-LA-CAMPAGNE	Lillebonne	410	
ANGLESQUEVILLE-LESNEVAL	Idem.	543		FRENAYE (la)	Idem.	672	
BEAUREPAIRE	Idem.	452		GRANDCHAMP	Idem.	487	
BÉNOUVILLE	Idem.	398		LILLEBONNE	⊠	2,924	
BORDEAUX	Idem.	940		MÉLAMARE	Lillebonne	796	
CRIQUETOT-LESNEVAL	Idem.	1,492		NORVILLE	Idem.	574	
CUVERVILLE	Idem.	488		NOTRE-DAME-DE-GRAVENCHON	Idem.	740	9,900
ETRETAT	Idem.	1,518		PETITVILLE	Idem.	294	
FONGUEUSEMARE	Idem.	205		SAINT-ANTOINE-LA-FORÊT	Idem.	680	
GONNEVILLE	Idem.	745		SAINT-JEAN-DE-FOLLEVILLE	Idem.	521	
HERMEVILLE	Idem.	384	13,820	SAINT-MAURICE-D'ETELAN	Idem.	319	
HEUQUEVILLE	Idem.	362		SAINT-NICOLAS-DE-LA-TAILLE	Idem.	913	
PIERRE-FIQUES	Idem.	338		TRINITÉ-DU-MONT (la)	Idem.	243	
POTERIE (la)	Idem.	673		TRIQUERVILLE	Idem.	327	
SAINT-JOUIN	Idem.	1,731					
SAINTE-MARIE-AU-BOSC	Idem.	260		**CANTON DE MONTIVILLIERS.**			
TILLEUL (le)	Idem.	699		CAUVILLE	Montivilliers	610	
TURRETOT	Idem.	846		ÉPOUVILLE	Idem.	675	
VERGETOT	Idem.	303		FONTAINE-LA-MALET	Idem.	611	
VILLAINVILLE	Idem.	311		FONTENAY	Idem.	334	
				GAINNEVILLE	Harfleur	612	
CANTON DE FÉCAMP.				GONFREVILLE-L'ORCHER	Idem.	566	
CRIQUEBEUF	Fécamp	1,727		HARFLEUR	Idem.	1,417	
ÉPREVILLE	Idem.	688		MANÉGLISE	Montivilliers	605	13,341
FÉCAMP	⊠	9,123		MANNEVILLETTE	Idem.	352	
FROBERVILLE	Fécamp	698		MONTIVILLIERS	⊠	3,828	
GANZEVILLE	Idem.	432		NOTRE-DAME-DU-BEC	Montivilliers	329	
GERVILLE	Idem.	492	17,739	OCTEVILLE	Idem.	1,917	
LOGES (les)	Idem.	1,985		ROLLEVILLE	Idem.	541	
MANIQUERVILLE	Idem.	265		ROUELLES	Idem.	527	
SAINT-LÉONARD	Idem.	1,149		SAINT-MARTIN-DU-MANOIR	Idem.	417	
TOURVILLE	Idem.	482					
VATTETOT-SUR-MER	Idem.	668		**CANTON DE SAINT-ROMAIN ou SAINT-ROMAIN-DE-COLBOSC.**			
				CERLANGUE (la)	Saint-Romain	932	
CANTON DE GODERVILLE.				EPRÉTOT	Idem.	501	
ANGERVILLE-BAILLEUL	Goderville	327		(🐎 à la Boîte.)			
ANNOUVILLE-VILMESNIL	Idem.	478		ETAINHUS	Idem.	550	
AUBERVILLE-LA-RENAULT	Idem.	357		GOMMERVILLE	Idem.	534	
BEC-DE-MORTAGNE (le)	Idem.	1,004		GRAIMBOUVILLE	Idem.	622	
BORNAMBUSC	Idem.	269		OUDALLE	Idem.	284	
BRÉAUTÉ	Idem.	1,303		REMUÉE (la)	Idem.	712	
BRETTEVILLE	Idem.	1,385		ROGERVILLE	Harfleur	284	
DAUDEUF-SERVILLE	Idem.	551		SAINNEVILLE	Saint-Romain	358	
ÉCRAINVILLE	Idem.	1,214		SANDOUVILLE	Idem.	667	12,128
GODERVILLE	⊠	1,138		SAINT-AUBIN-ROUTOT	Idem.	632	
GONFREVILLE-CAILLOT	Goderville	329	13,810	SAINT-EUSTACHE-LA-FORÊT	Bolbec	726	
GRAINVILLE-YMAUVILLE	Idem.	431		SAINT-GILLES-DE-LA-NEUVILLE	Saint-Romain	755	
HOUQUETOT	Idem.	375		SAINT-LAURENT-DE-BRÉVEDENT	Harfleur	1,573	
MANNEVILLE-LA-GOUPIL	Idem.	806		SAINT-ROMAIN	⊠	744	
MENTHEVILLE	Idem.	382		SAINT-VIGOR-D'IMONVILLE	Saint-Romain	714	
MIRVILLE	Idem.	421		SAINT-VINCENT-CRAMESNIL	Idem.	487	
SAUSSEUZEMARE	Idem.	505		TRANCABVILLE	Idem.	378	
SAINT-MACLOU-LA-BRIÈRE	Idem.	552		TROIS-PIERRES (les)	Idem.	675	
SAINT-SAUVEUR-D'ÉMALLEVILLE	Idem.	531					
TOCQUEVILLE-LES-MURS	Idem.	633					
VATTETOT-SOUS-BEAUMONT	Idem.	561		TOTAL de la population de l'Arrondissement			134,755
VIRVILLE	Idem.	256					
CANTON DU HAVRE.				**ARRONDISSEMENT DE NEUFCHATEL-EN-BRAY.**			
HAVRE (le)	⊠	23,816	23,816				
CANTON D'INGOUVILLE				**CANTON D'ARGUEIL.**			
BLÉVILLE	Le Havre	1,160		ARGUEIL	⊠ (Distribution.)	463	
GRASVILLE-L'HEURE	Idem.	1,946		BEAUVOIR-EN-LIONS	Argueil	1,443	
INGOUVILLE	Idem.	5,666	10,844	BOIS-GAUTIER (le)	Idem.	42	
SANVIC	Idem.	1,417		BOSC-ASSELIN (le)	Idem.	50	
SAINTE-ADRESSE	Idem.	655					
A reporter			99,386	A reporter..		1,998	

NOMS DES COMMUNES.	BUREAUX DE POSTE qui les desservent.	POPULATION.	TOTAL de la POPULATION par canton	NOMS DES COMMUNES.	BUREAUX DE POSTE qui les desservent.	POPULATION.	TOTAL de la POPULATION par canton
Suite de l'ARROND^t DE NEUFCHATEL-EN-BRAY.				**Suite de l'ARROND^t DE NEUFCHATEL-EN-BRAY.**			
				Report..		3,119	
Suite du CANTON D'ARGUEIL.				**Suite du CANTON DE FORGES.**			
Report..		1,998		Report..		4,342	
BECQUEDALLE..............	Argueil..........	111		FOSSÉ (le)...............	Forges.........	540	
CHAPELLE-SAINT-OUEN (la)....	Idem.........	73		GAILLEFONTAINE.........	Idem.......	1,653	
CROISY-LA-HAYE...........	✉ (Distribution.)....	991		GRUMESNIL...........	Idem.......	562	
FEUILLIE (la).............	Croisy-la-Haye....	2,154		HAUCOUR...........	Idem.......	446	
FRY..................	Argueil..........	360		HAUSSEZ...........	Idem.......	699	
HALLOTIÈRE (la)...........	Idem.......	147	9,113	LONGMESNIL.........	Idem.......	142	
HODENG-HODENGER........	Idem.......	504		MAUQUENCHY........	Idem.......	491	12,371
MÉZANGUEVILLE..........	Idem.......	478		MESNIL-MAUGER (le)....	Idem.......	410	
MESNIL-LIEUBRAY.........	Idem.......	290		POMMEREUX.........	Idem.......	245	
MORVILLE.............	Croisy-la-Haye....	213		RONCHEROLLES-EN-BRAY....	Idem.......	693	
NOLLÉVAL.............	Idem.......	582		ROUVRAY...........	Idem.......	363	
SIGY................	Argueil..........	847		SAUMONT-LA-POTERIE.....	Idem.......	711	
SAINT-LUCIEN...........	Idem.......	365		SERQUEUX...........	Idem.......	403	
				SAINT-MICHEL-D'ALESCOURT...	Idem.......	278	
CANTON D'AUMALE				THIL-RIBERPRÉ (le).......	Idem.......	393	
AUBÉGUIMONT............	Aumale..........	498					
AUMALE 𝕄..............	✉...........	1,980		**CANTON DE GOURNAY ou GOURNAY-EN-BRAY.**			
BEAUFRESNES...........	Aumale..........	303		AVESNES...............	Gournay.......	344	
CONTEVILLE...........	Idem.......	736		BÉZANCOURT...........	Idem.......	814	
CRIQUIERS............	Idem.......	1,021		BOSHYON............	Idem.......	579	
ELLECOURT...........	Idem.......	285	8,346	BRÉMONTIER-MERVAL......	Idem.......	733	
HAUDRICOURT..........	Idem.......	771		CUY-SAINT-FIACRE.......	Idem.......	382	
ILLOIS..............	Idem.......	569		DAMPIERRE...........	Idem.......	745	
MARQUES............	Idem.......	471		DOUDEAUVILLE.........	Idem.......	222	
NULLEMONT...........	Idem.......	229		ELBEUF-EN-BRAY........	Idem.......	456	10,605
RONCHOIS............	Idem.......	324		ERNEMONT-LA-VILLETTE....	Idem.......	282	
SAINTE-MARGUERITE.......	Idem.......	574		FERRIÈRES...........	Idem.......	750	
VIEUX-ROUEN..........	Idem.......	585		GANDCOURT-SAINT-ÉTIENNE....	Idem.......	397	
				GOURNAY 𝕄..........	✉...........	3,030	
CANTON DE BLANGY.				MÉNERVAL...........	Gournay.......	467	
AUBERMESNIL..........	Foucarmont.......	498		MOLAGNIES...........	Idem.......	167	
BAZINVAL............	Blangy.........	420		MONTROTY...........	Idem.......	445	
BLANGY 𝕄............	✉...........	1,717		NEUF-MARCHÉ........	Idem.......	792	
CAMPNEUSEVILLE........	Blangy.........	736					
CAULE-SAINTE-BEUVE (la)...	Neufchâtel-en-Bray..	770		**CANTON DE LONDINIÈRES.**			
DANCOURT...........	Foucarmont.......	648		BAILLEUL-NEUVILLE........	Neufchâtel-en-Bray..	392	
ESSARTS-VARIMPRÉ (les)....	Idem.......	318		BAILLOLET...........	Idem.......	400	
FALLENCOURT..........	Foucarmont.......	468		BOSC-GEFFROY (le).......	Foucarmont.......	387	
FOUCARMONT 𝕄........	✉ (Distribution.)....	631		BURES............	Neufchâtel-en-Bray..	468	
GUERVILLE...........	Blangy.........	582		CLAIS............	Idem.......	396	
HODENG-AU-BOSC........	Idem.......	399	13,660	CROIXDALLE...........	Idem.......	454	
LANDES-VIEILLES et NEUVES (les).	Aumale..........	362		FRÉAUVILLE..........	Idem.......	271	
MONCHAUX-SORENG.......	Blangy.........	555		FRESNOY-FOLNY........	Foucarmont.......	819	
NESLE-NORMANDEUSE......	Idem.......	310		GRANDCOURT.........	Foucarmont.......	721	8,255
PIERRECOURT..........	Idem.......	813		LONDINIÈRES.........	Neufchâtel-en-Bray..	985	
RÉALCAMP...........	Idem.......	798		PREUSEVILLE.........	Foucarmont.......	413	
RÉTONVAL...........	Foucarmont.......	344		PUISENVAL..........	Neufchâtel-en-Bray..	130	
RICHEMONT..........	Idem.......	894		SMERMESNIL.........	Idem.......	498	
RIEUX............	Blangy.........	510		SAINTE-AGATHE-D'ALIERMONT...	Idem.......	336	
SAINT-LÉGER-AUX-BOIS.....	Foucarmont.......	766		SAINT-PIERRE-DES-JONQUIÈRES..	Idem.......	252	
SAINT-MARTIN-AU-BOSC.....	Idem.......	506		SAINT-VALÉRY-SOUS-BURES...	Idem.......	607	
SAINT-RIQUIER-EN-RIVIÈRE...	Idem.......	393		WANCHY-CAPVAL.......	Envermeu.......	726	
VILLERS-SOUS-FOUCARMONT...	Idem.......	222					
				CANTON DE NEUFCHATEL-EN-BRAY.			
CANTON DE FORGES ou FORGES-LES-EAUX.				AUVILLIERS..........	Neufchâtel-en-Bray..	237	
BRAUREC-LA-ROSIÈRE.......	Forges.........	602		BOUELLE..........	Idem.......	334	
BEAUSSAULT..........	Idem.......	1,131		BULLY...........	Idem.......	1,387	
BELLIÈRE (la).........	Idem.......	154		ESCLAVELLES.........	Idem.......	643	
COMPAINVILLE.........	Idem.......	352		FESQUES..........	Idem.......	302	
FERTÉ-SAINT-SAMSON (la)....	Idem.......	648		FLAMETS-FRÉTILS......	Idem.......	421	
FORGES 𝕄..........	✉...........	1,455		FRESLES..........	Idem.......	347	
A reporter..		4,342		A reporter..		3,631	

NOMS DES COMMUNES.	BUREAUX DE POSTE qui les desservent.	POPULA-TION.	TOTAL de la POPULA-TION par canton	NOMS DES COMMUNES.	BUREAUX DE POSTE qui les desservent.	POPULA-TION.	TOTAL de la POPULA-TION par canton
Suite de l'ARROND.ᵗ DE NEUFCHATEL-EN-BRAY.				**Suite de l'ARRONDISSEMENT D'YVETOT.**			
Report..			62,350	*Report..*			14,101
Suite du CANTON DE NEUFCHATEL-EN-BRAY.				**CANTON DE CAUDEBEC.**			
Report..		3,631		ANQUETIERVILLE..........	Caudebec.....	283	
GRAVAL.............	Neufchatel-en-Bray..	202		CAUDEBEC 🐎.........	✉.........	2,832	
LUCY...............	Idem...........	397		GUERBAVILLE.........	La Maillerayc.....	2,034	
MASSY.............	Idem...........	486		(✉ Distribution 🐎 à la Mailleraye.)			
MÉNONVAL..........	Idem...........	318		LOUVETOT.........	Caudebec.....	854	
MESNIÈRES.........	Idem...........	573		MAULÉVRIER.........	Idem...........	932	
MORTEMER.........	Idem...........	240		NOTRE-DAME-DE-BLIQUETUIT..	La Maillerayc.....	564	
NESLE-HODENG......	Idem...........	776		SAINT-ARNOULT.........	Caudebec.....	946	13,507
NEUFCHATEL-EN-BRAY 🐎	✉.........	3,430	13,043	SAINT-AUBIN-DE-CRETOT.....	Idem...........	430	
NEUVILLE-FERRIÈRES....	Neufchatel-en-Bray..	560		SAINT-GILLES-DE-CRETOT.....	Idem...........	480	
QUIÉVRECOURT......	Idem...........	443		SAINT-NICOLAS-DE-BLIQUETUIT.	La Maillerayc.....	449	
SAINTE-BEUVE-EN-RIVIÈRE.	Idem...........	411		SAINT-NICOLAS-DE-LA-HAYE...	Caudebec.....	366	
SAINT-GERMAIN-SUR-EAULNE.	Idem...........	212		SAINT-VENDRILLE-RENÇON....	Idem...........	1,008	
SAINT-MARTIN-L'HORTIER....	Idem...........	232		TOUFFREVILLE-LA-CABLE....	Idem...........	245	
SAINT-SAIRE.......	Idem...........	829		VATTEVILLE.........	La Maillerayc.....	1,226	
VATTIERVILLE.......	Idem...........	303		VILLEQUIER.........	Caudebec.....	858	
				CANTON DE DOUDEVILLE.			
CANTON DE SAINT-SAENS.				AMFREVILLE-LES-CHAMPS......	Doudeville.....	439	
				BENESVILLE.........	Idem...........	567	
BOSC-BÉRENGER.....	Saint-Saens.......	201		BERVILLE.........	Idem...........	1,148	
BOSC-MESNIL (le)....	Idem...........	254		BOUDEVILLE.........	Idem...........	342	
BRADIANCOURT......	Idem...........	284		BRÉTEVILLE-SAINT-LAURENT...	Idem...........	323	
CRITOT............	Le Fréneau.......	320		CANVILLE-LES-DEUX-EGLISES..	Idem...........	1,018	
FONTAINE-EN-BRAY....	Saint-Saens.......	260		DOUDEVILLE 🐎.........	✉.........	3,172	
MATHONVILLE.......	Idem...........	220		ÉTALLEVILLE.........	Doudeville.....	571	
MARCOMBLE........	Idem...........	527		FULTOT.........	Idem...........	632	14,226
MONTÉROLLIER.....	Idem...........	560	9,132	GONZEVILLE.........	Idem...........	363	
NEUFBOSC........	Idem...........	321		HARCANVILLE.........	Idem...........	840	
ROCQUEMONT......	Le Fréneau.......	648		HAUTOT-SAINT-SULFICE.....	Idem...........	1,252	
(✉ Distribution au Fréneau.)				PRETOT.........	Idem...........	526	
SOMMERY.........	Saint-Saens.......	989		REUVILLE.........	Idem...........	393	
SAINTE-GENEVIÈVE....	Idem...........	1,718		SAINT-LAURENT-EN-CAUX....	Idem...........	1,186	
SAINT-MARTIN-OMONVILLE....	Idem...........	2,069		TORP-MESNIL.........	Idem...........	623	
(🐎 à la Boissière.)				YVECRIQUE.........	Idem...........	831	
SAINT-SAENS.......	✉.........	330		**CANTON DE FAUVILLE.**			
VENTES-SAINT-REMY (les)....	Saint-Saens.......	431		ALVIMARE.........	Fauville.....	842	
				AUZOUVILLE-AUBERBOSC.....	Idem...........	343	
TOTAL de la population de l'Arrondissement.......			84,525	BENNETOT.........	Idem...........	319	
				BERMONVILLE.........	Idem...........	736	
				CLEVILLE.........	Idem...........	384	
ARRONDISSEMENT D'YVETOT.				CLIPONVILLE.........	Idem...........	617	
				ENTRONVILLE.........	Idem...........	586	
CANTON DE CANY.				FAUVILLE.........	✉.........	1,394	
				FOUCART.........	Fauville.....	455	
AUBERVILLE-LA-MANUEL.....	Cany.......	451		HATTENVILLE.........	Idem...........	965	12,141
BERTHEAUVILLE.......	Idem...........	411		HAUTOT-LE-VATOIS.....	Idem...........	544	
BERTREVILLE.......	Idem...........	309		NORMANVILLE.........	Idem...........	1,212	
BOSVILLE.........	Idem...........	1,312		RICARVILLE.........	Idem...........	391	
BUTOT............	Idem...........	263		ROCQUEFORT.........	Idem...........	632	
CANOUVILLE.......	Idem...........	403		SAINTE-MARGUERITE-SUR-FAU-			
CANY 🐎...........	✉.........	1,799		VILLE.........	Idem...........	334	
CLAYVILLE.........	Cany.......	408		SAINT-PIERRE-LAVIS.........	Idem...........	294	
CRASVILLE-LA-MALET....	Idem...........	451		TRÉMAUVILLE.........	Idem...........	276	
GRAINVILLE-LA-TEINTURIÈRE..	Idem...........	1,551	14,101	YÉBLERON.........	Idem...........	1,817	
MALLEVILLE-LES-GRÈS....	Idem...........	267		**CANTON DE FONTAINE-LE-DUN.**			
OCQUEVILLE.......	Idem...........	718		ANGIENS.........	Saint-Valery-en-Caux	1,012	
OUAINVILLE.......	Idem...........	740		ANGLESQUEVILLE-LA-BRAS-LONG.	Doudeville........	390	
PALUEL.........	Idem...........	752		AUTIGNY.........	Idem...........	347	
SASSEVILLE.........	Idem...........	523		BOURVILLE.........	Idem...........	802	
SAINT-MARTIN-AUX-BUNEAUX..	Idem...........	1,755		BRAMETOT.........	Idem...........	439	
VENESVILLE.........	Idem...........	303		CHAPELLE-SUR-DUN (la).....	Le Bourg-Dun.....	777	
VEULETTES.........	Idem...........	430		CRASVILLE-LA-ROCQUEFORT....	Idem...........	876	
VITTE-FLEUR.........	Idem...........	1,255					
				A reporter..			4,643
A reporter....			14,101	*A reporter....*			53,975

NOMS DES COMMUNES.	BUREAUX DE POSTE qui les desservent.	POPULA-TION.	TOTAL de la POPULA-TION par canton	NOMS DES COMMUNES.	BUREAUX DE POSTE qui les desservent.	POPULA-TION.	TOTAL de la POPULA-TION par canton
Suite de l'ARRONDISSEMENT D'YVETOT.				Suite de l'ARRONDISSEMENT D'YVETOT.			
	Report..		53,975		Report..		90,309
Suite du Canton de FONTAINE-LE-DUN.				Suite du Canton de VALMONT.			
	Report..	4,643			Report..	2,871	
Ermenouville.............	Saint-Valery-en-Caux	443		Écretteville-sur-Mer......	Valmont..........	322	
Fontaine-le-Dun..........	Le Bourg-Dun....	482		Elétot.................	Idem.........	936	
Gaillarde (la)..........	Idem............	907		Gerponville............	Idem.	735	
Héberville..............	Doudeville.....	486	10,804	Limpiville.............	Idem.	703	
Houdetot..............	Saint-Valery-en-Caux	411		Riville...............	Idem.	726	
Sotteville-sur-Mer......	Le Bourg-Dun....	551		Sassetot-le-Mauconduit..	Idem.	1,680	
Saint-Aubin-sur-Mer....	Idem............	1,442		Senneville-sur-Fécamp.	Idem.	678	
Saint-Pierre-le-vieux...	Idem............	818		Sorquainville.........	Idem.	384	
Saint-Pierre-le-Viger...	Idem............	621		Sainte-Hélène-Bondeville..	Idem.	1,048	17,082
				Saint-Pierre-en-Port.....	Idem.	1,166	
CANTON D'OURVILLE.				Theroudeville..........	Idem.	775	
Ancourteville-sur-Héricourt.	Fauville.........	632		Theuville-aux-Maillots....	Idem.	995	
Anvéville..............	Doudeville.....	870		Thiergeville...........	Idem.	666	
Beuzeville-la-Guérard....	Fauville..	411		Thiétreville..........	Idem.	581	
Carville-Pot-de-Fer....	Doudeville.....	469		Toussaint...........	Fécamp.	489	
Cleuville..............	Fauville..	425		Valmont.............	🖂	1,026	
Hauonard (le).........	Cany..........	364		Vinemerville.........	Valmont.	459	
Hautot-l'Auvray......	Doudeville....	926		Ypreville 🐎.........	Idem.	842	
Oherville.............	Idem..........	402					
Ourville............	Cany..........	1,254	9,932	CANTON D'YERVILLE.			
Robertot............	Doudeville.....	443		Ancretiéville-Saint-Victor..	Yvetot..........	551	
Routes..............	Idem..........	455		Alzouville-l'Esneval......	Idem.	530	
Sommesnil...........	Idem..........	228		Baons-le-Comte (les)......	Idem.	589	
Saint-Denis-d'Héricourt...	Idem..........	624		Bourdainville.........	Idem.	440	
Saint-Requier-d'Héricourt...	Idem..........	287		Cideville...........	Idem.	368	
Saint-Vaast-Dieppedalle...	Idem..........	990		Criquetot-sur-Ouville....	Idem.	1,011	
Thiouville..........	Fauville..	757		Ectot-l'Auber......	Idem.	562	
Veauville-lesquelles......	Doudeville.....	395		Ectot-les-Baons......	Idem.	526	
				Étoutteville........	Idem.	1,040	
CANTON DE SAINT-VALERY-EN-CAUX.				Flamanville.........	Idem.	558	12,530
Blosseville.............	Saint-Valery-en-Caux	900		Gremonville.........	Idem.	573	
Cailleville.............	Idem............	646		Hugleville-en-Caux....	Idem.	515	
Drosay...............	Idem............	730		Lindebeuf..........	Idem.	747	
Gueytteville..........	Idem............	834		Motteville.........	Idem.	532	
Ingouville...........	Idem............	923		Ouville-l'Abbaye....	Idem.	864	
Manneville-ès-Plains....	Idem............	744		Saussay (le)........	Idem.	348	
Misnil-Durdent........	Idem............	147	15,598	Saint-Martin-aux-Arbres.	Idem.	640	
Néville..............	Idem............	1,578		Vibeuf............	Idem.	641	
Pleine-Sève..........	Idem............	307		Yerville...........	Idem.	1,495	
Sainte-Colombe......	Idem............	430					
Saint-Riquier-ès-Plains....	Idem............	1,048		CANTON D'YVETOT.			
Saint-Sylvain.......	Idem............	453		Allouville-Bellefosse......	Yvetot.	1,239	
Saint-Valery-en-Caux 🐎	🖂	5,328		Autretot...........	Idem.	951	
Veules..............	Saint-Valery-en-Caux	1,530		Auzebosc..........	Idem.	694	
				Bois-Himont (le).....	Idem.	248	
CANTON DE VALMONT.				Écretteville-les-Baons...	Idem.	786	
Ancretteville-sur-Mer......	Valmont..........	526		Saint-Clair-sur-les-Monts..	Idem.	853	18,508
Angerville-la-Martel....	Idem............	1,385		Sainte-Marie-des-Champs...	Idem.	897	
Colleville...........	Idem............	440		Touffreville-la-Corbeline...	Idem.	1,268	
Contremoulins......	Fécamp.........	240		Valliquerville......	Idem.	1,644	
Criquetot-le-Mauconduit...	Valmont..........	280		Veauville-les-Baons.	Idem.	907	
	A reporter..	2,871		Yvetot 🐎..........	🖂	9,021	
	A reporter......................		90,309	Total de la population de l'Arrondissement.........			138,429

RÉCAPITULATION.

	NOMBRE de		POPULATION.
	CANTONS.	COMMUNES.	
Arrondissement de ROUEN.....................	10	155	225,996
————————— de DIEPPE.................	8	168	109,978
————————— du HAVRE.................	9	121	134,755
————————— de NEUFCHATEL-EN-BRAY.......	8	144	84,525
————————— d'YVETOT.................	10	170	138,429
Totaux...............	45	758	693,683

NOMS DES COMMUNES.	BUREAUX DE POSTE qui les desservent.	POPULA- TION.	TOTAL de la POPULA- TION par canton	NOMS DES COMMUNES.	BUREAUX DE POSTE qui les desservent.	POPULA- TION.	TOTAL de la POPULA- TION par canton
ARRONDISSEMENT DE NIORT.				Suite de l'ARRONDISSEMENT DE NIORT.			
						Report..	45,600
CANTON DE BEAUVOIR-SUR-NIORT.				CANTON DE SAINT-MAIXENT (2ᵉ arrond).			
BEAUVOIR-SUR-NIORT.......	✉ (Distribution.)....	491		CHAVAGNÉ..............	Saint-Maixent......	911	
BELLEVILLE..............	Beauvoir-sur-Niort..	223		EXIRECIL..............	Idem.........	818	
CHARRIÈRE (la).........	Idem...........	685		NANTEUIL.............	Idem....	1,011	
CORMENIER (le).........	Idem...........	404		ROMANS...............	Idem.........	935	
FOYE-MONJAULT (la)......	Idem...........	1,009		SOUVIGNÉ.............	Idem.........	1,619	10,154
GRANZAY...............	Idem...........	499		SAINTE-EANNE.........	Idem.........	878	
GRIPT................	Idem...........	302	6,193	SAINT-MAIXENT (2ᵉ arr.)....	✉........	1,968	
MARIGNY..............	Idem...........	1,201		SAINT-MARTIN.........	Saint-Maixent......	1,098	
PRISSÉ-LE-GRAND........	Idem...........	313		SAINTE-NÉOMAYE......	Idem.........	936	
PRISSÉ-LE-PETIT........	Idem...........	205					
REVÉTISON............	Idem...........	267		CANTON DE MAUZÉ ou MAUZÉ-SUR-LE-MIGNON.			
SAINT-ÉTIENNE-LA-CIGOGNE....	Idem...........	291					
SAINT-MARTIN-D'AUGÉ.....	Idem...........	137		BOURDET (le)...........	Mauzé........	577	
THORIGNY-SUR-LE-MIGNON.....	Idem...........	166		DEYRANÇON............	Idem.........	978	
				MAUZÉ 🚉.............	✉.........	1,797	
CANTON DE CHAMPDENIERS.				PRIAIRE..............	Mauzé........	234	7,566
				ROCHÉNARD (la).......	Idem.........	582	
CHAMPDENIERS..........	✉ (Distribution.)....	1,380		SAINT-GEORGES-DE-REX......	Idem.........	523	
CHAMPEAUX............	Champdeniers.....	282		SAINT-HILAIRE-LA-PALLU...	Idem.........	1,645	
CHAPELLE-BATON (la)....	Idem...........	701		USSEAU..............	Idem.........	1,230	
COURS................	Idem...........	587					
GERMOND.............	Idem...........	738		CANTON DE NIORT (1ᵉʳ arrond).			
PAMPLIE..............	Idem...........	557	7,237				
ROUVRE..............	Idem...........	263		CHAURAY.............	Niort.........	755	
SURIN................	Idem...........	777		ÉCHIRÉ..............	Idem.........	1,258	
SAINT-CHRISTOPHE-SUR-ROC...	Idem...........	648		NIORT (1ᵉʳ arr.) 🚉.......	✉.........	7,174	
SAINT-DENIS...........	Idem...........	222		SCIECQ..............	Niort.........	344	13,355
SAINT-OUENNE.........	Idem...........	623		SAINT-GELAIS.........	Idem.........	682	
XAINTRAY.............	Idem...........	459		SAINT-MAXIRE........	Idem.........	790	
				SAINTE-PEZENNE.......	Idem.........	1,778	
CANTON DE COULONGES.				SAINT-REMY..........	Idem.........	574	
ARDIN................	Niort.........	1,770		CANTON DE NIORT (2ᵉ arrond).			
BÉCELEUF.............	Champdeniers.....	1,015					
BÈCENÉ..............	Niort.........	651		COULON..............	Niort.........	1,480	
BEUGNON (le).........	Idem.........	873		MAGNÉ..............	Idem.........	1,316	
BUSSEAU (le).........	Idem.........	1,095		NIORT (2ᵉ arr.).........	✉.........	9,001	14,316
CHAPELLE-THIREUIL (la)....	Idem.........	781		SOUGHÉ..............	Niort.........	824	
COULONGES..........	Idem.........	1,845	13,428	SAINT-FLORENT........	Idem.........	813	
FAYE-SUR-ARDIN.......	Champdeniers.....	557		SAINT-LIGUAIRE.......	Idem.........	882	
FÉNIOUX.............	Niort.........	1,520					
PUIHARDY...........	Idem.........	106		CANTON DE PRAHECQ.			
SCILLÉ..............	Idem.........	669					
SAINT-LAURS.........	Idem.........	620		AIFFRES.............	Niort.........	770	
SAINT-POMPAIN.......	Idem.........	911		BERNEGOUE...........	Idem.........	493	
VILLIERS-EN-PLAINE....	Idem.........	1,015		BRULAIN.............	Idem.........	993	
				FORS................	Idem.........	806	
CANTON DE FRONTENAY.				JUSCORPS............	Idem.........	338	6,051
				PRAHECQ............	Idem.........	980	
AMURÉ...............	Mauzé.........	337		SAINT-ROMANS-DES-CHAMPS....	Idem.........	276	
ARÇAIS..............	Idem.........	900		VOUILLÉ.............	Idem.........	1,395	
BESSINE.............	Niort.........	558					
ÉPANES.............	Mauzé.........	455		TOTAL de la population de l'Arrondissement.......			97,042
FRONTENAY 🚉........	Niort.........	2,202	7,954				
SANSAIS............	Idem.........	858					
SAINT-SIMPHORIEN....	Idem.........	1,230		**ARRONDISSEMENT DE BRESSUIRE.**			
VALLANS............	Mauzé.........	631					
VANNEAU (le)........	Idem.........	783		CANTON D'ARGENTON-CHATEAU.			
CANTON DE SAINT-MAIXENT (1ᵉʳ arrond).				ARGENTON-CHATEAU.........	✉.........	566	
				ARGENTON-L'ÉGLISE........	Thouars.....	915	
AUGÉ...............	Saint-Maixent......	1,366		BOËSSE..............	Argenton-Château..	401	
AZAY-BRULÉ.........	Idem.........	1,846		BOUILLÉ-LORET........	Thouars.....	1,088	
BRELOUX...........	Idem.........	1,810	10,788	BOUILLÉ-SAINT-PAUL....	Argenton-Château..	604	
(🚉 à la Crèche.)				BREUIL-SOUS-ARGENTON-CHATEAU			
CHERVEUX...........	Idem.........	1,514		(le)................	Idem.........	334	
FRANÇOIS...........	Idem.........	524					
SAIVRE.............	Idem.........	1,367					
SAINT-MAIXENT (1ᵉʳ arr.) 🚉..	✉...	2,361					
A reporter			45,600	A reporter..			3,908

NOMS DES COMMUNES.	BUREAUX DE POSTE qui les desservent.	POPULA-TION.	TOTAL de la POPULA-TION par canton	NOMS DES COMMUNES.	BUREAUX DE POSTE qui les desservent.	POPULA-TION.	TOTAL de la POPULA-TION par canton
Suite de l'ARRONDISSEMENT DE BRESSUIRE.				**Suite de l'ARRONDISSEMENT DE BRESSUIRE.**			
					Report..		40,376
Suite du CANTON D'ARGENTON-CHATEAU.				**CANTON DE THOUARS.**			
	Report..	3,908		BAGNEUX	Thouars.	273	
CERSAY	Argenton-Château..	700		BILAZAIS	Idem.	136	
COUDRE (la)	Idem.	188		BRIE	Idem.	443	
ETUSSON	Idem.	416		BRION	Idem.	452	
GENNETON	Idem.	619		HAMEAUX (les)	Idem.	733	
MASSAIS	Idem.	606		LOUZY	Idem.	744	
MOULIERS	Idem.	829		MAULAIS	Idem.	339	
SANZAY	Idem.	337	10,465	MAUZÉ-THOUARSAIS	Idem.	1,537	
SAINT-AUBIN-DU-PLAIN	Idem.	368		MISSÉ	Idem.	744	
SAINT-CLEMENTIN	Idem.	710		NOIZÉ	Idem.	176	
SAINT-MAURICE-LA-FOUGEREUSE.	Idem.	806		OIRON	Idem.	863	
SAINT-PIERRE-A-CHAMP	Idem.	440		PAS-DE-JEU	Idem.	441	
ULCOT	Idem.	129		RIGNY	Idem.	292	15,355
VOUGETON	Idem.	409		SAINT-CYR-LA-LANDE	Idem.	548	
				SAINT-JACQUES	Idem.	330	
CANTON DE BRESSUIRE.				SAINT-JEAN-DE-BONNEVAL	Idem.	306	
				SAINT-LÉGER-DE-MONBRUN	Idem.	822	
BEAULIEU-SOUS-BRESSUIRE	Bressuire.	373		SAINT-MARTIN-DE-MACON	Idem.	506	
BOISMÉ	Idem.	1,152		SAINT-MARTIN-DE-SANZAY	Idem.	1,223	
BRESSUIRE	✉.	1,475		SAINTE-RADEGONDE	Idem.	315	
BREUIL-CHAUSSÉE	Bressuire.	568		SAINTE-VERGE	Idem.	784	
CHAMBROUTET	Idem.	265		TAIZÉ	Idem.	544	
CHICHÉ	Idem.	1,124		THOUARS	✉.	2,314	
CLAZAY	Idem.	383	9,196	TOURTENAY	Thouars.	491	
FAYE-L'ABBESSE	Idem.	743					
NOIRLIEU	Argenton-Château.	295		**CANTON DE SAINT-VARENT.**			
NOIRTERRE	Bressuire.	756					
SAINT-PORCHAIRE	Idem.	700		CHAPELLE-GAUDIN (la)	Argenton-Château..	399	
SAINT-SAUVEUR-DE-GIVRE	Idem.	347		COULONGES-THOUARSAIS	Thouars.	449	
TERVES	Idem.	1,015		GEAY	Idem.	336	
				GLÉNAY	Idem.	569	
CANTON DE CERIZAY.				LUCHÉ-THOUARSAIS	Idem.	357	5,095
				LUZAY	Idem.	701	
BRÉTIGNOLLE	Bressuire.	427		PIERREFITTE	Idem.	468	
CERIZAY	Idem.	1,009		SAINTE-GEMME	Idem.	190	
CIRIÈRE	Idem.	566		SAINT-VARENT	Idem.	1,626	
COMBRAND	Idem.	770					
COURLAY	Idem.	1,688		TOTAL de la population de l'Arrondissement			66,826
FORÊT-SUR-SÈVRE (la)	Moncoutant.	550					
MONTIGNY	Bressuire.	416	8,951	**ARRONDISSEMENT DE MELLE.**			
MONTRAVERS	Idem.	296					
PIN (le)	Idem.	701		**CANTON DE BRIOUX.**			
RONDE (la)	Moncoutant.	751					
SAINT-ANDRÉ-SUR-SÈVRE	Idem.	778		ASNIÈRES	Brioux.	608	
SAINT-JOUIN-DE-MILLY	Idem.	409		AVAILLES-SUR-CHIZÉ	Idem.	287	
SAINT-MARSAULT	Idem.	590		BRIEUIL	Idem.	182	
				BRIOUX	✉ (Distribution.)	961	
CANTON DE CHATILLON-SUR-SÈVRE.				CHÉRIGNÉ	Brioux.	343	
				CHIZÉ	Idem.	819	
AUBIERS (les)	Argenton-Château..	1,876		CREZIÈRES	Chef-Boutonne.	205	
BOISSIÈRE (la petite)	Châtillon-sur-Sèvre.	403		ENSIGNÉ	Brioux.	697	
CHAPELLE-LARGEAU (la)	Idem.	647		FOSSES (les)	Idem.	550	
CHATILLON-SUR-SÈVRE	✉.	935		JUILLÉ	Idem.	240	
MOULINS	Châtillon-sur-Sèvre.	500		LUCHÉ-SUR-BRIOUX	Idem.	219	11,083
NUEIL-SOUS-LES-AUBIERS	Argenton-Château.	1,543		LUSSERAY	Idem.	411	
PUY-SAINT-BONNET (le)	Châtillon-sur-Sèvre.	626	11,764	PAIZAY-LE-CHAPT	Idem.	835	
RORTHAIS	Idem.	364		PERIGNÉ	Idem.	1,481	
SAINT-AMAND-SUR-SÈVRE	Idem.	1,470		SECONDIGNÉ	Idem.	1,134	
SAINT-AUBIN-DE-BAUBIGNÉ	Idem.	1,313		SELIGNÉ	Idem.	338	
SAINT-JOUIN-SOUS-CHATILLON	Idem.	586		VERNOUX-SUR-BOUTONNE	Idem.	352	
ST-PIERRE-DES-ÉCHAUBROGNES	Idem.	1,356		VIART (le)	Idem.	372	
TEMPLE (le)	Idem.	145		VILLE-FOLLET	Idem.	536	
				VILLIERS-EN-BOIS	Idem.	196	
				VILLIERS-SUR-CHIZÉ	Idem.	317	
À reporter			40,376	À reporter			11,083

NOMS DES COMMUNES.	BUREAUX DE POSTE qui les desservent.	POPULATION.	TOTAL de la POPULATION par canton.	NOMS DES COMMUNES.	BUREAUX DE POSTE qui les desservent.	POPULATION.	TOTAL de la POPULATION par canton.
Suite de l'ARRONDISSEMENT DE MELLE.				**Suite de l'ARRONDISSEMENT DE MELLE.**			
Report..			11,083	Report..			62,428
CANTON DE CELLES.				**CANTON DE SAUZÉ ou SAUZÉ-VAUSSAIS.**			
Aigonnay	Melle	568		Alleuds (les)	Sauzé	550	
Beaussais	Idem	881		Caunay	Idem	639	
Celles	Idem	1,461		Chapelle-Pouilloux (la)	Idem	503	
Fressines	Idem	793		Clussais	Idem	1,359	
Montigné	Idem	367		Limalonges	Idem	1,426	
Mougon	Idem	1,160	10,083	(⊠ aux Maisons-blanches.)			11,282
Prailles	Idem	1,305		Lorigné	Idem	821	
Sainte-Blandine	Idem	578		Mairé-l'Évescault	Idem	1,208	
Saint-Médard	Idem	225		Melleran	Idem	1,134	
Thorigné	Idem	989		Montalembert	Idem	956	
Verrine-sous-Celles	Idem	1,133		Pers	Idem	157	
Vitré	Idem	623		Pliboux	Idem	900	
				Sauzé	⊠	1,629	
CANTON DE CHEF-BOUTONNE.							
Ardilleux	Chef-Boutonne	263		TOTAL de la population de l'Arrondissement			73,710
Aubigné	Idem	669					
Bataille (la)	Idem	161		**ARRONDISSEMENT DE PARTHENAY.**			
Bouin	Idem	376		**CANTON D'AIRVAULT.**			
Chef-Boutonne	⊠	2,079		Airvault	⊠	1,925	
Couture-d'Argenson	Chef-Boutonne	755		Availles-Thouarsais	Airvault	373	
Fontenille	Idem	348		Borcq-sur-Airvault	Idem	363	
Gournay	Idem	755	10,538	Boussais	Idem	647	6,524
Hang	Idem	798		Irais	Idem	348	
Loizé	Idem	543		Marnes	Idem	705	
Loubigné	Idem	357		Soulièvre	Idem	563	
Loubillé	Idem	825		Saint-Généroux	Idem	432	
Pioussay	Idem	1,036		Saint-Jouin-de-Marnes	Idem	1,268	
Saint-Martin-d'Entraigues	Idem	396		**CANTON DE SAINT-LOUP.**			
Tillou	Idem	645		Assais	Airvault	733	
Villemain	Idem	532		Chillou (le)	Idem	352	
				Gourgé	Parthenay	1,256	
CANTON DE LEZAY.				Jumeaux (les)	Airvault	331	
Chenay 🐾	Melle	1,215		Lamairé	Idem	347	6,917
Chey	Idem	1,262		Louin	Idem	1,151	
Lezay	Idem	2,342		Maisontiers	Idem	300	
Messé	Idem	558		Saint-Loup	Idem	1,799	
Rom	Idem	1,655	11,769	Tessonnière	Idem	759	
Sepvret	Idem	1,266		(🐾 à la Mau-Carrière.)			
Saint-Coutant	Idem	890		**CANTON DE MAZIÈRES.**			
Sainte-Soline	Idem	1,149		Beaulieu-sous-Parthenay	Parthenay	990	
Vançais	Idem	823		Boissière-en-Gâtine (la)	Idem	471	
Vanzay	Idem	609		Clavé	Idem	653	
				Groseillers (les)	Champdeniers	201	
CANTON DE MELLE.				Mazières	Parthenay	782	
Chail	Melle	405		Soutiers	Idem	294	
Enclave-de-la-Martinière (l')	Idem	580		Saint-Georges-de-Noisé	Idem	1,526	9,989
Maisonnay	Idem	213		Saint-Lin	Idem	468	
Mazières-sur-la-Béronne	Idem	734		Saint-Marc-Lalande	Champdeniers	410	
Melle	⊠	2,512		Saint-Pardoux	Parthenay	2,094	
Paizay-le-Tort	Melle	750	9,673	Verruye	Idem	1,555	
Pouffond	Idem	490		Vouhé	Idem	545	
Sompt	Idem	468		**CANTON DE MÉNIGOUTE.**			
Saint-Genard	Idem	598		Chantecorps	Saint-Maixent	833	
Saint-Léger	Idem	757		Coutière	Idem	311	
Saint-Martin-de-Melle	Idem	494		Fomperron	Idem	870	
Saint-Romans	Idem	770		Forges (les)	Idem	262	
Saint-Vincent-la-Châtre	Idem	912		Ménigoute	Idem	911	
				Saint-Germier	Idem	539	7,860
CANTON DE LA MOTHE-SAINT-HÉRAYE.				Saint-Martin-du-Fouilloux	Parthenay	551	
Avon	La Mothe-St-Héraye	303		Vasles	Saint-Maixent	2,203	
Bougon	Idem	466		Vausseroux	Idem	623	
Exoudun	Idem	1,729		Vautebis	Idem	758	
Goux	Idem	500		(🐾 à Reffanne.)			
Mothe-Saint-Héraye (la)	⊠	2,673	9,282				
Pamproux	La Mothe-St-Héraye	2,446					
(🐾 à la Villedieu-du-Perron.)							
Salles	Idem	452					
Soudan	Idem	710					
A reporter			62,428	A reporter			31,290

NOMS DES COMMUNES.	BUREAUX DE POSTE qui les desservent.	POPULA-TION.	TOTAL de la POPULA-TION par canton	NOMS DES COMMUNES.	BUREAUX DE POSTE qui les desservent.	POPULA-TION.	TOTAL de la POPULA-TION par canton
Suite de l'ARRONDISSEMENT DE PARTHENAY.				Suite de l'ARRONDISSEMENT DE PARTHENAY.			
		Report..	31,290			Report..	41,441
CANTON DE MONCOUTANT.				Suite du CANTON DE PARTHENAY.			
						Report..	6,633
Absie (l').................	Moncoutant.......	801		Pompaire.................	Parthenay........	354	
Breuil-Bernard (le)........	Idem....	580		St-Germain-de-Longue-Chaume	Idem........	332	8,102
Chanteloup...............	Bressuire........	792		Taillud..................	Idem........	488	
Chapelle-Saint-Étienne (la).	Moncoutant......	609		Viennay.................	Idem........	295	
Chapelle-Saint-Laurent (la).	Idem.............	1,353					
Clessé...................	Idem....	834	10,151	CANTON DE SECONDIGNY.			
Largeasse...............	Idem....	805		Allonne.................	Parthenay........	1,522	
Moncoutant.............	⊠ (Distribution.)....	1,822		Azay-sur-Thoué...........	Idem........	1,140	
Moutiers-sous-Chantmerle(les)	Moncoutant......	1,026		Neuvy-Bouin.............	Moncoutant......	587	
Pugny...................	Idem....	348		Pougne-Herisson.........	Parthenay........	452	7,877
Saint-Paul-en-Gâtine.......	Idem....	1,043		Secondigny.............	Idem........	1,581	
Traye...................	Idem....	138		Saint-Aubin-le-Cloux......	Idem........	1,240	
				Vernoux................	Moncoutant......	1,355	
CANTON DE PARTHENAY.							
				CANTON DE THENEZAY.			
Adilly..................	Parthenay........	308		Aubigny.................	Airvault.........	356	
Amailloux...............	Idem....	882		Doux..................	Parthenay........	433	
Boissière-Thouarsaise (la)..	Idem....	309		Ferrière (la)............	Idem........	560	
Chapelle-Bertrand (la).....	Idem....	416		Lhoumois...............	Idem........	391	
Chatillon-sur-Thoué.......	Idem....	443		Oroux..................	Idem........	264	5,674
Fenery..................	Idem....	251		Peiratte (la)	Idem........	900	
Parthenay ⚷.............	⊠.............	4,024		Pressigny...............	Airvault.........	426	
				Saurais.................	Parthenay........	295	
		A reporter..	6,633	Thenezay...............	Idem........	2,049	
A reporter....................			41,441	TOTAL de la population de l'Arrondissement......			63,094

RÉCAPITULATION.

	NOMBRE de		POPULATION.
	CANTONS.	COMMUNES.	
Arrondissement de NIORT.....................	10	93	97,042
—————— de BRESSUIRE..................	6	91	60,826
—————— de MELLE...................	7	92	73,710
—————— de PARTHENAY..................	8	79	63,094
Totaux.....................	31	355	294,672

NOMS DES COMMUNES.	BUREAUX DE POSTE qui les desservent.	POPULA-TION.	TOTAL de la POPULA-TION par canton	NOMS DES COMMUNES.	BUREAUX DE POSTE qui les desservent.	POPULA-TION.	TOTAL de la POPULA-TION par canton
ARRONDISSEMENT D'AMIENS.				Suite de l'**ARRONDISSEMENT D'AMIENS.**			
					Report..		63,935
CANTON D'AMIENS (nord-est).				Suite du CANTON DE CORBIE.			
AMIENS (nord-est)	✉	11,302			Report..	5,539	
ALLONVILLE	Amiens	770	12,798	DAOURS	Corbie	627	
POULLAINVILLE	Idem	726		FOUILLOY	Idem	541	
				FRANVILLERS	Idem	1,211	
CANTON D'AMIENS (nord-ouest).				HAMEL (le)	Idem	960	
AMIENS (nord-ouest)	✉	10,150		HAMELET	idem	359	
ARGŒUVES	Amiens	546		HEILLY	Idem	701	
DREUIL-LÈS-AMIENS	Idem	380	12,479	HÉNENCOURT	Albert	591	
SAVEUSE	Idem	405		HOUSSOYE (la)	Corbie	450	
SAINT-SAUVEUR	Idem	998		MARCELCAVE	Villers-Bretonneux	1,512	19,748
				MOTTE-BREBIÈRE (la)	Amiens	183	
CANTON D'AMIENS (sud-est).				MOTTE-EN-SANTERRE (la)	Corbie	625	
AMIENS (sud-est)	✉	10,909		RIBEMONT	Idem	517	
CAGNY	Amiens	340		VAIRE-SOUS-CORBIE	Idem	550	
CAMON	Idem	1,409	13,356	VAUX-SOUS-CORBIE	Idem	374	
LONGUEAU	Idem	604		VECQUEMONT	Idem	264	
RIVERY	Idem	94		VILLERS-BRETONNEUX	✉	2,163	
				WARFUSÉE-ABANCOURT	Corbie	507	
CANTON D'AMIENS (sud-ouest).				WARLOY-BAILLEC	Albert	2,074	
AMIENS (sud-ouest)	✉	12,640	13,404				
PONT-DE-METZ	Amiens	764		CANTON DE HORNOY.			
				ARGUEL	Poix	104	
CANTON DE CONTY.				AUMONT	Airaines	384	
BACOUEL	Amiens	197		BEAUCAMPS-LE-JEUNE	Aumale	651	
BELLEUSE	Flers	1,024		BEAUCAMPS-LE-VIEUX	Idem	1,452	
BOSQUEL	Idem	688		BELLOY-SAINT-LÉONARD	Airaines	260	
BRASSY	Poix	135		BOISRAULT	Poix	217	
CONTRE	Idem	322		BOISSIÈRE (la)	Idem	272	
CONTY	Flers	897		BROCOURT	Idem	177	
COURCELLES-SOUS-THOIX	Idem	271		DROMESNIL	Airaines	417	
ESSERTAUX	Idem	487		FRESNOYE (la)	Poix	499	
FLEURY	Idem	314		GODY-L'HOPITAL	Idem	208	
FOSSEMANANT	Quévauvillers	129		GURMICOURT	Aumale	57	
FRÉMONTIERS	Poix	341		GUIBERMESNIL	Poix	264	11,147
LŒUILLY	Flers	824		HALLIVILLERS-LINCHEUX	Idem	456	
MONSURES	Idem	361		HORNOY	Idem	1,070	
NAMPS-AU-MONT	Quévauvillers	374		LEQUESNE	Idem	239	
NAMPS-AU-VAL	Idem	506	11,898	LIOMER	Idem	408	
NAMPTY-COPPEGUEUILE	Idem	175		MÉRICOURT-EN-VIMEUX	Airaines	275	
NEUVILLE-LÈS-LŒUILLY	Idem	137		MONTMARQUET	Aumale	351	
ORESMAUX	Flers	1,383		ORIVAL	Idem	333	
PLACHY	Amiens	469		SELINCOURT	Airaines	531	
PRODELL	Idem	366		SAINT-GERMAIN-SUR-BRESLE	Aumale	191	
RUMAISNIL	Quévauvillers	285		THIEULLOY-L'ABBAYE	Poix	859	
SENTELIE	Poix	355		TRONCHOY	Idem	613	
TAISNIL	Quévauvillers	393		VILLERS-CAMPSART	Idem	459	
THOIX	Flers	406		VRAIGNES	Idem	400	
TILLOY-LÈS-CONTY	Idem	354					
VELENNES	Poix	396		CANTON DE MOLLIENS-VIDAME.			
WAILLY	Flers	306		AIRAINES	✉	1,930	
				AVELESGE	Airaines	188	
CANTON DE CORBIE.				BETTENCOURT-RIVIÈRE	Idem	462	
AUBIGNY	Corbie	601		BOUGAINVILLE	Quévauvillers	985	
BAIZIEUX	Albert	931		BOVELLES	Picquigny	568	
BONNAY	Corbie	565		BRIQUEMESNIL	Idem	273	
BRESLE	Albert	440		CAMPS-EN-AMIENOIS	Airaines	569	
BUSSY-LÈS-DAOURS	Corbie	486		CLAIRY	Amiens	527	
CORBIE	✉	2,516		CREUSE	Idem	196	
				DREUIL-LES-MOLLIENS	Picquigny	71	
				FLOXICOURT	Idem	47	
				FLUY	Idem	645	
				FRESNOY-AU-VAL	Idem	573	
				GUIGNEMICOURT	Amiens	333	
	A reporter..	5,539			A reporter..	7,367	
	A reporter.		63,935		A reporter.		94,830

NOMS DES COMMUNES.	BUREAUX DE POSTE qui les desservent.	POPULA-TION.	TOTAL de la POPULA-TION par canton	NOMS DES COMMUNES.	BUREAUX DE POSTE qui les desservent.	POPULA-TION.	TOTAL de la POPULA-TION par canton
Suite de l'ARRONDISSEMENT D'AMIENS.				**Suite de l'ARRONDISSEMENT D'AMIENS.**			
		Report..	94,830			*Report..*	121,194
Suite du CANTON DE MOLLIENS-VIDAME.				**Suite du CANTON DE PICQUIGNY.**			
		Report..	7,367			*Report..*	6,805
LALEU	Airaines	165		FERRIÈRES	Picquigny	373	
MÉTIGNY	Idem	180		FLIXECOURT	⊠	1,640	
MOLLIENS-VIDAME	Picquigny	836		FOURDRINOY	Picquigny	717	
MONTAGNE	Airaines	510		HANGEST-SUR-SOMME	Idem	979	
OISSY	Picquigny	350		MESGE (le)	Idem	438	
PISSY	Idem	474		PICQUIGNY	⊠	1,459	17,085
QUESNOY-SUR-AIRAINES	Airaines	931		SOUES	Picquigny	210	
QUÉVAUVILLERS	⊠ (Distribution.)	1,248	15,231	SAINT-PIERRE-A-GOUY	Idem	77	
REVELLES	Picquigny	929		VIGNACOURT	Flixecourt	3,790	
RIEUCOURT	Idem	520		VILLE-SAINT-OUEN	Idem	296	
SAISSEVAL	Idem	409		YZEUX	Picquigny	301	
SEUX	Idem	343					
SAINT-AUBIN-MONTENOY	Quévauvillers	430		**CANTON DE POIX.**			
TAILLY	Airaines	90					
WARLUS	Idem	449		AGNIÈRES	Grandvilliers	391	
				BERGICOURT	Poix	257	
CANTON D'OISEMONT.				BETTEMBOS	Idem	318	
				BLANGY-SOUS-POIX	Idem	217	
ANDAINVILLE	Oisemont	684		BUSSY-LES-POIX	Idem	230	
AUMATRE	Idem	495		CAULIÈRES	Idem	292	
AVESNE-CHAUSSOY	Airaines	210		CHAPELLE (la)	Idem	61	
BERNAPRÉ	Oisemont	152		COURCELLES-SOUS-MOYENCOURT	Idem	349	
CANNESSIÈRES	Idem	186		CROIX-RAULT	Idem	578	
CROQUOISON	Airaines	57		EPLESSIER	Idem	407	
ÉPAUMESNIL	Idem	370		EQUENNES	Idem	380	
ETRÉJUST	Idem	240		ÉRAMECOURT	Idem	117	
FONTAINE-LE-SEC	Oisemont	390		FAMECHON	Idem	244	
FORCEVILLE	Idem	247		FOURCIGNY	Aumale	261	
FOUCAUCOURT-HORS-NESLE	Idem	132		FRETTEMOLLE	Idem	443	
FRESNE-TILLOLOY	Idem	280		FRICAMPS	Poix	456	
FRESNEVILLE	Idem	251		GAUVILLE	Aumale	443	11,415
FRESNOY-ANDAINVILLE	Idem	317		GUIZANCOURT	Poix	214	
FRETTE-CUISSE	Idem	237		HESCAMPS-SAINT-CLAIR	Grandvilliers	566	
HEUCOURT	Airaines	265		LIGNIÈRES-CHATELAIN	Poix	505	
INVAL-BOIRON	Oisemont	292	11,133	MARLERS	Aumale	353	
LENARIS	Idem	154		MARONDE (la)	Poix	243	
LIGNIÈRES-HORS-FOUCAUCOURT	Idem	219		MEIGNEUX	Idem	494	
MESNIL-HEUDIN	Idem	154		MÉRÉAUCOURT	Idem	98	
MOFFLIÈRES	Idem	211		MORVILLERS-SAINT-SATURNIN	Aumale	722	
NESLE-L'HOPITAL	Blangy	210		MOYENCOURT	Poix	531	
NESLETTE	Idem	105		OFFIGNIES	Aumale	279	
NEUVILLE-AU-BOIS	Oisemont	279		POIX	⊠	986	
NEUVILLE-COPPEGUEULLE	Aumale	1,077		SAULCHOY-SOUS-POIX	Poix	85	
OISEMONT	⊠ (Distribution.)	1,077		SOUPLICOURT	Idem	163	
SÉNARPONT	Blangy	520		SAINT-ROMAIN	Idem	246	
SAINT-AUBIN-RIVIÈRE	Oisemont	334		SAINTE-SEGRÉE	Idem	157	
SAINT-LÉGER-LE-FAUVRE	Blangy	74		THIEULLOY-LA-VILLE	Idem	329	
SAINT-MAULVIS	Oisemont	798					
VERGIES	Airaines	638		**CANTON DE SAINS.**			
VILLEROY	Oisemont	374					
WOIREL	Idem	74		BLANGY-TRONVILLE	Amiens	454	
				BOVES	Idem	1,568	
CANTON DE PICQUIGNY.				CACHY	Villers-Bretonneux	347	
				COTTENCHY	Amiens	727	
AILLY-SUR-SOMME	Picquigny	506		DOMMARTIN	Idem	397	
BELLOY-SUR-SOMME	Idem	967		DURY	Idem	833	
BOUCHON	Flixecourt	434		ESTRÉES	Idem	305	
BOURDON	Picquigny	549		FOUEN-CAMPS	Idem	325	
BOUTTENCOURT-SAINT-OUEN	Flixecourt	416		GENTELLES	Villers-Bretonneux	640	
BREILLY	Picquigny	486		GLISY	Amiens	346	
CAVILLON	Idem	255		GRATTEPANCHE	Flers	270	
CHAUSSÉE-TIRANCOURT (la)	Idem	878		GUYENCOURT	Amiens	287	
CONDÉ-FOLIE	Flixecourt	1,135		HAILLES	Idem	368	
CROUY	Picquigny	357					
ÉTOILE (l')	Flixecourt	822					
		A reporter..	6,805			*A reporter..*	6,867

NOMS DES COMMUNES.	BUREAUX DE POSTE qui les desservent.	POPULA-TION.	TOTAL de la POPULA-TION par canton	NOMS DES COMMUNES.	BUREAUX DE POSTE qui les desservent.	POPULA-TION.	TOTAL de la POPULA-TION par canton
Suite de l'ARRONDISSEMENT D'AMIENS.		Report..	149,694	**Suite de l'ARRONDISSEMENT D'ABBEVILLE.**		Report..	24,413
Suite du Canton de SAINS.				**Suite du Canton d'AILLY-LE-HAUT-CLOCHER.**			
		Report..	6,867			Report..	2,286
Remiencourt............	Amiens..........	327		Bussus...............	Abbeville........	565	
Rumigny...............	Idem..........	593		Coquerel.............	Idem..	463	
Sains.................	Idem..	745		Coulonvillers........	Idem..	435	
Saleux-Salouel........	Idem..	936	12,721	Cramont.............	Idem..	685	12,465
Saint-Fuscien........	Idem..	560		Donqueur............	Flixecourt.....	875	
Saint-Sauflieu.......	Flers........	1,502		Ergnies..............	Idem..	245	
Thézy-Glimont........	Amiens........	447		Francières...........	Abbeville....	325	
Vers-Hébecourt.......	Idem..	744		Gorenflos...........	Flixecourt....	648	
				Long................	Abbeville....	1,593	
Canton de VILLERS-BOCAGE.				Maison-Rolland......	Abbeville....	354	
				Mesnil-Donqueur.....	Idem..	274	
Bavelincourt..........	Villers-Bocage.....	233		Mouflers.............	Flixecourt....	177	
Beaucourt.............	Idem..	401		Pont-Remy..........	Abbeville....	918	
Behencourt...........	Idem..	696		Saint-Ricquier......	Idem..	1,513	
Bertangles...........	Amiens..	440		Villers-sous-Ailly.....	Flixecourt....	602	
Cardonnette..........	Idem..	418		Yaucourt-Bussus......	Abbeville....	477	
Coisy................	Idem..	542					
Contay..............	Villers-Bocage.....	969		**Canton d'AULT.**			
Flesselles..........	Idem..	1,718					
Fréchencourt.........	Idem..	379		Allenay.............	Eu........	237	
Mirvaux.............	Idem..	580		Ault...............	Idem..	1,449	
Molliens-aux-Bois.....	Idem..	602		Béthencourt-sur-Mer....	Idem..	586	
Montigny...........	Idem..	328	15,994	Bourseville.........	Idem..	749	
Montonvillers.......	Idem..	203		Fressenneville......	Valines..	1,146	
Pierregot..........	Idem..	566		Friaucourt.........	Eu..	263	
Pont-Noyelles......	Amiens..	607		Friville-Escarbotin....	Idem..	1,447	
Querrieux.........	Idem..	857		Mers...............	Idem..	408	
Rainneville........	Idem..	1,227		Meneslies..........	Valines..	269	
Rubempré.........	Villers-Bocage.....	1,405		Nibas..............	Idem..	923	12,521
Saint-Gratien......	Idem..	646		Ochancourt.........	Idem..	371	
Saint-Vast-en-Chaussée.	Picquigny..	738		Ouste-Mareste......	Eu..	351	
Vadencourt........	Villers-Bocage.	132		Saint-Quentin-Lamothe.	Idem..	1,084	
Vaux-en-Amiénois....	Amiens..	872		Tully..............	Idem..	292	
Villers-Bocage......	⊠ (Distribution.)....	1,435		Valines ⚓..........	⊠ (Distribution.)..	551	
				Vaudricourt........	S¹-Valéry-sur-Somme.	576	
Total de la population de l'Arrondissement.......			178,409	Woignarue..........	Eu..	606	
				Woincourt..........	Valines..	704	
ARRONDISSEMENT D'ABBEVILLE.				Yzengremer.........	Idem..	509	
Canton d'ABBEVILLE (nord).				**Canton de CRÉCY.**			
Abbeville (nord) ⚓......	⊠	10,016		Boisle..............	Bernay..........	631	
Bellancourt...........	Abbeville........	461		Boufflers...........	Auxy-le-Château....	276	
Caours...............	Idem..	255	12,407	Brailly-Conséhotte....	Abbeville........	542	
Drucat...............	Idem..	637		Conteville..........	Auxy-le-Château....	327	
Grand-Lavier........	Idem..	243		Crécy..............	Bernay..........	1,569	
Vauchelles-les-Quesnoy..	Idem..	795		Dominois...........	Abbeville........	442	
				Domléger...........	Idem..	409	
Canton d'ABBEVILLE (sud).				Dompierre..........	Bernay..........	1,121	
				Estrées-lès-Crécy.....	Idem..	931	
Abbeville (sud)........	⊠.	9,146		Fontaines-sur-Maye....	Idem..	412	
Bray-lès-Mareuil......	Abbeville........	317		Froyelles...........	Idem..	142	
Cambron.............	Idem..	954	12,006	Gueschard..........	Auxy-le-Château....	1,144	13,146
Eaucourt-sur-Somme....	Idem..	327		Hiermont...........	Idem..	438	
Épagne-Épagnette......	Idem..	409		Ligescourt.........	Bernay..........	451	
Mareuil-Caubert......	Idem..	853		Longvillers.........	Abbeville........	479	
				Maison-Ponthieu....	Auxy-le-Château....	713	
Canton d'AILLY-LE-HAUT-CLOCHER.				Marcheville.........	Bernay..........	334	
				Neuilly-le-Dieu.....	Auxy-le-Château....	275	
Ailly-le-Haut-Clocher ⚓..	Flixecourt........	1,262		Noyelles-en-Chaussée..	Abbeville........	713	
Brucamps.............	Idem..	495		Ponches-Estruval....	Bernay..........	235	
Buigny-l'Abbé........	Abbeville..	529		Villeroy...........	Auxy-le-Château....	147	
		A reporter..	2,286	Vitz-sur-Authie.....	Idem..	126	
				Yvrench...........	Abbeville........	721	
				Yvrencheux........	Idem..	568	
		A reporter..........	24,413			A reporter........	62,545

NOMS DES COMMUNES.	BUREAUX DE POSTE qui les desservent.	POPULATION.	TOTAL de la POPULATION par canton
Suite de l'ARRONDISSEMENT D'ABBEVILLE.			
	Report..		62,545
CANTON DE GAMACHES.			
AIGNEVILLE................	Valines..........	816	
BEAUCHAMPS...............	Eu..............	360	
BIENCOURT................	Blangy..........	238	
BOUILLANCOURT-EN-SÉRIE....	Idem...........	1,140	
BOUTTENCOURT.............	Idem...........	741	
BOUVAINCOURT.............	Eu..............	329	
BUIGNY-LÈS-GAMACHES......	Valines..........	492	
CÉRISY-BULEUX............	Abbeville........	512	
DARGNIES.................	Valines..........	605	11,544
EMBREVILLE...............	Idem...........	478	
FRAMICOURT...............	Blangy..........	322	
FRETTEMEULE..............	Valines..........	489	
GAMACHES................	Blangy..........	1,273	
MAISNIÈRES...............	Valines..........	708	
MARTAINNEVILLE...........	Abbeville........	500	
RAMBURELLES.............	Blangy..........	396	
RAMBURES................	Idem...........	831	
TILLOY-FLORIVILLE........	Idem...........	448	
TRANSLAY................	Idem...........	285	
VISMES..................	Valines..........	581	
CANTON DE HALLENCOURT.			
ALLERY..................	Airaines.........	1,006	
BAILLEUL................	Abbeville........	842	
CITERNE.................	Airaines.........	595	
DOUDELAINVILLE..........	Abbeville........	545	
DREUIL..................	Airaines.........	412	
FONTAINES-SUR-SOMME.....	Idem...........	1,301	
FRUCOURT................	Idem...........	356	
HALLENCOURT.............	Idem...........	1,624	
HOCQUINCOURT............	Idem...........	492	11,979
HUPPY...................	Abbeville........	899	
LIERCOURT...............	Idem...........	363	
LIMEUX.................	Idem...........	367	
LONGPRÉ-LES-CORPS-SAINS..	Airaines.........	1,665	
MÉRÉLESSART.............	Idem...........	461	
SOREL..................	Idem...........	304	
VAUX-MARQUENNEVILLE.....	Oisemont.........	226	
WANEL..................	Airaines.........	246	
WIRY-AUMONT.............	Idem...........	405	
CANTON DE MOYENNEVILLE.			
ACHEUX.................	Valines..........	1,003	
BEHEN..................	Abbeville........	763	
CAHON.................	Idem...........	185	
CHÉPY.................	Valines..........	919	
ERCOURT...............	Abbeville........	371	
FEUQUIÈRES.............	Valines..........	1,322	
GRÉBAUMESNIL..........	Abbeville........	292	
HUCHENNEVILLE.........	Idem...........	822	10,504
MIANNAY...............	Idem...........	842	
MOYENNEVILLE..........	Idem...........	1,025	
QUESNOY-MONTANT (le)..	Idem...........	704	
SAINT-MAXENT..........	Idem...........	467	
TŒUFLES...............	Valines..........	631	
TOURS.................	Idem...........	1,158	
CANTON DE NOUVION-EN-PONTHIEU.			
AGENVILLERS...........	Abbeville........	530	
BUIGNY-SAINT-MACLOUX..	Idem...........	440	
CANCHY...............	Idem...........	530	
DOMVAST..............	Idem...........	574	
	A reporter..	2,064	
	A reporter......................		96,572

NOMS DES COMMUNES.	BUREAUX DE POSTE qui les desservent.	POPULATION.	TOTAL de la POPULATION par canton
Suite de l'ARRONDISSEMENT D'ABBEVILLE.			
	Report..		96,572
Suite du CANTON DE NOUVION-EN-PONTHIEU.			
	Report..	2,064	
FOREST-L'ABBAYE.......	Abbeville........	472	
FOREST-MONTIER.......	Bernay..........	767	
GAPENNES.............	Abbeville........	916	
HAUTVILLERS-OUVILLE...	Idem...........	546	
MILLENCOURT..........	Idem...........	559	
MOTTE-BULEUX (la)....	Idem...........	436	
NEUF-MOULIN.........	Idem...........	296	10,632
NEUILLY-L'HOPITAL....	Idem...........	412	
NOUVION-EN-PONTHIEU..	Idem...........	839	
NOTELLE-SUR-MER......	Idem...........	615	
ONEUX...............	Idem...........	544	
PONTHOILE...........	Idem...........	737	
PORT-LE-GRAND.......	Idem...........	269	
SAILLY-LE-SEC.......	Idem...........	683	
TITRE (le)..........	Idem...........	387	
CANTON DE RUE.			
ARGOULES............	Bernay..........	843	
ARRY...............	Idem...........	223	
BERNAY.............	(Distribution.)....	574	
CROTOY (le).........	Rue............	1,152	
FAVIÈRES...........	Idem...........	549	
MACHIEL............	Bernay..........	302	
MACHY.............	Idem...........	388	
NAMPONT...........	Idem...........	735	11,810
QUEND.............	Rue............	1,680	
REGNIÈRE-ÉCLUSE....	Bernay..........	395	
RUE...............	✉............	1,770	
SAINT-QUENTIN-EN-TOURMONT..	Rue............	328	
VERCOURT..........	Bernay..........	179	
VILLERS-SUR-AUTHIE.	Idem...........	534	
VIROMCHAUX........	Idem...........	788	
VRON..............	Idem...........	1,370	
CANTON DE SAINT-VALERY-SUR-SOMME.			
ARREST............	St-Valery-sur-Somme.	999	
BOISMONT..........	Idem...........	504	
BROUELLES.........	Idem...........	272	
CAYEUX...........	Idem...........	2,549	
ÉTREBŒUF-NEUVILLE.	Idem...........	324	
FRANLEU..........	Valines..........	705	
LANCHÈRES........	St-Valery-sur-Somme.	832	13,703
MONS-BOUBERT.....	Idem...........	1,280	
PENDÉ............	Idem...........	1,340	
SAIGNEVILLE......	Idem...........	487	
SAINT-BLIMONT....	Idem...........	1,246	
SAINT-VALERY-SUR-SOMME...	✉............	3,265	
TOTAL de la population de l'Arrondissement.......			132,717
ARRONDISSEMENT DE DOULLENS.			
CANTON D'ACHEUX.			
ACHEUX...........	✉ (Distribution.)....	900	
ARQUÈVES.........	Acheux..........	527	
AUTHIES..........	Idem...........	904	
BAVENCOURT.......	Idem...........	218	
BERTRANCOURT.....	Idem...........	741	
	A reporter..	3,290	

NOMS DES COMMUNES.	BUREAUX DE POSTE qui les desservent.	POPULA-TION.	TOTAL de la POPULA-TION par canton	NOMS DES COMMUNES.	BUREAUX DE POSTE qui les desservent.	POPULA-TION.	TOTAL de la POPULA-TION par canton
Suite de l'ARRONDISSEMENT DE DOULLENS.				**Suite de l'ARRONDISSEMENT DE DOULLENS.**			27,968
Suite du Canton D'ACHEUX.				**Suite du Canton DE DOMART.**			
Report..	Acheux..........	3,290		*Report..*		7,134	
Bus	Acheux..........	790		Montrelet............	Domart.........	398	
Coigneux..............	Idem..........	203		Naours	Villers-Bocage.....	1,896	
Courcelles-au-Bois....	Idem..........	215		Pernois	Domart.........	784	
Englebelmer..........	Idem..........	706		Ribeaucourt.........	Idem..........	390	
Forceville............	Idem..........	540		Surcamps............	Flixecourt......	139	14,439
Harponville..........	Idem..........	378		Saint-Léger-les-Domart..	Domart.........	485	
Hédauville...........	Villers-Bocage...	981		Saint-Ouin	Flixecourt......	567	
Hérissart............	Acheux..........	482		Talmas 🖃...........	Villers-Bocage.....	1,928	
Léalvillers..........	Idem..........	656	16,118	Vauchelle-lès-Domart...	Flixecourt......	284	
Louvencourt..........	Idem..........	1,457		Vicogne (la)	Villers-Bocage.....	225	
Mailly	Idem..........	324		Wargnies	Idem..........	209	
Marieux	Idem..........	324					
Puchévillers..........	Villers-Bocage...	876		**Canton DE DOULLENS.**			
Raincheval...........	Acheux..........	759		Authieule...........	Doulleus......	353	
Senlis	Idem..........	280		Beauquesne..........	Idem..........	2,705	
Saint-Léger-les-Authie..	Idem..........	136		Beauval.............	Idem..........	2,302	
Thièvres..............	Villers-Bocage...	1,574		Bouquemaison........	Idem..........	1,126	
Toutencourt..........	Idem..........	662		Brévillers...........	Idem..........	156	
Varennes..............	Acheux..........	662		Doullens 🖃........	🖃..........	3,703	
Vauchelles-les-Authie...	Idem..........	411		Gezaincourt.........	Doullens......	605	16,018
				Grouches-Luchuel.....	Idem..........	1,026	
Canton DE BERNAVILLE.				Hem................	Idem..........	566	
Agenville.............	Bernaville	240		Humbercourt........	Idem..........	599	
Autheux	Doullens	453		Longuevillette.......	Idem..........	262	
Barly	Idem..........	658		Lucheux.............	Idem..........	1,272	
Béalcourt...........	Bernaville	375		Neuvillette	Idem..........	715	
Beaumetz 🖃.........	Idem..........	536		Terramesnil.........	Idem..........	628	
Beauvoir-Rivière......	Auxy-le-Château....	337					
Bernatre.............	Idem..........	181		Total de la population de l'Arrondissement.......			58,425
Bernaville...........	🖃 (Distribution.)....	1,066					
Boisbergues..........	Doullens	308		**ARRONDISSEMENT DE MONTDIDIER.**			
Candas...............	Bernaville	1,628					
Domémont............	Idem..........	79		**Canton D'AILLY-SUR-NOYE.**			
Épécamps............	Idem..........	60		Ailly-sur-Noye.......	Flers.........	861	
Fienvillers..........	Idem..........	1,193		Ainval...............	Montdidier......	201	
Frohen-le-Grand......	Idem..........	408	11,850	Aubvillers...........	Idem..........	332	
Frohen-le-Petit......	Idem..........	78		Berny-sur-Noye......	Flers.........	247	
Gorges	Idem..........	184		Castel...............	Idem..........	293	
Heuzecourt..........	Idem..........	452		Chirmont............	Idem..........	216	
Maizicourt..........	Idem..........	370		Coullemelle..........	Montdidier......	542	
Meillaby (le)........	Idem..........	283		Esclainvillers.......	Breteuil (Oise)....	289	
Mézerolles..........	Doullens	446		Faloise (la)	Idem..........	395	
Montigny	Bernaville	314		Flers 🖃...........	🖃 (Distribution.)....	536	
Occoches............	Doullens	294		Folleville............	Breteuil (Oise)....	188	
Outrebois...........	Idem..........	515		Fransures...........	Flers.........	369	
Prouville............	Bernaville	813		Grivesnes	Montdidier......	296	10,161
Remaisnil............	Doullens	233		Hallivillers..........	Flers.........	574	
Saint-Acheul........	Bernaville	120		Hortoy (l')	Idem..........	92	
Vaquerie............	Idem..........	232		Jumel...............	Idem..........	328	
				Louvrechies..........	Idem..........	254	
Canton DE DOMART.				Mailly-Raineval......	Idem..........	319	
Berneuil............	Domart.........	825		Merville-au-Bois.....	Idem..........	253	
Berthaucourt........	Idem..........	723		Quiry-le-sec.........	Breteuil (Oise)....	648	
Bonneville..........	Idem..........	843		Rogy................	Flers.........	421	
Canaples............	Idem..........	848		Rouvrel.............	Idem..........	391	
Domart.............	🖃 (Distribution.)....	1,314		Saulchoy-Epagny.....	Idem..........	604	
Fieffes.............	Domart.........	370		Sauvillers-Mongival...	Montdidier......	322	
Franqueville........	Idem..........	442		Sourdon	Flers.........	324	
Fransu..............	Idem..........	429		Thory...............	Idem..........	337	
Halloy-lès-Pernois...	Idem..........	488		Villers-Tournelle....	Montdidier......	304	
Havernas............	Villers-Bocage.....	428		Warde-Mauger (la)...	Flers.........	422	
Lanches-Saint-Hilaire...	Domart.........	424					
A reporter..		7,134					
A reporter..................			27,968	*A reporter..................*			10,161

NOMS DES COMMUNES.	BUREAUX DE POSTE qui les desservent.	POPULA-TION.	TOTAL de la POPULA-TION par canton	NOMS DES COMMUNES.	BUREAUX DE POSTE qui les desservent.	POPULA-TION.	TOTAL de la POPULA-TION par canton
Suite de l'ARRONDISSEMENT DE MONTDIDIER.				**Suite de l'ARRONDISSEMENT DE MONTDIDIER.**			
	Report..		10,161		Report..		37,711
CANTON DE MONTDIDIER.				**Suite du CANTON DE ROSIÈRES.**			
					Report..	2,035	
Andechy	Roye	547		Caix	Lihons-en-Santerre	1,182	
Assainvillers	Montdidier	230		Chavatte (la)	Roye	127	
Ayancourt	Idem	134		Chilly	Lihons-en-Santerre	431	
Becquigny	Idem	283		Folies	Hangest	408	
Boissière (la)	Idem	260		Folquescourt	Roye	487	
Bouillancourt	Idem	327		Fransart	Idem	257	
Boussicourt	Idem	183		Guillaucourt	Lihons-en-Santerre	565	
Bus	Roye	361		Hallu	Idem	248	
Cantigny	Montdidier	219		Harbonnières	Idem	2,117	14,704
Cardonnois (le)	Idem	128		Maucourt	Idem	493	
Courtemanche	Idem	160		Méharicourt	Idem	1,091	
Davenescourt	Idem	890		Parvillers	Roye	348	
Erches	Idem	315		Punchy	Lihons-en-Santerre	264	
Ételfay	Idem	411		Quesnoy-en-Santerre (le)	Roye	285	
Faverolles	Idem	257		Rosières	Lihons-en-Santerre	2,349	
Fescamps	Idem	308		Rouvroy	Hangest	801	
Fignières	Idem	295	13,882	Vrely	Lihons-en-Santerre	905	
Fontaine	Idem	238		Warvillers	Hangest	309	
Gratibus	Idem	232					
Grivillers	Roye	106		**CANTON DE ROYE.**			
Guerbigny	Montdidier	682		Armancourt	Roye	68	
Hargicourt	Idem	372		Balatre	Idem	215	
Lignières	Idem	245		Becquraignes	Idem	1,215	
Malpart	Idem	166		Biarre	Nesle	137	
Maresmontiers	Idem	160		Billancourt	Idem	356	
Marquivillers	Idem	311		Breuil	Idem	230	
Mesnil-Saint-Georges	Idem	237		Carrépuis	Roye	310	
Montdidier 🐎	⊠	3,769		Champien	Idem	556	
Onvillers	Montdidier	235		Crémery	Idem	147	
Piennes	Idem	318		Cressy	Nesle	357	
Remaugies	Idem	206		Curchy	Idem	246	
Rollot	Idem	1,140		Damery	Roye	460	
Rubescourt	Idem	157		Dancourt	Idem	138	
				Dreslincourt	Nesle	45	
CANTON DE MOREUIL.				Échelle (l')	Roye	220	
Arvillers	Hangest	1,140		Ercheux	Nesle	1,014	
Aubercourt	Villers-Bretonneux	162		Étalon	Idem	313	
Beaucourt	Hangest	329		Fonches 🐎	Royc	270	
Berteaucourt	Villers-Bretonneux	411		Fonchette	Idem	54	15,466
Braches	Montdidier	214		Fresnoy-lès-Roye	Idem	557	
Cayeux	Hangest	267		Goyencourt	Idem	342	
Contoire	Montdidier	351		Gruny	Idem	371	
Démuin	Villers-Bretonneux	771		Hattencourt	Idem	555	
Domart-sur-la-Luce	Idem	632		Herly	Nesle	171	
(🐎 à Bourges.)				Laucourt	Roye	281	
Fresnoy-en-Chaussée	Hangest	219		Liancourt-Fosse	Idem	579	
Hangard	Villers-Bretonneux	314		Manicourt	Nesle	67	
Hangest	⊠	1,268	13,668	Marché-Allouarde	Idem	135	
Ignaucourt	Hangest	201		Moyencourt	Idem	351	
Mézières	Idem	746		Popincourt	Roye	69	
Moreuil 🐎	Idem	1,941		Rethonvillers	Nesle	529	
Morisel	Idem	400		Roiglisse	Roye	302	
Neuville-Sire-Bernard (la)	Montdidier	258		Roye 🐎	⊠	3,636	
Pierrepont	Idem	424		Saint-Mard	Roye	209	
Plessier-Rozainvillers	Idem	799		Tilloloy	Idem	489	
Quesnel (le)	Hangest	1,286		Verpillières	Idem	174	
Saulchoy-sous-Davenescourt	Montdidier	78		Villers-lès-Roye	Idem	298	
Thennes	Villers-Bretonneux	410					
Villers-aux-Érables	Hangest	249		Total de la population de l'Arrondissement.....			67,881
Warsy	Montdidier	389		**ARRONDISSEMENT DE PÉRONNE.**			
Wiencourt-l'Équipée	Lihons-en-Santerre	409		**CANTON D'ALBERT.**			
CANTON DE ROSIÈRES.				Albert 🐎	⊠	2,668	
Bayonvillers	Corbie	880		Auchonvillers	Albert	428	
Beaufort	Hangest	423					
Bouchoir	Idem	732					
	A reporter..	2,035			A reporter.	3,096	
	A reporter....................		37,711				

Suite de l'ARRONDISSEMENT DE PÉRONNE.

Suite du CANTON D'ALBERT.

NOMS DES COMMUNES.	BUREAUX DE POSTE qui les desservent	POPULATION.	TOTAL de la POPULATION par canton
	Report..	3,096	
AUTHUILE	Albert	319	
AVELUY	Idem	390	
BAZENTIN	Idem	353	
BEAUCOURT	Idem	195	
BEAUMONT-HAMEL	Idem	867	
BÉCOURT-BÉCORDEL	Idem	173	
BOUZINCOURT	Idem	820	
BUIRE-SOUS-CORBIE	Idem	387	
CONTALMAISON	Idem	375	
COURCELETTE	Idem	484	
DERNANCOURT	Idem	570	
FRICOURT	Idem	782	16,056
GRANDCOURT	Bapaume	687	
IRLES	Idem	445	
MAMETZ	Albert	512	
MEAULTE	Idem	970	
MESNIL-MARTINSART	Idem	677	
MILLENCOURT	Idem	465	
MIRAUMONT	Bapaume	1,120	
OVILLERS-LE-BOISSEL	Albert	605	
POZIÈRES	Idem	570	
PYS	Bapaume	454	
THIEPVAL	Albert	419	
VIÉVILLE (la)	Idem	321	

CANTON DE BRAY-SUR-SOMME.

NOMS DES COMMUNES.	BUREAUX DE POSTE qui les desservent	POPULATION.	TOTAL de la POPULATION par canton
BECQUINCOURT	Estrées-Déniécourt	192	
BRAY-SUR-SOMME	Albert	1,447	
CAPPY	Estrées-Déniécourt	1,069	
CÉRISY-GAILLY	Albert	694	
CHIPILLY	Idem	394	
CHUIGNOLLES	Estrées-Déniécourt	374	
ÉCLUSIER-VAUX	Idem	283	
ETINCHEM	Albert	682	
FRISE	Péronne	368	
HERBÉCOURT	Idem	320	
MÉRICOURT-L'ABBÉ	Albert	418	11,090
MÉRICOURT-SUR-SOMME	Idem	455	
MORCOURT	Idem	615	
MORLANCOURT	Idem	1,047	
NEUVILLE-LÈS-BRAY (la)	Idem	195	
SAILLY-LORETTE	Idem	580	
SAILLY-LE-SEC	Idem	634	
SUZANNE	Estrées-Déniécourt	656	
TREUX	Albert	196	
VILLE-SOUS-CORBIE	Idem	471	

CANTON DE CHAULNES.

NOMS DES COMMUNES.	BUREAUX DE POSTE qui les desservent	POPULATION.	TOTAL de la POPULATION par canton
ABLAINCOURT	Lihons-en-Santerre	452	
ASSEVILLERS	Estrées-Déniécourt	492	
BELLOY	Idem	405	
BERNY	Idem	389	
CHAULNES	Lihons-en-Santerre	1,258	
CHUIGNES	Estrées-Déniécourt	316	
DOMPIERRE	Idem	659	
ESTRÉES-DÉNIÉCOURT	✉	604	
FAY	Estrées-Déniécourt	260	
FONTAINES-LEZ-CAPPY	Idem	140	
FOUCAUCOURT ✉	Idem	668	
FRAMERVILLE	Lihons-en-Santerre	524	
FRESNES	Estrées-Déniécourt	403	
HERLEVILLE	Lihons-en-Santerre	433	
	A reporter..	7,003	

A reporter................................. 27,146

Suite de l'ARRONDISSEMENT DE PÉRONNE.

Report.. 27,146

Suite du CANTON DE CHAULNES.

NOMS DES COMMUNES.	BUREAUX DE POSTE qui les desservent	POPULATION.	TOTAL de la POPULATION par canton
	Report..	7,003	
HYENCOURT-LE-GRAND	Lihons-en-Santerre	200	
LIHONS-EN-SANTERRE	✉	1,248	
PRESSOIRE	Lihons-en-Santerre	172	
PROYART	Estrées-Déniécourt	837	11,306
PUZEAUX	Lihons-en-Santerre	237	
RAINCOURT	Idem	315	
SOYÉCOURT	Estrées-Déniécourt	580	
VAUVILLERS	Lihons-en-Santerre	415	
VERMANDOVILLERS	Idem	309	

CANTON DE COMBLES.

NOMS DES COMMUNES.	BUREAUX DE POSTE qui les desservent	POPULATION.	TOTAL de la POPULATION par canton
BŒUFS (les)	Péronne	666	
CARNOY	Idem	161	
COMBLES	Idem	1,677	
CURLU	Idem	454	
EQUANCOURT	Idem	892	
FLERS	Idem	702	
FOREST (le)	Idem	114	
GINCHY	Idem	213	
GŒUDECOURT	Idem	412	
GUILLEMONT	Idem	593	13,995
HARDECOURT-AU-BOIS	Idem	597	
HEM-MONACU	Idem	191	
ITRES	Idem	1,175	
LONGUEVAL	Idem	590	
MANANCOURT	Idem	1,345	
MARICOURT	Idem	602	
MAUREPAS	Idem	842	
MESNIL-EN-ARROUAISE	Idem	552	
MONTAUBAN	Idem	717	
RANCOURT	Idem	364	
SAILLY-SAILLIZEL ✉	Idem	1,136	

CANTON DE HAM.

NOMS DES COMMUNES.	BUREAUX DE POSTE qui les desservent	POPULATION.	TOTAL de la POPULATION par canton
ATHIES	Péronne	766	
BROUCHY	Ham	482	
CROIX-MOLIGNAUX	Idem	517	
DEVISE	Péronne	192	
DOUILLY	Ham	531	
ESMERI-HALLON	Idem	1,452	
ENNEMAIN	Péronne	427	
EPPEVILLE	Ham	378	
ESTOUILLY	Idem	151	
HAM ✉	✉	1,663	
MATIGNY	Ham	662	10,824
MOUCHY-LAGACHE	Idem	949	
MUILLE-VILETTE	Idem	251	
OFFOY	Idem	306	
QUIVIÈRES	Idem	365	
SAULCOURT	Idem	418	
SAINT-SULPICE	Idem	485	
TERTRY	Idem	408	
UGNY-L'ÉQUIPÉE	Idem	198	
VILLECOURT	Idem	74	
Y	Idem	179	

CANTON DE NESLE.

NOMS DES COMMUNES.	BUREAUX DE POSTE qui les desservent	POPULATION.	TOTAL de la POPULATION par canton
BÉTHENCOURT	Nesle	139	
BRIOST	Péronne	151	
BUVERCHY	Ham	141	
CISANCOURT	Péronne	64	
ÉPÉNANCOURT	Nesle	219	
FALVY	Ham	436	
GRÉCOURT	Idem	110	
	A reporter..	1,280	

A reporter................................. 63,271

NOMS DES COMMUNES.	BUREAUX DE POSTE qui les desservent.	POPULA-TION.	TOTAL de la POPULA-TION par canton	NOMS DES COMMUNES.	BUREAUX DE POSTE qui les desservent.	POPULA-TION.	TOTAL de la POPULA-TION par canton
Suite de l'ARRONDISSEMENT DE PÉRONNE.				Suite de l'ARRONDISSEMENT DE PÉRONNE.			
	Report..		63,271		Report..		73,630
Suite du CANTON DE NESLE.				Suite du CANTON DE PÉRONNE.			
	Report..	1,280			Report..	7,214	
HOMBLEUX	Ham	1,114		ÉTERPIGNY	Péronne	241	
HYENCOURT-LE-PETIT	Nesle	135		FEUILLÈRES	Idem.	400	
LANGUEVOISIN	Idem.	333		FLAUCOURT	Idem.	465	
LICOURT	Idem.	715		MESNIL-BRUNTEL	Idem.	445	
MARCHÉ-LE-POT 🐎	Estrées-Déniécourt.	646		MOISLAINS	Idem.	1,728	15,888
MESNIL-SAINT-NICAISE	Nesle	479		MONS-EN-CHAUSSÉE	Idem.	721	
MISERY	Péronne	331		PÉRONNE 🐎	⊠	3,802	
MORCHAIN	Nesle	491		SAINTE-RADEGONDE	Péronne	453	
NESLE	⊠	1,643	10,359	VILLERS-CARBONNEL	Idem.	419	
OMIÉCOURT	Nesle	329					
PARGNY	Idem.	309					
PERTAIN	Idem.	826		CANTON DE ROISEL.			
POTTE	Idem.	212		AIZECOURT-LE-BAS	Péronne	329	
ROUY-LE-GRAND	Idem.	189		BERNES	Idem.	670	
ROUY-LE-PETIT	Idem.	192		DRIENCOURT	Idem.	491	
SAINT-CHRIST	Péronne	426		EPEHY	Idem.	1,834	
VOYENNES	Nesle	709		FINS 🐎	Idem.	506	
				GUYENCOURT-SAULCOURT	Idem.	627	
CANTON DE PÉRONNE.				HANCOURT	Idem.	261	
ALLAINES	Péronne	940		HERVILLY	Idem.	452	
AIZECOURT-LE-HAUT	Idem.	250		HESBÉCOURT	Idem.	265	
BARLEUX	Idem.	484		HEUDICOURT	Idem.	1,448	
BIACHES	Idem.	455		LIÉRAMONT	Idem.	763	
BOUCHAVESNES	Idem.	676		LONGAVESNES	Idem.	298	16,957
ROUVINCOURT	Idem.	318		MARQUAIX	Idem.	423	
BRIE	Idem.	464		NURLU	Idem.	767	
BUIRE-COURCELLES	Idem.	438		POEUILLY	Idem.	357	
BUSSUS	Idem.	535		ROISEL	Idem.	1,511	
CARTIGNY	Idem.	837		RONSOY	Le Catelet.	1,298	
CLAIRY-CRÉQUY	Idem.	822		SOREL	Péronne	684	
DOINGT	Idem.	877		TEMPLEUX-LA-FOSSE	Idem.	690	
ESTRÉES-EN-CHAUSSÉE	Idem.	118		TEMPLEUX-LE-GUÉRARD	Idem.	806	
				TINCOURT-BOUCLY	Idem.	746	
	A reporter..	7,214		VILLERS-FAUCON	Idem.	1,381	
				VRAIGNES	Idem.	350	
	A reporter		73,630	TOTAL de la population de l'Arrondissement			106,475

RÉCAPITULATION.

	NOMBRE de		POPULATION.
	CANTONS.	COMMUNES.	
ARRONDISSEMENT D'AMIENS	13	250	178,409
—————— D'ABBEVILLE	11	172	132,717
—————— DE DOULLENS	4	88	58,425
—————— DE MONTDIDIER	5	144	67,881
—————— DE PÉRONNE	8	180	106,475
TOTAUX	41	834	543,907

NOMS DES COMMUNES.	BUREAUX DE POSTE qui les desservent.	POPULA-TION.	TOTAL de la POPULA-TION par canton	NOMS DES COMMUNES.	BUREAUX DE POSTE qui les desservent.	POPULA-TION.	TOTAL de la POPULA-TION par canton
ARRONDISSEMENT D'ALBI.				**Suite de l'ARRONDISSEMENT D'ALBI.**			
					Report..		47,770
CANTON D'ALBAN.				**Suite du CANTON DE RÉALMONT.**			
					Report..	2,039	
ALBAN	⊠ (Distribution.)	332		LAMILLARIÉ	Réalmont	346	
CURVALE	Alban	2,567		LOMBERS	Idem	1,712	
MASSALS	Idem	247		ORBAN	Idem	501	
MIOLLES	Idem	532		POULAN-POUZOLS	Idem	719	
PAULIN	Idem	3,069	7,531	RÉALMONT 🐎	⊠	2,660	11,761
SAINT-ANDRÉ	Idem	394		RONEL	Réalmont	165	
TEILLET	Idem	390		ROUMÉGOUX	Idem	656	
				SIEURAC	Idem	378	
CANTON D'ALBI.				SAINT-ANTONIN-DE-LACALM	Idem	952	
				SAINT-LIEUX-LA-FENASSE	Idem	781	
ALBI 🐎	⊠	11,665		TERRE-CLAPIER	Idem	585	
ARTHÈS	Albi	782		TRAVET (le)	Alban	317	
CAILLUS	Idem	620					
CASTELNAU-DE-LÉVIS	Idem	1,659		**CANTON DE VALDERIÉS.**			
FRÉJAIROLLES	Idem	642					
LESCURE	Idem	1,981		ANDOUQUE	Cramaux	1,569	
MAILHOC	Idem	620		CRESPINET	Albi	423	
MARSSAC	Idem	578	21,980	SAUSSENAC	Idem	619	5,546
MAUSSANS	Idem	617		SÉRÉNAC	Valence-en-Albigeois	795	
MILRAVET	Cordes	195		SAINT-GRÉGOIRE	Albi	596	
PUYGOUZON	Albi	663		(🐎 à la Forguette.)			
SALIÈS	Idem	210		VALDERIÉS	Cramaux	1,544	
SÉQUESTRE (le)	Idem	316					
SAINT-SERNIN-LES-MAILHOC	Idem	360		**CANTON DE VALENCE-EN-ALBIGEOIS.**			
TERSSAC	Idem	263					
VILLENEUVE-SUR-VÈRE	Idem	809		ASSAC	Valence-en-Albigeois	648	
				CADIX	Idem	723	
CANTON DE MONESTIÉS.				COURRIS	Idem	377	
				DOURN (le)	Idem	405	
BLAYE	Cramaux	567		FADSSERGUES	Idem	612	
BASTIDE-GABAUSSE (la)	Idem	486		FRAYSSINES	Idem	348	
COMBEFA	Idem	102		LEDAS	Idem	466	
CRAMAUX	⊠ (Distribution.)	1,765		PADIÈS-ROUMÉGOUX	Idem	1,040	7,978
LAPARROUQUIAL	Cordes	250		PINET	Idem	142	
MONESTIÉS	Cramaux	1,467		SAINT-CIRGUE	Idem	861	
MONTIRAT	Cordes	2,026	10,244	SAINT-JULIEN-GAULÈNE	Idem	448	
NARTHOUS	Idem	150		SAINT-MICHEL-DE-LABADIE	Idem	334	
RAUCOULES	Idem	128		TRÉBAS	Idem	608	
ROSIÈRES	Cramaux	495		VALENCE-EN-ALBIGEOIS	⊠ (Distribution.)	966	
SALLES	Cordes	439					
SÉGUR (le)	Idem	542		**CANTON DE VILLEFRANCHE.**			
SAINT-BENOIT-DE-CRAMAUX	Cramaux	374					
TAIX	Albi	304		AMBIALET	Alban	3,623	
TREVIEN	Cramaux	683		(🐎 au Fraisse.)			
VIRAC	Cordes	466		BELLEGARDE	Albi	478	
				CAMBON-D'ALBI	Idem	274	
CANTON DE PAMPELONNE.				CUNAC	Idem	400	8,299
				MARSAL	Idem	390	
ALMAYRAC	Pampelonne	437		MOUZIEYS	Idem	665	
JOUQUEVIEL	Idem	551		SAINT-JUERY	Idem	1,743	
MIRANDOL	Idem	1,973		VILLEFRANCHE	Idem	726	
MONTAURIOL	Idem	178					
MOCLARÈS	Idem	653	8,015	TOTAL de la population de l'Arrondissement			81,354
PAMPELONNE	⊠ (Distribution.)	1,992					
SAINTE-GEMME	Pampelonne	1,141		**ARRONDISSEMENT DE CASTRES.**			
TANUS	Idem	886					
TREBAN	Idem	204		**CANTON DE SAINT-AMANS-LA-BASTIDE.**			
CANTON DE RÉALMONT.				BASTIDE-ROUAIROUX (la)	⊠	2,412	
				LACABARÈDE	La Bastide-Rouairoux	932	
BASTIDE-DENAT (la)	Réalmont	349		ROUAIROUX	Idem	1,275	9,319
DENAT	Idem	880		SAUVETERRE	Idem	500	
FAUCH	Idem	638		SAINT-AMANS-LA-BASTIDE 🐎	⊠	2,331	
LABOUTARIÉ	Idem	172		SAINT-AMANS-VALTORET	St-Amans-la-Bastide	1,869	
	A reporter..	2,039					
	A reporter		47,770		A reporter		9,319

NOMS DES COMMUNES.	BUREAUX DE POSTE qui les desservent.	POPULA- TION.	TOTAL de la POPULA- TION par canton	NOMS DES COMMUNES.	BUREAUX DE POSTE qui les desservent.	POPULA- TION.	TOTAL de la POPULA- TION par canton
Suite de l'ARRONDISSEMENT DE CASTRES.				Suite de l'ARRONDISSEMENT DE CASTRES.			
	Report..		9,319		Report..		83,142
CANTON D'ANGLÉS.				**CANTON DE MAZAMET.**			
ANGLÉS	Brassac	2,795		AIGUEFONDE	Mazamet	2,044	
LAMONTÉLARIÉ	Idem	896	3,884	AUGMONTEL	Idem	436	
MARGNÈS-D'ANGLÉS (le)	Idem	193		AUXILLOU	Idem	1,148	
				BOISSEZON	Idem	3,369	
CANTON DE BRASSAC.				CAUCALIÈRES-CASTRES	Idem	296	16,854
BEZ-DE-BELFOURTE	Brassac	2,039		MAZAMET	✉	7,098	
BRASSAC	✉	1,875		PONT-DE-LARN	Mazamet	1,592	
CAMBOUNÈS	Brassac	1,683		RIALET (le)	Idem	484	
CASTELNAU-DE-BRASSAC	Idem	4,552	10,698	VINTROU	Idem	417	
LASFAILLADES	Idem	256					
MARGNÈS-DE-BRASSAC (le)	Idem	293		**CANTON DE MONTREDON.**			
				ARIFAT	Vabre	803	
CANTON DE CASTRES.				MONTCOUYOUL	Idem	488	
CASTRES	✉	16,418		MONTREDON	Roquecourbe	4,852	7,092
LAROUILLENE	Castres	163		RAYSSAC	Vabre	949	
MANDOUL	Idem	203	18,383				
NAVÈS-MONTESPIEU	Idem	393		**CANTON DE MURAT.**			
SAIX	Idem	1,206		CABANES	Lacaune	1,282	
				MURAT	Idem	2,912	4,224
CANTON DE DOURGNE.							
ARFONS	Sorèze	1,387		**CANTON DE ROQUECOURBE.**			
BELLESERRE	Idem	322		BURLATS	Roquecourbe	1,498	
CAHUZAC	Idem	258		LACROUZETTE	Idem	1,170	
CAMMAZES (les)	Idem	740		MONTFA	Idem	629	5,307
DOURGNE	Idem	2,112		ROQUECOURBE	✉ (Distribution.)	1,717	
DORPORT	Idem	523		SAINT-GERMIER	Roquecourbe	176	
ENGARREVAQUES	Idem	484		SAINT-JEAN-DE-VALS	Idem	117	
LAGARDIOLLE	Idem	511	12,976				
MASSAGUEL	Idem	597		**CANTON DE VABRE.**			
PALLEVILLE	Idem	284		FERRIÈRES	Vabre	911	
SORÈZE	✉ (Distribution.)	2,817		LACAZE	Idem	2,365	
SOUAL	Castres	1,046		MASSUGUIÈS	Idem	1,455	
SAINT-AMANCET-MONTMOURRE	Sorèze	415		SAINT-PIERRE-DE-TRÉVISI-SÉNÉ-	Idem	1,646	9,027
SAINT-AVITS	Idem	349		GATS			
VERDALLE	Idem	1,169		SAINT-SALVI-DE-CARCAVÈS	Idem	376	
				VABRE	✉	2,274	
CANTON DE LABRUGUIÈRE.							
ESCOUSSENS	Castres	1,211		**CANTON DE VIELMUR.**			
LABRUGUIÈRE	Idem	3,735		CARBES	Castres	396	
LAGARRIGUE	Idem	240		CUQ	Idem	860	
SAINT-AFFRIQUE-LÈS-MONTAGNES	Idem	545	7,240	FRÉJEVILLE	Idem	367	
VALDURENQUE	Idem	334		GUITALENS	Idem	580	
VIVIERS-LES-MONTAGNES	Idem	1,175		LAURABÈDE	Idem	377	5,508
				PUJOL (le)	Idem	228	
CANTON DE LACAUNE.				SEMALENS	Idem	959	
BERLATS	Lacaune	770		SERVIÈS	Idem	706	
ESCROUX	Idem	516		VIELMUR	Idem	1,035	
ESPÉRAUSSES	Idem	1,072					
GIJOUNET	Idem	631		TOTAL de la population de l'Arrondissement			131,154
LACAUNE	✉	3,681	10,996				
NAGES	Lacaune	1,784		**ARRONDISSEMENT DE GAILLAC.**			
SENAUX	Idem	327					
VIANE	Idem	2,215		**CANTON DE CADALEN.**			
				AUSSAC	Gaillac	337	
CANTON DE LAUTREC.				CADALEN	Idem	2,190	
BROUSSE	Réalmont	624		FENOLS	Idem	347	
GIRONDES	Castres	850		FLORENTIN	Idem	644	6,374
LAUTREC	Idem	3,602		LABESSIÈRE-CANDEIL	Idem	1,054	
MONTDRAGON	Réalmont	620		LASGRAISSES	Idem	791	
MONTPINIER	Castres	393		TECOU	Idem	1,012	
PEYREGOUX	Idem	261	9,646				
PUICALVEL	Idem	535					
SAINT-GENEST-DE-CONTEST	Réalmont	457					
SAINT-JULIEN-DU-PUY	Idem	1,033					
VÉNÈS	Idem	1,271					
	A reporter		83,142		A reporter		6,374

NOMS DES COMMUNES.	BUREAUX DE POSTE qui les desservent.	POPULATION.	TOTAL de la POPULATION par canton
Suite de l'ARRONDISSEMENT DE GAILLAC.			
Report . .			6,374
CANTON DE CASTELNAU-DE-MONTMIRAL.			
Alos.	Cordes.	268	
Andillac.	Gaillac.	284	
Camusac-sur-Vère.	Cordes.	1,773	
Campagnac.	Cordes.	449	
Castelnau-de-Montmiral.	Gaillac.	3,104	
Donnazac.	Cordes.	166	
Frausselles.	Gaillac.	275	11,412
Lairoque.	Gaillac.	733	
Montels	*Idem.*	156	
Puicelcy.	*Idem.*	2,026	
Saint-Baubile.	Cordes.	553	
Sainte-Cécile-du-Cayrou. . . .	Gaillac.	412	
Verdier (le).	*Idem.*	731	
Vieux.	*Idem.*	482	
CANTON DE CORDES.			
Alayrac.	Cordes.	150	
Amarens.	*Idem.*	188	
Bournazel.	*Idem.*	396	
Cabanes (les)	*Idem.*	541	
Campes.	*Idem.*	290	
Capelle-Ségalar (la)	*Idem.*	278	
Capelle-Sainte-Luce (la). . . .	*Idem.*	195	
Cazelles.	*Idem.*	359	
Cordes.	⊠	2,602	9,534
Labarthe-Bleys.	Cordes.	486	
Livers.	*Idem.*	192	
Loubers.	*Idem.*	279	
Marcel.	*Idem.*	311	
Mouzieys.	*Idem.*	775	
Noailles.	*Idem.*	574	
Souel.	*Idem.*	280	
Saint-Martin-de-la-Guepie. . .	*Idem.*	979	
Tonnac.	*Idem.*	386	
Vindrac.	*Idem.*	273	
CANTON DE GAILLAC.			
Bastide-de-Levis (la).	Gaillac.	1,204	
Bernac.	*Idem.*	213	
Brens.	*Idem.*	1,208	
Brose.	*Idem.*	208	
Castanet.	*Idem.*	473	
Cestayrols.	*Idem.*	1,148	
Faissac.	*Idem.*	469	16,306
Gaillac 🚂	⊠	7,725	
Lacourtade-Cornebouc.	Gaillac.	434	
Laграvе.	*Idem.*	769	
Montans	*Idem.*	1,516	
Senouillac	*Idem.*	941	
CANTON DE L'ISLE-D'ALBI.			
Isle-d'Albi (l').	⊠ (Distribution.) . .	5,065	
Parisot.	L'Isle-d'Albi.	1,115	6,667
Peyrole.	*Idem.*	487	
CANTON DE RABASTENS.			
Couffouleux.	Rabastens	1,178	
Grazac.	*Idem.*	1,128	
Loupiac.	*Idem.*	372	
Mezens	La Pointe-St-Sulpice.	452	10,685
Rabastens	⊠	6,966	
Roquemaure.	La Pointe-St-Sulpice.	589	
À reporter			60,978

NOMS DES COMMUNES.	BUREAUX DE POSTE qui les desservent.	POPULATION.	TOTAL de la POPULATION par canton
Suite de l'ARRONDISSEMENT DE GAILLAC.			
Report . .			60,978
CANTON DE SALVAGNAC.			
Beauvais	Rabastens	498	
Lasclottes	*Idem.*	650	
Montdurausse	*Idem.*	900	
Montgaillard.	*Idem.*	478	5,554
Montvalen	*Idem.*	421	
Salvagnac.	*Idem.*	1,718	
Saint-Urcisse	*Idem.*	478	
Tauriac.	*Idem.*	411	
CANTON DE VAOUR.			
Ittac.	Cordes.	422	
Marnaves	*Idem.*	368	
Milhars.	*Idem.*	829	
Montrosier.	Saint-Antonin.	169	
Penne	*Idem.*	2,393	5,919
Ratayrens.	Cordes.	95	
Riols (le)	*Idem.*	410	
Roussaibolles.	Saint-Antonin.	191	
Saint-Michel-de-Vax	*Idem.*	398	
Vaour.	Cordes.	644	
TOTAL de la population de l'Arrondissement.			72,451
ARRONDISSEMENT DE LAVAUR.			
CANTON DE CUQ-TOULZA.			
Aguts.	Puylaurens.	670	
Algans.	*Idem.*	548	
Cambon	*Idem.*	539	
Cuq-Toulza.	*Idem.*	1,189	
Lacroisille.	*Idem.*	359	
Maurens-Scopont	Lavaur.	418	5,633
Montgey	Puylaurens.	649	
Mouzens	*Idem.*	254	
Pechaudier	*Idem.*	488	
Puéchoursy.	*Idem.*	187	
Roquevidal	Lavaur.	332	
CANTON DE GRAULHET.			
Briatexte.	Lavaur.	1,516	
Busque.	*Idem.*	465	
Graulhet.	*Idem.*	5,097	
Missègle	*Idem.*	270	10,067
Moularès	*Idem.*	391	
Puybegon.	*Idem.*	1,108	
Saint-Gauzens	*Idem.*	1,220	
CANTON DE LAVAUR.			
Ambres.	Lavaur.	1,440	
Banières	*Idem.*	381	
Bastide-Saint-Georges (la) . . .	*Idem.*	543	
Belcastel	*Idem.*	528	
Cougotte-Cadoul (la).	*Idem.*	341	
Garrigues.	*Idem.*	477	
Giroussens	*Idem.*	1,831	
Lavaur 🚂	⊠	7,179	
Lugan	Lavaur.	477	
Margens	*Idem.*	483	
Montcabrié.	*Idem.*	370	18,465
Saint-Agnan.	*Idem.*	290	
Saint-Jean-de-Rives	*Idem.*	285	
Saint-Lieux-lès-Lavaur	*Idem.*	559	
Saint-Sulpice	La Pointe-St-Sulpice.	1,430	
(⊠ *Distribution.* 🚂 à la Pointe-Saint-Sulpice.)			
Teulat	Lavaur.	556	
Veilles	*Idem.*	266	
Villeneuve-lès-Lavaur	*Idem.*	524	
Viviers-lès-Lavaur	*Idem.*	505	
À reporter			34,165

NOMS DES COMMUNES.	BUREAUX DE POSTE qui les desservent.	POPULA- TION.	TOTAL de la POPULA- TION par canton	NOMS DES COMMUNES.	BUREAUX DE POSTE qui les desservent.	POPULA- TION.	TOTAL de la POPULA- TION par canton
Suite de l'ARRONDISSEMENT DE LAVAUR.				Suite de l'ARRONDISSEMENT DE LAVAUR.			
	Report..		34,165		Report..		41,455
CANTON DE SAINT-PAUL-CAP-DE-JOUX.				CANTON DE PUYLAURENS.			
CABANÉS..............	Lavaur.........	364		APPELLE..........	Puylaurens.......	273	
DAMIATE..............	Idem..........	1,420		BERTRE...........	Idem........	148	
FIAC.................	Idem..........	1,503		BLANC-LAMOTHE........	Idem........	771	
MAGRIN.............	Puylaurens.......	356		CAMBOUNET.......	Idem........	391	
MASSAC.............	Lavaur.........	378	7,290	LEMPAUT........	Idem........	932	10,958
PRADES.............	Puylaurens.......	313		LESCOUT..........	Idem........	626	
PRATVIEL...........	Lavaur.........	259		POUDIS...........	Idem........	455	
SAINT-PAUL-CAP-DE-JOUX....	Idem........	1,182		PUYLAURENS.......	✉	6,160	
TEYSSODE............	Idem........	1,131		SAINT-GERMAIN.......	Puylaurens.......	993	
VITERBE.............	Idem........	384		SAINT-SERNIN........	Idem........	209	
A reporter....................			41,455	TOTAL de la population de l'Arrondissement.......			52,413

RÉCAPITULATION.

	NOMBRE de		POPULATION.
	CANTONS.	COMMUNES.	
ARRONDISSEMENT D'ALBI.....................	8	92	81,354
———————— DE CASTRES....................	14	95	131,154
———————— DE GAILLAC....................	8	79	72,451
———————— DE LAVAUR....................	5	57	52,413
TOTAUX....................	35	323	337,372

NOMS DES COMMUNES.	BUREAUX DE POSTE qui les desservent.	POPULA-TION.	TOTAL de la POPULA-TION par canton	NOMS DES COMMUNES.	BUREAUX DE POSTE qui les desservent.	POPULA-TION.	TOTAL de la POPULA-TION par canton
ARRONDISSEMENT DE MONTAUBAN.				**Suite de l'ARRONDISSEMENT DE MONTAUBAN.**			
						Report..	92,562
CANTON DE SAINT-ANTONIN.				**CANTON DE NÉGREPELISSE.**			
CASTANET..........	Caylux..........	896		ALBIAS...........	Réalville........	1,182	
FENEYROLS.........	Saint-Antonin....	792		BIOULE...........	Idem............	1,251	
GINALS............	Idem............	1,141		CASALS...........	Saint-Antonin.....	624	
LAGUÉPIE..........	Idem............	1,099	13,995	MONTRICOUX........	Réalville........	1,641	10,316
PARISOT...........	Caylux..........	1,603		NÉGREPELISSE......	✉(Distribution.)...	3,126	
SAINT-ANTONIN.....	✉...............	5,462		SAINT-ÉTIENNE-DE-TULMONT..	Montauban......	872	
VAREN.............	Saint-Antonin....	1,899		VAISSAC..........	Monclar........	1,620	
VERFEIL...........	Idem............	1,103					
CANTON DE CAUSSADE.				**CANTON DE VILLEBRUMIER.**			
CAUSSADE ⚒........	✉...............	4,776		CORBARRIEU.......	Montauban......	500	
CAYRAC...........	Réalville........	355		REYNIÈS..........	Idem............	778	
CAYRIECH.........	Caussade........	421		SAINT-NAUPHARY....	Idem............	925	4,716
LAVAURETTE.......	Idem............	647		VARENNES.........	Idem............	756	
MIRABEL..........	Réalville........	1,670	14,158	VERLHAC-TESCOU....	Monclar........	953	
MONTEILS.........	Caussade........	988		VILLEBRUMIER......	Montauban......	804	
RÉALVILLE........	✉(Distribution.)...	3,030					
SEPT-FONDS.......	Caussade........	1,057					
SAINT-CIRQ.......	Idem............	767		TOTAL de la population de l'Arrondissement........			107,594
SAINT-GEORGE.....	Idem............	447					
CANTON DE CAYLUX.				**ARRONDISSEMENT DE CASTELSARRASIN.**			
CAPELLE-LIVRON (la)........	Caylux..........	795					
CAYLUX ⚒.........	✉...............	5,319		**CANTON DE BEAUMONT-DE-LOMAGNE.**			
ESPINAS..........	Caylux..........	821	10,594	AUTERIVE........	Beaumont - de - Lo-magne....	249	
LOZE.............	Idem............	568					
MOUILLAC.........	Idem............	363		BEAUMONT-DE-LOMAGNE.....	✉...............	4,130	
PUY-LA-GARDE.....	Idem............	1,278		BELBÈZE.........	Beaumont - de - Lo-magne....	231	
SAINT-PROJET.....	Idem............	1,450		CAUSE (le)........	Idem............	594	
CANTON DE LA FRANÇAISE.				CUMONT..........	Idem............	360	
FRANÇAISE (la)....	Montauban......	3,686		ESCAZEAUX.......	Idem............	614	
HONOR-DE-COS (l')...	Idem............	1,535	6,355	ESPARSAC........	Idem............	676	
MONTASTRUC.......	Idem............	569		FAUDOAS.........	Idem............	805	
PIQUECOS.........	Idem............	565		GARIÈS..........	Idem............	560	12,770
CANTON DE MOLIÈRES.				GIMAT...........	Idem............	316	
AUTY.............	Montpezat......	486		GLATENS.........	Idem............	134	
LABARTHE.........	Castelnau - de-Mont-ratier........	1,180		GOAS............	Idem............	146	
			6,988	LARRAZET........	Idem............	970	
MOLIÈRES.........	Idem............	2,428		MADIGNAC........	Idem............	276	
PUYCORNET.......	Idem............	1,273		MAUBEC..........	Idem............	613	
VAZERAC.........	Idem............	1,621		MOTHE-CUMONT (la)..	Idem............	396	
CANTON DE MONCLAR.				SÉRIGNAC........	Idem............	1,303	
BELMONTET........	Monclar........	953		VIGNERON........	Idem............	397	
BRUNIQUEL........	Idem............	1,861		**CANTON DE CASTELSARRASIN.**			
GÉNÉBRIÈRES......	Idem............	588	6,262	ALBEFEUILLE......	Castelsarrasin.....	776	
MONCLAR.........	✉(Distribution.)...	2,187		BARRY-D'ISLEMADE...	Idem............	618	
PUYGAILLARD-MONCLAR..	Monclar........	673		BARTRES (les).....	Idem............	601	
CANTON DE MONTAUBAN (1er).				BASTIDE-DU-TEMPLE (la).....	Idem............	775	10,825
MONTAUBAN (1er canton) ⚒..	✉...............	11,357		CASTELSARRASIN ⚒..	✉...............	7,092	
MOTHE-CAPDEVILLE (la)....	Montauban......	1,011	13,942	MEAUZAC.........	Castelsarrasin.....	963	
VILLEMADE........	Idem............	574		**CANTON DE GRISOLLES.**			
CANTON DE MONTAUBAN (2e).				BASTIDE-SAINT-PIERRE (la)..	Grisolles........	876	
LÉOJAC...........	Montauban......	409	13,712	BESSENS.........	Idem............	700	
MONTAUBAN (2e canton).....	✉...............	13,303		CAMPSAS.........	Idem............	570	
CANTON DE MONTPEZAT.				CANALS..........	Idem............	479	
BASTIDE-DE-PENNE (la)......	Caussade........	509		DIEUPENTALE......	Idem............	510	
LAPENCHE........	Idem............	448		FABAS...........	Idem............	326	7,741
MONTALZAT.......	Montpezat......	1,363		GRISOLLES ⚒.....	✉...............	2,091	
MONTFERMIER.....	Idem............	315	7,556	MONBÉQUI........	Grisolles........	551	
MONTPEZAT.......	✉(Distribution.)....	2,796		NOHIC...........	Fronton........	407	
(⚒ à la Madeleine.)				ORGUEIL.........	Idem............	502	
PUY-LA-ROQUE.....	Caussade........	2,125		POMPIGNAN.......	Grisolles........	729	
	A reporter..................		92,562		A reporter..................		31,336

NOMS DES COMMUNES.	BUREAUX DE POSTE qui les desservent.	POPULATION.	TOTAL de la POPULATION par canton	NOMS DES COMMUNES.	BUREAUX DE POSTE qui les desservent.	POPULATION.	TOTAL de la POPULATION par canton
Suite de l'ARRONDISSEMENT DE CASTELSARRASIN.	Report..		31,336	**ARRONDISSEMENT DE MOISSAC.**			
CANTON DE LAVIT ou LAVIT-DE-LOMAGNE.				**CANTON D'AUVILLARS.**			
ASQUES	Lavit	375		AUVILLARS	⊠ (Distribution.)	2,302	
BALIGNAC	Idem	178		DONZAC	La Magistère	895	
BARDIGUES	Auvillars	597		DUNES	Idem	1,512	
CASTERA-BOUZET	Lavit	570		MERLES	Auvillars	573	
CHAPELLE (la)	Idem	478		PIN (le)	Idem	304	8,303
GRAMONT	Idem	780		SISTELS	La Magistère	642	
LAVIT	⊠ (Distribution.)	1,465		SAINT-CIRICE	Auvillars	395	
MANSONVILLE	Auvillars	913	8,229	SAINT-LOUP	Idem	910	
MARSAC	Lavit	657		SAINT-MICHEL	Idem	770	
MAUMUSSON	Idem	245		**CANTON DE BOURG-DE-VISA.**			
MONTGAILLARD	Idem	708		BOURG-DE-VISA	Lauzerte	1,018	
POUPAS	Idem	536		BRASSAC	Idem	1,194	
PUYGAILLARD-LAVIT	Idem	381		FAUROUX	Idem	751	
SAINT-JEAN-DU-BOUZET	Idem	346		MIRAMONT	Idem	849	6,675
CANTON DE MONTECH.				MONTAGUDET	Idem	639	
BRESSOLS	Montech	863		SAINT-NAZAIRE	Idem	925	
ESCATALENS	Idem	1,213		TOUFFAILLES	Idem	1,299	
FINHAN	Idem	1,730		**CANTON DE LAUZERTE.**			
LACOURT-SAINT-PIERRE	Idem	460		BELBÈZE	Montaigu	809	
MONBARTIER	Idem	648		BOULOC	Lauzerte	596	
MONBETON	Idem	561	10,246	CAZES-MONDENARD	Idem	2,850	
MONTECH	⊠	2,574		DURFORT	Idem	1,500	
(à la Vitarelle.)				LAUZERTE	⊠	3,685	12,486
SAINT-PORQUIER	Castelsarrasin	1,421		MONBARLA	Lauzerte	425	
VILLEDIEU (la)	Montech	776		SAUVETERRE	Idem	708	
CANTON DE SAINT-NICOLAS-DE-LA-GRAVE.				SAINTE-JULIETTE	Idem	383	
ANGEVILLE	Saint-Nicolas-de-la-Grave	409		SAINT-AMANS-DE-PELAGAL	Idem	887	
CASTELFERRUS	Castelsarrasin	624		TRÉJOULS	Idem	643	
CASTELMAYRAN	Saint-Nicolas-de-la-Grave	969		**CANTON DE MOISSAC.**			
CAUMONT	Idem	780		BOUDOU	Moissac	955	
CORDES-TOLOSANES	Montech	803		MALAUSE	Idem	1,231	
COUTURES	Lavit	346		MOISSAC	⊠	10,165	15,705
FAJOLLES	Saint-Nicolas-de-la-Grave	314	10,691	MONTESQUIEU	Moissac	1,437	
GARGANVILLAR	Castelsarrasin	927		SAINT-PAUL-D'ESPIS	Idem	1,410	
GENSAC	Lavit	340		SAINT-VINCENT-LESPINASSE	Idem	507	
LABOURGADE	Castelsarrasin	558		**CANTON DE MONTAIGUT.**			
LAFITE	Idem	525		LACOURT	Montaigut	900	
MONTAIN	Idem	125		MONTAIGUT	⊠ (Distribution.)	4,172	
SAINT-AIGNAN	Idem	570		ROQUECOR	Montaigut	1,372	8,034
SAINT-ARROUMEX	Saint-Nicolas-de-la-Grave	406		SAINT-AMANS-DE-MONTAIGUT	Idem	450	
SAINT-NICOLAS-DE-LA-GRAVE	⊠	2,995		SAINT-BEAUZEL	Idem	517	
CANTON DE VERDUN-SUR-GARONNE.				VALEILLES	Idem	623	
AUCANVILLE	Grisolles	1,109		**CANTON DE VALENCE-D'AGEN.**			
BEAUPUY	Idem	545		CASTELSAGRAT	Valence-d'Agen	1,328	
BOUILLAC	Idem	1,298		ESPALAIS	Idem	570	
BOURRET	Montech	1,209		GASQUES	Idem	672	
COMBEROUGER	Grisolles	520	11,665	GOLFECH	Idem	1,253	
MAS-GRENIER (le)	Idem	1,548		GOUDOURVILLE	Idem	526	
SAINT-SARDOS	Idem	1,202		MAGISTÈRE (la)	⊠	1,935	11,286
VERDUN-SUR-GARONNE	Idem	4,234		MONJOIE	Valence-d'Agen	762	
				PERVILLE	Idem	390	
				POMMEVIC	Idem	588	
				SAINT-CLAIR	Idem	387	
				VALENCE-D'AGEN	⊠	2,875	
Total de la population de l'Arrondissement			72,167	Total de la population de l'Arrondissement			62,489

RÉCAPITULATION.

	NOMBRE de		POPULATION.
	CANTONS.	COMMUNES.	
Arrondissement de MONTAUBAN	11	62	107,594
— de CASTELSARRASIN	7	82	72,167
— de MOISSAC	6	49	62,489
TOTAUX	24	193	242,250

NOMS DES COMMUNES.	BUREAUX DE POSTE qui les desservent.	POPULA-TION.	TOTAL de la POPULA-TION par canton	NOMS DES COMMUNES.	BUREAUX DE POSTE qui les desservent.	POPULA-TION.	TOTAL de la POPULA-TION par canton
ARRONDISSEMENT DE DRAGUIGNAN.				Suite de l'**ARRONDISSEMENT DE DRAGUIGNAN.**			
						Report..	61,196
CANTON D'AUPS.				**CANTON DE LORGUES.**			
AIGUINES...............	Aups........	1,041		ARCS (les)...............	(Distribution.)....	2,448	
AUPS...................	....	3,083		LORGUES................	....	5,444	
BAUDINARD.............	Aups......	379	5,962	TARADEAU..............	Les Arcs.........	430	9,077
BAUDUEN...............	Idem......	950		THORONET (le)...........	Lorgues........	755	
SALLES (lés).............	Idem......	416					
VÉRIGNON...............	Idem......	93		**CANTON DU LUC.**			
				CANNET (le).............	Le Luc........	1,004	
CANTON DE CALLAS.				LUC (le)	....	3,580	6,590
				VIDAUBAN	Le Luc........	2,006	
BARGEMONT.............	(Distribution.)....	1,891					
CALLAS.................	Draguignan......	2,268		**CANTON DE SALERNES.**			
CHATEAUDOUBLE..........	Idem.......	1,016					
CLAVIERS...............	Bargemont....	1,305	8,742	SALERNES..............	Aups......	2,510	
FAYAS.................	Idem......	106		TOURTOUR..............	Idem......	806	4,469
FIGANIÈRES.............	Draguignan......	1,399		VILLECROZE.............	Idem......	1,153	
MONTFERRAT.............	Idem......	757					
				CANTON DE SAINT-TROPEZ.			
CANTON DE COMPS.				GASSIN.................	Saint-Tropez......	660	
				MOLLE (la).............	Cogolin......	361	
BARGÈME..............	Comps......	471		RAMATUELLE.............	Saint-Tropez....	620	5,377
BASTIDE (la).............	Idem......	163		SAINT-TROPEZ............	......	3,736	
BOURGUET (le)...........	Idem......	165					
BRÉNON...............	Idem......	135		TOTAL de la population de l'Arrondissement.			86,709
BROVÈS...............	Idem......	283	3,683				
CHATEAUVIEUX..........	Idem......	146		**ARRONDISSEMENT DE BRIGNOLES.**			
COMPS................	(Distribution.)....	858					
MARTRE (la)............	Comps......	361		**CANTON DE BARJOLS.**			
ROQUE-ESCLAPON.........	Idem......	348		AURIAC................	Barjols........	98	
TRIGANCE..............	Idem......	753		BARJOLS...............	....	3,517	
				BASTIDONNE............	Barjols........	57	
CANTON DE DRAGUIGNAN.				BEZAUDUN.............	Idem.......	66	
				BRAS.................	Saint-Maximin....	1,477	
AMPUS................	Draguignan......	1,268		BRUE.................	Barjols........	396	9,099
DRAGUIGNAN	....	9,804		ESPARRON.............	Idem......	564	
FLAYOSC..............	Draguignan......	2,606	15,916	PONTEVÉS.............	Idem......	541	
MOTTE (la)............	Idem......	853		SEILLONS.............	Saint-Maximin....	468	
TRANS................	Idem......	1,385		SAINT-MARTIN..........	Barjols........	442	
				VARAGES.............	Idem......	1,478	
CANTON DE FAYENCE.							
				CANTON DE BESSE.			
CALLIAN...............	Fayence......	2,162		BESSE................	Brignoles......	1,750	
FAYENCE...............	(Distribution.)....	2,554		CABASSE..............	Idem......	1,448	
MONS.................	Fayence........	1,108		CAMPDUMY............	Idem......	97	8,525
MONTAUROUX...........	Idem......	1,469	10,701	FLASSANS	Idem......	1,254	
SEILLANS..............	Cotignac......	2,163		GONFARON............	Pignans......	1,596	
SAINT-PAUL-DE-FAYENCE...	Fayence........	474		PIGNANS	(Distribution.)....	2,380	
TANNERON.............	Idem......	70					
TOURRETTES...........	Idem......	701		**CANTON DE BRIGNOLES.**			
				BRIGNOLES	....	5,940	
CANTON DE FRÉJUS.				CAMPS...............	Brignoles......	1,063	
				CELLE (la)............	Idem......	582	12,691
BAGNOLS..............	Fréjus......	750		TOURVES	Saint-Maximin....	2,728	
FRÉJUS	......	2,665		VAL (le).............	Brignoles......	1,752	
(à l'Esterel.)				VINS................	Idem......	626	
MUY (le).............	Draguignan......	2,045	9,498				
POGET (le)............	Fréjus......	1,053		**CANTON DE COTIGNAC.**			
ROQUEBRUNE...........	Idem......	2,019		CARCES...............	Brignoles......	2,217	
SAINT-RAPHAEL.........	Idem......	966		CHATEAUVERT..........	Idem......	207	
				CORRENS.............	Idem......	1,514	
CANTON DE GRIMAUD.				COTIGNAC.............	(Distribution.)....	3,602	10,876
				ENTRECASTEAUX........	Cotignac......	2,200	
COGOLIN..............	(Distribution.)....	1,289		MONTFORT............	Brignoles......	1,136	
GARDE-FREINET (la)......	(Distribution.)....	2,112					
GRIMAUD.............	Cogolin......	1,264	6,694				
PLAN-DE-LA-TOUR (le).....	La Garde-Freinet...	1,086					
SAINTE-MAXIME.........	Saint-Tropez......	943					
A reporter....................			61,196	A reporter...................			41,191

NOMS DES COMMUNES.	BUREAUX DE POSTE qui les desservent.	POPULA-TION.	TOTAL de la POPULA-TION par canton	NOMS DES COMMUNES.	BUREAUX DE POSTE qui les desservent.	POPULA-TION.	TOTAL de la POPULA-TION par canton
Suite de l'ARRONDISSEMENT DE BRIGNOLES.		Report..	41,191	Suite de l'ARRONDISSEMENT DE GRASSE.		Report..	13,356
CANTON DE SAINT-MAXIMIN.				**CANTON DU BAR.**			
MEINARGUETTE	Saint-Maximin	74		BAR (le)	Grasse	1,504	
NANS	Idem	1,052		CAUSSOLS	Idem	32	
OLLIÈRES	Idem	382		CHATEAUNEUF	Idem	567	
PLAN-D'AUPS (le)	Idem	87		COURMES	Vence	190	
POURCIEUX	Idem	623	10,457	GOURDON	Grasse	264	6,823
POURRIÈRES	Idem	1,893		OPIO	Idem	404	
ROUGIÈRS	Idem	980		ROQUEFORT	Idem	803	
SAINT-MAXIMIN	⊠	3,637		ROUBET (le)	Idem	791	
SAINT-ZACHARIE	Saint-Maximin	1,729		TOURRETTES	Vence	1,146	
				VALBONNE	Grasse	1,122	
CANTON DE RIANS.							
ARTIGUES	Barjols	314		**CANTON DE CANNES.**			
GINASSERVIS	Gréoux	862		CANNES	⊠	3,994	
RIANS	Peyrolles	2,975	8,405	CANNET (le)	Cannes	1,480	
SAINT-JULIEN	Barjols	1,528		MOUANS	Grasse	650	8,610
VERDIÈRE (la)	Idem	1,597		MOUGINS	Cannes	1,962	
VINON	Gréoux	1,131		ROQUETTE-SUR-SIAGNES (la)	Grasse	314	
				SARTOUX	Idem	210	
CANTON DE LA ROQUEBRUSSANNE.							
FORCALQUEIRET	Brignoles	298		**CANTON DE COURSEGOULES.**			
GAREOULT	Idem	991		BEZAUDUN	Vence	234	
MAZAUGUES	Idem	611		BOUYON	Idem	529	
MÉOUNES	Idem	1,180	6,160	CYPIÈRES	Idem	881	
NÉOULES	Idem	666		CONSÉGUDES	Idem	293	3,830
ROCBARON	Idem	329		COURSEGOULES	Idem	580	
ROQUEBRUSSANNE (la)	Idem	1,505		FERRES (les)	Idem	296	
SAINTE-ANASTASIE	Idem	580		GRÉOLIÈRES	Idem	809	
				ROQUE-ESTÉRON	Idem	208	
CANTON DE TAVERNES.							
ARTIGNOSC	Aups	457		**CANTON DE GRASSE.**			
FOX-AMPHOUX	Cotignac	604		AURIBEAU	Grasse	652	
MOISSAC	Aups	292		GRASSE	⊠	12,716	14,028
MONTMEYAN	Barjols	755		MANDELIEU	Cannes	78	
RÉGUSSE	Aups	623	4,849	PEGOMAS	Grasse	582	
ROQUETTE (la)	Barjols	45					
SILLANS	Cotignac	434		**CANTON DE SAINT-VALLIER.**			
TAVERNES	Barjols	1,517		CABRIS	Grasse	1,846	
VILLENEUVE-COUTELAS	Aups	122		ESCRAGNOLLES	⊠ (Distribution.)	402	
				SAINT-CÉSAIRE	Grasse	1,216	4,282
TOTAL de la population de l'Arrondissement			71,062	SAINT-VALLIER	Idem	609	
				TIGNET (le)	Idem	209	
ARRONDISSEMENT DE GRASSE.							
				CANTON DE VENCE.			
CANTON D'ANTIBES.				BROC (le)	Vence	911	
ANTIBES	⊠	5,565		CAGNES	⊠ (Distribution.)	2,349	
BIOT	Antibes	1,267	8,892	CARROS	Vence	778	
VALLAURIS	Cannes	2,060		COLLE (la)	Cagnes	1,551	
				DOSFRAIRES	Vence	216	
CANTON DE SAINT-AUBAN.				GATTIÈRES	Idem	711	
AIGLUN	Escragnolles	266		GAUDE (la)	Idem	791	14,559
AMIRAT	Idem	146		SAINT-JEANNET	Idem	1,228	
ANDON	Idem	307		SAINT-LAURENT-DU-VAR	⊠ (Distribution.)	751	
BRIANÇONNET	Idem	646		SAINT-PAUL-DU-VAR	Cagnes	1,043	
CAILLE	Idem	216		VENCE	⊠	3,612	
COLLONGUES	Idem	169		VILLENEUVE-LOUBET	Cagnes	618	
GARS	Idem	311	4,464				
MAS (le)	Idem	568		TOTAL de la population de l'Arrondissement			65,488
MUJOULS (les)	Idem	289					
SALLAGRIFFON	Idem	196					
SÉRANON	Idem	400					
SAINT-AUBAN	Idem	641					
VAL-DE-ROURE	Idem	309					
A reporter			13,356				

NOMS DES COMMUNES.	BUREAUX DE POSTE qui les desservent.	POPULA- TION.	TOTAL de la POPULA- TION par canton	NOMS DES COMMUNES.	BUREAUX DE POSTE qui les desservent.	POPULA- TION.	TOTAL de la POPULA- TION par canton
ARRONDISSEMENT DE TOULON-SUR-MER.				**Suite de l'ARRONDISSEMENT DE TOULON-SUR-MER.**			
					Report . .		34,368
CANTON DU BEAUSSET.				**CANTON D'OLLIOULES.**			
Beausset (le) 🐎	⊠	3,326		Bandol	Le Beausset	1,575	
Cadière (la)	Le Beausset	2,616		Évenos	Ollioules	667	
Castelet (le)	*Idem*.	1,946	11,899	Ollioules	⊠	3,132	18,882
Riboux	Cuges	61		Seyne (la)	⊠ (*Distribution.*) . . .	6,732	
Signes	Le Beausset	2,182		Six-Fours	La Seyne	3,081	
Saint-Cyr	*Idem*.	1,768		Saint-Nazaire	Ollioules	3,695	
CANTON DE COLLOBRIÈRES.				**CANTON DE SOLLIÉS-PONT.**			
				Belgentier	Solliés-Pont	1,322	
Bormes	Hières	1,599	3,279	Solliés-Farlède	*Idem*.	1,007	
Collobrières	Pignans	1,680		Solliés-Pont	⊠ (*Distribution.*) . . .	3,493	8,107
				Solliés-Toucas	Solliés-Pont	1,401	
CANTON DE CUERS.				Solliés-Ville	*Idem*.	884	
Carnoules	Pignans	966		**CANTON DE TOULON-SUR-MER (est).**			
Cuers 🐎	⊠	5,106	9,048				
Pierrefeu	Cuers	1,206		Garde	Toulon-sur-Mer. . . .	2,353	14,841
Puget-près-Cuers (le)	*Idem*.	1,770		Toulon-sur-Mer (est) 🐎 . . .	⊠	12,488	
CANTON D'HIÈRES.				**CANTON DE TOULON-SUR-MER (ouest).**			
				Revest (le)	Toulon-sur-Mer. . . .	663	
Hières 🐎	⊠	10,142	10,142	Toulon-sur-Mer (ouest).	⊠	15,931	19,044
				Valette (la)	Toulon-sur-Mer. . . .	2,450	
A reporter			34,368	Total de la population de l'Arrondissement			95,242

RÉCAPITULATION.

	NOMBRE de		POPULATION.
	CANTONS.	COMMUNES.	
Arrondissement de DRAGUIGNAN	11	61	86,709
—————— de BRIGNOLES	8	61	71,062
—————— de GRASSE	8	61	65,488
—————— de TOULON-SUR-MER	8	28	95,242
Totaux	35	211	318,501

NOMS DES COMMUNES.	BUREAUX DE POSTE qui les desservent.	POPULA- TION.	TOTAL de la POPULA- TION par canton	NOMS DES COMMUNES.	BUREAUX DE POSTE qui les desservent.	POPULA- TION.	TOTAL de la POPULA- TION par canton
ARRONDISSEMENT D'AVIGNON.				*Suite de* l'ARRONDISSEMENT D'APT.			
					Report.		23,302
CANTONS D'AVIGNON.				*Suite du* CANTON DE CADENET.			
AVIGNON { 1ᵉ nord..	✉	17,012	29,889		*Report..*	6,452	
2ᵉ sud..		12,877		LOURMARIN	Cadenet	1,640	
				MÉRINDOL	Idem	825	
CANTON DE BÉDARRIDES.				PUGET	Idem	175	10,699
BÉDARRIDES	Avignon	2,215		PUIVERT	Idem	195	
COURTHESON	Orange	3,053		VAUGINES	Idem	503	
SORGUES	Avignon	2,518	9,026	VILLELAURE	Idem	909	
VÉDÈNES	Idem	1,240					
				CANTON DE GORDES.			
CANTON DE CAVAILLON.				BEAUMETTES	Apt	126	
CAUMONT	Cavaillon	1,830		GORDES	Idem	2,848	
CAVAILLON	✉	6,911		GOULT	Idem	1,321	
CHEVAL-BLANC	Cavaillon	1,530		JOUCAS	Idem	393	
MAUBEC	Idem	583	12,729	LIOUX	Idem	423	7,307
ROBIONS	Idem	1,544		MURS	Idem	639	
TAILLADES	Idem	331		ROUSSILLON	Idem	1,451	
				SAINT-PANTALÉON	Idem	106	
CANTON DE L'ISLE.							
CABRIÈRES	L'Isle	775		**CANTON DE PERTUIS.**			
CHATEAUNEUF-DE-GADAGNE	Avignon	1,108		ANSOUIS	Pertuis	996	
JONQUERETTES	Idem	234		BASTIDE-DES-JOURDANS (la)	Idem	805	
ISLE (l')	✉	6,052		BASTIDONNE (la)	Idem	294	
LACNES	L'Isle	852	14,292	BEAUMONT-DU-PERTUIS	Idem	1,047	
SAUMANES	Idem	625		CABRIÈRES-D'AIGUES	Idem	487	
SAINT-SATURNIN-LÈZ-AVIGNON	Avignon	1,373		GRAMBOIS	Idem	864	
THOR	L'Isle	2,869		MIRABEAU	Idem	736	13,937
VAUCLUSE	Idem	404		MOTTE-D'AIGUES (la)	Idem	462	
				PERTUIS	✉	4,520	
TOTAL de la population de l'Arrondissement			65,936	PEYPIN-D'AIGUES	Pertuis	395	
				SANNES	Idem	149	
				SAINT-MARTIN-DE-LA-BRASQUE	Idem	393	
ARRONDISSEMENT D'APT.				TOUR-D'AIGUES (la)	Idem	2,470	
				VITROLLES	Idem	319	
CANTON D'APT.							
APT	✉	5,707		TOTAL de la population de l'Arrondissement			55,245
ADRIBEAU	Apt	125					
CASTELLET	Idem	287		**ARRONDISSEMENT DE CARPENTRAS.**			
CASENEUVE	Idem	737					
GABDE (la)	Idem	143		**CANTON DE CARPENTRAS (nord).**			
GARGAS	Idem	898		AUBIGNAN	Carpentras	1,717	
GIGNAC	Idem	215	16,569	CAROMB	Idem	2,552	
RUSTRES	Idem	766		CARPENTRAS (nord)	✉	5,301	12,807
SAIGNON	Idem	1,121		LORIOL	Carpentras	452	
SAINT-MARTIN-DE-CASTILLON	Idem	1,504		SARRIANS	Idem	2,625	
SAINT-SATURNIN-LEZ-APT	Idem	2,822		SAINT-HYPPOLITE	Idem	160	
VIENS	Idem	1,207					
VILLARS	Idem	1,027		**CANTON DE CARPENTRAS (sud).**			
				CARPENTRAS (sud)	✉	4,516	
CANTON DE BONNIEUX.				ENTRAIGUES	Carpentras	1,405	
BONNIEUX	Apt	2,560		MALAN	Idem	3,851	14,532
BEOUX	Idem	236		MONTEUX	Idem	4,760	
LACOSTE	Idem	638					
MÉNERBES	Idem	1,750	6,733	**CANTON DE MORMOIRON.**			
OPPÈDE	Idem	1,442		BEDOUIN	Carpentras	2,237	
SIVERGUES	Idem	107		BLAUVAC	Idem	377	
				CRILLON	Idem	604	
CANTON DE CADENET.				FLASSAN	Idem	511	
CADENET	✉	2,595		MALEMORT	Idem	1,559	
CUCURON	Cadenet	2,243		MÉTHAMIS	Idem	1,020	10,489
LAURIS	Idem	1,614		MODÈNE	Idem	244	
	A reporter.	6,452		MORMOIRON	Idem	2,097	
				SAINT-PIERRE-DE-VASSOLS	Idem	355	
	A reporter....		23,302	VILLES	Idem	1,485	
					A reporter....		37,828

NOMS DES COMMUNES.	BUREAUX DE POSTE qui les desservent.	POPULATION.	TOTAL de la POPULATION par canton	NOMS DES COMMUNES.	BUREAUX DE POSTE qui les desservent.	POPULATION.	TOTAL de la POPULATION par canton
Suite de l'ARRONDISSEMENT DE CARPENTRAS.				**Suite de l'ARRONDISSEMENT D'ORANGE.**			
	Report..		37,828		*Report..*		18,694
CANTON DE PERNES.				*CANTON DE MALAUCÈNE.*			
Beausset (le)	Carpentras	322		Barroux (le)	Malaucène	916	
Pernes	Idem	3,593		Beaumont-de-Malaucène	Idem	544	
Roque-sur-Pernes	Idem	352	7,918	Brantes	Idem	491	
Saint-Didier	Idem	512		Entrechaux	Idem	1,110	6,579
Velleron	Idem	1,085		Malaucène	☒ (Distribation.)	3,069	
Venasque	Idem	1,054		Savoillans	Malaucène	280	
				Saint-Léger	Idem	169	
CANTON DE SAULT.				*CANTON D'ORANGE (est).*			
Aurel	Sault	792		Camaret	Orange	2,216	
Monnieux	Idem	988		Joncquières	Idem	2,075	
Sault	☒ (Distribution.)	2,770	5,523	Orange (est) ⚏	☒	4,005	
Saint-Christol	Sault	673		Sérignan	Orange	1,213	11,180
Saint-Trinit	Idem	300		Travaillan	Idem	220	
				Uchaux	Idem	563	
				Violès	Idem	888	
Total de la population de l'Arrondissement			51,269	*CANTON D'ORANGE (ouest).*			
				Caderousse	Orange	3,169	
				Chateauneuf-Calcernier	Idem	1,368	11,588
ARRONDISSEMENT D'ORANGE.				Orange (ouest)	☒	5,118	
				Piolenc	Orange	2,033	
CANTON DE BEAUMES.				*CANTON DE VAISON.*			
Beaumes	Carpentras	1,683		Buisson	Vaison	392	
Fare (la)	Malaucène	180		Cairanne	Idem	850	
Gigondas	Vaison	945		Crestet	Idem	532	
Roque-Alric (la)	Malaucène	140	5,028	Faucon	Idem	589	
Sablet	Vaison	1,197		Puymeras	Idem	813	
Suzette	Malaucène	191		Rasteau	Idem	840	
Vacqueyras	Carpentras	692		Roaix	Idem	360	10,187
				Séguret	Idem	1,127	
				Saint-Marcellin	Idem	199	
CANTON DE BOLLÈNE.				Saint-Romain-de-Malegarde	Idem	517	
Bollène	La Palud	4,672		Saint-Romain-en-Viennois	Idem	465	
Garde-Paréol (la)	Orange	222		Vaison	☒	2,562	
Mondragon	La Palud	2,321		Villedieu	Vaison	941	
Mornas ⚏	Idem	1,668	13,666	*CANTON DE VALRÉAS.*			
Motte (la)	Idem	487		Crillon	Valréas	1,303	
Palud (la) ⚏	☒	2,315		Richerenches	Idem	660	8,425
Sainte-Cécile	Orange	1,981		Valréas	☒	4,348	
				Visan	Valréas	2,114	
	A reporter		18,694	Total de la population de l'Arrondissement			66,653

RÉCAPITULATION.

	NOMBRE de		POPULATION.
	CANTONS.	COMMUNES.	
Arrondissement d'AVIGNON	5	21	65,936
———————— d'APT	5	50	55,245
———————— de CARPENTRAS	5	30	51,269
———————— d'ORANGE	7	48	66,653
Totaux	22	149	239,103

NOMS DES COMMUNES.	BUREAUX DE POSTE qui les desservent.	POPULA-TION.	TOTAL de la POPULA-TION par canton	NOMS DES COMMUNES.	BUREAUX DE POSTE qui les desservent.	POPULA-TION.	TOTAL de la POPULA-TION par canton
ARRONDISSEMENT DE BOURBON-VENDÉE.				**Suite de l'ARRONDISSEMENT DE BOURBON-VENDÉE.**			
						Report..	62,374
CANTON DE BOURBON-VENDÉE.				**CANTON DE MAREUIL.**			
AUBIGNY	Bourbon-Vendée	868		BESSAY	Mareuil	439	
BOURBON-VENDÉE	✉	3,904		BRETONNIÈRE (la)	Luçon	459	
BOURG-SOUS-BOURBON (le)	Bourbon-Vendée	1,768		CHATEAU-GUIBERT	Mareuil	1,020	
CHAILLÉ-LES-ORMEAUX	Idem	1,213		CLAYE (la)	Luçon	142	
CHAIZE-LE-VICOMTE (la)	Idem	2,007		CORPS	Mareuil	746	
CLOUZEAUX (les)	Idem	757		COUTURE (la)	Idem	303	
FOUGERÉ	Idem	857		DISSAIS	Idem	240	7,675
LIMOUZINIÈRE (la)	Idem	226	18,570	MAREUIL	✉ (Distribution.)	1,289	
MOUILLERON-LE-CAPTIF	Idem	730		MOUTIERS-SUR-LE-LAY	Mareuil	860	
NESMY	Idem	1,043		PEAULT	Idem	563	
SAINT-ANDRÉ-D'ORNAIS	Idem	713		PINEAUX	Idem	587	
SAINT-FLORENT-DES-BOIS	Idem	1,135		ROSNAY	Idem	622	
TABLIER (le)	Idem	664		SAINTE-PEXINE	Idem	405	
THORIGNY	Mareuil	1,123					
VENANSAULT	Bourbon-Vendée	1,562					
CANTON DES ESSARTS.				**CANTON DE MONTAIGU.**			
BOULOGNE	Les Essarts	559		BERNARDIÈRE (la)	Montaigu	928	
DOMPIERRE	Bourbon-Vendée	1,020		BOISSIÈRE-DE-MONTAIGU	Idem	1,109	
ESSARTS (les)	✉ (Distribution.)	2,192		BOUFFÉRÉ	Idem	734	
FERRIÈRE (la)	Bourbon-Vendée	1,510		BRUFFIÈRE (la)	Idem	2,350	
MERLATIÈRE (la)	Les Essarts	490		CUGAND	Idem	1,913	14,138
SAINTE-CÉCILE	Le Fougerais	1,620	9,961	GUYONNIÈRE	Idem	794	
SAINTE-FLORENCE	Idem	1,076		MONTAIGU	✉	1,310	
{ ✉ Distribution au Fougerais, aux Quatre-Chemins-de-l'Oie. }				SAINT-GEORGES-DE-MONTAIGU	Montaigu	2,129	
SAINT-MARTIN-DES-NOYERS	Les Essarts	1,494		SAINT-HILAIRE-LOULAY	Idem	1,845	
				TREIZE-SEPTIERS	Idem	996	
CANTON DE CHANTONNAY.				**CANTON DE MORTAGNE-SUR-SÈVRE.**			
BOURNEZEAU	Sainte-Hermine	1,674		CHAMBRETAUD	Mortagne-sur-Sèvre	810	
CHANTONNAY	✉	2,532		ÉVRUNES	Idem	673	
PUYBELLIARD	Chantonnay	445		GAUBRETIÈRE (la)	Les Herbiers	1,669	
ROCHETRÉJOUX	Idem	610		LANDES-GÉNUSSONS (les)	Tiffauges	952	
SIGOURNAIS	Idem	765		MALLIÈVRE	Mortagne-sur-Sèvre	260	
SAINT-GERMAIN-LE-PRINÇAY	Idem	1,080		MORTAGNE-SUR-SÈVRE	✉	1,404	
SAINT-HILAIRE-LE-VOUHIS	Idem	1,040	11,998	SAINT-AUBIN-DES-ORMEAUX	Tiffauges	556	
SAINT-MARS-DES-PRÉS	Idem	459		SAINT-HILAIRE-DE-MORTAGNE	Mortagne-sur-Sèvre	648	12,828
SAINT-PHILBERT-DU-PONT-CHA-RAULT	Idem	1,484		SAINT-LAURENT-SUR-SÈVRE	Idem	1,066	
SAINT-PROUANT	Idem	680		SAINT-MALO-DU-BOIS	Idem	638	
SAINT-VINCENT-PUYMAUFRAIS	Saint-Hermine	841		SAINT-MARTIN-LARS-EX-TIF-FAUGES	Tiffauges	405	
SAINT-VINCENT-STERLANGE	Chantonnay	388		TIFFAUGES	✉ (Distribution.)	847	
				TREIZE-VENTS	Mortagne-sur-Sèvre	1,004	
CANTON DE SAINT-FULGENT.				VERRIE (la)	Idem	1,906	
BAZOGES-EN-PAILLERS	Saint-Fulgent	608		**CANTON DU POIRÉ-SUR-BOURBON-VENDÉE.**			
BROUZILS (les)	Idem	1,967					
CHAUCHÉ	Idem	1,499		AIZENAY	Palluau	3,303	
CHAVAGNES-EN-PAILLERS	Idem	2,018		BEAUFOU	Idem	988	
COPECHAGNIÈRE (la)	Idem	401	9,253	BELLEVILLE	Bourbon-Vendée	333	
RABATELIÈRE (la)	Idem	343		GENETOUZE (la)	Idem	435	13,119
SAINT-ANDRÉ-GOULDOJE	Idem	1,072		LUCS (les)	Palluau	2,250	
SAINT-FULGENT	✉	1,345		POIRÉ-SOUS-BOURBON-VENDÉE (le)	Bourbon-Vendée	3,724	
				SALIGNY	Idem	830	
CANTON DES HERBIERS.				SAINT-DENIS-LA-CHEVASSE	Idem	1,256	
ARDELAY	Les Herbiers	1,512					
BEAUREPAIRE	Idem	1,056		**CANTON DE ROCHESERVIÈRE.**			
ÉPESSES (les)	Idem	1,478					
HERBIERS (les)	✉	2,826		HERBERGEMENT (l')	Rocheservière	304	
MESNARD	Le Fougerais	392		MORMAISON	Idem	619	
MOUCHAMPS	Idem	2,186	12,592	ROCHESERVIÈRE	✉ (Distribution.)	1,568	5,854
PETIT-BOURG-DES-HERBIERS	Les Herbiers	892		SAINT-ANDRÉ-TREIZE-VOIES	Rocheservière	1,139	
SAINT-MARS-LA-RÉORTHE	Idem	693		SAINT-PHILBERT-DE-BOUAINE	Idem	1,698	
SAINT-PAUL-EN-PAREDS	Idem	758		SAINT-SULPICE-LE-VERDON	Idem	526	
VENDRENNES	Le Fougerais	769					
				TOTAL de la population de l'Arrondissement			115,988
A reporter		62,374					

NOMS DES COMMUNES.	BUREAUX DE POSTE qui les desservent.	POPULATION.	TOTAL de la POPULATION par canton
ARRONDISSEMENT DE FONTENAY-LE-COMTE.			
CANTON DE CHAILLÉ-LES-MARAIS.			
CHAILLÉ-LES-MARAIS.........	✉ (Distribution.)....	2,084	
CHAMPAGNÉ-LES-MARAIS.....	Chaillé-les-Marais..	1,585	
(🐎 à Moreille.)			
GUÉ-DE-VELLUIRE (le)......	Fontenay-le-Comte..	1,231	9,345
ISLE-D'ELLE (l')...........	Marans......	1,330	
PUYRAVAULT..............	Chaillé-les-Marais..	585	
SAINTE-RADÉGONDE-DES-NOYERS.	Idem..........	1,013	
VOUILLÉ.................	Idem..........	1,517	
CANTON DE LA CHÂTAIGNERAIE.			
ANTIGNY................	La Châtaigneraie...	1,174	
BAZOGES-EN-PAREDS........	Idem......	1,748	
BREUIL-BARRET...........	Idem......	874	
CEZAIS.................	Idem......	441	
CHAPELLE-AUX-LYS.........	Idem......	609	
CHATAIGNERAIE (la)........	✉......	1,437	
CHEFFOIS...............	La Châtaigneraie...	961	
LOGE-FOUGEREUSE (la)......	Idem......	629	
MARILLET...............	Idem......	208	
MENOMBLET..............	Idem......	993	19,236
MOUILLERON-EN-PAREDS......	Idem......	1,123	
SAINT-GERMAIN-LAIGUILLER...	Idem......	350	
SAINT-HILAIRE-DE-VOUST.....	Idem......	806	
SAINT-MAURICE-DES-NOUES....	Idem......	910	
SAINT-MAURICE-LE-GIRARD....	Idem......	703	
SAINT-PIERRE-DU-CHEMIN.....	Idem......	1,668	
SAINT-SULPICE-EN-PAREDS....	Idem......	735	
TARDIÈRE (la)............	Idem......	1,119	
THOUARSAIS.............	Idem......	1,288	
VOUVANT...............	Idem......	1,180	
CANTON DE FONTENAY-LE-COMTE.			
AUZAIS.................	Fontenay-le-Comte..	784	
CHAIX..................	Idem......	473	
CHARZAIS...............	Idem......	534	
FONTAINES..............	Idem......	635	
FONTENAY-LE-COMTE 🐎.....	✉......	7,504	
LANGON (le).............	Fontenay-le-Comte..	1,685	
LONGÈVES..............	Idem......	629	16,865
MONTREUIL.............	Idem......	977	
ORBRIE (l').............	Idem......	556	
PISSOTTE...............	Idem......	705	
POIRÉ-SUR-VELLUIRE (le).....	Idem......	1,248	
SAINT-MÉDARD-DES-PRÉS.....	Idem......	529	
VELLUIRE...............	Idem......	606	
CANTON DE L'HERMENAULT.			
BOURNEAU..............	Fontenay-le-Comte.	898	
HERMENAULT (l').........	Idem......	909	
MARSAIS-SAINTE-RADEGONDE...	Idem......	842	
MOUZEUIL..............	Idem......	1,214	
NALLIERS...............	Luçon......	1,829	
PETOSSE...............	Fontenay-le-Comte..	401	
POUILLÉ................	Idem......	491	10,830
SÉRIGNÉ................	Idem......	1,444	
SAINT-CYR-DES-GATS.......	Idem......	771	
SAINT-LAURENT-DE-LA-SALLE..	Idem......	749	
SAINT-MARTIN-DES-FONTAINES..	Idem......	330	
SAINT-MARTIN-SOUS-MOUZEUIL..	Idem......	454	
SAINT-VALÉRIEN..........	Idem......	498	
CANTON DE SAINTE-HERMINE.			
CAILLÈRE...............	Sainte-Hermine.....	539	
CHAPELLE-THÉMER.........	Idem......	972	
JAUDONNIÈRE (la).........	Idem......	820	
		A reporter..	2,331
	A reporter...............		56,276

NOMS DES COMMUNES.	BUREAUX DE POSTE qui les desservent.	POPULATION.	TOTAL de la POPULATION par canton
Suite de l'ARROND^t DE FONTENAY-LE-COMTE.		Report..	56,276
Suite du CANTON DE SAINTE-HERMINE.		Report..	2,331
RÉORTHE (la)............	Sainte-Hermine....	1,377	
SAINT-AUBIN-LA-PLAINE......	Idem......	269	
SAINT-ÉTIENNE-DE-BRILLOUET..	Idem......	509	
SAINTE-HERMINE..........	✉......	1,823	
SAINT-HILAIRE-DU-BOIS......	Sainte-Hermine....	927	11,337
SAINT-JEAN-DE-BEUGNE......	Idem......	519	
SAINT-JUIRE-CHAMPGILLON.....	Idem......	1,046	
SAINT-MARTIN-L'ARS.......	Idem......	1,040	
SAINT-SIMON-LA-VINEUSE.....	Idem......	706	
THIRÉ.................	Idem......	790	
CANTON DE SAINT-HILAIRE-DES-LOGES.			
FOUSSAIS...............	Fontenay-le-Comte..	1,336	
MERVENT...............	Idem......	1,338	
NIEUL-DENANT...........	Oulmes......	1,111	
OULMES 🐎.............	✉ (Distribution.)....	601	
PAYRÉ-SUR-VENDÉE........	Fontenay-le-Comte..	399	10,478
PUY-DE-SERRE...........	Idem......	683	
SAINT-HILAIRE-DES-LOGES....	Idem......	2,570	
SAINT-MARTIN-DE-FRAIGNEAU...	Idem......	492	
SAINT-MICHEL-LE-CLOUCQ.....	Idem......	1,141	
XANTON................	Idem......	807	
CANTON DE LUÇON.			
AIGUILLON-SUR-MER (l')......	Luçon......	848	
CHASNAIS...............	Idem......	364	
GRUES.................	Idem......	857	
LAIROUX...............	Idem......	540	
LUÇON 🐎..............	✉......	3,786	12,510
MAGNILS (les)...........	Luçon......	800	
SAINT-DENIS-DU-PAIRÉ......	Idem......	581	
SAINTE-GEMME-LA-PLAINE.....	Idem......	1,268	
SAINT-MICHEL-EN-L'HERM.....	Idem......	2,295	
TRIAIZE................	Idem......	1,171	
CANTON DE MAILLEZAIS.			
BENET.................	Oulmes......	2,233	
BOUILLÉ...............	Idem......	560	
DAMVIX................	Idem......	791	
DOIX..................	Fontenay-le-Comte..	1,596	
LESSON................	Oulmes......	246	
LIEZ..................	Idem......	617	14,368
MAILLÉ................	Idem......	1,055	
MAILLEZAIS.............	Idem......	1,202	
SAINTE-CHRISTINE.........	Oulmes......	471	
SAINT-PIERRE-LE-VIEUX......	Idem......	1,495	
SAINT-SIGISMOND.........	Idem......	1,239	
VIX...................	Fontenay-le-Comte..	2,863	
CANTON DE POUZAUGES.			
BOUPÈRE (le)............	Pouzauges.....	2,333	
CHATELIER (le)..........	Idem......	598	
CHEVAGNES-LES-REDOUX.....	Idem......	636	
FLOCELLIÈRE (la).........	Idem......	1,538	
MEILLERAYE (la).........	Idem......	613	
MONSIREIGNE............	Idem......	690	
MONTOURNAIS...........	Idem......	1,528	14,095
POMMERAYE (la)..........	Idem......	869	
POUZAUGES 🐎..........	✉......	2,141	
RÉAUMUR..............	Pouzauges.....	72	
SAINT-MESMIN...........	Idem......	1,220	
SAINT-MICHEL-MONT-MALCHUS..	Idem......	1,282	
TALLUD-SAINTE-GEMME (le)...	Idem......	575	
TOTAL de la population de l'Arrondissement.......			119,064

NOMS DES COMMUNES.	BUREAUX DE POSTE qui les desservent.	POPULA-TION.	TOTAL de la POPULA-TION par canton	NOMS DES COMMUNES.	BUREAUX DE POSTE qui les desservent.	POPULA-TION.	TOTAL de la POPULA-TION par canton
ARRONDISSEMENT DES SABLES.				**Suite de l'ARRONDISSEMENT DES SABLES.**			
					Report..		41,912
CANTON DE BEAUVOIR-SUR-MER.				Suite du CANTON DE LA MOTTE-ACHARD.			
BEAUVOIR-SUR-MER............	⊠........	2,356			Report..	5,779	
BOUIN...................	Beauvoir-sur-Mer...	2,646	6,991	SAINTE-FLAIVE............	La Mothe-Achard...	989	8,243
SAINT-GERVAIS............	Idem.....	1,249		SAINT-GEORGES-DE-POINTINDOUX..	Idem........	801	
SAINT-URBAIN............	Idem.....	655		SAINT-JULIEN-DES-LANDES.....	Idem........	674	
CANTON DE CHALLANS.				CANTON DES MOUTIERS-LES-MAUFAITS.			
BOIS-DE-CÉNÉ............	Challans....	1,732		ANGLES...............	Avrillé.....	1,061	
CHALLANS...............	⊠........	3,288		BOISSIÈRE-DES-LANDES (la).....	Idem.......	518	
CHATEAUNEUF............	Challans....	580		CHAMP-SAINT-PÈRE........	Idem.......	1,121	
FROIDFOND.............	Idem.....	640	11,160	CURZON...............	Idem.......	720	
GARNACHE (la)...........	Idem.....	2,743		GIVRE (le).............	Idem.......	322	
SALLERTAINE............	Idem.....	2,177		JONCHÈRE (la)...........	Idem.......	348	
CANTON DE SAINT-GILLES-SUR-VIE.				MOUTIERS-LES-MAUFAITS (les)....	Idem.......	550	8,339
AIGUILLON-SUR-VIE (l')......	Saint-Gilles-sur-Vie..	524		SAINT-AVAUGOUR........	Idem.......	411	
BRETIGNOLLES...........	Idem......	844		SAINT-BENOIT..........	Idem.......	490	
CHAIZE-GIRAUD.........	Idem.....	227		SAINT-CYR-EN-TALMONDOIS....	Idem.......	490	
COEX...............	Idem.....	1,050		SAINT-SORNIN..........	Idem.......	236	
COMMEQUIERS...........	Idem.....	1,407		SAINT-VINCENT-SUR-GRAON...	Idem.......	1,187	
CROIX-DE-VIE..........	Idem.....	698		TRANCHE (la)..........	Idem.......	885	
FENOUILLÉ............	Idem.....	734		CANTON DE NOIRMOUTIERS.			
GIVRAND..............	Idem.....	245	11,726	NOIRMOUTIERS...........	⊠........	7,011	7,011
LANDEVIEILLE..........	Idem.....	368		CANTON DE PALLUAU.			
RIEZ...............	Idem.....	514		APREMONT.............	Palluau....	1,364	
SAINT-GILLES-SUR-VIE.....	⊠......	1,016		CHAPELLE-PALLUAU (la).....	Idem.......	1,105	
SAINT-HILAIRE-DE-RIEZ.....	Saint-Gilles-sur-Vie..	2,560		FALLERON.............	Challans....	835	
SAINT-MAIXENT-SUR-VIE....	Idem.....	308		GRAND-LANDES..........	Palluau....	1,209	
SAINT-MARTIN-DE-BREM.....	Idem.....	649		MACHÉ...............	Idem.......	632	9,992
SAINT-NICOLAS-DE-BREM....	Idem.....	163		PALLUAU.............	⊠........	571	
SAINT-RÉVÉREND........	Idem.....	424		SAINT-CHRISTOPHE-DU-LIGNERON.	Challans....	1,685	
CANTON DE SAINT-JEAN-DE-MONT.				SAINT-ÉTIENNE-DU-BOIS......	Palluau....	1,961	
NOTRE-DAME-DE-MONT......	Beauvoir-sur-Mer...	2,768		SAINT-PAUL-MONT-PENIT.....	Idem.......	630	
PERRIER (le)...........	Challans....	1,583	9,965	CANTON DES SABLES.			
SOULLANS............	Idem.....	1,805		CHATEAU-D'OLONNE........	Les Sables...	963	
SAINT-JEAN-DE-MONT......	Saint-Gilles-sur-Vie..	3,809		ILE-D'OLONNE..........	Idem.......	762	
CANTON DE L'ISLE-DIEU.				OLONNE.............	Idem.......	1,902	9,703
ISLE-DIEU (l')..........	⊠ (Distribution.)....	2,160	2,160	SABLES (les)...........	⊠........	4,906	
CANTON DE LA MOTHE-ACHARD.				SAINTE-FOI............	Les Sables...	375	
BEAULIEU-SUR-BOURRON......	La Mothe-Achard...	1,653		VAIRÉ..............	Idem.......	795	
CHAPELLE-ACHARD (la).....	Idem.....	993		CANTON DE TALMONT.			
CHAPELLE-HERMIER (la).....	Idem.....	527		AVRILLÉ.............	⊠........	889	
GIROUARD............	Idem.....	513		BERNARD.............	Avrillé.....	801	
LANDERONDE..........	Idem.....	843		GROSBREUIL...........	Les Sables...	851	
MOTHE-ACHARD (la).......	⊠......	529		JARD...............	Avrillé.....	1,017	
NIEUL-LE-DOLENT........	La Mothe-Achard...	721		LONGEVILLE...........	Idem.......	1,357	9,498
				POIROUX.............	Idem.......	623	
				SAINT-HILAIRE-LA-FORÊT.....	Idem.......	425	
				SAINT-VINCENT-SUR-JARD.....	Idem.......	515	
	A reporter..	5,779		TALMONT.............	Les Sables...	3,020	
A reporter..................			41,912	TOTAL de la population de l'Arrondissement.......			94,698

RÉCAPITULATION.

	NOMBRE de		POPULATION.
	CANTONS.	COMMUNES.	
ARRONDISSEMENT DE BOURBON-VENDÉE...........	10	104	115,988
———————— DE FONTENAY-LE-COMTE......	9	111	119,664
———————— DES SABLES.................	11	79	94,698
TOTAUX.................	30	294	330,350

NOMS DES COMMUNES.	BUREAUX DE POSTE qui les desservent.	POPULATION.	TOTAL de la POPULATION par canton
ARRONDISSEMENT DE POITIERS.			
CANTON DE SAINT-GEORGES-LES-BAILLARGEAUX.			
Buzerolles	Poitiers	327	
Chasseneuil	Idem	1,054	
Dissais	Idem	1,166	
Jaulnay	Idem	1,483	
(à Clan.)			6,096
Montamisé	Idem	774	
Saint-Cyr	Idem	375	
S¹-Georges-les-Baillargeaux	Idem	1,028	
CANTON DE SAINT-JULIEN-L'ARS.			
Bignoux	Poitiers	248	
Bonnes	Chauvigny	1,382	
Chapelle-Molière (la)	Idem	516	
Jardres	Idem	395	
Lavoux	Idem	661	
Mignaloux-Beauvoir	Poitiers	456	5,439
Pouillé	Chauvigny	309	
Sèvres	Poitiers	299	
Saint-Julien-l'Ars	Idem	807	
Tercé	Chauvigny	366	
CANTON DE LUSIGNAN.			
Celle-Levécault	Lusignan	1,547	
Cloué	Idem	469	
Coulombiers	Idem	597	
Curzay	Idem	942	
Jazeneuil	Idem	901	13,564
Lusignan	⊠	2,348	
Rouillé	Lusignan	2,493	
Sanxais	Idem	1,695	
Saint-Sauvant	Idem	2,623	
CANTON DE MIREBEAU.			
Amberre	Mirebeau	426	
Champigny-le-sec	Idem	635	
Cherves	Idem	1,099	
Cuhon	Idem	575	
Massognes	Idem	430	8,002
Mirebeau	⊠	2,405	
Montgaudier	Mirebeau	561	
Thuragneau	Idem	892	
Varennes	Idem	261	
Vouzailles	Idem	718	
CANTON DE NEUVILLE.			
Avanton	Poitiers	556	
Blaslay	Mirebeau	278	
Chabournay	Idem	717	
Charrais	Neuville	813	
Chéneché	Mirebeau	331	
Cissé	Neuville	887	9,622
Marigny-Brizay	Châtellerault	664	
Neuville	(Distribution.)	2,720	
Vendeuvre	Mirebeau	1,958	
Villiers	Neuville	363	
Yversay	Idem	325	
CANTON DE POITIERS (nord).			
Migné	Poitiers	1,931	14,111
Poitiers (nord)	⊠	12,180	
CANTON DE POITIERS (sud).			
Croutelle	Poitiers	183	
Fontaine-le-Comte	Idem	593	
Ligugé	Idem	636	13,943
Poitiers (sud)	⊠	10,948	
Saint-Benoist	Poitiers	480	
Vouneuil-sous-Biard	Idem	1,103	
A reporter			70,767

NOMS DES COMMUNES.	BUREAUX DE POSTE qui les desservent.	POPULATION.	TOTAL de la POPULATION par canton
Suite de l'ARRONDISSEMENT DE POITIERS.			
		Report..	70,767
CANTON DE LA VILLE-DIEU.			
Andillé	Vivonne	569	
Aslonnes	Idem	777	
Dienné	Gençais	395	
Fleuré	Poitiers	313	
Gizay	Gençais	424	
Nieuil-Lesfoir	Poitiers	516	5,292
Nouaillé	Idem	787	
Smarves	Idem	431	
Vernon	Gençais	760	
Ville-Dieu (la)	Vivonne	320	
CANTON DE VIVONNE.			
Baptresse	Vivonne	121	
Chateau-Larcher	Idem	702	
Iteuil	Idem	949	
Marçay	Idem	918	7,054
Marigny-Chemereau	Idem	685	
Marnay	Idem	979	
Vivonne	⊠	2,700	
CANTON DE VOUILLÉ.			
Ayron	⊠ (Distribution.)	772	
Benassais	Ayron	2,000	
Berruges	Poitiers	928	
Chalandray	Ayron	634	
Chiré-en-Montreuil	Idem	850	
Frozes	Idem	1,277	11,657
Latillé	Idem	1,181	
Maillé	Idem	422	
Montreuil-Bonnin	Idem	1,346	
Quinçay	Poitiers	812	
Vouillé	Ayron	1,435	
TOTAL de la population de l'Arrondissement......			94,770
ARRONDISSEMENT DE CHATELLERAULT.			
CANTON DE CHATELLERAULT.			
Chatellerault	⊠	9,437	
Colombiers	Châtellerault	866	
Naintré	Idem	1,414	
(aux Barres-de-Naintré.)			14,905
Sénillé	Idem	631	
Saint-Sauveur	Idem	661	
Targé	Idem	263	
Thuré	Idem	1,631	
CANTON DE DANGÉ.			
Buxeuil	La Haye-Descartes	677	
Dangé	Les Ormes	730	
Ingrande	Châtellerault	889	
Leugny	La Haye-Descartes	581	6,001
Oiré	Châtellerault	711	
Ormes (les)	⊠	1,745	
Saint-Rémy-sur-Creuse	La Haye-Descartes	698	
CANTON DE LEIGNÉ-SUR-USSEAU.			
Antran	Châtellerault	529	
Leigné-sur-Usseau	Idem	321	
Mondion	Les Ormes	281	
Sérigny	Châtellerault	876	
Saint-Christophe	Idem	434	5,602
Saint-Gervais	Idem	1,354	
Saint-Romain	Les Ormes	466	
Usseau	Châtellerault	445	
Vaux	Les Ormes	585	
Vellèches	Idem	411	
A reporter			26,508

NOMS DES COMMUNES.	BUREAUX DE POSTE qui les desservent.	POPULA-TION.	TOTAL de la POPULA-TION par canton	NOMS DES COMMUNES.	BUREAUX DE POSTE qui les desservent.	POPULA-TION.	TOTAL de la POPULA-TION par canton
Suite de l'ARRONDISSEMENT DE CHATELLERAULT.				**Suite de l'ARRONDISSEMENT DE CIVRAY.**			
	Report..		26,508		*Report..*		23,617
CANTON DE LENCLOITRE.				**CANTON DE COUHÉ.**			
CERNAY	Châtellerault	394		ANCHÉ	Couhé	765	
DOUSSAIS	*Idem*	761		BRUX	*Idem*	1,483	
LENCLOITRE	*Idem*	1,341		CÉAUX	*Idem*	514	
ORCHES	*Idem*	692		CHATILLON	*Idem*	200	
OUZILLY	*Idem*	936	8,183	CHAUNAI	*Idem*	2,163	
SAVIGNY	*Idem*	665		COUHÉ	✉	1,627	10,916
SCORBÉ-CLAIRVAUX	*Idem*	1,594		PAIRÉ	Couhé	1,173	
SOSSAIS	*Idem*	415		(aux Minières.)			
SAINT-GENEST	*Idem*	1,385		ROMAGNE	*Idem*	1,569	
				VAUX	*Idem*	1,151	
CANTON DE PLEUMARTIN.				VOULON	*Idem*	271	
CHENEVELLES	Châtellerault	912					
COUSSAY-LES-BOIS	*Idem*	1,310		**CANTON DE GENÇAIS.**			
LAPEUIE	Chauvigny	729		BRION	Gençais	323	
LEIGNÉ-LES-BOIS	Châtellerault	604		CHAMPAGNÉ-SAINT-HILAIRE	*Idem*	1,424	
LÉSIGNY	La Haye-Descartes	706	9,279	CHATEAU-GARNIER	Usson	1,002	
MÉRÉ	*Idem*	488		FERRIÈRE (la)	Gençais	437	
PLEUMARTIN	Châtellerault	1,343		GENÇAIS	✉	913	9,909
ROCHE-POSAY (la)	*Idem*	1,354		MAGNÉ	Gençais	653	
VICQ	Angles	1,833		SOMMIÈRES	*Idem*	982	
				SAINT-MAURICE	*Idem*	1,079	
CANTON DE VOUNEUIL-SUR-VIENNE.				SAINT-SECONDIN	*Idem*	1,152	
ARCHIGNY	Châtellerault	2,191		USSON	✉ (Distribution.)	1,944	
AVAILLES	*Idem*	794					
BEAUMONT	*Idem*	1,443		TOTAL de la population de l'Arrondissement			44,442
(à la Tricherie.)							
BELLEFONDS	*Idem*	247	8,276	**ARRONDISSEMENT DE LOUDUN.**			
BONNEUIL-MATOURS	*Idem*	1,305					
CENON	*Idem*	261		**CANTON DE LOUDUN.**			
MONTHOIRON	*Idem*	712		ARÇAY	Loudun	477	
VOUNEUIL-SUR-VIENNE	*Idem*	1,326		BASSES	*Idem*	379	
				BŒUXES	*Idem*	260	
TOTAL de la population de l'Arrondissement			52,246	CEAUX	*Idem*	889	
ARRONDISSEMENT DE CIVRAY.				CHALLAIS	*Idem*	812	
				CHASSEIGNES	*Idem*	466	
CANTON D'AVAILLES.				CLAUNAY	*Idem*	567	
AVAILLES	Civray	1,905		LOUDUN	✉	5,078	
MAUPRÉVOIR	*Idem*	1,146	4,683	MACLAY	Loudun	401	11,547
PRESSAC	*Idem*	801		MESSEMÉ	*Idem*	202	
SAINT-MARTIN-LARS	Usson	831		MOUTERRE	*Idem*	558	
				ROSSAY	*Idem*	157	
CANTON DE CHARROUX.				SAMMARCOLLES	*Idem*	627	
ASNOIS	Civray	535		SAINT-LAON	*Idem*	189	
CHAPELLE-BATON	*Idem*	697		VENIERS	*Idem*	467	
CHARROUX	*Idem*	1,709		VILLIERS	*Idem*	118	
CHATAIN	*Idem*	1,052					
GENOUILLÉ	*Idem*	1,227	7,779	**CANTON DE MONCONTOUR.**			
JOUSSÉ	Usson	334		ANGLIERS	Loudun	601	
PAIROUX	*Idem*	820		AULNAY	*Idem*	219	
SURIN	Civray	393		CHAUSSÉE (la)	Mirebeau	444	
SAINT-ROMAIN	*Idem*	1,012		CRAON	*Idem*	319	
				FRONTENAY	*Idem*	547	
CANTON DE CIVRAY.				GRIMAUDIÈRE (la)	*Idem*	275	
BLANZAIS	Civray	1,580		MARCONNAY	*Idem*	332	
CHAMPAGNÉ-LE-SEC	*Idem*	525		MARTAIZÉ	Loudun	767	
CHAMPNIER	*Idem*	794		MAZEUIL	Mirebeau	477	
CIVRAY	✉	2,203		MESSAIS	*Idem*	324	8,148
LINAZAIS	Civray	516		MONCONTOUR	Loudun	694	
LIZANT	*Idem*	964	11,155	NOTRE-DAME-D'OR	Mirebeau	225	
SAVIGNÉ	*Idem*	1,588		OUZILLY-VIGNOLLES	Loudun	446	
SAINT-GAUDENT	*Idem*	385		SAUVES	Mirebeau	1,132	
SAINT-MACOUX	*Idem*	710		SAINT-AUBIN	*Idem*	169	
SAINT-PIERRE-D'EXIDEUIL	*Idem*	603		SAINT-CASSIEN	Loudun	174	
SAINT-SAVIOL	*Idem*	496		SAINT-CHARTRES	Mirebeau	411	
VOULÈME	*Idem*	881		SAINT-CLAIR	*Idem*	593	
	A reporter..		23,617		*A reporter..*		19,695

11.

NOMS DES COMMUNES.	BUREAUX DE POSTE qui les desservent.	POPULA- TION.	TOTAL de la POPULA- TION par canton	NOMS DES COMMUNES.	BUREAUX DE POSTE qui les desservent.	POPULA- TION.	TOTAL de la POPULA- TION par canton
Suite de l'ARRONDISSEMENT DE LOUDUN.				**Suite de l'ARRONDISSEMENT DE MONTMORILLON.**			
	Report ..		19,695		*Report* ..		7,688
CANTON DE MONTS-SUR-GUESNES.				**Suite du CANTON DE L'ISLE-JOURDAIN.**			
BERTHEGON...............	Mirebeau.....	339			*Report* ..	4,960	
BOUCHET (le)	Loudun.......	394		MOUSSAC-SUR-VIENNE..........	L'Isle-Jourdain.....	905	
CHOUPPES...............	Mirebeau.....	514		MOUTER.................	Idem........	548	
COUSSAY.................	Idem........	556		NÉRIGNAC...............	Idem.......	207	9,346
DANDESIGNY..............	Idem........	109		QUÉRAUX...............	Idem.......	1,392	
DERCÉ.................	Loudun.......	450		VIGEAN (le).............	Idem.......	1,334	
GUESNES................	Idem........	652					
LIGNIERS-LANGOUST	Mirebeau.....	153	6,698	**CANTON DE LUSSAC ou LUSSAC-LES-CHATEAUX.**			
MONTS-SUR-GUESNES	Loudun.......	850		BOURESSE.............	Lussac.......	1,145	
NUEIL-SOUS-FAYE	Idem........	504		CHAPELLE-MORTHEMER (la)....	Chauvigny.....	367	
POLIGNY...............	Mirebeau.....	196		CIVEAUX...............	Lussac.......	860	
POUANT	Loudun.......	529		GOUEX...............	Idem.......	603	
PRINÇAY	Idem........	433		LHOMMAIZÉ..............	Idem.......	726	
SAIRES................	Mirebeau.....	352		LUSSAC...............	⊠ (Distribution.)....	1,248	
VERRUE................	Idem........	667		MAZEROLLES.............	Lussac.......	480	11,338
				MORTHEMER.............	Chauvigny.....	277	
CANTON DES TROIS-MOUTIERS.				PERSAC...............	Lussac.......	1,508	
BOURNAND	Loudun.......	866		SALLES-EN-TOULON.......	Chauvigny.....	1,017	
CURÇAY................	Idem........	730		SILLARS...............	Lussac.......	937	
GLENOUZE..............	Idem........	201		SAINT-LAURENT...........	Idem.......	315	
MORTON...............	Idem........	416		VERRIÈRES.............	Idem.......	1,855	
NUEIL-SUR-DIVE..........	Idem........	732					
POUANÇAY..............	Idem........	254		**CANTON DE MONTMORILLON.**			
RANTON...............	Idem........	413	8,710	BOURG-ARCHAMBAULT	Montmorillon.....	238	
RASLAY................	Idem........	269		JOUHET...............	Idem.......	682	
ROIFFÉ................	Idem........	942		LATHUS...............	Idem.......	1,773	
SAIX..................	Idem........	662		MONTMORILLON	⊠........	3,608	9,680
SAINT-LÉGER...........	Idem........	620		MOULISME..............	Montmorillon.....	634	
TERNAY...............	Idem........	507		PINDRAY...............	Idem.......	594	
TROIS-MOUTIERS (les).......	Idem........	1,538		PLAISANCE.............	Idem.......	380	
VÉZIÈRES..............	Idem........	560		SAULGÉ...............	Idem.......	1,050	
				SAINT-REMY.............	Idem.......	721	
TOTAL de la population de l'Arrondissement.......		35,103					
				CANTON DE SAINT-SAVIN.			
ARRONDISSEMENT DE MONTMORILLON.				ANGLES...............	⊠........	1,682	
CANTON DE CHAUVIGNY.				ANTIGNY...............	Saint-Savin.....	1,126	
CHAPELLE-VIVIERS (la)	Chauvigny.....	454		BÉTHINES.............	Idem.......	1,246	
CHAUVIGNY.............	⊠........	1,600		BUSSIÈRE (la)...........	Idem.......	1,069	
FLEIX................	Chauvigny.....	275		MAILLÉ...............	Angles.......	3,014	11,124
LEIGNES...............	Idem.......	789		NALLIERS.............	Saint-Savin.....	601	
LAUTIERS..............	Idem.......	190		SAINT-GERMAIN...........	Idem.......	793	
PAIZAY-LE-SEC...........	Idem.......	838	7,688	SAINT-SAVIN...........	⊠........	1,403	
POUZEUX..............	Idem.......	544		VILLEMORT.............	Saint-Savin.....	190	
SAINT-MARTIAL..........	Idem.......	365					
SAINT-MARTIN-LA-RIVIÈRE.....	Idem.......	854		**CANTON DE LA TRIMOUILLE.**			
SAINT-PIERRE-DES-ÉGLISES.....	Idem.......	1,451		BRIGUEIL.............	Montmorillon.....	1,164	
SAINTE-RADEGONDE........	Idem.......	328		COULONGES.............	Idem.......	692	
				HAINS...............	Idem.......	707	
CANTON DE L'ISLE-JOURDAIN.				JOURNET...............	Idem.......	913	
ADRIERS...............	L'Isle-Jourdain.....	1,392		LIGLET...............	Idem.......	1,119	6,994
ASNIÈRES.............	Idem.......	887		SAINT-LÉOMER	Idem.......	420	
ISLE-JOURDAIN (l').........	⊠........	662		THOLLET...............	Idem.......	695	
LUCHAPT.............	L'Isle-Jourdain.....	890		TRIMOUILLE (la)...........	Idem.......	1,284	
MILLAC-SAINT-PAIXENT........	Idem.......	1,129					
	A reporter ..	4,960		TOTAL de la population de l'Arrondissement.......		56,170	
	A reporter		7,688				

RÉCAPITULATION.

	NOMBRE de		POPULATION.
	CANTONS.	COMMUNES.	
ARRONDISSEMENT DE POITIERS...................	10	82	94,770
——————— DE CHATELLERAULT...........	6	50	52,246
——————— DE CIVRAY................	5	45	44,442
——————— DE LOUDUN...............	4	63	35,103
——————— DE MONTMORILLON	6	60	56,170
TOTAUX................	31	300	282,731

NOMS DES COMMUNES.	BUREAUX DE POSTE qui les desservent.	POPULA-TION.	TOTAL de la POPULA-TION par canton	NOMS DES COMMUNES.	BUREAUX DE POSTE qui les desservent.	POPULA-TION.	TOTAL de la POPULA-TION par canton
ARRONDISSEMENT DE LIMOGES.				**Suite de l'ARRONDISSEMENT DE LIMOGES.**			
						Report..	63,101
CANTON D'AIXE.				**CANTON DE LIMOGES (nord).**			
AIXE	✉(Distribution.)	2,610		COUZEIX	Limoges	1,355	
BEYNAC	Aixe	473		ISLE	Idem	1,392	19,633
BOSNIE	Idem	471		LIMOGES (nord)		16,462	
BURGNAC	Idem	451		PALAIS (le)	Limoges	424	
JOURGNAC	Idem	639	11,352				
SÉREILHAC	Idem	2,093		**CANTON DE LIMOGES (sud).**			
SAINT-MARTIN-LE-VIEUX	Idem	807		AUREIL	Limoges	1,149	
SAINT-PRIEST-D'AIXE	Idem	1,173		CONDAT	Idem	394	
SAINT-YRIEIX-SOUS-AIXE	Idem	538		FEYTIAT	Idem	817	
VERNEUIL	Idem	2,097		LIMOGES (sud)	✉	10,608	
				PANAZOL	Limoges	1,029	17,676
CANTON D'AMBAZAC.				SOLIGNAC	Idem	2,784	
AMBAZAC	Chanteloube	2,825		SAINT-JUST	Idem	895	
BEAUNE	Limoges	608		(au Mazet.)			
BILLANGES (les)	Chanteloube	935					
BONNAC	Nieul	1,011	8,165	**CANTON DE NIEUL.**			
(à la Maison-rouge.)				CHAPTELAT	Nieul	535	
RILHAC-RANÇON	Limoges	656		NIEUL	✉(Distribution.)	730	
SAINT-LAURENT-LES-ÉGLISES	Chanteloube	995		PEYRILHAC	Nieul	1,466	
SAINT-PRIEST-TAURION	Limoges	1,135		SAINT-GENCE	Idem	945	6,319
				SAINT-JOUVENT	Idem	1,125	
CANTON DE CHATEAUNEUF.				VEYRAC	La Barre	1,518	
CHATEAUNEUF	Eymoutiers	1,384		(Distribution à la Barre.)			
CROISILLE (la)	Idem	1,980		(au Petit-Buisson.)			
LINARDS	Idem	1,923					
MALÉON	Saint-Léonard	347		**CANTON DE PIERRE-BUFFIÈRE.**			
NEUVIC	Eymoutiers	1,929	11,163	BOISSEUIL	Limoges	712	
ROZIERS-SAINT-GEORGES	Saint-Léonard	726		EYJAUX	Pierre-Buffière	813	
SURDOUX	Eymoutiers	231		PIERRE-BUFFIÈRE	✉	1,040	
SUSSAC	Idem	1,218		SAINT-BONNET-LA-RIVIÈRE	Pierre-Buffière	1,584	
SAINT-GILES-LES-FORÊTS	Idem	222		SAINT-GENEST	Idem	706	8,759
SAINT-MÉARD	Idem	1,203		SAINT-HILAIRE-BONNEVAL	Idem	762	
				SAINT-JEAN-LIGOURE	Idem	1,026	
CANTON D'EYMOUTIERS.				SAINT-MAURICE-LES-BROUSSES	Idem	399	
AUGNE	Eymoutiers	600		SAINT-PAUL	Idem	1,717	
BEAUMONT	Idem	586					
BUJALEUF	Idem	1,936					
DOMPS	Idem	466		TOTAL de la population de l'Arrondissement			115,488
EYMOUTIERS	✉	3,436	13,808				
NEDDE	Eymoutiers	1,527					
PEYRAT-LE-CHATEAU	Idem	2,572		**ARRONDISSEMENT DE BELLAC.**			
REMPNAT	Idem	897					
SAINTE-ANNE-SAINT-PRIEST	Idem	493		**CANTON DE BELLAC.**			
SAINT-JULIEN-LE-PETIT	Idem	1,295		BELLAC	✉	3,607	
				BLANZAC	Bellac	749	
CANTON DE LAURIÈRE.				BLOND	Idem	2,260	
JABREILLES	Chanteloube	1,266		PEYRAT	Idem	1,238	9,853
JONCHÈRE (la)	Idem	662		SAINT-BONNET	Idem	1,455	
LAURIÈRE	Idem	1,248		SAINT-JUNIEN-LES-COMBES	Idem	544	
SAINT-LÉGER-LA-MONTAGNE	Idem	1,071	6,310				
SAINT-SYLVESTRE	Idem	1,395					
SAINT-SULPICE-LAURIÈRE	Idem	668		**CANTON DE BESSINES.**			
				BERSAC	Chanteloube	1,755	
CANTON DE SAINT-LÉONARD.				BESSINES	Morterolles	2,699	
CHAMPNETERY	Saint-Léonard	891		FOLLES	Idem	1,658	
CHATENET (la)	Idem	682		FROMENTAL	Idem	1,210	10,406
EYROULEUF	Idem	371		MORTEROLLES	✉	641	
GENEITOUSE (la)	Idem	800		RAZÈS	Chanteloube	1,138	
MOISSANNES	Idem	736	12,303	(✉ à Chanteloube.)			
ROYÈRES-SAINT-LÉONARD	Idem	517		SAINT-PARDOUX	Bellac	1,305	
SAUVIAT	Idem	930					
SAINT-DENIS-DES-MURS	Idem	881					
SAINT-LÉONARD	✉	5,705					
SAINT-MARTIN-TERRESSUS	Saint-Léonard	790					
		A reporter..	63,101			*A reporter..*	20,259

NOMS DES COMMUNES.	BUREAUX DE POSTE qui les desservent.	POPULA-TION.	TOTAL de la POPULA-TION par canton	NOMS DES COMMUNES.	BUREAUX DE POSTE qui les desservent.	POPULA-TION.	TOTAL de la POPULA-TION par canton
Suite de l'ARRONDISSEMENT DE BELLAC.				**ARRONDISSEMENT DE ROCHECHOUART.**			
Report..		20,259					
CANTON DE CHATEAUPONSAT.				**CANTON DE SAINT-JUNIEN.**			
Balledent	Bellac	684		Chaillac	Saint-Junien	1,188	
Chateauponsat	Morterolles	3,742		Javerdat	La Barre	1,044	
Rançon	Bellac	2,137	9,308	Oradour-sur-Glane	Idem	1,722	
Saint-Amant-Magnazeix	Morterolles	1,288		Saint-Brice	Saint-Junien	1,127	13,001
Saint-Priest-le-Betoux	Idem	238		Saint-Junien ✉	✉	5,895	
Saint-Sornin-Leulac	Idem	1,219		Saint-Martin-de-Jussac	Saint-Junien	632	
				Saint-Victurnien	La Barre	1,393	
CANTON DU DORAT.							
Azat-le-Riz	Le Dorat	662		**CANTON DE SAINT-LAURENT-SUR-GORRE.**			
Bazeuge (la)	Idem	527					
Croix (la)	Idem	875		Cognac	La Barre	1,808	
Darnac	Idem	2,157		Gorre	Rochechouart	846	
Dinsac	Idem	540		Saint-Advent	Idem	1,951	
Dorat (le)	✉	2,237	10,949	Saint-Cyr	Idem	1,251	8,902
Oradour-Saint-Genest	Le Dorat	1,268		Saint-Laurent-sur-Gorre	Idem	2,619	
Saint-Ouen	Idem	614		Sainte-Marie-de-Vaux	La Barre	427	
Saint-Sornin-la-Marche	Idem	1,167					
Tersannes	Idem	417		**CANTON DE SAINT-MATHIEU.**			
Verneuil-Moutiers	Idem	485					
				Chapelle-Montbrandeix (la)	Rochechouart	689	
CANTON DE MAGNAC-LAVAL.				Dournazac	Chalus	2,291	
Dompierre	Magnac-Laval	1,638		Maisonnais	Rochechouart	1,516	
Droux	Idem	1,244		Marval	Idem	1,434	8,981
Magnac-Laval	✉ (Distribution.)	3,455	9,572	Milhaguet	Idem	344	
Saint-Hilaire-la-Treille	Arnac-la-Poste	1,089		Pensol	Idem	514	
Saint-Léger-Magnazeix	Idem	1,623		Saint-Mathieu	Idem	2,193	
Villefavart	Magnac-Laval	523					
				CANTON D'ORADOUR-SUR-VAYRES.			
CANTON DE MÉZIÈRES.							
Bussière-Boffy	Bellac	1,139		Champagnac	Rochechouart	1,721	
Bussière-Poitevine	Idem	2,045		Champsac	Idem	1,321	
Gajocbert	Idem	348		Cussac	Idem	1,895	8,505
Mézières	Idem	1,396		Oradour-sur-Vayres	Idem	3,058	
Montrol-Senard	Idem	1,369	10,042	Saint-Bazile	Idem	510	
Mortemart	Idem	266					
Nouic	Idem	1,526		**CANTON DE ROCHECHOUART.**			
Saint-Barbant	Idem	1,273					
Saint-Martial	Idem	680		Chéronnac	Rochechouart	1,047	
				Rochechouart	✉	3,996	
CANTON DE NANTIAT.				Salles (les)	Rochechouart	716	8,404
Berneuil	Bellac	1,026		Vayres	Idem	1,779	
Breuilaufa	Nantiat	203		Videix	Idem	866	
Buis (le)	Idem	337					
Chamboret	Idem	894					
Cieux	Idem	1,798		Total de la population de l'Arrondissement			47,793
Compreignac	Idem	2,254	10,713				
Nantiat	✉ (Distribution.)	1,245					
Roussac	Nantiat	914		**ARRONDISSEMENT DE SAINT-YRIEIX.**			
Saint-Symphorien	Idem	757					
Thouron	Idem	543					
Vaulry	Idem	812		**CANTON DE CHALUS.**			
CANTON DE SAINT-SULPICE-LES-FEUILLES.							
Arnac-la-Poste	✉	1,792		Bussière-Galant	Chalus	1,580	
(✉ à la Ville-au-Brun.)				Cars (les)	Idem	857	
Chezeaux (les)	Arnac-la-Poste	425		Chalus ✉	✉	1,944	
Cromac	Idem	1,037		Chenevières	Chalus	101	8,236
Jouac	Idem	557		Flavignac	Idem	1,528	
Lussac-les-Églises	Le Dorat	1,552	9,218	Lavignac	Aixe	403	
Mailhac	Arnac-la-Poste	787		Pageas	Chalus	1,373	
Saint-Georges-les-Landes	Idem	780		Saint-Nicolas	Idem	450	
Saint-Martin-le-Mault	Idem	505					
Saint-Sulpice-les-Feuilles	Idem	1,783					
Total de la population de l'Arrondissement			80,061	A reporter			8,236

NOMS DES COMMUNES.	BUREAUX DE POSTE qui les desservent.	POPULA-TION.	TOTAL de la POPULA-TION par canton	NOMS DES COMMUNES.	BUREAUX DE POSTE qui les desservent.	POPULA-TION.	TOTAL de la POPULA-TION par canton
Suite de l'ARRONDISSEMENT DE SAINT-YRIEIX.				Suite de l'ARRONDISSEMENT DE SAINT-YRIEIX.			
	Report..		8,236		Report..		20,403
CANTON DE SAINT-GERMAIN-LES-BELLES.				Suite du CANTON DE NEXON.			
					Report..	1,350	
CHATEAU-CHERVIX	Pierre-Buffière.....	1,658		MEIRE (la)	Saint-Yrieix.......	1,264	
GLANGES	Idem	1,173		NEXON	⊠ (Distribution.)....	2,157	
MAGNAC-BOURG	Idem	1,420		RILHAC-LASTOURS	Nexon..........	680	
MEUZAC	Idem	1,032	12,167	ROCHE-L'ABEILLE (la)	Saint-Yrieix.......	1,458	9,307
PORCHERIE (la)	Idem	1,269		SAINT-HILAIRE-LASTOURS	Nexon..........	860	
SAINT-GERMAIN-LES-BELLES	Idem	2,251		SAINT-PRIEST-LIGOURE	Idem............	1,538	
SAINT-VITTE	Idem	1,140					
VICQ	Idem	2,224					
				CANTON DE SAINT-YRIEIX.			
CANTON DE NEXON.							
				CHALARD (le)	Saint-Yrieix.......	000	
JANAILHAC	Nexon..........	750		COUSSAC-BONNEVAL	Idem............	2,936	
MEILHAC	Idem	600		LADIGNAC	Idem............	2,600	12,078
				SAINT-YRIEIX	⊠............	6,542	
	A reporter..	1,350					
A reporter............			20,403	TOTAL de la population de l'Arrondissement.......			41,788

RÉCAPITULATION.

	NOMBRE de		POPULATION.
	CANTONS.	COMMUNES.	
ARRONDISSEMENT DE LIMOGES	10	78	115,488
—————— DE BELLAC	8	65	80,061
—————— DE ROCHECHOUART	5	30	47,793
—————— DE SAINT-YRIEIX	4	28	41,788
TOTAUX	27	201	285,130

NOMS DES COMMUNES.	BUREAUX DE POSTE qui les desservent.	POPULA-TION.	TOTAL de la POPULA-TION par canton
ARRONDISSEMENT D'ÉPINAL.			
CANTON DE BAINS.			
BAINS 🐎	✉	2,407	
FONTENOY-LE-CHATEAU	Bains	1,977	
GRANDRUPT	Idem	445	
GRUEY	Idem	1,301	
HARSAULT	Idem	1,207	
HAUT-MOUGEY	Idem	475	
HAYE (la)	Idem	668	11,171
MAGNY (le)	Idem	160	
MONTMOTIER	Idem	168	
SURANCE	Idem	89	
TRÉMONZEY	Idem	754	
VIOMÉNIL	Idem	713	
VOIVRES (les)	Idem	807	
CANTON DE BRUYÈRES.			
AYDOILES	Épinal	742	
BEAUMÉNIL	Bruyères	168	
BOULAY (le)	Idem	220	
BRUYÈRES	✉	2,328	
BULT	Rambervillers	409	
CHAMP-LE-DUC	Bruyères	314	
CHARMOIS	Épinal	576	
CHENIMÉNIL	Idem	1,082	
DESTORD	Bruyères	313	
DEYCIMONT	Idem	385	
DOCELLES	Idem	1,156	
DOMPIERRE	Épinal	372	
FAYS	Bruyères	195	
FIMÉNIL	Idem	443	
FONTENAY	Épinal	594	
GIRECOURT 🐎	Bruyères	407	
GRANDVILLERS	Idem	1,091	16,864
GUGNÉCOURT	Idem	310	
LAVAL	Idem	373	
LAVELINE-DEVANT-BRUYÈRES	Idem	456	
LAVELINE-DU-HOUX	Idem	681	
LÉPANGES	Idem	718	
MÉMÉNIL	Idem	280	
NEOVREVILLE (la)	Idem	113	
NONZEVILLE	Idem	195	
PADOUX	Rambervillers	719	
PIERREPONT	Bruyères	264	
PREY	Idem	93	
ROULIER (le)	Idem	318	
SAINTE-HÉLÈNE	Idem	713	
SAINT-JEAN-DU-MARCHÉ	Idem	206	
VIMÉNIL	Idem	317	
XAMONTARUPT	Idem	313	
CANTON DE CHATEL-SUR-MOSELLE.			
BADMÉNIL-AUX-BOIS	Nomexy	338	
BAYECOURT	Idem	280	
CHATEL-SUR-MOSELLE	Idem	1,176	
CHAVELOT	Épinal	297	
DAMAS-AUX-BOIS	Nomexy	841	
DOMÈVRE-SUR-DURBION	Idem	508	
FRISON	Idem	586	
GIGNEY	Épinal	211	
GIRMONT	Nomexy	482	
HADIGNY	Idem	338	
HAILLAINVILLE	Idem	493	
IGNEY 🐎	Idem	346	
A reporter..		5,896	
A reporter		**28,035**	

NOMS DES COMMUNES.	BUREAUX DE POSTE qui les desservent.	POPULA-TION.	TOTAL de la POPULA-TION par canton
Suite de l'ARRONDISSEMENT D'ÉPINAL.		Report..	28,035
Suite du CANTON DE CHATEL-SUR-MOSELLE.			
		Report..	5,896
MAZELAY	Épinal	442	
MORIVILLE	Nomexy	647	
NOMEXY	✉ (Distribution.)	577	
OXCOURT	Nomexy	118	
PALLEGNEY	Idem	297	
REHAINCOURT	Idem	574	10,067
SERCOEUR	Épinal	256	
THAON	Idem	430	
VAXONCOURT	Nomexy	455	
VERRIÈRES-D'ONZAINES	Idem	41	
VILLONCOURT	Épinal	190	
ZINCOURT	Nomexy	144	
CANTON D'ÉPINAL.			
ARCHES	Épinal	1,335	
ARCHETTES	Idem	677	
BAFFE (la)	Idem	643	
CHAMOUXEY	Idem	362	
DARNIEULLES 🐎	Idem	434	
DEYVILLERS	Idem	558	
DIGNONVILLE	Idem	208	
DOGNEVILLE	Idem	638	
DOMÈVRE-SUR-AVIÈRE	Idem	435	
DOMMARTIN	Idem	864	
ÉPINAL 🐎	✉	9,070	
FOMEREY	Épinal	208	19,606
FORGES (les)	Idem	581	
GIRANCOURT	Idem	855	
GOLBEY	Idem	579	
JEUXEY	Idem	456	
LONGCHAMP	Idem	286	
RENAUVOID	Idem	215	
SANCHEY	Idem	244	
SAINT-LAURENT	Idem	396	
UXEGNEY	Idem	387	
VAUDÉVILLE	Idem	175	
CANTON DE RAMBERVILLERS.			
ANGLEMONT	Rambervillers	219	
AUTREY	Idem	445	
BAZIEN	Idem	307	
BRU	Idem	772	
CLÉZENTAINE	Idem	521	
DEINVILLER	Idem	144	
DOMPTAIL	Idem	957	
DONCIÈRES	Idem	296	
FAUCONCOURT	Idem	336	
HARDANCOURT	Idem	80	
HOUSSERAS	Idem	894	
JEANMÉNIL	Idem	998	
MÉNARMONT	Idem	365	
MÉNIL	Idem	624	18,004
MOYEMONT	Idem	423	
NOSSONCOURT	Idem	431	
ORTONCOURT	Idem	299	
RAMBERVILLERS 🐎	✉	4,990	
ROMONT	Rambervillers	656	
ROVILLE-AUX-CHÊNES	Idem	464	
SAINTE-BARBE	Idem	717	
SAINT-BENOIT	Idem	1,039	
SAINT-GENEST	Idem	308	
SAINT-GORGON	Idem	248	
SAINT-MAURICE	Idem	248	
SAINT-PIERREMONT	Idem	342	
VOMÉCOURT	Idem	407	
XAFFÉVILLER	Idem	474	
A reporter		**75,712**	

NOMS DES COMMUNES.	BUREAUX DE POSTE qui les desservent.	POPULA-TION.	TOTAL de la POPULA-TION par canton	NOMS DES COMMUNES.	BUREAUX DE POSTE qui les desservent.	POPULA-TION.	TOTAL de la POPULA-TION par canton
Suite de l'ARRONDISSEMENT D'ÉPINAL.				**Suite de l'ARRONDISSEMENT DE MIRECOURT.**			
	Report..		75,712		Report..		25,805
CANTON DE XERTIGNY.				**CANTON DE DOMPAIRE.**			
CHAPELLE-AUX-BOIS (la)	Xertigny	2,549		ABLEUVENETTES (les)	Dompaire	255	
CHARMOIS-L'ORGUEILLEUX	Idem	1,168		AHÉVILLE	Mirecourt	175	
CLERJUS (le)	Bains	2,333		BAINVILLE	Dompaire	340	
DOUNNOUX	Xertigny	589		BAZEGNEY	Mirecourt	313	
HADOL	Idem	2,884	15,866	BEGNÉCOURT	Dompaire	312	
URIMÉNIL	Épinal	1,469		BETTEGNEY-SAINT-BRICE	Idem	330	
UZEMAIN	Xertigny	178		BOCQUEGNEY	Idem	161	
UZEMAIN-LA-RUE	Idem	1,413		BOUXIÈRES-AUX-BOIS	Idem	318	
XERTIGNY	☒ (Distribution.)	3,283		BOUZÆMONT	Idem	283	
				GIRCOURT	Idem	279	
				DAMAS-DEVANT-DOMPAIRE	Idem	728	
TOTAL de la population de l'Arrondissement			91,578	DERBAMONT	Idem	483	
				DOMPAIRE	☒ (Distribution.)	1,398	
ARRONDISSEMENT DE MIRECOURT.				GELVÉCOURT	Dompaire	226	
				GORHEY	Idem	202	10,694
CANTON DE CHARMES.				GUGNEY-AUX-AULX	Idem	615	
AMBACOURT	Mirecourt	359		HAGÉCOURT	Mirecourt	369	
AVILLERS	Idem	476		HENNECOURT	Dompaire	337	
AVRANVILLE	Charmes	182		JORXEY	Mirecourt	281	
BATTEXEY	Idem	112		LÉGÉVILLE	Dompaire	157	
BETTONCOURT	Mirecourt	221		MADEGNEY	Idem	431	
BOUXURELLES	Charmes	580		MADONNE	Idem	188	
BRANTIGNY	Idem	265		MARONCOURT	Mirecourt	55	
CHAMAGNE	Idem	594		RACÉCOURT	Idem	249	
CHARMES	☒	2,962		REGNEY	Dompaire	184	
ESSEGNEY	Charmes	421		SAINT-VALLIER	Nomexy	210	
ÉVAUX	Idem	344		VAUDEXY	Dompaire	518	
FLOREMONT	Idem	464		VELOTTE	Mirecourt	273	
GIRCOURT	Mirecourt	684		VILLE-SUR-ILLON	Dompaire	1,024	
HERGUGNEY	Charmes	362	13,008				
LANGLEY	Idem	98		**CANTON DE MIRECOURT.**			
MARAINVILLE	Idem	280					
PONT-SUR-MADON	Mirecourt	285		BAUDRICOURT	Mirecourt	236	
PORTIEUX	Charmes	1,132		BIÉCOURT	Idem	242	
RAPEY	Idem	78		BLEMEREY	Idem	131	
RUGNEY	Idem	354		BOULAINCOURT	Idem	132	
SAVIGNY	Idem	416		CHAUFFECOURT	Idem	56	
SOUCOURT	Idem	353		CHEF-HAUT	Idem	301	
UMXY	Idem	354		DOMBASLE-EN-XAINTOIS	Idem	285	
VARMONZEY	Idem	104		DOMVALLIER	Idem	166	
VINCEY	Idem	1,024		FRENELLE-LA-GRANDE	Idem	351	
VOMÉCOURT	Mirecourt	107		FRENELLE-LA-PETITE	Idem	158	
XARONVAL	Charmes	397		HYMONT	Idem	240	
				JUVAINCOURT	Idem	545	
CANTON DE DARNEY.				MATTAINCOURT	Idem	953	
				MAZIROT	Idem	313	
ATTIGNY	Darney	800		MENIL-EN-XAINTOIS	Idem	204	14,117
BELRUPT	Idem	421		MIRECOURT	☒	5,574	
BONVILLET	Idem	468		OËLLEVILLE	Mirecourt	570	
DARNEY	☒	1,784		POUSSEY	Idem	619	
DOMBASLE-EN-VOSGES	Darney	501		PUZIEUX	Idem	252	
DOMMARTIN-LES-VALLOIS	Idem	84		RAMECOURT	Idem	211	
ESGLES	Idem	1,450		REMICOURT	Idem	196	
ESLEY	Idem	458		REPEL	Idem	237	
FRENOIS	Dompaire	232		ROUVRES-EN-XAINTOIS	Idem	640	
HAROL	Idem	1,139		SAINT-MENGE	Idem	375	
HENNEZEL	Darney	1,449	12,797	SAINT-PRANCHER	Idem	275	
JÉSONVILLE	Idem	403		THIRAUCOURT	Idem	177	
LERRAIN	Idem	818		TOTAINVILLE	Idem	292	
PIERREFITTE	Dompaire	375		VILLERS	Idem	269	
PONT-LES-BONFAYS	Darney	177		VROVILLE	Idem	227	
PROVENCRÈRES	Idem	426					
RELANGES	Idem	560		**CANTON DE MONTHUREUX-SUR-SAONE.**			
SANS-VALLOIS	Idem	188					
SENONGES	Idem	525		AMEUVELLE	Jussey	226	
SAINT-BASLEMONT	Idem	297		BELMONT	Darney	277	
VALLOIS (les)	Idem	242					
					A reporter..	503	
	A reporter		25,805		A reporter		50,616

NOMS DES COMMUNES.	BUREAUX DE POSTE qui les desservent.	POPULA-TION.	TOTAL de la POPULA-TION par canton	NOMS DES COMMUNES.	BUREAUX DE POSTE qui les desservent.	POPULA-TION.	TOTAL de la POPULA-TION par canton

Suite de l'ARRONDISSEMENT DE MIRECOURT. — *Report..* 50,616

Suite de l'ARRONDISSEMENT DE NEUFCHATEAU.

Suite du CANTON DE MONTHUREUX-SUR-SAONE.

Suite du CANTON DE BULGNÉVILLE.

NOMS DES COMMUNES.	BUREAUX	POP.	TOTAL	NOMS DES COMMUNES.	BUREAUX	POP.	TOTAL
	Report..	5o3			*Report..*	7,2i3	
BLEURVILLE	Darney	9i6		SAUVILLE	Bulgnéville	88i	
CLAUDON	Idem	1,574		SURIAUVILLE	Idem	593	
FIGNÉVILLE	Idem	25o		SAINT-OUEN-LÈS-PAREY	Idem	1,3oo	
GIGNÉVILLE	Idem	26o	8,o73	SAINT-RÉMIMONT	Idem	333	12,485
GODONCOURT	Idem	792		URVILLE	Idem	4i3	
MARTINVILLE	Idem	67i		VACHERESSE (la)	Idem	6oo	
MONTHUREUX-SUR-SAONE	Idem	1,6i8		VAUDONCOURT	Idem	22i	
NONVILLE	Idem	5i5		VRÉCOURT	Idem	93i	
REGNÉVILLE	Idem	5o8					
VIVIERS-LE-GRAS	Idem	466					

CANTON DE VITTEL.

CANTON DE CHATENOIS.

NOMS DES COMMUNES.	BUREAUX	POP.	TOTAL	NOMS DES COMMUNES.	BUREAUX	POP.	TOTAL
BAZOILLE	Mirecourt	365		AOUZE	Chatenois	7o8	
CONTREXÉVILLE	Bulgnéville	673		AROFFE	Idem	3o8	
DOMBROT	Darney	65i		BAILLÉVILLE	Idem	366	
DOMÈVRE-SUR-MONTFORT	Mirecourt	175		CHATENOIS	(Distribution.)	1,547	
DOMJULIEN	Idem	65i		COURCELLES-SUR-CHATENOIS	Chatenois	194	
ESTRENNES	Idem	323		DARNAY-AUX-CHÊNES	Idem	117	
GEMMELAINCOURT	Idem	4o9		DOLAINCOURT	Idem	194	
GIROVILLER	Idem	149		DOMMARTIN-SUR-VRAINE	Idem	533	
HARÉVILLE	Idem	28o		GIRONCOURT	Idem	4io	
LIGNÉVILLE	Darney	636		HOUÉCOURT	Idem	827	
MADECOURT	Mirecourt	167		LONGCHAMP	Idem	172	
MONTHUREUX-LE-SEC	Darney	59o	11,4o8	MACONCOURT	Idem	282	11,589
NEUVEVILLE (la)	Mirecourt	4o5		MORELMAISON	Idem	216	
OFFROICOURT	Idem	465		NEUVEVILLE (la)	Idem	568	
RANCOURT	Idem	274		OLLAINVILLE	Idem	25o	
REMONCOURT	Idem	1,123		PLEUVEZAIN	Idem	194	
ROZEROTTE	Idem	3o7		RAINVILLE	Idem	695	
THEY-SUR-MONTFORT	Idem	374		RÉMOIS	Idem	7o	
THUILLÈRES	Darney	4i9		REMOVILLE	Idem	644	
VALFROICOURT	Dompaire	8o3		ROUVRES	Idem	826	
VALLEROY-AUX-SAULES	Idem	24o		SANDOCOURT	Idem	569	
VALLEROY-LE-SEC	Mirecourt	265		SONCOURT	Idem	169	
VITTEL	Darney	1,426		SAINT-PAUL	Idem	271	
VIVIERS-LES-OFFROICOURT	Mirecourt	238		VICHEREY	Idem	54i	
				VIOCOURT	Idem	3i6	
				VOUXEY	Idem	6o2	

TOTAL de la population de l'Arrondissement...... 70,097

CANTON DE COUSSEY.

ARRONDISSEMENT DE NEUFCHATEAU.

NOMS DES COMMUNES.	BUREAUX	POP.	TOTAL	NOMS DES COMMUNES.	BUREAUX	POP.	TOTAL
				AUTIGNY-LA-TOUR	Neufchâteau	535	
				AUTREVILLE	Colombey	4i8	
				AVRANVILLE	Neufchâteau	254	
				BRANCOURT	Idem	394	

CANTON DE BULGNÉVILLE.

				CHERMIZEY	Idem	3i3	
AINGEVILLE	Bulgnéville	26i		CLEREY-LA-COTE	Idem	216	
AULNOIS	Idem	27o		COUSSEY	Idem	83i	
AUZAINVILLIERS	Idem	342		DOMREMY-LA-PUCELLE	Idem	3i6	
BELMONT-SUR-VAIR	Idem	354		FREBÉCOURT	Idem	446	
BULGNÉVILLE	(Distribution.)	1,oi2		FRUZE	Idem	143	
CRAINVILLIERS	Bulgnéville	55o		GOUÉCOURT	Idem	1o2	
DOMBROT	Idem	486		GRAUX	Idem	72	
GENDREVILLE	Idem	69o		GREUX	Idem	282	
HAGNÉVILLE	Idem	174		HARMONVILLE	Colombey	398	8,9i5
MALAINCOURT	Idem	34i		JUBAINVILLE	Neufchâteau	264	
MANDRES	Idem	5ii		MARTIGNY-LES-GERBONVAUX	Idem	347	
MÉDONVILLE	Idem	559		MAXEY-SUR-MEUSE	Idem	626	
MORVILLE	Idem	88		MIDREVAUX	Idem	43o	
NORROY	Idem	47i		MONCEL-HAPPONCOURT	Idem	35o	
OUTRANCOURT	Idem	117		PUNEROT	Colombey	55o	
PAREY-SUR-MONTFORT	Idem	447		RUPPES	Neufchâteau	38i	
RONCOURT	Idem	77		SERAUMONT	Idem	2i8	
SAULXURES-LES-BULGNÉVILLE	Idem	463		SIONNE	Idem	454	
				SOULOSSE	Idem	149	
				SAINT-ÉLOPHE	Idem	94	
				TRANQUEVILLE	Idem	33i	

A reporter.. 7,2i3

A reporter...... 32,98o

NOMS DES COMMUNES.	BUREAUX DE POSTE qui les desservent.	POPULA- TION.	TOTAL de la POPULA- TION par canton	NOMS DES COMMUNES.	BUREAUX DE POSTE qui les desservent.	POPULA- TION.	TOTAL de la POPULA- TION par canton
Suite de l'ARRONDISSEMENT DE NEUFCHATEAU.		Report..	32,989	**Suite de l'ARRONDISSEMENT DE REMIREMONT.**		Report..	12,360
CANTON DE LAMARCHE.				CANTON DE RAMONCHAMP.			
AINVELLE..............	Lamarche........	584		BUSSANG..............	Le Tillot........	2,349	
BLEVAINCOURT..........	Idem.......	467		FERDRUPT.............	Idem.......	1,200	
CHATILLON............	Bourbonne....	698		FRESSE..............	Idem.......	1,648	
DAMBLAIN.............	Lamarche........	963		MÉNIL (le)...........	Idem.......	1,565	15,662
FOUCHÉCOURT..........	Idem.......	343		RAMONCHAMP...........	Idem.......	3,200	
FRAIN...............	Idem.......	460		(⊠ au Tillot.)			
GRIGNONCOURT.........	Bourbonne....	311		RUPT...............	Idem.......	3,672	
ISCUES..............	Lamarche........	829		SAINT-MAURICE 🐎......	Idem.......	2,028	
LAMARCHE............	⊠........	1,625					
LIRONCOURT..........	Bourbonne....	403		CANTON DE REMIREMONT.			
MAREY...............	Lamarche........	364		CLEURIE.............	Remiremont......	444	
MARTIGNY............	Idem.......	1,260		DOMMARTIN...........	Idem.......	2,397	
MONT-LES-LAMARCHE....	Idem.......	433	15,558	ELOYES..............	Idem.......	984	
MORIZECOURT.........	Idem.......	543		FAUCOMPIERRE........	Bruyères....	203	
ROBÉCOURT...........	Idem.......	653		FORGE (la)..........	Remiremont......	311	
ROCOURT............	Idem.......	153		JARMÉNIL............	Épinal......	482	
ROMAIN-AUX-BOIS......	Idem.......	363		POUXEUX.............	Idem.......	1,449	
ROZIÈRES............	Idem.......	334		RAON-AUX-BOIS.......	Remiremont......	1,802	20,981
SENAIDE............	Bourbonne....	730		REMIREMONT 🐎........	⊠........	4,686	
SÉRÉCOURT...........	Lamarche........	779		SYNDICAT-DE-SAINT-AMÉ	Remiremont......	1,049	
SÉROCOURT..........	Idem.......	462		SAINT-AMÉ...........	Idem.......	642	
SAINT-JULIEN........	Idem.......	570		SAINT-ÉTIENNE.......	Idem.......	1,422	
THONS (les).........	Idem.......	551		SAINT-NABORD........	Idem.......	2,463	
TIGNÉCOURT..........	Idem.......	593		TENDON.............	Bruyères....	1,291	
TOLLAINCOURT........	Idem.......	417		THOLY (le)..........	Remiremont......	1,361	
VILLOTTE...........	Idem.......	670					
				CANTON DE SAULXURES.			
CANTON DE NEUFCHATEAU.				BASSE-SUR-LE-RUPT....	Vagney......	859	
ATTIGNÉVILLE.........	Neufchâteau......	605		BRESSE (le).........	Idem.......	2,883	
BADVILLE............	Idem.......	307		CORNIMONT..........	Idem.......	2,740	
BAZOILLE-SUR-MEUSE....	Idem.......	585		GERBAMONT..........	Idem.......	573	
BEAUFREMONT.........	Idem.......	459		ROCHESSON..........	Idem.......	923	15,629
BRECHAINVILLE.......	Idem.......	244		SAPOIS.............	Idem.......	832	
CERTILLEUX..........	Idem.......	230		SAULXURES..........	Idem.......	2,503	
CIRCOURT...........	Idem.......	354		THIÉFOSSE..........	Idem.......	000	
ÉTANCHE (l')........	Idem.......	55		VAGNEY............	⊠(Distribution.)..	2,992	
FRÉVILLE...........	Idem.......	217		VENTRON............	Vagney......	1,324	
GRAND..............	Idem.......	1,254					
HARCHÉCHAMP.........	Idem.......	266		Total de la population de l'Arrondissement......			64,632
HOUÉVILLE..........	Idem.......	223	15,329				
JAINVILLOTTE........	Idem.......	361		**ARRONDISSEMENT DE SAINT-DIÉ.**			
LANDAVILLE.........	Idem.......	717					
LEMMECOURT.........	Idem.......	114		CANTON DE BROUVELIEURES.			
LIFFOL-LE-GRAND.....	Idem.......	1,656		BELMONT............	Bruyères....	526	
MONT..............	Idem.......	311		BIFFONTAINE.........	Corcieux....	547	
NEUFCHATEAU 🐎.......	⊠........	3,524		BOIS-DE-CHAMP.......	Saint-Dié....	381	
NONCOURT...........	Neufchâteau......	280		BROUVELIEURES.......	Bruyères....	468	
PARGNY-SOUS-MUREAUX..	Idem.......	483		DOMFAING...........	Idem.......	326	4,226
POMPIERRE..........	Idem.......	543		FRÉMIFONTAINE.......	Idem.......	657	
REBEUVILLE.........	Idem.......	478		MONTAGNE...........	Idem.......	944	
ROLLAINVILLE.......	Idem.......	297		POULIÈRES (les).....	Idem.......	253	
ROUCEUX...........	Idem.......	737		ROUGES-EAUX (les)...	Idem.......	000	
SARTES............	Idem.......	302		VERVEZELLE.........	Idem.......	124	
TILLEUX...........	Idem.......	150					
TRAMPOT...........	Idem.......	334		CANTON DE CORCIEUX.			
VILLOUXEL..........	Idem.......	243		ARRENTÈS-DE-CORCIEUX.	Corcieux....	683	
				ADMONTZEY..........	Idem.......	204	
Total de la population de l'Arrondissement......			63,876	BARBEY-SEROUX.......	Idem.......	495	
				CHAMPDRAY..........	Bruyères....	1,093	
ARRONDISSEMENT DE REMIREMONT.				CHAPELLE (la).......	Corcieux....	1,115	
				CORCIEUX...........	⊠(Distribution.)..	1,558	
CANTON DE PLOMBIÈRES.				GERBÉPAL...........	Corcieux....	1,354	11,883
BELLEFONTAINE.........	Plombières......	2,580		GRANGES............	Idem.......	2,603	
GRANGES-DE-PLOMBIÈRES..	Idem.......	1,191		HERPELMONT.........	Bruyères....	380	
PLOMBIÈRES 🐎........	⊠........	1,402	12,360	HOUSSIÈRE (la)......	Corcieux....	1,083	
RUAUX.............	Plombières......	1,156		JUSSARUPT..........	Bruyères....	623	
VAL-D'AJOL (le)......	Idem.......	6,031		REHAUPAL...........	Idem.......	416	
				VIENVILLE..........	Corcieux....	276	
A reporter............			12,360	A reporter............			16,109

NOMS DES COMMUNES.	BUREAUX DE POSTE qui les desservent.	POPULA- TION.	TOTAL de la POPULA- TION par canton	NOMS DES COMMUNES.	BUREAUX DE POSTE qui les desservent.	POPULA- TION.	TOTAL de la POPULA- TION par canton
Suite de l'ARRONDISSEMENT DE SAINT-DIÉ.				**Suite de l'ARRONDISSEMENT DE SAINT-DIÉ.**			
	Report..		16,109		Report..		69,275
CANTON DE SAINT-DIÉ.				*CANTON DE SAALES.*			
Bertrimoutier	Saint-Dié	133		Bourg-Bruche	Saint-Dié	1,257	
Beulay	Idem	138		Colroy-la-Grande	Idem	1,278	
Bonipaire	Idem	545		Colroy-la-Roche	Schirmeck	643	
Bourgonce (la)	Idem	734		Grande-Fosse (la)	Saint-Dié	654	
Coinche	Idem	383		Lubine	Idem	779	
Frapelle	Idem	251		Lusse	Idem	1,558	
Gemaingoutte	Idem	366		Petite-Fosse (la)	Idem	343	12,904
Laveline	Idem	1,895		Plaine	Schirmeck	1,805	
Lesseux	Idem	218		Provenchères	Saint-Dié	653	
Nayemont-les-Fossés	Idem	486		Ranrupt	Schirmeck	1,160	
Neuviller	Idem	345	21,241	Saales	Saint-Dié	1,237	
Paire (le)	Idem	365		Saulxures	Schirmeck	1,153	
Raves	Idem	162		Saint-Blaise-la-Roche	Idem	374	
Rémomeix	Idem	287					
Salle (la)	Idem	643					
Saulcy	Idem	1,361		*CANTON DE SCHIRMECK.*			
Saint-Dié	✉	7,707		Barembach	Schirmeck	945	
Sainte-Marguerite	Saint-Dié	302		Broque (la)	Idem	2,023	
Saint-Michel	Idem	1,370		Grandfontaine	Idem	1,513	
Taintrux	Idem	1,867		Natzviller	Idem	845	
Voivre (la)	Idem	594		Neuviller	Idem	933	
Wisembach	Idem	1,137		Raon-sur-Plaine	Raon-l'Étape	631	13,165
				Rothau	Schirmeck	819	
CANTON DE FRAIZE.				Russ	Idem	956	
Arnould	Corcieux	2,234		Schirmeck	✉	1,340	
Ban-sur-Meurthe	Idem	1,765		Valdersbach	Schirmeck	480	
Clefey	Idem	761		Vildersbach	Idem	576	
Croix-aux-Mines (la)	Saint-Dié	1,562		Wische	Idem	1,104	
Entre-deux-Eaux	Idem	718	15,168				
Fraize	Idem	2,501		*CANTON DE SENONES.*			
Mandray	Idem	1,272					
Plainfaing	Corcieux	3,074		Ban-de-Sapt	Senones	1,482	
Saint-Léonard	Saint-Dié	919		Belval	Idem	421	
Valtin (le)	Corcieux	522		Chatas	Idem	303	
				Denipaire	Idem	497	
CANTON DE GÉRARDMER.				Grand-Rupt	Idem	556	
Gerardmer	Corcieux	5,273	5,701	Hurbache	Idem	622	
Liézey	Idem	428		Ménil	Idem	497	
				Mont (le)	Idem	275	
CANTON DE RAON-L'ÉTAPE.				Moussey	Idem	715	13,460
Allarmont	Raon-l'Étape	754		Moyenmoutier	Idem	2,249	
Celles	Idem	1,525		Petite-Raon (la)	Idem	702	
Étival	Idem	1,856		Puid (le)	Idem	433	
Luvigny	Idem	426		Saulcy (le)	Idem	635	
Neuveville (la)	Idem	1,262	10,956	Senones	✉ (Distribution.)	2,366	
Nompatelize	Saint-Dié	635		Saint-Jean-d'Osmont	Senones	337	
Raon-l'Étape	✉	3,244		Saint-Stail	Idem	548	
Saint-Remy	Raon-l'Étape	762		Vermont (le)	Idem	504	
Vaxaincourt	Idem	534		Vieux-Moulin	Idem	318	
	À reporter		69,275	TOTAL de la population de l'Arrondissement			107,804

RÉCAPITULATION.

	NOMBRE de		POPULATION.
	CANTONS.	COMMUNES.	
ARRONDISSEMENT D'ÉPINAL	6	129	91,578
—— DE MIRECOURT	6	142	70,097
—— DE NEUFCHATEAU	5	132	63,876
—— DE REMIREMONT	4	37	64,632
—— DE SAINT-DIÉ	9	110	107,804
TOTAUX	30	550	397,987

NOMS DES COMMUNES.	BUREAUX DE POSTE qui les desservent.	POPULA-TION.	TOTAL de la POPULA-TION par canton	NOMS DES COMMUNES.	BUREAUX DE POSTE qui les desservent.	POPULA-TION.	TOTAL de la POPULA-TION par canton
ARRONDISSEMENT D'AUXERRE.				**Suite de l'ARRONDISSEMENT D'AUXERRE.**			
						Report..	48,023
CANTON D'AUXERRE (est).				**Suite du CANTON DE COURSON.**			
						Report..	4,475
Augy	Auxerre	329		Molesmes	Courson	371	
Champs	Saint-Bris	555		Mouffy	Idem	258	
Quenne	Idem	489	4,579	Ouaine	Idem	1,233	7,911
Saint-Bris	✉	1,948		Sementron	Idem	511	
Venoy	Auxerre	1,258		Taingy	Idem	1,063	
CANTON D'AUXERRE (ouest).				**CANTON DE SAINT-FLORENTIN.**			
Appoigny	Bassou	1,620		Avrolles	Saint-Florentin	753	
Auxerre	✉	11,439		Bouilly	Idem	415	
Charbuy	Auxerre	1,270		Cheu	Idem	662	
Chevannes	Idem	1,371		Germigny	Idem	699	
Monéteau	Idem	637	18,654	Jaulges	Idem	577	6,448
Perrigny	Idem	331		Rebourceaux	Idem	371	
Saint-Georges	Idem	588		Saint-Florentin	✉	2,442	
Vallan	Idem	626		Vergigny	Saint-Florentin	529	
Vaux	Idem	324		**CANTON DE LIGNY-LE-CHATEL.**			
Villefargeau	Idem	448		Bleigny-le-Carreau	Ligny-le-Châtel	432	
CANTON DE CHABLIS.				Chapelle-Vaupelltéteigne (la)	Idem	259	
Aigremont	Chablis	198		Lignorelles	Idem	402	
Beine	Idem	711		Ligny-le-Chatel	✉ (Distribution.)	1,488	
Chablis	✉	2,555		Maligny	Ligny-le-Châtel	1,432	
Chemilly-sur-Serein	Chablis	393		Méré	Idem	426	
Chichée	Idem	768		Montigny-le-Roi	Idem	664	7,389
Chitry	Saint-Bris	693		Pontigny	Idem	714	
Courgy	Chablis	690		Rouvray	Idem	347	
Fontenay-près-Chablis	Idem	345	8,611	Varennes	Idem	519	
Fyé	Idem	166		Venouse	Idem	277	
Lichères-près-Aigremont	Idem	420		Villeneuve-Saint-Salve	Idem	226	
Milly	Idem	252		Villy	Idem	203	
Poinchy	Idem	321		**CANTON DE SAINT-SAUVEUR.**			
Préhy	Idem	222		Fontenoy	Toucy	811	
Saint-Cyr-les-Colons	Idem	877		Lainsecq	Saint-Sauveur	973	
CANTON DE COULANGE-LA-VINEUSE.				Moutiers	Idem	881	
Charentenay	Courson	713		Perreuse	Idem	321	
Coulange-la-Vineuse	✉ (Distribution.)	1,224		Sainpuits	Entrains	809	
Coulangeron	Coulange-la-Vineuse	386		Saints	Saint-Sauveur	1,205	11,454
Escamps	Idem	1,053		Sougères	Idem	1,267	
Escolives	Idem	385		Sainte-Colombe	Idem	657	
Gy-l'Évêque	Idem	575		Saint-Sauveur	✉ (Distribution.)	1,282	
Irancy	Saint-Bris	1,072	8,630	Thury	Saint-Sauveur	999	
Jussy	Coulange-la-Vineuse	501		Treigny	Idem	2,249	
Migé	Idem	1,028		**CANTON DE SEIGNELAY.**			
Val-de-Mercy	Idem	522		Beaumont	Seignelay	398	
Vincelles	Idem	679		Chemilly-près-Seignelay	Idem	408	
Vincelottes	Saint-Bris	492		Cheny	Brinon	800	
CANTON DE COULANGE-SUR-YONNE.				Chichy	Idem	90	
Andryes	Coulange-sur-Yonne	1,085		Gurgy	Auxerre	925	
Coulange-sur-Yonne	✉	1,123		Hauterive	Seignelay	334	7,968
Crain	Coulange-sur-Yonne	837		Héry	Idem	1,453	
Étais	Idem	1,508		Mont-Saint-Sulpice	Brinon	1,399	
Festigny	Idem	241	7,549	Ormoy	Idem	659	
Fontenay-sous-Fouronnes	Courson	236		Seignelay	✉ (Distribution.)	1,502	
Lucy-sur-Yonne	Coulange-sur-Yonne	545		**CANTON DE TOUCY.**			
Mailly-le-Château	Idem	1,056		Beauvoir	Toucy	437	
Merry-sur-Yonne	Idem	543		Diges	Idem	1,558	
Trucy-sur-Yonne	Vermenton	375		Dracy	Idem	556	
CANTON DE COURSON.				Égleny	Idem	545	
Chastenay	Courson	420		Lande (la)	Idem	380	
Courson	✉ (Distribution.)	1,509		Leugny	Idem	633	
Druyes	Coulange-sur-Yonne	836		Levis	Idem	534	
Fontenailles	Courson	282		Lindry	Auxerre	1,245	
Fouronnes	Idem	504		Moulins	Toucy	326	
Lain	Idem	487		Parly	Idem	1,171	
Merry-sec	Idem	437					
		A reporter..	4,475			*A reporter..*	7,385
		A reporter......	48,023			*A reporter......*	89,193

NOMS DES COMMUNES.	BUREAUX DE POSTE qui les desservent.	POPULA-TION.	TOTAL de la POPULA-TION par canton	NOMS DES COMMUNES.	BUREAUX DE POSTE qui les desservent.	POPULA-TION.	TOTAL de la POPULA-TION par canton
Suite de l'ARRONDISSEMENT D'AUXERRE.				**Suite de l'ARRONDISSEMENT D'AVALLON.**			
		Report..	89,193			*Report..*	19,568
Suite du Canton de TOUGY.				**Suite du Canton de l'ISLE-SUR-LE-SEREIN.**			
		Report.. 7,385				*Report..* 536	
Pourrain	Tougy	1,504	11,571	Athie	Avallon	254	
Tougy	⊠	2,682		Blacy	Idem	347	
				Civry	Lucy-le-Bois	436	
Canton de VERMENTON.				Coutarnoux	Idem	395	
Accolay	Vermenton	1,159		Dissangis	Idem	379	
Arcy-sur-Cure	⊠	1,508		Isle-sur-le-Serein (¹)	Idem	915	7,363
Bazarnes	Vermenton	577		Joux	Vermenton	1,307	
Bessy	Arcy-sur-Cure	516		Massangis	Lucy-le-Bois	672	
Bois-d'Arcy	Idem	145		Précy-le-sec	Arcy-sur-Cure	802	
Chavant	Vermenton	1,276		Provency	Lucy-le-Bois	458	
Essert	Idem	218	11,216	Sainte-Colombe	Idem	489	
Lucy-sur-Cure	Idem	341		Talcy	Avallon	273	
Mailly-la-Ville	Arcy-sur-Cure	842					
Prégilbert	Vermenton	343		**Canton de QUARRÉ-LES-TOMBES.**			
Sacy	Idem	899		Beauvilliers	Quarré-les-Tombes	230	
Sery	Arcy-sur-Cure	298		Bussières	Rouvray	516	
Sainte-Pallaye	Vermenton	264		Chatelux	Quarré-les-Tombes	648	
Vermenton 🏭	⊠	2,830		Quarré-les-Tombes	⊠ (Distribution)	2,240	8,046
				Saint-Branché	Quarré-les-Tombes	857	
				Saint-Germain-des-Champs	Idem	1,196	
Total de la population de l'Arrondissement			111,980	Saint-Léger	Idem	1,499	
				Sainte-Magnance	Rouvray	860	
ARRONDISSEMENT D'AVALLON.				**Canton de VEZELAY.**			
				Asnières	Vezelay	640	
Canton d'AVALLON.				Asquins	Idem	991	
Annéot	Avallon	92		Blannay	Avallon	318	
Aunay-la-Cote	Idem	507		Brosses	Vezelay	1,140	
Avallon 🏭	⊠	5,569		Chamoux	Idem	446	
Domecy-sur-le-Vault	Avallon	397		Chatel-Censoir	Coulange-sur-Yonne	1,207	
Étaule	Idem	438		Domecy-sur-Cure	Vezelay	872	
Girolles	Idem	418		Fontenay-près-Vezelay	Idem	635	
Island	Idem	526		Givry	Avallon	475	11,989
Levault	Idem	851	12,982	Lichères	Vezelay	256	
Lucy-le-Bois 🏭	⊠	1,011		Montillot	Idem	940	
Magny	Avallon	1,028		Pierre-Pertuis	Idem	231	
Menades	Vezelay	180		Saint-Moré	Arcy-sur-Cure	408	
Pontaubert	Avallon	582		Saint-Père	Vezelay	1,476	
Sauvigny-le-Bois	Idem	751		Tharoiseau	Idem	431	
Sermizelles	Idem	362		Vezelay	⊠	1,161	
Tharot	Idem	270		Voutenay	Arcy-sur-Cure	362	
Canton de GUILLON.				Total de la population de l'Arrondissement			46,966
Anstrude	Époisses	809					
Cisery	Avallon	174					
Cussy-les-Forges	Idem	716		**ARRONDISSEMENT DE JOIGNY.**			
Guillon	Idem	822					
Marmeaux	Idem	261		**Canton d'AILLANT-SUR-THOLON.**			
Montréal	Idem	597		Aillant-sur-Tholon	⊠ (Distribution)	1,066	
Pizy	Époisses	403		Branches	Bassou	628	
Santigny	Avallon	365		Champvallon	Joigny	408	
Sauvigny-le-Beuréal	Rouvray	218	6,586	Chassy	Idem	817	
Savigny-en-Terre-pleine	Avallon	420		Fleury	Bassou	1,325	
Sceaux	Idem	294		Guerchy	Idem	730	
Saint-André-en-Terre-pleine	Idem	444		Ladux	Aillant-sur-Tholon	290	
Trizy	Idem	249		Merry-la-Vallée	Idem	970	
Trévilly	Idem	208		Neuilly	Bassou	905	
Vassy	Époisses	274		Ormes (les)	Aillant-sur-Tholon	459	
Vignes	Idem	332		Poilly	Idem	940	
Canton de l'ISLE-SUR-LE-SEREIN.				Senan	Joigny	721	
Angely	Avallon	292		Sommecaise	Aillant-sur-Tholon	454	
Annoux	Lucy-le-Bois	344		Saint-Aubin-Chateauneuf	Idem	910	
		A reporter.. 636		Saint-Martin-sur-Ocre	Idem	123	
		A reporter....	19,568			*A reporter..*	10,746

NOMS DES COMMUNES.	BUREAUX DE POSTE qui les desservent.	POPULA-TION.	TOTAL de la POPULA-TION par canton	NOMS DES COMMUNES.	BUREAUX DE POSTE qui les desservent.	POPULA-TION.	TOTAL de la POPULA-TION par canton
Suite de l'ARRONDISSEMENT DE JOIGNY.				**Suite de l'ARRONDISSEMENT DE JOIGNY.**			
Suite du Canton d'AILLANT-SUR-THOLON.						Report..	53,500
	Report..	10,746		**Canton de JOIGNY.**			
Saint-Maurice-le-Vieil	Aillant-sur-Tholon..	630		Bassou	⚐	638	
Saint-Maurice-Thizouaille..	Idem	289		Béon	Joigny	520	
Villemer	Bassou	471	14,379	Bonnard	Bassou	274	
Villiers-Saint-Benoit	Toucy	830		Brion	La-Roche-sur-Yonne.	785	
Villiers-sur-Tholon	Aillant-sur-Tholon..	748		Cézy	Joigny	1,372	
Villotte (la)	Toucy	271		Champlay	Bassou	853	
Volgré	Joigny	394		Chamvres	Joigny	657	
				Charmoy	Bassou	389	
Canton de BLÉNEAU.				Chichery	Idem	689	
Bléneau	⚐ (Distribution.)	1,278		Épineau-les-Voves	Bassou	449	15,565
Champcevrais	Bléneau	638		Joigny	⚐ ⚐	5,537	
Champignelles	Charny	1,330		Looze	La-Roche-sur-Yonne.	453	
Louesme	Saint-Fargeau	226	6,774	Migennes	Idem	306	
Rogny	Châtillon-sur-Loing.	1,144		Paroy-sur-Tholon	Joigny	341	
Saint-Privé	Bléneau	846		Saint-Aubin-sur-Yonne	Villevallier	478	
Tannerre	Saint-Fargeau	810		Saint-Cydroine	La Roche-sur-Yonne.	874	
Villeneuve-les-Genêts	Idem	502		(⚐ Distribution à la Roche-sur-Yonne.)			
				Villecien	Villevallier	551	
Canton de BRIENON.				Villevallier	⚐ (Distribution.)	549	
Bellechaume	Brienon	551					
Bligny-en-Othe	Idem	130		**Canton de SAINT-JULIEN-DU-SAULT.**			
Brienon	⚐	2,566		Celle-Saint-Cyr (la)	Joigny	1,206	
Bussy-en-Othe	La-Roche-sur-Yonne.	1,213		Cudot	Villeneuve-le-Roi	553	
Chailley	Saint-Florentin	1,160	11,020	Précy	Joigny	755	
Champlost	Brienon	1,417		Sépaux	Idem	702	7,413
Esnon	Idem	416		Saint-Julien-du-Sault	Villeneuve-le-Roi	2,364	
Mercy	Idem	165		Saint-Loup-d'Ordon	Idem	471	
Paroy-en-Othe	Idem	521		Saint-Martin-d'Ordon	Idem	458	
Turny	Saint-Florentin	1,308		Saint-Romain-le-Preux	Joigny	406	
Venisy	Idem	1,573		Verlin	Villeneuve-le-Roi	498	
Canton de CÉRISIERS.				**Canton de VILLENEUVE-LE-ROI.**			
Arces	⚐	854		Armeau	Villevallier	832	
Bœurs	Idem	926		Bordes (les)	Villeneuve-le-Roi	615	
Cérilly	Idem	219		Bussy-le-Repos	Idem	505	
Cérisiers	⚐	1,260		Chaumot	Idem	613	
Coulours	Cérisiers	504	5,494	Dixmont	Idem	1,446	10,394
Dilo	Idem	146		Piffonds	Idem	990	
Fournaudin	Idem	376		Rousson	Idem	427	
Vaudeurs	Idem	977		Villeneuve-le-Roi	⚐	4,966	
Ville-Chétive	Idem	342					
Canton de CHARNY.				TOTAL de la population de l'Arrondissement			86,872
Chambeugle	Charny	204					
Charny	⚐	1,065		**ARRONDISSEMENT DE SENS.**			
Chêne-Arnoult	Charny	216					
Chevillon	Idem	537		**Canton de CHÉROY.**			
Dicy	Idem	409		Belliole (la)	Chéroy	233	
Ferté-Loupière (la)	Idem	1,308		Brannay	Pont-sur-Yonne	508	
Fontenouilles	Idem	478		Chéroy	⚐	889	
Grand-Champ	Idem	881	9,211	Courtoin	Chéroy	115	
Malicorne	Idem	436		Dollot	Idem	457	
Marchais-Beton	Idem	290		Domats	Idem	714	
Mothe-aux-Aulnais (la)	Idem	84		Fouchères	Idem	421	
Perreux	Idem	759		Jouy	Idem	444	
Prunoy	Idem	559		Montacher	Idem	725	
Saint-Denis-sur-Ouane	Idem	367		Savigny	Idem	319	8,318
Saint-Martin-sur-Ouane	Idem	679		Subligny	Sens	319	
Villefranche	Idem	939		Saint-Valérien	Chéroy	886	
				Vallery	Idem	725	
Canton de SAINT-FARGEAU.				Vernoy	Idem	363	
Fontaines	Toucy	1,056		Villebougis	Sens	153	
Lavau	Saint-Fargeau	1,013		Villegardin	Chéroy	271	
Mézilles	Idem	1,302		Villeneuve-la-Dondagre	Idem	297	
Roncières	Idem	215	6,822	Villeroy	Sens	179	
Sept-Fonds	Idem	271					
Saint-Fargeau	⚐	2,132					
Saint-Martin-des-Champs	Saint-Fargeau	633					
	A reporter	53,500			A reporter	8,318	

NOMS DES COMMUNES.	BUREAUX DE POSTE qui les desservent.	POPULA- TION.	TOTAL de la POPULA- TION par canton	NOMS DES COMMUNES.	BUREAUX DE POSTE qui les desservent.	POPULA- TION.	TOTAL de la POPULA- TION par canton
Suite de l'ARRONDISSEMENT DE SENS.				**Suite de l'ARRONDISSEMENT DE SENS.**			
	Report..	8,318			*Report..*	51,105	
Canton de PONT-SUR-YONNE.				*Suite du Canton de* VILLENEUVE-L'ARCHEVÊQUE.			
CHAMPIGNY-SUR-YONNE	Villeneuve-la-Guyard	1,608			*Report..*	966	
CHAUMONT-SUR-YONNE	Idem	544		COURGENAY	Villeneuve - l'Arche- véque	679	
CUY	Pont-sur-Yonne	293		FLACY	Idem	351	
ÉVRY	Idem	231		FOISSY	Idem	658	
GISY-LES-NOBLES	Idem	542		LAILLY	Idem	506	
LIXY	Idem	453		MOLINONS	Idem	323	
MICHERY	Idem	1,064		PONT-SUR-VANNE	Cérisiers	297	
PONT-SUR-YONNE	✉	1,726	11,295	POSTOLE (la)	Villeneuve - l'Arche- véque	303	9,237
SAINT-AGNAN	Villeneuve-la-Guyard	323		SIÈGES (les)	Idem	734	
VILLEBLEVIN	Idem	933		THEIL	Cérisiers	317	
VILLEMANOCHE	Pont-sur-Yonne	718		THORIGNY	Villeneuve - l'Arche- véque	670	
VILLENAVOTTE	Idem	154		VAREILLES	Cérisiers	271	
VILLENEUVE-LA-GUYARD	✉	1,794		VILLENEUVE-L'ARCHEVÊQUE	✉	1,991	
VILLEPEROT	Pont-sur-Yonne	175		VILLIERS-LOUIS	Sens	456	
VILLETHIÉRY	Idem	737		VOISINES	Idem	715	
Canton de SENS (nord).							
FONTAINE-LA-GAILLARDE	Sens	365		Total de la population de l'Arrondissement			60,342
MAILLOT	Idem	406					
MALAY-LE-ROY	Idem	250					
MALAY-LE-VICOMTE	Idem	882		**ARRONDISSEMENT DE TONNERRE.**			
NOÉ	Cérisiers	362					
PASSY	Villeneuve-le-Roi	591		*Canton d'*ANCY-LE-FRANC.			
ROZOY	Sens	260	15,828	AISY	Ancy-le-Franc	464	
SALIGNY	Idem	344		ANCY-LE-FRANC	✉	1,363	
SOUCY	Idem	735		ANCY-LE-SERVEUX	Ancy-le-Franc	401	
SENS	✉	9,279		ARGENTENAY	Idem	217	
SAINT-CLÉMENT	Sens	765		ARGENTEUIL	Idem	735	
VAUMORT	Cérisiers	262		CHASSIGNELLES	Idem	534	
VÉRON	Sens	1,327		CRY	Idem	344	
				CUSY	Idem	249	
Canton de SENS (sud).				FULVY	Idem	207	
COLLEMIERS	Sens	465		JULLY	Idem	518	9,684
CORNANT	Idem	334		LÉZINES	Tonnerre	588	
COURTOIS	Idem	187		NUITS	Ancy-le-Franc	460	
ÉGRISELLES-LE-BOCAGE	Idem	912		PACY	Idem	467	
ÉTIGNY	Idem	431		PERRIGNY	Idem	203	
GRON	Idem	668	6,031	RAVIÈRES	Idem	1,172	
MARSANGIS	Villeneuve-le-Roi	786		SAMBOURG	Tonnerre	292	
NAILLY	Sens	1,021		STIGNY	Ancy-le-Franc	561	
PARON	Idem	381		VILLIERS-LES-HAUTS	Idem	432	
SAINT-DENIS	Idem	152		VIREAUX	Tonnerre	477	
SAINT-MARTIN-DU-TERTRE	Idem	674					
Canton de SERGINES.				*Canton de* CRUZY.			
CHAPELLE-SUR-OREUSE (la)	Pont-sur-Yonne	486		ARTHONNAY	Cruzy	751	
COMPIGNY	Idem	192		BAON	Tonnerre	256	
COURCEAUX	Idem	180		COMMISSEY	Idem	436	
COURLON	Idem	1,166		CRUZY	✉ (Distribution.)	1,342	
FLEURIGNY	Idem	563		GIGNY	Cruzy	461	
GRANGE-LE-BOCAGE	Idem	368		GLAND	Idem	332	
PAILLY	Idem	441		MELISEY	Tonnerre	723	
PLESSIS-DU-MÉE	Idem	222		PIMELLES	Cruzy	287	
PLESSIS-SAINT-JEAN	Idem	432	9,633	QUINCEROT	Idem	385	
SERBONNES	Idem	507		RUGNY	Idem	539	9,227
SERGINES	Idem	1,411		SENNEVOI-LE-BAS	Idem	330	
SOGNES	Idem	288		SENNEVOI-LE-HAUT	Idem	380	
SAINT-MARTIN-SUR-OREUSE	Idem	554		SAINT-MARTIN	Tonnerre	328	
S'-MAURICE-AUX-RICHES-HOMMES	Idem	994		SAINT-VINNEMER	Idem	680	
VERTILLY	Idem	212		TANLAY	Idem	756	
VILLERS-BONNEUX	Idem	216		THOREY	Cruzy	291	
VINNEUF	Idem	1,401		TRICHEY	Idem	245	
Canton de VILLENEUVE-L'ARCHEVÊQUE.				VILLON	Idem	705	
BAGNEAUX	Villeneuve - l'Arche- véque	196					
CHIGY	Idem	470					
	A reporter..	966					
	A reporter	51,105			*A reporter..*	18,911	

NOMS DES COMMUNES.	BUREAUX DE POSTE qui les desservent.	POPULA- TION.	TOTAL de la POPULA- TION par canton	NOMS DES COMMUNES.	BUREAUX DE POSTE qui les desservent.	POPULA- TION.	TOTAL de la POPULA- TION par canton
Suite de l'ARRONDISSEMENT DE TONNERRE.				Suite de l'ARRONDISSEMENT DE TONNERRE.			
	Report..		18,911		*Report..*		27,534
CANTON DE FLOGNY.				Suite du CANTON DE NOYERS.			
					Report..	3,212	
BERNOUIL................	Flogny..........	244		MOLAY.................	Noyers.......	341	
BEUGNON	Saint-Florentin.....	405		MOULINS-PRÈS-NOYERS......	Idem.........	380	
BUTTEAUX...............	Flogny..........	522		NITRY.................	Idem.........	939	
CARISEY...............	Idem............	473		NOYERS................	⊠..........	1,875	8,424
CHAPELLE-VIEILLE-FORÊT (la)..	Idem............	689		PASILLY...............	Noyers.......	154	
DIÉ	Idem............	438		POILLY-SUR-LE-SERAIN.......	Chablis.......	680	
FLOGNY 🐎............	⊠ (Distribution.)....	406		SARRY................	Noyers.......	556	
LASSON	Saint-Florentin	392	8,623	SAINTE-VERTU...........	Idem.........	287	
NEUVY	Idem............	1,599					
PERCEY...............	Flogny..........	495		CANTON DE TONNERRE.			
ROFFEY	Tonnerre........	420		BÉRU	Chablis.......	336	
SORMERY	Saint-Florentin.....	1,250		CHENEY................	Tonnerre.......	318	
SOUMAINTRAIN	Idem...........	511		COLLAN.................	Chablis.......	459	
TRONCHOY.............	Tonnerre	347		DANNEMOINE..............	Tonnerre.......	762	
VILLIERS-VINEUX..........	Flogny..........	432		ÉPINEUIL	Idem.........	618	
				FLEY	Chablis.......	470	
CANTON DE NOYERS.				JUNAY	Tonnerre.......	198	
ANNAY	Noyers........	720		MOLOSME...............	Idem.........	690	10,369
CENSY................	Idem...........	156		SERRIGNY..............	Idem.........	376	
CHATEL-GÉRARD..........	Idem...........	644		TISSÉ	Idem.........	335	
ÉTIVEY...............	Idem...........	709		TONNERRE 🐎..........	⊠..........	4,342	
FRESNES..............	Idem...........	304		VÉZANNES..............	Flogny.......	208	
GRIMAULT.............	Idem...........	504		VÉZINNES..............	Tonnerre.......	460	
JOUANCY..............	Idem...........	175		VIVIERS	Idem.........	459	
				YROUERRE..............	Idem.........	458	
	A reporter..	3,212		TOTAL de la population de l'Arrondissement.......			46,327
	A reporter....................		27,534				

RÉCAPITULATION.

	NOMBRE de		POPULATION.
	CANTONS.	COMMUNES.	
ARRONDISSEMENT D'AUXERRE....................	12	131	111,980
———————— D'AVALLON....................	5	70	46,966
———————— DE JOIGNY....................	9	108	86,872
———————— DE SENS....................	6	90	60,342
———————— DE TONNERRE....................	5	82	46,327
TOTAUX....................	37	481	352,487

RELEVÉ.

PAR DÉPARTEMENT

DU NOMBRE D'ARRONDISSEMENTS, DE CANTONS, DE COMMUNES

ET DE LA POPULATION DU ROYAUME.

NOMS des DÉPARTEMENTS.	NOMBRE			POPULATION.	NOMS des DÉPARTEMENTS.	NOMBRE			POPULATION.
	D'ARRON-DISSEMENTS	de CANTONS.	de COMMUNES.			D'ARRON-DISSEMENTS	de CANTONS.	de COMMUNES.	
					Report..	126	955	12,171	9,738,114
Ain	5	35	442	346,040	Garonne (haute)	4	39	594	427,673
Aisne	5	37	840	513,000	Gers	5	29	487	312,160
Allier	4	26	322	298,257	Gironde	6	43	544	554,005
Alpes (basses)	5	30	257	155,896	Hérault	4	36	326	346,207
Alpes (hautes)	3	24	189	129,102	Ille-et-Vilaine	6	43	348	547,057
Ardèche	3	31	330	340,347	Indre	4	23	249	245,289
Ardennes	5	31	478	290,572	Indre-et-Loire	3	24	282	297,016
Ariège	3	20	336	253,121	Isère	4	45	555	550,358
Aube	5	26	447	246,362	Jura	4	32	574	312,361
Aude	4	31	434	270,125	Landes	3	28	339	281,504
Aveyron	5	42	242	356,874	Loir-et-Cher	3	24	296	235,750
Bouches-du-Rhône	3	23	106	359,473	Loire	3	28	319	391,216
Calvados	6	37	809	494,702	Loire (haute)	3	28	264	292,128
Cantal	4	23	253	258,594	Loire-Inférieure	5	45	206	470,095
Charente	5	29	453	362,531	Loiret	4	30	348	305,276
Charente-Inférieure	6	39	481	445,249	Lot	3	29	300	284,505
Cher	3	29	297	256,059	Lot-et-Garonne	4	35	355	346,885
Corrèze	3	29	291	294,834	Lozère	3	24	190	140,347
Corse	5	61	355	195,407	Maine-et-Loire	5	34	385	467,871
Côte-d'Or	4	36	727	375,877	Manche	6	48	644	591,284
Côtes-du-Nord	5	48	375	598,872	Marne	5	32	688	337,076
Creuse	4	25	269	265,384	Marne (haute)	3	28	549	249,927
Dordogne	5	47	582	482,760	Mayenne	3	27	275	352,586
Doubs	4	27	640	265,535	Meurthe	5	29	714	415,598
Drôme	4	28	359	298,447	Meuse	4	28	588	314,588
Eure	5	36	795	424,332	Morbihan	4	37	228	433,522
Eure-et-Loir	4	24	438	278,818	Moselle	4	27	605	414,717
Finistère	5	43	281	524,396	Nièvre	4	25	315	282,521
Gard	4	38	343	357,363	Nord	7	60	958	989,938
A reporter..	126	955	12,171	9,738,114	*A reporter..*	247	1,915	24,696	20,927,574

II.

49.

NOMS des DÉPARTEMENTS.	NOMBRE D'ARRONDISSEMENTS	de CANTONS.	de COMMUNES.	POPULATION.	NOMS des DÉPARTEMENTS.	NOMBRE D'ARRONDISSEMENTS	de CANTONS.	de COMMUNES.	POPULATION.
Report..	247	1,915	24.696	20,927,574	Report..	306	2,386	32,112	27,791,508
Oise	4	35	698	397,725	Seine-et-Oise	6	36	687	448,160
Orne	4	36	534	441,796	Seine-Inférieure	5	45	758	693,683
Pas-de-Calais	6	43	903	654,755	Sèvres (deux)	4	31	355	294,672
Puy-de-Dôme	5	46	444	571,803	Somme	5	41	834	543,907
Pyrénées (basses)	5	40	629	428,401	Tarn	4	35	323	337,372
Pyrénées (hautes)	3	26	490	233,031	Tarn-et-Garonne	3	24	193	242,250
Pyrénées-Orientales	3	17	226	157,052	Var	4	35	211	318,501
Rhin (bas)	4	33	544	540,830	Vaucluse	4	22	149	239,103
Rhin (haut)	3	29	489	424,258	Vendée	3	30	294	330,350
Rhône	2	20	254	434,429	Vienne	5	31	300	282,731
Saône (haute)	3	28	581	339,158	Vienne (haute)	4	27	201	285,130
Saône-et-Loire	5	48	593	524,323	Vosges	5	30	550	397,987
Sarthe	4	33	394	457,372	Yonne	5	37	481	352,487
Seine	3	20	81	935,108					
Seine-et-Marne	5	29	556	323,893	TOTAUX..	363	2,810	37,448	32,557,841
A reporter..	306	2,386	32,112	27,791,508					

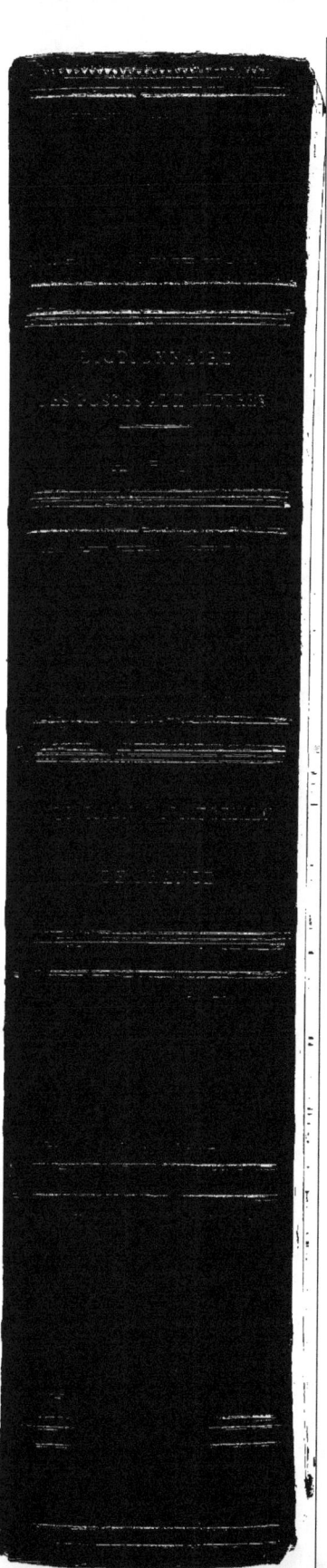